中国船政文化史

ZHONGGUO CHUANZHENG WENHUASHI

（上 卷）

陈贞寿/著

中国大百科全书出版社

图书在版编目（CIP）数据

中国船政文化史：全2册 / 陈贞寿著. —北京：中国大百科全书出版社，2016.1

ISBN 978-7-5000-9079-3

I. ①中… II. ①陈… III. ①造船工业—工业史—研究—中国 IV. ①F426.474

中国版本图书馆CIP数据核字（2013）第000091号

策划编辑：徐世新
责任编辑：卢　红　王　琰
责任印制：乌　灵
装帧设计：童行侃
图文制作：鑫联必升文化发展有限公司
出版发行：中国大百科全书出版社
社　　址：北京阜成门北大街17号
邮政编码：100037
电　　话：010-88390718
网　　址：http://www.ecph.com.cn
经　　销：新华书店
印　　刷：北京佳信达欣艺术印刷有限公司
开　　本：889mm×1194mm　1/16
字　　数：1710千字
印　　张：50
印　　数：1-3000册
版　　次：2016年1月第1版
印　　次：2016年1月第1次印刷
ISBN 978-7-5000-9079-3

定 价：400.00元（全2册）

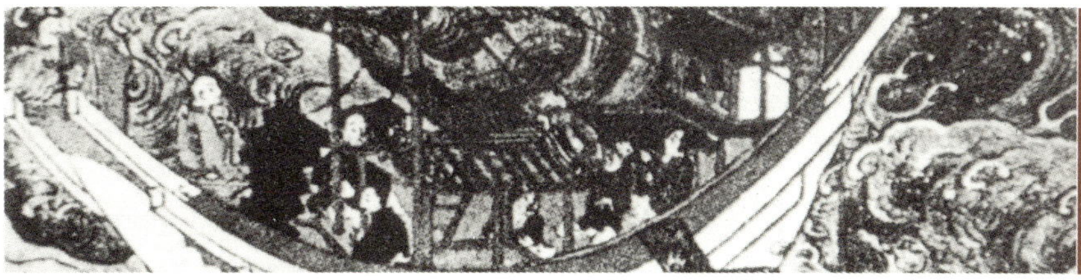

目 录

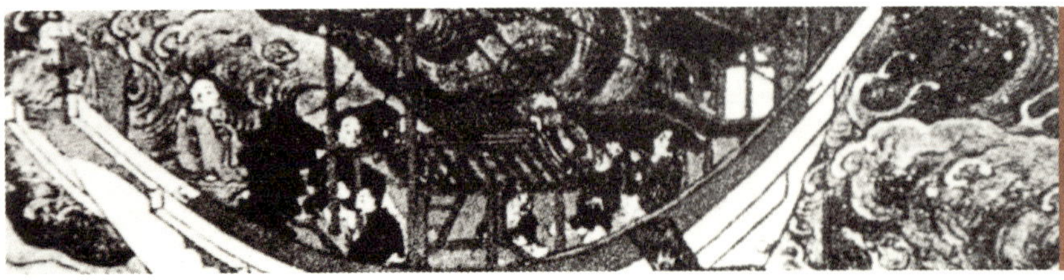

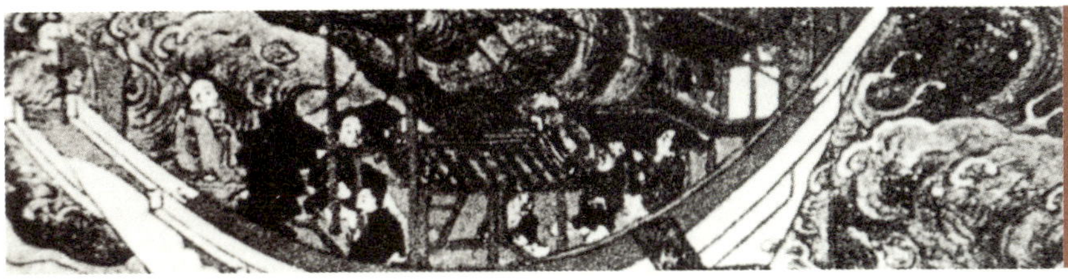

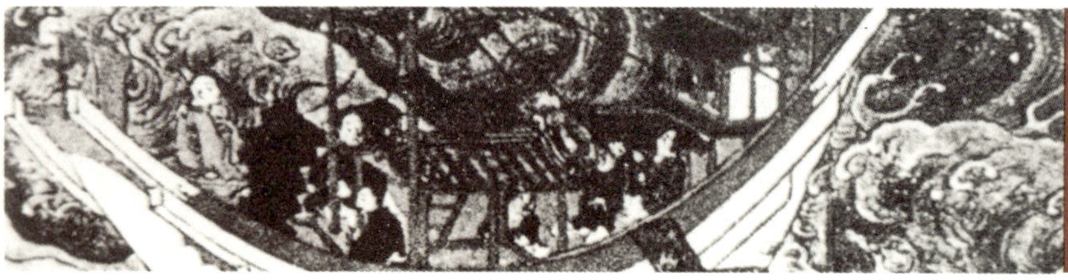

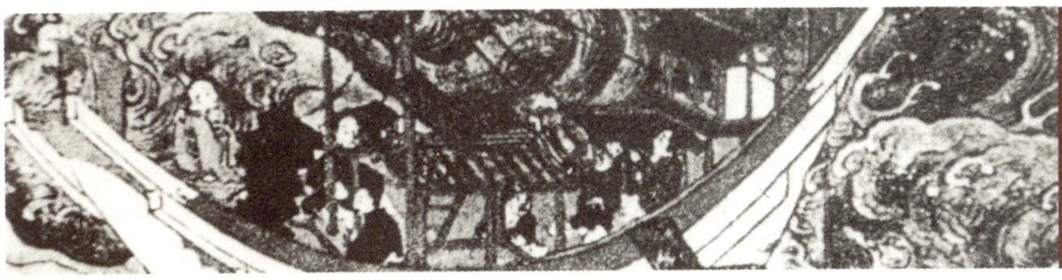

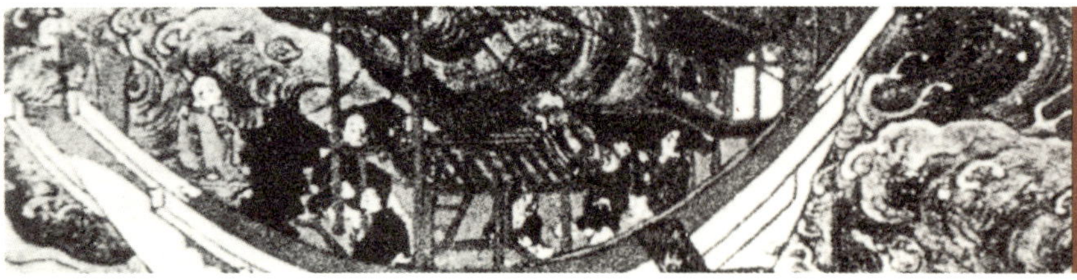

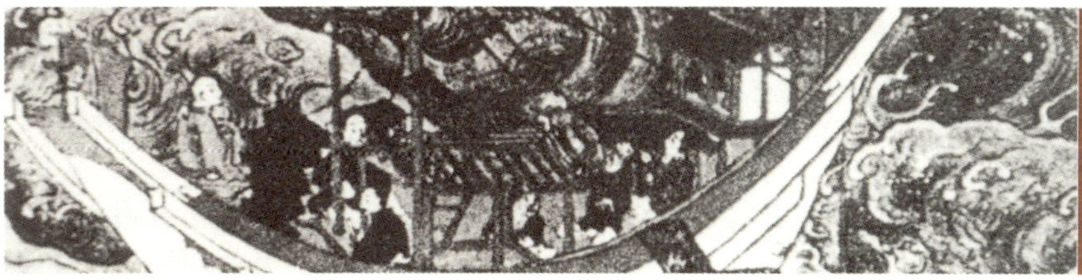

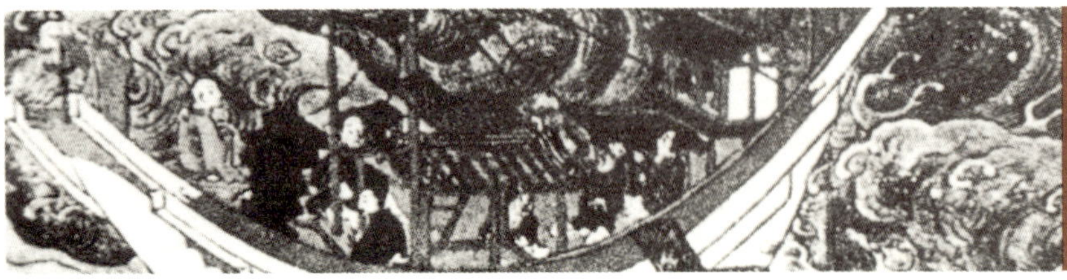

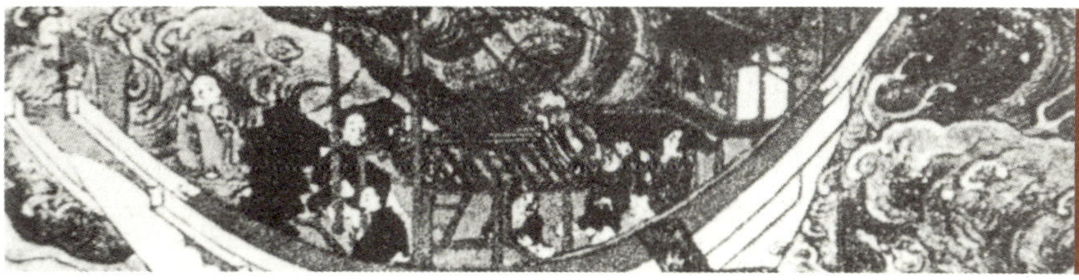

第一章

昙石山文化

东南沿海新石器时代晚期遗址。1954年发现于福建闽侯县恒心乡昙石山。前后多次发掘，揭露出灰坑（窖穴）、火塘、窑和墓葬等遗迹，出土遗物有陶制的釜、钵、罐、碗、盘、豆、壶、纺轮、陶拍、网坠，石刻的斧、锛、凿、双孔石刀、镞，骨制的锥、镞，蚌壳制的刀、铲、刮削器等，以及猪、狗、鱼、贝、牛、鹿、象、虎、熊等动物遗骸。遗址可分上、中、下三层：上层以几何纹硬陶为主，有受铜器纹饰影响的回纹；中层以粗砂绳

昙石山新石器时代发掘遗址 （福建省博物院陈龙副院长摄赠）

闽侯（甘蔗）昙石山新石器时代发掘遗址高出江面20余米，周围是闽江冲积平原，是福州盆地大幅度下沉的结果。遗址发掘出许多贝壳堆积的“灰坑”，足证当年闽江入海处就在这里。

纹陶为主；下层以细砂红陶为主。各层器物形制有因袭演变关系，显示为持续发展的文化，且具有浓厚的地方性，故有学者主张称之为“昙石山文化”。

遗址1954年被发现，经9次科学发掘，总面积近2000平方米，清理80余座墓葬，出土复原石器、陶器、贝器、骨器共2000件。1998年博物馆在昙石山遗址正式成立，2001年6月昙石山遗址被国务院公布为第五批全国重点文物保护单位。

昙石山灰坑

闽侯（甘蔗）昙石山遗址发掘的新石器时代贝壳堆积层，国内称“灰坑”，国外称“贝冢”。

第一节　昙石山文化的前身

昙石山遗址的下层距今5500~5000年，是昙石山文化的前身，属于新石器时代的壳丘头文化时期。昙石山人以采集、渔猎为主，开创了昙石山文化的先声。昙石山人的氏族部落是在此基础上形成和发展起来的，是黄帝时代东南文明的代表。

依山濒海而居的福州先民

5000年前，福州人的祖先这样生活在昙石山，那时闽侯（甘蔗）就在大海边。

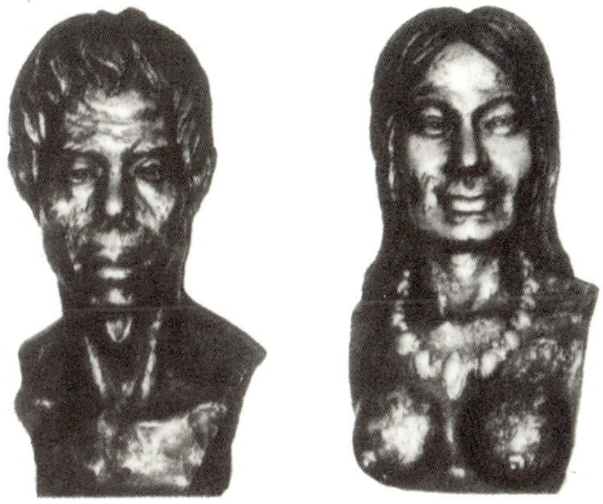

昙石山人（男性）　　昙石山人（女性）

昙石山遗址的中层是新石器时代昙石山文化，距今5000~4300年。

昙石山文化的主人是昙石山人，社会处在氏族公社的繁荣阶段。遗址出土的人骨遗骸，经测定、鉴别和形象复原，是先秦闽族起源阶段居民的面貌。昙石山人属于黄种人的南方沿海类型，是先秦闽族的祖先。福建文明从这里开始。

昙石山人半地穴居复原图

昙石山人头骨

人骨遗骸经测定、鉴别和形象复原，为先秦闽族女性的居民。

昙石山人头骨复原像

昙石山人劳动场景

昙石山人生活场景之一（摄自昙石山博物馆）

昙石山人生活场景之二

昙石山人生活场景之三

昙石山人生活场景之四（使用独木舟）

昙石山人渔猎图（油画　王辉作）

昙石山人所绘的字、画（博物馆顶层内有许多遗迹）

顶层楼内三叠墓葬遗迹

顶层楼内殉狗坑遗迹（亦称祭祀狗坑）

昙石山遗址发现一座夫妻合葬墓，男子仰身直肢，女子侧身屈肢，且在埋葬时手被捆绑，上下肢骨折断，呈跪卧状，表现为非正常死亡状态。这说明妇女所处的社会地位是从属的，甚至是被奴役的。从这种现象分析，昙石山文化时期的社会性质是属于父系氏族公社的发展阶段。从墓葬反映的婚姻状态考察，这一时期对偶的一夫一妻制个体家庭还不很普遍，只有到了新石器时代末期及青铜文化时代，随着生产力的发展，才可能过渡到父系氏族的高级阶段——军事民主制时期。随着私有制和阶级的出现、原始社会的解体，人们才可能利用青铜的刀子割断原始公社的脐带，迈入文明社会的门槛。

昙石山人的随葬品

釜

簋

罐

豆

昙石山遗址出土的部分陶器

昙石山遗址出土的陶塔式壶

第二节　闽台是南岛语族重要发源地

南岛语系是目前世界上唯一主要分布在岛屿上的大语系。其分布区东到太平洋东部的复活节岛，西到印度洋的马达加斯加岛，北到夏威夷群岛，南到新西兰岛，主要包括中国台湾地区及菲律宾、马来西亚、印度尼西亚、美拉尼西亚、密克罗尼西亚和玻利尼西亚等。南岛语系包括1000~1200种语言，其中绝大多数分布在东南亚。许多专家学者认为南岛语系的起源地应该位于大陆东南沿海一带，包括台湾和澎湖群岛地区。关于台湾少数民族与中华民族的血缘关系，根据考古发掘及对地层构造及台湾少数民族风俗习惯的调查研究等，已得到肯定的结论：台湾岛上所有族群的居住民，都是中华民族的一部分，是直接或间接来自中国大陆的移民，只是时间不同而已。

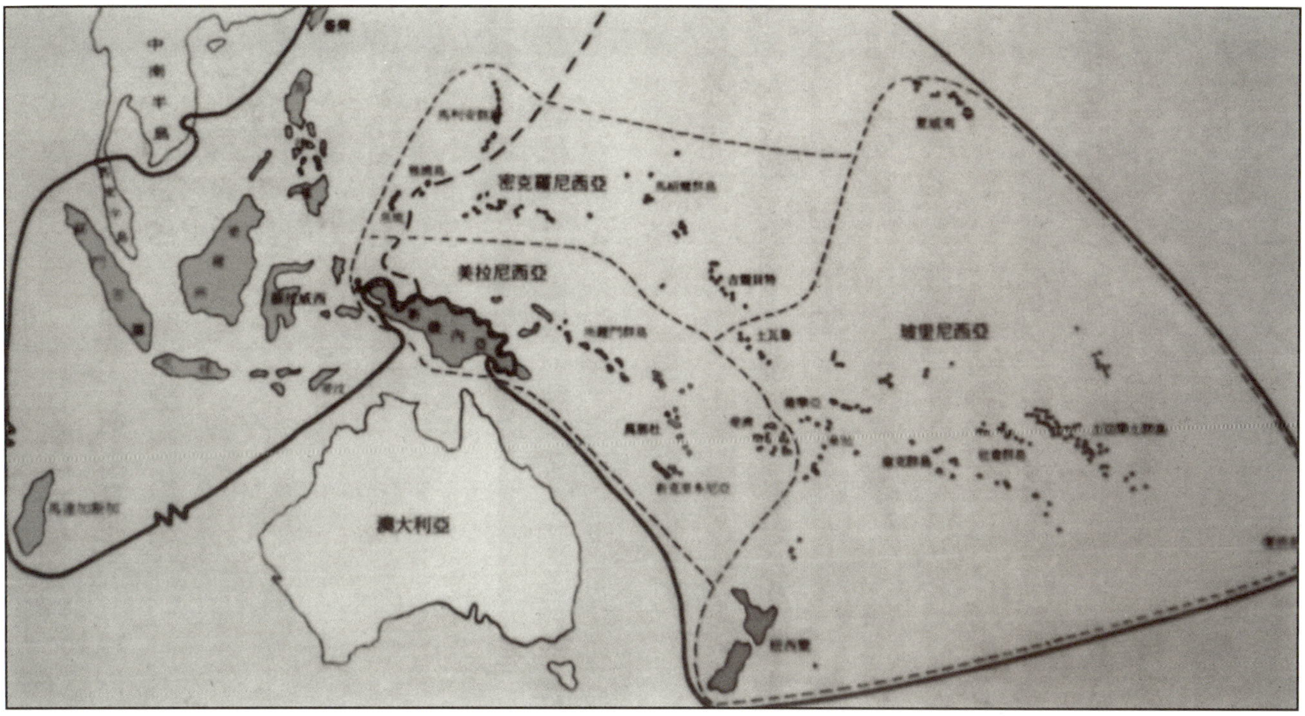

南岛语系分布图

南岛语系分布简图

台湾少数民族

台湾少数民族主要从事渔猎采集

台湾少数民族是最早抵达台湾定居的族群。依据语言学、考古学与人类学资料推断，他们在台湾活动已有5000多年的历史了，这些人大多使用南岛语系语言，因地区、语言的差异，内部分为泰雅人、赛夏人、布农人、曹（邹）人、排湾人、阿美人、雅美人、鲁凯人、卑南人、邵人等。

闽台海峡两岸文化交流密切

台湾的澎湖，台北的圆山、芝山岩，高雄的凤鼻头等文化遗址都是昙石山文化的延续。

被台湾少数民族捕猎的水鹿、獐

台湾出土的新石器时代陶罐

福州昙石山出土的新石器时代陶壶

昙石山发掘的蛤蜊壳堆积层

澎湖贝丘遗址发掘的相同蛤蜊壳堆积层

海峡两岸的新石器时代文化遗址中，文化层包含着大量贝壳，这些贝壳堆积如小山，反映出两地先民的食物皆以水产、海产类为主。

圆山遗址

约为公元前2400~前1100年。陶器以棕灰色细砂陶为主，上有红彩绳纹。生产工具有石锄、石铲、双肩石斧、石镞、骨鱼镖等。居民从事农业和渔猎。

圆山遗址出土的新石器时代的陶罐（与昙石山出土的相似）

圆山遗址出土的新石器时代的有肩石斧

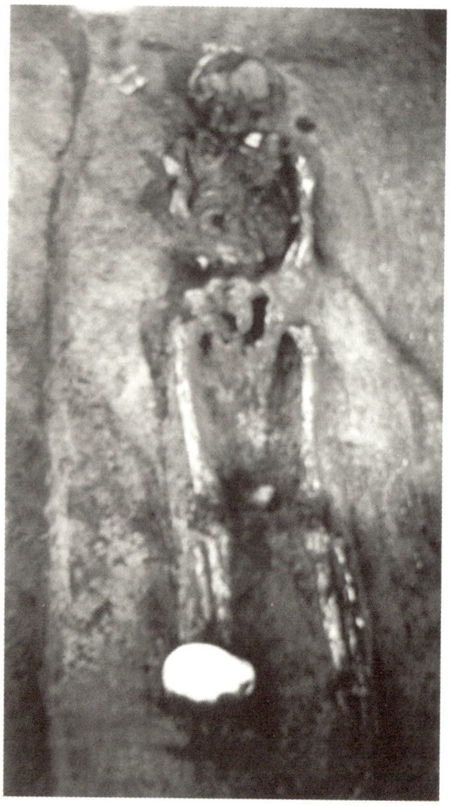

芝山岩遗址墓葬

芝山岩遗址

1896年发现，1979年再次发掘。专家分析推测，其年代比圆山文化早约1000年。出土遗物有黑陶、彩陶，各种磨制石器，稻谷种子，绳索，藤器，骨器，鱼骨，兽骨及用火烤制过的木棍等。其出土的黑陶和彩陶与大陆东南沿海一带出土的黑陶和彩陶属同一系统，这说明至少在4000多年前海峡两岸的文化交流已十分密切。

芝山岩文化遗址出土的兽骨以鹿骨为最多，鹿种以花鹿为主，有少量水鹿。这些动物同样包括在昙石山文化时期的华南动物群之中。闽台两地遗址出土的野生动物种类皆以鹿居多。鹿类性情温驯，容易捕猎，是原始先民充饥果腹的食物，其骨骼可作为先民制作骨角器和装饰品的原料，因此，骨器为仅次于石器和陶器的大宗人工制品。

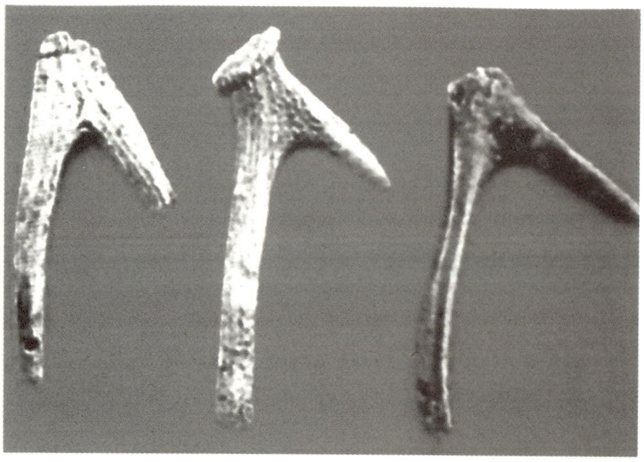

芝山岩遗址出土的新石器时代鹿角槌器

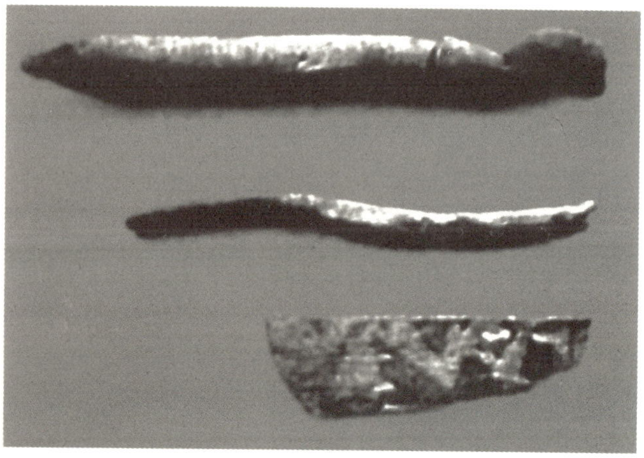

木骨器

凤鼻头遗址

位于台湾高雄市林园区。年代约在公元前2500~前1600年。文化遗存都呈现出鲜明的大陆风格。

凤鼻头遗址出土的红陶、灰黑陶、彩陶与昙石山遗址下层红陶、中层灰黑陶、中下层彩陶，以及黄瓜山文化流行的彩陶工艺水平相近。昙石山出土的人骨发现有人工拔牙痕迹，这是史前人类标志成员长大成人的象征性做法。凤鼻头、圆山文化也有类似现象，证明了昙石山文化对台湾的影响。

台湾少数民族制作的蛇纹陶甑（近代复制品）

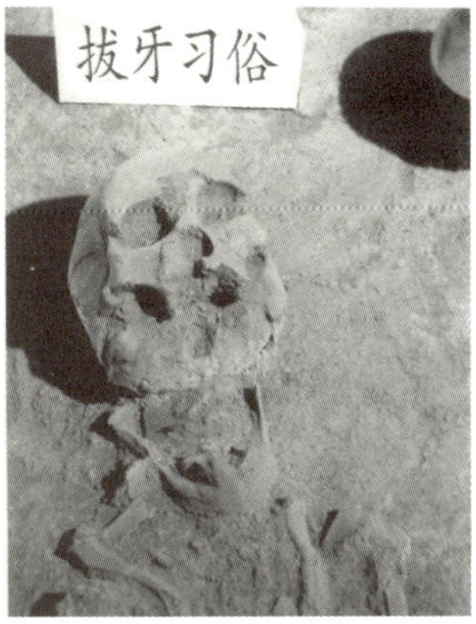

昙石山遗址出土的人骨上的人工拔牙痕迹

台湾出土的人骨上的拔牙痕迹

凤鼻头遗址发掘现场

第三节　闽台同根同源

闽台两地先民所处的自然生态环境与所拥有的生产手段和生活习俗相似。

台湾少数民族制陶情形

台湾少数民族春米制作白粿

福州居民至今仍有人用此法舂米制作白粿。

台湾少数民族生活所用铁锅、碗等与昙石山人的相似

昙石山遗址出土的新石器时代晚期的陶纺轮

台湾少数民族使用的独木舟

台湾少数民族用陶纺轮织布

1975年福建连江县发掘的汉初独木舟

船残长7.1米，宽1.6米，深1.2米，与台湾独木舟相似。

闽侯白头南朝独木舟打捞现场

2003年9月，在福建闽侯县白头闽江边发现南朝独木舟，此独木舟与台湾独木舟相似。

武夷山船棺

类似死者生前使用的独木舟。四川、福建都有发现。福建武夷山发现的均为战国末期所造。台湾的独木舟与昙石山遗址下层独木舟相似。

昙石山遗址上层为黄瓜山文化。黄瓜山文化距今4300~3500年，因首先发现于福建霞浦黄瓜山而得名。先住民以捕捞为主，农业耕作水平进一步提高，出现了干栏式住房建筑。

昙石山遗址上层后段文化距今3500~3000年，称黄土仑文化，因首先发现于闽侯黄土仑遗址而得名。社会经济形态属渔猎、农耕并重。黄土仑文化以制作大量几何形印纹硬陶为显著特征，同时还明显具有青铜文化性质，出现了青铜工具、兵器、礼器和原始瓷器等。青铜时代的闽族在昙石山上再度兴建聚落作为家园，从而以崭新的文化代替原始的昙石山文化。这种文化仍以土著为主体，同时吸收先进的中原文化因素，逐渐成长壮大。

台湾吊脚楼

闽侯县南屿江口近代的吊脚楼

台湾干栏式住房

其建筑特点是从地面架空，以防湿气和虫蛇侵扰。

第二章

秦汉三国时期的福州船政

福州古称“东冶”，晋、宋、齐、梁、陈称为闽州（州治在今屏山）。唐玄宗开元十三年（725）改闽州为“福州”，福州的名称才第一次出现。但这时的福州可算为全省性的名称。福州都督统率泉州、建州、漳州、汀州。唐开元二十一年（733），设立军事长官经略使，从福州、建州各取一字，名为“福建经略使”，与“福州都督府”并存。这时福建的名称首次出现，后成为行政辖区的名称。

福州历来不仅是福建的政治、文化中心，而且是古代中国重要的造船基地和对外港口，是一座名副其实的历史悠久、人文荟萃的文化古城。

古代氏族社会中，多用动物为部落徽号。福建多蛇，当地氏族部落大约是以蛇为图腾的，称为“闽族”。福州最古名称为“闽”。周时称“东越”，所以有“闽为东越蛇种”之说。

闽族的蛇图腾（采自《福州历史文化长廊》）

第一节　远古福州的水陆地形

福州原是一个海湾，位于闽江下游。地质学和考古学研究证明，大约距今6000~3000年，福州盆地应为内海。闽江的入海处就在今天的水口、甘蔗、白沙和大小箸一带。这些地方附近都有蛤蜊层发现，足证当时海水曾到达其地。当年屏山西面、东面都是蜿蜒曲折的浅海湾。

沧海桑田，福州亦不例外。道光《福建通志》载：凡诸港、浦、埭、塘，皆古人填海而成，所谓闽在歧海中。万历《福州府志》说：“通潮于江河者曰溪、曰港、曰浦。”《志书》说：筑土遏水曰塘。《左传》有“王在渚宫”，据杜注“小洲曰渚”，平地筑堤障海，谓之埭。约在千余年前，福州、漳州、兴化、泉州这些沿海平原大部分没有围垦，最初都是海潮涨落之地。北宋以前，今天的南台大部分没有露出水面。在海侵时期，福州三山（屏山、于山、乌山）和南台岛的高盖山、妙峰山及前屿、后屿、横屿、竹屿等都是海湾里的洲岛。今天南台岛上的橘子洲、螺洲、洪塘、濂浦，仓山的施浦、程浦，台

秦汉时代福州湾的地貌图

江的苍霞洲、鸭姆洲、义洲、帮洲等，都是由江中泥沙冲积而成。屏山原是四面环水，由于全球气候转冷，海平面下降，以及长期泥沙冲积，到了汉初，福州平原面积才逐步扩大，屏山变成半岛，三面环水，唯有西北角一侧与陆地相通。海湾内的沙洲也陆续涌现，洲土不断扩大。成书于战国时代的《山海经》载：海内东南陬以南以西者，瓯居海中。闽在海中，其西北有山。一曰闽中山海中。就是说到了战国晚期，今天的福州市区大部分尚处在海水或沼泽之中，潮满时它是个全岛，潮落时则变成一个半岛。昙石山文化考古发现的闽江下游众多的贝壳堆积而成的贝丘遗址，生动反映了福州远古的地貌特征及先民与海洋的密切联系。昙石山遗址的文化真实记录了这段跨越2500年的历史，亦即先秦闽族社会从起源走向发展的历程。

第二节　福州历史的开幕

公元前334年，越王勾践六世孙无疆攻打楚国，兵败被杀，越国亡。王族南奔，部分来福建，与原有闽族人结合，称“闽越人”。七世无诸自立为闽越王。秦始皇二十六年（前221），秦统一了六国，废封建、置郡县，在福州设闽中郡，无诸被削去王号，降为君长。但因秦祚短暂，共2世、15年，未及设官置吏而秦已亡。闽中郡实际形同虚设。陈胜、吴广起义时，无诸率闽越兵反秦。秦亡后，楚汉之争又起，无诸又率兵佐刘邦平定天下，为西汉王朝建立了功勋。汉高祖五年（前202），无诸受封为“闽越王”，“闽中郡”改为“闽越国”，都城设在“东冶”（亦称冶，今福州）。因此，冶城是福州最早建成的城池，距今已有2200多年了。这是福州历史的开幕，也是福建历史的开幕。

西汉司马迁的《史记》载：公元前334年，南方大国强楚攻越，越国不再具有独霸东南的地位，“而越以此散，诸族子争立，或为王，或为君，滨于江南海上，服朝于楚”，“后七世，至闽君摇，佐诸侯平秦”，“闽越王无诸及越东海王摇者，其先皆越王勾践之后也，姓驺氏。秦已并天下，皆废为君长，以其地为闽中郡”，“汉五年，复立无诸为闽越王，王闽中故地，都东冶。孝惠三年，举高帝时越功，曰闽君摇功多，其民便附，乃立摇为东海王，都东瓯”。这是正史的记载，足证福州历史开幕的经过。

《史记》封面

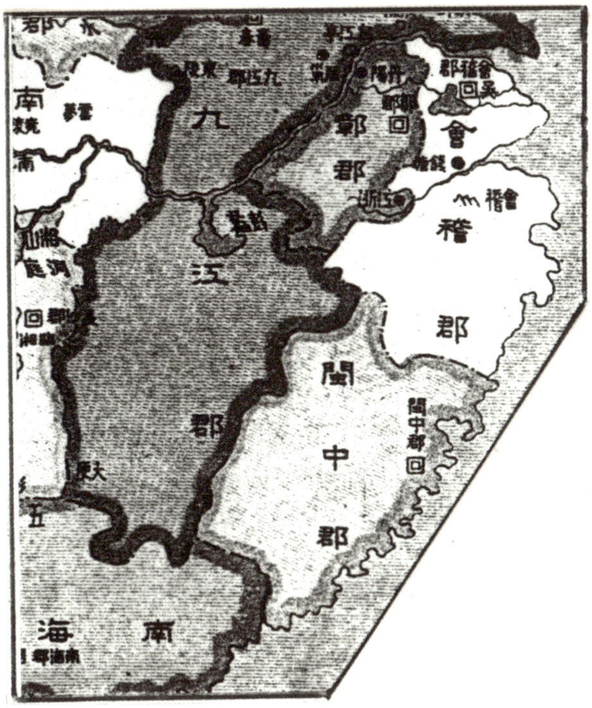

秦帝国东南政区图

秦时福州属闽中郡，但因秦祚短暂，共2世、15年，未及设官置吏，而秦已亡。

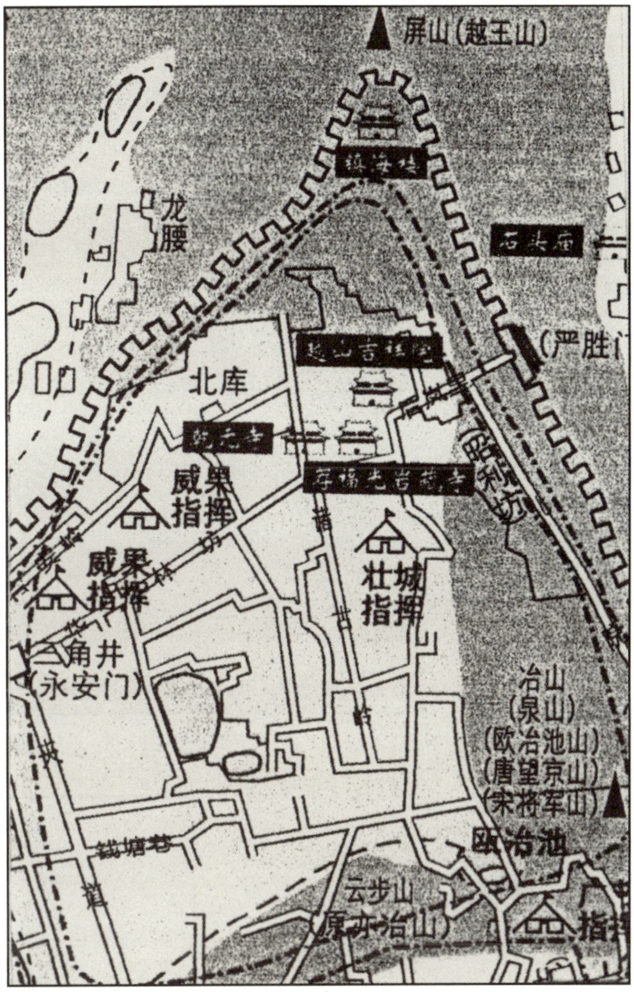

《三山志》中的冶城范围

《三山志》中的冶城范围（图中白色部分）在今福州诸古岭、旧城隍庙、华林寺（越山吉祥院）、钱塘巷一带。括号内皆《三山志》中地名，其他为民国八年地图地名。

首建福州城池冶城传国92年的汉闽越国国王无诸浮雕像

闽越王都（冶城）呈正方形，按汉初法定，小国都城不超“百雉”。雉是古代丈量城墙的计量单位，长三丈高一丈为一雉。考古研究证实：冶城面积符合百雉。冶城以南当时还是水乡泽国，王恭《越城怀古》有“无诸建国古蛮州，城下长江水漫流”句可资为证。

《无诸冶城图》是明王应山《闽都记》卷首刊登的陈介夫、徐𤇆考古摹画的福州古城六图之一。陈介夫，明诗人，闽侯青口人；徐𤇆，明方志学家，闽侯荆溪徐家村人。他们均著作颇丰。此图略有错，图中冶山应改屏山，原冶山、欧冶池等应移城之右下角。图中九仙山即于山，罗山

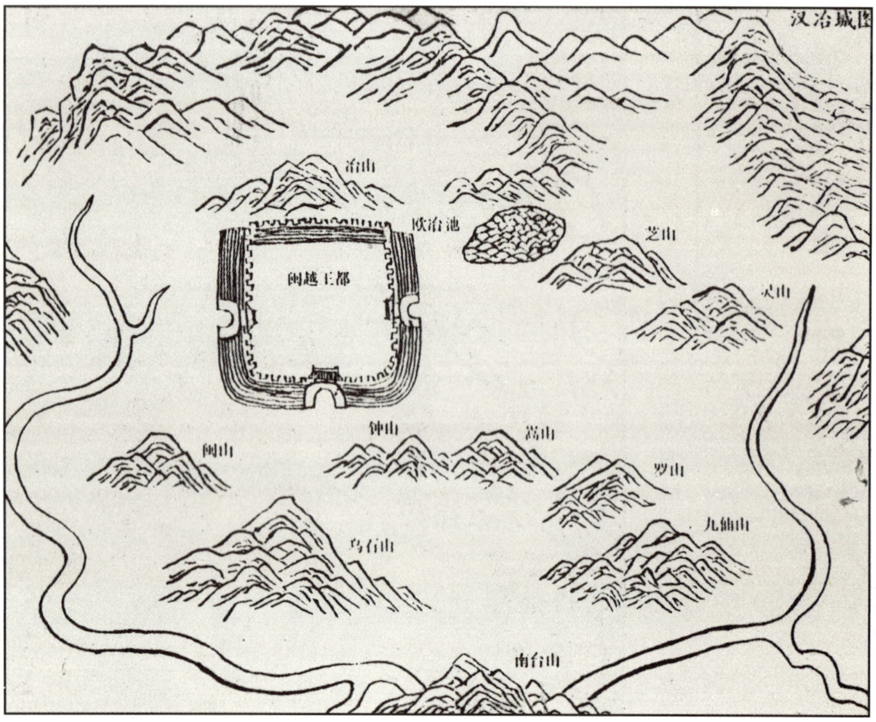

无诸冶城图

即今法海寺，闽山在今光禄坊，芝山在开元寺后，钟山在钟山巷，嵩山在今仙塔街。

东冶之称由冶山而来。冶山在城东南面，为屏山东支的一座山丘，传说欧冶子曾在此铸剑，故名。冶山又名泉山、欧冶池山，唐称望京山，宋称将军山。宋《三山志·地理·叙州》记载，闽越王无诸旧城在此山（冶山）西北，越王山（屏山）之南。

秦始皇帝像

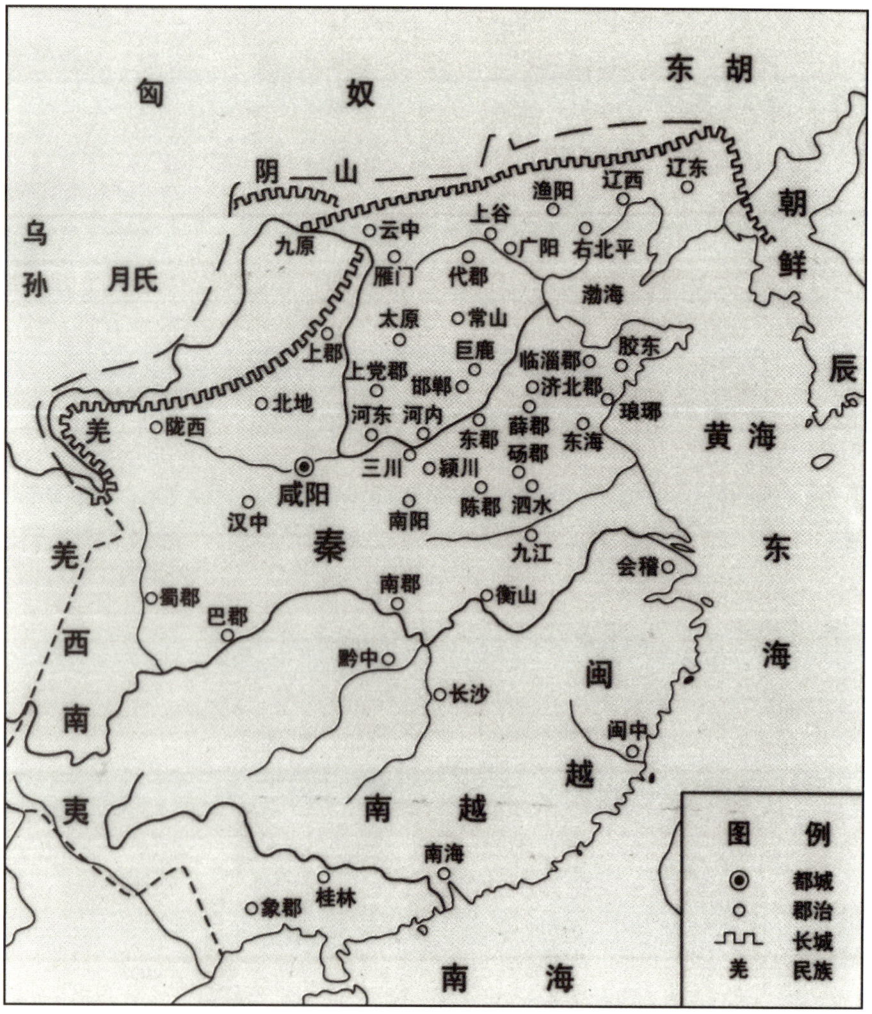

秦代疆域图
福建属闽中郡。

福州鼓楼宏屏建筑工地海滩淤泥发掘现场

战国晚期至汉初，屏山为半岛。今屏山南麓鼓东路一带，挖至13米以下就出现黑色淤泥堆积。这亦可证明秦汉之际此地尚在海中。

新石器时代晚期福州先民所用的石锛等石制渔猎工具

新店古城外城东坑出土的打制石器（刮削器）

新店古城外城中南区灰坑发掘现场

灰坑多蛤、蚶、龟、鳖、鱼等海产、淡水产品的残骸。

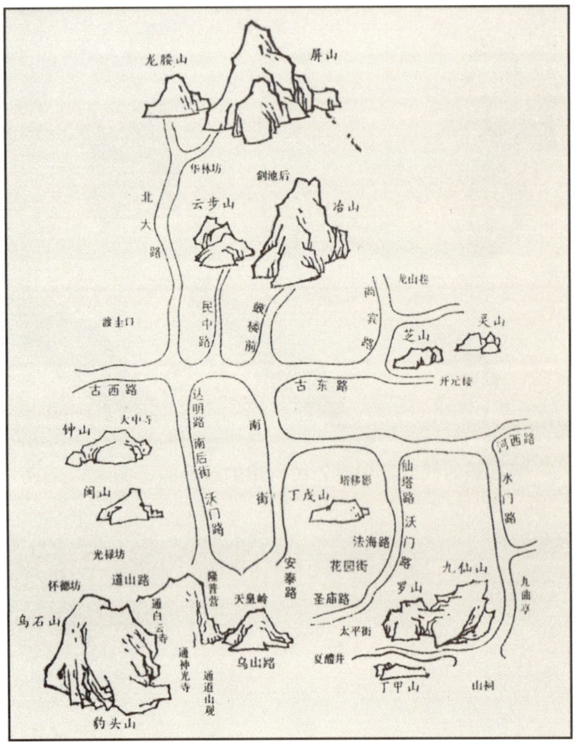

福州古城诸山位置图

省城山脉自龙腰山入城，越王山（屏山）南行复起为乌石山（乌山）、九仙山（于山），东西对峙为门户。冶山、芝山、灵山则越王山之支者；罗山、丁戊山则九仙山之支也；玉尺山（闽山）、钟山则乌石山之支也。谚云："三山藏，三山见，三山看不见。"见者——越王山、九仙山、乌石山鼎峙城中，三者最巨，故称福州三山。藏者与不可见者向无定论，或以罗山、芝山、丁戊山为藏，以灵山、钟山、玉尺山（闽山）为看不见。（参见林枫著《榕城考古略》第19页、27页）

欧冶池

相传春秋时期欧冶子铸剑于此。

冶城宫殿遗址

1998年冶山福建省财政厅用地考古发现。

闽越王都城遗迹

今福州泉山东南有一道长200多米、高约5米的石砌驳岸，它用花岗岩条石作丁顺砌法，与洪武四年驸马都尉王恭所筑府城基本一致。石墙上有4块约1.5米见方的清人石刻——“冶山古迹”。无诸在此筑城，称“闽越王都城”，亦称“冶城”。

大庙山上的石刻题字

相传出于宋代书法家米芾之手。

无诸受封地——大庙山

大庙山原名惠泽山，汉高祖五年无诸受封于此，后立庙，称镇闽王庙。庙东有钓龙台，相传乃越王余善钓白龙处。当年山下百步即为海水，山东北与面岭、横山（亦称吉祥山）相连，直通洋头口，周围均为海水。大庙山上今为福州四中校舍。

华林寺大殿

华林寺原名越山吉祥院，位于福州华林路（今省政府旁），始建于宋乾德二年（964）。华林寺大殿是中国长江以南最古老的木构建筑。寺址原系冶城遗址。

屏山出土“万岁未央”瓦当

1997年福州屏山农贸市场工地出土的“万岁未央”等瓦当（汉），证明屏山至冶山一带有宫殿遗址。

第三节　考古发掘无诸建造的冶城在今新店一说

1985年5月，福州郊区文管会黄荣春首先在福州北郊发现新店古城遗址。这个重大考古发现自然引起了国家和考古界、史学界的重视。1996~2000年对新店古城遗址进行了4次发掘，发现许多汉初文物，特别是城墙遗址，引发了对无诸所建的冶城究竟在屏山至冶山一带还是在新店的争论。争论虽无定论，但笔者认为黄荣春的论点值得重视，黄荣春认为：

1. 屏山至冶山一带至今没有发现城墙，四周若没有城墙，何来冶城？而在新店却发现了古城（内城和外城）的城墙。

2. 屏山至冶山四周，南北长约480米，东西长约500米，面积仅25万平方米左右；而新店古城面积却有30多万平方米。后者应是母体，更不可能是前者的卫城。

3. 考古发掘证明：新店古城始建于战国晚期；而屏山一带出土的“万岁未央”等瓦当与在崇安汉城发掘出的瓦当相同，都是圆的，应晚于汉高祖七年。

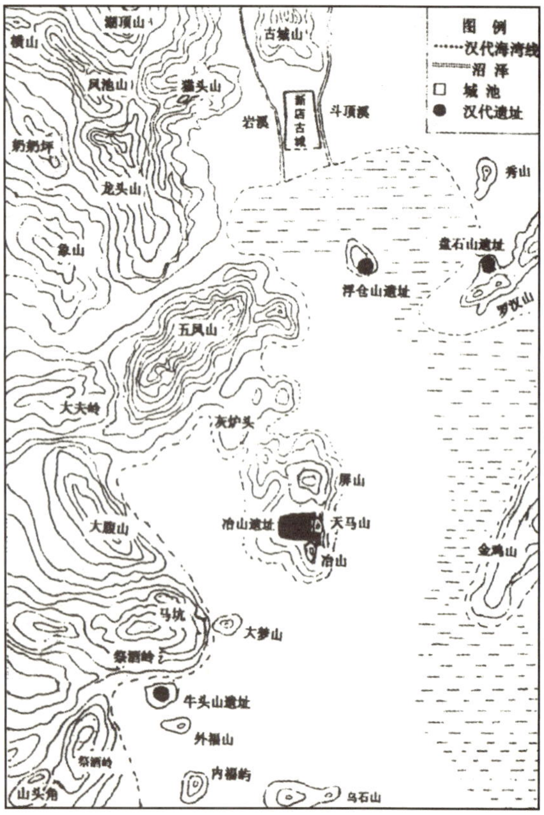

汉闽越国都市地貌示意图

新店古城内城发掘现场

浮仓山

浮仓山为闽越王无诸仓廪地，当时四面环江。晋太康时，凿东湖，此山在湖心，上平下方，若浮仓然，故名。后仓为墟，江亦淹塞为田。

黄荣春根据考古发掘认为，无诸建造的冶城在今新店，余善建造的宫殿在屏山至冶山和牛头山一带，新店古城至冶山、牛头山一带为冶城范围，亦即闽越王无诸先在新店古城建造的城池，东越王余善后在屏山、牛头山建造的宫殿，以及建在浮仓山的闽越国粮仓，都是冶城范围，亦即东冶地域。

当然，屏山至冶山一带是志书上记载的冶城位置，虽未发现城墙、城基遗址，并不等于当时没有城墙。同样新店古城虽没有发现宫殿遗址，也不等于没有宫殿，只是还没有探测、发掘而已。有一点确实可以下结论，即冶城在今福州。

新店古城外城的西城墙剖面

无诸死后，继承王位的是郢。汉景帝四年（前153），吴王濞反汉失败，率部逃到东瓯（今浙江永嘉县）。东瓯王（即东海王，俗称东瓯王）遵汉令，把吴王刺杀。吴太子驹亡命到闽越，常煽动闽越王郢吞并东瓯。武帝建元三年（前138），闽越出兵围东瓯，武帝发兵浮海救之，尚未到达，闽越已撤兵回去了。后东瓯自愿举国迁徙于江淮之间，东瓯立国55年，至此结束。建元六年（前135），闽越出兵攻南越（今岭南），武帝派两路大军南下，闽越王郢的兄弟余善乘机发动政变，把郢杀掉。汉廷以无诸孙繇君丑为越繇王，余善自立为王，汉廷则以东越王名义封他。元鼎五年（前112），南越相吕嘉反

新店古城的白马尊王祖殿

新店古城内城东城墙南端的金吾将军庙及榕树

汉，汉派楼船将军杨仆率军讨伐。余善反复无常，与南越互通密使。次年南越覆灭，武帝命杨仆等把队伍开到豫章（今南昌），驻扎梅岭，待命进攻余善。余善获知大军压境的消息，先发制人，用驺力等为吞汉将军，发动攻势，击杀汉军三校尉，并雕刻玉玺，自称武帝。汉廷被迫4路出兵：

一路由楼船将军杨仆出武林（今江西鄱阳县）入崇安分水岭。

二路由横海将军韩说出句章（今浙江慈溪）后搭海船赴闽粤（越）。

三路由中尉王温舒出梅岭（今江西宁都县）入闽西。

四路以越侯为戈船、下濑将军由浙江（绍兴）海道南征。

余善亦筑6城以拒汉：

1. 在今邵武筑乌坂城。
2. 在今建阳筑大潭城。
3. 在今浦城县北筑汉阳城。
4. 在今浦城县故址筑城。
5. 在今浦城县南临江镇筑城。
6. 在今崇安县城村筑古粤城（汉城）。

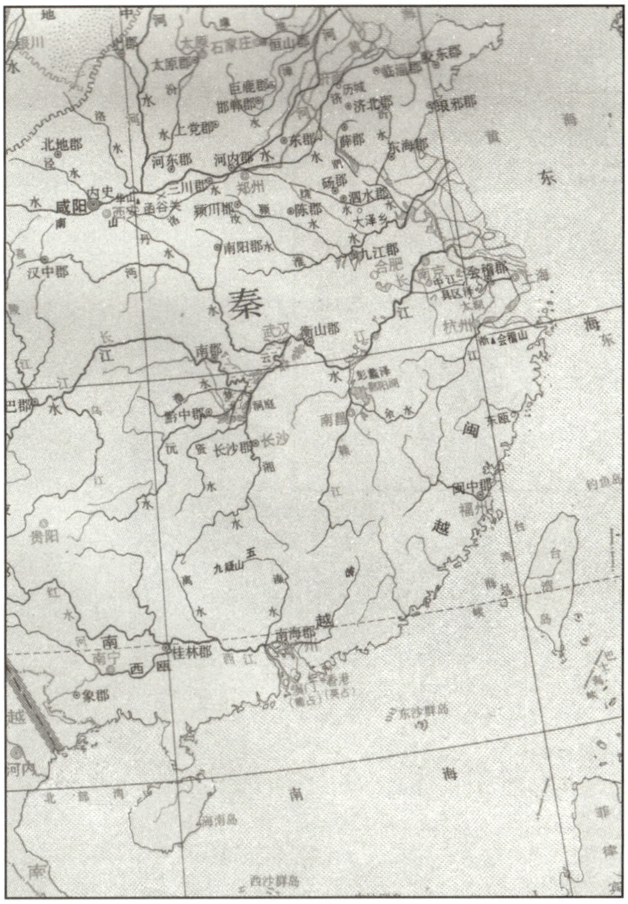

汉初闽越国形势图

崇安城村古粤城（汉城）高胡坪宫殿群西天井遗址（采自杨琮《闽越王文化》）

余善抗汉，始胜后败，退守冶城。由于内变，被故越建成侯敖和繇君居股杀掉，举国归汉。汉武帝消灭闽越国后，采用秦代迁徙六国豪强的策略，把大批闽越族人迁到江淮一带，闽越地遂虚。

崇安城村汉城出土的汉代铁铤铜箭镞

崇安城村汉城出土的汉代"万岁"瓦当

综上可知：

1. 福州屏山至冶山一带出土的"万岁未央"瓦当和崇安汉城出土的"万岁"瓦当，确系余善所建宫殿之物。只有余善僭称帝号，才有"万岁"瓦当之物。

2. 闽越地区有多座泉山，宋《治平图》把旧冶山称泉山，说闽越王故城即此山，可见福州冶山亦称泉山。唐开元时在福州置折冲府，亦号泉山府兵。余善在浦城拒敌，站不住脚，乃由建瓯斜出东南，经雪峰前边退到冶都（泉山）。这条路线是历史上用兵间道之一，恰如朱买臣所说，长约500里，其中所说的泉山应是福州冶山，亦即泉山。

3. 据明王应山《闽都记》及道光《福建通志》卷三九《古迹》等记载，余善坟墓在侯官县宁棋里，亦足以证明他死在福州。

第四节　秦汉三国时期福州的造船业

早在7000年前，福州先民已生息于福州大地。因三面环山，地理环境封闭，与外界交流较少，社会经济开发很迟，直到秦汉交替时，福州仍是"方外"之地，与中原相比要落后得多。当时中原已进入具有一定规模的木帆船时

武夷山船棺

直到秦汉之际，福州与中原相比要落后得多，独木舟是常见的水上交通工具。武夷山船棺类似死者生前使用的独木舟，经^{14}C测定距今2445±150年，约战国末期所造。

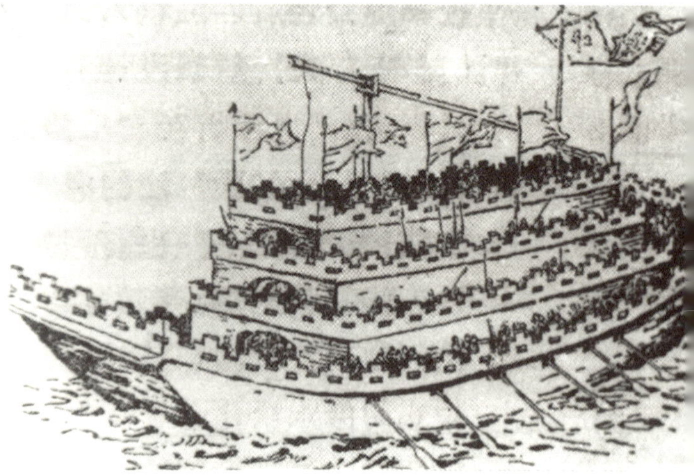

汉代楼船

秦汉时，中原已有多层楼船。楼船形体庞大，外观似楼。汉代楼船上建有三层：从下至上，第一层叫"庐"，像庐舍；第二层为庐上重室，称"飞庐"；第三层叫"雀"。据田久川《古代舟车》，这种楼船能载千人。

期，而福州还处于利用舟筏从事渔猎生活的时期，独木舟是常见的水上交通工具，人们过着封闭的生活。汉代以后，福州与先进的中原地区交通渐多，社会经济发展迅速，造船、航运取得飞跃进步，赶上了其他先进地区的水平。

连江西汉独木舟

实物残长7.1米、首宽1.6米、尾宽1.2米，是江河中的摆渡船，樟木挖制，舱中有一凸起的方形座，据^{14}C测定距今2170±95年。

移存闽侯县昙石山博物馆的南朝独木舟

独木舟长11米（剩下9米），首宽0.95米，尾宽0.7米，经福建农林大学李平宇教授鉴定为樟科楠木属的闽楠木质。

福建省考古专家现场考证南朝独木舟

2003年9月上旬，闽侯县荆溪镇港头村白头自然村村民捕鱼撒网被“木头”挂住，将其打捞上来后砍下一小段当柴烧。闽侯县博物馆馆长曾江闻讯赶赴现场，初步判定这是一艘独木舟，立即向省文物部门上报，上级遂派专家到现场考证。独木舟被移入福建省昙石山遗址博物馆后，由馆长欧潭生研究员请中国社科院考古所^{14}C实验室测定，该舟距今1466±45年，即存在年代为公元484±45年，相当于南北朝时期。

汉武帝消灭闽越国后，把大批闽越族人特别是贵族、官僚和军队迁到江淮一带。经过25年，汉昭帝始元二年（前85），未迁移的闽越遗民在故地被编为一个县，叫作“冶县”，属会稽郡。但冶县的范围包括全省，是会稽郡辖26个县之一，县治在今福州。会稽郡郡治在今苏州。

消灭闽越国的汉武帝

东汉建武三年（公元27年），冶县更名为东部侯官，仍属扬州会稽郡，但这时的会稽郡郡治在今绍兴。从冶县设立到东汉末，闽中的历史是一个空白。此时孙策崛起江东，于汉献帝建安元年（196）攻会稽，太守王朗弃郡，由海路奔东冶（东侯官）。孙军追踪而至。侯官长商升为朗起兵救援，但终战败。于是闽江下游归于东吴孙氏。孙策去世后，把国事托其弟孙权，从此闽中属孙权统治。

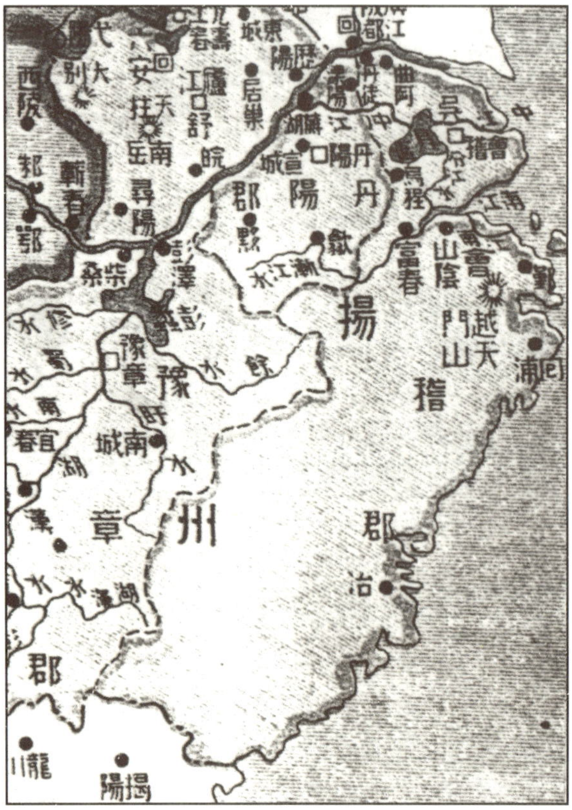

西汉冶县形势图

西汉时冶县属扬州会稽郡。会稽郡郡治在今苏州。

东汉会稽郡东侯官形势图

从建安元年至东吴太平二年（196~257），孙吴5次对闽中用兵，经过62年之久，福建全省才终属于吴。汉族人大量入闽，带来先进文化，给闽中注入了新的血液。侯官（福州）人口，从东汉不满万户发展到10万户。

东汉末年（210）福建境内已设立侯官（今福州）、建安（今建瓯）、汉兴（今浦城）、南平、建平（晋初改名建阳）5个县。

孙休永安三年（260），把福建设立为建安郡，属扬州管，下设9个县：建安、南平、将乐、建平、东平（今松溪）、昭武（晋初避司马昭讳，改名邵武）、吴兴（原名汉兴，今浦城）、侯官、东安（晋时分为晋安、同安两县）。

吴主孙权

福州归属东吴后，吴主孙权开始在福州沿海建立造船基地，发展闽江下游造船事业，因此有典船校尉和温麻船屯的设立。

一、关于典船校尉的记载

宋梁克家《三山志》卷一《地理类·叙州》载：典船校尉，据旧记云：设在福州开元寺东直巷内，吴时都尉营所在，号船坞。

明《八闽通志》卷八十《古迹》云：都尉营在开元寺东直巷，吴置典船校尉，主谪徒作船于此，其地今为民居。

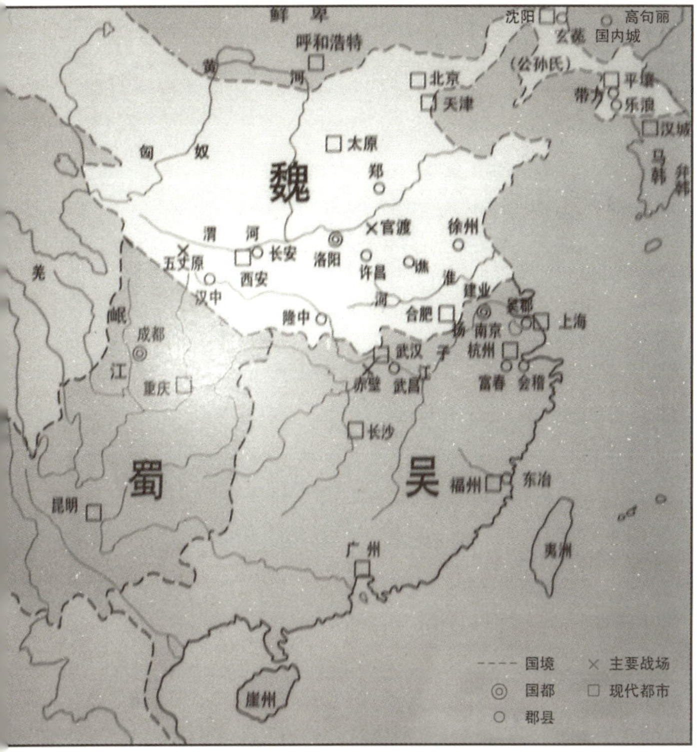

三国鼎立图

福州开元寺

由此可知，三国时孙吴集中罪犯（谪徒）在今福州开元寺东直巷“船坞”（船场）从事造船。

开元寺位于芝山之南，梁太清三年（549）建，对面东直巷系吴时都尉营所在，号船坞。《三山志》说，今福州市内的澳桥，无诸时四面皆江水，是个“舟楫所处”的地方。

孙吴尚在澳桥以北、开元寺以东设立造船机构，“谪徒造船于此”，可见直到汉代，在开元寺东沿澳桥而下，确有一宽广的港汊。

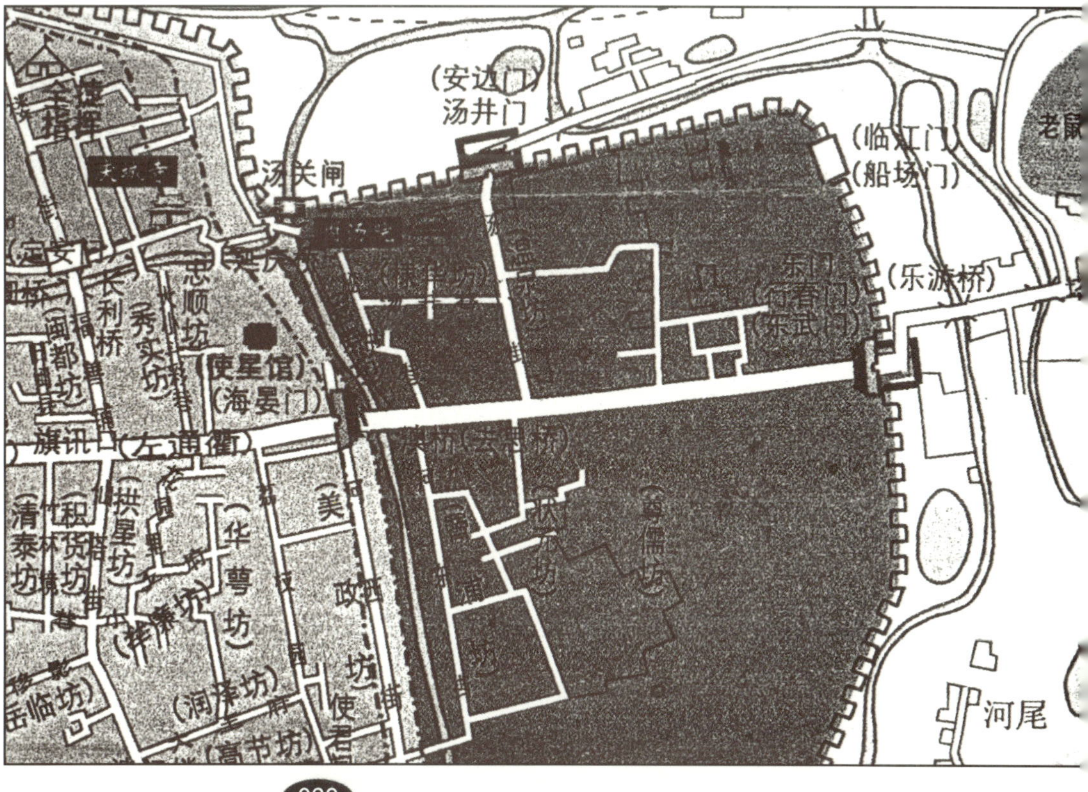

孙吴时期福州船场形势图

《三山志》载，左边闽都坊、秀实坊原是孙吴时典船校尉（管理船坞机构）驻所，在开元寺东直巷位置。由此向右向下，当时系海水一片，孙吴在此造船，右上角系至今遗留的船场门遗址。海水后退后泥沙沉积，剩下澳桥小河从汤关闸直通古直渎港。

二、关于温麻船屯的记载

一说在今霞浦县。《古今图书集成·职方典》1107卷《福宁州城池考》及《建置沿革考》云：晋以温麻船屯立温麻县，县治在福宁州（今霞浦县）四十一都。《八闽通志》卷一二《山川》云：福宁州，鼓楼山之下旧为温麻县治。又民国《霞浦县志》卷六《城市志·乡都》云：温麻废县，今称古县，在今霞浦县南，东距福宁湾不远。廖大珂《福建海外交通史》认为，闽东的三沙湾早在三国时代就已开辟了港口，吴国曾设温麻船屯，掌建造海船之事，其造船基地温麻港（今盐田港）即在三沙湾内。

一说在今连江县。宋梁克家《三山志》卷二四载：连江县……晋太康三年，以温麻船屯立温麻县。即今连江。明王应山《闽都记》卷三一载：连江县，在龙潦山南、鳌江之北，去郡城八十里而遥。晋太康三年，析闽县温麻船屯，置温麻县。隋开皇中，省入闽。唐武德六年复置县，曰连江。《闽都记》卷三三《郡西北福宁胜迹·福宁州》载：福宁州本侯官温麻地，唐时为长乐县，后改连江，复为罗源县，元升长溪为福宁州……

遗留至今的福州船场遗址（福州市考古队提供）

但据《三国志》卷四八《吴书·孙皓传》，当时除建安郡侯官县设典船校尉外，还向闽东至浙南沿海地区扩展，用类似“屯田”的方式征集当地工匠与劳力，建立更大规模的造船基地。由于古时从闽江口以东至浙江瓯江流域温州一带的沿海地区统称“温麻”地，故此造船基地亦称“温麻船屯”。此说转见于林开明《福建航运史（古近代部分）》第28页。林开明认为：古时，闽江口以东至浙江温州一带的沿海地区所设船场都称为“温麻船屯”。

秦汉三国时期造船工场船台

当时温麻船屯用五板所造的海船，称为“温麻五会”，是一种有5层舷板的海船。温麻船屯究竟在何处？以上三说供读者参考。但笔者认为《三山志》是福州现存最古的史志，其说是连江应属可信，且福州市博物馆及市考古队专家考古发现连江有温麻庙及庙前许多船碇、船钉等，温麻船屯在连江县似无疑。

民国《连江县志》卷二一《祠祀》载：温麻庙，在县尾铺。晋太康三年建，祀晋太尉吴、李二公……清康熙十四年圮于风，乡人复募建。时间亦吻合。

孙吴先后设置的典船校尉和温麻船屯，数十年间造了大量船舶，先进技术也传到了福州以至闽东沿海地区。

连江温麻庙前方为温麻船屯遗址

汉时楼船

甲板上设楼三四层，每层四周建有3尺高矮墙，以防敌兵器的攻击。墙上开矛穴和箭孔，可向敌人投射。楼船形体高大，载兵可达千人。

斗舰

介于楼船和艨艟之间的一种攻击战船。只设一层楼，四周设有矮墙作掩体。

三国赤壁之战时战船（油画）

艨艟

以生牛皮蒙其背以御矢石，前后左右开有弩窗、矛穴以攻敌。

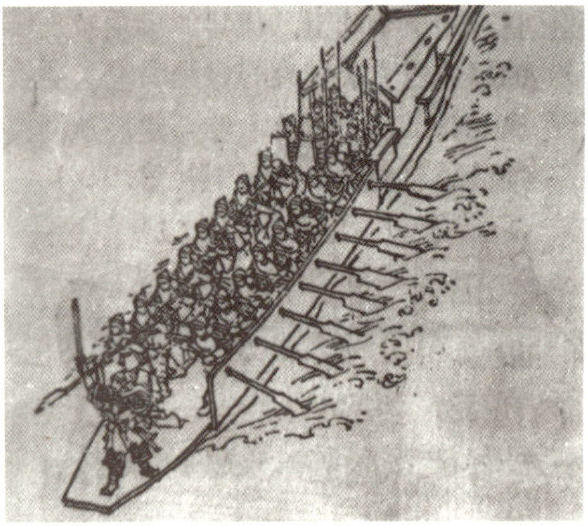

十六桨快速战船

先登

小型灵活的军用快艇。

三国赤壁之战时的斗舰复原模型（中国人民革命军事博物馆）

此外，尚有桥船、赤马、斥候等多种战船。

秦汉时的客货船有龙舟、漕舫、舸、艑、艇、轻舟等，由中原传入福州后，福州及沿海各船场均能制造。

左思《吴都赋》这样描述：弘舸连舳，巨舰接舻。飞云益海，制非常模……比鹢首而有裕，迈余皇于往初……篙工楫师，选自闽禺……这就是说，吴国制造的船是“弘舸”、“巨舰”。其中，如吴王孙权所乘的“飞云”、“益海”，更是不凡。这些巨舰超越了古代“鹢首”、“余皇”之类的大船。这些“弘舸”、“巨舰”的“篙工楫师”都是选自福州、广州。左思虽未指出“弘舸”、“巨舰”是哪里造的，但典船校尉与温麻船屯所造的船与之不无关系，至少督造的船只的技术水平也是相当的。

“画鹢”或“鹢首”船

第五节　秦汉时期福州的内河航运

闽江中上游使用的两头尖、既能载人又能载货的内河船

闽江纤夫拉船上行图

秦王嬴政为统一中国，曾派郡都尉屠睢入闽击越，又使郡御史监禄自余干水（今江西信江）凿开武夷山道至闽江上游，伐材制船，再顺流而下，到达闽中郡治东冶（今福州），这是福州出省最早的内河航道。后来无诸率越人抗秦反楚，以及汉初许多谋反的王侯私通闽越往来都是走这条内河航道。孙吴经营闽中，占领东冶没几年，建安（建瓯）、汉兴（浦城）、南平叛乱，吴将率会稽郡5县兵力，同出余汗（今江西余干）……大破之，走的也是这条路。孙吴对闽中的经营，更进一步开发了闽江航运，使闽江河运从原始捕捞鱼贝或部落之间交通逐渐转入县际之间载人、载货运输。但这条水道经常“漂石破舟”，甚不安全。

第六节　两汉三国时期福州的海上航线

西汉时开辟了两条交通线通往国外。建元三年（前138），武帝派遣张骞出使西域，开辟了陆上的丝绸之路。这条道路从河西走廊经塔里木盆地南北边缘通向中亚、西亚以至身毒（今印度、巴基斯坦）。

这条陆上丝绸之路，后因常受到匈奴的骚扰而中断。元狩元年（前122），又派使臣从四川开辟经印度通往西方的新路线，但未获成功。

至于海上航线，《闽中记》关于长乐吴航头的记载有

初唐壁画《张骞出使西域》

画面右侧为汉武帝骑在马上为张骞出使西域送行，左侧是张骞跪拜辞行，其后是持节的随从和马匹。

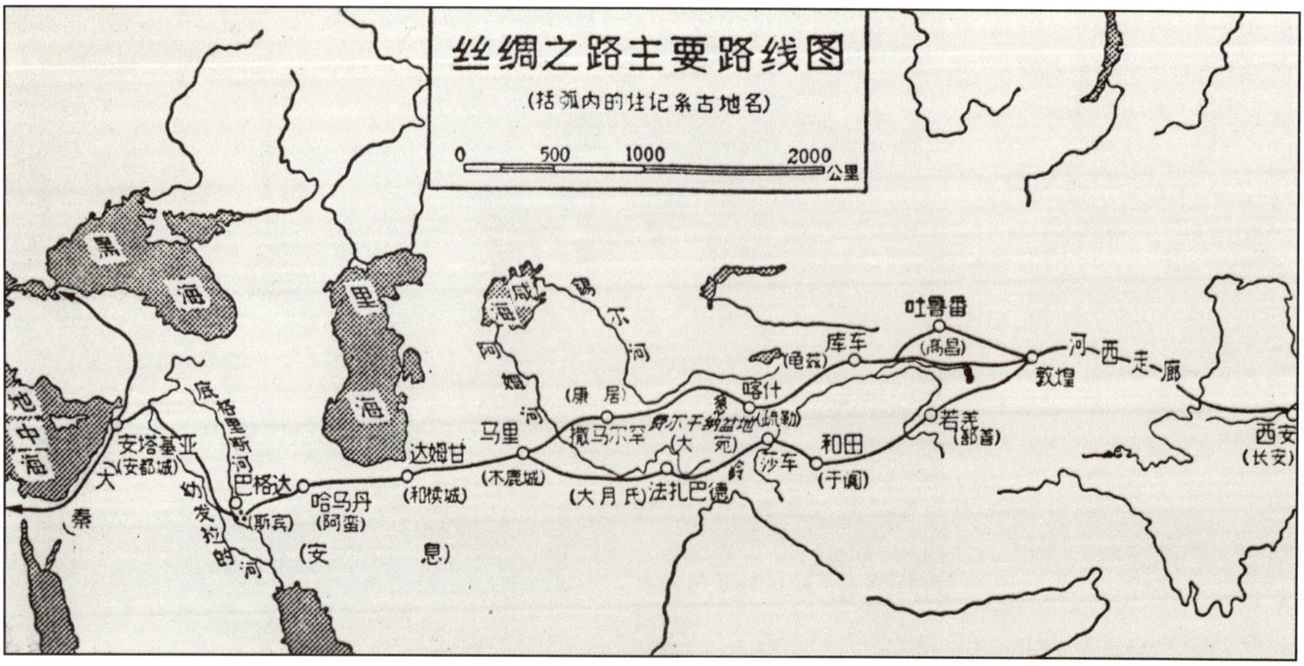

“吴王夫差乘船略地至此作战舰，故名”，这似乎是最早的海上航线。一般认为战国末期，越亡于楚，无疆后人有一支从海上进入福州是最早的记载。而闽粤海上交通的最早记载却是汉高后（前187~前180）时，南越王赵佗自称南越武帝，出兵反汉，财物赂遗闽越、西瓯、骆，役属焉。

南越本是秦的郡县，公元前183年赵佗自立为南越武帝。汉文帝力事怀柔，赵佗取消帝号，称臣奉贡。公元前112年，南越相吕嘉杀其王及汉使，汉武帝令楼船将军杨仆率10万余楼船兵会同伏波将军路博德五道征讨，次年平之，南越再度被收入中国版图。以其地分置9郡，其中交趾、九真、日南3郡即今越南之河内、清华、义安等地。公元40年交趾徵侧与妹起义称王，汉光武帝派马援为伏波将军于公元43年平之。

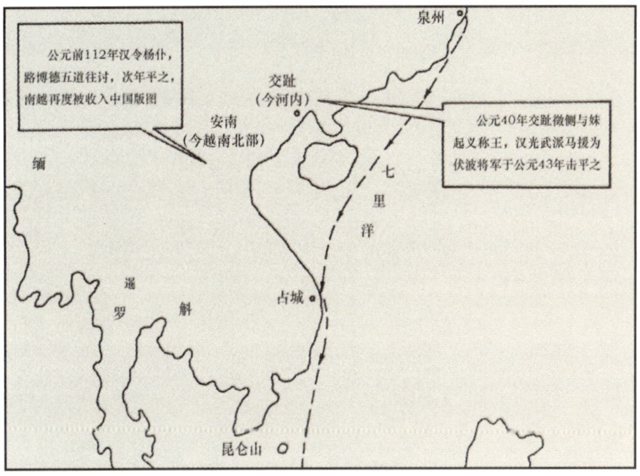

汉击南越示意图

南越本是秦的南海郡，汉设治于番禺（今广州），其疆域包括今广东、广西和越南之河内、清华及义安一带。

交趾，秦时属象郡。汉武帝灭南越后设9郡，交趾即其中之一。汉“十三州”之一的交州，治所即在交趾。

汉元鼎五年（前112），南越相吕嘉反汉，汉武帝遣伏波将军路博德、楼船将军杨仆击南越。闽越王余善自请出兵8000人协助楼船将军击吕嘉，兵至揭阳（今广东汕头），余善虽陈兵不前，阴持两端，但由此可见闽越国在当时确实拥有一支相当庞大的舰队，既能从事海上运输，又能采取海上军事行动。

汉武帝平定南越吕嘉叛乱后于元鼎六年（前111）以其地为南海、苍梧、郁林、合浦、交趾、九真、日南、珠崖、儋耳9郡。除珠崖、儋耳在今海南岛外，余下7郡在今广东、广西和越南，号称“交趾七郡”。以合浦为起点，开辟了远渡重洋的海上丝绸之路。《后汉书·郑弘传》载：旧交趾七郡，贡献转运，皆从东冶泛海而至。西汉都城在长安（今西安），东汉都城在洛阳，七郡地区进贡汉

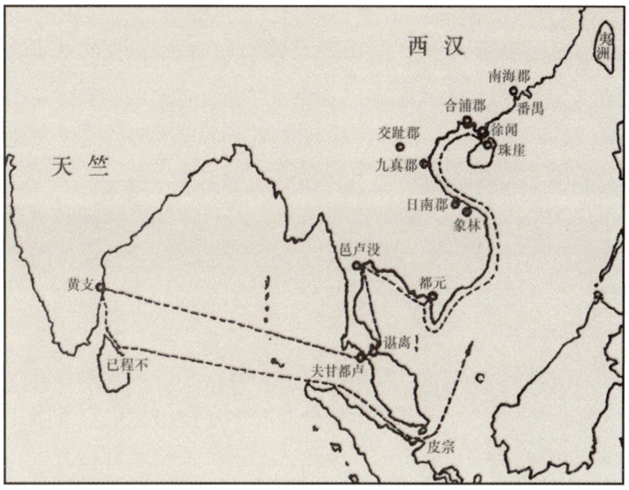

汉代海上“丝绸之路”

图中天竺即今印度，黄支国即今印度南端坎奇普拉姆。已程不国即今斯里兰卡，古代称师子国。皮宗一说在今马六甲海峡东端一带，一说在今新加坡西面的比实岛。都元在今越南南部的迪石一带。邑卢没国即今泰国湄南河河口的佛统。谌离国即今泰国的巴蜀。夫甘都卢国即今缅甸丹那沙林。象林即今越南维林县南的茶荞。武帝时已程不国只是中转港，罗马人通过印度航商在此与中国商船交换丝绸。

朝的贡物，在路线未改变之前，都是从越南“泛海”到东冶（今福州），再“泛海”转运到山东登莱，而后从陆路运送到都城。

东冶是闽越王无诸的都城，亦称冶城。港口名称与行政区划名称相一致，东冶港是因都城东冶而得名。唐开元十三年（725），东冶始改称福州，东冶港才改称福州港。在梁代以前，福建海外交通是以东冶港为基地的，而

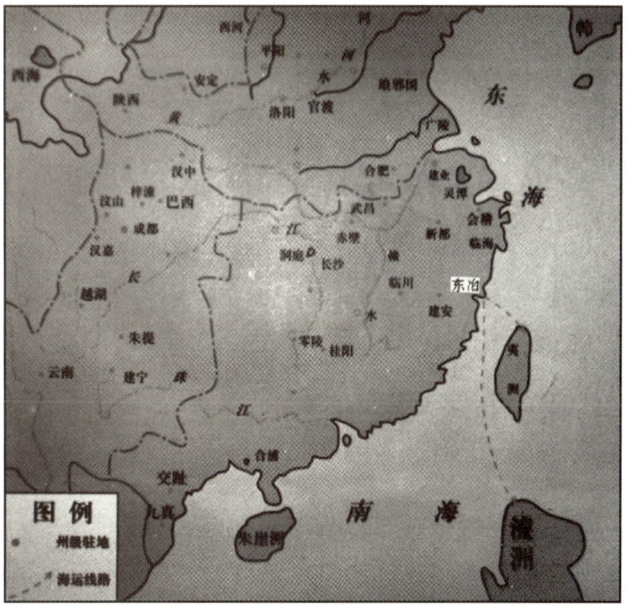

三国时期海运图

泉州港尚处萌芽状态。直至宋朝，泉州港才取代福州港。

孙吴统治时期，闽中海运事业更有发展，东冶港成为吴国重要的海上活动基地。福州（东冶、冶山，亦称泉山）与夷洲一水之隔，又是吴都建业（南京）南下海路必经之地和海上活动、整装远航的出发口岸和中转口岸。黄龙二年（230）孙权派将军卫温、诸葛直率甲士万人“浮海求夷洲及澶洲”。澶洲在海中……其上人民时有至会稽货布，会稽东（冶）县人海行，亦有遭风流移至澶洲者，所在绝远，卒不可得至。但得夷洲数千人还。据梁章钜《三国志旁证》卷二六，东县当作东冶，澶洲即小吕宋，夷洲即台湾。但据《三国志》作者写道：澶洲在海中，长老传言秦始皇遣方士徐福将童男童女数千人入海，求蓬莱神山及仙药，至此洲不还，世相承有数万家。可见这里说的澶洲是日本群岛。

徐福

秦方士，字君房，山东琅玡人。据载2200多年前，秦始皇求长生不老之药，命徐福带3000童男童女渡海求蓬莱仙山，乘楼船入海，结果一去不返。后在江苏连云港市的赣榆县发现了“徐福村”，考古证明徐福是历史上实际存在的人物。

徐福所找的长生不老之药——天台乌药

天台乌药实由中国传至日本。

蓬莱山在日本熊野川出海口

自古以来，蓬莱山被当地人们奉为神仙降临的神灵之山。近人梁嘉彬研究证明：蓬莱即日本，瀛洲即琉球，方丈即济州岛。

日本的徐福故居遗址

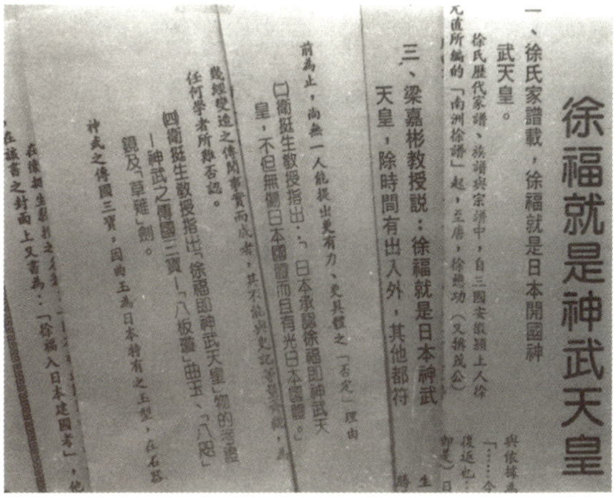

《日本神武开国新考》

近人梁嘉彬教授、卫挺生教授研究论证秦始皇派徐福浮海求神药，因至日本而成为“日本神武开国天皇”。

徐福出生地及在日本登岸居住地引起了中日双方的关注。各种有关徐福的考古研究活动也随之兴起。在日本另有一传说，徐福船队在佐贺郡诸富町登陆。这里有祭祀徐福的神社，叫“金立神社”。当地居民被认为是徐福的后代。每50年还举行一次大的纪念活动，形成当地特有的文化景观。

日本和歌山县新宫市的徐福公园

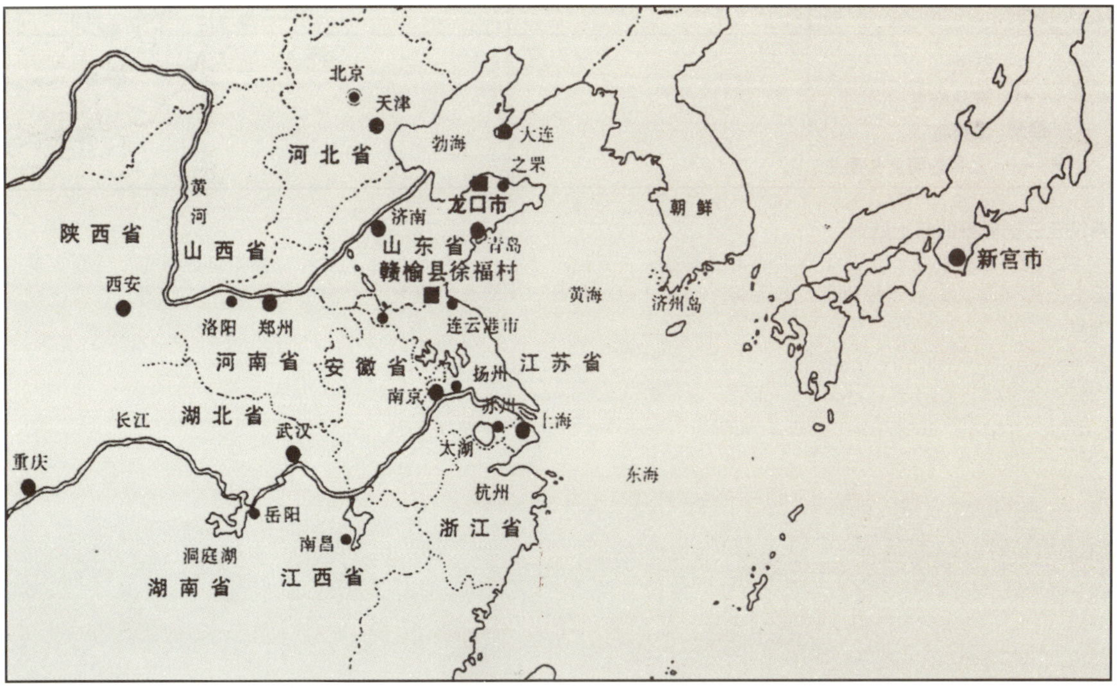

徐福出生地及在日本登岸居住地形势图

1736年在日本建的徐福墓

墓文由当时日本儒教学者季梅溪受日本纪州藩主德川赖宜之托亲笔书写。

孙权派人浮海求夷洲，是汉族人民到达台湾的最早的记载，而且是从东冶（泉山）出发的。孙权还派宣化从事朱应、中郎将康泰率船队到南海各国考察。后来吴王孙皓又派监军李勋、督军徐存从建安（今福州）海道南下至广西合浦，会合其他军队征讨交趾。南海之行，远涉重洋，东冶（今福州）无疑是必经之地。东汉建初八年（公元83年），大司农郑弘虽奏请开零陵、桂阳峤道（岭路），即增开通往今广东、广西的陆道，但海上航路仍然畅通。与前代相比，孙吴船队能横渡台湾海峡并远航南海诸国，北航辽东，浮海至朝鲜半岛、日本群岛，特别是南下航线径达红海，大大发展了西汉开辟的远洋“丝绸之路”。这与当时造船技术的进步和航海技能的提高有直接的关系，“篙工楫师，选自闽禺”，说明福州不仅是造船基地，而且是航海人才的摇篮。

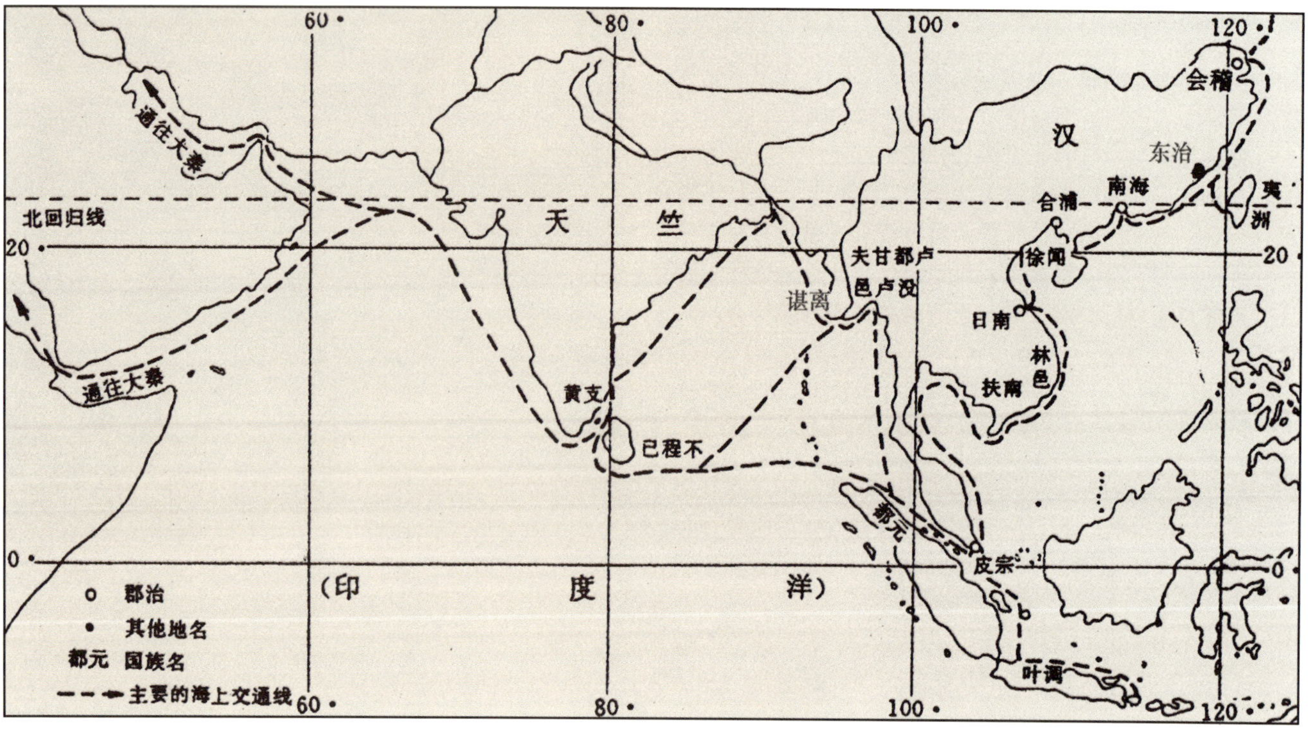

两汉及三国时期的海上航线

2100多年前的两汉、三国时期的海上航线，东可至日本、中国台湾，北达朝鲜，南抵南洋群岛，西到印度半岛南部，是世界航运史上的创举。东冶（福州）是北上南下必经之地，也是海上远航的出发口岸和中转口岸。从徐闻、合浦出航，史称“徐闻合浦南海道”。

第三章

两晋南北朝时期的福州船政

晋武帝泰始元年（265），司马炎夺取曹魏的帝位，建立晋国，都洛阳，史称“西晋”。西晋建立之前二年，魏已灭蜀，三国鼎立已不复存在。西晋建立后，在四川打造战船，训练水师，于武帝咸宁五年（279），分6路出击孙吴。晋太康元年（280）吴主孙皓开城投降，吴亡，三分合一，司马炎统一了全国。

东晋元帝司马睿

晋武帝司马炎

西晋末年，皇族内争，八家藩王连年攻杀，相继败亡。晋愍帝建兴四年（316），匈奴贵族后裔刘聪攻陷长安，西晋灭亡。西晋灭亡第二年，即公元317年，司马睿在江南建业（今南京）被拥戴为帝，史称“东晋”。

西晋灭亡后，北方再度陷入分裂割据局面，许多少数民族进入中原，拥兵自立，先后建立过20多个政权，其中比较重要的有：成汉、二赵（前、后）、三秦（前、后、西）、四燕（前、后、南、北）、五凉（前、后、南、北、西）和夏，共16国，史称“北朝”，亦称“十六国”时期，至公元439年北魏统一北方为止。

东晋初期，先后进行过数次北伐，曾取得很大进展。但东晋统治者苟且偷安，最后都以失败告终。公元420年，镇将刘裕迫使东晋皇帝让位，自立为帝，国号“宋”。此后，南方进入宋、齐、梁、陈继立的时期，史称“南朝”。

第一节　晋代福州的地貌和行政区划

晋代，福州湾海侵继续后退，海平面再度下降，海湾变得更浅，有许多新的沙洲和沼泽地浮现。太守严高在筑子城时，人工围出东、西二湖。与此同时，开凿和疏浚了严湖（长乐）、东塘（连江）等。这时闽中已不是深林丛竹、毒蛇猛兽出没之地，而是有无数的田园村落。据《三山志》载，严高在虎门外（今虎节路口）开过大河，名“大航桥河”，即最早的南台江。

由于户口增加和社会经济的发展，西晋太康三年（282）把三国时建安郡分为建安、晋安两郡，仍属扬州。

晋安郡治所所在地原丰县

原是孙吴管理造船事业的典船校尉故地。

晋代福州地貌及晋子城位置图

建安郡郡治在今建瓯，包括全部闽北，下辖7县：建安（今建瓯）、吴兴（今浦城）、东平（今松溪）、建阳（东汉末年原名建平）、邵武（原名昭武），将乐、延平（今南平）。晋末添设绥城（今建宁县）。

晋安郡郡治在原丰（今福州），包括沿海和闽西一带，下辖8县：侯官、原丰（把典船校尉故地改县）、温麻（把温麻船屯故地改县）、晋安（今南安）、同安、新罗（今上杭县东北50里）、罗江（今宁德，另说罗源或温州府的瑞安县）、宛平（无所考）。

闽侯出土晋代的青釉五联罐

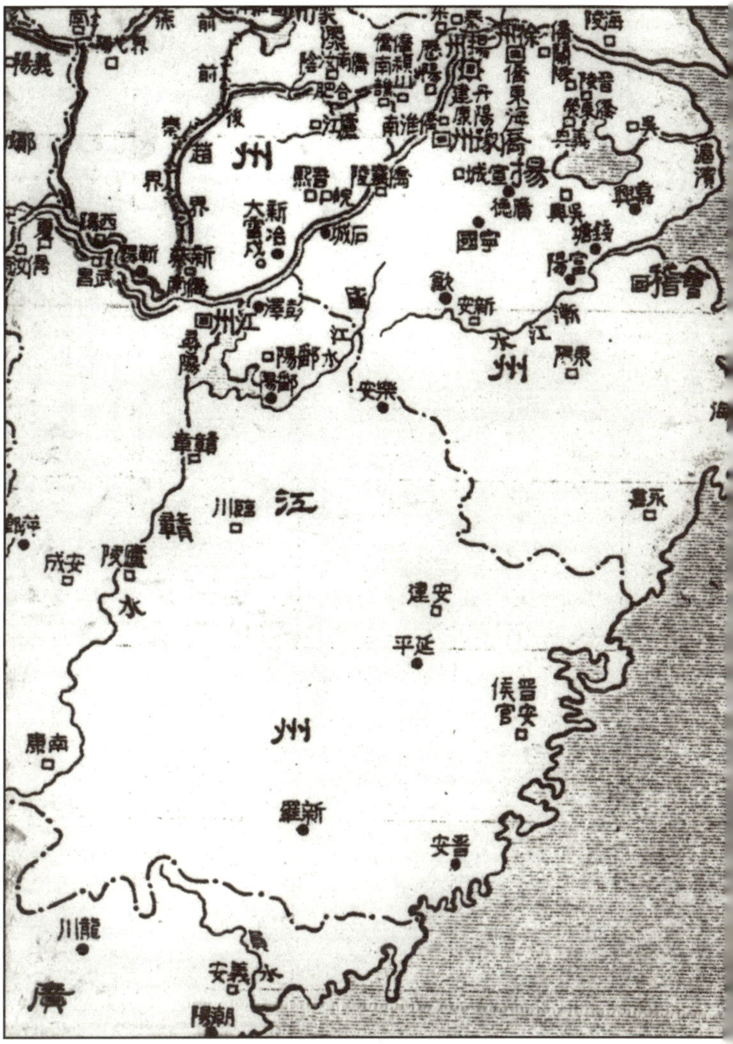

晋元康江州形势图

晋元康元年（291），割扬州之豫章、鄱阳、庐陵、临川、南康、建安、晋安，荆州之武昌、桂阳、安成，合10郡为江州。江州初治豫章（今南昌），继移治浔阳（今九江）。福建从扬州改属江州。

第二节　晋严高拓建的子城

晋立晋安郡，首任太守严高觉得无诸的旧治城规模狭隘，“不足聚众”。初拟移长乐白田渡，嫌非南面，乃画山川形势图，以咨郭璞。郭璞指越王山（屏山）南小阜曰：“是宜城”，于是迁焉（《三山志》卷四“子城”）。但据朱维幹《福建史稿》页56注：按晋安郡立于晋太康三年，而郭璞生于咸宁二年（276），由此看来，当严高立城时，郭璞才5岁，严高怎么会把这么一件大事，向一个小孩请教？此问待考。

自无诸构筑冶城以后，历史上每次扩建都挖有护城河，这些护城河逐渐沟通成左右两翼城内河道，再与闽江相通，江潮吞吐，江水清澈，既便于交通、又利于排水。《三山志》载，晋严高在虎节门外开过大河，名叫“大航桥河”（即最早的南台江），可通舟楫。

晋安郡首任太守严高

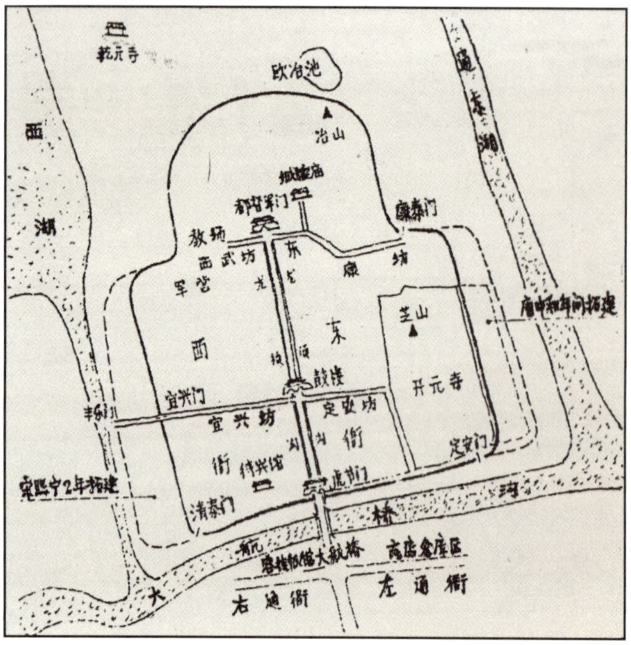

晋福州子城示意图（郑力鹏绘制）

严高拓建福州子城范围图

图中白色部分为严高拓建的子城范围，图北面（城隍庙以北）为汉冶城（省略），图右为唐中和年间拓建，左为宋熙宁二年拓建。地名系采自民国8年地图并对照《三山志》名称（括号内为《三山志》地名）。

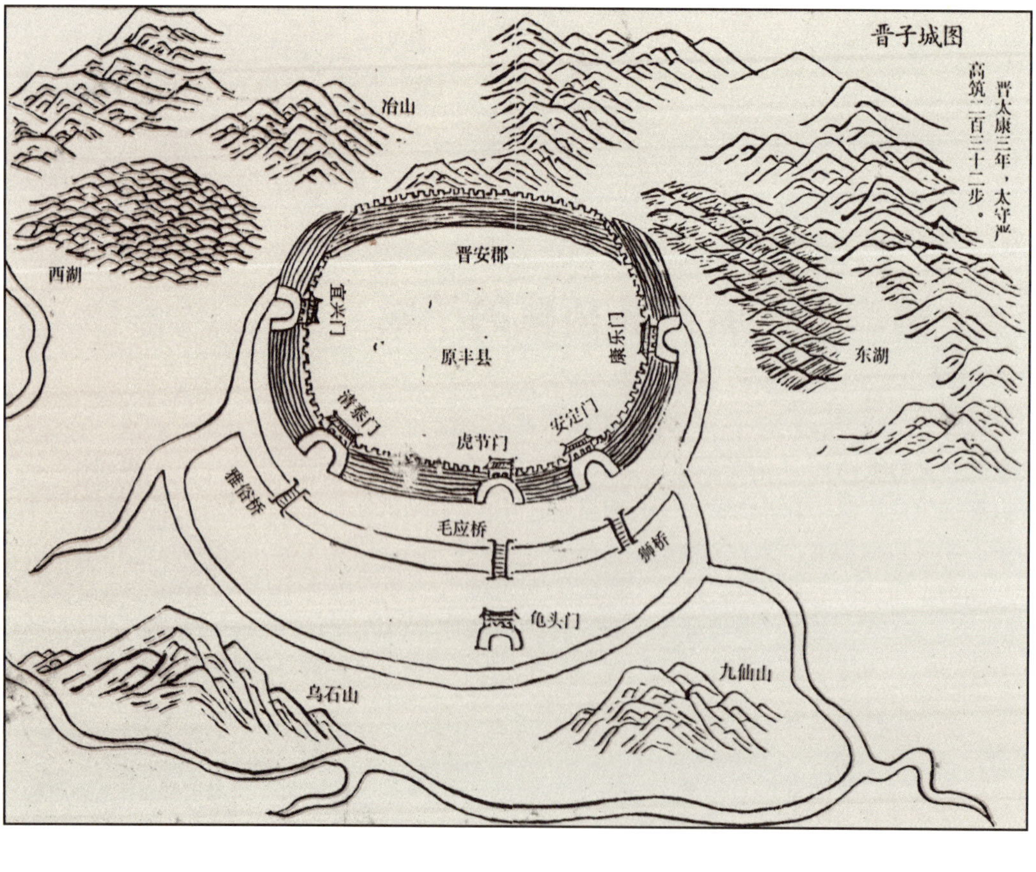

明王应山《闽都记》卷首刊登的福州古城六城之二

晋安郡城，北枕山麓，其余三面绕以护城河，郡城规模极小，三山甚至今省府路，当时皆在城外。

第三节　两晋时期福州的造船业

孙吴为西晋灭后，晋朝仍保持典船校尉和温麻船屯旧制。为数众多的造船工匠和屯兵被留驻于原地定居下来。这一措施为福州和闽东一带发展造船业，保存了一定的技术力量，对后来福州及沿海造船进步起着重要的作用。

从太康元年到十年（280~289），是西晋比较繁荣的时期，“是时天下无事，人咸安其业而乐其事”（《晋书·食货志》）。牛马被野，食粮委亩，行旅草舍，外闾不闭，民相遇者如亲，其匮乏者，取资于道路，故于时有天下无穷人之谚（干宝《晋书·总论》）。形成了一个“小康”的局面。西晋灭亡后，东晋连年征战，人民起义，水战不断。由于水战的需要，造船业仍有所进展。

东晋时顾恺之的《洛神赋》图卷中的船由两艘船拼成

早在晋武帝谋伐吴时，就下诏王濬修舟舰。濬乃作大船连舫，方百二十步（1步=6尺），受2000人，以木为城，起楼橹，开四出门，其上皆得驰马来往……舟楫之盛，自古未有（见《晋书·王濬传》）。所谓连舫，也就是将许多小船拼装成一艘大船。

东晋时造船技术有更大的提高。孙恩起义后，两年内就造成高大楼船千余艘。孙恩死后，余众推其妹夫卢循为主帅。卢循训练水军，统率楼船千余艘。舳舻千里，舟舰皆重楼，起4层，高20丈，更有9艘巨型的“八槽战舰”。据专家说，这八槽舰被认为是用水密舱壁将船体分隔8个

泉州出土的所有13个水密舱的南宋海船

舱的舰船。

水密隔舱的优点为如一舱触礁破漏，不致殃及别的舱，船舰仍能漂浮不沉。这是一项突破性的发明，这项发明对人类造船有很大贡献，为后世造船业广泛采用。起义军后人（即泉郎）在长期的水上活动中，又造出头尖尾高，当中平阔，冲波送浪的“丫鸟船”，并流传于闽南沿海一带，以后成为民间常用的运输船。

浙江象山出土的中为水密舱的明代海船

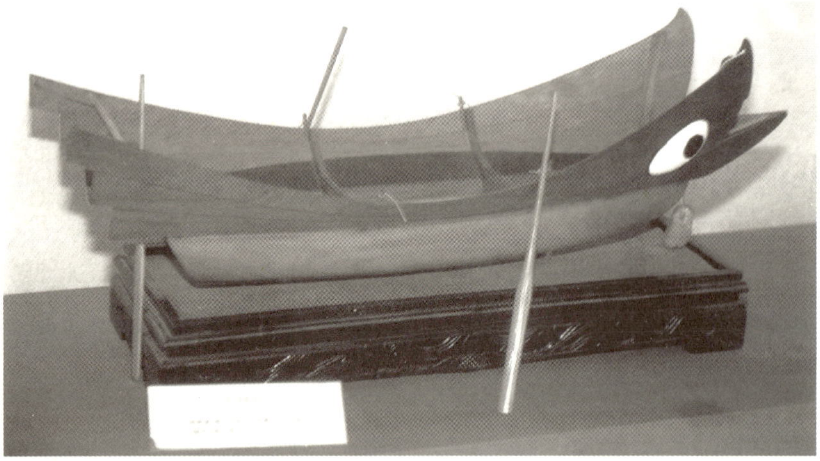

泉州海交馆陈列的"丫鸟船"（亦称"舸䴔船"）模型

《越绝书》记载，越人呼曰：須虑长，即舸䴔船也。舸䴔船为福船的前身。

第四节　两晋时期福州仍为南北海上交通的中转站

秦汉时期福建经济开发主要在闽北和闽江流域。自西晋末年开始，中原陷于长期战乱，人民相继南迁入闽。始入闽者有八族：林、陈、黄、郑、詹、邱、何、胡（乾隆朝《福州府志》）。这不仅使闽中增加大量劳动力，而且还引进先进的生产技术和文化，使闽中社会经济取得了长足的进步，内河货运与海外交通更加发展。

两晋南北朝时有一条河海联运的通道，即从合浦或广州沿漓水、湘江，过洞庭，经江陵北上转洛阳或转建康的长江中游的南北交通路线。这是岭南与中原连接的重要水道，但仍不影响东冶（福州）作为从交趾（越南）经海道至洛阳的中转站作用，因为外国商船除泊于合浦、广州等港外，也有一些循海岸经福建、浙江入长江口至建康或北上至洛都。

晋武帝时，合浦郡辖有6县，隶属于交州，百姓唯以采珠为业，商贾去来，以珠贸米。而孙吴时，珠禁甚严，人陷饥困，交州刺史陶璜上疏，请将上珠三分输二，次者输一，粗者蠲除。武帝准奏下诏：非采上珠之时，听商旅往来如归。此后，福建等沿海的商人及由东南亚各国经合浦到中原的外商至此莫不滞留从事贩珠之业，遂使合浦海陆交通为之发展起来，直至东晋，合浦仍为朝贡贸易必经之地。当时林邑国（今越南中部）、扶南国（今柬埔寨）及大秦（罗马）等"常携宝物自海路来贸货"。太元年间（376~396），大秦王仍遣使由波斯湾渡今阿拉伯海和孟加拉湾，过马六甲海峡，沿着北部湾，由合浦到中原。自晋代以后，南海贸易才渐由徐闻、合浦转到广州。

《天工开物》中潜水采珠船

第五节　南朝时期福州的政区

南朝时闽中形势图

在农民起义军的冲击下，东晋政权开始摇摇欲坠。拥有军队的镇将，相继夺权。公元420年，东晋被其大将刘裕建立的宋朝所代替。此后138年间又数次改朝换代，先后出现了宋、齐、梁、陈四朝，与北朝对称，历史上称为南朝。

南朝宋、齐、梁、陈时，闽中初属于扬州，继属于江州，最后一度属于东扬州。宋、齐时，建安郡裁了延平、东平（松溪），增设了沙村县（今沙县）。晋安郡裁了宛平、新罗（上杭）、同安3县。梁天监十年（511）以后，州名多废置。齐中兴二年（502）置梁安郡，由晋安郡析晋安县为梁安郡并改郡名为南安郡。自王僧兴、王方赊父子担任梁安郡太守，大力开发泉州港，泉州港始崭露头角，至隋代南安郡又改名南安县，意味着泉州港的衰落。

在梁天监间（502~519），福建有建安、晋安、南安三郡，并开始设龙溪县。后来的兴化、泉州、漳州等府地都属南安郡。

南朝陈永定时（557~559），闽中自成一州，称“闽州”，不久又改称“丰州”，州治设在晋安郡（原丰，今福州屏山）。这是福建自成一州的开始。州内设有晋安、建安、南安三郡。陈之版图最蹙，西不得蜀汉，北不得淮肥，虽曾克复淮南，未几复失，始终以长江为限，有州48、郡109、县438个。

南朝陈永定时“闽州”形势图

南朝宋武帝刘裕像

420年建立宋朝，年号永初，史称刘宋。

南朝齐高帝萧道成像

479年建立齐朝，年号建元，史称南齐或萧齐。

南朝梁武帝萧衍像

502年建立梁朝，年号天监。

南朝陈文帝陈蒨像

560年继承武帝陈霸先帝位，年号天嘉。

第六节　南朝时期福州的造船

水战和商运促进了造船业的发展。南朝造船主要出现了车轮舟，简称车船，为南朝齐人祖冲之（429~500）发明的以轮代桨、“施机自运”的“千里船”，即在船舷装4轮，入水约1尺，令人转动，其行如飞。舱上居中用大梁盖板，生牛皮张裹。临敌先从内里放武器，后掀开船板，立于两边，抛火炬，放标枪，使钩钜等焚舟，外观无人行船，人见“皆惊以为神”。论者认为这是对东汉发明

装有“拍竿”的车轮舟

左上角有巨石的即为拍竿，右下角船舷装有水车。

南朝时的车轮舟

的“水马”车船的改进。及传至唐李皋（曹王），再加以改进，类似近代明轮船，是中国船舶进入机械推动的第一步。欧洲直到15世纪才出现车船，比中国至少迟了1000年。福州及沿海造船场是江南极有基础的造船基地，均能制造车船。

据《金汤借箸十二筹》载，这一时期还有徐世谱发

明的“拍舰”。这是一种装有杀伤器械，攻击力极强的大舰。舰上设有“拍竿”，其制大如桅，上置巨石，下作辘轳，绳贯其颠……每迎战，敌船迫逼，则发拍竿击之，当者立碎。

另据《南史·徐世谱传》载，梁豫章王天正元年（551）与叛军战，世谱乃别造楼船、拍舰、火舫、水车，以益壮军势。

南北朝至宋广为应用的车轮舟

这种战船两侧安装叶轮，人在船内踏，叶轮飞旋，使船得到连续的推力，其行速大大超过一般木船，被誉为“水中千里马”。

第七节　南朝时期福州的海外航线

1975年闽侯南屿出土青釉四管插器（南朝）

1975年闽侯南屿出土南朝青瓷灯

南北朝时期，南北对立，时战时和。在和平的日子里，南北仍进行“互市”、“交聘”，经济上互通有无，战争一起，则又为之中断，如陈初浙江会稽发生饥荒，割据晋安（今福州）一带的陈宝应乘机运载米粟到会稽贸易（《陈书》卷三五《陈宝应传》）。当时福州经济相当发达，手工业及瓷器业、茶业产量亦高。

南朝为求发展，对海外贸易比东吴更为重视。据《梁书·海南诸国传》载：南朝航海岁至逾于前代。又据《南史》：扶桑与晋安通。梁时也有晋安人渡海，为风所漂，抵达扶桑（日本）。《南史》又云，遣人前来建康的国家和地区有今印尼苏门答腊和爪哇岛上的阿罗单、阇婆婆达、干陀利等国；马来半岛的丹丹、盘盘、狼牙修等国；还有印度洋沿岸的天竺、波斯、师子国（今斯里兰卡）等。扶南（今柬埔寨）遣使来华最多，遣人来中国的还有百济（朝鲜）、倭国（日本）等。来华印度僧人拘那罗陀（即真谛）一度登程返国，也先到晋安（福州），欲从此泛舶往狼牙修国。航海事业的发展，促进了与这些国家的通商贸易和文化交流，可以说南朝的海外航路盛况空前。在此基础上东冶港（福州港）也呈现了空前的繁荣，直追较先进的地区。

南朝梁元帝萧绎曾作《职贡图》，真实地记录了当时外族使者的形象与风土人情，具有较高的历史价值和艺术价值。可惜仅残存12人像，且系宋人摹本。至今中国国家博物馆里，还陈列有南朝梁时来中国的百济（朝鲜）、倭国（日本）、波斯（伊朗）等国使臣的画像。

下面是《职贡图》中残存的外族使者像。

百济国使（今朝鲜）

倭国使（今日本）

狼牙修国使（位于今泰国南部马来半岛文泥）

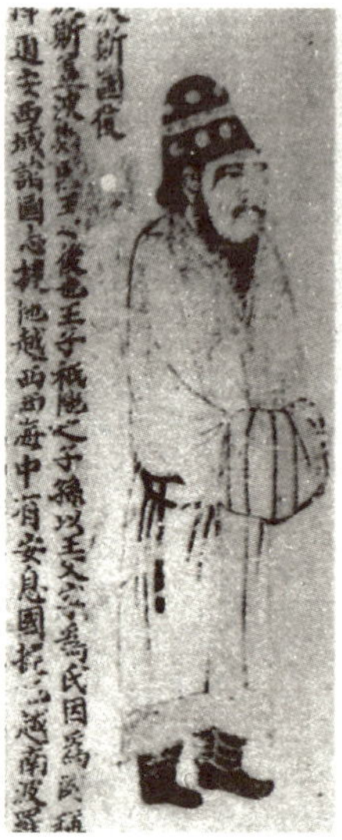
波斯国使（今伊朗）

白题国使

邓至国使

呵跋檀国使

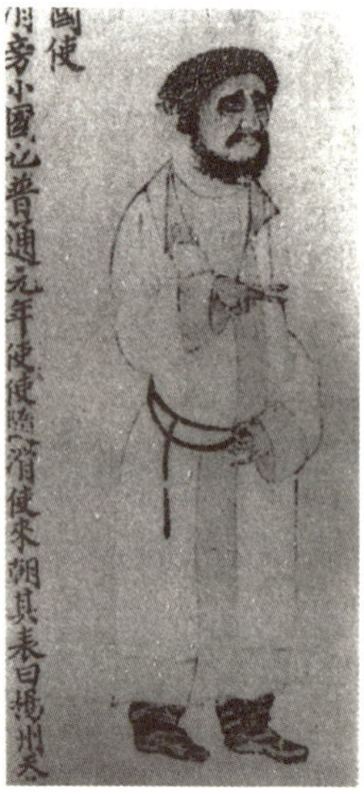
胡蜜丹国使

（未详）

龟兹国使（今新疆库车县境内）

且末国使

周古柯国使

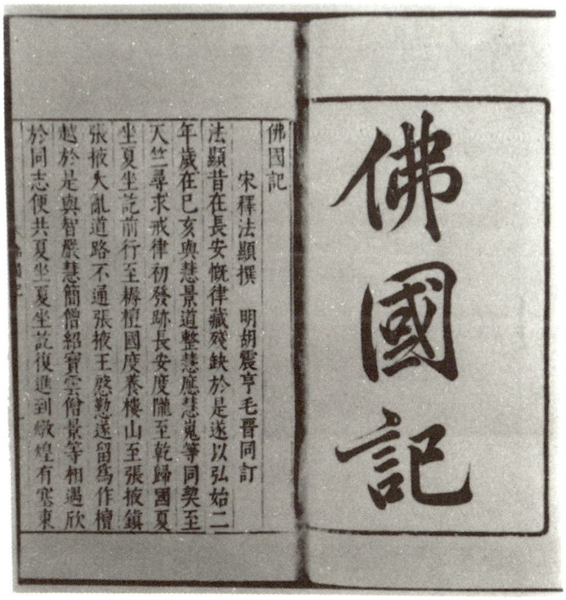

佛國記

佛國記
宋釋法顯撰　明胡震亨毛晉同訂
法顯昔在長安慨律藏殘缺於是遂以弘始二
年歲在己亥與慧景道整慧應慧嵬等同契至
天竺尋求戒律初發跡長安度隴至乾歸國夏
坐夏坐訖前行至耨檀國度養樓山至張掖鎮
張掖大亂道路不通張掖王慇勤遂留爲作檀
越於是與智嚴慧簡僧紹寶雲僧景等相遇欣
於同志便共夏坐夏坐訖復進到燉煌有塞東

明刊本法显撰《佛国记》书影

法显把14年中所历古代中亚、印巴次大陆、斯里兰卡等地的地理、风俗和历史，以及归途航行概况都记录在这本书中。

南朝时佛教在中国传播日广，西行求法，当以东晋僧人法显为代表。法显西行，从陆路而往、海路而返。公元409年，他从印度的多摩梨（今泰姆鲁克）乘海船至师子国（今斯里兰卡），居留2年后，又搭海船归国，于义熙八年（412），在山东踏上故土。原想去长安，因时局已变，遂到南朝的建康（今南京）潜心写作，著成《佛国记》。

第四章

隋代福州船政

陈太建十二年，亦即北周大象二年（580）五月，北周宣帝死，子静帝年幼，作为北周小皇帝的国丈的杨坚，假黄钺，官丞相，封隋王，控制了朝廷的实权。次年自立为帝，改国号为隋，改元开皇，即隋文帝，北周亡。公元589年，隋灭了南方的陈王朝，结束了延续二百七八十年的南北分裂局面，再次实现了全国的统一，促进了社会经济的发展。

第一节　隋代的泉州、闽州

隋初都邑承周旧制。开皇二年（582）更营新都于龙首原南，名大兴城（今西安）。大业二年（606）又营洛阳，谓之东都。隋炀帝平林邑、克吐谷浑后，隋之疆域西至且末（今新疆罗布泊之西南），北至五原，东、南皆至海，分9州，有郡190个、有县1255个。

隋文帝杨坚

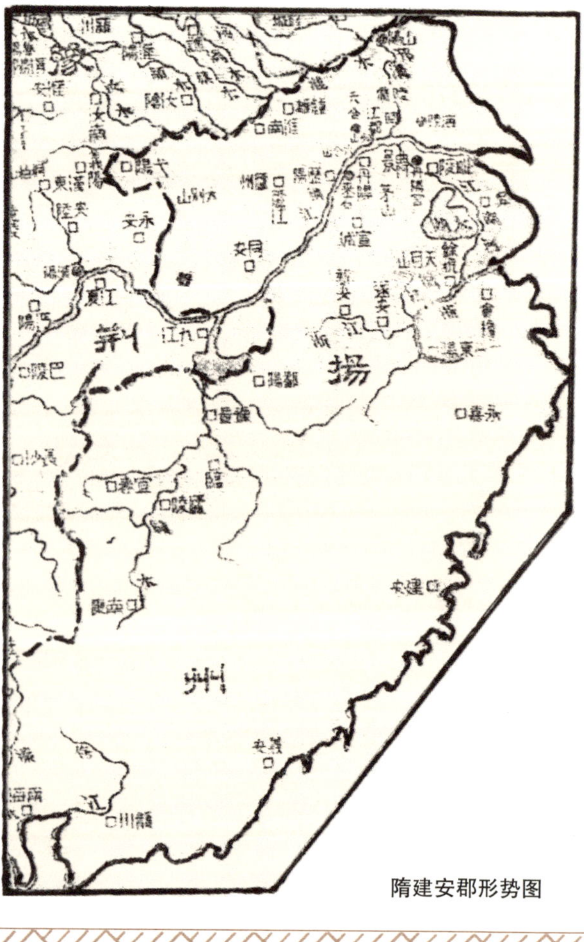

隋建安郡形势图

福建属扬州，州治在江都（今扬州）。这时的扬州包括江苏、浙江、广东、广西、海南及江西等省。

隋平陈后，州名更改两次。开皇九年（589）把丰州改名为泉州，至此才出现“泉州”之名。废除建安、南安两郡，改为县，划归泉州管辖。不过这时的泉州，不是现在的泉州，州治设在今天的福州，辖境包括了今福州及闽江流域以南的大部分地区，是代表福建全省的名称。

隋大业二年（606），又把泉州改名为闽州，下设闽县、建安、南安、龙溪4县。次年（607）又废州，并三郡为一，仍名建安郡。全闽县数仍为闽县、建安、南安、龙溪4县，郡治设在闽县（今福州）。

第二节　隋初进兵闽中

隋开皇二年（582），隋文帝命行军元帅杨素大造舰船、训练水师。开皇八年（588）杨素统率由五牙战舰为主力的，包括黄龙、平乘、舴艋等各型战船组成的庞大舰队在长江与陈朝守军展开了3次激战，消灭陈朝的统治，结束了南北朝长期对峙的局面。

隋代五牙舰复原模型图

隋朝统一南北后，建立中央集权的统治。废九品中正制度，任官不论门第，官大大小小悉归吏部选派，门阀政治的局面从此结束。隋初又施行析籍立户，从兄弟关系以下，都要把户籍分开。刑法峻急，对地方豪强亦不纵容姑息，以致地方豪强人人怨恨，发动武装抵抗。加上苏威作五教，不分长幼皆使诵之，士民嗟怨，民间又复讹言，隋欲徙之入关，远近惊骇。于是婺州（今金华）汪文进、越州（今绍兴）高智慧、苏州沈玄侩皆举兵反，自称天子；泉州（即福州）王国庆自称大都督，陷州县；陈之故境，大都皆反；大者有众数万、小者数千，互相影响，执县令，抽其筋，脔其肉食之。曰：“更能令侬诵五教耶？”

钦定《四库全书》所载的五牙舰

隋文帝诏以杨素为行军总管以讨之。杨素出发时，隋文帝下诏书：平定日，男子悉斩，妇女赏征人，在阵免者从贱（罚为奴隶）（《北史》卷一三《杨敷子素传》）。隋初进兵闽中，走的是海路，当时高智慧据越州，有海船1000余艘，自称东扬州刺史，被杨素打败，隋军从浙江余姚航海追到永嘉，高智慧从海路退到福州。据《资治通鉴》载，智慧攻泉州（即福州），隋刺史刘弘守城100多天，城破被杀。另据《北史·杨素传》载，泉州人王国庆，南安豪强也，杀刺史刘弘，据州为乱。自以海路艰阻，非北人所习，不设备伍。素泛海奄至，国庆仓皇弃州走。素分遣诸将水陆追捕。时南海先有五六百家，居水为亡命，号曰“游艇子”。国庆将往依之。素乃密令人说国庆，令斩智慧以自效。国庆乃斩智慧于泉州，其党悉降，江南大定。杨素从海道追至福建，自然统率的是自己制造的以五牙舰为主的舰队。

隋军五牙舰上起楼5层，高100余尺，左右前后置6拍竿，容战士800人，旗帜加于上。但席龙飞《中国造船史》第103页载，从船舶的稳性及其他航行性能看，颇可商榷。该图也未能就拍竿的型制、原理有所揭示。虽然木铺板之下（底层）填以土石，有利于船的稳性，木铺板之上供战士划桨和起居之用，符合“下实土石，上为战场，中寝处”的格局，但船楼是否会像图中显示那样高大丰满仍成疑问。后经专家复原研究，隋代五牙战舰（模型现展于北京军事博物馆）以北周及隋尺合0.7353市尺计，每尺合24.51厘米，五牙舰的主要尺度如下：舰长54.6米，水线长50米，甲板宽16米，型宽15米，型深4米，吃水2.2米。

第三节　隋代的造船业

隋统一全国，社会经济发展较快，造船能力、技术皆有进步。如前所述，杨素制造的“五牙舰”能容战士800人，小一点的“黄龙”战船，可载兵100多人，再小一些的有“平乘”、“舴艋”等。毫无疑问，隋代有能力打造规模宏大的海船，史载隋代公私造船行业极兴盛，当时沿海的扬州、闽州（福州）、广州、交州一带均设有官营造船场（厂），而民间自行经营的造船场亦甚多。但可惜至今未出土隋代的海船实体，除见于清刻明万历本《帝鉴图说》外，亦未发现这类大船的图像资料。1975年秋，在山东平度县新河乡泽河畔出土了其他类型的隋代木船。

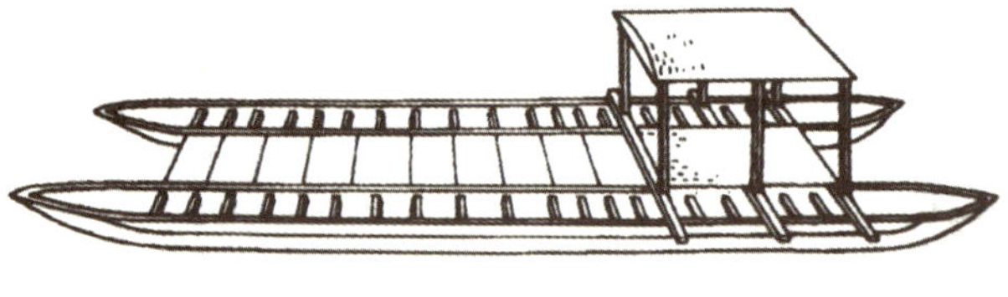

隋代双体海船（线图）

隋船体残长20.22米，最宽处2.82米，通高0.56米，两侧独木舟各宽1.05米，中间板宽0.76米，载重量约为23吨。

隋统一江南后鉴于隋初地方豪强长于水战，依托山海洲岛，对抗朝廷；又慑于前代东南海上起义军所造“八槽舰”的余威，存有顾忌。开皇十八年（598），隋文帝杨坚下诏说，吴越之人，往承敝俗，所在之处，私造大船，因相聚结，致有侵害，其江南诸州人间有船长三丈以上，悉括入官（《隋书》卷二《高帝纪下》）。就是没收民间所造的大船，客观上限制了民营造船业的发展。尽管如此，隋代造船能力较之前朝仍有所增强。特别隋炀帝修建大运河后，为了恣情游乐，大造龙舟及杂船数万艘，三下江都（扬州）“看琼花”，船只前后相连200余里。这不仅可以说是隋朝造船能力和船舶形制的一次大检阅，从另一个侧面也反映了隋朝造船业的繁荣。

隋炀帝，公元605~618年在位。即位后大兴土木，修建宫殿和西苑，开掘运河，修筑长城，开辟驰道。每项工程都迫使数十万至数百万人从事无偿劳役，严重破坏生产。但大运河对后世的经济繁荣的确发挥了难以估量的作

隋炀帝杨广（569~618）

用。德国J.E.利普斯在其《事物的起源》一书中说：人类最早建筑成就之一，就是运河的修建。运河把大的水路联系起来。炀帝皇家运河是了不起的。明代于慎行说：为其国蹙数年之祚，而为后世开万世之利，可谓不仁而有功。近代史学家范文澜的结论是：他伤大量民命，罪恶极大，但运河修成后，南北交通有显著的改进，对经济联系、政治统一都起着广泛的作用。河北、河南、淮北、淮南、江南人民对炀帝开凿运河有着伟大的贡献，从长远的利益来看，当时人民所受伤害是取得了补偿的（转见房仲甫李二和《中国水运史》）。但隋炀帝恣情游乐，三下江都，再加征敛苛虐，终致各地农民起义，隋朝土崩瓦解。

史载龙舟高45尺，宽50尺，长200尺（隋朝每尺合0.273米）。据《资治通鉴》大业元年八月载：龙舟有4重（层），上有正殿、内殿、东西朝堂，中间两层有120间

现展于山东蓬莱中国船舶发展陈列馆的隋代龙舟模型

舱房，皆饰以金玉，下层内侍处之。另据孟元老：《东京梦华录》载，为防止龙舟倾倒，底舱内用“密排铸铁大银样如桌面大”的重物来压载。

据《隋书·炀帝本纪》载，遣黄门侍郎王弘、上仪同、于士澄往江南采木，造龙舟、凤艒、黄龙、赤舰、楼船等数万艘，还到扬州造楼船、平乘、艨艟、轻舸等5000艘。往来供奉及拉船纤夫共有10万人。两岸还有骑兵随船夹护而行。卫队乘坐战船“平乘”500艘、“青龙”500艘、“艨艟”500艘、“八棹舸”200艘、“舴艋舸”200艘，还有专载羽仪服饰及百官供奉之物的“板榻”200艘。

由此可知，龙舟凤舟等是在江南采木制造，而楼船、平乘等是在扬州制造。当时福州盛产造船木材，又是与扬州、广州同为国内三大造船基地之一，不难设想，福州亦是制造龙舟、凤舟等的场所。

清刻明万历本《帝鉴图说》中炀帝龙舟

隋炀帝下江都时，皇后专用的船叫凤舟或翔螭舟，比龙舟稍小，设3层楼，但装饰一样华丽。妃嫔乘坐设有3层楼的“浮景舟”，亦称“殿脚”，有9艘。此外，贵人、美人及夫人乘坐设有2层楼的“样彩船”36艘。诸王、公主及三品以上官乘坐5层船52艘。四品官及僧尼道士乘坐3层楼船120艘。五品官及诸番国官乘坐2层楼船250艘。六品至九品官及五品以上家属乘坐“黄蔑舫”2000艘。还有“朱鸟航”24艘、“苍螭航”24艘、“白虎航”24艘、“元武航”24艘、“飞羽舫”60艘、“青凫舸”10艘、“凌波舸”10艘等。这些船供官人乘

日本安正五年刻明《帝鉴图说》中萧后凤舟

《隋炀帝游幸江都图》中的龙舟

《隋炀帝游幸江都图》中的凤舟

坐，按官阶分乘不同的船。

船队之庞大，显示了隋代雄厚的造船力量。福州盛产木材，又是主要的造船基地，且隋初的战争，主要在福州和泉州周围地区进行，于理隋朝曾在福州造船，因《三山志》之前缺乏记载，亦无图像资料发现，只能推理而已。

第四节　隋朝的大运河与海外的航线

隋朝统一全国，社会经济与文化有相当发展，户口日益增多，府库盈溢，到开皇末年（600），库粮、布帛“计天下储积，得供五六十年”，为炀帝时开凿大运河准备了充足的物质条件。

开皇四年（584）隋文帝已开通广通渠；大业元年（605）隋炀帝开成通济渠；大业四年（608）又开永济渠；大业六年（610）开成江南运河。如此，北连卫河，南接钱塘江，把海河、黄河、淮河、长江、钱塘江五大水系组成一个四通八达的统一水运网，南至广州以西（交州），东至福建、浙江、江苏，西到四川成都，粮船、商舶前后相望，帆扬无阻。

广通渠：自大兴城东（今西安）至潼关长，300余里。

通济渠：自洛阳西苑引谷、洛水达于黄河，自板渚引黄河通于淮，又引汴水入泗，达于淮；自山阳（今淮安市淮阴区）至扬子入长江，渠广40步。

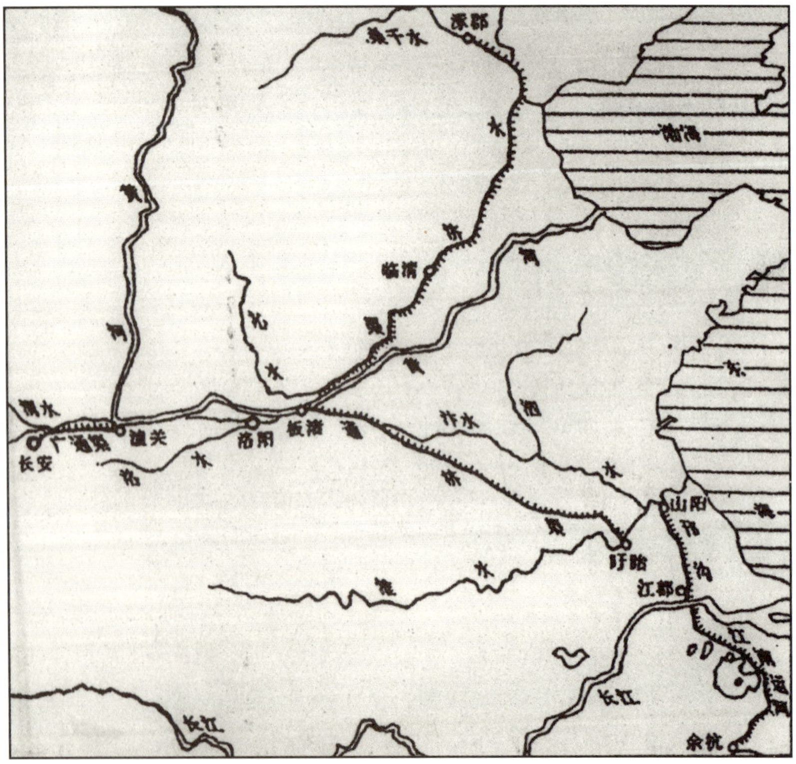

隋朝大运河图（采自席龙飞：《中国造船史》）

永济渠：引沁水南至黄河，又连接卫河，北至涿郡（属北京），全长2000余里。

江南运河：自京口（镇江）至余杭（属杭州），800余里，广10余丈，可通龙舟。

隋炀帝一面开凿南北大运河，一面决定“移都就食”营建东都洛阳。606年洛阳建成，在兴建过程中，隋炀帝下令天下富商数万家、河北手工业者3000多家、江南所谓“部京户”6000家迁居洛阳，使东都人口增至百万以上，成为全国政治、经济、文化中心。为了显示隋朝的富强，有一次隋炀帝把丰都商市装扮得异常华盛，街旁大树上饰以绸缎，让边疆少数民族和外国商人前来交易，喝酒吃饭不要钱，使当时闻名于世的繁华都市成为国际性的商业城市。

隋代在开拓国内航务的同时，继续发展与海外友好往来，据史载：

1. 大业三年（607），炀帝派屯田主事常骏、虞部主事王君政访问赤土国。赤土国，扶南之别种也，在南海中，水行百余日而达新都，土色多赤，因以为号（《隋书》卷八二《南蛮・赤土》）。推动了林邑、真腊、婆利等国皆遣使来隋。

2. 开皇二十年（600）、大业三年（607）、大业四年（608）、大业十年（614），日本派出4批遣隋使来华，其中有通事和留学生、学问僧等，隋亦派使前往，往来频繁，航路畅通。隋使往日本的路线是从登州（蓬莱）上船，经长山列岛，沿辽东海岸而至百济，经朝鲜南部竹岛、躬罗国（济州岛）、都斯麻国（对马），东至日本壹岐国、竹斯国（筑紫、北九州）。

3. 大业七年（611），朝鲜半岛西南百济国派使臣来隋，隋亦派使访问百济。

4. 据史载，同一时期，隋使韦节、杜行满到了罽宾（今克什米尔）、小王舍城（今阿富汗伐济拉巴德）；李昱到了波斯（今伊朗）。当时，亚非各国商人也云集张掖；贸易通道远达地中海。

5. 大陆与台湾（流求）海上交通航运又有进展。《隋书・流求传》载：流求国在海岛之中，当建安郡东，水行五日而至。隋代至少有过3次对台湾的航海活动。

第一次，大业三年（607），炀帝令羽骑尉朱宽入海求访异俗，以何蛮为向导，指挥船队到达流求，因语言不通，只带一名岛民而返。

第二次，大业四年（608），再次派朱宽前往台湾抚慰，但仍不从（朝贡），只取其布甲而返。

第三次，大业六年（610），又派虎贲郎将陈棱率兵万余人，由义安郡（今广东潮州市）起航，先至澎湖，后到台湾。隋军至时，流求人初见船舰，以为商旅，往往诣军中贸易，可见大陆与台湾民间已存在一定的通商关系，才有初见船舰以为商旅之状。

以上3次浮海去台湾，都发自广东。虽然，隋代福建与台湾、南海、西亚海上交往活动尚未见记载，说明福

苏州附近的江南大运河

三门峡全景

建与南方、西方各国的交往绝少，就是有也是通过广州的间接往来。但据何乔远《闽书》卷六《方域》载，当隋之时，政府曾掠回台湾人5000户，令其居于福建福庐山（福州福清县），明代尚存其裔。可见闽台之间仍有海上交往。高桑驹吉的《中国文化史》亦称：闽广商船，往来于中国、南海之间，并扩至红海、波斯湾头。庄为玑《古刺桐港》说，隋代泉州史迹中，曾出现过安海龙山寺等，种种迹象也表明，隋代建安郡海上交通仍有发展。

征引参考书目举要

[1] 林公务. 昙石山文化资料选集. 福州：福建省昙石山遗址博物馆，2008.

[2] 曾江.闽侯昙石山文化遗址. 福州：海潮摄影艺术出版社，2007.

[3] 福州市文物管理局. 福州文物集粹. 福州：福建人民出版社，1999.

[4] 中国历史博物馆. 中国古代史参考图录. 上海：上海教育出版社，1990.

[5] 郑剑顺. 福州港. 福州：福建人民出版社，2001.

[6] 黄荣春. 闽越源流考略. 福州：海潮摄影艺术出版社，2002.

[7] 黄荣春. 福州摩崖石刻. 福州：福建美术出版社，1999.

[8] 黄荣春. 水涧集. 北京：方志出版社，2006.

[9] 福州江滨公园文化艺术长廊设计指导委员会. 福州历史文化长廊. 福州：海风出版社，2001.

[10] 郝玉麟. 福建通志：历代守御篇. 扬州：江苏广陵古籍刻印社，1989.

[11] 喻政. 福建府志. 福州：海风出版社，2001.

[12] 司马迁. 史记：越王勾践世家. 北京：中华书局，2005.

[13] 司马迁. 史记：东越列传. 北京：中华书局，2005.

[14] 司马迁. 史记：平准书. 北京：中华书局，2005.

[15] 司马迁. 史记：南越列传. 北京：中华书局，2005.

[16] 梁克家. 三山志. 福州：海风出版社，2000.

[17] 王应山. 闽都记. 福州：海风出版社，2001.

[18] 林枫. 榕城考古略. 福州：海风出版社，2001.

[19] 杨琮. 闽越国文化. 福州：福建人民出版社，1998.

[20] 田久川. 古代舟车. 上海：上海古籍出版社，1996.

[21] 黄仲昭. 八闽通志：古迹. 福州：福建人民出版社，1991.

[22] 黄仲昭. 八闽通志：山川. 福州：福建人民出版社，1991.

[23] 陈梦雷，蒋廷锡. 古今图书集成：职方典. 影印本. 上海：中华书局，1934.

[24] 廖大珂. 福建海外交通史. 福州：福建人民出版社，2002.

[25] 陈寿. 三国志：孙皓传. 北京：中华书局，2000.

[26] 林开明. 福建航运史. 北京：人民交通出版社，1994.

[27] 曹刚，邱景雍. 民国连江县志：祠祀. 影印本. 上海：上海书店，2000.

[28] 范晔. 后汉书：郑弘传. 北京：中华书局，2003.

[29] 萧绎. 职贡图. 宋人摹本. 北京：中国国家博物馆藏，1077.

[30] 李延寿. 北史：杨敷子素传. 北京：中华书局，2008.

[31] 魏征. 隋书：高帝纪下. 北京：中华书局，2008.

[32] 房仲甫，李二和. 中国水运史：古代部分. 北京：新华出版社，2003.

[33] 司马光. 资治通鉴：陈纪十. 北京：中华书局，2005.

[34] 司马光. 资治通鉴：隋纪四. 北京：中华书局，2005.

[35] 司马光. 资治通鉴：唐纪四. 北京：中华书局，2005.

[36] 司马光. 资治通鉴：唐纪五. 北京：中华书局，2005.

[37] 魏征. 隋书：炀帝本纪. 北京：中华书局，2008.

[38] 张居正. 帝鉴图说. 陈生玺注译. 武汉：崇文书局，2012.

[39] 魏征. 隋书：流求传. 北京：中华书局，2008.

[40] 苏甲荣. 中国地理沿革图. 上海：日新舆地学社，1930.

第五章

唐代的福州船政

唐统一中国后，武德五年（622），王义童入闽，传檄而定建安郡4县。唐太宗李世民为巩固新政权，励精图治，轻徭薄赋，以减轻对农民的剥削。自武德至开元（618~741）为唐代全盛时期，自此以后，北方有安史之乱，福建僻处东南，却成为避乱的乐土。唐中叶以后，土地兼并，农民逃亡，赋税繁重，政风贪酷。从唐末天祐三年朱温灭唐，到宋初建隆以前（907~959）中国处于五代十国时期，福建属闽国。王审知治闽29年，对福建的开发和发展有很大贡献。王审知去世后，四子一孙相继嗣位，都是腐化堕落，以至骨肉相残、兵戎相见，后邻国侵犯，终致灭亡。本章主要论述唐及闽国时代福州的造船与航海，兼及历史背景和行政区划。

第一节　唐代的福州政区和建制

唐初分全国为10道，福建隶岭南道。

开元二十一年（733），分为15道，福建移隶江南东道(参见《文献通考》卷三一五《舆地考》)，实则是江南道之东，范围甚广。

至德之后（757年后），全国分为40余道，大者辖10余州，小者2州。

元和（806~820）时，中书侍郎李吉甫撰《元和国计簿》，总计天下凡48道，福建自成一道（参见《文献通考》卷一〇《户口考》）。有人以为迄唐末，全国就仅有15道，福建犹隶江南东道，值得商榷。

唐高祖武德元年（618），改建安郡为建州，州治在今福州。四年，移建州州治于建安（今建瓯）。五年，以南安郡为丰州（今泉州）。六年，析置泉州（今福州）。

八年，置泉州都督府，领泉、建、丰3州。武则天垂拱二年（686）置漳州。玄宗开元二十二年（734）置汀州。可知福建在唐初，只有3州：泉、丰、建。其后添设漳、汀两州。泉州一再改名为福州，丰州一再改为泉州。唐太宗贞观初，废丰州入泉州。睿宗景云二年（711），改泉州为闽州，同时将武后圣历二年（699）置的武荣州（州治在今晋江市）改为泉州。唐玄宗开元十三年（725）又改闽州为福州。福州的名称首次出现在史册上。自此以后，福、泉两州不相混淆。

唐代福建属江南道，辖福、泉、建、漳、汀5州。当时，5州之上设有总辖，最初称为中都督府，经过4次更改，定名为都团练观察处置使，简称观察使。唐开元二十一年（733）改为福建经略使，福建名称首次出现。此后又为都防御使、节度使。大历六年（771）又改为都督福建泉汀漳军事领观察处置使等（参见《唐书·方镇表》第八、《重纂福建通志》卷一二一《宦迹·李椅传》）。从此至唐末乾宁元年（894）相沿不改。

福建的州数，以漳州归岭南道时为4；以潮州属福建，则州数为6。上元元年（760）以漳州还福建。大历六年（771）以潮州归岭南道。从此至唐末不再改变。

闽中在南朝时，计有17县。隋大业二年（606），把泉州（今福州）改为闽州，县数为4。次年又废州，并三郡为一，仍名建安郡，全闽县数仍为4，即闽县、建安、南安、龙溪4县。郡治设在闽县(今福州)。

唐代，由于闽中社会经济的发展，引起户口的增加，由隋代的12420户，增加为唐代建中时期（780~783）的93536户（杜佑：《通典》卷一八二《州郡》十二）。为

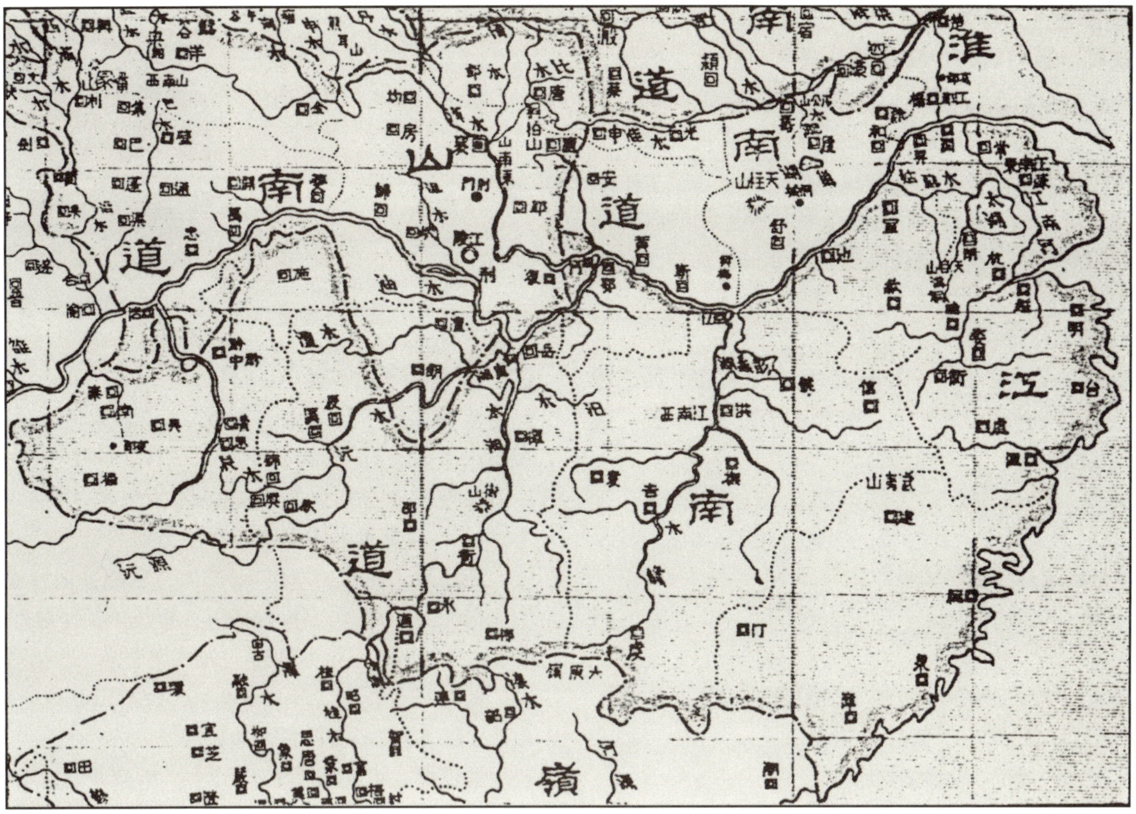

唐代江南道福建五州形势图

适应社会经济的发展和户口的增加，福建先后重设、析置（分开）、移管、新设并加原有的县，共24县。

唐代侯官镇国宝塔

一、原有的县（4县）

闽县　三国吴永安三年（260），在建安郡侯官置典船校尉。晋太康三年（282）改典船校尉为原丰县。隋时把侯官亦改为原丰县。开皇十二年（592）复改原丰县为闽县，治所在今福州。唐初又分为闽县与侯官县，侯官算为重设的县。自唐至清，闽县与侯官县同为福州、福州路、福州府的治所。

建安县　东汉建安十二年（207），分东部侯官之地为建安县。建安县以汉献帝年号得名，治所在今建瓯。三国吴至隋时为建安郡治所。唐以后为建州、建宁府、建宁路治所。建安郡是三国吴永安三年（260）分会稽郡所置，当时辖境相当今福建省，治所在今建瓯。晋以后缩小至今福建闽北，治所在建安（今建瓯）。隋开皇九年（589）废郡名。大业及唐天宝、至德时，又曾分别改闽州、建州为建安郡（郡治在闽县），仍保留建安县。建安县1913年改名建瓯县。

南安县　三国时吴置东安县。晋太康三年（282）改为晋安县。梁天监间（502~519）升晋安县为南安郡，下设晋安、兰水两县。隋时兰水并入龙溪，晋安改为南安县，唐保留不变。

龙溪县　梁大同六年（540），析晋安县地置龙溪县，唐保留不变。

二、重设的县（7县）

侯官县 县名最古。汉在冶县置东部都尉，到东汉初，东部都尉的治所，从冶县迁到章安（在今浙南）。东汉建武三年（公元27年）冶县更名为东部侯官，旋改东侯官县。西晋时改为侯官县，县治在今福州城西北15千米，逼临江边，即今闽侯县侯官市，亦名侯官浦。隋时改侯官县为原丰县，不久又改为闽县。唐初又分闽县复置侯官，治所在今闽侯东南。唐贞元五年（789）为洪水淹没。八年（792）迁入州郭，与闽县同城。

建阳县 汉建安十年（205）设置，原名建平县，晋初改名建阳，隋时废，唐复设。南宋时曾改为嘉禾县。建阳县因此别称嘉禾。

浦城县 汉时设，原名汉兴县。吴孙休永安三年（260）改名为吴兴县。隋时废，唐武德元年（618）复改为唐兴县，后改称浦城县。

将乐县 吴孙休永安三年（260）设，隋时废，唐复设。

长溪县 晋太康三年（282）改温麻船屯为温麻县，后改为晋阳县。隋时废，武后时复设。天宝元年（742）改名长溪县（今霞浦，一说连江）。

沙县 南朝永初年间（420~422）设沙村县。隋时废，唐复设，改称沙县。

莆田县 陈光大二年（568），析南安郡南安县地置莆田县。隋时废，唐复设。

闽侯出土的唐代
“真子飞霜镜”

三、析置的县（5县）

长乐县 隋开皇十二年(592)，改原丰县为闽县。唐武德六年（623）析闽县地置新宁县，同年改为长乐县。县治在敦素里平川，距县城15里，俗呼古县。上元元年（674），以其地湫隘低湿，移治吴航头。

连江县 唐武德六年（623），析闽县地置连江县。

福唐县 圣历二年（699），析长乐县地设万安县，旧治永庆里。天宝元年（742），改为福唐县（今福清县）。

仙游县 圣历二年（699），析莆田县地为清源县。天宝元年（742）改县名为仙游县。

晋江县 唐武德五年（622），析南安县地设晋江县。

四、移管的县（1县）

邵武县 隋开皇九年（589）时，隶抚州。唐武德七年（624）归属建州。

唐代闽县迴龙桥

五、新设的县（7县）

漳浦县　武则天垂拱二年（686），唐政府采纳陈元光的建议，在漳江南，即绥安县故址，今云霄县治建漳州，并以其地立漳浦以为属县。

宁化县　唐开元二十二年（734），增设汀州（《元和郡县志》说是开元二十一年；《旧唐书·地理志》说是开元二十四年，本书采《新唐书·方镇表》），置宁化县。

长汀县　唐开元二十二年（734）置。

龙岩县　唐开元二十二年（734）置。

古田县　唐开元二十九年（741）置。因是“古昔田亩”，故名古田。

尤溪县　唐开元二十九年置。初属福州。南唐保大元年（943），割归南剑州。

永泰县　唐永泰二年（766），节度使李承昭析侯官、尤溪县各一乡置。

唐代福建除五州二十四县外，还设有九场三镇，等于增设12个雏形的县。任何州县，最初都是定期的墟市，逐渐发展而成市肆街衢，再升为场、镇，设官征税。镇的规模比场大。后来由于辖地、职权逐渐扩大，以至提升为县。这是社会经济发展过程的结果。

六、唐代福建的九场

上杭场　唐置。宋升县，称上杭县。

武平场　唐置。宋升县，称武平县。

梅溪场　由侯官县析出十里设置。后梁乾化元年（911）升为闽清县。

感德场　唐置。闽龙启元年、后唐长兴四年（933）升为宁德县。

归德场　唐置。后唐长兴二年（931）升为德化县。

大同场　唐由南安县析出四乡置大同场。五代闽国升为同安县。

武德场　唐由大同场析置。闽永隆五年、后晋天福八年（943）升为长泰县。

桃林场　唐置。闽龙启元年（933）升为桃源县。后晋天福三年（938）改为永春县。

小溪场　唐置。南唐保大十三年（955），升为清溪县。北宋宣和三年（1121）改名为安溪县。

七、唐代福建的三镇

永贞镇　唐大中元年（847）以连江一个乡为罗源场。咸通二年（861）又分闽县地以益之，号永贞镇。闽龙启元年、后唐长兴四年（933）升永贞镇为永贞县，至宋乾兴元年（1022）改为罗源县。

黄连镇　唐置。后升为黄连县，南唐时改为建宁县（另说宁化县，待考）。

归化镇　唐置。后周显德五年（958）南唐升为归化县。北宋元祐元年（1086）改名泰宁县。另说是松源镇，南唐保大九年（951）升为松源县。宋开宝八年（975）改为松溪县。

第二节　唐代福州的造船业

唐初，太宗李世民君臣锐意致治，社会出现了政治安定、经济繁荣的景象，史称“贞观之治”。后来又有“开元盛世”，国力强盛，疆域广袤，唐帝国在当时的世界上是最先进的国家。五代时期，闽国王审知保境安民，奖励发展生产，国力充裕，交通发达，航海活动更加扩展，促使造船技艺比唐代有更加明显的进步。唐及五代时全国造船基地的数量大幅度上升，据《资治通鉴》载，南方沿海的扬州、福州、泉州、广州与交州，皆是著名的海船建造基地。这些地方的造船工场，能承造大量的海舶与战舰。所造船舶结构完美，浮力好，舱室众多，体势宏伟，适于远航。但迄今为止，中国尚未发现有唐代的海船出土，因而缺少其形象的资料。甘肃敦煌莫高窟现存第45窟

唐甘肃敦煌45窟壁画中的帆船

有唐代海船的壁画。据载唐代宗大历年间（766~779）船名叫“俞大娘”的航船很大，“居者养生送死嫁娶，悉在其间”，“操驾之工数百”，其承载量“不啻载万”（约八九千石）。唐代有称为“苍舶”海船，长67米，可载六七百人。阿拉伯旅行家苏莱曼在其《中国印度见闻录》中说：中国巨舶在波涛凶险的波斯湾中往来自如，因船体过大，吃水太深，无法开入阿拉伯河河口和通过阿曼暗礁群水域，只能在波斯湾最大航海贸易枢纽西拉夫转载各地运来的货物。唐舶在故临（今印度奎隆）向哨卡纳税，因体大货多，税额比他国船高出数倍。可见唐船之大，竟然大到波斯湾第一大河口都进不去。

一、唐代新型的海船

沙船：最先出现长江下游，是由崇明沙洲沙上人创造的，沿用至今已成为中国古代四大船型之一。沙船的特点是平头、方艄、平底，船身较宽，吃水浅，阻力小，行驶平稳。不仅用于沿海沙滩，亦用于远洋航行。据说924年一艘中国海外贸易船沉没在今印度尼西亚爪哇岛之三宝垅附近，该船就是五代时的大型沙船（坎派尔《印度尼西亚的过去和现在》，转见于王冠倬《中国古船图谱》第98页）。

沙船一般以“崇明”二字为船名。崇明沙洲，武则天执政时(684~704)有黄、宋等六姓人来洲上定居，唐中宗神龙时（705~707）定名为崇明镇，沙船的出现应在此时。

福船：主要产地在福州、泉州，亦是中国古代四大船型之一。唐代时已成型，成为新型的船种。其底型与沙船完全不同。船底作尖形，即两舷向下逐渐内收，俗称尖底船，船体横剖面近似V形。其特点是吃水深，利于破浪而行。据《唐会要》载，福建建造的海船，一般可载数千石。民间的大海船也很多，载重约八九千石以至万石。

沙船

福船

福船又名白槽，因造于福建，故名福船。底作尖形，俗称尖底船。唐代已设计打造出世界最早的尖底龙骨船，后来继续发展，就形成了庞大的福船系列。

唐代内河船中，长20余丈、载六七百人的船已很普遍，货船“大者受万斛也”，相当于载重量800吨（注：按照唐制1斛粮米重1石，约合今天160市斤）。

二、唐代的造船技艺

唐代在造船工艺技术上，已大量采取钉榫接合技术和油灰舱缝技术。即船板榫接钉合，油灰舱缝，船舷采用巨木构成“大樑欓”，以保证船体结构的纵向强度。同时又沿用东晋时的“封舱密室”，即采用横舱壁与水密分舱，以增强海船的横向强度和抗风浪、抗沉没的能力。这比外国商人乘坐的昆仑船用椰子皮为索联结，橄榄糖灌塞，令水不入，不用榫卯的缝合式木船的简陋工艺进步得多。田久川著的《古代舟车》说，唐及五代时，阿拉伯商人东渡者皆乘又大又稳又快的中国船。由于搭乘唐船安全，许多到中国来的阿拉伯商人，宁肯囤货也要等待唐船转送。

三、福州造船的物质基础

福州物产丰富，造船所需的木材、生漆、藤、棕、桐油、苎麻、蛎灰、生铁、熟铁等，样样不乏，得之甚易。

四、唐代的战船

唐代专门设立了“水部郎中”、“舟楫署令”和“将作监”等官职，专门管理造船、航运和水上防务。据《广东通志》记载，岭南节度使杜佑曾造过6种战船：楼船、艨艟、斗舰、走舸、车船和海鹘等。前4种沿用前朝，甚

福州造的岭南东道节度使出航的唐船图
（原画存日本松浦史料博物馆）

福州造的唐船图（原画存日本松浦博物馆）

唐船修理图（见《长崎名胜图绘》，日本长崎博物馆藏）

厦门造的唐船（原画存日本松浦史料博物馆）

流求（台湾）造的唐船（原画存日本松浦史料博物馆）

游艇

唐代水师中小型侦察船，与民船相似，行动敏捷。

至在形制上亦相差无几；后两种则是唐代战船的新船型。

唐代新型战船中还有一种是车船。唐德宗时（780~805），山南东道节度使、襄州刺史李皋在前人设计的基础上加以改进，建造了一种用于水战的车船。李皋"尝运心巧思以为战舰，挟二轮踏之，翔风鼓浪，疾若挂帆席，所造省力而久固"。唐代最大的战船叫"和州载"。

海鹘船

海鹘船特点头低尾高，前大后小，如鹘之状。舷下左右置浮板，形如鹘翼翅，助其船，虽风大浪高，无倾侧之虞。背上左右张生牛皮为城，牙旗、金鼓如战船之制。它是一种专门适用于在有风浪的海面上航行作战的战船。

"和州载"车船

装有24轮，左右前后俱置拍竿，可载甲士3000人，是荆南节度使成纳水师的旗舰。

唐李皋改进制造的车船

中国舰队"艨艟"战船的模型

第三节　唐代的海战

一、平朝鲜

朝鲜在周初封给殷室箕子，至秦已内属。汉初，燕王卢绾叛变，被汉高帝平服。燕人卫满东走出塞，杀箕氏朝鲜王箕准而占了朝鲜。后朝鲜侵扰辽东，汉武帝平之，将其正式纳入中国版图。此后几次不臣，几次平之。

二、最早的一次中日海战

663年，日本反唐势力为了与大唐争夺朝鲜半岛，勾结百济流亡分子，谋复百济。日本倾其精锐27000人来

走舸

汉朝水战中的冲锋战船，适于短兵相接、速战速决，唐代沿用。

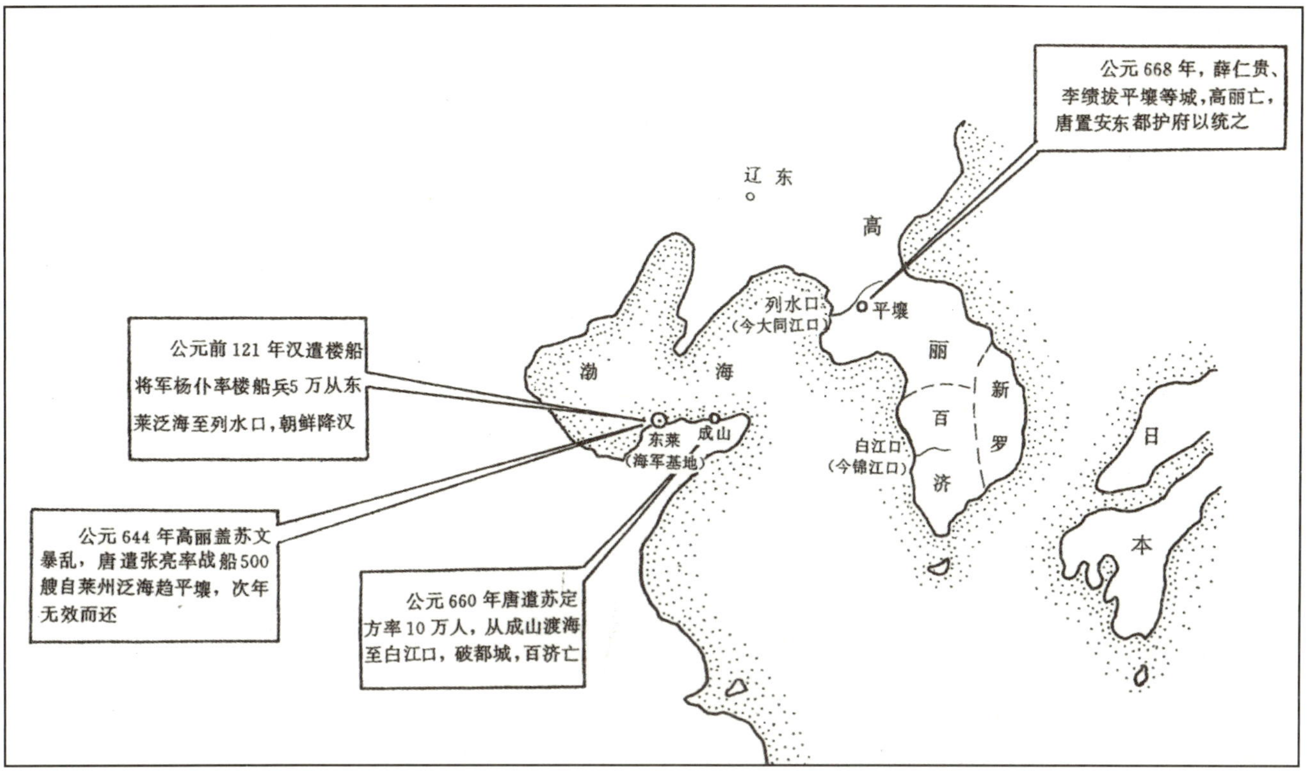

汉唐时期收复、平定朝鲜示意图

（参阅《中国历代战争史》第八册“唐太宗、高宗历次征高丽经过图”附图八-302重制，台湾三军大学编，军事译文出版社翻译）

犯。唐将刘仁轨与日兵战于白江口(今锦江口)，四战皆捷，焚日战船400艘，烟火灼天，海水皆赤。日本侵略朝鲜半岛之野心，经此败后，未敢复萌者达900余年。这是中日海战史上中国最早取得的一次胜利。这时中国舰队比较健全，舰船有“斗舰”、“走舸”、“海鹘”、“艨艟”、“游艇”等，舰船坚固，性能齐备。

平壤的箕子墓

第四节　唐代福州的内外航线

一、内河商运路线

唐代商业繁荣，商品流通发达，国内主要河运通道有：由蜀中沿江而下到扬州；或由交州、广州经湘江、赣水进长江达扬州，再往汴渠进入黄河、渭河至长安。《元和郡县图志》卷五载：自扬、益、湘南至交、广、闽中等州，公家运漕，私行商旅，舳舻相继。所谓“闽中”，即指建州和福州。说明唐代扬州还有水路通向南方海港。而通向福州的水路是从扬州过长江到润州（今镇江），循江

木兰舟

唐代巨型远洋海船，以体大、坚固、抗风浪力强而闻名于太平洋和印度洋上。“帆若垂天之云，舵长数丈，一舟数百人。”

南运河至杭州。由杭州溯浙江水路而上，经睦州（今浙江建德东）和衢州，便到建州（今建瓯），再由建州水路至福州。由此可知，长江及其以南的商旅都集中到扬州，自此向西北可到洛阳、长安，甚至经永济渠还可到达河北清河和幽州。以扬州为中心，形成了当时通江达海的全国水运网。

唐代闽江下游也有进一步拓展：侯官西南7里有洪塘浦，自石岊江面，东经甓渎至柳桥，以通舟楫，贞元十一年（796）观察使王翃开（《新唐书》卷四一《地理志》）。王审知在福州建城池，浚河渠，使福州城池周达40里，并开7座城门（此即罗城），当时乌山和于山尚屹立于利涉门外的水中。《八闽通志》云：“两山东西对峙，瞩目海上”，成为海船到港的岸际标志。后来王审知拓建夹城至今南门，号宁越门。由于沙洲未合，利涉、宁越两门东南皆遇水而止，东临大江，西接平陆，舟楫乘潮出入，环绕城河而行，往来如织。遂使闽江下游成为海舶河舟汇集之区。

盛唐时代，福建开始设置驿站，供传递政令公文和接待来往官员停留住宿及交通之需。当时30里设一驿，驿有长，水驿有舟。福建的驿站路线，由长安至汴州，再由汴州南下，经扬州、杭州、睦州、衢州、江山，越仙霞岭入浦城、建州、福州，最后至泉州。以福州城区为中心，出西门上至闽北，出南门下至闽南，沿途设有马驿或水驿。凡有水的地方，还是由水不由陆。（见《元和郡县志》）

二、海上交通航线

唐代中国经济、文化高度发达，推动了中外交流的扩展。天宝十年（751），大食国军队东进，击败了唐军，控制中亚，切断了唐朝通往西域的陆路交通。从此，唐政府致力经营与海外诸国的海上交通，海路取代陆路成为中外经济文化交流的主要渠道，这为福州海外交通的发展创造了空前的有利时机和条件。

唐代，海路分通向东洋和通向南洋、西亚和东非两条航线。

所谓东洋航线，即通往朝鲜、日本的航线，计有4条：北路北线由登州（今蓬莱）出航，经朝鲜抵日本。北路南线由登州登县赤山镆铆口启行至朝鲜、日本。南路南线由

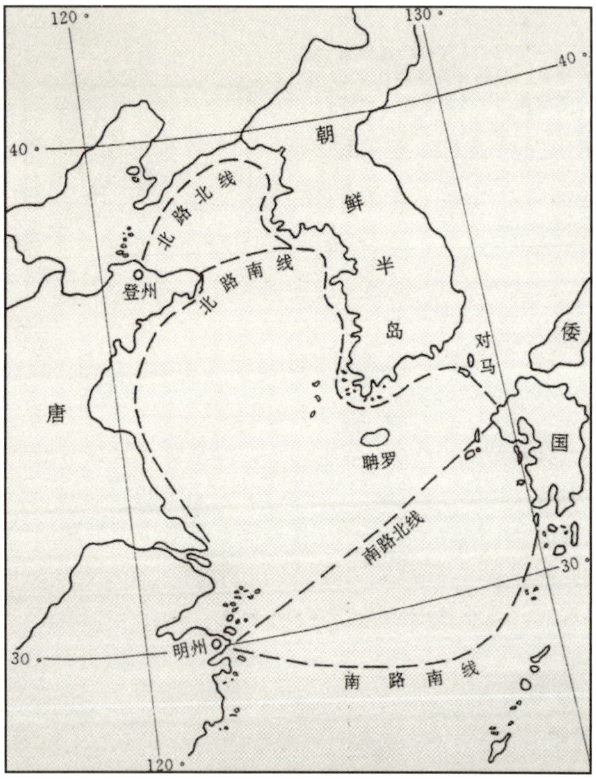

唐代东洋航线图

开往日本的中国海船

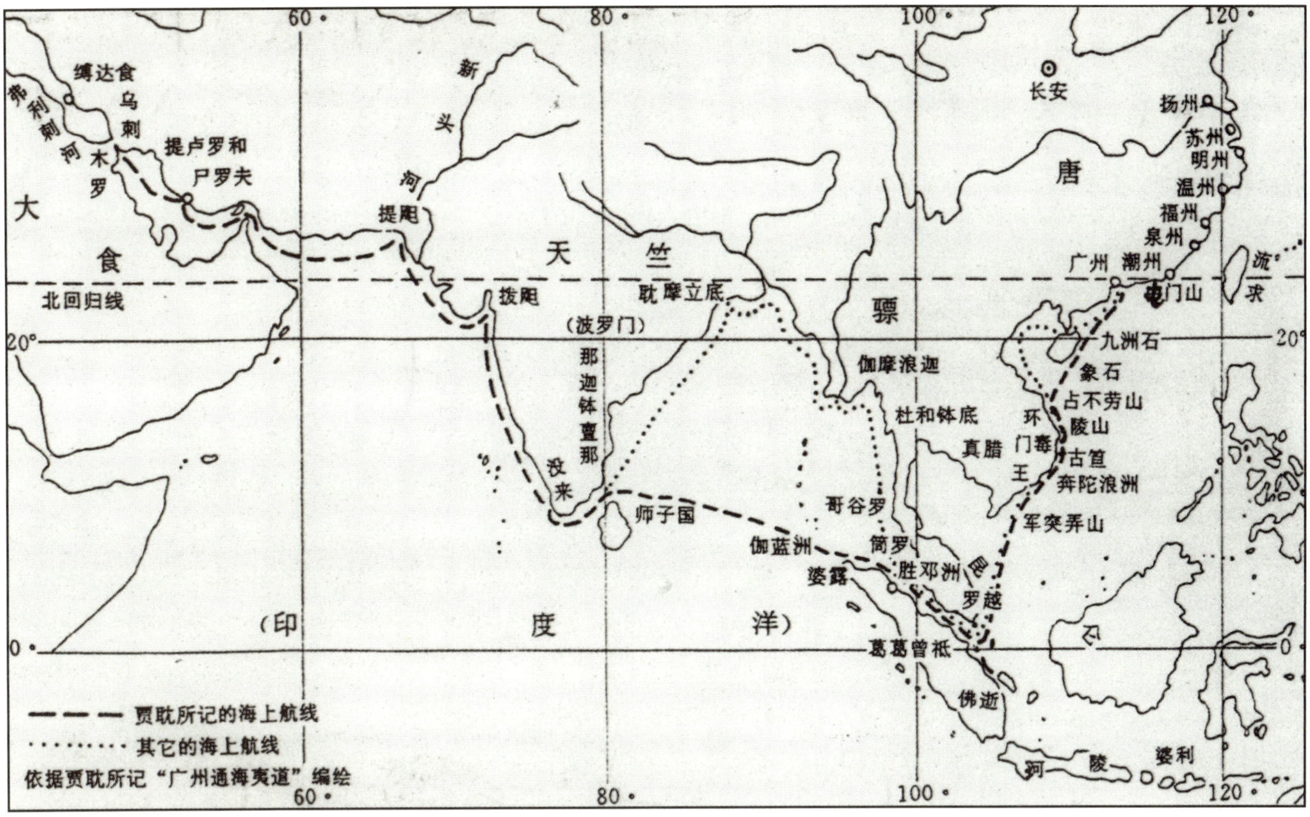

唐代南洋、西亚和东非航线图

图中虚线即贾耽所著《广州通海夷道》记载的航线，船从广州出航。到了宋代又增加了从泉州港出航的航线。

屯门山（今大屿山）
九洲石（今海南岛东北角）
象石（今独珠山）
占不劳山（越南古婆岛）
环王国（林邑，另说占城）
大食国（今阿拉伯地区泛称）
门毒国（越南归仁）
古笪国（衙庄）
奔陀浪洲（藩朗）
军突弄山（昆仑岛）
海硖（质）（马六甲海峡）
罗越国（马来半岛南端）
佛逝国（苏门答腊岛东南部）
珂陵国（爪哇）
葛葛曾祗国（不罗华尔群岛）
简罗国（吉打）
哥谷罗国（克拉地峡西南方）
胜邓洲（棉兰北日里附近）
婆露国（苏门答腊岛西海岸大鹿洞附近）
陵山（灵山）（今燕子岬）
伽蓝洲（尼克巴群岛）
师子国（斯里兰卡）
没来国（奎隆）
拨飓国（不来区，印度孟买以北巴罗奇）
提飓国（喀剌奇东）
新头河（印度河）
提卢罗和国（罗和异国，波斯湾头阿巴丹附近）
乌剌国（奥布兰）
弗利剌河（幼发拉底河）
木罗国（巴士拉）
缚达食（巴格达）
南天竺（南印度）

7世纪后中国帆船更为发展，东来贸易的阿拉伯商人，常乘中国帆船至印度，再换小船返国。

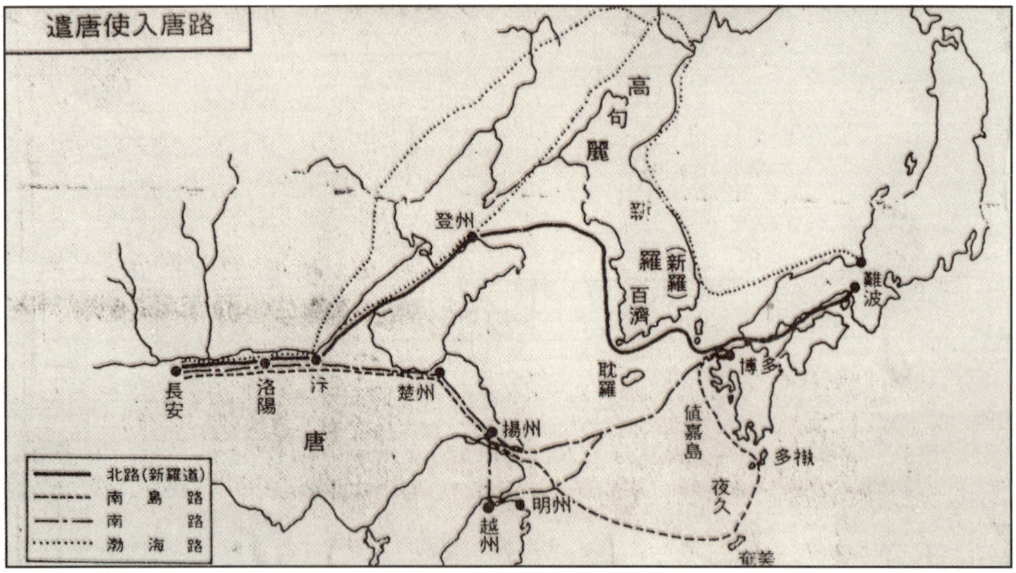

日本遣唐使入唐路线图

唐人制造、驾驶的日本遣唐使座船

8~9世纪，日本遣唐使、学问僧、留学生到中国所乘的唐船，虽由日本政府下令在日本各地监造，但木宫泰彦著、胡锡年译《日中文化交流史》载，“建造者和驾驶者，大都是唐人”。

明州（今宁波）出发，直至日本。南路北线为唐后期开辟的新航线，从扬州、明州、温州等港口起航，航程最短。

三、福州的对外交通

道光《福建通志·历代守御篇》载：按前此海道，北仅通会稽，南惟讫广州。自王审知开辟甘棠港后，利涉益远，且招徕番舶。当时闽国北邻吴越，西接吴（后吴被南唐灭），南邻南汉（后为南唐），三面受阻，只能向海上发展。《旧五代史·王审知传》载：时杨氏据江淮，故闽中与中国隔越，审知每岁朝贡，泛海至登莱抵岸，往复颇有风水之患，漂没者十四五。《读史方舆纪要》卷九五《福建序》亦载有王审知从福州入贡之道，即北航交通线：王审知之据闽也，尚禀命于中国。其入贡之道，为淮南所阻。每岁自福州洋过温州洋，取台州洋，过天门山，入明州（今宁波）象山洋，过涔江，掠洌港，直往东北经大洋，抵登莱岸。并远航到辽东，当时渤海立国辽东，后为契丹所灭。渤海国宾贡高元固从海上来访，徐寅赠元固的诗收入《徐公钓矶文集》。到审知子王延曦时，闽使前往契丹都从海路北上。除了与中南半岛、马来半岛诸国的传统航线之外，史书记载，福州还与以下几个国家开辟了新航线：

（一）朝鲜半岛　唐时朝鲜半岛上分为高句丽、新罗、百济3个国家，与唐及闽国关系良好，交往频繁。《宋史·王彬传》载：祖父彦英，随族人王潮入闽，后来发生枘凿。彦英携眷，从海上奔新罗。父子相继在新罗执政。王彬以宾贡入宋，在国子监读书，仕至太常寺少卿。《十国春秋》载，王昶（王审知孙王继鹏改名）时，新罗

百济人制造的日本遣唐使座船

这是百济船式，船底扁平不尖，帆在中央，也是日本遣唐使节船，往返高句丽、百济、新罗、中国间。

国使者曾来闽献宝剑。《重纂福建通志》卷二六四《寺观志》载，福州金身罗汉寺旧有高丽铜佛像三……有小木塔，藏于西殿，伪闽王时，高丽所献。据义净《大唐西域求法高僧传》卷上载，早在唐初新罗人入唐，往往在福州登陆，尔后，转赴长安。如慧轮师者，新罗人也……自本国出家，翘心圣迹。泛舶而陵闽越，涉步而届长安，走的就是这条路线。到唐末，闽国、新罗入贡使仍频繁地往来于新罗与福州之间。郑麟趾的《高丽史》卷上载，天成三年（928）新罗僧洪庆自唐闽府载《大藏经》一部至（新罗）礼成江。闽府即闽王福州衙门。

（二）日本　唐代中日友好关系有了新的发展，福州与日本间的往来频繁不断。福州是日本僧人空海入唐之地。据木宫泰彦《日中文化交流史》、《日本后记》载，空海在贞元二十年（804）入唐，元和元年（806）返国，入唐时即在福州三沙湾附近的赤岸镇登陆。日本桓武朝遣唐使第一船于桓武天皇延历二十四年（805）亦抵达长溪县。

日本以唐朝为师，多次派出遣唐使学习唐朝先进文化。佛教也由此东传日本。为了聘请名僧主持受戒仪式，天宝元年（742）派日本僧人荣睿、普照来到鉴真大和尚所在的扬州大明寺，邀请他去日本弘法传戒。

鉴真（688~763），俗姓淳于，扬州人，14岁出家。被荣睿、普照的虔诚邀请所感动，决定东渡。唐天宝元年至十二年（742~753）先后6次东渡。第一次（742），官府以海上不安全为由，拒绝了鉴真的要求并没收了海船，第一次东渡失败。

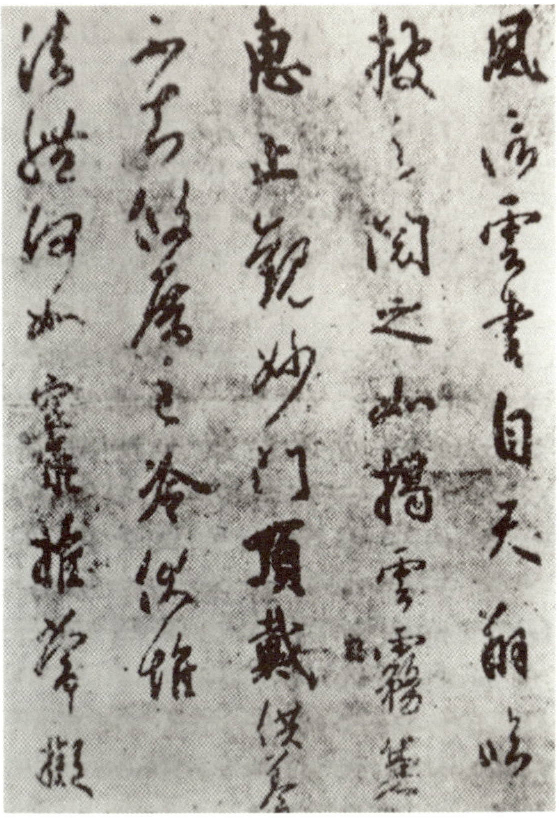

日本空海和尚的《风信帖》（现存日本京都府教王护国寺）

第二次（743），鉴真率弟子17人及画师、工匠85人出海，不料遇到大风，海船沉没，第二次东渡又失败了。此后第三次也失败了。

第四次（744），据真人元开《唐大和上东征传》载：鉴真第四次东渡日本，先期派人到福州置办粮、船，但未成功。

第五次（748），鉴真率僧众、水手，从扬州出发，

空海和尚像

空海渡海入唐图（现存日本京都府教王护国寺）

荣睿、普照随遣唐使渡海入唐图（唐招提寺存绘卷鉴真东征传）

鉴真夹纻塑像

6次犯险航海始达日本的鉴真大和尚，锐意传戒传法，为日本佛教徒登坛受戒之始。759年在奈良建成招提寺，传布律宗，为日本律宗的创始人。鉴真坐像由其弟子忍基等塑造，一直供奉在唐招提寺。

奈良的唐招提寺是日本国宝级建筑

鉴真渡海图

风向改变，漂流14天，到了振州（今海南三亚），荣睿得病，普照北去，鉴真受到打击眼睛失明。天宝十年（751）回到扬州。

第六次（753），率20多人乘回国的日本船，终于成功地到达了日本的九州岛，第六次东渡成功。

鉴真前后历时12年，6次东渡，共牺牲36人。他笃志不移、百折不挠，终于实现了宏愿。日本政府派特使前来迎接并请他速往日京平城（今奈良）。在最著名的东大寺，鉴真为日本圣武天皇、孝谦天皇及皇后、皇太子和400多名沙弥先后授菩萨戒。日本名僧80余人也重新受具足戒，开创了日本佛教徒登坛受戒的仪式。

鉴真还参与兴建唐招提寺的规划工作。唐招提寺金堂具有唐代木结构建筑的特点。

招提寺建成后，鉴真就在寺中讲律授戒。生活了10年，于唐代宗广德元年(763)圆寂于该寺，终年76岁，葬于寺内。

鉴真去日本主要目的是弘扬佛法、传律授戒，同时也带去了建筑技术、医药、雕塑、绣像、画像、书帖等中国的文化成果，对中日文化艺术交流有重大贡献。书帖中有王羲之父子的真迹，后来成为日本书法的准绳，对日本书法艺术产生了深刻影响。在医药学方面，鉴真积极传授中草药知识，成为日本医学界公认的先师。1000多年来，鉴真一直受到中日两国人民深切的怀念。郭沫若曾赋诗称赞：

鉴真盲目航东海，一片精诚照太清；

舍己为人传道艺，唐风洋溢奈良城。

（转见于龚书铎、刘德麟主编《图说天下·隋唐五代》第109页）

中日互访中，日本也派有遣唐使、留学生、学问僧和技术人员到中国，全面学习中国的经学、佛学、医学、文学艺术、天文历法，等等。据日本木宫泰彦所著《日中文化交流史》载，宣宗大中六年（852）（另说七年），福州商人钦良晖的商舶从日本肥前值嘉岛扬帆归国，在海上航行6天，在闽江口的福州连江县登陆，随船而至的还有日本僧人圆珍、丰智、闲静等人。他们在福州居留达6年之久，大中十二年（858），才搭乘唐商李延孝的船返回日本。懿宗咸通六年（865），“（李）延孝舶，自大唐福州得顺风五日四夜，著值嘉岛”（《入唐五家传·头陀亲王入唐略记》）。这说明，福州已开通了对日海上交通的固定航线。

在福州居留达6年之久的日本僧人圆珍像

（三）佛逝国　全称室利佛逝国，7世纪到13世纪印度尼西亚苏门答腊古国，都城约在今巨港，极盛时势力达西爪哇、马来半岛、加里曼丹西部，控制中国、印度、阿拉伯国家间交通贸易要冲。中国宋代史籍称之为三佛齐。唐五代闽国时是东南亚的强国。王审知为达到“招徕蕃客”的目的，曾在福州举办“万人大佛会”，引来了三佛齐国的国王及其属国的君臣，前来观瞻并进贡。福州港出现了“万国来朝”的盛状。王审知在福州整治城河，开辟港道，均被誉为“德政”。福州港的海鳅巨舶，乘潮进出，络绎不绝，一片繁荣。据《恩赐琅琊郡王德政碑》载，唐末三佛齐诸国经常派遣使团至福州，向唐朝廷进贡，并开展贸易活动。《十国春秋》亦载，唐哀帝天祐二年（905）夏四月，闽王藏佛经于寿山……佛逝（齐）诸国来宾。《唐会要》卷一〇〇《杂录》亦说有的三佛齐商人还在福州定居下来。蛮夷商贾能积极来闽互市，主要是因王审知奖励工商，尽去繁苛，纵其交易，特别任用张睦领榷货务（商务管理机构）。这位固始人雍容和蔼，懂得

唐人钦良晖商船图

福州商人钦良晖的商舶，也是中日贸易船。日本和尚圆珍、丰智等就是坐这样的船往返日本、福州之间。

佛逝（三佛齐）国出土的唐代螭柄花釉执壶

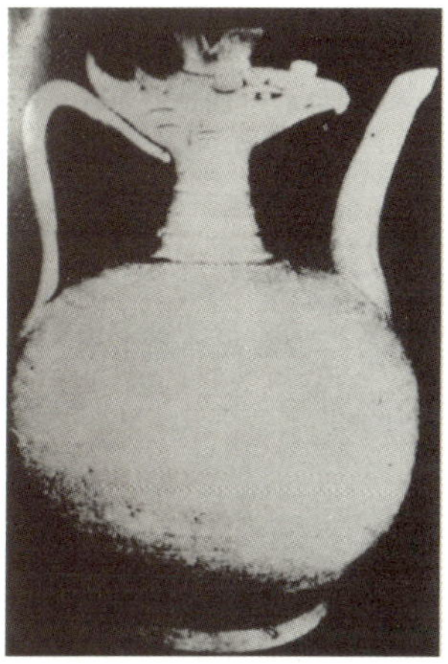

印尼出土的唐代白瓷凤首执壶

福州开元寺铁佛像

宋元丰年间福州开元寺铸铁佛像叠掌跏趺，两耳垂肩，高5米多，宽约4米，重逾10万斤。现已贴金，实乃国之珍宝，华夏无双。

体恤商艰，招徕海舶，促使国际贸易的繁盛。货物充斥，商贾云集，税率并未提高，收入却大大增加，使国库更加充实。张睦遗爱在人，当时福建商人为纪念他，在福州风池坊（今东街口）盖了一座榷货庙。林枫的《榕城考古略》亦载：东街有榷货庙，祀闽少师梁国公张睦，今改为里社，曰金华境。社神称榷货尊王，即张睦。

（四）占城　闽国唐及五代时，福州与南海国家的友好往来仍在继续。唐王朝同占城（今越南）继承了传统友谊，两国互派使者，越南派留学生来中国。就在这一时期，从越南传入闽中的有占城稻、薏仁、甘薯等优良品种。据《重纂福建通志》载，天德二年（944）占城国宰相金氏婆罗到闽，由于长时间的海上航行，身上长满疥疮，经人介绍，到闽县崇贤里龙德外汤院洗温泉澡。洗好了疥疮，乃捐五千缗，在温泉旁建一座亭子，刻碑纪念。占城还向闽国“献驯象使朝对，列方物为庭实”。时任闽国太常卿的莆田人陈致雍曾作《奏蕃国使朝见仪状》以记其事。

（五）印度　唐文宗时，中印度僧人般恒罗来到福州，传佛法。天祐三年（906），又有西天国声明三藏前来（《十国春秋》第90卷）。西天国即今印度。印度僧人屡至福州，表明印度商舶经常来福州，双方存在着频繁的海上交通。当时印度僧人居住的福州开元寺，是官方用作接待各国来闽僧人的招待所。印度高僧在此讲授佛经和梵文学，慕名来学习的有日本僧人等。

（六）大食　原系一波斯部族的名称。唐代以来中国称阿拉伯帝国为大食，它是西亚崛起的强盛的帝国。《经行记》、《旧唐书》、《新唐书》、《宋史》、《辽史》等均称其为大食。

7~10世纪，东方大唐帝国与西亚大食帝国遥相辉映。大食帝国取代了罗马、波斯称雄海上，控制着东西洋交通。大食帝国热衷于开拓东方，商人纷纷驾舟东来，双方通商盛极一时。福州就是他们从事通商活动的重要港口。当时阿拉伯商船满载各国商品航抵福州后，沿闽江而上，向北运输，再顺赣江而下将商品贩销中国各地。中唐之后，福州已与广州、扬州并列为唐代三大贸易港。唐代福州是阿拉伯人的荟萃之地。福州呈现了万国商船竞集的盛况，有“闽越都会，东南重镇”之称。据《恩赐琅琊郡王

大食人

唐五代时作为接待各国来闽僧人招待所的福州开元寺

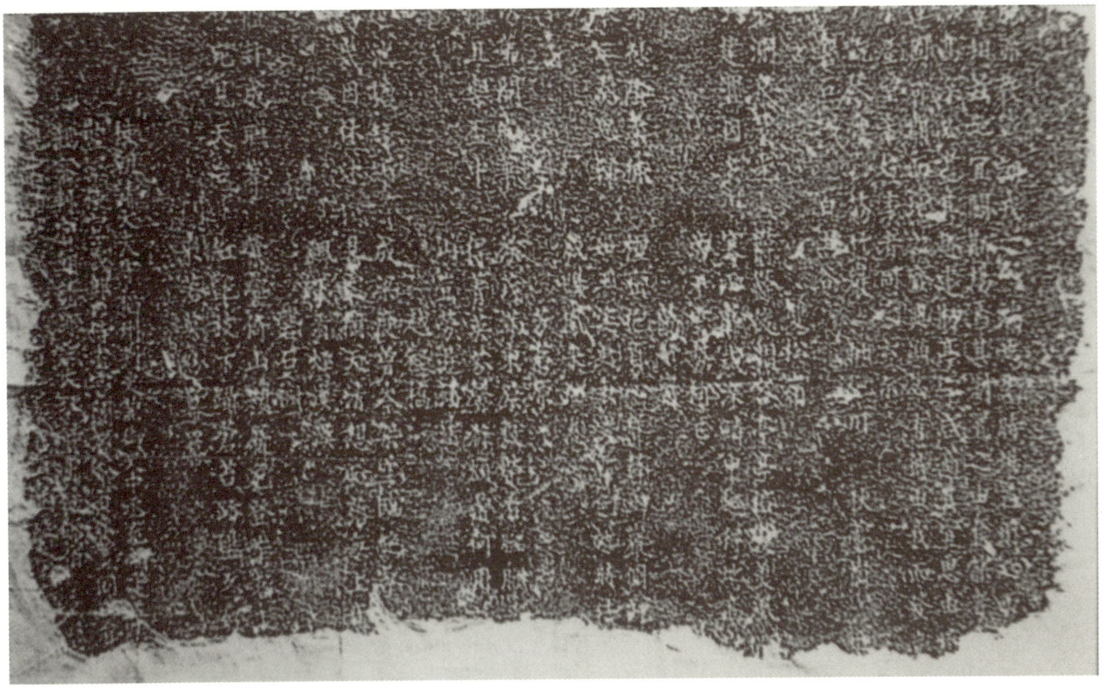

《球场山亭记》残碑

德政碑》载，大食商人在福州的商业活动十分活跃。直至唐末、五代，福州依然云集了大量到中国进行贸易活动的阿拉伯商人。

1958年在福州发掘出元和八年（813）《球场山亭记》残碑，上刻海外诸国人多侨居福州，异部风俗充斥，以致当地习俗受影响，难守旧制，“海夷日窟，风俗时不恒”。因为福州有大批波斯和阿拉伯人侨居，唐朝廷还在福州专门设置了“都蕃长”一职，职责是管理侨民事务。

唐代盛行的马球，就是从波斯传入的，故又称“波斯球”。《球场山亭记》说明福州建有马球场，以供当时大批波斯人和阿拉伯人侨居时玩乐之用，中国官员及王孙子弟亦不例外。

唐代打马球场景

唐朝时在福州设的球场究竟在何处？据《三山志》记载，当时在福州的球场设在原贡院处（见右图）。当时由福州刺史裴次元在冶山附近开辟球场，依山建亭，题诗于其壁，勒为二十咏。观察使冯审作《球场山亭记》，并立碑，是为福建最早见于文字记载的球场。

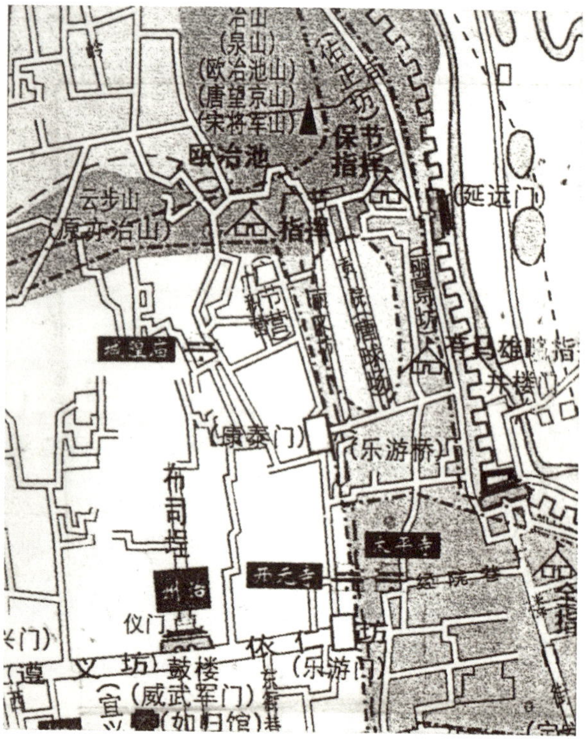

福州唐球场位置图

泉州圣墓

唐武德年间（618~626），伊斯兰教圣人穆罕默德有门徒称四大贤者，“一贤传教广州，二贤传教扬州，三贤、四贤传教泉州”，死后葬于晋江西南的灵山，称为“圣墓”。

第六章

五代闽国时的福州船政

第一节　五代闽国概况

从唐末天祐三年（906）朱温灭唐，到宋初建隆以前（907~959），中国处于五代十国分裂时期。五代是后梁、后唐、后晋、后汉、后周，共八姓十四君53年，实际是唐末藩镇割据局面的继续。十国是前蜀、后蜀、南汉、北汉、吴、楚、闽、荆南（南平）、南唐、吴越，除北汉外，皆立国南方。宋人薛居正修五代史，有所忌讳，尊五代为正统，而列吴、闽、南唐诸国为僭伪。当时福建属闽国，被称伪闽。

五代十国时，北方战乱频繁，政局动荡；南方则相对稳定，社会经济有所发展。南方各国普遍重视水利灌溉，对农业发展起了重要作用。由于中原兵荒马乱，士民纷纷南迁。

五代时闽国辖福州（威武军）、建州、泉州、漳州、汀州五州。北与吴越、西与吴、南与南汉为邻。吴系杨行密所建，石晋天福二年（937）为徐知诰所篡，吴亡。越王刘岩称帝时国号为大越，梁贞明四年（918）十一月改国号为汉，史称南汉。

闽国的创立人是河南光州固始县人王潮。王潮有弟王审邽、王审知，皆以才气知名。时称“三王”。当时爆发黄巢起义，起义军一度占领福州。王潮三兄弟投奔光州刺史王绪。光启元年（885）正月，王绪因秦宗权索取租赋不能给，悉举光、寿兵5000人转掠江、洪、虔州，是月陷

五代时闽国形势图

汀、漳，然皆不能守。王绪至漳州，以道险粮少，令军中不得以老弱自随，犯者斩！唯王潮兄弟扶其母董氏崎岖从军，王绪召潮等责之曰：军皆有法，未有无法之军。汝违吾令而不诛，是无法也。三子曰：人皆有母，未有无母之人；将军奈何使人弃其母！王绪怒，命斩其母。三子曰：潮等事母如事将军，既杀其母，安用其子。请先母死。将士皆为之请，乃舍之。后王绪见将卒有勇略逾己及气质魁岸者皆杀之，众皆自危。行至南安，王潮说其前锋将曰："吾属违坟墓，捐妻子，羁旅外乡为群盗，岂所欲哉！乃为绪所迫胁故也。今绪猜刻不仁，妄杀无辜，军中杰出之人受诛且尽，子须眉若神，骑射绝伦，又为前锋，吾窃为子危之！前锋将执王潮手泣，问计安出，潮为之谋，伏壮士数十人于篁竹中，伺绪至，挺剑大呼跃出，就马上擒之，反缚以徇，军中皆呼万岁。潮推前锋将为主，前锋将曰：吾属今日不为鱼肉，皆王君力也。天以王君为主，谁敢先之！相推让数回，卒奉潮为将军。王潮引兵将还光州，约其属，所过秋毫无犯。行及沙县，泉州人张延鲁等以刺史廖彦若贪暴，帅耆老奉牛酒遮道，请潮留为州将，潮乃引兵围泉州。同年八月，王潮拔泉州，杀廖彦若。潮闻福建观察使陈岩威名，不敢犯福州，遣使降之，岩表潮为泉州刺史。王潮既得泉州，一面招抚流亡，安置离散，一面恢复生产，均赋税，修武备。吏民悦服。王绪被禁于别馆，自觉惭愧，后自杀。

唐景福元年（892），福建观察使陈岩疾笃，遣使以书召泉州刺史王潮，欲授以军政，未至而岩卒。岩妻弟都将范晖婉言劝说将士推己为留后。王潮以从弟王彦复为都统，王审知为都监，出兵攻福州。王彦复、王审知久攻不下。范晖求救于威胜节度使董昌。董昌发温、台、婺三州兵5000名救之。彦复、审知以城坚，援兵且至，士卒死伤多，报王潮，欲罢兵更图后举，潮不许。请潮自临行营，潮曰："兵尽添兵，将尽添将，兵将俱尽，吾当自来。"彦复、审知惧，亲以矢石急攻之。五月，城中食尽，晖知不能守，乘夜暗弃城走，援兵亦还。彦复等入城。晖

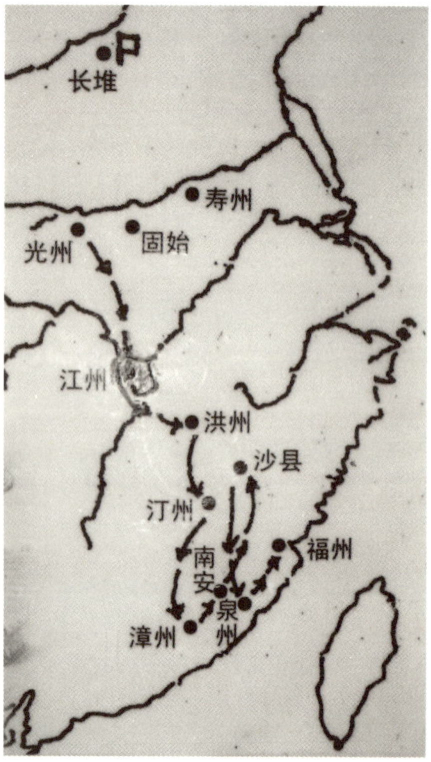

王潮、王审邽、王审知入闽路线图

逃至沿海一带为将士所杀。王潮遂入福州，自称留后。素服葬陈岩，以女妻其子延晦，厚抚其家。汀、建二州皆降王潮。

王潮尽有闽中五州之地。唐昭宗李晔任命王潮为福建观察使，王审知为观察副使，奠定了闽国基础。乾宁三年（896）九月，升福建为威武军，授王潮为威武军节度使。当王审知为观察副使时，有过错，王潮犹用鞭子痛打，审知无怨色。乾宁四年（897），王潮病，舍其子延兴、延虹、延丰、延休，而命王审知知军府事。十二月，王潮死。审知以让其兄泉州刺史审邽。审邽以审知有功，辞不受。审知只得遵王潮临终遗命，自称威武军留后，上表于朝廷。光化元年（898）三月，王审知充威军武留后。光化三年二月朝廷加封王审知为威武军节度使同平章事。唐天复四年（904）被昭宗封为"琅琊郡王"。后梁初封王审知为中书令、福州大都督长史。开平三年（909）四月，加封王审知为闽王。升福州为大都督府。当时民间有"潮水来，岩头没，潮水去，矢口出"之谣。潮即王潮，岩即陈岩，矢口就是王审知，反映当时福州军政首领的更迭过程。

王审知（862~925） 字信通，号白马三郎。治闽期间自己不称帝，也不称福建是一个国家。他既拥有全

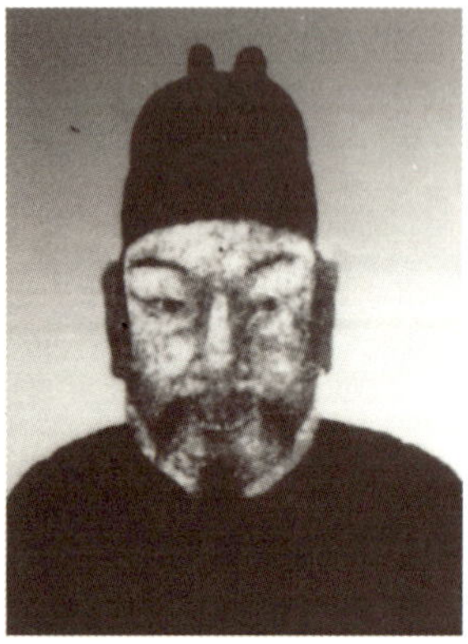
王潮像

王审邽像

都监王审知像

闽，有人劝他自立。审知说：我宁为开门节度使，不作闭门天子也！说明他不搞割据，意在保境安民。他因国小，向北方称臣纳贡，用意凭借唐、梁的声势，以保障本土的安全。他对周边邻国采取睦邻政策。梁贞明二年（916），吴越牙内先锋都指挥使钱传珦与闽通婚，自是闽与吴越通好。三年（917），王审知为其子牙内都指挥使延钧娶越王刘岩之女，自是南与大越（后改南汉）通好。王审知的保境安民政策，使福建安定了二三十年，其间只有后唐同光二年（924），南汉主侵闽，驻于汀、漳境上，被闽军赶走，从此以后，别无战争。王审知一面轻徭薄赋、省刑惜费，让民休养生息、安居乐业；一面重视文化建设，兴办四门义学，招致中原人士，以教闽中秀士，并令人搜罗佚书，又为徐寅刊印《徐公钓矶文集》。这些措施都促进了福建的社会经济、文化教育事业的发展，出现了“时和年丰，家给人足”的太平景象，也使福建在五代乱世之中，能保持长达29年的安定繁荣，王审知被后代誉为“开闽王”。

王延彬父审邽，时为泉州刺史，当时中原避乱入闽者，生活费都由审邽接济。延彬奉父命筑招贤馆，款待他们，后来继承父职，为泉州刺史17年。在其治理下吏民安之。后得白色的鹿和紫色的灵芝，被人们看作是祥瑞之物。僧浩源以为王者之符，延彬由是骄纵，密遣使经海道北上向后梁朝贡，求为泉州节度使。事觉，王审知诛浩源及其党，并黜延彬归私第。可见他在政治上能防微杜渐。

乞土胜地碑

因王审知兄弟都注重农桑，自宋以来，历代士民皆乞取王审知祠下土制春牛，以迎春耕。乞土胜地碑至今尚在闽忠懿王庙二进德政碑前侧壁上。前王乞土庆城限，太守迎春彩仗来；为卜一年新利市，大家都往看牛回。《福州竹枝词》记其事。

闽王王审知像

第二节　王审知治闽时的福州

王审知治闽29年，“宽刑薄赋，公私富实，境内以安”。辖境“污莱尽辟，鸡犬相闻，时和年丰，家给人足”。钱昱撰《忠懿王庙碑》称赞他善为政、善立身、善教化、善招纳、善求福、善守位。闽川所归，本由王氏而盛。这说明王审知实行保境息民政策，提倡节俭，减轻赋役、发展生产，对福建的经济建设、社会发展确实有巨大贡献。

一、开拓福州城

晋安太守严高筑子城后，到唐中和二年（882），福建观察使郑镒拓其东南隅，南有利涉门，在今安泰桥北，三山犹在城外。

天复元年（901），王审知于子城外筑城40里，是为罗城。

罗城城池的范围：东至今五四路澳桥西端，南至安

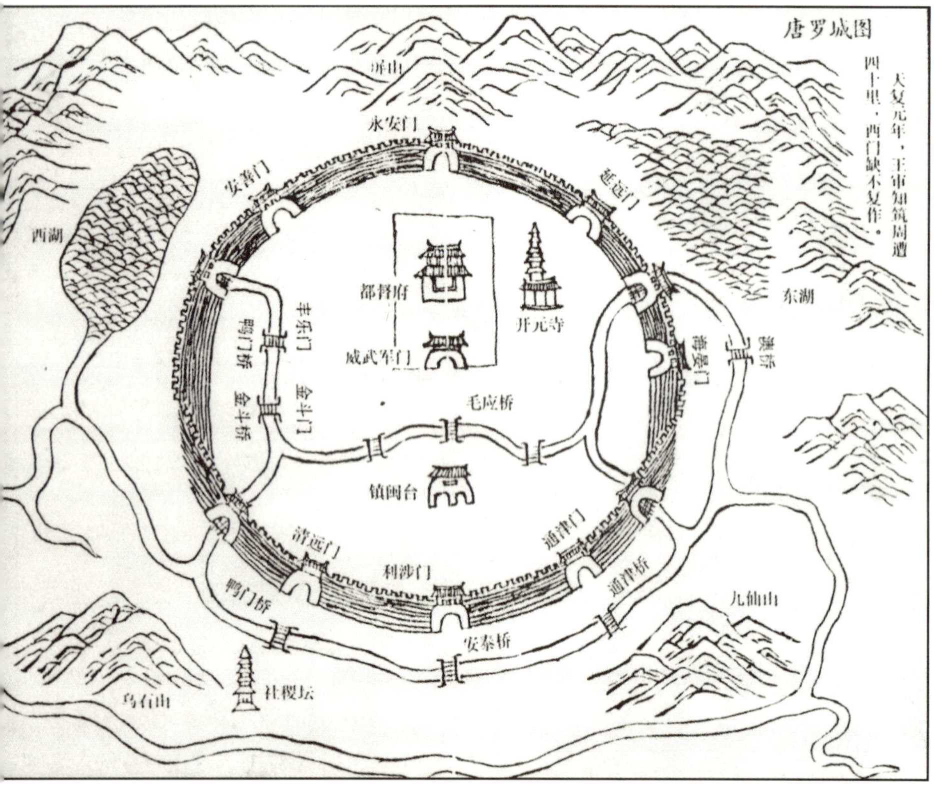

唐罗城图

（采自明王应山《闽都记》卷首刊登的福州古城六城之三）

《重纂福建通志》卷二九《津梁志·安泰桥》载：安泰桥，唐天复初（901）为罗城南关，人烟绣错，舟楫云排，两岸酒市歌楼，箫管从柳荫榕叶中出。可见是当时福州最繁华的街衢。南湖是唐贞元十一年（795）观察使王翃在任时，在福州城西南，开一条沟渠，长5里200步，引西湖之水达于东南。不论东湖、西湖，还是南湖，都是出于人工和自然力量的配合，不是凿的，而是海平面下降时人工堵的。其作用如宋赵汝愚《请大浚西湖疏》中所云：州有西湖，接濠而通南湖，潴蓄水泽溉田园，天时旱暵，则发其所聚，高田无干涸之忧，时雨泛涨，则泄而归浦，低田无淹没之患，民以享丰年之利（道光《福建通志》卷三三《水利》）。

泰河北岸，西至杨桥路善化坊口，北至钱塘巷永安境，东北门名“延远”，在今中山路北端，东南至津门路高节路口，西北至湖滨路，西至澳门路光禄坊口，大致在今鼓楼区中心地带，共有7座城门楼，呈椭圆形。三山——屏山、九仙山（即于山）、乌石山（即乌山）仍在城外。但子城的第一道护城河（即大航桥河），此时已纳入城中作内河了。

唐天复初福州最繁华的街道安泰桥两岸

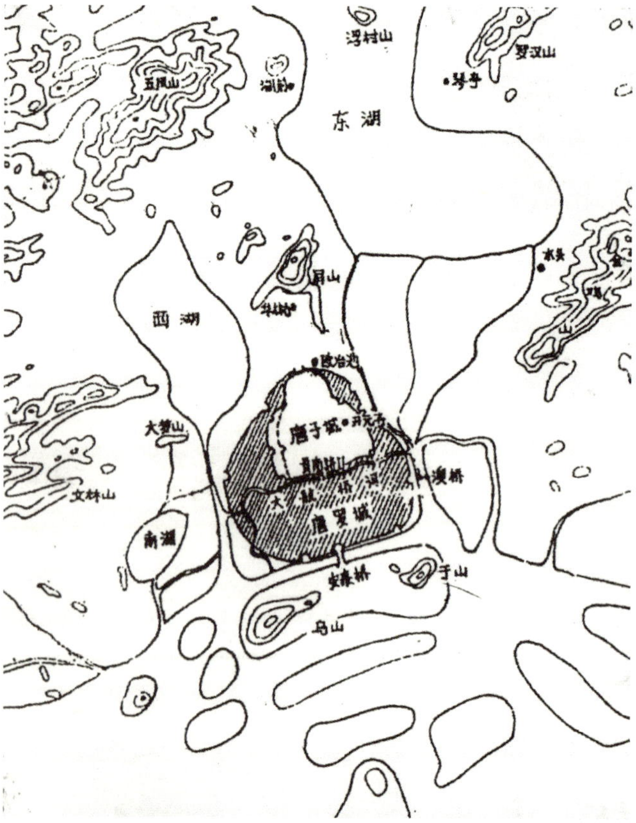

唐末福州地貌及罗城图（郑力鹏绘制）

图中唐子城应改为晋子城。

鼓山更衣亭

鼓山涌泉寺唐会昌年间遭灭佛之难，沦为废墟。由王审知重建。更衣亭相传为闽王王审知入寺礼佛更衣处。

梁夹城　梁开平元年（907），王审知又筑夹城，即南月城与北月城。

南月城　东贮九仙，西盛乌石之二山，南至登庸门（今南门口），敌楼四十九，楼之层者三。

北月城　敌楼二十六，楼之层者十，北载越王之故山。

黄滔《灵山塑北方毗沙门天王寺碑》载，王审知之筑城“曰大城焉，南月城焉，北月城焉，周围二十六里四千八百丈”。

夹城范围：南至宁越门（南门兜），东至五四路澳桥西端，西至西门兜，北至屏山，东南至水部阔程南端，东北至井大路七穿井附近，西北至北门三角井之北，乌山、九仙山（于山）及大航桥河和安泰桥河（均为护城河）都围入城中。夹城中的镇闽台即还珠门。澳桥即海晏门桥，亦称去思桥。宫殿原为唐都督府、威武军衙门。王审知子僭号后逾制所建宫殿，宋为垂拱殿，元为行中书省、宣慰司，明为福建等处承宣布政使司。

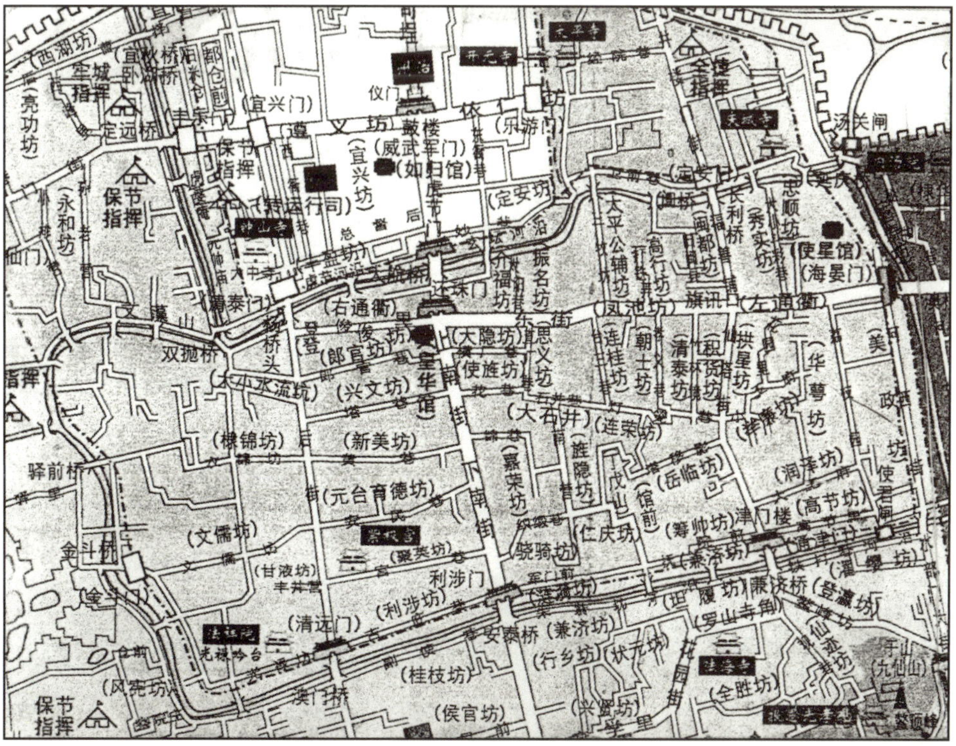

《三山志》对照民国八年地图名称的罗城位置图

罗城位置：南至利涉门（安泰桥之北），北至虎节门之南（大航桥河），东至河西街（美政坊），西至金斗门。罗城砖砌，高6.6米，厚5.6米，城砖都印有钱纹。图北面白色部分为晋严高拓建的子城。子城左边仍为罗城，右边即子城东南隅，为唐中和年间福建观察使郑镒所拓建。括号内为《三山志》中地名，其他为民国八年地名。

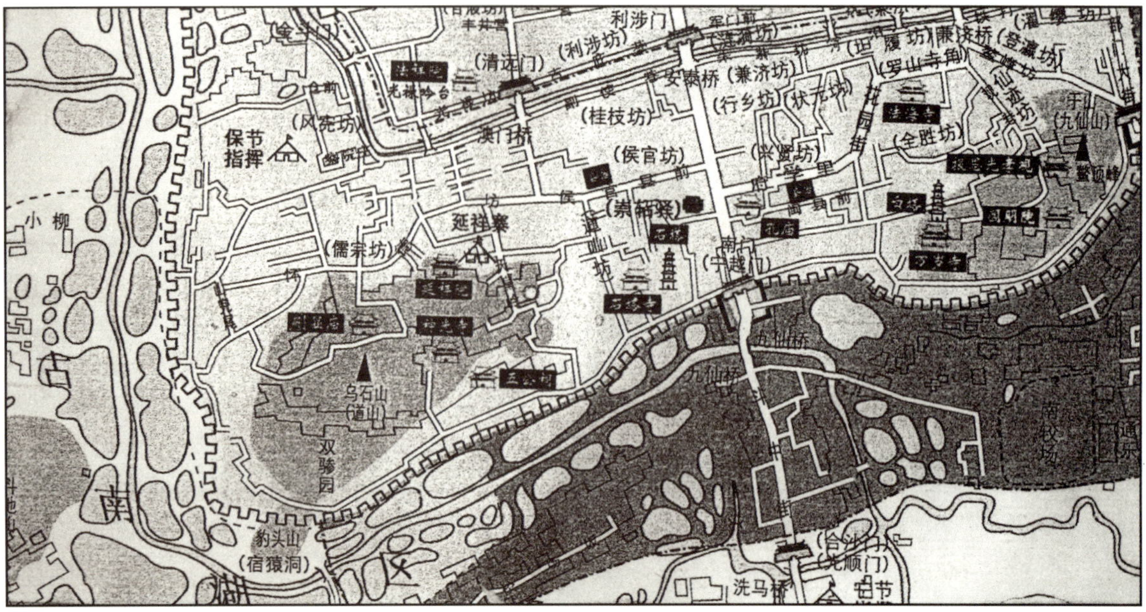

《三山志》中的梁夹城之南月城位置图

南月城位置：北至利涉门，南至宁越门（南门），东至水部门大街，西至西门兜一带。图中黑色部分，为闽国灭后，福州为吴越所得，吴越刺史钱昱又筑东南夹城，南至合沙门，谓之外城。

万寿寺俗名白塔寺。定光塔俗名白塔。前者于唐天祐元年（904）、后者于梁开平元年（907）为王审知所造。

石塔寺即唐贞元塔院，后毁于兵燹。乾隆复建，额曰“宴晦清斋”，即石塔寺。

石塔，即坚牢塔。唐贞元十五年（799）观察使柳冕所建。审知子王延羲重建，俗称乌塔。

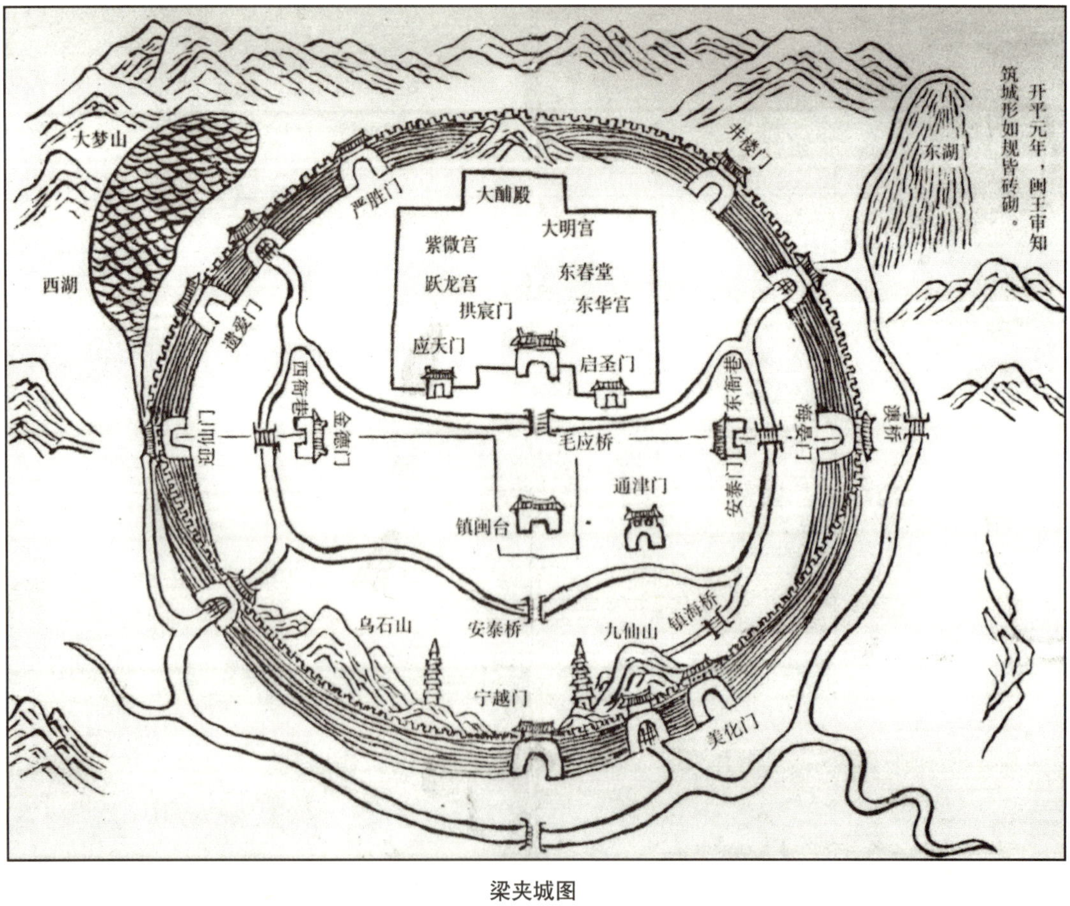

梁夹城图

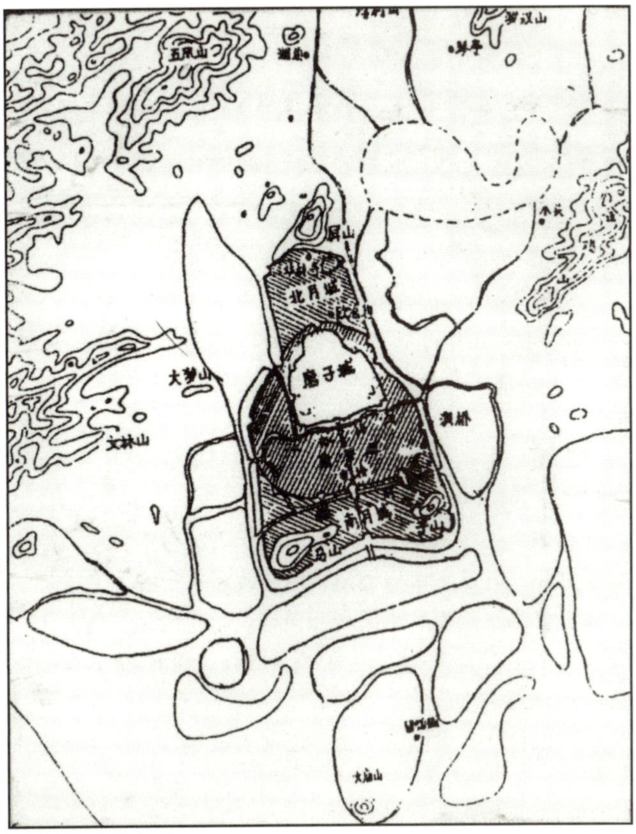

五代福州地貌及夹城图（郑力鹏绘制）

王审知筑夹城，把于山、乌山围在城内，使福州最早出现屏山、乌山、于山“三山鼎峙城中”之景象。（图中唐子城应改为晋子城）

流。虽画鹢争驰，而长鲸弭浪，远近闻之而异之。优诏奖饰，乃以公之德化所及，赐名其水为甘棠港。”《新五代史·闽世家》亦云：“海上黄崎，波涛为阻，一夕风雨，雷电震击，开以为港。闽人以为审知德政所致，号为甘棠港。”既赐名黄崎港为甘棠港，则甘棠港在今何处？一说福安县东南160里，确有黄崎港。沧海桑田，在今天地图上，甘棠已经距海稍远。而在审知时期，却是画鹢争驰的商港（朱维幹《福建史稿》上卷第160页）；廖大珂《福建海外交通史》认为甘棠港原名黄崎镇，福州的四大镇之一，闻名一时，在长溪县（今霞浦县，辖区包括今福安、福鼎、柘荣诸县），即福安境内的白马港，闽东最大的河流交溪在此注入白马港，形成江海通津地带；一说在连江黄岐；一说在今闽江口。郑剑顺《福州港》一书认为，第一，闽江口为江海通津，即闽江与大海的交汇点。如说在福安县境，就称不上江海通津。第二，这里怪石惊涛，覆舟害物，所以整治这一水道以利舟航是情理中的事。福安县境尚无文字记载说那里曾有许多船只进出。第三，山号黄崎……此黄崎山可能是当时闽江口的礁石名称。第四，《十国春秋·闽六列传·刘山甫传》载：时海口黄崎岸横石巉峭，常为舟楫之患，所言海口，应是指闽江入海口。

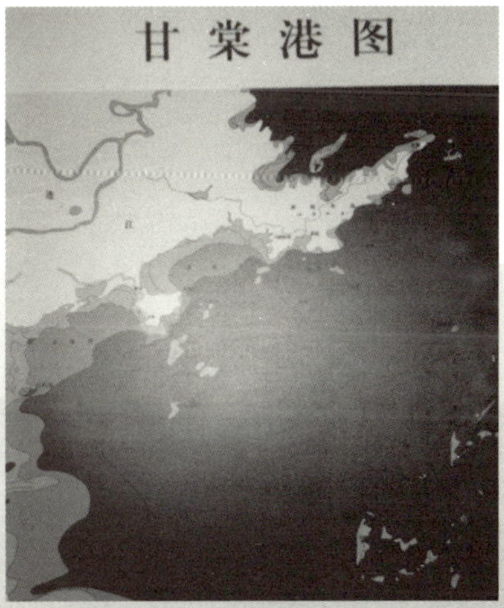

二、开辟甘棠港

由于海陆变迁，海平面继续下降，闽江下游的泥沙逐渐淤积。又由于海船日益增大，大海船可能难于行驶到东冶港。王审知为了方便水上交通往来和货物贩运，乃开辟甘棠港，发展海运事业，招徕番舶，利涉益远。

《恩赐琅玡郡王德政碑》载：“闽越之境，江海通津。帆樯荡漾以随波，篙楫崩腾而激水，途经巨浸，山号黄崎，怪石惊涛，覆舟害物。公乃具馨香黍稷，祭祀神祇，……祭罢，一夕震雷暴雨，若有冥助，达旦则移其艰险，别注平

古甘棠港（今连江定海湾）

因此，甘棠港应是闽江口五虎礁一带水域，在今连江长门的江海交汇处。今据福州市博物馆专家考证，认为古甘棠港在今连江定海湾。历史上有宋元明清沉船遗址多处。甘棠港位于连江黄岐半岛西岸，海拔60米，港区水域25平方千米，主航道水深13~22米。湾外有尾仔屿、龟屿、青屿、苔屿、龙翁屿等岛屿屏障，可建多个万吨级泊位，是连江渔民的主要避风港之一。

三、增设新县镇

前面说过，唐代在福建设有24县、9场、3镇。在闽国王氏统治期间，福建添设了8县、3镇、2州。五代末南唐添设4县。

八县　王审知于后梁乾化元年（911）升梅溪场为闽清县。

王延钧即帝位时（933），建元龙启，更名王鏻，升福州为长乐府，改闽县为长乐县、侯官县为闽县、旧长乐县为侯官县、福唐县为福清县。

升永贞镇为永贞县。宋乾兴元年（1022），改为罗源县。

升桃林场为桃源县。后晋天福三年（938），改为永春县。

升感德场为宁德县。

升永顺场为顺昌县。

升大同场为同安县（《太平寰宇记》则说是王氏己亥岁，即939年王延羲时升）。

升归德场为德化县。

升武德场为长泰县（王延羲时升）。

三镇　析感德场而置关隶镇（今政和县）。

析建阳县而置温岭镇（今崇安县）。

取吴越处州的东平乡，以为松源镇(南唐保大九年)（951）。五代末升为松源县。北宋开宝八年（975）改为松溪县。

二州　王延政在建州称帝时，国号殷，改元天德，设二州：

镛州　由将乐县改，南唐灭王氏后，撤销。

镡州　升延平镇为镡州，南宋改名建宁府。

五代末、南唐升小溪场和黄连、归化两镇为清溪（今安溪）、建宁、归化（今泰宁）3县，升松源镇为松源县，共4县。

五代合计新设以上12县，连同唐设24县，共计36县。

第三节　五代闽国的河船、海船与战船

五代卫贤《闸口盘车图》中的江河图

唐及五代闽国时，公私造船业都非常发达。《旧唐书》卷九四载：“天下诸津，舟航所聚。旁通巴汉，前指闽越，七泽十薮，三江五湖，控引河洛，兼包淮海。弘舸巨舰，千舳万艘。交贸往还，昧旦永日。”又云：凡东西郡邑，无不通水，故天下货利，舟楫居多。《元和郡县志》也说：自扬、益、湘道至交广闽中等州，公家运漕，私人商旅，舳舻相继。当时，大江大河万船争流，山谷小溪亦有因地制宜的小船行驶其间。总之，唐及五代时的闽国，凡大海、江河、湖泊的水面都有船只航行。

王延钧在福州宝皇宫即帝位后更名王鏻。闽永和元年（935），立淑妃陈金凤为皇后。筑长春宫，是年端午节造彩舫数百于西湖，每舫载宫女二三十人，闽帝御大龙舟以观。王延钧在福州西湖是否坐这种大龙舟观彩舫待考。

王审知死后，闽国20年间（925~945）内讧不绝。兄

大龙舟

弟叔侄间以敌人相待，在闽江上下游治兵相攻。建州、福州之间，尤其尤溪口之役，王延政水师大败王延羲水师。后来王延政在建州称帝，王延羲被其臣朱文进所杀。朱在福州自立为闽王。两边攻战不已。天德二年（942），王延政复遣统军使吴成义率战舰千艘攻福州，文进求援于吴越。这千艘战舰便是从闽江上游沿江直下福州的。这时的战舰主要是戈船，戈船既能载兵又能攻战，适于闽江作战。闽国后裔腐化堕落、骨肉相残，致使邻国侵犯，吴越占据福州，南唐攻取建州，闽国遂亡。

五代闽国三桅海船这一制式直至清代仍沿用（日本长崎博物馆藏原画）

戈船既能载兵又能攻战

第四节 王审知子孙内讧，闽国灭亡

后唐同光三年（925）五月，王审知卧病在床，命其子节度副使延翰权知军府事。同年十二月闽忠懿王审知卒。王审知有四子一孙，长子延翰嗣位，自称威武留后。天成元年（926）后唐明宗正式任命王延翰为威武节度使。十月，王延翰自称大闽国王，立宫殿，置百官，威仪文物一切仿照天子制度。群下称之为殿下，追尊其父审知为昭武王。王延翰骄淫残暴，蔑弃兄弟，袭位才逾月，出其弟延钧为泉州刺史。延翰多取民女以充后庭，采择不已。延钧上书极谏，延翰怒，由是有隙。审知养子延禀为建州刺史，延翰与书使之采择，延禀复书不逊，亦有隙。十二月，延禀、延钧合兵袭福州，延禀顺流先至，福州指挥陈陶率众拒之，兵败，陶自杀。是夜，延禀率壮士百余人攻西门，梯城而入，执守门者，发库取兵仗。及寝门，延翰惊匿别室，次晨被执。延禀暴其罪恶，且称延翰与妻崔氏共弑先王，告谕吏民，斩于紫宸门外。是日，延钧至城南，延禀开门纳之，推延钧为威武留后。

天成二年（927）正月，王延禀还建州，王延钧送之，将别，谓延钧曰：“善守先人基业，勿烦老兄再下！”延钧逊谢甚恭而色变。五月，唐明宗以王延钧为威武节度使、守中书令、琅玡王。三年（928）六月，加封为闽王。十二月，王延钧超度人民2万为僧，由是闽中多僧。四年（929）十二月，知建州王延禀称疾退居里第，请以建州授其子继雄，诏以继雄为建州刺史。长兴二年（931）四月，闽奉国节度使兼中书令王延禀闻闽王延钧有疾，以次子继升知建州留后，率建州刺史继雄出动水军袭福州。延禀攻西门，继雄攻东门；王延钧遣楼船指挥使、从子（侄）王仁达将水军拒之。仁达伏甲舟中，伪立白帜请降，继雄喜，屏左右，登仁达舟慰抚之；仁达斩继雄，枭首于西门。延禀方纵火攻城，见之，恸哭。仁达因纵兵击之，众溃，左右奉延禀而退，仁达追兵擒之。延钧见之曰：“果烦老兄再下！”延禀惭不能对。延钧囚之于别室，遣使者至建州，招抚其党；其党杀使者，奉继升及弟继伦奔吴越。五月，王延钧斩王延禀于市并复其原姓名曰周彦琛。遂后派其弟都教练使延政至建州抚慰吏民。十月，以王延政为建州刺史。长兴四年（933）正月，王延钧称帝，国号闽，建元龙启，追尊其父王审知为昭武孝皇帝，庙号太祖，升福州为长乐府，自己更名为王鏻。至是大作宫殿，极土木之盛。闽龙启三年（935）十月，王继鹏杀其父王延钧，自为皇帝，更名王昶，建元永和，称臣于唐。次年三月改元通文。通文二年（937）十月，王昶称臣于晋。通文四年（939年）闰七月，王昶杀叔父一家，遭部下攻杀。王延羲自称闽国王，改名王曦，改元永隆。王曦既立，骄淫苛虐，猜忌宗族，多寻旧怨。其弟建州刺史延政数以书谏之，曦怒。永隆二年（940）二月，王曦遣军4万攻延政，师至建州城外，焚庐舍。延

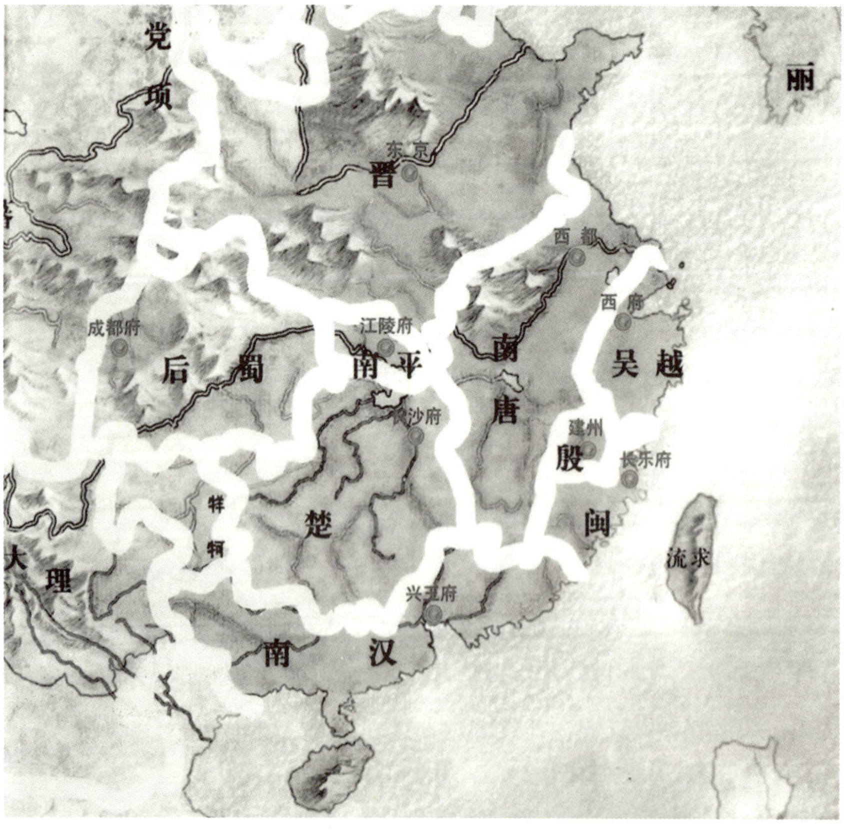

闽、殷及周围形势图

政求救于吴越。吴越王派兵4万救之。延政与王曦军战于茶山，大获全胜。又募敢死队1000余人潜入王曦将潘师逵营放火，战船都头陈海杀潘师逵，其众大溃。延政乘胜取顺昌等二城。自是建州之兵始盛。四月，吴越援兵至建州，王延政以福州兵已败去，奉牛酒犒之，请其班师，吴越将不从，营于城之西北。延政惧，复遣使乞师于闽王。闽王以泉州刺史王继业率兵2万救之。会久雨，吴越兵粮尽。五月，延政遣兵出击，斩俘以万计，吴越将遁归。六月，延政遣牙将及女奴持誓书及香炉至福州，与王曦盟于宣陵，然兄弟相猜恨犹如故。十月，福州商人奉表自治。十一月以王曦为威武节度使，兼中书令，封闽国王。闽永隆三年（941）王延政建建州（今建瓯）城，周20里，王曦乃以建州为镇安军，以延政为节度使，封富沙王。四月，王曦疑其弟汀州刺史延喜与延政通谋，遣兵至汀州，执延喜以归。后闻王延政以书招泉州刺史王继业，召继业还，赐死于郊外，并杀其子于泉州。闽永隆四年(942)七月,王延政围汀州,闽主王曦遣兵救之。王延政攻汀州不克,还败曦兵。次年二月,王审知四子王延政称帝于建州,国号殷，改元天德，以将乐县为镛州，延平镇为镡州。四月，殷攻闽福州，败。闽永隆六年（殷天德二年、公元944年）三月，闽将朱文进杀其主王曦，自称闽王。殷主王延政攻之不克，文进称藩于晋。同年十月，闽泉州将留从效等杀刺史，漳、汀二州继之，皆附于殷。十二月，以朱文进为闽国王。朱文进遂进攻泉州，大败。殷主王延政遣统军使吴成义率战舰千艘攻福州。文进请援于吴越。闰十二月，朱文进为部下所杀，迎吴成义入城，福州归于殷。天德三年（945）正月，闽之故臣共迎殷主延政，请归福州。是月改国号为闽。延政以方有唐兵，未暇迁都，遂以福州为南都，以从子（侄）门下侍郎同平章事王继昌镇福州，自己仍居建州。二月，南唐将查文徽将兵数千合攻建州，自崇安进屯赤岭。王延政遣将拒之，未几战败，延政大惧，一面派将召泉州兵5000援建州，一面婴城自守。三月，南光州人李仁达，仕闽15年不迁职。闽主王曦之时叛奔建州，延政以为将。及朱文进杀王曦，复叛奔福州，陈

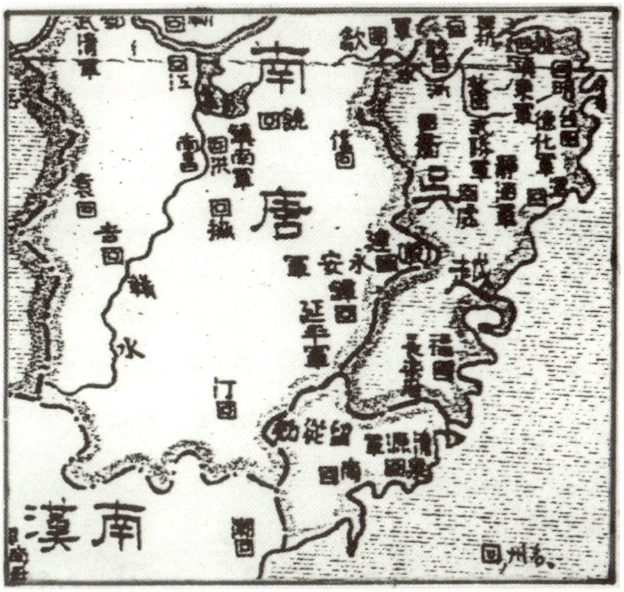

闽国后期福建三分鼎峙图

图中殷系王延政在建州（今建瓯）称帝时的国号。并以将乐县为镛州，延平镇为镡州。南唐灭王氏以后，改镡州为剑州，把镛州撤销。留从效据泉、漳时，漳州一度改名南州。

取建州之策。文进恶其反复，黜居福清。此时，李仁达潜入福州，与继珣、黄仁讽等密谋杀继昌及吴成义。本欲自立，恐众心不服，乃奉雪峰寺僧卓岩明为帝，称天福十年，称藩于晋。王延政遣兵讨之。五月，李仁达又杀卓岩明，自称威武留后，用保大年号，称藩于南唐，改名弘义，亦贡于晋，且通好吴越。这时，陈继珣、黄仁讽均被李仁达离间死，由是福州兵权尽归仁达。七月，南唐兵围建州，屡破泉州援兵，而闽主王延政称藩于吴越，请救。先前，闽人或告福州援兵谋叛，闽主延政收其铠甲器械，遣还，伏兵于隘，尽杀之，死者8000余人，脯其肉以为食。八月，南唐兵入建州，闽主王延政投降。九月，许文稹以汀州，王继勋以泉州，王继成以漳州，皆降于唐，闽国灭亡。十月迁王延政一家至金陵，封王延政为羽林大将军，此后历封安化节度使鄱阳王，镇饶州、山南西道节度使，更赐爵光山王，这是后话。

第五节　吴越王建庙祭祀王审知及今日闽台祭祀王审知

闽国灭亡后，南唐置永安军于建州，以百胜节度使王崇文为永安节度使。南唐保大四年（946）四月，威武军节度使李弘义攻泉州，州将留从效废刺史王继勋，破弘义兵。南唐命从效为泉州刺史。八月，南唐拟调李弘义入朝，弘义拒命，遣兵讨之，为弘义所败。九月，弘义（原名李仁达）改名弘达，请命于晋，晋命知闽国事；不久又

吴越王钱弘俶画像

更名达，奉表称臣，请援于吴越。吴越派兵3万分水陆两路救援福州。十一月到福州。保大五年（947）三月，吴越续发水军从海道到福州，由白虾浦（今苍霞州）登岸，背水而阵。李达军队从城里冲出，两面夹攻，南唐军死了两万余人，委弃军资器械数十万件，从此，国势日衰。而福州遂入于吴越。这时泉州刺史留从效逐南唐戍将。八月，钱弘倧被封为吴越王。十二月，吴越将胡进思废其主钱弘倧，立其弟钱弘俶为吴越王。保大六年（948）钱弘俶被封为吴越国王。翌年十二月，南唐置清源军于泉州，以留从效为节度使。自是从效据漳、泉二州。福建出现了三分局面：

南唐辖建州、汀州；

福州归吴越；

漳、泉属从效。

吴越王钱弘俶下令在福州庆城寺王审知故居建忠懿王庙祀之，这是为王审知建庙之始，并定春、秋两季祭祀，迄今已1000余年。

1949年后，人民政府数次拨款重修，雕梁画栋，焕然一新，现为省级文物保护单位。

闽忠懿王庙第一进墙上石刻“绍越开疆”，肯定王审知开发福建的功绩。碑亭里竖立“恩赐琅玡郡王德政碑”。

二进陈列有介绍王审知生平事迹的图片，以及从王墓中出土的文物等。

三进为一双层阁楼，楼后有一巨碑，系宋开宝七年刺史钱昱撰写的《重修忠懿王庙碑》。

祠侧为王审知之母董太后飨殿及拜剑台遗址。

2005年5月，亦即王潮、王审邽、王审知三兄弟入闽1120年。王氏后裔（特别是在海外的）及闽省各界会集于王审知在妙峰山的宣陵举行隆重纪念活动。在此之前重修、重建了王审知陵墓、王审知纪念馆等。

“恩赐琅玡郡王德政碑”

唐天祐三年（906）立。碑文凡2600余字，由礼部侍郎于竞撰文、王倜书写，书文均佳。为国内现存四大唐碑之一。

忠懿王庙外景

闽忠懿王庙，正门上端书“奉旨祀典”，下配有明代石狮一对，抱鼓石一对。

忠懿王庙石刻、碑亭

二进正厅重塑的彩绘王审知坐像

新建宣陵门亭

宣陵陵门

宣陵陵门后面即王审知墓。

宣陵神路、石像生

王审知墓

新修的墓碑塑像

福州华林路王审知雕塑

新建闽王纪念馆

闽王金身首次巡安台湾

2009年6月19日清晨，福州新店莲花山下的闽王王审知陵园前，鼓乐喧天，祥狮腾舞，数百名闽王后人在此举行盛大的起驾仪式，欢送闽王金身首次跨海巡安台湾本岛。

此次闽王金身赴台巡安暨宗亲文化交流访问团一行85人，是应中国台湾台中县王姓宗亲会邀请，进行为期10天的交流访问活动的。

闽王王审知治闽期间，实行保境安民政策，他“宁为节度使，不作闭门天子”，“拒称帝，宁纳贡，反独立，护统一”的功绩深得两岸人民的拥戴。目前，海内外王氏后裔共有200多万人。其中台湾有50多万人。近年来，已有1000多名台湾王氏宗亲来闽王陵祭祀先祖。这次闽王金身赴台巡安还未起驾，就已在台湾岛内引起极大关注。岛内许多知名人士极力支持，有的为此次活动写了题词。中国国民党前主席吴伯雄题词“寻根思源”，中国国民党荣誉主席连战题词“和谐两岸”，闽王第39传37世孙、台湾“立法”机构负责人王金平题词“德政惠民”，台中县长黄仲生题词“源远流长”。这些题词已经转交到福州市晋安区闽台王审知研究会。

闽王金身起驾

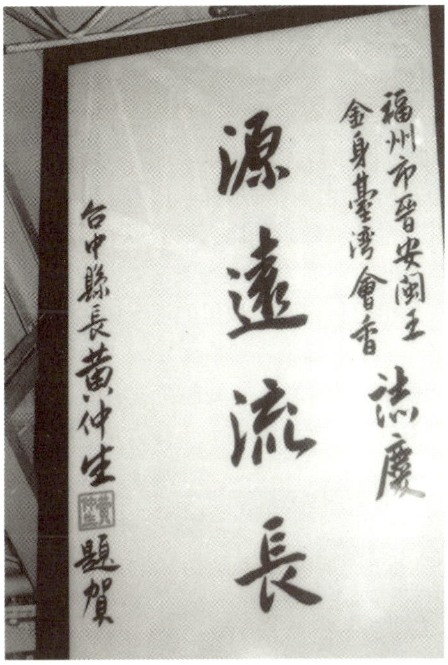

（此照由叶晓霞同志提供）

6月19日上午闽王金身离开闽王府

闽王金身抵达马尾港

闽王金身登上“闽珠二号”轮情景之一

闽王金身登上“闽珠二号”轮情景之二

19日上午9时30分在王氏宗亲的护驾下，闽王金身登上“闽珠二号”轮从马尾港直航马祖。闽王金身跨海巡安、两岸同祭先祖的大幕由此开启。

访问团一行抵达马祖后，将进行一天的祭祖活动，此后将在台中县进行6天的祭祖绕境巡安，而后经基隆、马祖回福州。

团长李利民告诉记者，得知闽王金身将抵台湾，台湾各地王氏宗亲都非常兴奋，已先后聚集到台中县，准备为闽王金身接驾，并举行盛大的仪式。

访问团把台中县作为主会场，将组织一场祭祖活动。台湾各地的宗亲都将去祭拜闽王，并参与陪祭、演出。

此外，福州藤山王氏与高雄路竹王氏将进行族谱对接，互换族谱。

为增强宗亲文化交流的效果，福州市也进行了精心的安排和部署。除准备了寿山石雕、软木画、脱胎漆器等礼物外，福州市文化局专门排演了一出名为《开闽王》的歌舞剧，随访问团一起赴台演出（采自《福州晚报》2009年6月20日蒋丽敏/文，杨勇/摄）。

闽王金身巡马祖　王氏宗亲喜相迎

6月19日上午，福州闽王金身巡安台湾暨宗亲文化交流访问团一行85人从福州马尾港出发，搭乘“闽珠二号”客船，直航马祖北竿港。马祖王氏宗亲会理事长王诗如带领马祖王氏宗亲及北竿各界人士到码头接驾，现场气氛热烈。闽王金身在马祖进行白沙至坂里的巡安中，各家各户均摆出香案迎接闽王王审知金身驾临。

下午1点在北竿坂里村举行“开闽王巡香北竿乡暨马祖王氏宗亲祭祀大典”，台湾知名人士薛香川、陈雪生、曹尔忠和数百名两岸王氏宗亲举行了隆重的祭祀仪式。礼成后，闽王金身随即移驾至坂里大宅。据了解，马祖的坂里村90%以上的村民都是闽王后裔。之后，由福州市文化局排演的歌舞剧《开闽王》首演，受到马祖王氏宗亲的欢迎。在当晚举行的联谊晚宴上，访问团团长、晋安区人民政府副区长李利民和马祖知名人士陈雪生互换了带有地方特色的礼品。6月20日，访问团搭乘“台马轮”前往台湾。

访问团向在台宗亲赠送《王氏族谱》

闽王金身驾抵马祖北竿

王氏宗亲理监事趋迎

金身驾前由8位坂里大老护驾

坂里大老穿长袍戴礼帽迎驾

由8位壮丁接手抬轿

坂里大厝当日即为闽王行宫

各家各户均摆出香案款酒迎接闽王王审知金身驾临

祭祀大典会场

王诗如替圣祖闽王披上彩花

闽王金身在老宅厅中

马祖王氏宗亲家族祭奠，由理事长王诗如主祭

马祖县长（中）、王大盛会长（左1）和王诗如理事长（右2）

6月19日上午“福州市闽王金身巡安台湾暨宗亲文化交流访问团”一行在马祖北竿码头受到前来迎接的马祖乡亲的热烈欢迎

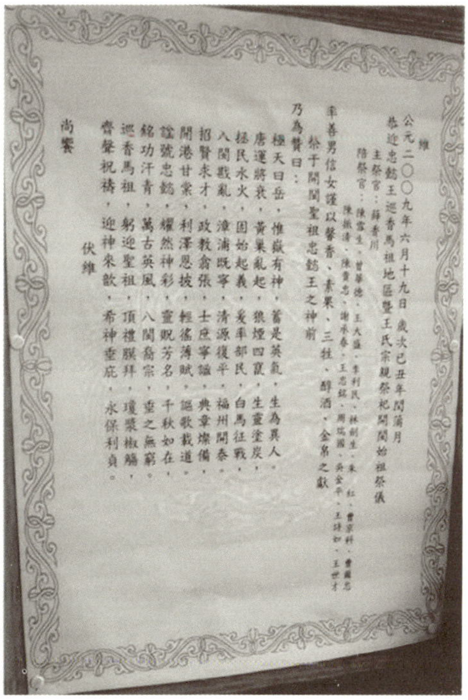

祭祀大典祭文

台湾知名人士薛香川同陈雪生县长等进入会场

祭祀大典主会场

宗亲会全体行大礼

主祭后面是陪祭人员

薛香川主祭

望燎

祭祀大典场景之三

祭祀大典场景之一

恭读祝文

祭祀大典场景之二

福州闽台王审知研究会赠送马祖“八闽人祖”匾额

6月20日福州晋安闽王金身巡安台湾暨宗亲文化交流访问团搭乘“台马轮”前往中国台湾台中县

晋章

礼成

献爵

闽王金身出老宅行宫

王诗如理事长恭请圣祖起驾

台中顺济宫前舞狮表演迎接闽王金身大驾光临

21日上午抵达台中县，当地乡亲到码头吹螺号迎接（以下照片由福州市政府叶晓霞提供）

台湾乡亲在家门口置香案奉香烛迎接

21日上午闽王金身在台中县的繁华街道巡游

“八闽人祖”闽王金身在台中县街道巡游时秩序井然

21日下午台中县神冈乡木德星宫举行祭祖活动

两岸乡亲在台中县王姓宗亲会牌匾前合影

王金平21日下午在台中县神冈乡木德星宫参加祭拜活动

王金平（闽王第39传37世孙）与跟随
闽王金身巡安台湾的福州乡亲在一起

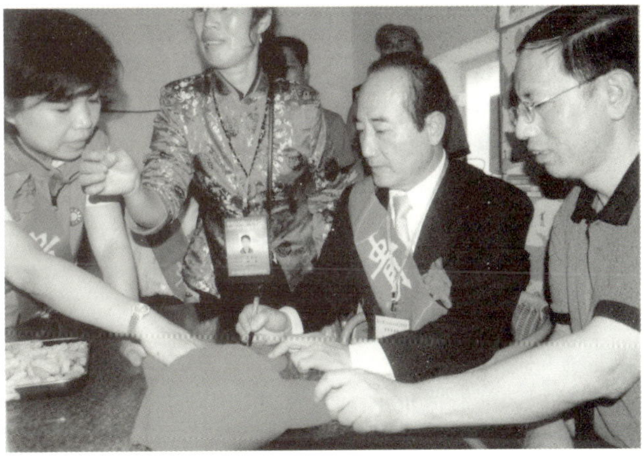

祭祖现场王金平为福州乡亲们签名留念

王金平愉快地接受了访问团赠送的王氏族谱

21日下午在台中县神冈乡木德星宫祭祖现场，王金平发表了以“缅怀闽王功绩，共创两岸和谐”为内容的讲话

王金平与福州乡亲们一起参加祭祖大会活动并鼓掌欢庆

“福州市闽王金身巡安台湾暨宗亲文化交流访问团”团长李利民（左一）向台湾乡亲赠送“福山闽水”软木画

王金平为迎接闽王金身临达台湾而敬赠“敬宗睦族”牌匾

祭祖活动结束时王金平一行与福州访问团乡亲们合影留念

闽王金身平安返回福州

《中国日报》网中国在线消息：我们大陆宗亲访问台湾是没有先例的。这次实现了零的突破。6月28日下午，由福州晋安区“闽台王审知研究会”组织的“福州市闽王金身巡安台湾暨宗亲文化交流访问团”结束为期10天的台湾巡安交流活动，经“两马”航线返回福州。

访问团团长、福州晋安区副区长李利民在接受《中国日报》记者采访时表示：台湾的王氏宗亲踊跃参加此次祭祀典礼，在闽王金身所到之处供香点烛、燃放鞭炮、夹道欢迎，场面非常热烈。巡安期间，闽王金身也同样受到了当地其他居民的热烈欢迎。

李利民副区长从台湾回抵马尾港、接受记者采访时说：两岸同胞同根同祖一家亲。此次闽王金身跨海巡安台湾本岛的交流活动在台湾引起了广泛的影响，闽王金身所到之处都受到了当地居民的热烈欢迎。此次交流访问为今后两岸间宗亲交流积累了成功经验。

采自《中国日报》福建记者站（记者胡美东，见习记者朱兴鑫，由邓京荆、董森编辑。图片由《福州晚报》杨勇拍摄并提供）及中新社福州六月二十八日电（记者刘可耕报道）。

访问团团长李利民返榕后接受记者采访

闽王金身巡安台湾平安抵榕

离舟登岸

第六节　三分鼎峙瓦解，福建先归周、后全归宋

南唐保大八年（950）二月，亦乾祐三年二月，建州南唐永安军留后查文徽轻信吴越兵已弃福州城而去的情报，遣剑州刺史陈诲将水军下闽江，自己则以步骑继之。会大雨，水涨，诲一夕行700里，至城下，败福州兵。不久，文徽至福州，吴越知威武军吴程诈遣数百人出迎，遂引兵径进，诲整众鸣鼓，止于江边。文徽不为备，程勒兵出击之，文徽被执，士卒死者万人，诲败归剑州。程送文徽于钱塘，吴越王弘俶释之。文徽归南唐后，得哑疾，后以工部尚书致仕。南唐以陈诲为永安军节度使。

周显德二年（955）十二月，吴越王弘俶遣使入贡于周，周帝以诏谕弘俶，使出兵击唐。次年二月，唐主遣使奉书大周皇帝，请息兵修好，愿以兄事帝，帝不答。唐主兵屡败，乃遣使奉表称臣。周世宗告使者曰："尔主自谓唐室苗裔，宜知礼义，异于他国。与朕只隔一水，未尝遣一介修好，惟泛海通契丹，舍华事夷，礼义安在？且汝欲说我令罢兵耶？我非亡国愚主，岂汝口舌所能移耶！可归语汝主，亟来见朕，再拜谢过，则无事矣。不然，朕欲观金陵城，借府库以劳军，汝君臣得无悔乎！"使者战栗不敢言。

黄袍加身

赵匡胤被众将黄袍加身，当上了皇帝。

这时，吴越王弘俶遣兵屯境上以俟周命。唐主遣人以蜡丸求救于契丹。周显德三年（956）五月，亦南唐保大十四年五月，唐永安节度使陈诲败福州（吴越）兵于南台江，俘斩千余人。唐主更名永安军为忠义军。

周显德五年（958）闰七月，南唐清源节度使留从效派牙将衣商人服，以绢表置革带中，间道向周称藩。次年（959）六月入贡于周。而后唐自淮上用兵及割江北，已臣事于周。至此福建虽仍三分，但均已归周。

公元960年，亦宋太祖赵匡胤建隆元年正月，周殿前都点检赵匡胤率军出征，军次陈桥驿（今河南封丘陈桥乡），军队哗变，被拥立为皇帝，返还开封逼周帝禅位。此即"陈桥兵变"。赵匡胤改国号为宋，废周帝为郑王，定都开封，改称东京，史称北宋。

同年三月，南唐、吴越各遣使贺于宋。十二月，清源节度使留从效称藩于宋。18年后，即宋太平兴国三年（978），吴越钱氏才纳土归宋，福建始全部归宋。

陈桥驿兵变遗址

征引参考书目举要

[1] 马端临. 文献通考：户口考. 北京：中华书局，2006.

[2] 马端临. 文献通考：舆地考. 北京：中华书局，2006.

[3] 吴廷燮. 唐方镇年表. 北京：中华书局，1980.

[4] 孙尔准，陈寿祺，魏敬中，等. 重纂福建通志：李椅传. 1867–1871（清同治七至十年）.

[5] 孙尔准，陈寿祺，魏敬中，等. 重纂福建通志：寺观志. 1867–1871（清同治七至十年）.

[6] 孙尔准，陈寿祺，魏敬中，等. 重纂福建通志：安泰桥. 1867–1871（清同治七至十年）.

[7] 纪昀. 文津阁四库全书：兵家类. 商务印书馆四库全书工作委员会. 影印本. 北京：商务印书馆，2005.

[8] 李吉甫. 元和郡县图志. 北京：中华书局，1983.

[9] 欧阳修，宋祁. 新唐书：地理志. 北京：中华书局，2003.

[10] 薛居正. 旧五代史：王审知传. 北京：中华书局，2007.

[11] 顾祖禹. 读史方舆纪要：福建序. 贺次君，施和金点校. 北京：中华书局，2005.

[12] 脱脱. 宋史：王彬传. 北京：中华书局，2007.

[13] 吴任臣. 十国春秋：太祖世家. 徐明霞，周莹点校. 北京：中华书局，2010.

[14] 吴任臣. 十国春秋：刘山甫传. 徐明霞，周莹点校. 北京：中华书局，2010.

[15] 释义净. 大唐西域求法高僧传. 北京：线装书局，2000.

[16] 郑麟趾. 高丽史. 台北：文史哲出版社，1972.

[17] 木宫泰彦. 日中文化交流史. 胡锡年译. 北京：商务印书馆，1980.

[18] 王溥. 唐会要：杂录. 上海：上海古籍出版社，1991.

[19] 董诰，戴衢亨，曹振镛，等. 全唐文：陈致雍一. 影印本. 北京：中华书局，1983.

[20] 司马光. 资治通鉴：唐纪七十二. 北京：中华书局，2005.

[21] 钱昱. 忠懿王庙碑. 福州：福州市闽王庙，976（北宋开宝九年）.

[22] 王应山. 闽都记：福州古城六城图. 林家钟，刘大治校注. 北京：方志出版社，2002.

[23] 郝玉麟. 福建通志：水利. 扬州：江苏广陵古籍刻印社，1989.

[24] 李不兄. 恩赐琅玡郡王德政碑. 福州：福州市闽王庙，906（唐天佑三年）.

[25] 欧阳修. 新五代史：闽世家. 北京：中华书局，2007.

[26] 朱维幹. 福建史稿. 福州：福建教育出版社，1986.

[27] 席龙飞. 中国造船史. 武汉：湖北教育出版社，2000.

[28] 郑剑顺. 福州港. 福州：福建人民出版社，2001.

[29] 刘昫. 旧唐书：列传第四十四. 北京：中华书局，2007.

[30] 廖大珂. 福建海外交通史. 福州：福建人民出版社，2002.

[31] 林利本. “罗城”西南有坊巷“夹城”修后含三山：闽王王审知二度拓建福州城池. 福州晚报，2009-11-14（7）.

第七章

宋代的福建

第一节　历史背景

赵匡胤代后周称帝后，即着手准备实现国家的统一。其战略方针的主要特点是先易后难，先南后北。北宋先后灭荆南、后蜀、南唐、南汉等割据势力。至太平兴国三年（978）吴越王献地投降，北宋基本上统一了南方，转而全力进攻北汉。次年北汉亡，五代十国分裂割据的局面基本结束。但是北宋的统一与汉、唐不能相比，在当时中国境内仅实现了局部统一，中国东北、西北、西南边疆地区还存在着西夏、契丹（辽）、吐蕃、大理等几个兄弟少数民族建立的较强的政权与北宋并立，既有矛盾发生过战争；又有合作与融合，保持长期的和平相处。

宋太祖赵匡胤像

一、少数民族建立的政权及各族间相互的关系

（一）西夏　党项拓跋氏建立的政权，统治区在今陕北、宁夏、甘肃、青海及内蒙古西南部一带。1038年元昊正式称帝，国号大夏，以兴州（今宁夏银川市）为都城。宋夏边界常发生冲突。1044年双方议和，元昊表面向宋称臣，接受赐姓（赵元昊）。北宋封其为夏国主，每年赐规定数目的白银、绢、茶等，并重开边市贸易，遂逐步进入鼎盛时期。立国189年，1227年为成吉思汗所灭。

西夏王陵

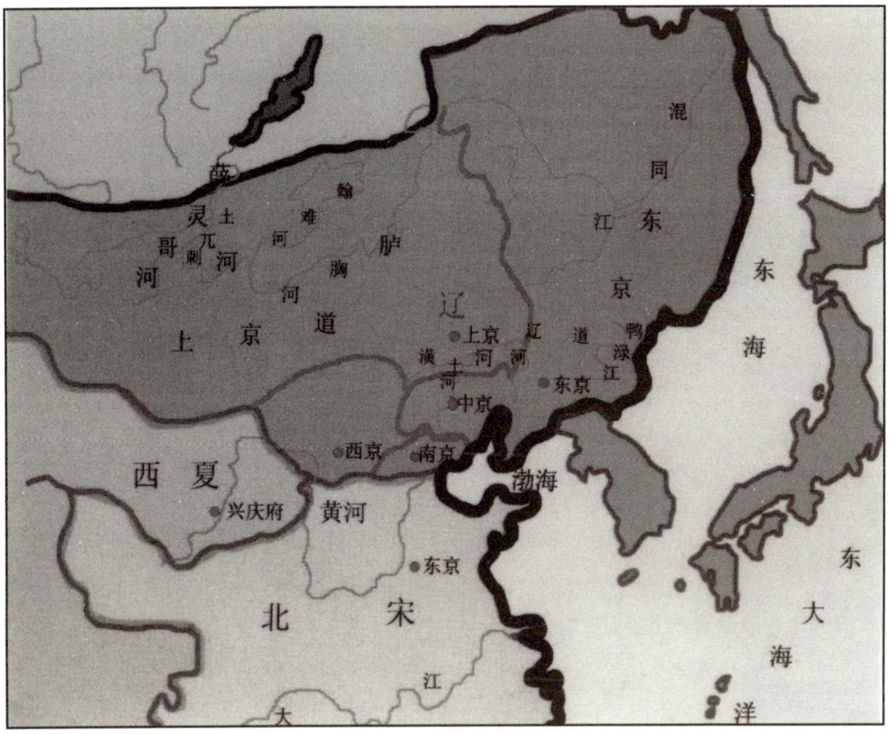

北宋、西夏与辽三足鼎立的局面

（二）辽　契丹是中国古代北方少数民族之一。公元10世纪初建立政权，以族名为国号，称契丹。927年改称辽。强盛时期，控制着蒙古大漠南北、黑龙江流域，南到晋冀两省的北部，与北宋、西夏成三足鼎立之势。1125年，辽天祚帝在逃往西夏途中被金兵俘获，辽亡。

辽太祖陵

契丹宴饮图

契丹人发型怪异，无论男女皆髡发，即将头顶或前额边的头发剃光，仅在两鬓各留一绺（自辽太祖长子耶律倍画的“本国人物”始，契丹绘画逐渐形成重视人物写真的传统）。

（三）金 女真是中国东北部一个古老的民族，10世纪附于辽。因受辽王朝的压迫，1113年完颜部阿骨打统一女真各部，起兵抗辽，一再取得胜利。1115年阿骨打即皇帝位，国号“大金”，建都会宁府（今黑龙江阿城南白城），此后不断向辽进攻。1125年辽被金灭。

成吉思汗

金太祖完颜阿骨打陵址

（四）蒙古 蒙古是中国境内一个古老的少数民族。早先居住在也里古纳河东部，后逐渐散布到蒙古高原的广大地区。1206年斡难河流域的一个部落首领铁木真打败其他各部，统一了蒙古，他被推举为大汗，尊称成吉思汗。成吉思汗以和林（蒙古人民共和国乌兰巴托西南）为都城，建立了蒙古政权，遂后发动了对西夏和金的战争。1227年灭西夏。1234年灭金。1271年忽必烈改国号为元。

敦煌壁画中蒙古人的形象

（五）大理国　937年（晋天福二年、吴天祚三年、闽通文二年、南唐升元元年）由白蛮段思平在南诏基础上所建的少数民族政权。辖境相当今云南全境、四川西南等地，实际势力却局限在以洱海为中心的云南西部。1116年大理国王段和誉曾遣使来朝贡。宋徽宗封他为大理国王。大理国吸收汉族先进文化，上层统治者通用汉文。段氏先世自称是武威郡（凉州）人，可能是蛮化的汉人。蒙古宪宗三年（1253）忽必烈率兵入云南，擒段兴智，灭大理国，后建立云南行省。国王段氏被任为世袭总管，原军政官员多受封为云南各地土司。自段思平至段兴智，共22主，317年。

大理国王城

二、北宋的灭亡与南宋的建立

宋高宗赵构

金灭辽后，即集中兵力南下攻宋。1125年逼近汴京。宋徽宗传位太子赵桓后率大批官吏南逃。宋钦宗赵桓不顾主战派反对，向金求和，割让河北三镇并以宰相和亲王赴金为人质，金兵暂时退去。宋徽宗等回到汴京，以为从此天下太平，遣回勤王兵，贬斥主战派，但不久金兵又分两路南下，于1126年底包围汴京，汴京军民坚守抵抗。但宋钦宗只相信“神兵”，尽撤守城将士，一战即溃。1127年1月金兵攻破汴京，俘虏徽、钦二帝，携带大量财宝等北归，北宋灭亡。

北宋灭亡后，宋徽宗第九子康王赵构以兵马大元帅身份领兵在外，1127年于应天府（河南商丘）即皇帝位，重建宋王朝。赵构君臣在金兵逼迫下，继续南逃。后定都于杭州，改称临安，以淮河为界，与金王朝对峙。赵构重建的宋王朝，史称“南宋”。

北宋及周边少数民族建立的政权形势图

第二节 宋代福州政制与行政区划

宋分天下为15路，有府、州、军321个、县1162个。吴越钱氏纳土归宋后，福州仍称威武军，隶两浙西南路。宋初把唐代的道、州、县三级制改为路、府、州、军（州、军同等）、县四级。雍熙二年（985）才改置为福建路，辖6州、2军、47县。路的主要长官分帅（安抚使），职掌军事；漕（转运使），职掌财赋；宪（提刑），职掌司法；仓（提举），职掌市舶茶马。福建路不是以军事为主，而是以经济为主。

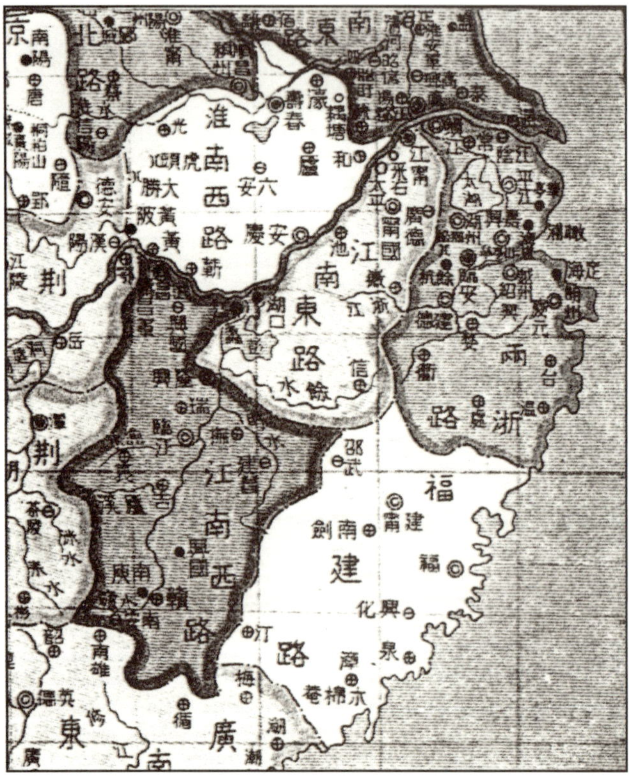

南宋福建路形势图

注：⊕州，⊖军，◎府（南渡后升建州为建宁府，福州又是帅府）。

6州：福州、建州、泉州、漳州、汀州、南剑州（镡州改）；

2军：邵武军（由建州分出）

兴化军（由泉州分出）；

47县：含唐代在福建已设立的24县，五代王氏增设的8县，南唐时升的4县计36县。至宋又增设11县，共47县。

宋新设的县11个：

沿海有怀安、福安、惠安3县；

山区有兴化、崇安、政和、光泽、上杭、武平、莲城（元改连城）、清流（北宋元符元年置，绍定间废）等8县。

宋47县中，属于福州的有闽县、侯官、怀安、福清（福唐）、古田、永泰（永福）、长溪（霞浦）、长乐、永贞（罗源）、闽清、宁德、连江、福安等13个县。

南渡后，建州升为建宁府。合1府、5州、2军为福建路。因而有“八闽”的称号。福建称“八闽”，始自南宋。

杜佑《通典》卷一八二《州郡》十二载，当时以户口多寡定州县等级，6000户以上为上县，3000户以上为中县，不满3000户为中下县。至于赤、畿、望、紧之县，则不限户数并为上县。

宋时，福建有望县26个、紧县4个、上县8个，其余为中下县。闽县在唐时已属望县，侯官属紧县，长乐、福清、连江等都属于上县。

第三节 宋建福州外城

闽国灭后，福州为吴越钱氏所得，吴越福州刺史钱昱又在福州筑东南夹城，南至合沙门，谓之外城。下图采自明王应山《闽都记》卷首刊登的福州古城之五。图中“开宝二年”有误，根据《三山志》卷之四地理类四《外城》载：“皇朝开宝七年，钱昱筑东南夹城”。宋《三山志》成书要比《闽都记》早得多，似以“开宝七年”（974）

为是。

宋太平兴国三年（978），吴越才纳土归宋，所谓宋外城，实系五代吴越所扩建的外城。按钱昱自作记，题作《重筑》云：晋开运三年（946）丙午，江南举兵大侵，疆境当矢石之地最甚。东南二城，周显德六年（959）己未始增土补其缺坏，累石立其敧邪，既欲速成，堕颓低下，至是，始经度修筑。则是，自王氏以来，有此城矣。可见宋外城，实是王氏以来就有了，钱昱不过修补而已。再则宋初，为了防止藩镇割据，曾下令撤毁江南城池。《闽书》卷三二《建置志·福州》载：太祖太宗削平僭伪，天下一家。令江淮诸郡毁城隍，收兵甲，撤武备者二十余年。名为郡城，荡若平地。然则宋初江南城壁，大抵皆堕撤也。所以王审知所筑的三城和钱昱增修的外城，就都被新兴的北宋王朝夷为平地了。

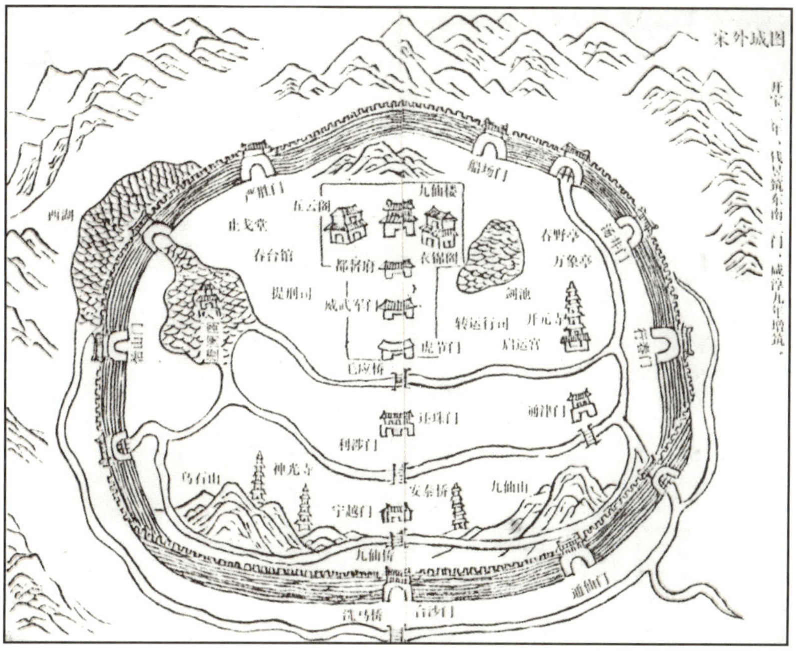

北宋初福州外城图

东夹城今行春门南北，南夹城今合沙门东西，即外城。

外城东部自东武门（行春门）西北，安边、临江门楼，皆5间，2便门，1汤井，2船场，城274丈，开沿城河2900尺。自东武门西南，城310丈，开沿城河3600尺，城高1丈6尺、厚8尺。南水关即水部门。

外城南部，南自光顺门（合沙门）而西，城329丈，但钱昱自作记，不言光顺门以东，《二山志》说，恐是时不曾筑，今东边城俱存。钱昱自作记又说，今两城东南皆遇水而止。又云，东临大江，西接平陆。可见当时沙洲未合，城犹近江也。

北宋建立后，为加强统治力量和防止藩镇割据局面的重演，宋太祖把地方的军权、官吏任免权、财权都收归中央，由皇帝亲自掌握，并下令撤毁江淮诸郡城墙，进一步

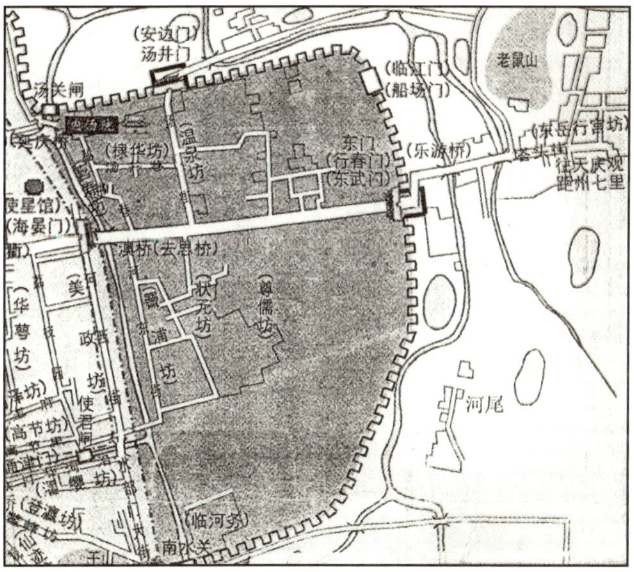

北宋初福州外城东部扩建区（图中黑色部分为扩建的外城城区，下同）

吴越福州刺史钱昱

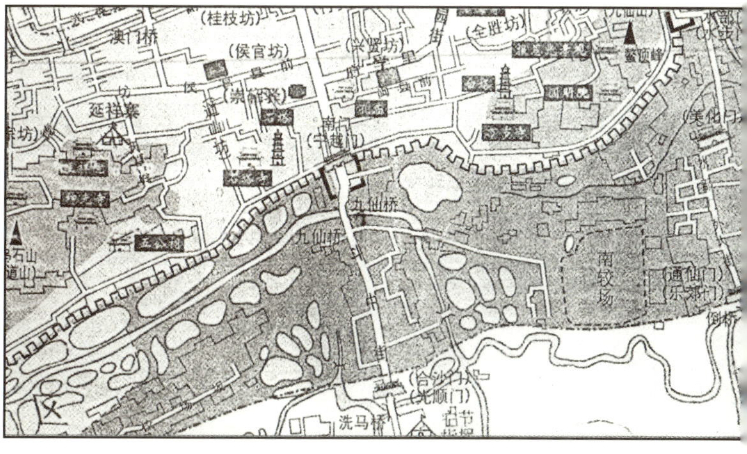

北宋初福州外城南部扩建区

发展了封建专制主义的中央集权制。

福州城垣被堕毁，仅留墙基、残墙数尺高。后来为巩固政权起见，又逐渐修筑，并把土城改用砖石。第一次修城是在皇祐四年（1052），知州曹颖叔从严胜门开始筑城150丈。据黄启权《岊溪集》第249页载，第二次修城是在熙宁二年（1069），太守程师孟就子城旧址加以修复，增拓旧子城的西南隅，将西门扩展到今鼓西路元帅庙河沿，取名丰乐门，门外为定远桥，并将都仓（今旧米仓）围在城内。周长950丈。第三次是在南宋咸淳九年（1273），

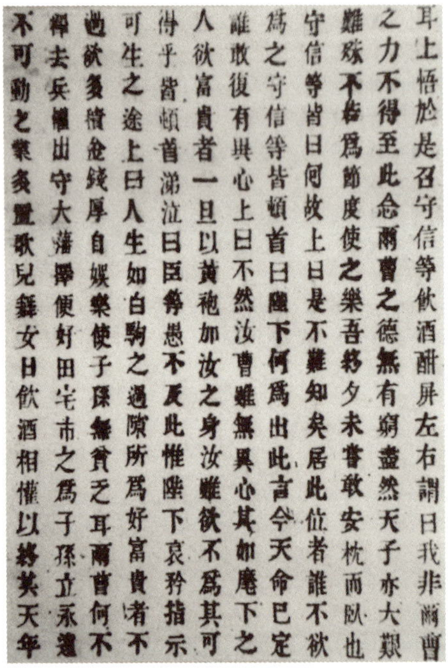
耳上悟於是召守信等飲酒酣屏左右謂曰我非爾曹之力不得至此念爾曹之德無有窮盡然天子亦大艱難殊不若為節度使之樂吾終夕未嘗敢安枕而臥也守信等皆曰何故上曰是不難知矣居此位者誰不欲為之守信等皆頓首曰陛下何為出此言今天命已定誰敢復有異心上曰不然汝曹雖無異心其如麾下之人欲富貴者一旦以黃袍加汝之身汝雖欲不為其可得乎皆頓首涕泣曰臣等愚不及此惟陛下哀矜指示可生之途上曰人生如白駒之過隙所為好富貴者不過欲多積金錢厚自娛樂使子孫無貧乏耳爾曹何不釋去兵權出守大藩擇便好田宅市之為子孫立永遠不可動之業多置歌兒舞女日飲酒相歡以終其天年

收兵权书照（摄自《续资治通鉴长编》卷二）

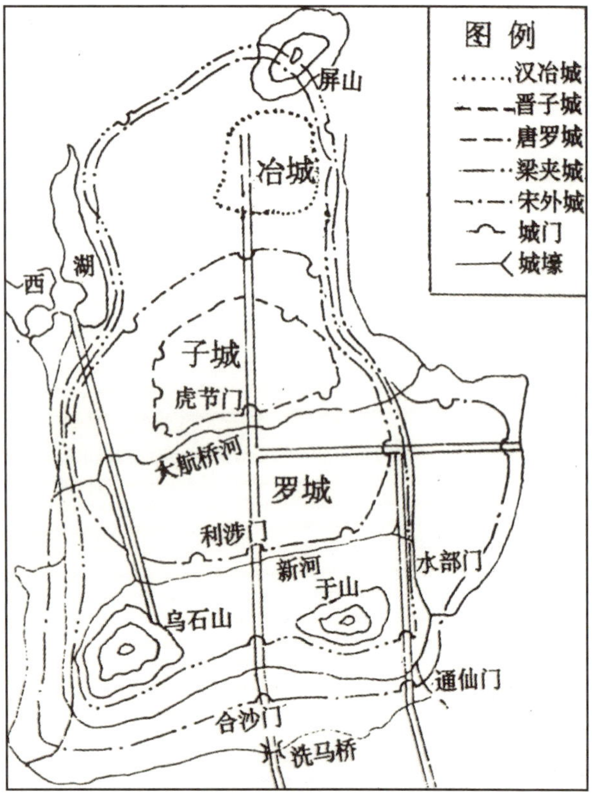

福州从汉至宋古城位置变迁图

宋福州太守张伯玉浮雕像

福州榕树王

在外城基础上加以增筑。外城经过宋代3次葺建，尚未完全修复。另朱维幹《福建史稿》上册第240页载：福州城：王氏拓城，周二十有六里。吴越添筑外城。太平兴国三年（978年），吴越纳土，诏悉堕其城。其后仍以次修筑，绍熙二年（1191）甓城四千丈。4000丈约合26.7里，也就是说恢复了王氏所拓的城。

福州别称“榕城”

《全唐诗》中翁承赞的《甲子岁，衔命到家，至榕城，册封，次日闽王降旌旗于新丰市堤饯别》诗题，出现了“至榕城”。所谓甲子岁是指唐代天复四年（904），说明在宋之前已有榕城之称。福州别称榕城是因为福州旧产榕。到宋治平间（1064~1067），太守张伯玉大规模、有组织地“编户植榕”，因此使后来福州“绿阴满城，暑不张盖”。张伯玉之功，自不可没。

据统计仅福州城区就有古榕895株。福州的榕树王树龄已近千年，冠幅1330多平方米，树下可容千人乘凉。一株树分南北两部分，似阴阳树，可能原为两株，合二为一。榕树已成为福州市树。

福州的第一古榕，应是位于鼓楼肃威路裴仙宫内，该树围径13.3米，高21米。而榕树王围径9.6米，树高15米。因此，肃威路裴仙宫内的古榕，应是福建省迄今已知围径最大的古榕。相传该树为宋代古榕，树龄约千年左右。1997年，在树下举行“榕城第一古榕”石碑揭幕仪式。

福州“人字榕”

福州的“人字榕”，横跨7米宽小河，变成“八字”而支撑主干。

第四节　宋代的福州港与著名建筑物

宋代福州地貌及城垣位置图

随着海面的逐渐下降和泥沙淤积，沙洲形成陆地，宋时福州楞严洲已完全露出水面，才使南台成为闹市。楞严洲是在宋元祐年间（1086~1094），由江中露出的沙洲，因而“港疏为二”，将江流一分为二。

元祐八年（1093），时任郡守的王祖道，主持募捐造浮桥，始搭两段，北港五百尺，用舟二十，号合沙北桥；南港二千五百尺，用舟百，号南桥，衡舟从梁板，其上翼以扶栏，广丈有一尺，中穹为二门，以便行舟。左右维以大藤缆，植石柱十有八而系之，以备痴风涨雨之患。（《福州府志·津梁》）

此两段浮桥共用舟120只，绍圣元年（1094）十月建成。

闽江上游，其源有二：一来自西北，合政和、松溪、浦城、崇安、建阳、光泽、建宁、泰宁、将乐、顺昌、宁化、清流、连城、永安、归化、沙县之水，会于南平，折而东流。古田之水自北来，大田、尤溪之水自南来，经闽清县入闽侯县境，绕螺洲北行，是曰北派，名东峡江，一名马头江。一派来自西南，合永春、德化之水，经永福县入闽侯县境，绕螺洲南行，是曰南派，名西峡江，一名

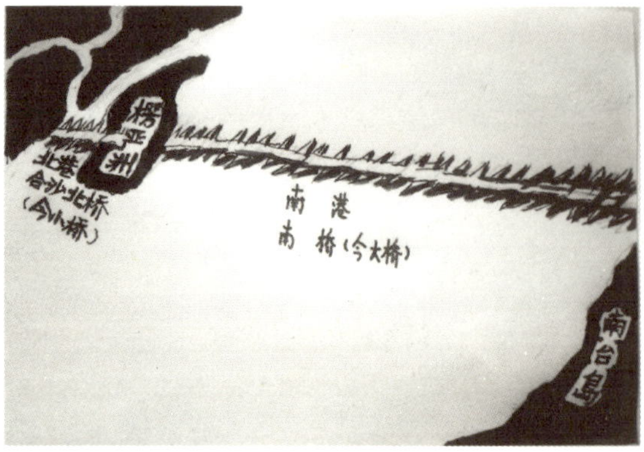

元祐年间露出的楞严洲将江一分为二，王祖道造浮桥

崇宁二年另有沙洲显露，江流分为北、中、南三汊

乌龙江。北派之水其源长，南派之水其源短，二派会于马尾，江面益阔，水位益深，自10余尺以至80余尺，能容巨舰。因此，福州能够东与海洋沟通，西北可与“七郡”沟通，凸显出其东南都会的重要经济地位和对外、对内水上交通网络中心地位。

1949年前后的楞严洲

民国初期的中洲

罗星塔前柳七娘塑像

《福州府志·水利》载，宋元时期，从闽江口至福州城区的航道由闽安镇历闽县鼓山、归善、崇贤、高惠四里，计有三十六湾，周流潆洄抵河口水步（部）门散入城中诸河。另外，日本通商局编、林贞坚译的《福建事情》第十二章之（二）载：福州港的范围，包括由福州万寿桥起至闽江口金牌止的水面。于马尾之外，尚有营前、尚干、坑田、闽安、长乐、琯头、金牌、长门等多处内港。……由江口川石岛到马尾的闽江沿岸，风光优美，外国人称为“莱茵河岸”。福州港区的主要码头有闽安镇、台江、澳桥、利涉门桥码头等。

闽安巡检司（衙署建筑系明末清初重建）

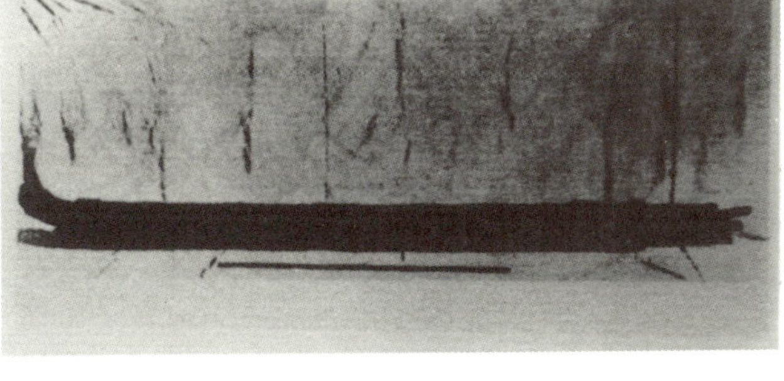

闽安巡检司前的铁缆横江

罗星塔

闽安巡检司衙门宋时建在江右里，前面原有铁缆横江，为闽中要害，是船舶进入福州港区的重要门户，往福州城区的船舶必须在此候潮，等涨潮时方能驶往位于上游的福州城区。巡检司在此“封桩船舶”，专管缉私、拦截舶货，兼管理水师、追歼海匪等事务。

福州港从闽江口至万寿桥有3座石塔作为航标：马尾罗星塔、长乐三峰寺塔、濂浦邵岐石塔。

罗星塔俗称“磨心塔”，为楼阁式结构的七层八角花岗岩石塔，高31.5米，八面刻有八方佛，檐角悬铃，塔尖有一大铁球，圆周近7米。塔中的石拱门，一对对石斗栱托住石块，层层向上，在世界建筑中极为罕见，堪称传世之建筑杰作，宋时建。据说明末有一艘荷兰船外洋遇风，驶至塔下抛锚，因不知地名而称之为“中国塔”，从此成为国际公认的海上重要航标之一，是中外航海家重视的“海岸标志”，世界地图上都标有这个塔。

相传宋时有一位盼夫不归的善良妇女柳七娘，岭南人。当年，当地豪强看中她的姿色，将其夫加上罪名远戍，她坚贞不屈，倾资在闽江滨海建成这座宝塔，作为港湾标志，入夜燃灯，以指引归帆，她自己则天天登塔守望，终于未盼到夫君的归来，临终时写了遗书，放在塔顶。马尾港乡人同情她的身世，感怀她的功德，称这座塔为“罗星塔”。

长乐三峰寺塔，原名圣寿宝塔，又称三峰塔、雁塔、南山塔，始建于北宋绍圣三年（1096），落成于政和七年（1117）。塔高27.4米，石构。此塔为赵宋皇帝祝寿而建，第一层的浮雕有赵匡胤与陈抟下围棋的图案，是当年郑和俯瞰其停泊太平港庞大船队的瞭望塔，也是出入太平港的航标塔。八棱七层楼阁式建筑，精致俊巧，在全国亦少有。

三峰寺塔

邵岐石塔在今仓山濂浦（林浦）之东邵岐码头边。塔与魁岐隔江相望，花岗石砌造，七层八角实心，高约7米，造型古朴典雅，具有宋代风格，塔身有 “绍熙四年仲×重修”题刻，绍熙四年为1193年，此塔曾是闽江上的航标。

宋开宝七年（974），钱昱筑外城时，三面临江，可知钓台（大庙山）周围的义洲、帮洲和苍霞洲及通仙门外的鸭姆洲等洲尚未形成，即使露出，也是小洲。南台江中的楞严洲（今中亭街、大桥头一带）、中洲（今中洲岛）及楞严西北的另一洲（今小桥至洋中、达道一带），前面说过都是宋时浮现的，这时潮上大江，自钓台东北流入河口津，经过通仙门、美化门东至临河务入南港（今水部门，亦称南鏁、鏁港）码头。南港北通德政桥至去思桥（即澳桥）。此处也是

邵岐石塔

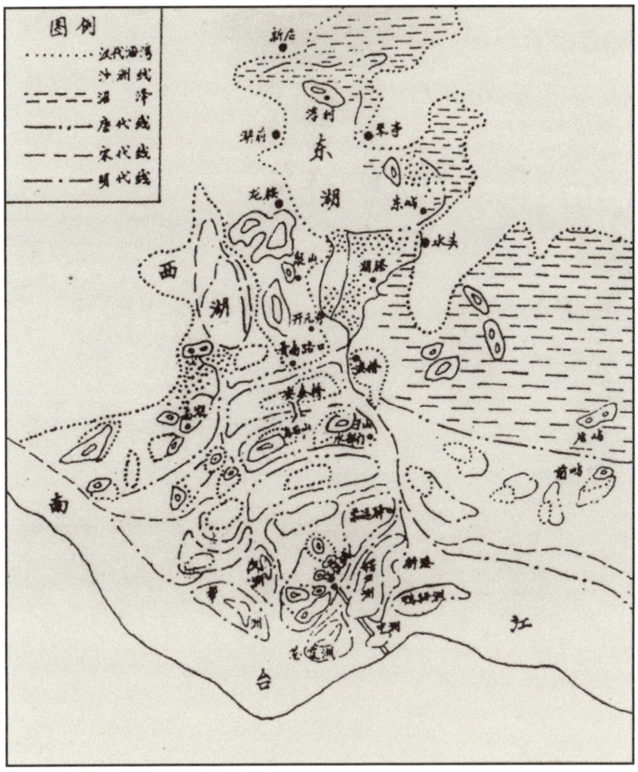

宋代福州台江形势图

“舟楫所处”的码头。北出鏁港，河水散入东湖，利涉门桥也有码头。宋时商港设在水部门，明代才移至太保境，这时，鸭姆洲已露出并已扩大。

宋庆历年间（1041~1048），东湖渐淤。至南宋淳熙间（1174~1189），东湖尽为民田，也就是东湖湮灭变成民田，卤潮退出闽县东20里。

宋代福州宏屿（今闽侯）古井

泉州洛阳桥

始建于北宋皇祐五年（1053），为减少海潮的冲击力，64个桥墩皆砌成船型，利于分水，桥长360丈，桥洞47个。

华林寺大殿

建于乾德三年（965）的福州华林寺原系越山吉祥禅寺，在无诸旧城处，晋太康三年迁新址，遂虚其地，吴越钱氏臣鲍让为郡守时始创寺。

泉州清净寺山门

建于北宋大中祥符二年（1009），是中国现存最早的伊斯兰教建筑。

黄巢起义军修整了从衢州至福州的700里山路，得以进入福建境内。到宋乾道九年至淳熙二年（1173~1175），右丞相史浩黜退、出知福州府，兴工以石砌仙霞岭路20里，为曲28个，为阶3600级。嘉定六年（1213），接仙霞以南，从建州到南剑又铺砌了12000余丈的石路。

仙霞岭七百里古道遗迹

宋代泉州老君石像

泉州安平桥

南宋绍兴八年（1138）建，长2070米，横跨安海、水头间海湾，又叫五里桥。

第五节　宋代福州的经济

宋代中原战乱，福建安定，促使福州经济迅速发展。

从晚唐、五代至宋，中原经过长期战乱。北宋建立之初，为收复被辽占领的燕云十六州，曾于公元979年、986年两次北伐，但都为辽所败，老将杨业被俘牺牲。1004年，辽兵大举南下，迫近黄河，在宰相寇准的坚持下，宋真宗亲临澶州御敌。宋、辽于此订立“澶渊之盟”，商定两国划界，宋朝每年给辽白银10万两、绢20万匹，1042年增至银20万两、绢30万匹。

北宋灭亡后，金兵在南侵中烧杀抢掠，激起了中原人民的激烈反抗，自动组织起来，抗击金兵，其中著名的有八字军、红巾军、五马山寨义军、梁山泊水军等，南宋官军中也有积极抗金的将领如韩世忠、吴玠、吴璘等，率军打击了金兵的凶焰，特别是岳飞领导的“岳家军”，多次取得对金战斗的胜利。1140年，岳飞率军北伐，在郾城消灭了金兀术的精锐铁塔兵等，宋军前锋直抵开封附近的朱仙镇。怯敌如虎的宋高宗却依靠内奸秦桧打击抗金力量，削夺四大将兵权，奴颜屈从，于绍兴十二年（1142）与金议和，划淮水为界。一个月后，以“莫须有”的罪名杀害了岳飞父子。

中原地区连年不断的战争，使繁华都会变成瓦砾之场，到处凄凉满目，只有闽浙远离战事漩涡，社会经济能迅速发展，尤其福建自北宋建隆元年至南宋咸淳十年（960—1274）的314年间，以僻处东南，社会基本安定，加上宋朝对福建采取了较为优惠的政策，社会经济得到顺利发展，福州及闽江上游的山区和沿海地区更是如此。特别是福建的造船及航海技术，不仅超过中原，而且超过前代，居于国内领先地位。福建经济的发展还表现在耕地面积的扩大、围垦筑堤、疏浚湖塘、兴修水利、筑陂溉田，以及改进农业，发展渔业、手工业、采冶业、建筑业和改善交通，促进商业、对外贸易，等等。

一、浚湖溉田

据道光《福建通志·水利》载，长乐县宋咸平间重浚桃坑湖，溉田种稻千余顷，后又开浚元祐港。福清亦筑祥符陂，后又两次修理元符陂。特别是福州两次浚西湖，第一次在宋嘉祐三年（1058），除浚湖外并疏浚河浦176条，受益的田地多至3600顷。

木兰陂在今福建莆田市，始建于北宋治平元年（1064），是一座引、蓄、灌、排综合利用的大型水利工程。为全国五大古陂之一，全国重点文物保护单位，至今仍能发挥效用。

昔日福州西湖通往官家村的简易木桥（今已被新的玉带桥替代）

木兰陂陂首工程遗址

二、扩大耕地

王桢《农书》载，梯田始创于南宋，范成大曾以梯田为诗，这是关于梯田的最早记载。《宋史·地理志》说：福建路民安土乐业，川原浸灌，田畴膏沃，无凶年之忧；而土地迫狭，生籍繁夥，虽硗确之地，耕耨殆尽。

闽北多梯田，田尽而地，地尽而山，虽土浅水寒，山岚蔽日，而人力所致，雨露所养，无不少获（《古今图书集成·艺术典》卷五《农部》）。戴式之咏南平：“四望无平地，山田级级高”（《南宋群贤小集》第30册《南剑溪上》）。说明在背山面海的福建，以梯田的形式扩充耕地的面积。

梯田

三、双季稻及推广优良品种

福建在唐初就有了双季稻，主要在闽南，到了宋代，遍及沿海各县，水稻一年两熟，等于增加了耕地的面积。南渡之后，北方流寓之人来福州甚多，麦贵竞种，福州开

由福州推广全国的占城稻

始冬耕种麦，一年三收。莆田等沿海各县均有种麦。占城（越南）稻耐水耐旱，五代时传入福建，到宋时传入江淮两浙。《宋会要辑稿·食货·农田杂录》载：大中祥符五年（1012）五月，遣使往福州，取占城稻种三万斛，分给江淮两浙三路转运使，……令择民田之高仰者，分给种之。说明由福州传播了水稻新品种，使农业得到进步。

四、经济作物

宋代福州也有蔗园，福州的甘蔗为紫蔗。福唐（福清）亦盛产甘蔗，并由甘蔗制糖霜，即冰糖。据《太平寰

驰名宫禁的福州荔枝

福州枇杷

福州龙眼

茉莉花今已成为福州市花

福橘为福州市果

丁香橄榄比四川所出者风味更佳

字记》载：福州却有干白砂糖，土产最饶。《三山志》卷四一《土俗类三·物产》亦载：糖取竹蔗捣蒸，侯官甘蔗州最盛。

南朝时，闽中就有了果树，到了宋代发展为全国有名的果园区。今天的所有果实，宋时应有尽有。马益《福州诗》："两熟潮田世独无"；陈傅《瓯冶遗事》：果有荔枝，花有末丽（今茉莉花），天下所未尝有（《三山志·土俗类三·物产》）。曾师建《闽中记》云："闽中花有北地所无者，阇提、茉莉、俱那异是也，皆出西域，盛传闽中"（转引自周亮工《闽小记》。）《宋旧志》说，茉莉"佛书谓之末利花"。《三山志》说，茉莉独闽中有之。

闽中富产水果，福州就有8种柑、9种橘，还有阳桃、菩提果等，为外地所罕见。丁香橄榄风味尤为隽永。

荔枝，唐时已驰名宫禁，到了宋代，闽江下游四郡，都盛产荔枝。蔡襄的《荔枝谱》载：福州种植最多，延施原野，洪塘水面，尤其盛处。一家之有，至于万株。又说：蜀粤荔枝其精好者，仅比东闽之下等。福州荔枝有白曝荔枝、蜜浸荔枝，俱为上方珍果。

五、木材

木材为闽中的大宗出产，福州因此才能建造无数的船舶。

福州北岭茶园

宋代闽茶驰名全国。周绛《茶苑总录》说：天下之茶建为最，建之北苑又为最。闽茶以质胜，而不以量胜。太平兴国初，北苑始制龙凤茶。宋代茶叶分为腊茶及草茶两类，腊茶盛于建、剑。

从闽江上游集中到福州的木材

六、渔业

福建沿海多丘陵地，许多人以海为田，福清、长乐等地都有远航渔船，往舟山洋采捕。

捕捞的银鱼

七、制盐

据《文献通考》，福建在唐代有侯官、长乐、连江、长溪、晋江、南安6个县出盐。《宋史·地理志》亦载，长乐、晋江、惠安、同安、龙溪、漳浦6县产盐。《元丰九域志》记载除《宋史》所载者外，还有长溪、罗源、福清、莆田4县。宋时福建产盐量倍增，是生产力发展的结果，也有助于渔业的发展。左为采自《重修政和经史证类本草》中的两幅北宋制盐图。

北宋制盐图

八、采冶业

由于技术进步，宋代福建采冶事业在全国范围内占有相当地位，出产铁、铜、铅、银、金5种金属。采冶范围比唐代扩大了，不限于闽北6县。《三山志》记载：坑冶自国初至祥符（960~1016），闽惟建、剑、汀、邵有之。天禧中（1017~1021），州（福州）始兴发，然始两场，铁独古田莒溪始有。嘉祐（1056~1063）之后，银铅益增。熙宁间（1068~1077），铜铅乃盛。政和（1111~1118）以来，铁坑特多……至于今（南宋淳熙时，1174~1189）矿脉不绝。当时，全国产银的州、军23个，闽中占7个：福、汀、泉、漳、建、邵、南剑。全国产铜岁额共计263169斤，福建路就产12660斤。

据《农书》载，北宋开始使用风箱鼓风，利用杠杆原理，往复拉扇以加强风力。

明代漆器

福州出土的宋代月光梅雀铜镜

北宋冶炼图（复原）

福建南平出土的南宋绍兴二年（1132）“姜娘子”款铜炉

清代脱胎漆器达摩坐像

九、漆器

福州漆器历史久远，福州新店北宋墓出土的陪葬品中就有漆器。

福州漆器开始形成独特风格是在清乾隆年间，当时福州的髹漆名匠沈绍安，使用泥巴作佛像的坯胎，然后用夏布和生漆裱褙，阴干后用水将泥土溶解倒出，留下漆布胎形，坚硬挺固，经过多道上灰、髹漆、施上泥金等色料，成为一尊色泽鲜艳的脱胎佛像。脱胎工艺从此发展起来。

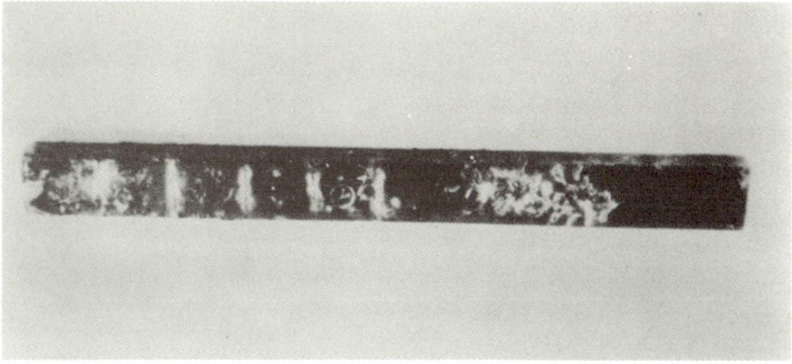

漆木尺（福州北宋墓出土）

今天的福州脱胎漆器

发展到今天的漆画

北宋福州“千佛塔”

十、陶瓷

福州陶瓷业发展较早，从古代的陶瓷工艺美术来说，最有价值的是两座建于北宋元丰五年（1082）的“千佛陶塔”。塔高约7米，九层八角形，塔身刻有千尊莲台坐佛。还有其他的动物花木图案。“千佛陶塔”原置于福州城门乡的龙瑞寺内，今已移置于鼓山涌泉寺门口，供游客观赏。

中国大型佛塔多为砖塔、石塔或木塔。而福州这样巨型精美的陶塔，在国内外是罕有的，说明福州陶瓷业在宋代已相当发达了。

福建沿海的制瓷业密集在同安、泉州、福清、连江等地，都以烧造青瓷为主，如碗、盏、碟、盘等，主要销售海外。

十一、玉雕

福州在宋代有玉匠。周密的《乾淳岁时记·元夕篇》说：禁中（南宋）一入新正，灯火日盛。……灯火之品极多，每以苏灯为最，……皆五色琉璃所成。……其后福州所进，则纯用白玉，……如清水玉壶，爽彻心目。

福州有玉器雕刻，一直传到现代，虽为奢侈品，但总是城市繁荣的产物。

十二、纺织业

《太平寰宇记》卷一五〇《江南东道》十二载，宋时福州已有苎布、轻绢（丝苎合织的布）、棉布、蕉布（以芭蕉纤维为原料）等。棉布的原料是木棉，就是今天的棉花，由海外传入，由福建种植而推广于全国，是中国经济史上的一件大事。

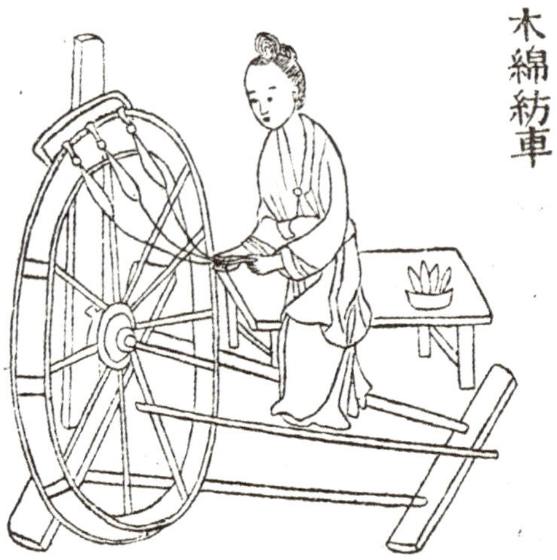

木棉纺车可同时纺3条棉线（采自《农书》）

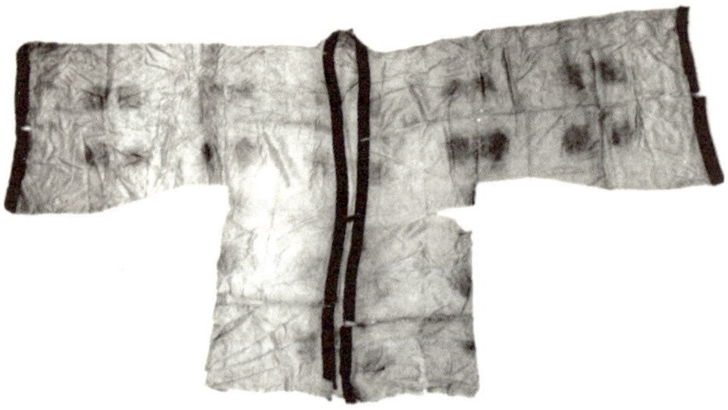
南宋丝绸宽袖衣（福州出土）

福州闽侯出土的宋代“飞天”玉雕

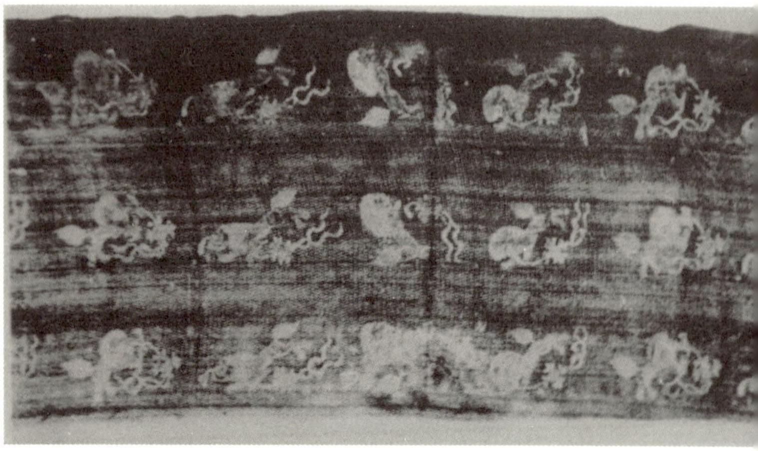
福州出土的南宋褐色罗彩绘狮子戏球花边

南宋黑色罗彩绘牡丹绣球花边（福州出土）

南宋纱罗窄袖衣（福州出土）

南宋绣花褡裢（福州出土）

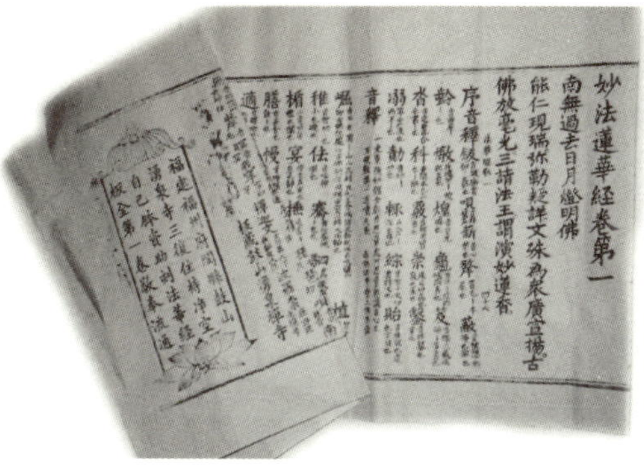

宋刻本《妙法莲华经》书影

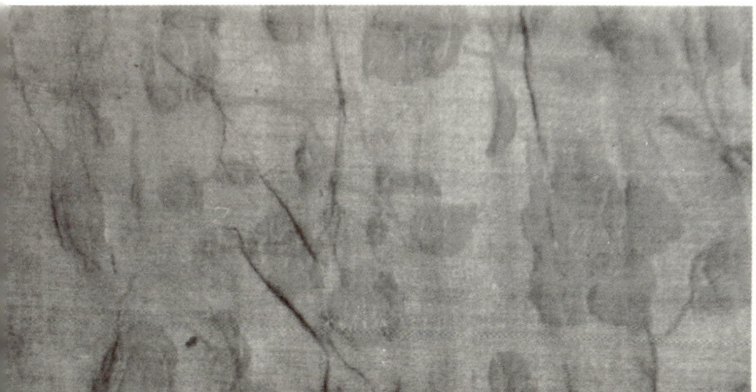

南宋山茶花纹提花罗（福州出土）

十三、造纸及刻书

福建文化发展到两宋达到全盛时期，印刷技术是中国对于世界文化的三大贡献之一。

苏易简《纸谱》说：蜀人以麻，闽人以嫩竹，北人以桑皮，剡（浙江嵊县）溪以藤，海人以苔，浙人以麦麸稻秆，吴人以茧，楚人以楮为造纸原料，说明福建是以嫩竹为原料，以竹造纸。因福建多产竹，所以竹纸的产地主要在福建，尤其是闽北三府军，其中以建阳为最。建阳的麻沙和崇化在宋代成为图书之府。道光《建阳县志》卷首《舆图》载：茂林修竹，所在皆有。就是说雕版造纸的原料，取之不竭，用之不尽，书坊所用纸札，不假外求。麻沙又有世代刻书的家庭，因而有熟练的雕版工匠，甚至如魏仲举这样既能著书、又能刻书之人。他所刊行的《五百家注音辨》中的昌黎、河东两集，后为清内府藏本，受到《四库总目提要》的表扬：纸墨如新、椠刻精工，在宋刻中亦称善本。因此，全闽刻书之盛首推麻沙坊刻，福州鼓山涌泉寺至今保留有宋刻《法华经》。

《通志》一书网罗各代历史合为一书，其中的二十略颇有创见，说：见书不见图，闻其声不见其人，见图不见书，见其人不闻其语，后之学者离图即书，尚辞务说，故人亦难为学，学亦难为功。又说：“以图谱之学不传，则实学尽化为虚。这就是说提倡图书要图文结合。麻沙亦有刻本。

南宋建阳人宋慈著的《洗冤录》是世界上最早的法医学著作，书中系统地论述了检验尸体的各种方法，如验伤、验尸、血型鉴定、检骨、死伤鉴别、毒物分辨及急救法、治服毒药方，等等，开启法医著作的先河。麻沙亦有刻本。

北宋福州流通的银锭

北宋天圣通宝（铜币）

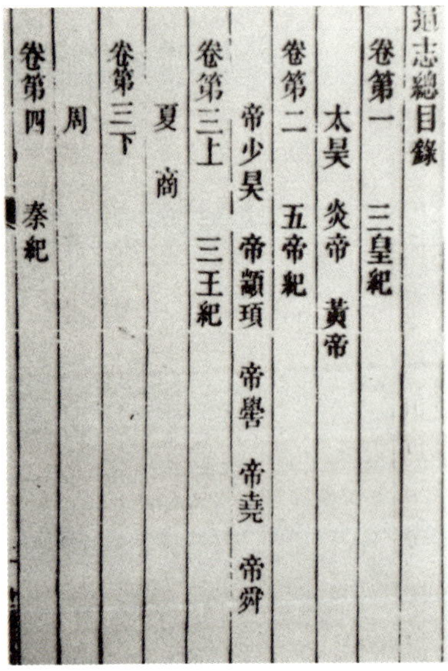

通志總目錄
卷第一 三皇紀
太昊 炎帝 黃帝
卷第二 五帝紀
帝少昊 帝顓頊 帝嚳 帝堯 帝舜
卷第三上 三王紀
夏 商
卷第三下
周
卷第四 秦紀

南宋莆田人郑樵著《通志》书影

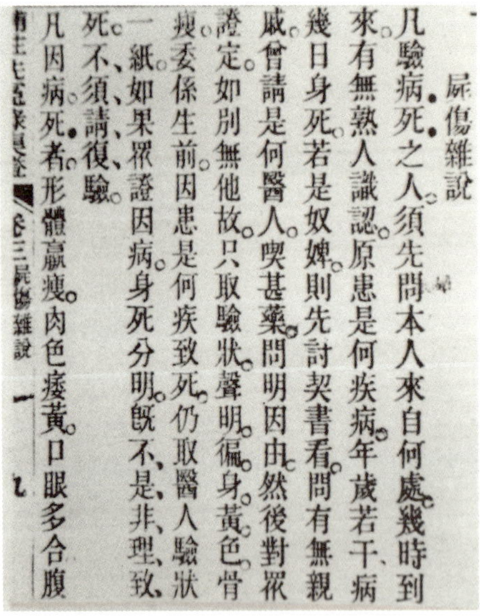

屍傷雜說
凡驗病死之人，須先問本人來自何處，幾時到來，有無熟人識認，原患是何疾病，年歲若干，病幾日身死。若是奴婢，則先討契書看，問有無親戚，曾請是何醫人，喫甚藥，問明因由，然後對眾證定。如別無他故，只取驗狀，聲明徧身黃色，骨瘦，委係生前因患是何疾致死，仍取醫人驗狀一紙。如果眾證因病身死分明，既不是非理致死，不須請復驗。
凡因病死者，形體羸瘦，肉色痿黃，口眼多合，腹

《洗冤录》书影

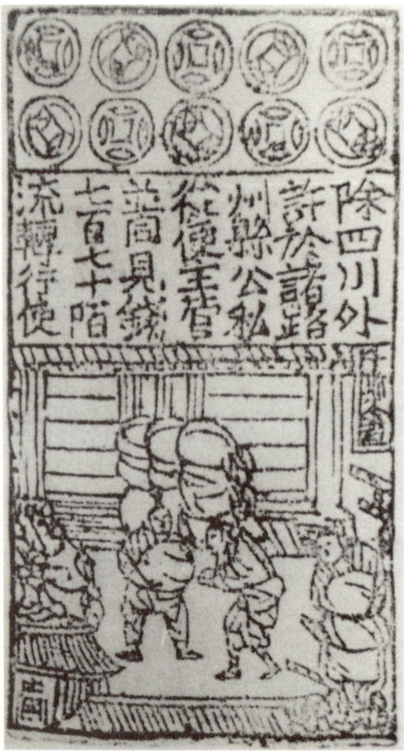

福州通行的北宋交子

十四、商业、金融业

宋代农业和手工业的发展，促进了商业的繁荣。据《三山志》载，福州由于中州士庶避靖康之乱大批入闽，且社会长期安定和经济发展，户口开始逐渐增加。宋初主客户合计户数94510户，建炎（1127~1130）以后增至222201户，增加一倍以上。城市内店铺不分类别、不拘地点，可以随处开设，而且出现了夜市。农村定期集市此时

宋代的商标和广告

更加发达，有的还成为集镇。随着商业的发展，宋代从北宋就发行了世界上最早的纸币——交子，福州亦通行。一些商品上也打印了私家生产标志，这是世界上最早的商标和广告。

济南刘家功夫针铺以白兔为标记，宣传本家产品质地精良，是中国最早出现的商标和广告。

第六节　兵器制造

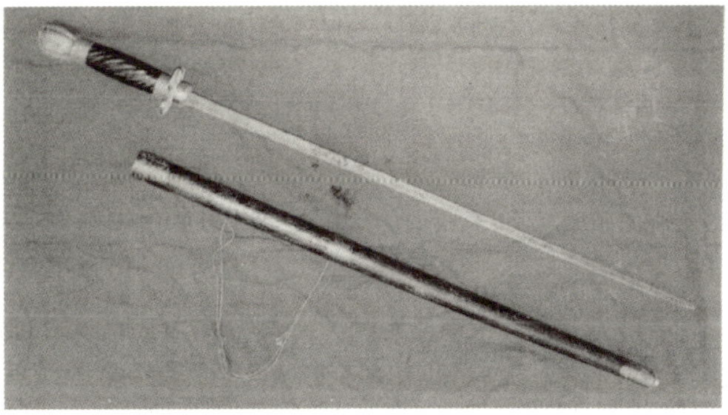

李纲所遗钢锏

长94.8厘米，重3.6千克。上刻：靖康元年李纲制。

北宋以前的兵器多是弓、箭、刀、枪、剑、弩、长斧、长钩、矛、拍竿等，称为冷兵器。火药发明后，北宋兵器制作开始进入一个新的历史时期，主要标志是火药应用于军事，即火器的创制与发展。宋代是冷兵器与火器并存并用时代。

《三山志》卷七《公廨类》卷一八《兵防类》载，宋代福州有作院，即制造兵器的兵工场。嘉祐八年（1063）设立，熙宁（1068~1077）时，扩充为都作院，内设11作：箭作、弓作、甲作、铜作、皮作、漆作、条作、木作、旗作、磨锃作等。所谓作相当于兵工场中的车间，是否有火器制造，史料未发现，一般相信是有，只是未见诸

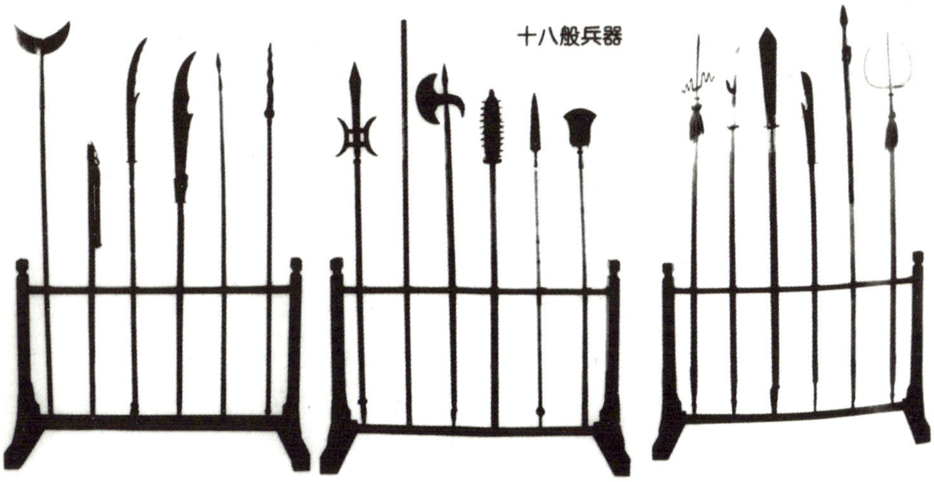

十八般兵器

铜镞

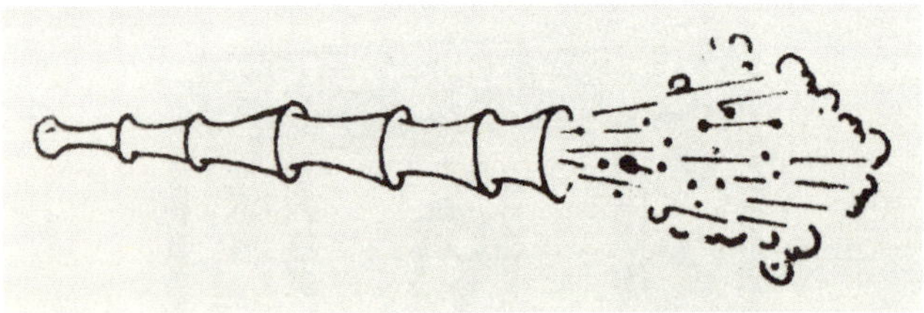

宋代的突火枪是弹丸金属管形火器的前身

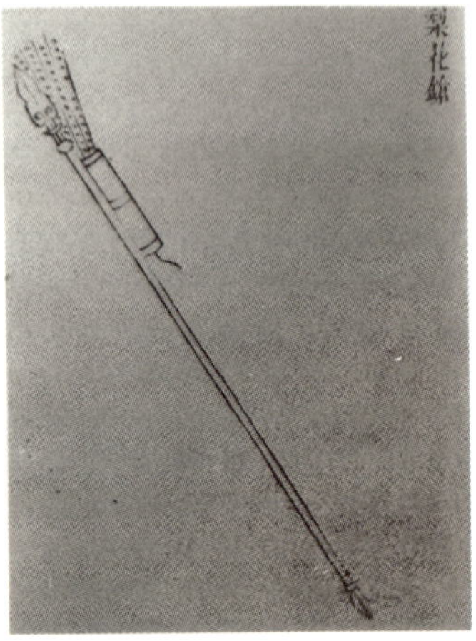

南宋梨花枪

在枪头附近缚上小型火药筒，作战时先点燃引信喷火烧敌，然后持枪格斗。

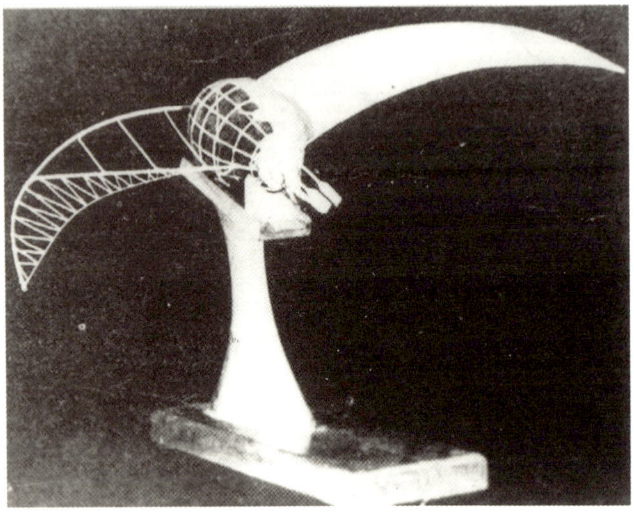

震天雷（模型）

内装火药，点燃引信，抛向敌方，是一种爆炸火器，在宋、元战争中多次使用。

李纲祠

邵武李纲祠是奉祀两宋之交抗金名臣、宋丞相李纲的祠堂。林则徐曾写楹联，赞誉李纲为“进退一身关社稷，英灵千古镇湖山”。祠自建造以来几度兴废，现仅存一院。

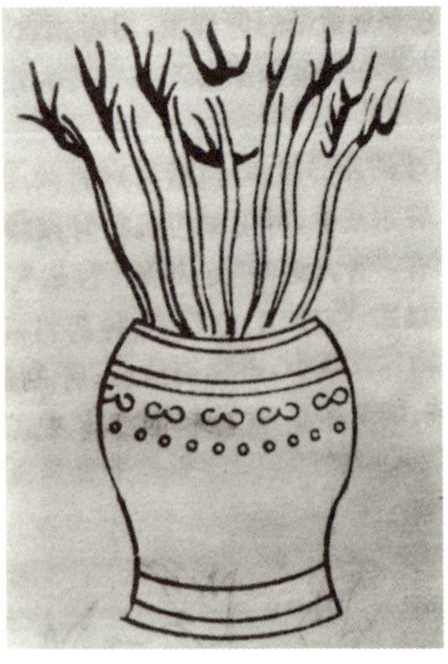

南宋万火飞沙神炮

用烧酒等14种药料，配以火药盛于磁罐内，水战时点燃引信后将罐投到敌船。

记载而已。因为宋代福建的采冶业比唐代更为进步，而造船业又居国内领先地位。

十八般兵器指弓、弩、枪、刀、剑、矛、盾、斧、钺、戟、鞭、锏、挝、殳、叉、耙、棉绳套索、白打。其中前17种为兵器名称，最后一种则是徒手搏击，较常见的是“刀枪剑戟，斧钺钩叉，镗棍槊棒，鞭锏锤抓，拐子流星”。“十八般武艺”一语，首次出现当在南宋初年，原指使用18种兵器的本领，元以后广为流传。

第七节　宋代福州的造船业

宋代的船政由中央工部管理，工部下属的水部设郎中、员外郎各一人，其职掌是“掌沟洫、津梁、舟楫、漕运之事”（《宋史》卷一六三职官三工部）。宋建立之初，就在汴京设造船务，既打造、修理所需船只，又教习水战，造船业发展突飞猛进。北宋至道末年（997），所造官船数量累计高达3237艘。

一、造船地点

宋代的造船地点比唐代多。据《宋会要辑稿·食货·水运》载，宋代的造船地点有26个，主要分布在长江流域和东南沿海一带，如江州（江西九江）、吉州（江西吉安）、洪州（江西南昌）、饶州（江西鄱阳）、赣州、潭州（湖南长沙）、衡州（湖南衡阳）、鼎州（湖南常德）、温州、明州（浙江宁波）、秀州（浙江嘉兴）、平江（江苏苏州）、润州（江苏镇江）、松江、建康（江苏南京）、楚州（江苏淮安）、泗州（江苏盱眙）、真州（江苏仪征）、叙州（四川宜宾）、眉州（四川眉山）、嘉州（四川乐山）、泸州（四川）、金川（陕西安康）和福州、泉州、漳州26处。其中赣州为隋时置，称为虔州，治所在赣县（今赣州市），唐时辖境相当于今江西赣县以南的赣江流域，南宋绍兴二十二年（1152）改名赣州。皇祐间（1049~1054），在温州、宁波两地设有造船场，以后又将温州造船场归并到宁波。宁波原名明州，南宋时改称庆元。

福建造船则以福州、泉州、漳州、莆田的官船坞为主。熊克《中兴小纪》卷七载：建炎三年（1129），当金兵蹂躏江南时，胆小如鼠的赵构（宋高宗），由明州浮海奔温州，就全赖有千艘闽船。绍兴三十二年（1162），张浚建议分两路北伐，一路由海路攻青莱，另一路由清泗（淮河口）攻淮阳，要雇福建船运兵。有旨交福建路选募（参见《建炎以来系年要录》卷一九九）。由此可知，宋代福建的造船业冠于全国，而福州更是“大治海舟千艘”的全国造船中心。

宋代海外贸易的发展，促进了福州的造船工业。南宋绍兴十年（1140），张浚在福州造船千艘。绍兴三年（1133）前后，福州就拥有宽1丈2尺以上的海船300多艘。

张浚（1097~1164），南宋大臣、大将，字德远，成都府路人，进士出身。曾建议经营关、陕，以保东南，遂为川陕宣抚使。绍兴四年（1134）知福州，未几，入知枢密院事，次年为宰相，曾主持策划镇压杨幺义军，请拨款6万贯建造20丈车船。后被秦桧诬谋大逆，罢右相。绍兴九年，以资政殿大学士知福州，兼福建安抚使，奏请在福州大造海舟千艘，为直捣山东计。孝宗隆兴元年（1163）拜右相兼枢密使，后为左相所诬，去相。明年，除保信军节度，判福州，行至余干，病卒，赠太保，复加赠太师，谥忠献。

张浚像

二、先进的造船工艺

中国造船技术自古以来就具有优良传统与民族特色。宋代船舶结构，船舶动力，船舶的稳定性、不沉性、耐波性、快速性、平衡性等都较前代更为进步。造船技术三大发明——船尾舵、水密舱、尖底龙骨造型，虽在宋代以前已出现，但在宋代才得到广泛使用与改进。福州至宋仍用桐油、石灰、麻丝混合物作为舱料，保证船的水密性和抗沉性。底部用樟木或杉木以防积水腐蚀。一般构件则用松木。这些都是福州价廉的土特产。

三、指南针与罗盘的使用

宋代制出人工磁体，装配成针型的指南针与罗盘。中国古代航海以星辰定航向，“舟师识地理，夜则观星，昼则观日”，如果天气阴晦，则会失去航向。宋代发明了指南针，可以“阴晦观指南针”，不至失去航向。指南工具用于航海事业，促进了海上交通、航海技术的发展，也使占地球表面积约3/4的海域化为通途。

朱彧《萍洲可谈》（1119）和徐兢《宣和奉使高丽图经》（1122）二书中都记有水浮指南针盘的实际应用。根据恩格斯的《自然辩证法》，“磁针从阿拉伯人传到欧洲人手中”的时间是在“1180年左右”。说明欧洲人直到12世纪末才掌握了指南针，由此推动了他们的航海业的发展。

铜水浮法罗盘

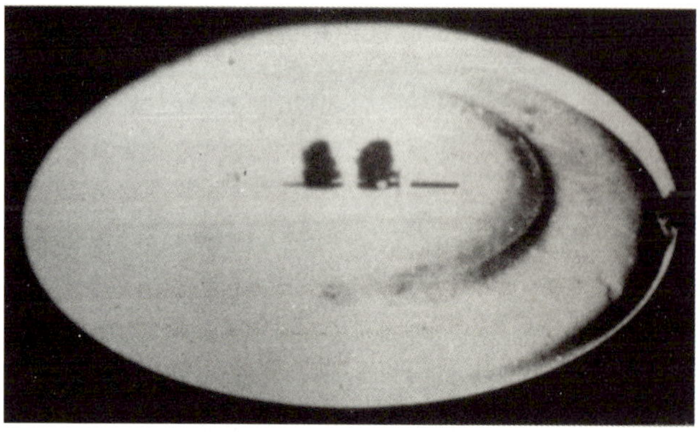

宋水浮法指南针

四、宋代创造的世界最早的干船坞

3世纪，东吴大将吕蒙在今安徽无为县东北造了一个泥船坞。这是中国最早出现的船坞。北宋熙宁年间（1068~1077），为修理金明池中的大龙舟的水下部分，宦官黄怀信献计：先在开封金明池北面挖一个大坑，坑底设支柱，放水入坑，引龙舟入坑内，置于支柱木梁之上，再堵住入口，将水车出，龙舟修好后，放水入坑（将池与坑之间挖通），再引龙舟回到金明池。这是世界上最早的干船坞，比英国1495年建造的西欧第一个干船坞早400多年。宋代普遍使用这种船渠修船法。

北宋金明池干船坞图

五、航海地图出现

北宋时，广州当局向宋廷进呈《海外诸蕃图》，这是早期的航海地图。徐兢奉使高丽所著的《宣和奉使高丽图经》，以及赵汝适《诸蕃志》书中的“诸蕃图”，也都是宋代的航海地图。

《诸蕃志》卷上还记载了以约33米长的绳子系上钩子，钩取海底泥沙以判断船所在位置，从泥沙的颜色、气味可判断附近有无港口。

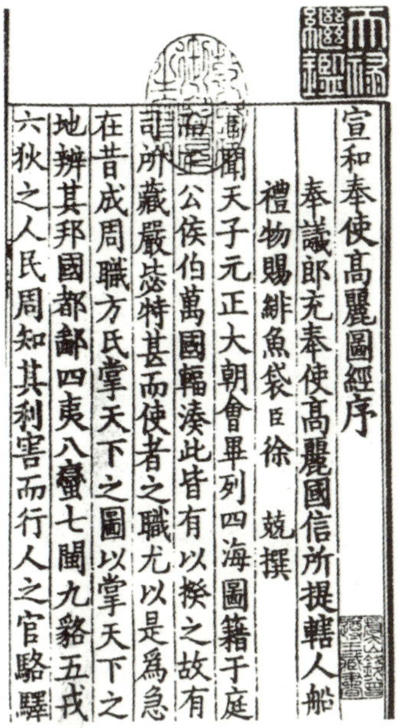

宣和奉使高麗圖經序
奉議郎充奉使高麗國信所提轄人船
禮物賜緋魚袋臣徐 兢撰
臣聞天子元正大朝會畢列四海圖籍于庭
而三公侯伯萬國輻湊此皆有以揆之故有
司所藏嚴毖特甚而使者之職尤以是為急
在昔成周職方氏掌天下之圖以掌天下之
地辨其邦國都鄙四夷八蠻七閩九貉五戎
六狄之人民周知其利害而行人之官掄驛

北宋《宣和奉使高丽图经》书影

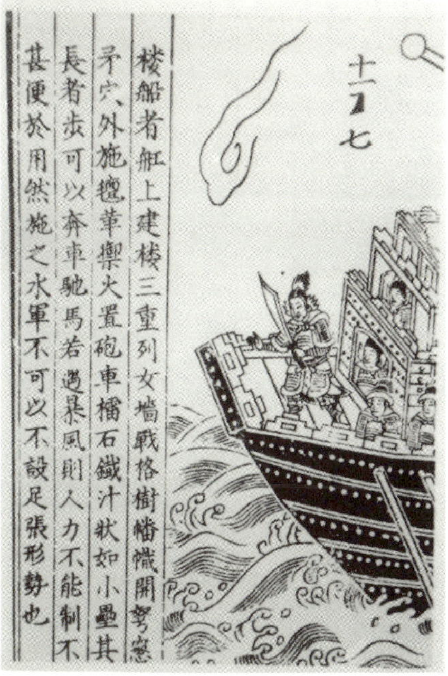

北宋楼船船头

北宋楼船船尾

六、“更漏筒”问世

“更漏筒”的做法是以同样大小的如酒壶状的瓷器或竹筒两个，一个装沙，悬在上面，一个对口放置下面，沙从筒眼中漏出，漏到下一筒，漏尽一筒为“一更”，再上下对换。以此计时，并计算行程。每一日夜共10更。一更约行陆路21千米，十更即210余千米，可知航行至何处。

七、度量

也是长期航海积累的实践经验，就是用长绳系上重铅锤沉入海底，测量海水深度。由舵工横伸两臂量入水部分的长绳，每横伸两臂一次为1托（约1.65米），如发现深度不够，说明太靠近海岸或暗礁，须防止搁浅和触礁。

此外，舟师能根据云状的变化预见风向的顺逆变化，察看海水颜色、浪花形状以预测风的大小、风向，并判断海水深浅、离岸远近等。（参见施鸿保：《闽小纪·闽杂记》、郑剑顺：《福州港》、赵汝适：《诸蕃志》等）

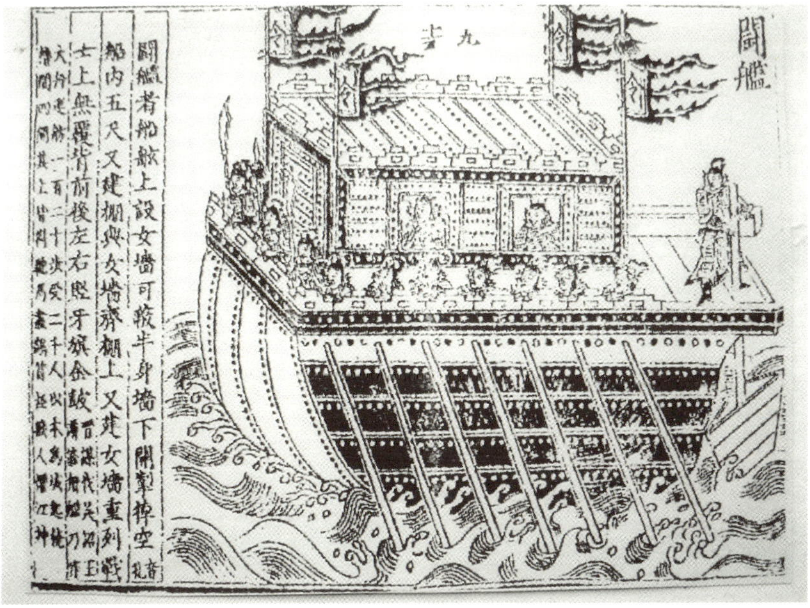

宋代战船斗舰

八、官船场

主要是打造各种战船、运兵船、漕船及官府使用的座船。宋代战船多是沿用前代已有的楼船、艨艟、斗舰、走舸、游艇、海鹘，等等，但也有创制的新品种，如多桨船、尖底船。《宋会要·食货志》所录打造战船之事比比皆是，如宋仁宗庆历二年（1042）诏京东、西濒河诸州造战船五百只。打造桨帆战船、车船的记载屡见不鲜。宋梁克家修纂《三山志》卷七《船场》载：庆历《旧记》：场在南台，旧盐仓之东。今闽尉教场东也。《治手图》：复在井楼门外，州东北。古有船场门，谓此。今皆废。官造舟（船）率就河口弥勒院之旁。这就是宋代福州3个造船场地点。惜未发现船型实物。下面是《武经总要》中记录图绘的一些宋代战船。

艨艟船

海鹘

船形头低尾高，前大后小，如鹘之形。船上左右置浮板，形如鹘翼翅，助其船，虽风涛怒涨而无侧倾。覆背，左右以生牛皮为城，牙旗金鼓如常法。

杨幺战船复原模型（湖南博物馆设计复原）

《中兴小纪》卷一三载：这个船置人于前后踏车，进退皆可。有的车船皆两重或三重，载千余人，又设拍竿，其制如大桅，长十余丈，上置巨石，下作辘轳贯巅，遇官军船近，即倒拍竿击碎之。南宋时，车船成为达官贵人的游览工具。

游艇

无女墙，舷上桨床左右随艇子，大小长短四尺一床，会进止，回军转阵，其疾如飞，虞侯用之。

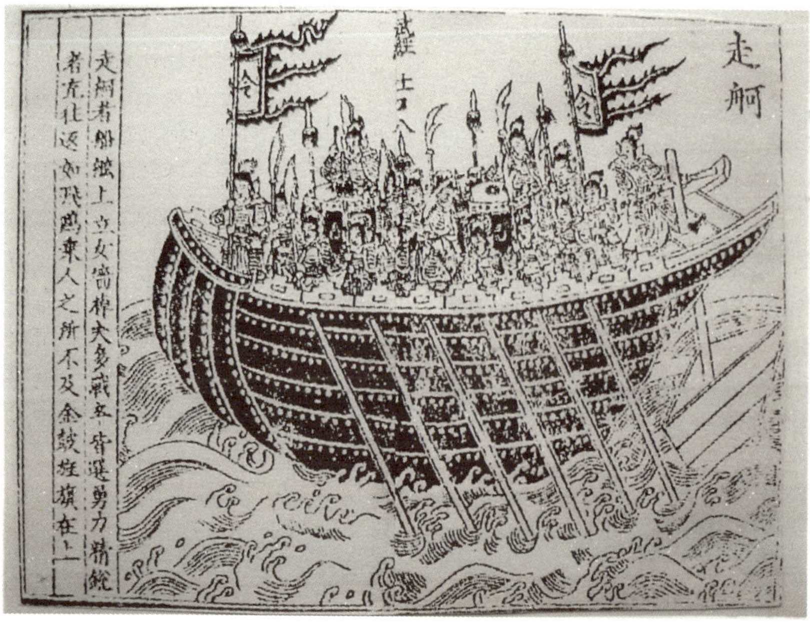

北宋走舸

九、民船场

宋代民间船场更如雨后春笋，蓬勃发展。民船场所占位置越来越重要，产量也越来越大。《宋会要》云：漳、泉、福、兴化，凡濒海之民所造舟船，乃自备财力，兴贩牟利而已。（《宋会要》卷一六六刑法二）南宋孝宗时（1163~1189），仅福州沿海9县，民有海船就有373只（《三山志》卷一四海船户）。

除福州外，泉州也有很多民营造船厂。《舆地纪胜》卷一三〇《泉州诗》云：州南有海浩无穷，每岁造舟通异域。所以《太平寰宇记》才会列海舶为泉、漳土产。当时福建的海舶，据徐兢《宣和奉使高丽图经》说：奉使者的座船，载重二千斛。另吴自牧《梦粱录》载，海上商船，大者五千料，要放洋的人，可以由泉州出发。（注：1斛/料为1石，南宋末1石=2斛，在此之前石、料与斛相等）。

桅折帆落的北宋海船

山西繁峙县岩上寺壁画中的《海船遇难图》，画的是海船在大海中颠簸，桅杆折断，风帆飘落，船夫奔走抢险的情形，这是绘画描绘的北宋海船外观。

泉州出土的南宋海船残躯

1974年泉州出土的南宋海船，残长24.20米，宽9.15米，深1.98米，分13个水密舱。估长30米，是一艘远洋贸易船。专家判断其沉没埋藏约有700年以上，这是出土的宋朝实物。

泉州宋沉船复原模型

泉州海外交通史博物馆研究复原的沉船模型，长177厘米，宽60厘米，高183厘米。沉船反映了“上平如衡，下侧如刃”（即尖底，横剖面呈V形），以及安放龙骨、设置水密舱等福船的主要特点。

《清明上河图》绘官家登船情形（北宋徽宗时期的宫廷画师张择端所绘《清明上河图》中官船之一）

《清明上河图》是描绘北宋都城汴京社会经济生活的宏伟巨作，长达5.25米。中有各种视角的船舶24艘，其中客船11艘，货船13艘，都是形象较为真实的船舶图样。

《清明上河图》中的北宋内河客货船之一

南宋李嵩绘的《巴船下峡图》中的客船

《清明上河图》中的北宋内河货船之一

宋代用船量很大，官船不够用时，则利用民船。北宋开始就不断"私雇"民船来运口粮、盐、杂物，虽给租金，但层层尅扣，民受其害，后改雇为买。官民都得好处。但不论雇和买，先期都是委福建和两浙监司办理，因当时闽浙两地所造海船质量上乘，故每次雇和买均为首选。吕颐浩《忠穆集》卷二《论舟楫之利》说：海舟以福建船为上，广东、广西船次之，温州、明州船又次之。可见当时人将福建所造的海船质量列为全国之冠，享有盛名。迄今为止，福建除上述泉州出土的南宋海船外，尚未见宋代战船和其他海船打捞或发掘出来，现只能从绘画、文物、文献中看到宋时的船舶图样。

《清明上河图》中的北宋货船

南宋《江天楼阁图》中的江船

这是一艘客船，一层是客舱。两舷缚有原木、竹子各几捆，用以拒浪。尾部是平衡舵。桅是可眠式，过桥时将桅眠倒，图中绘过桥后将桅竖起的情形。推进靠篙工撑篙。船舶属具较为齐备，设有绞缆车，既可绞缆，也可用以起碇（见船首）。

南宋马和之《楼船图》中的楼船

南宋李嵩《天中戏水图》中的龙舟图

第八节　宋代福州的海外贸易

宋代海外贸易很发达，福州港不仅同海外诸国的贸易往来超过前代，同本国沿海各港口及内河内江的贸易也很发达。出口货物主要是瓷器、丝织品，进口则以亚非40多个国家和地区的香料、土特产为主，海外贸易主要是民间商人经营的，船只也是私有的。政府只在广州、明州、泉州等6地设市舶司负责管理海外贸易，通过收税和转卖等获取厚利。

一、市舶司的设立

福建最早设市舶司的口岸是泉州，明代才移福州。泉州在唐代已是对外贸易的重要港口，但尚不及广州和明州。沙县人陈偁，曾知罗源县事，常有蕃舶入罗源港寄碇，照章须转航广州办理查验手续，否则舶货充公。陈偁遂建议，为便利外商起见，请在泉州设市舶司。北宋元祐二年（1087）正式设置泉州市舶司，职掌对海外舶货征税、收购，以资上缴和专卖；接待贡使，招待外商，管理

泉州蕃客墓碑

1965年泉州出土，正面为阿拉伯文及“蕃客墓”三个汉字，背面刻“黄公墓”、“百氏坟”六个汉字，是当时定居泉州的一对阿拉伯夫妇的合葬墓。

泉州市舶司遗址立碑为记

泉州市舶司遗址

外商，监督管理本国商船的对外贸易，相当于今天的海关。金灭北宋，南宋建都临安，明州受战火影响，泉州港则得到飞速发展，成为国际贸易港。此后55年间，泉州市舶司废而复设者3次，至绍兴十二年（1142）才成为较固定的税收机构。

二、福州海外贸易航线

北宋设置市舶司后，规定海外商品非出于官库者不得私相市易（《宋会要辑稿·职官四四之一》），因此，福州的海外贸易大受影响。但福州商人仍然出海贸易，使福州港继续得以发展。北宋前期福州海外航线，可从北宋曾任福州知府的蔡襄《蔡忠惠公集》卷三〇《荔枝谱》中的

宋代泉州市舶司每年两次祭神祈求赐风并刻石记事

13世纪来往中日间的宋船

记载看到，当时福州出产的荔枝不仅运往新罗、日本、流求等邻近国家和地区，而且远销“大食之属”（即阿拉伯国家）。即北上航线可以赴日本、高丽；南下航线赴东南亚诸国以至西亚。下列史料记载可资证明：

北上航线

日本：

（一）《宋史》卷四九一《日本传》记载：咸平五年（1002），建州海贾周世昌遭风漂至日本，凡七年得还，与其国人滕木吉至，上皆召见之。

（二）《小右记》：福州商人陈文祐于天圣四年（1026）和五年（1027）两渡日本为商（引自余又荪《宋元中日关系史》）。

（三）《小右记》：福州商客周文裔在天圣四年和六年（1028）到日本献丝绸、麝香、南海香药等物（引自木宫泰彦《日中文化交流史·长元二年三月二日条》）。

高丽：

（一）郑麟趾《高丽史》卷四《显宗一》记载：天禧三年（1019），宋福州虞瑄等百余人来献香药；乾兴元年（1022），宋福州人陈象中等来献土物。

（二）《宋史》卷四八九《高丽传》记载：熙宁元年（1068），宋神宗命福建转运使罗拯招募海商通高丽，罗拯因之派遣商人黄真、洪万等到高丽致意。翌年高丽“礼宾者移牒福建转运使罗拯”，表达了与宋朝修好的愿望（转引自廖大珂著《福建海外交通史》第90页，福建人民出版社）。这时北上航线主要经明州（宁波），然后再发。

南下航线

阇婆：

阇婆即今印尼爪哇，《宋史》卷四八九《阇婆传》记载：北宋初年建溪主舶大商毛旭者多次到阇婆，并由他引导，阇婆国王还派遣使者前来中国朝贡。

交趾：

交趾即今越南，与福州之间早有固定航线。熙宁年间，宋政府与交趾发生战事，据《续资治通鉴长编》卷二八六载，多征募福州海船从征，为防止交趾窜扰福建，翰林学士杨绘曾上疏建议加强福州守备，防止交趾泛海乘风窜扰福建（《历代名臣奏议》卷三三〇）。

南蕃

南蕃泛指东南亚诸国以至大食之属（即阿拉伯国家），《宋会要辑稿》食货三八之二九载：天禧三年（1019）马亮言：福州商旅林振自南蕃贩香药回。王禹偁《小畜集》卷一四《纪孝》亦载北宋初占城、大食之民，岁航海而来，贾于中国者多矣，有父子同载至福州（均转引自廖大珂《福建海外交通史》第90、96页）。占城，今越南；大食，今阿拉伯国家，可见这里所指南蕃，泛指东南亚以至阿拉伯国家。中外商舶来此贸易，说明当时福州海外贸易之盛况。这时南下航线主要也是“沿岸梯航”至广州审批后往印支、马来以至印度洋、波斯湾。

三、泉州海外贸易航线

自东晋到隋唐，僧侣赴印度取经，都搭外国船，宋代福建的造船业，前述已冠于全国以至全世界。宋代华

宋代海外贸易船

舶，船身巨大，设备周全，驾驶熟练，蕃客多改乘华舶，一直到欧洲人东来以前，全部中西贸易由华舶担任（桑原骘藏：《蒲寿庚考》第二章《蕃客侨居中国的状况》）。泉州设立市舶司后，进一步成为国际贸易港。13世纪初，常到泉州进行海外贸易的国家和地区有30多个（《云麓漫钞》卷五），陆广《守城记》则说：泉州连海外之国，36岛。而宋理宗宝庆元年（1225）成书的《诸蕃志》所记者已增加至77个。从南宋中叶开始，泉州渐渐超过了广州。设立市舶司后，北上、南下航线可由泉州直发，不必经明州和广州市舶司审批。

明代何乔远著《闽书》卷一四六《岛夷志》说：宋置市舶于泉州，以通诸蕃，旧志所载有占城、宾达侬、三佛齐、浡泥、真腊、登流眉、大食、日本、注辇、灵牙苏嘉、麻逸、三屿、白蒲延、日啰亭、真里富、三泊、单马令、阇婆、罗斛、雪峰俱轮、渻华公、琶离、佛啰安、达啰希、吉阑丹、西棚、波斯兰、高丽诸国。元三山吴鉴为泉州郡守偰玉立修《清源续志》：余于友人家仅得其一本，曰《岛夷志》，志所载几百国，皆通闽中者。《闽书》所载，多属古代国名，上述国名中，北上航线有日本、高丽；南下航线有占城（今越南中部的古国）、真腊（中南半岛）、真里富（泰国尖竹枝一带小国，真腊之属国）、罗斛（今泰国），都在中南半岛；上述佛啰安、登流眉、单马令、灵牙苏嘉（或作凌牙斯加）、吉阑丹（吉兰丹）均在马来半岛；三佛齐（苏门答腊东部海岸和马来半岛南部，是东南亚强国）、阇婆（爪哇）、渤泥（文莱）均在马来群岛；泉州与菲律宾群岛海上来往的，上述有麻逸、三屿（即加麻延、巴姥西、巴吉弄三岛）；上述的注辇在南亚印度科罗曼德尔海岸；与西亚、非洲国家海上贸易的，上述有大食，包括今伊朗、伊拉克和阿拉伯半岛诸国。说明北上、南下航线仍不变。宋代泉州市舶司提举赵汝适著的《诸蕃志》对从泉州南下航线写得较清楚，足供参考，现择要简述如下。

南宋时进口货之一“降真香料”（1974年泉州出土）

南宋出口瓷器之一（残片）（1958年同安出土）

泉州海舶循广东海岸西南航，穿过琼州海峡后，因北越不与中国通商，就径往占城（今越南）。又南往真腊（今柬埔寨）。真腊属国，东南有波斯兰，西南有真里富、西棚、罗斛。罗斛就是今泰国的曼谷一带。海舶又开往三佛齐，此地是诸蕃水道往来的要冲，国都巴淋冯，元代汪大渊的《岛夷志》改称旧港（今巨港），在今苏门答腊东南。三佛齐的属国，有单马令、凌牙斯加、吉兰丹、佛啰安、日啰亭，大都属于马来半岛范围。古代往来南海和印度洋，多取道凌牙斯加（《梁书》作狼牙修，今马来半岛的大泥），罕经满剌加海峡。海舶若由三佛齐东南行，到阇婆（今爪哇），此国为胡椒荟萃之地，舶商往往冒禁，偷运铜钱出口，以交换大批的胡椒，可以取倍蓰之

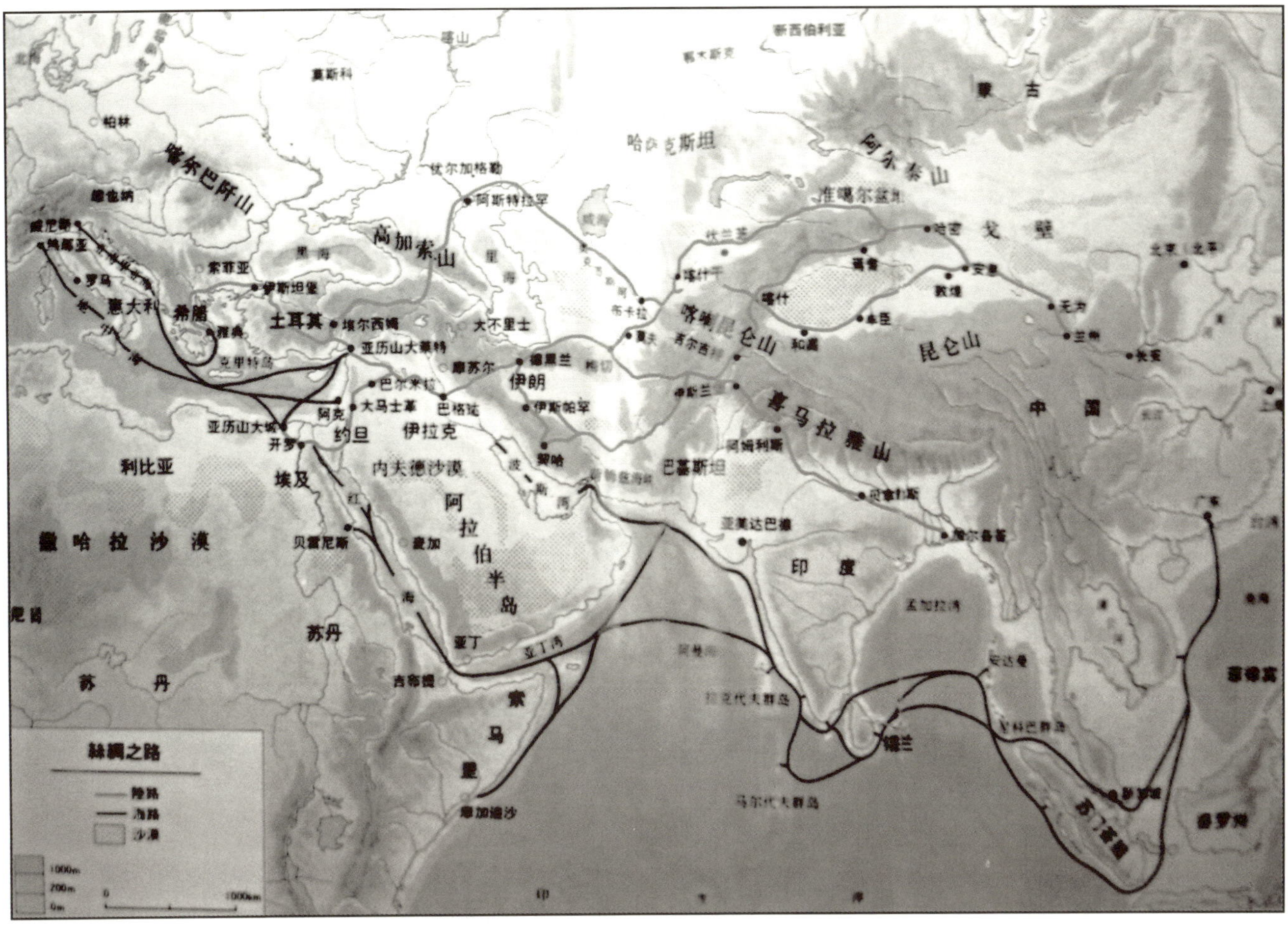

利。由阇婆而东北往渤泥（今婆罗洲北部文莱），由渤泥而东北，往麻逸、麻逸所属三屿，今菲律宾群岛。麻逸就是群岛中的民都洛岛。海舶若要往大食，要先到注辇，亦称马八儿（今马拉巴尔），在印度半岛东海岸。或先到故临，亦作俱蓝，今印度西南奎隆一带。泉州船要在故临住冬。次年再起锚，顺风60余日到大食。狭义的大食，应是今天的伊拉克，古代的巴比伦。其著名的海港巴士拉在幼发拉底河下游，即距波斯湾不远。大食物产丰富，多向三佛齐输出，然后由泉州商人转贩到中国。

《宋史·食货志》载，阇婆人设有宾馆，以招待华商并供给丰洁的饮食。当时货品输入中国，最主要的是香料、胡椒、犀角、象牙等，由中国输出的是金银铜铁、钱绢瓷器，香料在宋代被列为专卖品。

范成大《桂海虞衡志》载，琼崖海面常有事故发生，遇难船上的人们也有侥幸脱险的，登岸后，海天远隔，无计北归，就深入黎地耕种并传有后人。也就是说在海南岛及东沙、西沙、中沙群岛等岛上可能有福建海船上遇难脱险的人的后代。

以上是从泉州南下航线的情况。赵汝适的《诸蕃志》也记载了北上航线的一些情况：由泉州赴新罗、高丽，海船要经过四明（宁波），用五色缬绢和建本书籍与新罗交换人参、布匹。《宋史·高丽传》也载高丽王城有数百华人寄居，籍贯福建的占大多数，熙宁三年（1070），高丽上表求医药、画塑人员，宋政府转饬福建转运使罗拯，代向福建招募（转引自朱维幹《福建史稿》上册第231～232页）。泉州人到日本的倒很少，日本以木材为出口货大宗，都由日本船自运（《诸蕃志》卷上《倭国》）。由此可知，宋代北上航线照样航行。

以上也就是从泉州出发的海上丝绸之路。

总之，丝绸之路主要路线，除了从河西走廊经过塔里木盆地南北边缘通向中亚、西亚的陆上丝绸之路以外，还形成了从泉州、广东出发通向印度洋的航路，从山东半岛出发经朝鲜半岛通向日本的海上航路。

第九节　福州濂浦宋帝行宫遗迹

一、濂浦的地理位置

前述凡以浦、以埭、以洲、以屿命名的村落，最初都是海潮出没之地，都源于江中泥沙的冲积。浦就是海滩。福州原是海港，宋之前，中洲尚未露出。濂浦（今称林浦），在今福州仓山区城门镇林浦村，北邻闽江，与鼓山隔水相望，宋时四面皆水，亦称濂江或连江，今泥沙冲积已与仓山连成一片，成为南台岛之东端，南靠九曲山，山后为胪雷乡。这里山川秀丽，风光宜人，但历史在此演绎过一场可歌可泣、气壮山河的抗元斗争，并留下了南宋端宗皇帝行宫遗址。

二、濂浦的历史悠久

濂浦历史悠久，传说在唐大中六年（852），有人游九曲山瑞迹岭，在山中闻异香，见白光化为佛像入枯木中，.始于岩石上凿刻“白佛”像，又名“雷劈观音”。唐咸通元年（860）遂在瑞迹岭建瑞迹寺。

1993年，在瑞迹寺后岩壁上发现石刻岩画，经考古专家论定为古代闽越族人的祈雨图，是非常珍贵的文物古迹，证明在距今约3000年前后，这里还有人用石锛，并已进入青铜器时代。

濂浦九曲山瑞迹岭瑞迹寺

人像图形上有云形图案

远眺濂浦村

新盖楼为濂江小学，宋帝行宫就在小学右侧、大榕树后，前为闽江。

新建瑞迹寺门亭

濂浦九曲山岩刻“白佛”像

岩画上有人像图形

瑞迹寺大殿

濂江书院东入口

濂江书院西入口

三、濂浦人文荟萃

濂浦山清水秀，人杰地灵。宋朝在此创办了濂江书院。朱熹及其弟子黄榦等都在书院讲学，培育了不少人才。濂江书院成为濂浦培育人才的地方。最著名的有以林元美为祖的林氏家族，历史上就出过18名进士、67名举人，其中榜眼一人。特别是明代林元美子孙4代7科出了8个进士，3代出了5个尚书、3个国子监祭酒，并分赠太子太保、太子少保衔，享有“国师”称号，史称“七科八进

濂江书院外景

濂江书院鸟瞰图

书院主楼为文昌阁，正厅为朱熹讲学处，称朱子厅。右厢为朱熹住处，称朱子祠。文昌阁前平台上有笔洗石臼，石栏杆内外侧分刻“濂水龙腾”、“文光射斗”。

水池墙上至今遗留朱熹诗《偶成》

朱子厅

文昌阁正厅，为朱熹讲学处，中为朱熹画像。

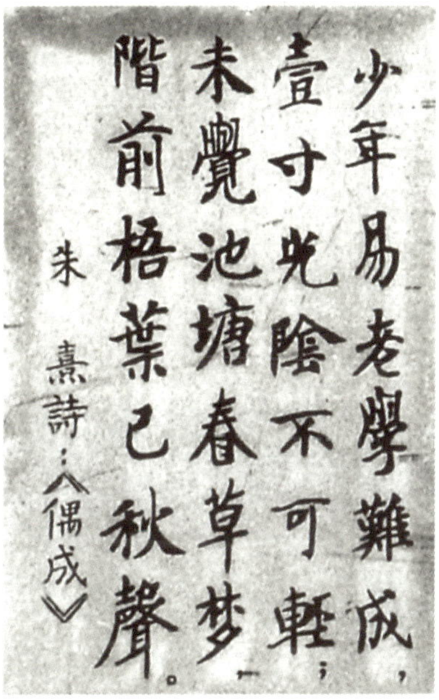

朱熹手迹《偶成》

笔洗石臼

学子在此石臼内洗笔。前为石栏杆，内外侧分刻“濂水龙腾”、“文光射斗”。石臼正中刻“知鱼乐”。

朱熹卧室

文光射斗

宋大儒黄榦（朱熹之女婿）**黄文肃公像**

黄榦（1152~1221），字直卿，世称勉斋先生，闽县人，少时拜朱熹为师，朱熹死后，继承朱熹理学衣钵，被称为“宋大儒”。曾任安庆知府，筑城备战以抗金，后遭佞臣排挤，乃归福州，在北峰长箕岭庖牺谷山后的高峰书院讲学。著有《五经讲义》、《四书纪闻》、《通释大学》、《通释论语》、《经解中庸》、《朱文公行状》等书，南宋嘉定十四年病逝于福州。

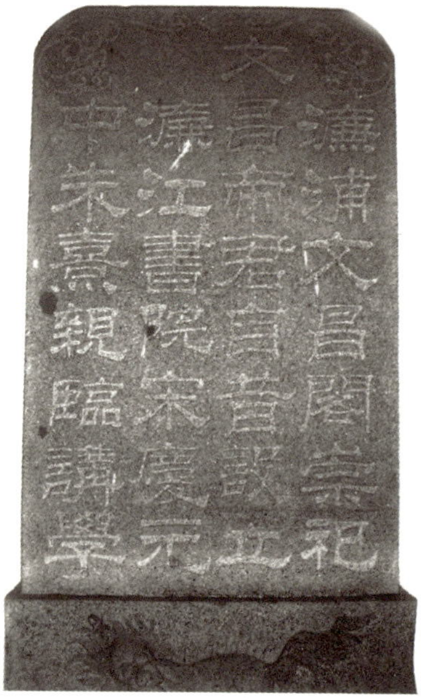

濂江书院文昌阁碑

朱子厅后面石碑，上刻：濂浦文昌阁崇祀文昌帝君自昔设立。濂江书院宋庆元中朱熹亲临讲学。

宋庆元指南宋宁宗（赵扩）年号，庆元中即宁宗元年至六年（1195~1200），朱熹在此讲学过，讲学时间多长不详。但朱熹卒于庆元六年（1200），地点在武夷山。

朱兑

朱熹之女，黄文肃公夫人，于黄榦死后四个月亦病逝，后同葬于庖牺谷。

黄榦夫妇墓

在今福州岭头乡江南竹村西南侧约500米的庖牺谷，历朝对其坟墓都进行修缮，黄榦25世孙黄如论、黄宏飞《贤陵园记》碑记述：从宋至清，先后有11位皇帝书赞，并由朝廷和福建布政司修葺祠墓达30次。民国八年，黄榦后裔、海军总司令黄钟瑛的胞兄钟沣及黄良安等人再度修复此墓。

黄榦墓现为省级文物保护单位。

刻于石上的朱熹诗句

世大夫林公祠

始建于南宋，1884年焚毁，19世纪末重建。祠祀濂浦林氏上祖，曾出过谏议大夫、光禄大夫和下大夫等三个大夫，故称“世大夫”。原祠匾为朱熹手迹，后为林之夏重书。原建筑为木结构，由戏台、天井、两厢、祭厅等组成，重建后为砖混结构。

注：大夫：古代统治阶级在国公之下有卿、大夫、士三级，秦汉以后中央要职有御史大夫，备顾问者有谏大夫、中大夫、光禄大夫等，唐宋尚存御史大夫及谏议大夫，隋唐以后以大夫为高级阶官称号，也是文职阶官称号，光禄大夫从二品，明清为正一品。谏议大夫，西汉称谏大夫，东汉改称谏议大夫，宋置谏院，以左、右谏议大夫为谏院之长，职掌议论、规谏。

濂浦进士柴坊

始建于明正德元年（1506），明、清多次重修，1985年重建。柴坊前后两面均上悬“进士”匾额，坊额书写明朝八进士的名讳及进士及第科别。

世宫保尚书林公家庙

建于明正德十三年（1518），两次（1940、1987）重修。庙由门楼、戏台、回廊、大厅、天井等组成，大厅面阔五间，进深七柱，为古代三品以上官员家庙规格。门内迎面为一横匾，上书“榜眼”两字，是为清乾隆年间林枝春高中进士一甲第二名而立。大厅里悬挂的进士匾、武解匾、文魁匾多达22面，厅内各种楹联十余对，最著名的一副对联是

进士难进士不难难是七科八进士；

尚书贵尚书非贵贵在三代五尚书。

庙前有池，形如“唐帽”状，俗称“唐帽池”。

尚书里石牌坊

明隆庆间皇帝赐修。石牌坊顶镶青石圣旨牌。“尚书里”三字下，书林氏五尚书名讳、官名。两旁横匾书刻“两朝宠命”、“累世翰林”八字。石柱左右联中一副刻：

七科八进士传经衍庆

三代五尚书积德留芳

石牌背面正中横匾书刻“科第联芳”四字，下匾题刻明、清两朝科举进士及第人之名讳及科别。

石牌坊“文化大革命”中被毁，部分残石构件及青石圣旨牌被群众珍藏。20世纪80年代按原样重修。

林瀚摩崖题刻

原在九曲山麓。后迁狮山东南山腰，迄今已四百余年，保存完好。刻文："大明正德十三年戊寅三月初八日丁未本里致仕尚书林瀚率诸子云南参政庭棉福州指挥庭楷长孙礼部主事炫拜扫樟山祖茔暮归停车于此同看农家老稚力田插秧叹曰稼穑艰难有如此哉尔曹不可不知谨识以示来裔。"刻文突出教育后人重视农业、发扬艰苦精神，乡人广为传诵。

士"、"三代五尚书"、"国师三祭酒"，是隋唐开科取士1400多年以来仅有的一家。林浦文风鼎盛，学子勤奋，名人辈出，全得益于濂江书院的文化教育。

林浦林氏家族除清朝乾隆三年（1738）出了榜眼林枝春、清末出了巨商林寿熙以外，辛亥革命时期还出了同盟会福建分会总干事林斯琛。民国时期还有陆军中将林福平、东北骑兵师师长林斯贤、黄埔军校第一期学生林斧荆（后任第三战区和国防部少将高参等职）、江南造船厂厂长海军少将林惠平、副厂长林伯福（均是闻名全国的造船专家）。1949年前林萱治、林一波等多人参加中国共产党地下工作。1949年后，林氏后裔曾任处级以上干部达数十人。其中林宗棠曾任航空航天部部长，林明侃曾任福建省侨办主任，林浩曾任福建省科委副主任。此外还有颇有名望的教授、专家，如林明芳、林立忠、林恒、林则开、林棪、林则春、林宜平、林维治、林克治（获美国双博士学位）、林章新、林晰、林汉威，等等，有的获国务院特殊津贴，有的是博导。不少旅居海外的族亲事业有成。还有关心家乡公益事业，捐巨资建小学、公路、敬老院等旅台宗亲林增连、林瑞芳等人，限于篇幅不一一叙述。

林斯琛故居

林寿熙宅（濂浦炽厝）

清末巨商林寿熙，官至四品候补道员。曾主持修建颐和园工程，以采办福建木材致富。晚年曾捐巨资重建北京正阳门。宅外青砖高墙，是当时濂浦最为豪华的近代住宅。

四、濂浦的宋帝行宫遗址

过了林桥，进入林浦村，沿进士街往北，东折御道街便到泰山宫。原来，泰山宫所祀并非一般泰山庙中所祀的山东泰山上东岳顺天仁圣大帝及驾前的温、康二王神像，而是南宋第一个皇帝宋高宗赵构及末代皇帝赵昰和赵昺神像。东为平山堂，外书"平山福地"四字。内厅，中祀陆秀夫，左张世杰，右文天祥塑像。原还祀丞相陈宜中，后迁移另建宋丞相陈公祠。南宋末临安陷落后，陈宜中、张世杰、陆秀夫等奉益王、广王从温州南下，于1276年农历闰三月间到达闽江，驻跸于此。五月初一，益王在福州登基，是为端宗。五月，文天祥亦自温州至，授右丞相兼

泰山宫平埕

前临闽江，左右有两棵大榕树，绿荫翳地，门外石狮，威武雄壮，与数百年的古建筑相辉映，一派南国古乡的景色。辕门旁即平山堂，门上刻“平山福地”四字。

御道街

进入濂浦村（今称林浦村），沿进士街往北，东折御道街便到泰山宫。亦称天街，因宋帝走过而得名。

濂浦邵岐码头

进村的主要水路通道。益王、广王在此码头登陆。

刻有元代纪元的石栏旧柱

泰山宫大埕左侧的石栏旧柱，上刻：“元统甲戌制”。元统甲戌年系元顺帝（孛儿只斤妥懽帖睦尔）元统二年，即1334年建此大埕。

宋·林桥

在濂浦村口，为进村主要通道，迄今已八百余年。

泰山宫

原为平山阁，宋帝从邵岐码头登岸后，驻跸于此。张世杰队伍屯兵于平山，相传当时有军士十余万人、民众二十余万，淮兵亦有万人，除驻舰船上及九曲山外，乃削平其山，故名平山。有史书称之为“平山点兵”。泰山宫左右有东西辕门，西辕门旁为平山堂，上刻有“平山福地”青石横匾。宫外护墙耸立。宫前为月台。台前有雕刻精致的石栏杆，屋顶丹凤朝阳、双龙戏珠，大殿画栋雕梁，有飞禽走兽等各种图案，精美夺目。

知枢密院事，同都督诸路军马，即往濂浦检阅水师。同年十一月，元兵逼近福州，陈宜中等护卫端宗皇帝，又从濂浦登舟，出东港（闽江口）南下泉州。南宋君臣在此进行抗元斗争，乡民为纪念他们，以神代人，以避元朝猜忌，

濂浦村天后宫

濂浦宋桥

将军庙

位于泰山宫后面平山上。

把行宫改为社庙，所祀神像实影射南宋末代君臣。入明以后，重建社庙，并复称为宫，俗称泰山宫。每年定期举行“迎泰山”大典，奉童子泰山及陆秀夫、文丞相、张将军等塑像巡游全乡，实为纪念忠烈，激扬正气。乡民让他们享受人间烟火，以历史人物代替山川之神加以崇拜，自与一般迎神庙会的迷信迥然不同，也表明濂浦乡民不忘国恨家仇，敬仰至死不做贰臣的高尚节操。1983年福州市人民政府将泰山宫定为市级文物保护单位。

泰山宫正门后面为正殿，内祀塑像有三尊：康王居中，旁列帝昰、帝昺童子神像。均以神代人，影射南宋三位皇帝。

泰山宫正门

平山堂外景

平山堂正厅

第十节　福州的水部尚书文化

福州人，特别是沿江水上居民，对南宋民族英雄陈文龙的高风亮节都十分崇拜和景仰。为纪念他，从明洪武至清光绪，先后在阳岐、万寿、新亭等处建有几座尚书庙，把他作为神圣的偶像加以崇拜，享受人间烟火。数百年来，香火旺盛，经久不衰。这一因陈文龙曾生活和居住在福州南台地区；二因明永乐六年朝廷封他为水部尚书，并成为水上保护神有关。

一、福州阳岐的尚书祖庙

（一）福州最早的尚书庙

阳岐兴化道尚书庙内景

阳岐兴化道尚书庙外景

阳岐临江边的玉屏山麓有一码头称“化船道”或“兴化道”。莆仙一带的商旅为祈求生意兴隆、平安往返，于明洪武年间在兴化道旁大松树的浓荫下，建一小庙坛，奉祀海上女神林默娘和抗元英烈陈文龙的造像，面积约30平方米，正厅东祀林默娘，西祀陈文龙（尚书公）。遗址至今犹存。这就是陈文龙尚书庙在福州的最早起源。

陈文龙庙门大埕石碑（右一为清乾隆四十六年碑刻）

尚书祖庙庙门

祖庙门额最高一方书“历代奉旨祀典”，下嵌有青石四方，上书“尚书祖庙”四大字，乃严复所书。正殿右为“毓麟宫”，左为“忠肃祠”，系三殿堂并列。

（二）阳岐尚书祖庙

明洪武元年（1368），朱元璋命中书省派员到全国各地访求应祀神祇。“凡有功于国家及惠爱在民者著于祀典，令有司岁时致祭。”在定上报名单中，钦定庐陵的文天祥、福州的陈文龙、莆田的陈瓒等。明天启七年（1627）阳岐村民和水上居民及莆仙一带商贾，开始将原建在兴化道的小庙宇，移至阳岐村凤鸣山下重建，以纪念乡贤陈文龙。该庙建成后，几经风火灾害，几度重建，几度修葺。今庙门前大埕竖的几方石碑，就是该庙历史的见证。它分别记载了清乾隆四十六年（1781）、嘉庆九年（1804）、道光二十年（1840）、咸丰九年（1859）和光绪十年（1884）先后五次重修陈文龙庙宇的情况和捐资者的名单。其中乾隆四十六年的石碑，有“祖殿水部尚书三次敕封，加封镇海王”的记载。所以福州人民尊称陈文龙为“尚书公”，庙宇为“尚书庙”。阳岐乃“尚书祖庙”，其他皆由此分炉。

阳岐祖庙虽经多次重修，但年久仍然残破不堪。1919年元月，阳岐人严复发起重修，并募款10多万银圆。次年元月开始动工，翌年夏基本落成。三殿堂并列，前后四进，面积扩大到3805平方米。严复亲自题写“尚书祖庙”四个大字，并在大殿内亲自选择名臣、学士、文人10多副对联作青白柱联。自己也题刻了三副石柱联。下均刻“信士严复薰沐敬献”，并印上“侯官严复”、“幾道之印”两方图章。可惜，“文化大革命”中这座重修的尚书祖庙遭到破坏。1991年阳岐村民和沿江水上居民又发起修复，并募款80多万元，按原貌修复，于1995年底基本竣工。并被定为福州市市级文物保护单位。

祖庙门额、正殿门额

正殿门神、楹联

门神左右为严复题楹联：

入我门来，总须纳手扪心，细检生平黑籍；

莫言神远，任汝穷奸极巧，难瞒头上青天。

正殿陈文龙塑像

严复在重修祖庙时，触景生情，
吟成一首七绝：
天水亡来六百年，精灵犹得接前贤。
而今庙貌重新了，帐里英风总肃然。

正殿合祀守土尊王和水部尚书

毓麟宫内戏台与酒楼

三宝殿内景

毓麟宫三宝殿内“如来三宝”，前面两边是弥勒佛和韦陀。

戏台正面青石高浮雕 “双龙抢珠”

毓麟宫宫门

尚书祖庙正殿右为毓麟宫，有门神汪、杨二太保，系临水陈太后部将，内祀观音菩萨与临水陈太后。

大殿尚书公像前的大香炉“天前炉”

祠内三进奉祀尚书公出巡神像

铁铸“天前炉”

观音阁内的观世音菩萨和金童玉女

祠内陈列水部尚书公陈文龙乘坐的舰船模型

正殿左边为忠肃祠正门

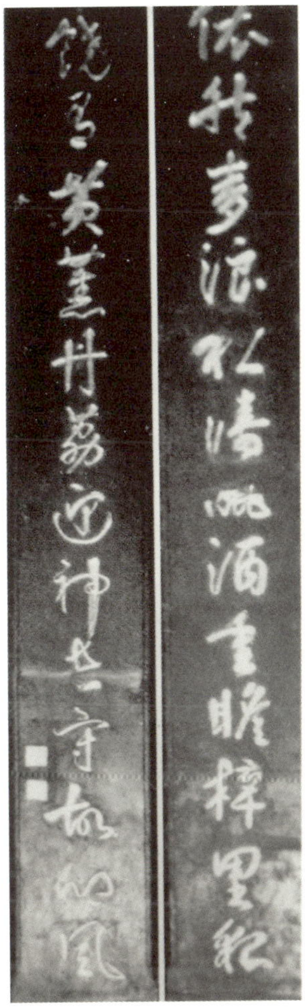

大殿青石柱内侧严复草书对联：
依然麦浪松涛，酾洒重瞻梓里貌；
饶有黄蕉丹荔，迎神长守故乡风。

四进奉祀的尚书公立像

“尚书船”每两年出海一次

二、台江万寿尚书庙

万寿尚书庙在福州台江坞尾街，旧址称“新美坊”，原为陈文龙在福州的官邸所在地，元代被毁。明永乐元年（1403），由阳岐“尚书祖庙”分炉，在此建庙，因该地属万寿祖首境，所以俗称“万寿尚书庙”。清道光年间和民国初年曾经两次重修。近年来台江区政府重视文物保护，又拨款200余万元重修庙宇，并将其辟为陈文龙纪念馆。至今仍保持明代建筑的艺术风格。面积1100平方米，坐北朝南，面阔五间，进深五间，风火山墙，硬山顶穿斗式木构建筑。墙壁四周镶嵌着清乾隆、嘉庆、道光时期的碑刻，大都完好，具有较高的文物价值。

忠肃祠大门藻井光彩夺目

万寿尚书庙门额

庙门额青石贴金匾两方犹存，一在上，直书“奉旨重修”，一在下，横书“敕封水部尚书”。左右旁门刻“履仁”、“蹈义”，十分醒目。

万寿尚书庙

庙门口两只大石狮憨态可掬、栩栩如生

陈文龙纪念馆

万寿尚书庙正殿已辟为陈文龙纪念馆。林则徐把陈文龙与文天祥“隆名并峙”，在正殿正面石柱上题刻了楹联：

节镇守乡邦，纵景炎残局难支，一代忠贞垂史传；

英灵昭海澨，与信国隆名并峙，十洲清晏仗神庥。

乾隆四十四年（1779）重修万寿水部尚书庙碑

大铁印

清乾隆四十六年（1781）铸的大铁印，重20.5千克。上刻：敕封水部尚书护主参政忠肃公印。

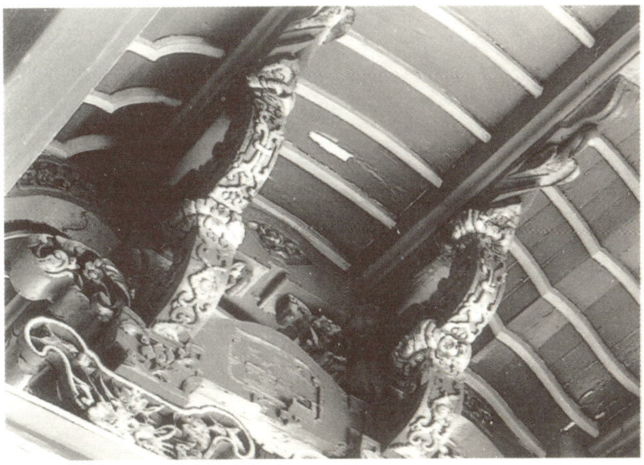

清乾隆年间修葺后雕梁画栋之一

清乾隆年间修葺后雕梁画栋之二

清乾隆三十七年（1772）雕刻的石香炉

万寿尚书庙内奉祀的陈文龙塑像

万寿尚书庙水部尚书座船模型

原系竹林尚书庙物，现归还竹林庙。

两旁仪仗牌匾书陈文龙一甲第一名进士及第后官衔、谥号

纪念馆内陈列实物和图片

陈文龙的英雄事迹真可谓惊天地，泣鬼神。23次“奉旨册封琉球”，3次敕封水部尚书、加封镇海王。历代史传、诗文、戏曲等都有记述，对其倍加褒扬，影响遍及福建省、台湾地区及东南亚国家。前来参拜的不仅有官员，还有“番将”，促进了对外文化交流和友好往来。

海峡两岸民间信仰、尊崇陈文龙为海上保护神，与妈祖齐名，对加强闽台交往、促进祖国统一大业，发挥了积极作用。

改革开放后省内外、国内外前来参拜陈文龙的人士络绎不绝。

马祖乡亲参拜

道光年间参拜陈文龙的福建官员名单石刻

首次“两马直航”朝拜陈文龙

2001年2月11日，台湾马祖民俗文化团乘“顺风”号轮直抵马尾港，接着到福州台江万寿尚书庙朝拜民族英雄陈文龙，实现了时隔52年的首次“两马直航”。

嘉庆年间参拜陈文龙的日本武士名单碑

台湾马祖水部尚书公庙

马祖民俗文化交流团总领队王世才率团员举行进香朝拜仪式

2005年正月竹林尚书公应台湾邀请出巡场面

爱国民族英雄陈文龙事迹被编为闽剧、莆仙戏等剧目，长演不衰

福建省禅和十番乐曲团在纪念爱国民族英雄陈文龙殉国722周年活动中演奏古典民乐

福建省历史名人研究会陈文龙分会与福州台江万寿尚书庙理事会联合举办纪念爱国民族英雄陈文龙座谈会

2005年初拆迁前的万寿尚书庙

许怀中（右二）、**郭风**（右三）**等教授、专家、学者在研讨“陈文龙文化”和文物保护问题**

万寿尚书庙居然在未经省文物局批准的情况下，于2005年国庆节强台风“龙王”袭击福州期间的黑夜之时被强行拆除并“易地重建”了。

在新址立的“陈文龙尚书庙易地迁建碑记”

移建的尚书庙外景

拆建完成后，新址万寿尚书庙虽保持了外貌，但从年限、地点、名称等方面已非原始意义的文物了。

移建中的万寿尚书庙

万寿尚书庙新址在距原址不远的下杭街三通桥后面

陈文龙纪念馆前的陈文龙塑像

兴龙碑

宋景炎元年（1276），文天祥为组织抗元，由杭州到福州长乐，专程拜访陈文龙，亲笔写了“興龍”两字相赠，以示倚重。

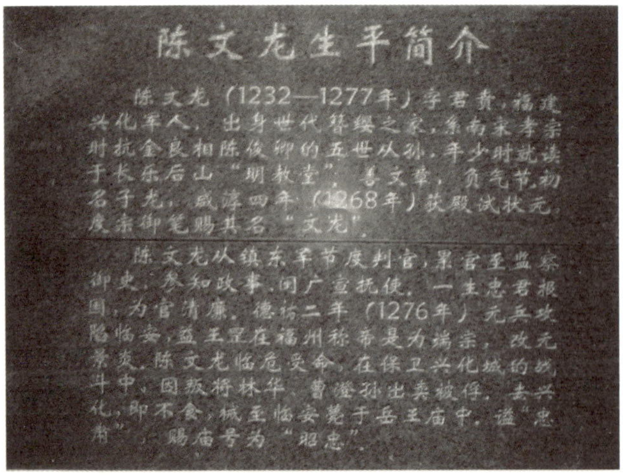

三、竹林尚书庙

始建于明正德三年（1508）。清道光初年、光绪二十年重修。原址在福州台江三保，隔闽江与仓山龙潭角道教文化胜迹“望北台”相望。既是阳岐尚书祖庙分炉，又是马祖北竿尚书庙的祖庙，占地1000平方米以上，由大殿、戏台、寝宫等组成。庙楣额雕刻精美，有“八锤大闹朱仙镇”的立塑彩绘，人物栩栩如生。建庙的群众，主要为水上居民。1952年修建闽江防洪堤时，前部被拆除。1998年修建江滨大道时又被全部拆毁。后群众自筹经费在防洪堤外重建。政府因安全问题又将其拆毁，改为陈文龙公园。因公园迟迟未建，群众又自发于2005年集资重建二层庙宇，以纪念陈文龙尚书公。

竹林尚书庙内奉祀的陈文龙神像

原竹林尚书庙（1998年全部拆毁）

拆毁后重建的竹林尚书庙（后又被拆毁）

竹林尚书庙水部尚书公的座船模型

再度被拆毁后重建中的竹林尚书庙

因陈文龙公园迟迟未建，当地群众出于对陈文龙的景仰，又自发筹资于2005年重建竹林尚书庙。

完工后的竹林尚书庙外景

楼上竹林尚书宝殿内景

马祖地方官员在竹林尚书庙进香

2005年12月31日，在台湾马祖水部尚书府主委王世财陪同下，马祖县长陈雪生、“议长”陈振清到福州台江竹林尚书庙进香。

竹林尚书庙新制水部尚书公座船模型

坐落在闽江畔四桥旁的竹林尚书庙

台湾马祖北竿水部尚书公府原由竹林尚书庙分炉

台湾马祖乡亲隆重接驾

马祖“巡安”绕境活动之一

马祖“巡安”绕境活动之二

尚书公马祖“巡安”

2005年正月十四至十六日，以林景为团长的福州地区尚书公庙管委会文化交流团抬着尚书公的金身到台湾马祖“巡安”，进行文化交流。

竹林尚书庙鳌峰分庙 1995年原竹林尚书庙因建马路被拆毁，附近居民亦拆迁到鳌峰新区（亚峰小区），那些居民基于对陈文龙的景仰，自发地筹资重建了鳌峰分庙，以纪念民族英雄陈文龙。

分庙立宋陈忠肃公碑

分庙傍光明港畔，新立的“宋陈忠肃公”碑由对尚书文化深有研究的书法家高天明撰文并题写，以宣扬陈文龙生平爱国事迹及民族气节。

竹林尚书庙鳌峰分庙正门

四、新亭尚书庙

在福州仓山洋洽与白鹭岭交界处，隔闽江与三保相望。这里古时为津渡渡口，建亭待渡，故称新亭。清道光年间，由洋洽、白鹭岭、坊兜、塔仔里等地村民集资营建尚书庙，由阳岐尚书庙分炉。庙内有大殿、寝宫、戏台等四扇三间排殿堂，面积从小到大，占地约1365平方米。光绪十六年（1890）被大火焚毁，1927年重建。1932年因建公路被切为两半。1996年夏，在洋洽路重建，面积不及100平方米，但小巧玲珑、别具一格。

分庙内景

竹林尚书庙鳌峰分庙正殿所祀水部尚书陈文龙塑像。塑像前留影人物左为高天明，中为分庙总理卓登榕。

正殿楹联

新亭尚书庙正殿正中一联写道：齐炳西湖三忠赤子胆；并烁文山一代民族魂。

新建新亭尚书庙正殿外景

新亭尚书庙外景

正殿内景

正殿内奉祀陈文龙神像。香炉上刻清光绪庚寅年（1890）。

新亭尚书庙水部尚书座船模型

正殿左侧外景

五、龙潭尚书庙

清道光初年建，光绪元年（1875）重建。位于福州台江区，左为宫左社，右为宫前社，面朝庙直街，是三个庙宇并列的古建筑群，面积1200平方米。这三个庙宇，中祀陈文龙，左右祀邹奶和拏公，各有大殿、后宫，并共用一个戏台。建筑精美，古色古香，独具特色。“文化大革命”中，庙遭毁灭性破坏。现该古迹在旧城改造中已完全消失，殊为可惜。但当地义洲、帮洲一带水上居民，因敬仰陈文龙，于1986年由旅美侨眷卢星如等捐

龙潭尚书纪念堂

原庙大殿石柱刻有清末翰林张琴所写一副对联：
是岳武穆后身，兴化一军寒虏胆；
先文信公就义，西湖千古吊忠魂。

纪念堂内重塑的陈文龙塑像

龙潭尚书庙正殿外景

纪念堂一瞥

龙潭尚书庙水部尚书座船模型

2007年正月十八午夜举行的“化船仪式”

两年一度举行的水部尚书宋陈忠肃公文龙“出海”（回莆田家乡省亲）民俗活动中的“化船”仪式，是为祈求平安。

中墩尚书庙大门

资重塑了陈文龙造像，并暂放其私人住宅金斗浦，现已在后田同心花园边（对面三保小学、乃裳园）新建小型龙潭尚书庙，供信徒瞻仰。庙门上方悬挂全国政协原副主席屈武题写的“民族英雄”横匾。

六、中墩尚书庙

位于福州仓山中墩。1985年始建，因旧城改造，正在搬迁。

搬迁新址大门

大门内宋忠肃公祠

正殿内奉祀陈文龙塑像

七、洋中里尚书庙

位于福州台江鸭姆洲万寿境洋中村，原在尚干乡，1989年始迁于此民宅。

庙前双狮、双马

正门

天井中别具一格的香炉

祖殿第一境

中祀陈文龙塑像

福州唯一的陈文龙金身塑像

八、安庆尚书庙

位于福州台江和平市场，由祖庙分炉，规模很小。

安庆尚书庙正门

正殿内祀陈文龙塑像

安庆尚书庙外部景观

安庆尚书庙内部景观

福建省文物保护单位“二忠祠”（祀陈文龙、陈瓒二位忠烈）

莆田尚书庙

内辟“民族英雄陈文龙纪念馆”，并被列为爱国主义教育基地。

林姑妈府内陈文龙长女许夫人陈淑祯塑像

兴化尚书祖庙内供奉陈文龙之母福国太夫人塑像

抗元巾帼英雄许夫人陈氏淑祯宫祠
（在今福建晋江市东石镇鳌头村）

兴化府尚书庙

兴化府尚书庙内供奉兴化府城隍陈瓒神像

许夫人塑像

陈文龙殉国后，其女陈淑祯继承先烈遗志，捐资招募乡勇义士，与畲族人民联合起来，继续抗元，成为历史上的巾帼英雄。因她嫁给许汉青，被称为许夫人。

福建省陈文龙研究会副会长黄安榕在晋江东石镇许夫人（陈淑祯）诞辰755周年庆典大会上致辞

林边村许氏后裔集资重建的许夫人墓

未遭开发损坏前的许夫人墓

2002年，晋江石狮市进行文物普查，在石狮林边界区发现许夫人墓，经考证是清嘉庆年间诰赠为一品夫人的冢墓。现已被批准为文物保护单位。

抗元巾帼英雄陈氏淑祯许夫人纪念堂

注：“水部尚书文化”中的少部分图片采自福建省历史名人研究会陈文龙分会编的海峡两岸纪念民族英雄陈文龙丛书、《摄影绘画集》（郑其镇主编，香港人民出版社，2006年12月），其余有的是现场拍摄，有的系友人高天明提供。

征引参考书目举要

[1] 中国历史博物馆．中国古代史参考图录．上海：上海教育出版社，1991.

[2] 齐义农. 二十四史：明史. 北京：光明日报出版社，2002.

[3] 王应山. 闽都记. 福州市地方志编纂委员会. 福州：海风出版社，2001.

[4] 何乔远. 闽书：建置志. 福州：福建人民出版社，1994.

[5] 何乔远. 闽书：前帝志. 福州：福建人民出版社，1994.

[6] 李焘. 续资治通鉴长编：建隆元年. 北京：中华书局，2008.

[7] 朱维幹. 福建史稿. 福州：福建教育出版社，1986.

[8] 黄启权. 岊溪集. 北京：中国社会出版社，2003.

[9] 喻政. 福建府志：津梁. 福州：海风出版社，2001.

[10] 喻政. 福建府志：水利. 福州：海风出版社，2001.

[11] 许世英. 闽海巡记. 发行拷贝片. 北京：全国图书馆文献缩微复制中心，2004.

[12] 日本外务省通商局. 福建事情. 林贞坚译. 东京：启成社，1912.

[13] 郝玉麟. 福建通志：水利. 扬州：江苏广陵古籍刻印社，1989.

[14] 王祯. 王祯农书. 北京：中华书局，1956.

[15] 脱脱. 宋史：地理志. 北京：中华书局，2007.

[16] 陈梦雷，蒋廷锡. 古今图书集成：艺术典. 影印本. 上海：中华书局，1934.

[17] 徐松. 宋会要辑稿：食货. 北京：中华书局，1957.

[18] 刘必寿. 闽侯县志. 闽侯县地方志编纂委员会. 北京：方志出版社，2003.

[19] 福州市文物管理局. 福州文物集粹. 福州：福建人民出版社，1999.

[20] 郑樵. 通志. 杭州：浙江古籍出版社，1988.

[21] 陈明考. 建阳县志：舆图. 建阳县地方志编纂委员会. 北京：群众出版社，1994.

[22] 李心传. 建炎以来系年要录：卷一百九十九. 北京：中华书局，1988.

[23] 徐兢. 宣和奉使高丽图经. 北京：商务印书馆，1937.

[24] 赵汝适. 诸蕃志. 冯承钧校注. 北京：中华书局，1937.

[25] 梁克家. 三山志：船场. 福州：海风出版社，2000.

[26] 梁克家. 三山志：海船户. 福州：海风出版社，2000.

[27] 廖大珂. 福建海外交通史. 福州：福建人民出版社，2002.

[28] 脱脱. 宋史：陈文龙传. 北京：中华书局，2007.

[29] 毕沅. 续资治通鉴：元纪一. 长沙：岳麓书社，2008.

[30] 毕沅. 续资治通鉴：元纪二. 长沙：岳麓书社，2008.

[31] 毕沅. 续资治通鉴：元纪四. 长沙：岳麓书社，2008.

[32] 福建省历史名人研究会陈文龙分会. 海峡两岸纪念民族英雄陈文龙研究论文集. 郑颐寿. 香港：香港人民出版社，1998.

[33] 福建省历史名人研究会陈文龙分会. 摄影绘画集. 郑其镇. 香港：香港人民出版社，2006.

[34] 林立群. 后世对陈文龙的评论. 福建论坛，1997（2）：53-54.

[35] 黄仲昭. 八闽通志：陈瓒传. 福州：福建人民出版社，1991.

[36] 周瑛，黄仲昭. 重刊兴化府志：忠义列传. 福州：福建人民出版社，2007.

[37] 郑翘松. 永春县志：忠义传. 北京：全国图书馆文献缩微复制中心，2005.

[38] 苏天爵. 元文类：卷二十一. 上海：商务印书馆，1936.

[39] 苏天爵. 元文类：卷四十一. 上海：商务印书馆，1936.

[40] 脱脱. 宋史：张世杰传. 北京：中华书局，2007.

[41] 文天祥. 文山全集：纪年录. 上海：商务印书馆，1935.

[42] 马玉琴. 二十五史. 延边：延边人民出版社，2011.

[43] 赵志远. 中国通史. 北京：中央民族大学出版社，2002.

第八章

元代的福州船政

第一节　历史背景

蒙古乞颜氏贵族铁木真统一蒙古草原、大漠各部后，于1206年被推为全蒙古的大汗，尊称为成吉思汗，国号蒙古汗国，亦称大蒙古国。所辖地域概称为蒙古地区，东起兴安岭，西至阿尔泰山，南至大青山，北达贝加尔湖。

蒙古统一后，展开了大规模的军事活动，一向西征战，先后建立起横跨欧亚大陆的窝阔台、察合台、钦察、伊儿四大汗国，打开了东西方陆路交通线；二是挥师南下，先后灭西辽、西夏、金国、大理、南宋，最终统一了全中国，到成吉思汗的孙子忽必烈继承汗位时，蒙古国已经奠鼎中原。公元1271年，忽必烈仿照汉制，改国号为元，建立了元朝，定都大都（今北京城）。

元朝的疆域比过去任何一个朝代都更加辽阔。

一、成吉思汗西征

公元1206年，蒙古成吉思汗元年，亦是宋开禧二年、金泰和六年、夏李安全应天元年、西辽天禧二十九年。成吉思汗统一蒙古各部后，两次大举进攻金国。1218年遣商队450人、骆驼500只去花剌子模，到达边境城市讹答剌城时被守将杀害，后派使臣抚议又被杀。1219年秋，成吉思汗亲率大军15万侵入花剌子模。首先围攻讹答剌（亦译讹

元太祖成吉思汗（1162~1227）

名铁木真，建立蒙古汗国。1211年和1219年两次大举向金进攻，直到黄河北岸，占领中都（今北京）。1219年发动蒙古军的第一次西征，版图扩展到中亚地区和南俄。1226年率兵南下攻西夏，次年在西夏病死。元朝建立后，被追尊为元太祖。

成吉思汗和他的蒙古兵在战场上

成吉思汗建立的四大汗国位置图

金帐汗国亦译钦察汗国，伊利汗国即伊儿汗国。

打剌），5个月后攻下，将全城夷为平地。1220年3月攻陷撒马尔罕，国王仓皇西逃，接着围攻首都花剌子模，半年后攻破，掳走工匠，妇女儿童沦为奴隶，杀尽其余居民，并放阿姆河水灌城。1221年4月攻陷尼沙普尔。花剌子模王子札兰丁组织6万军队进行抵抗，兵败后逃往印度河流域。花剌子模灭亡后。1223年成吉思汗遣大将速不台绕里海征服亚美尼亚、格鲁吉亚与阿塞拜疆，越过高加索山（太和岭）进入南俄草原，与在伽里赤大公、斯摩棱斯克大公、基辅大公统率下之俄罗斯联军战于卡尔卡河畔，8万俄罗斯联军被彻底打败。蒙古军进抵第聂伯河和克里米亚半岛。年底退兵，回程中在伏尔加河畔被保加尔人击败。1224年至印度境，大掠而还。

成吉思汗在位21年（1206~1227），死后由第四子拖雷监国。1229年根据遗嘱，蒙古诸王推成吉思汗第三子窝阔台为大汗，是为太宗。

将帅商议军情图

成吉思汗陵墓壁画。

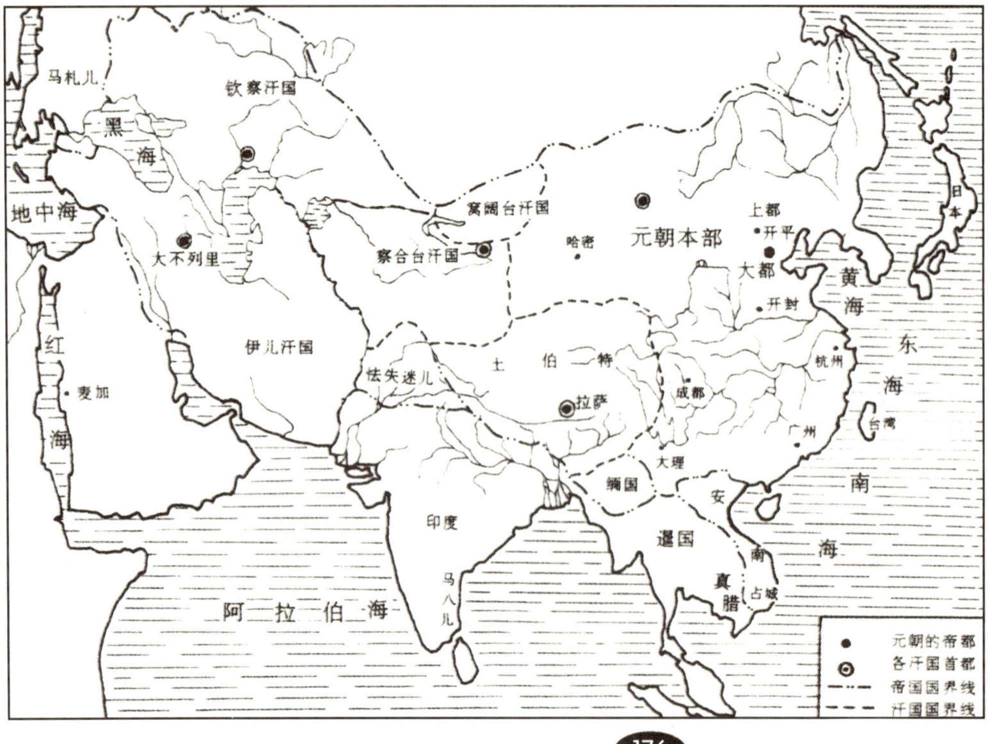

大蒙古帝国疆域图

成吉思汗西征，建立四大汗国。长子术赤封钦察汗国，次子封察合台汗国，三子封窝阔台汗国，四子拖雷封伊儿汗国，并指定三子窝阔台为大汗位继承人。

成吉思汗陵

1226年成吉思汗率兵南下攻西夏，次年在西夏病死。成吉思汗陵在今内蒙古鄂尔多斯市伊金霍洛旗境内。陵墓地表部分原为帐幕，1954年改为砖石建筑。

被蒙古人击败的塞尔柱人的城堡

二、拔都西征

太宗六年（1234）蒙古军灭金。同年窝阔台命成吉思汗孙子、术赤之子拔都率兵15万西征。1236年征服伏尔加河中游的不里阿耳人。1237年春进入钦察境内，俘其王八赤蛮，进攻俄罗斯。同年冬沿伏尔加河北上，进入俄罗斯东北部。由于俄罗斯诸公国间钩心斗角、不能团结一致御敌，里亚赞孤立无援最先沦陷。蒙古军尽屠其男丁。自此至次年依次征服弗拉基米尔、苏茨达尔、雅罗斯拉夫尔、特维尔及莫斯科。但进至距诺夫哥罗德约一百俄里处，由于沼泽地的阻隔，只得转师南下。这年成吉思汗西

窝阔台即大汗位图

征时征服塞尔柱土耳其人后新成立的特累比松帝国的皇帝曼纽尔一世又改向蒙古人称臣。在退兵南下期间，蒙古军攻取了科特尔斯克，击败了伏尔加河上游钦察首领忽滩汗，最后于1239年2月攻占阿兰城，接着向俄罗斯南部和西部发动进攻，攻克彼列雅斯科夫、车（契）尔尼戈夫，征服南俄平原，到达黑海北岸诸地，在克里米亚半岛遇威尼斯人，以所掠得之财物与俘虏售与之，自是建立贸易关系。威尼斯人亦同时将欧洲各国情况告知蒙古人。1240年

拔都率军入侵欧洲

蒙古军在拔都和蒙哥统率下进攻基辅，大公迈克尔逃奔匈牙利。蒙古人遣人招降，基辅人杀之，遂围城。城陷后，屠戮其中居民殆尽。蒙古军继续西进，是年冬履冰渡维斯杜拉河，入波兰，大掠桑多密尔，进抵克拉科夫后，止于喀尔巴阡山迤北之加里西亚平原。1241年3月蒙古大军由拔都和窝阔台二子海都和哈丹及速不台分统，在欧洲分四路进攻，这时蒙哥已奉召东返。发起进攻时，蒙古军先兵分两路向波兰、匈牙利进军。进攻波兰的军队在利格尼兹（亦译里格尼茨）打败波兰与日耳曼联军后，于奥勒穆茨城外受阻，被迫撤军，于匈牙利同拔都会合。拔都所率攻打匈牙利的大军这时则分为三路，在赛奥河获胜，大败匈牙利王培罗于摩海平原，进而攻占佩斯城。其余军队进取斯洛伐克和捷克，直抵维也纳附近。奥地利大公和波希米亚王公联合作战，于纽斯塔特击退来犯蒙军。另一路沿提罗尔边境进至亚德里亚海北端与威尼斯相近处。同年冬天拔都大军从冰上越过多瑙河攻陷匈牙利旧京格兰城。这年11月，蒙古大汗窝阔台死，其后乃马真氏称制，前方仍未获悉。蒙古军在欧洲的胜利震撼全欧，意大利虔诚教徒皆以此为上帝之刑罚，南部出现的“鞭挞派”袒背游行，人各执一鞭，互相鞭扑，直至流血，巡游各地，沿途呼喊、祈祷、歌唱、忏悔，谓可以获得上帝的宽恕。此风迅速蔓延至意大利北部、日耳曼、波希米亚及莱因河流域。1242年，亦是蒙古乃马真氏称制元年。蒙古人在东欧一带之胜利与杀戮，使全欧为之震惊。这时教皇格累戈里九世与神圣罗马帝国皇帝腓德烈之争端仍继续进行。对东欧各地之乞援则互相推诿。2月，窝阔台逝世消息传至军中，蒙古人开始撤退，沿途扫荡保加利亚、瓦拉几亚、摩尔达维亚，经黑海北岸退至伏尔加河下游。1243年，拔都以萨莱为都城，建立钦察汗国。自此俄罗斯各公国都沦为金帐汗国（又称钦察汗国）的藩属，长期向汗纳税，蒙古人统治俄罗斯诸公国近两个世纪之久。1256年蒙古旭烈兀军征服波斯全境。金帐汗兀剌赤死，别里哥嗣位。别里哥信仰伊斯兰教，其后逐渐与信仰基督教的伊儿汗发生矛盾，因伊儿汗旭烈兀之妻及其母均为基督徒。到乌兹别克汗统治时期（1313~1341）金帐汗国势力最强，在国际政治经济生活中也占有重要地位。14世纪中期以后，由于内乱金帐汗国趋于衰落，特别是1380年库里克沃之战失败，对金帐汗国的实力是一次重大打击。15世纪30年代以后，金帐汗解体，分化为喀山汗国、阿斯特拉罕汗国及克里米亚汗国。

三、旭烈兀西征

蒙古乃马真氏称制五年（1246），立贵由为大汗，是为定宗。定宗三年（1248）三月，贵由大汗死，海迷失氏称制，立失烈门为大汗，诸王多不服。1251年蒙古诸王、大将共立拖雷子蒙哥为大汗，是为元宪宗。蒙哥即位后决定派其弟旭烈兀继续西征，以完成父祖辈的未竟事业。1253年秋，旭烈兀率师由蒙古出发。1256年1月渡过乌浒河，伊朗和高加索地区的小国国君纷纷投降。只有木剌夷

1258年旭烈兀蒙古军占领巴格达城

蒙古军队在战场上战斗的情形

国君以其有强固的堡垒而拒绝投降。同年12月蒙古兵攻陷木剌夷的阿剌模特堡，消灭其5万军队，杀掉国王。征服伊朗之后，向两河流域的阿拔斯王朝进攻。1258年2月，旭烈兀攻陷巴格达。哈里发和他的许多亲属被处死，少数亲属逃往埃及。蒙古军继续西进，1260年3月攻陷大马士革。旭烈兀率主力回波斯，留在叙利亚的2万蒙古军在耶路撒冷之迦利利平原被埃及和苏丹的军队打败，1260年9月30日蒙古将怯的不花被俘并被斩首。旭烈兀受到钦察汗国威胁，无力再大举西进。这是蒙古军出师以来第一次大败北。

四、忽必烈建元

蒙哥即位后，一面派其弟旭烈兀西征，一面派其弟忽必烈总管漠南军国庶事。自己则率兵攻蜀。在出发前，由于窝阔台子孙及部分王公不平大汗位由其继承，1252年迁徙窝阔台子孙及不满诸王于各边区，并赐海迷失氏死，幽禁失烈门。宪宗三年（1253）九月，忽必烈分兵三路攻云南，十二月灭大理国。九年（1259）七月，蒙哥在合州城下中箭死，忽必烈由鄂州返和林，取得大汗位，内乱由此爆发。以海都为首的一些西部宗王终于与大汗兵戎相见。至元十四年（1277）七月北征海都的随军诸王叛乱，于是出现南侵的伯颜主力北调、文天祥入闽、宋军开始反攻兴复的局面。主要因为忽必烈在大汗位受到威胁的紧要关头，不得不调回南侵的精兵猛将，回戈北讨。

1260年忽必烈即大汗位，称中统元年。1264年改燕京为中都，另在中都东北面筑新城，称大都（今北京），改年号为至元元年。至元八年（1271）忽必烈定国号为元，随即开始平定内乱。

内乱主要来自四方面：

1. 窝阔台嫡子海都，认为汗位应归他继承，早就不受元廷号令，忽必烈命爱子那木罕出镇西北，以防远在阿尔泰山的海都东侵。

2. 蒙哥庶长子昔里吉，认为父死子继，汗位应由他继承，遂叛附海都。

3. 铁木真胞弟斡赤斤的后裔脱黑帖木儿宗王，以拥护昔里吉为名，扣押了那木罕并在西北叛变，进攻故都和林。

4. 蒙古历代皇后（可敦），多从翁吉剌部中选出，该部万户只儿斡带是昔里吉嫡母的内侄，在应昌起兵响应昔里吉。

忽必烈召回的猛将有承相伯颜，蒙军大将阿术、汉军大将董文炳、李庭、刘国杰，平叛特别依靠汉军大将。采取了下列两项对策：

1. 任命董文炳镇守八达岭以南（今居庸关一带），忽必烈认为这是“国之根本”，尽可托付董文炳。

2. 拜刘国杰为镇国上将军汉军都元帅，率侍卫亲军征讨东犯和林的河平王昔里吉等，李庭并为汉军大元帅。忽必烈对刘国杰说：“卿忠勇，朕视卿如子，其往如朕亲行也。”

由于忽必烈重用汉将，刘国杰、李庭等兵至和林与承相伯颜等同退敌，昔里吉败死。至元十五年（1278）复将三卫亲军北戍金山，屯田和林。据《蒙兀儿史记·列传》八十一《刘国杰、李庭传后论》载，忽必烈所以能削平内乱，汉军之力居多。此后，至元十六年（1279），元将张弘范攻厓山。二月宋兵大溃，陆秀夫负宋帝蹈海死。大将张世杰后遇飓风，船皆覆溺死，南宋亡。

建立元朝的世祖忽必烈

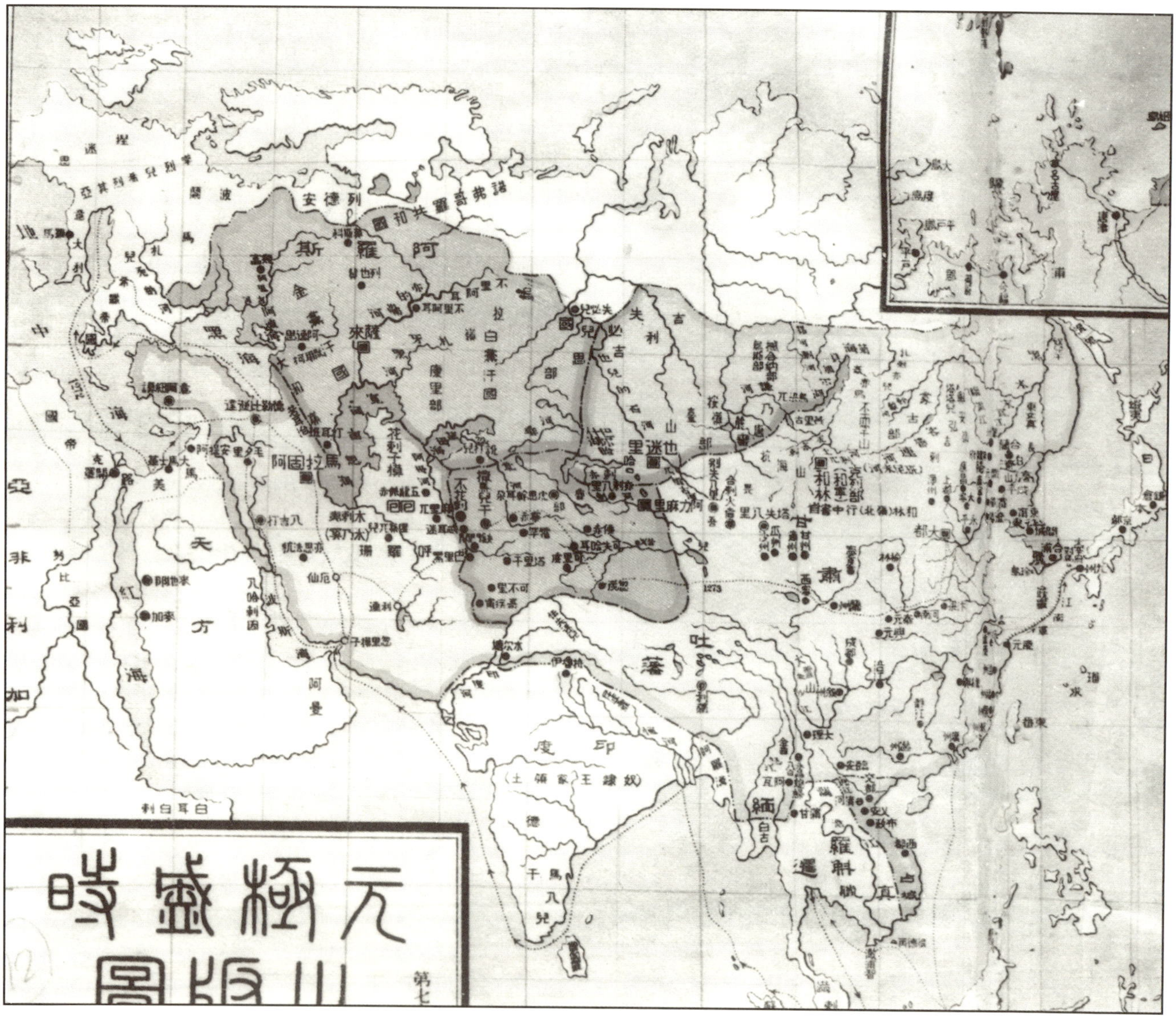

元帝国极盛时之版图

第二节 元朝的政制、民族等级和军制

一、政制

元朝中央设中书省总理政务；枢密院掌兵权；御史台司黜陟。

地方设行省、行台、宣慰司使、廉访使。

省以下设路、府州、县。

蒙古初入主中夏，定都燕京是为中都，新城建成后，中都升为大都，立中书省一、行中书省十一、路一百八十五、府三十六、州三百五十九、军四、安抚司十五。

元至元十七年（1280），元朝统治者打垮流亡在福建的赵宋政权，建立了福建行中书省。虽然以行省面目出现，但不能代表整个福建，因为在福建境内同时设立了福建、泉州、隆兴3个行省。嗣后撤了又复、复了又撤，情况极为混乱。元至治年间（1321~1323），全国分为11个行省，福建没有设行省，境内设8路2州47县，属江浙行省管连辖。这8路2州属县如下：

（一）福州路：闽县、侯官、古田、怀安、闽清、罗源、永福（永泰）、长乐、连江。

福宁州：原为福宁县，元至元二十二年升为州，仍隶福州路，领宁德、福安二县。

福清州：原福清县，属福州路管辖，元元贞二年升县为州，仍属福州路管辖。

（二）建宁路：建阳、崇安、浦城、瓯宁、政和、松溪、建安（《闽书》卷一四至一六无建安——作者）。

（三）泉州路：晋江、南安、同安、德化、永春、惠安、安溪。

（四）漳州路：龙溪、漳浦、龙岩、长泰、南靖。

（五）汀州路：长汀、宁化、上杭、武平、连城、清流。

（六）延平路：南平、沙县、将乐、尤溪、顺昌。

（七）邵武路：邵武、光泽、建宁、泰宁。

（八）兴化路：莆田、仙游、兴化（《闽书》卷二四无兴化县——作者）。

以上据《八闽通志》卷二八、二九《秩官》载福建8路2州辖49县，而据《闽书》无建安、兴化2县，实47县。但据《新元史·地理志》五载：福建8路2州46县（待考）。

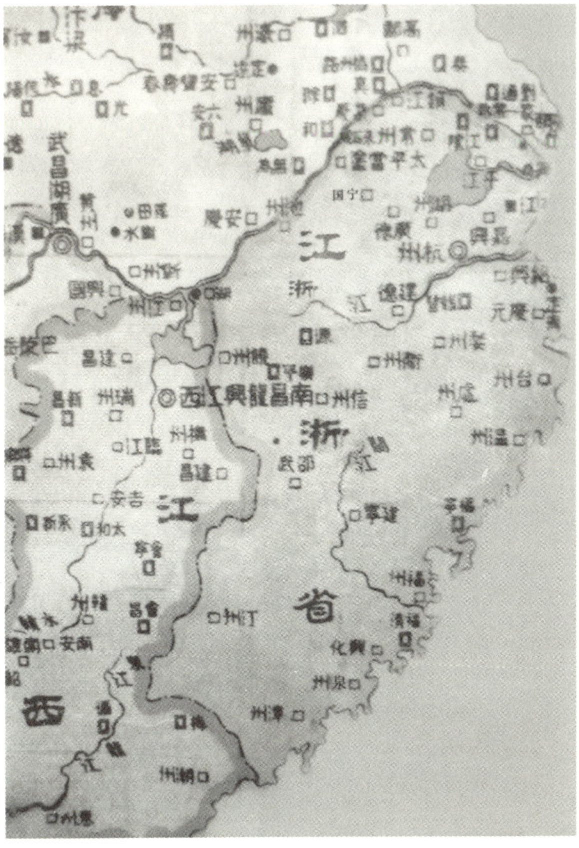

元帝国江浙行省福建八路二州形势图

元至元十四年（1277）七月，先设江西行省（兼辖福建），省会在隆兴（今南昌）。

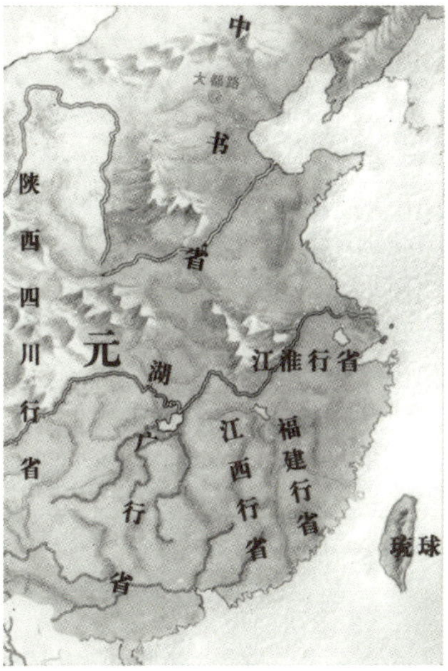

元福建行省形势图

以上8路2州都归江浙行中书省管。直至元至正十六年（1356）福建才成立福建行中书省（即福建行省），离元朝灭亡只有12年了。

福建行中书省，或置于福州，或移于泉州，或并入江西，或并入江浙，废置不一。又尝改为行尚书省，设官与行中书省同（《八闽通志》卷二七《秩官志》）。

元至正十六年正式成立福建行省。这时增加建安、兴化2县共49县。

二、民族等级

元朝民族分四等，社会地位蒙古人居首；色目人(包括西夏、西域及欧洲人)仅亚蒙古人一等，但人数有限；汉人为第三等，所谓汉人，即亡金的中原遗民和契丹、女真、高丽人之不通鞑靼语的人；第四等即南人，所谓南人即南宋遗民。汉人与南人之区别，以宋金疆域为断。古代蒙古人称南宋为蛮子国。蒙古语称南方的汉人为南家（即宋人）。而《三朝北盟会编》卷二〇二则谓降金之北方汉人称宋人为南家。

据《元史》：至元十五年（1278）把福建6州2军改为8路，十七年始设路官，上隶帅宪，下辖州司县官。福州路总管府设首领达鲁花赤一员，以蒙古人充任。总管一员，以汉人、南人充任。下辖同知、治中、判官、推官等官。至元二年（1265）世祖忽必烈诏以蒙古人充各路达鲁花赤，汉人充总管，回族人为同知，永为定制（《元史》卷六《世祖纪》三）。当然亦有个别例外，如厓山之役，张弘范特拜汉军都元帅，按《元史》卷九八《兵志一·序》所述：则以行军炎海，非北族将帅所习，不得已而授之。

三、军制

元朝军队，系按不同民族成分分四等：

（一）蒙古军：蒙古起自北方，部众自15岁以上、70岁以下，尽签为兵，称蒙古军。

（二）探马赤军：北方非蒙古部族之兵，称探马赤军。

（三）汉军：攻取中原后所签的民兵，谓之汉军。

（四）新附军：得宋降兵，谓之新附军。

蒙古军、探马赤军屯于中原，汉军、新附军则驻扎江淮以南。另有合必军，实是“客兵”。

《元史·兵志》载：以兵籍系军机重务，汉人不阅其数。虽枢密近臣职专军旅者，惟长官一二人知之，故有国百年，而内外兵数之多寡，人莫有知者。按现代说法，属于军事机密，很少有人知道。

元自至元十四年（1277）至至正二十七年（1367）统治福建90年、驻扎福州路的兵力有亳州翼万户府、福新万户府，驻扎泉州路的有湖州万户府、副万户、上千户所千户，以及扬州调来合必军3000人，驻汀州路有殿前司左翼军、训练禁军军官。此外加上其他各路各一万户府。《元史》卷九一《百官志》载：上万户管兵七千以上，中万户管兵五千以上，下万户管兵三千以上。又据载，各县领兵七百以上为上千户，五百以上为中千户，三百以上为下千户。依此推算，驻闽元兵约有36000人。

第三节　元代福建的交通与水利建设

一、福州大桥的建筑

宋代的福州，闽江上只有浮桥，常被溪洪冲断。元大德七年（1303），万寿寺头陀王法助倡建石桥。命弟子吴道可北上，请圆通玄悟大禅师转奏，得到元成宗铁木耳的奖励和福建人民的捐助，未及一年，募捐多至数百万贯。行省都转运盐使王茂率属协助，工程未就法助去世，诸徒弟继续进行。经过20年努力，到元至治二年（1322）终于建成，名为“万寿桥”。

桥全长170丈（561米），29孔道，桥上有石护栏，是闽江历史上第一座石桥，也是元代福州最大的建筑工程，安全便利了城台间交通，又利于台江两岸集市贸易的繁荣。远在元代，马可·波罗就记述了大桥头的繁荣景象，并见到印度商船队。

旧万寿桥

清末民初拍摄的元建万寿石桥

29孔桥洞，28个舟状桥墩。石墩承托石梁，桥面铺石板条，石砌栏杆上有形态各异、栩栩如生的石狮。石栏上有翰林学士马祖常题刻的“万寿桥”三字。

新世纪改造过的万寿桥

拓宽通车后的万寿桥

约在1918年由日本承包在元朝建的万寿桥石板条上加铺钢筋水泥板以通汽车。桥面拓宽，石栏也改为水泥栏杆。

二、大修木兰陂

木兰陂在今莆田市，始建于北宋治平元年（1064），是古代著名的水利工程。莆田北方平原俗称北洋，南方平原俗称南洋。元时莆北平原亢旱，莆田路总管郭朵儿凿渠引木兰陂水北流，惹起莆南平原人民抗议，朵儿力排众议，在新渠引水处立水则，以三七为准，南洋得七分，北洋得三分。这个水则就是弘治《兴化府志》所谓万金斗门，今陂北的石桥。张仲仪继朵儿为总管，把新渠延长到莆城北门外，增加了北洋的水量，又不妨碍南洋溉灌，使南部人民疑虑尽消，博得全莆的称赞。

自北渠凿后，木兰陂的水绕莆田城北，与延寿陂水合流。又北流至涵江附近，与太平陂的水相会，以灌溉望江里等负山濒海的斥卤之田。木兰、延寿、太平三陂之水合流，使莆田南北两洋可通舟楫。后又在涵江附近建新港斗门，以泄放雨季的洪水。

木兰陂

木兰陂本有32门，元末至正年间（1341~1368），达鲁花赤八的儿加以修理，减去三门为29门。减少3个斗门，可以使陂口的南北两岸更加巩固，并减少水流入海的浪费。

木兰陂不仅抵御海潮，同时又截蓄永春、仙游等地的淡水河流水，灌溉了大片农田。

三、建筑南安县万石陂

《重纂福建通志》卷三五《水利》载，元至正八年（1348），南安县尹张夔在县南三里用万石垒筑石陂，名为万石陂。水源出于葵山之南，绕九日山而环旧县治，溉田万余顷。

四、新建航标六胜塔

宋代在福州（马尾）建有罗星塔，闽南石狮建有关锁塔（亦称姑嫂塔）。到了元代，又在晋江石湖乡临海的金钗山上重建六胜塔，与关锁塔遥遥相对，以作为泉州湾港口标志，便于海船进出港湾。

六胜塔

始建于北宋，后塌圮。元顺帝至元二年（1336）至五年（1339），由当地巨商凌恢甫出资在原址重建石塔。塔高31米，5层。成为泉州湾的航标。

第四节　元代的造船

元灭南宋之初，即以舰船为要务。在造船方面，继承了宋代的一些制度，大力发展造船业，造船技术比宋代更有进步，造船数量多、种类全、尺度大、性能好，造船业达到了鼎盛时期。

福州造船基地河口

一、造船地点

元代造船工场遍及全国，单以官船场所在地而言，浙江就有明州（宁波）、秀州（嘉兴）、越州（绍兴）、台州（临海）、严州（建德）、温州、杭州、婺州（金华）；江苏有楚州（淮安）、平江（苏州）、泗州（盱眙）、真州（仪征）、润州（镇江）、建康（南京）、扬州、松江；江西有吉州（吉安）、饶州（鄱阳）、赣州、

路通桥与路通庵

河口路通桥

由于造船发达，有“河口路通，先出状元，后出相公”之谚。

南台船厂遗址

右为仓前梅坞下，中为中洲桥，左为中洲。遗址在梅坞下舍人庙旁。元朝在此造船，明朝亦在此造琉球册封舟。

江州（九江）、洪州（南昌）、抚州；安徽有池州（贵池）、太平（当涂）；湖南有潭州（长沙）、衡州（衡阳）、鼎州（常德）、岳州（岳阳）；湖北有复州（天门）、鄂州（武昌）、江陵、襄阳（襄樊）；广东有广州、惠州；福建有福州、泉州、漳州、兴化（莆田）；四川有叙州（宜宾）、眉州（眉县）、泸州、嘉州（乐山）、合州（合川）、夔州（奉节）；陕西有金州（安康）、兴元（汉中）、洋州（洋县）；河南有汴梁（今河南开封）等。其中，沿海造船基地，江浙行省以明州、温州、越州等较为出名；福建则以福州、泉州、兴化、漳州，广东则以广州、惠州、潮州等为著。在各造船基地中，福建、浙江、广东是打造海船的中心地区，尤以福州、泉州、广州最为出名。

福建沿海各地更是遍布造船场。福州的船场除宋留河口、仓山梅坞（旧盐仓之东）外，元朝还在洪塘橘园洲（今金山工业区）专造远征日本的战船。时人称“海舟以福建船为上，广东船次之，温、明州船又次之”。

河口打铁垱巷专门制作造船舶的铁钉

河口万寿桥

在河口天后宫祈求河口船场所造的船出海平安

仓山梅坞

南台船厂遗址在梅坞下江边有树处。坞即造船坞，梅坞顶即今仓山影院一带。

舍人庙

梅坞下舍人庙，其旁即造船场。

舍人庙正殿奉祀天妃像

福州洪山桥

桥南为洪塘乡、橘园洲、建新一带。

橘园洲

元朝曾在此设厂造船，专造征日本的战船。明朝戚继光亦在此制造战船。

今日的橘园洲已成金山工业区

二、元代的海船、民船和兵船

（一）海船

元代造船数量大，种类多，性能好。《三朝北盟会编》卷一六七载，宋元时期，福建的造船技术有很大进步，“海舟以福建为上”。常见船长33米多，深10米，阔11.6米。大型的长、阔、高3倍于此。宋代商船载重量一般为10000～12000石（约700～850吨），同时可载500～600人。元代大型商船比宋代还要大些，除载货物外，还可载1000人（郑剑顺《福州港》第31页）。但徐兢《宣和奉使高丽图经》卷三四《客舟》载，北宋时，福建的中等客舟其长十余丈、深三丈、阔二丈五尺，可载二千斛粟，每舟篙师、水手六十人。至于更大的海船之“长阔、高大、什物、器用、人数，皆三倍于客舟也”。因时代不同，斛、料、石的换算亦不同，这里仅供参考。但有一点，元代的船确比宋代规模宏大，可从《马可·波罗游记》中等看出。

马可·波罗

马可·波罗，意大利人，随父亲及叔父由陆路东来，作为商人子弟得到忽必烈汗的器重，出入宫廷，事元18年之久。成吉思汗的孙子旭烈兀系忽必烈的皇弟，率军西征攻灭阿拔斯王朝，建立起伊儿汗国，领有伊朗、伊拉克及中亚的部分地区，是蒙古四大汗国之一，但尊元朝皇帝为大汗，自己“仅以大汗之总管名义治理波斯”。传子阿八哈，亦抱着恭顺的态度说：忽必烈汗为主君，未受其册封，不敢即位（《马可·波罗游记》第2卷第75章）。

至元二十九年（1292）（另说至元二十八年，待考），有一位蒙古国戚翁吉剌氏娇女，要远嫁伊儿汗国。万里西行，海天远隔。忽必烈特遴选马可·波罗为扈从长官，并下令福建泉州港备船十三艘（另说14艘，待考），每艘有四桅，可张十二帆，送公主及马可·波罗一行，由泉州出国。《马可·波罗游记》载：每艘船

《姑苏繁华图卷》中的元船

马可·波罗拜见元世祖忽必烈

中国海船

闽南航行南、北洋的船叫南艚、北艚。闽南方言“艅”、“艚”发音相同，所以艅船即艚船，亦称艚舫。

上各有房间五六十间，船上有1舵4桅，桅可随意起倒，船壳板为双层，铁钉钉合，用麻和桐油掺合成灰舱缝，每年修理1次，加板1层，加到6层为止。全船分13个水密隔舱。每一船可容水手200人，能装载胡椒五六千担，每船还设橹若干支，每橹需4个人操作，无风时摇橹前进。大船之后还随带小船2艘，担任打柴取水和抛锚等辅助工作。这里应特别指出，元代出现4桅远洋海船是以宋代造船技术为基础上的，为此后的明代建造9桅宝船创造了条件。

马可·波罗离华50年后，西班牙人拔都他（1304~1364）来华。生于摩洛哥丹吉尔的伊本·拔都他于1333年游印度。1342年印度苏丹派使团赴元朝，亦命他同往。使船沉于马八儿海面，辗转到达卡（今孟加拉国首都）。然后由苏门答腊搭船抵泉州，到过大都（今北京）。回国以后，写成《拔都他游记》（马金鹏则译为《伊本·白图泰游记》）。伊本·拔都他在游记中把福建船分为 3 种，大者叫“艅”，中者叫“艉”，小者叫“卡噏”，大者张12帆，分4层，供随船客商居住和装货。每船有水手600人，随船护航兵士400人，包括弓箭手和持盾战士及发射石弹战士。船上设大橹20支，橹长约与桅高相等，每橹需用10～30人推摇。每一大船有小船3艘随从，用为登岸和牵引大船所用，小者也张3帆。其载重量又超过了宋代。中国海船“皆造于中国之泉州、广州两处”。

以上两位旅行家所写的游记，为中国元代的海船勾画出了一个大致的轮廓。

泉州古船不是宋船而是元船之一说

1974年，泉州后渚港出土了一只古船，专家认为这是宋朝的海船，根据有三：一、出土大量陶瓷器都是宋代特征，未见宋以后的瓷器；二、舱中出土铜钱504枚，除33枚为唐钱外，其余全为宋钱，其中最晚的一枚为南宋“咸淳元宝”，咸淳七年（1271）所铸。三、对沉船地点淤泥样品研究认为当有700年以上时间。持不同意见者认为：一、古船舱内虽有宋钱，未必就是宋舶，宋室虽亡，而宋钱还在全国流行，一直到明清之际，因此，有可能是宋代海船，也有可能是元代海船（朱维幹：《福建史稿》上册第429~432页）。二、古船上出土的竹尺，全长26厘米，并非接近宋制，而且相差甚远，但与元代钦天监表尺（约合0.2536米）接近（厦门大学章士成：《试论泉州湾古船的沉没年代和性质》）；三、古船上出土一批标明“南家”记号的木牌，古代蒙古语称南方的汉人为南家（即宋人），而《三朝北盟会编》卷二〇二《汪若海剳子》谓降金之北方汉人称宋人为南家。由于“南家”一名的发现，亦足以断定，古船应该沉没于蒙古灭宋之后（厦门大学陈碧笙：《泉州湾古船沉没年代小议》）。

作者按：公元960年北宋建立，1127年金军攻破汴京，掳徽、钦二帝，北宋灭亡，北宋统治166年。1127年宋徽宗第九子康王赵构即皇帝位，重建宋王朝，史称南宋。1279年，元忽必烈灭南宋，南宋亡。南宋统治152年，合计宋朝统治中国约318年。1206年成吉思汗建立蒙古汗国，1226年灭西夏，次年病死，在位21年。成吉思汗死后，从第四子拖雷监国经窝阔台、乃马真氏称制、贵由、海迷失氏称制、蒙哥至忽必烈建立元朝（1271）、灭宋（1279）到忽必烈逝世（1294），其中忽必烈在位34年。由此可知，宋、元并立的时间相当长，不算远自成吉思汗、窝阔台、蒙哥，单从忽

泉州古船

必烈从1260年即大汗位至1279年灭南宋，至少也有20年。因此，泉州古船说是宋船亦可，说是元船亦无不可，因为距发现700年前，即是1274年，既是南宋又是元，这是一。其次，所谓“南家”记号，更是北宋灭亡时（1127）降金的北方汉人对宋人的称呼，而不是忽必烈灭南宋（1279）之后对宋人的称呼，也就是说在忽必烈之前即有“南家”这一称呼，因此，不能作为元代才有此称呼的根据，当然，称呼亦可流传至元代。第三，古船内有宋钱，未必就是宋船，这是因为元时用钞，不甚铸钱。忽必烈建元之初，曾以钱币问太保刘秉忠。刘秉忠说：“钱用于阳，楮（木名，皮可制纸，当时纸币多用楮皮纸制成——作者）用于阴。今陛下龙兴沙漠，君临中夏，宜用楮币，俾子孙世守之。若用钱，四海且不靖。”忽必烈深受其影响，元代以使用纸币为主。这也与元代全国统一，商业繁盛，水陆交通发达有关。但元代的纸币面值较大，不能零散使用，也有人建议铸造铜钱。元代铸造铜钱只有两次，一次在至大三年（1310），铸“大元通宝”与“至大通宝”两种；另一次是在至正十年（1350），铸“至正通宝”铜钱。元朝两次铸钱时间很短，铸钱不多，不能满足市场流通的需要，于是不得不规定“历代铜钱并用”。新王朝流通前朝铜钱，自秦汉以来历代皆是。但是由政府明令“历代铜钱并用”，却是前代和后世都没有的独特现象。所以宋钱一直用到清初。

刘秉忠像

元朝是中国历史上纸币空前盛行的时期，也是世界上最早推行纸币流通的朝代。其中“中统元宝交钞”发行于元世祖中统元年（1260）。以两为单位，每2两当银1两。面额自10文至2贯，1000文为1贯。共9种，每1贯当交钞1两，两贯当白银1两。

至元二十四年（1287）又发行至元宝钞，与中统宝钞并行。面额自贰贯、壹贯、伍佰文、叁佰文、贰佰文、壹佰文、伍拾文、叁拾文、贰拾文、壹拾文、伍文11种，每1贯当中统钞5贯。元代以使用纸币为主，其中中统钞和至元钞一直行用不废，成为主要的纸币。

元至正十年（1350）铸造的“至正通宝”和“至正之宝”铜钱，铸造数量不多。《新元史·钞法门》载：历朝并铸铜钱，盖以备布施佛寺之用，非民间通用也。可知所铸铜钱是作为布施寺庙之用，并非作为货币流通使用。正

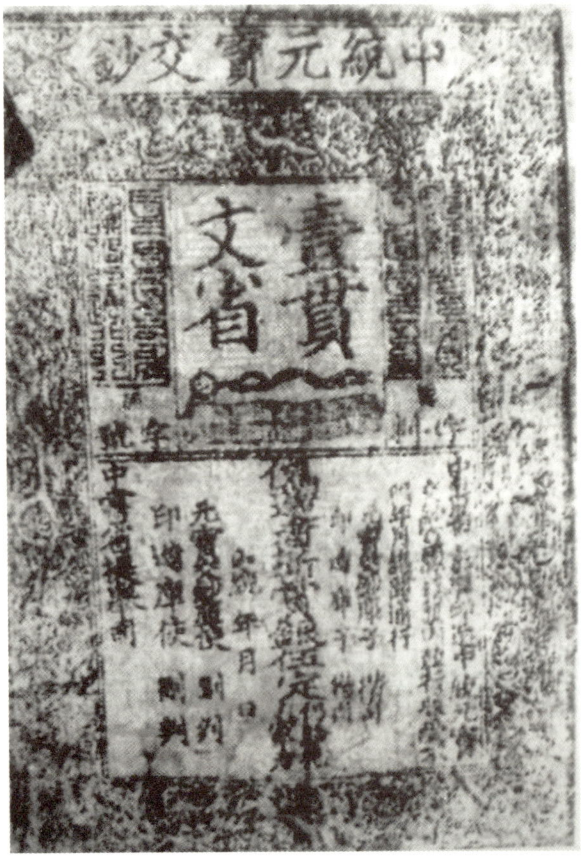

中统元宝交钞

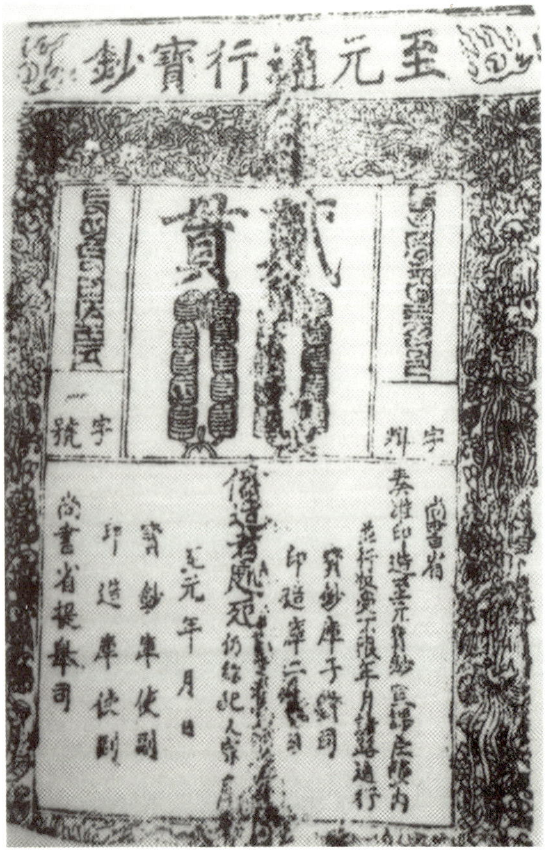

贰贯至元通行宝钞（1967年在河北平山发现）

元代白釉黑花婴戏图

元代景德镇窑青花牡丹纹缸

元代的青花色泽较浓，纹饰布局严谨，主次协调，此缸肩部为缠枝莲纹，腹部为牡丹纹，近底部为仰莲瓣纹，每一莲瓣部分勾线、填色细致，这样的器形传世很少。

因为铸钱时间短、铸钱不多，所以泉州古船未发现元代铜钱，由于元代明令“历代铜钱并用”，所以不能说沉船有宋钱就是宋代的船，没有元代的铜钱，就不是元代的船。第四，关于沉船上的瓷器的问题。元代时以重商主义为国策，重视国际贸易。元代制瓷工艺在继承传统的基础上又有所创新，其突出成就就是烧出了“青花”和“釉里红”。以邻近福建的江西景德镇和邻近泉州港附近的德化及龙泉瓷器最为出名。马可·波罗于至元十二年（1275）东来，至元二十九年（1292）由泉州乘船护送公主远嫁，然后回国。他写的《马可·波罗游记》第二卷第156章载：刺桐城附近有一别城，叫作迪云州，所造的碗盆及瓷器数量极多，价廉物美。除此港外，他港皆不制此物。按元代泉属，惟德化县有许多瓷窑。马可·波罗所谓迪云州，应是德化县。当然也不排斥景德镇瓷器经福建泉州出口。因此，当时德化瓷器等即已畅销世界各处。马可·波罗离华时曾带一些泉州白瓷器，犹存于威尼斯的圣马可陈列所。今天的东非、近东、印度和暹罗都有元代德化、景德镇等白瓷和青瓷出土。伊朗的伊斯法罕城商场过去有蓝花素地的瓷瓶发售，都是泉州出口，以供伊斯兰香客朝圣时贮藏圣水之用。

釉里红亦是釉下彩，先施彩釉，再挂透明釉，然后一次烧成。彩釉中含有铜的成分，烧成后呈红色，故称为釉里红。釉里红是元代的新创造，但纹饰比较简单，大多以浓笔涂抹。明初的釉里红最具特色。

元代铸造的仅有的两种铜钱

肯尼亚出土的元代泉州蓝花白瓷瓶

元代釉里红缠枝菊玉壶瓶

由此可知，元朝在瓷器的制造和创新方面取得可喜的成绩。有人说因为宋元长期战争，因此，古船中的瓷器是宋朝的，不是元朝的，这是值得商榷的。由于宋元并立，特别是元朝重视国际贸易和发展瓷器制造业，古船中的瓷器可以说是宋物，亦可说是元物。总之，泉州古船可以说是宋船，亦可以说是元船，严格说应该是宋元时期的沉船，较为准确。

（二）元代的民船

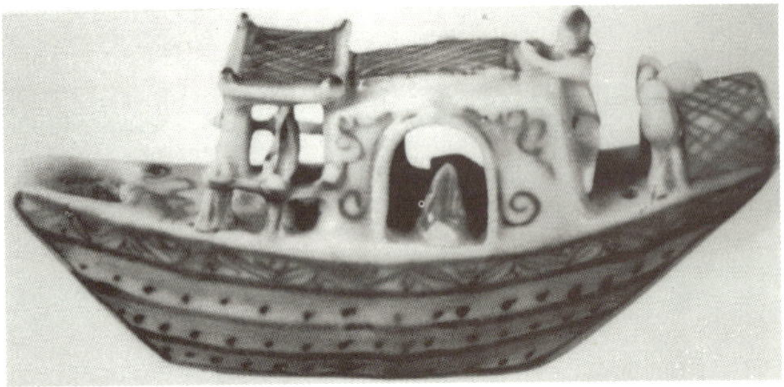

蓝釉滴舟

青花瓷船，精巧逼真，工艺水平高超，是研究元代造船发展的重要资料。

元代的龙舟（见《龙舟夺标图》）

（三）元代的战船

1984年6月在山东登州港蓬莱水城发掘出一条元代后期的战船，经专家研究，战船形狭长酷似刀鱼，也称刀鱼战棹。因出土时船内外伴有石弹、铁炮、铜炮等武器，还有滑轮架、滑轮，应是沿用刀鱼战船型的海防战船。从古船形制判断，专家认为此船应为闽、浙地区所造，是一种快速的巡海战船。

该船残长28.6米，残高1.2米，残深0.9米，残宽5.6米，是中国目前发现的最长的一艘古船（邹异华：《蓬莱

蓬莱古船出土时全貌（原件于1984年在山东蓬莱县水城水下出土）

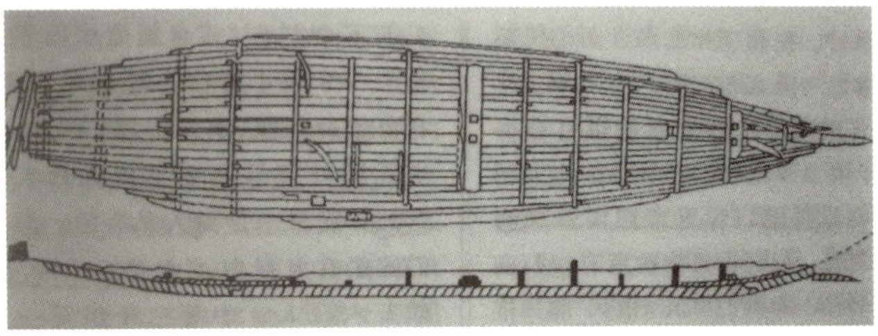

蓬莱古船（巡海战船）**线图**

现展于登州古船博物馆的元代蓬莱战船

宁波“绿眉毛”船

1981年日本鹰岛町海底随元代沉船出水的元代碇石

原物已残，出土物约为原物的三分之二。

舟山博物馆陈列的“绿眉毛”战船

古船与登州古港·序》，大连海运学院出版社，1989）。古船头尖尾方，底部两端上翘，横断面呈圆弧形。船内用13道隔舱板分14个舱，是沿承宋制的水密舱。各舱隔板均用铁钉钉铆，两舷板材每隔15厘米铆一铁钉。专家估算，古船满载排水量为173.5吨（席龙飞：《中国造船史》第216页）。

宁波（明州、庆元）曾是造船的重要基地，著名的船称“绿眉毛”，既是运输船、渔船，又可作为战舰。元朝远征日本的兵船主要在福州橘园洲和宁波制造。

第五节　元代海战

一、元军第一次泛海东征日本

1268~1273年，元朝曾6次遣使与日本通好，被拒而返。第七次遣礼部、兵部侍郎及计议官至日本又被杀，忽必烈遂下决心，发兵征日。1274年派忽敦统率蒙、汉、高丽军3.2万人，战船900余艘远征日本，大败日军万余人于博多。后以夜遭狂风，战船多触崖而毁，元军损失兵力1.3万人。日史称“文水之役”。

1274年10月3日，元军从合浦出航，6日占领对马岛，15日占领壹岐岛，16日逼近肥前沿海岛屿，后转向博多湾，兵分两路进攻太宰府，在追击中元军副帅刘复亨中箭受伤，兵疲矢尽，忽敦决定全军撤回船上，冒雨回国。（采自村上正二《游牧民族国家·元》，转见日本《图说中国历史》6，第182页，日本讲谈社出版）

东征日本的元军

远征军包括蒙、汉军2万人，高丽军5600人及高丽水手6700人。

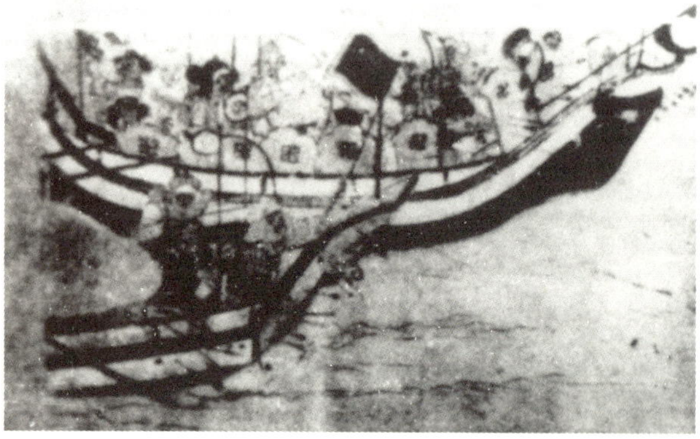

远征日本的元军军舰

载重1000~4000石（75~300吨）的战舰300艘，轻疾舟300艘，汲水小船300艘，共900余艘。

二、元军第二次泛海东征日本

元军东征，目的在于迫使日本通好，并非占领日本。世祖后又派礼部侍郎杜世忠等使日通好，但被北条时宗处斩。1281年遂命范文虎率兵10万、战舰3500艘组成江南军，从宁波东渡；又命洪茶丘等4万人组成东路军，取道高丽过对马进攻日本，东路军有战船900艘，两路由阿剌罕统一指挥，一时日本全国汹汹，日皇亲祷于八幡，乞以身代。这次东征，战船之多、规模之大，是破天荒的，日史称“弘安之役”。惜江南军误期，又遭疫病、飓风，无成而返。最后日本因惧元朝再度出兵、乃遣使朝贡。

东路军于1281年5月3日从合浦起航，26日攻入壹岐岛，6月6日攻入博多湾，发现沿海滩头有石坝，改攻至贺岛，遭顽强抵抗，被杀千余人，时疫病流行，病死3000余人，遂退回壹岐。7月江南军至志贺与东路军会合，为日军所败，移兵鹰岛，8月1日，台风袭来，船毁人溺，丧师大半，后收残卒班师，东征以失败告终。

东征日本的江南军战船3500艘从宁波出航

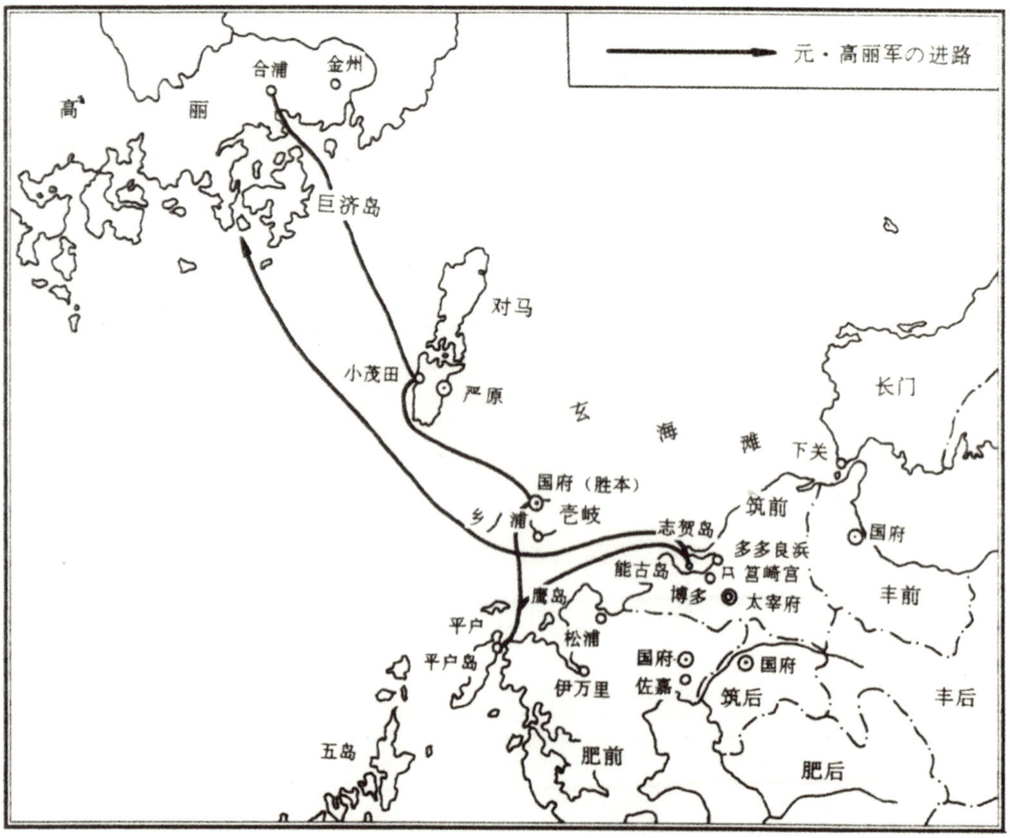

元、高丽联军征伐日本

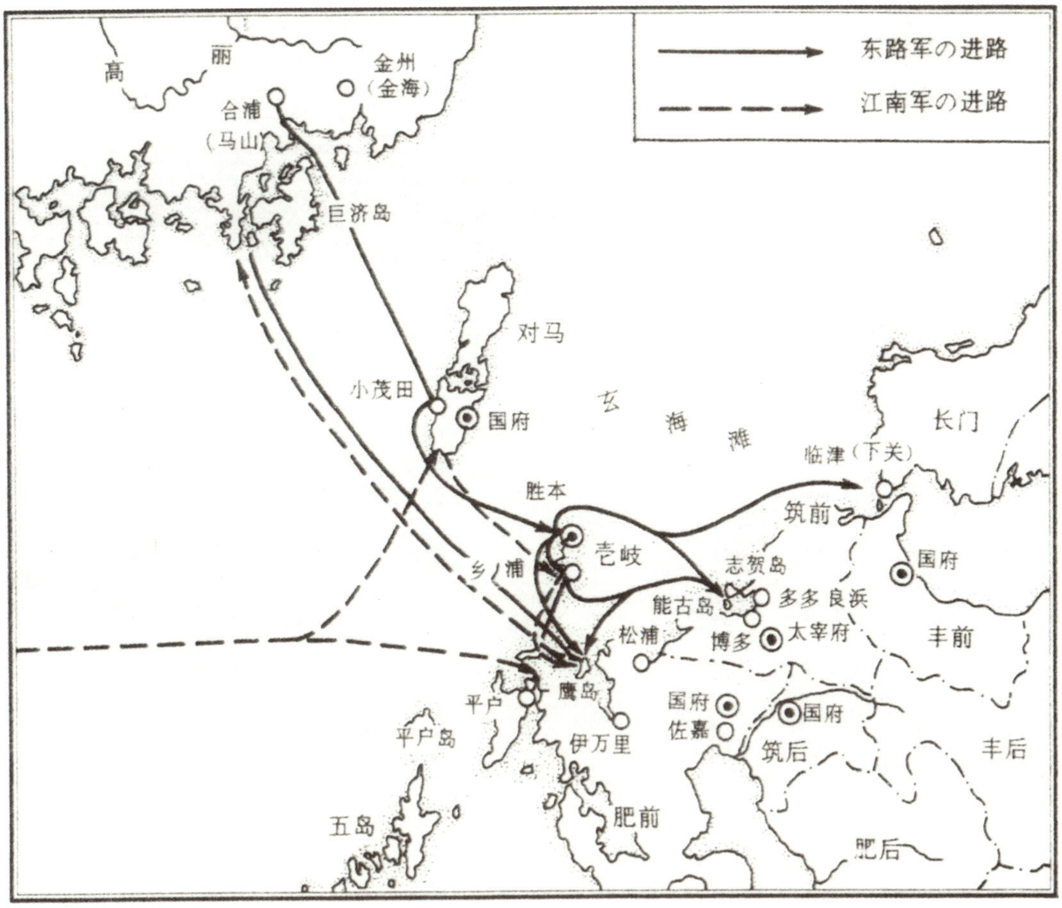

元军第二次东征日本进军图

（采自村上正二《游牧民族国家·元》，转见日本《图说中国历史》6，第186页）

弘安之役

东征日本的东路军战船900艘从高丽合浦出征

登陆的元军（日本宫内厅绘）

元朝往征南洋的战船

三　元军征缅甸、占城、安南、爪哇

缅甸在公元前就建成了国家，9世纪初便同中国建立友好关系。11世纪建立蒲甘封建王朝。元至元二十一年（1284）桑阿克达尔等造船200艘，顺流攻拔江头城，又水陆并进，攻拔太公城，缅甸遂降。占城，也叫占婆，故地在今越南中南部，192年区逵建国，中国史籍初称之为林邑，唐至德以后改称环王国。9世纪后期改称占城。元至元二十一年（1284），以阿塔海统兵15000人、船200艘征占城，五月，其王遣阿不兰以书降；七月，以占城叛服不常，命镇南王托欢与左丞李姮会索多，进攻占城及其盟国安南。安南本唐安南都护府地，五代晋时独立，建国号为瞿越、大越等，北宋开宝八年（975）封其王为交趾郡王，南宋隆兴二年（1164）改封安南国王，此后即称其国为安南。元征服后，安南王陈日烜及子败逃入海，不久谢罪，遣使入贡，至是臣服。明永乐五年（1407），以其地置交趾省。宣德二年（1427）复独立建国，仍称安南。15世纪以后，其南部疆土不断扩展，占有占城全部和真腊国的一半，濒临暹罗湾。清嘉庆七年（1802）改国号为越南，清政府对其亦改称为越南。爪哇，旧称阇婆或诃陵。元时始称爪哇国。13～15世纪曾建立强盛的麻喏巴歇国，在苏门答腊同巴厘岛之间。元至元二十九年（1292）诏史弼、伊克穆苏、高兴、张瑄等发福建等地兵2万、海舟1000艘从泉州出征爪哇。

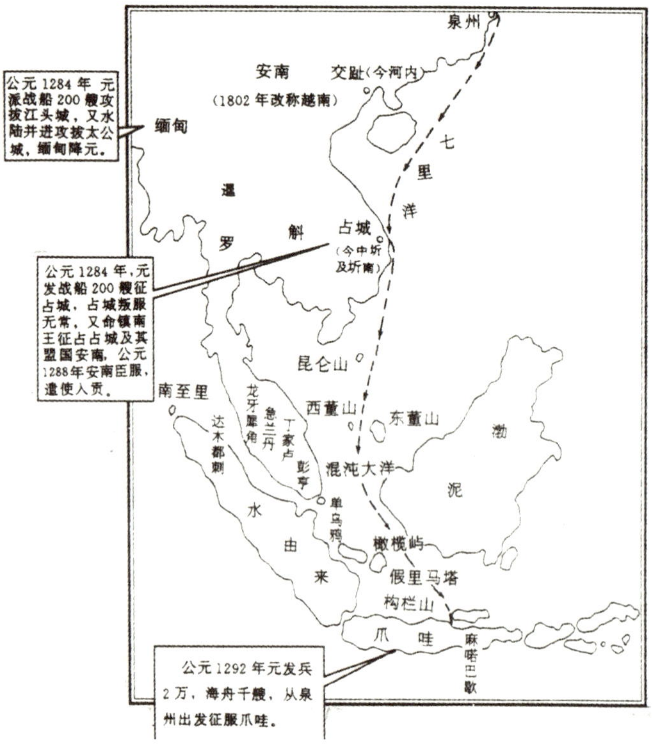

元军征缅甸、占城、安南、爪哇示意图

第六节　元代的漕运与国际贸易

一、漕运

元建都于大都（今北京），因此，北方成为政治中心，但经济重心却在东南，尤其粮食十分仰仗江南。《元史·食货·海运》载：元都于燕，去江南极远……卫士编民之众，无不仰给于江南。自丞相伯颜献海运之言，而江南之粮分为春夏二运，盖至于京师者一岁多至三百万余石，民无挽输之劳，国有储蓄之富。这说明元代的粮食，由丞相首倡海运。原来元代开凿北运河和邗河衔接，使江南的粮食北运，可以直达北通州。就是说，漕运一开始是走隋唐运河，自金灭北宋后，运河已发生变化，黄河夺汴河水路，汴河已不复存在，隋大运河在河南境内已成为黄

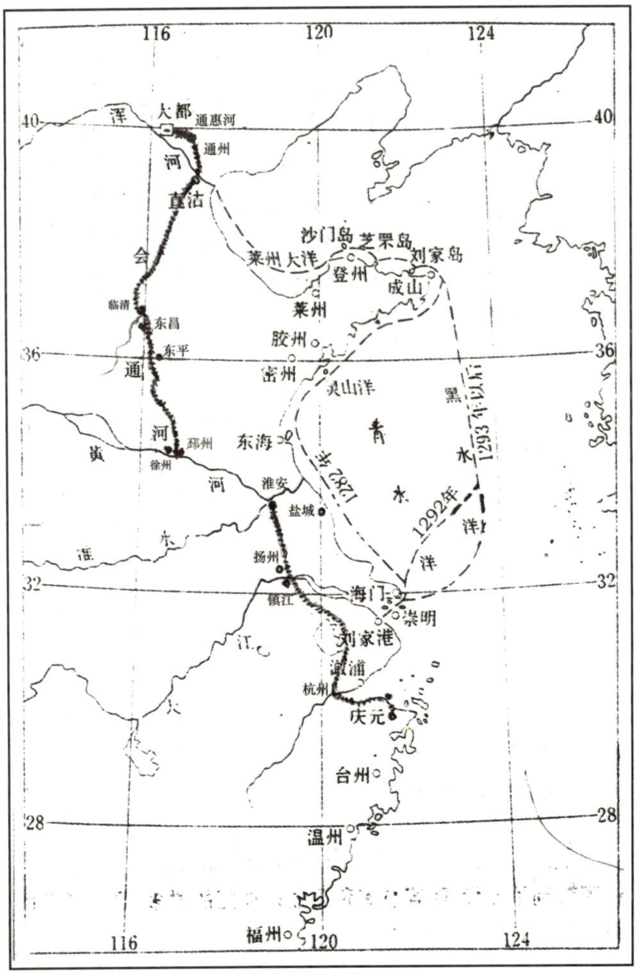

元朝南粮北运航线图

扬州附近大运河上的帆船

河。漕运路线曲折遥远，中途还要弃船就车，极为不便。因此，先后开凿了济州河、会通河、通惠河三条新河，使走向基本为直线，此即今仍然存在并使用的京杭大运河。但由于新河开凿，面狭水浅，航道很不通畅。如只许150料船通行，结果由于权势之人富商大贾贪嗜货利，造三四百料或500料船，于此河行驾，以致大船充塞其中，阻碍余船不得来往。直至1282年，元军伯颜攻占临安，南宋灭亡后，伯颜始命张瑄、朱清等造平底船60艘，运粮46000余石，从海道至京师，从此南粮北运由海道入京。海道最初航线是从刘家港起航，经扬州路通州海门县黄连沙头（长江口外）、万里长滩开洋，沿山岙而行，抵淮安路盐城县，历西海州，海宁府东海县（今连云港）、密州（山东诸城）、胶州（山东胶县）界，放灵山洋（山东青岛市南），投东北。路多浅沙，行月余，始抵成山（山东成山角）。然后驶入渤海，抵达直沽（海河口）与浑河接入大都。因路险费时，且粮食损失严重，至元二十九年（1292），朱清、张瑄开辟新航线。朱清系南宋末年长江口崇明人，张瑄为嘉定人，都是渔民，曾贩过私盐也当过海盗，十分熟悉海道，被忽必烈收用后，曾随伯颜浮海南

元代的漕运船

下攻灭南宋，蒙古族官吏多以朱、张二人为“南人”，屡有谗言，惟忽必烈始终重用。至元二十八年（1291）忽必烈罢江淮漕运，完全用海道运粮，更升迁朱清为骠骑卫上将军、江东道宣慰使兼领海道都漕运万户府事，张瑄为骠骑卫上将军、淮东道宣慰使兼领海道都漕运万户府事。1292年朱清、张瑄开辟的新航线为自刘家港开洋，一日至撑脚沙，行1000余里到清水洋，再过黑水洋至成山，经刘岛（山东刘公岛）、芝罘岛（烟台）、沙门岛进入莱州大洋（莱州湾），到界河（今海河）口，即直沽。此航线避开近海暗沙洲，线路取直，路程缩短，若遇顺风，约半月可达，比近海沿山呑而行快约一个半月。但因风向多变，仍不方便。1293年，千户殷明略又开辟了第三条航线，从刘家港出发，由崇明岛北向东直接进入黑水洋，不再走万里长滩和青水洋，直奔成山角，转向渤海南部以达界河（海河）口，因黑水洋海域终年流着自西南向东北的黑潮暖流，顺风加顺流，自浙西至京师，不过旬日而已。以后终元之世都是走这条海道运送漕粮。

二、国际贸易

宋代以前，福建对外贸易局限于周边国家和地区，北如朝鲜、日本，南如越南等国。据新旧《唐书》“南蛮传”记载，从通商国家的数目来看，只有区区10个。入宋以后赵汝适《诸蕃志》所提及的就有53个，到了元代，汪大渊《岛夷志略》中又增加至99个（转见于廖大河《福建海外交通史》第62页）。本书前面已述及从两汉三国以至隋唐，早已开辟了陆上丝绸之路和海上丝绸之路，海路已通向东洋、南洋、西亚和东非诸国。可惜统治者不重视海洋和对外交往贸易。

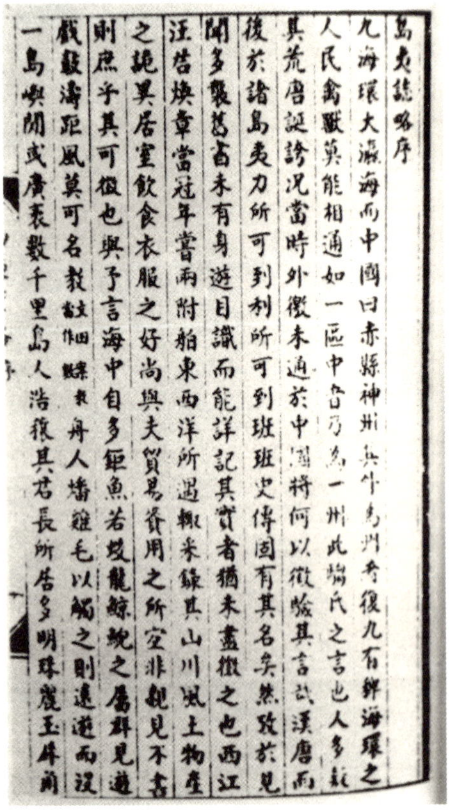
岛夷志略序
九海環大瀛海而中國曰赤縣神州其外爲州者復九有裨海環之
人民禽獸莫能相通如一區中者乃爲一州此騶氏之言也人多言
其荒唐誕誇況當時外徼未通於中國特何以徵驗其言哉漢唐而
後於諸島夷力所可到利所可到班班史傳固有其名矣然致於見
聞多襲舊書未有身遊目識而能詳記其實者猶未盡徵之也西江
汪君煥章當冠年嘗兩附舶東西洋所過輒采錄其山川風土物產
之詭異居室飲食衣服之好尚與夫貿易資用之所宜非親見不書
則庶乎其可徵也與予言海中自多鉅魚若蛟龍鯨鯢之屬群出遊
戲鼓濤距風莫可名數敍文作細數舟人燔雞毛以觸之則遠遊而沒
一島嶼間或廣袤數千里島人浩穰其君長所居多明珠麗玉犀角

《岛夷志略》书影

元汪大渊著《岛夷志略》，书中记载了亚、非许多国家和地区的政治、经济与风土人情。

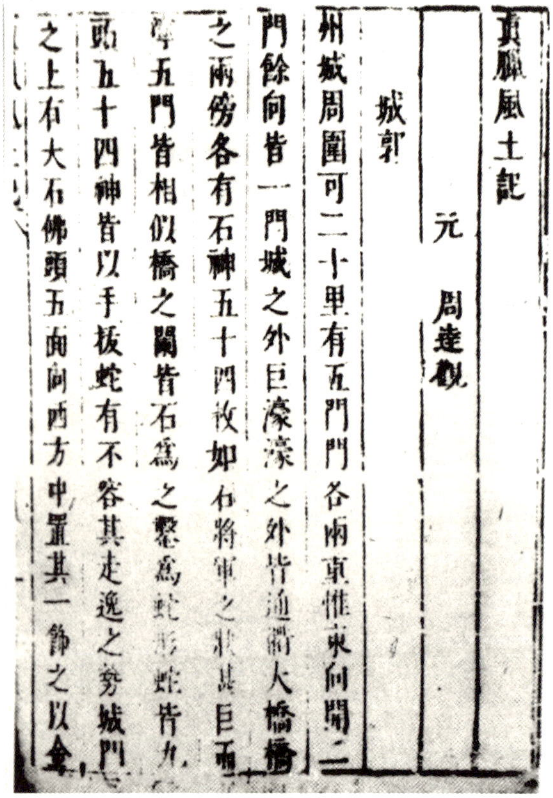
真臘風土記
元　周達觀
城郭
州城周圍可二十里有五門門各兩重惟東向開二
門餘向皆一門城之外巨濠濠之外皆通衢大橋橋
之兩傍各有石神五十四枚如石將軍之狀甚巨而
獰五門皆相似橋之闌皆石爲之鑿爲蛇形蛇皆九
頭五十四神皆以手拔蛇有不容其走逸之勢城門
之上有大石佛頭五面向西方中置其一飾之以金

《真腊风土记》书影

周达观是元朝出使真腊（今柬埔寨）的使臣，著有《真腊风土记》，介绍该国的政治、经济与文化习俗。

忽必烈底定江南，沿袭宋法。至元十四年（1277），立市舶司四处：泉州、庆元（宁波）、上海、澉浦（浙江海盐县南）。至元三十年（1293）增为七处：泉州、广州、温州、庆元、杭州、上海、澉浦，并准泉州实行抽分法，三十取一。

1994年1月，人民交通出版社出版一部由林开明主编、林章戢参加编写的《福建航运史》（古近代部分），学术价值很高。该书根据《诸蕃志》、《岛夷志略》、孙光圻《中国古代航海史》、章巽《我国古代的海上交通》等整理出"宋元时期福建至马六甲以东之南海航路地名表"及"宋元时期福建至马六甲以西航路地名表"。这两个表概括了宋元时期福建的海外航线途经的国家和地区的名称，极为详尽，远远超过99个。表中特别列出两栏："约当今日地址"和"航运货物"，使人一目了然，现特予转载。

宋元时期福建至马六甲以东之南海航路地名表

宋元时期地名		约当今日地址	航运货物（以当地为准）	
宋《诸蕃志》	元《岛夷志略》		运入	运出
交趾国	交趾	越南的北部	绫罗匹帛、首饰、青铜、铁等	金、银、铜、锡、铅、象牙、肉桂、槟榔等
占城国	占城	越南中部归仁及其附近	金银首饰、瓷器、酒、色布、扇、糖、漆器、绢等	红柴、茄兰木、打布、象牙、吉贝、乌、黄蜡、沉香等
	民多朗	越南朔庄西南的富教	漆器、铜鼎、红绢、青布、婆布、斗锡、酒等	乌梨木、麝、檀、木棉花、牛麂皮等
宾瞳龙国	宾瞳龙	越南藩朗	银、印花布等	茄兰木、象牙等
	灵山	越南东端大岭角	瓷器、铁条等	藤杖、槟榔、茶叶等
	昆仑	越南南端的昆仑岛		
真腊国	真腊	柬埔寨	金银、龙缎、建宁绵丝布、瓷器、伞、酒、糖、皮鼓、醯醢等	黄蜡、犀角、孔雀、沉速香、苏木、火枫子、翠羽、象牙、豆蔻、姜皮、沉香等
罗斛	罗斛	泰国南部华富里	硝珠、水银、青布、青瓷器、铜铁等	苏木、花锡、大枫子、象牙、翠羽等
	暹	泰国宋加洛一带	硝珠等	
窊里国		疑在暹罗湾沿岸		
	罗卫	马来半岛北端叻丕	綦子手巾、狗迹绢、五花烧珠、花银、青白碗、铁条等	粗降香、玳瑁、黄蜡、棉花等
单马令	丹马令	马来半岛中部洛坤附近	绢伞、酒、米、盐、糖、瓷器、金银盘盂等	白豆蔻、笺、沉速香、黄蜡、紫矿、乌楠木、象牙、犀角等
浔番	戎	马来半岛北部克拉地峡	铜、漆器、水银、瓷器、巫仑布等	白豆蔻、象牙、翠毛、黄蜡、木棉纱等
	东冲古剌	马来半岛中部宋卡	花银、盐、青白花碗、大小水埕、青缎、铜鼎等	沙金、黄蜡、粗降真香、龟筒、沉香等
凌牙斯加国	龙牙犀角	马来半岛中南部北大年	酒、米、绢、瓷器、土印布、八都剌布等	沉香、鹤顶、降香、蜜糖、象牙、犀角、脑子等
吉兰丹	吉兰丹	马来半岛南部哥打巴鲁	塘头市布、占城布、瓷器、琴、阮鼓、板等	沉速香、粗降真香、黄蜡、龟筒、鹤顶、槟榔等
登牙侬	丁家庐	马来半岛南部瓜拉丁家奴	瓷器、占城布、小红绢、斗锡、酒等	降香、脑子、黄蜡、玳瑁等
蓬丰	彭坑	马来半岛南部彭亨（Pahang）	诸色绢、婆布、铜铁器、漆器、瓷器、鼓、板等	黄熟香头、沉速香、打白香、脑子、花锡、粗降香等
	无枝拔	马来半岛马六甲	瓷器	
	龙牙门	新加坡岛	赤金、青缎、花布、瓷器、铁鼎等	粗降香、斗锡等

续表

宋元时期地名		约当今日地址	航运货物（以当地为准）	
宋《诸蕃志》	元《岛夷志略》		运入	运出
	单马锡	新加坡		
	东西竺	新加坡东北的奥尔岛	花锡、胡椒、铁器、蔷薇水等	槟榔、茶叶、椰心、木棉花等
三佛齐	三佛齐	苏门答腊岛东南部，都城约在今巨港，即唐之室利佛逝国	色绢、丝布、花布、铜铁锅、瓷器、糖、酒、米、大黄、樟脑、金银、锦绫、干良姜等	梅花片脑、降真香、槟榔、木棉花、细花木、玳瑁、沉速香、檀香、丁香、乳香、蔷薇水婆息香、黄蜡、豆蔻、珍珠等
巴林冯	旧港	苏门答腊岛东南部巨港	门邦凡珠、瓷器、麒麟拉、处蜡、铜鼎、五色布等	黄熟香头、金颜香、木棉花、黄蜡、粗降香、沉速香等
监蓖国		苏门答腊岛中部甘巴河口附近		白锡、象牙、珍珠等
	啸喷	苏门答腊东之林加群岛北之塞班卡岛	瓷器	
阇婆	爪哇	爪哇岛	金银、青缎、色绢、铁器、川芎、漆器、白芷、朱砂、绿矾、砒霜、鹏矾等	青盐、胡椒、印布、绵羊、鹦鹉、象牙、犀牙、龙脑、玳瑁、槟榔、吉贝、硫黄、苏木、降香、沉速香、豆蔻、茴香等
苏吉丹		爪哇岛中部	川芎、朱砂等	胡椒、青盐、绵羊、鹦鹉、檀香、丁香、豆蔻、番布、铁剑、降香、黄蜡、玳瑁、波罗蜜、细香、荜澄茄等
新拖国	孙剌	爪哇岛西部		胡椒、甘蔗、匏豆、茄菜等
苏门傍	苏门傍	爪哇岛东郡马都粒岛南岸三邦	白糖、巫仑布、 绢衣、花色宣绢、涂油、瓷器等	翠羽、苏木、黄蜡、槟榔等
打板	杜板	爪哇岛东部的厨闽		
戎牙路	重迦罗	爪哇岛东部苏腊巴亚	花银、花宣绢、诸色布等	绵羊、鹦鹉、细花、木棉布、椰子、木棉花、纱等
莆家龙	八节那间	爪哇岛中部北岸北加浪岸	瓷器、紫矿、土粉、青丝布、铁器等	单菠、印花布、木棉、槟榔等
麻篱		爪哇岛以东的巴厘岛		
底勿	古里地闷	帝汶岛	银、铁、碗、西洋丝布、色绢等	檀香等
	勾栏山	加里曼丹岛南端附近格兰岛	谷米、五色绢、青布、铜器、瓷器等	熊、豹、虎、麂皮、玳瑁等
	假里马打	加里曼丹岛西南卡里马塔群岛	硫黄、珊瑚珠、婆布、瓷器、八部剌布等	盐、番羊、玳瑁等
渤泥国	渤泥国	加里曼丹岛西岸坤甸	白银、赤金、色缎、瓷器、牙箱、铁器等	降香、黄蜡、玳瑁、梅花片脑等
	万年港	文莱港	铁条、铜钱、土印花布、瓦瓶等	降香条、木棉、黄蜡等
丹戎武罗		加里曼丹岛南岸		
	都督岸	加里曼丹岛西南岸沙捞越河口附近之达士角	海南占城布、红绿绢、盐、铁铜鼎、色缎等	片脑、粗速香、玳瑁、龟筒等
	蒲奔	加里曼丹岛东南岸彭布安	瓷器、海南布、铁线等	白藤、浮留藤、槟榔等

续表

宋元时期地名		约当今日地址	航运货物（以当地为准）	
宋《诸蕃志》	元《岛夷志略》		运入	运出
	文诞	班达群岛	水绫丝布、印花布、鼓、瓷器等	肉豆蔻、黑小厮、豆蔻花、小丁皮等
	遐来勿	苏拉威西岛	海南占城布、铁线、铜鼎、红绢五色布、木梳、篦子、瓷器等	苏木、玳瑁、木棉花、槟榔等
勿奴孤	文老古	马鲁古群岛	银、铁、水绫、丝布、巫仑八节那阔布、土印布、象齿、瓷器等	丁香、五梅鸡等
	苏禄	菲律宾苏禄群岛	赤金、花银、八都剌布、瓷器、铁条等	降香条、黄蜡、玳瑁、珍珠、竹布等
	尖山	苏禄海西岸巴拉望岛南部圣安东尼奥湾内的坦帕仑	牙锭、铜铁鼎、瓷器、青皮单、锦、鼓乐等	木棉花、竹布、黄蜡等
毗舍耶国	毗舍耶	米沙焉群岛中一岛		
三屿	三岛	菲律宾群岛	铜珠、瓷器、小花印布、铁块等	黄蜡、木棉、花布等
麻逸国	麻逸	民都洛岛	鼎、铁块、五彩布红绢、牙锭、瓷器等	木棉、黄蜡、玳瑁、槟榔、花布等
加麻延		卡拉棉群岛		
巴老西		巴拉望岛		
巴吉弄		布桑加岛		
白蒲延		巴布延群岛	瓷器	
蒲哩噜	麻里鲁	菲律宾马尼拉	牙锭、青布、瓷器、铁鼎等	玳瑁、黄蜡、降香、竹布、木棉花等

（据《诸蕃志》、《岛夷志略》、孙光圻《中国古代航运史》、章巽《我国古代的海上交通》等整理而成）

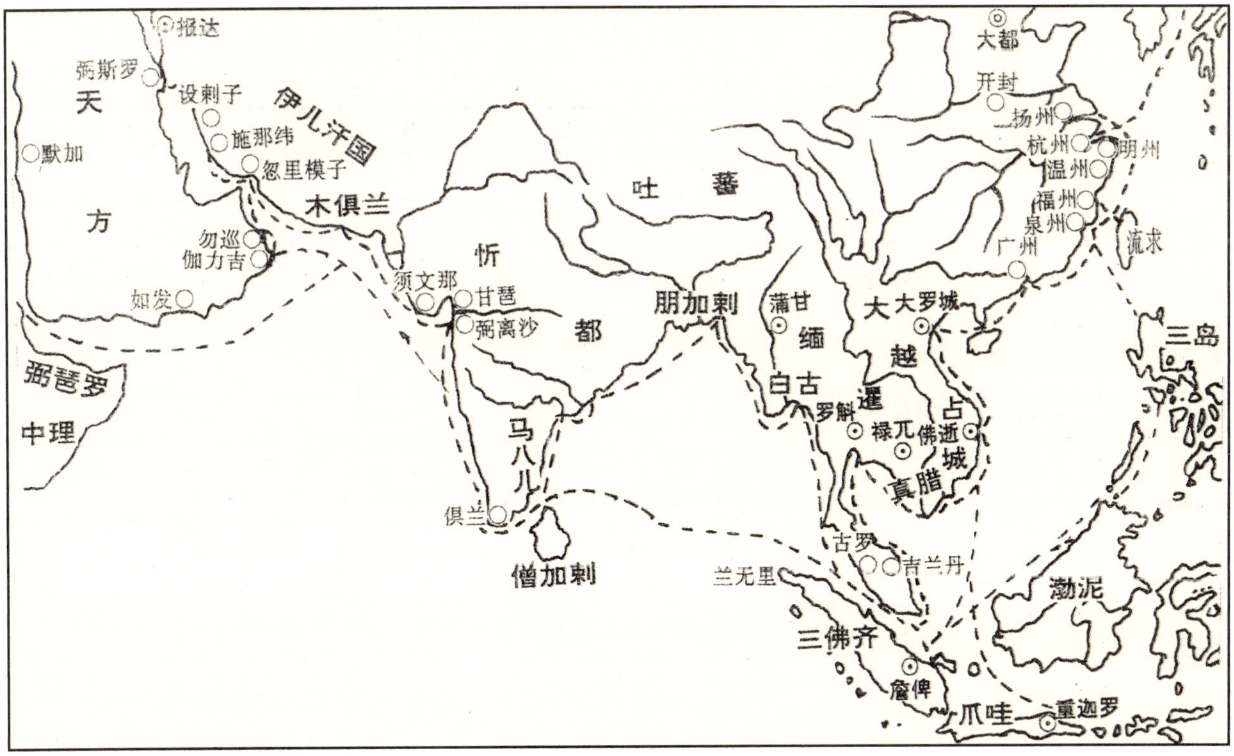

宋代福建海上交通略图

宋元时期，福建的海外交通航线以通东南亚、南亚及西亚为主，对日本、高丽等仍须北上明州（今宁波）转往。

宋元时期福建至马六甲以西航路地名表

宋元时期地名		约当今日地址	航运货物（以当地为准）	
宋《诸蕃志》	元《岛夷志略》		运入	运出
	班卒	苏门答腊岛东岸兰散岛	丝布、铁条、土印布、赤金、瓷器、铁鼎等	鹤顶、降香、木棉花等
	龙牙菩提	马来半岛西岸凌加里岛	红绿烧珠、牙箱锭、铁鼎、青白土印布等	速香、槟榔、椰子等
	苏洛	马来半岛南部西岸美保河口的旧吉打	瓷器、海南巫仑布、银、铁、铜鼎等	降香、片脑、鹤顶、沉速香、玳瑁等
佛啰安国	佛来安	马来半岛西南部卫生港附近	金、银、瓷、铁、酒、米、糖、麦、漆器等	速暂香、降真香、檀香、象牙等
	针路	马来半岛西北岸丹老	铜条、铁鼎、铜珠、五色烧珠、大小埕、花布、鼓、青布等	芎、蕉、竹丝布等
	急水湾	苏门答腊岛东北的洛克肖马韦		
拔沓	花面	苏门答腊岛东北的实格里	铁条、青布、瓷器等	牛、羊、鸡、鸭、槟榔、甘蔗、茶叶、木棉等
	淡洋	苏门答腊岛东岸的塔米昂	赤金、铁器、瓷器等	降真香、苇粟等
	须文答剌	苏门答腊岛的三马朗茄	西洋丝布、樟脑、蔷薇水、黄油伞、青布、五色缎等	脑子、粗降香、香味短、鹤顶、斗锡等
兰无里国	喃哑嘿	苏门答腊岛西北角班达亚齐	金、银、铁器、蔷薇水、红丝布、樟脑、瓷器等	苏木、象牙、白藤、鹤顶、龟筒、玳瑁、降真香等
	日丽	苏门答腊西北岸日里河口	青瓷器、花布、粗碗、铁块、小印花布、五色布等	龟筒、鹤顶、降香、锡等
	八都马	缅甸莫塔马	南北丝、花银、赤金、铜铁鼎、丝布、草、金缎、丹山锦、山红绢、白矾等	象牙、胡椒等
	淡邈	缅甸土瓦	麒麟粒、西洋丝布、瓷器、铜鼎等	胡椒等
南海波斯		缅甸丹老群岛		
蒲甘国		缅甸中部蒲甘		
	乌爹	缅甸勃固	金、银、五色缎、白丝、丁香、豆蔻、香芋、青白花瓷器、鼓等	翠羽、黄蜡、木棉、细匹布等
鹏茄啰国	朋加剌	孟加拉	南北丝、五色绢缎、丁香、豆蔻、青白花瓷器、白缨等	苾布、高尔布、兜罗锦、宝剑、翠羽等
晏陀蛮国	罗婆斯	尼科巴群岛		
天竺国	天竺	印度	银、青白花瓷器、斗锡、酒、印色布等	沙金、骏子、狮、豹、象、犀、玳瑁、金、铜、铁、铅、锡、金器、白氎、毹㲪、金刚石、旃檀、甘蔗、贝等
	沙里八丹	印度半岛东南部纳加帕蒂南	金、银等	八丹布、珍珠等
	大八丹	印度半岛东南部坎纳诺尔	南丝、铁条、紫粉、木梳、白糖等	棉布、波罗蜜等
	土塔	印度半岛东岸纳加帕塔姆	糖霜、五色缎、青缎、苏木等	棉布、花布、大手巾、槟榔等

续表

宋元时期地名		约当今日地址	航运货物（以当地为准）	
宋《诸蕃志》	元《岛夷志略》		运入	运出
	第三港	印度半岛南端马杜赖	金、银等	珍珠等
注辇国		印度半岛东南部科罗曼德尔海岸		珍珠、象牙、珊瑚、玻璃、槟榔、豆蔻、琉璃、色丝布、吉贝尔、山羊、黄牛、山鸡、鹦鹉、余甘、藤罗
	注辇国			千年枣、椰子、甘罗、昆仑梅、波罗蜜、白茉莉、散丝、蛇脐、佛桑、丽秋青黄碧、婆罗、瑶莲、蝉紫、水蕉、绿黑豆、麦、稻、竹等
	马八儿	斯里兰卡与印度半岛之间的渡头，即番班岛	沙金、青缎、白矾、红绿烧珠等	翠羽、细布、大羊、谷米等
细兰国	僧加剌	斯里兰卡	檀香、丁香、脑子、金、银、马、象、丝帛、瓷器等	红石、猫儿睛、红玻璃、青红宝珠、白豆木兰皮、粗细香等
	高郎声	斯里兰卡科伦坡	八丹布、斗锡、酒、蔷薇水、苏木、金、银等	红石头等
	明家罗	斯里兰卡西岸黑水江附近	金、银等	红石等
细轮叠	大佛山	斯里兰卡西岩卡卢塔拉拉亚当峰		
	迓里	斯里兰卡东南端加勒		
	故临	斯里兰卡库鲁内加拉		
故临国	小咀喃	印度西岸南端奎隆	金、银、青白花瓷器、八丹布、五色缎、铁器等	胡椒、椰子、苏木、槟榔、溜鱼、酒等
南毗国	南毗	印度西南部马巴拉海岸	荷池、缬绢、瓷器、樟脑、大黄、黄莲、丁香、脑子、檀香、豆蔻、沉香等	珍珠、诸色番布、兜罗锦、猫儿睛等
	金塔	印度马德拉斯南面钦格尔普特附近		
哑哩喏	下里	印度西岸阿尔瓦耶		胡椒、川芎等
	东淡邈	印度西岸果阿	银、五色布、铜鼎、铁器、烧珠等	胡椒、玳瑁、木棉、大槟榔等
	古里佛	印度西岸卡利卡特	青白花瓷器等	
	华罗	印度西岸卡提阿瓦半岛佛腊伐耳		椰子等
	巴南巴西	印度西岸巴那华面	锡等	棉布等
	放拜	印度西岸孟买	金、具八子、红白烧珠等	绝细布匹、槟榔等
	大乌爹	印度西岸乌代浦尔	白铜、鼓板、五色缎、金银、铁器等	布匹、猫儿睛、鸦鹘石、翠羽等
冯牙罗		印度西南岸芒格洛尔		
麻罗毕		印度中央邦马尔瓦地区		白布等
胡茶辣		印度卡提阿瓦半岛		青靛、紫矿、苛子、诸色蕃布等
甘琶逸		印度西部坎贝		
	须文那	印度西岸孟买以北古港	五色细缎、青缎、豆蔻、大小水罐、苏木等	丝布、胡椒、孩儿茶等

续表

宋元时期地名		约当今日地址	航运货物（以当地为准）	
宋《诸蕃志》	元《岛夷志略》		运入	运出
南尼华罗		印度卡提阿瓦半岛松纳特		上等香木、细白花布等
	北溜	马尔代夫群岛马累岛	米等	椰子索、贝八子、鱼干、大手巾布等
大食国		泛指阿拉伯诸国		珍珠、象牙、犀角、乳香、龙涎、木香、丁香、肉豆蔻、安息香、芦荟、没药、血竭、阿魏、腽肭脐、硼砂、琉璃、玻璃、砗磲、珊瑚树、猫儿睛、蔷薇水、黄蜡、织金软锦驼毛布、兜罗锦、异缎等
伊禄		伊拉克		
大秦国		叙利亚一带		玻璃、珊瑚、生金、花锦、缦布、红马脑、珍珠等
白达国		伊拉克巴格达		金、银、碾花、琉璃、白越诺布、苏合油等
思莲		叙利亚		
白莲		巴林		
记施国		波斯湾内奎斯岛	蔷薇水、栀子花、水银、白铜、细布、生银、朱砂等	珍珠、好马等
勿拔		伊拉克东南部米尔巴特		
吉慈尼国		阿富汗迦布逻城西南之吉慈尼故城		金、银、越诺布、金丝锦、五色驼、琉璃、苏合油等
麻嘉国	天堂	沙特阿拉伯麦加	银、五色缎、青白花瓷器、铁鼎等	西马等
瓮蛮		阿曼	丁香、豆蔻、脑子等	马、珍珠、千年枣等
弼斯罗	波斯离	伊拉克巴士拉	毡毯、五色缎、云南叶金、白银、倭铁、大风子、牙梳、铁器等	骆驼、绵羊、千年枣、琥珀、钦锦、腽肭脐、没药等
施曷		也门席赫尔		
四包闲		伊朗中部伊斯法罕		
麻离拔	麻呵斯离	也门亚丁	剌速斯离布、紫金、白铜、青琅、婆布等	青盐、马乳、葡萄、米、麦、甘露等
	甘埋里	波斯湾口霍尔木兹	丁香、豆蔻、青缎、麝香、苏杭色缎、瓷器、铁条等	胡椒、木香、琥珀等
甘眉		伊朗东南部克尔曼		
积吉		伊朗西南部法尔斯省首府设拉子		
木俱兰		伊朗与巴基斯坦边界附近海岸地常莫克兰		
勿斯离		埃及		火浣布、珊瑚、没石子等
密徐篱	马鲁涧	埃及开罗		马等
遏根陀		埃及亚历山大城		
陁盘地	特番里	埃及北部杜姆亚特港	麻逸布、五色油缎、锦缎、铜鼎、红油布等	黄蜡、绵羊、波罗、甜瓜等

续表

宋元时期地名		约当今日地址	航运货物（以当地为准）	
宋《诸蕃志》	元《岛夷志略》		运入	运出
	挞吉那	泛指北非	沙金、花银、五色缎、铁鼎、铜钱、琉黄、水银等	鲛芦、蔷薇水、眉子花、摩挲石、硼砂、安息香、琉璃沙等
木兰皮		摩洛哥（原指穆拉比特王朝）		
吡啫耶		突尼斯		
茶弼沙	茶弼沙	古加纳国		
默加猎	哩加塔	非洲西北部	金、银、五色缎、巫仑布等	青琅玕、珊瑚树等
	阿思里	埃及红海西岸库赛尔	银、铁器、青烧珠等	棉布等
吡啫耶		阿尔及利亚地中海港城贝寅亚		
伽力吉		埃塞俄比亚海岸		
中理国		索马里南部海岸		
弼琶罗		索马里亚丁湾海岸的柏培拉		
	班达里	索马里的摩加迪沙	诸色缎、瓷器、铁器等	甸子、鸦忽石、兜罗锦、木棉花、青蒙石等
层拔	层摇罗	桑给巴尔岛	牙箱、花银、五色缎等	红檀、紫蔗、象齿、龙生金、鸭嘴、胆矾等
	千里马	肯尼亚的格迪	铁条、祖碗、苏木、铅、针等	翠彻、百合、萝蓣等
	曼陀郎	肯尼亚的基林迪尼	丁香、豆蔻、良姜、五色布、青器、斗锡、酒等	犀角、木棉、西瓜、石榴等
	加将门里	坦桑尼亚的基尔瓦基西瓦尼	苏杭五色缎、南北丝、土绢、巫仑布等	象牙、兜罗锦、花布等
	麻那里	基尔瓦基西瓦尼东南附近的松戈姆拉岛	五色绢、朋加剌布等	骆驼、仙鹤等

（据《诸蕃志》、《岛夷志略》、孙光圻《中国古代航运史》、章巽《我国古代的海上交通》等整理而成）

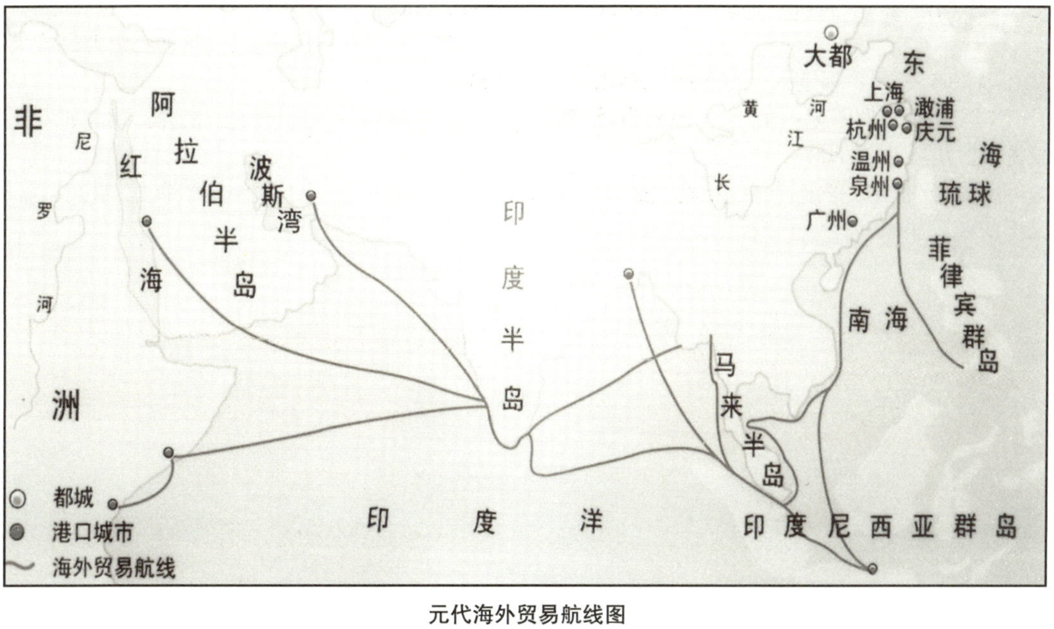

元代海外贸易航线图

征引参考书目举要

[1] 中国历史博物馆. 中国古代史参考图录. 上海：上海教育出版社，1991.

[2] 夏于全. 世界通史. 延边：延边人民出版社，2003.

[3] 苏甲荣. 中国地理沿革图. 上海：日新舆地学社，1930.

[4] 屠寄. 蒙兀儿史记：刘国杰、李庭芝传后论. 刻本. 北京：北京古籍出版社，1958.

[5] 黄仲昭. 八闽通志：秩官志. 福州：福建人民出版社，1991.

[6] 徐梦莘. 三朝北盟会编：卷一百六十七. 上海：上海古籍出版社，2008.

[7] 徐梦莘. 三朝北盟会编：卷二百零二. 上海：上海古籍出版社，2008.

[8] 宋濂. 元史：世祖三. 北京：中华书局，1983.

[9] 宋濂. 元史：兵志一. 北京：中华书局，1983.

[10] 宋濂. 元史：百官七. 北京：中华书局，1983.

[11] 王冠倬. 中国古船图谱. 北京：生活·读书·新知三联书店，2001.

[12] 席龙飞. 中国造船史. 武汉：湖北教育出版社，2000.

[13] 郑剑顺. 福州港. 福州：福建人民出版社，2001.

[14] 马可·波罗. 马可波罗游记：第二卷. 冯承钧译. 呼和浩特：内蒙古人民出版社，2008.

[15] 伊本·白图泰. 伊本·白图泰游记. 马金鹏译. 银川：宁夏人民出版社，2000.

[16] 朱维幹. 福建史稿. 福州：福建教育出版社，1986.

[17] 柯劭忞. 新元史：钞法门. 北京：中国书店，1988.

[18] 邹异华. 蓬莱古船与登州古港：序. 大连：大连海运学院出版社，1989.

[19] 村上正二. 游牧民族国家：元. 东京：讲谈社，1977.

[20] 汪大渊. 岛夷志略校释. 苏继庼校释. 北京：中华书局，1981.

[21] 周达观. 真腊风土记. 影印本. 台北：台湾商务印书馆，1983.

[22] 林开明. 福建航运史. 北京：人民交通出版社，1994.

[23] 屠寄. 蒙兀儿史记：卷九. 刻本. 北京：北京古籍出版社，1958.

[24] 柯劭忞. 新元史：刑律上. 北京：中国书店，1988.

[25] 陶宗仪. 南村辍耕录：卷二十七. 北京：中华书局，1959.

[26] 齐义农. 二十四史：太祖本纪. 北京：光明日报出版社，2002.

[27] 赵志远. 中国通史. 北京：中央民族大学出版社，2002.

[28] 李军. 中华五千年. 长春：北方妇女儿童出版社，2002.

[29] 陈贞寿. 图说中国海军史. 福州：福建教育出版社，2002.

第九章

明代的福州船政

第一节　历史背景

明太祖朱元璋（1328~1398）

洪武元年（1368）正月，朱元璋在南京建立明朝，年号洪武。随即派军北伐，直捣大都，元朝灭亡。之后又相继平定山西、甘肃、陕西、四川、云南等地，统一了全国。为了巩固封建统治，明廷采取各种措施，逐步加强中央集权，建立起高度君主专制的封建政治制度，是中国统一多民族国家的继续发展，国内各族交往频繁，与中央关系紧密。郑和七下西洋，加强了与亚非各国的经济文化交流。

一、疆域：

明太祖朱元璋自濠州起义，后定鼎应天（今南京）。成祖朱棣营建北京，迁都于此，遂称京师。明代疆域东起辽海，西尽嘉峪，南到琼崖，北抵云朔。行政区分凡十五省，有府一百四十，州一百九十三，县一千一百三十八。

明孝慈高皇后（马皇后）

明分全国15省，这15省为京师、山东、山西、河南、南京、浙江、福建、江西、湖广、广东、广西、陕西、四川、贵州、云南省。这时，东北设奴儿干都司，西南设乌思藏都司，邻四川设朵甘都司。台湾称小琉球，属福建。海南岛称琼州，属广东。外蒙一带称鞑靼。新疆一带称亦力把里。至明宣德八年（宣宗朱瞻基在位）亦即1433年，明朝疆域全图如下：

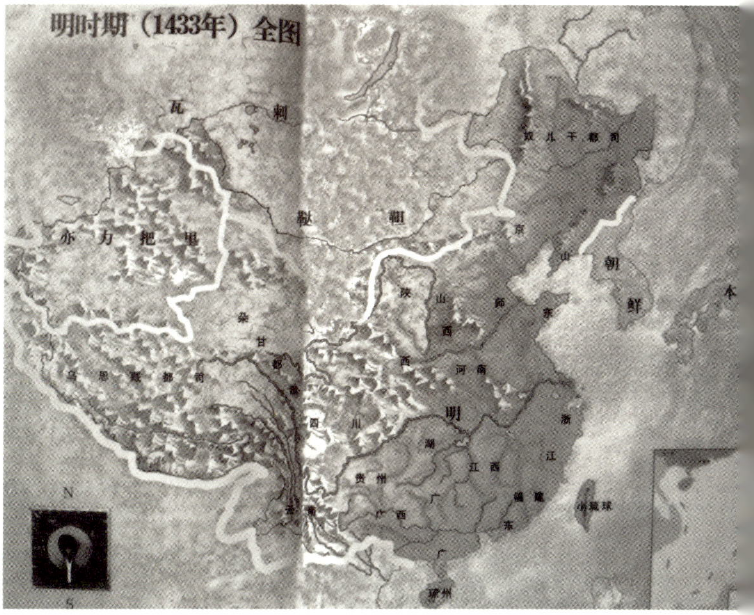

明疆域（1433）**全图**（采自《中国通史》第4卷，第50页）

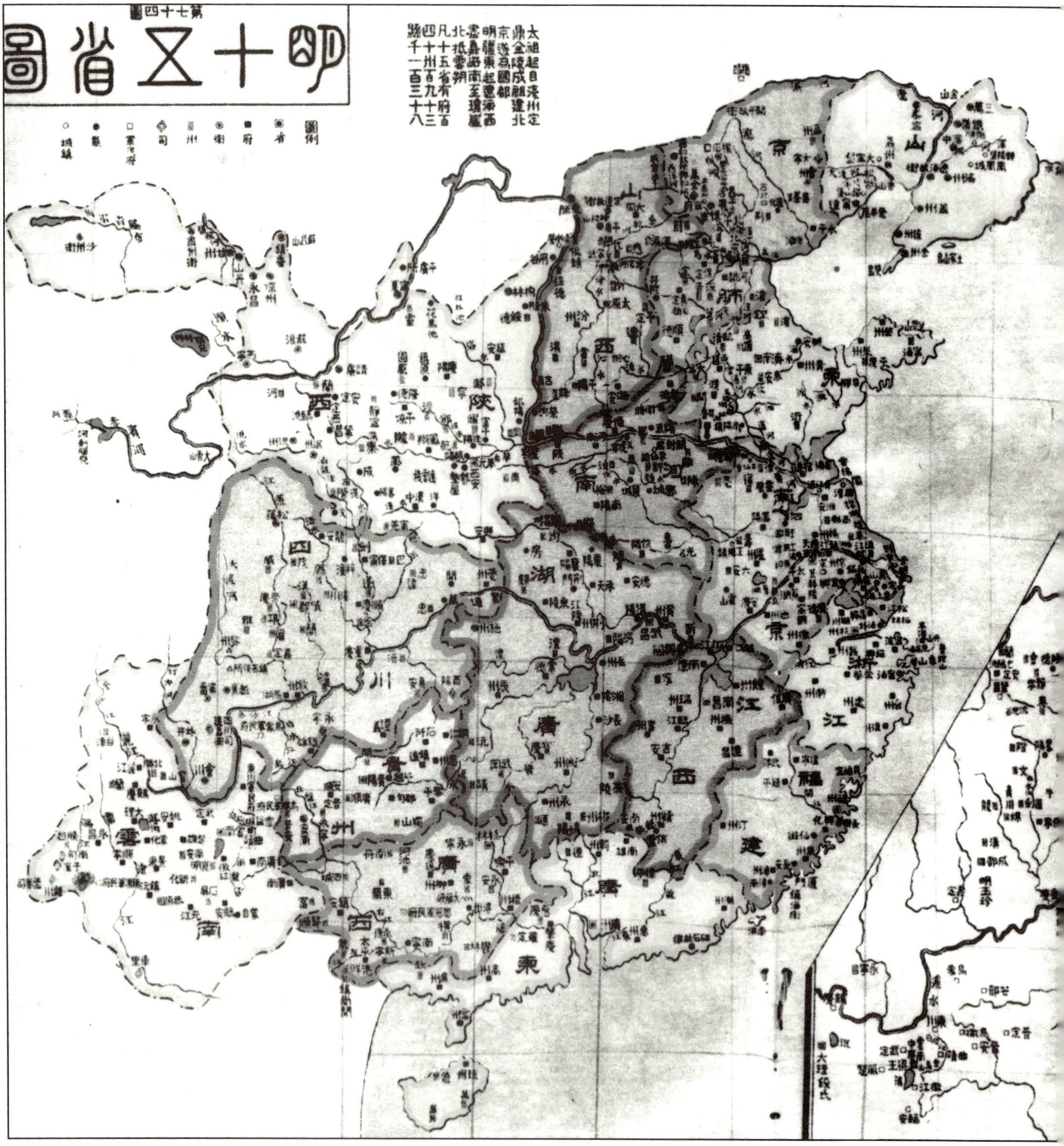
第七十四圖
明十五省圖
太祖起自濠州定鼎金陵成祖建北京遂為國都北明疆東起遼海西盡嘉峪南至瓊崖北抵雲朔凡十五省有府百四十州百九十三縣千一百三十八
圖例
省
府
衛
州
司
縣
城鎮

明朝十五省图

二、政制：

明初继承元制，中央设中书省，置丞相，总理全国政务。1380年为了加强中央集权，朱元璋制造借口，废除中书省，取消丞相，把相权分拨吏、户、礼、兵、刑、工六部及通政司、翰林院、御史台等，各部院司台长官直接向皇帝负责，集政权于皇帝一身。此外，另设华盖殿、谨身殿、武英殿、文华殿、文渊阁、东阁等大学士，为皇帝顾问。成祖即位，命官品较低的翰林院编修、检讨等入午门内的文渊阁当值，参与机要，称为内阁。仁宗时，内阁专任批答奏章，权位渐重，入阁者多为尚书、侍郎，实际上掌握了宰相权力。地方则设行中书省，置平章政事及左、右丞管理，下设府、州、县等统治机构。

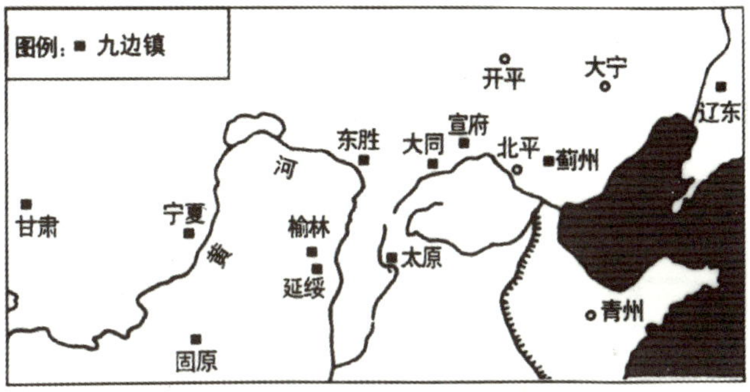

九边形势图

图中有■者计11，按资料只有九边镇，其中东胜、延绥皆非九边镇之一。

三、军制：

明朝立“军卫法”，建立卫所军制，分卫和所两级，隶属最高军事机关大都督府。每卫设前、后、中、左、右五千户所，以5600人为一卫、1120人为一千户所。卫设指挥使，所设千户。在一州或一县设所，两县或两州以上设卫，分驻全国重镇。1380年，为防军权过分集中，明太祖撤大都督府，分设前、后、中、左、右军都督府，称为“五府”。五府分掌全国兵籍和军政，但没有调兵权。兵部有奉皇帝之命调动军队的权力，但无掌兵权。五府之间相互牵制，兵部与五府又互相制约，军权最后集中到皇帝手中。军队实行且耕且战的戍守与屯垦并重制，遇有战争，临时选将，佩将军印调兵，战毕则军士各回本卫，将军交还印信身还原任，征调之权属中央，军士皆著军籍，隶属五府。

明代贵族墓出土的骑马武士陶俑群

四、厂卫

卫指锦衣卫，明洪武十五年（1382）设置，原为护卫皇宫的亲军。太祖加强专制统治，特令兼管刑狱，赋予巡查缉捕权力，可直接取旨行事。厂指东厂、西厂。东厂，明成祖为镇压反对派于1420年在京师东安门北设立，从事特务活动，可直接报告皇帝。西厂，明宪宗于1477年在东厂以外增设，其权力超过东厂，活动范围自京师遍及各地。锦衣卫、东厂、西厂都用宦官为提督。明中叶以后，厂卫并列，活动加强，成为专司监察的特务机构，也是保卫皇帝的重要武装力量。厂卫的设立标志着明朝专制主义政权空前加强。

嘉峪关雄姿

明洪武五年（1372）始建。

五、明九边七行都指挥使司及明初诸王

“九边”是明北方九个军事重镇的合称，东起鸭绿江，西至嘉峪关，分命大将统兵戍守。“屯田戍边”作为一项重要的军事治国决策，其贯彻施行几乎是与大明相始终。

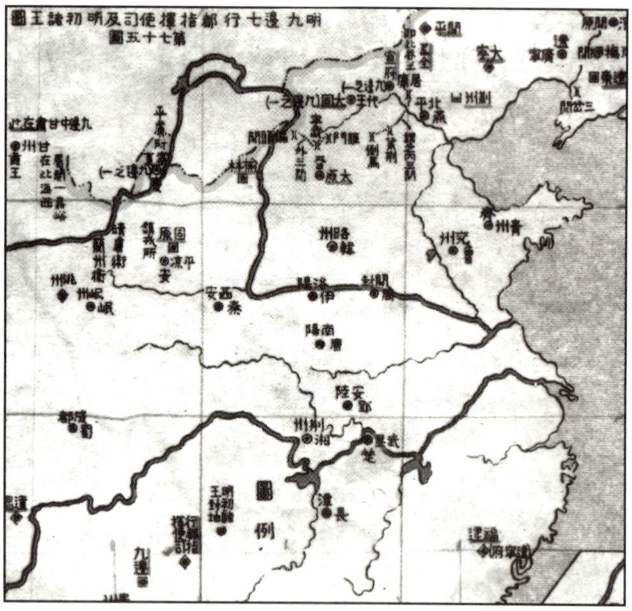

明初九边、七行都指挥使司及诸王封地图

图例●诸王封地◆行都指挥使司■九边

嘉峪关在甘肃嘉峪关市西南，明长城终点，也是丝绸之路及东西文化交通要地。

（一）明九边镇：辽东、蓟州、宣府、大同、太原、榆林、固原、宁夏、甘肃。

（二）七行都指挥使司：辽东、大宁、开平、万全、洮州、建宁、建昌。

（三）明太祖封皇子：樉秦王（西安），㭎晋王（太原），棣燕王（北平），橚吴王后改周王（开封），桢楚王（武昌），榑齐王（青州），梓潭王（长沙），杞赵王（殇，未及就藩），檀鲁王（兖州）。以上洪武三年（1370）封。明洪武十一年封皇子椿蜀王（成都），柏湘王（荆州），桂豫王（后改代王驻大同），楧汉王（后改肃王驻甘州），植为卫王（兰州），改封吴王橚周王（开封）。明洪武二十四年（1391年）封皇子㮵庆王（宁夏），权宁王（大宁），楩岷王（岷州），橞谷王（万全），松韩王（路州），模沈王（开原），楹安王（平凉），桱唐王（南阳），栋郢王（安陆），㰘伊王（洛阳，次年复秦王），改封豫王桂为代王（大同）、汉王楧为肃王（甘州）、卫王植为辽王（广宁）。

六、冤杀

在夺取政权之后，跟随朱元璋打江山的文臣武将便开始了争权夺利的斗争。在皇帝面前挑拨离间，抬高自己，打击别人。朱元璋又是一位“雄猜好杀”的人，为了维护统治，并考虑到皇位继承人仁义软弱，深恐自己死后，嗣皇帝制服不了位高权重的功臣，因此，在位期间，制造了许多冤案，大肆杀戮功臣。

朱元璋，淮河流域人，以左丞相李善长为首的当年跟随起义的功臣也多是淮河流域人，形成淮西集团。而军师刘基是浙江青田人，被起用后在平定陈友谅及张士诚时起到一个杰出军师的作用，深得朱元璋信任。但常遭到淮西集团的嫉妒、排挤和压抑，同是开国元勋，李善长封韩国公，刘基只封诚意伯。李善长每年俸禄4000石，刘基只240石。有一次，朱元璋回到南京，李善长向朱元璋告刘基独断专行、在祭坛下杀人对老天不敬，其他淮西文臣武将，也落井下石。适刘基因妻子病逝请假回家，朱元璋乘机准其致仕回家，后来多次征召，都被刘基婉拒。终被左丞相胡惟庸指使属下诬告刘基看风水、选有王气的闽浙交界的淡洋地方给自己建造坟墓。刘基赶到南京，朱元璋虽不大相信，但总不愉快，便把刘基的俸禄取消了，还写诗提醒刘基：“冽冽北风吹倒人，乾坤无地不生尘”。要他留心，有人说你坏话了。这时正是梅花傲雪、竞相怒放，刘基也写诗呈朱元璋，诗云：

我家洗砚池边水，朵朵开来点墨痕，
不要枝头好颜色，只留清气满乾坤。

晚年朱元璋

御史中丞诚意伯刘基（刘伯温）

朱元璋看了刘基表白心事的诗，知道他确实没有什么野心，但还是把他留在了南京城里。洪武八年（1375）初，刘基病了，后来吃了胡惟庸找来的医生开的药之后，病况一天比一天恶化。朱元璋派人把他送回老家，夏四月，致仕的诚意伯刘基卒，终年65岁。

徐达，对朱元璋可说是立下了汗马功劳。由于他的妻子谢氏与马皇后相处甚佳，经常被邀到皇宫闲谈，只说皇宫盖得壮美一句话。后被朱元璋获知，他把徐达骗出，旋即派人用乱棍把谢氏打死。然后告知徐达“我为你除了一害”，徐达还忍痛叩头谢恩。马皇后知道后，很不高兴。朱元璋说，她有取代帝王之心，妇人枕边的话不能小看。她整天在丈夫耳边叨叨，难免徐达不动心。

李文忠，原名李保儿，是朱元璋的外甥，其母去世后，随父到滁州投奔舅父朱元璋，为朱元璋所收养，并改名为朱文忠，后又恢复李姓，在战争中屡建战功。洪武三年（1370）以左副将军随徐达北征沙漠，俘获元顺帝之孙及后妃宫人和诸王将相数百人、部众5万余人。大封功臣时，封为曹国公并出任当时最高军事长官都督府左都督。

曹国公李文忠

李文忠熟通经史与诗赋，亲近儒士，对朱元璋的某些行为有不同的看法并直言不讳地指出来。他曾劝朱元璋说："人才难得，不像路边青草割了再生，请陛下多给人开一条自新之路。"朱元璋沉下脸说："朕知道了。"又一次，文忠劝谏，"陛下鉴前代之失，不准宦官干政，又裁减宦官员缺，真是天纵之圣。但据臣看来，宫中冗员依然过多，又悖于'天子不近刑人'的古训，宜更加裁省"。朱元璋勃然大怒："这话是谁教你的？"文忠回答："是臣愚昧，胡乱说的。"不久，朱元璋派武士闯进李府，将文忠手下的儒士幕僚全部捉去杀了，文忠从此病倒。洪武十六年（1383）十二月便奄奄一息了。次年春，朱元璋派太子前去探问，并派遣淮安侯华中督理医生诊断治疗。稍后朱元璋亲去探视，甥舅二人床前叙旧，顿使李文忠病情好转。孰料第三天竟然撒手去了。消息传出，举朝震惊，为什么在病情好转之时猝然而死。朱元璋突将为李文忠治病的医生及其家属100余口统统处死。并将华中削爵，充军川西建昌卫，罪名是毒死了李文忠。李文忠到底是怎么死的，如果是被毒死的，是不是受了朱元璋指使，否则为什么要把医生全家100余口灭口？医生与李文忠平日无冤无仇，何故要毒死他？这都成了历史谜团。

宋濂，明初的功臣，太子朱标的老师，又为朱元璋讲解经史，敷陈治国平天下之道。后来任记载皇帝言行的起居注、翰林院学士、知制诰等官，主持制定礼仪，修纂《元史》，被称为明代的开国文臣之首，是朱元璋文学、儒学首席顾问。每次召见，都为他赐座命茶，早饭也让他陪着吃，在相当长的时间内，与朱元璋关系相当融洽。一日天降甘露，元璋召见宋濂，亲自调甘露汤给他喝，说："此物可以疗病延年，愿与卿共之"。又令太子赠宋濂白马，朱元璋并作赋《白马歌》。但这个反复无常的暴君，对读书人始终猜忌，大兴文字狱。洪武十年正月，宋濂68岁，以年老致仕。元璋赏赐给他一部《御制文集》和许多丝绸，说道"三十二年后，把这绮帛做百岁吧！"宋濂感动得老泪纵横。宋濂回乡后，不置田产，不谈朝政，唯以纂述授徒为乐。每年九月，他都去南京为元璋祝寿。洪武十二年九月，宋濂在南京陪元璋登文楼，不慎摔倒在地。元璋看他实在太老了，就命他明年不要再来了。洪武十三年万寿节，元璋忘记说过的"不必再来"的话，想起往年与宋濂一起谈天叙旧、饮酒赋诗的快活来。遂命人潜往金华暗访。事有凑巧，来人正见宋濂与乡间朋友饮酒赋诗。这个情形上奏后，朱元璋立时感到受了宋濂几十年的欺骗，恨不能立即剥了他的皮。于是问刑部宋氏叔侄与胡惟庸党有没有关系。刑部心领神会。洪武十三年十二月，宋濂的侄子（一说孙子）宋慎便名列胡党，被逮捕处死，朱元璋便派人抄了宋濂的家，将他连同妻小仆妇一起捉到南京，并令将宋濂判了死刑。太子听说老师被捉将处死，跑到朱元璋面前哭诉哀求说："儿臣愚憨，没有别的老师，恳请父皇可怜，免他一死。"朱元璋训斥道："等你做天子的时候再去宽恕他吧！"朱标痛苦极了，他抽泣着离开了父亲，到御河桥边，纵身跳下，附近太监随即跳下，把他救

明代开国文臣之首太子朱标的老师宋濂像

朱标求母后救师图
采自冯国超主编的《明太祖传》，中国戏剧出版社出版。

上。太子为宋濂求情母后，马皇后为了安抚太子，亲自去为宋濂说情，她说：“宋学士退休在家，怎能知道孙子的罪事。百姓人家请个先生，尚能始终尊敬保护他，何况是太子的老师呢？”朱元璋听后，不予采纳。这天，马皇后陪元璋吃饭，不饮酒，也不吃肉，元璋问是怎么回事，皇后说：“妾哀痛宋学士所遭受的刑辱，想替几个儿子为他们的老师服心丧而已。”朱元璋听了极不高兴，扔下筷子，离席就走。可经过冷静思考后，第二天还是赦免了宋濂的死罪，改流放茂州。若非马皇后全力营救，朱元璋便结束了宋濂的老命。洪武十四年（1381）五月二十日，这个71岁的太子老师宋濂枷锁锒铛勉强挨到夔州，忧病成疾。他走进一座寺庙里打了一个绳结，了却了自己的残生。

朱元璋担心儿子软弱，儿子也觉得父亲诛杀太虐，阴晴难测，曾向父亲进谏，“父皇诛杀太滥，恐怕伤了天地的和气。”父子矛盾越来越尖锐，朱标抑郁，后来一病不起，享年仅38岁。

最大的冤案要算“胡蓝大狱”。洪武十三年（1380）正月，朱元璋以左丞相胡惟庸谋反，诛杀胡惟庸及其党羽御史大夫陈宁、御史中丞涂节等。据说胡惟庸以家中的井涌出甘泉，长出石笋，请皇上光临观赏。出门不久，一名太监拦住车驾，示意是丞相设的圈套。朱元璋立即回宫，登上紫禁城城墙观察丞相府的动静，果然胡府刀光闪闪，兵丁调动频繁，于是发兵包围相府，抓住胡惟庸等杀了，株连者一万五千余人。当时只说胡惟庸骄横专断，把生杀予夺的大权都抓在自己的手中，显然，这是皇帝和丞相之间的权力之争。朱元璋不愿大权旁落才找借口杀掉胡惟庸。从此废除丞相制度，让六部直接向皇帝负责，加强了君主集权的专制统治。

胡惟庸一案株连者一万五千余人

洪武十九年（1386）七月，以胡惟庸党林贤私通倭寇诛其九族。二十三年（1390）四月，吉安侯陆仲亨等坐胡惟庸党下狱。潭王朱梓自焚死。五月，以太师韩国公李善长交通胡惟庸赐死，家口坐死者70余人，陆仲亨等亦皆诛。二十五年八月，江夏侯周德兴等皆坐事诛。

赐死的太师韩国公李善长

洪武二十五年（1392）九月十二日，朱元璋立朱标的儿子朱允炆为皇太孙，作为皇位继承人。以冯胜、傅友德为太子太师，蓝玉为太子太傅。蓝玉私下只发了一句牢骚话，“为什么要我屈居冯、傅之下，难道我就不能做太师吗？”但此时却有人告他图谋不轨，企图聚众造反，夺取皇位。

蓝玉被押赴刑场

洪武二十六年（1393）二月初八日，早朝将罢，突然，锦衣卫指挥蒋瓛出班参奏蓝玉谋反，蓝玉当场被捕。朱元璋下令立即组织审讯。针对蒋瓛的诬陷，蓝玉据理辩驳、毫不退让。吏部尚书詹徽喝令他招出同党，蓝玉大呼道：“詹徽就是我的同党。”一言之下，武士立即把詹徽抓了起来，搞得一个个审问官张口结舌，不敢张狂。朱元璋也不再要蓝玉的口供，第三天（初十日），就把他以酷刑处死，夷灭九族。凡和案件有牵连的人及和蓝玉有来往的人，都抄家问斩，一共杀了将近两万人。与蓝玉同日死的有鹤庆侯张翼、普定侯陈桓、景川侯曹震、舳舻侯朱寿、东莞伯何荣、吏部尚书詹徽。三月，会宁侯张温坐蓝玉党被诛杀。

洪武二十七年（1394）十一月，战功显赫的颍国公傅友德、十二月定远侯王弼先后坐事被诛。

洪武二十八年（1395）二月，宋国公冯胜亦被赐死。

洪武三十年（1397）六月，驸马都尉欧阳伦有罪亦被赐死。但与蓝玉党无牵连。

洪武三十一年（1398）闰五月，朱元璋病死，葬南京钟山孝陵。群臣上谥曰高皇帝，庙号太祖。

这位晚年大肆杀戮功臣的皇帝为巩固朱家王朝的统治，既大力推行中央集权制度，又实行与中央集权制相矛盾的封建亲藩政策，即分封诸皇子为王，用以“屏藩王室”。但分封造成分裂和割据，引起后来骨肉相残。大杀功臣，造成后来即皇帝位的皇太孙朱允炆（即建文帝）已无大将可抵御燕王起兵南下，只得起用幸存的老将耿炳文和纨绔子弟李景隆相继统兵北伐，结果均被燕王朱棣打败，燕王占领南京，即皇帝位，年号永乐，是为明太宗。

第二节　靖难之役

朱元璋死后，遗诏由其长孙朱允炆即皇帝位，年号建文，是为恭闵惠皇帝，简称惠帝、建文帝。

建文帝朱允炆的父亲朱标画像

一、“靖难之役”的起因

朱元璋不立子而立孙，早已令其诸子不满。因此，朱元璋一死，周王橚、湘王柏、齐王榑、代王桂、岷王楩等蠢蠢欲动，大造谣言，顾盼自雄。明廷诸臣如兵部尚书齐泰、太常寺卿黄子澄等为维护建文帝的帝位，鼓动皇帝“削藩”，以加强中央集权。他们认为若要削藩，应先削周王。周王是燕王的亲弟弟，削了周王的封爵，就剪去了燕王的帮手，遂向建文帝奏报。正巧此时有人告发周王违法，建文帝命曹国公李景隆率领大军进驻开封，包围周王府，逮捕了周王和他的妃嫔、子女押回南京，建文帝下令废为庶人。齐王、代王、岷王也相继都被废为庶人。湘王听说建文帝派兵来抓他，一时气愤不过，在王府里点了一把火，自焚而死。

朱棣见祸将及己，佯狂称疾。建文帝命北平布政使张昺、都指挥使谢贵以兵守燕王府。朱棣遂密与谋士道衍等人商议，令亲信指挥张玉、朱能秘密选精壮亲兵800人入府守卫，建文元年七月，密派壮士预伏端礼门，把张昺、谢贵骗进王府，把他们杀了，遂夺九门，上书建文帝，指齐泰、黄子澄为奸臣，并援《祖训》：“朝无正臣，内有奸恶，则亲王训兵待命，天子密诏诸王统领镇兵讨平之”。

朱棣（1360~1424）

控制北平后，朱棣正式起兵，打出“靖难”的旗号，在北平誓师，布告将士，出兵“清君侧”，名其军为“靖难军”，于是大举南下，开始了长达四年之久的“靖难之役”。

二、“靖难之役”的经过

朱棣以北平为大本营，迅速占领通州，然后攻拔居庸关，破怀来，执宋忠，取密云，克遵化，降永平，扫清了北平的外围，未及二旬，聚众至数万。事闻，建文帝命大将军耿炳文率师40万讨伐。

建文元年（1399）八月，耿军先锋杨松已占雄县。燕王朱棣乘耿军新至不备，亲率兵到涿州（河北），跨过白沟河（今拒马河），夜袭雄县，一举全歼耿军前锋9000

人，活捉都指挥潘忠。朱棣领兵到了真定，前后夹攻，耿炳文自将30万大军竟不堪一击，大败而逃。八月底，建文帝命曹国公李景隆代耿炳文为大将军，领兵50万，进驻河间（今属河北），再次北征。十月，燕王留军守北平，自率一军绕道突然至大宁（今内蒙古宁城县境）城下，诱拘宁王权，并合并其兵马，扩充了实力。此时，李景隆率兵围北平城。十一月，燕王回师北平，打败李景隆。李军丢下粮食器械，日夜南奔，退屯德州。

建文二年（1400）二月，燕军攻陷蔚州，进攻大同。李景隆自德州赴援，无功而退。保定知府雒佥叛降于燕。四月，李景隆重振旗鼓，会合郭英、吴杰兵共60万。号称百万雄师，从德州北上与燕兵战于白沟河，初胜后败，又退屯德州，燕兵追至德州。五月，景隆奔济南，燕兵攻陷德州后尾追不舍，于济南城下打败李景隆10余万众，李景隆向南逃走。山东参政铁铉与都督盛庸坚守济南城。朱棣围攻济南城三月未下，只好退回北平。盛庸等乘机收复德州。九月，建文帝封盛庸为历城侯和平燕大将军，以取代李景隆，并以都督陈晖、平安为副，盛庸屯德州，平安、吴杰屯定州，徐凯屯沧州。另擢升铁铉为山东布政使，参赞军务，不久，进兵部尚书。十月，李景隆被召回，赦其不杀。这时，燕兵袭沧州，执徐凯，继而乘胜南下，略地至东平。十二月，与盛庸战于东昌，盛庸以火器劲弩攻燕兵，追平安军至，合围数重，燕王大败，突围以免，燕军死亡数万，燕将张玉战死。

建文三年（1401）正月，燕王击败吴杰、平安军于威县，再败之于深州，遂还北平。二月复率师南下。三月与盛庸军遇于夹河，燕军大败，谭渊战死。朱能、张武殊死战，盛军少却。自晨至未，两军互有胜负，忽东北风起，燕兵乘风纵击，盛庸大败，走德州。闰三月，燕军打败都督平安兵于藁城，平安、吴杰败走，追至真定城下，乘胜掠顺德、广平至大名。四月，建文帝遣大理寺少卿薛嵓赴燕，令罢兵归藩，燕王不听。五月，庸军分兵南下断燕饷道，燕王遣李远攻沛县，焚粮舟万计。七月，掠彰德，降林县，平安乘虚捣北平。燕王遣刘江迎战，平安败屯真定。

燕王朱棣自建文元年（1399）七月起兵至三年（1401）十二月，转战两年多，始终未过山东、河北的明军防线。所克城邑，兵去旋复为朝廷守，战果不佳，仅据有北平、保定、永平三府而已。就在“靖难军”疲惫交加、人心涣散之时，有一个“中官被黜者”即被建文帝罢黜的宦官到北平投靠燕王，声称金陵空虚，若麾军南下，经山东、安徽，避实击虚，可以一举攻克京师。燕王乃慨然曰：“频年用兵，何时已乎？要当临江一决，不复返顾矣。”遂改变战略方针，不与朝廷大军争一城一地之得失，而是争帝位为首要，因此锐意南下，直取金陵。金陵若破，自己以明太祖亲子的身份取建文帝而代之，造成既定事实，则天下可不战而定。十二月遂复出师。

建文四年（1402）正月，燕军连陷东阿、东平、兖州、沛县，前锋直逼徐州。徐州守将闭门拒战，等候燕军来攻。不料朱棣无心攻城，一意南下，于是绕过徐州。

靖难之役前期形势图

靖难之役后期形势图

明太宗文皇帝朱棣（1360~1424）

但又恐徐州守军蹑其后，乃伏兵九里山，遣游骑至徐州城下劫掠，并大声谩骂守军。守军果出兵5000人追击，至九里山中伏大败，退回城内，不敢再出城进攻，燕军于是放心，继续南下。三月，燕军攻宿州，明将都督何福、陈晖、平安等统军4万来战，朱棣命大军埋伏于淝河附近，令部将王真、刘江各率百骑前去诱敌，平安追及淝河，斩燕将王真，燕军伏兵突出，平安大败，燕军攻陷宿州。四月，何福、平安与徐达之子明魏国公徐辉祖复率军来战，何福、平安败燕军于小河，斩其将陈文。徐辉祖等败燕军于齐眉山，斩其将李斌。朱棣在燕军新败、前途莫测的紧急关头，夜不解甲，与士卒同甘共苦，终于在灵璧击败明军，何福单骑逃走，平安、陈晖、礼部侍郎陈性善、大理寺卿彭与明等皆被执。主因在于明军初胜时，建文帝听信讹言，以为燕兵已败，退回北方，遂召徐辉祖师还，使得何福军势孤，招致失败。五月，朱棣取得灵璧之捷后，欲乘胜渡淮河继续南下。这时，明大将盛庸正统率数万精兵、数千艘战船拒守淮河南岸。朱棣想避开盛庸，假道淮安南下，淮安守将梅殷拒之，凤阳守将徐安亦拆浮桥以阻燕军。朱棣乃引兵至泗州，泗州守将周景初献城投降。朱棣密派部将朱能、邱福率奇兵数百，西行20里，从淮河上游潜渡，突然炮击盛庸之军，盛庸所部惊慌间，邱福等率兵突袭之，明军于是纷纷败走，燕军乘机渡过淮河，攻克盱眙。这时朱棣集诸将商议大军所向，燕军将领有的言宜取凤阳，有的主张取淮安。朱棣说：“凤阳楼橹完，淮安多积粟，攻之未易下。不若乘胜直趋扬州，指仪真，则淮、凤自震。我耀兵江上，京师孤危，必有内变。”诸将皆曰善。遂乘胜攻扬州，扬州守将王礼与其弟开门迎降，燕王遂驻军江北。此时金陵之兵已无法抵挡燕军的进攻，建文帝遣庆成郡王至燕军，许割地以和，燕王不听。六月，明江防都督佥事陈瑄率舟师叛降，归附于燕王。燕王遂自瓜洲渡江，盛庸以海舟迎战，被燕军打败。遂下镇江，次龙潭。建文帝又遣李景隆及兵部尚书茹常、都督王佐至燕军，重申前约。不久，复派谷王橞、安王楹往，皆不听。遂“遣使赍蜡书四出”，征各地兵马晋京勤王。十三日，燕军先锋刘保率千余骑驰至东门朝阳门，见城上无守备，朱棣获悉，遂率兵至城下，谷王橞及李景隆叛，开门纳燕兵，朱棣遂兵不血刃，进入京师，金陵（今南京）陷落。十七日朱棣即位，是为明太宗（成祖）。

三、关于建文帝的下落

关于建文帝最后的去处，正史《明史·恭闵帝记》载：宫中火起，帝不知所终，燕王遣中使出帝后尸于火中；越八日壬申葬之。或云帝由地道出亡。正统五年，有僧自云南至广西，诡称建文帝。思恩知府岑瑛闻于朝。按问，乃钧州人杨行祥，年已九十余，下狱，闰四月死。同谋僧十二人，皆戍辽东。自后滇、黔、巴、蜀间，相传有帝为僧时往来迹。正德、万历、崇祯间，诸臣请续封帝后，及加庙号，皆下部议，不果行。

由此可知，最有权威的正史，对建文帝的去向有两种说法，一是在宫中火起时，与皇后同被烧死；二是从地道中逃出后，出家当了僧人。在明代学者编写的史籍中，既有记载其被火烧死的，也有详记建文帝死里逃生的。谷应泰的《明史纪事本末·建文逊国》中更详细介绍建文帝死里逃生的经过。他认为建文帝由密道逃出南京。他说当时有少监王钺说，高皇帝曾留下宝匣，说是如有大难可以打开。在奉先殿左侧寻到宝匣，砸开宝匣，里面有袈裟、僧帽、僧鞋、剃刀以及纹银十锭。另有三张度牒，写有“应文”、“应能”、“应贤”的名字，又写：“应文从鬼门出，其余人等从水关御沟而行，薄暮时分在神乐观的西房会合”。建文帝大叹：“天意”!遂放火烧大内。接着建文帝被剃去头发，换上僧衣。杨应能表示愿剃度随帝流亡。监察御史叶希贤改名为“应贤”，也剃度改装随从。当时在殿里有五六十人，皆说要一起流亡。建文帝说，人多必引起怀疑，于是选九人陪他前往鬼门关。鬼门关外正好有一艘小船，船中有一道士，呼建文帝登舟，并叩首称万岁，道士说：“昨夜梦见高皇帝，命臣来此守候。”说得有声有色，不知何据？《明史纪事本末》记载，建文帝从南京逃出后，带着杨应能、叶希贤、程济隐名易服，云游天下，他西游重庆，东到天台，转入祥符，侨居西粤，中间结庵于白龙，题诗于罗永，两入荆楚之乡，三去史彬之第。很是狼狈。题诗于罗永，其中《七言述怀》一首写："牢落西南四十秋，萧萧白发已盈头，乾坤有恨家何在？江汉无情水自流。长乐宫中云气散，乾元阁上雨声收。新蒲细柳年年绿，野老吞声哭未休。"云南楚雄州武定县狮山上留有碑刻。山上有"正续禅寺"，有一楹联曰："僧为帝，帝亦为僧，数十载衣钵相传，正觉依然皇觉旧；叔负侄，侄不负叔，把千里芒鞋徒步，狮山更比燕山高"。这时成祖虽已病逝，建文帝亦不敢如此"胆大妄为"，不是伪作便是文人雅士的后人根据传说所作，均不足为信。

清代多是二说并书。现代学人对此事亦颇关心，如刘乐一、李业成的《"红崖天书"考释》，2004年10月17日《海峡都市报》专版报道建文帝到泉州当和尚的佐证，等等。总之，确成历史谜案。

2009年8月30日《福州晚报》转载了一篇题为《明史专家考证认定失踪的建文帝陵寝在宁德》，全文如下：

据中新社宁德电在福建宁德市的金涵畲族乡，海拔350米的上金贝是一个远近闻名的畲族村落。而村中的一座古墓盛传为明朝建文帝陵寝，上金贝村由此蒙上了一层神秘的色彩。

经过8月25日到27日为期三天的实地研究考证，南京大学明史研究领军人物潘群教授、明史学者马渭源等中国明史研究专家认定，福建宁德市上金贝村的古墓是建文帝的陵寝。

专家认为，该古墓形制奇特，主陵呈圈椅状，并建有拜亭、舍利塔，陵体左右两厢有闭嘴龙雕刻。墓的结构和格局处处体现出一种缩小了的皇家气派，表明墓主人的身份非常尊贵；而且墓的各种构件精致豪华，如龙头雕饰9层阶梯，墓前有拜亭等，可以判断这是皇族的墓。

方孝孺纪念碑亭

专家认为古墓前的金水河、金水桥、古墓建筑的龙刻构件、怪异的墓制、宏大的规模，加上冒着犯下"大不敬"重罪的风险而不署建造年代。综合种种田野考古信息和文献资料，那个被"打扮"成不僧不俗、被定为"御赐金襕佛日圆明大师第三代沧海珠禅师"的人的真实身份，应该就是大明第二位皇帝建文帝。

专家进一步指出，古墓舍利塔的莲花基座造型与安徽凤阳明皇陵及淮安盱眙明祖陵的莲花座造型完全一致，这种造型在明朝只有朱家可以使用，可以肯定墓主人系朱家的。对于宁德华严寺（支提寺）珍藏的一件明代云锦袈裟，专家认为这是对上金贝古墓为建文帝陵寝的有力佐证。支提寺云锦袈裟胸前上方有九条龙，下方有五条龙，九五之尊为皇帝独有。

此行考察的成果令明史专家们惊喜连连，潘群教授欣然为上金贝古墓题字"明朝第二陵"。（庄严　吴泽金）

笔者读后认为，上述明史专家多系主观推测，不足为凭。似应进一步考证，才能尘埃落定、谜案破解。

四、关于方孝孺之死

方孝孺，字希直，又字希古，人称正学先生。浙江宁海人，宋濂弟子。

文学博士方孝孺

洪武十五年（1382），因东阁大学士吴沉、杨枢的举荐，明太祖朱元璋召见方孝孺。太祖赞他是个不可多得的人才。但因为政见不同，方孝孺力主施行仁政、先德化而后政刑，太祖则主张用严刑峻法控制官民，所以没有得到重用。但却有意让其日后辅佐子孙。建文帝即位后，遵照太祖遗训，召方孝孺入京委以重任，先后出任翰林侍讲、翰林学士。方孝孺衷心助主，辅助建文帝省刑、减赋、更定官制，锐意致治，力图改变洪武以来严刑苛政的统治政策。

建文四年（1402）燕兵攻破京师。燕王进京后，文武百官多见风转舵，投降燕王。方孝孺拒不投降，被捕下狱。这时，方孝孺已是名闻天下的第一大儒，其学识、品德为四海所称颂。当时建文帝讨伐燕王的诏书、檄文都出自方孝孺之手。朱棣也有意借用方孝孺的名望收揽人心，屡次派人到狱中劝降，希望由他撰写新皇帝即位诏书，都被他坚决拒绝。一日朱棣上朝，强迫他写诏书。方孝孺写了"燕贼篡位"几个字后掷笔于地，终被朱棣诛十族（包括门生一族），共870人。这是朱棣在历史上留下的一个很大的污点。方孝孺遗骸掩埋于聚宝门外山上，后人为其

方孝孺佩带的京城通行铜牌

牌上文字为“朝廷官员应带此牌，无牌者依律拘罪，借者及借与者罪同，出京不用”。

方孝孺是建文帝最为信任的儒生之一，这是建文元年发给方孝孺的京城通行铜牌。

建纪念碑亭。

燕王即皇帝位后，即杀齐泰、黄子澄。八月，执兵部尚书铁铉至，不屈，杀之。以明年为永乐元年。

永乐元年（1403）九月夺历城侯盛庸官爵，盛庸自杀（原平燕将军）。

永乐二年（1404）十月，抄长兴侯耿炳文家，炳文自杀。十二月下李景隆于狱。

永乐三年（1405）十月，驸马都尉梅殷忠于建文帝，使人挤之堕水而亡，又杀挤殷之人。十一月，庶吉士章朴因私藏方孝孺诗文，被杀。

永乐七年（1409）三月，平安自杀（原平燕军都督、平燕副将军）。

永乐八年（1410）八月，宁远侯何福自杀（原平燕军都督）。

永乐九年（1411）二月，左副都御史（原北平按察使）陈瑛有罪，下狱死。

永乐十五年（1417）二月，谷王橞有罪，被废为庶人。至此，背叛建文帝开城门迎燕兵的曹国公李景隆与谷王橞都不得信任，落得悲惨的下场。

五、关于谋士道衍其人

在靖难之役中，取得胜利的关键人物谋士道衍，究竟是何许人？道衍原姓姚，福州府长乐县东北姚坑村人。据《姚氏族谱》载，他14岁出家，18岁剃度为僧，法名道衍。读书工诗画，又事道士席应真，得其阴阳术数之学。习兵法，广交名士。他是位儒、释、道兼通的人才。时高皇后崩，朱元璋选僧侍诸王，为已故皇后诵经荐福。燕王朱棣经高僧宗泐推举，结识道衍，交谈甚洽，燕王即向其父洪武帝朱元璋请求，将道衍从己，因而道衍便随燕王到北平。洪武崩后遗命立皇太孙即位。建文帝为了巩固帝位，开始渐次削夺诸王藩封，燕王势力较强，建文帝还未对其下手，道衍力促燕王起兵靖难。他为燕王秘密训练核心军队。“靖难之役”从建文元年（1399）起至建文四年（1402）六月，燕王军渡江下镇江逼京师，守军迎降，宫中火起，建文帝下落不明。此役以燕王胜利结束。永乐帝登基，其得天下，论功道衍为第一，不久，封其为太子少师，复其姓，赐名（即姚广孝）。姚广孝还对中国文化做出重要贡献，他与才子解缙一起主持修纂中国第一部大型类书《永乐大典》。

著名学者、原福州文化局局长曾意丹说：姚坑村的族谱还提到姚广孝到长乐故乡参与郑和下西洋。当然姚广孝未必有去西洋，但以他的见识、地位与影响，他完全可能参与了下西洋的决策，可能还负责促成此一壮举（曾意丹：《福州府左海掇珠》第51~54页，福建教育出版社2007年10月第一版）。

《姚氏族谱》所载道衍情况，基本符合事实。《明史·成祖》载：永乐二年夏四月壬申，僧道衍为太子少师，复其姓姚，赐名广孝。道衍是“靖难”第一功臣，朱棣想重重赏赐和敕封他，但姚广孝只接受了僧录司左善世这一个僧官的名号和僧服。朱棣想让其还俗，恢复其姚姓，并赐名广孝，目的是让他还俗享受人间福禄。但他佛心却坚如铁石，始终是佛门弟子，是一个和尚。

《姚氏族谱》中有关道衍（姚广孝）的记载，说他是“永乐九年随同中贵（太监）驾巨舰自福建之长乐五虎门航大海西南抵林邑又自林邑正南行八昼夜抵满利加由是而达西洋古里大国还诣祖祠修整谱牒……永乐十六年二月十三日卒享年九十一岁，追封荣国公谥恭靖”，从这段记载可知他确未参加第一次下西洋，永乐九年（1411）是第三次下西洋归国日期，应是永乐七年（1409）第二次奉使还，又第三次奉命出使西洋诸国，因此，道衍和尚是参加第三次下西洋于永乐九年六月还国。这里所指永乐九年是回国日期。

道衍自古里返国后还参拜祖祠并参与修谱工作等，然

道衍像（摄自台北故宫博物院）

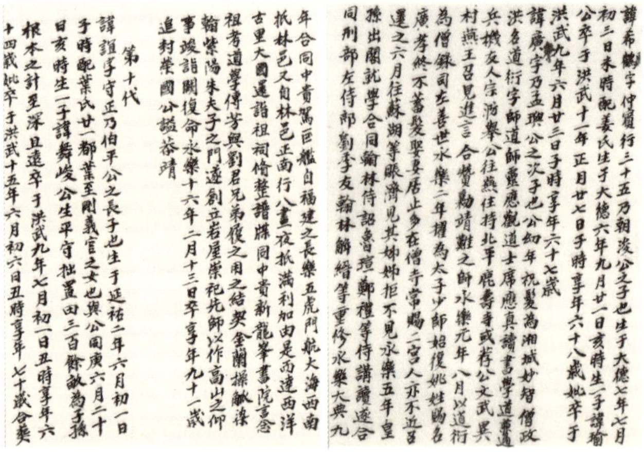

諱希爵字仲寬行三十五乃翱溪公之子也生于大德七年七月初三日未時配姜氏生于大德六年九月廿一日亥時生一子諱瑜公卒于洪武十一年正月廿七日子時享年六十八歲妣卒于洪武九年六月廿三日子時享年六十七歲

諱廣孝字乃孟琪公之次子也公幼年祝髮爲湘城妙智僧政洪名道衍字師道師靈應觀道士席應真讀書學道兼通兵機交人宗泐舉公往燕住持北平慶壽寺武薦公文武異村燕王召見進言合贊勵靖難之師永樂元年八月以道衍為僧錄司左善世永樂二年擢為太子少師始復姚姓賜名廣孝終不蓄髮娶妻居止多在僧寺常賜二宮人亦不近召還之六月往蘇湖等賑濟見其姊姊拒不見永樂五年皇孫出閣就學合同翰林侍詔魯瓊鄭禮等侍講讀遂合同刑部左侍部劉季友翰林解縉等重修永樂大典九年合同中貴駕巨艦自福建之長樂五虎門航大海西南抵林邑又自林邑正南行八晝夜抵滿剌加由是而達西洋古里大國還諧祖祠脩整譜牒同中貴新龍峯書院言念祖考道學傳芳與劉君兄弟復之用之結契金蘭操觚染翰紫陽朱夫子之門遂創立岩屋崇祀先師以作高山之仰事竣詣闕復命永樂十六年二月十三日卒享年九十一歲追封榮國公謚恭靖

第十代

諱頲字守正乃伯平公之長子也生于延祐二年六月初一日子時配葉氏廿一都葉至剛義官之女也與公同庚六月二十日亥時生一子諱舜峻公生平守拙置田三百餘畝為子孫根本之計至深且遠卒于洪武九年七月初一日丑時享年六十四歲妣卒于洪武十五年六月初六日丑時享年七十歲合葬

《姚氏族谱》中有关道衍和尚的记载

后回京复命。永乐十六年（1418）二月十三日病逝，享年91岁，追封荣国公，谥恭靖。

从《姚氏族谱》记载看，似是可信，他第一次下西洋确未参与，而第三次似亲自参加，至于荣国公称号，是死后追封的，也有可能。但《明史·成祖本纪》未见记载，有待进一步查考。

为什么说道衍是靖难第一功臣呢？

首先，他是一个慧眼识英雄的和尚。他曾经救过郑和，把他安顿到洪福寺。后来成为燕王争夺帝位的得力谋士时，又在燕王府遇到追随傅友德的郑和等人，遂把郑和等介绍给燕王。傅友德被朱元璋赐死，道衍又派袁忠彻到砀山寻找郑和并用计把他带回燕王府，郑和从此跟随燕王。道衍是燕王最信任的谋士，燕王遇到难以解决的问题，无不与他先行密商。因此，七下西洋主帅人选、南京报恩寺修建人选，皆为道衍推举的郑和。道衍对燕王说如今正是用人之际，马和（后赐姓郑）此人堪当大任。对道衍的推举，燕王无不首肯。

道衍和尚，明史连传都没有，长乐《姚氏族谱》却刊载他的传记，实属不易。但据《中国历史大辞典》（上海辞书出版社2000年3月1日版）第2328页刊载《姚广孝》传说：姚广孝，明苏州长洲（今江苏苏州）人，幼名天禧，字斯道。十四岁出家妙智庵，十八岁剃度为僧，法名道

长乐姚坑村道衍和尚（姚广孝）故居

长乐明教堂

北宋元祐二年（1087）由里人方子安创建。其后，姚能举拓建。在此读书者出过三位状元——姚颖、姚勉、陈文龙，还有十几位进士。

明教堂前已枯的古柏树

姚家出两位状元：姚颖、姚勉

状元故居

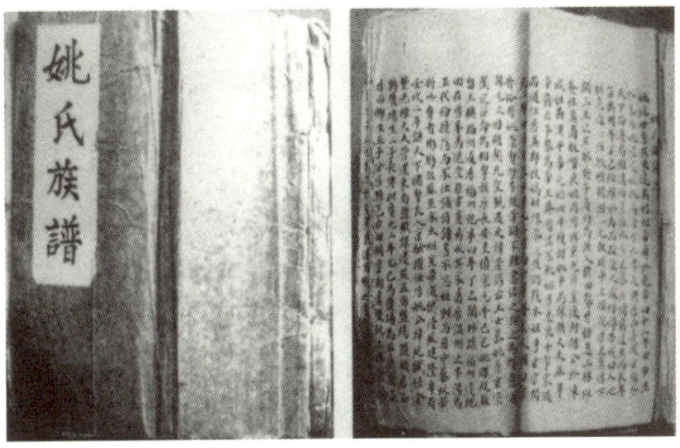

长乐姚坑村《姚氏族谱》

衍。习兵法，结名士，兼通佛、道、儒诸家之学。洪武中以高僧从燕王至北平（今北京）。建文初，力促燕王起兵“靖难”，参与策划军事。成祖即位，论功第一，授僧录司左善世、太子少师，复姓赐名，受命辅导太子、太孙，并先后主修《永乐大典》、《太祖实录》等。因病卒于北京庆寿寺。著有《逃虚类稿》、《逃虚集》、《逃虚子诗集》、《道余录》、《石城霞外集》等。

上述简传，给读者提出一个问题，姚广孝究竟是苏州人还是福州长乐人？这是值得商榷的问题。笔者愚见，实是同一人。14岁从长乐出家苏州妙智庵，后来成名，苏州人称他为苏州人，长乐人称他是长乐人，实是同一人。

其次，当建文帝命令曹国公李景隆代耿炳文为大将军、领50万兵北上围北平城，这时燕王领一军在大宁，留守北平的是燕王世子朱高炽，协助守城的是道衍和尚。因天气骤然变得奇冷，城外李景隆军又发动猛攻。朱高炽听从道衍和尚的建议，发动群众在城墙外侧不断泼水，冻成冰墙，断绝了李景隆军攀缘登城的念头，暂缓了危机。不久，燕王回师又接受马和的建议，用火烧李军的帐营。李军将士在冷如冰窖的帐篷里，经受苦寒的煎熬，才入梦乡，没想到帐篷会着火，都惊慌失措，不战自乱。李景隆慌忙下令撤退，死伤惨重。马和来到郑村坝战场，清点战场上阵亡将士，只见尸横遍野、血染沙场，不仅安葬好燕军的阵亡将士，也收葬好李景隆军10余万将士的遗骨，植树封山，让他们永远安眠在这里。

第三，燕王没有在北平城里久留，立即挥师南下，攻城略地，直奔山东。道衍和尚随军来到德州。适在这时，北方鞑靼可汗坤帖木儿乘虚南侵，抄燕王的后路，燕王得报忧心忡忡，怕被前后夹击，这时，道衍和尚审时度势，对燕王献策：依贫僧之见，北边宜和不宜战，并推荐马和去稳住坤帖木儿。临行时，道衍和尚帮他谋划，要他临危不乱、随机应变，要不战而屈人之兵，达到化干戈为玉帛的目的。马和果然不负使命，两边修好，使燕王从此可以一心向南了。

第四，燕军南下，仍不顺利，在济南遭到铁铉诈降，燕王险丧性命。双方遂在东昌（今聊城）展开激战，燕王倚为左右手的虎将张玉又战死在东昌。便改道攻河南，到了彰德（今安阳）又久攻不下。燕王便写信劝彰德都督张清归顺。张清婉拒，回信说：燕王殿下如果是在京师，凭

重建的长乐明教堂外景

长乐明教堂内景

一张二指宽的条子，我不敢不听，现在我可不敢。朱棣奈何他不得，只得改攻林县。林县守将给了他面子，举城投降。正在此时，守卫北平的世子朱高炽来信告急，说朝廷派平安和房昭二将分别从山东和山西两路夹击北平城，情况十分危急，燕王忧心忡忡，求计于道衍和尚，道衍对他说：北平是燕军的根基，保住了根基总会有枝繁叶茂的时候。燕王听罢，决定回师。

第五，燕王回师，进犯北平的平安和房昭两路人马猝不及防，很快都被燕王打垮。燕王从起兵靖难已经两年多了，结果还是回到了原地，心里自是闷闷不乐。他的谋士们也都替他着急。适有被建文帝驱逐出宫的中官（即宦官）苏天宝等人来北平投奔燕王。找到了马和，特告燕王“京城空虚”、“火速直取南京”。这是高公公临终前，让他们来北平告诉燕王，朝廷将重兵都调到外边去了，南京城里非常空虚，劝燕王火速直取南京。燕王听后，立即命马和邀道衍和尚相商。道衍自回到北平，也一直思考胜负得失，总想走出一条光明的道路。燕王介绍了从南京宫里传来的消息并问道衍有何高见，这消息给道衍和尚很大启发，立刻回答：“看来拿下南京也许比拿下济南更容易”。“我一直在琢磨，张清那话其实说出了南军众多将领的心思。他们在王爷与皇上之间，并无特别偏向，谁当皇帝是朱家自己的事情，朱家的人谁坐上了南京宫廷的那把龙椅，他们就会听谁的。”燕王说：“我也曾经这么想过，只是不知南京的虚实，一直在犹豫不决。”道衍说：“宫里来的消息太及时了，那几个宦官功不可没。”朱棣经他一说，从犹豫到决断，决定出兵直奔南京，临江决战，绝不再犹疑了。此后，燕王绕开德州、济南这些朝廷重兵把守的城市，长驱直下徐州附近，打了几次胜仗，朝廷调军队来堵截时，燕军突然迂回到了安徽。

长乐姚坑村姚广孝纪念馆

在淝河、灵璧打了大胜仗，活捉了朝廷大将平安，士气大振，很快由安徽进入江苏，到达泗州，泗州守将投降。泗州是朱棣祖上的老家，朱元璋的父亲由这里迁居濠州（凤阳）。燕王祭扫祖坟后乘胜南下到达扬州。扬州卫指挥王礼开门迎降。明江防都督佥事陈瑄率舟师叛降，归附燕王。燕军自瓜洲渡江，打败盛庸海舟，遂下镇江，到达龙潭，前锋驰至京师东门朝阳门，朱棣率兵至城下，守门的是他的弟弟谷王和李景隆。两人不战自降，大开城门，恭请燕王入城。

综上所述，道衍（姚广孝）和尚在历次关键时刻都起了决定性作用。他不仅是燕王的谋士、军师，后来还被称为国师，当之无愧。在燕王争夺帝位过程中，无可讳言，道衍和尚论功行赏应是第一功臣，但因他淡泊名利，始终是个和尚，《明史》连他的传也没有。

姚广孝题记《佛说摩利支天经》载："今菩萨戒弟子郑和、法名福善"。这说明郑和确是道衍和尚的门徒，也是郑和信仰佛教的有力证据。早在燕王府时，道衍和尚就经常给他讲佛学，讲南宗六祖慧能的故事等。

元台碑

∴元台碑位于长乐文岭后山的明教堂前，是纪念明教堂出了3位状元：姚颖、姚勉、陈文龙，都是钦点的，元字上的三点，即寓意皇帝钦点的三状元。

第三节　明代的福建

一、明兵入闽

元至正二十七年（1367），亦即朱元璋始称吴王的吴元年，九月，朱部攻破苏州，张士诚被俘，士诚自缢死。十一月，朱部攻取庆元（今宁波），方国珍逃入海岛。十二月，方国珍降于朱元璋。这年十月，朱元璋以胡廷瑞为征南将军，何文辉为副，率军进攻福建。十二月入杉关，攻下邵武。时建宁、延平、福州、兴化、泉、漳、汀诸路皆陈友定所据，遂海陆分道进攻陈友定。《明史》载：吴元年十二月，汤和、廖永忠由海道克福州。又载：洪武元年正月，汤和与副将廖永忠伐陈友定。自明州由海道乘风抵福州之五虎门，驻师南台。使人谕降，不应，遂围之。败平章曲出于城下，参政袁仁请降，遂乘城入。廖永忠充征南副将军，帅舟师自海道会汤和，讨降方国珍，进克福州。吴祯自海道进取福州，围其西南水部三门，一鼓克之（清乾隆《福州府志》上，徐景熹主修，海风出版社出版，第419页）。

福州被攻克，朱元璋遂于至正二十八年（1368）正月称帝，国号明，建元洪武，该年即洪武元年。此时，朱部攻取建宁、延平二路，陈友定被执自杀。二月，汀州路总管陈谷珍开城降，接着兴化、泉州、漳州、潮州四路皆降，福建全省归明。

二、明代福建的政区

明太祖洪武元年（1368），朝廷把福建全省八路改为八府，即福州、建宁、延平、邵武、兴化、泉州、漳州、汀州八府。二年，仍设"福建行中书省"，降福宁州为福宁县，并将原辖福安、宁德二县俱属福州府。九年改为"福建承宣布政使司"。明代宗景泰六年（1455），将福安县平溪里的四个郡与政和县东北里合置寿宁县，隶建宁府。明宪宗成化九年（1473），恢复被废为县的福宁州，直隶福建承宣布政使司，成为直隶州，下辖福安、宁德二县。这时，福建合计八府一州。

福州府：辖闽县、侯官县、怀安故县（万历八年，省怀安，并入侯官）、古田县、闽清县、长乐县、罗源县、永福县、福清县、连江县。

泉州府：辖晋江县、南安县、惠安县、德化县、安溪县、同安县、永春县。

建宁府：辖建安县、瓯宁县、建阳县、崇安县、浦城县、政和县、松溪县、寿宁县。

延平府：辖南平县、将乐县、大田县、沙县、尤溪县、顺昌县、永安县。

汀州府：辖长汀县、宁化县、上杭县、武平县、清流县、连城县、归化县、永定县。

兴化府：辖莆田县、仙游县、兴化故县。

邵武府：辖邵武县、光泽县、泰宁县、建宁县。

漳州府：辖龙溪县、漳浦县、龙岩县、南靖县、漳平县、平和县、诏安县、海澄县、宁洋县、长泰县。

福宁州：辖福安县、宁德县、东洋行县。

三、卫所

明代福建还设有16个卫、20个守御千户所。卫、所原系纯军事性质，后兼理民政，成为变相的地方行政区划。《明史·兵志》说，卫、所兵额，大率5600人为卫、1120人为千户所。

四、明代的福州城

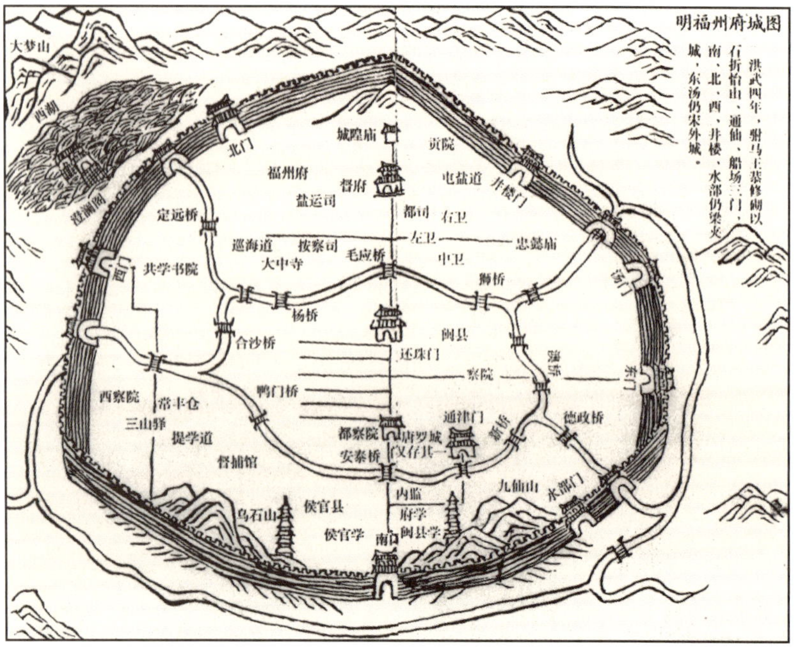

明福州府城图

这是（明）王应山纂《闽都记》中的福州府城图。洪武四年，府城城垣由驸马都尉王恭以石包砌。宋外城原有的通仙、船场、怡山三门被拆。东门即宋外城行春门，汤门即宋外城汤井门。南门、北门、西门、井楼门、水部门均系梁夹城所有，南门称宁越门，北门称严胜门，西门称迎仙门。

黑白二塔对峙图

右上为九仙山（于山）白塔。塔下城楼为南门城楼。楼边是一道西城墙，左上为乌石山上的乌塔。

环绕乌石山的城墙

镇海楼

在越王山（屏山）绝顶，明洪武四年（1371）驸马都尉王恭跨山筑城，建样楼，即北城门楼，意即诸城门楼样式，又称镇海楼。清乾隆六十年（1795）重修。高20余米。楼上祀真武帝君。1943年国民政府主席林森逝世。为纪念他重修此楼并改为林森纪念堂。惜在“文化大革命”期间被毁。

七星井

镇海楼下为七星井，共有七个陀螺形石缸组成，七缸象征北斗七星，借以保佑闽城平安，免受火灾。

南门瓮城是用石砌的，石缝曲如水纹，寓意为制服离火。离系八卦之一，卦形☲象征火，制服离火意即保佑府城，不会有火灾。图为南门城楼，背景为乌塔。

第四节　明代的兵器

中国古代战船上的兵器有冷兵器和火器两类，主要来源于陆军兵器。冷兵器有刀、枪、剑、戟、弓、弩、殳、矢等。从北宋开始，兵器进入一个新的历史时期，其主要标志是火药应用于军事，从此冷兵器与火器并用。

火药是682年由中国人最先发明的，10世纪在战船上装备了火器，904年的“发机飞火”是中国历史上第一次将火药用于军事的记载。“飞火”就是火炮、火箭之类。公元1000年，宋代神卫水师已将火箭、火球、火蒺藜装备到战船上用于水战，此后火器得到了广泛应用，形成爆炸火器、管状火器和喷射火器三大体系。明代更是创造了漂雷、大型火炮等。

水底龙王炮

明万历十八年（1590）发明，是世界上最早的一种漂雷

混江龙

明代水雷之一，与水底龙王炮相同，不用线香引火，用绳索拉火。

明代冷兵器

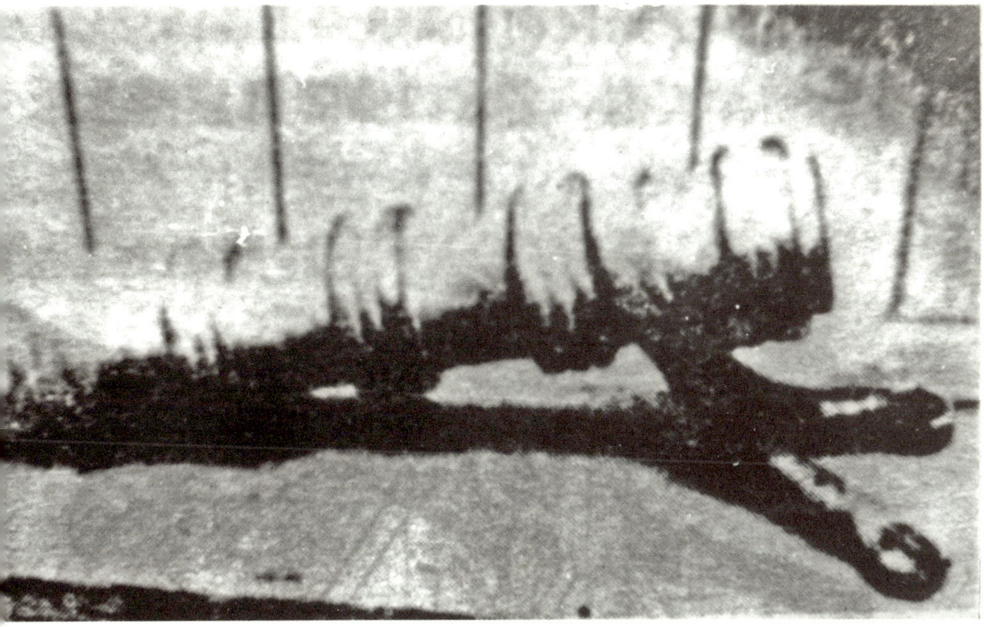

明中叶后明军大量装备的虎蹲炮

（明）碗口铳

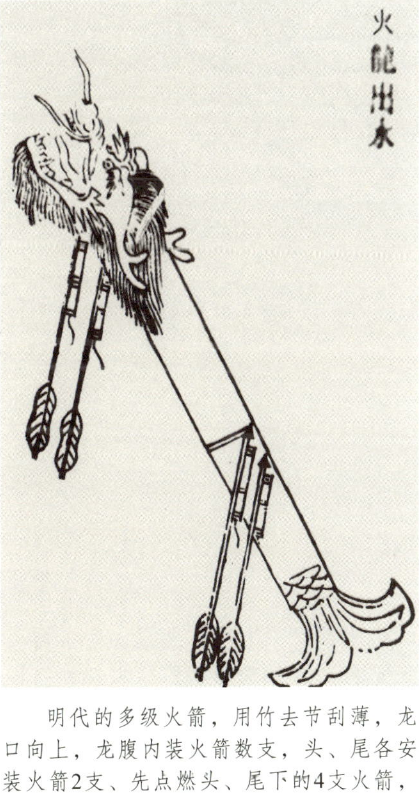

明代的多级火箭，用竹去节刮薄，龙口向上，龙腹内装火箭数支，头、尾各安装火箭2支、先点燃头、尾下的4支火箭，推动火龙前进，能在水面上飞行二三里。

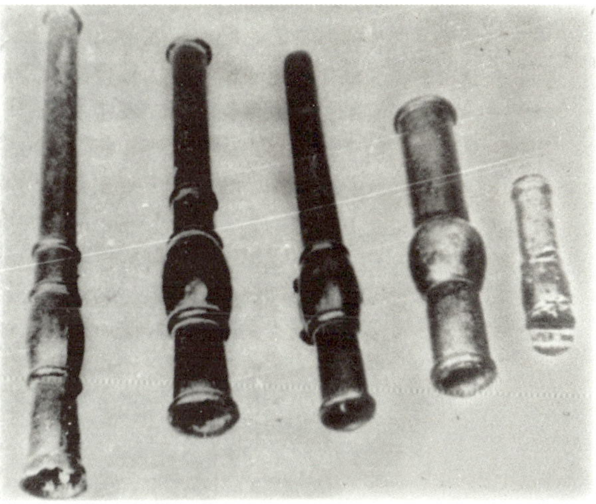

明代火铳

明初的铁炮

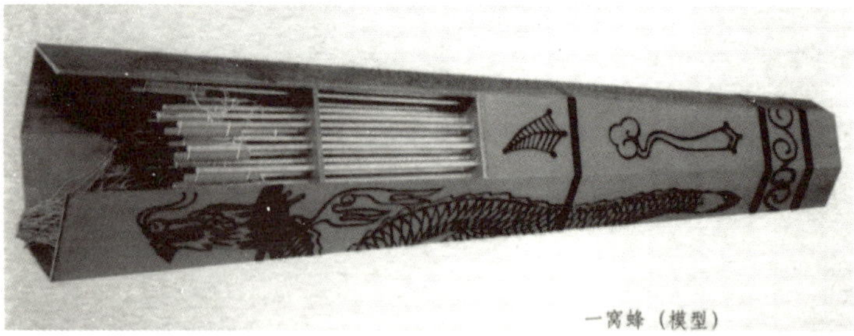

（明）**一窝蜂**

水雷

明代抗倭中，为封锁港口和抗击敌人登陆用，是世界上最早的人工操纵的水雷。

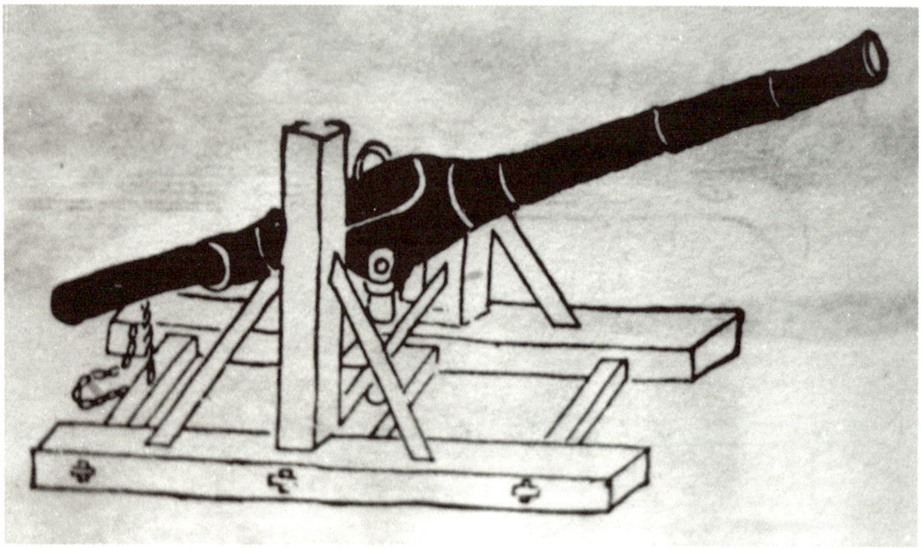

佛郎机

明嘉靖二年（1523）后在南京大量仿制的西洋炮，有大、中、小三种式样。

第五节　明代的造船

一、宝船厂与龙江船厂

明代的造船业在宋、元基础上更为发达。造船厂遍布全国，沿海及内河均可造船，造船中心是在南京。洪武初年，即在都城西北隅空地开厂造船，因系“入海取宝”，故名“宝船厂”。宝船厂是明代最早创建的官船厂，其旧址在今南京西北郊挹江门和汉中门之间的三汊河一带，东至城墙，西临长江，北抵三汊河，南至中保村，占地800亩。即今天的省新华船厂所在地一带。

宝船厂是明代最早创建的官船厂，以造战船和海船为主，规模很大，造船能力亦强。但明仁宗于洪熙元年（1425）即郑和第六次航海归来后即诏令“下西洋诸番国宝船悉皆停止”。后来虽又第七次下西洋，但未再提到打造新船。后因承平日久，船数递减。厂内空地暂招军民佃种，只留南、北水各一区，而厂遂分为前后两部分。也就是原宝船厂的一部分改为农田，剩余部分划为前厂和后厂，继续造船。两厂各有水道可通长江。由此可知，缩小后的宝船厂，生产已非昔比。嘉靖十五年（1536）工部都水司主事王利在船厂南门路口建工部分司坊。大约在嘉靖三十年（1551）之前，更改坊上匾额（参阅《龙江船厂志》卷四）。宝船厂缩小后改为龙江船厂，其造船能力亦相应降低。

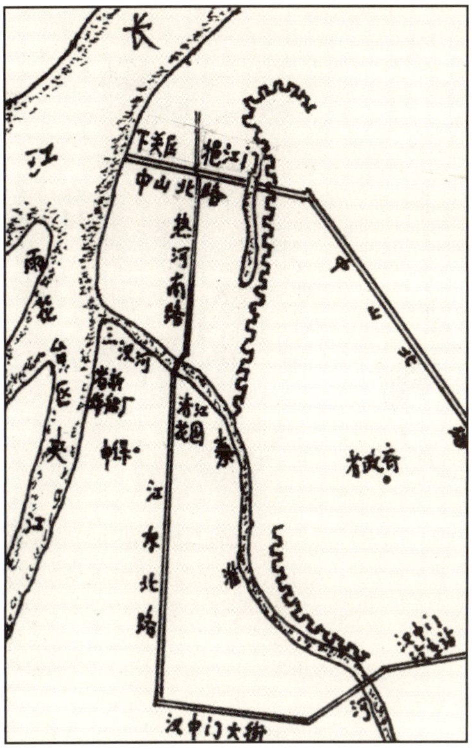

宝船厂在今南京位置图

二、清江船厂与卫河船厂

明成祖永乐年间（1403~1424），在淮安府清江（今江苏淮阴市）和东昌府临清（今山东临清市）创设了清江船厂和卫河船厂，专门制造各类运粮漕船。清江船厂负责建造江淮及浙江所需用的内河浅船、遮洋海船，黄河以北地区所用浅船则由卫河船厂建造，该厂还兼造平底遮洋海船。宪宗成化二十一年（1485），将卫河船厂原承担的遮洋海船，山东、北直隶浅船听官军领价从便成造。是后官军给领料价，多在仪真（江苏仪征）自造。从此，侵吞料价等流弊百出，卫河船厂虽然照例“主事代管”，但鞭长莫及，仪真的军船厂奸弊逾甚。嘉靖三年（1524），“为祛积弊，复旧规”，将卫河船厂任务改由清江厂承担。不久，又裁革卫河厂衙署、编制，将卫河厂合并于清江厂，合二为一，其名称为清江船厂。

合并后的清江船厂规模宏大，下辖京卫、中都、直隶、卫河4个总厂。每个总厂又分管若干个分厂。计京卫厂下辖34个分厂，中都厂下有12个分厂，直隶厂下有18个分厂，卫河厂下属18个分厂，共82个分厂，造船实力很强。拥有各类熟练工匠5393人，“军余工办”3480人，合计8873人。

为了确保运粮数量，明朝规定各地船厂每年维修保养一定数量的船只，以维系着一支庞大的漕运力量，其中规定清江厂所辖，京卫2130艘，中都各卫887艘，直隶各卫2542艘，卫河（山东都司各卫）776艘平底线船和遮洋总海船548艘，合计6883艘。规定各地船厂每年要打造十分之一的新船，以代替老龄船，于是京卫每年要造213艘，中都各卫造88艘，直隶各卫造254艘，卫河（山东都司各卫）要造平底浅船77艘和遮洋总海船54艘，合计清江船厂每年造686艘。

宝船厂与龙江船厂纯系官办，属工部都水司（后属提举司），主管官吏由工部委任，另由兵部派驻部分人员。工匠主要从福建、浙江、湖广、江西等地抽调而来。最初有四百余户，到嘉靖三十年（1551）后不足二百户。造船减少、船户逃亡导致船厂荒芜。

三、明代船舶图式

宝船厂与龙江船厂主要制造战船、皇家与官府的座船及差役船。共有约二十余类的船舶图式，现择要介绍如下。

（一）战船

明代《南船记》作者沈啓说：“盖战船者，斗舰之遗；哨船者，游艇之变也。”席龙飞著的《中国造船史》认为，按明代工部尺相当于0.311米换算，明代400料战座船长为27米，宽5.29米。两桅，主桅挂将旗，尾设望亭，这是水军指挥官的座船。列入战船的还有200料战船、150

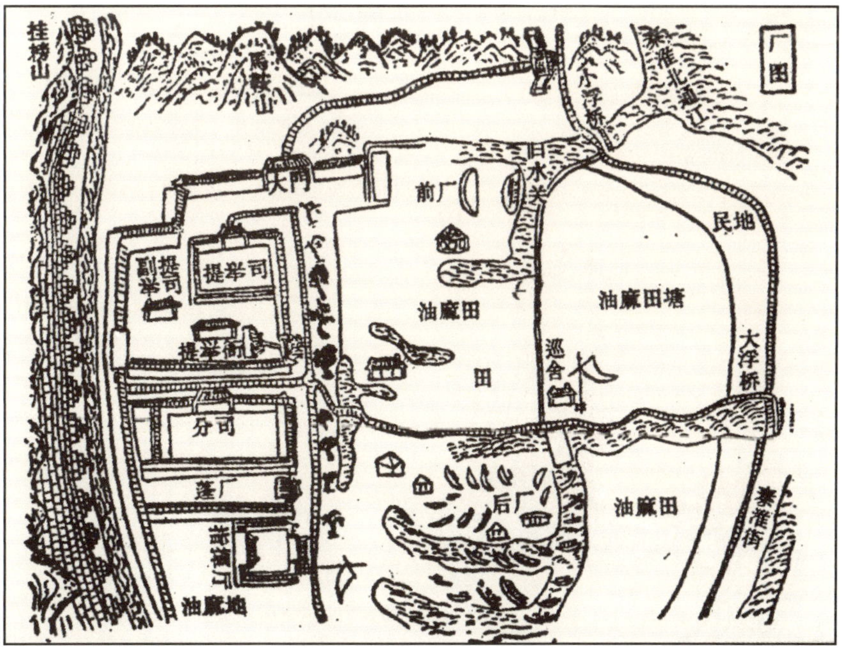

从宝船厂到龙江船厂厂图

四百料战座船（线图）

（明　见李昭祥《龙江船厂志》）

明水军指挥官的座船，长8丈6尺9寸，宽1丈7尺，长宽比5.11，用工数2487，造价银74.61两。这种船装饰得比较威武显赫，借其体态以求达到"鼓扶摇之势，有不战而夺人之心"的效果。

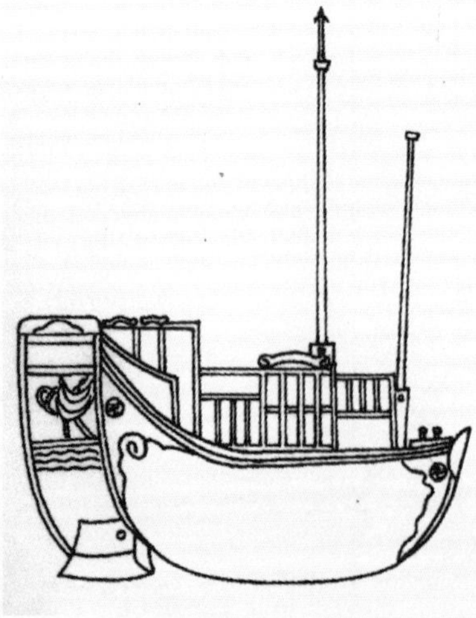

四百料战座船（线图）

（明　见李昭祥《龙江船厂志》）

长8丈6尺9寸，宽1丈7尺，长宽比5.11，用工数1400，造价银42两。

二百料战座船（线图）

（明　见李昭祥《龙江船厂志》）

长6丈2尺1寸，宽1丈3尺4寸，长宽比4.63，有两桅，用工数1000，造价银30.0两。

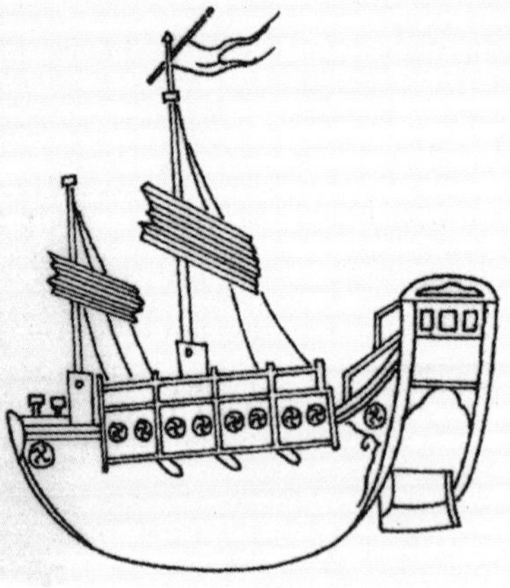

一百五十料战座船（线图）

（明　见李昭祥《龙江船厂志》）

长5丈4尺4寸，宽1丈6尺，长宽比3.40，设2桅，用工数751，造价银22.53两。

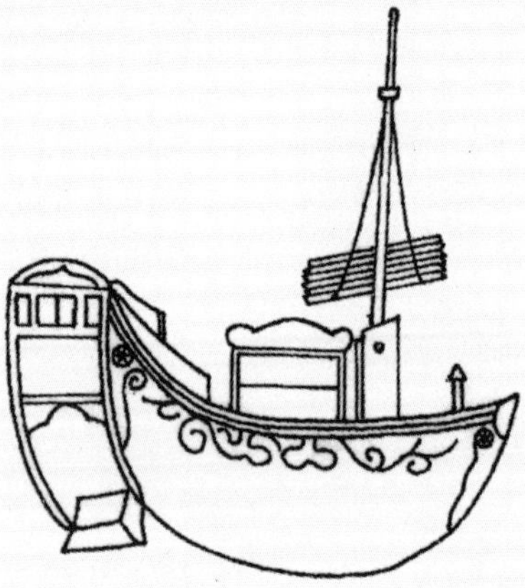

一百料战船（线图）

（明　见李昭祥《龙江船厂志》）

长5丈2尺，宽9尺6寸，长宽比5.42，设1桅，用工数490，造价银14.7两。

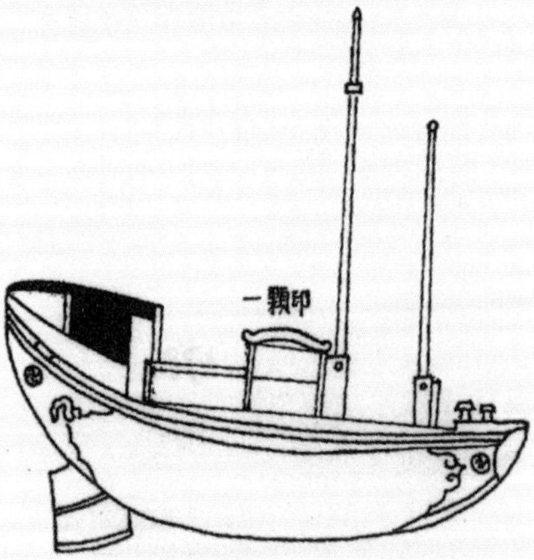

二百料一颗印巡船（数据阙如）

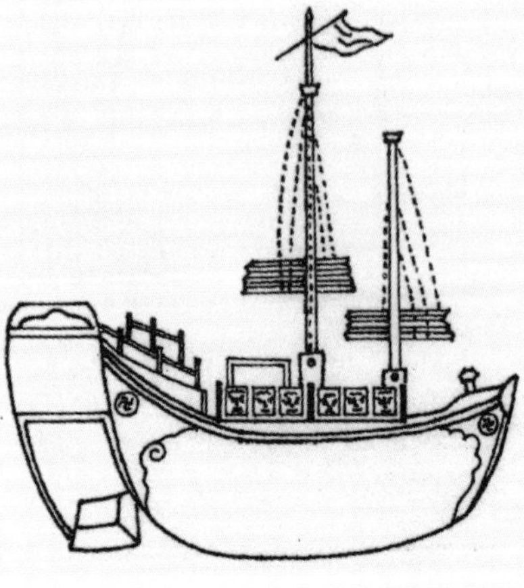

二百料巡沙船（线图）

（明　见李昭祥《龙江船厂志》）

长6丈7尺，宽1丈3尺6寸，长宽比4.93，用工数870，造价银26两。

安庆式哨船

长3丈6尺7寸，宽7尺8寸，长宽比4.71，用工数252，造价银7.56两。

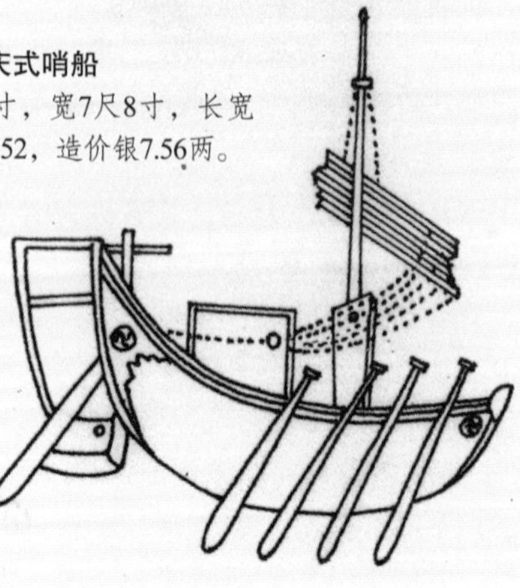

九江式哨船（线图）
（明　见李昭祥《龙江船厂志》）
长4丈2尺，宽7尺9寸，长宽比5.32，用工数252，造价银7.56两。

轻浅便利船（线图）
（明　见李昭祥《龙江船厂志》）
长5丈2尺5寸，宽1丈0尺5寸，长宽比5.00，用工数876，造价银26.28两。

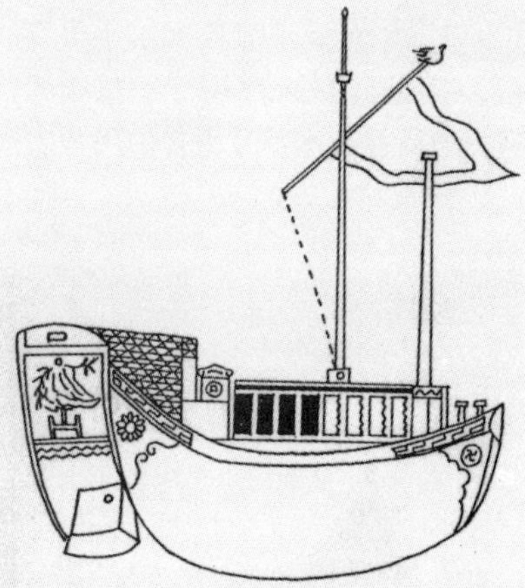

快船（线图）
（明　见李昭祥《龙江船厂志》）
（数据阙如）

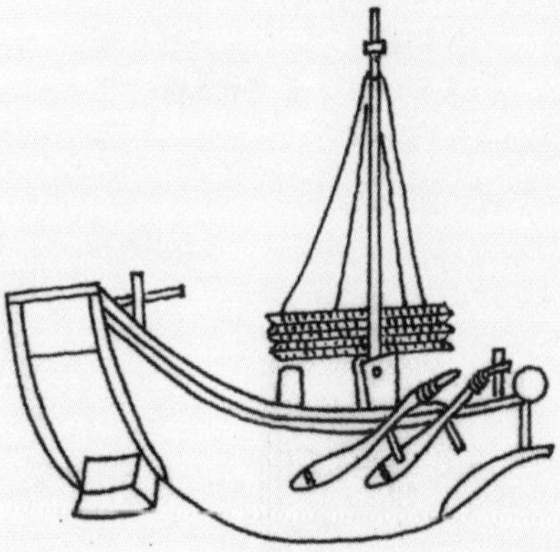

三板船（线图）
（明　见李昭祥《龙江船厂志》）
长3丈8尺，宽8尺4寸，长宽比4.52，用工数256，设1桅4橹，造价银7.7两。

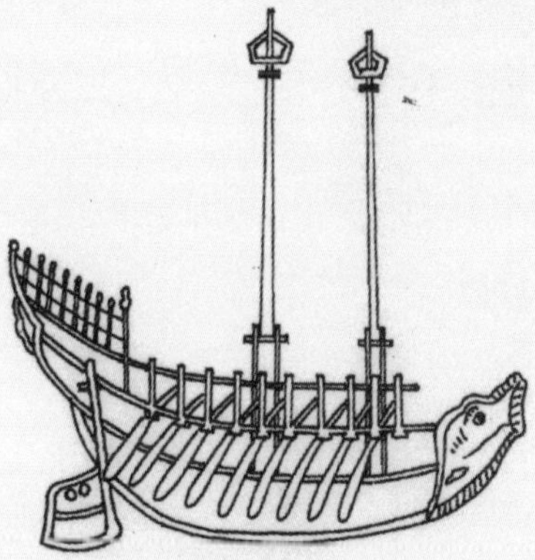

蜈蚣船
长7丈5尺，宽1丈6尺，长宽比4.69，用工数及造价银不详。

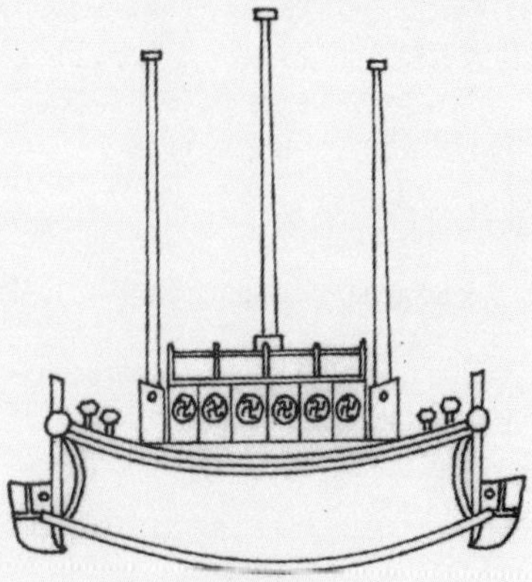

两头船
（数据阙如）

料战船、100料战船，等等（详见席龙飞著《中国造船史》第232页）。王冠倬编著的《中国古船图谱》则更将《南船记》和李昭祥著的《龙江船厂志》中的附图和线图列表刊出，使读者一目了然（参阅王冠倬《中国古船图谱》第174~258页）。现将其中线图列出以供读者参考。

（二）皇家御用船

制造供皇帝出巡时的座船。黄色是皇室独用的颜色，以显示皇权的至高无上。国朝御用之船，以石黄涂其外，梢上有亭如殿，故名水殿。御用船有三型。

1. 预备大黄船。常年停泊在通州备用的巡幸船，虽多年未必动用一次，但也必须轮番修造，以备不时之需，故在黄船前加“预备”二字。因梢上有亭如殿，也

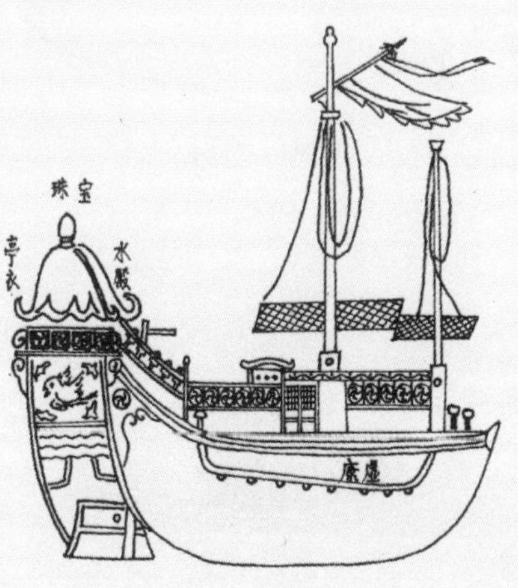

预备大黄船
船长8丈4尺3寸，阔1丈3尺，长宽比5.63，用工数2558，造价银76.785两。

2. 大黄船。明自永乐十九年（1421）迁都北京后，专以运送郊庙香帛、上供物品、军需器仗及听候差遣，也就是充本部及内官御用各监器贡之用。

大黄船（线图）（明　见李昭祥《龙江船厂志》）

船长8丈5尺3寸，阔1丈5尺6寸，长宽比5.47，用工数1022，造价银30.66两。

3. 小黄船。扁浅黄船，运送时鲜之供以荐宗庙。

小黄船

船长8丈3尺，阔1丈6尺4寸，长宽比5.06，用工数934，造价银28.2两。

称“水殿黄船”。

（三）杂船

后湖即玄武湖，湖中建楼存放版籍，入楼须先乘船，设“楼船一，官乘之；而平者十有二，胥役乘之”。

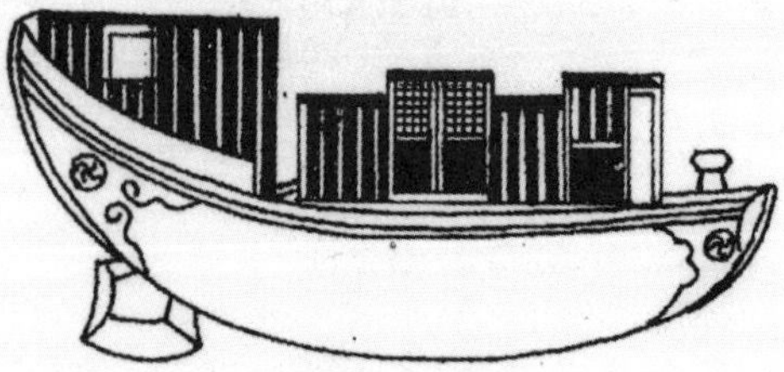

后湖一号楼船

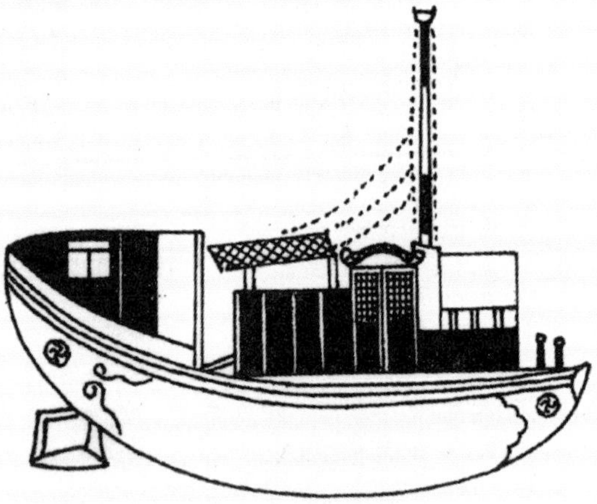

抽分座船（供税务衙门用）

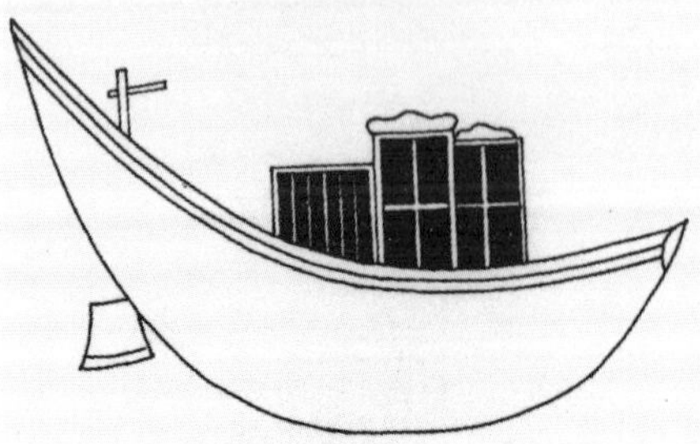

后湖二号楼船

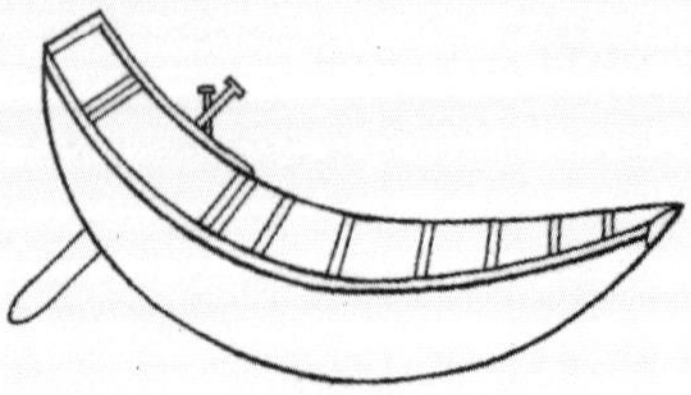

金水河渔船（供“取鱼以荐奉先殿”）

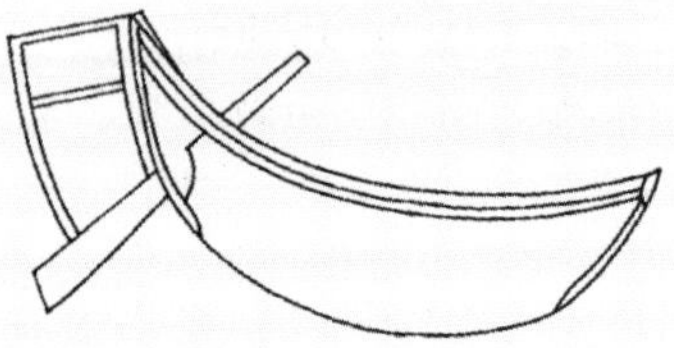

后湖平船

四、福州船厂

《八闽通志》卷四〇《公署志》载，福州三卫各设一船厂，左卫厂在庙前，中卫厂在象桥，右卫厂在河口。景泰年间（1450~1456）并三厂为一。作为烽火门等五水寨的造船总厂，厂址定在河口。每年选委精干指挥一员，提督修造各水寨备倭舟船。

福船，又名白艚，因造于福建（主要福州、泉州、莆田、漳州），故名福船，是明代南海水军装备的主要战船，抗倭名将俞大猷说：大船出于福清县，中小哨船出于龙溪等县、悬钟等所（俞大猷：《正气堂续集》卷一《与刘凝斋书》）。大船宽约三丈五六尺，长十余丈。小船宽二丈，长七八丈，弓矢刀楯战具都备（张燮《东西洋考》卷九《舟师考》）。俞大猷又说：福建的白艚，比南直隶的沙船和浙江的苍山船高大得多。他对浙闽总督王忬谈拒倭方略时说："当以福建楼船破之"，而"苍沙诸船非足恃也"（俞大猷《正气堂集》卷首《征蛮将军都督晋江俞公功行记》）。

虽然比福船更大的还有广东的乌尾船，然而上宽下窄，一到外洋就颠簸起来，在船上发射火器难于命中，所以作战的效率就比不上福船。

福州制造的明代抗倭大福船的复原模型
（现展于中国革命军事博物馆）

中卫厂象桥遗址（在今铁道大厦后面）

左卫厂庙前遗址（在今福州市第一医院后面）

右卫厂河口遗址（在今河口农贸市场对面一带）

五、明代的漕运船

明代的漕运先走海路而后改为河运。明永乐十九年（1421）迁都北京后，所需粮米大增，遂采取河海并举，并由军队承担漕运。驾船、拉纤等人力由卫所派遣。船厂则按定额造船、维修并将船供给各有关卫所。卫所经管船只，但修理和新旧替换仍由船厂负责。卫所承办漕运，也配备兵船护航。

明代早期的漕船数量并不固定，基本上是临时派造。永乐元年至十七年（1403~1419年）在福建、浙江、江西、湖广等省的二十几个造船工场共造海船2718艘，永乐三年就造了1273艘海船。永乐十二、十三两年为准备内河漕运，令湖广建造浅船5000艘。正统七年（1442）令南京造遮洋海船350艘。景泰二年（1451）令江西、南京、直隶造遮洋海船180艘；五年（1454）令浙江造备倭船440艘；天顺四年（1460）令浙江、江西、湖广造粮船1200艘。这些都是在正项以外临时追加的造船任务。英宗天顺（1457~1464）以后始定天下船数为11775艘，合用官军121500人名领驾（《漕船志》卷三《船纪》）。现据史料当时规定各地船厂每年保有维护船只艘数及外加十分之一的新船，以代替老龄船，列表如下：

厂名	所辖的卫所	船型	额定数量（艘）	外加十分之一新造船数量（艘）	备注
清江船厂	南京各卫	平底浅船	2130	213	原清江船厂
	江北直隶各卫	平底浅船	2542	254	原卫河船厂后并入清江船厂
	中都留守司各卫	平底浅船	887	88	
	山东都司各卫	平底浅船	776	77	
	德州、天津、通州、淮安、高邮、泗州、扬州等15个卫	遮洋海船	548	54	
（原卫所所属工厂自造）	浙江都司各卫	浅船	2046	（205）	《船漕志》卷三《船数》及《大明会典》卷二〇〇《工部船只》
	江西都司各卫	浅船	899	（90）	
	湖广都司各卫	浅船	759	（76）	
	江南直属各卫	浅船	1258	（126）	
合计			11845	686（497）	

上述两类共计漕船11845艘，比原定额11775艘多70艘。清江船厂（含原卫河船厂）维护保有漕船定额6883艘。每年制造十分之一新船686艘，而这686艘据《大明会典》上记载，朝廷明令"清江提举司，每年该造686只"，这就是它应当承担的每年的制造任务。至于浙江、江西、湖广、江南都司等各卫额定数量共4962艘，每年制造十分之一新船（497）艘，由此四司就地建造，政府按额拨款，因这四司都有造船的能力。

平底浅船，《中国舰船史》第108页载：内河漕船底长5丈2尺，船头、船尾各长9尺5寸，桅面梁宽1丈；有14个舱壁；主桅2根，大桅长8丈，风篷用竹篾织就，夹竹条可折选；用料为楠木、杉木等；有铁锚5只，篙10条，舵1根。这种船能运稻米2000石，后来军造的运粮船又增长2丈，加宽2尺多，可运米3000石。另宋应星《天工开物》卷中《舟船》九载：所述漕船，法定者全长七丈一尺，而军造者增长到九丈一尺，船身长近十丈者，立桅必两，中桅长者以八丈为率，头桅尺寸则不及中桅之半。两书记载略有出入，待考。

遮洋海船，《漕船志》卷三《船式》载，底长6丈，头、梢各长1丈1尺，底阔1丈1尺，深6尺，大桅1、头桅1，大篷1，头篷1，橹4，篙12，铁锚2，舵1。《大明会典》卷二〇〇《工部船只》则说该船总长8丈2尺，而《天工开物》卷中《舟船》九则说该船全长8丈7尺，底阔1丈2尺，比标准的遮洋海船稍大一些。

《古今图书集成》中的漕舫图

宋应星《天工开物》中的漕船图

第六节　郑成功收复台湾与施琅收复台湾

明后期由“大员”改称“台湾”，主要指今台湾台南市西安平镇一带。郑成功收复台湾后，含义扩大至包括承天府治即今台南市一带。清康熙二十三年（1684）设台湾府，即辖台湾全岛。

约数万年前至万年前，台湾原与福建连成一体。

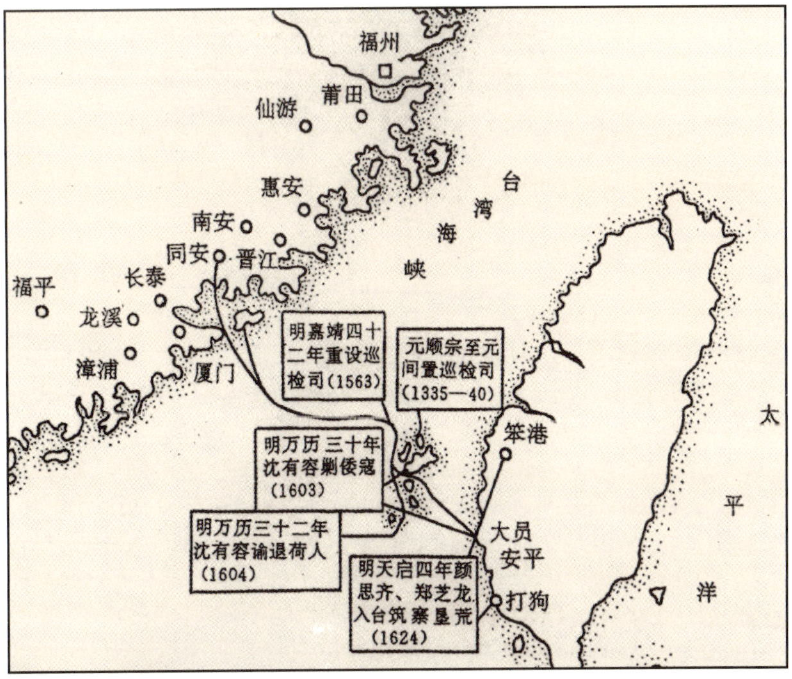

元、明两代对台政治设施图

一、郑成功收复台湾

郑成功（1624~1662），明末清初福建南安人，本名森，又名福松，字明俨，号大木。明平国公郑芝龙长子。初甚为隆武帝所器重，授总统使、招讨大将军，赐姓朱，名成功，人称“国姓爷”。南明隆武二年（清顺治三年，1646），力阻其父降清不果，乃走南澳（今属广东），起兵抗清。后永历帝封他延平郡王，率部数创浙闽粤清兵，屡拒招降。曾两次派兵与张名振合师北上入长江，并与李定国有联系。永历十三年（顺治十六年，1659），亲自率军与张煌言合师北入长江，破瓜洲、下镇江、围江宁（今南京），清廷震动。旋因连胜轻敌，战败撤回思明州（今厦门）。十五年，率军2万人出厦门，经澎湖，直达台湾鹿耳门，围赤崁城，败荷兰援军。次年，荷兰总督揆一降，遂收复台湾全岛，以赤崁城为东都，建立府县，编制军队，屯田垦荒，奖励移民。康熙元年（1662）二月，郑成功部将、南澳守将陈霸降清，三月，吴三桂奏俘明永历帝及官员兵丁4300余名，并于四月害死永历帝及太子，后妃公主皆送北京。五月八日（阳历6月23日），明招讨大将军延平郡王郑成功在承天府逝世，子郑经嗣主台湾。六月，李定国闻永历帝被害，悲愤而死。十一月，明鲁王死于台湾。

入侵澎湖的荷兰人于1624年被中国军民逐出后，转而侵占台湾南部，1630年侵占台湾城（亦称热兰遮城，今安平）。

中国更新世末期古地理图（约数万年前至万年前）

采自关山情《台湾三百年》乡土系列二，第8~9页，台北户外生活杂志。

郑成功画像

荷兰殖民者武装入侵澎湖

澎湖是中国领土。元朝曾在此设巡检司，明万历三十二年（1604）荷兰水师提督韦麻郎勾结福建人李锦等夺占澎湖。天启二年（1622）荷兰水师提督列也尔森以兵船17艘再度攻占澎湖。

1630年荷兰殖民者侵占的台湾城

安平古堡

荷兰人窃据时的遗迹，距台南8千米。

荷兰人占据时所建的热兰遮城即今台南安平古堡

荷兰战舰“罗林根”号

赤崁楼

清顺治七年（1650），荷兰人又占今台南市，筑赤崁楼，当时亦称普罗文遮堡。图中赤崁楼系郑成功打败荷兰人后重建。

明天启六年（1626）西班牙人入侵台湾北部鸡笼（今基隆），筑鸡笼城。崇祯二年（1629）又占淡水，筑淡水城。从此荷兰与西班牙分据台湾南北。

明崇祯十五年（1642），荷兰人与西班牙人决战于淡水，西班牙人败走，荷兰人独占台湾。

淡水城

明崇祯二年（1629），西班牙人入侵台湾北部占领淡水所筑，旧名沪尾。殖民者改称“圣多明哥城”。

西班牙战船“加列尼”号

入侵的西班牙战船

荷兰战船

基隆古城

1661年4月21日郑成功率900多艘战船、将士25000人从金门出发收复台湾。途中遇风暴驻澎湖各屿。4月29日进入鹿耳门，在禾寮港登陆，击败荷军，进围普罗文遮城（赤崁楼）。5月4日，守将苗难实叮献城投降。郑成功移扎鲲身，炮击热兰遮城（台湾城）。8月12日荷兰援军至台，合击郑成功军，均被郑成功军击败。郑成功断热兰遮水源，平其炮台，焚其军舰数只，终于1662年2月1日在赤崁楼接受荷兰台湾总督揆一投降。荷兰殖民者被逐出台湾。

郑成功坐像

1661年4月下旬郑成功率900多艘战船、将士25000人从金门出发收复台湾。

郑成功出生地日本大浦河内浦故居遗址

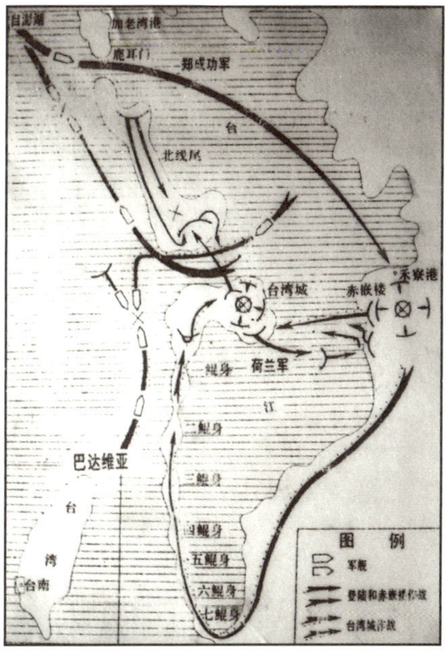

郑成功收复台湾作战经过示意图

（根据《中国古代海军史》第271页及《中外海战大全》第257页重制）

郑成功攻占乌特利支堡后，即向台湾城猛攻，荷首揆一困守孤城无望，不得不于1662年2月1日率部投降。

在雅加达的荷兰当局派出战舰10艘、士兵700人，由考乌率领赴台湾增援，郑成功围城打援，迎击荷舰队，荷援军损失惨重败退。

郑成功军与荷军激战图

红毛城

郑成功收复赤崁城后，即将赤崁城地区改为东都，设承天府。收复台湾后又将淡水城改为红毛城。

援台的荷兰战舰

揆一出降图

郑成功军队逼近台湾

在热兰遮城外揆一向郑成功投降

沈葆桢奏建明延平王祠折

奏为明季遗臣，台郡初祖，生而忠正，恳予赐谥建祠，以顺舆情，以明大义事。

本年（同治十三年）十一月二十五日，据台湾府进士杨士芸等禀称：窃维有功于民则祀，能正而壹者神。明末延平郡王赐姓郑成功者，福建泉州府南安县人，少服儒冠，长遭国恤，感时仗节，称孝作忠，……向沧溟独辟田横之别岛；奉故主正朔，垦荒裔山川，传至子孙，纳土内属。维我国家宥过录忠，载在史宬……而民间私祭仅附丛祠，身后易名未邀盛典，望古遥集，众心缺然，可否据情奏请将明故藩郑成功准予追谥、建祠，列之祀典，……伏读康熙三十九年圣祖仁皇帝诏曰：朱成功系明室遗臣，非朕之乱臣贼子，敕遣官护送成功及子经两柩归葬南安，如田横故事。置守冢建祠祀之。圣祖之言，久垂定论，惟祠在南安，而台郡未蒙敕建；遗灵莫妥安，民望徒殷。至于赐谥褒忠，我朝恢廓之规，远轶隆古，如瞿式耜、张同敞等，俱以殉明捐躯，谥“忠宣”、“忠烈”。郑成功所处，尤为其难，较之瞿、张，奚啻伯仲。合无仰恳天恩，准予追谥，并于台郡敕建专祠，俾台民知忠义之大可为，虽胜国亦华衮之所必及。于励风俗，正人心之道，或有裨于万一。

（沈葆桢：《福建台湾奏折》，《请建明延平王祠折》）

郑成功祠内的沈葆桢像及墨宝

沈葆桢奏建的台南郑成功祠（即延平郡王祠）

厦门鼓浪屿郑成功塑像，厦门水操台

延平郡王祠内二柱门

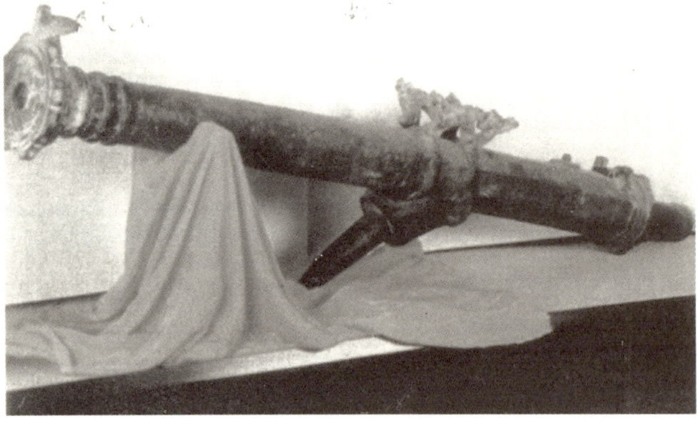

厦门海仓出土的郑军武器——双龙铜炮

郑成功中军船模型

安平旧城遗址

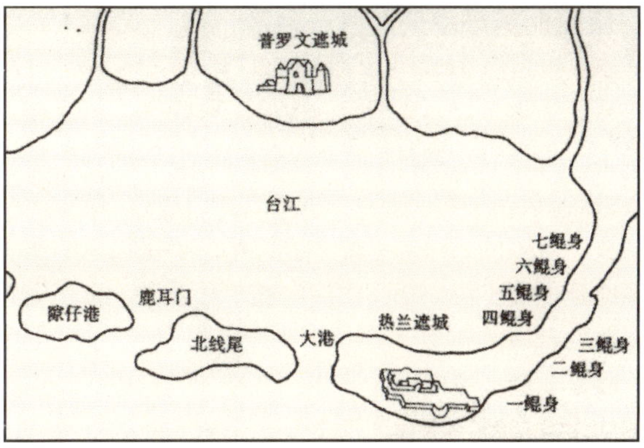

热兰遮城（台湾城，今安平）和普罗文遮城（赤崁楼，今台南）
及二鲲身等位置图

赤崁楼夜景

延平郡工祠内香炉、照壁

台南赤崁楼

安平古堡

二、康熙命施琅率舰队统一台湾

康熙元年（1662）五月初八日郑成功病逝于台湾，世子郑经继承王位。康熙统一台湾采取剿抚并用策略。康熙二十年（1681）六月前，以抚为主，以后则因剿寓抚。前后9次派员与郑经会谈，终未能达成协议。是年正月郑经病故，监国的长子郑克壓又被绞死，年仅12岁的次子郑克塽即延平郡王位。郑氏政权内部矛盾激化。一贯主张以武力攻取台湾的施琅上疏建议用“大师压境”，“以剿促抚”收复台湾。康熙知人善任，力排众议，重新起用施琅充福建水师提督，官加太子少保，命他率舰队进取台湾，并授他专征大权。康熙二十二年（1683）六月十四日施琅统领官兵21000余人、各类战舰230艘，从福建铜山（今东山县）出师，向澎湖进发，因轻敌麻痹，初战失利，回军八罩屿，召开会议，查定功罪并采纳吴英的“五梅花”策，于二十二日与郑军在澎湖决战，大获全胜，大师压境，迫使郑克塽“纳土归诚”。从此台湾回归祖国，与大陆重新统一。

力主武力攻取台湾的施琅

施琅，清福建晋江人，字尊侯，号琢公，由卒伍而先后被推为千夫长、游击将军、副将。1646年，郑成功发兵南澳，施任左先锋，战功累累，兄弟俱握兵权，“恃才而倨”，每有跋扈之状。后因杀其犯法亲兵曾德而触怒郑成功，致郑拘押施琅父子三人，施琅以计逃脱，郑怒杀施琅父大宣及弟显。施琅由此归清，从清军南征北战，先后被授同安副将、总兵，并于1662年擢为福建水师提督。后因上疏康熙，力陈东征，被当朝显贵否决，裁其水师之职，留京宿卫，长达13年之久。1682年，在李光地等大臣力荐下，复授福建水师提督，领命征剿台湾，终使台湾回归祖国，被封靖海侯。1696年卒，赠太子少傅，谥襄壮，著《靖海纪事》。

坚持台湾统一于中国版图的康熙帝

早在康熙六年（1667）十一月，施琅上疏康熙（《边患宜靖疏》），力陈东征，提出“顺则抚之，逆则剿之”的剿抚并用方针，以及先取澎湖，后图台湾的战略。康熙阅后，命施琅进京，面陈所见。次年四月复上《尽陈所见疏》，认为“顺抚逆剿”，岂容顽抗，主张“用大师压境”、“因剿寓抚”、“以抚促剿”；先取澎湖，以扼其吭，若顽梗不悔，即率师直抵台湾。并再三请缨东征。终因显贵以“海洋险阻，风涛莫测，驰驱制胜，计难万全”为由，束之高阁，甚至裁其水师之职，调为内大臣留守京师，长达13年之久。

密陈专征疏

太子少保、提督福建水师、总兵官、右都督、伯臣施琅谨题，为密陈航剿海务机宜，以收万全事。

窃照臣驽骀庸才，谬荷皇上特恩起用，以臣深知水性贼情，专畀进剿海逆之责。臣思滇黔弄兵，悉皆底定；惟有台湾四十余年残孽，逋诛未歼，致廑圣怀。臣敢不殚心筹画，灭此朝食。受事以来，练兵整船，靡敢刻懈，业已就绪。然用兵之法，不得不熟审详慎。即古者行兵，多用奇计，声东击西，兵不厌诈，非可直道而行。去冬具疏展限，请以今年三、四月轻北风进兵，盖为郑逆奸细颇多，使贼知我舟师必用北风而进，然后出其不意而收之。臣在在密用间谍，乱其党羽，自相猜忌。自去年逆艘纠集澎湖，欲抗我师，据险以

清、郑九次和谈争论实质是：台湾是不是中国领土，应不应该统一于中国版图。郑经坚持“免剃发，不登岸，照朝鲜例入贡”，康熙不允；但为实现和平统一台湾，最后做出重大让步，“果遵制剃发归顺，高爵厚禄，朕不惜封赏，即台湾之地亦从彼意，允其居住”，亦即同意其不迁入内地，保持原有体制和军队，但须遵守清制剃发，即承认是清人，承认台湾统一于中国版图，不能按朝鲜例入贡，因朝鲜是藩国，台湾不是外国，实是“一国两制”之意。但郑经坚持“朝鲜事例”，“若欲剃发，至死不易”，自外于中国，康熙只得准备武力攻取台湾。

康熙知人善任，于康熙十八年（1679）恢复福建水师，以万正色为提督，次年二月，攻克海坛，继拔金厦，收复铜山。郑克塽即延平郡王位后，郑氏内部矛盾激化，福建总督姚启圣上书要求“会合水陆官兵，审权乘便直捣巢穴”。康熙当即发布谕旨，武力进取台湾。但水师提督万正色却上奏“台湾断不可取”，朝廷高官亦多不赞同。而支持以武力进剿的有内阁学士李光地、福建总督姚启圣、福建巡抚吴兴祚等人。姚启圣并曾一再上疏保举施琅，李光地也推荐施琅为福建水师提督。反对武力进剿的大臣们不同意任用施琅，“以为不可遣，去必叛”。康熙则力排众议，坚信不委派施琅，“台湾断不能定”，以超

知人善任的康熙帝

人的胆略，用施琅替换万正色，任命施琅仍以右都督充福建水师提督总兵加太子少保，并授他专征大权。

征台湾原定将军、督抚、提督“商酌”合征意见而行。由于总督主张利用北风，施琅主用南风；日期上总督主在十、十一、十二月进兵，施琅主三月、四月，总督与提督意见相左。且施琅一再延期，主要是为了迷惑对方。

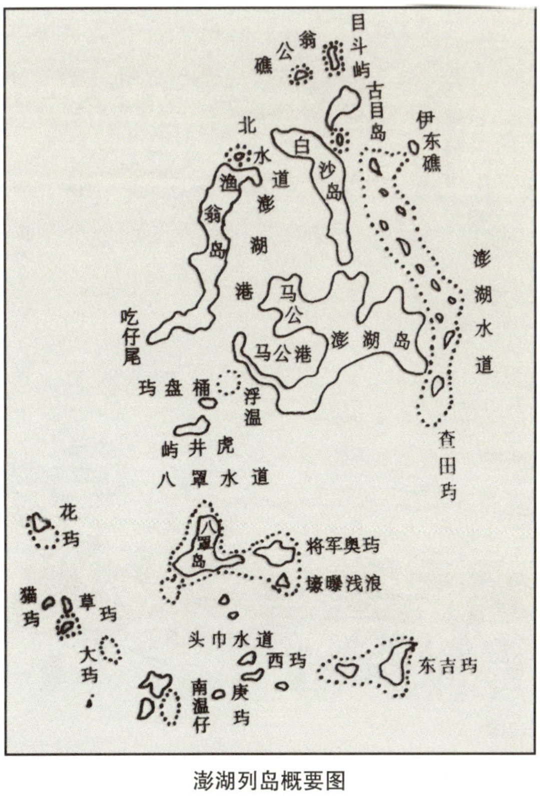

澎湖列岛概要图

南北风之争反映了在战斗部署上意见不相合。1682年7月施琅再上《决计进剿疏》，请求皇帝授以“专征之权”，“事若不成，治臣之罪”。康熙考虑总督、提督意见分歧，确对出征不利，同意施琅意见，授予专征大权。

清、郑双方兵力：

郑军武将武平侯刘国轩出守澎湖，拥有战船200余艘，兵将2万人，还于军事要冲加筑炮城14座，沿海筑女墙20里，安放铳炮，严防来攻。

清军主将福建水师提督施琅，舟师齐集福建铜山（今东山县），统领官兵21000余人，战船230余艘，待机进剿。

（一）澎湖激战

康熙二十二年（1683）六月十四日，施琅率舰队从铜山出师，向澎湖进发，次日下午抵澎湖海面，攻克澎湖外围的花屿、猫屿、草屿，乘南风进泊八罩岛（今澎湖县南望安岛）。十六日晨，施琅命先锋蓝理用乌船进攻，郑船乘潮水之便四面云集，施琅乘楼船突入敌阵，眼睛被流矢所伤，鲜血直流。他以帕渍血，督战益坚定，蓝理腹部肠流仍坚持战斗。清军初战失利。施琅回师八罩岛，召开会议，查定功罪，并进行为期5天的军事整顿。

在会上施琅采纳总兵吴英献策，以5船结一队，攻敌一船，叫作“五梅花”，并令各船将主将姓名大书帆上，以便知其进退。

清军焚毁郑船的主要火器有火桶、火罐、火砖等。桶内放火药，上置薄沙土，抛掷郑船，即可碰触引爆。在澎湖激战中郑军被焚毁的战船就有150艘。

经过充分准备，六月二十二日，清郑双方进入空前规模的决战。施琅兵分3路，东路50艘为奇兵夹攻，西路50艘为疑兵牵制；亲率50艘为正兵居中，分为8队，每队6艘，各作三叠主攻队伍；尚余80余艘，分两大股，留为后援。自辰至申，苦战7小时，郑军全军覆没。刘国轩夺小舟遁台，防守娘妈宫炮城的郑军出海请降。郑克塽见大势已去，刘国轩又极力主降，于是送书求降。施琅自鹿耳门

清军战船向澎湖进发

清军海战中的武器——火桶

入台，接受郑克塽归诚。

根据施琅《飞报大捷疏》可知，此战激烈异常，“五梅花”战术大显神威，计焚毁、击沉郑军战船150只，缴获赶缯船等35只，焚杀郑军高级将领47员，游击以下300余员，焚杀溺死郑兵12000余人。澎湖守将杨德等出城请降，共降官员165员、士兵4853名。清军总兵朱天贵、游击赵邦试等水陆官兵牺牲329人，总兵吴英等1800余名负伤。施琅遂克澎湖等36岛。郑克塽归诚后，施琅又建议康熙封爵郑克塽。康熙二十三年（1684）十二月，郑克塽奉旨晋京，康熙以郑“纳土归诚”之功，授郑克塽公衔。念刘国轩“首先归命”，又“劝令郑克塽纳土归诚”，特授天津总兵官。其他投诚武职1600多人、文职400多人、兵4万余人，也都得到了妥善安置。

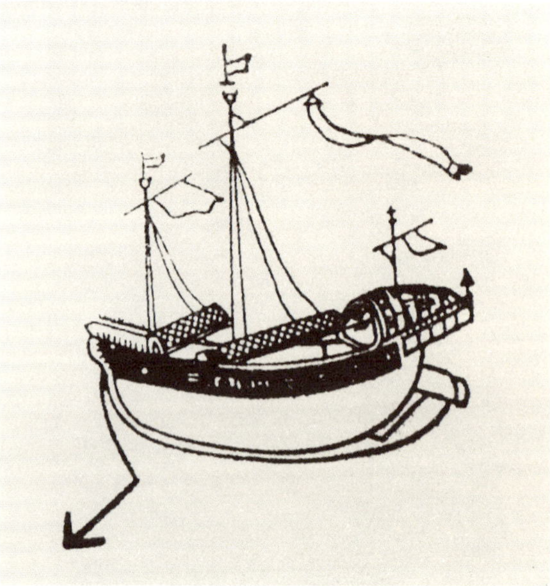
清军主力战舰赶缯船

施琅舰队自鹿耳门入台图

（二）台湾弃留之争

台湾收复后，却又产生所谓的弃留问题。朝中不少达官显贵竟荒唐地认为：台湾“乃系块荒壤，无用之地”，“得其地不足以耕，得其人不足以臣”，派兵驻守“费兵縻饷”，主张“迁其人，弃其地”，或“守澎湖，放弃台湾”。大学士李光地也昏庸地认为“应弃”，他因苦于“海寇”骚扰，积极促进统一，而统一后又怕戍守台湾增加人民负担，故又主张放弃。施琅闻之，立上《恭陈台湾弃留疏》，大声疾呼：“断断乎其不可弃”，备述台湾的战略地位及放弃之后可能产生的恶果。总之，“弃之必酿成大祸，留之诚永固边圉”。康熙同意施琅意见，坚主留守台湾，纳入版图，设1府3县，台湾遂成为东南7省海上屏障。

康熙统一台湾后，置1府3县。府为台湾府（指今台湾全岛），隶福建省，治所在台湾县（今台南市）。另两县为凤山县（今高雄）、诸罗县（今台南市的佳里镇，乾隆五十二年改名嘉义）。

施琅深明大义，公而忘私，其父、弟被郑成功所杀，其子（入嗣琅兄）世泽及侄明齐两家73口又为郑经所杀，破澎湖时，有人进言：“公与郑氏三世仇，今郑氏釜中鱼，笼中鸟也，何不悉扑灭之以雪前冤？”施琅却说：“吾此行上为国，下为民耳，若其衔璧前来归，当即赦之，毋若我父老子弟矣，何私之与有？”入台后不仅不杀郑氏一男、归郑氏一妾，还亲自为文，诣郑成功庙告祭，甚至建议封爵郑克塽，胸怀坦荡，后人称誉不已。当康熙见其捷报，即解所御龙袍驰赐，封为靖海侯。1696年，施琅卒于任所，康熙赠太子少傅，谥襄壮，命官三次谕祭，并于泉州府学前建祠祀之。

《靖海纪事》，施琅撰，王铎全校注，是有关施琅出征台湾及其善后处理的奏疏汇编，具有较高的史料价值。

康熙时设置的诸罗县城内的吴凤庙

高雄港码头

当年府城遗迹台南大南门是纯中国式的城门

康熙时设置的凤山县城的拱辰门遗迹

后来成为高雄旧城的北门，即今日高雄市郊的左营。

三、对于郑成功的评论

清康熙元年、明永历16年、公元1662年阴历五月初八日（阳历6月23日），郑成功在承天府逝世，年三十有九。郑成功死后，一般对他的评价很高，甚至认为其比肩

六七十年前的高雄市一角——康熙设置的凤山县治所所在

于诸葛亮、郭子仪、岳飞，文天祥（刘献廷：《广阳杂记》卷二）江日升《台湾外纪》卷一二说他是“人杰”。沈葆桢根据台湾府进士杨士芸等所禀为郑成功奏建明延平郡王祠，得到康熙帝的批准。

实则，世上没有一个完人，郑成功也有其不足之处，其突出表现在以下三点。

（一）不该囚杀施氏父子

夏琳《闽海纪要》卷一说：施琅，晋江人也，事成功，年最少，知兵善战，自楼橹旗帜阵伍之法，皆琅启之。前在南澳，兵付苏茂代将，意回必复任，成功不与，遂请为僧。成功令再募兵，许授前封镇。偶有亲丁曾德逃于成功营，琅擒治之，成功驰令勿杀，琅竟杀之。成功大怒，捕琅并逮其家口，琅乘间逸去，密渡安平，依郑芝豹，成功收其父大宣，及其弟援剿左镇施显，杀之。

杨英：《从征实录》第15~16页更说杀施琅父大宣并家属，因吴芳看守不慎，郑成功杀吴芳妻、子五人，并令吴芳跟寻。越日，杀大宣于市，杀施显于曾厝垵。施琅降清后，改名琅，任同安副将，擢水师提督，驻海澄。

暂且不说施琅、施显、陈辉、张进、陈霸、洪旭等都是最初盟誓愿跟随郑成功的九十余人中的结义之人，要杀应杀其本人，绝不能杀其父母妻子，老人、妇女、儿童何罪之有？这是郑成功的杀人扩大化。

（二）暗杀郑联见不得阳光

江日升《台湾外纪》卷六载：成功于中秋夜，舟到鼓浪屿，联（郑联系郑成功堂兄——笔者注）方宴客于高石岩，作彻夜饮。次早，成功登岸拜谒，联尚宿酒未醒，迨起梳栉毕，出会。成功曰：师屡败绩，赧颜相见，倘吾兄见怜，以一旅相助，得片土栖身。终不敢忘大德。联曰：吾弟何出此言？军旅相助，分所当然。随留小酌，快谈雄剧，终日无倦。成功辞出，见联不为备，密令诸船陆续进港，与联舰比，且约部署，听炮为号，争先过船。成功设

施琅像

酒于虎坑岩还礼，联即赴席。是日，投壶角胜，酣畅倍常。至戌刻，方掌灯回，途次半山塘，杜辉等（郑成功部将，郑预先命令其埋伏——作者注）伏起刺死，取联之首级匿之。

杨英《从征实录》说：藩驾（指郑成功——作者）回至中左……会其（郑彩）弟定远侯郑联，藩劝令改兵柄，合师共济，联亦听从，令其辖将陈俸等归附。此或杨英有意为成功讳，故不愿直书成功杀郑联之事。

《海外见闻录定本》说：芝鹏说赐姓置酒万石岩，夜归，伏甲于路杀之。

黄宗羲《郑成功传》说：未几，邀联游万石岩，微谕以刺之，隐其尸，阳为遁去。就是说把他的尸首隐藏起来，对外说他已经逃跑了。

综上可知，郑成功暗杀郑联是见不得阳光的，因此，后人才有意为其掩盖这件事，或有意美化他。

（三）独断专行，造成巨大损失

1. 在北上围攻南京时，张煌言曾建议郑成功先取崇明，因崇明系江海门户，守将梁化凤敛兵坚守，脱有疏虞，进退有据。成功不听（温睿临：《南疆逸史》卷三二《张煌言》）。又江日升《台湾外纪》卷一〇亦载：到崇明县，郑成功欲顺风入瓜洲，冯澄世（参军——作者）曰：欲进瓜洲，必当先取崇明以为外援。功曰：崇明城小而坚，取之必迟延日月。亦不听。功遂先取瓜洲镇。这时崇明总兵梁化凤因郑成功直入瓜洲，遂绕道至江南，进入南京城。后来郑成功围攻南京失败就败在梁化凤身上。

2. 围攻南京时，清南京总督管效忠未敢出敌，后受操江军门朱衣佐献策：可速遣人卑辞宽限，以骄其志，然后设守御之策，征援兵破之。管效忠即遣能言者前往成功营，限期纳款。功令之入。其人叩禀曰：大师到此，即当开门延入，奈我朝有例，守城者过三十日城失，则罪不及妻孥。今各官眷口，悉在北京，乞藩王宽三十日之限，即当开门迎降。功允其请而厚赏之。时参军潘庚钟曰：此乃缓兵之计，不可凭信，可速攻之。成功曰：自舟山兴师至此，战必胜，攻必取，彼焉敢缓吾之兵耶？尔勿多疑。庚钟曰：孙子有云：辞卑者诈也，无约而请和者谋也。欲降则降，岂恋内顾，决是城内空虚，速为进兵攻之，乃为上策。郑成功终不听庚钟之言，守困以待其降（江日升：《台湾外纪》卷一〇）。另杨英《从征实录》第124~126页亦载：甘煇（提督——作者）曰：大师久屯城下，师老无功，恐缓虏日至，多费一番功夫。请速攻拔，别图进取。郑成功谕之曰：所以未即攻者，欲待援虏齐集，必扑一战，邀而杀之。管效忠必知我手段，不降亦走矣，况孤城绝援，不降何待？这就是郑成功一向采取的“围而不攻”、“围而待降”的策略。

3. 郑成功在南京围而不攻，恐诸将不听令，曾下令“不得吾令，擅自进兵者罪”，自己与潘庚钟在观音山上观敌。谁知这时梁化凤在城内日夜上城观望，偶巡到东北角，见郑成功一营人马，屯扎在白土山下，遂在神策门率兵挖开城门，天色微明，亲率骑兵五百突出，郑军忽见轻骑直至，疑为天降，披挂不及，遂大溃。化凤追至余新营前，因成功前有“不得吾令，擅自进兵者罪”之语，不敢向前对敌，不久余新、萧拱宸两军均败而遁。城内清军总督管效忠见东北角厮杀，遂开门接应，出扎城外。次日（顺治十六年七月二十二日——作者），甘煇、林胜、潘庚钟等劝郑成功暂抽兵将出观音门，相机以图再举。郑成功说，小挫锐气，便欲思退，明日正欲观诸君建功耳。遂令万礼等勿动。二十三日，梁化凤率劲骑直逼左先锋杨祖，祖奋勇力战。诸将见成功张盖，在山上观敌，未有号令，不敢擅出。不久，杨祖战败，蓝衍战死。郑成功方令蔡禄、陈鹏往援。奈山高行迟，而梁化凤又从山上驰下，鹏与禄军亦大溃。这时，管效忠另遣别将，绕山之背，会化凤之师。时成功命甘煇、张英伏谷内，未得号令，遂为所困，乃分头御敌。张英中箭死，而独甘煇力战不退，左右皆战死，乃大叫曰：我甘国公也，勿射，可擒去请功，化凤挥骑乘虚冲杀，诸镇营垒见山上黄盖尚在，不敢救援，亦不敢奔走。这时，郑成功在山上观战，见蔡禄等败，嘱庚钟立黄盖下，代他指挥，叫他不可去盖，而自己下山催水军从后抄杀。遂带健将十余，猛下快哨，欲催水师，时值潮退，无奈驾至江心，遥望诸军披靡不堪，遂飞帆出镇江矣。陈魁因林胜受敌，抽兵绕道而退，见骑兵逼成功营垒，即趋援，魁亦中箭死，诸军悉赴水死。梁化凤又合师环攻，山中四面受敌，潘庚钟挥剑督护卫死战，结果都覆没（江日升：《台湾外纪》卷一〇）。

郑成功惨败，损失惨重。徐鼒《小腆纪年附考》卷一九对他做出如下评论：

鼒曰：成功江宁之败，论者惜其拒甘煇坐守瓜、镇之言，庚钟分扼淮、扬之策，恃锐轻进，以丧其师，此事后成败之论耳。……就使坐守瓜、镇，而山东之师冲其左，江、楚之援掣其右，金陵郎廷佐、梁化凤捣其中坚，岂能全师而返哉？孤军深入，自老其师，昭烈所以败于猇亭也。违众独断，孤注一掷，成功非无所见哉！兵骄必败，理固然也。

笔者完全同意此正确的评论。

征引参考书目举要

[1] 中国历史博物馆. 中国古代史参考图录. 上海：上海教育出版社，1991.

[2] 苏甲荣. 中国地理沿革图. 上海：日新舆地学社，1930.

[3] 李军. 中华五千年. 长春：北方妇女儿童出版社，2002.

[4] 赵志远. 中国通史. 北京：中央民族大学出版社，2002.

[5] 冯国超. 明太祖传. 北京：中国戏剧出版社，2005.

[6] 张廷玉. 明史：恭闵帝纪. 影印本. 上海：商务印书馆，1916.

[7] 谷应泰. 明史纪事本末. 影印本. 上海：上海古籍出版社，1994.

[8] 刘乐一，李业成. “红崖天书”考释. 寻根，1996（6）：9-10.

[9] 庄严，吴译金. 明史专家考证认定失踪的建文帝陵寝在宁德. 福州晚报，2009-8-30.

[10] 姚先星，姚先璧. 姚氏族谱. 活字本. 浚哲堂，1948.

[11] 张廷玉. 明史：成祖二. 影印本. 上海：商务印书馆，1916.

[12] 徐景熹. 福州府志. 福州：海风出版社，2001.

[13] 王应山. 闽都记. 福州：海风出版社，2001.

[14] 张廷玉. 明史：兵志. 影印本. 上海：商务印书馆，1916.

[15] 申时行. 大明会典：工部船只. 影印本. 扬州：广陵书社，2007.

[16] 沈启. 南船纪. 发行拷贝片. 北京：全国图书馆文献缩微复制中心，1991.

[17] 席龙飞. 中国造船史. 武汉：湖北教育出版社，2000.

[18] 王冠倬. 中国古船图谱. 北京：生活·读书·新知三联书店，2001.

[19] 李昭祥. 龙江船厂志：卷四. 王亮功点校. 南京：江苏古籍出版社，1999.

[20] 黄仲昭. 八闽通志：公署志. 福州：福建人民出版社，1991.

[21] 俞大猷. 正气堂集：征蛮将军都督虚江俞公功行记. 影印本. 南京：江苏省立国学图书馆，1934.

[22] 席书. 漕船志：船纪 北京：方志出版社，2006.

[23] 席书. 漕船志：船数 北京：方志出版社，2006.

[24] 席书. 漕船志：船式 北京：方志出版社，2006.

[25] 唐志拔. 中国舰船史. 北京：海洋出版社，1989.

[26] 宋应星. 天工开物：舟船九. 北京：中华书局，1959.

[27] 张燮. 东西洋考：舟师考. 北京：中华书局，1981.

[28] 齐义农. 二十四史：明史. 北京：光明日报出版社，2002.

第十章

郑和、王景弘下西洋

明成祖永乐三年（1405）至宣德八年（1433），太监郑和、王景弘奉命同为正使七下西洋。每次海船多则200多艘，少则几十艘，随船官兵多达20000～30000人，使满剌加、古里等30多个国家先后遣使朝贡，为中国与亚非各国间增进交往与友谊做出巨大贡献。其航程之远、历时之久、船舶之多、吨位之大，世所未见，是当时中外航海史上的空前壮举。

第一节　明代的西洋、东洋

海上航行要靠针路（指南针），针路分东洋和西洋指针，因此在地理名词上就有“东洋”和“西洋”。郑和、王景弘下西洋，这个西洋主要指的是现在的南洋群岛。明代把现在的东亚地区和东南亚地区统称为东洋和西洋。西洋指的是现在的印度支那半岛、马来半岛、印度尼西亚、婆罗洲（即图中渤泥、渤泥北端为文莱）等地区；东洋指的是菲律宾、日本等地区。明代以婆罗洲（今文莱）为界，将南海以西的海洋及沿海各地，包括远及印度和非洲东海岸的广大地域概称为“西洋”，以东称“东洋”。

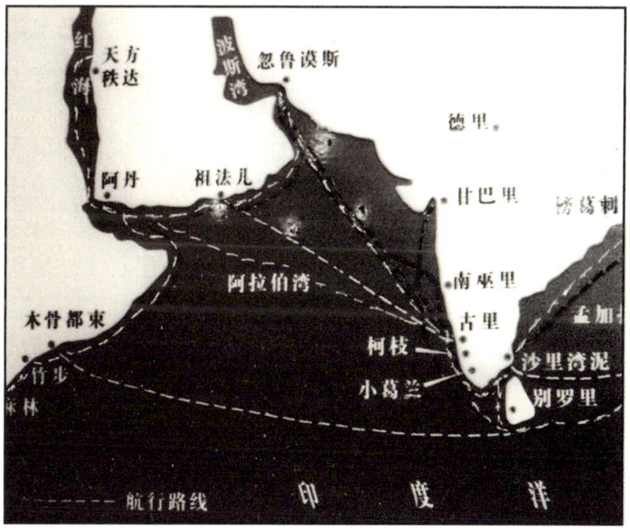

广义西洋

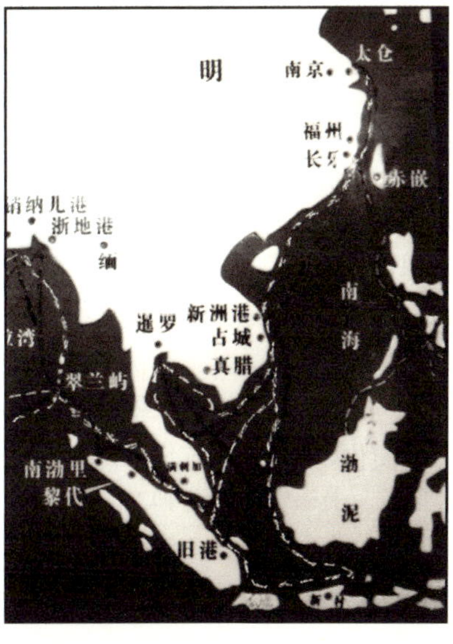

狭义西洋

图中白色虚线为郑和、王景弘航线；旧港下小岛为爪哇岛；圆点为重要的中转站。

广义西洋则远及印度和非洲东海岸。

不论西洋、东洋，中国从秦汉到元朝即已开通航线，航线并不是从郑和、王景弘开拓的，但明初七下西洋规模之大、人数之多，历史上确是空前未有的。

第二节　郑和、王景弘下西洋的目的

《明史·郑和传》记载：成祖疑惠帝亡海外，欲踪迹之，且欲耀兵异域，示中国富强，永乐三年六月命和及其侪（同辈、同等级——作者）王景弘等通使西洋。

从上可知，目的有二：一是耀兵异域，示中国富强；一是寻找惠帝（建文帝）。因成祖（燕王）军队当时打到南京后，“宫中火起，帝不知所终”。宫中起火，人都烧死了，尸首分不清到底是谁，如果逃到外面，建文帝仍有号召力，对成祖政权不利，所以有这个可能，但不是主要目的。原因有三：

1. 无须如此大规模地兴师动众，动用二三万人，到如此遥远的地区去寻找，没有这个必要，兼找有可能，但不是主要目的。

2. 寻找建文帝不能明目张胆派人追捕，只能差遣心腹之人，悄悄查访，因为朱棣进宫时，郑和当众大声宣告建文帝已焚宫自尽，要寻找也应该秘密进行。

3. 郑和、王景弘下西洋之前和之后，史载成祖已水陆两路派遣宦官，寻找惠帝下落，特别是成祖即帝位这一年（永乐元年），三次遣使，目的可想而知。

永乐元年（1403）二月，命宦官侯显使西域，“徵番僧”。据《明史·侯显传》载，这年四月，侯显“陆行数万里，至四年（1406）十二月始与其僧偕来”。因传说建文帝为僧，所以，以征求番僧名义出使西域，是从陆路而去。

永乐元年（1403）九月，遣宦官马彬、李兴等出使爪哇、苏门答剌、暹逻等国。

永乐元年（1403）十月，遣宦官尹庆出使满剌加、柯枝等国。

永乐三年（1405）六月，一面遣宦官山寿“帅兵出云州”，以巡边名义寻找，一面遣郑和、王景弘出使西洋诸国以访惠帝，且借以示威异域。这就是郑和、王景弘第一次下西洋。

永乐五年（1407）九月，郑和、王景弘自西洋还，不得惠帝踪迹。十一月，遣给事中胡濙访仙人张邋遢（即张三丰）。名义上是到全国各地去寻找这位神仙，实际上是去找建文帝。前后找了二三年。据吴晗《明史简述》说，胡濙每次回来都向明成祖报告。最后一次向皇帝报告时，成祖正在军中，胡濙讲的什么别人都听不到，只见他讲了以后，明成祖很高兴。历史家们认为，最后这一次报告，可能是说建文帝已经死了。

榜葛剌国进贡的麒麟（长颈鹿）

永乐十一年（1413），侯显奉命第二次赴西番尼八剌、地涌塔二国。尼八剌王遣使随显入朝，表贡方物。

永乐十三年（1415）七月，帝欲通榜葛剌诸国，复命显率舟师以行，其国即东印度之地。就是说侯显第三次出使西域，是走海路，而不是走陆路，是到东印度之榜葛剌（今孟加拉——作者）。距中国绝远，其王赛佛丁遣使贡麒麟（长颈鹿）及诸方物，帝大悦。后来由于榜葛剌之西有个国叫沼纳朴儿，地居五印度中，是个古佛教国，侵犯榜葛剌国，赛佛丁告到明朝。永乐十八年（1420）九月，帝命侯显前往宣谕，赐金币，双方遂罢兵。直至宣德二年（1427）二月，复遣侯显出使诸蕃，遍历乌斯藏、必力工瓦、灵藏、思达藏诸国而还。途遇寇劫，将士力战，多所斩获。还朝，录功升赏者四百六十余人。《明史》说：显有才辨，强力敢任，五使绝域，劳绩与郑和亚。就是说他的贡献与郑和不相上下。可惜很少有人宣扬侯显，因此，鲜为人知。侯显原为司礼监少监，永乐五年“以奉使劳，擢太监”。

永乐十三年（1415）十月，陈诚使西域还。陈诚何时出使，史料缺。陈诚历17国，偕其使臣来，并纂《西域记》以献成祖。

综上可知，在郑和，王景弘下西洋之前和之后，确实已派遣其他宦官等水陆两路出使西域，寻找惠帝下落。因此，郑和、王景弘七下西洋的真正目的不是专门寻找惠帝。

第三节　郑和、王景弘下西洋的真正原因

真正原因有三说：

一说是国内经济发展的必然结果。

自元至正八年（1348）到明洪武元年（1368）的20年战争，使经济上受到了很大的破坏。经过洪武时期大力恢复生产，人口增加了，耕地面积大大扩大了，粮食、棉花、油料的产量提高了，人民生活有了改善，对国外物资的需求也增加了，如香料、染料，像胡椒产自印度，染料、珠宝、珍禽异兽都要到国外去寻找。而国内由于经济发展，生产规模扩大，绸缎、瓷器、铁器（生产工具）等产品数量巨大，足可供出口。加上从秦汉经唐宋到元朝，中国在对外的航海通商方面已具备了丰富的航海知识和有经验的航海人员，所以有需要也有可能下西洋进行海外贸易，海外贸易便成为郑和下西洋的一个原因。但中国人民大学历史系教授毛佩琦认为这种观点是由现代人提出的。但这种观点的主张者，忽略了一个基本事实就是中国自给自足的农业经济还不具备大规模海外贸易的动力。无论从国家财政上还是从经济发展上，都没有提出相应的要求（毛佩琦：《郑和的使命：天下共享太平之福》）。

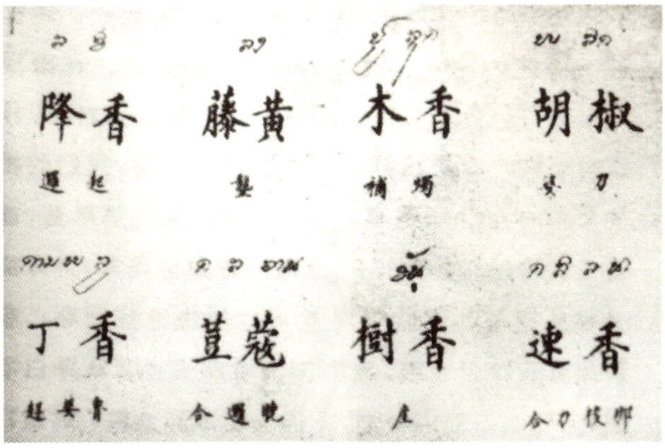

《华夷译语》
明代编定的外文辞典，本页有胡椒等香料的译名。

二说，即《明史·郑和传》所说的欲耀兵异域，示中国富强。毛佩琦教授在上文中说，这是成祖朱棣愿意做的，但还远远不够。不过他已接近了问题的核心。因此，毛教授提出第三说，笔者深为赞成。

第三说，毛佩琦教授结合香港黄枝连教授的“天朝礼治体系”，把它称作“天朝礼制体系”。指出明成祖的远大理想是通过郑和下西洋来表达他的天下观。通过由郑和带给四方海外诸番王及头目的敕书，可看出成祖想要建立的理想世界是什么样子：

“朕奉天命，君主天下，一体上帝之心施恩布德。凡覆载之内，日月所照，霜露所濡之处，其人民老少，皆欲使之遂其生业，不至失所，今特遣郑和赍敕，普谕朕意：尔等祗顺天道，恪遵朕言，循礼安分，毋得违越，不可欺寡，不可凌弱，庶几共享太平之福。若有输诚来朝，咸锡皆赏。故此敕谕，悉使闻知。”（《郑和家世资料》，人民交通出版社1985年版，转引自毛教授文）。

在天朝礼制体系的格局之下：

1. 得到天命的天子君主天下，有责任向全天下的人“施恩布德”。

2. 天子有责任让全天下的人“遂其生业，不至失所”。

3. 全天下的人都应该“祗顺天道”，遵守天子的要求，“循礼安分，毋得违越”。

4. 在天子的监督之下，天下的人与人、国与国之间，“不可欺寡，不可凌弱”。

5. 天子要达到的目的是全天下“共享太平之福”。

对于表示愿意纳入天朝礼制体系之中、前来朝见的“诸番王及头目”，天子都要给予赏赐（毛佩琦：《郑和的使命：天下共享太平之福》）。

明成祖要成为“千古一帝”、“盛世名王”、天下

共主，实现儒家理想，推行“天朝礼制体系”，主张“华夷无间”、“抚宇如一”，以“厚往薄来”原则来对外交往，以达到“全天下共享太平之福”，所以才派遣郑和、王景弘七下西洋，这方是此举的真正原因和目的。在这个理想世界里不掠夺别国财物，不侵占别国领土，没有侵略，没有杀戳，一切是美好的。但是也有许多学者认为，郑和下西洋的目的是多方面的，有政治、军事、经济、文化等多种原因，不能以一种目的来概括，但主要的是政治目的。

第四节　郑和、王景弘其人其事

郑和（1371~1435）

事燕王于藩邸，从起兵有功，累升太监，世所谓三保太监，亦称太监马三保（宝）。

一、郑和的身世及生卒年月

郑和，本姓马，名叫马和。祖父察儿米的纳和父亲米里金世居云南昆阳州（今昆明市晋宁县）。元末世袭滇阳侯，都到过天方（今麦加）朝拜真主，都被尊称为“哈只”或“马哈只”。朱元璋在南京即位后，云南仍被元皇室梁王控制。朱元璋先后派使前往诏谕，梁王不但不降还杀了两位使者，洪武十四年（1381），朱元璋派傅友德等率兵30万分路入云南讨伐。米里金作为元梁王手下的滇阳侯奉命出兵抵抗。米里金妻温氏，生男二人，长子文铭、次子和，女四人。出发前米里金修书一封交马文铭，让他带着一家人到楚雄一个朋友家避难。由于双方兵力悬殊，梁王兵败悬梁自尽，米里金战败受伤逃往楚雄与家人会合，不久伤重身亡。逃难中马和被傅友德部擒俘，将其阉割送往宫内充作宦官，兄母逃散不知去向。马和自幼有材志，深得朱棣器重，赐姓郑改名郑和，为内官监太监。

郑和生卒年月，《明史·郑和传》未有记载。一般都是推论。伯希和《郑和下西洋考》说：郑和第七次通使南海在西历1430年（宣德五年），归京（南京）之时，在宣德八年（1433）七月二十二日，且无殁于半道之事。其死当在西历1434（宣德九年）王景弘单独出使苏门答剌（《明史》卷三二五）之时。国人吴晗则断为：“其生卒年，约为1371~1435A.D，存年约六十五。”后说似尚可信（台湾：包遵彭《中国海军史》上册第242页，中华丛书编审委员会出版发行，1970年5月印行）。多数人均持此说。

20世纪初，云南石屏袁嘉谷在云南昆阳月山西坡上寻找到郑和父亲马哈只的墓，墓前立一块石碑，上刻有“故马公墓志铭”六字。碑文是在永乐三年（1405）由端阳礼部尚书左春坊大学士李至刚撰写，说明这是郑和第一次下西洋前夕立下的墓碑。日本上杉千年著《郑和下西洋》（大陆桥翻译社译，上海社会科学院出版社2003年5月北京第一版）载，袁嘉谷将《故马公墓志铭》全文刊载于《镇译》中，并且作了一篇《昆阳马哈只碑跋》，才使世人对郑和的家世与籍贯有了进一步的了解。知道郑和祖辈为云南昆阳州（今昆明市晋宁县）宝山乡和代村人，姓马，回族，曾祖父名拜颜，祖父和父亲都曾到过麦加朝圣，尊称马哈只等简略情况。直到1983年，北京民族文化宫发现一份《郑氏家谱首序》，可以证实郑和是元代咸阳王赛典赤赡思丁的六世孙。“赛典赤”是对贵族的称

郑和家乡滇池之滨的昆阳（今昆明市晋宁县）

郑和故里昆阳宝山乡和代村

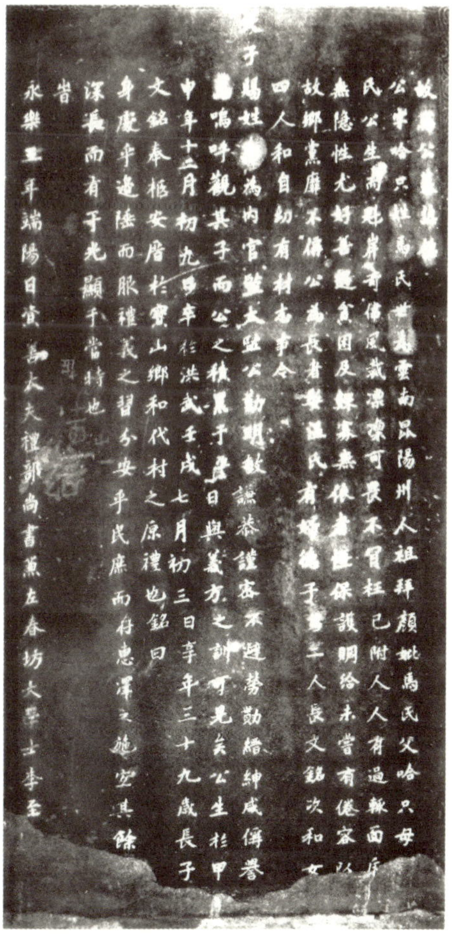

故馬公墓誌銘
公字哈只姓馬氏世為雲南昆陽州人祖拜顏妣馬氏父哈只母
溫氏公生而魁岸奇偉風裁凜凜可畏不肯枉己附人人有過輒面斥
無隱性尤好善遇貧困及鰥寡無依者恒保護賙給未嘗有倦容以
故鄉黨靡不稱公為長者娶溫氏有婦德子男二人長文銘次和女
四人和自幼有材志事今
天子賜姓鄭為內官監太監公勤明敏謙恭謹密不避勞勩縉紳咸稱
焉嗚呼觀其子而公之積累于平日與義方之訓可見矣公生於甲
申年十二月初九日卒於洪武壬戌七月初三日享年三十九歲長子
文銘奉柩安厝於寶山鄉和代村之原禮也銘曰
身處乎邊陲而服禮義之習分安乎民庶而存惠澤之施宜其餘
慶深長而有子光顯于當時也
時
永樂三年端陽日資善大夫禮部尚書兼左春坊大學士李至

故马公墓志铭

原石今存云南昆阳城外。

呼，而其本名为“赡思丁”。郑和祖父名察儿米的纳，即马哈只墓碑所记载的郑和祖父哈只，封滇阳侯。父亲名米里金，即墓碑文中郑和的父亲哈只，袭封滇阳侯（滇阳即昆明的别称）。束世澄《郑和南征记》则提出郑和生于洪武六年（1373）（转引自郑鹤声《郑和遗事汇编》）。周绍泉根据袁嘉谷《昆阳马哈只碑跋》，在《上海大学学报》1985年12月发表了一篇《郑和的生年与卒年》的论文，推算郑和生年当在洪武八年（1375）。日本人上杉千年著的《郑和下西洋》一书中列出“郑和年表”，说郑和生于1371年（洪武四年——作者），死于1433年（宣德八年——作者），即归途中客死他乡，众说纷纭。而台湾王佩云所著《海上第一人郑和》虽是小说，但是以严谨的史实为根据，确实值得一读。该书说郑和是病死古里（今印度半岛西端卡利卡特——作者），时间是宣德八年（1433）四月初九日并实行海葬军礼，带回一绺头发和他经常穿的一双鞋子（该书下册第373~378页）。

故马公墓志铭

公字哈只，姓马氏，世为云南昆阳州人。祖拜颜，妣马氏。父哈只，母温氏。公生而魁岸奇伟，风裁凛凛可畏，不肯枉己附人。人有过，辄面斥无隐。性尤好善，遇贫困及鳏寡无依者恒保护赒给，未尝有倦容，以故乡党靡不称公为长者。娶温氏，有妇德。子男二人，长文铭，次和；女四人。和自幼有材志，事今天子，赐姓郑，为内官监太监。公勤明敏，谦恭谨密，不避劳勚，缙绅咸称

郑和六世祖赛赤典·瞻思丁之墓

郑和父亲马哈只墓

誉焉。呜呼!观其子而公之积累于平日，与义方之训可见矣。 公生于甲申年十二月初九日，卒于洪武壬戌七月初三日，享年三十九岁。长子文铭奉柩安厝于宝山乡和代村之原，礼也。铭曰：

身处乎边陲而服礼义之习，分安乎民庶而存惠泽之施，宜其余庆深长，而有子光显于当时也。

时永乐三年端阳日，资善大夫礼部尚书兼左春坊大学士李至刚撰。

勅米里哈只 朕惟人能誠心好善者必能敬天事上勸率善類陰翊皇度故天錫以福享有無窮之慶爾米里哈只早從馬哈麻之教篤志好善導引善類又能敬天事上益效忠誠眷茲善行良可嘉尚今特授爾以勅諭護持所在官員軍民一應人等毋得慢侮欺凌敢有故違朕命慢侮欺凌者以罪罪之故諭

永樂五年五月十一日

永乐五年明成祖嘉尚已故郑和的父亲米里（金）哈只的敕谕

谕米里哈只朕唯人能诚心好善者必能敬天事上，劝率善类阴翊皇度，故天赐以福，享有无穷之庆。尔米里哈只早从马哈麻之教，笃志好善，导引善类，又能敬天事上，益效忠诚，眷兹善行，良可嘉尚。今特授尔以敕，谕护持所在官员军民一应人等，毋得慢侮欺凌，敢有故违朕命，慢侮欺凌者，以罪罪之。故谕。

永乐五年五月十一日

关于郑和的卒年、卒地问题，至今仍难定论。有的学者说宣德八年（1433）郑和因劳累过度而病倒，在印度南部西海岸的卡利卡特逝世，终年62岁，葬于爪哇三宝垄。同年七月船队在王景弘指挥下安全返航，回到太仓刘家港。为纪念郑和下西洋，郑和的衣冠冢筑于南京牛首山南麓。如今，那里修筑了庄严的郑和墓（施鹤群主编《郑和航海之谜》，哈尔滨工程大学出版社2005年6月出版，第169页）。

厦门大学历史系教授庄为玑在《明下西洋郑和、王景弘两正使的卒事考——兼论郑和的宗教观》一文中认为郑和卒于古里，赐葬南京牛首山山麓。若是遗体棺运回国葬于南京，则必须用水银防腐，明代大小贵族均知尸体防腐之术。若据《郑氏家谱首叙》所述，是归葬，则必用防腐之法，而非葬于外国。庄教授又据南京传说：他寄回头发与靴子，代表他的肉体，也有可能，则传说郑和葬在古里、苏门答剌、爪哇都是不可信的。对南洋传说，归葬爪哇，实是登陆爪哇之误传。印尼三宝垄也是郑和出使时的登陆地点，而不是安葬地点。庄教授根据清同治《上江两

郑和父亲墓正面

南京牛首山

郑和赐葬于此山麓。

县志》：牛首山，太监郑和墓。永乐中，命下西洋，宣德初，复命，卒于古里，赐葬山麓，认为郑氏死于古里（今印度卡利卡特），赐葬于南京，也很清楚，因此他的结论是：我认为郑和殁于国外，若是归葬，必须事先用中国防腐法，才有可能，因为明代用水银防腐法已经盛行。以上是我对郑和之死的看法（转见于朱明元主编：《王景弘与郑和下西洋》，香港天马图书有限公司2004年12月初版，第244～247页）。这是庄教授具有倾向性的意见。对此笔者提出愚见三点，就教于专家学者：

（一）郑和、王景弘同是"正使太监"，或称"钦差正使太监"，同被尊称为"钦差总兵"。两人是同等、同级，只是分工不同。郑和是船队的统领，统揽全盘，指挥船队，主要是对外。王景弘主要负责航海针路和管理船队，是航海事务的统领。两人是并列关系，不是隶属关系，是亲密的战友关系，航海中缺一不可。有关报刊、辞典、小丛书、通俗读物、史话，等等，说王景弘是副使、副帅，是郑和的副手，与史实不符，都是讹传。郑和在古里死后船队回归，以及第八次下西洋，都是由王景弘单独统领，可资证明其外交才能和统揽全盘、指挥船队的才华。

云南晋宁县郑和公园中的郑和石雕像

（二）郑和、王景弘的生卒年月，大多是推论。《明史·郑和传》没有记载，王景弘连传都没有，也未有碑志行世。他们的生卒年月多属"猜测"、"假定"、"推算"，以讹传讹，异说四起，不足为凭。在众多的推论中，笔者倾向于郑和生于洪武四年（1371），卒于宣德八年（1433），终年62岁。王景弘则生卒年均不明，一般说他卒年为正统元年（1436）。

郑和纪念馆

而庄为玑教授认为"正统以后，王氏年事渐高（大约70岁以上），自宣德至正统二十四年中，王氏垂老矣。余查天顺年间，英宗复辟后尚有敕称：'敕守备太监王景弘，及襄城李隆等计议之'。（按庄老未注有出处，笔者查《明史》天顺年间，未见此项记载）……王氏之卒年……可断定王氏活至英宗天顺年间"（庄为玑《明下西洋郑和、王景弘两正使的卒事考——兼论郑和宗教观》，《王景弘与郑和下西洋》）。

庄为玑教授断定王景弘活至英宗天顺年间，值得商榷：

1. 正统元年（1436）二月实录末条言："敕南京守备太监王景弘等及襄城伯李隆，参赞机务少保兼户部尚书黄福曰：朕……"有王景弘行事的记载。

2. 正统二年（1437）十月癸未条，记云：敕谕太子太保成国公朱勇……"兹特命尔等，同太监王景弘等整点

北京郑和故居——三不老胡同

三不老胡同原名“三保老爹胡同”，简称“三保胡同”。永乐十九年（1421）迁都北京后此处为郑和在北京的府第所在。

在京各卫……”仍有王景弘行事的记载。

正统二年（1437年）之后，《明实录》及其他史书再没有出现有关王景弘的记载。据《明英宗实录》正统二年十月戊辰条，当时南京首席守备太监之职，改由罗智与袁诚充当，说明王氏已不在职。

按庄为玑教授断定活至天顺年间（1457~1464），以天顺元年（1457）来说，据正统二年（1437）也有20年之久，其年事当在八九十岁。沉寂20年之久还有可能复任首席守备太监吗？何况20年之前，首席守备太监之职，已改由他人充当了。

（三）郑和是陆葬还是海葬？

郑和病死于第七次下西洋返航途经古里海面时，是海葬不是陆葬，其理由有五：

1. 据马欢《瀛涯胜览》载，郑和在第一次下西洋时，在古里国建有碑亭，其碑文内容为：“永乐五年，朝廷命正使太监郑和等，统领主队宝船到彼，起建碑亭，立石云：‘其国去中国十万余里，民物咸若，熙皞同风，刻石于兹，永示万世。’”说明古里国离中国十万余里，航程远。

2. 祝允明《前闻记》云：“宣德八年（1433）二月十八日，开船回洋，三月十一日到古里，二十日大鯮船回洋，四月二十五日到苏门答剌，五月九日到满剌加，六月十三日到占城。”由此可知，从古里出发，到达南京，需四个月，时间长。

3. 郑和原出身回族家庭，信仰伊斯兰教。有的学者说，后来改信佛教，实则为着海上安全，他对宗教信仰是兼容并蓄，既信伊斯兰教，又信佛教、道教，特别崇拜海上保护神天妃娘娘，每条船上都供奉天妃的神龛，每到一地几乎都修建天妃宫，如娄东刘家港天妃宫、长乐天妃宫、普济天妃宫，等等。第五次下西洋前曾在泉州伊斯兰教先贤墓前行香，又似信奉自己先祖的宗教，因此不排除用伊斯兰教葬礼。穆斯林认为：人死之后，灵魂已经追随真主进了天国，遗留下来的皮囊，要速葬、薄葬、简葬，一般不超过3天，超过就是一种罪孽，随船的阿訇极力坚持这种主张。负责领兵打仗的都指挥朱真则主张用水师的军礼（即海葬）安葬他。副使太监洪保和医生匡愚希望落叶归根由朝廷以国礼葬之，对国家和对他的家人有个交代。通事马欢则建议将郑和的一绺头发和他经常穿的一双鞋子带回去，按朱真的海上传统实行海葬。据王佩云：《海上第一人郑和》一书（下）第378页，钦差正使太监王景弘接受大家的意见按照回教的传统，用净水清洗，洁白的布包裹，撒上香料，一面念经作法事，一面用隆重的传统水师军礼，将其头部朝向天方，遗体缓缓地移向船舷外边，慢慢地倾斜着，一边战船鸣炮致敬，一边船上的穆斯林在吟诵“安拉是伟大的……”葬他于海洋。

第五次下西洋前郑和到泉州伊斯兰教先贤墓行香乞庇佑碑

4. 郑一钧《论王景弘的历史功绩》一文载：在永乐和宣德年间，王景弘曾两度到过台湾，其中宣德年间船队返回时，由王景弘率众来到台湾。由于王景弘善于医事，所以这一记载特别突出了他在第七次下西洋返回时经过台湾，出于特长和爱好，在台湾取药草数种返国，从而增加了这一记载的可信程度（转见于朱明元主编的《王景弘与郑和下西洋》第82页）。清人林廉光《台湾志略》、《续修台湾府志》、《凤山县志》等书中，均有此记载。第七次下西洋，郑和在古里病逝，由王景弘单独一人率船队回航，途中在台湾还逗留一段时间，试问郑和的棺木有可能

南京郑和故居所在的马府街

南起白下路，北至太平巷，西抵太平南路，东达长白街，包括今马府街小学、郑和公园等。

在帅船上吗？显然没有。若有则必须赶时间回京，不可能在台湾逗留。

5. 康熙《江宁县志》载：三宝太监郑和墓，在牛首山麓。永乐中命下西洋，……宣德初，复命入西洋，卒于古

位于南京牛首山的郑和墓

大石板中的“和”字长约49厘米，宽约46厘米

里国。此则赐葬衣冠处。南京牛首山的郑和墓，是埋葬其遗物的衣冠冢，墓内没有郑和遗体。

郑和原姓马，七下西洋时，府邸位于南京城南、太平南路和长白街之间一条小街，此街故称马府街，马府街常出土一些明代的遗物。郑和第19代后裔郑自海从文献找到新安会馆的石界址，后来与郑和府一街之隔的张如全的父亲挖到一块大石板，中有一个“和”字。后为郑自海获悉，认为极有可能是郑和府的遗物（参阅郑和21代后裔郑宽涛：《南京马府街发现神秘“和”字石刻》一文，转见于《郑和下西洋研究》第4期第281页，2007年7月，中国国际经济文化交流杂志社出版）。

二、 王景弘的身世及生卒年月

王景弘，明漳州府龙岩县集贤里香寮村（今漳平市赤水镇香寮村许家山自然村）人。原名王贵通，因“拥戴皇储”有功，仁宗登基后，赐名“景弘”（待考）。亦称太监王三保（宝）。他是一位杰出的航海家。

关于王景弘的生卒年月，《明史》所记极其简略，连传都没有，古今图书中对他的功绩皆只字不提，甚至今天出版的《辞海》、《辞源》都没有为他设词条。因此众说纷纭，有说他死于爪哇，有说死于船上，有说死于国内。永乐三年起，《明实录》中在郑和生前讲到王景弘较少，虽同活跃在西洋海上，史书仅提郑氏。永乐二十二年（1424）以后，王氏始渐渐露面。宣德十年（1435），南京守备由李隆代替，说明郑和已死。当年四月，苏门答剌国王嗣为国王，先是以公务遣中官王景弘往其国，遣其弟来京朝贡。六月南京守备袁诚奏请作战船，令王景弘及李隆、黄福等计议行之。由此可知，当时，郑和已不在，才单命王景弘一人出洋。正统元年（1436）三月甲申，“敕王景弘等，于官库支胡椒、苏木共三百万斤，遣官运至北京交纳，毋得沿途生事扰人”。有人认为此后史料中，不再见到王景弘的名字，推断1436年辞世。但据《明英宗实录》正统二年（1437）十月癸未条载“敕谕太子太保成国公朱勇……曰：‘兹特命尔等，同太监王景弘等整点在京各卫……编成队伍，如法操练……’”说明正统二年，王景弘尚在世，此后再没有出现王景弘的记载。而南京首席守备太监之职，改由罗智与袁诚充当，说明王景弘此时不是告老去职，便是去世，因此卒年仍待考证。

王景弘

拥戴皇储有功，赐名景弘，亦称太监王三保（宝）。

福建省政协原主席游德馨为香寮村题写的“王景弘故里”碑

位于福建省龙海市鸿渐村的太保公庙

王景弘塑像

王景弘故里——漳平市赤水镇香寮村

太保庙中供奉郑和（左）、王景弘（右）塑像

印尼三宝垄市三宝洞内船舡爷王景弘墓
另说王景弘死在国内归葬南京，待考。

三、郑和、王景弘的地位

七下西洋，郑和、王景弘同是“正使太监”，为什么史书只有《郑和下西洋》而不提王景弘的名字呢？这里要弄清两个问题：

首先什么是太监？什么是宦官？

宦官又称中官、内官、内侍、内臣、阉官、童净、刑余小人，等等。明太监刘若愚著《酌中志·内府职掌》记载：内府设十二监，司礼监、御用监、内官监、御马监、司设监、尚宝监、神宫监、尚膳监、尚衣监、印绶监、直殿监、都知监。也就是说，明代宦官组织分为十二监、四司、八局，号称“二十四衙门”。监是宦官组织的单位名称。各个监管辖一批宦官，虽都是阉人，但宦官不等同于太监，宦官中的头才是太监，所以，太监必定是宦官，而宦官并不一定是太监。太监的官职为正四品。郑和、王景弘出任内官监太监，官职为正四品。在担任南京守备太监时，掌管“南京守备太监关防”一颗，实际上又履行了司礼监外差的任务。到了近代，人们把宦官等同于太监，太监成了宦官的同义词。

其次，七下西洋，为什么只提郑和，不提王景弘？

七下西洋，郑和、王景弘同是“正使太监”。有学者说，所不同的郑和还有“钦差总兵太监”的头衔，因此，是全权执行下西洋的总帅，统筹指挥将领官兵和泛洋的舟师。王景弘主要负责航海的针路和管理舰队，侧重于航海技术事务，包括船舶的征集、航海技术人员的甄选等，可说是航海技术上的最高指挥官，相当于现代的领航员。因此，在记载中郑和的名字总是领衔，王景弘甚至没有提到。这个“钦差总兵太监”的由来，出自郑一钧的《论王景弘的历史功绩》一文：据永乐十五年（1417）所刊立的《泉州灵山伊斯兰教先贤墓行香碑》记载，郑和在‘正使太监’之外，还有‘钦差总兵太监’的头衔……而这是王景弘所没有的（郑一钧《论王景弘的历史功绩》，转见于朱明元主编的《王景弘与郑和下西洋》第70页）。

笔者查阅行香碑的文字是这样写的：

永乐十五年郑和于泉州伊斯兰教先贤冢行香石刻

钦差总兵太监郑和前往西洋忽鲁谟斯等国公干，永乐十五年五月十六日于此行香，望灵圣庇佑。镇抚蒲和日记立。

（资料来源：向达校注《西洋番国志》、《郑和航海图》、《两种海道针经》，中华书局2000年4月第一版）

从上述资料看，只提郑和是“钦差总兵太监”，没

《三宝太监西洋记通俗演义》插图
插图刻画郑和（船首立者）乘船造访波斯湾国家忽鲁谟斯（伊朗）的情形。

有两个头衔。笔者认为“正使太监”不是正式职衔称呼，“正使太监”的正式称呼应是“钦差总兵太监”。所以“钦差总兵太监”不是郑和独有，王景弘也是“钦差总兵太监”。

文莱首都斯里巴加湾市至今仍遗留“王总兵路”及“路标”，可资证明。

因此，笔者认为王景弘确实是与郑和并驾齐驱的首脑

王总兵路路标（张开龙摄）

人物。在郑和、王景弘第七次下西洋时，明宣宗朱瞻基曾亲撰长诗分别赐赠郑和与王景弘，表彰他们的功绩，以壮行色。

在《赐太监郑和》诗中，宣宗着重表彰郑和在统兵打仗中的贡献；而在《赐太监王景弘诗》中着重表彰他的航海技术和统领庞大船队遍历东、西洋各国的功勋。

明宣宗朱瞻基《赐太监王景弘诗》

南夷诸国蟠海中，海波险远迷西东。
驱役飞廉决鸿蒙，遍历岛屿凌巨谼。
其人习性皆颛蒙，浮生泳浅鱼鳌同。
覃宣德意化崆峒，天地广大雨露浓。
自昔不与中华通，维皇太祖天命隆。
覆载之内皆时雍，朕今嗣统临外邦。
薄海内外咸响风，中兴功烈维太宗。
继志述事在朕躬。岛夷仰望纷喁喁。
泽及远迩如春融，明明皇考务笃恭。
命尔奉命继前功。尔往抚谕敷朕衷。
至仁怀绥靡不容，三圣相承盛德洪。
各使务善安田农，相与辑睦戒击攻。
日月所造悉服从，贡琛纳赞来无穷。
念尔行涉春与冬，作诗赐尔期尔庸。
昔时命将尔最忠，大船摩拽冯夷宫。
勉旃尔庸当益崇。

［资料来源：郑鹤声、郑一钧：《郑和下西洋资料汇编》中册（下），第857页，齐鲁书社，1983年］

获得皇帝的赠诗是天大的荣耀，而且仅郑和与王景弘两人得到赠诗，这说明郑和、王景弘在宣宗眼里同是股肱之臣，其功绩和地位在船队中是同等的。

那么，为什么在排名上郑和排第一、王景弘排第二，甚至只提郑和、不提王景弘，究为何因？笔者认为原因有下述五点：

1. 历史上原因，早在“靖难之役”时，郑和知兵善战，屡建奇功，深受成祖倚重，被任命为享有下西洋水师最高军事指挥权的统帅，王景弘虽与郑和地位同等，但其权力、作用都略逊于郑和，也由于郑和锋芒毕露、睥睨同僚，王景弘遂被掩盖。

2. 郑和名气隆盛，如日中天，王景弘专司航海职务，不事外交，功业遂为掩盖，其传记资料残缺，又曾以王贵通名字出现，记载混淆错乱，更使他名位记载不得彰显。

3. 成化年间的一场大火焚尽了郑和下西洋的资料，其中对王景弘的记载也大部被毁，王本人的航海专著也已流入民间或散佚失传，明史中又没有为他立传，族谱也散失无存。

4. 元代以后有“九儒十丐”之说，工匠地位仅高于娼，曰：“七匠八娼”，作为统领使团中工匠的王景弘，自然要被贬低，溢美之词纷纷落在统辖使团中各级官吏、士兵的郑和头上，褒一贬一，无形中把郑和抬得过高，甚至到了神化的地步。

5. 明朝文官修史，对宦官大多存有偏见，不愿多写

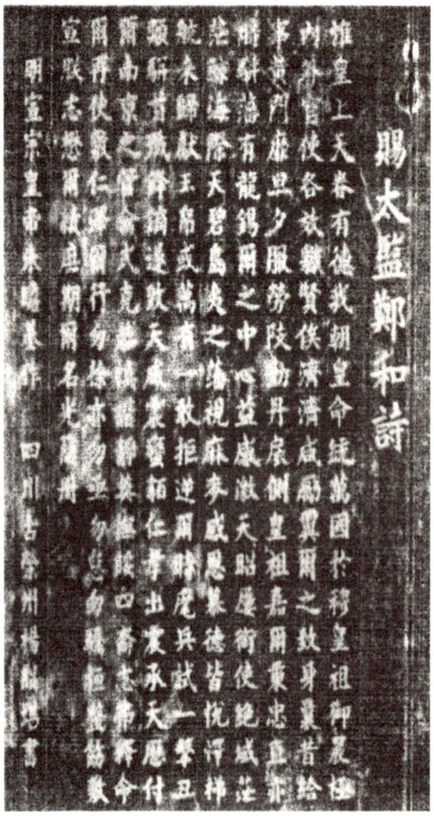
賜太監鄭和詩

明宣宗朱瞻基《赐太监郑和诗》

内官的事迹，地方上或一个家庭，对当地所出太监不以为荣、反以为耻，讳莫如深；且封建家庭伦理以传宗接代为主，族人对阉人也耻于宣扬。

四、郑和、王景弘的宗教信仰

有的学者说，下西洋船队经过的地区现在大部分信仰伊斯兰教。在东南亚有大量关于郑和、王景弘信仰、传播伊斯兰教的传说，因此许多国内外学者认为二人信仰伊斯兰教，都是虔诚的伊斯兰教徒。还有学者说郑和原信仰伊斯兰教，后来改信佛教。改信佛教，意味着就是不再信伊斯兰教。这些都值得商榷。

（一）郑和的宗教信仰

郑和原出身回族家庭，信仰伊斯兰教是肯定的。在七下西洋之前，即洪武、建文年间，史籍确实没有记载宦官布施礼僧修建寺院、死后葬于寺院的记载。说明信佛之风较弱。自从参与修建南京大报恩寺和琉璃塔之后，宦官逐渐开始信仰佛教，从此“中官最信因果，好佛者众，其坟必僧寺也”（明司礼监太监刘若愚：《酌中志》）。

早在永乐元年，郑和就师从道衍和尚（姚广孝），皈依佛教，受“菩萨戒”，法名“福善”（黎东方：《细说明朝》第153页，上海人民出版社，2003年6月第7次印刷）。

南京博物院郑和研究专家葛晓康认为郑和即李福善

南京大报恩寺全图

南京大报恩寺的琉璃塔

塔有9层、8面，通高23丈9尺4寸9分，8面塔壁全部用白石和五色琉璃瓷砖砌成，檐角悬以风铎，塔顶置有金球。造型雄伟，金碧辉煌，号称“第一塔”。

（郑自海、郑宽涛：《浅谈宦官佛教信仰与王景弘葬地新观点》，转见于《王景弘与郑和下西洋》第253页）。同文作者又指出，由于宦官因生理缺陷备受世人歧视，甚至许多宦官的家人亦以此为耻，使得宦官们有家难奔，死后也不能葬入祖坟，为了摆脱这种局面，促使宦官从佛教中找到解脱，死后“焚化，可以升天”。

而郑和则是为了航海安全，他对宗教信仰确是兼容并蓄，既信伊斯兰教，又信佛教、道教，特别崇拜海上保护神天妃娘娘。因下西洋途经的国家、地区都是信奉这些教，以共同的宗教信仰相互沟通，赢得途经国家、地区人民的赞誉，更好地完成了下西洋的任务。他每到一地几乎都修建天妃宫，如刘家港天妃宫、长乐天妃宫、南京普济天妃宫，等等。在郑和使团的文职人员中，安排一些道教法师、佛教和尚及算命先生等，每条船上都供奉天妃的神龛，还设立道观、佛堂，给信教官兵以心理安慰、精神寄托。远航时，面对茫茫大海、狂风巨浪，官兵难免会产生恐惧，心情不安，他请船上和尚念经，道士、法师施法驱魔，解脱烦恼。船上官兵晚上做噩梦、心神不安，可请船上算命先生卜卦断吉凶，一般所断只是卜吉，不会报凶，以安定人心。

可以说，郑和的宗教信仰确如李贵海《王景弘评说》一文中所说是“实用主义的多神崇拜者”（转见于《王景弘与郑和下西洋》第138页）。笔者举下述二例可资证明。

郑和重修的西安清净寺正门

第一例，重修西安伊斯兰教清净寺。

清净寺，即今通称的清真寺，是伊斯兰教自唐初传入中国后，在西安所建立的最早的伊斯兰教寺院。历朝迭有修建。明永乐十一年（1413），郑和在第四次下西洋前夕，“道出陕西，求所以通译国语可佐信使者，乃得本寺掌教哈三”。后来哈三随郑和同往西洋途中遇险，赖教宗保佑而平安往返，“遂发誓重修清净寺”。寺内的省心阁一直保持着郑和当年修造的原状，相沿至今。

第二例，重修南京伊斯兰教净觉寺。

净觉寺始建于明洪武二十一年（1388），以居西域归附之人，为南京有伊斯兰教之始。宣德五年（1430）失火被焚。

郑和第七次下西洋前夕，奏请重建此寺。完工后郑和又“题请其子孙世守之”（《古今图书集成》）。

上述二例，第一例修建的西安清净寺（伊斯兰教寺院）是在第四次下西洋前夕；第二例修建的南京净觉寺（伊斯兰教寺院）是在第七次下西洋前夕。由此可知，郑和并没有改信佛教后而不信伊斯兰教。严格说不能说他改信，他既信佛教又没有忘记信伊斯兰教。他是多神崇拜者。

（二）王景弘的宗教信仰

下西洋船队途经的国家和地区大部分信仰伊斯兰教。在东南亚有大量关于王景弘信仰、传播伊斯兰教的传说，如王景弘本人除了务农外，还向当地（印尼三宝垄）居民传播伊斯兰教（李金明：《王景弘及其在三宝垅的传说》、漳平市政协编：《明代大航海家王景弘》，2003年1月）。王景弘与郑和一样，是一位虔诚的伊斯兰教徒（美国学者威乐芙特：《三宝垅华人——印尼一个变化的少数民族社区》，转见于《王景弘与郑和下西洋》一书第138页），等等。笔者提出下列几点商榷。

曹木旺《王景弘籍贯考略》说王景弘是漳平市赤水镇香寮村许家山自然村人。特别是许家山是繁衍生息历史最悠久的“王”姓人家的规模最宏大的聚居地。该村“始建于唐代”。

据漳平市博物馆原馆长罗宜生的调查结果，王景弘是五代创建闽国的王审知（862~925）的后裔。福建永安青水的《太原王氏族谱》记载：王审知入闽征尤溪二十都十八盂蚍婆洞（今永安青水乡积谷寮村）时，在光坑昆岗立屋居住三载，王府随军住于光坑。唐大顺元年（890）王母病逝，葬于此地。天德元年（943），王审知十一子

郑和修建的西安清净寺省心阁

南京净觉寺门楼

郑和修建的南京净觉寺正殿

延政带长子王维成回光坑守墓。闽国灭亡后，王延政之裔孙遂在尤溪四十一都（今永安青水一带）避乱。另漳平易坑的《王氏族谱》载，明洪武年间，王氏家族的分支自永安迁居漳平。今易坑王氏家庭仍珍藏一组三幅明代的闽王王审知画像（陈培基、徐克明：《郑和与王景弘胜似双子

台湾妈祖分祖庙

清代台湾有220多座妈祖庙。图为台湾鹿耳门妈祖庙，建于明中叶，是全台妈祖庙的发源地。

莆田湄洲祖庙妈祖像

星座》，转见于《王景弘与郑和下西洋》第42页）。笔者未曾见过《太原王氏族谱》和易坑的《王氏族谱》，不敢妄加评论，但仅知王审知是中原固始人，王审知只有四子一孙一义子，并无十一子，略有出入，请见本书第五章。王审知确是河南光州固始人，是汉族，且信佛教。据道光《福建通志》说，王审知助长佛教在福建的传播，“厥后寺观之盛，几遍闽中，实自审知启之”（《重纂福建通志》卷八八《王审知传》）。“审知增建的佛寺二六七座”（《十国春秋》卷九〇《闽一·太祖世家》）。王景弘既是王审知后裔，他必是汉族且信佛教，怎么会成为一

湄洲妈祖祖庙全景

始建于宋雍熙四年（987）。妈祖信仰从此远播海内外，分庙遍及世界各地。

天妃出行图

为祈求一路平安返航，航海者多信奉海神，天妃娘娘成了他们的保护神。

澳门天后古庙

澳门南湾海面似镜，故澳门别名濠镜或海镜。图为澳门水塘侧马交石小山上的“天后古庙”，有门联曰：“月照明心来圣地，镜台指点出迷津”。

中国古代海神图

庇护航海（采自《敕封天后志》）

个虔诚的伊斯兰教徒呢？这是值得商榷问题之一。其次，福建沿海一带，特别闽南泉州、漳州一带海上船户，无不信仰海上保护神妈祖，这是他们漂洋过海的精神支柱。相传生前因父乘船沉没，乃跳入海中寻找父尸，3日后林默娘尸浮，口啣乃父头发一撮，即此孝诚遂为后世所崇敬，后在海上屡次显应、保护海上人民，被奉祀为神。元封天妃神号，康熙加封为天后。旧时通海之地多立庙祀之，有天妃庙、天妃宫、天后宫等，俗称妈祖庙。

笔者十分赞成漳平市党史研究室原主任黄文光所说，

三宝祭海神（采自《三宝太监下西洋》）

郑和下西洋（采自《三宝太监下西洋》）

“王景弘是在东南亚、非洲沿海传播妈祖文化的鼻祖”。这是因为航海风险最大，最需要祈求神灵的保佑，以安定人心，顺利航行。因此，船队不论是出发之前或是到达目的地后，都要建造天妃宫，并举行祭祀大典，祈求平安。福建长乐、莆田、台湾岛及东南亚至今仍信奉妈祖，这与王景弘的早期传播确实是紧密相关，因为只有信奉妈祖最灵应。当然为了海上平安，王景弘与郑和一样，也是多神崇拜者，既信佛教、海神，也信伊斯兰教，但传播伊斯兰教的应是郑和及随船的哈三及阿訇，而王景弘则主要传播妈祖——海上保护神天妃娘娘。这样说较为恰当。

当然，这不是说郑和就不信妈祖了，相反，妈祖成为郑和最后乞求保护的主要神祇，是伴随郑和出洋的海神。郑和与王景弘七下西洋，历时近三十年，涉沧溟数十万余里，往返于太平洋、印度洋和阿拉伯海，前后到达三十余国。每次远航前都要对妈祖顶礼膜拜，修庙立碑。

《三宝太监下西洋》一书中，就有一幅“三宝祭海神”的画页，就是郑和提倡妈祖信仰的见证。

第五节　郑和、王景弘下西洋的船队

郑和、王景弘下西洋的船队，不仅是世界古代航海史上最早建立、规模最大的一支远洋船队，也是世界海军史上一支史无前例的特混舰队。英国学者李约瑟说：明代海军在历史上可能比任何亚洲国家都出色，甚至同时代的任何欧洲国家，以至所有欧洲国家联合起来，可以说都无法与明代海军匹敌。下西洋的船队是由多种不同用途、不同船型、不同尺度的海船组成，可以说在世界古代海军史上也是无与伦比的。

一、郑和、王景弘下西洋船队的序列

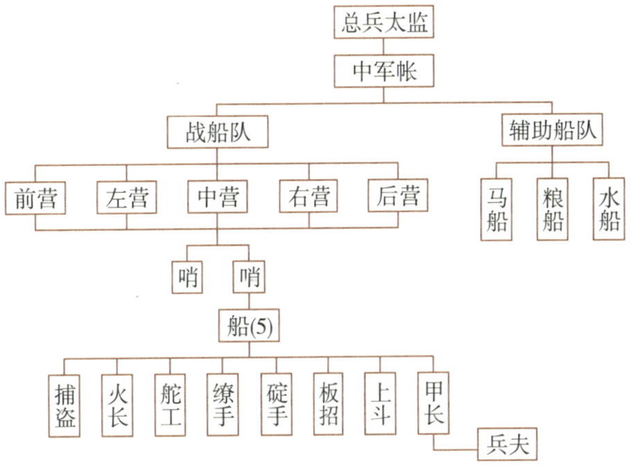

二、船队的队形

下西洋船队的队形，也就是郑和、王景弘与林贵和等航海能手多次研究的“飞燕掠海图”。由200多艘远洋船排列组合成一支巨型飞燕。由前哨和前营组成燕子的头，左哨列、右哨列组成燕子的翅膀，战船组成燕子的尾巴，帅船和中军营组成燕子的脊梁，马船、水船、粮船则紧凑地组成燕子的身躯。首尾相衔，左右联动，上下呼应，在海上形成一个动静有致的整体，既可抗拒风浪，也可随时出击来犯之敌。

笔者按：根据此图下西洋船数共1416艘，而《明史·郑和传》载：成祖疑惠帝亡海外，欲踪迹之，且欲耀兵异域，示中国富强。永乐三年六月，命和及其侪王景弘等通使西洋。将士卒二万七千八百余人，多赍金币，造大舶，修四十四丈、广十八丈者六十二。说明造大舶是62艘。《国榷》一书则称宝船六十三艘，大者长四十四丈，阔一十八丈；次者长三十七丈，阔一十五丈。说明宝船分“大者”、“次者”计63艘。马欢是第四次下西洋随行翻译，其所著《瀛涯胜览》一书中载：宝船六十三号，大者长四十四丈四尺，阔一十八丈；中者长三十七丈，阔一十五丈，亦说明宝船63艘，下洋官兵人数为二万七千六百七十名。而《娄东刘家港天妃宫石刻通番事绩记》载：……和等自永乐初奉使诸番，今经七次，每统领官兵数万人，海船百余艘。自太仓开洋。说明每次下西洋海船只有百余艘。因此，“飞燕掠海图”的依据是明末罗懋登所著古典小说《三宝太监西洋记》，所述船数似有夸大，不可凭信，但具有学术价值，可作为史料参考。

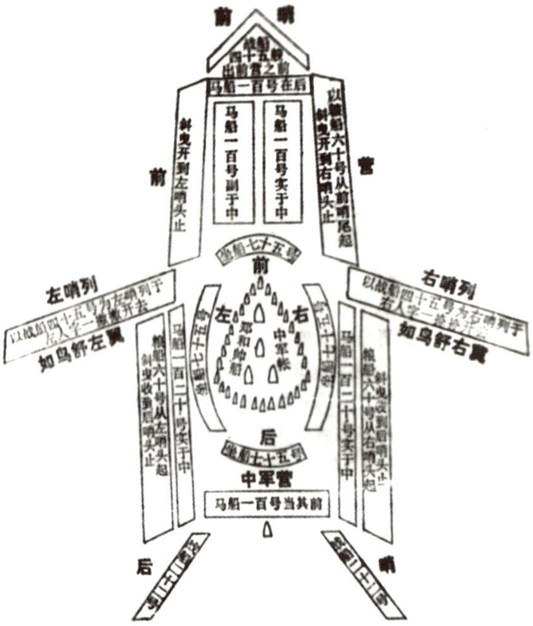

“飞燕掠海图”——郑和船队的队形

以4艘帅字船为中军帐，以宝船32只为中军营，以坐船300号环绕中军营外。

罗懋登的《三宝太监西洋记》中详细记载了郑和船队的各种船型及尺度：

宝船9桅，有9根桅，长44丈4尺，阔18丈；

马船8桅，有8根桅，长37丈，阔15丈；

粮船7桅，有7根桅，长28丈，阔12丈；

坐船6桅，有6根桅，长24丈，阔9丈4尺；

战船5桅，有5根桅，长18丈，阔6丈8尺。

以上计五等。而日人上杉千年著《郑和下西洋》一书第76页则认为船只分为7等，增加：

第6等4桅，长约14丈6尺。

第7等3桅，长约13丈。（因未注出处，供参考）

《纪录汇编》卷二〇二《祝允明前闻记下西洋》中则有：船号，如清和、惠康、长宁、安济、清远之类，又有数序一二等号，船名大八橹、二八橹之类（转见于向达校注《西洋番国志》、《郑和航海图》、《两种海道针经》，中华书局2000年4月第一版）。

三、关于下西洋宝船的大小争论问题

郑和宝船的尺度是否如上述史书所载？究竟宝船有多大？由于船队档案已被车驾郎中刘大夏全部付诸一炬，至今仍是一个谜团，海内外史学家还在争论不休。大体有三种意见。

（一）认为《明史》等史籍记载的宝船尺度长44丈或44丈4尺，阔18丈是可信的

9桅、12帆福船型宝船模型

在纪念郑和下西洋580周年时，由大连海运学院、武汉水运工程学院和集美航海专科学校等三所院校联合承担研究复原和制作宝船模型的任务。按1明尺=0.283米，对造船史专家席龙飞教授论证的宝船尺度进行换算，得出宝船主要尺度为：

总长：125.65米；

总宽：50.94米；

型深：12米；

吃水：8～10米；

排水量：17708吨

宝船船型：福船，船上装有9桅、12帆。

三院校经过核算绘制了宝船的总布置图和型线图，集美航海专科学校还制造了郑和宝船模型。

1985年研制，经中国航海学会组织鉴定通过。

持同一观点的有国内历史学家庄为矶、庄景辉、郑鹤声、郑一钧；造船史研究者文尚光、李邦彦；台湾学者包遵彭、徐玉虎、周钰森等人。他们在著作中均认为郑和宝船长44丈、宽18丈是可信的。海外学者如法国汉学家伯希和对《明史》中记述的“造大舶，修四十四丈，广十八丈者六十二”，认为“此种海舶奇大”，“每舟平均载450人”；英国科技史专家李约瑟在《中国科学技术史》中也写道：明代文献中有关郑和船队旗舰的尺度，乍看似乎难以相信，但实际上丝毫不是奇谈。又说永乐年间明朝海军有250艘远航宝船，每艘宝船上平均规定人数由1405年（永乐三年——作者）的450人增加到1431年（宣德六年——作者）的690人以上，最大宝船上超过1000人。

日本学者寺田隆信说：“15世纪初的中国，以高超的传统造船技术，建造了难以置信的巨大船舶。”（《郑和——联结中国与伊斯兰世界的航海家》）

美国作者詹氏著《中国曾控制过公海——1405—1433期间的宝船队》刊载了作者绘制的“郑和宝船与哥伦布旗舰圣·玛利亚号的对比图”（下图）。作者肯定了《明史》所记载的宝船尺度，二者对比相差十分悬殊。

郑和宝船与哥伦布旗舰圣·玛利亚号的对比图

（二）认为《明史》等史籍记载的宝船尺度不可信

最先提出宝船长44丈之说不可信的是学者管劲丞。他于1947年发表《郑和下西洋的船》一文（见《东方杂志》1947年第43卷第1号）。他根据南京静海寺残碑的记载，推断宝船尺度是相当于2000料海船。下图残碑上能见之字从右到左如下：

南京静海寺残碑

之宫於都城外龙江之
复建静海禅寺用顯法门诚千古之佳胜岂偶然之
永乐三年将领官军乘驾二千料海船并八橹船
永乐四年大粽船驻于旧港海口即古之三佛齐
□□□于永乐五年七月内回京由
永乐七年将领官军乘一千五百料海船并八橹船
国王阿烈苦奈儿谋劫钱粮船只

2002年，上海交通大学教授杨槱在《船史研究·郑和下西洋》专刊上发表的《对郑和下西洋的几点认识》一文中说：郑和航海主要使用1500~2000料的海船和8橹船，又说：1500~2000料海船的船长10~12丈，宽2.5~3.0丈，3~4桅，载重200~300吨，还可载官兵、水手200~300人。这样大的船人力可以操纵驾驶，航行性能优良，适于远航。

台湾学者苏明根据各种文献及出土文物，如碑文、厂志、《纪效新书》、《天工开物》，以及南京发掘的11米长舵杆等进行研究分析，认为郑和大宝船尺度比明史记载的尺度要小得多，其船长约只有其半，载重量不到其十分之一，排水量只有1000吨左右。

中国造船工程学会船史研究会会长辛元欧教授对郑和

宝船尺度进行技术分析，得出了不需要、也不可能造万吨级宝船的结论。他的论据有三：

1. 据中外船史文献介绍，一艘千吨级上下的木帆船，按最保守估计，也有700名船员。15世纪一艘1500吨海船船员达1200人。据此，辛元欧教授估计，1艘万吨级郑和宝船船员不少于8000人，3艘万吨级宝船，可装载郑和船队的总人数。因此，他怀疑《明史》的记载不是尺度有误，便是总人数有误。

2. 明代李昭祥所著《龙江船厂志》记载，造一艘长8丈、宽1丈5尺的“大黄船”，需要几百根大木材，费工3000。按此推算，要造一艘44丈长万吨级海船，需要上万根大木材。……建造1艘万吨级宝船所需大树1万棵，62艘宝船所需大树近百万棵。要寻找到如此之多的大树，砍伐、运输至造船工场，短时间内是无法完成的。辛元欧教授更以明代福建建造一艘800吨左右去琉球的封舟，需要熟练的工匠建造2年。而郑和下西洋的准备时间只有8～10个月。要在如此短的时间内建造62艘万吨级宝船，无论如何是来不及的。

笔者按：李昭祥《龙江船厂志》载：大黄船，充本部及内官御用各监器贡之用。船长8丈5尺3寸，阔1丈5尺6寸，长宽之比为5.47，用工数1022，造价银30.66两。数字似有出入；奉命与出海日期不同，因须准备及候风；据《明实录》所载永乐元年至永乐三年十一月，福建、京卫、浙江等都司就建造了供遣使西洋诸国所用的海船1889艘。

3. 从航海需要和造船可能来分析，辛元欧教授认为下西洋建造万吨级宝船是不必要的，也是不可能的。他肯定遗留至今的古籍、文物上有关郑和宝船船型、尺度的记载，例如：南京静海寺残碑上的郑和宝船是1500～2000料海船和8橹船；《郑和航海图》上出现的郑和宝船是3桅福船型海船和刻于明永乐十八年的一幅《天妃经》卷首的插图上的3桅尖底海船。从这些留存至今的文献、文物中看不到万吨级宝船的踪影。辛教授赞同造船专家杨槱教授和一些造船史研究者估算，认为郑和宝船长18丈，宽4.4丈，排水量1200吨左右是较为实际的，这在当时世界上，也是尺度最大的海船。

刻于明永乐十八年（1420）的《天妃经》卷首插图可见3桅尖底海船。

（三）认为《明史》等史籍记载的郑和宝船尺度有误

中科院研究员周世德认为《明史》上记载的宝船宽度“广十八丈”写错了，应是“广于八丈”。这样，宝船的长宽比为5.5，与现代海船接近，按此推算宝船排水量约为7000多吨。

上海交通大学造船史研究者杨宗英、黄根余也持此说，认为《明史》记载的宝船尺度很可能是写书的人把宝船的长宽尺度颠倒或搞错了。应将其宽作为长，将长度单位丈改为尺，即长18丈，宽4.4丈（44尺），排水量1200吨左右。

学者韩振华于1988年在《中国水运史研究》杂志上发表论文，认为《明史》记载的“长四十四丈四尺，宽十八丈”，其长宽比为2.4，这是中国古代史上所没有的。自唐、宋以来中国历代木帆船的长宽比都在4以上。他认为，古人不用标点，应该把宝船的“十八丈”理解为十、八丈，即十丈、八丈，并认为宽十丈是指最大阔度，八丈是指型宽或水线阔，则宝船的长度比为5.55，这与中国古代木帆船长宽比相一致。

以上三派观点，供读者参考。施鹤群主编的《郑和宝船之谜》（哈尔滨工程大学出版社出版）对此问题有详尽记载。特别是他亲自拜访上海交通大学教授杨槱的记述，值得一读。

《郑和航海图》上的3桅宝船

四、关于“2000料海船”的争论

自1947年学者管劲丞对《明史》记载的宝船“长四十四丈四尺，宽一十八丈”提出质疑，并根据南京静海寺残碑的记载认为郑和宝船是2000料海船，由此引起了激烈的争论。争论的焦点从“长四十四丈四尺，宽一十八丈”大型宝船是否存在？明代有无能力造这样大的木船？这样大的木船能否在海上航行，转到2000料海船是否就是郑和的最大海船？2000料海船能否称为宝船？船史专家、人文学者、教授与船舶设计建造专家之间，都存在不同的看法，争议不休，特别表现在2004年2月在嘉兴召开的2000料海船复原研讨会和2005年12月在广州召开的“郑和2000料宝船概念设计论证研讨会”上的争论。

2000料海船复原模型

这是由舟山岑氏木船作坊与北京郑和下西洋研究会合作研究制作的长1.6米的1：40的郑和舟师2000料海船复原模型。

（一）2004年2月嘉兴研讨会

研讨会专门研究“2000料海船复原”问题。会议由中国造船工程学会船史研究会会长辛元欧教授主持。会上大家赞同设计建造2000料海船，争议问题是是否称宝船？最后，不用宝船一词，改成“2000料海船”，主要原因为2000料海船的唯一依据是南京静海寺残碑。会议决定唐志拔、辛元欧、郑明三位学者对2000料海船的复原研究，可作为复原设计的重要依据。

（二）2005年12月广州“郑和2000料宝船概念设计论证研讨会”

此前，香港兴业国际集团为弘扬祖国的传统文化，决定投资建造郑和船队的2000料海船，委托北京郑和下西洋研究会古船研制工作委员会于2005年12月13日至14日在广州召开此次会议。会议实际主持人为北京郑和下西洋研究会副理事长郑明。首先由郑明副理事长介绍郑和宝船工程的理念、功能与内涵；郑和宝船（兴业）工程的策划安排

八橹船复原模型

这是由常熟湖海古船研究工作室与北京郑和下西洋研究会合作研制的长1.1米的1：20的郑和下西洋舟师八橹船最新复原模型。

设想，以及论证研讨会的开法等。由于研讨会明确的“郑和2000料宝船”的提法与嘉兴会议的“2000料海船”有别，遂又引起关于船名的激烈争论。

广州会议争论亦可分为三派。

第一种意见赞成用“宝船”名称。

提出郑和宝船工程理念的有主持人郑明、广东省造船工程学会理事长胡国良、承造概念设计的江苏金泰船舶研究设计有限公司总经理王国平、舟山市岑氏木船作坊总经理岑国和、海军工程大学教授张纬康，均对出土舵杆及舵进行复原研究，认为适用于2000料宝船而不能用在长44丈的大号宝船上。此外辛元欧教授，云南郑和研究会理事长、云南大学教授高发元，江苏郑和研究会副理事长、南京政治学院教授陈显泗等都是赞成的。其代表性人物是中国社科院历史研究所明史研究室主任万明研究员。

万明主任说：……看到这次会议的标题很具体地称“2000料宝船”，为避免争议是否可以不称“2000料”，而直接笼统称作“宝船”，应采纳历史上的通称“郑和宝船”或者“中国宝船”。

第二种意见持反对态度。代表人物是中国造船工程学会船史研究学术委员会副主任、武汉理工大学教授席龙飞，他认为不能将2000料海船与宝船混为一谈。嘉兴会议

广州论证研讨会会场郑明副理事长（中）主持会议

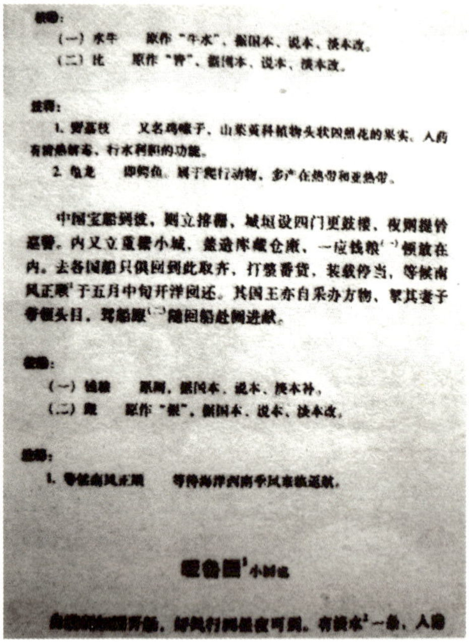
（一）水牛　原作“牛水”，据国本、说本、淡本改。
（二）比　原作“皆”，据国本、说本、淡本改。

1. 野荔枝　又名鸡嗉子，山茱萸科植物头状四照花的果实。入药有清热解毒、行水利湿的功能。
2. 龟龙　即鳄鱼。属于爬行动物，多产在热带和亚热带。

中国宝船到彼，则立排栅，城垣设四门更鼓楼，夜则提铃巡警。内又立重栅小城，盖造库藏仓廒，一应钱粮(一)顿放在内。去各国船只俱回到此取齐，打整番货，装载停当，等候南风正顺[1]于五月中旬开洋回还。其国王亦自采办方物，挈其妻子带领头目，驾船跟(二)随回船赴阙进献。

（一）钱粮　原阙，据国本、说本、淡本补。
（二）跟　原作“根”，据国本、说本、淡本改。

1. 等候南风正顺　等待海洋西南季风来临返航。

万明著《马欢〈瀛涯胜览〉源流考》书影

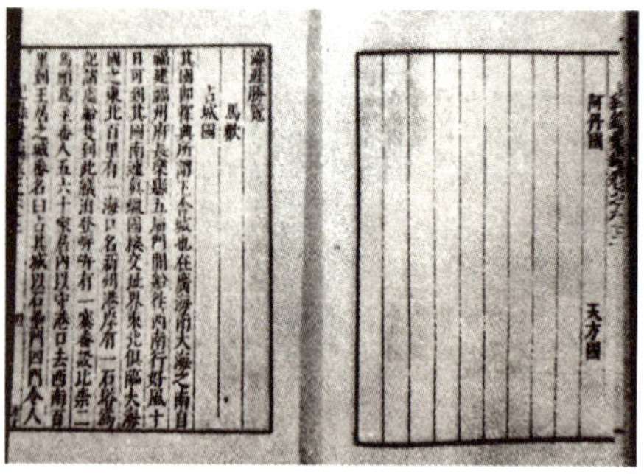

《瀛涯胜览》书影

南京复原仿制的“2000料郑和宝船”（效果图）（采自《郑和下西洋研究》2007年7月出版的第4期）

上，大家赞同设计建造2000料海船，但是不赞成用宝船一词，故改成2000料海船。

第三种意见是折中的意见，福建船舶及海洋工程设计研究院原院长林大华认为：在《瀛涯胜览》之中，多处提到郑和下西洋的船只为“宝船”，因而称郑和2000料船为“宝船”也未尝不可。但不能认为2000料海船可称为“宝船”，就否认有比2000料海船更大的郑和下西洋宝船的存在。北京郑和下西洋研究会古船研制工作委员会秘书长倪鹤鸣则认为“郑和2000料宝船”是一个宝船型号的名称。考虑到当前有关专家的不同意见，也便于国内外更多公众理解，可改称“郑和61米宝船”。他说船的型号名称，有用船长、船的吨位、船的主机马力等特征来称呼的，“郑和61米宝船”也符合定船名的惯例。

以上资料来源详见北京郑和下西洋研究会出版的《郑和下西洋研究》2006年7月出版的第3期第94～108页的发言摘要。

由于郑和船队档案被焚，有关宝船究竟有多大，名称是否叫宝船或海船的争论必将继续。只要进一步深入研究、发掘新的证据，就必有新的观点出现。但愿不是主观推断、意测和估算，而是建立在客观基础上的新的证据、新的见解。

郑和下西洋舟师主要船型分档表

船型	大号宝船	2000料海船	八橹船	备注
船长 船宽 船深 吃水	44.4丈/125.6米 18丈/50.9米 12米 8米	～20丈/61.2米 13.8米 4.89米 3.9米	～8丈/22.6米 5.76米 2.12米 1.7米	席龙飞教授《中国造船史》中提出明代造船1尺＝0.283米，另一说为1尺＝0.32米
排水量	17708吨	1170吨	～100吨	
编制人数	～1000人	～400人	50人	
桅帆 橹	9桅12帆	6桅12帆 2×8橹	3桅3帆 8橹	桅数均含艉旗杆，也可张挂小帆
使命	御用水上检阅舟师统率	对大艅分艅实施指挥，也称小号宝船，护卫、运输的也称战坐船	交通联络护卫侦察	各学派尚有不同理解
模型复原年代	1985年	2004年	2004年	
学术争论主要焦点	①是否存在 ②用于何种领域	①是否可称为宝船 ②郑和等正使是否乘坐		

第六节　郑和、王景弘船队的舰船

郑和、王景弘下西洋船队的宝船，泛指整个船队的船，兼具作战、运输的功能，大小不等，有帅船（旗舰）、马船、坐船、粮船、战船、水船等名称，共183艘大型远洋船，其中还有4艘特大号宝船。早在下西洋之前，朱棣就下了几道圣旨，让南京龙江关的宝船厂和福州等地的船厂大批制造远洋航行的帆船，并将龙江船厂造船工场扩大数倍，增设7个巨大的作塘（即船坞），工人扩充到3万多人，按专业分成木作、铁作、舵作、篷作及索作“四厢”。而在朱棣心目中要干就干大的，组织历朝历代都没有过的巨型船队，展示大明富强，震惊海外，让万邦踊跃归顺。郑和、王景弘被任命为下西洋钦差正使后，不到一年半时间，重点解决这4艘特大号宝船，在重赏之下，终于完成。

福建丹阳船（即福船）

福船的“尖如刀”适宜在海上乘风破浪。

一、船型

郑和、王景弘的宝船船型是将福船的“尖如刀”的外壳与沙船的“长、阔、平”的船身结合在一起，各取其长。

沙船的“长、阔、平”可以把船的规模做大，特别是平底不畏浪。

郑和提出将两者的长处结合定为宝船的基本格局，并进而提出汉代楼船骄燕高楼，雄视四方；宋代车轮船船帮

沙船

增设的7个巨大作塘（即船坞）**遗址**

很大，便于隐蔽；西洋船灵巧轻便，进退自如；所有这些优点，也都应该考虑进去。督造海船的正使王景弘受到启发，决定要扬唐船体积庞大之长，又要克服其吃水太深、不利于进入河口（港口）的弱点。

正使郑和则亲自督促采办造宝船急需的特大木材，如大型宝船的桅杆、舵杆所需的大号栗木、栎木等，在郑和督促下江中运木料的航船络绎不绝，岸上运木料的马车前可见头、后不见尾。这些木材来自云南、贵州、四川、江西、湖广等地。郑和亲自在江西盛产林木的吉安采办这些特殊需要的特粗、特长的木材。木材问题很快地解决了。与此同时，还在江西景德镇亲自督促采办朝贡贸易所需的

上万件瓷器等物品。

至于宝船上需要的上万斤的大铁锚是如何铸成的呢?在督造宝船的正使王景弘的重赏之下出了勇夫。原来是船厂铁作管事张兴立了功。张兴出生在山西的炼铁之乡，春秋时，他的家乡曾铸出一个巨大无比的铁质刑鼎，将范宣子的刑书铸在上边。他赶回家乡，寻师访友，得到了浇铸刑鼎的“秘方”，又绕道安徽的秋浦，考察炼铜、炼铁的技术。秋浦从唐朝开始，就是铜和银的重要产地。掌握了铸造大铁锚的要领，终于铸出上万斤的铁锚。

在解决宝船船型和探索铸造铁锚奥秘的同时，宝船厂集中力量制造的马船、水船、粮船、坐船、战船以及福建、浙江等地制造出的这些船，先后集中到了江苏太仓的浏河口。特粗、特长木材解决后，厂里集中力量制造4艘大型宝船，每艘船上都有上千的工匠，终于造出了把历代中国船的优点都集中起来的、前所未有的大明宝船，以供郑和、王景弘两位正使统领大船队，以及其副手乘驾分船队之用。

悬帆的大宝船模型

相当于旗舰，9桅12帆，排水量5000～10000吨（一说3500吨，另说1000余吨，待考）。

郑和下西洋大宝船复原模型

二、下西洋制造的船数

从表中可知，仅永乐元年到三年（即第一次下西洋），福建、京卫、浙江等都司就建造或改造海船1889艘，供遣使西洋诸国之用。说明造船时间来得及。

《明实录》所载永乐年间造、改海船情况统计表

序号	时间	承造地点（或单位）	艘数	建或改	附注
1	元年五月辛巳	福建都司	137	建造	海船
2	元年八月癸亥	京卫及浙江、湖广、江西、苏州等府卫	200	建造	海运船
3	元年九月辛酉	浙江观海卫	36	建造	捕倭海船
4	元年十月辛酉	湖广、浙江、江西	188	改造	海运船
5	二年正月壬戌	京卫	50	建造	海运船
6	二年正月癸亥	福建	5	建造	海船，将遣使西洋诸国
7	三年六月丙戌	浙江等都司	1180	建造	海舟
8	三年十月戊寅	浙江、江西、湖广及直隶安庆等府	80	改造	海运船
9	三年十一月丁酉	浙江、江西、湖广	13	改造	海运船
10	四年十月乙未	浙江、江西、湖广及直隶徽州、安庆、太平、镇江、苏州等府卫	88	建造	海运船
11	五年九月乙卯	都指挥汪浩（注：浙江或福建）	249	改造	运海船（海运船）、备使西洋诸国
12	五年十月丙申	广洋、淮安等卫	97	建造	海运船
13	五年十一月丁巳	浙江、湖广、江西	16	改造	海运船

续表

序号	时间	承造地点（或单位）	艘数	建或改	附注
14	六年正月丁未	工部（注：南京）	48	建造	宝船
15	六年二月丁未	浙江金乡等卫	33	改造	海运船
16	六年十一月庚戌	江西、浙江、湖广及直隶苏、松等府	58	建造	海运船
17	七年十月壬戌	江西、浙江、湖广及直隶苏、松等府	35	建造	海船
18	七年十一月戊寅	龙虎等卫（注：南京）	9	建造	海船
19	七年十二月丁未	扬州等卫	5	建造	海运船
20	九年十月辛丑	浙江临山、观海、定海、宁波、昌国等卫	48	建造	海船
21	十年十月庚辰	浙江、湖广、江西、镇江等府卫	130	建造	海运船
22	十年十一月壬寅	扬州等卫	61	建造	海风船
23	十一年九月辛丑	江西、湖广、浙江及镇江等府卫	61	改造	海风船
24	十三年三月庚申	命都督同知（南京？）		建造	海船
25	十七年九月乙卯		41	建造	宝船
计			2868		

从上表看，七下西洋所需船数，不仅造船时间来得及，而且船数得到不断更新和满足。

三、宝船分为五等

郑和舰队的宝船，前面已说过是泛指整个舰队的船，兼具作战和运输功能，大小不等，计分五等。除第一等特大宝船（帅船）已于上面详述外，现分述其他于下：

第二等船：马船，亦称马快船。长37丈（123米），宽15丈（50米），8桅，专以运送官物、马匹及各水军进征之用。下图左为《武备志》中的快船，马船即由此改造而成。

第三等船：粮船，长28丈（93.2米），宽12丈（40米），7桅，亦称遮洋船，大者装粮千石。下图中为元朝的海船，已有4桅，7桅粮船即由此发展而成。

第四等船：坐船，长24丈（80米），宽9.4丈（31.3米），有6桅，以搭乘人员为主，兼具作战功能。下图右为400料战坐船。郑和船队的坐船即按此式扩大、改造成6桅的大船。

第五等船：战船，长18丈（60米），宽6.8丈（22.6米），有5桅，担任护航。明代出现了30多种新型战船，郑和舰队的战船，主要是福船、广船等。福船分两号，图系一号，称大福船；2号称福船，稍小，常用。

快船

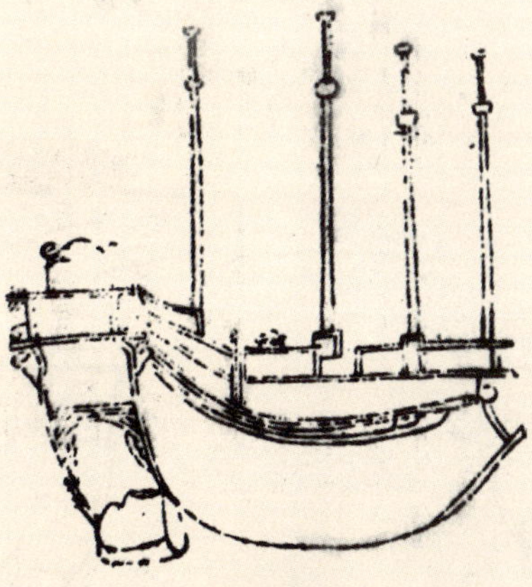
元代粮船

小型坐船

海沧船

即冬船，属第五等战船，风小亦可动，利于浅海作战。

大福船式战船

草撇船

形似大福船，但比它小，进退灵活，深洋浅海皆宜作战。

苍山船

属第五等战船。首尾皆阔，帆橹兼用。风顺扬帆，风息使橹。

艟艄船

按苍山船改进发展的新型战船。

开浪船

属6号福船，又名快船、鸟船。船头尖窄，其行如飞，是海上快速船型，不拘风潮顺逆。

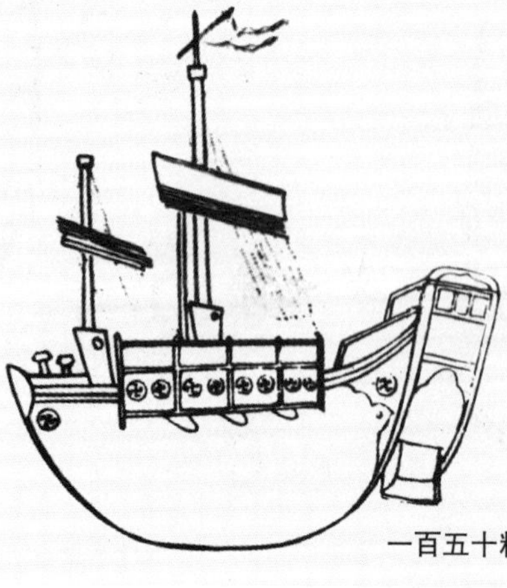

一百五十料战船

一百料战船

尖尾船

乌槽战船

广东式战船，另有大战船、尖尾船、大头船之名。

平底不畏浪的沙船

淡水补给船模型

张嘉垻绘制的郑和船队在南沙补给淡水图（采自《郑和下西洋研究》第3期，2006年7月）

第七节　郑和史迹在南京

一、南京是下西洋的决策地

朱棣登基后，西南方安南黎氏掠夺占城，进犯广西；北方蒙元残余不时前来骚扰，民无宁日；东南海域不仅有逃亡海外的反明势力勾结倭寇危害沿海人民，还有海外一些番国也藐视大明声威，多次发生扣留贡使、劫夺贡物的事，朝贡贸易凋零。朱元璋在位30多年，又厉行海禁，认为开门就是引鬼揖盗，把禁海写进“祖制”。朱棣要想示威海外，又怕被群臣指为“篡改祖制”，若谨守祖制，又何以能沟通万邦。后来接受道衍策略：对蒙元残余复辟势力坚决痛击；对远近蛮夷之国不要轻易动武，广施德化，厚往薄来，耀兵示强，使其宾服。为防群臣反对开放，道衍建言：“不宣而行”。这就是朱棣为什么在宣布下西洋之前的永乐元年（1403）的五月、八月，命福建都司造海船137艘、命京卫及浙江、湖广、江西、苏州等府卫造海运船200艘，以及永乐二年、三年的大量造船，就是不宣而行的具体表现。所以南京可以说是下西洋的决策地，一切由成祖朱棣决策，其军师道衍和尚姚广孝则是这一决策的幕后建言人。

二、刘家港是下西洋的起锚地

浏河与长江交汇处，是郑和下西洋的出发点、起锚点，也是发祥地。刘家港，亦称“娄家港”，这里水连天、天连水，水深港阔，适合大型海船停靠，又处于中国海岸线的中点。宋代开始在此建造码头，元代成为航海基地，至正二十八年（1291）年运漕粮360余万石，出现了“万艘如云，毕集于海滨刘家港”的壮观景象，成为商贾聚集的“六国码头”。郑和船队选择在刘家港作为集结地，进行编队。《明史》明确记载，郑和船队自苏州刘家港泛海；费信的《星槎胜览》也说郑和船队“自太仓刘家港开船”。所以郑和、王景弘船队下西洋，刘家港成为起锚地和锚泊地。由于水深港阔，郑和、王景弘船队停泊在这里不成问题。

重建的江苏太仓刘家港天妃宫

刘家港天妃宫旧貌

又称太仓天妃灵应宫。这是郑和第一次下西洋返国后言在海上神多感应而奏建的最初二层福建屋宇型的天妃宫，后在此基础上重新修建更大的宫殿式天妃宫。

郑和纪念馆设在新建的刘家港天妃宫内

刘家港

三、郑和、王景弘船队从刘家港直奔长乐

由183艘大小不同的船只组成的郑和、王景弘下西洋船队，在4艘特大的帅船率领下，从刘家港起航，扬帆出海，直奔福建长乐。

茅元仪著《武备志》卷二四〇《郑和航海图・占度》载：茅子曰禹贡之终也，详哉言声教所及，儒者曰先王不务远，夫劳近以务远，君子不取也，不穷兵，不疲民，而礼乐文明，赫昭异域，使光天之下，无不沾德化焉，非先王之天地同量哉。唐起于西，故玉关之外将万里。明起于东，故文皇帝航海之使不知其几十万里，天实启之，不可强也。当是时，臣谓内监郑和亦不辱命焉，其图列道里国土，详而不诬，载以昭来世，志武功也。这是茅元仪对郑和航海图的评价。

郑和船队从崇明岛南下经浙江威海卫、定海卫、昌国卫、普陀山、松门、温州而至福建连江，直下长乐候风起帆。

郑和航海图中至吴淞崇明岛图

自龙江关出水直下镇江、瓜洲、仪真、江阴、太仓、吴淞至崇明州（岛）。

下西洋船队出发前的刘家港

下西洋船队船只从宝船厂开船，从龙江关出水，直抵刘家港集结、编队。

下西洋船队从刘家港起锚向福建长乐县出发

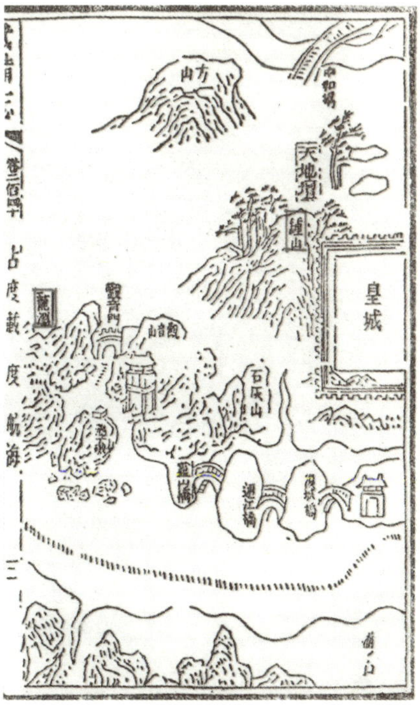

南京皇城位置图

郑和航海图中自宝船厂开船，从龙江关出水图

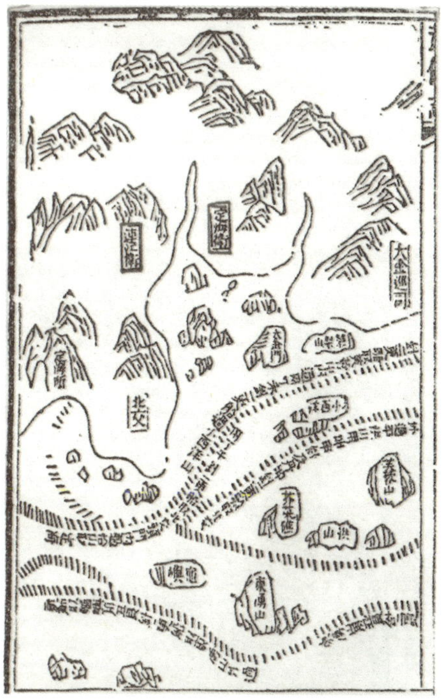

郑和航海图中至福建连江、定海卫段

第八节　郑和、王景弘船队在福建长乐

一、长乐的地理历史沿革

长乐县在福州府城东南百余里，隋以前皆为闽县地。唐武德六年（623）将闽县部分地析为新宁县，不久改称长乐县。上元初（674），防御使董玠移治所于吴航头，并入福唐县（今福清县）。不久复置。五代唐长兴四年（933）闽国改为侯官县。三年，复为长乐。永隆三年（941）改闽县为长乐，长乐为安昌，明年复为长乐。宋、元、明、清仍旧，均属福州府。

民国二年（1913），废除府州制度，废厅为县，把闽县、侯官合并为闽侯县。全省分为闽东、闽南、闽西、闽北四区（路），长乐属于闽东区。民国六年（1917）全省设4道，即闽海道（闽东）、建安道（闽北）、厦

清代长乐县城形势图

系长乐城隍庙一幅壁图，虽已斑驳，仍能辨认出图中县治西面宽阔的“马江”及帆船。

明代长乐县疆域图

根据《武备志》绘制的《郑和航海图》中有关福州、长乐局部航海图

门道（闽南）、漳汀道（闽西），长乐属于闽海道，仍然是省、道、县3级制。1930年废道，改为省、县两级。1945~1949年全省行政区划分为8个专区、两个直辖市（福州、厦门），长乐属第4专区。1950年4月起原8个专区冠以所在地的名称，称专员公署，第4专区改称闽侯专员公署，长乐属之。1956年撤销闽侯专署，除闽侯改为省直辖外，将长乐、连江、罗源3县归福安专署。1959年8月，将闽侯归福州市领导。不久，又恢复设置闽侯专署，下辖长乐、闽清、连江、福清、永泰、平潭、闽侯等7县。“文化大革命”中把省、县“人民委员会”改称“革命委员会”，把“专署”改称“地区”，重新成立7个地区。1980年省、县“革命委员会”改称“人民政府”。直到1982年6月，福建全省区划有两个省辖市、7个地区、5个地辖市、61个县。这时长乐县属莆田地区。1983年，中央批准以市带县建制，将长乐、连江、罗源、福清、平潭、闽清、永泰归福州市（含原有闽侯县）管辖。1984年将长乐县改为地辖市，隶属省会福州市。从公元623年成立长乐县起至2008年止，长乐已有1385年的悠久历史了。

今天的长乐市地图

左上角与马尾相对的一带即明代的太平港，郑和船队即驻泊于此。

二、长乐太平港是下西洋船队的驻泊基地和开洋起点

福建长乐太平港水深港阔，又可避风，适合于远洋海船停靠。下西洋要等待东北信风的到来，才能出海远航。太平港离南洋诸国最近，在太平港候风，要比在刘家港候风节省时间，待福建沿海海面上刮起东北信风，由五虎门开洋，顺风航行10昼夜，便可到达占城，所以决定在长乐太平港候风，可及时扬帆出海。因候风时间往往较长，长乐太平港便成为郑和、王景弘船队的驻泊基地和开洋的起点。

闽江之滨的太平港所在地——洋屿，下西洋船队在此停靠

今日的太平港

在太平港遗址上，一幢幢豪华建筑拔地而起。这是新建的长乐人民会堂等建筑，位于太平港中心。

三、郑和、王景弘船队促进长乐经济、文化的发展

郑和、王景弘船队到达长乐太平港后，往往逗留时间较长，短的二三个月、长则10个月。在这里修造海船，招募水手和兵丁，采办生活用品、军需器具和海外贸易商品。战船还要进行水上操练，等等。原来一条百步不到的十洋街成了繁华的街市，商铺林立、商贾云集，促进了长乐的繁荣和文化的发展，出现了“十洋成市”和连科两状元。“首山鸣出大魁，十洋成市状元来”，成为600年来长乐家喻户晓的美谈。

下西洋船队在太平港进行补给，促进了长乐地区经济的繁荣。

经济繁荣又促进了文化的发展，出现了首石山的传说文化。

太平港

港在长乐县西北，春秋末，吴王夫差在这里造战船。三国时代，这里水运发达，孙权亦在此造船。

下西洋船队在长乐太平港补给、贸易的繁荣景象

太平港遗址

明朝以后，由于海水冲积，太平港淤塞严重，港面狭窄，如今长乐县西北这一片平原就是当年太平港因泥沙冲积淤塞形成。

首石山状元峰下江曲为下西洋船队舣船处

首石山下吴航西滨里仁桥（西关桥）

西关桥下太平港（今下洞江头）曾是夫差造船处

下橹桥——下西洋船队中的八橹船停靠遗址

长乐首石山皇帝帽（状元峰）

今天的首石山下十洋街八角亭、吴航头

当年港床深度20米以下仍能钻探到瓷器碎片层。兴建百货大楼时，还从地下挖出船索、船碇等遗物。

“十洋成市状元来”

长乐十洋街建有状元坊。

三峰塔——太平港航标

马铎故居正厅悬挂的状元匾

今天的十洋街

明永乐十年（1412）三月，首石山鸣，是年马铎殿试后钦点状元。

马铎（1366~1423），原名乐，为避永乐讳，改名铎，字彦声，号梅岩。长乐岭南（今潭头）人。自幼聪颖笃学，父母早逝，锐志读书，在学夜读，一灯长伴不灭。永乐九年中应天府乡试。次年廷试第一，授翰林院编修。每逢翰林院学士、国子监祭酒、司业有公务出，皆命马铎暂时充任，深受成祖重用。永乐十一、十五年，成祖巡幸北京，马铎两次留侍太子监国。民间有“马铎一日君”的传说，系指其曾代皇帝郊天祭祀。永乐二十一年卒于任上，享年56岁，著有《玉岩集》。

代驾郊天图

永乐十一年、十五年春，明成祖两次巡视北京，皆留马铎侍太子监国并代主到南郊郊天，《代驾郊天图》再现了当时场景，图中马铎着红袍乌纱，左手执笏，左右侍立文武二员，马铎前有鞍马二匹，象奴二人，引导二巨象，象背上各驮钢瓶一尊，俗称“太平景象”。图下方差役二人为前导，各肩扛红色衔头牌，上书“代驾郊天”。这是马铎代驾郊天礼毕后回銮场面，内有文武官17人、太监10人、金吾侍卫10人、象奴2人、执事差役17人，共57人。原图不知去向，此图系民国初年民间画师据祖本临摹的。

明永乐十六年（1418）三月，首石山再鸣，是年李马又状元及第，成祖御笔改马为骐，是为连科第二状元。

李骐（1378~1425），长乐十都沙京（今鹤上镇李村）人，字德良，10岁即能诵读《孝经》、《论语》，且洞悉其义。与马铎等人就读于六平山东溪精舍。永乐十五年（1417）福建乡试第一，丁酉科解元。次年会试中式，廷试又第一，为戊戌科状元。成祖阅其卷时，嫌“李马”名不雅驯，朱笔改“马”为“骐”。3日后，举行传胪大典，胪唱三遍，均无答者，成祖忙解释说：“即李马也”。李骐才出列受诏，赐纱帽、朝服、银带。

李骐在内廷纂修及公出负责科考，都十分审慎且出以公道，士论因此而看重他。永乐二十一年（1423）奉命主持应天府乡试，去取进退，不徇私情，时论称善。次年八月，成祖驾崩，李骐哭灵，病情加重，半年之中，又连奔继母和妻子之丧，十分劳瘁，洪熙元年（1425）十月卒于家中，年47岁。大学士杨荣惜其不得永年，为其撰写墓志铭。李骐著有《国史补》二卷。

马铎画像

马铎故居在今长乐潭头镇岭前村新街

长乐李骐祠

李骐画像

依恋。王景弘还乡挑选，就是挑选乐于在海上冒险的勇士，他挑选了大批航海人员。他虔诚信奉妈祖，把妈祖像也带上了帅船，使原信伊斯兰教的郑和也信了妈祖。

（二）为下西洋修造了不少出洋宝船

宝船模型

明永乐间，邵武军从征西洋
《邵武府志》
柳茶，永乐三年以卫所舵工，随郑和往西洋，有杀贼功，累升卫中所百户。
《兴化府志》
许辟……往西洋大里……以功升付千户
《兴化府志》
长乐人李（黄）参，字求我……明永乐七年，太监郑和驻长乐造舰下西洋，参从征有功，授忠武尉，封游击定远将军及总管府中军。
《长乐六里志·人物》

史籍记载当年被招募、后来成为船队中得力骨干的部分航海人才名单

四、福建对郑和、王景弘下西洋船队的贡献

（一）为下西洋船队输送大批航海人才和官兵

长乐人，从征有功，后授忠武尉，封游击定远将军及总管府中军。

招募水手、兵丁的重点在福建、广东、湖广等沿海、沿湖的地方。钦差总兵太监王景弘曾亲自回福建挑选。原先已在船队的舟师林贵和、木作林冠群都是泉州人。福建沿海的人，近海喜海，世世代代吃住在船上，家人生活、养老送终都在船上，从生到死不离船，死了也得躺进船棺才算踏实。武夷山悬崖峭壁上的船棺就说明海边民众对大海的无限

王景弘在长乐募选水手、兵丁

（三）热情接待和护送来华各国使臣

郑和、王景弘船队下西洋后，许多国家的国王、亲属及使臣纷纷来华进贡，从福州或泉州上岸，然后由驿道护送进京。如渤泥国，又称婆罗，即今加里曼丹岛北部的文莱。永乐三年（1405），郑和率领船队初使西洋，渤泥国王麻那惹加那乃遣使来华通好。明朝廷将印诰赐给麻那惹加那乃，封其为渤泥国王。永乐六年（1408），渤泥国王偕王妃、子女、亲属和陪臣等150余人，跨海前来中国进行友好访问。明成祖遣中官张谦专程去福建迎接。一路所过州县设宴迎送，最后抵达南京，国王受到明成祖的隆重款待和丰厚的赐予。十月，不幸病逝于会同馆，年仅28岁。明成祖辍朝3日，表示哀悼。根据麻那惹加那乃国王临终前愿将“体魄托葬中华”的遗嘱，明成祖以王礼安葬于南京安德门外石子岗，赐谥“恭顺”。在墓前建祠立碑，春秋两季派官员祭扫。永乐十年（1412），新继渤泥国王位的遐旺偕同其母再次来华访问，并祭扫其父之墓。从此，两国友好往来不绝（《明史》卷三二五《悖泥传》）。文中所说派太监张谦“专程去福建欢迎”，证明是由福建上岸，然后由驿道护送进京。

修复后柔远驿外景（即今天修复的琉球馆正门）

南京安德门外石子岗渤泥国王墓

墓道两旁之石翁仲（文官、武将、石兽等）

（四）福州的柔远驿与进贡厂

渤泥国王来中国访问，明成祖派中官张谦专程去福建迎接，一路所过州县设宴迎送，说明是由福建（福州）陆路进京。

柔远驿门额

明万历喻政《福州府志》卷一一《建置志·驿铺》载：柔远驿在水部门外河口，进贡厂之南。国初建，为外国使臣馆寓之所。明嘉靖丙戌（1526）科进士第一名、曾出任南京国子监祭酒的福州人龚用卿说：福建提举市舶之官不常设……至我朝始专官以督理番市之事，然不专为琉球设也。迄于今，始为琉球专其官（明高歧辑：《福建市舶提举司志·序》1939年影印本）。这说明柔远驿及进贡厂在国初是为外国使臣住宿及贮藏朝贡之物即为大明外交国策服务而设的，只是到了嘉靖朝时，柔远驿才成为专司琉球事务的机构，久而久之，才成为琉球馆。因此嘉靖朝是分界线，之前柔远驿是外国使臣馆寓之所，进贡厂（今已毁）是为外国来使存放贡品的地方。嘉靖之后才成为专管琉球事务的琉球馆。

《明太宗实录》卷八四载：永乐十年（1412）八月辛酉，渤泥国王遐旺偕其母、妻等来朝，已至福建，命遣郎中高谦、行人柳昌往宴劳之。又卷九七载：永乐十三年（1415）九月庚申，赐苏门答剌、古里、柯枝、麻林诸番

修复后柔远驿内景

国使臣宴。上谕行在礼部臣曰，先王柔远人，厚往薄来。今海外诸番将归，可遣官预往福建，俟其至宴饯之，亦戒其毋苟简也。又卷一〇三载：永乐十四年（1416）十二月丁卯，古里、爪哇、满剌加、占城、锡兰山、木骨都束、溜山、喃渤利、不剌哇、阿丹、苏门答剌、麻林、剌撒、忽鲁谟斯、柯枝、南巫里、沙里、湾泥、彭亨诸国及旧港宣慰司使臣辞还，悉赐文绮袭衣，遣中官郑和等赍敕及锦绮（纱）、罗、綵、绫绢等物偕往，赐各国王。仍赐柯枝国王可亦里印诰，并封其国中之山，上亲制碑文赐之。

明万历何乔远《闽书》卷一四六《岛夷志》载：麻剌

今天的琉球馆

国，在东南大海中，永乐十八年（1420），国王斡剌义亦敦奔率妻子及陪臣来朝，贡方物，请给印诰，仍其旧号，行至福州，卒。诏谥康靖，敕葬闽县，令有司岁致祭，陪臣子孙皆与廪食于官。相同的记载，亦见于同时期的王应山《闽都记》卷二〇，康靖王墓在草市都茶园山。国朝永乐间，古麻剌国王入贡，至闽疾卒，赐谥康靖，有司营葬，春秋祭之，其陪臣数姓俱内附，至今廪食于官。

《明太宗实录》卷一一九又载：永乐十九年（1421）正月丙午，忽鲁谟斯等十六国使臣还国，赐钞币表里。复遣太监郑和等赍敕及锦绮、罗、纱、绫、绢等物，赐诸国王，就与使臣偕行。

综上所述，所谓预往福建，实即福州，因此，绝大多数来华的外国来宾或使团，在郑和下西洋期间是从福州进出的，再北上进京。上述古麻剌国国王埋葬在福州是外国使臣进出福州的重要例证之一。

明嘉靖后期出任福建市舶司提举的高歧，在其编辑的《福建市舶提举司志》中，对位于福州城东南水部门外的进贡厂和柔远驿的规模作了较详细的描述。

福建省人民政府立碑将柔远驿列为省级文物保护单位

1. 进贡厂房屋

锡贡堂三间，会盘方物于此。承恩堂三间，察院、三司会宴于此。控海楼一座三间。厨房一所。尚公桥一座、碑亭一座。仪门三间。运府提举司会宴堂三间。待夷使宴堂三间。更楼一间。守宿房五间。库内香料库三间，椒锡库一间，苏木库三间，硫黄库一间，共八间。拣、筛、煎、销硫黄两廊房共二十间。库亭一座三间，库门三间。外参门一座，二门一座，大门一座。门外坊牌一座。各小角门三座。

2. 天妃宫房屋

天妃宫一所：前殿三间，后殿三间，两廊十间，大门

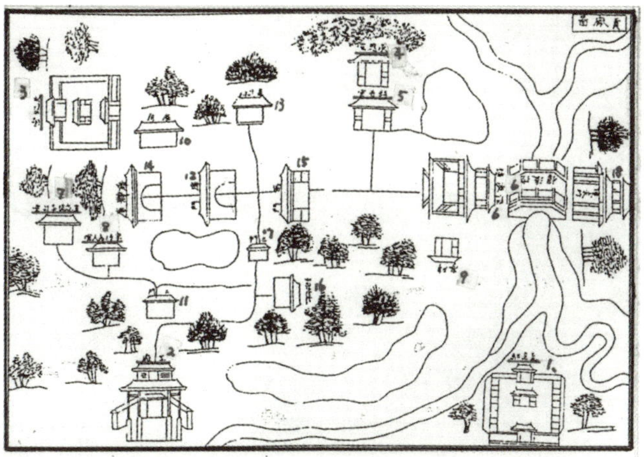

明代“柔远驿和贡厂图”（《福建市舶提举司志》所收）

上图：1.柔远驿；2.贡厂；3.天后宫；4.承恩堂；5.锡贡堂；6.控海楼；7.运府提举司堂；8.待夷使宴堂；9.碑亭；10.库房；11.二门；12.库门；13.真武祠；14.香料库；15.大门；16.土地祠；17.三门；18.外参门。

一间。真武祠一间。土地祠一间。鱼池、莲池前后六口。荔枝树四十一株，龙眼树十二株，桃树四株，枣树一株，扁柏树三株，松树一株。竹墩浦一所，多湾曲。

3. 柔远驿房屋

柔远驿前厅三间，两边卧房共六间，后厅五间，两边夷梢卧房共二十七间。二门三间，两边夷梢卧房共六间。守把千户房两边共十间，军士房二间，大门一间。

综上所述，在明成祖朱棣和宣宗朱瞻基在位时，郑和、王景弘七下西洋期间，福州的进贡厂和柔远驿的占地和建筑规模相当可观，只有这样的规模，才能与其所担负的历史使命相匹配。到了嘉靖后期，特别是出任福建市舶司提举的高岐之后，进贡厂和柔远驿开始萎缩，这是因为闭关锁国，朝贡外交停顿。此后柔远驿成为专门对琉球封贡使臣进出的琉球馆，后面另行详述。

古柔远驿（今福州琉球馆）内景

六、郑和在长乐的传说

长乐郑和研究会秘书长曾国新主编的《郑和在长乐》载：传说，郑和下西洋舟师驻长乐太平港期间，经常登上南山三峰塔俯瞰他的船队。一天，郑和又乘轿上山了。轿子晃晃荡荡，郑和昏昏欲睡，恍惚中好像回到云南家中，老母亲告之：“今天是儿生日，我儿吃了娘煮的饭菜后再走”。郑和一看，桌上摆的一盘菜是蛤蛏炒韭菜，觉得很奇怪，蛤蛏是长乐海边滩涂的贝类特产，母亲怎么会煮这道长乐菜呢？正在纳闷之中，突然被一阵哭声惊醒，方知是梦。此时轿子已经行到南山脚，郑和寻声看去，一老妪正在路边一间破屋子前悲恸，门前供桌上摆着一盘菜，正是梦中的蛤蛏炒韭菜。郑和十分蹊跷，急忙下轿询问。老妪告诉他，30多年前的今天她儿子死去，这是为她儿子“祭忌”。郑和一听惊呆了，老妪亡子的“忌日”正是自己的“生日”，莫非自己是老妪亡子转世而来？如此说来，老妪不就是我的前世母亲吗？郑和顿发孝敬之心，认老妪为“谊娘”，并出资把老妪破屋改建成两层楼房，命名为“母梦楼”。

“母梦楼”位置

至今遗留的“母梦楼”，乡人呼为“太监楼”，位于长乐高隍巷20号附近。

民国李永选《藏楼笔记》载：和因心仪此妪为前生之母，乃捐金饬役为之营建，并置产业以赡养之，嘱邑令时予存问，毋致冻馁，乡人呼为太监楼。

《长乐建设志》载，这是一座四柱三间木构双层楼房，厅堂中放置有木雕郑和坐像，1966年为了兴建“工人新村”全被拆除了。

“太监球”

李孝千编《长乐民间故事》卷二载，郑和送给“谊娘”一盏船上用的灯，因其灯罩形状像球，俗称“太监球”。每年农历正月十三，当地民间举行“摆暝”祭祀活动，郑和“谊娘”后裔子孙都会把“太监球”抬出祭祀，平时则由族中德高望重的老妪保管。“文化大革命”期间，“太监球”被毁。图中这个“太监球”是近年族人根据老人的记忆复制的。

郑和“谊娘”族人每年清明为其扫墓

第九节　郑和史迹在福建

一、福州

郑和船队驻泊长乐期间，郑和曾到过福州，有以下几处记载可据。

（一）大马礁边石钟上的怪异文字

正德《福州府志》卷三《地理志·山川》载：马头江，南台、西峡会此，深广莫测，每风起，波涛汹涌，有巨石如马，潮去则见，潮来则没。永乐间，太监郑和于此凿石立柱，夜设舟夫置灯其上，舟人往来，得有所示，无骇触之患。

大马礁

大马礁屹立马江中，形状如马，潮去则现，潮来则没，尾巴指向处叫马尾，马尾地名由此而来。郑和七下西洋时，曾在此建一灯塔，指点过往行舟。落潮时，泛舟过大马礁，可看到礁上一个石钟，上刻“玉虚法堂”、“大圣观世音菩萨”、“十方三世一切诸佛”、“镇天真武福德”等，在石柱上刻“大方广佛华严南无大乘妙法莲华经”，以祈求平安。

福建师范大学历史系教授徐恭生、傅朗曾数次乘小船登礁调查，礁石边确留有数段约属明清时期刻有宗教和民间信仰文字的圆形、方形石柱，并拍摄两张照片。

圆形石柱下径约77厘米，上径约62厘米，高约160厘米。其状似古代铜钟，实是一根上小底大的实心圆石柱的残段，共有7排文字，还有7个怪异文字待考。

傅朗教授为此写了《福州市有关郑和下西洋的重要遗迹考察》一文，发表在《郑和下西洋研究》第4期（2007

石钟

郑和航海图福建段

图中南台桥即元朝所建万寿桥。说明闽江泥沙沉积江水已浅，才有此桥。图中“马头”即马头江，今马江。

年7月）。作者认为“福建古代民间信仰的一个特点是多神崇拜，原因是希望得到多重保佑”。笔者认为这不是福建民间信仰，而恰恰是郑和自己由于其伊斯兰教世家出身和完成下西洋使命的需要，在惊涛骇浪的海洋中，为了祈求平安，既信伊斯兰教、又信佛教，既信妈祖、又信道教，是个多种宗教信仰者。若能将这7个怪异文字考证出是伊斯兰文字，便可确信是郑和驻泊福州时亲自所为，否则便是后人所为。值得注意的是，礁石表面尚存二三处石刻，其中向江心的一处刻有“天下太平”4个字，不是为了进出福州城的船只安全，而是为了下西洋的安全。郑和船队驻泊长乐期间，还要进行训练，食、住都在船上，纪律非常严格。宋时，闽江泥沙沉积，出现了中洲，元朝建万寿石桥，郑和帅船长44.4丈、宽18丈、船深12米，已不可能驶进福州南台了。即使说郑和宝船排水量没有17708吨，而按2000料海船1170吨，也很难进入台江码头。当然，这不排除郑和个人到过福州。郑和确实到过福州城，但不是乘坐帅船而是小号船。可以说郑和船队不可能驻泊台江码头，而仍是长乐太平港。

“天下太平”石刻

这是在大马礁（钟石）上拍下的又一张照片，上面刻有“天下太平”四个字。这也是明成祖派郑和下西洋的目的。

（二）于山九仙观

明正德《福州府志》卷四〇《外志·九仙观》载：“在府治东南。初郡人谓九仙、乌石两山，左弱右强。宋崇宁中，建观于九仙山之巅，号‘天宁万寿’。绍兴间改为‘报恩广孝’，寻复改‘广孝’为‘光孝’。政和

九仙观一瞥

郑和到过并出资重建的福州于山九仙观奉祀道教王天君

永乐五年五月十一日敕谕碑

间，尚书黄裳增建楼阁。元至正初，改为‘九仙观’。明永乐间，太监郑和……修建。”说明郑和到过福州，不仅去过九仙观而且出资修建九仙观。

（三）福州清真寺

福州清真寺，原五代闽王的太平宫址，元至正年间归伊斯兰教，明初叫真教寺。嘉靖年间毁于大火并重建。坐落在今福州八一七北路（南街西侧），占地面积约2300平方米，内有面阔5间的礼拜堂，堂廊檐下仍树立一通曾经断破又被接补上的石碑，碑文如下：

“奉天承运 皇帝诏曰 朕惟能诚心好善者必能敬

天事上劝率善类阴翊皇度故

天赐以福享有无穷之庆尔米里哈只早从马哈麻之教笃志好善导引善类必能敬

天事上益効忠诚眷兹善行良可嘉尚今特授尔以敕谕护持所在官员军民一应人等毋得慢侮欺凌敢有故违

朕命慢侮欺凌者以罪罪之特谕　永乐五年五月十一日”。

福州清真寺

福州清真寺位今福州南街西侧，与福州孔子庙隔街相对。

《娄东刘家港天妃宫石刻通番事迹记》及《长乐南山寺天妃之神灵应记》两碑记载：

“永乐三年统领舟师至古里等国……至五年还。”

“永乐五年统领舟师往爪哇、古里、柯枝、暹罗等国……至七年回还。”

永乐五年五月十一日敕谕是嘉尚死于洪武中期一向敬天事上导引善类的郑和的父亲的，认为能阴翊皇度。郑和永乐五年九月回国，不久又奉命第二次下西洋。此敕谕碑当是永乐五年末郑和率船队在长乐时去福州清真寺刻石树立的。这应是郑和到过福州清真寺礼拜的证据。

福州清真寺内的礼拜堂

（四）闽侯雪峰寺

闽侯县西北凤凰山南麓的雪峰寺，是福建省佛教历史上影响最大的禅寺。永乐中期，郑和从南洋带回瓦塔两座，建在雪峰寺前，现在瓦塔早已毁坏，只有遗址还在。说明郑和到过闽侯雪峰寺朝拜。

新建的雪峰寺入寺大门上刻义存祖师手迹“南方丛林第一”

郑和从南洋带回瓦塔（亦称陶塔）的塔基遗址之一

清末民初的雪峰寺尚可看到瓦塔

郑和从南洋带回瓦塔的塔基遗址之二

民国时期的雪峰寺

雪峰寺正门

原名崇圣禅寺，由义存祖师筹建。

枯木庵树腹碑

系柽木，生千年，枯千年，木刻至今亦逾千年，具有很高的考古与欣赏价值，被海内外学者誉为“树腹碑”。

枯木庵

在雪峰寺东南蘸月池旁，是义存祖师初入山栖居之处，为雪峰寺24景之一。

二、长乐

（一）长乐南山寺《天妃之神灵应记》碑

又称郑和碑，是明宣德六年（1431）郑和第七次下西洋前在长乐驻泊期间所立的碑石。1930年在长乐南山出土。碑刻全文1177字，历述下西洋目的、意义，前六次下西洋经过、成果和第七次下西洋任务，以及在长乐修建寺庙、殿堂和刻碑、铸钟的情况。这是考证郑和下西洋最权威的史料碑刻。

雪峰寺二进天王殿

长乐《天妃之神灵应记》碑亭

《天妃之神灵应记》碑

碑高162厘米，宽78厘米，厚16厘米，碑座高29厘米。原立于南山天妃行宫里，后宫圮湮没。发现后移置县署。抗战爆发，碑、铜钟运往南平保存。1948年运回长乐但钟未运回。碑先后存放县民众教育馆和长乐师范附小院内，并新建碑亭加以保护。1985年收藏于新建的郑和史迹陈列馆内。1961年被列为福建省级文物保护单位。

《天妃之神灵应记》

皇明混一海宇，超三代而轶汉唐，际天极地，罔不臣妾。其西域之西，迤北之国，固远矣，而程途可计，若海外诸番，实为遐壤，皆捧珍执贽，重译来朝。皇上嘉其忠诚，命和等统率官校旗军数万人，乘巨舶百余艘，赍币往赉之，所以宣德化而柔远人也。自永乐三年奉使西洋，迨今七次，所历番国：由占城国、爪哇国、三佛齐国、暹罗国，直逾南天竺锡兰山国、古里国、柯枝国，抵于西域忽鲁谟斯国、阿丹国、木骨都束国，大小凡三十余国，涉沧溟十万余里。观夫海洋洪涛接天，巨浪如山，视诸夷域，迥隔于烟霞缥缈之间。而我之云帆高张，昼夜星驰，涉彼狂澜，若履通衢者，诚荷朝廷威福之致，尤赖天妃之神护佑之德也。神之灵固尝著于昔时，而盛显于当代。溟渤之间，或遇风涛，即有神灯烛于帆樯，灵光一临，则变险为夷，虽在颠连，亦保无虞。及临外邦，番王之不恭者生擒之，蛮寇之侵略者剿灭之。由是海道清宁、番人仰赖者，皆神之赐也。神之感应未易殚举。昔尝奏请于朝，纪德太常，建宫于南京龙江之上，永传祀典，钦蒙御制祭文以彰灵贶，褒美至矣。然神之灵无往不在。若长乐南山之行宫，余由舟师屡驻于斯，伺风开洋。乃于永乐十年奏建以为官军祈报之所，既严且整。右有南山塔寺，历岁久深，荒凉颓圮，每就修葺，数载之间，殿堂禅室，弘胜旧规。今年春仍往诸番，蚁舟兹港，复修佛宇神宫，益加华美。而又发心施财，鼎建三清宝殿一所于宫之左，雕妆圣像，粲然一新，钟鼓供仪，靡不具备，佥谓如是，庶足以尽恭事天地神明之心。众愿如斯，咸乐趋事，殿庑宏丽，不日成之，画栋连云，如翚如翼。且有青松翠竹，掩映左右，神安人悦，诚胜境也。斯土斯民，岂不咸臻福利哉！人能竭忠以事君，则事无不立，尽诚以事神，则祷无不应。和等上荷圣君宠命之隆，下致远夷敬信之厚，统舟师之众，掌钱帛之多，夙夜拳拳，惟恐弗逮，敢不竭忠于国事，尽诚于神明乎！师旅之安宁，往迥之康济者，乌可不知所自乎？是用著神之德于石，并记诸番往回之岁月，以贻永久焉。

一永乐三年统领舟师至古里等国。时海寇陈祖义聚众三佛齐国，劫掠番商，亦来犯我舟师，即有神兵阴助，一鼓而殄灭之，至五年回。

一永乐五年统领舟师往爪哇、古里、柯枝、暹罗等国，番王各以珍宝珍禽异兽贡献。至七年回还。

一永乐七年统领舟师往前各国，道经锡兰山国，其王亚烈苦奈儿负固不恭，谋害舟师，赖神显应知觉，遂生擒其王，至九年归献，寻蒙恩宥，俾归本国。

一永乐十一年统领舟师往忽鲁谟斯等国，其苏门答剌国有伪王苏斡剌寇侵本国，其王宰奴里阿比丁遣使赴阙陈诉，就率官兵剿捕。赖神默助，生擒伪王，至十三年归献。是年满剌加国王亲率妻子朝贡。

一永乐十五年统领舟师往西域。其忽鲁谟斯国进狮子、金钱豹、大西马。阿丹国进麒麟，番名祖剌法，并长角马哈兽。木骨都束国进花福鹿并狮子。卜剌哇国进千里骆驼并驼鸡。爪哇、古里国进麋里羔兽。若乃藏山隐海之灵物，沉沙栖陆之伟宝，莫不争先呈献。或遣王男，或遣王叔王弟，齐捧金叶表文朝贡。

长乐《天妃之神灵应记》碑亭

一永乐十九年统领舟师，遣忽鲁谟斯等国使臣久侍京师者悉还本国。其各国王益修职贡，视前有加。

一宣德六年仍统舟师往诸番国，开读赏赐，驻泊兹港，等候朔风开洋。思昔数次皆仗神明助佑之功，如是勒记于石。

宣德六年岁次辛亥仲冬吉日，正使太监郑和、王景弘，副使太监李兴、朱良、周满、洪保、杨真、张达、吴忠，都指挥朱真、王衡等立。正一住持杨一初稽首请立石。

注：

① 原石在福建长乐县。

② 篆额作天妃灵应之记。

③ 蠓应作舣。

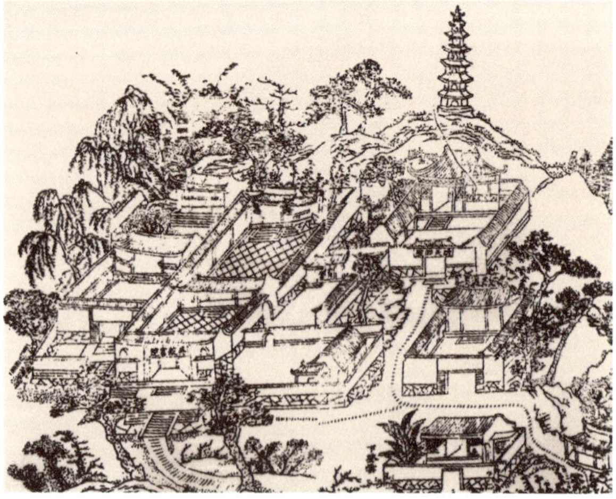

清乾隆《长乐县志》中吴航书院等古建筑插图

右上角为南山塔，后改名三峰塔。左下角吴航书院，是原南山天妃行宫旧址改建的。

（二）天妃行宫与天妃行宫大井

天妃行宫，又称南山天妃宫。坐落在长乐三峰塔寺之左，三清宝殿之右。据《天妃之神灵应记》碑记载，永乐十年（1412）郑和第三次下西洋回国之后，为船队官员祈报和酬谢“海神天妃保佑”舟师下西洋往返平安，奏请朝廷批准而建造的。《长乐县志》载：清乾隆二十六年（1761），知县贺世骏以水神面山不宜为由，将天妃移祀西关外花眉台并建“天后宫”以祀神，原“天妃行宫”改建为“吴航书院”。西关天后宫今保存尚好，但书院毁于抗日战争，仅存基址。1984年10月在“天妃行宫”遗址兴建郑和史迹陈列馆，出土原“天妃行宫”柱础石数尊，其中4尊用于今陈列馆展厅门口柱础，每尊高30厘米、宽43厘米，雕琢精致。

天妃宫大井原井栏

在原南山天妃行宫遗址上改建的郑和史迹陈列馆远景

陈列馆位于今长乐市区郑和公园内三峰塔前，1985年建成，仿明代宫殿式建筑，占地面积约3400平方米，建筑面积约1400平方米，风景幽美。

天妃宫大井，因位邻天妃行宫而得名。天妃宫大井俗称郑和井。明弘治《长乐县志》载：天妃宫大井在县治西隅四十余步，太监郑和造石栏。井栏由一巨石凿成，形如橘瓣，高约0.65米，厚0.15米，外径1.20米，内径0.9米，外圈勒楷书“义井”。井距南山天妃行宫仅百步之遥，与太监楼近在咫尺。明隆庆三年（1569），知县蒋以忠建亭覆井上。1972年，因井已填塞并起盖民房，井栏移套至附近上巷一口新井上。

天妃宫大井原址在今市区射圃内（高隍巷20号住房前）。

原南山天妃行宫出土的柱础石

（三）西关外花眉台新建的“天后宫”

宫内祀原天妃行宫的天妃神像

郑和史迹陈列馆大门

四尊原天妃行宫柱础石用作今郑和史迹陈列馆展厅门口柱础，每尊高30厘米，宽43厘米，雕琢精致。

（四）南山塔

长乐南山塔，又称三峰塔，原名圣寿宝塔，建于宋政和丁酉年（1117）。位于长乐县南山（又名塔山、登高山、塔坪山）之巅。塔高27.4米，共7层，是当年郑和俯瞰其停泊于太平港庞大船队的瞭望塔，也是郑和下西洋船队出入太平港的航标塔。永乐十一年（1413），郑和驻舟师于长乐，曾助寺僧重修此塔，塔身八角，金石结构，八面皆有浮雕，人物花卉、飞禽走兽皆形象生动，风格古朴，塔身构造精巧、牢固，历经800多年，仍巍然屹立、雄视古今，堪称古代石塔之最。原为宋徽宗祝寿而建，郑和说他是庸君，被金人所俘，遂题改塔名三峰塔。

郑和史迹陈列馆前的郑和塑像

南山塔细部之一，可见人物、走兽形象

民国《长乐县志》所绘三峰塔寺

南山塔雄姿

（五）三峰塔寺

三峰塔寺，又称南山塔寺，始建于北宋崇宁年间（1102~1106）。郑和泊舟太平港时，曾修葺。清乾隆《长乐县志》载：南山三峰塔寺……明永乐十一年，太监郑和同寺僧重修。工竣，题其额曰“三峰塔寺”。据陈明清《郑和下西洋在长乐的史迹》，民国二十四年（1935），长乐县城全景照片中此寺尚在，今寺毁，仅存基础。

（六）三清宝殿

三清宝殿又称三清殿、三清观。位于南山天妃行宫之左。《天妃之神灵应记》碑载，明宣德六年（1431）春，郑和第七次出使西洋在长乐驻泊时，“复修佛宇、神宫，益加华美。而又发心施财，鼎建三清宝殿一所于宫之左，雕妆圣像，灿然一新，钟鼓供仪，靡不具备”。另清乾隆《长乐县志》载明万历兵部右侍郎陈省《三清殿祝圣道场记》：殿始于永乐间，中官郑和航海册封西番诸国，筑天妃宫酬神，以其余材构殿，崇奉老氏。说明三清宝殿是奉祀道教老子的。这个殿后于明崇祯十三年（1640）颓毁。知县夏允彝联同乡绅马思裕重修。清乾隆二年（1737）又毁圮，未再重修。

长乐县文化局保存的民国二十四年（1935）拍摄的长乐县城照片

云门寺石牌坊

云门寺内郑和木塑像

郑和除修复云门寺外，对寺僧多有施赠，僧感其恩德，初奉长生禄位牌位，后塑像祭祀。

（七）云门寺

云门寺，《长乐六里志》载，在长乐洋屿乡云门山。永乐十年（1412），郑和第四次出使西洋，统领舟师驻泊江左、光裕沿江时，曾登云门山，重建云门寺。始建于南宋嘉定年间（1208~1224）。寺内有观音堂、坐禅石、弥陀岩，旁有文昌阁及朱子祠。云门山在太平港东岸，距长乐市区5千米的闽江边，离闽江入海口约30千米。如今云门寺已修葺一新。

笔者（右）与友人参观考证云门寺

云门寺正门

云门山又称鹤山，寺居山之巅。

大殿内景

中为伽蓝大帝神位，左边为郑和塑像。

云门寺现存建筑保留明代风格，大殿为单檐悬山顶，木构，面阔五间，进深二间，前有庭院，左右钟鼓楼均为攒尖顶。

（八）三宝岩

三宝岩位于今长乐潭头镇二刘村，闽江口附近，风景秀丽。初名“龙峰岩”，今名“晦翁岩”，俗称“二刘岩”。郑和下西洋驻舟太平港期间，多次登临，并修葺朱熹讲学的龙峰书院，乡人将其所建之亭称“三宝亭”，并改岩名为“三宝岩”。《长乐县志》载，明隆庆六年（1572），知县蒋以忠在其《晦翁岩记》中说，余政暇一往登临，乃里人辄唤“三宝岩”，余问故，咸谓斯亭也，始内官三宝者创，故名。……乃崇一内侍，其胡以训？亟命易题为“晦翁岩”，且申令于里人，毋或仍故唤。尽管如此，民间仍屡呼“三宝岩”不改。正门上“晦翁岩”三字为沈葆桢所书。

明万历丙辰（1616），大学士叶向高撰《万候重修三贤祠记》，文中说：晦翁岩，故名龙峰。……永乐时，有中贵人郑和奉使海上，人称三宝太监，尝加葺治，因呼三宝岩。邑令蒋君以为不善，改为今名。晚清长乐邑人郑勋《游三宝岩记》中也称：“龙峰三宝岩”，“为宋儒朱晦翁避禁读书处，故亦曰晦翁岩”。这里还以“三宝岩”为正称，而“晦翁岩”则是“亦曰”。

晦翁岩外景

至今遗留的“晦翁岩”三字系清代名臣沈葆桢所书

三宝亭

三宝岩《万候重修三贤祠记》碑

三宝岩郑和石雕像

原在三宝岩高处的“海天山月”亭里，后被移在三宝岩上“别有天”石刻对面的石缝龛中，用青石雕琢，高0.7米。

（九）文石天妃庙

文石天妃庙，又称天妃宫。位于今长乐潭头镇文石村，距五虎门约20海里，临海而建，二进三间，规模宏大。《长乐文石志》载：文石天妃庙乃我皇明钦赐，建于明永乐七年（1409），太监郑和往西域取宝，厥后朝廷遣天使封琉球中山王，俱在此设祭开船。嘉靖四十一年（1562）文石天妃庙重修碑载：旧传自永乐内监下西洋始创。庙宇墙壁为泥拌碎瓦瓷夯筑而成，1956年倒塌，遗留两堵残垣。

2001年9月，当地村民筹资在原址上复建天妃庙，将原址尚存两堵残垣镶嵌在新墙之中。文石天妃庙前的明代码头“登文道”至今仍存。

早在明万历年间，福清及长乐的举子进京应试都由此登船。由于往日闽江口水急浪大，加上江边泥沙淤积，船只无法靠岸，许多举子都要让人背到江中才能登船。后来，举子们便在天妃庙烧香许愿：若高中出任，必献石铺道。随后便有了这条由每块长约3米、宽0.80米、厚近0.70米、重达两吨多的石条铺就的登文道。至今遗留的文石“登文道”碑记下了登文道的由来。明时使臣到琉球册封中山王也是从这里出发。

当年郑和第三次下西洋时曾在此驻泊。

2001年复建的文石天妃庙门，额为“钦赐天妃庙”

文石“登文道”遗址

整修后门口加上两个石狮的文石天妃庙

文石“登文道”碑

文石天妃庙遗物仅余两堵残垣

（十）重见天日的地下宫殿显应宫

显应宫，又称天妃宫、妈祖庙，顾名思义，就是显灵感应的意思。它是一座群神合祀殿堂，前后五座宫殿、两进，占地面积900多平方米，建筑面积约750多平方米。在今长乐市漳港镇仙岐村，距市区18千米，离福州45千米，距长乐国际机场3千米，背山环海，风光旖旎，文物荟萃。

据《柯氏族谱》载，显应宫始建于宋绍兴八年（1138），为仙岐村先民柯延世父子所建，“舍田七十亩为香灯”。后于明代弘治三年（1490）由知县潘府将庙的后殿改为十五都凤岐书院。斗转星移，显应宫在漫长的岁月中多次受到自然和人为的破坏，最后一次重修是在清

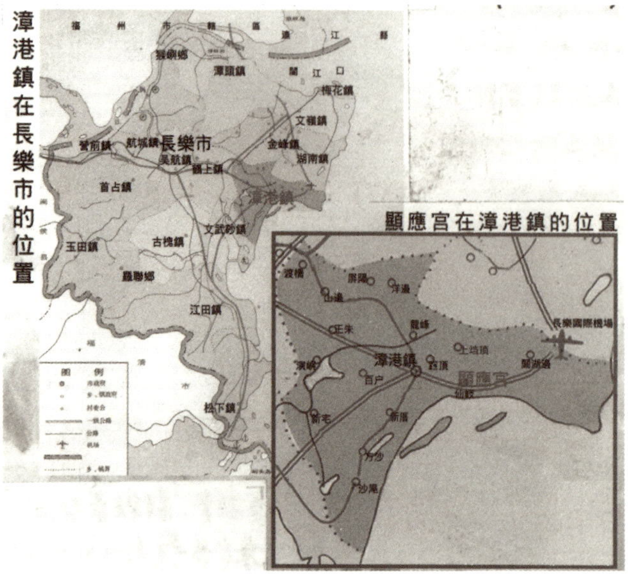

道光二十一年（1841）。光绪年间，本地区遭受罕见的风灾、海啸，海潮涌上陆地，狂涛吞噬了所有村舍，显应宫被黄沙掩埋，村东头成为一片沙丘，此后渐渐被人遗忘。

1992年5月，有人在沙丘上突然发现了1个1米多深的洞，洞口只有一个乒乓球大小，但越往下越大甚至可容一个人。几天后又发现3个洞，一个比一个大。很多人都涌去看，有人还钻下去想探个明白。6月21日，国务院批准在长乐市兴建国际机场，选址在该宫附近。22日，54岁的农妇陈营金在小沙丘旁建房挖地基，挖出3块石条组成一个门状，半小时后又挖出一头神马塑像，接着是一尊佛像，陈营金80高龄的公公这下确信无疑地大呼一声："这就是显应宫"！并说当年郑和下西洋时，船过此地，突遇风浪，曾站在船头向岸边的显应宫祈求保佑，并许愿说如果平安顺利下西洋，返回后将铸一尊金炉答谢。郑和的话音刚落，海面上一下子就平静了，从此郑和下西洋一路顺风。这虽是他祖先的传说，但却解开了百年之谜，"显应宫钻出来了！"老人十分欣喜。这消息轰动四方，引来了许多人涌到沙丘前，场面有些乱，神像遭到损坏。

由于镇、县领导的重视，成立了镇里的显应宫管委会，禁止群众乱挖，开始有组织地挖，半个月后挖出50多尊泥雕神像和许多遗物，有的至今仍是谜，无法解释。从初次发掘的现场照片可以看出，庙里各种东西保存完好，连坍塌半截的土墙、朽得只剩空壳的木柱都在，不易朽烂的瓦片却一直没有发现。如果说是被海啸、大风卷走了，海沙从屋顶泻下，那么50多尊色彩鲜艳亮丽、栩栩如生的神像经百年沙埋水浸，其身上朱红、嫩绿、金色等色彩依然如故、未减几分，为什么？

更让人费解的是，正如中国新闻社记者华岳在一篇名为《显应宫重现神采》的报道中所写那样，伴随显应宫泥塑神像的出土，一夜间无数色泽艳丽、硕大无比的蝴蝶突然出现，附落在神像上、村干部家门上，以及几位村企业家门口，赶它不走，捉它不飞。老人们前所未见、闻所未闻，惊诧不已。谁也不知它们是从何而来，为何而至。连闻讯赶来验证的农学院生物学教授也难说端倪。我们认为是村民的杜撰。但是，村上的几位干部面对记者的连连追问，信誓旦旦地说：确有此事，全村人可作证！望着他们那真诚的目光，再看保存在方玻璃盒里的大蝴蝶，即使你再怀疑，心里也得诚服了。这说明如此不可思议的事，连认真负责的记者经过深入查证，也不得不相信了。

更不可思议的是继蝴蝶出现之后，蚱蜢、青蛙接连蜂

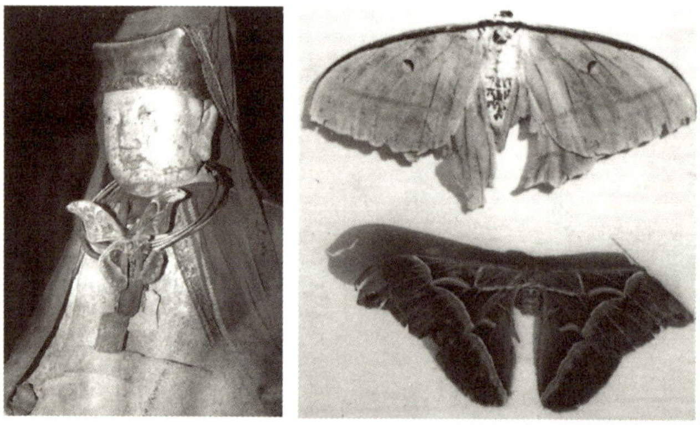
蝶恋出土大王神像，虽羽化了却依然生动活脱

出土时发现的青蛙依然活着

最初发掘的现场照片

显应宫挖出巡海大臣郑和塑像（中），其右为番人（翻译）

集而来，而且硕大肥壮得连这一带岁数最大的老人也前所未见、闻所未闻。谁也不知道它们是从哪里来，为什么而来。传说这些忠心耿耿的蝴蝶、蚱蜢四处为显应宫题缘，哪家将有难，它们就飞往哪家，主人许愿捐款，它们就神秘消失，帮哪家消灾消难；哪家是富裕善人，它们会飞往哪家，令该家锦上添花。灵佑的事不胫而走，善男信女朝拜者日增，朝觐观光者如潮，人们纷纷自动捐资。有人说，可能是超能力的感应，令神、人灵智沟通（香港作家陈娟：《神奇的显应宫》）。

初挖时巡海大臣神龛祀主神及其附神共10尊，其中一尊为“番人”，手臂不慎被挖断。余九尊着装极像明代宦官，有的学者认为是正使太监郑和、王景弘，副使太监朱良、周满、洪保、杨真，左少监张达等人的造型。

8月中旬，由考古专家组成的显应宫考古队进驻现场，对已出土的遗物、遗址等进行勘察、考证、鉴定，断明这里是历经宋、明、清三代数度修建的规制宏伟的集群庙宇所在。于此奉祀的有妈祖、临水夫人、巡海大臣、马将军诸神。这是迄今为止福建省发现的年代最长，群体最多，艺术价值最高的彩色泥塑群。

1993年春起，漳港镇决定重建显应宫，资金全部来源于民众和海外侨胞自愿捐赠，由管委会和理事会负责实施，并由长乐市政府聘请古建筑专家罗哲文及单士元、马瑞田、杜仙洲等文物专家为顾问，指导重建工作。

重建工程用地30亩，分地上地下两层，采用中国传统殿庑格式，以保存地下宫原貌。遗址柱础、断垣原迹原样，三进两殿。前殿左龛祀妈祖，有陪侍神4尊；右龛祀巡海大臣，有陪侍神9尊。后殿正龛祀勾陈大帝及其夫人、阮高大王及其夫人，当是本境家庙主神。后殿左右两龛分祀临水陈夫人等，有陪侍神10尊。殿外新造50余米回廊，镶嵌取材于妈祖故事的汉白玉浮雕。前厅左右厢辟陈列室和书画室，保存珍贵文物和名家字画。

修复后的地下宫宫墙

初挖时出土巡海大臣及附神10尊

重修后的地下宫后殿祀本境家庙主神及临水陈夫人等

地下宫名家书法楹联

地下宫回廊 “妈祖故事”汉白玉浮雕

重修的地下宫前殿

地下宫书法绘画陈列室

地下宫出土文物陈列室

出土的清嘉庆年间木质匾额

地下宫文物中特别引人瞩目的是清朝嘉庆皇帝颁赐的匾额。御笔“愿愈应”三个大字依然清晰可辨。此匾现挂在地下宫出土文物陈列室正壁上方展出。御赐匾的出土也给人们留下了难解之谜：如此贫瘠的临海之地，为何有一座如此富丽的大宫？偏处东南之滨的乡野庙宇，又如何得到远居京城九重的嘉庆皇帝的赐匾？

右龛祀巡海大臣

地下宫殿修复后，接着重建显应宫地面部分，占地26亩（18000平方米），建筑面积5600平方米。总体设计采用传统殿庑格式。中轴线上建山门、观音阁、将军殿、天后殿、大王殿等，为保护原貌，原神像、柱础按原状保护，作为地下宫遗物，所有地下神佛都复制一尊放在地面上新建的殿堂内。地面布局整体严谨。画栋雕梁，红瓦飞檐，参衬辉映，富丽堂皇，巍峨壮观。

地下宫壁画

显应宫

天后殿

新建的天后殿，殿前配大型石狮一对，雄壮威武；门前有精工雕琢、盘龙欲飞四根大石柱，还有钟楼、鼓楼、铜塔及朱柱彩阁的回廊，蔚为壮观。

观音阁

高20余米，面积330平方米，3层重檐、歇山式、阁楼形建筑，内观音坐像高8米。

新塑的妈祖神像栩栩如生

从一层地下宫看二层新建的显应宫

显应宫观音阁全景

新建的显应宫建筑群地面部分，依次建有牌坊、山门、观音阁、大型照壁、将军殿、钟鼓楼、天后殿、三层铜塔、大王殿等。庙门联：东宫祈福祉　闽海沐恩波。

新建的显应宫大门

郑和行香碑

三、泉州

泉州灵山圣墓亭

亦称三贤、四贤墓。三贤、四贤是阿拉伯人，唐初来中国传播伊斯兰教，后死在中国，埋在这里。

泉州祈风刻石

海船来往皆需候季风，宋代泉州市舶司每年两次于九日山祭神，祈求赐风并刻石记事。

郑和行香碑文

永乐十五年（1417）郑和第五次奉使西洋诸国，行前于五月十六日到此行香，勒石记之。

泉州两位阿拉伯先贤三贤、四贤墓

第十节　郑和、王景弘船队下西洋

一、等待季风，每次都从长乐五虎门开洋

郑和、王景弘船队在长乐太平港驻泊，短则两月，长则一年。在这里集结船队，整编训练，修造船舶，招募航海人才，补充给养，购置货物，等东北季风到来，便祭祀海神，从五虎门开洋。

长乐的主导风向为东北，每年从10月至次年3月间，多刮东北大风，闽江口风力更是强劲，通常有五六级，甚至七八级以上，正是船队扬帆开洋所必须凭借的风力。郑和、王景弘船队每次下西洋大多从这时开洋。《天妃之神灵应记》碑载：余由舟师，累驻于斯（指长乐），伺风开洋。

每次下西洋船只数目不等，最多时达到180余艘，均从福建长乐五虎门开洋，在其中4艘特大宝船的率领下，

下西洋船队旗舰模型

远航西洋的船队阵容

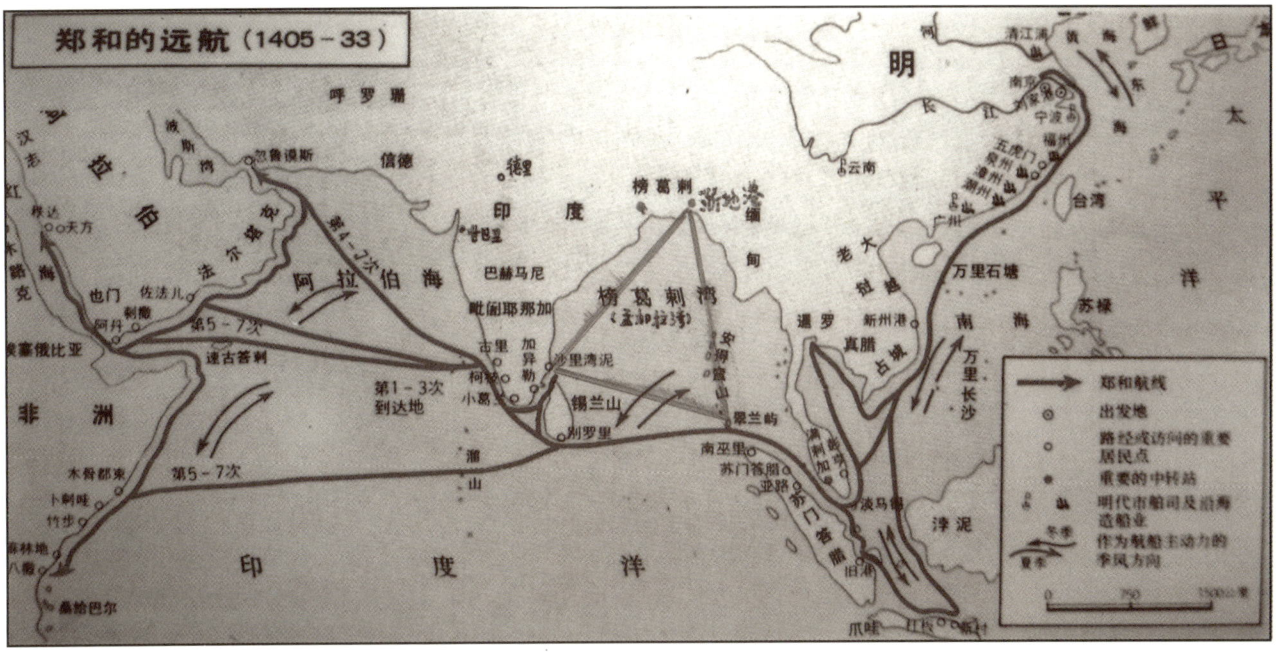

郑和、王景弘下西洋航线图

浩浩荡荡地南下。

但据梁启超《祖国航海大家郑和传》推测，其经历之航线有12条：

1. 航中国南海，至印度支那半岛之南端（西贡）。

2. 航暹罗湾（即曼谷湾）东岸，至曼谷（今泰京）。

3. 航暹罗湾西岸，循马来半岛南下至新加坡。

4. 绕航苏门答腊岛一周。

5. 绕航爪哇岛一周。

6. 航孟加拉湾，经安达曼群岛，至东印度（孟加拉吉大）。

7. 循孟加拉湾西岸，南航至锡兰，绕锡兰岛一周。

8. 循阿拉伯海东岸，北航至西印度（孟买）。

9. 由孟买循波斯湾东岸，北航至底格里斯河（阿拉伯河的一支）河口。

10. 循波斯湾西岸南航，沿阿拉伯海岸，至亚丁。

11. 越亚丁湾，循红海东岸，北航至麦加。

12. 循红海西岸，南航出亚丁湾，复循阿非利加东部海岸南航经摩森比克海峡（莫桑比克海峡）掠马达加斯加岛之南端返航。

二、奉命与出海日期为什么不同?

《明史》记载奉命与出海日期不同，因出海前须做大量准备工作并须候东北风开航。而长乐南山寺《天妃之神灵应记》碑文记载的日期却是真实的，《娄东刘家港天妃宫石刻通番事迹》碑文所载时间更是与天妃碑完全一致。为此学术界普遍认为，郑和下西洋的次数及年代应以实物史料《天妃之神灵应记》碑文为准。当然碑文也有不载的，有的碑文有载而《明史》未记，还得旁征考证。如碑载永乐五年发、七年还的这一次，《明史》未记；而《明史》所记永乐二十二年旧港之行，碑文不载。再查其他史料，证实永乐五年至七年确有这次郑和西洋之行，永乐七年二月尚在锡兰。据斯里兰卡出土的锡兰山佛寺碑文所载如下：

郑和在锡兰所立碑①

大明皇帝遣太监郑和、王贵通等昭告于佛世尊曰：仰惟慈尊，圆明广大，道臻玄妙，法济群伦。历劫河沙，悉归弘化，能仁慧力，妙应无方。惟锡兰山介乎海南，言言梵刹，灵感翕彰。比者遣使诏谕诸番，海道之开，深赖慈佑，人舟安利，来往无虞，永惟大德，礼用报施。谨以金银织金纻丝宝旛、香炉、花瓶、纻丝表里、灯烛等物，布施佛寺，以充供养。惟世尊鉴之。总计布施锡兰山立佛等寺供养：金壹仟钱、银伍仟钱，各色纻丝伍拾疋、各色绢伍拾疋，织金纻丝宝旛肆对内红贰对黄壹对青壹对、古铜香炉伍对、戗金座全古铜花瓶伍对、戗金座全黄铜烛台伍对、戗金座全黄铜灯盏五个、戗金座全硃红漆戗金香盒伍个、金莲花陆对、香油贰仟伍佰觔、蜡烛壹拾对、檀香壹拾炷。时永乐七年岁次己丑二月甲戌朔日谨施。

① 原石今移置锡兰科伦坡博物馆。

碑文最后署“永乐七年岁次己丑二月甲戌朔日谨施”。说明当年二月，郑和尚在锡兰，确未回京复命。

《明史》记载，永乐二十二年（1424）春正月戊子郑和复使西洋。但这次旧港之行，只是旧港酋长施济孙请袭宣慰使职，郑和赍敕印往赐之（《明史》卷三〇四列传第一百九十二）。这是郑和第六次下西洋。《明史·郑和传》亦载：二十二年正月，旧港酋长施济孙请袭宣慰使职，和赍敕印往赐之。比还而成祖已晏驾。这次旧港之行，《天妃之神灵应记》碑不载，只是旧港酋长请袭宣慰使职，只要几条船、几个月时间，任务行程航迹未出马六甲海峡，不像以往几次下西洋用了将近两年时间远航到印度洋那样，所以才未将此行记入碑文。

三、郑和下西洋往返时间表

表10-3　郑和下西洋往返时间表

序次	奉命出使年月	正式出发年月	回京复命年月	备　注
第一次	永乐三年（1405）六月十五日奉命出使	永乐三年冬（十月—十二月）出海	永乐五年（1407）九月初二日	奉命与出发日期不同因须准备并候东北风
第二次	永乐五年（1407）九月后奉命出使	永乐五年冬末或次年春初出海	永乐七年（1409）夏季	永乐七年二月郑和尚在锡兰
第三次	永乐七年（1409）秋奉命出使（《星槎胜览》）	永乐七年十二月出海	永乐九年（1411）六月十六日	
第四次	永乐十年（1412）十一月十五日奉命出使	永乐十一年（1413）冬出海	永乐十三年（1415）七月初八日	永乐十一年四月因奉敕差往西域天方国道出陕西求通译人才
第五次	永乐十四年（1416）十二月初十日奉命出使	永乐十五年（1417）冬出海	永乐十七年（1419）七月十七日（《陈鹤明纪》）	永乐十五年五月十六日因往西洋忽鲁谟斯等国至泉州行香
第六次	永乐十九年（1421）正月三十日奉命出使	永乐十九年二月杪出海（另说永乐十九年秋待考）	永乐二十年（1422）八月十八日	送16国使臣还国
第七次	宣德五年（1430）六月初九日奉命出使	宣德六年（1431）十二月初九日出海（《前闻记》）	宣德八年（1433）七月初六日（《前闻记》）	郑和在古里病殁
旧港之役	永乐二十二年（1424）正月十一日奉命出使		永乐二十二年七月后	永乐二十二年七月辛卯（十八日）成祖崩

四、郑和下西洋所经国家和地区

表10-4　郑和下西洋所经国家和地区

序次	所经主要国家和地区	备注
第一次	占城新洲港、暹罗、苏门答剌、旧港、满剌加、锡兰、古里	据美国西雅图华盛顿大学教授陈学霖著《明王景弘下西洋史事概况》一文及郑鹤声、郑一钧之《郑和下西洋资料汇编》及《太宗实录》等
第二次	增加爪哇、渤泥、加异勒、柯枝等国	
第三次	增加小葛兰、甘巴里、阿拔把丹、溜山等国	
第四次	满剌加、爪哇、占城、苏门答剌、阿鲁、柯枝、古里、南渤利、彭亨、急兰丹、加异勒、忽鲁谟斯、比剌、溜山、孙剌，分船队自锡兰岛跨越印度洋，在经过忽鲁谟斯后，访问非洲东岸之麻林、木骨都束、不剌哇等国，为船队首次远航非洲。	
第五次	与前大致相同，增沙里湾泥、阿丹、剌撒	
第六次	忽鲁谟斯、阿丹、祖法儿、剌撒、不剌哇、木骨都束、古里、柯枝、加异勒、锡兰山、溜山、南渤利、苏门答剌、阿鲁、满剌加、甘巴里国	送16国使臣回国
第七次	占城、暹罗、爪哇、满剌加、苏门答剌、榜葛剌、锡兰、小葛兰、加异勒、柯枝、溜山、古里、忽鲁谟斯、祖法儿、阿丹、剌撒、天方、木骨都束、卜勒哇、竹步20国	郑和在古里病殁

注：《明史》卷三二五《苏门答腊传》说王景弘曾于宣德九年出使其国，是为第八次，待考。

五、七下西洋

一下西洋：《明史·郑和传》载：永乐三年六月，命和及其侪王景弘等通使西洋。将士卒二万七千八百余人，多赍金币。造大舶，修四十四丈、广十八丈者六十二。自苏州刘家港泛海至福建，复自福建五虎门扬帆，首达占城，以次遍历诸番国。宣天子诏，因给赐其君长，不服，则以武慑之。五年九月，和等还，诸国使者随和朝见。和献所俘旧港酋长。帝大悦，爵赏有差。这是《明史》中对郑和第一次出使的经过的概述。

占城在越南中南部，第一次下西洋，郑和船队没有进入占城，只停泊新洲港，也不是“以次遍历诸番国”，而是经暹罗（泰国）、旧港（印尼苏门答腊岛巨港，又称三佛齐）、阿鲁（印尼忽拉湾）、苏门答剌（印尼苏门答腊岛北端萨马朗加）、锡兰（斯里兰卡）、古里（印度卡科卡特）等后折回，历时两年多，于永乐五年（1407）九月回到南京。返航时，西洋各国大都派遣使臣携带珍异宝物，随船队到南京向明朝进贡。

郑和船队在一下西洋中，除例行向诸国封赏外，重大事件有下列几件：

1. 生擒陈祖义

《明史》卷三〇四载：永乐五年九月壬子，太监郑和使西洋诸国还，械至海贼陈祖义等。初和至旧港遇祖义等，遣人招谕之。祖义等诈降，而潜谋邀劫官军，和等觉之，整兵提备。祖义率众来劫，和率兵与战，大败之，杀贼党5000余人。烧贼船10艘，获其7艘，以及伪铜印两颗，生擒祖义等3人，既至京师，命悉斩之。

陈祖义本是广东人，洪武年间因杀人潜逃出国，在旧港召集一伙人训练武装船队，打劫商船，无恶不作，商人深受其害。

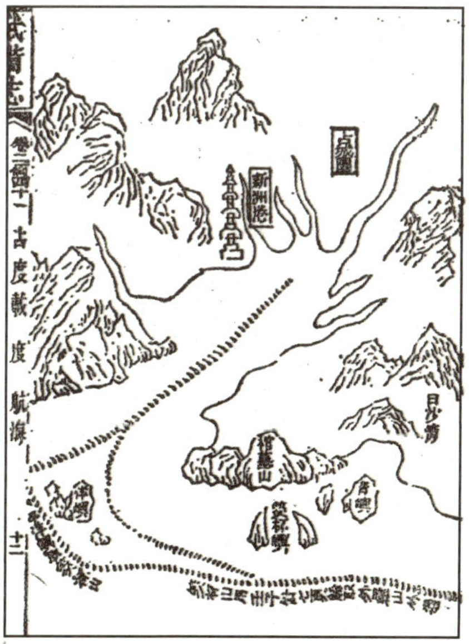

郑和航海图中占城国新洲港位置

旧港也叫三佛齐国，国王后被爪哇满者伯夷王朝杀了，但王朝也未能控制三佛齐全境，在爪哇势力达不到的地方，华侨自立一国，称为旧港，明初福建、广东沿海不少人来到这里，共推梁道明为当地华侨首领。梁道明后被明成祖招抚返回祖国，由副手施进卿接任成为华侨首领。陈祖义为使旧港完全置于自己控制之下，与施进卿争夺领导权。此次企图袭击郑和船队，施进卿不愿旧港变成贼窝，暗地里把陈祖义的阴谋报告了郑和，使郑和获得胜利，活捉了陈祖义。

活捉海盗首领陈祖义

2. 设立归港宣慰史司

《明成祖实录》卷七一载：三佛齐，永乐中为爪哇所兼并，国废，更置小酋市易，曰“旧港”……广东人陈祖义者，故有罪，亡入其国，久之亦得众，与进卿争长。上使中官郑和下番，进卿以告，上使招之，祖义诈降，而潜谋邀劫。和勒兵与战，杀其党五千余人，俘祖义京师伏法。进卿遣其婿产诚贡谢，诏设旧港宣慰使司，命进卿填之。永乐五年九月戊午，旧港头目施进卿遣婿丘产诚朝贡，设旧港宣慰使司，命进卿为宣慰使，赐印诰冠带文绮纱罗。

在旧港设立宣慰使司，命施进卿为宣慰使，官从三品，这是中国历史上首次在海外设立官署机构。

爪哇国，古名阇婆国，在今印度尼西亚。其国有四处，一曰杜板（赌班），为爪哇东部一县，华侨称为厨闽，属新埠头。一曰新村，华侨称为锦石。一曰苏鲁马益，华侨称为泗水，今爪哇东部首府，这三处俱无城郭。四曰满者伯夷，系国王居处，有城墙，国王科头跣足，头戴金叶花冠，身无衣袍，腰以下围丝嵌手巾，出入坐牛车或骑象。

爪哇国人

早期爪哇国士兵画像

其国有三种人：一为西番回族人，因经商流落于此。

一为唐人，皆中国广东及福建漳、泉州下海者，逃居于此，多有从伊斯兰教受戒持斋者。

一为土人，形貌丑黑，崇信鬼教，佛书所谓鬼国即此地也。

郑和下西洋时，正满者伯夷王在位之时，宣德五年王已死，由其女即位。以王朝国都在满者伯夷，故一般称之为满者伯夷王朝。

爪哇国男子随身皆有刀一把，名卜剌头。怒欲刺人，随手举执，凶恶可惧。最忌弄小儿摸其头，伊父见知，务必追执，以刀刺杀。寻常往来，但与争斗抵触者，即拔刀刺死其人，彼即脱走，过三日后即不偿命，或其时就执之者亦戮死不论。在市卖物皆是妇人，因妇人裸体，其乳被人扪弄，唯对笑而已。其夫虽见，佯若不知。国无鞭笞之刑，但犯罪不拘轻重，拘捆而去则以卜刺头刀刺腰及胁即死。国之风土无日不杀人，甚可畏也。

3. 制服爪哇国王都马板

《明成祖实录》卷七一载：永乐四年……时我使人舟过东王城，被西王杀我百七十人，西王遣使其言东王不当立，已击灭之矣，降诏切责。五年，西王都马板上表请

永乐皇帝画像

罪，愿偿黄金六万两，复立东王之子，从之。

原来，在明初，爪哇国内已分东西两部，由东王和西王分别管辖，东王和西王曾各自遣使到中国朝贡，都对明朝表示臣服。永乐四年六月郑和来到爪哇，却不幸卷入了爪哇内部的争斗之中，当时，爪哇西王与东王正互相攻杀，东王战败被杀，所拥领地为西王吞并。郑和船队经过东王辖地，部分成员登陆进行贸易，却无缘无故被西王的士兵杀死一百七十多人。郑和大为恼怒，决定出兵讨伐，西王十分惊慌，一面向郑和致歉，一面遣使向明朝请罪。明成祖获知此事后，十分不快。但见西王使臣前来谢罪，决定暂不讨伐，要其献上黄金，以偿死者之命。郑和遵从朱棣皇帝之命取消了动武计划，船队驶离了爪哇岛。但西王都马板见一时解除了压力，也就不再交纳偿金，对明朝不理不睬。朱棣皇帝见爪哇西王还是顽固不化，命郑和第二次下西洋时再至爪哇。都马板这才畏服。永乐六年（1408）十二月，派使臣来明朝献六万两黄金和宝物进行朝贡。朱棣见爪哇已臣服，就不再追究，此后爪哇国年年进贡、岁岁来朝，对中国心悦诚服。

4. 苏门答剌封王

从爪哇国继续西行，下一站就是苏门答剌。

苏门答剌古称须文达那，在明代是东、西洋分界线上的一个小国，就是今天的印度尼西亚苏门答腊岛西北，临近大海的一个小国，地理位置重要，是东西交通要冲，驶

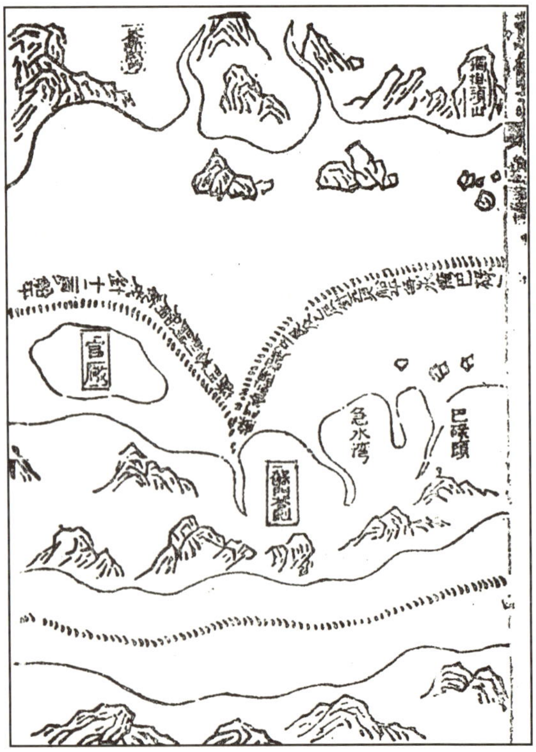

郑和航海图中的苏门答剌位置

往东洋、西洋的海船都要在这里交会，进行商贸活动。是郑和船队在海外的一个较为重要的中转站，郑和最后几次下西洋出访不同方向的数十个国家和地区时，船队常在苏门答剌作最后补给后，分作几路支队分头出访。任务完成后，再陆续回到苏门答剌会合，一同返国。图中的官厂，即郑和船队在苏门答剌所设的补给站和中转站。

明成祖朱棣即位时，很重视发展与苏门答剌的友好关系，先后派出副使闻良辅、行人宁善赐给他们的酋长大量金银财宝。中官尹庆出使爪哇时，顺道再次前往苏门答剌访问，酋长宰奴里阿必丁便遣使随尹庆来中国进贡方物以表诚心。当时，南洋群岛诸国中，以爪哇最强，已吞并邻近的三佛齐国，进而就要危及苏门答剌国了。朱棣获知后，就想封宰奴里阿必丁为苏门答剌国王，以此扼制爪哇国。永乐四年，郑和一行到达苏门答剌后，为宰奴里阿必丁正式举行封王仪式，进一步加强了中国与苏门答剌之间的友好关系。苏门答剌为了表示对明朝政府的感激之情，“遂比年之贡终成祖世不绝”。此举也维持了当时南洋诸国的政治稳定。

亚齐钟及钟楼

在今印度尼西亚苏门答腊亚齐。

郑和赠给亚齐王子的亚齐铜钟

现存印度尼西亚苏门答腊亚齐的万达拉惹博物馆。

封王典礼

郑和使团在苏门答剌国举行封王仪式，郑和代表明成祖封酋长宰奴里阿必丁为苏门答剌国王，赐予印诰。随后赏赐彩币、袭衣及其他礼物给国王及大臣们。

5. 访问南渤利（南巫里）

郑和离开苏门答剌之后，又西行对南渤利进行访问。南渤利亦称南巫里，是只有千余人家的小国，国人都信仰伊斯兰教，又是东西洋海上交通枢纽。郑和特别重视这个小国，第一次下西洋就进行了正式友好访问。

6. 访问渤泥国

渤泥，即渤里，这个小国位于东南亚加里曼丹岛北部地区，即今日文莱达鲁萨兰国，地理位置重要。北宋太平兴国二年（977）就与中国建立友好关系。明洪武四年（1371），国王马合漠沙曾遣使祝贺明王朝的建立。郑和第一次出使时，奉成祖命曾到过渤泥国，封前国王马合漠沙世子麻那惹加那乃继为渤泥国王，给印符诰命。永乐六年八月二十日，麻那惹加那乃带领他的妃子及兄弟姐妹等在群臣的陪同下来中国回访，同年十月，不幸在会同馆病逝。

7. 布施锡兰山寺

明末嘉兴府楞严寺刊本玄奘《大唐西域记》载：昔释迦牟尼佛化名僧伽罗，诸德兼备，国人推尊为王，故国亦以僧伽罗为号。……今之锡兰，即古之僧伽罗国也。

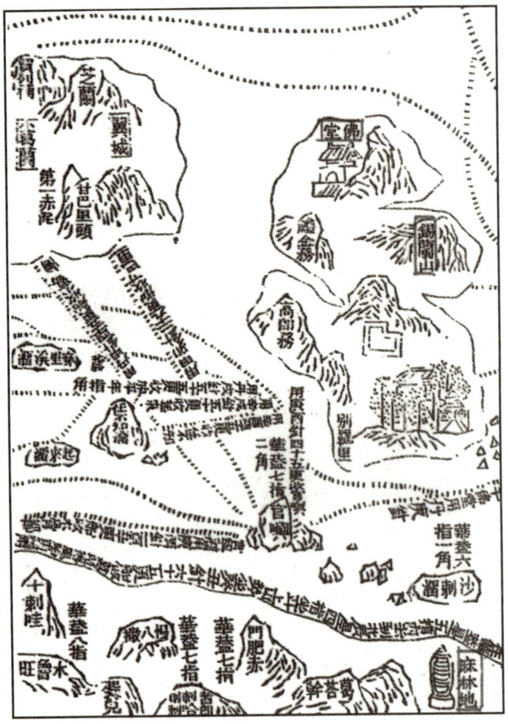

郑和航海图中锡兰山及锡兰山寺（佛堂）位置

锡兰山即是今天的斯里兰卡岛，古代称师子国，又称僧伽罗国，为南印度的佛教圣地。曾是释迦牟尼传教的地方。相传佛祖真身、佛牙和舍利子都供奉在锡兰山寺中（图右上角佛堂）。所以凡有佛教信仰的人，都非常向往来此烧香拜佛，希望获得吉祥、安康。郑和尊崇佛教，航海艰险，当然希望得到佛祖的保佑，第一次下西洋就到过锡兰山佛寺进行拜佛活动，后来，每次下西洋都如此。

永乐七年（1409）二月，郑和第二次下西洋途经锡兰山寺时又进行一次盛大的布施。布施那天，锡兰山寺布置得金碧辉煌，佛像前香火缭绕，许多善男信女远道而来参加佛事活动。郑和船队始到锡兰国码头，泊船登岸，郑和、王景弘等专程到寺内进香布施，祈求航海平安。并在寺中立一石碑，碑文为汉文、塔米尔文和波斯文三种文字刻成。碑名《布施锡兰山佛寺碑》，据碑文记载，郑和船队带来了丰厚的供物：供养金一千钱、银五千钱，各色纻丝五十匹，织金纻丝宝幡四对：红二对、黄一对、青一对，古铜香炉五对，戗金座全硃红漆戗金香盒五个，金莲花六对，香油二千五百斤、蜡烛十对、檀香十炷。

通过这两次佛事活动，增进了中国与锡兰山人民的深厚友谊。又由于锡兰山佛寺是各国香客、商人、使者会聚之地，让各国人士目睹了中国对佛教文化的弘扬、中国佛教徒虔诚向佛的真心。布施的丰厚显示明朝的富有，提高了明王朝的威望，扩大了明王朝在海外的影响。

8. 古里国建碑亭

古里国是郑和第一次下西洋到达的最远的地方。郑和船队离开锡兰山、小葛兰（印度奎隆）、柯枝（印度科钦），便到古里（印度卡科卡特）。

古里为古代印度半岛西岸一个大型商港，又是西洋各国中较大的一个国家，东西方商船都要经过古里，在此进行贸易。居民中有一半人信奉伊斯兰教，国内大大小小的清真寺有几十处，信徒每天做完其他事之后，就会斋沐更衣结伴赶到清真寺做礼拜，天天如此，从不间断。另一半人信佛教，每天清早听到佛寺钟鼓齐鸣就会来到佛像四周，取清水为佛净身后才跪拜离去。

永乐元年十月，朱棣命中官尹庆访问古里，赠以彩币。古里国酋长沙米地派遣使臣随尹庆回访中国，建立了友好关系。永乐五年郑和来到古里，向沙米地酋长宣读了明成祖的敕书，并赐给其古里国王的诰命银印及文绮等物，对沙米地手下各大臣，也分别赠送了丰厚的礼品并赏赐“品级冠带”。

古里沙米地国王受了明朝敕封、赏赐十分高兴，也向郑和回赠了礼物。他给明朝皇帝一条珍珠宝石金带，用50

15世纪印度西岸港口

曹植发明的双陆棋，郑和下西洋经真腊（今柬埔寨）与阇婆（今印尼）时发现当地都流传双陆棋，显然在郑和下西洋之前，中国与南洋通航已久。

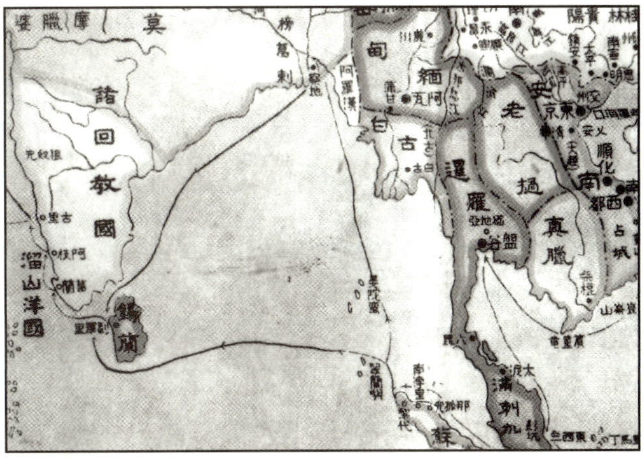

明代印度形势图

印度古称天竺国，宋末元初改称印度。郑和船队离开锡兰（今斯里兰卡），便进入西岸葛兰（亦称阿兰、小葛兰，即今印度奎隆）、柯枝（今科钦）、古里（卡科卡特）等国。明代印度地图中阿枝即柯枝，葛兰即小葛兰。图中榜葛剌即今孟加拉。印度人民既信伊斯兰教，又信佛教、印度教，图中“诸回教国”有误，应删略。溜山洋国（又称溜山国）在锡兰岛偏南的珊瑚岛，原图画得太高一点。此图采自苏甲荣编《中国地理沿革图》（1930）。

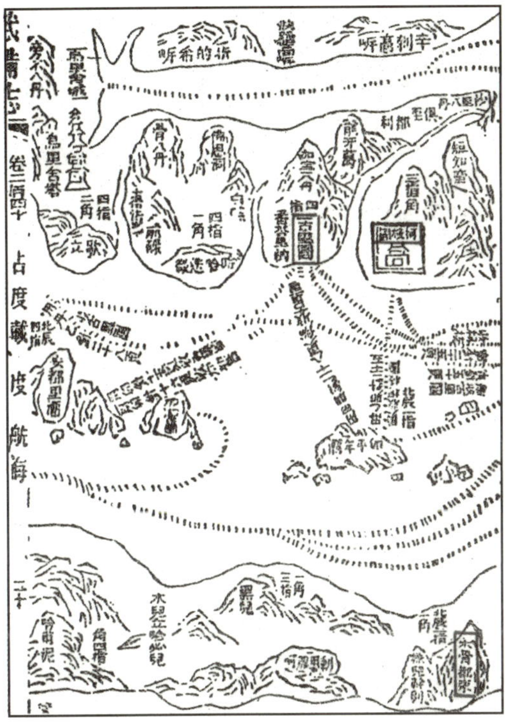

郑和航海图中柯枝国、古里国、木骨都束位置

印度西海岸发现的郑和鎏金像　　真腊国人（今柬埔寨高棉人）

郑和船队抵达爪哇

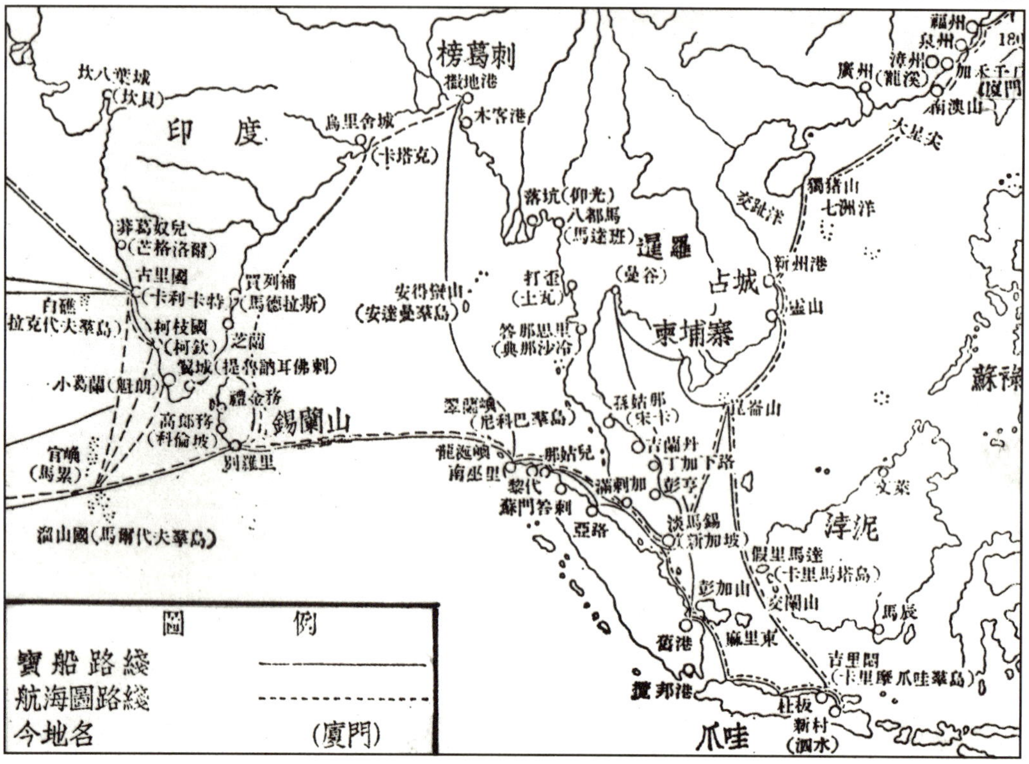

郑和船队南亚航迹图

上图地名注释（从右上角至右下角，再从右到左）：

七洲洋（西沙群岛）独猪山（今海南岛万宁海上）

交趾洋（今海南岛南，北部湾一带）

占城（越南中南部）

新洲港（占城国港口，今越南归仁）

暹罗（今称泰国）

真腊国（今柬埔寨）

灵山（今越南之华列拉岬，山顶有石似佛头，称灵山大佛）

昆仑山（越南南端东面海上有东西二岛对峙，西大东小，故有大昆仑山、小昆仑山之称，是东西洋航海必经之地）

苏禄（今菲律宾与加里曼丹岛之间）

渤泥国（文莱，亦称大爪哇）

假里马达（卡里马塔岛，今加里曼丹岛）

马辰（文郎马神，在加里曼丹南岸）

交兰山（今加里曼丹西南海上之岛屿）

古里闷（卡里摩，即爪哇三宝垄海上群岛）

杜板（赌班，今称厨闽，在爪哇）

新村（草儿昔，锦石）

苏鲁马益（苏儿把牙，泗水）

孙姑那（宋卡，在马来半岛东岸，属暹罗，今泰国）

吉兰丹（急兰丹，马来半岛，马来西亚北部）

丁加下路（今称丁加奴，马来半岛东岸）

彭亨（彭坑，马来半岛东岸）

淡马锡（新加坡）

彭加山（苏门答腊岛南端之邦加岛）

麻里東（应作麻里柬，在今加里曼丹西）

旧港（巨港，三佛齐国）

揽邦港（今称南榜，为南苏门答腊一省，古代三佛齐国即在此，为东西贸易要地）

爪哇（今印度尼西亚爪哇岛）

那姑儿国（那孤儿、花面国，在苏门答腊岛北端，其西为黎代与南巫里）

黎代（苏门答腊北部）

苏门答剌（须文达那，苏门答腊岛北部）

满剌加（五屿、麻六甲，马来半岛马六甲）

亚路（阿鲁，苏门答腊岛北部亚路群岛）

翠兰屿（今孟加拉湾中之尼科巴群岛）

龙涎屿（苏门答腊岛北部，阿齐海上）

南巫里（南渤利、喃勃利、苏门答腊岛西北）

打歪（土瓦，缅甸南部之TAVOY）

八都马（缅甸入海处，今称马达班）

落坑（仰光）

榜葛剌（即孟加拉，在恒河下游）

溜山国（溜山洋，锡兰岛南部）

小葛兰（今南印度之奎隆）

柯枝国（南印度西岸之柯钦，古代与古里、小葛兰为印度对外贸易三大海港）

答那思里（典那沙冷，古名顿逊，缅甸最南部）

撒地港（浙地港，今孟加拉东南岸）

官屿（亦作官屿溜，溜山国八溜之一，马尔代夫群岛之马累岛）

古里国（今西印度之卡利卡特）

安得蛮山（安达曼群岛，孟加拉湾内）

木客港（今孟加拉东南之Maskhel）

锡兰山（即锡兰岛）

别罗里（在锡兰山西南，宝船所及之地）

芝兰（在印度东海岸乌里舍城之南）

三宝垄市

当年郑和、王景弘船队在爪哇岛登陆处是今日的印尼爪哇岛上的三宝垄市。它是爪哇岛的重要港口。港口是因为船队最初在这里登陆而得名。

龙牙门（新加坡港）

暹罗国国王向明朝皇帝进贡吉祥物——白象

溜山国

经锡兰山便到溜山国（今马尔代夫马累港）。

古代印度人

明代印度西岸国家有柯枝、古里等国。

古代印度人

印度东部有芝兰、买列補等国。

三宝垄之三保庙

三宝垄市至今留有郑和、王景弘的许多遗迹。

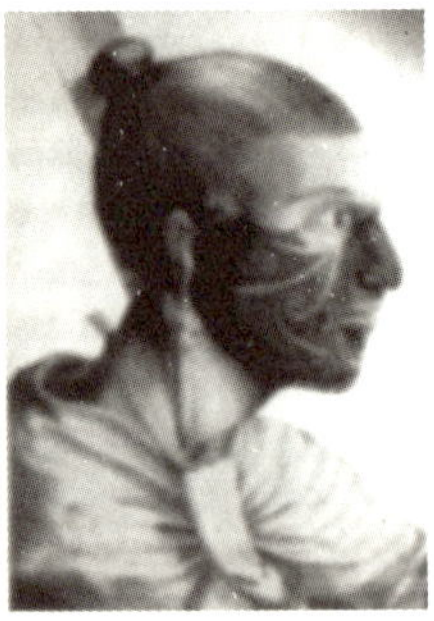

那姑儿国人

在苏门答腊西边的那姑儿国又称那孤儿、花面国。当地男子都在脸上用墨刺有花纹野兽的图案，所以又叫花面国。

全国仅有千余家，男女都赤身裸体，只用一块单布围在腰间，民风淳朴，过着自给自足的生活。

印尼三宝垄市三宝洞遗迹

印尼三宝垄的中国式寺庙

两黄金制成，上面镶嵌许多珍珠和宝石，十分耀眼。为了纪念这次远航，钦差正使太监王景弘向沙米地国王提出在古里国盖一座碑亭，以留作纪念，获得国王欣然同意。碑亭盖好后，石碑上刻有碑文。马欢《瀛涯胜览》记载：永乐五年，朝廷命正使太监郑和等统领主队宝船到彼，起建碑亭，立石云：其国去中国十万余里，民物咸若，熙皞同风，刻石于兹，永示万世。罗懋登《西洋通俗演义》说：王爷（王景弘）导笔书之此去中国十万余程，民物咸若，

印尼三宝垄大觉寺内“三保大人”塑像

据学者统计，在中国本土把郑和作为神像奉祀的寺庙只有三个（不包括新世纪建的）：

1. 福建龙海县鸿渐村的三保庙。

2. 随鸿渐村许姓东渡台湾，在云林县北港侯天府庙崇奉的主神郑府圣侯即郑和。

3. 广东南澳岛的三保公庙。

而在海外却有十余座，香客络绎不绝。

《西洋记》书影

熙皞同情，永示万世，地平天成。笔者按：古里立石各书所记文字俱有出入，向达校注《西洋番国志》、《纪录汇编本瀛涯胜览·古里国》作：去中国十万余程，民物熙皞，大同风俗，刻石于兹，永乐万世。似乎脱字出韵不一而足。明万历时罗懋登所著《三宝太监西洋记通俗演义》（亦称《西洋记》）卷一三第六十一回载有古里国所立石碣铭文作：此去中国，十万余程。民物咸若，熙皞同情。永示万世，地平天成。认为《西洋记》所纪较为近真（见向达校注《西洋番国志》第28脚注，中华书局2000年4月版）。

9. 御制弘仁普济天妃宫之碑

永乐五年（1407），郑和、王景弘船队第一次下西洋归来，“言神多感应”，奏建天妃庙，九月戊午龙江天妃庙建成。龙江天妃庙位于南京城狮子山下，称弘仁普济天妃之宫，今称天妃宫。每年正月十五日、三月二十三日遣南京太常寺官致祭。永乐七年正月，御封天妃为“护国庇民妙灵昭应弘仁普济天妃”，并赐额此宫。此后，所谓天妃灵应屡显不已，神之功德视前有加。永乐十四年（1416），明成祖朱棣亲撰《御制弘仁普济天妃宫之碑》碑文。又称《天妃宫碑》。

《天妃宫碑》通高3.93米，宽1.51米，厚0.53米。龟趺碑座，龟头已残，龟趺高1.17米、残长3.10米。

碑额上浮雕二龙，造型生动。碑文正楷，共20行708字。

天妃宫碑

天妃宫碑碑额

天妃宫今已塌毁。此碑仍保存至今，是研究郑和下西洋的珍贵实物资料。

《御制弘仁普济天妃宫之碑》文

仰维皇考太祖高皇帝，肇域四海，幅员之广，祭天所覆，极地所载，咸入眡章。怀柔神人，幽明循职，各得其序。朕承鸿基，勉绍先志，罔敢悉怠，抚辑内外，悉俾生遂，夙夜兢惕，惟恐弗逮。恒遣使敷宣教化于海外诸番国，导以礼义，变其夷习。其初使者涉海洋，经浩渺，飓风黑雨，晦冥黯惨，雷电交作，洪涛巨浪，摧山倒岳。龙鱼变怪，诡形异状，纷杂出没，惊心骇目，莫不错愕。乃有神人飘飖云际，隐显挥霍，下上左右，乍有忽无，以妥以侑。旋有红光如日，煜煜流动，飞来舟中，凝辉腾跃，徧烛诸舟，熇熇有声。已而烟消霾霁，风浪帖息，海波澄镜，万里一碧。龙鱼遁藏，百怪潜匿。张帆荡舻，悠然顺适，倏忽千里，云驶星疾。咸曰："此天妃神显示灵应，默伽右相。"归日以闻，朕嘉乃绩，特加封号："护国庇民妙灵昭应弘仁普济天妃"。建庙于都城之外，龙江之上，祀神报贶。

自是以来，神益显休应，视前有加。凡使者及诸番国朝贡重译而来者，海舶往还，驾长风，驭飞帆，蓦数万里，若履平地。略无波涛忧险之虞，歌吟恬嬉，咸获安济。或胶于浅，冒入险阻，则陵徙谷移，略无关阂，奇灵异效，莫可殚记。

今夫江湖之间，以环海视之，如池沼之多，猛风急浪，尚有倾樯破楫之患，而况于临无涯不测之巨浸也哉！然则神之功于是为大矣。虽然，君国子民，其任在朕；而卫国庇民，必赖于神。阴阳表里，自然之道，沧溟渤澥，神之攸司。凡风霆雨露，寒暑燥湿，调燮惟宜，易沴为祥，奠危为安，铲险为夷，皆神之能，岂可无文以著其迹。爰书其事，建碑于宫，并系以诗曰：

湄州神人濯厥灵，朝游玄圃暮蓬瀛，扶危济弱俾屯亨，呼之即应祷即聆。上帝有命司沧溟，驱役百怪降魔精，囊括风雨电雷霆，时其发泄执其衡。洪涛巨浪帖不惊，凌空若履平地行，雕题卉服皆天氓，梯航万国悉来庭。神庇佑之功溥弘，阴翊默卫何昭明，寝宫奕奕高以闳，报祀蠲洁腾苾馨。神之来兮佩珑玲，驾飚车兮旖霓旌，云为裳兮雾为屏，灵缤缤兮倏而升。视下土兮福苍生，民安乐兮神攸宁，海波不兴天下平，于千万世扬休声。

永乐十四年四月初六日。

注：先建宫，后写御制碑文。

二下西洋：据《天妃之神灵应记》碑文所记，事在永乐五年（1407）冬季，在首次远航结束不久。此行系护送诸外番来朝贡的使臣回国，同时并随带中国的金银丝绸、瓷器、铁器和布匹等物赏赐各国。主要事件有：

1. 永乐七年（1409）二月，途经锡兰山寺时进行一次盛大的布施。

2. 永乐六年（1408）八月二十日渤泥国王麻那惹加那乃率妃子及兄弟姐妹等来中国回访，十月，国王不幸在会同馆病逝。

渤泥国王病逝，明成祖非常悲恸，"辍朝三日，祭赙甚厚，赐葬南京城南石子冈"，并以西南夷人入籍中国者若干户为坟户，世代为之守墓，又为陵墓建祠立碑，命人春秋致祭。并下令麻那惹加那乃的儿子遐旺承袭渤泥国王位，遣中官张谦、行人周航护送遐旺等归国。在遐旺一行离别中国的那天，明成祖朱棣又亲自在奉天门设宴为其饯行，并赠送黄金100两、白银3000两。在遐旺等人启程后，成祖又下令礼部在龙江驿站摆宴设席。明成祖对渤泥国的重视非比寻常。

二下西洋历时将近两年，于永乐七年（1409）八月回到南京，并将诸国朝贡的各种稀宝奇珍和珍禽异兽带回朝廷。

三下西洋：《星槎胜览》载：永乐七年己丑，上命正使太监郑和、王景弘等统领官兵二万七千余人驾驶海舶四十八艘，往诸番国，开读赏赐。是岁秋九月，自太仓刘家港开船，十月到福建长乐太平港停泊，十二月于福建五

南京明故宫遗址

位于现在南京城东，建于元至正二十六年（1366）。1421年明成祖迁都前为明皇宫。

虎门开洋。这是郑和船队第二次航行刚刚结束，回国还不到一个月，明成祖朱棣就命郑和等第三次出使西洋。

“敕书：大明皇帝敕谕南京守备驸马都尉宋彪、襄城伯李隆：今遣太监郑和往西域忽鲁谟斯等国公干……”

从这道敕书来看，成祖当时原计划要郑和船队远访忽鲁谟斯等西域诸国，但由于航程中发生下列几个事件，忽鲁谟斯之行没有实现。

第三次下西洋主要事件有：

1. 占城举国欢腾，国王下跪称臣

郑和船队十二月于福建五虎门起航出海，顺风航行10昼夜，到达占城（越南中南部）新洲港时，受到占城国王的热烈欢迎。原来，还在永乐四年（1406）明成祖就派兵讨伐安南王（今越南南部），制止了安南王对占城的侵略并帮助占城国收复了被安南国侵占的土地，所以占城举国上下对中国都满怀感激之情。郑和船队到达占城新洲港时，占城国王头戴三山金花冠，身披锦花披巾，在手臂腿脚上戴着金镯子，脚蹬玳瑁鞋，腰束八宝方带，像金刚似的端坐在大象上，前后簇拥着500多名士兵，有的拿短枪利刃，有的舞动着鼙鼓盾牌，擂着鼓，吹着柳笛，迎面是骑着马的部将们。

郑和船队到港靠岸后，就在占城新洲港码头上举行了盛大的欢迎仪式，郑和当众宣读了明成祖皇帝的诏书，占城国王从大象身上下来，俯身跪下，感谢中国的恩德。然后，郑和使团开始进行赏赐，向国王及其臣下赠送宝船带来的赏赐品。国王也回赠中国礼物。

占城国民多骑象

在占城停泊期间，郑和船队上的贸易人员带着从中国运来的丝绸、瓷器、工艺品、日用品与当地商人进行贸易和货物交换，占城人民喜爱中国这些物品，宝船带来的中国“宝物”一抢而空。

南洋土著向郑和贡献方物

郑和船队在占城国受到如此欢迎，是因为永乐年间，大明帝国正处强盛时期，而郑和又忠实地执行明成祖的对外开放、睦邻友好的政策，符合各国人民的利益，所以郑和船队所到之处才能受到热烈的欢迎和盛情的接待。

2. 支持满剌加独立

满剌加，即马六甲，旧时并不被称为国家，而被称为“五屿”，地处马来半岛南端西岸，即今日马来西亚的一个古城，原是一个小渔村，人口很少，居民捕鱼为生。但马六甲却是东、西方交通要冲，各地海船纷纷在此建立据点，也引来众多海盗，抢掠过往马六甲海域的海船。

当时，满剌加受暹罗国（今泰国）控制，爪哇人拜里米苏剌从满者伯夷王朝叛逃出来在淡马锡（今新加坡）建立一个据点。暹罗人把他赶走了，拜里米苏剌遂在满剌加建立新据点，但仍受暹罗的剥削与压榨。为了摆脱暹罗的奴役，只好求助于明朝政府，永乐元年（1403）十月，明成祖朱棣遣使带上织金文绮等赏赐品出使满剌加。这使得拜里米苏剌大为高兴，立即派使臣到南京朝贡。其后成祖又诏封拜里米苏剌为满剌加国王，赐予诰印，使满剌加与暹罗成为平等的独立国家。但暹罗不承认，发兵满剌加，夺了大明皇帝赐予的诰印。拜里米苏剌只得再次求助于

占城国王把土产当贡物表示向中国称臣

满剌加（马六甲港）

明廷又为使团举行送别宴会并赠送黄金、白金、彩币、锦绮纱罗等礼品。

通过这次访问，满剌加国王深感明朝友好的对外政策，回国后，同意郑和船队在满剌加沿海地区建造一个官厂，设置仓库。这是一个新的官厂，也是第二个官厂，这个官厂虽与苏门答腊接近，但属满剌加国。官厂四周围设栅栏，四角设更鼓楼，由郑和船队派官兵防守，官厂的仓库内储粮食等补给品，作为航行的补给基地和运输的中转站。郑和七下西洋，有五次都在这里停留，可见满剌加与明朝保持了长久的友好关系，亦说明满剌加地位之重

明代南洋诸国位置图

大明王朝。永乐七年（1409），明成祖派郑和第三次下西洋，当郑和使团到达暹罗国后，对暹罗国王进行了当面谴责，警告暹罗不得再侵略满剌加。同时，郑和船队到达满剌加后，为拜里米苏剌举行封王仪式，赐予双台银印和冠带袍服及船队带来的宝物，再次确认了满剌加是一个独立的国家，暹罗国慑于大明帝国的威力，不敢再对满剌加进行侵略。

永乐九年（1411），满剌加国王拜里米苏剌为感谢大明皇帝的支持，带了妃子、大臣共540余人，并携带珍珠、玛瑙、玳瑁、鹤顶等当地宝物来中国访问。成祖得知后命官员隆重接待并派员前往迎接，安排会同馆食宿。

七月二十五日满剌加国王晋见成祖朱棣，献上宝物和特产。朱棣亲自在奉天门设宴为满剌加国王接风洗尘。使团在京期间明廷经常设宴款待。九月十五日，访问结束，

暹罗王迎接郑和

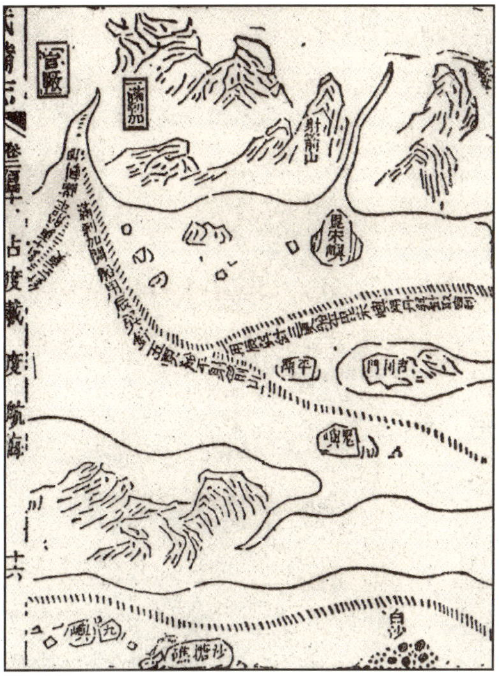

郑和航海图中之满剌加官厂位置图

要。时至今日，马六甲当地还保留有郑和船队当年的遗迹、遗物。

今日马六甲有一座三保山，又名中国山，相传当年郑和船队访问满剌加时，驻扎于此。郑和常在山上散步。在三保山南麓有一座三保亭，亦称三保庙，庙内有郑和塑像，上挂“郑和三保公”横幅，门柱有楹联：

“五百年前留圣迹，四方界内显英灵”。

在三保庙内有一口井，名为三保井。它是马来西亚最古老的井。据传是郑和使团在满剌加时所挖掘，井水味道甘美、久旱不涸，曾是马六甲城饮用水井之一。

马来西亚三宝宫在今马来西亚槟州巴都茅渔港，宫内供桌正中是郑和的金身塑像，像前摆着香炉和果品，地上

马六甲的三保庙

亦称三保亭、郑和庙。

马六甲三保庙中的郑和塑像

马六甲郑和庙前院内的三保井

今天的三保井已成为历史上中马友好的见证

有块大石，石上有凹口形如脚印，传说是600多年前郑和下西洋期间来此访问留下的脚印。凹口四周放置着24朵鲜花，“郑和脚印”被视为圣物。

当地华人于1995年12月30日建成了马来西亚三宝宫。

三宝宫还印刷和发行了一本题为《郑和大仙结缘训》的小册子。

其中写道：历遍南洋诸群岛，非洲东岸皆展伸；三十余国尽巡抚，七下西洋遗迹存。爱护侨胞怜蛮族，后人敬奉数百春；显灵保护善良士，施戒惊醒不良人；遗迹不朽施灵验，香火不绝信奉人。善男信女坚信郑和的神灵将使他们得福免灾。

3. 缉拿何八观

朱元璋称帝后，国内的残余反明势力多流亡到南海诸岛。明成祖朱棣即位之后，经过多方招抚和出兵镇压，在郑和第一次下西洋时，已基本将其肃清。何八观等人于永乐初期在国内犯事，潜往海外，“屯聚岛上”，后来势力发展壮大，成为南海岛屿新崛起的一股反明势力。成祖极为重视，定要缉拿归案。

永乐七年（1409）十月己亥，暹罗国王遣使坤文琨等奉表贡方物，赐钞币遣归，时中国人何八观等聚众于海岛，遂入暹罗，至是因文琨归，上令谕其国王遣八观等还，并赐其王金织纱罗绒锦（《明实录》）。

郑和下西洋，负有清除与明朝为敌的反抗力量的使命，何八观即是其一。暹罗使者坤文琨归国仍不见何八观被遣回，永乐八年，郑和第三次出使时成祖当面交代郑和要暹罗王遣返何八观。当郑和再次到达暹罗时，严厉批评了暹罗王，义正词严地要暹罗王交出何八观，不要使暹罗国成为罪犯的避难所。暹罗国王慑于郑和船队的军事实力，只得把何八观等人交给了郑和。郑和未动一兵一卒，也未发生流血冲突，和平解决了何八观问题，一靠郑和的军事力量威慑，二靠郑和外交雄才，终于把何八观押解回国。

三宝宫外景

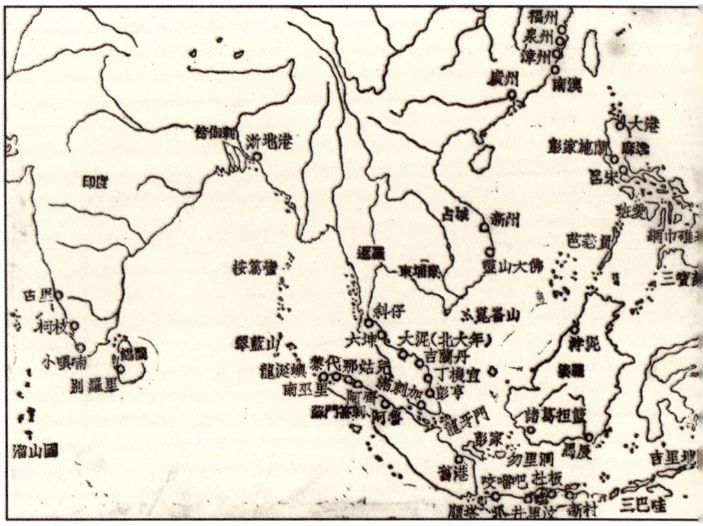

16~17世纪东亚（主要是南洋群岛）和南亚（主要是印度和锡兰）地名位置图

上图：大港（今吕宋岛北部之阿巴里港），彭家施兰（今吕宋岛之品亚诗兰），班爱（今菲律宾之班乃岛），占城国（越南中南部），浡泥国（文莱，亦称大爪哇），苏门答剌国（须文达那，苏门答腊岛北部），暹罗国（泰国中部），黎代国（苏门答腊岛北部），三宝颜国（菲律宾三宝颜市），吕宋（今菲律宾吕宋岛），芭荖员（今菲律宾巴拉望岛）。

吉兰丹国（急兰丹，马来半岛马来西亚北部），杜板（赌班、杜蛮、猪蛮，今称厨闽，在爪哇）。

爪哇国（印度尼西亚爪哇岛），安南（今越南），三巴哇（属今小巽他群岛），吉里地闷（今帝汶岛），

旧港国（巨港，古三佛齐国），锡兰山国（锡兰岛），咬溜吧（今印度尼西亚首都雅加达，亦称顺塔），满剌加国（麻六甲、五屿，马来半岛西岸马六甲），龙涎屿（在苏门答腊岛北部，亚齐海上）。

灵山大佛（灵山，今越南之华列拉岬，山顶有石似佛头）。

那姑儿国（那孤儿、花面国，苏门答腊西边），新洲（占城国都港口，今越南归仁，属平定省），

南巫里（南渤利、喃勃利，苏门答腊岛西北），昆仑山（在越南南端东面海上有东西二岛对峙，西大东小，故有大昆仑山、小昆仑山之称，是来往东西洋必经之处）。

龙牙门国（今新加坡港），别罗里（锡兰海港），亚鲁国（亚路、阿鲁，苏门答腊岛北部亚路群岛），阿齐（苏门答腊北部，古为一国），彭家（旧港、巨港，旧港外邦加岛），彭亨国（彭坑、彭亨，马来半岛东岸），翠兰山（今孟加拉湾中之尼科巴群岛，往西洋必经之路）。

大泥（太泥、大年，亦作北大年，泰国的一个州）。

六坤（六崑，马来半岛东岸之南，今属泰国），丁机宜（马来半岛东岸），诸葛担兰（今印尼加里曼丹西、坤甸南）。

暹罗（今泰国）古都大成府“三宝公庙”

郑和首次返乡祭祖

永乐九年（1411）六月，郑和第三次下西洋回国后，十一月专程返乡祭扫其父马哈只的坟墓。这是他30年来的第一次衣锦还乡，可谓光宗耀祖。

四下西洋：根据实录、碑刻及明史等记载，系于永乐十年（1412）十一月十五日奉谕，次年冬开洋，至十三年（1415）七月初八日始返国。实录永乐十年十一月丙申条载：“遣太监郑和等赍敕往赐满剌加、爪哇、占城、苏门答剌、阿鲁、柯枝、古里、南渤利、彭亨、急兰丹、加异勒、忽鲁谟斯、比剌、溜山、孙剌诸国王锦绮纱罗采绢等物有差”（《太宗实录》卷一三四）。此次航行不但重往前次所经国家，而且分航自锡兰岛跨越印度洋，在经过忽鲁谟斯后，访问非洲东岸之麻林、木骨都束、不剌哇等国，为船队首次远航至非洲。这些国家先前与明工朝俱不通问，郑和到其地后始知有中国，因此，相继派使臣来朝贡。

郑和第四次下西洋，主要事件有：

1. 擒获苏门答剌伪王

苏门答剌地理位置重要，明成祖御极后，曾多次派使臣前往苏门答剌访问。永乐四年封其酋长宰奴里阿必丁为苏门答剌国王。永乐五年，苏门答剌国受其西邻花面国（即那姑儿国）侵扰。在一次交战中，苏门答剌国王宰奴里阿必丁中毒箭身亡。花面国军队长驱直入，把苏门答剌团团围住，形势危急。王后当众宣布，谁能杀死花面国国王，就嫁给他，并让他在王子成年前掌管国家大事。一位老渔翁挺身而出，率领士兵杀出城门，偷袭花面国军营，打败了那姑儿国的花面王，当了苏门答剌国的国王，人称“老王”。

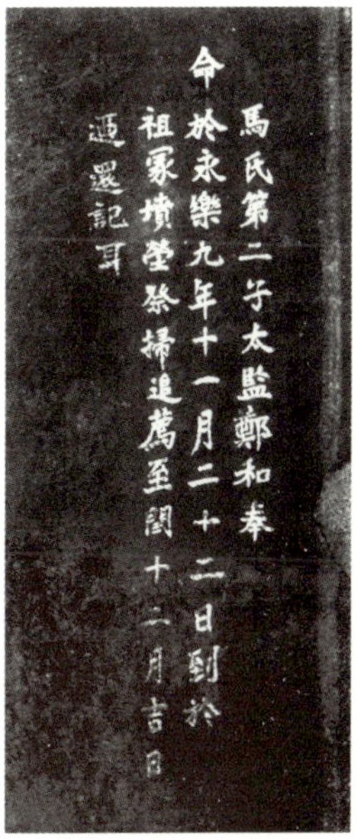

郑和祭祀追荐先人墓冢刻石纪念

云南省晋宁县的郑和故里亭

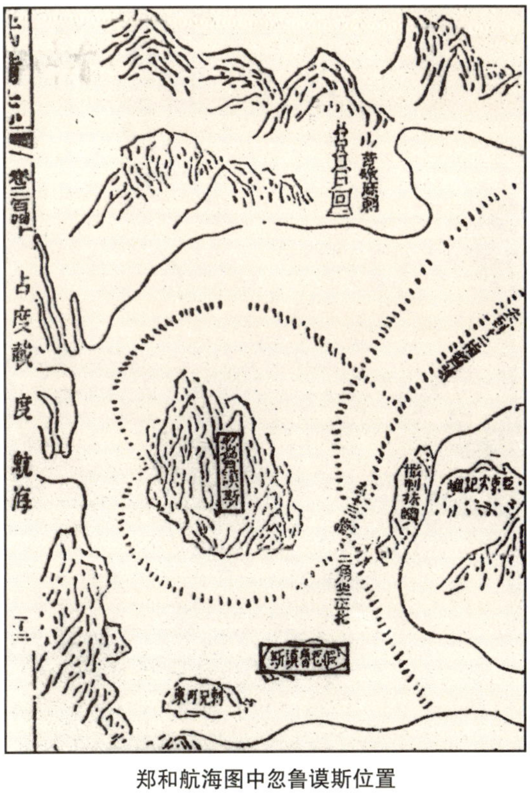

郑和航海图中忽鲁谟斯位置

王子锁丹罕难阿必镇长大后，发动了宫廷政变，杀死“老王”，亲自当政。但“老王”被杀后，其长子苏干剌带着部属逃往山中，自称为王，还不时侵扰苏门答腊，企图夺取王位。永乐十一年（1413）苏门答剌国王锁丹罕难阿必镇向明政府求援。成祖认为苏干剌非法，是叛乱者，扰乱了苏门答剌国的安宁，于是答应了锁丹罕难阿必镇的要求。在郑和第四次下西洋前，命郑和船队到苏门答剌平定叛乱。

非洲长颈鹿随郑和船队来到中国

麻林国进贡的“麒麟”实即长颈鹿，当时中国没有此物，轰动一时。

郑和第四次下西洋途中，船队到达苏门答剌，就向锁丹罕难阿必镇赠送彩礼。苏干剌得知后十分不满，率领数万军队攻打郑和船队，结果被郑和打败，苏干剌被俘，彻底解决了苏门答剌问题，并为郑和船队远航解决了后顾之忧。

此事长乐南山寺天妃之神灵应记碑与娄东通番事迹碑均有记载：永乐十一年统领舟师往忽鲁谟斯等国。其苏门答剌国有伪王苏干剌寇侵本国，其王遣使赴阙陈诉，就率官兵剿捕。赖神默助，生擒伪王，至十三年归献。是年满剌加国王亲率妻子朝贡。

2. 麻林国贡献麒麟

郑和第四次下西洋已到达阿拉伯、东非等遥远的国家。这些远方的国家纷纷派使臣随郑和宝船来中国朝贡，其中麻林国贡献麒麟，更是轰动当时朝野。麒麟实是长颈鹿。《明实录》记载，永乐十三年十一月庚子（初七），行在礼部尚书吕震奏：麻林国进麒麟将至，请于至日率群臣上表加贺。足见明朝对此事的重视。成祖虽制止了兴师动众，但却认为像麻林这样遥远的海外国家来献“麒麟”是国家兴旺、声威远播的象征，意义重大。永乐十三年（1415）十一月壬子（十九日），即麻林等国使者进京的那天，成祖朱棣亲自往奉天门主持欢迎仪式，接受麻林国所贡“麒麟”。

郑和船队停泊满剌加

长颈鹿

麻林国贡献“麒麟”是郑和第四次下西洋过程中极有意义的一件事，显示出郑和使团首次对东非沿岸国家进行的访问取得了圆满的成功。

3. 解决南洋诸国纠纷

当时，旧港部分地区为爪哇所占据，满剌加国王拜里米苏剌有心想从爪哇手中得到这一地区，便假称奉了明朝政府的命令，向爪哇索取这部分土地。爪哇国王都马板对此既害怕又怀疑。这件事不仅使爪哇与满剌加的关系紧张起来，也影响了爪哇与中国之间的关系。明成祖朱棣闻知此事后，十分恼怒，郑和在第四次出访时奉命到爪哇向都马板解释，并面交一道敕书，请都马板“小人浮词，慎勿轻听”。

当满剌加遭受暹罗欺凌时，明王朝支持它，帮它获得独立，可当它获得独立后又想侵占别国土地时，明王朝也绝不允许，为了维持现状也不敕谕爪哇退还所侵占的旧港部分地区，以免中国、爪哇、旧港三方之间产生矛盾。郑和这次出使一方面及时制止了满剌加企图兼并旧港部分地区的举动，清除爪哇的疑惧；另一方面也不令爪哇退还所侵占的旧港部分地区，目的是为了维护这个地区的安定，以便完成前往忽鲁谟斯等远方国家的使命。郑和能审时度势，终于完成了使命。

忽鲁谟斯（霍尔木兹海峡）

4. 彻底解决锡兰山国问题

锡兰山是郑和船队远行西域诸国的交通要道，地理位置十分重要，郑和第一次下西洋时，即试图以和平方式解决锡兰山问题，非但没有奏效，反而“王怒，即欲加害。郑和知其谋，遂去”。第二次出使时，虽然在锡兰山佛寺广加布施、尊崇佛道，但仍未能解决锡兰山国王问题。不解决这个问题，就难以开辟通往远方“西南夷”的海路。回国后郑和向明成祖汇报了这一情况，在明成祖支持下，郑和受命第三次往锡兰山，解决这个问题。

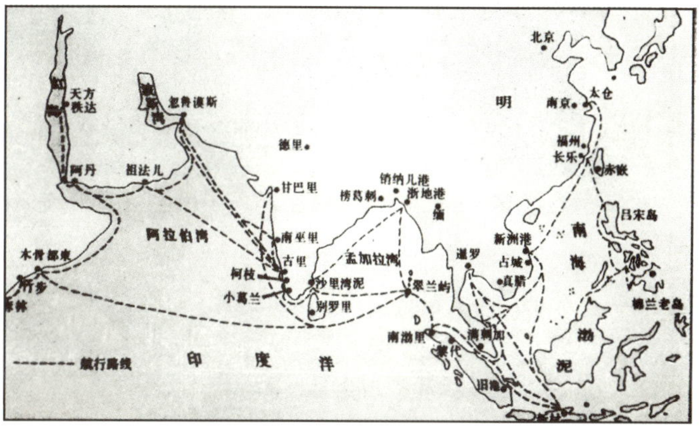

图中的别罗里即锡兰山，在今之斯里兰卡岛

永乐七年（1409）十二月，郑和船队途经锡兰山，国王阿烈苦奈儿表面上赠送郑和许多礼物，表示两国修好，内心却另有他图。《星槎胜览》载：其王阿烈苦奈儿，负固不恭，谋害舟师。正使太监郑和、王景弘等深机密策，暗设兵器；三令五申，使众衔枚疾走，夜半之际，信炮一声，奋勇杀入，生擒其王。原来，此次出使之前，明成祖曾授给郑和敕谕海外诸国的诏书，其中特别强调了“尔等祇顺天道，恪守朕言，循理安分，勿得违越，不可欺寡，不可凌弱”。郑和照例对阿烈苦奈儿进行赏赐，宣读诏书，告诫他不可欺寡、不可凌弱，但阿烈苦奈儿“益慢不恭”，不仅不接受明朝的宣谕，反而唆使他的儿子向郑和船队索取金银财宝。遭到郑和船队严词拒绝后，阿烈苦奈儿阴谋以武力夺取郑和船上的钱粮。趁郑和及部分官兵远离船队主力的时候，发兵5万攻打船队，同时为了阻断郑和与船队主力之间的联系，又在都城与港口之间的要道派兵驻守，这引起郑和的警觉，迅速带领随行2000官兵赶回船队，途中遭阿烈苦奈儿的军队阻止。郑和沉着冷静，了解到锡兰山的大部兵力已派去攻船队，都城空虚。郑和火速传令，带领2000将士出其不意攻打锡兰山都城，生擒了阿烈苦奈儿及其妻子和官员。攻打船队的将领听到国王被俘，慌忙下令撤兵，四面围攻郑和，攻城6日不下，郑和押着国王及其妻属打开城门且战且走，无奈之下，国王的将领只得向明军投降，郑和当场释放了投降的官兵，只把阿烈苦奈儿和几个重要的官员留在船上，明成祖原计划第三次下西洋要到忽鲁谟斯远访，因这场战争俘获锡兰山国的国王及其家属和头目，亟待送回处理，忽鲁谟斯之行不得不半途而废。

被俘的锡兰山国国王及王后（斯里兰卡画册上的国王及其妻子）

此战是下西洋的第二大战役，“以二万七千余人，对五万敌军，而大败其众，非熟娴韬略，何来奏功。于是郑和声威，远震印度洋滨”。永乐九年（1411）六月十六日，郑和、王景弘所率的船队返回南京，“献俘于朝，帝赦不诛，释归国”。“寻蒙恩宥，俾复归国，四夷悉钦。”当船队返回南京后，把俘虏的锡兰山国王阿烈苦奈儿等交由成祖处置，当时，朝中大臣纷纷要求将其处死，但朱棣认为他毕竟是一国之君，下令暂时扣押，同时命礼部在阿烈苦奈儿的亲生儿子中选择贤能的人为国王，经调查选了耶巴乃那。永乐十年七月，成祖便封他为锡兰山国王。不久，也把阿烈苦奈儿等遣送回国，在海外众国中产生了深远的影响。

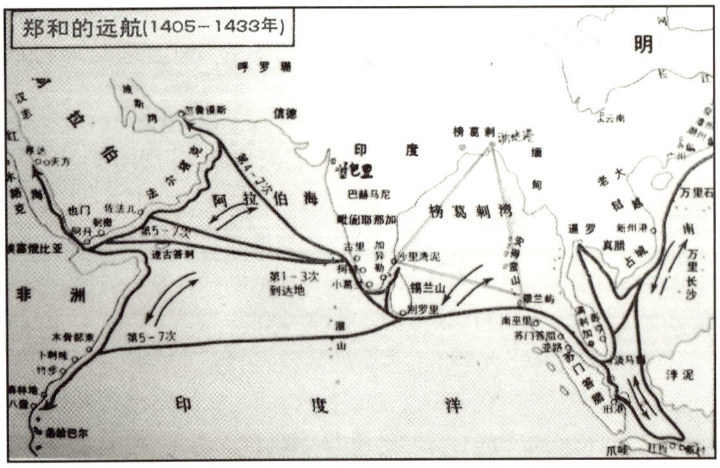

郑和到达非洲时受到热烈欢迎

西洋各国向明朝进贡的珍禽异兽

五下西洋：永乐十四年（1416）十二月初十日奉命，十五年（1417）冬季开洋，至十七年（1419）七月十七日回还，所经过的番国与前次大致相同。

长乐《天妃灵应之记》（《天妃之神灵应记》）碑文载：永乐十五年，统领舟师往西域。其忽鲁谟斯国，进狮子、金钱豹、大西马。阿丹国进麒麟，番名祖剌法，并长角马哈兽。木骨都束国进花福禄，并狮子。卜剌哇国进千里骆驼并驼鸡。爪哇、古里国进麋里羔兽。若乃藏山隐海之灵物，沉沙栖陆之伟宝，莫不争先呈献，或遣王男，或遣王叔、王弟赍捧金叶表文朝贡。

实则郑和第五次下西洋，先是护送东南亚古里、爪哇、满剌加、占城、锡兰山等诸国使臣回国，再到西域远国访问，寻找奇珍异宝。这些奇珍异兽“皆古所未闻者”。朱棣为什么要这些东西？是因为要迁都北京，为了显示新宫的豪华、新奇，要在新造的宫廷内增添大量奇珍异宝作摆设，所以要郑和“入海取宝”。而这些所谓“珍禽异兽”在当地均是平常物，不需花多少钱便能获得，现在拿来献给明朝却能得到丰厚的回报，又能加强与中国的友好关系，何乐而不为？所以各国纷纷来献。

祖法儿（阿曼的佐沙尔海岸）

今日也门亚丁港口的繁华景象

木骨都束（索马里的摩加迪沙）

慢八撒（肯尼亚的蒙巴萨港）景色之一

阿丹（亚丁港）

慢八撒（肯尼亚的蒙巴萨港）景色之二

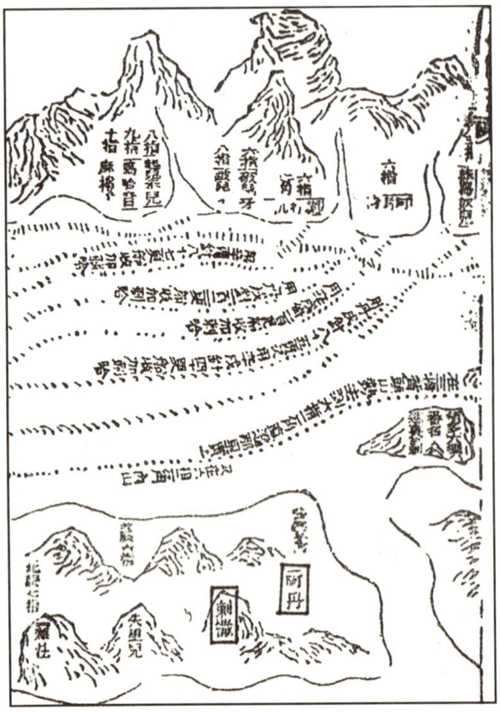

郑和航海图中的阿丹（亚丁）、剌撒位置

苏禄国王回访中国

在阿拉伯和非洲各国争相遣使来华朝贡的同时，永乐十五年（1417）八月初一，今菲律宾与加里曼丹岛之间的苏禄群岛上的苏禄东国酋长巴都葛叭答剌、西国酋长麻哈剌吒葛剌马丁、已故苏禄国酋长之妻叭都葛巴剌卜，各率其亲属及随从头目340余人，奉金镂表来中国朝贡，献上珍珠、宝石、玳瑁等物，作为苏禄国对郑和使团来访的回访。明政府则按照对满剌加国王的标准高规格接待。八月初八，明成祖封巴都葛叭答剌为苏禄国东王、麻哈剌吒葛剌马丁为苏禄国西王，叭都葛巴剌卜为苏禄国王，并赐诰命、印章、冠服、鞍马、仪仗、袭衣。随从头目三百余人，各有赏赐。名分既定，苏禄与中国关系更进了一层。八月二十七日，友好访问结束，明王朝对苏禄三王“人赐金相玉带一、黄金百两、白金二千两、罗锦文绮二百匹、绢三百匹、纱一万绽、钱三千贯，金绣蟒龙衣、麒麟衣各一袭。赐其随从头目文绣、彩绢、钱钞各有差”。

就在回国途中，东王巴都葛叭答剌经山东德州时，突发急病，不幸病逝。明成祖闻听，十分悲痛。命以君王的规格为其举行葬礼，“勒碑墓道，谥曰‘恭定’。”明成祖为他亲撰祭文。祭文曰：“死生者，人理之常。……（尔）身虽死殁，而贤德芳名流播后世，与天地相为悠久，虽死犹生”。高度赞颂了苏禄东王为苏禄国与中国友好所做的贡献。

郑和访问麦加

明万历年间刊印的《三宝太监西洋记通俗演义》中的天方国（沙特阿拉伯麦加）接待郑和情景插图。

在山东德州市北的苏禄国东王墓之全景

苏禄位置图

此次随同苏禄东王来访的还有王妃及其三个儿子。葬礼后，明成祖遣使赍敕谕东王长子都马含“尔以嫡长，为国人所属，宜即继承，用绥藩服”。王妃葛木宁和东王的次子温哈剌、三子安都鲁及侍从十余人却被成祖留在中国守墓。

至今墓区内除苏禄东王墓外，还有王妃和两个儿子的墓。

明朝对苏禄国酋长们的到访，自始至终都做了周密细致的安排，处处表现了与苏禄人民真诚交往下去的愿望。这种愿望没有因东王病逝而终止，反而更加促进了两国人民的进一步友好。

六下西洋：永乐十九年（1421）正月三十日奉旨，约二月初出洋，至二十年八月十八日回还。此次出洋，也是“自闽之五虎发迹”。《天妃之神灵应记》载：永乐十九年，统领舟师，遣忽鲁谟斯等国使臣久侍京师者，悉还本国。其各国王益修职贡，视前有加。《太宗实录》十九年正月癸巳条记：忽鲁谟斯等十六国使臣还国，赐钞币、表里，复遣太监郑和等赍敕及银钞绮罗绫绢等物，赐诸国王，就与使臣偕行。由此可知，第六次下西洋是遣郑和等（含王景弘）护送忽鲁谟斯等16国使臣还国。16国即忽鲁谟斯、阿丹（亚丁）、祖（佐）法儿、剌撒、不（卜）剌哇、木骨都束、甘巴里、古里、柯枝、加异勒、锡兰山、溜山等锡兰山以西12国及南渤利（即南渤里、南巫里）、苏门答剌、阿鲁（亚路）、满剌加4国。

这时，明成祖已正式迁都北京，气象一新，故在此际敕命远航出使，具有特殊意义。郑和的主要任务是敕赐，并护送诸国贡使回国，但据《西洋番国志》卷首所录永乐十九年十月十六日（1421年11月22日）致和敕书，若干远航使臣系由其同僚率领小船伴送，并不都是郑和一人亲送。

苏禄国东王墓

苏禄国东王王妃、王子墓

明朝灭亡后，苏禄国东王墓一度成为荒冢

今天整修一新的苏禄国东王墓

七下西洋：此次航海的日期与里程，正史无记载，幸有明祝允明《前闻记》（嘉靖四年刻本）“题本”，得知梗概。根据所载，郑和船队在宣德五年闰十二月六日自龙湾开船，二十一日到刘家港，次年二月二十六日抵长乐港，至十二月九日始出五虎门放洋，二十四日到占城……于七年十二月二十六日抵达忽鲁谟斯，至八年二月二十八日开船回洋，三月十一日到古里，六月二十一日进太仓，七月六日到京。

第七次下西洋主要事件有：

1. 刊立《刘家港天妃宫石刻通番事迹》碑（即《娄东刘家港天妃宫石刻通番事迹记》碑），碑文如下：

娄东刘家港天妃宫石刻《通番事迹记》①

明宣德六年岁次辛亥春朔正使太监郑和、王景弘，副使太监朱良、周满、洪保、杨真，左少监张达等立。其辞曰：

敕封护国庇民妙灵昭应弘仁普济天妃之神，威灵布于巨海，功德著于太常，尚矣。和等自永乐初奉使诸番，今经七次，每统领官兵数万人，海船百余艘。自太仓开洋，由占城国、暹罗国、爪哇国、柯枝国、古里国、抵于西域忽鲁谟斯等三十②余国，涉沧溟十万余里。观夫鲸波接天，浩浩无涯，或烟雾之溟蒙，或风浪之崔嵬。海洋之状，变态无时，而我之云帆高张，昼夜星驰，非仗神功，曷能康济。直有险阻，一称神号，感应如响，即有神灯烛于帆樯。灵光一临，则变险为夷，舟师恬然，咸保无虞。此神功之大概也。及临外邦，其蛮王之梗化不恭者生擒之，寇兵之肆暴掠者殄灭之，海道由而清宁，番人赖之以安业，皆神之助也。

神之功绩，昔尝奏请于朝廷，宫于南京龙江之上，永传祀事，钦承御制记文，以彰灵贶，褒美至矣，然神之灵无往不在。若刘家港之行宫，创造有年，每至于斯，即为葺理。宣德五年冬复奉使诸番国，艤舟祠下，官军人等瞻礼勤诚，祀享络绎。神之殿堂益加修饰，弘胜旧规。复重建岨山小姐之神祠于宫之后，殿堂神像，粲然一新。官校军民咸乐趋事，自有不容已者。非神之功德感于人心而致乎！是用勒文于石，并记诸番往回之岁月，昭示永久焉。

永乐三年统领舟师往古里等国。时海寇陈祖义等聚众于三佛齐国抄掠番商，生擒厥魁。至五年回还。

永乐五年统领舟师往爪哇、古里、柯枝、暹罗等国，其国王各以方物珍禽兽贡献。至七年回还。

永乐七年统领舟师往前各国，道经锡兰山国，其王亚烈苦③奈儿负固不恭，谋害舟师，赖神灵显应知觉，遂擒其王，至九年归献，寻蒙恩宥，俾复归国。

永乐十二年统领舟师往忽鲁谟斯等国。其苏门答剌国伪王苏干剌寇侵本国，其王遣使赴阙陈诉请救，就率官兵剿捕，神功默助，遂生擒伪王，至十三年归献。是年满剌加国国王亲率妻子朝贡。

永乐十五年统领舟师往西域。其忽鲁谟斯国进狮子、金钱豹、西马；阿丹国进麒麟，番名祖剌法，并长角马哈兽；木骨都束国进花福鹿并狮子；卜剌哇国进千里骆驼并驼鸡；爪哇国、古里国进麋里羔兽。各进方物，皆古所未闻者。及遣王男王弟捧金叶表文朝贡。

永乐十九年统领舟师遣忽鲁谟斯等各国使臣久侍京师者，悉还本国。其各国王贡献方物，视前益加。

宣德五年，仍往诸番开诏，舟师泊于祠下。思昔数次皆仗神明护助之功，于是勒文于石。

①原石佚，文见钱谷《吴都文粹续集》卷二八道观。

②十原作千，今正。

③苦原作若，今正。

注：标题为事迹记，又称事迹碑，或事迹记碑。明宣德六年（1413）郑和、王景弘等人撰镌，立于天妃行宫的墙壁中，后来湮没。1949年后曾多次查找，下落不明。

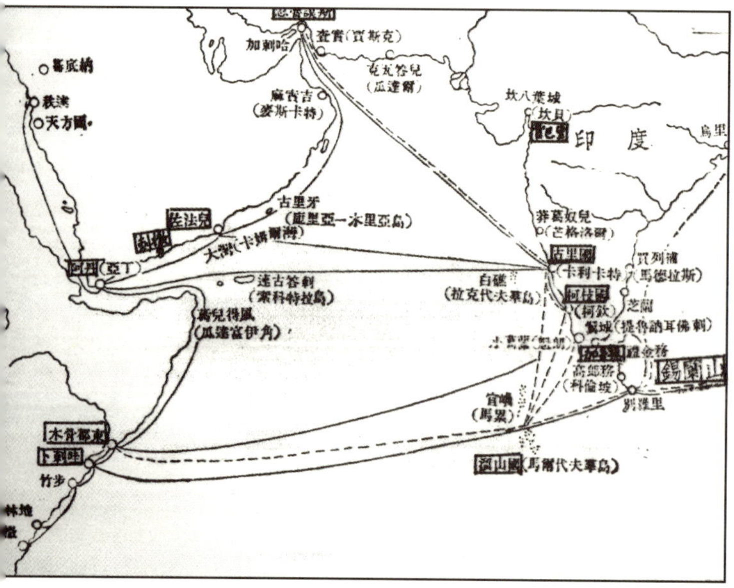

锡兰山以西十二国位置图

故关于此碑大小、造型等无籍可查、无物可对，更无法拍摄。但明钱谷的《吴都文粹续集》卷二八《道观》中录有此碑文，而清顾炎武的《天下郡国利病书》卷一九也有抄录，只是仅录七下西洋之史实，省略了前半部。本书采用向达校注的《西洋番国志》一书所记。

2. 刊立长乐《天妃之神灵应记》碑

郑和船队及至长乐，驻泊太平港。郑和、王景弘出使西洋，历次均在此泊舟，以等待信风开洋起航。前此曾奏建天妃行宫于此为祈报之所。这时乘路之便，重修殿宇，因勒石纪事。此碑原建立于长乐之南山寺，故又名南山寺碑。民国二十年（1931），知事吴鼎芬于旧墙中刨出，移于长乐县公署内。碑高4尺3寸，宽2尺1寸，凡1168字，额篆《天妃灵应之记》，有拓本流传。

郑和铜钟

钟高68厘米，钮高14厘米，口径49厘米，重77千克。形体古朴，饰纹优美。双龙钮柄顶，有浮印八卦、云雷等纹饰。主纹上部5组八卦纹，铸有“国泰民安”、“风调雨顺”八字；下部铭文5组共54字，行楷，每字1.8厘米。

郑和铜钟铭文：

大明 宣德 六年 岁次 辛亥 仲夏 吉日 太监 郑和 王景弘 等同官军

人等 发心 铸造 铜钟 一口

永远 长生 供养 祈保 西洋 往回 平安 吉祥 如意 者

太仓郑和纪念馆

殿前为刘家港海锚，圆盘为当时航海用罗经。

3. 铸造铜钟一口

郑和船队在驻泊长乐时，除重修天妃宫，全体指挥人员还发心愿铸造铜钟一口，放置在宫侧新修的三清宝殿以供奉天妃，祈求佑护远航往返平安。这一铜钟葵口，二龙交蟠纽、铭文与纹饰语意交融，艺术造诣和铸造技术均很高。

抗战期间，为免铜钟落入日寇之手，将之与郑和碑一起移到南平山区。铜钟原件现藏于中国国家博物馆，长乐郑和史迹陈列馆存有复制品。

1984年秋，为纪念郑和下西洋580周年，原南山公园改名为郑和公园，开始全面修缮。1985年开始新建郑和路、郑和桥。2003年开始沿着闽江口南岸兴建郑和广场，郑和航海馆、郑和巨雕、三宝亭、太平港帅营、郑和船、祭海坛、郑和舟师起锚处等多处纪念性建筑景观。

郑和雕像设计上有两个特点：

一是在身材、形态、服饰等方面参照史料上的描述，尽可能忠实地再现历史上的郑和原貌。如雕像形态既没有忽视郑和作为一个太监的生理特点，又表现出郑和率领庞大舟师下西洋的统帅风度，展现了郑和勇于开拓、不畏艰

郑和公园西大门

郑和石雕像

2004年建成的郑和广场位于闽江口南岸。这尊雕像是国内外迄今为止最大的一尊郑和石雕像。

郑和史迹陈列馆

在郑和公园内三峰塔前原郑和奏建的天妃行宫遗址上，1985年建成郑和史迹陈列馆，占地面积3400平方米，建筑面积1400平方米。图为陈例馆侧面。

郑和史迹陈列馆正面

尺寸与七下西洋历史暗合的郑和石雕像

郑和石雕像是核心景观。高度14.05米表示郑和七下西洋首航时间为永乐三年（1405），基座宽7米、高2.8米，寓意28年期间郑和先后7次下西洋。

郑和史迹陈列馆内郑和塑像

郑和广场

广场自西向东是郑和航海馆、郑和巨雕、三宝亭、太平港帅营、郑和宝船、祭海坛、郑和舟师起锚处等纪念性建筑景观。

难、一往无前的雄风浩气。

二是配饰方面的设计，不按其他郑和雕塑腰间佩剑的惯例，改用手持航海图（亦可看作诏书等外交文件），旨在传达一个信息：伟大航海家郑和是一位和平使者，七下西洋的任务正如他自己在天妃碑上所刻写的："宣德化而柔远人也"（转见于福建省长乐市旅游局、福建长乐郑和研究会编印的《郑和在长乐》）。

三宝亭

和平使者郑和

郑和航海馆中刻有哥伦布头像的舵机

郑和航海馆

郑和航海馆位于闽江口南岸、郑和舟师开洋的必经之路上，距长乐市区8千米，背山面江，占地面积约4800平方米，建筑面积约1200平方米，2004年建成。

太平港帅营

郑和舟师起锚处

郑和广场中之郑和宝船

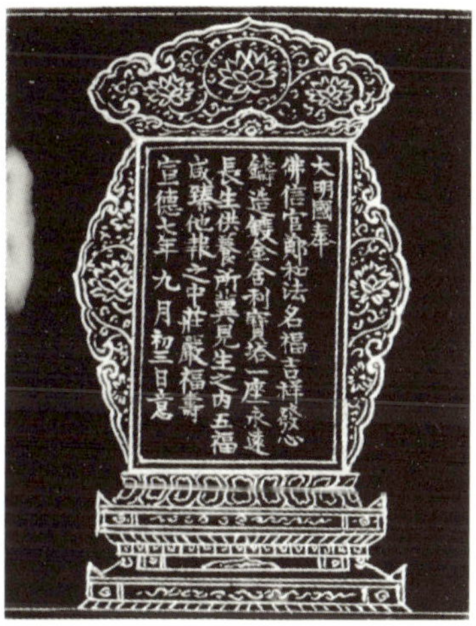

宣德七年郑和发愿铸造镀金舍利宝塔一座

郑和航海馆侧面

祭海坛

郑和舟师扬帆离开长乐的标志——五虎礁

郑和墓神路

郑和墓中埋葬的是衣冠还是遗体，说法有二：一说是衣冠，《江宁县志》记载：郑和墓在牛首山麓……宣德初，复命入西洋，卒于古里国，此则赐葬衣冠处也。可知郑和死后，遗体并未归葬国内，墓内所埋仅仅是郑和的衣冠。一说墓中埋葬的是郑和的遗体，其依据是同治《上江两县志》，认为郑和虽然卒于古里，但归葬于南京牛首山。特别是认为“卒于古里”的“古里”，与郑和所葬的江宁县的“谷里”，字异而音同，需进一步考证。笔者已述，穆斯林认为人死之后，灵魂已经追随真主进了天国，遗留下来的皮囊要速葬、薄葬、简葬，一般不超过三天，超过就是一种罪孽，认为按随船的阿訇的极力主张，已在古里海葬了。

4. 郑和病殁古里

宣德八年二月二十八日，自忽鲁谟斯开船回洋，三月十一日到达古里，二十日回洋，六月二十一日进太仓，七月六日到京。在第七次下西洋回程中，郑和病殁于古里。《西洋记》一书附记《非幻庵香火圣像记》，屡述郑和等在南京供奉灵谷寺非幻庵的事情。文中记载：郑和生前曾出资铸金铜像十二躯，雕装罗汉十八位，并言：逮俟西洋回还，俱送小碧峰退居供养。……不期宣德庚戌，钦奉上命，前往西洋，至癸丑岁（宣德八年）卒于古里。郑和之殁，官私记录俱无记载，但在回程时卒于古里，可成定论。

六、八下西洋问题

郑和已在第七次下西洋时病殁古里，后由王景弘统率船队回京。王景弘是否有第八次下西洋，有两种说法：

一说有。《明史》卷三二五《苏门答腊传》说他曾于宣德九年（1434）出使其国。传云：九年，（苏门答剌）王弟哈利之汉来朝，卒于京。帝悯之，赐鸿胪寺少卿。赐诰，有司治丧葬，置守冢户。时（王）景弘再使其国，王遣弟哈尼者罕随入朝，明年至。王老不能治事，请求传位于子，乃封其子阿卜赛亦的为国王。

近人徐晓望（福建社会科学院历史研究所所长）在其《八次下西洋的王景弘》一文中说他是参加明初八次远洋唯一的人；郑和死后，他又受命第八次航海（见《王景弘与郑和下西洋》第95~97页）。徐所依据的是《明史·苏门答剌传》记载：宣德五年，帝以外蕃贡使多不至，遣和及王景弘遍历诸国，凡历二十余国，苏门答剌与焉。明年遣使入贡者再。八年，贡麒麟。九年，王弟哈利之汉来朝，卒于京师。帝悯之，赐鸿胪寺少卿。赐谥，有司治丧葬，置守冢户。时景弘再使其国，王遣弟哈尼者罕随之入朝。据此，当郑和船队第七次远洋返航后，历经数年，为给死于大陆的苏门答剌使者的家属报信，王景弘再一次出海，可见，他比郑和多一次下西洋的历程。赞成此说的还有不少学者。

王景弘塑像

一说没有。持此说的有近人陈学霖（美国西雅图华盛顿大学教授）。他在《明王景弘下西洋史事钩沉》一文中说：九年，（苏门答剌）王弟哈利之汉来朝，卒于京。帝悯之，赐鸿胪寺少卿。赐诰，有司治丧葬，置守冢户。时（王）景弘再使其国，王遣弟哈尼者罕随入朝，明年至。王老不能治事，请传位于子，乃封其子阿卜赛亦的为国王。陈学霖教授认为，苏门答剌国王为宰奴里阿必丁，其弟哈利之汉卒于京师，明《英宗实录》于九年正月辛未条中未言王景弘时出使其国，王因遣弟哈尼者罕随之入朝。按实录十年四月癸卯录，记上谕苏门答剌国王男阿卜赛亦的嗣为国王，有言“先是以公务遣中官王景弘往其国，宰奴里阿必丁遣弟哈尼者罕等来京朝贡，具奏耄年不能治事”。此处当指前此景弘奉使西洋时，曾至苏门答剌，其国王因此遣其弟来朝贡致意。陈学霖教授认为明史外国列传撰写人误读实录原文，遂错言其再次出使苏门答剌。并说近代有关下西洋的论著，无一不为贻误，俱错言王景弘于是年奉使苏门答剌国。事实上，揆诸实录，王景弘于宣德十年正月奉敕停罢各处采办一应物料，则知是时他镇守南京，不大可能于八年七月初自西洋还京后，短短一年内又往返苏门答剌。此条正为明史纰漏的旁证（见《王景弘与郑和下西洋》一书第297页及318页注释）。

上述二说，对第八次下西洋，一说有，一说没有。究竟是否有八下西洋看来需进一步考证。但笔者却赞同先师熊德基教授的老师向达教授的结论，向达师公是一代宗师，曾校注（明）巩珍著《西洋番国志》，整理过《郑和航海图》，并校注《两种海道针经》。他说：“明成祖朱棣永乐三年（1405）遣郑和帅舟师下‘西洋’，至明宣宗朱瞻基的宣德八年（1433年）为止，前后七次，首尾历时二十九年（1405~1433）……”（向达《校注巩珍西洋番国志序言》，1959年2月，中华书局2000年4月版）。笔者认为下西洋只有7次，前后29年。

《郑和、王景弘出海图》

七、下西洋取得的成就

（一）政治方面

《明史·成祖本纪》在评价他治理天下的成绩时说：成祖“至其季年，威德遐被，四方宾服，受朝命而入贡者迨三十国，幅员之广远迈汉唐。成功骏烈，卓乎盛矣！”据毛佩琦教授归纳为：

第一，明代中国在世界各国中具有崇高的威望和地位，所谓“威德遐被，四方宾服”。

第二，明朝与周边的众多国家都建立、保持了朝贡贸易关系，超过以往历代，所谓“远迈汉唐”。

第三，明朝对各国既有威，也有德，“不可欺寡，不可凌弱”，建立和维持了相对和平、稳定的国际秩序。

毛佩琦教授说：永乐年间，郑和所到过的海外各国，派使臣来华的就有318次（不包括朝鲜、日本、琉球），有4个国家的11位国王亲自来华。……这在中国历史上是从来没有过的（毛佩琦《郑和的使命：天下共享太平之福》，《郑和下西洋研究》第2期第227~228页，2005年）。

番国使臣来明廷朝贡

根据《明史》记载，明代永乐年间，有30余国的使臣前来明朝京师进贡。永乐二十年（1422），郑和船队的海船带来了海外国家使臣就有1200人之多，真有万邦来朝的景象，达到的睦邻邦交、建立藩属关系、“共享太平之福”的对外友好的外交活动的目的。也确实获得了“威德遐被，四方宾服”的美名。

《万邦来朝图》

（二）经济方面

1. 面向海洋，对外开放，促进国内手工业的发展

《明宣宗实录》记载，宣德八年（1433），即郑和、王景弘船队第七次下西洋回来的当年，明政府向景德镇一年派造的瓷器就达443500件，数量相当大。另据明王世懋

《皇都积胜图》（局部）描绘明中后期北京城的繁华景象

《二委西潭摘抄》载，明初洪武年间官窑仅20座，到了宣德年间（即郑和、王景弘七下西洋期间）发展到58座，可知下西洋促进了国内手工业的发展。中国的传统出口物主要是瓷器、丝绸和铜钱、土特产等。换回或买回的番国物品有五金类17种，香科类23种，珍宝类23种，白象等动物21种，西洋布、油红布等51种，犀角等药类22种，琉璃、玻璃器等用品8种，粗黄、脑紫等颜料8种，糖霜、胡椒等食品3种，苏木、花犁木等木料3种，这些物品多产自东南亚。阿拉伯国家的马被称为西马、天马，品种好，船队还专备有“马船”，去西域采购马。

原产于东南亚的胡椒树籽实可制胡椒粉

胡椒等食品进口种类不多，但进口数量一直都很多，早已成为中国人民十分喜爱的佐餐佳品了。

2. 朝贡贸易和手工业的发展又促进明朝的空前繁荣

明代内河水运发达

《南部繁华图卷》（局部）描绘当时南京盛况

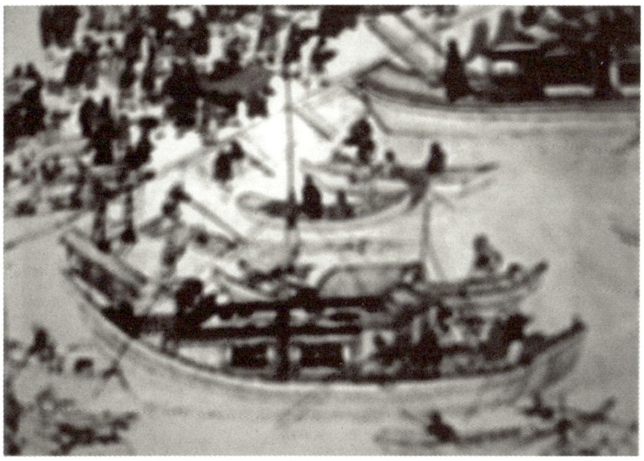

《姑苏繁华图》中的坐船

大明宝钞一贯

这是明朝不同时期发行的“一贯”（纸币）。

户部奏准印造的大明宝钞（纸币）规定与铜币通行使用。

3. 明朝的宝钞成为西洋各国的通用货币

明朝用于赏赐西洋各国的主要是金银、钱钞等，与各国进行贸易，除以物易物外，多用明朝的货币结算，当时南洋、西洋各国没有货币。随着郑和、王景弘七下西洋，明朝的宝钞逐渐成为各国的通用货币，促进了各国市场的流通。

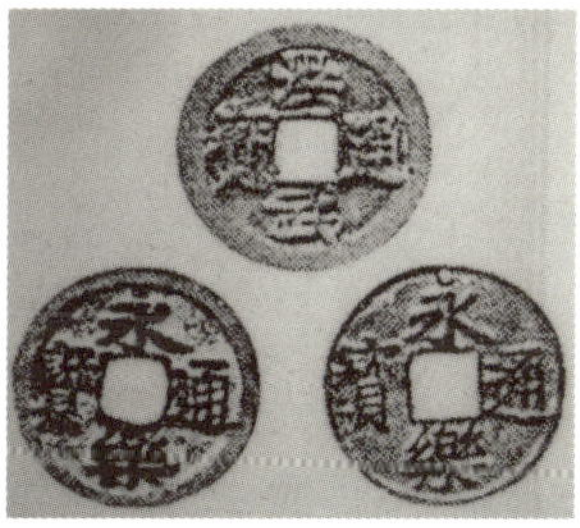

明朝发行的三种硬币：上为明太祖发行的“洪武通宝”　下为明成祖发行的“永乐通宝”

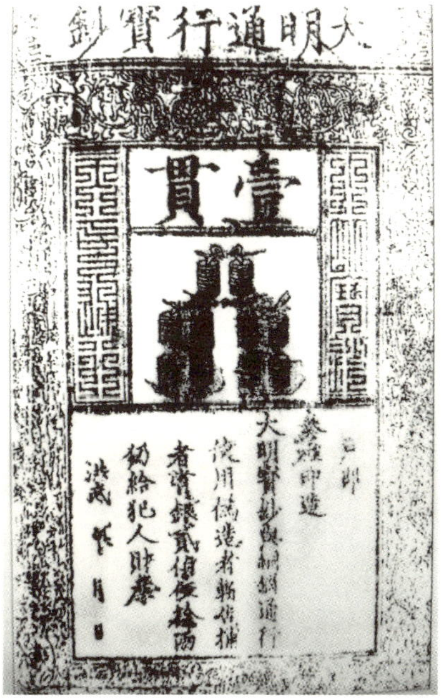

大明洪武宝钞一贯

明太祖时期，由户部发行的大明通行宝钞“一贯”（纸币），古时用绳索穿钱，每1000文为1贯，1贯纸币相当于1000文铸币（铜币）。

（三）世界航海史上的空前壮举，哥伦布、达·伽马、麦哲伦、库克相形见绌

郑和、王景弘七下西洋，其船舶之多、吨位之大、航程之远、历时之久世所未见，是当时的航海壮举。

郑和、王景弘的首航，比哥伦布到达美洲新大陆早87年；比达·伽马绕好望角到达印度早93年；比麦哲伦到达菲律宾早116年；比库克发现澳洲早364年。欧洲航海探险家所乘的帆船吨位、船数更无法与郑和、王景弘下西洋船队相比。

1. 1492年哥伦布发现美洲大陆

1492年，哥伦布率领“圣玛利亚”号等3艘船只，水手88名，从西班牙的帕罗斯港出发，一直向大西洋西边前进，发现了美洲新大陆。而郑和、王景弘率领的是一支183艘船只组成的庞大船队，人员2万~3万，访问了30多个国家，两者怎能相比？

意大利航海家相信地圆说。1492~1504年受西班牙国王的派遣和资助，先后4次向西航行，抵达西印度群岛和中南美洲。

哥伦布（1451~1506）

“平塔”号

哥伦布率领的3艘船中的第二大船，排水量约60吨。

“圣玛利亚”号

哥伦布所率3艘船中最大的一艘，排水量约250吨，长约25米，有3支桅，船桅挂有三角形的帆布。

“尼纳”号

哥伦布率领的船队中最小的一艘，排水量约50吨。

美国人贡纳·汤普森博士绘制的郑和宝船与西方航海家船的对比图

英国人绘制的郑和宝船与哥伦布船的对比图

2. 1498年，达·伽马绕好望角到达印度

达·伽马（1460~1524）

葡萄牙航海家，1497~1498年奉命绕非洲南端抵印度。后又两次到印度。1524年死于印度柯钦。

达·伽马远航印度的船队据说是当时欧洲最精良的4艘新下水的海船。旗舰长度不到25米，载重50吨，全船队共160人。

达·伽马的旗舰

3. 1519~1522年麦哲伦船队绕航世界一周

麦哲伦（1480~1521）

葡萄牙航海家，1517年移居西班牙。1519年奉命率船5艘，水手265人，由圣罗卡出发，越过大西洋，沿巴西海岸南下，经南美洲大陆和火地岛之间的海峡，入太平洋。1521年3月至菲律宾，因干涉岛上内争为当地居民所杀。

穿越沟通两洋的海峡

麦哲伦船队经南美洲大陆和火地岛之间的海峡（后称麦哲伦海峡）终于进入太平洋，并为太平洋命名。

“维多利亚”（即“胜利”）号

麦哲伦环球航行的船队有船5艘，其中2艘排水量130吨，2艘90吨，1艘60吨，水手共265人。船队被讥为“水手棺材”，途中大都舟覆人亡，最后只剩“维多利亚”（即“胜利”）号与18名船员，于1522年9月，由菲律宾起航返回西班牙。

4. 1770年库克发现澳洲

1770年4月29日，英国航海家库克首次发现澳洲，并将其命名为“新南威尔士洲”。

郑和比库克航海早364年。库克所乘的3桅帆船仅有1只，吨位之小，更无法与郑和船队相比。

这里应特别指出：郑和、王景弘下西洋是为了执行明王朝的睦邻友好外交政策，建立中国与西洋各国的友好关系，维护世界和平。而西方航海家的活动，是为了发现可以建殖民地的陆地，进行殖民扩张，掠夺黄金、财富。例如，哥伦布登上美洲大陆，用枪炮屠杀印第安人，建立西班牙殖民地，掠夺印第安人财富，掳掠、奸淫印第安妇女，将印第安人作为奴隶

詹姆士·库克船长（1728~1779）

库克当年所乘之三桅帆船模型

1779年2月14日库克在与夏威夷土著发生的械斗冲突中被杀

贩卖。又如，达·伽马1502年在印度洋上航行，遇到一艘没有武装的船，他下令抢光船上的财物，船上700人全被烧死。西方的不少航海家都有残忍的抢劫杀人记录，给新大陆和东方人民带来的是灾祸和奴役。而郑和船队七下西洋是进行友好交往，厚往薄来，给亚非国家和人民带去先进的文化、技术，促进了当地经济的发展，受到当地人民的欢迎。这与西方殖民主义航海冒险家的行为有本质的不同，这就是中华民族的精神财富。

八、下西洋为何成为绝响?

郑和下西洋为什么戛然而止？梁启超早在100年前就说过，那就是他的动因不同。郑和下西洋缺乏经济发展原动力的驱使，是为了满足“雄主之野心，欲博怀柔远人，万国来朝等虚誉”。这就是说，在哥伦布之后，有无数之哥伦布，维哥·达·伽马以后，有无数之维哥·达·伽马。而我则郑和以后，竟无第二之郑和，“噫嘻，是岂郑君之罪也！”

郑和下西洋会成为绝响的原因很多，主要有：

（一）政治原因

以赏赐为形式的出口和以纳贡为形式的进口贸易带有明显的政治色彩。明成祖所达到的目的在很大程度上是名义性的，而不是实质性的。在“厚往薄来”思想指导下，只要显示明王朝的强大、富足，不管国库如何空虚，在所不计，自然不能持久。宣德十年（1435）英宗即位，宣告了下西洋的终止。后来车驾郎中刘大夏更认为下西洋是弊政，把下西洋的航海案卷一把火烧掉，使得下西洋这一壮举从此成为绝响。

（二）经济原因

这是最直接、最主要的原因。下西洋耗费巨大，使明朝经济无法承受，主要有以下两方面。

《天妃经》卷首木雕刻版中的船（马六甲郑和文化馆藏）

维持船队每年修理维护、新建造海船的费用相当可观

1. 造船费用巨大。

姑且不计郑和船队是以宝船为主的舰队，即以南京静海寺郑和下西洋残碑所云的2000料、1500料和8橹船所组成模拟船队计算，费用也是惊人的。

2. 各种赏赐无度

包括赏赐各番国君王及来朝进贡的使者，以及对下西洋官兵的赏赐，开支日益扩大导致国库出现入不敷出的局面。

郑和下西洋时期部分出口瓷器

据统计，下西洋初期，国库充溢，存银700余万两；10年后，明国库存银只剩100余万两，其中大部分用于赏赐。

明朝用于赏赐的物品主要是金银、钱钞、丝绸、瓷器等，对当地国王或酋长宣读皇帝诏敕，然后一一进行这种赏赐，包括其王妃和臣僚，带回的却多是珍禽异兽之类，从经济上看是不等价交换，得不偿失。初期，国力强盛，可以负担和维持下西洋开支，后来明朝国力衰退，经济上难于支撑下西洋所需的巨额开支。永乐十九年（1421）年，朱棣迁都北京，国家防御体系北移，海防地位降低，

2005年胡锦涛总书记赠送（台湾）国民党主席连战、亲民党主席宋楚瑜的礼物——郑和七宝宝船模型（采自《郑和下西洋研究》第2期，2005年）。

“财富取之于海，危险亦来自海上”——郑和

并随着海上倭寇被清剿，海上威胁已不复存在，下西洋活动已不再必要。明代中期，朝廷中“禁海”派得势，下西洋被斥为“弊政”。这样，下西洋活动最终被终止。

九、郑和精神获得中外认知，是中国人民的骄傲

郑和下西洋的壮举虽终被废止，但明朝中期以后及清帝国的闭关锁国的危害，使郑和精神终被中外所认知，获得了好评。孙中山在《建国方略》中说：郑和下西洋是中国超前轶后之奇举。认为争太平洋之海权，即争太平洋的门户权，人方以我为争，我岂可置之不知不问。在他所著的《国防十年纲要》中将海军建设列为国防建设之首。

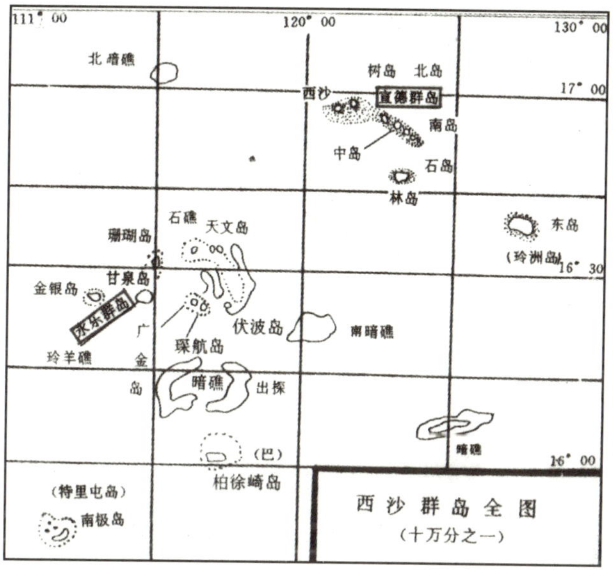

1947年，中国政府在西沙群岛中命名了永乐群岛（西）和宣德群岛（东），在南沙群岛中命名了郑和群礁、景弘岛及随员马欢、费信等岛，以表彰他们的历史功绩和贡献。

西沙群岛古称“七洲洋”、“千里石塘”、“千里长沙”，英文称Paracel Islands（普拉塞尔群岛），自古以来就是中国的领土。

永乐群岛是为纪念明成祖朱棣、宣德群岛是为纪念明宣宗朱瞻基命郑和、王景弘第七次下西洋而命名的。

1998年，美国地理杂志评选出1000年来100位对全世界贡献最大的人物，入选的中国人有：郑和、忽必烈、毛泽东、曹雪芹、朱熹、范宽（五代至北宋前期北方三大山水画名家之一，存世作品有《溪山行旅图》、《秋山萧寺图》等——笔者），郑和位列第一。

太平岛西向附近的堤闸滩被命名为郑和群礁

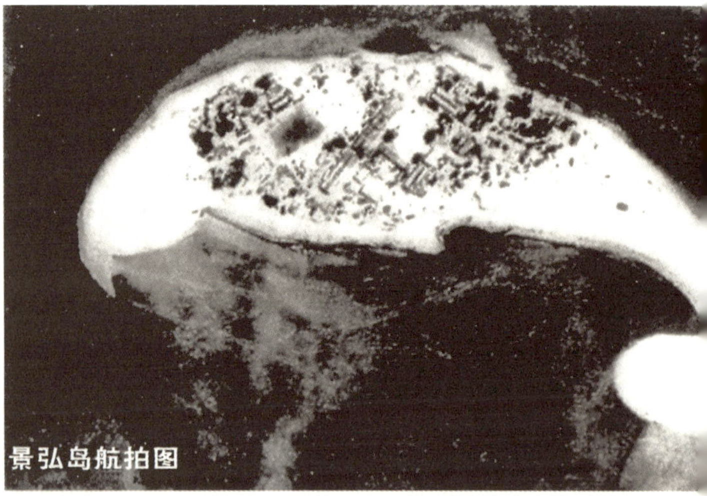

距太平岛南向约30海里的辛科威岛后改名为景弘岛

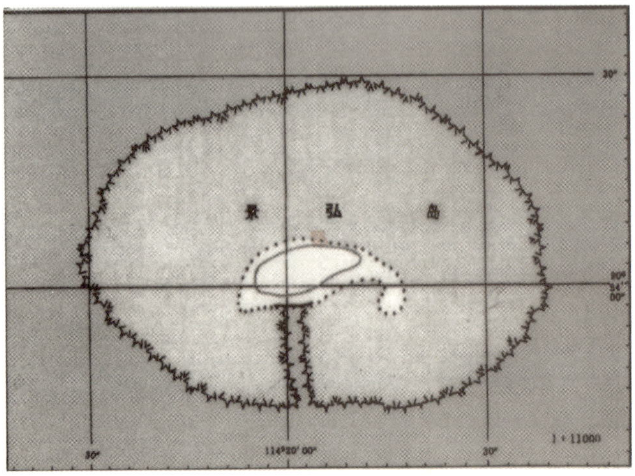

景弘岛地理坐标图

景弘岛位于北纬9度53分，东经114度20分，东西长324米，南北宽135米，面积为0.033平方千米，呈枣核形。

"郑和"号是中华民族的骄傲

20世纪80年代，中国人民解放军海军将第一艘现代化远洋综合训练舰命名为"郑和"号。郑和远航的奇迹，在新中国得到继承、发扬。

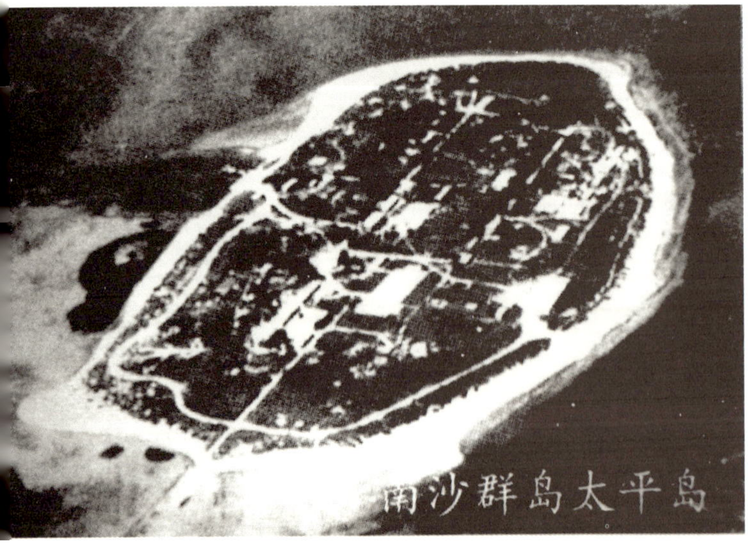

南海诸岛依位置不同分东沙、西沙、中沙和黄岩、南沙群岛，自古以来都是中国的领土，南沙群岛又称团沙群岛。太平岛是南沙群岛中的最大的岛，原名长岛，1946年12月12日，中国政府派太平舰登岛接收，故改名为太平岛。

十、郑和船队是否到过美洲问题

2002年3月4日，英国学者加文·孟席斯向世界公布了他的研究成果，说中国明代的郑和船队可能先于哥伦布到达美洲大陆，先于麦哲伦完成环球航行。3月15日，他在伦敦作了首次学术报告。同年10月、12月又在中国南京、昆明、北京举行4场专题报告，并在英国出版专著《1421年：中国发现了世界》，次年1月又在美国出版，书名改为《1421年：中国发现了美洲》。孟席斯的惊人之说引起了世人的关注，更引起许多专家学者的争论。

（一）加文·孟席斯其人

加文·孟席斯是英国的一位业余历史学者，英国皇家海军退役军官。1937年生，父是英国皇家海军潜艇编队指挥官。孟席斯出生后不久就随父母来到中国威海卫，后又随父母回英国。1953年，孟席斯中学毕业，在英国海军学院学习，1957年毕业，在英国皇家海军驱逐舰上服役。此后历任巡洋舰航海官、“决心”号导弹核潜艇作战官、“汶鲸”号常规潜艇中校艇长。20世纪60年代末，孟席斯原计划率“汶鲸”号去南非访问，英国政府不同意，孟席斯于1970年辞职，先后在银行、房地产公司等任职，多次来亚洲旅游，曾到中国长城、故宫参观，萌发了研究中国明代历史的强烈愿望，尤为关注明初历史。20世纪80年代开始研究郑和下西洋。后来发现一幅15世纪20年代绘制的世界地图，地图上标明了非洲、美洲等地区，他认为这张地图是郑和绘制的，遂提出了“郑和发现美洲说”。

英人加文·孟席斯近影

（二）加文·孟席斯的观点

2002年11月，孟席斯在英国出版专著：《1421年：中国发现了世界》。2003年1月又推出美国版，书名改为《1421年：中国发现了美洲》。

加文·孟席斯的主要观点是：1421年3月3日，郑和率领107艘海船组成的宝船队第六次下西洋。郑和船队抵达古里后，即率领主船队于1421年11月离开古里，经东南亚返回中国。郑和的3名副手洪保、周满、周闻分别率领各自的分船队继续航行。他们绕过非洲南端的好望角，经大西洋抵达加勒比海。此后三人率领各自的分船队朝不同方向航行。

洪保船队向西，经南美东岸，再向南至南极，经印度洋到澳洲西岸和北岸，再经印度洋，过爪哇，经南中国海回国。

周闻船队则沿北美洲东岸，经加拿大向西北环绕格陵兰岛，经过冰岛，再通过白令海峡、日本列岛回中国。

周满船队沿南美洲西岸北上，经秘鲁西海岸，再横渡太平洋，到澳洲东岸、北岸、西岸及新西兰南岛，然后经印度洋、南中国海回国。

杨庆船队，据孟席斯介绍，是在郑和第六次下西洋前一个月，即1421年2月就出航了，其航线遍及太平洋、印度洋、南大西洋等，称得上是环球航行。孟席斯说船队在美洲波多黎各海域遇到飓风，丢失39艘海船，洪保船队将幸存者救上岸，安置在古巴和美国的罗得岛。这样，他们就成了最早登陆美洲大陆的亚洲人。他们的后代在哥伦布及欧洲航海探险者登上美洲大陆时或许曾经与之相遇过。为此，孟席斯断言：郑和船队先于哥伦布到达美洲。下面是孟席斯绘制的地图。

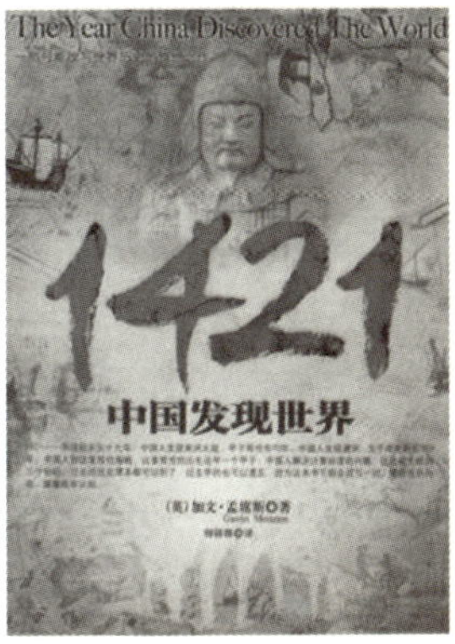

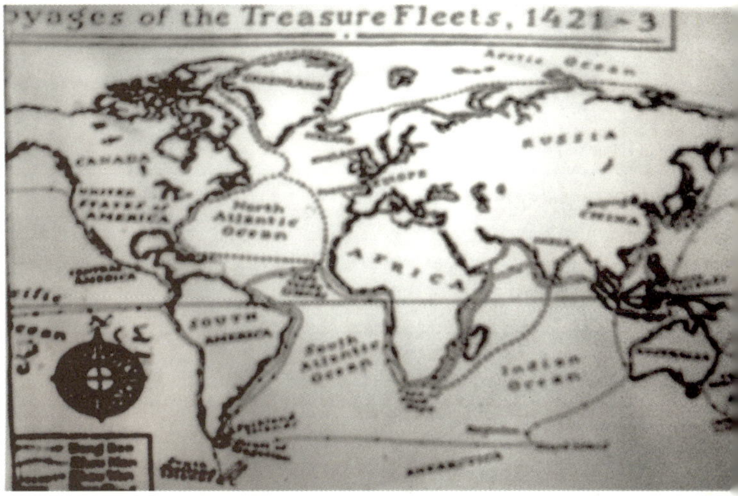

1421~1423年宝船舰队的航线（英文地图）

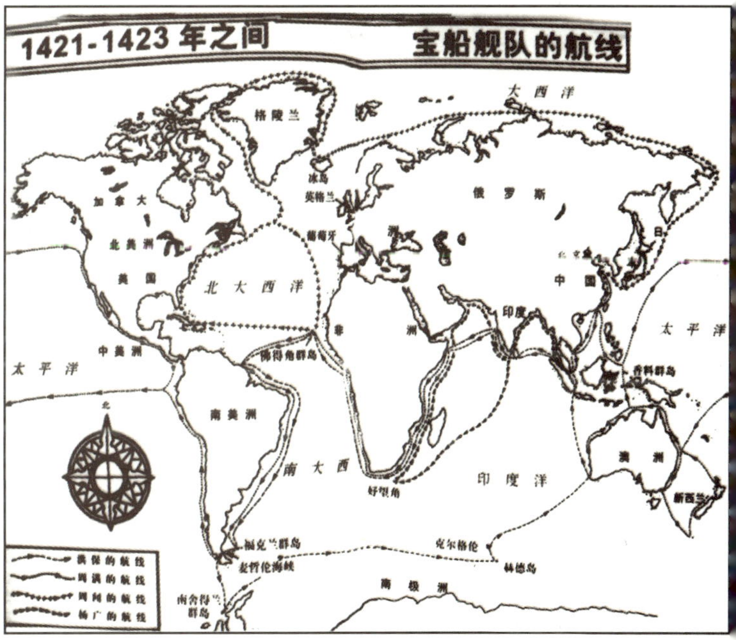

中文地图（师研群译：《1421年——中国发现了世界》，京华出版社2005年5月）。

当哥伦布船队临近加勒比海时，孟席斯说哥伦布在一个星期天进入多米尼加海峡，登上瓜德罗普岛。这个岛上的原住民是加勒比的食人部落，用“颅骨来做饮水的容器”，正在肢解尸体，专吃男孩和女人的肉，哥伦布惊呆了。孟席斯认为中国人曾经于1421年11月到过该岛。不知他根据什么？只说是他的推论。并说周闻到此“可能警惕

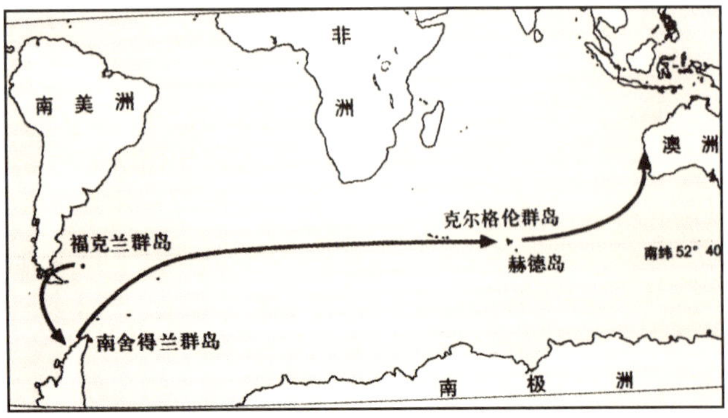

洪保船队航线

经大西洋抵达加勒比海后，洪保船队向西经南美东岸再向南至南极，经印度洋到澳洲西岸和北岸，再经印度洋，过爪哇，经南中国海回国。

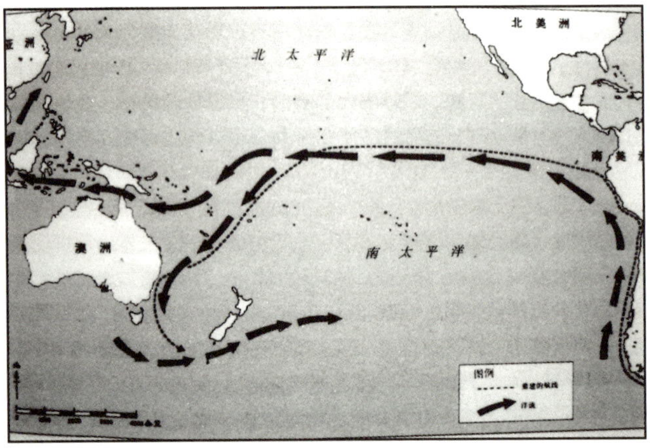

周满船队航线

经大西洋抵达加勒比海后，周满船队沿南美洲西岸北上经秘鲁西海岸，再横渡太平洋到澳洲东岸、北岸、西岸及新西兰南岛，然后经印度洋、南中国海回国。

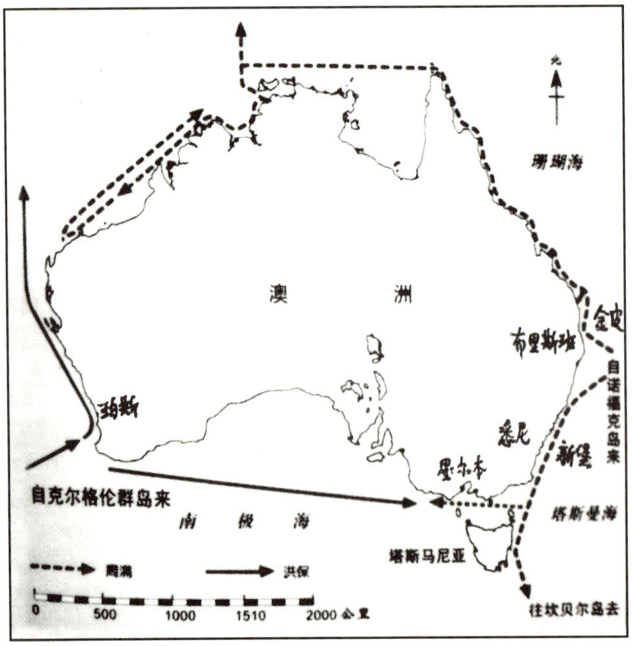

洪保和周满船队环行澳大利亚的航线（珀斯、金皮、新堡、墨尔本等处都有沉船残骸发现）

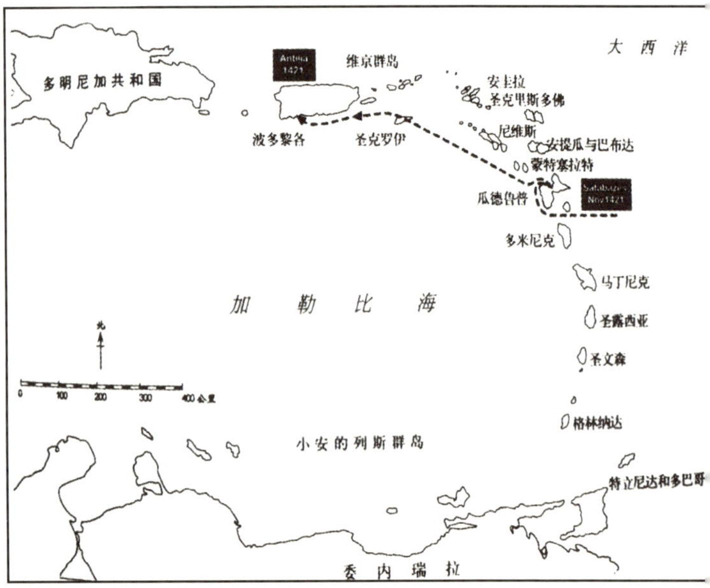

周闻穿越加勒比海的航线

当洪保和周满的舰队由加勒比海出口航行时，已偏离周闻率领的旗舰。这时周闻的旗舰已从亚述尔群岛朝佛罗里达，接近多米尼加群岛（今多米尼加共和国），经波多黎各与瓜德鲁普之间进入加勒比海。然后沿北美洲东岸，经加拿大向西北，经过冰岛，再通过白令海峡、日本列岛回中国。

地迟疑了两天以简短地观察陆地”。

孟席斯认为周闻船队穿过贝里群岛时，正是由浅水区驶向深水（大海）区，即通往佛罗里达海峡的普罗维登斯海峡。他怀疑周闻的几条平底船在穿越海礁时，可能触礁受损，于是他在英国海军部地图中，发现了失事船中有中国船的线索。其中未明身份的8条船的残骸是在中国人进入佛罗里达的地方发现的，其余4艘是在正南方发现的，即南、北比米尼岛，失事的位置显示这4艘船是竭尽全力驶向海岛的中国平底船。孟席斯认为比米尼岛是周闻船队失事船只上的海员及家属的定居地，其余的船修好后，

孟席斯描述的瓜德罗普岛上原住民食人部落食人情景

重新起航，向北航行。经罗得岛州、亚述尔群岛、佛得角群岛，沿北美洲东岸经加拿大向西北，经过冰岛，再通过白令海峡、日本列岛回中国。

在肯尼亚沿海发现的中国青铜狮像

孟席斯说，在永乐十九年至二十一年（1421~1423），杨庆领导着另一个巨大的船队开始了新的航程，始终在印度洋水域。永乐二十年八月（1422年9月），杨庆带着东非和沿海十七国的使节横渡印度洋回国。永乐二十一年二月，即郑和第六次下西洋前一个月又奉命出航，其航线遍及太平洋、印度洋、南大西洋等，称得上是环球航行。他说，杨庆海军将领的航行要比其他中国海军将领短得多，但却与洪保、周满、周闻的使命同样至关重要。杨庆的成就与其他海军将领的成就如双塔并立，因为航海后，他的船员获得了更好的测量经度的方法，这要比约翰·哈里森的精确计时的发明早上3个多世纪（见加文·孟席斯著《1421年：中国发现了世界》，师研群译中文本第211页，京华出版社）。

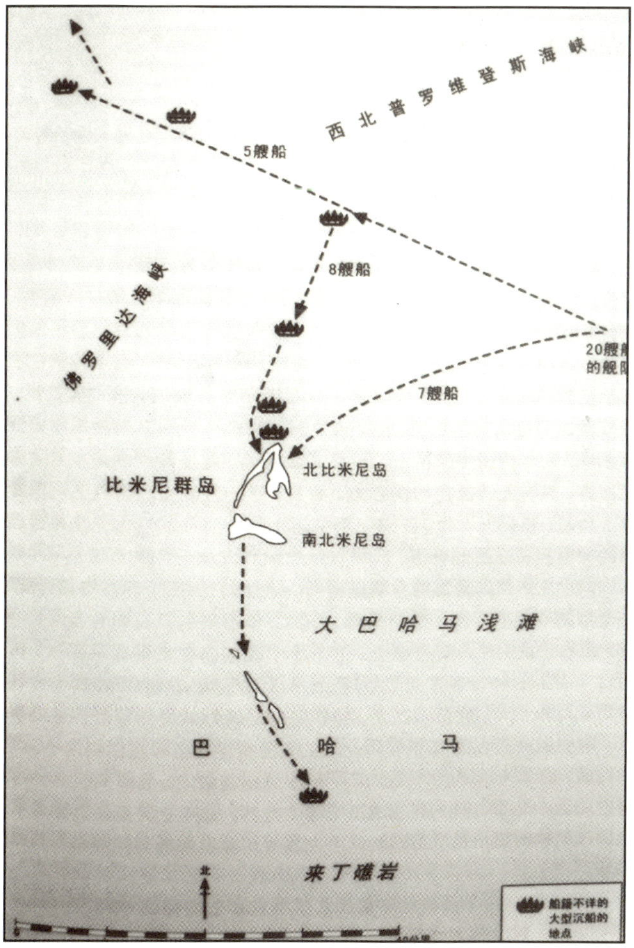

前往比米尼岛途中沉没的船只的位置图

下图是南美洲巴塔哥尼亚的一副复原的大树懒骨骼，据说此动物善良，重200多千克，身高3米。大部分时间在睡觉，当地居民在冬天把它拴在洞穴里，夏天放出来吃草，肉的味道像羊肉。孟席斯说，中国人遇到奇怪的异国动物时，会抓回去献给皇帝，因此我也相信肯定有大树懒被带回了中国。

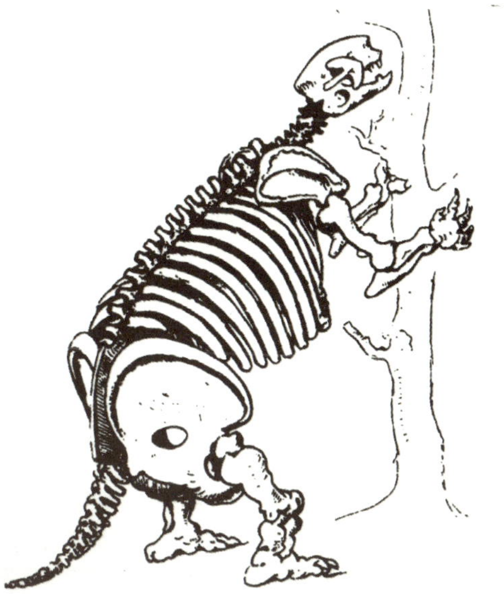

大树懒骨骼复原图

（三）孟席斯的重要线索和证据

1. 认为欧洲的世界地图源于郑和航海图

孟席斯在研究中发现一幅1428年葡萄牙人绘制的世界地图。图上准确地绘制了非洲、美洲、澳洲，还标明好望角的位置，他认为葡萄牙人在15世纪50年代才航行到非洲，1495年才发现好望角；哥伦布是在15世纪90年代才发现美洲；麦哲伦是在16世纪20年代完成环球航行的。葡萄牙人怎么会在1428年绘制出标明非洲好望角和美洲的世界地图呢？

15世纪20年代正是郑和下西洋时代，只有郑和船队才有进行航海测量的能力，才能绘制这些海图。为此，孟席斯推断，葡萄牙人这张世界地图源于郑和航海图。后来他在一家修道院的档案中，得知葡萄牙老国王是一位旅行家，曾派一个商人于1421年抵达印度的古里（卡利卡特）。这个商人曾乘郑和海船到澳洲，然后带妻子到中国。就是这个商人把郑和航海图带到了欧洲，后来为老国王的长子获得，并作为机密。孟席斯还发现大航海时代的欧洲航海探险家如哥伦布等的地图与1428年葡萄牙人绘制的世界地图有许多相似之处，这是因为大航海时代的欧洲

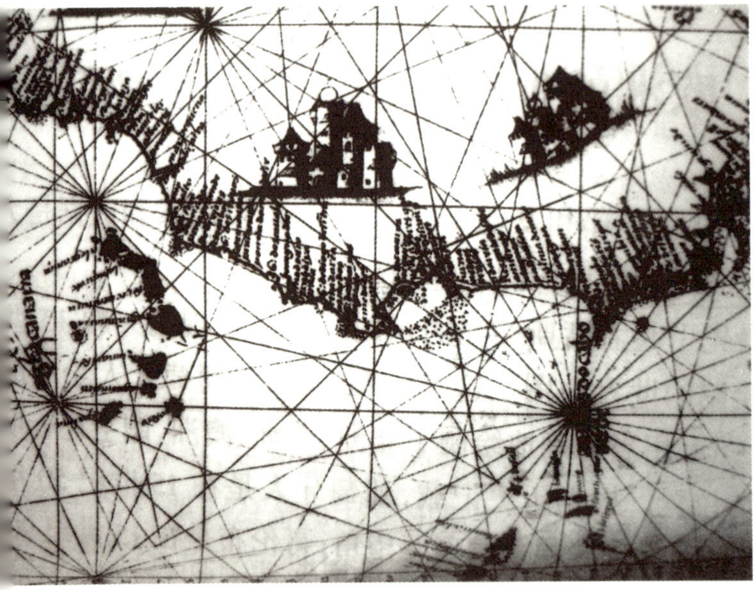

1514年葡萄牙人绘制的地图

美洲出土的印加彩陶就像中国陶器

航海地图都以1428年葡萄牙人绘制的世界地图为蓝本。孟席斯由此推断，葡萄牙人的世界地图来源于中国的郑和航海图。

2. 认为中国人比欧洲人早来非洲、美洲、澳洲等新大陆

孟席斯说，哥伦布记述他在远航途中，经过大西洋中格陵兰岛，发现来自华夏的人到过这里。库克船长也称，他并非是第一个到达澳洲的人。非洲、美洲、澳洲等地的土著人也称，欧洲人来到之前，中国人就与他们生活在一起。中国男人与当地妇女通婚很普遍，中国人带来了

美洲印第安人图腾源自中国的华表形式

美洲的石碑上刻有中国古代的象形文字

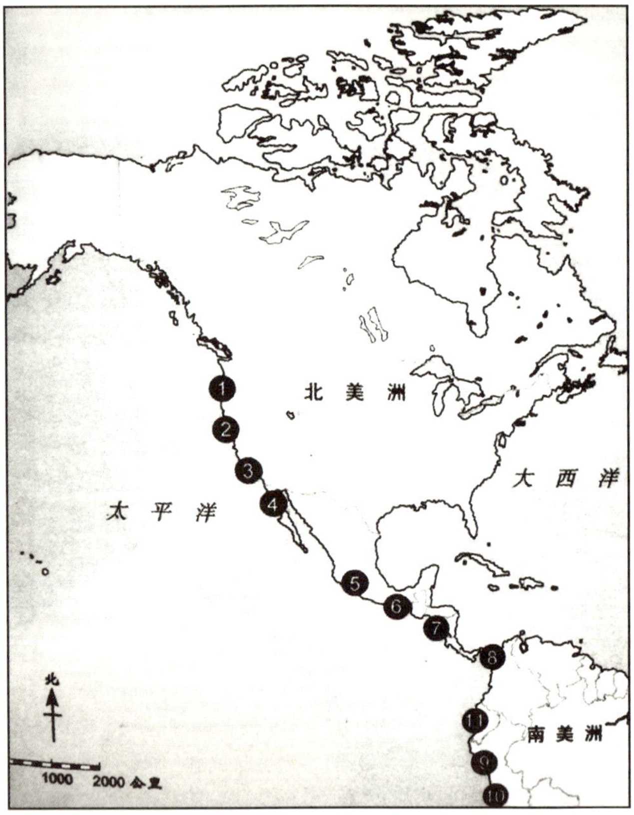

美洲发现中国遗物处分布图

孟席斯提供的中国宝船队到达美洲的证据——美洲西海岸多处发现中国遗物：

①尼阿卡尼海滩的木滑轮。

②萨卡拉门托的帆船、说汉语的人，以及中国村落的遗址。

③洛杉矶的中国船锚。

④描写外国人到来的岩洞艺术。

⑤米乔阿肯的古代漆器和染料都明显受中国影响。

⑥亚洲鸡。

⑦冯瑟卡湾。

⑧常有中国人DNA的委内瑞拉印第安人。

⑨秘鲁说汉语的村落。

⑩刻有中文铭文的秘鲁青铜器。

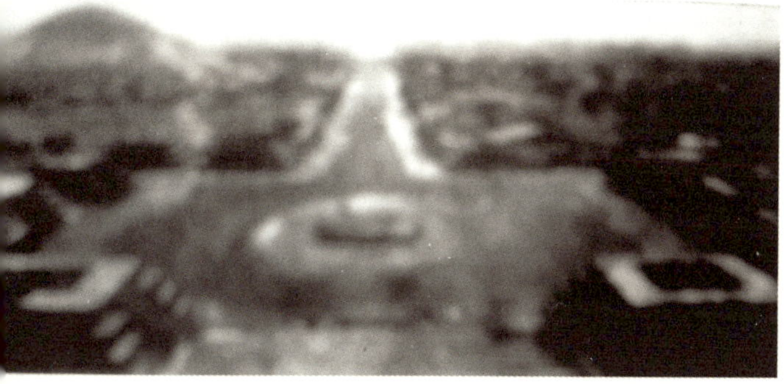

美洲的玛雅神庙类似于中国古代佛教建筑

生活用品、艺术品、文化、技术等。加利福尼亚沿海的土著说，曾见到过像大房子一样的船离开海岸。澳洲土著也说："肤色像蜜蜂的人定居下来，女人穿着裤子，男人穿着长袍。"在当时澳洲绘图中，可看到穿着长袍的中国人骑马并从马上摔下来。

在第一批欧洲探险者登上美洲大陆时，发现来自中国的物品，有中国陶器、中国玉器、中国钱币、中国青铜器、刻有中国文字的雕像。

孟席斯说，中国人不仅发现了美洲，而且已经在美洲定居了。中国人在1421~1423年间实际上已探索了整个世界，我相信一定存在着有力的证据来支持这一观点。

（四）支持、赞同孟席斯观点的学者主要有四位

首先，陪同孟席斯到刘家港访问的陆静波，认为郑和船队有可能到美洲，其根据有三：第一，郑和有能力去做，明代造船、航海技术先进，七下西洋，前三次都是到古里就返回，而第四次开始均横渡印度洋，说明有能力越走越远；第二，从目的来看，寻找建文帝更为重要，这可从每次下西洋造访地点不同得到证明。陆静波认为有主动去美洲的可能，也有在航行中遇到风暴被吹到美洲的可能。文献记载最远只到非洲，没有留下一点到过美洲的线索，主要是大多数资料被政治式地毁灭，这样才留下了历史的空白。

其次，云南大学教授、云南省郑和研究会会长高发

能在太平洋上航行的船筏

元认为，孟席斯的论述广泛，涉及考古学、人类学、社会学、天文学、地理学、历史学、语言学和病理学等诸多方面，论据全面、充分，是对郑和研究的重要贡献。

第三位是云南师范大学教授马超群，他认为郑和船队在哥伦布以前几十年就发现美洲，这种可能性是存在的，其理由有三：一看经济实力，明初经济实力雄厚，郑和航行有坚实基础。二看造船水平，郑和远洋海船在当时世界上是第一流的。三看航海技术，郑和船队掌握当时最先进的航海技术，《郑和航海图》所附的《过洋牵星图》就是熟练使用罗盘针的一个明证。马超群教授据此认为郑和发现美洲和首次完成环球航行的可能性确实是存在的。虽然档案资料被毁，但可能还有遗存的资料尚未被发现，需要学者们共同努力搜寻并期望孟席斯能发现加勒比海中国沉船的遗迹、遗物，找到确凿的历史证据，以便解开郑和发现新大陆和首次环球航行之谜。

原海政歌舞团舞台美术画家张嘉埙作的《郑和船队到达东非》

第四位是中国船舶公司第705所高级工程师刘琨。他根据《明史》记载：又有国曰比剌、曰孙剌，郑和亦尝赍敕往赐，以去中华绝往，二国贡使竟不至。据他分析，郑和船队确有船只到达比剌和孙剌，而且比剌、孙剌要比慢八撒即今日肯尼亚的蒙巴萨要远得多，以致它们的使者都来不了中国。刘琨据此推断：比剌就是今天莫桑比克的贝拉，并认为郑和第六次下西洋时个别船只到达美洲是可能的。他说在中国航海史上横渡太平洋并不是什么新鲜事，南朝时僧人慧深到扶桑国，即今日墨西哥传佛教；元朝航海家汪大渊两次下西洋最远到达非洲西北部，其航程要比郑和下西洋还远，所以不是不可能，但只是个别船只的作

为。因为郑和第六次下西洋主要任务是送各国使臣返回自己国家，就是去比剌、孙剌二国也是为了接其使臣进贡，可惜未接到。

（五）一些学者以自己掌握的资料为孟席斯的“郑和发现美洲说”提供新证据、新材料

香港学者林贻典认为哥伦布远航之前已经掌握了源自郑和航海图的世界地图，已经知道由大西洋向西航行可以发现新大陆。西方国家故意隐瞒了世界地图的真相。其实，当年郑和船队曾经绕过非洲好望角，首先进行环球航行，首先发现美洲大陆。他的根据有：

1. 根据《明史》卷三二五载：巴喇西，去中国绝远，正德六年遣使臣沙地白入贡，言其国在南海，始奉王命来朝，舟行四年半……并献贡物祖母绿等。史料所提“南海”是指中国东南方的太平洋；“舟行四年半”，表示巴喇西距中国很远。林贻典推测，巴喇西应在中南美洲。他又分析，贡物“祖母绿”宝石只有南美洲哥伦比亚出产，其他国家没有，因此，他推测：巴喇西国极有可能就是哥伦比亚。

2. 清初《钞本残卷》载：永乐十九年奉圣旨，三保信官杨敏、郑和、李恺等三人往榜葛剌等番邦，周游三十六国公干，至永乐二十三年（实为洪熙元年，因在外日久，不知太宗已崩逝），经乌龟洋，忽遇风浪。林贻典分析，乌龟洋就是加拉帕戈斯群岛，位于赤道附近，岛屿和附近海域多海龟，数量为世界之最，杨敏称之为“乌龟洋”。

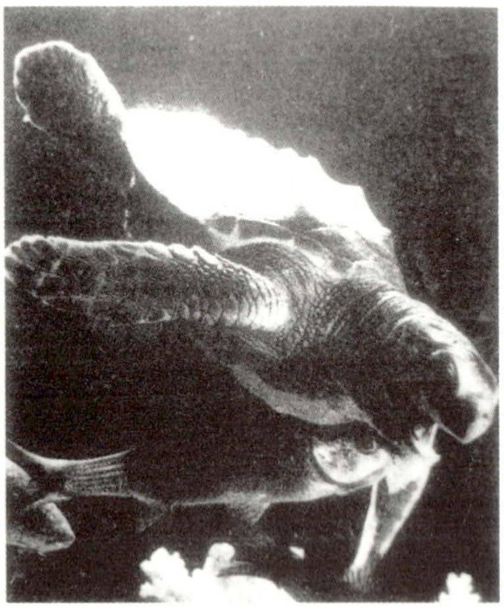

“乌龟洋”中的海龟

杨敏船队是在永乐二十三年（实为洪熙元年）（1425）到达加拉帕戈斯群岛，而孟席斯推断，中国舰队是在1421年12月到达加勒比海，有9艘海船沉没，他推断其中没有杨敏舰队。林贻典认为清初《钞本残卷》可以成为郑和船队到过美洲的佐证。

3. 根据明代祝允明的《野记》，林贻典又提出了新的论据。《野记》成书时间是1511年，记载东夷诸国传闻：旧传东夷诸国多乞赐，书及赐竟不能达，凡数四，每有之舟辄溺，或曰令人诵记去，人亦不达，未察是否？也就是说，郑和航海时代就有船队被派往东夷诸国，且经常发生沉船事故。

《野记》中又记述一段关于大蟒蛇的传闻，说大蟒蛇可以将人、鹿、牛等动物整只吞下，在大蟒蛇吞鹿时被鹿头上的角卡住，无法将其吞下，鹿死了，大蟒蛇也因无法吞下鹿而被困。《野记》述说，人被蛇咬时，可拔出头上的发钗，刺破被蛇咬部位的皮肤，放出毒液。他认为从这一记述中可以看到，到东夷诸国地方的人是中国人，因为中国人蓄发，头顶上插有发钗。

大蟒蛇

这些传闻中的动物只有南美北部才会全部看到，例如在法属圭亚那、委内瑞拉等地。《野记》中这些传闻从哪里来呢？林贻典推测，应是由郑和船队的人传出的。并大胆推断：郑和船队的一些海船不是因风浪而到加勒比海的，而是有计划地航行，目的是发现新的大陆及新的未进贡的国家，以宣扬国威。

第二位是中国学者毕全忠，从明代文学家祝允明留下的著作中得知，在明正德年间巴喇西国使臣沙地白经过海上漂泊，来中国朝贡。他认为，巴喇西国就是现在的巴西国，其证据是使臣沙地白所说的巴喇西国方位与行程均与现在的巴西国接近。毕全忠还认为，明代文献浩如烟海，整理出来的只是很少一部分，很可能有中国人到过美洲的记载。

（六）持否定观点的学者

1. 最早、最猛烈批评孟席斯一书的学者是中国台湾大学郑培凯教授

郑培凯教授从三方面展开驳斥：

（1）从古地图。说孟席斯的书列举了几张所谓“前

郑培凯教授

台湾大学外文系毕业，兼修历史；美国夏威夷大学历史学硕士；美国耶鲁大学历史学哲学博士。自1998年7月起担任香港城市大学中国文化中心主任，主要研究中国文化意识史，负责的课题有“中国瓷器下西洋”等。

哥伦布”的古地图，旨在证明哥伦布发现新大陆之前，早已掌握郑和舰队航行美洲之后绘制的美洲东岸地图。因此，哥伦布胸有成竹，是去“再度发现”美洲的。这些都是孟席斯的猜测。

孟席斯（《参考消息》2002年12月11日刊载）

（2）再说郑和舰队的沉船遗迹。在加勒比海并未发现郑和船队的沉船，没有水下考古证据；也没有发现DNA证据证明美洲岛民有中国人的基因。

（3）孟席斯的书中时常乱引权威之言，使严肃的学者掉进他臆测的论证之中，误导读者。

2. 英国《卫报》网站记者西蒙·詹金斯

2006年1月22日《参考消息》报道了英国《卫报》网站记者西蒙·詹金斯写的题为《美洲不是中国人发现的》一篇文章，实际是批评孟席斯和北京通商律师事务所律师刘钢1月13日在国际互联网上所公布的《天下诸番识贡图》的。文章主要说：美洲不是中国人发现的，却也不是哥伦布发现的。以下是全文。

众所周知，趁真相穿靴子的工夫，谎言就会传遍半个世界。假如谎言传遍了整个世界怎么办呢？假如它声称要环绕地球又怎么办？

上周，据说有证据表明，郑和率船队环球航行的时间比哥伦布、麦哲伦要早一个世纪。上海市某书店发现了18世纪复制的一份1418年的地图，上面绘出了北美洲、南美洲、澳大利亚和南极洲。这份地图对于以欧洲为中心的新大陆发现学说提出了质疑。它似乎佐证了关于中国人最早“发现”了美洲的说法。

这真是令人惊讶，因为我们知道，美洲是圭内斯郡亲王马多克·阿布·欧文在1170年发现的。按他家族官员的指示在亚拉巴马的莫比尔登陆，前往宣布亚瑟王的北大西洋帝国归威尔士所有。

遗憾的是，马多克晚了一步，据称圣布伦丹已在7世纪捷足先登。1398年，苏格兰圣殿骑士亨利·辛克莱为躲避对圣殿骑士团的迫害也来到美洲，他和手下人带着珠宝和圣杯在新斯科舍安顿下来。

这些人居然始终没有相遇，这不能不令人称奇。水手们都喜欢聊天，最感兴趣的莫过于航海图。郑和的大船肯定会在曼哈顿落下一两双筷子什么的，他们在洛杉矶留下的痕迹不会仅限于中国功夫。至于写书为郑和喝彩的英国人加文·孟席斯，他宣称郑和在1421年发现了新大陆，那他怎么解释中国这份绘有美洲的详细地图出现在1421年的3年以前呢？

这份地图纯属骗局。它把南北美洲描绘成了广阔的大陆，而当时的水手根本不可能知道这一点。它还准确地描绘出了阿拉斯加、中美洲的曲线和尤卡坦半岛，还有密西西比河和圣劳伦斯河。它标出了澳大利亚和南极洲陆地，并且把新西兰划分成两个岛。

中国学者也不以为然，他们上周指出，在平面上把地球分成两个半球是欧洲人的地图绘制方法。把加利福尼亚画成一个岛屿的最明显“错误”显然出自17世纪欧洲地图的错误。地图上的文字也不符合中世纪事实，上面提到“上帝”，而当时根本还没有这个称谓。

正如地理理论家所指出的，一切取决于“发现”的含义。早在公元前，白令海峡对面的西伯利亚人就“找到”了美洲，后来腓尼基人、葡萄牙人及其他国家的水手都曾经在哥伦布之前穿越大西洋，而且再也没有回去。中国或其他东方国家的水手也有可能曾经沿加拿大海岸航行，问题是他们没有给我们留下记录。

“发现”所需要的不仅仅是可以核实的事实，还需要明白自己到底发现了哪些东西，要能够指出山脉、岛屿或海岸的位置。正因为如此，有人怀疑哥伦布未必是美洲的“发现者”是有道理的，因为他直到去世一直认定自己到了亚洲。真正的发现者是阿美利哥·韦斯普奇，他的航行揭示了新大陆的本来面目，新大陆的名称即由他的名字而来。

3. 朱鉴秋教授

朱鉴秋教授对加文·孟席斯提出的“郑和发现美洲说”并不认同，其理由有四个。

（1）对孟席斯著《1421年：中国发现了美洲》一书中的宝船队航线进行了分析，认为该书所述洪保、周满、周闻等人带领船队到达美洲、澳洲、南极，并进行环球航行，毫无根据，纯属虚构。其根据一，明王朝是在1421年10月底发布派洪保出使西洋的命令，而孟席斯却在其著作中说洪保与周满、周闻等于1421年8月绕过好望角，10月到加勒比海，并于1422年1月到南极，事实上，1421年10月底，洪保还在国内，怎么可能到加勒比海呢？根据二，周满作为副使太监曾随郑和第七次下西洋，但没有史料证明周满参加了第六次下西洋，更无法证明他带领分船队到达美洲、澳洲。根据三，周闻先后五次随郑和下西洋，1414年远航归来，因为下西洋有功，升为太仓卫右所副千户，是一个武官，其官职无权带领一个船队。在《周闻墓志铭》中说，周闻参加了第六次下西洋，但中途被调了回来，先于郑和主船队回国。而孟席斯在其书中说：周闻船队是在郑和主船队返回后继续航行，到达了美洲，不符合事实。关于杨庆航线，杨庆是在1421年1月13日奉命带领船队前往忽鲁谟斯等国，但杨庆船队航线未超越印度洋，也没有与洪保等船队一起进行环球航行，故不能成为“郑和发现美洲说”的证据。

《周闻墓志铭》

《自宝船厂开船从龙江关出水直抵外国诸番图》

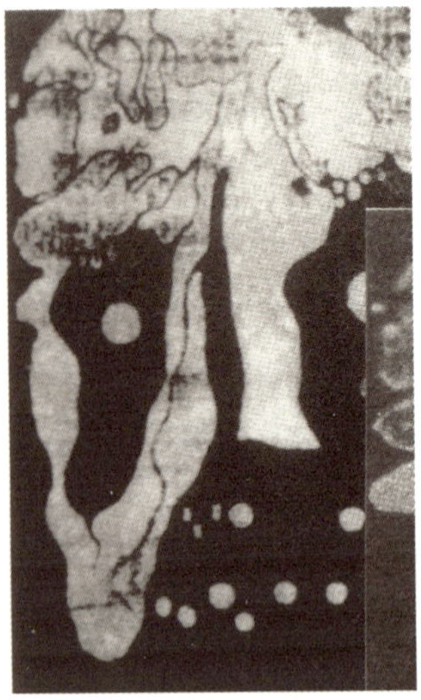

《疆理图》的非洲部分

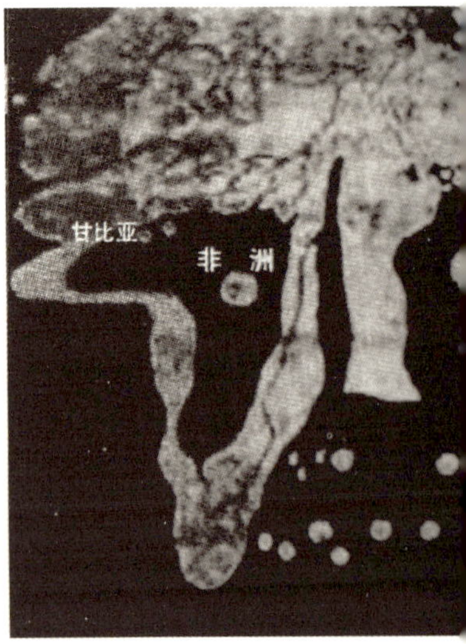

经过经度校正的《疆理图》

（2）对孟席斯所直接引用的古地图证据，朱鉴秋教授分析认为：《毛罗地图》上注记的迪布角是今日的马达加斯加岛，不能证明郑和分船队绕过好望角进而到达美洲。孟席斯认为《混一疆理历代国都之图》（简称《疆理图》）补充了1420年以后的航海资料，可以证明郑和分船队到过南非、西非及大西洋亚速尔群岛。朱鉴秋教授则认为《疆理图》是在郑和下西洋之前绘制的，是朝鲜人于1402年绘制的，由韩国使臣献给永乐皇帝，1473年修订时没有增加1420年以后的郑和航海资料，用《疆理图》不能证明郑和分船队在1421~1423年曾到达大西洋亚速尔群岛。

（3）《郑和航海图》原名《自宝船厂开船从龙江关出水直抵外国诸番图》，最早刊于茅元仪的《武备志》，孟席斯以此图上的《过洋牵星图》作为郑和到过南美洲和南极一些岛屿的证据，并计算出福克兰岛处老人星仰角为90度，从而得出中国船队1421年12月底抵达福克兰群岛（马尔维纳斯群岛）。朱鉴秋教授则认为《郑和航海图》上的四幅《过洋牵星图》记载的古星名有10个，图上没有老人星的记载。牵星图上也没有南十字星座仰角90度的记载。从牵星定位来说，从来也不测定位于天顶的星体，所以认为孟席斯是没有根据的。

（4）对《皮里·莱斯图》，孟席斯认为是来源于1428年的世界地图，而该世界地图是根据郑和航海图绘制的。朱鉴秋教授则认为《皮里·莱斯图》绘制于1513年，已是欧洲人到达美洲后20年，这与郑和没有关系，而且《皮里·莱斯图》的表示方法是西方13~17世纪航海图特有的形式，与中国航海图的表示方法不同。

根据对上述几幅关键地图的分析，朱鉴秋教授认为：孟席斯以15、16世纪的古地图来证明郑和环球航行到达了美洲，并作种种推测，都缺乏有说服力的证据。

4. 澳门葡中关系研究中心高级研究员金国平

他主要针对孟席斯提出的毛罗于1459年绘制的世界地图是“郑和发现美洲说”的主要依据，提出不同看法。他说《毛罗地图》的非洲南端绘制有两艘帆船，并有文字说明，一则说，航行在这一海域的大船或称“中国式帆船”，不使用指南针，他认为，此则图例的文字资料来自《马可·波罗游记》。这两艘不使用指南针的帆船不会是郑和船队的帆船，因为郑和船队的帆船都使用罗盘即指南针来导航。另一则说，1420年左右，有一条大船或称“印度中国式帆船”，横渡印度洋，通过迪布角外的男岛、女岛，向西和西南方向连续航行40天，此后，该船在70天后回到迪布角。金国平认为，“印度中国式帆船”也可理解为“来自印度的中国式帆船”或“印度船”。而迪布角应该是马达加斯加岛。认为孟席斯推断的中国帆船到达好望角不能成立。只能说中国帆船到达了马达加斯加岛海域。并认为在当时航行条件下，在70天内是无法抵达美洲再回到出发地点迪布角的。

明朝使用的铜水浮法罗盘

5. 造船史专家唐志拔教授

唐志拔教授对孟席斯提出的郑和船队可能是历史上第一次进行环球航行的并比哥伦布更早发现美洲的观点，提出5点质疑：

（1）环球航行与郑和下西洋动机不符

唐志拔教授认为，郑和下西洋目的是“通四夷，给分赏，扬国威，示富强”，不是去探险，去发现新大陆。

（2）明初的封建政治和经济状况没有条件去进行航海探险。

（3）孟席斯说毛罗绘制的世界地图有两艘“中国式帆船”不使用指南针。唐教授认为，中国早在宋代就普遍使用指南针，没有指南针，怎么能是郑和宝船呢？

（4）孟席斯提供的1459年世界地图上一艘据认为是郑和宝船的横剖面图，唐教授认为，这船没有中国帆船的特点，它的帆不是中国帆船的硬帆，而是西方帆船上的软帆。

（5）孟席斯说，加勒比海的沉船（即有9艘中国巨船沉没）便是“郑和发现美洲说”的根据之一。唐教授认为从海床上船体残骸的照片看，散落在海底的石头大小和形状不像中国的运宝船。单凭一张照片上的石头来判断沉船是郑和宝船，论据过于勉强。因此，唐教授认为不能证明加勒比海的沉船是郑和宝船，孟席斯应该拿出充分的证据来证实他的惊人之说。

6. 北京大学历史系王天有教授

王天有教授对孟席斯提出的郑和到达美洲一说，认为证据不足。谁最先到达美洲，有种种说法，但必须有文献证据和考古依据。他认为孟席斯提供的证据之一，是一份写有腓尼基语的古地图，虽然珍贵，但如考证不确，不能说明任何问题。孟席斯的另一个证据是加勒比海的沉船，王教授说孟席斯所提供的沉船图，恰恰证明它不是明代的船只。并认为郑和航海今有大量的文献和实物资料，容不得随意想象和大胆发挥。并认为郑和的航线是基本清楚的，孟席斯不通中国古文献，才有此惊人论断。

7. 中国台湾成功大学历史系陈信雄教授

陈教授认为郑和船队到过美洲之说的成立需要文献依据和考古证据。最主要的四份文献资料《瀛涯胜览》、《星槎胜览》、《西洋番国志》、《明实录》及10件有关郑和下西洋的记事碑，都毫无郑和到达美洲的蛛丝马迹。在考古方面，任何郑和航行美洲的有关文物，至今一无所见。为此，陈教授说，郑和到达美洲之说，未见其所以成立之依据。

陈教授又对孟席斯提出的“郑和发现美洲说”的两则证据进行了分析，一是孟席斯所称在美洲加勒比海发现9艘郑和沉船，认为没有足以服人的考古证据；二是对1459年的航海图，认为证据和推理都无法成立。地图上的船为“印度中国式帆船”、“来自印度的中国式帆船”或“印度船”，并未说明为中国船。文字说明又说此种船上不使用指南针，而指南针早在元代就用在中国航海船上。

判断中国沉船的考古证据

明朝的青花瓷碗，碗底绘有凤凰和麒麟各一只，该碗是从菲律宾潘达南岛的沉船中打捞出来的。

陈信雄教授最后说，一些中国人在不同时代到达过美洲，但是，无法说明这些中国人曾经回到中国，更无法说明这些中国人能够依照其意愿来往于美洲与中国。这些在美洲出土刻有中国汉字的许多考古证据只能证明这些航行是一次性航行，或可能是海上漂流而去的文物。

（七）对《天下诸番识贡图》持否定意见的学者

2001年春季，北京通商律师事务所律师刘钢用4000

元人民币购得一幅画在竹纸上的手绘世界地图，右上角有“天下全舆总图”六个字，左下角写着：“乾隆癸未仲秋月仿明永乐十六年天下诸番识贡图　臣莫易仝绘”。地图正上方画有一个中国古代指南针方位盘，并写着“六合出行定图式”七个字。左上角写有“凡未加红圈者皆原图所未命名者”。这幅1763年仿绘1418年的《天下诸番识贡图》不仅仅画出地球上所有的大陆陆地（包括南极、北极和格陵兰），并且在美洲大陆和澳洲大陆上都有红笔圈注的注释。2006年1月13日刘钢将此图公布于众挂在国际互联网上，再次引起全球新闻媒体的关注，焦点是谁发现了美洲。

刘钢经过四年研究，认为：

1. 郑和下西洋虽被视为人类历史上的一次创举，但名望不如哥伦布、麦哲伦等人。

2. 英国人加文·孟席斯虽然提出最早绘出世界海图的是中国人、郑和率领舰队先于哥伦布到达美洲并是世界上第一支完成环球航行的船队，并进一步认定1421年中国人发现了世界。刘钢则认为孟席斯有一个错误，中国发现世界的时间不是1421年而是1418年之前，他购买的这张《天下诸番识贡图》的绘制时间是1418年，其仿绘时间为1763年，仿绘人落款有“臣”字，若仿绘原图作假，仿绘者会被认为犯“欺君”之罪，因此，他确信此图是真的。刘钢的结论认为《天下诸番识贡图》告诉我们，1418年以前郑和船队已经周游了世界，并绘出了几乎完整的世界地图。且认为历史应当如此改写：郑和船队是发现整个世界的先驱（详见刘钢：《发现世界的先驱——郑和船队》一文，《郑和下西洋研究》第3期，2006年7月）。

2006年1月16日在媒体报道的同时，在伦敦的《独立报》、《经济学人》杂志及BBC等网站多处发布刘钢买到的这幅乾隆二十八年仿制永乐十六年（1418）的《天下全舆总图》（即《天下诸番识贡图》），得到若干正面的回应，特别是孟席斯说，新发现的1418年的地图，有力印

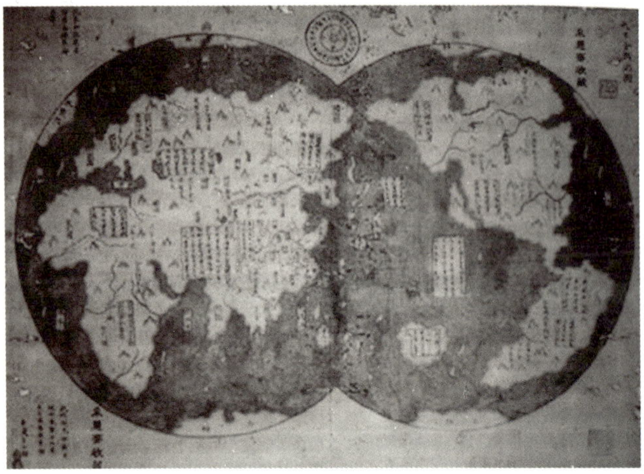

《天下全舆总图》又称《天下诸番识贡图》（刘钢所购的图）

证了他的重大发现，即他的那本《1421年：中国发现了世界》，而且从1421年还提前到了1418年。这项惊人的发现自然轰动一时，但也有四位学者提出质疑、否定。

第一位是中国人民大学毛佩琦教授，毛教授专精郑和研究。他指出，《天下诸番识贡图》其中“识贡”二字根本不通，中国历代有“职贡”之事，指的是番国之进贡，没有称作“识贡”之事，如南朝萧绎《职贡图》的宋元仿本和《皇清职贡图》。

第二位是在葡萄牙研究中外关系史的金国平教授。他指出，“天下”、“皇舆”的名称是清代用的，而“天下”所指的是“皇舆”，即中国境内，而不是此图所指的“世界”。他认为明初的中国人没有“地图”的概念，不可能作环球之航行，郑和时代的中国不可能绘制这样概括全球、深入内陆的地图。

《海国图志》书影

第三位是研究古地图的浙江大学龚缨晏教授。龚教授首先指出，此图提到“景教”是唐人所称基督教，后来为人所忘，直到明末才再度被人发现；“上帝”一词，则明末始见。图中文字将“随”字误写成“隋”字，“馀”字误写成“余”字，都是严重的伪造痕迹。隋与随，馀与余，在古代是不相通的。现代人使用简化字，不懂繁体字是什么样，从图中的这些文字错误看这幅图，是当代人伪造的。其次，龚教授认为《天下诸番识贡图》绘制得如此精确而成熟，是采用横轴投影制图法完成的。这种绘法是欧洲地图学特有的传统，直到17世纪才由利马窦等传教士传入中国，“中国传统的地图学是结不出这样的果实的”。

第四位是台湾成功大学历史系教授陈信雄。

陈信雄教授提出以下四点观点：

（1）《天下诸番识贡图》中的台湾精确无比，而称其为琉球：其技不可能，其名不可信。他说这张地图所绘台湾位置、面积、形状出奇地精确，这在17世纪之前不论是中国或欧洲不曾出现过，此图称台湾为“琉球”，在明初，绝无可能。明初所称的琉球群岛为大琉球，郑和时代的“琉球”岛只能是今天的琉球群岛，不会是台湾。

（2）认为《天下诸番识贡图》的“识贡”二字不

通，他说台北故宫博物院藏有唐初阎立本所绘的《职贡图卷》，有力地说明"识贡"之不通。

（3）认为《天下诸番识贡图》称郑和为"马三宝"，此姓此名皆不通。郑和原姓马，在下西洋之时已赐姓为郑，三宝不是本名。从史料记载，提到郑和都用"郑"姓，以"和"为名。或称"太监"、"中官"、"内官"、"内侍"郑和；天启年间《武备志》、《航海图》称"内竖郑和"。"马"姓与"三宝"之名，皆不见于第一类史料（指《明实录》、《瀛涯胜览》、《星槎胜览》、《西洋番国志》及郑和留下的几件"碑记"等）及第二类史料（指《菽园杂记》、《西洋朝贡典录》等）。陈信雄教授认为，《天下诸番识贡图》连最基本的"郑和"姓名都"错得离谱"。

（4）认为《天下诸番识贡图》记述的航行始末，其文字与《星槎胜览》文字相同而问题重重。他说，此图记述出使始末："永乐十三年隋正使太监马三宝往榜葛剌诸番，直抵忽鲁谟斯等国开读赏赐，至永乐十六年回京"。这段文字可见于费信《星槎胜览》的"前集目录"的说明，除了两个字的差异：一则费信作"随"，而此图作"隋"；另一则费信作"十四年"，而此图作"十六年"。他认为"隋"与"随"之误，十分明显，而"十六"与"十四"之不同，可能是有意识的改变，"非常可能是抄录所致"。他认为《星槎胜览》完稿于正统元年（1436），晚于此图的1418年18年，且费信等人从来没有提到过这一张地图，这张地图却有一小段文字与《星槎胜览》相同，只有一种可能，这张地图的内容抄自《星槎胜览》，那么这张地图必然完成于1436年之后，因此，1418年之说不能成立。陈信雄教授认为：英国的孟席斯著《1421年：中国发现了世界》一书，有功于推广郑和的知名度；但其书荒诞不经，只怕也对中国和历史学者开了许多玩笑。刘钢以孟席斯为师，怕是把庄严的历史记忆扭曲成不三不四的闹剧（见陈信雄撰《郑和热还没退烧——有感于新近报道的"郑和环球行"地图》，《郑和下西洋研究》第3期，2006年7月）。

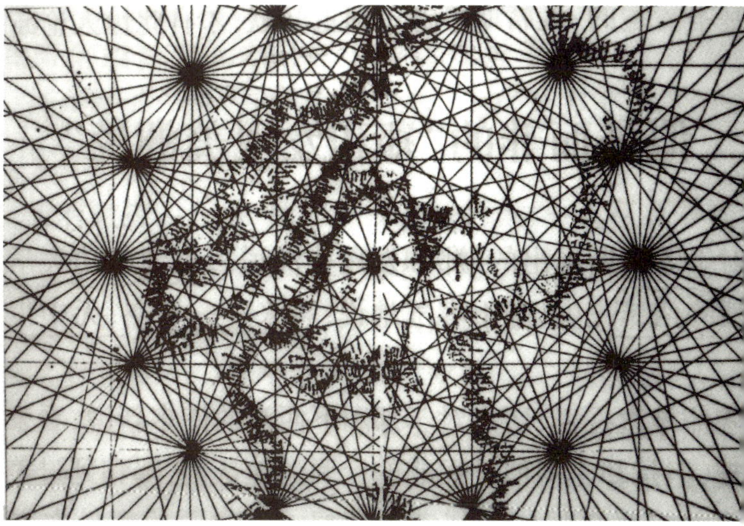

波特兰海图

符合近代海图绘制原理的波特兰海图与《郑和航海图》风格完全不同。

（八）郑和研究学者刘达材的独特见解

刘达材14岁入马尾海军学校，抗战时在桐梓海校就读，1947年桐梓海校并入中央海军军官学校，后迁入台湾，毕业后在台工作。刘达材认为孟席斯的惊人发现大都是早已存在的事实。刘达材对郑和下西洋深有研究，曾支持、帮助国人王佩云在台湾出版一部深受广大读者喜爱的好书《海上第一人：郑和》上下两巨卷。笔者拜读，爱不释手，获益不浅。

刘达材认为，中国古代发明指南针，累积海上活动经验，标定地理位置，测绘航海地图，以供航海使用，这是必然的后果。他说海图是人类海洋文明进化的产品。中国的史籍上有明确的记载，南宋以至元代，罗盘针位变成指导海上航行的主要依据，因此，可以轻而易举地在图上标定地理位置，绘制海图。郑和继承了宋、元两代优秀的航海文明遗产，率领了一支庞大的船队，先后七下西洋，遍及亚、非三十余国，在人类航海史上创立了伟业。

回顾历史，中国早在西汉年间，即已开辟海上丝绸之路，唐宋时期，中国往返中东阿拉伯国家的海上交通频繁，海上贸易发达。海上丝绸之路早过世界地理大发现，所以英国学者的推论，并非不可能。但是西方学者完全排斥了中国海上丝绸之路的成就和郑和下西洋的壮举。历史上郑和从未像哥伦布一样受到世人应有的尊敬，一方面由于西方人士完全漠视海上丝绸之路与郑和下西洋的存在，在航海史上从不记上一笔；另一方面，中国人海洋意识薄弱，一些人将郑和下西洋视为"弊政"，把郑和

刘达材戎装照

台湾当局海军退役中将，曾任海军指挥参谋大学校长、防务部门常务次长、联勤总部副总司令、海洋事务与政策协会首届理事长，中华战略学会特约研究员。

当年的航海资料销毁一空，留下太多的历史空白。

刘达材特别强调："郑和下西洋，有别于西方海洋国家只重武力，以杀戮侵占为能事，富于侵略性。郑和下西洋，本着"和顺万邦"、"共享天下太平"的精神，而且始终"厚往薄来"，不以营利、占领、掠夺为目的，这是西方海洋国家所不为的。未来海洋新世纪的发展正需要弘扬郑和航海的这种和平精神，而不是哥伦布式的杀戮掠夺的侵略行为。

刘达材说，当然，做学问、从事学术研究，需要"大胆假设，小心求证"。孟席斯提出的"大胆假设"，需要很多证据来支持他的发现和观点。但是，这一切论点能否成立？能否为各方认同？这需要逐一的"小心求证"，来解答各方疑点。他相信会有更多的、来自各方面的证据支持孟席斯的观点。为了唤起国人的海洋意识，促进国人对海权的重视，刘达材认为，我们有责任逐项深入研究、小心求证，好让这部久已尘封的史册早日重见天日，让世人记起这段"被遗忘的航程"。

徐福村里的徐福祠堂

《史记》记载，徐福的故乡在徐乡县（今山东省龙口市）。（按在此之前，一说是江苏赣榆县人，一说是山东龙口市即黄县人，由于赣榆说没有足够的证据，经专家考证结论是龙口市距原黄县县城西北7.5千米的徐乡城，亦称士乡城）

十一、中国古代的航海事业

春秋时期即有"乘桴浮于海"的记载，《吕氏春秋》载："禹南至交趾之国"（今越南）。齐国（今山东）和朝鲜也已有海上交通，齐、燕都曾先后派人浮海求三神山。秦始皇亦派徐福带了3000人渡海求蓬莱仙山。据正史记载，中日交通始于汉代，西汉时中国已由海路通达印度。公元79年东汉使者甘英出使大秦（今罗马），世界上两大帝国发展了海上交通，中国的远洋航线遍及许多国家。

（一）徐福东渡

公元前221年，秦始皇统一全国，前219年开始了五次海上巡游。在第二次海上巡游到山东半岛南端的琅玡等地时，齐人徐福上书秦始皇，说海中有三神山，有仙人居住，有长生不老的仙药，秦始皇信以为真，于是派他去三神山求仙药，以使自己长生不老。据《史记》记载，三神山是指古代的蓬莱、方丈、瀛洲三地。据考证，方丈是今韩国的济州岛，瀛洲即琉球群岛。传说中的徐福东渡共进行了两次，第一次出海远航没有结果，没有找到三神山、仙人、仙药。前210年，秦始皇再次巡游至琅玡时，又命徐福第二次远航出海求仙药。这次带了3000人，海船上还带着粮食、稻种。走的是原来航线，据《六帖》一书载，日本的弘顺大师口述，说徐福一行东渡到了日本。

在日本，徐福登岸居住之地有数处，其中以熊野地区较为突出。蓬莱仙山实即日本的蓬莱山，而蓬莱山就在熊野川出海口近旁的岸边，自古以来就被当地人信奉为神仙降临的神灵之山。近人梁家彬研究证明蓬莱即日本，瀛洲即琉球，方丈即济州岛。

徐福祠堂内的徐福坐像

徐福乘坐的楼船模型

在蓬莱山南麓阿须贺神社中的“徐福之宫”通道

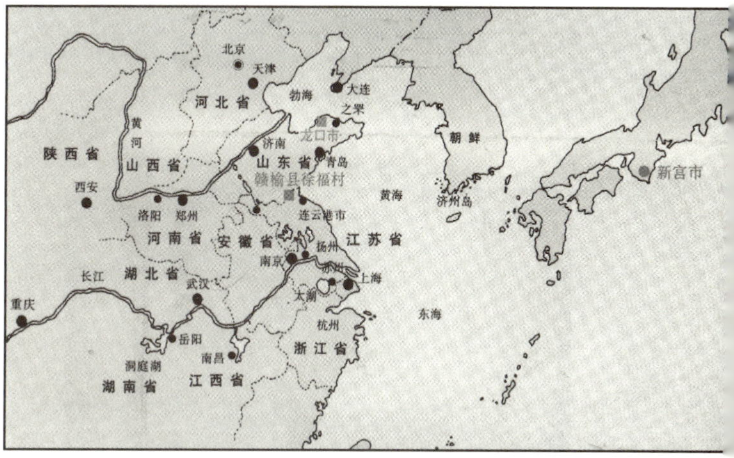

徐福村、济州岛、新宫市位置图

徐福出生地及在日本登岸居住地引起了中日双方的关注，各种有关徐福的考古研究活动也随之兴起。在日本另有一传说：徐福船队在佐贺郡诸富町登陆，这里有祭徐福的神社，叫“金兰神社”，当地居民被认为是徐福的后代，每50年还举行一次大的纪念活动，形成当地特有文化景观。

日本的蓬莱山

徐福宫

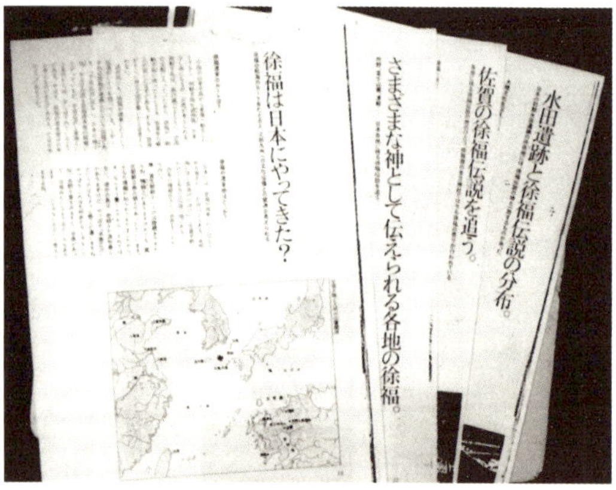

日本报道的徐福在日本的情况

几点说明：

1. 徐福带去的3000余人，传统说法是3000童男童女，有人说是他家乡的人民，主要是农民。

2. 徐福东渡的传统说法是求长生不老之药，今有人说，徐福东渡去三神山求仙是个借口，他是为了带领故乡人民躲避秦朝的苦役和暴政到那里安居乐业。也有人说徐福带了数千人出海求仙，因为没有结果，惧怕秦始皇会诛灭他们，便在海外定居下来。

3. 有人说没有文献资料证明徐福一行东渡到了日本，但有文献资料表明，在秦朝确有一批中国人到达朝鲜半岛南部，其中一部分人前往日本九州岛。徐福是否到日本蓬莱求仙仍是一个谜。

以上三点供读者参考。

（二）古越人东经台湾抵美洲

约在数万年前至万年前，台湾原与福建连成一体，沧

1736年在日本建的徐福墓

墓文是当时日本儒教学者季梅溪受日本纪州藩主德川赖宜之托亲笔书写的。墓在日本新宫市。

海桑田，台湾逐渐成为海岛，远在秦汉时即有岛夷、东夷之称。有人认为东鳀、夷州就是今之台湾。

汉代书籍载有“大冤国”，有人认为“大冤”即台湾。

隋代所称“琉求国”，“居海岛之中，当建安郡东（福建东），水行五日而至”，即今日之台湾。另据宋《文献通考》，“琉求国在泉州之东，有海岛曰澎湖，烟火相望，水行五日可至”，指出琉求就是台湾。明周婴著《远游篇》中的《东蕃记》已正式开始使用“台湾”（台员）地名，说明台湾、澎湖历来就是中国的领土。闭关锁国后，荷兰人、西班牙人相继入侵台、澎。

台湾秀姑峦帆筏

有人认为4000多年前，古越人可能乘此种帆筏东经台湾，越过太平洋抵达美洲。

（三）殷人航渡到美洲

1973年美国地质调查局在加利福尼亚沿岸打捞出一件环形钻孔石器。1976年又发现两件圆柱形和一件正三角形的人工石制品。根据前一件钻孔石器外表积有的锰矿外衣的锰矿层厚度分析，这只钻孔石器落在海底已有3000多年了。

中国航运史专家房仲甫认为这些人工石制品是中国古代海船上的石锚，亦叫“石碇”，因为形状、大小十分相像，是中国古代海船在3000多年前到达美洲海岸遗留下的

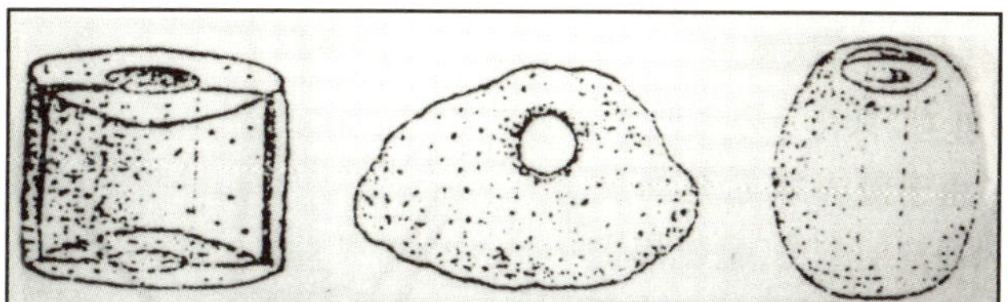

★遗留在美国加利福尼亚海岸的人工石制品

船具。房仲甫经考证认为，早在殷代中国人已具有远航能力，殷人能驾驶船舶横渡太平洋。在武王伐纣之前，殷纣王曾率大军讨伐位于现在山东的人方（夷方）国，打了胜仗后，留下军队自己赶回首都安阳过年。这时，周武王已率领军队兵临城下，纣王兵在人方国，只得驱使奴隶和俘虏应战，结果战败弃城而逃，后自焚而死。殷商灭亡后，留在人方国的殷商军人国破家亡，只得浮海而逃。殷人的祖先本是渤海湾的东夷，积累了丰富的航海经验，又有远航能力，房仲甫先生推测，殷人可能走的沿着岛屿东航阿留申航线，即先由山东半岛南下到台湾，乘黑潮海流，往北经过琉球东部，沿着日本列岛的东北，顺着西风漂流，经过阿留申群岛南部到达北美洲，再顺着海流航行到墨西哥地区。他说，殷人所以选择这条航行路线，是由于在这条航线沿途有许多岛屿，可以方便地补充食物和淡水。而且，从阿留申群岛往南，岛屿之间可以隔海相望，又有黑潮海流推动，不大的海船也可以顺利航行。

其他专家经考证也说，这些石器是亚洲古船在渡海时失事所遗留下来的石锚。其根据是北美太平洋沿岸从来没有同类的人工石制品，而亚洲有用人工石制品作为船锚的记载。

另据南美洲委内瑞拉学者维亚弗兰卡的研究，在印第安人定居美洲后，先后有两批亚洲移民进入美洲，其中一批是在公元前1500年左右，从中国的黄河流域

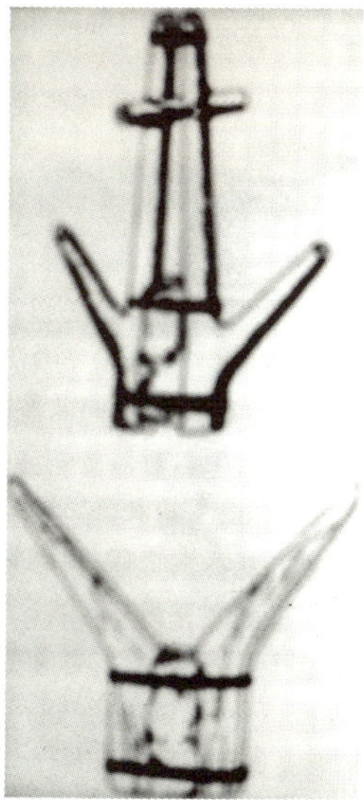

中国古代石锚

文化同源

台湾和大连出土的石斧、石锛、黑陶等都是源于山东半岛，证明距今约4000年前，先民已从山东半岛渡海到达台湾和辽东半岛。

向东迁徙，越过太平洋后在中美洲登陆。他们高度发展的文化在美洲传播，结果产生了奥尔梅克文化，从而在中美洲形成真正的文明。

从对美洲的考古发现及奥尔梅克文化的深入研究，可以看到委内瑞拉学者维亚弗兰卡的观点是有根据的。施鹤群主编认为，房仲甫先生提出的殷人航渡到美洲的观点与南美洲委内瑞拉学者维亚弗兰卡的观点不谋而合，也表明房仲甫先生提出的殷人航渡到美洲的观点是可信的（见施鹤群主编《郑和船队到美洲之谜》第126~129页，哈尔滨工程大学出版社2005年6月版）。

王莽时期铸造的钱币

（四）王莽船队漂航到美洲

在南美洲厄瓜多尔境内曾经发掘出一批王莽时期铸造的钱币，没有其他朝代的中国钱币同时出土。这说明在公元9年至25年王莽当政时期，有中国人到达了美洲，是他们带去的钱币遗留在美洲大陆。

王莽像

王莽时期究竟谁到达美洲？为什么而去？原来，汉朝时就开辟了自中国徐闻、合浦至黄支国的海上丝绸之路，到西汉末年，农民不断起义。初始元年（公元8年）王莽代汉称帝，并改国号为新。王莽进行复古改制，将全国土地改称“王田”，实行井田制，垄断工商业，改变币制，铸造“错刀”、“契刀”等大批钱币，大量掠夺民间财富。

在王莽当政时，他也学汉武帝，派出使臣沿着海上丝绸之路访问各国。王莽为了得到犀牛，组织两批航海探险家出海。据史籍记载，这两批航海探险家沿途访问的古国有都元国、邑卢没国、谌离国、夫甘都卢国、黄支国、皮宗国、已程不国等南亚古国。这些人一去不还。那么他们到哪里去了呢？据李成林先生推测：一种可能是王莽船队访问了南亚古国之后，在返回中国南部沿海时，正遇上改朝换代。这是因为王莽当时造成经济混乱，爆发了全国性农民起义，在赤眉、绿林等农民起义军打击下，王莽篡政的新王朝被推翻，王莽也被起义军所杀。于是船队改变了航行方向，向东漂航，最终漂航到美洲，并在那里定居。另一种可能是王莽船队访问了南亚古国之后继续向西航行，到达红海之后，越过苏伊士古河道，经罗马帝国，又继续西行，可能在非洲沿海遇上风暴，漂航到美洲的东岸，长途跋涉到达厄瓜多尔境内，在那里栖息并繁衍后代。

在南美厄瓜多尔境内发掘到王莽时期的一批钱币，这一发现为王莽船队漂航到美洲提供了证据。李成林先生认为，当时中国海船的航海能力与航速，有条件航行或漂流到美洲。上述两种推

王莽新朝禁用的汉五铢钱

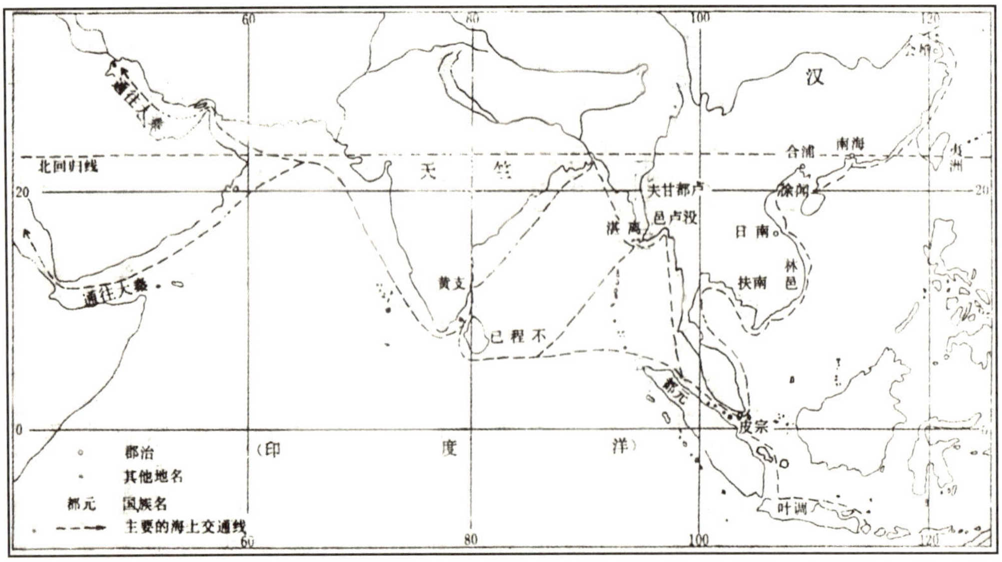

徐闻合浦南海道

2100多年前的西汉海上航线，从广东徐闻、广西合浦出发，东可至日本，北达朝鲜，南抵南洋群岛，西到印度半岛南部，是世界航海史上的创举。

测都是有可能发生的，这样王莽船队在两千年前就可能漂航到美洲。但笔者仍有一个问题未能解决，即途中所需的淡水与粮食如何解决？特别是漂航。（转见于施鹤群主编《郑和船队到美洲之谜》第133~135页）

（五）法显西行

法显（约337~422），俗姓龚，平阳武阳（今山西长治襄垣）人。东晋隆安三年（399），已经60多岁的法显感慨于国内律藏不全，立志赴印度求取经书与戒律。这年四月，法显与慧景、道整、慧应、慧嵬4人从长安出发，经过张掖（今属甘肃）时遇智严、宝云等5人，一起西进。402年，法显等越过葱岭，进入北印度境内，当时法显同行9人，或死或返，仅剩法显与道整2人。法显在印居住3年，并学习印度文字，求到《摩诃僧祇律》等6部经书，抄写律文，实现了求法夙愿。由于道整不再返回中土、留居印度，法显就独自上路，于公元412年经师子国（今斯里兰卡）乘海船回国。据连云山教授著《谁先到达美洲》一书，当时，法显搭乘的是由3艘海船组成的远洋船队，其中两艘可搭200余人，还可装载许多货物；另一艘小的是备用船。在航行途中，遇到大风浪，法显全力保护佛经，一直向东航行了105天，到达一个叫耶婆提的地方居住了5个月。这个耶婆提国据连云山教授考证，认为是美洲墨西哥南部的阿卡普尔科，所以认定法显大师到达过美洲。然后海船转向西航行115天，终于在当年（413）9月安全回到中国山东青岛崂山。

《法显著书图》

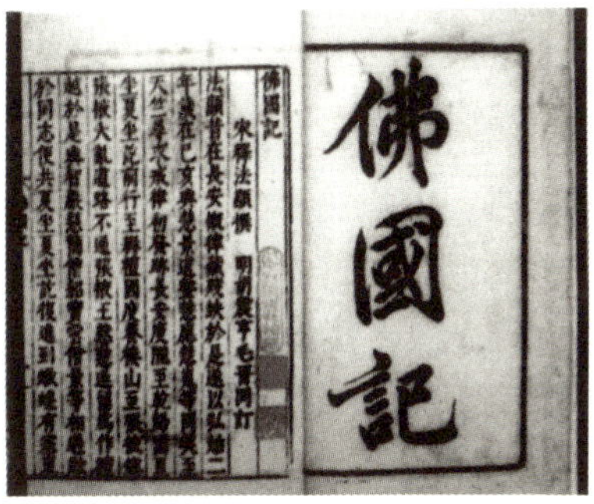

《佛国记》书影

冯达、李翔合著的《中国人发现美洲》一书对法显著作中记载的航行时间、气象等进行全面分析，认为法显所记载的都是可信的，并说法显大师成为史料记载的世界上第一个横渡太平洋的人。

法显回国后在建康（今南京）翻译佛经的同时，还将自己西行取经的见闻写成了一部不朽的著作——《佛国记》。《佛国记》全文共9500多字，详细记述了印度的佛教古迹和僧侣的生活。该书后来被佛教徒当作佛学典籍引用。《佛国记》还记述了中国南海地区的对外交通和对外贸易情况。由于法显去印度时，正是印度历史上有“黄金一代”之称的笈多王朝时期，《佛国记》也成了研究印度历史的珍贵资料。

（六）慧深传教到扶桑国

1761年，法国汉学家歧尼发表了《中国人之美洲海岸航行及关于居住亚洲远东边境民族的研究》一文，称最早到达美洲的是中国人。作者是研究中国古籍《梁书》中的佛教僧人慧深到扶桑国传教的事实后得出这个结论的，并说扶桑国很可能是美洲的墨西哥。此文一发表，引起了学术界的热烈讨论，有赞成的，也有反对的。从1761年至1921年间，有法、美、俄、德、英、意、日、荷、印度等国的学者参加了学术讨论。

慧深画像

《梁书》对东方诸夷的介绍由近而远的顺序是：高句丽、百济、新罗、倭国、文身国、大汉国、扶桑国等，扶桑国究竟是哪一国？是不是歧尼所称的很可能是美洲的墨西哥？

1939年，北京大学朱谦之教授著《扶桑国考证》一书，认为扶桑国不是一些人所说的是日本，而是今日的墨西哥，最早发现美洲的是中国僧人慧深。其根据有5点。

1.《梁书》记载："文身国在倭国东北七千余里"，"大汉国在文身国东五千余里"，"扶桑国在大汉国东二万余里"。经他考证，倭国即今日的日本，文身国即今日的千岛群岛，大汉国系阿留申群岛，扶桑则在美洲墨西哥。中国古代木船是完全可能到达的。

2.《梁书》记载：扶桑"其土多扶桑木，故以为名"。经他考证，扶桑木是墨西哥的龙舌兰，是墨西哥出产的植物。

3.《梁书》记载：扶桑国"有南北狱。若犯轻者入南狱，重者入北狱"，"在北狱者，男女相配，生男八岁为奴，生女九岁为婢"。经他考证，古代墨西哥曾设有两种监狱，一种关押轻罪者，一种关押死囚和重犯。这与《梁书》上所记相似。

4. 从历史文物和考古发现来看，朱谦之教授说，在墨西哥境内发现许多汉人的古碑、古钱、古雕刻以及泥制塑像，其面貌与华人无异，其衣饰与19世纪以前中国衣饰相像。墨西哥的泥造佛像，其塑造方法与中国的木雕神像相似。

5. 从流传民间的神话、传说来看，朱谦之教授说，在中美洲一些地方有这样一个传说：一位外来的神人给他们带来了文明，这位神人皮肤较白、心地善良，在当地传播文化知识和生产技术。这位外来的神人像是《梁书》上所记载的中国高僧。在墨西哥南海岸一带称宗教最高领袖为"塔依萨卡"，是"释迦弟子"的意思。由此可见，扶桑国就是墨西哥。据朱谦之教授考证，僧人慧深在公元458年与5个同伴一起去美洲，499年慧深64岁时，从美洲扶桑国回到中国荆州。505年70岁时为元魏宣武帝沙门统，故《梁书》上称他沙门慧深。朱谦之教授认为慧深到美洲的路线是从中国到日本，次到虾夷族人居住的千岛群岛，继而到因纽特人居住的阿留申群岛，最后到达墨西哥。由于这条路线是沿着太平洋中的岛屿前进的，乘坐小帆船都可以到达，僧人慧深就这样到达美洲。（见施鹤群主编《郑和船队到美洲之谜》第137~142页）

美洲出土的受戒僧人陶塑像是中国僧人到美洲传教的形象

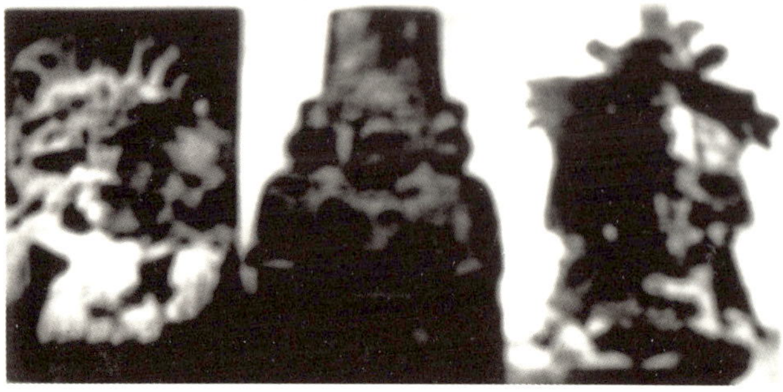

中美洲的陶塑像是盘腿打坐的中国先生

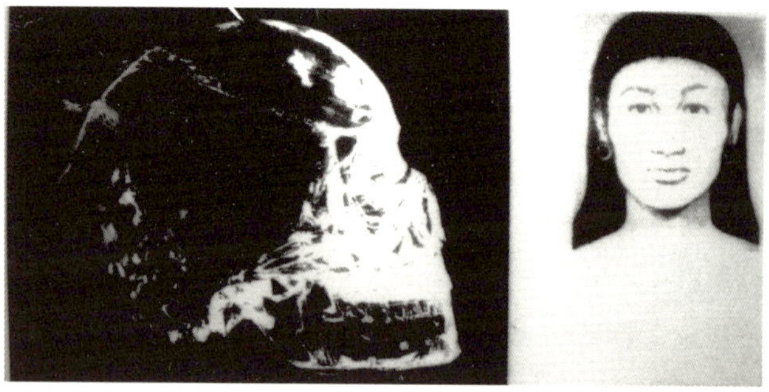

被印第安人奉为神物的头骨经容貌复原后是一个中国人形象

（七）唐以后主要航线

唐天宝元年至十二年（742~753），高僧鉴真六次渡海方成功抵日，曾在日本东大寺设戒坛，此为日本佛教徒登坛受戒之始。后建唐招提寺，将中国建筑、雕塑、医药等介绍到日本，为中日两国文化交流做出了卓越贡献。

鉴真（688~763），亦称过海大师，唐扬州江阳（今江苏扬州）人，俗姓淳于。14岁出家大云寺，对佛教律宗深有研究，后在扬州大明寺讲律传戒。天宝元年（742）应日本入唐学问僧荣叡、普照之邀，与弟子祥彦、思托等东渡日本。先后五次航行受挫，年逾60岁，双目失明，但矢志不渝。十二年又受日本国使迎请，与比丘法进等随日本遣唐使航行成功，到达日本九州。时年近七旬，第二年在奈良东大寺建坛传戒。759年创建唐招提寺，传布律宗，为日本律宗创始者。卒于唐招提寺。弟子为其所制夹纻漆像，至今供奉寺中开山堂，被定为日本国宝。著有《鉴真上人秘方》。

大明寺，又名法净寺，在今江苏省扬州市西北的蜀岗上，初建于南朝宋大明年间，故称大明寺。鉴真曾在此住持，弘扬戒律。为增进中日友好，促进佛教界友好交流，1973年在寺内新建鉴真纪念堂。1980年鉴真坐像由日本唐招提寺被送到中国展览，是坐像1200多年来首次返回故国巡视、展出。

唐代通往日本的航线有4条，北路北线由登州（今蓬莱）出航，北路南线由登州登县赤山镆铘口启行；南路南线由明州（今宁波）出发，南路北线为唐后期开辟的新航线，从扬州、明州、温州等港口起航，航程最短。

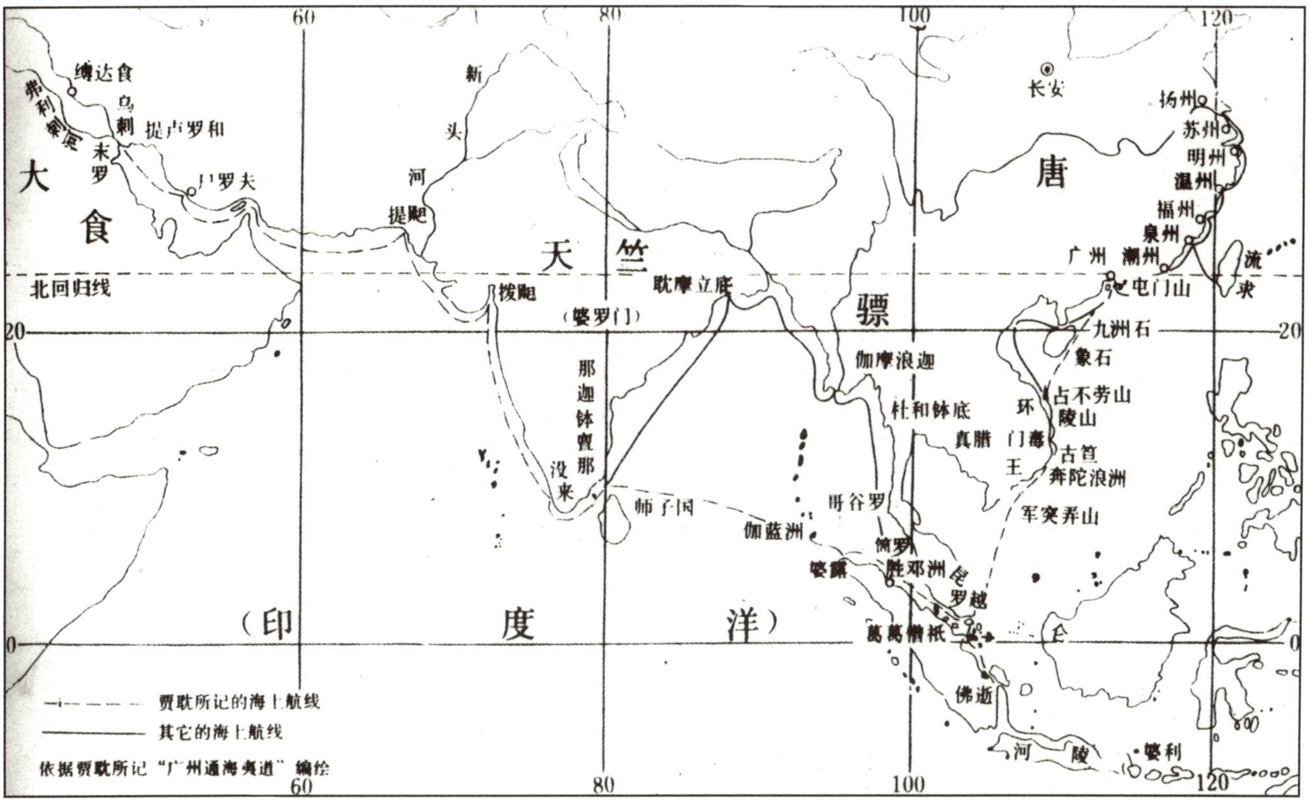

唐代通向南洋、西亚和东非的航线

扬州大明寺鉴真纪念堂

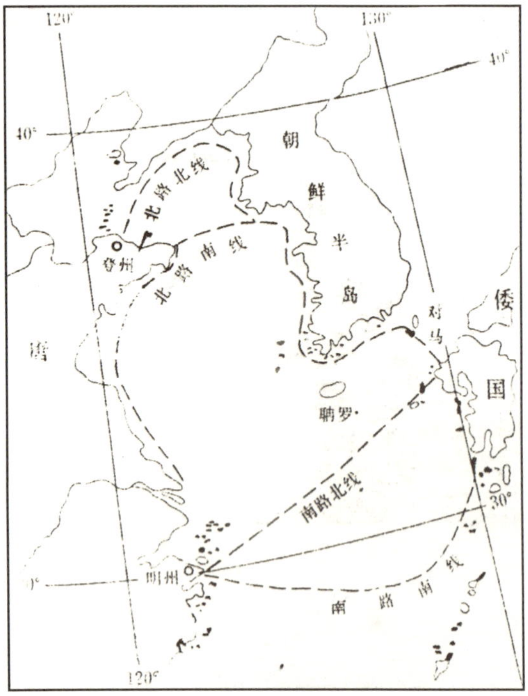

唐代中日航线图

从7世纪中叶到9世纪用中国优秀造船技术制造的日本遣唐使船

开往日本长崎的中国商船

日本遣唐使节船只（百济船式）
船底扁平，帆在中央。

驶往唐帝国的日本遣唐使座船
8～9世纪日本常派遣使者和留学生到唐并进行贸易。

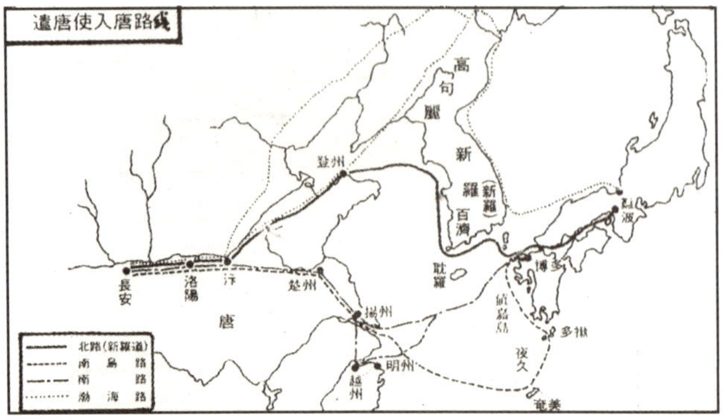

日本遣唐使入唐路线图

日本遣唐使船

13世纪来往中日间的宋船

中国平底帆船

在中国古代就有使用帆船的记录，到现在中国南方沿海仍时见这种船只的踪迹。

15~16世纪日本遣明使船所用的帆是芦草编织成的

宋元时代的中国贸易船

16~19世纪中叶，中国帆船在东南亚海上居于领先地位，到17世纪是东南亚海上唯一的定期航船。

十二、关于琉球群岛的问题

（一）琉球原是中国的藩属国

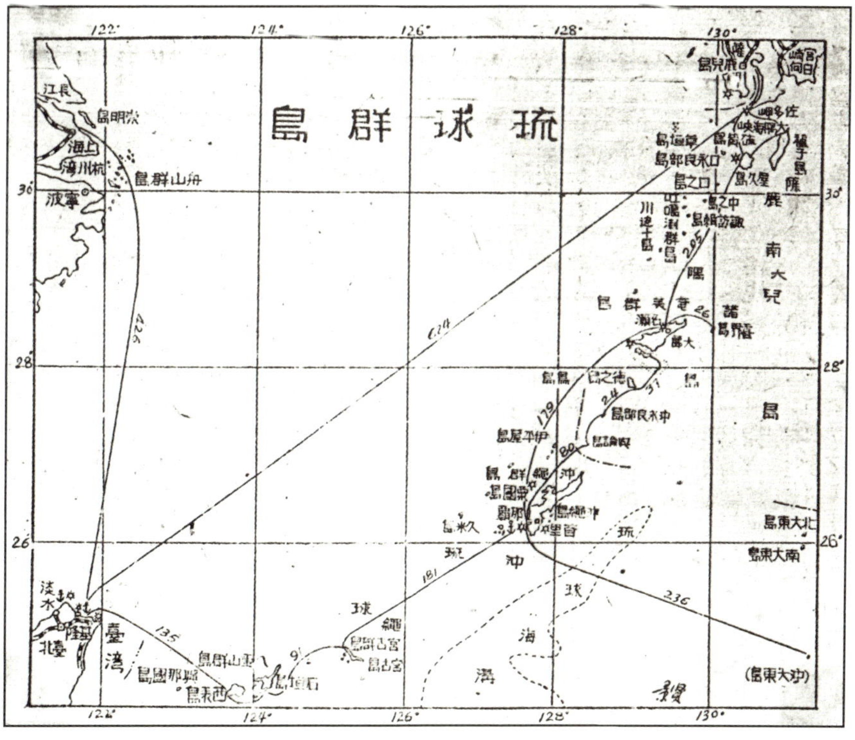

守礼门

中国称琉球国为守礼之邦，今天琉球首都守礼门上仍悬“守礼之邦”匾。

《琉球人在北京生活图》

与中国人的传统生活毫无差别。

琉球来中国的进贡船

册封使至琉球册封行列图

琉球首都首里城正殿

建筑物多以中国传统的龙为装饰。

（二）琉球馆

嘉靖后期，福州进贡厂和柔远驿开始萎缩，闭关锁国导致朝贡外交停顿，柔远驿遂成为明帝国、琉球册封入贡的进出官员专用的琉球馆。

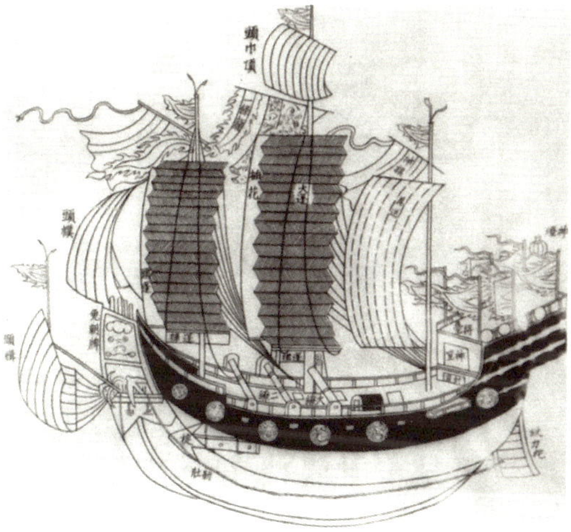

册封舟

福州琉球馆外景

琉球那霸市福州园大门

琉球那霸市福州园东冶堂

琉球人绘“渡闽航路图”（冲绳县立博物馆藏）

琉球馆内景

琉球王世子尚丰（1590~1640）

因父王尚宁薨逝奏宜承袭，崇祯帝封其为琉球国中山王，嗣理国政。

（三）日本萨摩藩入侵琉球

由于琉球北部靠近日本萨摩藩，常遭侵略。明万历三十七年（1609），萨摩藩主岛津家久派兵3000人，将琉球国王尚宁掳回鹿儿岛，逼他写下琉球属日等誓书15条，才允许归国。明廷对此全然不知。

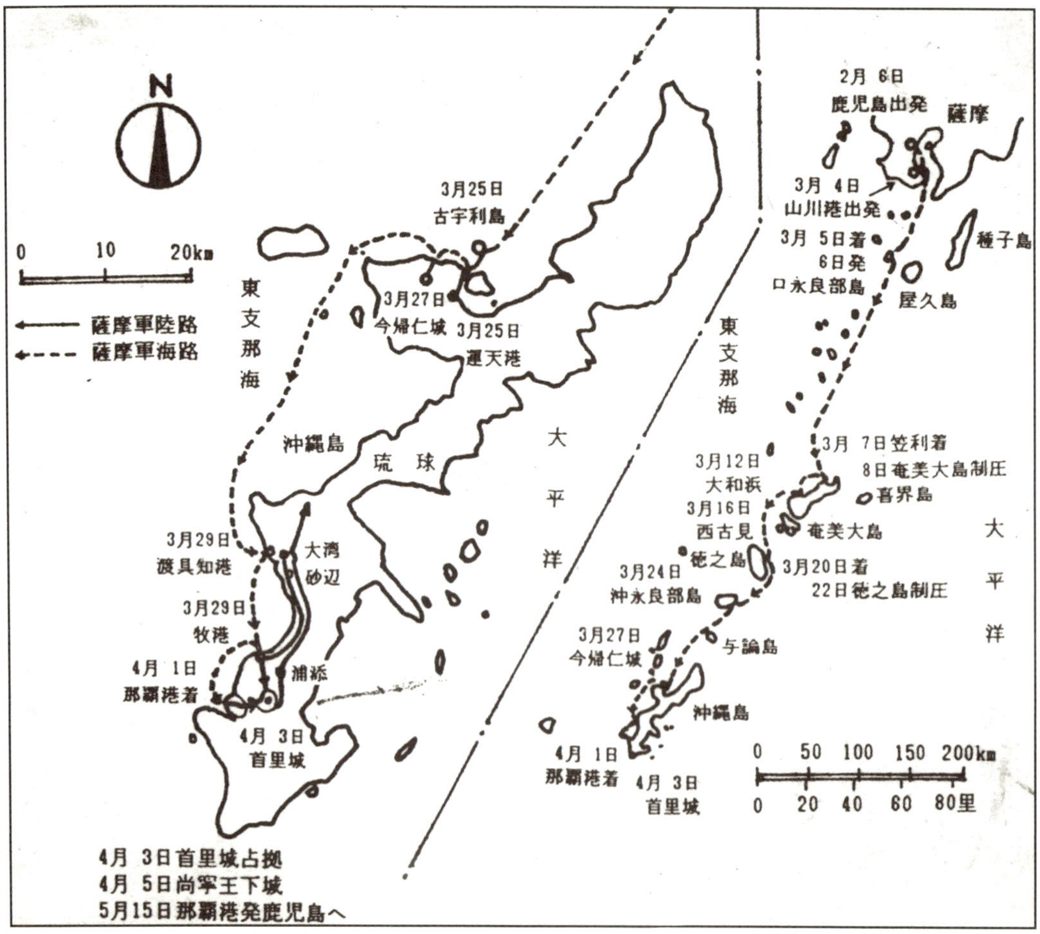

日本萨摩藩进攻琉球略图

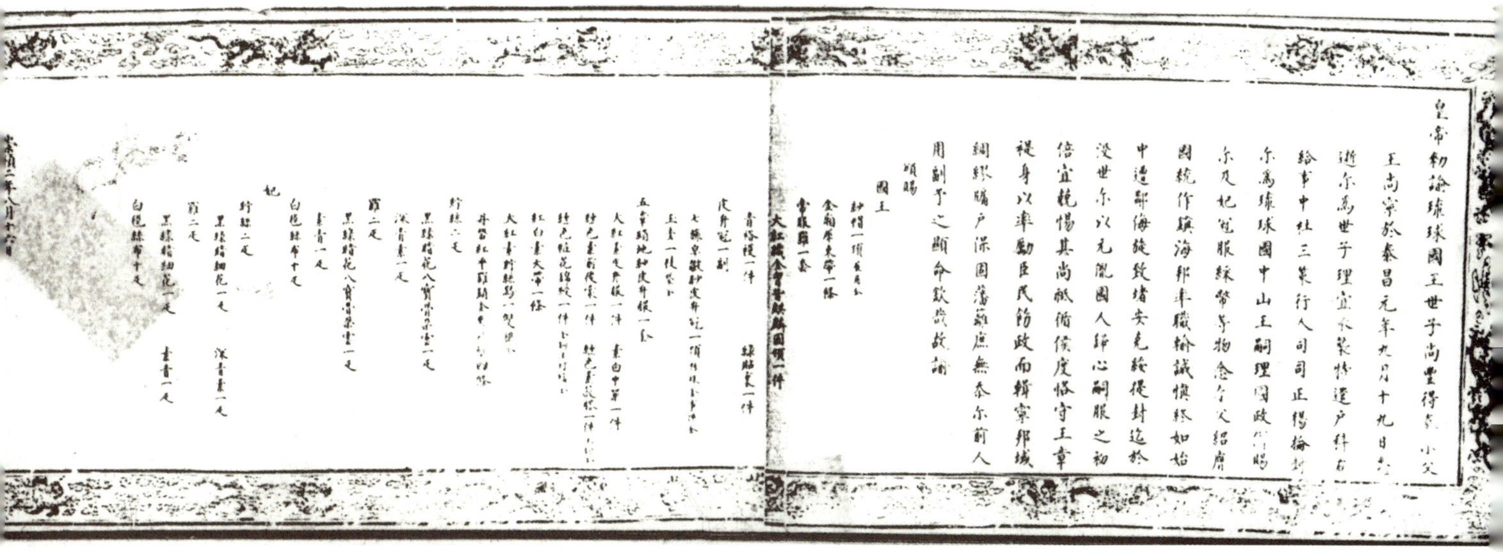

皇帝勅諭琉球國王世子尚豐：得爾父
王尚寧於泰昌元年九月十九日
逝，爾為世子，理宜承襲，特遣户科右
給事中杜三策、行人司司正楊掄封
爾為琉球國中山王，嗣理國政，仍賜
爾及妃冠服綵幣等物。念爾父紹膺
國統，作鎮海邦，率職輸誠，慎終如始，
中遭鄰侮，旋致堵安，允稱提封，迄於
沒世。爾以元胤，國人歸心，嗣服之初，
倍宜競惕。其尚祇循侯度，恪守王章，
禔身以率勵臣民，飭政而輯寧邦域，
綢繆牖戶，深固藩籬，庶無忝爾前人，
用副予之顧命。欽哉，故諭。

頒賜
國王
紗帽一頂
金廂犀束帶一條
常服羅一套
大紅織金胸背麒麟圓領一件
青褡褸一件　綠貼裏一件
皮弁冠一副
七旒皂縐紗皮弁冠一頂
玉圭一枝
五章絹地紗皮弁服一套
大紅素皮弁服一件　素白中單一件
纁色素前後裳一件　纁色素蔽膝一件
纁色粧花錦綬一件
紅白素大帶一條
大紅素紵絲舄一雙
丹礬紅平羅銷金夾包袱四條
紵絲六疋
黑綠暗花八寶骨朵雲一疋
深青素一疋
羅二疋
黑綠暗花八寶骨朵雲一疋
素青一疋
白氁絲布十疋
妃
紵絲二疋
黑綠暗細花一疋　深青素一疋
羅二疋
黑綠暗細花一疋　素青一疋
白氁絲布十疋

明崇祯二年（1629）八月崇祯皇帝封尚丰的谕旨

琉球与福州的关系特别密切，福州建有琉球馆，有琉球国大批臣民的坟墓，琉球递京文件多由福建督抚驿转。

福州仓前山（今福建师范大学校园内）琉球国臣民墓

日本萨摩藩主岛津家久（1576~1638）

琉球王尚宁（1564~1620）

征引参考书目举要

[1] 齐豫生，夏于全. 二十五史：卷十. 长春：吉林摄影出版社，2002.

[2] 齐豫生，夏于全. 二十五史：卷十一. 长春：吉林摄影出版社，2002.

[3] 冯国超. 二十四史：卷七. 北京：光明日报出版社，2002.

[4] 冯国超. 二十四史：卷八. 北京：光明日报出版社，2002.

[5] 迟双明. 二十四史：卷四. 北京：光明日报出版社，2002.

[6] 李史峰. 二十四史. 上海：上海辞书出版社，2006.

[7] 马玉琴. 二十五史：卷六. 延边：延边人民出版社，2001.

[8] 马玉琴. 二十五史：卷七. 延边：延边人民出版社，2001.

[9] 马玉琴. 二十五史：卷九. 延边：延边人民出版社，2001.

[10] 马玉琴. 二十五史：卷十. 延边：延边人民出版社，2001.

[11] 纪念伟大航海家郑和下西洋580周年筹备委员会，中国航海史研究会. 郑和史迹文物选. 北京：人民交通出版社，1985.

[12] 朱明远. 王景弘与郑和下西洋. 香港：香港天马图书有限公司，2004.

[13] 李军. 中华五千年. 长春：北方妇女儿童出版社，2002.

[14] 曾国新，林德兴. 郑和在长乐. 长乐：福建省长乐市旅游局与长乐郑和研究会.

[15] 陈贞寿. 图说中国海军史. 福州：福建教育出版社，2002.

[16] 北京郑和下西洋研究会. 郑和下西洋研究（1-4）. 中国国际经济文化交流杂志社，2005-2007.

[17] 郑鹤声，郑一均. 郑和下西洋资料汇编. 济南：齐鲁书社，1983.

[18] 赵志远. 中国通史. 北京： 中央民族大学出版社，2002.

[19] 吴晗. 明史简述. 北京：中华书局，2005.

[20] 若木. 回味明朝：乾坤万象. 北京：中国三峡出版社，2007.

[21] 王佩云. 海上第一人：郑和. 台北：实学社出版股份有限公司，2003.

[22] 上杉千年. 郑和下西洋. 大陆桥翻译社译. 上海：上海社会科学院出版社，2003.

[23] 巩珍. 西洋番国志. 向达校注. 北京：中华书局，2000.

[24] 巩珍. 郑和航海图. 向达校注. 北京：中华书局，2000.

[25] 巩珍. 两种海道针经. 向达校注. 北京：中华书局，2000.

哈尔滨工程大学出版社，2005.

[30] 冯国超. 明太祖传. 北京：中国戏剧出版社，2005.

[31] 罗懋登. 三宝太监西洋记通俗演义. 上海：上海古籍出版社，1985.

[32] 兰海. 三宝太监下西洋. 北京，海洋出版社，1982.

[33] 罗懋登. 三宝太监西洋记. 北京：华夏出版社，1995.

[34] 刘若愚. 酌中志. 北京：中华书局，1985.

[35] 茅元仪. 武备志：郑和航海图. 台北：华世出版社，1984.

[36] 马欢. 瀛涯胜览. 北京：中华书局，1985.

[37] 费信. 星槎胜览. 冯承钧校注. 长沙：商务印书馆，1938.

[38] 王冠倬. 中国古船图谱. 北京：生活・读书・新知三联书店，2001.

[39] 唐志拔. 中国舰船史. 北京：海军出版社，1989.

[40] 席龙飞. 中国造船史. 武汉：湖北教育出版社，2000.

[41] 黎东方. 细说明朝. 上海：上海人民出版社，2003.

[42] 寺田隆信. 郑和：联结中国与伊斯兰世界的航海家. 庄景辉译. 北京：海洋出版社，1988.

[43] 詹氏. 中国曾控制过公海：1405-1433期间的宝船

队. 牛津：牛津大学出版社，1994.

[44] 山东省徐福研究会，龙口市徐福研究会. 徐福研究. 青岛：青岛海洋大学出版社，1991.

[45] 郑和. 娄东刘家港天妃宫石刻通番事迹记. 太仓，1431（明宣德六年）.

[46] 郑和. 天妃灵应之记. 长乐，1431（明宣德六年）.

[47] 叶向高. 万候重修三贤祠记. 长乐，1616（明万历四十四年）.

[48] 梁启超. 中国伟人传五种：祖国大航海家郑和传. 台北：台湾中华书局，1968.

[49] 祝允明. 前闻记. 北京：中华书局，1985.

[50] 王世懋. 纪录汇编：二酉委谭摘录. 影印本. 长沙：商务印书馆，1938.

[51] 徐扬. 姑苏繁华图. 苏州：古吴轩出版社，2002.

[52] 太上老君说天妃救苦灵验经. 上海：商务印书馆，1923–1926.

[53] 长乐市漳港显应宫管委会. 神奇的显应宫. 长乐市，2002.

[54] 长乐市政协文史资料工作委员会. 长乐风光. 香港：香港文学社出版公司，2002.

[55] 加文·孟席斯. 1421年：中国发现世界. 师研群译. 北京：京华出版社，2005.

[56] 福州市地方志编纂委员会. 福州市志：第一册. 北京：方志出版社，1998.

[57] 林清标. 敕封天后志. 南京：江苏古籍出版社，2000.

[58] 李露露. 妈祖神韵——从民女到海神. 北京：学苑出版社，2003.

[59] 明代历朝官修. 钞本明实录. 北京：线装书局，2005.

[60] 中国历史博物馆. 中国古代史参考图录：明朝时期. 上海：上海教育出版社，1990.

中国船政文化史

ZHONGGUO CHUANZHENG WENHUASHI

（下 卷）

陈贞寿/著

中国大百科全书出版社

第十一章

世界唯一海神文化——妈祖文化

第一节　妈祖文化

航海者漂洋过海，难免发生海难，他们需要平安、信心和勇气，传说中的妈祖——海上保护神，很快就成为他们的精神支柱。相传宋莆田林愿第六女林默娘卒后在海上曾屡屡显应、保护海上行旅之人，元封天妃神号，清康熙加封为天后。旧时通海之地，多立庙祀之，有天妃庙、天妃宫、天后宫，俗称妈祖庙。旧中国海军舰船中亦多供奉妈祖神位。妈祖在海上救死救难的精神，实为中华民族传统美德之一。明代中叶，海权废弛，又适逢西方地理大发现时代，妈祖的传说引导人们振兴海权和远航海外。

其实，这不完全是传说，虽有一些迷信成分，但“妈祖不是凭空想象的神祇，她的本体是一个实实在在的人，一个勇敢无畏的人”；她的传说“在历史上曾发挥过积极的作用，其中最主要的是对海上交通和开发台湾的影响。这就是当今世上尤其台湾岛上为何会有如此众多的妈祖信徒的最好解释，也是今天我们要纪念她的重要原因”（林文豪：《妈祖庙宇对联·序》）。

正如徐玉福在《妈祖庙宇对联·后记》中所说的，妈祖信仰是强大的民族凝聚力和向心力，把包括台湾同胞、海外侨胞在内的中华民族儿女紧密地联系在一起，密不可分！妈祖之所以受到如此尊崇敬仰、之所以形成如此惊人的精神力量，首先因为她是一个实实在在的人，具有伟大的人格力量；其次她是民众的保护神，是民众美好善良愿望的光辉化身。一千多年以来，人们崇拜她，纪念她，研究她，传播她的美德，学习她的精神，弘扬她的文化，形成深深的“妈祖情结”。妈祖信仰是海峡两岸乃至世界各地最具影响力的民间信仰之一。

黄国华编著的《妈祖文化》一书，在概述中说得更精彩，他说妈祖信仰的本质是似佛非佛，似道非道，似儒非儒，似巫非巫。反过来也可说是似道似佛，似儒似巫。她折射了古代劳动人民与大自然抗争的一种理想寄托。这样，妈祖就从一种民间朴素信仰，升华为一位千百年来备受崇拜的海上女神……由于妈祖更富魅力，更有人民性，在人类已迈进新世纪的今天，无论在大陆，还是在台湾、香港、澳门乃至世界各地的华人聚居区，民众对妈祖的信仰不仅没有衰退，反而更虔诚，流传得更普遍。实际上这种强烈的平民性观念，才是妈祖信仰久传不衰的关键所在。妈祖信仰真正体现了“四海澄清非帝力，千年灵惠显神威”！

一、妈祖其人其事

妈祖，原名林默，据说，她出生至满月，不闻啼哭声，父亲林愿给她取名“默”字。按闽南风俗，在女孩名后加“娘”字以示尊称，故又称“林默娘”。“妈祖”之称，则是明末僧昭乘《天妃显圣录》中首次提出。

南宋木雕妈祖像

此像世传出自异人之手，雕得富于神采，是莆田港里天后祠的珍贵文物之一，为研究妈祖史迹与南宋木雕工艺提供了实物资料，具有保护价值。

（一）妈祖的生卒年月

妈祖生年有6种说法，卒年有4种说法。一般公认的说法是生于北宋太祖建隆元年（960）三月二十三日，卒于宋雍熙四年（987），一说二月十九日升仙，一般约定俗成的说法是九月初九日升化。由于生卒年月分歧较大，因而关于妈祖的有生之年也说法不一，或27岁，或30岁，一般定说28岁。据说九月初九日下暴雨，林默娘奋不顾身，在海上抢救遇险船民，因风浪太大，不幸被台风卷去。人们不愿承认她遇难而死，认为她已升天变成神女，这一说法广泛流传于民间，反映了人们善良的愿望，只要是济世爱民的人，都会永远活在广大普通民众心里。

1984年，林默娘家乡村民根据原式，集资重建天后祖祠。1988年2月竣工的天后祖祠位于港里村，港里古名贤良港，现属莆田秀屿区忠门镇，位于湄洲湾北岸，面对湄洲岛。祖祠最早建于宋代，多次毁坏、重修，目前新修的港里天后祖祠，是一座较为完整的庙宇建筑，包括止门、钟楼、仪门、拜亭、主殿、后殿等。港里天后祖祠是沿海较早建筑的妈祖庙之一，贤良港又是海上贸易交通船舶的停泊港，所以妈祖信徒必先到这里朝拜，湄洲的妈祖信仰也必然首先在港里传播。

御赐圣母金玺

港里天后祖祠正殿

湄洲祖庙的御赐金玺，系清道光十九年（1839）朝廷制作颁赐，是祖庙镇宫之宝，金质方形，高5.5厘米，边长10厘米，印文为“湄洲祖庙，天上圣母，护国庇民，灵宝符笈”16个字；边框2毫米，左右镌两龙飞腾，上方中为一圆形，镌“敕封”2篆字，下方为海水波纹，印纽四周镌有“敕赐天上圣母灵宝”大篆8字。湄洲祖庙曾将此

港里天后祖祠正殿奉祀的天后像

正殿妈祖像为宋代木雕，凤冠霞帔，端然稳坐，面部圆润、端庄、慈祥、秀丽，塑像比例适度，展示了妈祖艺术美和宋代精湛的雕刻艺术水平。妈祖坐像已按原样修复。

受符井

港里天后祖祠附近有一个宋代的古井，井边刻着“咸淳丙寅（1266）八月庚辰石匠游进”12字，有人认为这就是“照妆于井”、“窥井得符”传说中的古井，即“受符井”。

福建湄洲屿妈祖庙

北宋太祖建隆元年（960）农历三月二十三日妈祖出生于莆田湄洲岛。

湄洲祖庙升天楼

妈祖于宋雍熙四年（987）九月初九日羽化飞升成仙。传说湄洲祖庙升天楼是妈祖梳妆、羽化升天的地方。从此，妈祖信仰远播海内外。

玺复制分赠台湾鹿港天后宫和北港朝天宫，均被视为镇殿珍藏。信徒常以瞻仰此玺为荣，并以盖符保佑平安、驱魔逐邪。

湄洲屿妈祖庙正殿内新塑的妈祖像

（二）妈祖的出生地点

妈祖出生地点，根据各种族谱、史料等记载，历来亦有不同的说法，但基本上被公众所接受的有两种说法：一是莆田县湄洲屿；一是该县贤良港，即忠门乡港里村，至今该村尚有港里天后祖祠和祖祠里“受符井”等遗物。

最早记载确认妈祖生于莆田县湄洲屿的是廖鹏飞《圣墩祖庙重建顺济庙记》：姓林氏，湄洲屿人。初，以巫事为事，能预知人祸福，众为立庙于本屿。这是宋代的记载。此后，元、明、清的记载多从此说。

至高无上海上保护神——妈祖

湄洲屿妈祖庙正殿——泽施四海

（三）妈祖神话的传说

妈祖神话的传说内容广泛、神奇灵异，反映了妈祖在世时以慈悲为怀、除恶扬善、乐于助人、互助互爱、济世救人的高尚品德和崇高精神。大体上可分为4个方面。现结合中国国家博物馆馆藏的48幅《天后圣母事迹图志》择要分述。

1. 妈祖的身世

妈祖的身世，包括降生、得道和辞世飞升。

这类传说带有浓厚的迷信色彩，把妈祖变成神。如《天后圣母事迹图志》的第二幅图，以“诞天后瑞霭凝香”为题，描述了妈祖诞生的过程。画面上方，观音站在云端，发出一道金光，照射在林家，妈祖的母亲王氏正生下一婴儿，侍女在旁为婴儿洗浴。图左文字说明：“宋太祖建隆元年庚申三月二十三日方夕，红光射室，异香氤氲，乃诞天后，为惟悫公第六女也。”

诞生

《天后圣母事迹图志》第三幅图“窥古井喜得灵符”画面中，描述了妈祖与众姊妹到野外游玩时，发现一座古井，从井中出来一位神人，捧着铜符，传授妈祖法力。图左文字说明：“后年十六岁时，与诸女游。照古井忽现神人，捧铜符一双，上有仙官拥护，群女骇奔，后受之不疑。自此法力玄通，常得神游方外。”妈祖得铜符后，潜心研究，学得一身法术，灵通变化，为人治病，驱鬼避邪，开始巫女生涯。这也就是《天后本传》所说的“窥井得符”。

得道

妈祖生前未婚，“年及笄，誓不适，即父母亦不能强其醮”。妈祖生年较短，传说在她28岁那年九月八日，她说：“明日重阳，我欲登高，暂离喧扰尘寰，特先告别”。翌曰，默娘盛装告别，说：“此次登高，云程万里，诸位姊妹，请勿同往”。临行依依，登上湄峰后，如履平地，眨眼间升入云端，乐声响，仙神迎，奔往天际（《台湾民俗大观》第三册，大成出版社1985年版）。《天后圣母事迹图志》中“证仙班九日升天”图描绘了妈祖上山升天的情景，妈祖年轻而殁是真，登山升天是假，这只是一种神话传说而已。

2. 妈神海上救生、济世助人的故事

这类题材是妈祖传说中的主要部分，反映了妈祖行善济世、淳厚仁爱的品德，也表达了人们解脱苦难的善良愿望。这一类传说妇孺皆知，流传范围极广。如《游魂救父》、《掷草救商》、《祷雨》、《圣泉救疫》、《济世泉饥》，等等。其中《游魂救父》是在诸神话中都提到的故事。

“破惊涛遂救严亲”

妈祖是一位孝敬父母的女子，有一天她帮助母亲织布，忽觉困倦，伏机而睡，在梦中看见海涛汹涌、巨浪滔天，突然发现有一只船摇摇欲坠，船上水手已经翻落水中，她一看原来是父亲及两个哥哥，妈祖急忙跳入海中，用嘴咬住父亲的衣服，两只手各抓住两个哥哥的手，奋力向陆地游去。途中忽然听到母亲的呼叫声，妈祖回应，不料两只手一松，两个哥哥掉在海里。妈祖从梦中惊醒而泣曰：“父得保全，兄已没矣”。

辞世飞升

救父失兄

"祷苍穹雨济万民"

《天后圣母事迹图志》第十幅图绘有莆田地区遭遇大旱，村民抬着妈祖像游祭，祈求降雨的情形。图右上角表示妈祖在天上显灵、诵经施法，远处圆圈内有雷公播雨的情景。文字是说，妈祖21岁时，莆田大旱，父老乡亲皆说非请神姑不能解决。县尹就亲自前往请求，妈祖答应，拟定壬午申刻下雨。到期，果然大雨降临，是年秋天遂获丰收，百姓欢呼称颂妈祖之德。《天后本传》则绘图说是"片云致雨"。台湾则称妈祖为"雨妈"、"过水妈"，传说每年三月二十三妈祖生日这一天清早，人们必须三拜九叩，向妈祖祈雨，当年此时天必下雨，农业才获得丰收。

"草化木垂救商舡"

《天后圣母事迹图志》第八幅图绘有妈祖掷草化为大木、搭救商船的情景，有的书叫"掷草救商"，是说湄洲"屿西有山曰门夹，当港口出入之冲，石多礁错杂。有商舟渡此，遭风舟冲礁浸水，舟人哀号，众莫敢前"。妈祖"乃掷草数根，化成大杉排驾至前，舟因大木相附得不沉"。《天后本传》中也有"拯救商船"的记载，内容相同。

祈雨

掷草救商

"莆田尹求符救疫"

传说妈祖又是驱疫之神，人们有病驱疫都要去祈求她。《天后圣母事迹图志》中就绘有莆田府尹率众人求妈祖驱疫的情景，"妈祖乃取九节菖蒲、书符贴，并煎饮之，立瘥。自此传遍寰中矣"。这也就是其他书所说"菖蒲救人"。

"示白湖凿泉疗疫"

《莆田县志》说，绍兴年间，"其年疫，神降于白湖，去湖尺许，掘坎涌泉，饮者辄愈。存封昭应崇福"。在《天后圣母事迹图志》中第二十四幅图"示白湖凿泉疗疫"，也说妈祖是驱疫之神。

莆田白湖等地瘟疫流行，官民无法，只能祈求妈祖。妈祖从空而降，告诉众人挖泉，泉水可治疗瘟疫。文字说明："宋孝宗乾道二年（1166）春大疫，神降于民李本

菖蒲救人

圣泉救疫

家，言曰：‘白湖旁可凿泉，得饮以除疫疾’。果然泉味清洌，饮如甘露，朝吸而夕瘥焉。人感回生之功，甃为井，号曰圣泉。”

《天妃庙记》亦有类似记载：“乾道三年（1167），兴化大疫，神降曰：‘去庙丈许有泉可愈病’。民掘斥卤，甘泉涌出，饮者立愈。”记载基本相同，只是时间相差一年。

“示米艘兴泉免饥”

《天妃显圣录》载：宝祐改元癸丑（1253），莆（兴化府）与泉（泉州）大旱，谷价腾涌，民饥困费支，老少朝夕向祠前拜祀。时有广商粮船拟上浙越，偶一夜托梦广商，可到兴泉获利，遂载入兴泉，南艘辐辏，米价反平，民借以不饥。这就是一般所说的“济兴泉饥”。

3. 妈祖降魔除妖的传说

这类传说是描述妈祖不畏强暴，勇于与邪恶势力做斗争，抑恶扬善，不屈不挠。如“收服晏公”、“收服二怪”。

在《天后圣母事迹图志》中亦有类似的描述。

“投法绳晏公归部”

晏公是什么人？据史料记载：“时毗陵为张士诚之将所据，徐达屡战不利，太祖亲率冯胜等10人往援，扮为商贾，顺流而下，江风大作，舟将覆，太祖惶惧乞神，忽见红袍者挽舟至沙上。太祖曰：‘救我者谁也？’默闻曰：‘晏公也’。”及定天下，“太祖乃封其为神霄王府晏公都督大元帅，命有司祀之”。后来，被妈祖制伏，当了天后的总管。《天后圣母事迹图志》第十三幅图“投法绳晏

托梦济饥

收服晏公

收服二怪

公归部”，就是描绘妈祖收服晏公的情景。

“破魔道二嘉伏地”

嘉应、嘉佑是二魔，有时在荒野中、有时在巨浪中为害。当客舟中流时，则现赤面金装，在船前鼓跃，妈祖乃变宝舟，嘉佑则弃客舟而来到妈祖舟，妈祖念咒压之，嘉佑遂惧服。嘉应从山路侵犯妈祖，妈祖则拂尘霾，任其跳跃，终不离原地，遂惧怕而逃，因其魔心未净，后岁复作，乃得归正。另说：“后念嘉应未归正道，定为妖孽，乃化一舟乘之，应见即冲潮登舟，坐于桅前，及岸。后见立船头，应乃仓皇请宥，并收为将。”这就是一般所说的妈祖“收服二怪”。

“临海沣法驱二孛”

这是描述妈祖高悬云端，使二将驱赶二龙，岸边众人观望之情景，生动地描述了妈祖驱逐海怪的故事。

“演神咒法降二将”

这是描述妈祖收服千里眼、顺风耳两将的过程。

有关千里眼、顺风耳的传说甚多，最早传说殷纣王有两个神武的兄弟，一名高明，能眼观千里，故名千里

收服二龙

收服千里眼、顺风耳二将

眼。一名高觉，能耳听八方，故称顺风耳。当周国和殷国打仗时，周国乱敲金鼓，顺风耳的耳失去作用；周国又大张旗幡，千里眼的眼也不能发现周兵，两人战死，但灵魂未死，游荡于桃花山上，兴风作浪，无恶不作，后来被妈祖降伏，充当妈祖的助手和护卫（《台湾民俗大观》第三册，大成出版社）。

“草弹章托梦除奸”

托梦是妈祖显圣的一种重要形式，从中国妈祖庙的兴建历史，可知最早的妈祖庙都是因妈祖托梦而建立的。妈祖与恶势力的斗争，也有出现于托梦的传说中，以沟通神与信徒的联系。《天后圣母事迹图志》中“草弹章托梦除奸”图，所绘就是妈祖托梦却敌的斗争形式。

托梦却敌

描绘嘉靖年间，严嵩当国，朝政不修，吏治腐败，严嵩父子骄奢淫逸，贪得无厌，陷害忠良。御史林润拟上疏弹劾，妈祖托梦给他：“本上必准”。后果应然。

4. 妈祖护佑朝廷使节、漕运，以及助战逐敌的神话

妈祖护佑朝廷使节的神话很多，其中以路允迪出使高丽最为突出："宋路允迪、李富从中贵人使高丽，到湄州，飓风作，船几覆溺，忽明霞散绮，见有人登樯竿旋舞持柁甚力，久之获安济。中贵人诘于众，路允迪、李富具列对南面谢拜曰：'……保君纶不辱命者，圣明力哉，亦妃之灵呵护不浅也……'还朝具奏，诏封灵惠夫人。立庙于湄洲……"（《三教源流搜神大全》卷四）。又程瑞学《天妃庙记》载：宣和五年（1123），给事中路允迪以八舟使高丽，风溺其七，独允迪舟见神女降于樯而安济。事闻于朝，赐庙额曰："顺济"。《天后圣母事迹图志》中，也有妈祖护佑朝廷的神话。

护佑郑和脱险

"波涛中默佑漕舡"

妈祖到宋代成为海神，到了元代仍是海上保护神。元建都于大都（北京），需要的粮食必须仰仗于江南，每年要从南方运粮300万石。运河投资大，又多年失修，运力深感不足，漕运由河运改为海运，但海上风险大，为防止海难发生，只能求助于海神妈祖。"波涛中默佑漕舡"图就是描绘元天历元年（1328）九月时，有一只漕船在海上遇险，妈祖立于云端，使漕船转危为安的情景。

"闻鼓吹郑和免险"

到了明初，天妃有护海运舟之功，洪武五年，封孝顺纯天孚济感应圣妃。永乐年间，郑和七下西洋，经过大洋时，"舟将覆和默祷空中，俄闻天乐浮空，宛见神立桅端，风平浪静。归朝复命，奏上，奉旨遣官致祭"。永乐五年（1407），郑和下西洋归来在南京兴建天妃宫，此后出使琉球、暹罗、爪哇、满剌加等国，"以祭告为常"。永乐七年郑和经锡兰山国，其王亚列苦奈儿负固不恭，谋害舟师。"神助而擒其王"，神即海神妈祖。《天后圣母事迹图志》中"闻鼓吹郑和免险"图，就是描述郑和于永乐元年（1403）遇险得救的情景。

"救柴山坠水再生"

妈祖护海救护郑和次数最多，上述只举一例，但护海之功，不限于护送郑和舟师。《天后圣母事迹图志》中的"救柴山坠水再生"图就是描绘明洪熙元年（1425）大臣柴山在海上遇难，得到妈祖营救的情景。

"拥巨浪舟楫无虞"

这是《天后圣母事迹图志》下册第十二幅图"拥巨浪舟楫无虞"，描绘妈祖保佑明朝战船的情景。说的是明洪武七年（1374）泉州卫指挥周坐领战船哨捕遇风搁浅，

护运漕船

护佑大臣墜水再生

保佑战船

船上人环泣呼救，忽见神火荧煌，不久巨浪荡浮，送船达港。周坐即在泉州建妈祖庙以报德。

“解军渴涸井流泉”

这是《天后圣母事迹图志》下册第十九幅图，描述了清康熙二十一年（1682）十月靖海侯施琅率战船多艘驻扎在莆田县的平海，缺乏饮水，妈祖神示后，才得到充足饮水的情景，至今当地还留有“师泉”井，为当地著名的古迹之一。《敕封天后志》所称的“井泉济师”，指的也是这件事。左边文字说明：“康熙二十一年十月，靖海将军侯施奉命征剿，师屯平海，地多斥卤，樵汲维艰，惟神宫前一小井，炊爨弗继，将军求祷之，而清泉泛溢不异，耿恭拜井之奇，爰勒曰‘师泉’作志以著灵显。”

“赖神功澎湖破贼”

这是《天后圣母事迹图志》下册第二十幅图，描绘了清康熙二十二年（1683）六月，施琅将军奉命征台，路过澎湖，萑苻窃据要津，难以径渡，施琅严饬号令进兵。传说士卒舟中咸谓恍见神妃如在左右。后澎湖收复肃清报

井泉济师

捷，平海人入天妃宫，咸见天妃衣湿，左右二神将手起泡，观者如市，方知即是神灵阴中默助之功。台事毕，奏神功，钦差礼部郎中雅虎等，赍御香帛至湄洲祖庙致祭，并特封为“护国庇民妙灵昭应仁慈天后”，时为康熙二十三年（1684）甲子。

“赴琉球阴护册使”

这是《天后圣母事迹图志》下册第二十二幅图，描绘妈祖保护清朝大臣汪楫出使琉球的画面。图左文字说明：“康熙二十二年，钦差汪楫、林麟焻等册封琉球。六

澎湖破贼

月二十日谕祭天后于怡山院。是时东风正猛，不意行礼甫毕，而南风三昼夜，直达迎恩亭。琉球骇为飞渡，复命奏请春秋祀典。”

“平台匪敬答神庥”

这是《天后圣母事迹图志》下册第二十四幅图，描述台湾朱一贵聚众举事，清军征战不克，后请妈祖神助，才把战事平定下去。图左文字说明：“康熙六十年（1721），台匪朱一贵乱，提督蓝六月兴师，十六日攻鹿耳门，克复安平镇，及潮退之际，海水加涨六尺，各舟直入，贼惊骇奔逃，台地悉平，奏请赐赠匾联，并追封先代。”

朱一贵（1689~1721），福建长泰人，小名祖，明亡后迁居罗汉门（今台湾高雄旗山镇），以养鸭为生。康熙六十年（1721），因知府王珍税敛苛虐、滥杀无辜，遂率众起于凤山罗汉门，诈称朱明后裔，号称“大明重兴元帅”，各地纷起响应。在诸罗的赤山取得大胜，旋杀清总兵欧阳凯，人数发展到30万，陷府城，占全台，称中兴

阴护册使

平定台乱

王，年号永和，封官爵，封国师、太师、国公等无数。清政府从闽浙调兵渡海进攻，朱一贵战斗失利，被俘于诸罗（今嘉义）沟尾庄，槛送京师遇害。

笔者认为：满族是中华民族的一个重要组成部分，满汉都是一家。清政府是当时中国的中央政府，台湾又是中国不可分割的领土，属福建省的一个府，叫作台湾府。清朝皇帝为了国家主权和领土完整，反对分裂，出兵平定，无可非议。朱一贵起事可以说是“官逼民反”。只有实行民族平等，惩治各级官吏贪污巨敛、腐化堕落，废除对人民的横征暴敛和苛捐杂税，勤政爱民，处处为广大人民谋利益，才能长治久安。

第二节　妈祖信仰的传播

妈祖信仰的传播由湄洲沿海北上南下，再由沿海向内陆发展，其标志是各地信徒建立的妈祖庙（或天后宫、天妃宫……）。除各海口、码头、内河岸埠外，东南亚、南北美、日本、朝鲜、新加坡以至全世界有华人聚居的地方都有妈祖庙。所以妈祖成为国际性、世界性的信仰，其中闽台两地最多。各地的妈祖庙都以湄洲的妈祖庙为祖庙。

全世界究竟有多少妈祖庙呢？

福建省档案馆编著的《近代福建社会掠影》一书第280页载，全世界华侨聚居地建有天后宫（妈祖庙）不下千座。

黄国华编著的《妈祖文化》一书第55页载：（福建）全省共有806座，第61页载：广东……历史上全省至少约有250座妈祖庙，其他各省该书都有详细数字，总和远远超出千座。

徐玉福编注的《妈祖庙宇对联》一书“序一”作者林文豪说：据不完全统计，目前全世界约有二千五百座妈祖庙，祖国大陆按清末的地方志资料统计约一千二百座，今建筑物尚存并有香火的约五百座，台湾省据1987年报刊公布的统计资料说超过八百座；港澳地区五十七座；外国有一百三十五座，分布在日本、韩国、泰国、越南、柬埔寨、缅甸、文莱、新加坡、马来西亚、印尼、印度、菲律宾、美国、法国、丹麦、巴西、阿根廷十七个国家。林文豪系福建莆田市湄洲天后宫祖庙董事会名誉董事长，其统计资料极具权威性。

《妈祖庙宇对联》一书的作者徐玉福则认为：据最新有关资料统计目前全世界信奉妈祖的信众约近三亿，妈祖庙宇估计在一万座左右，其中台湾、福建占一半，香港、澳门约二百座，大陆其他省市三千至四千座，国外一千多座（该书后记）。徐玉福是为了搜集妈祖庙的对联，亲自进行实地调查并从互联网上得到各方支持，从而取得巨大成果。

一、传播八闽

妈祖信仰源于莆田湄洲岛，据不完全统计，福建全省共有妈祖庙806座。莆田占三分之一多。福州、长乐、福清、平潭、霞浦等沿海地区都有妈祖庙，而漳、泉等地更为普遍。据福建省档案馆编著的《近代福建社会掠影》第279页陈咏民所写《妈祖信仰源自大陆——海峡两岸的天后宫》一文及插图，福州妈祖宫始建于南宋，原址在水部门城垣下。明代在河口湾里另建了一座。城内、南台有四十多座，同乡会馆亦奉祀妈祖婆婆。我国沿海各地尤其闽台两省沿海渔村和城镇多建有天后宫（妈祖庙），甚至连远离大海的山区县，也有不少天后宫（妈祖庙）。

晋江市安海朝天宫，俗称“妈祖宫”，位于“海埔”。原建于海边小岛上，昔时四周均有海水环绕，形成“海吐珠宫”胜景。《安海志》载：原有“三落一船亭”，“日极沧浯远近舟”。匾曰“神山观”，谓若海上三神山也。随潮汐浮沉，天造地设。宫前石坊前镌“山海壮观”字样。有一组安海风光照片为1930年初拍摄，其中一幅为“朝天宫”，这是仅存的一幅安海朝天宫的历史照片。可见前后三座大殿，殿前有三座山门，还有东西配殿，祀二十四司，规模宏敞，俨然一大佛刹。因年久失修，已有部分倒塌。1938年5月13日，朝天宫被日机炸毁，死宫中尼姑两人。从此，“海吐珠宫”胜景消失了。

陈咏民同志说，“泉州天后宫，是国内外所有港口所建妈祖庙中规模最大的一个”，这值得商榷，主要是作者没有指出年限。黄国华编著的《妈祖文化》一书记载：松山天后宫，亦称澳尾宫、阿婆宫、妈祖宫、妈祖庙，曾称清海宫，位于松山澳尾的洄澜岸口上的福宁湾，建于北宋天圣年间（1023~1032），与湄洲扩建祖庙同年，比公元990年海商三宝创建祖庙迟30多年，比泉州天后宫（建于1196年）和莆田白湖顺济庙（建于1157年）都早100多年，是福建境内仅次于湄洲祖庙的第二大天后行宫。由此可知，松山天后宫比泉州天后宫更早更大。

安海朝天宫（1930年摄）

上杭天后宫

浯埔天妃宫

亦称泉州南门天妃宫。在今泉州市鲤城区天后路一号。

当然，泉州自唐代以来，海外贸易繁盛，有“东方第一港”之称。莆田、仙游二县北宋初原隶属于泉州，宋太平兴国四年（979）才隶于兴化军，故泉州人自称“妈祖一半是泉州”。据《泉州府志》记载，泉州建有许多妈祖庙，其中浯埔是中外商船的停泊地，宋庆元二年（1196）浯浦海潮庵僧觉全，梦神命作宫，乃由里人徐世昌建天妃宫，宫号顺济。此宫规模颇大，有三殿、山门、两廊、两亭，甚为壮观。

《元史》称天妃为“泉州神女”。可见，泉州在天妃信仰传播中的作用和地位。此宫历朝屡修，后毁坏。1984年泉州文物管理委员会主持修建大殿、恢复旧制。1990年台湾同胞捐资重塑天后金身，重建山门。同时还修复了戏台、钟鼓楼、东西两廊及两轩、寝殿和左右斋馆等建筑，并续建梳妆楼。此宫素有“温陵圣庙”之称，是海内外建筑年代最早、建筑规格最高、规模最大的天后宫之一，也是被国务院审定公布为全国重点文物保护单位的天后宫。正殿大门对联有三：

其一：“顺风天意涉川利，济险神功佑国灵”。

此联悬于正殿大门两旁，下款“台湾省彰化县议会议员施长溪敬献”。

其二：“晋水溯源流，泉鹿人文同一脉；湄洲传灵迹，闽台香火并千秋”。

此联悬于正殿大门两旁，下款“鹿津施文炳”。

其三：“大海茫茫，到无岸无边，观于天，天高在上；

飓风发发，正可危可惧，徯我后，后来其苏”。

此联悬于正殿大门两旁，上款“乙亥重阳吉旦重录清泉州天后宫旧联”，下款“台湾高雄侯铭赞敬献里人黄泽民敬书”。原联作者张南山。

由正殿大门进入正殿，尚有许多对联，其中，清泉州知府徐汝澜作的一联为“德配坤维，鲸波水息；恩涵海甸，鳌殿常新”。镌于正殿内柱，上款“嘉庆乙亥嘉平之月析津徐汝澜敬题”，下款“道光二十五年吉日宁福郊重修”，较为古旧，其余多为当代历史学家题刻。

福建内地山区也出现对妈祖的崇拜，妈祖信仰遍及闽西。据载：龙岩早就有天后宫，如黄坑、东岗、赤水、南桥坂、东桥坂都建有天后宫，除赤水天后宫仅存外，其余均废圮。

1935年维修后的永定西陂天后宫

龙岩新修天后宫

闽西第一座天后宫，不是龙岩天后宫，而是汀州天后宫。汀州天后宫始建于南宋末，距今700多年。汀州素有“上河八百，下河三千”之称，为祈求水上往来安全，汀州先民把妈祖神灵从莆田迎到了长汀城。至今，汀州仍保留数十座妈祖宫庙。

远在武平县的太平山，也有一座妈祖庙，香火经久不断。

闽西永定有西陂天后宫。因永定的条丝烟远销东南亚各国，经营者漂洋过海、吉凶难卜，尤寄望于海神天后娘娘的庇佑，因此永定沿河各乡镇普遍修建“天后宫”。据查永定境内建造的天后宫多达39座，其中，以西陂宝塔式7层建筑的天后宫最为著名，全国类似的仅有3处，其中北京、苏州各有1座，均已崩塌，唯独这里的幸存。

黄国华说西陂天后宫的创建人林祥瑞系永定乡绅，富甲一方。其养子林大钦是明嘉靖十一年（1532）丙辰科钦点状元。父子双双希冀仕途腾达、福荫后裔，乃合计营造西陂天后宫，经奏请嘉靖皇帝恩准后，按照北京文塔形式规模，于明嘉靖二十一年（1542）动工兴建，至清顺治十六年（1659）落成。后又进行过3次较大维修、扩建。

顺便一提，漳平花乡永福是闽西一大集镇，又是去往闽南的东南门户。这里有较具规模且香火兴盛的三座天后宫，相距只四五千米，较为著名的有号称“燕溪毓秀”的花乡妈祖宫。而寻常百姓在家中设炉、敬奉妈祖的则难以计数。

二、向北传播沿海省市

（一）闽、浙、江南妈祖信仰

自南宋开始，妈祖信仰逐渐北上。据载：温州、瑞安、平阳、临海、镇海、海宁、鄞县（宁波）都有顺济、灵慈、天妃宫的记载。杭州则有艮山祠（顺济庙），传说

江苏太仓刘家港天妃宫

有一次钱塘江大潮决堤，潮水涌至艮山祠前而退，人们立即筑堤保住了杭州城，幸赖妈祖神灵显应。上海、镇江也有南圣妃宫、天妃宫的记载。江苏吴县（苏州）至刘家港之间，有大庙宇23座，其中吴县（苏州）天妃宫建于元泰定四年（1327），规模首屈一指。太仓的天后宫，旧名灵慈宫，元至元二年（1265）建，据说是元代一座具有代表性的妈祖宫。明永乐年间（1403~1424），郑和、王景弘

漕运保泰圣迹图

元至顺元年（1330）粮船遇风，樯倾楫摧之时官吏祈祷天后，言未已，恍见空中有朱衣翠盖飘至舟前，遂风平浪息。

出使西洋归国后，在南京建天妃宫，祭祀天妃，并于永乐十四年（1416）立天妃宫碑，记述建立天妃宫的缘起及其下西洋的一些史实。

随着南北漕运的发展，妈祖成为南北漕运的保护神。妈神信仰进一步由南向北迅速传播。

特别一提，绍兴天后宫原有50多处。普陀山的福泉庵原名就是天后宫。

（二）山东妈祖信仰

在山东沿海地区，也有许多妈祖庙，其中以蓬莱阁及长岛县的庙岛最为著名，当地都有不少传说。

笔者曾于多年前亲自到山东考察并在蓬莱阁等地留影纪念。青岛、烟台都有天后宫，烟台的天后行宫又称为福建会馆，在芝罘湾畔，由福建船帮兴建。

蓬莱及庙岛位置图

蓬莱阁天后宫位于蓬莱市城北丹崖山巅，始建于北宋嘉祐年间，占地面积19000平方米。

蓬莱阁天后宫有两副对联：

其一："英风远届江天外，神德长垂泽国中"。此宫原名灵祥宫，历元明屡赐碑额。

其二："祐一方潮平岸阔，护环海风正帆悬"。

庙岛显应宫俗称娘娘庙，位于山东长岛县庙岛（古称沙门岛）上。北宋宣和四年（1122）由福建船帮集资兴建。明崇祯元年（1628）左都督杨国栋奉旨扩建。后多次重修，形成四合院式的古建筑群，占地90多亩。正殿原存有元代壁画和铜鼎，以及300多条古代船模，后殿尚存宋铸天妃坐像和青铜穿衣镜及爵鼎等祭具，为全国所仅见。1983年此宫辟为长岛航海博物馆。

笔者身后即蓬莱阁

小蓬莱

蓬莱阁正殿

庙岛显应宫有两副对联：

其一，为明洪武年间镌刻，“救父海中，浑身是铜墙铁壁；警心梦里，夙世有慧业灵根”。

其二，为沈鸿烈（原东北海军司令）于1928~1933年驻岛时所撰，刻石于庙，“海上息鲸波，从此风调雨顺；山中开贝阙，应知物阜民康”。

庙岛显应宫（娘娘庙）每逢七月七日必办盂兰盆会。福建船帮在此聚会，热闹非常，当地对此有不少传说。

（三）河北、天津妈祖信仰及世界三大妈祖庙

过了山东进入河北省。河北的山海关、北戴河的老虎石、秦皇岛、金山嘴山岗都建有天后宫。天津天后宫元泰定三年（1326）重建。津门原有16处，其中直沽天后宫为最大。

据说广东有一个大古董商，带着价值连城的货物乘船北上，船到黑水洋岸遇到风浪，把桅杆刮断了，船只即将翻覆。这时富商哀告上苍，祈求保命，一旦保住性命，日后一定修庙宇。这时忽然眼前一片光明，抬头一看，有一位神女站在船头，伸出手臂，向天空挥了几下，风浪立即平静下来，随即神女不见了，富商又惊又喜，认为是娘娘救了他们，古董商到了天津直沽后，出资修建了娘娘庙宇。

这座庙宇几经重修扩建，“文化大革命”期间遭到严重破坏。1985年1月对其大修。此宫与福建莆田湄洲妈祖祖庙、台湾北港朝天宫并称为世界三大妈祖庙。

天津直沽天后宫

牌坊后面为前殿、正殿、凤尾殿、藏经殿、后殿（启圣祠），以及分列南北的钟鼓楼、配殿、张仙阁等。占地5352平方米。牌坊正面有匾额“海门慈筏”，木刻蓝底楷书金字。背面匾额“百榖朝宗”。前殿正面有匾额“三津福主”，木刻黑底金字，系天津道副使薛柱门所献。

1922年的湄洲妈祖祖庙太子殿

北港妈祖神像在爆竹声中起驾绕境情形

今日湄洲妈祖祖庙

经过大修后，今天的湄洲天后宫已成为世界三大妈祖庙之一。

1922年的湄洲妈祖祖庙御赐亭

1922年的湄洲妈祖祖庙

台湾云林县北港镇的朝天宫是全台湾香火最盛的庙宇。也是世界三大妈祖庙之一。

该庙建于康熙三十年（1691），几次改建，几次重修，在台湾地区有重要地位。妈祖神像是从湄洲祖庙分灵来的，再从北港分灵已传到世界上26个国家和地区，可见妈祖在世界上的影响之大。信众每年三月二十二日都要抬着妈祖神像绕境，各户房门大开，迎神求吉，投掷鞭炮，习以为常。次日大甲镇妈祖回娘家，使北港朝天宫祭祀活动达到最高潮，热闹非凡。

传说同治元年（1862），发生戴万生事件，嘉义城被围，变民欲攻打北港，人心惶惶，纷纷去祈求妈祖神灵，妈祖书“战吉矣”，北港人团结奋战，终获胜利，仅伤二三十人，而变民则死伤数百人之多。

（四）辽宁妈祖信仰

过河北再北上进入辽宁省。辽宁的沈阳、丹东、大连、旅顺、营口、辽阳、庄河等地均有天后宫。锦州天后宫创建于雍正三年（1725），建筑材料是由福建茶商运来的。宫内有二十四孝壁画，并保存有清嘉庆十年（1805）铸造的铜钟。

东沟大孤山天后宫建于乾隆年间。宫内原供有数十艘船模。

金县天后宫建于乾隆五年（1740），是山东船户修建的，又名山东会馆。

兴城天后宫于光绪二十三年（1897）重修。宫内有描绘海神传说及海运情况的壁画，并保存有一座光绪六年（1880）铸造的铁钟。

辽宁锦州笔架山庙内的海神娘娘塑像（李露露摄）

辽宁锦州天后宫

（五）京师妈祖信仰

妈祖信仰在北京也有一定的地位，多为商人、漕运业所信奉。北京通县运河边有两座妈祖庙。北京东便门外通惠河上大通桥边也曾有一座妈祖庙。这是当时从事漕运者建立的，建于元代，是北京最早的妈祖庙。

福建商人在北京修建的工商会馆（又称行馆），如延邵会馆、建宁会馆等，馆内开辟有妈祖神殿，供祀妈祖。

（六）东北江河航线妈祖信仰

东北江河航线，如鸭绿江、松花江、黑龙江、乌苏里江、图们江上航行的船舶舱内，大都供奉妈祖神像，奉为保护航行之神。

赤湾海景

三、从莆田沿海岸线向南方传播

惠安、东山、龙海、云霄、同安、漳浦、诏安等处，都建有天后宫。其中东山天后宫有4处，一在水案前，一近乌颈，一位于东门外，一附关帝庙右边，均建于明代。

康熙朝《诏安县志》卷八载：悬钟天妃宫凡十所，唯此居第七，最灵应。倭寇陷城，诸庙俱毁，独此见梦，贼惧得存。

赤湾天妃庙崩塌前的正门

（一）广东妈祖信仰

南过诏安便进入广东汕头。

据方志记载，广东省从沿海、沿江到内地共有75个县、市，先后建有妈祖庙共191座。若加上民间散建的至少有250座妈祖宫庙。宋刘克庄前往广东赴任，其家书说：“广人之祀妃者不亚莆田人”。

这是与莆田相邻的仙游度尾南潮宫，中祀妈祖。

汕头的放鸡山、南澳岛均建有天后宫。佛山、仁化、英德、乐昌、澄海、海丰、廉州、东莞、潮州等地都建有天妃宫庙。特别一提，在广东深圳蛇口以西的赤湾，发现南宋赵昺皇帝陵墓，在陵墓附近有座天妃庙。据说南宋亡国之君尸首漂流到赤湾，该日天妃庙的大梁突然落地，人们就以天妃庙大梁做成棺材，葬赵昺于南山。

在崩塌的天妃庙原址上后人重新修建了天后古庙，形制更加恢宏美观。

明嘉靖《广东通志》卷三下《政事志》载，广州府天妃庙在归德门外五羊驿之东。清康熙《番禺县志》卷九《祀典项》载：天妃宫在五仙门内，莆田林氏女……明洪武元年（1368）征南将军廖永忠建。敕加圣号，春秋二仲癸日，有司往南海神致祭。廖永忠当年与汤和平定福建之后，又与汤和率军

赵昺陵墓被深圳市列为文物保护单位

赵昺陵墓（在深圳南山）

南宋最后一位皇帝赵昺童子神像

新建的天后古庙正门

正殿祀妈祖神像

新建的钟楼

天后古庙内院妈祖塑像

由海道进攻广东，那时他所建立的祠庙极受广东人民群众的爱戴和信仰。据载，廖永忠所建祠位于五羊驿左。“凡下洋造船，别为一小舶如制，置神前，覆溺倾欹，兆必先见。遇颠危虔祷，即有火集桅上，或江鸥一只，舟可无虞。”

汤和像

广州的地方志亦有此记载：

天后宫，在归德门外五羊驿东，明洪武元年（1368），征南将军廖永忠建。康熙五十九年（1720）重修。天后，自宋封“顺济昭灵应惠夫人”，元至元二十五年（1288）加封“南海广祐明著天妃”，明封“护国昭孝纯正灵应孚济圣妃”，康熙十九年封“护国庇民妙灵昭应宏仁普济天后”，乾隆二年（1737）加封“福祐群生”，二十二年加封“诚感咸应”，丁酉年（乾隆四十二年）平台湾林逆,又加封“显神赞顺”。

每岁春秋仲月上癸日致祭天后庙，祭品未有定例，礼仪与文昌庙同。支祭品银一两八钱，在地丁项下动支。（《阮通志》）

上文丁酉年即乾隆四十二年（1777）似误记，应为乾隆五十二年（1787）丁未年。

2009年农历三月二十三日是妈祖诞辰，由南沙区旅游局、南沙天后文化学会、南沙技术开发总公司共同主办以弘扬妈祖文化为主题的“广州南沙妈祖诞辰文化旅游节”，在南沙天后宫隆重举行，参加信众达10万多人（包括港澳台近万信徒）。

南沙大角山的天后宫，据云是目前全世界规模最大、建筑造型精美、最为壮观的天后宫。

妈祖诞辰文化旅游节是在6位嘉宾敲响重1.5吨、直径达3米的大锣中开幕的，2条28米的长龙、40头威猛南狮的表演，令现场气氛达到高潮。

旅游节举行祭祀妈祖仪式盛典，按照习俗，祭祀活动是从数百名当地渔民中选拔出16名成年男子和9名成年女子，穿上珠江口渔民传统的“大襟衫”，进行祭祀巡游活动。

五仙门旧址

左侧楼房为五仙门发电厂（基址即廖永忠所建五仙门天妃宫故地）厂房外围建筑（今越秀区沿江路）。右侧为珠江及海珠桥。（何伟、蔡美容摄赠）

清代广州城

广东揭阳乔林天后宫

建于越秀山南麓三元宫内的天后宝殿

广州南沙天后宫

前身是南沙鹿颈村的天妃庙，1996年由霍英东先生捐资重建。

参加祭祀妈祖仪式的男女身穿“大襟衫”

八卦花坛

南沙天后宫的八卦花坛，有12头身着彩妆、神态各异的“金牛”围了花坛一圈。八卦型花坛代表阴阳乾坤，而12头金牛绕八卦花坛转一圈，寓意“牛”转乾坤，百姓生活越来越“牛”。

（二）海南妈祖信仰

从广东到海南省，据《崖州志》、《琼州府志》载：崖州、琼州、澄迈、安定、文昌、会同、乐会、临高、儋州、昌化、万州、陵水、感恩等县均建有天妃庙。

西沙群岛古称“七洲洋”、“千里石塘”、“千里长沙”，有大小岛屿二十余个，都是珊瑚礁所构成，属海南省崖州陵水县管辖。中国渔民常年前往捕鱼，并在各岛搭盖棚屋栖止。1909年4月，两广总督张人骏筹办经营西沙群岛事宜，派李准率“伏波”、“琛航”等舰于5月19日出发查勘西沙群岛，并将各岛重新命名，竖旗立碑，向中外重申西沙群岛为中国之领土。

祖国美丽的西沙群岛，由宣德群岛、永乐群岛和一些小岛及暗礁组成，总面积约10平方千米。在军事上、经济上具有重要地位，是中国海军和商船西出印度洋、南下印

鸟瞰西沙群岛（牟健为摄，采自昌太著：《最忆是西沙》）

度尼西亚的海上必经之道。若以永兴岛为起点，西北距榆林港180海里，南距新加坡1065海里，东距菲律宾的马尼拉523海里，西距越南岘港242海里。

李露露著《妈祖神韵——从民女到海神》第176页说：永兴岛海神庙建于清代，……岛上有两座珊瑚石小庙，其中一处是海神娘娘庙，庙内还发现有清代青花瓷香炉。海神娘娘庙，无疑即是妈祖庙。黄国华编著的《妈祖文化》一书第63页则说：西沙群岛珊瑚岛西有座金沙庵，庵内神台上供奉着一尊少女模样的菩萨，这就是有名的海神娘娘。庵门朝大海，有联云："金波碧浪朝圣殿，沙聚银堆立古庵"。这对联无可辩驳地证明，这是中国先民经营的岛屿，它是中国神圣的领土。可惜，金沙庵年久失修，已成危房，对联亦退化看不见了，近人新建一座金沙庵，对联也换了，不知为何不用原对联，实属难解。

永兴岛上新修的妈祖娘娘庙

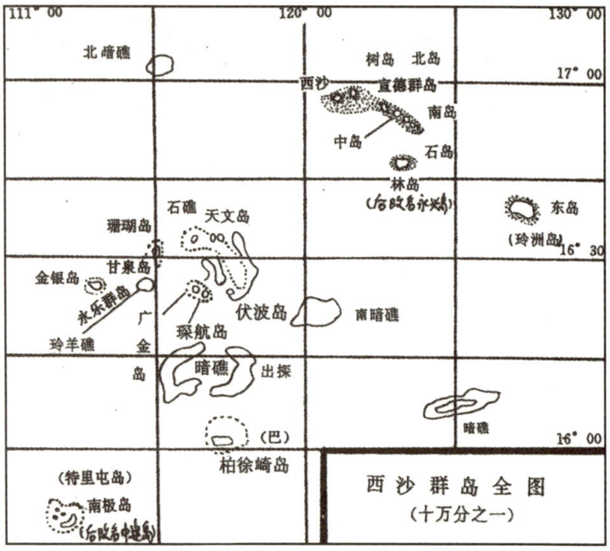

图中之伏波岛、琛航岛、广金岛系勘查时重新以海军军舰"伏波"号、"琛航"号、"广金"号舰名为岛名。又如甘泉岛，勘查时发现有淡水，因以为名（采自《中央日报》，福建，1947年2月6日第三版；并经核对，与《中国海军》月刊创刊号P15相符）。

上图之珊瑚岛，不是珊瑚礁。而广东原信仰伏波神，多处有伏波庙，随着时间的推移、时代的变迁，伏波神信仰被妈祖信仰取而代之，伏波将军的权威下降，伏波庙逐渐颓废，而妈祖的神名开始传扬。这主要出于明代郑和、王景弘下西洋，为了行船安全，乞求妈祖神灵庇佑之故。

1947年为纪念胜利后"永兴"号军舰接收林岛，把林岛改名为永兴岛；纪念"中建"号军舰接收南极岛（特里屯岛），把南极岛（特里屯岛）改名为中建岛。

庙内供奉妈祖

林岛改名永兴岛

新建的金沙庵内的海神娘娘像

珊瑚岛上原有的金沙庵门

新建的珊瑚岛上的金沙庵门

四、向内陆传播

妈祖信仰除在中国沿海各省市传播外，在内陆除青海、新疆、西藏三省、自治区以外的其他各省都有妈祖庙。最近的调查表明，在江西的九江、景德镇，安徽的宿松，湖南的芷江，贵州的镇远，都建有天妃庙。据考证，妈祖信仰传入贵州，与明代不少福建籍官员在贵州任职有关，他们离乡背井，身陷逆境的时候，为求平安，就崇拜奉祀妈祖，这是顺理成章的事。河南的朱仙镇地区还专门雕刻印制一种“天后娘娘”的年画，发行于各省，可见妈祖信仰流传之广。

河南朱仙镇木刻天后娘娘年画（中国国家博物馆藏）

五、向港澳传播

（一）香港妈祖信仰

在香港各种庙宇中，也是以天后宫庙为最多。

在香港岛上建有铜锣湾天后庙、赤柱天后庙、筲箕湾

香港浅水湾新建的露天妈祖像

（采自黄国华编著的《妈祖文化》）

天后庙、香港仔天后庙、大角嘴天后庙、深水埗天后庙、新界地区天后庙等。其中：

大屿山岛有大澳新村天后庙、石仔铺天后庙等4处。

长州岛有大石口天后庙、北社天后庙等3处。

南丫岛有鹿州天后宫等3处。

滨海地方有大鸦州天后宫、荃湾天后宫等14处。

其他小岛有平州天后宫等6处。

内陆地区有元朗大井天后宫等10处。

（参见江山、沈思《试论妈祖神话在港澳深地区的影响》，《妈祖研究论文集》，鹭江出版社1989年版。）

据文献记载，香港在宋代就已建立天后庙，在北佛堂上，人称“大庙”，距今已有700多年的历史，是沿海出现较早的一座天后宫庙。

（二）澳门妈祖信仰

澳门位于珠江三角洲出口，是一个非常良好的渔港。远在5000多年前的新石器时代已有人迹，至宋、元之间的七八百年前，澳门已有人定居了。原住民大多聚居于现今内港沿岸一带，除生活在渔舟上，还来到岸上搭盖简易的茅屋，以避风雨及晒晾渔获物，一直过着简朴的生活。

明正德九年（1514），葡萄牙人阿尔发勒斯第一次来中国广东屯门。次年葡人斐勒斯特罗来华。1517年安

澳门的肇基妈祖阁

1920年前后的妈祖阁

入侵澳门的葡萄牙船只

最早到达中国的西方殖民者是葡萄牙人。1514年到达广东海面，1517年占领了广东的屯门、南头，被逐后于1521~1522年继续在粤、闽、浙一带进行侵扰活动。

德洛德率舰8艘至屯门，直驶广州。施放炮铳，次年竟在屯门建寨，剽劫行旅、掠卖良民，导致“却使”、“绝市”。明嘉靖二年（1523），中葡发生新会西草湾之战，此后葡人退据澳门附近的浪白滘，直至嘉靖三十二年（1553），葡人用欺骗、贿赂手段租占澳门，这是外人进占中国领土的开端。

澳门别称妈阁、妈港，因其地有妈阁庙（即妈祖阁），故又称阿妈港，外人称澳门为Macao即由此而来，妈祖阁是澳门最古老的庙宇，明弘治元年（1488）之前即已存在。妈祖阁与九龙北佛堂天妃庙、东莞赤湾大庙鼎足而立，辉映日月，香火滋盛，舳舻衔接，澳门遂成中西交通枢要。

葡萄牙人来澳门之初，活动范围要受中国条例制约，葡人必须定期向中国政府缴纳地租，中国政府亦于澳门设有衙门、司法、军队、海关、税馆，以加强管治。鸦片战争后，葡萄牙人停止向中国缴纳地租，并逐渐扩大管治范围。

澳门半岛面积，1840年仅2.78平方千米，1863年开始填海，至1991年面积逾6平方千米，比原来增加1.15倍。

妈祖信仰传到澳门已有五百多年的历史，今日当地已

鸦片战争前的澳门

1553年葡萄牙殖民者借口曝晒水渍货物，贿赂地方官员，强行上岸，租占澳门。

澳门正面图（采自何永康：《昔日澳门——明信片集》，1994年11月第一版）

有数十座妈祖庙。规模最大的首推妈祖阁。妈祖阁位于澳门半岛西南端的妈阁山上，庙内包括四座妈祖建筑。

莲峰庙建于莲花山下，故得名。相传道光十九年（1839），禁烟英雄林则徐为防止英国鸦片烟商利用澳门私藏鸦片，特到澳门巡视，并在莲峰庙内接见了葡萄牙

1920年前后的妈祖阁古庙

建在澳门半岛西南端的妈阁山上。

1839年的妈祖阁

1874年9月22日台风过后的大三巴牌坊

大三巴牌坊，旁为1594年由西方传教士建成的圣保罗神学院，是西方人在中国土地上最早的教堂，许多外国教士都来此学习中国文化，并把西方文化带到东方来。1835年教堂失火，只余前壁，便成为今天的牌坊模样。传说教堂内有几条隧道，其中一条通大炮台，一条通关前街李家围，里面藏有大批财宝及艺术品，但各隧道出入口已堵塞，澳门政府曾发起过几次勘探研究，亦没有太大收获，隧道至今仍是个谜。

后人在澳门水塘侧马交石小山上重修的天后古庙

门联："月照明心来圣地，镜台指点出迷津"。澳门有湾，海面似镜，故澳门别名濠镜或海镜。

官员。林则徐来澳，前后只逗留了3个时辰，但已绕澳一周，并到妈祖阁进香，沿途张灯结彩，居民夹道欢迎，所有炮台鸣炮19响。1989年在此建成了林则徐纪念馆，迄今还陈列有林则徐办公用的几案和文具。

莲峰庙

建于明嘉靖八年（1529），林则徐巡阅澳门时，就暂住此庙内。

观音堂

原为普济禅院，建于明末天启二年（1622）以前，因供奉观音菩萨，故又名观音堂。其特别之处为在该院吃斋不必全素，可以宰鸡杀鸭，名曰“斋杂”。

鸦片战争后，美国不甘其在中国的利益落后于英国而强迫清政府签订的“中美望厦条约”，便是于1844年7月3日在此观音堂后山花园内的一张石桌上签字的。

约1900年时的大三巴牌坊

1890年的妈阁海面

妈阁海面是内港的入口，也是内外港的分界线。

六、妈祖在台湾

台湾是中国东南地区最大的海岛，自古以来就是中国的领土。据统计，台湾的妈祖庙至1930年末有335座；1945年增至384座，目前已超过900座（《台湾地区神明的由来》）。其中台南64座，彰化42座。现在约有三分之一的台胞信仰妈祖。所以有人说大陆人东渡也就是海神天后东渡。

大陆向台湾的移民，第一次高潮是明天启年间。颜思齐、郑芝龙海上集团占据台湾北港时，正值福建地区大旱，泉、漳二府贫民大量入台，不下3000人。第二次是南明永历十五年即清顺治十八年（1661）郑成功东渡、收复台湾、实行军屯、广招移民之时，也有许多福建贫民入居台湾。第三次是在1683年郑氏政权结束，清朝统一了台湾，事后实行开发垦殖，也有许多大陆移民入台。庄为玑、王连茂《闽台关系族谱资料选编》（福建人民出版社1985年版）载，到嘉庆时期台湾人口已有两百多万。

俞大猷创建的台湾澎湖妈祖庙即澎湖马公古庙天后宫

重修后的澎湖天后宫正殿
（采自李乾朗著《澎湖天后宫》，台北雄狮股份有限公司1999年7月第一版）

澎湖马公城一角（马公即妈宫的讹音）

（一）澎湖天后宫

据台湾单云生的《海上‘巡检司’》一文说，明初方国珍和张士诚被朱元璋打败后，残部逃到澎湖，勾结倭寇，骚扰大陆沿海。

明嘉靖四十二年（1563），戚继光、俞大猷分别由陆上与海上追捕倭寇，俞大猷一直追到澎湖，设立巡检司，创建妈祖庙，以纪念胜利、坚定士气。

所以，澎湖岛上的天后宫，就是妈祖到台湾的第一站。

明万历三十二年（1604），荷兰殖民者来到澎湖，金门都司沈有容率领大船20艘来到澎湖妈宫港，先礼后兵，与荷兰人韦麻郎交涉，指陈利害，辞气慷慨，凛然难犯。韦麻郎为其胆略所慑，率舰离去。沈有容上岛祭祀妈祖，并立下“沈有容谕退红毛番韦麻郎等”一碑，如今此碑仍嵌在清风阁。

据《天妃显圣录》载，传说清康熙二十二年（1683）六月，施琅率舟师进攻台湾，师次澎湖列岛，严令进兵。舟中士卒都说恍见神妃如在左右。后澎湖收复肃清报捷。平海人入天妃宫，咸见天妃衣湿，左右二神将手起泡，观者如市，方知是神灵暗中默助之功。台事毕，奏神功，钦差礼部郎中雅虎等，赍御香帛至湄洲祖庙致祭，并特封为“护国庇民妙灵昭应仁慈天后”，时为康熙二十三年甲子（1684）。

正殿供奉天后神像

宋元明三朝封为天妃，清初才加封为天后，大陆沿海各省民众尊其为航海神，保护航行安全，在台湾及澎湖则更受尊崇，为保佑平安之神。

天后宫正殿内部景观

从殿内望中庭，巨柱林立，气势不凡。

清风阁文物

清风阁二楼内有许多珍贵的历史文物，包括全台最古老的“沈有容谕退红毛番韦麻郎等”石碑及进士蔡廷兰所题“功庇斯文”匾，具有一定的历史文物价值。

天后宫正殿前左右廊

从走廊经石阶进入正殿，节节升高，显现正殿及内祀神之尊严。

清风阁

澎湖天后宫后殿，是一座五开间的二层楼阁。

沈有容纪功碑

清风阁所藏台湾地区最古老石碑——“沈有容谕退红毛番韦麻郎等”，原嵌在清风阁右壁上，后被取下，字迹已风化。

安平开台天后宫正门

（二）祖庙分灵

台湾的妈祖庙，大多是由湄洲祖庙分灵至台。

1. 安平开台天后宫

安平开台天后宫原建于安平镇渡口，现位于台南市安平区国胜路，与安平古堡、安平炮台等建筑相邻，是进出台湾府城、安平之间的要地。相传永历十五年（1661）郑成功得妈祖之助，从安平入台，并在安平建立了开台天后宫。甲午战败，日本占据中国台湾，破坏庙宇，毁灭文物，还在安平开台天后宫杀害清军战士，当时庙内的三尊神像只好转移他处供奉。1962年5月才在安平水师卫门遗址重建本宫，迎回三尊神像，重兴香火。

据载，郑成功在明永历十五年出师台湾前夕，曾亲到湄洲妈祖庙请3尊妈祖像来台，并在安平渡口建天后宫，名曰“开台天后宫”。这3尊妈祖像（即分灵），本应及时送回，但郑成功来台一年多就病逝，台湾与清廷又开始对峙，不及送回。康熙二十二年（1683）郑克塽降清，台湾复归版图，湄洲祖庙派人来，想用3尊新神像换回原来的分灵，安平开台天后宫不同意，提出以瓷碗进行占卜，要连卜百次，以神意定胜负。双方一占卜，湄洲祖庙连胜100卜，准备要回3尊神像，但安平人又变卦了，说这次只管大妈像，而二妈像、三妈像要另卜，于是又进行第二轮100卜，湄洲祖庙又胜，讨回了二妈像。当第三轮占卜时，直到99次，湄洲祖庙皆胜，但进行第100次占卜时，卜具突然从地上飞起，插在中梁上不下来，湄洲祖庙只好让步，同意把三妈像留在安平，而将大妈像、二妈像带回湄洲。后来安平人自己又塑了大妈、二妈像，凑齐3尊神像，每年还回湄洲祖庙探亲。

湄洲祖庙分灵

台湾安平古堡

台湾北港朝天宫（采自黄国华《妈祖文化》）

2. 台湾鹿耳门圣母庙

鹿耳门圣母庙，建于明崇祯十四年（1641），明永历十五年（1661）郑成功登陆鹿耳门港时，得到妈祖神助，顺利登岸。第二年重建此庙，两侧又建文馆、武馆。正殿妈祖像是由湄洲分灵来的，是全台妈祖的发源地。正殿分前殿、中殿、后殿三进。中殿供圣母像，上层中央神龛奉祀镇殿大妈、出巡大妈、二妈，左边为文馆三妈，右边神龛为武馆三妈。

3. 鹿港天后宫

鹿港又称北港。鹿港天后宫建于明桂王朱由榔永历元年，亦即清顺治四年（1647）。鹿港天后宫亦称北港朝天宫，位于台湾云林县北港镇。宫内有山门、龙柱、石壁、石楣等，山门两侧各有一座八卦门，正殿供有妈祖神像，原为“粉红面”，近百年经烟熏火燎，已变成“香烟面”或乌面。据说这是妈祖救世人的面孔。因鹿港地区是台湾最早建庙的，大甲等地的人都到此进香，抬着妈祖神像回娘家。北港朝天宫香火极盛。台湾居民称该神为“开台

林爽文兵败被俘

林爽文被捕后在北京菜市口被寸磔而死。追随林爽文的南北路义军亦终失败，天地会会众“首从皆斩”。

鹿耳门圣母庙外景

妈”，故有“北有关渡妈，南有北港妈”的谚语（摘自李露露《妈祖神韵——从民女到海神》）。

4. 鹿港新祖宫

鹿港新祖宫位于台湾彰化县鹿港镇洛津里埔头街。乾隆五十一年（1786），台中地区林爽文起事，自称“顺天大盟主”，响应者甚众，一月之内，连破大墩、彰化城、诸罗、斗六门、南投等地，后来又攻克凤山县、台南城，战火燃遍全台。乾隆五十二年（1787）清廷先后调水师提督黄仕简、陆师提督任承恩、总督常青等率师围攻均不奏效，形势危急。后调陕甘总督福康安，率10万大军，从福建崇武澳出发，海中遇险，全军震惊，后得到妈祖庇护，平安抵达鹿港。大军顺利攻克数县，连战连捷，势如破竹，不久平定事件。福康安认为有妈祖相助，请求在鹿港修建天后宫，乾隆帝加封妈祖为“护国庇民妙灵昭应宏仁普济福佑群生诚感咸孚显神赞顺天后”。

笔者按：满族是中华民族的一个重要组成部分，满汉都是一家。清政府是当时中国的中央政府，台湾又是中国不可分割的领土，属福建省的一个府，叫作台湾府。乾隆皇帝为了国家领土完整，反对分裂，出兵平定，无可非议。林爽文起事可以说是“官逼民反”。林爽文同清王朝的腐朽统治展开的斗争虽被镇压，但其壮举已深入台湾各族人民的心中，后来一个接一个的斗争可以证明，残酷镇压不可能解决问题，只有实行民族平等，惩治各级官吏贪污聚敛、腐化堕落，废除对人民的横征暴敛和名目繁多的苛捐杂税，勤政爱民，处处为广大人民谋利益，才能长治久安。

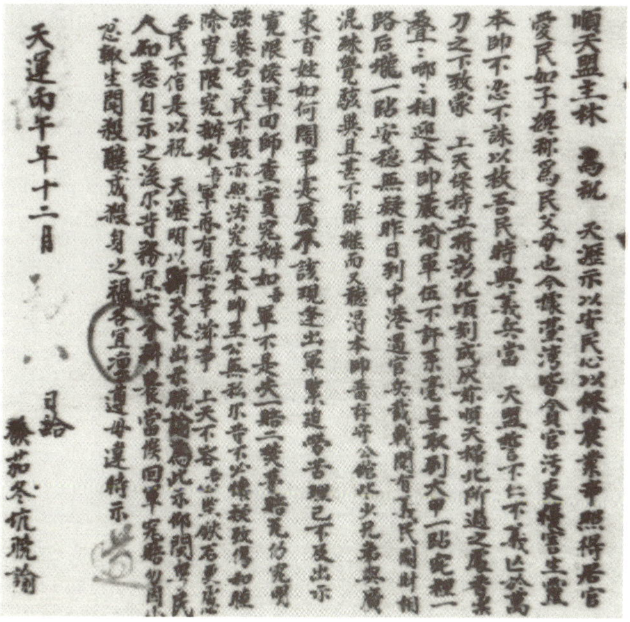
順天盟主林　爲諭　天運示以安民心以保農業事照得居官
愛民如子撫綏爲民父母也今據臺灣皆貪官污吏擾害生靈
本帥不忍不誅以救吾民特興義兵當　天盟誓不仁不義亡於萬
刃之下致蒙　上天保待立將彰化㖿劃成灰燕順天稱北所過之處書某
疊疊哪哪相迎本帥嚴諭軍伍不許系毫無敢到大甲一路寬糧一
路后攏一路安穩無疑昨日到中港過官兵截戰閩有義民閩財相
混殊覺駭異且甚不解繼而又聽得本帥看待公館外少見弟與廣
東百姓如何閩事寔屬不該現奎出單累追嚮書理已不及出示
寬限俟軍回師查實究辦如吾軍不是失一賠二獎賞賠允仍究明
滋擾者吾民不該亦然法究處本帥至公無私爾等不必懷疑致傳和睦
除寬限究辦外吾軍原有無事謗事　上天不容吾心豈欲吾貴[illegible]
吾民不信是以祝　天運明以新天良出示曉諭爲此示仰閩粵民
人知悉自示之後爾等務宜安分耕農當候回軍究辦勿因小
忿輒生鬥殺釀成殺身之禍各宜凜遵毋違特示
天運丙午年十二月　日給
發茄冬庄曉諭

林爽文的安民告示

钦差协办大学士、陕甘总督福康安画像

顺天大盟主印

下令平定林爽文事件的乾隆皇帝

鹿港敕建新祖宫

平定林爽文事件后，福康安认为有妈祖相助，在鹿港修建了新祖宫。该宫为乾隆敕建，如同宫殿，门前有石碑曰：“文官下轿，武官下马”，可见鹿港新天后宫地位之高。

5. 台湾大天后宫

台湾大天后宫又名台南大天后宫、台南妈祖庙。

1662年郑成功病故。明永历十八年（1664）郑经迎接明宁靖王朱术桂渡台，把承天府署南边的西定坊建为宁靖王府，供朱术桂夫妇住。施琅攻台，郑克塽降清，宁靖王及王妃自尽，施琅奏请以宁靖王府邸建大天后宫，康熙二十五年（1686）完工，派人主祭加封“天后”，称该庙为“大天后宫”。

台湾大天后宫三川殿

台湾大天后宫是台湾最早官封的妈祖庙。该宫四进建筑，包括三川殿、拜殿、正殿、后殿四个部分。后殿为宁靖王的斋房，后改为神殿，供有圣母父母、兄弟、宁靖王、历代开山住持，右侧供奉福德正神、月老公，左侧供奉注生娘娘、临水夫人。因与湄洲祖庙关系密切，使得台湾大天后宫成为台湾妈祖的重要祭祀中心。

截至目前，台湾共有大型妈祖庙500多座，以上仅列举了台湾几处最有名的天后宫，以献读者。

七、两岸妈祖同一人，闽台信众是一家

台湾的妈祖庙，除镇殿妈外，其他妈祖神像可供每年轮流诞辰出巡之用。特别是早期的妈祖庙，在例定诞辰日有“遥拜”仪式，即在行“三跪九叩”礼节时，一律面向莆田湄洲祖庙施行。这一俗例充分说明两岸妈祖同一人、闽台信众是一家，特别说明台湾同胞永远怀念大陆的深远意义。

（一）最早来大陆的进香团

1987年，台湾台中大甲镇澜宫率先组团经日本转航湄洲祖庙进香，后来又和湄洲祖庙建立了至亲庙关系，一直保持着密切的往来，进行了多项妈祖文化交流活动，在两岸产生了轰动效应。

据载，湄洲屿人林永兴于清雍正八年（1730）携眷入台，定居大甲镇，当地闽粤居民见到林永兴家中供奉妈祖神像，于是发起营建大甲镇澜宫，几经重修，规模逐渐宏大。因大甲妈祖系从北港分香而来，故每年一度至北港进香，进香日期于每年正月十五日在妈祖神前拈阄决定。由此可知，大甲镇澜宫的妈祖信徒每年往北港谒祖习俗，已有百余年。而且，每年往北港妈祖庙进香，场面壮观，人数众多。这种谒祖进香的盛况，体现了大甲镇澜宫在台湾的地位，可说是著名的庙宇之一。

台中大甲镇澜宫

正殿内供有两丈多高的妈祖像，在主神一侧供有银精将军，即顺风耳，绿面绿衣，耳听八方；另一侧为金精将军，即千里眼，红衣红面，能视千里之外。

（二）参加第四届中国天津妈祖文化旅游节

第四届中国天津妈祖文化旅游节的祭拜仪式2008年10月3日在天津天后宫举行，台湾大甲镇澜宫、北港朝天宫、新港奉天宫等在内的60余座台湾妈祖庙宇都派代表参加。另外，有来自日本、美国、新西兰、马来西亚、菲律宾、新加坡、荷兰等国的2000多友人来津参加活动。

（三）隆重纪念妈祖诞辰1045周年

2003年，福建莆田湄洲岛隆重举行纪念妈祖诞辰1045周年活动，数百位来自印度尼西亚、马来西亚、新加坡等

前为顺风耳后为千里眼

参加祭拜仪式的北港朝天宫代表

台湾大甲镇澜宫带来的神佛表演

东南亚国家及港澳台地区的妈祖信徒，来到妈祖故乡湄洲岛祖庙进香祭拜。

（四）台湾苗栗县进香团

2004年，台湾苗栗县组织进香团到湄洲妈祖祖庙进香朝拜。

台湾苗栗县进香团

台湾苗栗县进香团在湄洲祖庙朝拜进香

（五）隆重纪念妈祖诞辰1047年及金身巡游台湾10周年

2005年5月9日是妈祖诞辰1047年，又是湄洲妈祖金身巡游台湾10周年的日子，为了隆重纪念这个日子，决定当日在福建莆田湄洲妈祖祖庙广场隆重举行纪念会，来自海峡两岸、美国和东南亚的近万名信众参会。

参加祭祀大典的来自世界各地的妈祖信徒

虔诚的信徒在等待庆典开幕

万人拥着妈祖金身进入会场

湄洲妈祖祖庙董事会董事长林金榜领队祭拜

祭祀大典上表演大型乐舞

信徒虔诚膜拜

这种独具特色的妈祖文化经过千年演化已成为华夏文明的重要组成部分，成为海内外炎黄子孙沟通世界各地的桥梁和精神纽带。

（六）福建湄洲迎来史上规模较大的台湾妈祖信众代表谒祖活动

2006年莆田湄洲妈祖祖庙举行谒祖进香活动，先在厦门国际旅游客运码头举行“妈祖接驾仪式”，再前往莆田。据悉，有数千名台湾妈祖信徒代表参加，规模较大。

2006年数千名台湾妈祖信徒代表参加湄洲祖庙谒祖进香活动

热烈欢迎台湾妈祖联谊会暨大甲镇澜宫湄洲妈祖进香团

（七）两岸妈祖金身巡游与台湾50家宫庙进香团来湄洲祖庙朝拜

2007年3月11日海峡两岸妈祖金身在福建巡游，信众沿途争相祭拜，5月9日，台湾妈祖联谊会50家宫庙，由大甲镇澜宫组织7000多人进香团来湄洲妈祖祖庙朝拜，盛况空前。

信众在祭拜妈祖神像

巡游的妈祖金身

妈祖祭典场面之一（传统祭拜仪式）

妈祖祭典场面之二

妈祖祭典场面之三

妈祖祭典场面之四（传统表演）

妈祖祭典场面之五（传统表演）

妈祖祭典场面之六

妈祖祭典场面之七（传统表演）

受祭拜的妈祖像

（八）两岸妈祖同一人，天下信众是一家

2008年10月3日海峡两岸又举行妈祖祭拜仪式。这时，提出“两岸妈祖同一人，天下信众是一家”，团结范围较“闽台信众是一家”扩大了一步。但前来朝拜的仍以台湾信众为主。

台湾信众进入会场

湄洲妈祖戊子年（2008）庙会现场

信众祭拜妈祖

七、妈祖在船政发源地——福州马尾

马江天后宫对联：

汪应辰：

“秋社荐黄花，正箫鼓重阳，证果三生天竺梦；

故乡思荔子，记湖山招隐，先芬一卷邵州诗”。

林宪曾（清举人）：

“岩岫发灵光，喜频年荒裔输材，大选栋梁崇庙祀；

海天留胜迹，忝先世长林分叶，得依俎豆颂宗功”。

祭拜的场面之一

祭拜的场面之二

沈葆桢重建的马尾天后宫（“文化大革命”时期遭到毁坏）

扩建后天后宫夜景

沈葆桢：

“惟神天亶聪明，愿千秋灵爽式凭，俾倕巧班工，何成宝筏；

此地海疆门户，看万顷沧波不动，有冰夷洛女，虔拜云旗”。

又“地控制瓯吴，看大江东去滔滔，与诸君涤虑洗心，有如此水；

神起家孝友，贯万古元精耿耿，望后世立身行道，无愧斯人”。

千里眼金将军对联：

“视远为明，知普度众生，全凭慧眼；

思溺由己，愿永清四海，上慰婆心。”

顺风耳柳将军对联：

“恰当薄海同风，世上痌瘝都人听；

幸为苍生请命，个中消息总关心。”

正殿中祀天后圣母像

正殿左祀

正殿右祀

乾隆时马尾天后宫图

清乾隆二十六年马尾天后宫所在地（载《鼓山志》1761年）。

扩建后天后宫正门

正殿对面戏台

英屿妈祖阁

亭江长安天后宫

亭江东岐天后圣母宫碑

英山境天后圣母宫（英屿天后宫）

亭江东岐天后圣母像

亭江东岐天后圣母宫正殿

20世纪70年代被拆毁前拍摄的马尾天后宫

琅岐下岐天后宫正门

琅岐下岐天后宫古碑

琅岐下岐天后宫大殿（中祀妈祖）

琅岐海屿天后宫外景

庆安澜

琅岐海屿天后宫妈祖塑像

八、妈祖在海外的传播

中国有漫长的海岸线和无数的岛屿，自古以来就与世界各国有往来。妈祖随着其信仰者，如船工、渔户、商人、使者、华侨漂洋过海，逐渐传到异国他乡，以至世界各国，成为一位世界性的唯一航海女神，在世界占有重要地位。

（一）妈祖在马来西亚

马来西亚约有35座天妃宫。马六甲地区有8座，其中青云亭最早；吉隆坡亦有数座。

马来西亚妈祖庙

马来西亚马六甲州最早建立的青云亭天妃宫正门

马来西亚妈祖庙内的天后娘娘圣像

马六甲天后宫的“敦睦乡谊”匾

马来西亚天后宫观景楼

青云亭

马来西亚马六甲州青云亭又称观音亭，始建于明，亭内有天后殿祀妈祖。

青云亭正殿

马六甲兴安会馆天后宫

马来西亚乐圣岭天后宫大门牌坊

马来西亚吉隆坡天后宫

原在雪兰莪州吉隆坡市谐街49号。清末由海南籍侨民集资兴建。1908年移至苏丹街，为两层楼式建筑。80年代初海南籍侨民募资在巴生路乐圣岭兴建新宫，1989年9月建成。新宫占地三万多平方英尺，为全球规模最大的天后宫。祀妈祖。

乐圣岭新宫正殿外景

乐圣岭新宫门额

充满中国古典风味的马来西亚乐圣岭（吉隆坡巴生路）新宫宫门对联："天心遗爱慈仁孝义扬家国；后德威灵救溺扶危震古今"。

（二）妈祖在新加坡

新加坡的天妃庙十分流行，许多华人建造寺庙，有些还被列为国家重点文物保护单位，如坐落在直落亚逸（华人称源顺）街的天福宫就是新加坡最古老的庙宇之一。

天福宫又称天妃庙、天后宫，清道光元年（1821）泉州石狮船帮航抵新加坡，即在这里建起了一座小庙奉祀妈祖。道光十九年（1839）开始自泉州运来材料，兴建大庙，次年建成，并从湄洲岛祖庙迎来妈祖分灵（神像）。宫中正殿祀妈祖，殿之东堂祀关羽，殿之西堂祀保生大帝，殿之后堂祀观音。道光二十九年（1849）于宫左建崇文阁，设华文学校，是为新加坡最早的华文学校。早年的福建会馆亦设在宫内。

宫中藏有清乾隆十年（1745）古钟一口、光绪三十二年（1906）日本制大悬钟二口，还有道光三十年（1850）镌刻的《建立天福宫碑记》。

吉隆坡天后宫内祀的观音等神像

天福宫正殿上方极为美丽的中国式装饰

天福宫

天福宫正殿内景

天福宫正殿上方“波靖南溟”是清光绪帝御赐匾额。“神昭海表”系福建省各府州县诸弟子同敬，上款是大清道光二十年。“显彻幽明”匾额，上款光绪十二年，下款“新加坡领事花翎四品衔分省尽先补用直隶州知府左秉隆敬献”。由于“波靖南溟”系光绪皇帝御笔，字框周围是龙的浮雕，而“显彻幽明”题额者左秉隆又是清政府派驻新加坡的第三任领事，使天福宫身价百倍。尚有许多其他题匾。

天福宫后殿里不但供奉佛祖释迦牟尼塑像，也供奉高1米的孔子坐像，两像遥遥相对。佛祖像左右是观世音和弥勒佛，前面是刘备、关羽、张飞的立像。孔子像上方一条红布贴着“孔子先师”四个字，案上香烟缭绕。这是天福宫与其他庙宇不同的地方。

此外，菲律宾、越南、泰国、印度尼西亚等国都建有妈祖庙，妈祖信仰主要由郑和、王景弘下西洋时传播。

菲律宾有妈祖庙是从明代开始的。越南主要是华侨会馆供有天妃，其中以会安为大，如会安的福建会馆、潮州会馆等都供有天妃像。越南华侨祭祀妈祖保留国内的传统，必奉妈祖神像游街，鼓乐喧天，演戏酬神，热闹非凡。泰国曼谷等地均有妈祖庙，而妈祖是华侨、商人的保护神，妈祖信仰在泰国的特点主要是与佛教传说相结合，在泰国扎根、传播。

天福宫妈祖娘娘像

新建的天后博物馆

新建的天后古庙香云阁

（三）日本的妈祖庙

妈祖在海外传播，以东渡日本为最早，所建妈祖庙也最多。

日本的岐阜市有一座妈祖堂，供奉妈祖神像，由华侨和日本人合建，主神是由台湾北港朝天宫分灵去的。

长崎有三大唐寺即南京寺、漳州寺和福州寺。其特点是把佛祖和妈祖合祀在佛寺中。南京寺又名兴福寺，建于

内供妈祖的日本稻荷神社

明万历三十九年（1611）；漳州寺又名福济寺，亦建于明万历三十九年；福州寺又称崇福寺，建于明万历四十年，崇祯十三年（1640）重建。

日本民族以稻作农业著称，神社内必供稻种，而有些妈祖就供在稻荷神社内。

神户中华会馆内设有天妃宫，1892年创建，由清驻日公使李廷芳和驻神户大阪领事洪遐昌发起建立。

九州的五岛、平户也建有天妃宫。

日本的下北半岛大间浦、茨城县北部的矶原、中部的那珂凑、萨摩半岛的坊津都信奉妈祖。

北海道的青森县也有天妃庙。

日本的妈祖祭祀活动与中国相似，都把妈祖奉为司海之神，陪神都供奉千里眼和顺风耳，如野间权观社的西宫供奉妈祖神女、千里眼、顺风耳三尊神像。

日本的“野间”即妈祖之意。

长崎崇福寺（福州寺）妈祖山门

（四）琉球天后宫

琉球原为中国属国，琉球群岛原有36岛，其中北部9岛、中部11岛、南部16岛，分山南、山北、中山三部分。明洪武五年（1372），中山王统一琉球，朝贡中国，直至清朝，每换一个国王，必表贡册封，举世公认是中国的藩属国。1879年3月，中国因新疆军务未能兼顾，日本趁机宣布合并琉球，改为冲绳县，中国始终未予承认。

琉球的妈祖庙有三处：琉球久米村的上天妃宫、那霸的下天妃宫和久米岛天后宫。因“天妃”封号出现于元、明两朝，“天后”封号出于清康熙敕赐，因此前两者是早期创建的，后者则是晚期建立的。

明永乐年间出使琉球的册封舟

明永乐年间（1403~1424）册封舟、贡船上供奉天妃是十分庄重的。“册封舟尾部建三层楼房，上供奉圣旨，尊主上也，中供天妃，配以香烛，朝夕祈祝天妃，顺民心也。”册封舟开洋前，正使、副使必须先到出发港口的天妃宫，恭奉妈祖神上舟护航。册封舟每经过港、镇、澳停泊之处，当地地方官必须上舟礼拜妈祖。册封舟到达目的地国家，正、副使必须恭奉舟内妈祖神龛上岸，安放在岸上“天妃宫”，朝夕拜祷祭祀。当时琉球使者经常往来于东海，保存下丰富的历史文献，记录了大量的天后灵应事迹，对传播妈祖文化起了重要的作用。

（五）欧美各国的妈祖庙

据各方报道资料，目前已知欧美国家有妈祖庙的城镇难以胜数。如美国旧金山、纽约、加州三藩市、檀香山、关岛均有妈祖庙。芝加哥、休斯敦、夏威夷等地也有妈祖信仰。巴西圣保罗市也有一座妈祖庙，是从台湾分灵去的。欧洲的法国、挪威、丹麦等国家也有妈祖庙。可以说哪里有华侨，哪里就有天妃信仰；哪国有中国商人，哪国就有天妃宫（李露露：《妈祖神韵——从民女到海神》，第206页）。

妈祖信仰传到欧美，有的始于明代，即随着郑和、王景弘七下西洋所走的航线，从中国东南沿海，经过南洋群岛、波斯湾，再传到欧洲去的。陈吉人《丰利船日记备查》、杜文凯编《清代西人见闻录》、博克塞《十六世纪的南部中国》都有记载。

另一条路线是跨越太平洋经过美洲传到欧洲。因这时西班牙人征服墨西哥等地后又西征了菲律宾诸岛，与来往于菲律宾的中国商船发生了直接贸易，西班牙人自然也会受到中国商船上妈祖信仰的影响。1585年出版的冈萨雷斯·德·门多萨《中华大帝国史》、陈荆和《十六世纪之菲律宾华侨》、罗荣渠《中国与拉丁美洲的历史联系》等都有详细记载。这条路线是中国—菲律宾—墨西哥—欧洲，也是妈祖抵达西方世界的重要途径，妈祖从此也从闽台同一人，信徒是一家进而成为世界同一人，华人是一家的国际性、世界性的唯一的海神。

美国旧金山朝圣宫（采自黄国华《妈祖文化》）

第三节　妈祖信俗申报世界非物质文化遗产成功

2009年5月，两岸妈祖信徒开展申报世界非物质文化遗产宣传活动，申报世遗获得成功，妈祖信俗被列入世界人类非物质文化遗产代表名录，这是中国首个信俗类世界级遗产，对保护妈祖文化、传承信仰习俗、挖掘文化内涵、推动妈祖文化广泛传播、扩大世界影响有积极的作用。湄洲妈祖信俗成为国家级非物质文化遗产，湄洲妈祖祖庙成为全国重点文物保护单位。

两岸妈祖信徒签名支持申遗（朱兴鑫摄）

祝贺申遗成功场面

申遗成功两岸人民热烈祝贺

2009年11月1日湄洲妈祖文化旅游节上举行祭祀妈祖活动的一个场景（姜克红摄）

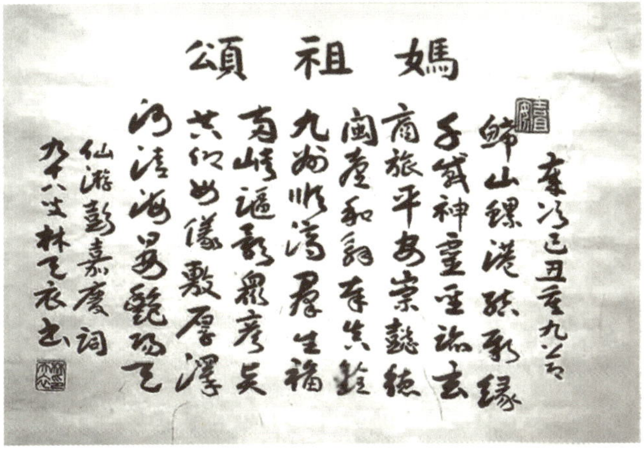

由彭嘉庆作词、台湾98岁高龄的书法家林天衣书写的《妈祖颂》深得两岸人民好评

湄洲妈祖祖庙双喜临门

征引参考书目举要

[1] 黄国华编著.《妈祖文化》. 福州：福建人民出版社. 2003.10.

[2] 李露露.《妈祖神韵——从民女到海神》. 北京：学苑出版社. 2003.5.

[3] 徐玉福编著.《妈祖庙宇对联》. 南昌：江西人民出版社. 2000.4.

[4] 中国国家博物馆藏.《天后圣母事迹图志》（图48幅）.

[5] 李乾朗.《澎湖天后宫》. 台湾：雄狮图书股份有限公司.

[6] 何永康.《昔日澳门——明信片集》. 澳门基金会出版. 1994年11月.

[7] 林文豪主编.《海内外学人论妈祖》. 北京：中国社会科学出版社. 1992.

[8] 林清标纂辑.《敕封天后志》.

[9] 陈国平、林华章主编.《霞浦松山天后宫》. 福州：海峡文艺出版社. 1997.

[10] 陈贞寿.《图说中国海军史·上》（古代—1955）. 福州：福建教育出版社. 2002.10.

[11] 福建省泉州海外交通史博物馆编.《泉州海外交通史迹调查资料—天妃资料专辑》（内部印行）. 1986.

[12] 曾昭璇.《天后的奇迹》. 中华书局（香港）有限公司. 1991.9.

[13] 许在全主编.《妈祖研究》. 厦门：厦门大学出版社. 1999.1.

[14] 董季群编著.《天津天后宫》（内部印行）. 1994.1.

[15] 朱天顺.《妈祖信仰的起源及其在宋代的传播》厦门：《厦门大学学报》. 1986年 2 期.

[16] 廖鹏飞.《盛墩祖庙重建顺济庙记》.《李氏族谱》.

[17]（明）黄仲昭.《八闽通志》（上、下）福建省地方志编纂委员会主编. 福州：福建人民出版社. 1991.6.

[18] 王振铎.《必须加强对天后宫的保护工作》. 泉州：《海交史研究》. 1985年21期.

[19] 江山、沈思.《试论妈祖神话在港澳深地区的影响》.《妈祖研究论文集》. 厦门：鹭江出版社. 1989.

[20]《妈祖研究资料汇编》. 福州：福建人民出版社. 1987.

[21] 林文豪主编.《妈祖千年祭》. 北京：华艺出版社. 1988.

[22]《广州日报》2009年4月19日. 记者李立志、通讯员南宣.

[23]《羊城晚报》2009年4月15日. 记者郑迅、关天夫，通讯员南宣.

[24] 昌太.《最记是西沙》. 北京：华龄出版社. 2004.12.

[25] 庄为玑等.《闽台关系族谱资料选编》. 福州：福建人民出版社. 1985.

[26] 程曼超.《诸神由来》. 郑州：河南人民出版社. 1987.

[27] 吴玉贤主编.《海神妈祖画册》. 北京：外文出版社. 2001.

[28]（宋）李俊甫撰.《莆阳比事》. 明万历乙巳年刻本. 1605.

[29] 林国平、彭文宇著.《福建民间信仰》. 福州：福建人民出版社. 1993.

[30] 陈国强主编.《妈祖信仰与祖庙》. 福州：福建教育出版社. 1990.

[31] 罗永后、肖一平编著.《海神天后东渡台湾》. 福州：福建人民出版社. 1987.

[32] 金文亨、陈国英主编.《莆田历史文化研究》. 厦门：厦门大学出版社. 1996.

[33] 陈道章主编.《马尾船政天后宫》. 2007. 10.

第十二章 明代抗倭战争

第一节 明代的倭患与抗倭战争

明洪武二年（1369），中国海疆不断遭到倭寇的侵犯。明万历《福州府志》卷二五《兵戎志》七载：国朝洪武二年，倭寇侵山东、淮安，明年再入，转掠闽浙。从明初到嘉靖末，抗倭战争持续了200年左右，其间除嘉靖二年到二十五年（1523~1546）尚能相安无事外，其后倭祸扩大，战况剧烈。在大小数百战中，以戚继光、俞大猷领导的抗倭斗争最为著名。

一、倭患的由来

公元57年，中国东汉光武帝封日本君主为“汉委奴国王”。因此中国古代称日本为“倭国”。唐咸亨初，改号日本。

元末明初，日本分裂为南北朝，南北战争相持56年之久。西南部各领主为了筹饷，常派武士们劫掠中国沿海，从朝鲜一直到闽粤一带。起初每股三四百人，劫掠近海州县，夺取财物回来，各领主都变富有了，就把劫掠生涯作为传家事业。经过多年的经营，渔夫船户等游民恶棍也逐渐加入，人数逐渐增加，每股达到八九百人或超过千人，世俗所谓倭寇，最初就是这种海贼。日本南朝灭亡后，有一部分将士不肯归附北朝，都相率下海，扩大了倭寇的队伍。

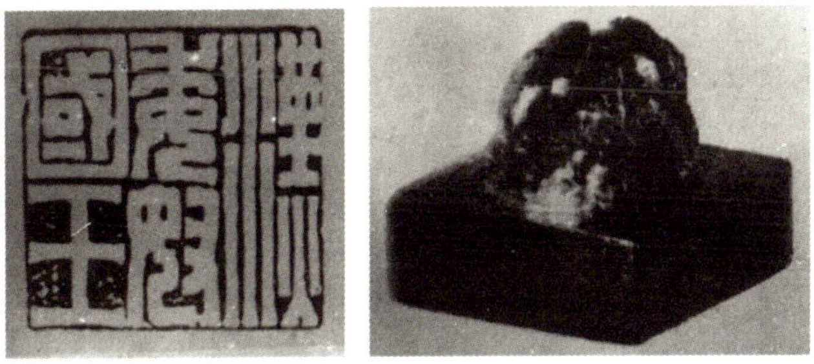

在日本发现的“汉委奴国王”金印

明朝朱元璋俘虏张士诚、收降方国珍后，其残部也有一部分流窜到岛屿上面，就和倭寇结合在一起。而明朝施行海禁，只能禁止正当的国际贸易，而不能杜绝非法的走私活动，何也？寇与商同是人也，市通则寇转而为商，市禁则商转而为盗（郑若曾《筹海图编》卷一一《经略》一）。《海防迁说》也说：私通（番舶）者商也。官市不开，私市不止，自然之势也。又从而严禁之，则商转盗，盗而后得为商矣。

明政府不但禁通番，甚至禁下海捕鱼，滨海而居的人民主要靠海而生，不下海只能坐以待毙，民不得食，因此民贫而盗愈起，愈禁愈乱。再以走私来说，明知海贼贪其厚利，尽管禁令森严，杀之而不能止，禁令不但无效，还为土豪劣绅造发财机会。《筹海图编》引闽县知县仇俊卿的一段话具体地描述了内外勾结走私的情景，仇俊卿说：接济之人，处处皆有，但漳泉为甚，……漳泉多倚着姓宦族主之。方其番舡之泊近郊也，张挂旗号，人亦不可谁何。……甚至有借其关文，明贴封条，役官夫以送出境。……间有一二官军，捕获寇盗人舡，解送官府……著姓宦族之人，又出官明认之曰：是某月日、某使家人往某处粜稻也，或买杉也，或治装买匹帛也。家人有银若干在身，捕者利之。今虽送官报贼，尚有不尽，法合追给。或者有司惧祸，而误行追惩，但据赃证与所言之相对，不料所言与原情实不相同。其官军之毙于狱而破其家者，不知其几也。……以致出海官军，不敢捕获，不若得货纵贼无后患也！（《筹海图编》卷四《福建事宜》）仇俊卿所谓“关文”，是什么衙门发出的？所谓“役官夫以送出境”，官夫为什么会听命于私人，而为他护送通番下海的货物？读者只消读光绪《漳州府志·顾四科传》，便可明白其中内幕。顾四科当时为漳州知府，有“七不肯”之说，其一为不出官票以通番货。

由此可知，当时的走私集团除海商和土豪外，还有地方官吏为他们发关文、出官票（货物通行证）、调遣夫役，以护送走私货品。

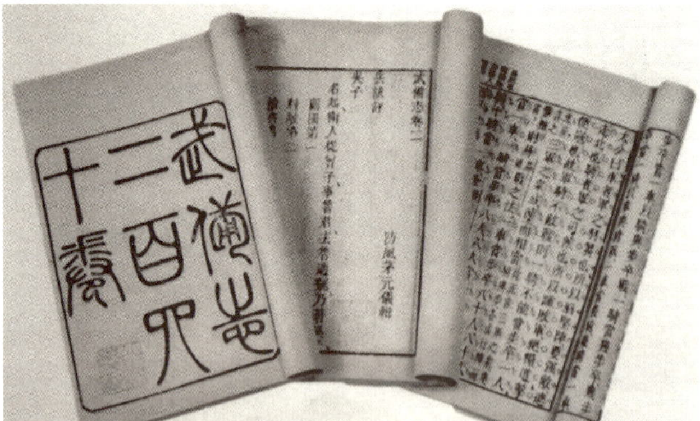
《武备志》书影　明

茅元仪《武备志》说：倭寇拥众而来，动以千万计。……由福建内地奸人接济之也！济以米水，然后敢久延；济以货物，然后敢贸易；济以向导，然后敢深入。（《武备志》卷二一四《海防》六）

综上所述，明初日本各封建主互相兼并，战争中溃败的一些武士、浪人在海上或在中国沿海城市进行抢劫或同不法商人进行走私，并勾结中国境内的窝主、海寇、奸商和流氓等，不断侵犯中国海疆，中国称为倭患，把这些劫掠中国的日本武士、浪人称为倭寇。实则当时的倭寇，还包括潜逃日本的中国汉奸、中国奸商、海盗、窝主等，他们或充当向导，或伙同抢劫。

海盗倭船一次可纠集上百艘，数以千计的倭寇分路入侵，杀人放火、攻城掠寨，严重危害沿海人民。

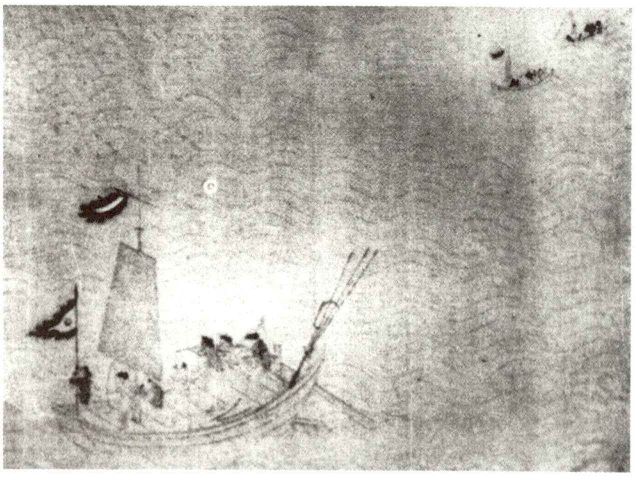
侵犯中国海疆的倭船

手提倭刀的倭寇像

二、明代的海防

倭寇侵扰中国沿海，明太祖朱元璋甚为忧患，遂对信国公汤和说：日本蕞尔夷，而数为侵盗，我不欲与之

蓬莱水城

争，固我封戍而已。卿虽老，强为朕一行！汤和遂请与方鸣谦同行。方鸣谦，方国珍从子，素习海事。汤和常访以御倭策。鸣谦说：倭海上来，则海上御之耳。请量地远近，置卫所。陆聚步兵，水具战舰，则倭不得入，入亦不得上岸。濒海民四丁籍一以为军戍守之，可毋烦客兵也（《明史》卷一二六《汤和传》）。朱元璋认为可以，汤和乃于洪武十七年（1384）出发。行至登莱、淮扬、吴越、闽岭等地，在滨海要害，筑城数十。据《明史稿》之《兵一·防海》载，汤和布置海防，从登莱到浙直（今江苏、浙江、安徽三省——作者）建筑了59座城。

《明史》卷一三二《周德兴传》载，洪武二十年（1387），帝以福建功未竟，又命德兴往福建，以福兴泉

福州备倭烽火台

福州南台的烽火台（亦称烟墩）遇寇登陆，白大放烽烟，夜则举火。此台在今仓山烟台山华南女子职业学院附近。

备倭水城

泉州的烽火台

福建惠安的崇武古城

明洪武二十年（1387）为防倭而建。戚继光曾在此御寇告捷。城围2456米，城基5米，高7米，花岗岩砌筑。

明代浙江沿海军事设施图

漳四府，民户三丁取一，为沿海卫所戍兵；共选15000余人。筑有16城，增设巡检司45个，以防倭寇。其原置军卫，非要害之所，即移置之，具图以进。周德兴与朱元璋同乡，同是濠州（今凤阳）人，时封江夏侯。

明代初期，北起辽东，南至海南岛，沿海卫所设置大致辽东8卫1所，北直隶1卫，山东10卫3所，南直隶（含沿江）9卫10所，浙江11卫30所，福建11卫13所，广东8卫29所，共58卫86所。后来有所增减。如浙江增至16卫33所，福建亦增至16卫20个守御千户所。大大超出初期的卫、所数。每卫官兵一般5600人，下设5个千户所，每个千户所官兵1120人。每千户所下设10个百户所，每个百户所官兵112人。在沿海港口险要之处还设有寨、巡检司、营堡、烽堠（亦称烟墩，遇倭寇登陆，白天放烽烟，夜则举火）。每卫配有战船50艘，每千户所配有战船10艘。《明代倭寇考略》记载：浙江配有战船548艘，广东300艘。明成祖朱棣迁都北京后，大造战船，更新设备，很快使每个卫的战船达到100艘以上。

永乐年间，明朝在沿海各地增筑了大量烟墩城堡用来加强备倭。烟墩（烽火台）的数量，从福建沿海五府州来看，顾炎武编纂的《天下郡国利病书》载：福州府小埕寨界内有67座；福宁州烽火寨界内有36座；兴化府南日寨界内57座，泉州府浯屿寨界内57座；漳州府铜山寨界内30座，合计247座。沿海至少有200多个巡检司，1000多处城、堡、关、寨、烽堠、墩台等，大小不一样，星罗棋布，延绵相续，以点为主，分布在中国东南沿海的海岸防线上，随后数年有增无减，大力加强了抗倭的能力。

明初海防建设的特点：一是重视岛屿设防，“防御之法，守海岛为上”；二是重视战区接合部的设防，一般在接界处均增派防兵，加强防守；三是海防和江防并重。

为了防倭，明朝政府加强海防，在沿海如上所述设置许多军事设施。其中以山东、浙江、福建最多，特别浙江、福建两省。现分述如下：

明代福建沿海军事设施图

表12-1 明代浙江卫所一览表

卫名称	千户所名称	官兵人数	备　注
杭州前卫	左、右、前、中、后千户所	5707	
杭州右卫	左、右、前、中、后千户所	5707	
海宁卫	左、右、前、中、后千户所	1109	
	乍浦千户所	884	
	澉浦千户所	543	

续表

卫名称	千户所名称	官兵人数	备　注
绍兴卫	左、右、中、前、后千户所	5666	
	三江千户所	1373	
临山卫	左、右、中、前、后千户所	5691	
	三山千户所	1135	
	沥海千户所	1131	
宁波卫	左、右、中、前、后千户所	5707	
定海卫	左、右、中、前、后千户所	5707	
	大嵩千户所	1137	
	部巨千户所	1136	
	舟山中中千户所	2277	
	舟山中左千户所		
观海卫	左、右、中、前、后千户所	5695	
	龙山千户所	1279	
昌国卫	左、右、中、前、后千户所	4556	
	爵溪千户所	1133	
	钱仓千户所	1135	
	石浦前千户所	2264	
	石浦后千户所		
台州卫	左、右、中、前、后千户所	4970（兵）	
海门卫	左、右、中、前、后千户所	737	
	新河千户所	881	
	桃渚千户所	428	
	健跳千户所	252	
温州卫	左、右、中、前、后千户所	5707	
	海安千户所	1268	
	瑞安千户所	1280	
	平阳千户所	1250	
处州卫	左、右、中、前、后千户所	500（兵）	
松门卫	左、右、中、前、后千户所	2077	
	隘顽千户所	581	
	楚门千户所	576	
金乡卫	左、右、中、前、后千户所	5025	
	蒲门千户所	1246	
	壮士千户所	1247	
	沙园千户所	1263	
磐石卫	左、右、中、前、后千户所	2154	
	宁村千户所	1191	
	蒲岐千户所	914	

续表

卫名称	千户所名称	官兵人数	备　注
	嘉兴守御千户所	1136	
	海宁守御千户所	1371	
	湖州守御千户所	1145	
	严州守御千户所	2265	
	金华守御千户所	1213	
	衢州守御千户所	1120（兵）	
合计	浙江合计有16个卫，33个守御千户所，官兵共102769人		

表12-2　明代福建卫所一览表

卫名称	千户所名称	官兵人数	备　注
福州左卫	左、右、中、前、后千户所	6720	
福州中卫	左、右、中、前、后千户所	5718	
福州右卫	左、右、中、前、后千户所	7491	
镇东卫	左、右、中、前、后千户所	8687	卫治福清县平南里
	梅花守御千户所	1458	在长乐县东
	万安守御千户所	1499	
福宁卫	左、右、中、前、后千户所	5600	在连江县
	定海守御千户所	1520	
	大金守御千户所	1120	
永宁卫	左、右、中、前、后千户所	6935	
	崇武守御千户所	1221	在惠安县南
	福全守御千户所	575	在晋江县南
	高浦守御千户所	1258	在同安县内港
	金门守御千户所	1535	在同安县浯洲屿
	中左守御千户所	1204	在同安县嘉禾屿
兴化卫	左、右、中、前、后千户所	6189	
平海卫	左、右、中、前、后千户所	5516	在兴化府城东90里
	莆禧守御千户所	1221	与莆田湄洲岛对峙
镇海卫	左、右、中、前千户所（四所）	4900	在闽南
	陆（六）鳌守御千户所	1190	
	铜山守御千户所	1190	
	玄（元）钟守御千户所	1190	
泉州卫	左、右、中、前、后千户所	6147	
漳州卫	左、右、中、前千户所（四所）	4900	
	中中守御千户所	1180	在龙岩
	南诏守御千户所	1180	在诏安
建宁右卫	左、右、中、前、后千户所	5600	在今建瓯（闽北）
	浦城守御千户所	1120	在闽北浦城

续表

卫名称	千户所名称	官兵人数	备　注
建宁左卫	左、右、中、前、后千户所	5600	
延平卫	左、右、中、前、后千户所	5600	
	永安守御千户所	1120	景泰初由邵武右所调此
邵武卫	左、右、中、前四千户所	4480	原五个千户所，一所调永安
汀州卫（不属卫）	左、（右）、中、前、后千户所（四所）	4484	成化二年拨右所守上杭
	上杭守御千户所	1080	由汀州卫右所调此
	将乐守御千户所	1120	直隶福建行都司
	武平守御千户所	1300	
合计	福建合计有16个卫，20个守御千户所，官兵共118848人		

三、倭寇为何能侵犯中国沿海州县

从洪武到永乐的57年间，倭患次数共为94次，年平均不到2次；永乐以后到嘉靖之前（1425~1521）近百年间的次数仅为17次。但在嘉靖一朝45年间，倭患次数猛增至628次（陈懋恒：《明代倭寇考略》“明朝历代皇帝在位年数与倭寇动态鸟瞰表”）。如果明代能保开国时期的实力，倭寇岂能侵犯我们沿海州县，特别在嘉靖二十五年后，如此猖狂，原因何在？可分以下几点说明。

（一）国防重点北移，东南沿海防卫放松

正统年间，蒙古瓦剌部崛起，时常扰边。明政府为了防止蒙古军南攻，逐步将国防重点北移，渐渐放松了对东南沿海的防卫。

（二）嘉靖皇帝痴迷道教方术，懈怠朝政，使明朝元气大伤

嘉靖皇帝一心崇道，平日被仙道邪说迷了心窍，重用两个装神弄鬼的道士，一个叫邵元节，一个叫陶仲文，平日在宫里炼丹设醮，祷告神灵，祈求赐福、生子、长生不死。邵元节被封为真人，并为他建真人府，赐蟒衣玉带加授礼部尚书。陶仲文因皇太子出水痘，在宫中披发仗剑，装神弄鬼，凑巧太子病情好转，嘉靖帝信以为真，也给他一品官待遇。他们位列公侯，势压满朝文武。

明代方士炼丹图

（三）朝政不修，吏治腐败，严嵩专权，陷害忠良

严嵩，字惟中，号介溪，明成化十六年（1480）生，江西分宜人。弘治时进士，有文才，善诗词，喜逢迎拍马，对上谄媚、对下狠毒，得到嘉靖帝赏识。历任礼部右侍郎、吏部尚书。他靠处处讨皇上的欢心，一步步地爬上去，终于当上内阁大学士，升任首辅，独揽国政。他的儿子严世蕃跟着飞黄腾达，以权谋私，拉帮结伙，父子俩干尽了坏事，不断遭到朝臣弹劾。他不择手段地把揭露过他的朝臣20多人罢了官，从此独掌朝纲、害政残民20年。被他陷害致死的忠良有杨继盛、夏言等人。

严嵩像

严嵩父子骄奢淫逸，贪得无厌。他的家奴也无法无天，霸占良田，抢夺民女，无恶不作。严嵩家里田地连州跨县，在南京、扬州置买田宅数十处，在江西老家大修楼台庭园，役使乡民、工匠就有几千人之多。巡江御史林润再次上疏弹劾严世蕃，说他勾结倭寇、意图谋反。嘉靖四十三年（1564），权倾一时的严嵩之子严世蕃被捕下狱，次年三月被斩。而导演这场斗争的，就是与严嵩同为阁臣的徐阶。徐阶隐忍退让，从不与严嵩争执，甚至还把自己的孙女嫁给严嵩的孙子，就是对严世蕃，也是以礼相待，忍气吞声，虚与委蛇。徐阶向嘉靖帝推荐了来自山东的道士蓝道行，蓝道行按徐阶的指

示，使嘉靖皇帝对严嵩的信任产生动摇，同时又暗示御史邹应龙弹劾严嵩，重点放在严世蕃身上，严世蕃被斩，严嵩被革职为民，查抄家产。后寄食乡野破庙，流浪乞讨，死后还是分宜县县令为其备棺埋葬。

由此可知，当时政治多么黑暗，严氏父子虽受到制裁，而朝政败坏却到了极点，已几乎到了无可挽救的地步。

（四）水寨迁移

明初海岛皆设水寨，以据险伺敌。嘉靖间将士惮于过海，水寨之名虽在，而皆自海岛移置海岸（唐顺之：《荆川外集》卷二“条陈海防经略事疏”）。明代军事评论家认为这是最大的失策。海岛弃而不守，“番舶得据为窟穴”（《读史方舆纪要》）。移寨“无异弃门户而守堂奥”。这就是说，水寨内迁，民无保障，失去外险，亦即失其藩篱。

（五）军伍空虚

嘉靖年间，卫所士兵多数逃亡，原定额每个卫官兵一般5600人，每个千户所1120人，每个百户所112人。到了这时，一个卫还不到1000人，一个所不到100人，缺额非常严重。下列卫所原额和缺额的对比数字可资证明：

山东：灵山、鳌山、大嵩、莱州、靖海、成山、宁海、威海、登州、安东等卫原额总数为48160人，而现额为21971人，缺额26189人，缺额达54.4%。

广东：镇州、录山、永安等27所，旗军数24192人，而现额为9185人，缺额为15012人，缺额达62.1%。

福建镇海卫原额总数8960人，旗军数6772人，而旗军现额为1500人，缺额达77.8%。

以福建为例，据《明臣奏议》卷二六，嘉靖四十二年（1563），福建巡抚谭纶上《倭寇暂宁条陈善后疏》云：“查得国初旧设福建马步官军四万八千二百员名……迩来卫所消耗，行伍空虚，计其所存，不能以半”。

以水寨兵员的缺额来说，卜大同的《备倭记》上卷列有数字比较如下表：

水寨名称	寨军原额	逃亡人数	剩额
烽火门	4068	3000	1068
小埕	4402	2383	2117
南日	4700	2557	2143
浯屿	3492	1468	2024
铜山	1822	1190	370
玄（元）钟	1133	476	657
总计	19617	11076	8379

注：烽火门各水寨原设在福鼎县东南90里的秦屿（三沙海面），后移福宁州。

小埕水寨在连江县定海所前。《崇武所城志》作小埵。

南日山水寨，原在莆田南日岛，成化末移寨他处，民无保障，相率西徙而山空。

浯屿水寨，原在同安县嘉禾，嘉靖间移入厦门。“浯屿弃而不守，番舶得据为窟穴”。

铜山水寨在诏安铜山所西门澳，旧建井尾澳，今东山县。

玄（元）钟水寨在诏安县南。

福建泉州沿海苎溪等17个巡检司弓兵原额1560人，而旗军现额为673人，缺额887人，缺额达56.9%；漳州九龙镇等13个巡检司弓兵原额950人，而旗军现额为376人，缺额574人，缺额达60.4%。

总之，到嘉靖年间，无论是沿海卫所的军士，还是巡检司的弓兵，缺额都在50%以上，有的竟高达70%以上。

明代兵额，到了中叶，为什么剩下不及半数？主要原因是由于军士待遇低下，月粮一石，根本不够养育妻儿，又受到种种盘剥，使他们生活不下去，只有逃亡。《明英宗正统实录》卷一二六载，巡抚直隶监察御史季奎奏：沿海诸卫所官旗，多剋减军粮入己，以致军士艰难，或相聚为盗，或兴贩私盐。家道殷富的则不愿入伍，宁可纳料放班，向长官缴纳月钱，改业为工人商贩。于是精锐皆不在营，而补伍食粮者，反而为疲癃残疾、老弱不堪之辈。《明世宗实录》还记载嘉靖十三年，南京兵部尚书张经言：国初凡闽浙滨海之区，陆有战守，水有战舰，故百余年来，寇不为害。其后法弛弊生，军士有纳料放班之弊。于是强富者放遣，老弱者守哨，船坏亦弃不修，以至寇得乘之而入。

（六）屯田失额

明初实行军屯制度，兵乱之后，人口稀寡，地多闲旷，守军十之七守城，十之三往田屯种，收获收贮屯仓，听本军支用，军无不足之虑。到了中期，由于屯军逃亡，屯田减少，并渐渐被破坏。到了嘉靖年间，屯田已有一半以上荒芜了，如山东登州卫屯军只剩下114人；浙江海门卫只剩下683人；福建陆鳌所屯军只剩下42人；福宁卫虽然多一些，也不过717人，减少了57.4%。其他多数卫也只有200人，屯军的减少反映了屯田的破坏。屯军逃亡原因主要有以下几点：

1. 不堪剥削奴役，纷纷逃亡，屯田荒芜

明廷规定每个屯军军士都要缴纳一定的粮食和负担各种差役，但实际缴纳往往超过定例。加上有的地方土地贫瘠和各种灾害等因素使军士完不成缴粮定额，生活没着落，只得抛下土地逃亡。

2. 废耕、抛荒

屯军逃亡，屯田荒芜，只得从外地调来军士，由于水土不习、设备不全，不到50年，逃亡过半。已垦熟的耕地又逐渐抛荒。

3. 屯田被势家侵夺、兼并

势家豪族有内监、军官，如辽东镇镇守太监白怀、总兵麻循，辽阳副总兵张铭、分守监丞卢安、参将李鉴、游击傅瀚等各占军民田地，多的达到250余顷，少的也有10余顷。侵占土地不算，还要役使军士为他们耕种。抛荒的屯田有的被兼并，有的被转佃、民佃及典卖，有的被私自出卖、丁尽户绝。屯田由别军承佃，世久弊滋，举数十屯而并归豪强，比比皆是。

屯军逃亡，屯田减少，直接影响军饷供应，如福建漳州卫官军月粮少支3个月；铜山等所，缺支20个月；泉州高浦等所，缺支10个月，当时没有一个卫、所不缺支的。屯田亩数愈失额，卫所饷源也就愈枯竭。饷源枯竭，屯军愈逃亡，要恢复原有兵额，也就愈成问题。

卫、所军队士兵大部分都逃亡了，剩下的也只是一些老弱病残。平时训练只不过做做样子，不习手中的武器，不知战阵，更漫无纪律，这样的军队如何能战胜倭寇？

（七）军备失修

明自罢西洋，停止造船，守卫各口战船日益减少。《明史·朱纨传》载：浙闽海防久隳，战船、哨船，十存一二。弘治八年（1495），兵部尚书马文升上《修饬武备疏》云：浙江、福建、江西、河南、山东、南北直隶卫所，军器料价，多被管局官员侵欺入己。间有成造者，徒费物料，多不堪用。一遇查盘，大半损坏。挪移搪塞，有名无实……兵器不精，亦莫有甚于此时者也！（《明臣奏议》卷八）这就是说，战船军械都毁损不堪了。战船破损，不能作战，浙江最为严重。黄华水寨原有战船40余只，江口水寨30余只，飞云水寨40余只，镇下门水寨20只，白岩塘水寨20只，这时都完全撤防了。南直隶的金山卫及青村、南汇二所原有哨船多达160只，现在竟然一只都没有了。福建铜山水寨原有战船20只，到嘉靖时只剩下1只；元（玄）钟水寨原有战船20只，现在只剩下4只；浯屿水寨原有40只，现在只剩下13只。即使是剩下的战船，也都破损不堪，不能出海作战。弘治《兴化府志·戎政考》说：今昇平日久，烟不昼举，火不夜发。渐有睥睨台石而墙垣之者矣。这就是说，墩台都被人毁拆了。朱彤《崇武所城志》“军营房”云：“洪武中，建城设军守御，置军营共987间，……后因每伍各拨军往该地方屯种及逃移，故被附居者浸冒占住更易起盖，册籍蔑存无稽。”这就是说，营房也被人侵占了。到了嘉靖时，严嵩专权，政治腐败，卫所无人重视，舰船无人修造，海防戒备松弛，遇有需要，临时征用渔船防守。渔船如何能守？所以倭寇不来则已，一来便如入无人之境了。

如此渔船如何能敌倭寇？

四、初期的倭患

早期倭寇是侵犯朝鲜和中国辽东沿海。永乐十七年（1419）四月，明廷据朝鲜报告，倭寇饥困已极，可能前来劫掠。明朝政府即下令辽东总兵官、都督刘江防备。刘江遂在金州城东望海埚筑堡防倭。同年六月哨兵发现王家

辽东重镇——金州

山岛上夜晚有灯光，刘江判断，倭寇已经来到，遂下令马步官兵进入望海埚上下各小堡中严阵待战。六月十六日倭寇2000余人乘船31艘，驶到望海埚，纷纷上岸劫掠，结果中了埋伏。明军两面夹攻，生擒110余人，斩杀1000多人，2000余倭寇全部被歼灭。《明史·兵三·海防》说：自是倭大惧，百余年间，海上无大侵犯。

望海埚大捷是中国明代前期一次出色的海岸防御战役。此战严惩了来犯的倭寇，对保卫海疆的安全起了重要的作用。

迁都北京后，政治中心北移，东南海疆防务松弛，倭寇遂自北到南向浙东、福建侵犯。现按事件先后分述。

正统四年（1439），倭寇入侵浙江，连破桃渚（今临海东）、大嵩千户所（今宁波东南）和昌国卫。倭寇肆意焚掠，甚至用开水烫婴儿、剖视孕妇，以此赌酒取乐。正统七年（1442）倭寇2000余人侵犯爵溪（今浙江象山东）、攻陷大嵩。次年又侵犯海宁卫（今海盐）。景泰四年（1453），倭寇以贡物为名，窜到临清，袭击明军官兵。

到了后来，日本地方经济发展，拥有城市港口的诸藩大名势力逐渐强盛，幕府失去了控制全国的力量，日本便出现豪强割据的局面。明成化三年至隆庆三年（1467~1569）在日本史上称为“战国时代”，也就是倭寇逐渐猖獗的时代。

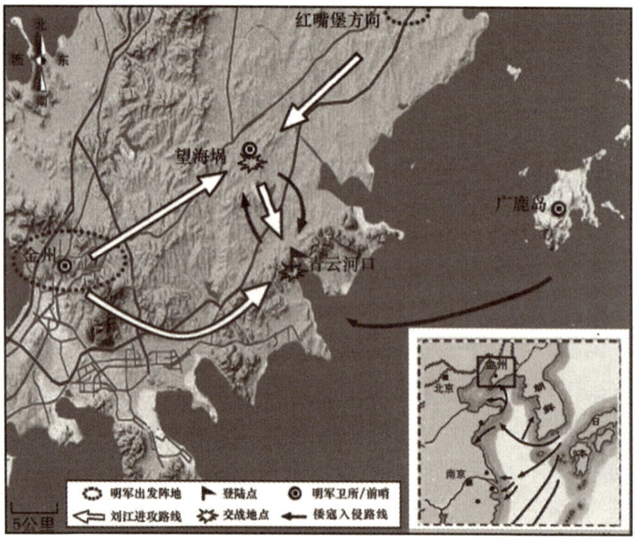

望海埚形势图

望海埚在辽东金州城东北，距金州70里。地势高广，可瞭望海中的老鹳嘴、金线、马雄各岛，是倭寇劫掠金州的必经之地。

第二节 嘉靖中期东南抗倭战争

一、争贡之役

以博多湾为遣明船发航地的大内氏和以大阪湾为遣明船发航地的细川氏曾于嘉靖二年（1523年，日本大承元年）因到宁波贸易斗杀火并，发生了明史上所谓争贡之役。《明史》卷三二八《日本传》及《玄览堂丛书》续集《宋素卿传》说，大内氏船三只由宗设率领，先到宁波。细川氏船四只，由瑞佐、宋素卿率领，后到。市舶太监赖恩得贿，细川船贡物、勘合先行盘验；在宴会的座位安排上瑞佐和宋素卿也是后来居上。宗设恼羞成怒，在酒席上杀了瑞佐，把细川船焚毁，并率领凶徒，追捉宋素卿，一直追到绍兴，因城门紧闭，才折回宁波，沿途杀掠，又杀了明军都指挥刘锦、千户张镗等人，然后夺船出海，浙江中部大为震动。

当时的朝贡，实即贸易。

宋素卿其人，明万历《福州府志》（上）卷二五《兵戎志》七载：正德四年（1509）王源义澄遣宋素卿来贡。素卿者，鄞人朱缟也。逃入倭，有宠于其王，易姓名充使，其族人相与耳目为奸利。守臣白发之，礼臣恐失外夷心，置不问。素卿厚赂阉瑾，赐飞鱼服遣归。原来宋素卿原是（鄞）宁波人，系逃入倭国化名充使的汉奸。前面说过，张士诚被俘、方国珍被朱元璋收降，但其残部也有一部分流窜到岛屿上面，就和倭寇结合在一起了。自宋素卿入扰之后，“闽、广、徽、浙无赖亡命潜匿倭国者，不下千数”。

争贡之役后，明政府撤销宁波市舶司，禁止日船入口。嘉靖十九年（1540）日使入贡谢罪。复准入贡。二十六年，贡船又来，明政府以贡期未届，勒令回国。从此贡路永绝，一直到明末，中日邦交没有恢复。施行海禁，只能禁止正当的国际贸易，而不能杜绝非法的走私活动。郑若曾的《筹海图编》卷一一《经略》一载主事唐枢的话：嘉靖初市舶罢，……而盗愈不已，何也？寇与商同是人也；市通则寇转而为商，市禁则商转而为盗。《海防迂说》也说：私通（番舶）者商也，官市不开，私市不止，自然之势也。又从而严禁之，则商转为盗，盗而后得为商矣。明政府禁止与日本贸易，确实是不太明智的决定，导致了此后中日关系进一步恶化、倭寇不断侵犯中国东南海疆。

二、双屿之捷

郑舜功所著《日本一鉴》云，浙江私商，始自福建邓獠，初以罪囚按察司狱。嘉靖五年（1526）越狱逃入海，引诱番夷，私市浙海双屿港，投托合澳之人卢黄四等，私通贸易。郑舜功系嘉靖时人，到过日本。

道光《福建通志》卷二六七《明外纪》载，嘉靖九年春，侯官狱囚反，故县吏林汝美（林碧川）以杀妻论死，与巨盗车小二，阴以兵器藏瓜中入狱，率众破狴犴出，杀布政司查约、参议杨瑀、都指挥王翱，由井头门斩关趋连江，航海遁。

《天下郡国利病书》说，嘉靖十九年（1540），福建系囚李七、许二等百余人，越狱下海，同徽、歙奸民汪直等，勾引番倭，结巢于霩衢之双屿澳。

郎瑛《七修续稿》卷三《浙省倭变始末》说，嘉靖二十九年秋，福建林汝美名碧川，李七名光头，许三名栋，越狱下海，引倭奴及沿海无赖结巢双屿。而胡宗宪则认为许二是从福建破狱入海，勾引倭奴的。他说：嘉靖十九年，贼首李光头、许栋引倭聚双屿港为巢。光头者，福建人李七；许栋，歙人许二也，皆认罪系福建狱，逸入海，勾引倭奴，结巢于霩衢之双屿（《筹海图编》卷五）。许三名栋还是许二名栋，两说不同，待考。

上述记载，越狱情节相同，但时间有异，角色都是福建人，是否同一事件，姑且不论。有一点很重要，就是走私基地都是双屿。

嘉靖十七年，闽人金子老为番舶主，据宁波之双屿港（谈迁：《国榷》卷五九）。双屿之寇，金子老倡之，李光头称雄海上，子老引为羽翼（《筹海图编·寇迹分合图谱》）。

由此可知，早期的通番角色，如邓獠、金子老、李光头等都是福建人。

到了嘉靖十九年（1540），才有歙（皖南歙县）人许家四兄弟（许一名松、许二名楠，许三名栋、许四名梓）勾引番人，络绎浙海，亦市双屿大茅港（郑舜功：《日本一鉴》）。嘉靖二十一年（1542），金子老回福建，拉了许栋入伙，并把汪直、徐惟学、叶宗满、谢和、方廷助等皆收为党徒。嘉靖二十二年（1543），李光头、许栋等人勾结倭寇和西番（葡萄牙人）进行海盗贸易。他们以双屿为基地，四出劫掠；不仅如此，许栋等人还在双屿修建营房，置备战船，日夜派人扼守入口，使双屿成为东南沿海一个难以攻破的大巢穴。但据《明史·世宗二》载，嘉靖二十三年，日本入贡，以无表却之。其人利互市，留海滨不去与奸民结，于是浙有倭患。当时闽浙沿海海防松弛，倭寇已大肆侵扰。海防官员、当地权贵、闽浙海盗商人与倭寇已相互勾结，倭寇于嘉靖二十五年（1546）侵犯宁波、台州，骚扰百姓，掠夺财物。明政府不得不于次年七月，调右副都御史、巡抚南赣的朱纨为浙江巡抚兼管福兴、建宁、漳泉等处海道防御事务（《明世宗实录》卷三二五），以防两省官吏不相统摄。

朱纨到任后，厉行海禁，整顿海防，革渡船，建战船，严保甲，搜捕汉奸、窝主等，特别决定对盘踞在双屿上的汉奸李光头、许栋等人进行剿捕。嘉靖二十七年（1548），他命令卢镗与海道副使魏一恭、备倭指挥刘恩至、张四维、刘汉等部兵力聚集港口挑战。四月七日适风雨交加，李光头等企图逃走，明军奋勇追击，李光头、许栋等大败。明军俘斩、溺死倭寇数百人，倭寇头目姚大总及大窝主顾良玉、祝良贵等人都被擒住。卢镗又率兵进入港内，焚毁敌船，荡平了双屿港，许栋被擒。余寇与西番人则逃往福建的浯屿（今金门岛）。次日，从南麂山（今浙江平阳东南海中）等地回来的敌船，知道巢已破，无地容身，于是到达下八山。朱纨命令卢镗和海道副使柯乔继续追剿。四月下旬与倭寇战于九山大洋（今浙江象山东南韭山列岛附近海域），倭寇大败，明军俘斩倭酋稽天新四

双屿港形势图

双屿在舟山东南120里，象山港外，双屿港在今六横岛与佛岛之间的港湾，是象山半岛与穿山半岛海岸构成的海湾，湾口南岸的礁山角（毛芋山）至北岸的黄牛礁为象山港的出入口，面临东海，南扼台湾海峡，北拒对马海峡，东望日本、琉球，是中国历史上著名的军港。

郎等55人，溺死无数。六月，卢镗的军队在沙头岙（福建罗源东）等地再次与倭寇激战。七月明军把总王麟率部与汉奸许二及倭寇激战，战斗进行了七八个小时，俘斩了80多人，溺水死的1000余人。嘉靖二十八年（1549）三月，朱纨得知李光头与葡萄牙人逃到了诏安，立即命令副使柯乔、都司卢镗再次与倭寇进行战斗。在走马溪（今福建诏安县海滨），生擒汉奸李光头等96人，基本上歼灭了李光头、许栋的势力。其余党后被汉奸汪直、徐惟学、毛烈等人收容。其余倭寇四散溃逃，海边略为宁静。

三、朱纨之死

由于朱纨夸大战功，所谓生擒佛郎机国王三名，又把人民所立的战功，记在自己的名下（见何乔远《名山藏》），把生俘的李光头等96人，不分首从一律处死，这些举动触犯了当地权贵的利益，招致闽浙官僚的仇视。他们不断通过各种关系上报朝廷，如闽籍巡按御史周亮受了他们的指使，便疏请改巡抚为巡视，对城池仓库、钱谷甲兵、刑名狱讼，以及官吏臧否、利病兴革，都不得过问（《明嘉靖实录》卷三四七朱纨《疏陈六事》）。另一个闽籍御史陈九德，参劾朱纨把李光头等96人，不分首从一律处死，不俟奏复，擅行刑戳（《明史》卷二〇五《朱纨传》）。嘉靖二十八年（1549）诏朱纨罢职听勘，并派都给事中杜汝祯往闽所勘复三点：一则说朱纨所剿捕的不是倭寇，乃满喇加国番人，每岁私招沿海无赖之徒，往来海中，贩卖番货，未尝有潜号流劫的事情；二则说，二十七年，葡船复至漳州月港、浯屿等处，各地方官受贿，纵容停泊，及事机彰露，才狼狈追逐，以致各番拒捕杀人，有伤国体；三则说，其后诸贼已擒，又不分首从，擅自行诛，使无辜并为鱼肉（《明嘉靖实录》卷三六三）。疏上，经刑部和三法司批准上奏，嘉靖帝于嘉靖二十九年（1550）下诏逮朱纨、卢镗（都指挥使）、柯乔（海道副使）论重辟。朱纨已于七月先仰药死，卢镗于四年后才得出狱（陈建《皇明资治通鉴》卷二八）。

朱纨生前曾叹说："去外国盗易，去中国盗难，去中国濒海之盗犹易，去中国衣冠之盗尤难。"对朱纨的功过是非，对两御史的弹劾是否属实，读者自有公评，《明史》对朱纨的评价是这样的：清强峭直，勇于任事，欲为国家杜乱源，反为势家所构陷，朝野太息。自朱纨死，罢巡视大臣不设，中外朝野摇手不敢言海禁事。浙中卫所四十一，战船四百三十九，尺籍尽耗。纨招福清捕盗船四十余，分布海道，在台州海门卫者十有四，为黄岩外障，副使丁湛尽散遣之，撤备弛禁。未几，海寇大作，毒东南者十余年。

烈港形势图

四、壬子之变

在双屿海战中侥幸逃出的奸商汪直，乘机收容许栋等的余党后，入据日本萨摩之松浦津（今日本九州岛南端），与倭寇勾结，往来舟山和日本之间。嘉靖三十一年（1552）春，汪直杀害了盘踞大衢山（今衢山岛）的广东海盗陈思盼并帮助明军捕获海盗龚十八，以此为功，领海寇突入定海关（今镇海），叩关献捷，求通互市。后移泊金塘之烈港（今金塘岛西北之沥港），据以为巢。沿海海盗竞相依附，势力日益扩大，形成了部众数万、战船千余艘的海盗集团。他们以烈港为基地，分踪剽掠，频频侵犯滨海府县，烧杀劫掠，无恶不作。

嘉靖三十一年壬子（1552），沈门与林国显劫浙之黄岩县。何乔远《名山藏》说，是年五月，倭万余人黄岩，焚毁县治，屠七日始去。沈门（或即漳州人沈南山）参加汪直的海盗集团，壬子率领巨舰百余艘。蔽海而来，浙东西、江南北、滨海数千里，同时告警，影响甚大。由于走私规模扩大，酿成海疆巨祸，沿海县城第一次沦陷，此为徐光启所谓"壬子之祸"，也就是史称"壬子之变"。

同年七月，明政府鉴于浙江境内海盗严重，决定复设重臣巡视，命令右佥都御史王忬提督军务，赶赴浙江剿倭。不久，又改任王忬为浙江巡抚。王忬到任后，立即从狱中释放卢镗、柯乔、尹凤等将领，并巡视浙福，重用名将俞大猷，采纳他的建议——"备倭于陆，不如备之于海"。于是征调福船，招募月港及嵩屿子弟和温、台青年为水兵。海防力量的加强给予倭寇以沉重的打击。十一月，参将汤克宽进击温州黄华倭寇，于下马洋大战三天，大败倭寇数千人并擒拿倭酋邓文俊。

在各股倭寇中，以汪直的实力最强。据《筹海图编》卷一二《诘奸细篇》载浙江巡抚王忬题奏：臣查访在海贼首约有百人，其雄狡著名，徽州汪五峰（汪直）、徐碧溪、徐明山；宁波毛海峰、徐元亮；漳州沈南山（或即沈门）、李华山；泉州洪朝坚，皆广布奸细，包藏祸心。计算则未能就擒，抓捕则逃遁无踪，虽恃海洋辽阔，亦由倭国为之渊薮也。原来，汪直就是汪五峰，南直隶徽州府歙县结林人。“少任侠及壮多智略，善施与，以故人宗信之。”嘉靖十九年（1540），趁明朝海禁松弛之机，远赴广东沿海打造巨舰，满载违禁物品，驶抵日本、暹罗等国

倭寇劫掠图

日本平户市内的汪直塑像

进行贸易，成为暴发户。汪直还与许氏兄弟诱佛郎机夷往来浙海，泊双屿港，私通贸易。由于他为人诚信，深得各国商人信任，被称“五峰船主”。汪直原是许栋的出纳，跟随许栋。二十六年（1547）许栋集团被朱纨歼灭后遂收拾其残部，自立为船主。《筹海图编》卷八说汪遂起邪念，招聚亡命，勾引倭奴，造巨舰、联舫一百二十步，可容二千人，上可驰马。从这一年起，汪直由走私商人转变成勾引倭奴劫掠中国沿海地区的民族败类，“东南之乱皆直致之也”。为了增强实力，汪直大规模收容各地亡命之徒，如杭州虎跑寺明山和尚徐海、日本萨摩岛主弟陈东和无赖叶明等作为麾下首领。据萨摩之松津浦，僭号曰宋，自称徽王，部署官属，咸有名号。控制要害，而三十六岛之夷皆其指使（田汝成：《汪直传》）。嘉靖三十二年（1553）闰三月，汪直纠集闽广海盗并勾结各路倭寇，攻掠江浙沿海，二十九日攻破浙江昌国卫（今浙江象山南昌国乡），气焰十分嚣张。

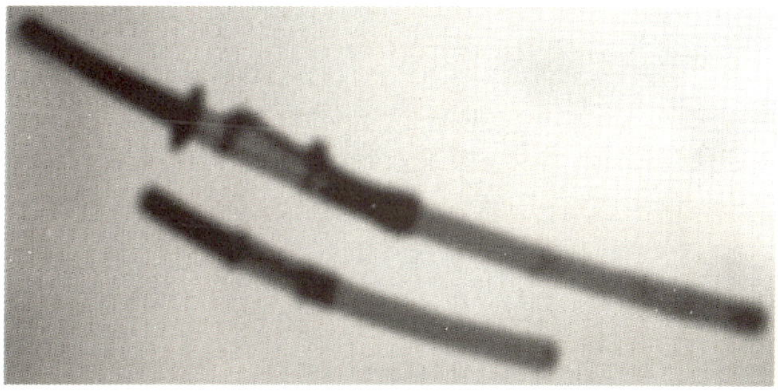

倭寇使用的长短倭刀

第三节 俞大猷江浙抗倭

俞大猷（1504~1580）

俞大猷，字志辅，晋江人。少好读书，从王宣、林福、蔡清学《易》，又从李良钦学剑。家贫窭，父殁，弃诸生，嗣世职百户。嘉靖十四年（1535）武举会试中举。授千户，守御金门，后为汀漳守备，连破海贼康老，俘斩300余人，擢升署都指挥佥事、佥书广东都司。嘉靖二十八年（1549），朱纨巡视福建，荐为备倭都指挥。后因平安南，平感恩、昌化诸黎有功，授海南右参将。不久，会同广西副将沈希仪诸军，擒斩起事黎人5300多，招降3700人。大猷乃言于总督欧阳必进曰：黎亦人也，率数年一反一征，岂上天生人意。宜建城设市，用汉法杂治之。必进接受其言。大猷乃单骑入峒，教以忠信、仁义、战守自强之法，与黎定要约，峒人惊服，海南遂安。嘉靖三十一年（1552），倭寇大扰浙江，右佥都御史王忬提督军务，以大猷为浙江左参将，从此，转战江浙闽粤，多立战功，与戚继光齐名，成为抗倭名将。

一、捣毁烈港倭巢

嘉靖三十二年（1553）三月，王忬亲临前线，集兵水陆重点，以俞大猷、汤克宽为战地指挥，分兵进攻烈港倭巢。俞大猷鉴于港湾曲折、狭小，兵船不能直抵的实况，把所率水陆各军非主力部分作为援军，分为三部分：

1.命都指挥尹凤率水师一部在金塘近海设伏。

2.令把总张四维屯龙山（今慈溪龙山镇）。

3.令把总黎秀屯郭衢（今镇海郭巨镇）。

俞大猷则亲率主力战船围堵烈港港口，并领陆兵亲上距烈港仅一山之隔的金塘岛，在岛上的本岙设指挥所，近敌指挥作战。同时，从军中挑选熟悉烈港地形的侯得等人，组成先遣分队，潜入烈港，约期纵火进攻。三月十一日夜，侯得等在烈港各处放火，烟焰蔽天，明军同时发起水陆进攻。次日，海上刮起大风，海贼汪直乘机率部冒风突围而逃。此役，俞大猷军共歼灭倭寇千余人，击沉敌船不少，收复了烈港。但没有歼灭汪直的主力部队。

二、收复昌国卫

嘉靖三十二年（1553）闰三月，汪直战败回到日本后，又勾结各岛的倭寇，并纠合漳州、广东的海盗入侵江浙地区，攻破昌国卫（今浙江象山南昌国乡）。四月，俞大猷率军收复。汪直等倭寇自昌国卫溃退后，以其主力入掠苏州、松江、嘉兴、湖州地区，窥袭杭州，浙西明军屡战屡败。五月倭寇进围海盐，不能攻陷，伤亡惨重，转而攻陷乍浦，六月始去。八月，倭寇萧显部一股，从崇明岛经舟山返回日本，为了不让这股倭寇逃走，俞大猷亲率水师战船截战于海上，于普陀山、洛伽山、临江附近海域三战三胜。倭寇被迫逃到普陀，掘堑筑垒，依险为巢。

三、攻占普陀倭巢

嘉靖三十二年（1553）八月二十二晚，俞大猷督军进攻普陀山。他命把总张四维率水师一部由西北巡检岙登岸，自己则亲率刘恩至等将领主力由牛石湾登岛正面进击。部将邓城、火斌、黎俊民等率先陷阵，大军随后跟上，倭寇大败，退到茶山绝顶固守。

二十三日，俞大猷兵分三路，挥师四面围攻：以邓城从东北千步沙进击；以火斌由鹦哥岛进击；中路则由黎俊民进击。俞大猷和刘恩至则统军居后，合力猛攻，经战一日，全歼倭寇数百人，取得了彻底的胜利。俞大猷遂留火斌一部300人守岛。直到嘉靖三十三年（1554）三月，新来倭寇一部，又进攻普陀。火斌率领守岛兵300人与倭寇进行殊死战斗，经过10天战斗，终因众寡悬殊，守军得不到援助，守岛官兵300人全部壮烈牺牲，普陀山再次被倭寇占据。

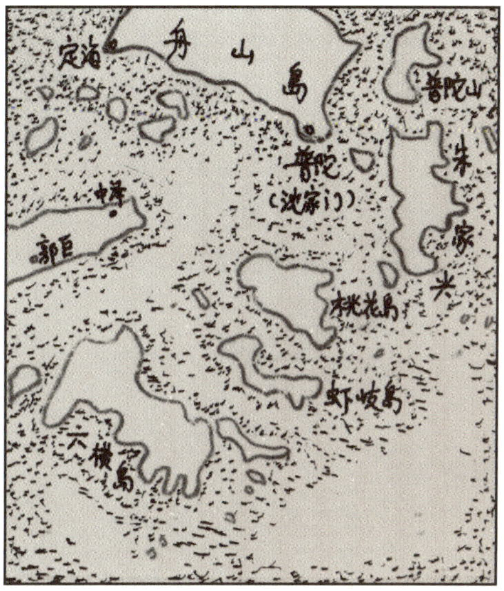

普陀山形势图

四、人事的更迭

嘉靖三十三年正月，被围在崇明南沙5个月的倭寇突围逃出，又掠苏州、攻松江。然后一支北掠通州、泰州等州，至山东界；一支扰浙江，四月犯嘉兴，陷嘉善，掠海宁，又犯崇明。五月又自崇明掠苏州、昆山。特别是四月初五，倭自海盐登陆时，想攻嘉兴，参将卢镗率军在海宁孟家堰阻击，因内奸通敌，于初七日遇到伏兵失败，将士阵亡1457人，次日嘉善陷落。十三日，都司周应祯率部战石墩倭寇于黄山岭，又中了埋伏大败，周应祯被杀，部众2000余人阵亡。明军在许多战斗中失利，损失惨重，明朝政府对王忬的表现不满。且江浙为财富之区，不得不调重兵来守。是年六月王忬调任大同巡抚，任命南京（留都）兵部尚书张经为总督大臣，督理南京、浙江、山东、两广、福建等处军务，并任命徐州兵备副使李天宠为浙江巡抚。

张经，字廷彝，福州侯官洪塘人。正德十二年（1517）进士，授嘉兴知县。嘉靖四年（1525），召为吏科给事中，历任户科都给事中、太仆少卿、右副都御史，协理院事。十六年（1537），进兵部右侍郎，总督两广军务。后平定断藤峡瑶民起义有功，进左侍郎，加秩一级。

张经（1492~1555）

不久与毛伯温定计，抚定安南，再进右都御史。后平思恩九土司及琼州黎民起义，进南京兵部尚书。三十三年（1554）六月，为了统筹剿倭，被任命为总督大臣，督理从山东到两广沿海几省军务。

张经受命后，设督府于嘉兴，奏调广西壮族的“狼兵”和湖南永顺、保靖二宣慰司的土兵。补授俞大猷为总兵，命他以泖湖（松江西南）为基地，编练苏州、松江、嘉兴、湖州内河水师；在杭、嘉、湖各要地增设参将和兵备，由俞大猷统领。同年八月，倭寇又掠嘉兴，扰嘉善，攻嘉定、海门。十一月，倭寇两万余据柘林、川沙洼，分出攻掠嘉兴、湖州。明政府又改任张经为右都御史兼兵部右侍郎，专门办理讨伐倭寇的事宜，并授权便宜行事。其时，因外调援兵没有到齐，明军处于劣势。十二月，倭寇又劫秀水、归安、嘉善，部将赖荣华在追击中阵亡，而嘉善知县邓植弃城逃走。

嘉靖三十四年（1555）正月，倭寇又犯乍浦、海宁，陷崇德，攻德清。二月，工部侍郎赵文华（权奸严嵩的干儿子）上疏奏陈抗倭七件事：祭海神、降德音、增水军、募余力、察贼情、差田赋、遣视师，并建议派重臣督理海防。时兵部尚书聂豹上疏认为，张经已督理海防，不宜再派。嘉靖帝阅后十分气愤，不仅骂聂豹无能，还下令给聂豹降俸两级，使得朝臣不敢再说话，后经礼部复议决定派大臣祭海神，明政府就按严嵩的推荐命赵文华祭告海神兼区处防倭。三月，广西田州瓦氏率狼兵先至，欲速战，张经不允。不久，广西东兰诸兵继至，张经则以瓦氏兵归俞大猷，以东兰、那地、南丹兵隶游击邹计芳，以广西归顺及思恩、广东东莞兵归参将汤克宽管辖，分屯金山卫、闵港、乍浦，三面犄角防贼，只待湖广永顺、保靖之土兵至，集中兵力攻倭。四月初七，侍郎赵文华以祭海神为由与浙江巡按御史胡宗宪同至。屡次促经进兵。张经说此时倭寇的兵力有两万余人，而明军只有狼兵不到1万人，兵力不占优势，暂不进剿为佳，待永顺、保靖土兵到后，合力歼敌。“贼狡且众，待永、保兵至夹攻，庶万全”（乾隆《福州府志·张经传》）。赵文华接二连三催促张经出兵，最后，张经不得已，以皇帝授权“便宜行事”，不听他指挥。赵文华遂秘密上疏，说张经“縻饷殃民，畏贼失机，欲俟倭饱飏，剿余寇报功，宜惩治，以纾东南大祸”。四月十七日，永、保兵3000人及退休宣慰司彭明辅等报效兵2000人到达松江；调来的狼、土兵已达到16000人。此时，明军可资参战的兵力有金山、太仓、镇海3个卫及10个千户所的卫所兵约2万人；水上有福山、刘家港、吴淞口、乍浦等寨船300艘，兵2000人；水师有温州、台州的海防水兵，狼山、福山、刘河、吴淞的江防水兵，以及太湖以东沼泽区的苏、松、嘉各府县的联合水兵，兵力已具优势。四月二十一日，张经准备进剿倭寇。

五、王江泾大捷

王江泾位于苏州至嘉兴的江浙交界处（今江苏吴江盛泽东南）。张经决定对分路入侵的倭寇采取分进合击的战法，集中兵力歼其中路于嘉兴至平望（今吴江市南45里处）一带地区。他以卢镗率兵3000人置于嘉兴地区，阻击倭寇南犯杭州，迫其北进王江泾一带水域，并跟随其后；以汤克宽率兵1500人，配置乍浦，伺机向嘉兴以北攻击；自己与俞大猷疾驰苏州，派遣兵丁南下平望，阻击倭寇北进苏州。在此之前，即四月十九日，驻扎在柘林的倭寇3000余人已进攻金山卫，受到俞大猷及田州瓦氏兵打击，

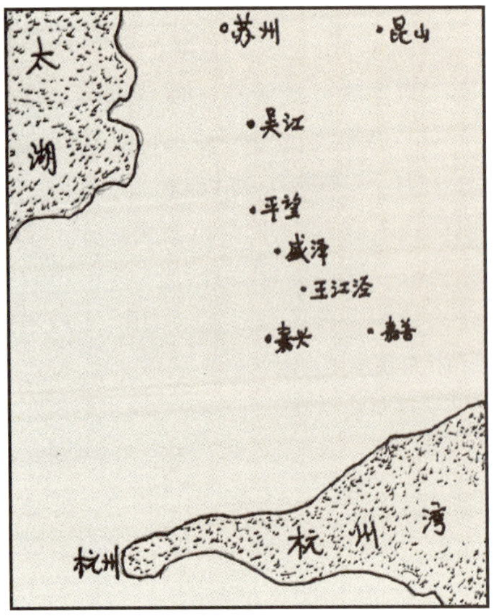

王江泾形势图

先胜后败，倭窜入浙江，北犯嘉兴。张经即命卢镗督保靖兵急援嘉兴。二十五日，尾随进犯嘉兴倭寇的海盐明军与督率保靖兵出嘉兴城南的卢镗兵在石塘湾合击倭寇，斩获敌人数百。敌分两路逃窜，西路由澜溪、南麻（今吴江市盛泽西），东路由张村、黎里（盛泽东北）进至平望地区（今吴江市南），企图进犯苏州。张经遂下紧急军令：命俞大猷率永顺兵由泖湖（今青浦西南、淞江西）间道趋平望；令汤克宽率舟师从中路打击。倭寇到达平望，受到兵备副使任环率领的狼兵及当地明军的阻击，退守嘉善。由于道路受阻，两路倭寇不得不合并行进，进到胜墩（今吴江南），受俞大猷、任环、孙宏轼等围歼，倭寇大败，被斩首300余人。倭寇回窜王江泾地区时，俞大猷的永顺兵在北面追击，卢镗的保靖兵从南面截击，汤克宽的水师从中路进击，形成三面包围之势。卢镗部的丁仪父子首先英勇冲击，其他部队也一齐拥上奋战，四面围攻，大获全胜。此战共斩杀倭寇1980余人，焚烧和溺死者不计其数，逃回柘林的倭寇，2万人中只剩下几百人。《明史》称王江泾大捷“自军兴来，战功第一”。

六、张经被诬杀

嘉靖三十四年（1555）五月，张经、俞大猷大破倭寇于王江泾后，倭又流劫昆山、苏州，出入太湖，旋为俞大猷所败。正在战胜倭寇之时，张经为赵文华所劾，被逮下狱。六月，命兵部侍郎杨宜总督军务讨倭。七月，倭六七十人自杭州附近登陆，经北新关西掠淳安，突入徽州、绩溪、旌德、泾县，陷南陵，流劫芜湖、太平（今安徽当涂），窜至南京城下。八月，又劫溧阳、宜兴，至浒墅关，才被苏松巡抚都御史曹邦辅歼灭。这股倭寇仅六七十人，流窜数千里，杀伤军民4000余人，历时80多天才被歼灭。九月，赵文华及巡按御史胡宗宪攻倭于陶宅，又被倭打败。十月，张经、李天宠因遭诬陷，被斩于京师。《明史·奸臣·赵文华传》载：当是时，总督尚书张经方征四方及狼、土兵，议大举。自以位文华上，心轻之，文华不悦。狼兵稍为斩获功，文华厚犒之，使进剿，至漕泾战败，亡头目十四人。文华恚，数趣经进兵。经虑文华轻浅泄师期，不以告。文华益怒，劾经养寇失机，疏方上，经大捷王江泾。文华攘其功。谓己与巡按胡宗宪督师所致，经竟论死。又劾浙江巡抚李天宠罪，并荐宗宪代，天宠亦论死。其年十月，张经与巡抚李天宠俱被斩，天下冤之。

张经战功显赫、清廉刚正，乡人感念其忠勇，将其居住地更名为“半洲街”，并于万历二十八年（1600）于福州洪塘山下建祠纪念，墓地在洪山桥原厝村黄店山。

这里附带一说，张经、李天宠被赵文华诬杀，是因为与抗倭有关。而当年十月同一天同时被斩的三人，尚有与

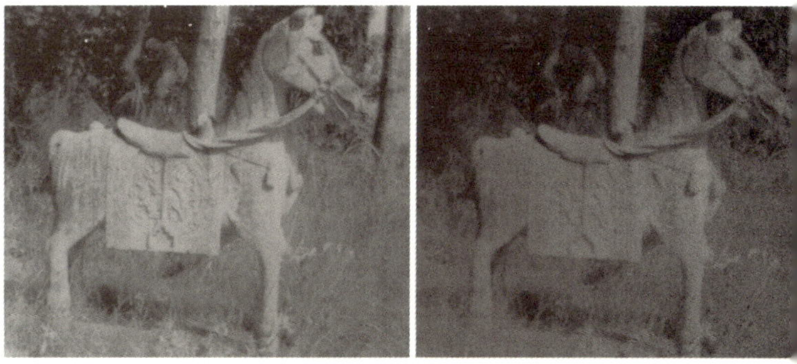

张经墓址之石翁仲

张经故居福州文儒坊42号

文官

武将

张经早年在金山寺读书处

张经墓

福州洪塘张经祠

抗倭毫无关联的兵部员外郎杨继盛，这是为什么？这更是天大的冤枉。事情的经过是这样的：

嘉靖三十二年（1553）正月，兵部员外郎杨继盛刚上任1个月，即以忠君报国为己任上疏弹劾严嵩十大罪、五奸。严嵩得知后极力挑拨离间，嘉靖帝大怒，诏令廷杖一百，下狱拷打。杨继盛刚强不屈视死如归，嵩党刑部侍郎王学益受嵩嘱，欲坐诈传亲王令旨律绞。然帝犹未欲杀之。越二载，适张经、李天宠被赵文华诬坐大辟，严嵩揣帝意必杀二人。秋审时，附继盛名并奏。嘉靖三十四年十月与张经、李天宠同时被斩于西市，年仅40岁。继盛临刑赋诗曰：

浩气还太虚，丹心照千古。
生平未报恩，留作忠魂补。

后七年，严嵩败，穆宗立，恤直谏诸臣，以杨继盛为首。赠太常少卿，谥忠愍，予祭葬。并将其一子任官，建祠保定，名旌忠祠（《明史·列传·杨继盛传》）。

综上所述，到了此时，军事上倭寇仅六七十人流窜数千里，杀伤四千人，其中包括一御史、一县丞、二指挥、二把总，攻陷二县城，如入无人之境，说明海防朽败到何等程度；政治上冤杀忠良，无是无非，腐败到了极点。

杨继盛像

七、胡宗宪诱擒汪直

张经被逮后，接替张经就任总督的开始是周琉，但任职仅34天，就被赵文华弹劾去职，由兵部侍郎杨宜代理。嘉靖三十五年（1556）二月，刚上任不到半年的总督军务杨宜亦被罢免，由赵文华推荐浙江巡按御史胡宗宪总督南直隶、浙闽军务，专责剿倭。

胡宗宪，字汝贞，安徽绩溪人。嘉靖十七年（1538）进士。历任知县、按察御史等职。嘉靖三十三年（1554）开始巡按浙江。他深入前线调研，确立了“攻谋为上，角力为下”的抗倭战略。李诩《戒庵老人漫笔》卷五载，胡宗宪认为“倭寇东南边，东南骚动。我军连摧败，创罢日甚，公私累岁不得休息，重臣往往得罪”。“然首倭而作之乱者，徽人汪直也。”因此，他主张对为首的倭寇汪直用招抚的办法诱擒之，便可彻底平息倭患，即所谓“攻谋为上”的战略。为了表示招抚的诚意，一方面他将汪直的家属从金华的监狱中放出，并且以厚礼相待，另派汪直同乡好友蒋洲、陈可愿携其母亲亲笔书信赴日本招抚，先见汪直义子汪激（毛海峰），由其引见汪直。汪直获知母妻未遭杀害，且受良好款待，心有所动地说：“俞大猷逼得我无路可退，所以落到今天这一步。如果允许我赎罪通市贸易，我愿意归降”。后来胡宗宪用离间计，使汪直所部徐海、陈东等互相残杀，两败俱伤，最后胡宗宪将俘获的徐海、陈东、徐洪、麻叶等人的首级进献京师。嘉靖帝晋胡宗宪为右都御史。《筹海图编》卷九《大捷考·擒获汪直》载，这时胡宗宪不断对将吏士民说“直非反贼”，并将汪直十分畏惧的俞大猷调往金山，由过去与汪激有过交往的卢镗代替，以打消汪直的疑虑，继续进行招抚。汪激回到日本平户对汪直说，归附不仅能免罪，还能通贡开市。加上汪直想念家人，遂决定离开日本，前往大陆，嘉靖三十六年（1557）十月，汪直率部到达舟山岑港。俞大猷听到汪直到达岑港的消息后，即向胡宗宪禀报。胡大喜，立即上疏朝廷，嘉靖帝下诏：“可相机设谋擒剿，不许疏虞”。胡宗宪遂亲赴宁波，调参将戚继光、张四维等人率领部众扼守水陆各口以防汪直逃跑。

胡宗宪画像

明军突然戒备森严，汪直遂生疑虑，即派汪激往见胡宗宪，责问：我善来，何故陈兵待我？胡尽力解释，但汪直仍有疑虑，就是不见胡宗宪。胡只得让汪直长子写血书陈述他祖母的意思，说明廷和胡宗宪对他们家恩重如山，要汪直早日归顺，以全母子之情（纪红建：《明朝抗倭二百年》）。血书由汪直的表兄方大忠和胡宗宪的心腹夏正带去。经多方解释与劝慰，汪直开始动摇。这时，明军又大兵压境，汪直又听到徐海等人已被歼灭，只得下定决心去见胡宗宪。他以岑港无人统辖为由，要汪激回港，以作退路。经王激的劝说，汪直于同年十一月进见胡宗宪。

胡宗宪原要赦免汪直，但遭到浙江巡按御史王本固等反对，民间又纷传他接受汪直等金银数十万。胡宗宪只得于嘉靖三十七年（1558）正月二十五日，把汪直交给浙江按察司。此时盘踞岑港的汪直义子汪激，得知汪直被捕，立即将胡宗宪心腹夏正杀害肢解，并在岑港加固防御工事。余党3000人，由汪激统率，声称要为汪直报仇，所盘踞的岑港在舟山岛西南。胡宗宪调集所有兵力进攻，至一年半之久，毛海峰等才于三十七年七月全股搭船，移巢于舟山北面的柯梅。胡宗宪不肯乘胜进剿，任其在柯梅把船造好，到了十一月十三日，搭船夜遁。乾隆《海澄县志》卷一八《寇乱》载：由于谢和与洪泽珍的串引，据浯屿为新巢。嘉靖三十八年正月，这股倭寇由岛美、浮宫，直抵月港，劫夺港内大船，从这个时候起，连年焚劫漳属诸县（《古今图书集成·职方典》卷一一〇〇《漳州府部纪事》）。五月壬午（十七日），毛烈（海峰）又移众南澳，建屋而居（《明世宗实录》卷四七二）。福、兴、潮、广间倭警，从此纷纷不绝（何乔远《名山藏》卷五三《王享记·日本》）。

岑港形势图

八、俞大猷被逮下狱

当汪激（毛海峰）由岑港搭船夜遁，据浯屿为新巢时，倭寇侵华的重点，便由江浙转移到了福建。当时，在京的福建人士众口一词，攻击胡宗宪嫁祸于闽中。胡宗宪却把责任推到俞大猷和参将黎鹏举身上，说他们邀击不力、纵寇南奔，原因起于汪直问题，俞主剿，胡主抚。南京御史李湖籍贯福建，参劾宗宪纵敌。宗宪怀疑，以为出于大猷的授意，宗宪对黎鹏举亦有宿憾，遂上疏嘉靖帝，诿罪俞大猷“纵贼”以自解。嘉靖帝大怒，下诏逮捕俞大猷，并夺世荫。时嘉靖三十八年（1559）三月，鹏举亦下狱。后由陆炳素与大猷友善，密以己资3000金投严世蕃，才得保释，免职发大同戴罪立功。不久虽起用为镇算参将，亦为闲散之职。四十年（1561）七月升南赣副总兵。

九、汪直被杀，倭患更加严重

胡宗宪原要赦免汪直，并准备上疏明廷，请求嘉靖帝赦免汪直，因受朝野反对，又遭弹劾，不得不于嘉靖三十八年十二月对在狱的汪直、叶宗满、王汝贤等人做出判决，上疏朝廷说：直等勾引倭夷，肆行攻劫，东南绎骚，海宇震动。臣等用间遣谍，始能诱获。乞将直明正典刑，以惩于后。宗满、汝贤虽罪在不赦，然往复归顺，曾立战功，姑贷一死，以开来者自新之路。不久，嘉靖帝下诏：直背华勾夷，罪逆深重，命就彼枭示，宗满、汝贤既称归顺报功，姑待以不死，发边卫永远充军（《明世宗实录》卷四七八）。汪直终于被杀了。这里，提出几个问题，读者思考：

1. 胡宗宪是真招抚还是假招抚？

2. 胡宗宪是否如流传接受汪直等金银数十万？如没有为什么害怕？

3. 毛海峰等倭寇在岑港，后移柯梅，胡宗宪不肯乘胜进剿，任其在柯梅把船造好、搭船夜遁，为什么？该不该受到弹劾？

4. 胡宗宪为什么要嫁祸俞大猷、黎鹏举？

5. 汪直收到母亲和长子的两次血书后，决心归降，是否人性起了作用？是真心还是假心归降？如是真心汪直该不该杀？

胡宗宪背信弃义，毫无诚信可言，杀了汪直，不仅使其母亲和儿子感到上当受骗，一家不能团聚，而且再度激化了社会矛盾，使倭患更加严重起来。《国榷》卷六二谈迁说：胡宗宪许汪直以不死，其后议论汹汹，遂不敢坚请。假有汪直，便宜制海上，则岑港、柯梅之师可无经岁，而闽、广、江北亦不至顿甲苦战也。说得正确，如果胡宗宪能坚请，嘉靖皇帝不至于不考虑前线主帅的意见不予以宽恕。但以胡宗宪的人品，不会这样做。当然，以后倭患的更加严重，也不是汪直义子毛海峰（即汪激）所能左右的。没有汪直、毛海峰，倭寇照样侵掠中国，这是他们国策所决定的。

第四节　倭寇屠洗福建

张经、李天宠被处死后，倭劫宁波、绍兴、台州，至十二月被歼。倭寇在江浙受了挫折，便逐渐南窜，开始侵犯莆田、兴化，从白湖江焚舟登岸，再由涵头突入福清海口。于是从嘉靖三十四年（1555）起，福建的倭祸便有增无减。

这一年，倭从浙江来，蹂躏福宁州，自此以后，无岁不犯州境。从这一年起，也常来侵扰泉州。

嘉靖三十五年（1556）二月，刚上任半年的总督军务、兵部侍郎杨宜被罢职，明政府任命巡按御史胡宗宪总督南直隶、浙闽军务，专责剿倭。三月，倭劫古田，十月犯福宁州（今霞浦县）。次年，明政府移设巡抚浙江都御史于福建，谭希思《明大政纂要》卷五七载，从这一年起，福建才有常住的巡抚。

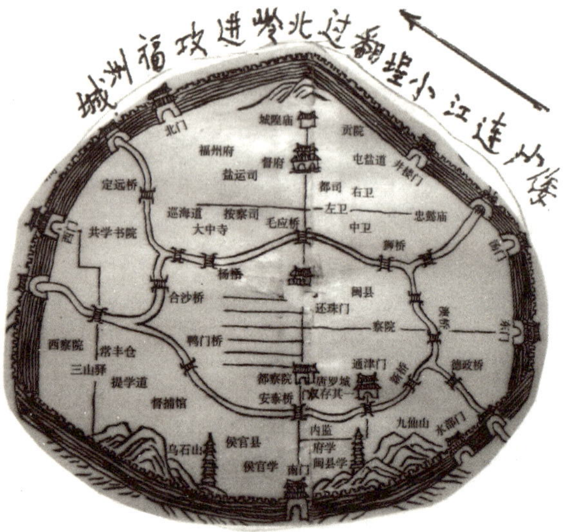

被围的福州城

一、福州第一次被围

嘉靖三十六年（1557）三月，《筹海图编》卷四《福建倭变纪》载，据连江为巢穴的倭寇，从连江小埕水寨进逼省会，这是福州第一次被围。另《古今图书集成·职方典》卷一〇四四《福州府部纪事》载，倭寇在福州四郊放火，火光照耀城中，南台、洪塘都化为灰烬。倭寇不过一二千人，后由福建巡抚阮鹗行贿乞和，送给之物有布政使司库银数万两、改机绸数百匹、金花1000枝、牙轿数乘，又拨新造大船6只，让倭寇满载而归。当时，福州流行怨谣："烽火连烧三万户，金花斜插五千倭"（箫震：《道山纪略》）。倭寇退出马江后，聚集梅花、定海诸港口，杀害了无数沿海居民。

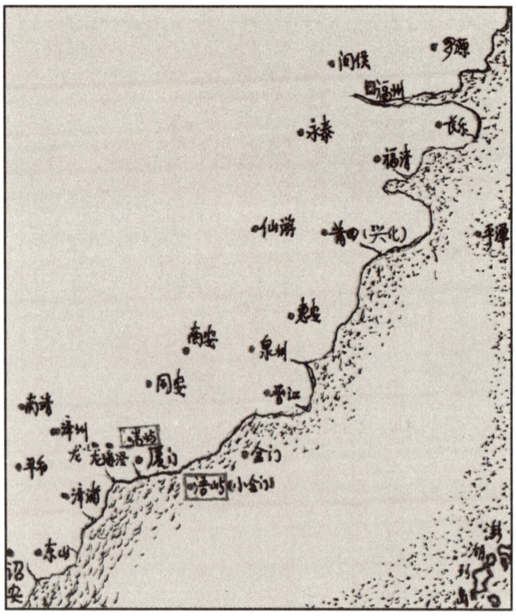

倭寇侵犯福建沿海各地示意图

二、福州第二次被围

嘉靖三十七年（1558）阮鹗被逮捕到京。严嵩受了重贿，重罪轻判，只予以削职为民的处分。继任福建巡抚的是王询。此君原非应变之才，骤当重任，剿倭不力。四月，倭犯福、兴、泉诸府县（《明世宗实录》卷四五八），登陆焚劫。福清、长乐、惠安、同安之间，到处有贼垒。倭寇约1万人，由严山老引导，从连江翻过北岭，攻省会。乡村老百姓仓皇避难，拥入省城的不下10万人。这是福州第二次被围。倭分兵南下，由洪泽珍率领，于四月初八日攻陷福清。福建县城沦陷，这是第一次（《读史方舆纪要·福建篇叙》）。

倭寇在福州城外焚掠60天。数十里间，白骨如山，庐舍一空。

倭寇在福清城内，焚毁官民廨舍，被杀和被掳的达

倭寇据浯屿（小金门）为新巢

嵩屿形势图

一千多人。倭寇住在城里虽只两天，但官民百年蓄积被搜刮无遗。

倭寇南窜莆田的涵江、镇前、洋尾诸村，焚掠一空，兴化从此无宁岁。

五月初三日，寇攻泉州，驻扎石笋桥二十几天。

五月十九日，寇陷南安，县治无城垣，人民早就远避，官民廨舍化为焦土。

倭一再攻长乐不下。北转罗源，集万余人来攻，停在城外三昼夜；南转惠安，贼兵一千多，连攻五天五夜不下，惠安丁壮牺牲数百，但婴城固守，振奋了沿海民心。由此可知，倭寇并不是所向无敌。不久，贼船同时从福清海口出港。六月，攻兴化、泉州、漳州，陷诏安。十一月据浯屿为新巢。不久，倭又侵据嵩屿为据点。

三、福州第三次被围

嘉靖三十八年（1559）正月，据浯屿的倭寇，由岛美、浮宫，直抵月港，劫夺港内的大船。从这个时候起，连年焚劫漳属诸县。三月，泉州第二次被围，军民守城，目不交睫者4个月。泉属诸县中，同安受祸最烈。“焚城外居民数千家，官府民舍，悉为灰烬。”三月二十六日，有倭数千攻福宁州城，兼旬不克，乃西向攻福安，四月初五城陷，死3000余人，驱而去者700余人，溺水坠崖死者无算（张景祁《福安县志》卷五七《祥异》），四月初九倭始去。四月十三日，新倭自福宁州、连江、罗源等处，聚集于怀安、闽县各乡镇。十六日起合攻福州府城。《明世宗实录》卷四七八载福建巡抚王询的奏报云：黄崎（惠安县东50里黄崎山村）、漳港等倭，实攻福清、长乐，逼近省城，屯住洪塘、南台等地。这是福州第三次被围。倭劫洪塘，逃难人民有的向永泰路上跑，倭在后面追，五月十六日永泰沦陷。倭围福州将近1个月，五月戊寅撤退，把所有辎重撤到船上，停泊于橘园洲等处。

这次倭扰福州，沿海人民被杀、被掳的多至几千。兵灾引起瘟疫，福州、长乐、福清避难入城的人患传染病死的无数。长乐尸骸抬出城的每天有100余起，到处有腐尸枯骨（《长乐县志》卷一〇《祥异》）。福清进城避难的人太多了，所有庵堂寺观、学宫檐前、瓮城空处，都有难民托足，饥寒交迫，有过半病死（林昂《福清县志》卷二〇《遗编》、陈良璟《倭难纪略》）。五月十七日，毛海峰（王激）移众南澳，建屋而居，潮广倭警，从此纷纷不绝。六月，围福州的倭寇由长乐梅花洋开出，被参将尹凤打败，严山老被捕，洪泽珍毁巢逃避（《明世宗实录》卷四七二及谢杰《虔台倭纂·倭变二》）。

嘉靖三十八年十一月，福建巡抚王询以闽局日急，自觉应付不了，托病致仕而去。继任者为吴桂芳，在任时间短，道光《福建通志》不为其立传。继吴桂芳为福建巡抚的是刘焘。

四、福州第四次被围

嘉靖三十九年（1560）三月，福州又受到倭寇的骚扰，城门昼闭。刘焘一来，就下令大开城门，亲自带兵出来，倒把倭寇吓跑了。一直追到闽安镇，才收兵入城。这是福州第四次被围，但时间很短，弥月乃去。刘焘接任不久，崇武守御千户所和安溪县被倭寇攻占四十几天，公私庐舍，焚掠殆尽。四月初二日，倭攻同安县阳翟。嘉庆《同安县志》卷九《征抚》载：阳翟各乡，男女万余人，涌入官澳巡检司城里。城破时，倭纵火屠城。城内积尸几乎和城墙一样高。城外积尸，纵横一二里，妇女集体投海，不可胜数。与此同时，倭第三次围攻泉州城，散据各乡村，使得田亩沦为荒地，民无储谷，忍饥待毙，瘟疫流行，死者相枕藉。同年冬刘焘受到参劾，明政府只好把他调走了。接任的第四任福建巡抚是游震得。

五、倭三围兴化、三陷宁德

嘉靖四十年（1561）一月，宁德县城第一次被倭攻陷，旋退。自夏至冬，倭三次攻兴化，放火烧南关，烟焰

福州明代古城墙遗迹

明洪武四年（1371），在五代梁夹城和宋外城基础上重建福州城垣，以石砌成，环绕屏山、乌石山、于山，周长3349丈，高2丈1尺，厚1丈7尺，辟7城门，东西南三面有堑壕，规模甲全省。辛亥革命后，因拓展马路，被陆续拆除，此系南门经水部门之一段，长173米，1986年初重修。

倭寇使用的盔甲

延两日，屠戮村镇几尽。距兴化府城五里的芦浦（俗呼荔浦）村，因反抗得不到中路参将侯熙和都司白震的援助，倭遂屠芦浦，沟水都变红了。十月二十二日，宁德县城又陷，被害和投水自尽的百姓不可胜数。寇踞城九天，官舍民房、库藏卷档、故家书籍都化为灰烬。十二月倭寇又来，烧毁余屋，宁德全城夷为平地（乾隆《宁德县志》卷一〇《祥异》及卷二《公署》）。此时，盘踞晋江、南安各地的倭寇，集众二万人攻同安，同安第四次被围。后来，马三岱等农民军来援，两次苦战，才把攻城的倭寇击溃（嘉庆《同安县志》卷九《征抚》）。

六 福建危急，巡抚上疏求援

嘉靖四十一年（1562）二月，屯同安的倭寇攻陷永宁卫（泉州府城东南50里），指挥、千户多降。另一股倭数千，连同晋江海贼谢爱夫等攻永春县城。与此同时，漳浦城已第二次被围。占据宁德的横屿、福清的牛田、兴化的林墩的倭寇又四出焚掠。而兴化府城虽三次被围、村镇屠戮殆尽，但府城还未失陷。三月，倭攻城，寇把城濠的上游（俗呼南门河）堵塞。民以舟为业者，舟泊城濠以千数，无所得食，请于府署，愿与寇决死战，果斩敌数百人，后被中路参将侯熙所阻，府城仍被围，危在旦夕。此时，永宁卫已第二次沦陷。《明世宗实录》卷五一五载：倭自浙之温州来者，则合福宁、连江登岸海贼攻陷寿宁、政和、宁德等县；自广之南澳来者，则合福清、长乐登岸海贼，攻陷玄钟所（绍安县南——作者），蔓延及于龙岩、松溪、大田、古田之境。《嘉靖实录》卷五一八云：破宁德后趋罗源入海，转连江登岸，时宁德已陷落矣。十月二十二日，海贼吴平引倭寇攻陷玄钟千户所。而占据宁德横屿的倭寇立买港之法，人以金赎免斩，屋以金赎免烧，宁德全县，无不遭凶受害（乾隆《宁德县志》卷一〇《祥异》）。道光《松溪县志》卷二《拾遗》载：政和于十月被攻，知县周尚文坚守4旬，城陷死之。贼入城，屠戮一空。康熙《松溪县志》卷一〇《艺文志》魏濬《御倭纪事》则说，嘉靖四十一年十一月，倭寇屠寿宁、政和两县，松溪知县王宾徇、陈旦等献金议和，倭寇则答书如下：

“日本国巡海船主大王，为奉天承运，以除民命事。众将欲征广东、广西报水。经过寿、政二县，人民可恶，尽被诛之，寸草不留。今尔县官僚谙知礼义，修书讲和，求息干戈，既郊犒师之礼，与彼对敌者大不相同。可将白金1万两，骏马200匹，限本月初八日，赴营交纳，如延日期，众将涌进，亦如寿、政二县，一鼓而诛之毋悔！”

这一封答书引起了松溪人民的公愤，一致反对献金议和。倭寇遂昼夜进攻。松溪人民奋勇抵抗，至次年正月倭遂焚东岳各营而退。

正当福建形势危急之时，巡抚游震得上疏明政府请求迅速援闽。当时唯浙直拥有最多的精锐，廷议令浙江就近出兵。总督浙直福建军务的胡宗宪就派戚继光率所部6000人援闽，督府中军都司戴冲霄率所部1600人协助戚军南下。

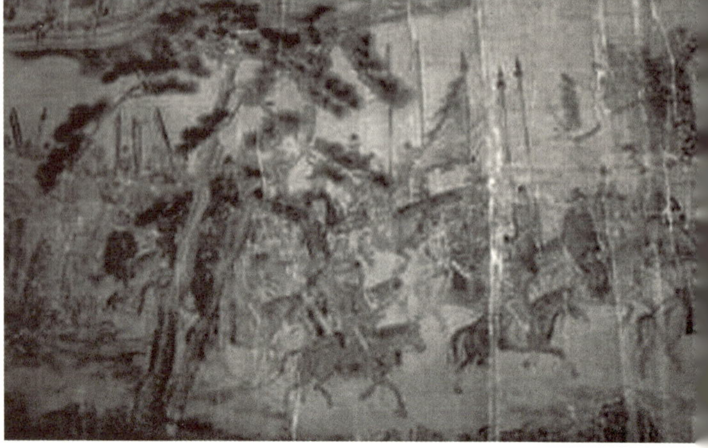

明军抗倭图

第五节 戚继光东南抗倭

一、戚继光崭露头角

戚继光（1528~1588），字元敬，号南塘，晚号孟诸，山东牟平县人（一说蓬莱）。父戚景通官至都指挥，世职山东登州卫指挥佥事，戚继光可说是将门出身。时值倭寇横行，他眼见倭寇过后“焦土遍江村，满道豺狼迹，谁家鸡犬存”的惨状，在一本书空白处写下：“封侯非我意，但愿海波平”。痛下誓言，定要扫平倭寇。

戚继光塑像

戚继光故里

17岁，父病死，袭登州卫指挥佥事。嘉靖三十二年（1553）升署山东备倭都指挥佥事，管辖山东沿海3营25个卫所，负责从现在的黄河河口到山东江苏交界一带的

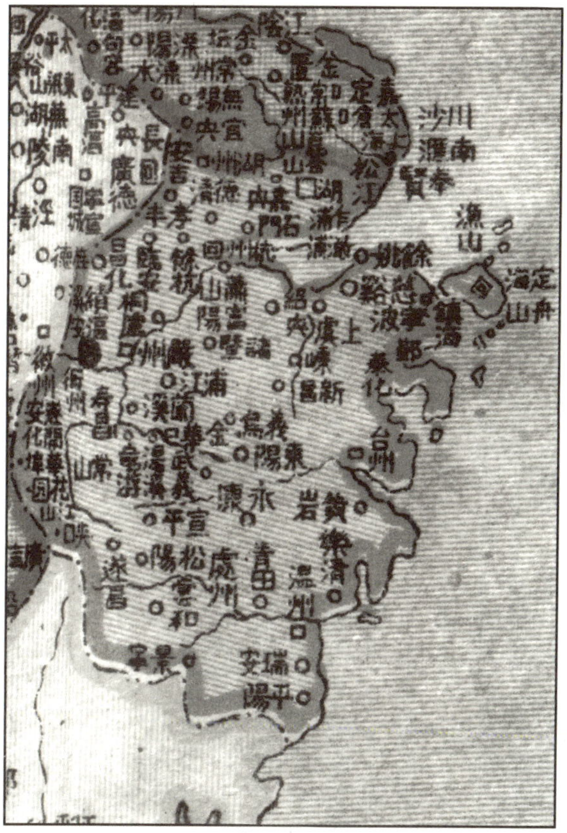

台州、金华、严州三府形势图

海岸防务。两年后，由于胡宗宪的极力推荐，调到浙江防倭，嘉靖三十五年充为宁、绍、台（即倭寇出没频繁的钱塘江以东宁波、绍兴、台州三府及所辖各县地区）参将。戚继光上任不到1个月，就有一股倭寇进犯浙中门户龙山所（今浙江省龙山）。他率部迎敌，同总兵俞大猷、台州知府谭纶联合作战，戚继光亲自开弓连续射杀率队冲锋的三名倭酋，稳住了阵脚。明军鼓起勇气，把倭寇打得大败而逃，戚继光于是开始崭露头角。嘉靖三十六年（1557），倭寇侵犯乐清、瑞安、临海。戚继光未能及时援救，因道路阻塞，故不加罪。不久会合俞大猷的兵，在岑港包围了汪直的余党，久不能克，被撤官戴罪立功。后这些倭寇逃跑，其他倭寇又到台州焚烧抢掠。给事中罗嘉宾等上奏弹劾戚继光无功，且说他勾结外国，戚继光受到审查。不久，即以平定汪直之功，恢复原官职，改守台州、金华、严州三府。

二、戚继光练兵

早在嘉靖三十六年二月，戚继光就提出训练民兵计划，但却惹起许多人反对，总督军务胡宗宪勉强采纳之后，还有人认为缓不济急。戚继光则认为杀贼练兵，尽可同时进行。最初他练出的第一批新军是临观之兵，也就是台州兵。该军军容整齐，但战斗力薄弱，怯于短兵相接。原因是这些士兵素质不佳：有的世代当兵，暮气沉沉；有的是小市民，沾染了市井恶习。他认为要歼灭倭寇决不能依靠这种军队。他决定另行招募，要练出一支既英勇善战、又能恪守军纪的劲旅。后来听到义乌县南50里八宝山农民矿工英勇善战，就决定到义乌招兵。他先后3次到金华府义乌招兵。

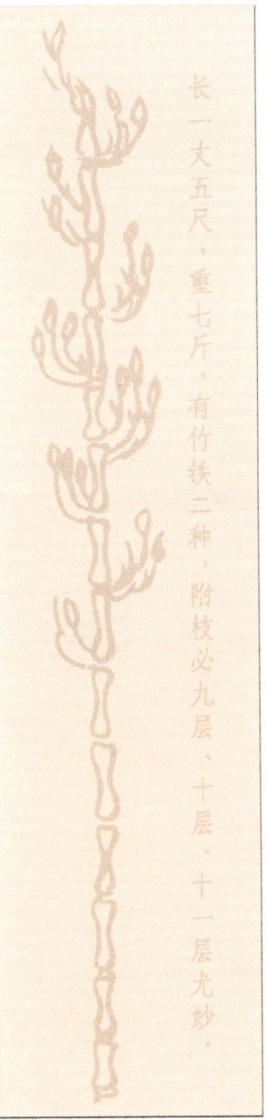

狼筅

第一次义乌招兵，戚继光鉴于临观之兵浮滑柔懦，因此，此次招兵的标准定得极严。凡城居者不用，过去打过败仗的不用，当过吏役的不用。共募义乌兵4000余名，成立一支以农工为主力的新军，并对这支军队进行了严格的训练，使之成为东南抗倭明军中的劲旅。

戚继光对军队赏罚分明。他说：若该赏处，就是平时要害我的冤家，有功也是赏，有患难也是扶持看顾。若犯军令，就是我的亲子侄，也要依法施行，决不干预恩仇（戚继光：《纪效新书》卷四《论兵篇第四》）。戚继光深知军队没有纪律就没有战斗力，就不能打胜仗。山东备倭时有个军官是他的舅舅，有一次竟然依仗自己是长辈，不听命令。戚继光心想，处分吧，别人会说晚辈处罚长辈，无情无义；不处分吧，号令不行怎么带兵？他想了个两全其美的办法：先以长官身份，当众给舅舅应有的处分，然后在当天晚上，以外甥身份向他赔礼。舅舅感动地说：你执法如山，我以后再不敢违抗命令了。从此，戚继光不徇私情赢得了部下的尊敬。

戚继光的练兵方法是注重实用。由山东登州到江浙，他看到南北地形完全不同。北方原野空阔，必以众成功，江浙河湖港汉纵横，稻田里只有田埂才能行军，必以寡制胜。又鉴于倭寇惯用刀箭长枪作战，他结合实际的需要，发明了鸳鸯阵法，取消了什伍旧制，把部队作战单位编得很小。

鸳鸯阵法：这是一种攻防兼宜的作战阵法，每队12人，队长当前，伙夫殿后，前后之间，有藤牌、长牌各1面；1对狼筅（用1根毛竹、留着一些短枝，经过火烫，竹梢插着一把尖刀），4支长枪，两把镋，顺次排列。全军配备火器队和弓箭队，使长短兵器相结合。

作战部署：待倭寇进到100步以内，我军才放铳（枪），进到60步以内，我军才射箭。如果敌人再进，便由鸳鸯阵应战。长牌挡住了敌人的长刀劲矢，掩护后队前进。身体灵便的军士左手舞藤牌，低头往前冲，右手掷标枪，接着就拔出腰刀砍杀。两个使狼筅的，都身躯高大、年富力强，以狼筅救长牌。后面的四枪两镋衔尾而进，这样的战法叫作长短相杂、刺卫相合。如果战

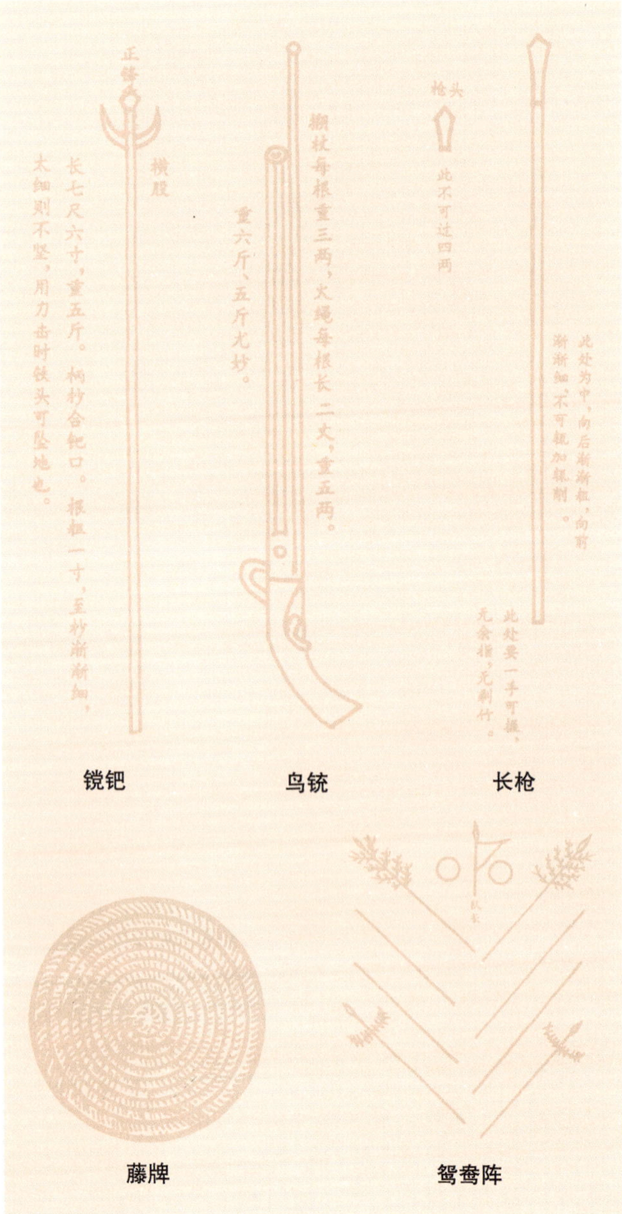

镋钯　鸟铳　长枪
藤牌　鸳鸯阵

况变化，譬如冲入小巷，或与倭贼狭路相逢，鸳鸯阵不能施展，就由鸳鸯阵变三才阵。

三才阵随战况变化，又可分为二伍，每伍牌一面、筅一支、镋一把、长枪二支。这样排列，叫作两仪阵。由两仪阵，即由二伍又可变成两个小三才阵。

大三才阵和左右二伍两个小三才阵的中间，都是队长居中。两筅、两镋相随，而把两牌四枪分为左右两翼（戚继光《纪效新书》卷八《操练营阵旗鼓篇第八》）。

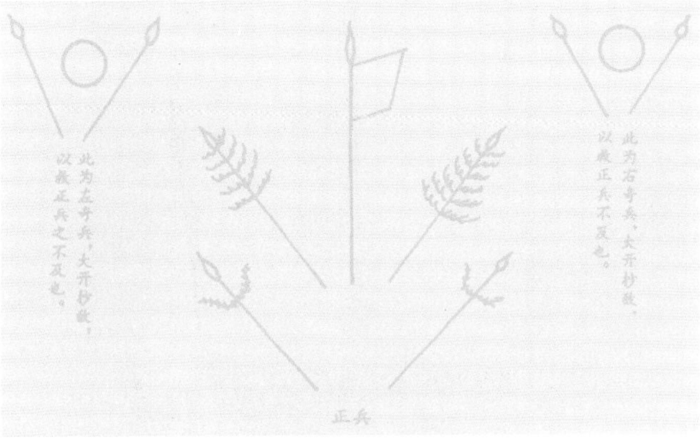

鸳鸯阵变三才阵图

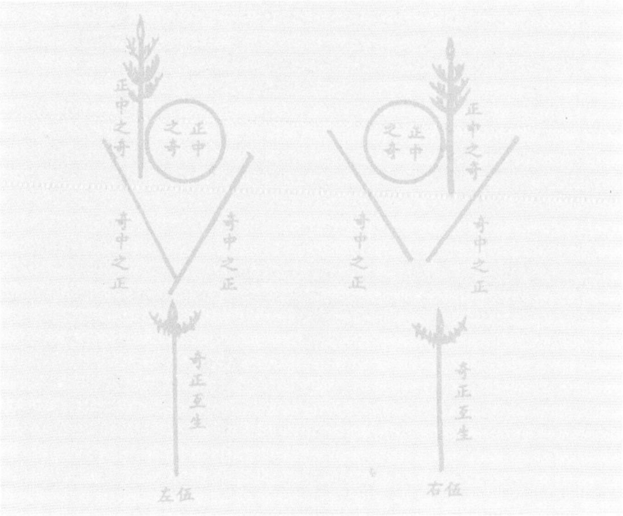

一队合称为两仪阵
一伍合称为五行阵

步队图（采自《练兵宪实纪杂集》卷六）

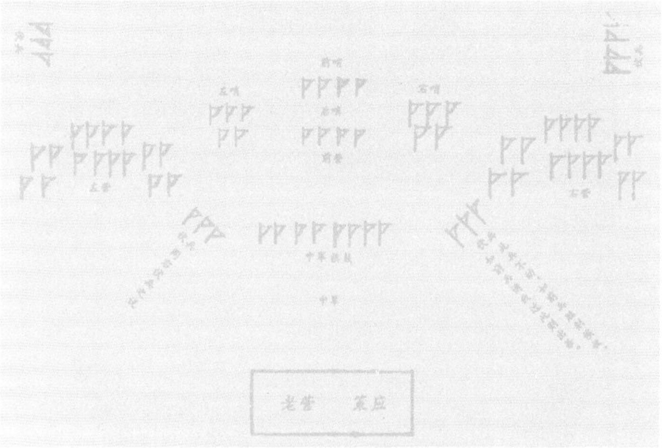

山战随变就于本阵内设伏图

戚继光创建“鸳鸯阵”新战法

二伍各变小三才阵图

三、戚继光新造的战船

戚继光很重视水师，他说：贼于一夜之内，黑地预设奇伏，转移流突，自昏至旦，五六十里有之。我兵极明，寻觅贼所，行疲气怠。……是以我劳而不及谋，贼逸而伏多中（戚继光：《纪效新书》卷首）。因此，他主张“防之于陆，不如防之于海”。他说，防海有三策：海洋截杀，毋使入港，是得上策；循浦扼守，毋使登岸，是得中策；阻水列阵，毋使近城，是得下策。不得已而守城，则无策矣（《纪效新书》卷首）。为采取防海上策，必须有海上的战船。因此，他决定在台州督造44艘战船，分布于浙江松门（今温岭东）、海门（今椒江市）二卫。除了福船、海沧、艟艄、开浪等外，主要还有以下几种新式战船：

网梭船

哨探之用，形似织梭，前后2人。

鹰船

两头俱尖，不辨首尾，进退如飞，两旁用毛竹板密钉，竹间设窗，可出铳、箭，隐人荡桨。

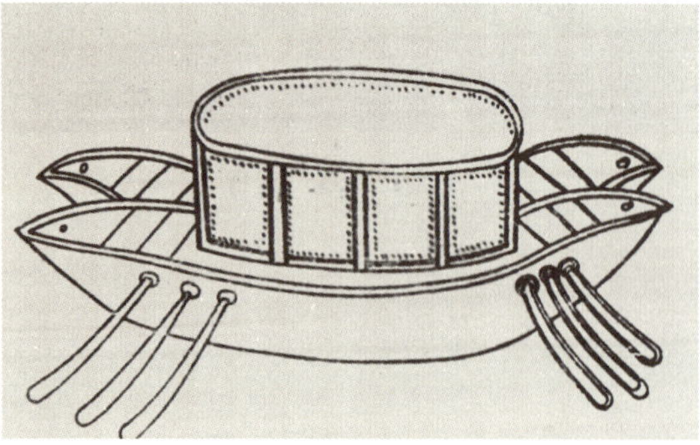

鸳鸯桨船

用两船活扣一处，不用篷桅，舱上用生牛皮张裹，内藏列兵器勇士。两边各有桨，舱屋两边留箭眼，近则放箭。分则为两舟，夹攻敌船。

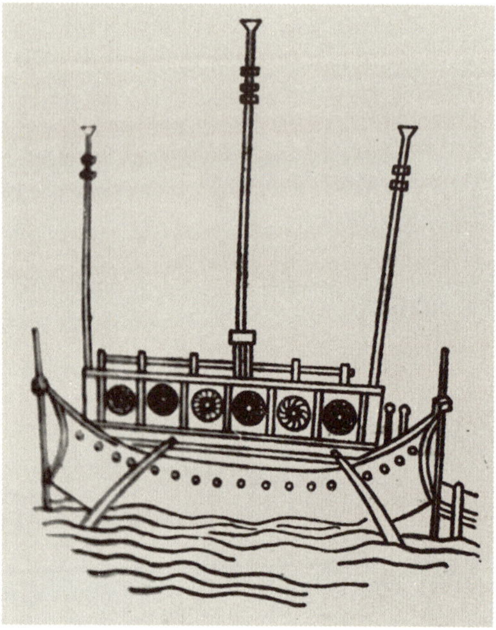

两头船

两头制舵，遇东风则西驶，遇西风则东驶，不至遇风难以回转。

蜈蚣船

底尖面阔，两旁列棹数十，其行如飞，顺逆皆可行。

火龙船

周围以生牛皮为障，上留铳眼箭窗，中层铺刀、钉板，下舱暗伏精兵、水手4人。遇敌船诈败弃而与之，水手赴水走，敌登船，机关一转，皆翻入中层，可生擒活缚。若冲入敌船队内，两旁暗伏火器，左冲右突势不可挡。

赤龙舟

舟形像龙，分作3层，内藏火器。龙首口开，内藏1人观哨。敌船近则暗机一动，火箭、烟、弩一举俱发。

叭喇唬船

底尖面阔，首尾一样，两旁各用桨8～10支，其疾如飞，有风竖桅亦可破浪。

子母舟

前母船后藏一小舟，通连一处，船前有快利钢尖，前轮内装以茅薪火药等，遇敌船发钩搭索与之相连，将母船发火与之并焚，然后开子船而归。

连环舟

外视若一舟，分则为二，中连以环，前载神烟、神沙、毒火等，舟首有大倒钉。遇敌船以舟首钉撞敌船，前环自解，后载则回。

四、戚继光舰船混合编组及队形

按明制设左、右、中、前、后五营。一营两哨，每哨以福船2艘，海沧1艘，艟舔2艘，以及开浪、网船若干艘组成，大中小结合，形成整体战斗力。

戚继光尤其崇尚“水战火第一”的思想，为此他给水师舰队装备了当时最先进的火器，其数量之多，远远超过了其他部队，使得舰船在海战中发挥了很大作用。

混合舰队队形

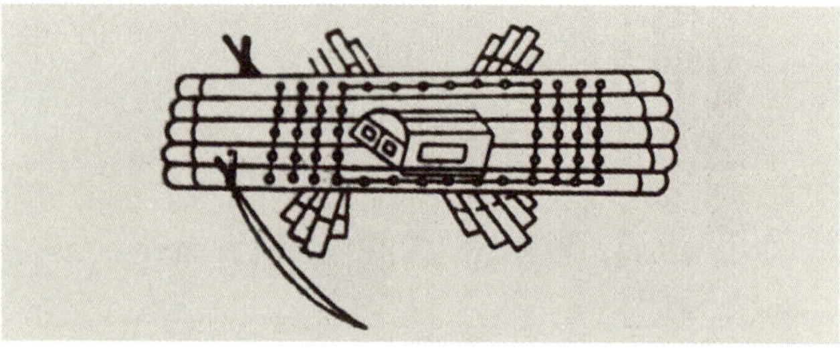

破船筏

旗舰

信桅横桁上高悬“三军司令”的旗帜，表明它是一艘指挥船。

五、平定浙江倭寇

嘉靖四十年（1561），倭寇一两万人，分乘战船数百艘，大举进犯浙江。从奉化到太平（今温岭）沿海各县和卫所纷纷报警。戚继光在台州、海门和宁海一带布下伏兵，自己率戚家军主力直抵倭寇主力侵扰的宁海。

蓬礁

位于浙江嵊山与泗礁之间。据传有一天倭寇乘海上大雾弥漫，向我嵊泗列岛偷犯。行进间忽发现有船似战舰模样，寇兵误为戚继光率兵前来阻击，慌忙张弓射箭、开鸟铳射击，战斗持续了一天一夜。当迷雾消散后，显出来的却是小小的海礁。这时，戚家军真的赶到，一举将倭寇杀退。战后，戚继光便命名这处礁石为“蓬礁”。

戚继光在金山卫抵御倭寇时之指挥台

"平倭港"位于定海金塘岛的一个小镇上，有一天数千倭寇突来袭击，大部被戚继光歼灭在海里。残余500寇兵逃到金塘岛上，又被我军民聚歼。为了纪念这次战斗胜利。当地人民特立一石碑，题名为"平倭港"。抗日战争期间，日军侵占舟山后，曾数次寻找此碑，金塘人民用砖石把它掩盖起来，才得以保存至今。

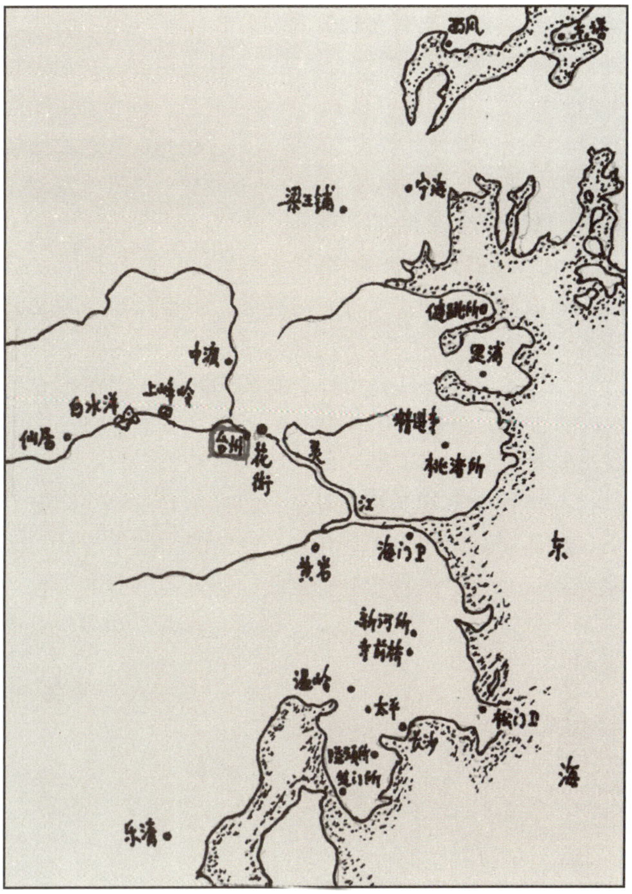

台州、海门、宁海形势图

戚继光麾下舟师抗倭交战图

台州大捷

进犯宁海的倭寇被戚继光打败，另一股倭寇侵犯桃渚、圻头，被戚家军在龙山击败，追到雁门岭，倭寇逃走，乘虚袭击台州。戚继光率戚家军神速迎敌，在花街和上峰岭取得大捷，阵中亲手斩杀倭寇头目，将残余倭寇逼进灵江，全部溺死。圻头的倭寇又赶往台州，中途在仙居遭戚继光伏击，无一逃脱。前后九战九捷，共歼倭寇5400多人，史称“台州大捷”。

台州大捷后，戚家军打出了军威，驰名全国。戚继光在战场上看到了义乌人的英勇，于是又亲自到义乌招兵。

第二次义乌招兵共招募到新兵3000人，全军扩充到6000人，成为两浙海上的“长城”。浙直总督军务胡宗宪就以新军为主力，而悉罢过去调来的各处客兵。

在戚继光和浙江总兵卢镗、参将牛天锡的共同努力下，同年（嘉靖四十年）九月，在宁波、温州等地与倭寇交战10余次，大获全胜。至此，浙东倭患基本平息，戚继光晋升3级，戚家军凯旋，受到台州百姓20多里夹道欢迎。

戚继光军从宁海起程向桃渚进发

戚家军在上峰岭奉命利用松树枝隐蔽设伏

戚继光军英勇杀倭寇取得台州大捷

六、戚家军第一次援闽

嘉靖四十一年（1562），福建形势危急，戚继光接到胡宗宪的调令，率戚家军与督府中军都司戴冲霄的部队会合，由浙江平阳县间道入闽。八月初一日，开入福宁州（今霞浦县）城里。从此，与倭寇展开战斗，取得了3次大捷。

（一）横屿之捷

嘉靖四十年，宁德县3次被倭攻陷，全城已夷为平地。宁德城东北10里，有地名漳湾。漳湾东10里海中有横屿，倭在屿上筑木城，作为四出劫掠的基地。从此，与福清牛田、莆田林墩两个倭巢互为声援。

漳湾与横屿间，港道不深，海船运兵，会有搁浅的危险，潮退时，10里泥泞，不能行走。倭恃横屿为天险，便据此不去。且漳湾居民约有几千人，其中一部分人与倭寇勾结，要收复横屿，必须由漳湾进兵，也就必须先去除漳湾与倭寇勾结的奸民。戚继光在福宁州休息3天后，于第3夜5更秘密出发，八月初七日到达宁德县城

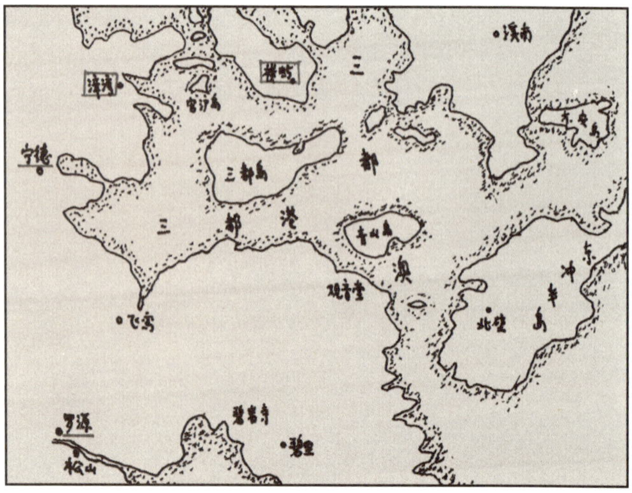

横屿形势图

废址。在漳湾找到与倭勾结的奸民，开诚布公地晓喻他们，只要他们和倭寇斩断关系，既往不咎，并把降旗交给他们，于是这些人全体投诚。戚继光便立即把全军开到漳湾驻扎。初九日晨，戚家军每个将士背1束稻草，趁退潮，从岸上走下去，把稻草铺在泥泞上，“凡三憩登岸”，即休息3次，就登上横屿这个小岛了。倭寇在山前排成阵势，戚家军背水作战，有进无退。部分钻到倭寇后方，前后夹攻，战斗十分激烈，倭寇木城被戚家军攻破并被火焚烧，生擒倭寇90余人，斩首2600余人，取得了横屿之捷。

（二）牛田之捷

横屿克复后，八月廿九日，戚家军南下开到福清。福清的倭寇约有数万人，分布于烽头、海口、东澳、大澳等处。听到戚家军南下，于八月二十六日集中到牛田，分守杞店、上薛、西林、木岭、葛塘、新塘、闻读各地，络绎30余里。随处都可抄袭戚家军的后路。福清父老欢迎戚家军，家家“箪饭饷兵”，并询问出兵日期。戚继光曰：“吾兵疲，且休矣！俟缓图之。”于是城中倭探归告，戚家军在城中休息，尚未定出兵日期。

独醒石（拓本），戚继光书写，刻于福清海口弥勒岩旁小山岩上

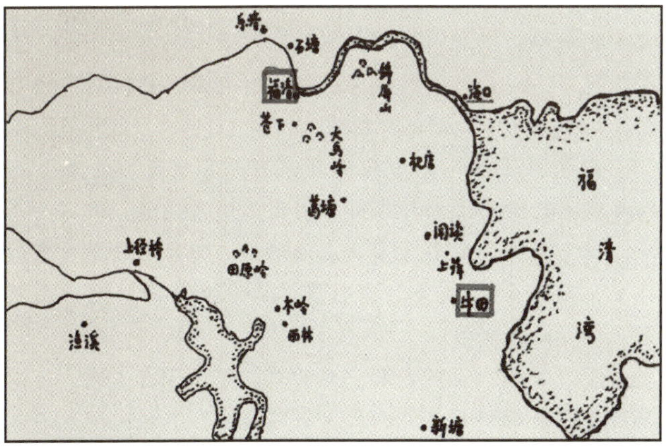

牛田形势图

牛田在今龙田镇。锦屏山即今玉屏山。东澳、大澳在今新厝镇与莆田江口镇交界处。

倭遂未作战备。戚继光当夜即督兵行30里，黎明攻破倭巢，斩首1000余人，而城中尚不知戚家军已出发了（叶向高：《苍霞草》）。《戚少保年谱耆编》载，到福清后，第二天即九月朔壬午，分3路进兵，当夜2更，人人衔枚，跑步到杞店七里塍，擒杀倭谍10余人。到了杞店匪巢，由两人爬过墙，打开门户，鼓噪而入，倭寇从梦里惊醒，顷刻之间，焚戮殆尽。遂后进驻锦屏，到了5更，倭700余人来劫营，被戚继光早就布置的伏兵击败，戚继光亲自打死倭酋，余贼纷纷逃窜。戚家军乘胜尾追，连破牛田、上薛、闻读诸巢，一直追到新塘等处。由于扼守田原岭上径桥的明政府守军参将杨缙玩忽失职，亡命上径桥的残倭4000余人，才得夺路逃脱，流窜到惠安、晋江去了。牛田大捷，斩688人，救出被俘的954人。

（三）林墩之捷

林墩在莆田城东南10余里，是一个很小的乡村，但为倭寇在福建的三大贼巢之一。聚有善战的老贼4000余人。戚继光应福建监军王春泽的苦苦挽留，不顾戚家军连续恶战疲劳减员，仍继续南进，进攻林墩的倭寇。九月十二日离福清，在峰头、江口两地暂停。江口属莆田，峰头属福清，两县交界以江口桥为界，峰头在桥北的海边，大澳、东澳都在峰头附近。当天下午，戚继光就在峰头、江口擒获倭寇1600人，交给把总张谏，限于十三日夜五更，防堵宁海桥（莆田最大的桥梁，桥下为海水，上接木兰陂，下通三江口），一听到鼓声，就要赶紧过桥，进攻林墩的东北面。戚继光则亲自统率主力军于十三日晨出发，经囊山寺开入兴化府城，黄昏到达。受到当地官员设宴欢迎，席间未提出兵事宜。宴罢

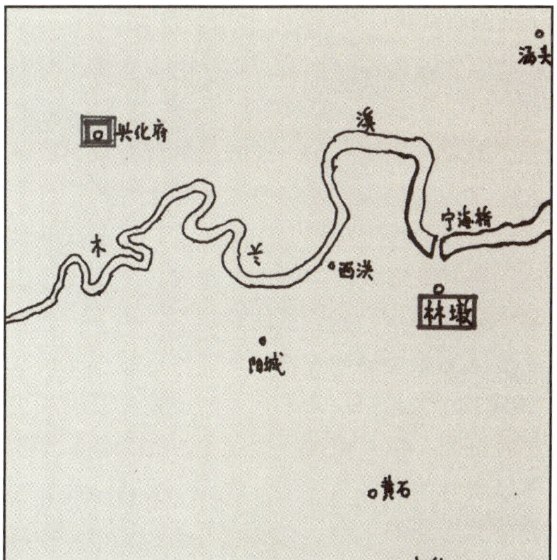

林墩形势图

林墩村遗留至今的戚公井

归队，到了夜半，队伍乘着月色出城，由阳城、清浦到西洪，暂停前进。距林墩只5里路程，倭寇才发觉戚家军入境，仓皇应战，死守一座小桥。血战两小时多，因西洪和林墩间地形狭长如带，军队只得鱼贯而进，三退三进，倭据桥恃险。戚军中陷阵牺牲90余人，无一回视，倭寇遂弃桥而逃。此时，张谏的偏师，已从宁海桥南进，倭寇前后受敌，败退入巢，戚军冲破贼巢，短兵巷战，贼落水淹死的有1000多人，残寇向黄石南窜，有的逃入窑兜乡空窑里，被戚军用火攻，悉数歼灭。

林墩之捷戚家军歼敌2023人，救出被掳禁的2114人。

（四）回浙募兵

当戚家军攻占福清牛田、乘胜南下向莆田林墩倭寇进攻时，牛田空虚，一股新倭在老寇煽动下，组织了1万多人，企图攻占福州。第一批贼兵由倭酋双剑潭统率，驾驶大船攻占了牛田。嘉靖四十一年十月初一日，戚家军从兴化班师，重过福清，在牛田又打了一次胜仗，全部歼灭了第一批倭寇。经过多次鏖战，战士又多染上疟疾，剩下5000部众，能作战的只剩下一半了，戚继光与监军汪道昆（后任福建按察使）登楼远眺，相顾叹息：以少数孤军，怎能挡住新来近万的倭寇？戚继光力劝汪道昆急赴杭州，以乡谊说服胡宗宪，允许戚家军扩充队伍，即以现有的义乌兵，递升为大小头目，让他们回家乡招募体壮力强的亲友，凑成一二万人，再一次援闽，必可荡平倭寇。

戚继光在福清抗倭期间，赋诗并留下了许多遗迹。福清市政府为纪念戚继光的功勋，特将戚继光抗倭遗迹作为爱国主义教育基地，重新整理修复，这些遗迹已成为今天福清市著名的旅游景点之一，扩大了影响。

乾隆版《福清县志》载，戚继光在福清期间曾写一篇《瑞岩寺新洞碑》，现全文转录如下（文中插图系由朱寿榕同志拍摄并提供）：

瑞岩寺新洞碑

明　戚继光

出龙江城，循山而北约三里许，山环石峙，怪状百出。山之麓有洞，桥即前人所谓白莲桥。旧蓄水种白莲，近为土人泄而田之，沧海桑田信哉。过桥有细泉自寺墙下流为丈池，荒芜无取，余葺为流觞所。过此仰登数步为禅关，石级鳞鳞。入关转向，由级而上为禅堂，入而方丈，后为天章岩阁，俱颓欲倾。

寺之西垣外，有弥勒石像高数丈，乃就地中石为之，镌制颇佳。余兴剧时，每集众宾坐于肩、乳、手、腕、足、膝之上，分韵赋诗，间以歌儿，鳞次高下，转觞而饮。寺自方丈后转东为穿云洞，昔名“自在门”，穿洞而上为皆醉亭，取众人皆醉之意，即旧名山光水色亭也。后有独醒石，为皆醉亭解嘲耳。亭下有大石，刻瑞岩三十七洞天，盖总名一山岩洞之胜也。

由亭入石门，中为观音洞，有泥肖观音，古甚，因以名洞。折旋而上为过来桥，桥出石隙为危道，道穷为石隙，仅二尺许，蹑石级出其上为瑞岩，旧名半岩亭。东对巨浸，海外群山拱秀，真南国之奇诡也。余以此一山冠冕，故遂以瑞岩名。

下遵故途，至观音洞前转西北，登山皆有石砌，可以肩舆，固余所新饬也。道之左有石如虎，名之曰蹲虎石。将至山巅，有硕石颇巨，旧题“无风海涛”。旁一石甚奇峭，旧名窈窕峰，峰下为石门。石门者，一石中分，仅可独步，长约丈余。

逾此为蓬莱峰，其石秀杪而丰下，形壮而雅。余故里山东蓬莱阁下，此峰可因以望亲垄，故名。

逾仙穴，仰登仄径，又数十步为还丹洞。出洞由故道下蓬莱峰，左为醉仙岩。仍复故道，由右门旋级而上，数步许委折穿石下，级路甚奇，侧俯躬以出，为小洞。过小洞则两石如壁，前石如屏，石隙之巅悬一大石，名为悬石窦。出窦，循侧路高下宛转，为醒心泉。洞四围皆石，中可坐息，石下一泉清凝莹澈，可濯可饮。出洞俯蹑，至半麓转入双龙洞。洞有二相联，俱峻石如围。仰观空阔，下见佃庐。

复入石隙，则一洞开爽邃寂，形如卧虎，可容二十余人，稍加修葺，真避世者坐炼之区也，故名之曰归云洞。内有天成圆石，琢而平之，仅容八人共弈，名曰仙枰。是日即与诸客成一局，局罢剧饮，私谓是洞盖尽一山之胜矣。

出双龙洞，相对为石芙蓉峰，其石岩岩可观，麓之西有苍松数株，旁一石肖屏，名曰石屏。由洞而西数十步，有石如伏狮。由伏狮而仰登石径，直上瑞岩大洞天。洞六方皆空，上有悬石，下可坐百人。步洞而下，入深窦，为路者二。外路由振衣台下过，颇朗爽，内由大洞天而入，乍至非张灯不可行，洞有悬石，即大洞之底石也，名为冲虚洞。幽深清绝，此其最矣。

出洞而西，上振衣台，石磴危悬，登者甚恐，或竟却步，名之振衣，取振衣千仞冈意也。

回由大洞钻隙循级而上，为飞来岩，旧名桃花洞。上有大石，洞可丈余，长可数丈，悬出，岩上下可观三面，实岩也，非洞也，故改之，且以童山无取于桃花云。

岩之上平阔，可容数十人坐卧，盖一山极高处。举目四顾，群山开阖，下临绿野，水绕诸村，可以望宸京，名之曰望阙台。刻辋川诗："云里帝城双凤阙，雨中春树万人家"一联，示不忘君也。

余雅至林壑，故伺疆事之隙芒屦选胜，聊适逸怀，遂

咸井

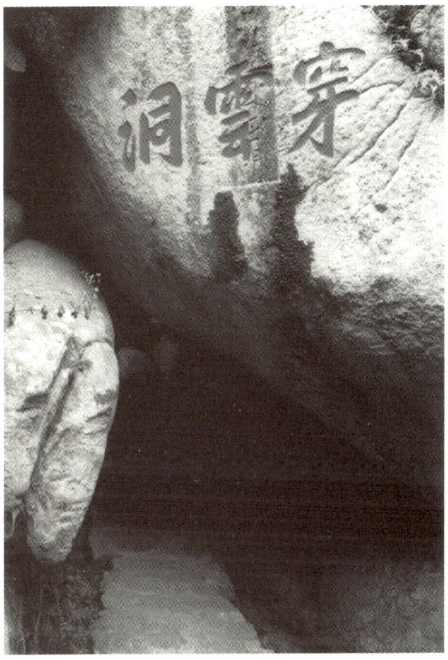

穿云洞

福清瑞岩寺弥勒像

独醒石及其上之经幢塔

指画部曲沈秉懿、猛士徐仲以次辟之，而景与兴契，率意命名，亦不偶然也。

别有石佛窟，即石佛岩。旧有香山洞石刻，又有所谓穿云洞、玉虚洞、天台洞、一鉴池、滑苔桥、桃花园、仙人井、通海井、仙山门、义鹿冢、伏虎石、醉石、一滴泉、面壁岩皆仍旧名，其景无足为大观重轻，且多失其处，外此尺寸之奇无虑百十余所，始不暇更仆。又旧志所载天峰亭、休休庐、八封亭、紫霄亭、披云轩、宴坐轩、团栾庵、玄玄轩、梵行堂、华严藏、太虚室、飞泉亭、物外轩、四时景象亭，或今昔殊名，或岁久荒没，盖胜虽天造，而亦以人兴，人远则土木颓废，俱不可考也。故曰："山不在高，有仙则名"。

嘉靖四十三年丙寅秋九月，荣禄大夫、中军都督府署

真源

点将台

义鹿冢

都督同知、奉敕镇守福浙广东伸威营等处总兵官定远戚继光撰，吴郡周天球书。

（嘉靖四十三年系公元1564年，是年二月，福建兴化新旧倭寇两万多大举围攻仙游，大部为戚继光等所破，余寇遁出海——笔者）

戚继光诗三首：

一、望阙台

十载驱驰海色寒，孤臣于此望宸銮。

繁霜尽是心头血，洒向千峰秋叶丹。

（笔者按："望阙台"三字题刻，为楷书，每字径3.8尺，刻在台石上。下有楷书"云里帝城双凤阙，雨中春树万人家"，每字径0.5尺，落款为"明大将军戚继光书"。望阙台诗亦刻在台石上。）

二、宜睡洞

共爱朝曦好，吾怜夕阳斜。听桡归晚渡，看鸟篆晴沙。

啸发悲高叶，杯空落断霞。醉卿三尺舞，直欲挽天槎。

（笔者按:原诗"看鸟篆晴沙",上图碑刻漏刻一个"晴"字）

三、振衣台

蓬莱有佳人，佩剑游南纪。
指顾山海间，徜徉群动里。
薄行幽径纡，乱石谁人驱？
中有千丈表，乘之临玉虚。
拂袖惊长风，浩歌空九衢。
飘摇揖王母，如闻琼佩琚。
幽人保之命，义士轻其躯。
雉飞不逾阜，鹏转九万馀。
巨翰如可挟，从此谢尘区。

（笔者按：“振衣台”原诗文字亦有出入，如原诗“千丈表”，碑刻为“千尺表”，“鹏转九万里”，碑刻为“鹏转九万馀”，均待考）

十月十七日，戚家军由福清进入福州南台。士子迎于郊（台江路），乡大夫迎于郭（南门口），布政使、按察使、都指挥使三司迎于馆。乃登上于山平远台举行庆功典礼，宾主开怀痛饮。席间，省会人士一致挽留戚继光：不须冲锋陷阵，只消坐镇海疆即可。情辞恳切。戚继光说，离闽出于不得已，必须赴浙请兵请饷，才可再来！十一月回浙。

戚家军去后，仅有1个多月，福建局势就发生了重大变化！

嘉靖四十二年（1563）四月福州百姓为纪念戚继光平倭在于山所建的平远台

屋顶上有“平远台”三个大字

戚继光史迹展览

“平远台”一层正厅中祀戚将军半身塑像，左右为生平事迹图片。

在平远台后面修建的戚公祠

戚公祠正厅内祀戚继光全身塑像

（五）兴化府城的陷落

戚家军回到浙江后，福建新来的倭寇又多起来了，他们无所忌惮。除分兵北陷寿宁、政和外，集中6000精锐，包围了兴化府城整整1个月。十一月二十八日，刘显派8个兵卒带信入城，衣服上绣有“天兵”两个字。在路上都被倭寇杀害了，倭寇穿上他们的衣服，瞒过守城将领进了城。晚上开城门接应倭贼入内，副使翁时器、参将毕高、通判李邦光皆仓皇走脱了，署知府奚世亮力战死。城被焚烧抢掠一空，吏民无得脱。《林子本行实录》载，倡三教合一的林龙江，于贼退以后，分遣门徒收埋骸骨，完整的约有4000余具，不完整的遗骨百余担，估计被害人数当有5000左右。另宋际春《绿天偶笔》（钞本）、《戚少保年谱耆编》卷三载，城陷时被杀进士19人，举人53人，庠士356人。朱维干教授则认为，当时城中人民至少2万以上，加上四乡避难入城者或可多至3万。城破时，不死于寇，则死于火，当在1万以上或将近2万（朱维干：《福建史稿》下）。这是莆田的沦陷，也是明帝国府城陷落的第一次，时间是在戚家军离闽后1个多月，即嘉靖四十一年（1562）十一月二十九日。

不仅府城，甚至城东20里的黄石和远在海隅的平海卫卫城，也遭倭寇攻破，公私屋宇尽化为灰烬。

莆田出土的骨灰罐

（六）俞大猷、戚继光、谭纶受命福建

兴化府城沦陷的消息传出，震动了全国。福建巡抚游震得只好称病乞休。兴化沦陷前，他即上疏保荐俞大猷为福建总兵。兴化沦陷后又请升戚继光为副总兵，移守温州、处州及福宁州（今霞浦县），并升欧阳深代理都指挥佥事，守月港，听俞大猷指挥。得到了明政府的同意。此时，俞大猷尚在江西，戚继光仍在浙。任命虽于十二月发表，而戚继光在浙募兵计划，却迟到嘉靖四十二年（1563）二月才能完成。

第三次义乌招兵。戚继光第三次亲往义乌招兵，募得壮士1万名。以戚家军原有官兵为骨干，立即开始练兵。此时全军达到15000人。在援兵未到的情况下，福建兵力，只有欧阳深所部主力，即泉州农民军，入莆后驻扎濑溪。而胡宗宪又已被逮解京，继任的赵炳然，不带兼制浙闽的职衔，也不派兵援闽。这时，盘踞莆田城的倭寇，一因城内粮食已尽，城外景况萧条，再无可劫掠；二因听到明军增援将到，遂于四十一年十二月二十九日弃城东去，以崎头（位于莆田东80里）为巢穴。在兵单力薄情况下，福建巡抚游震得错误地命令欧阳深先行出兵，作孤注一掷。欧阳深所部仅有数百人，遂由濑溪移营离贼巢未及15里的东萧。嘉靖四十二年二月，欧阳深轻敌，直向崎头挑战，遭倭寇伏击，深与其下数百人皆战死。倭寇遂乘胜攻陷平海卫（位于莆田城东90里）。

福建总兵俞大猷画像

这时，兵部尚书杨博已筹饷银30万两，并函促戚继光迅速援闽。戚继光先派胡守仁等6支部队赴闽。游震得不以欧阳深的全军覆没为戒，又一次催促进攻。胡守仁等以未奉将令为由，按兵不动。戚继光得知这个消息，即去函游震得巡抚说，旧寇在平海者万余，新寇在连江、福清者，亦不下数千。而在闽兵将，虽有俞大猷总兵官新收漳“贼”6000人，但这支部队无法节制而又不能作战，而

福建副总兵戚继光

刘总戎（刘显）所部，又屡战屡挫。欲以这6支新募台州兵2000人御巨寇，众寡之不敌非常明显。戚继光《闽海纪事》云：时已有欧阳将军之失。予乃上书，请乞集兵持满而发，闻之中丞（游震得巡抚），中丞益不悦。明政府不得不另换一个巡抚。

嘉靖四十二年二月，“罢巡抚都御史游震得，回籍听勃”。三月中，以参政谭纶为右佥都御史巡抚福建。这时，俞大猷已自江西赶到平海，驻军秀山，刘显亦到，驻军明山，各距平海贼营三四里。因俞大猷用兵一向慎重，他认为倭寇遁入平海，是自投死地。因此，“列营以困之”，等待戚家军到来“持满而发”。他给戚继光函说：“猷与贼对垒，不肯轻战，专候公至，并力收功。”可见英雄所见略同。

新任福建巡抚谭纶

谭纶原任浙江台州知府和浙江巡海分道，与俞大猷、戚继光意气相投。现在都调到福建，和衷共济，为福建的抗倭斗争奠定了有利的基础。

七、戚家军第二次援闽

嘉靖四十二年四月初八日，一路行军一路训练的戚家军由闽北到达福州。

第一次援闽时戚家军在福州留下了许多历史印记，据说在福州东门外追杀倭寇时有个战士被杀，头尚未落下，仍奋勇前进。后被拨一下，头才落地。福州人称这条街为拨头街，俗称塔头街（今名塔头路）。戚继光率军追击倭寇时，每个战士随身带有几串干粮，叫光饼。福州从此仿制，才有了光饼。

福州父老用“锅边糊”慰劳戚继光

戚家军追击倭寇时携带的干粮——光饼

（一）平海卫大捷

四月十三日，戚家军到达福清。倭寇听到“戚虎”到来的消息半数逃上海船回国，留下的倭寇分出半数约3000人，由平海卫移到许厝村，在渚林南边，据险结巢，分一支在赤崎山下结营，互为犄角。

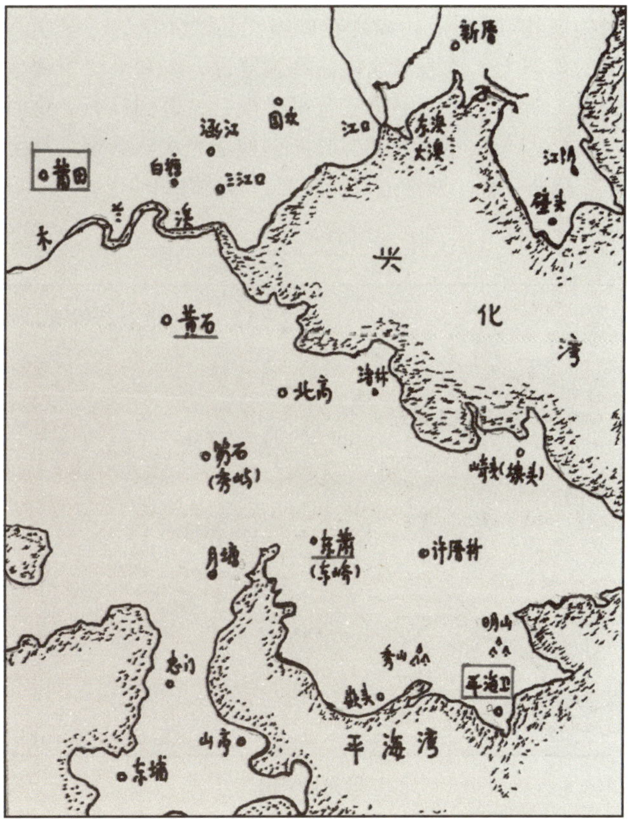

平海卫形势图

戚继光在福清路上，认为福建一隅之地驻有三总兵，号令不一。为了统一指挥，他函请福建巡抚谭纶，亲临指挥。四月二十日谭纶到了渚林，乃令士兵设栅栏截断倭寇入海之路，又令把总许朝光在倭寇入海路口截击。

谭纶分兵3路，以戚继光所部为中路，以刘显所部为左路，以俞大猷所部为右路，分进合击、水陆夹攻，志在全歼倭寇于平海卫。

戚继光进军前，先在军中找了一个平海卫籍的士兵为向导，从间道出敌不意，登上了城北的高地，二十一日夜发起进攻，倭寇未想到明军会从背后突然出现，军心惶惑，明军乘势登城。这时，俞大猷也率部从海上进攻平海卫城的南门，配合戚继光军夹击城中的倭寇。都督刘显亦率军队猛攻崎头的倭寇，使倭寇各不相顾，明军遂一举收复平海卫。擒斩2200余人，火烧刃伤及坠崖溺水死者无数。第二天追剿，又擒斩171人，救回被掳的居民3000人。盘踞崎头的倭寇听说平海卫已被攻克，大恐，无心恋战，遂被刘显击溃。

平海卫之战是明军平定福建倭寇的一次决定性战役。

接着明军乘胜横扫占据福建连江的马鼻和宁德漳湾小石岭的残余倭寇，取得两次小捷。

（二）马鼻之捷

嘉靖四十年，戚继光在横屿取得胜利后，一股残余倭寇约400余人，盘踞在离连江县城60里的一个叫马鼻的孤屿上。这股倭寇由北岭逾罗源，要和平海卫倭寇合股，听到了平海卫倭寇全军覆没，又退到马鼻。这时（嘉靖四十二年五月初三日），戚继光水陆会剿马鼻之寇，擒斩一部。残寇退到泥滩上，尽被海潮冲走，明军取得马鼻之捷。

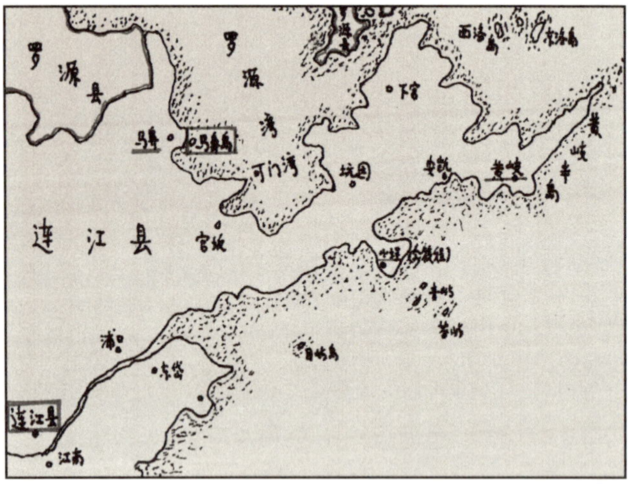

马鼻形势图

（三）小石岭之捷

嘉靖四十二年春，在漳湾的倭寇听说戚家军快来了，遂移屯龟山寺。戚继光取得平海卫大捷后，于四月末即选精锐3000人，从山僻前进。又布疑兵使寇不敢北去，南移到小石岭。五月二十五日，戚军3路登山，擒斩108人，有40余残寇投火自尽。避乱人民才扶老携幼，回宁德城居住。

马鼻和小石岭两捷所歼灭的虽是小股残寇，但闽东倭祸基本上肃清了。

明初，方国珍和张士诚被朱元璋打败后，残部逃到澎湖，勾结倭寇，骚扰大陆沿海。嘉靖四十二年（1563），戚继光、俞大猷分别由陆上和海上追捕倭寇，俞大猷一直追到澎湖，终于击退了倭寇和林道乾的联军。后来，俞大猷就驻兵澎湖，设立巡检司。

（四）人事更迭

戚继光将军坐像

在平海卫决定性之战中，戚继光所部因首先登上平海卫城，功最高，受上赏。嘉靖四十二年十月，升为都督同知，代俞大猷为福建总兵官，镇守全闽及浙江之金华、温州两府，世荫千户。俞大猷调为广东总兵官，赐以银币，以旌其功。戚继光兼守金华者，因义乌属金华府辖，其先后所辖18000义乌兵悉为金华子弟。在义乌招兵时，受浙方种种为难，沿途设禁，不许入闽。列金华为戚军防地，可以不再受阻挠。为了统一抗倭，戚继光不久又兼领惠州、潮州两府。

戚继光与俞大猷均为抗倭名将，史载“大猷老将务持重，继光则飙发电举，屡摧大寇，名更出大猷上”。

（五）仙游解围

从平海卫登船逃走回国的倭寇，船上满载着金银珠宝，引起日本岛夷的羡慕。又纠合27000余人，首先劫掠仙游，等到明春（嘉靖四十三年）再来夺取福建省会。所以继续开来的双桅倭船，就有大小68艘，人数两万多。十一月初七日都在莆仙交界的东沙登岸，进逼仙游县城，建立东、南、西3巢，把县城围住。

这时，戚家军在闽，仅有6000余人，为了防倭寇从福宁南窥省会，则令耿宗元拨兵守北岭；为防倭寇从仙游窥泉、漳，则发鸟枪手一哨，带火器入惠安城协守；为防倭寇由闽东深入闽北，则令都司郭成美从建宁府东下，搜捕宁德的残寇；为防倭寇在莆田各处登岸，则留部分兵力守兴化府城，戚继光亲自率军驻守何岭。后怕民心动摇，又带一支精兵驻扎石码。

仙游被围50天，从义乌来换班的9000人于十二月二十三日才到省。戚继光遂于十二月二十五日分5路进攻

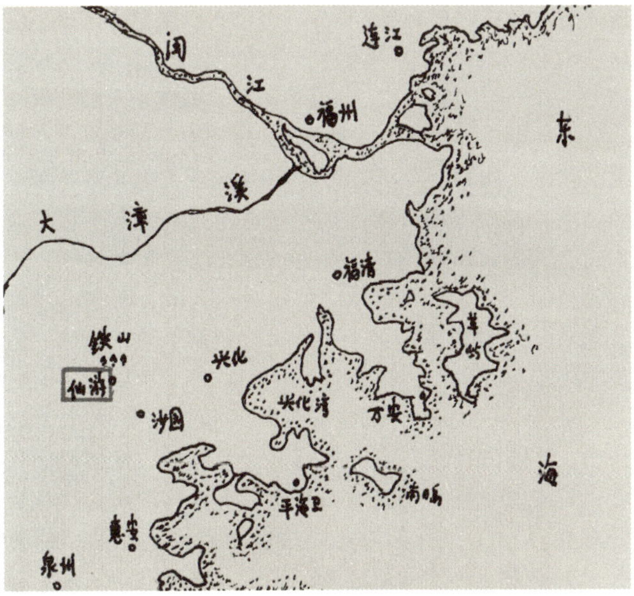

仙游形势图

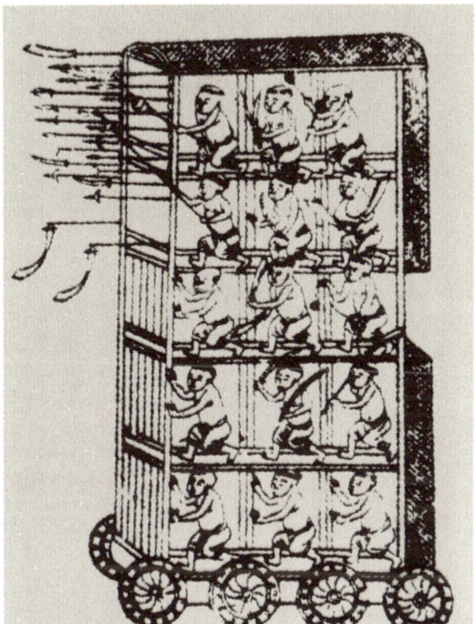

吕公车图

车高出城墙一丈多，车身正、左、右三面围几层竹木、绵毡绸缪，以蔽火烧。施用时将车推近城墙，从车顶架飞桥接到城头，车中士兵即可通过飞桥上城。

围困仙游城之倭寇。次日早晨满天浓雾，大军由新岭（仙游县兴太、兴贤两里间通往县城的路径）前进。这时，倭寇正在把8辆吕公车推到护城河边，以为久困的县城一鼓可下。城里人人自危。忽见大军如云，从东南两路而来，风驰电掣，当天就把3座贼巢毁平、吕公车烧掉。擒斩倭寇1000余人，救出被俘民众3000余人。残寇万余人于十二月三十日流窜惠安、晋江等处。

（六）王仓坪之捷

倭寇退到同安县，嘉靖四十三年（1564）二月初五日，戚军追到王仓坪，斩首数百，倭寇坠崖谷死者无数，救出被掳民众3000余人。

（七）蔡丕岭之捷

戚军又追到漳浦县，倭据蔡丕岭（一作蔡坡岭）为巢。地如锅底，四面悬崖。倭在蔗林里设伏，戚军四面包围，二月十六日放火焚蔗林，农民秋后砍蔗，才发现白骨成堆，烧死不下1000余贼。蔡丕岭之捷，结束了壬子以来的福建倭祸。

由福建退入潮州的残倭，据《天下郡国利病书》说，被俞大猷部截杀无余。

（八）南澳之战

福建只剩下早期的洪泽珍和晚期的海寇吴平所部。嘉靖四十二年，洪泽珍自觉势穷，向福建海道副使邵梗投诚，被总督都御史张臬收斩。吴平，漳州人，最初勾结倭寇，攻陷悬钟所。后来独树一帜，盘踞梅岭，聚众万余，

戚继光在福建平寇图

南澳岛形势图

造战船百余只。嘉靖四十四年（1565），戚继光亲来，破之于梅岭。吴平退据南澳岛，并筑土堡木城，企图长期据守，并不断四出劫掠。十月俞大猷、戚继光水陆合攻南澳岛吴平巢穴，共擒斩1500余人，烧死淹死5000余人，解救被掳民众1800余人。只是吴平率800余人乘40只叭喇虎船逃窜，逃到安南海面。次年四月，戚继光派参将傅应嘉，会同俞大猷派的广东参将汤克宽统率闽粤水师，追到万桥山下，焚吴平所乘之船。吴平大败，海寇落水死者无数，终被明军歼灭于安南（今越南）境，史称“南澳之战”。

关于吴平之死，记载颇异：一般说吴平大败于万桥山，“不知所终”；亦有言其途穷海岛，抱枯树而死者；有言其被歼于交趾万安界者；有言其被擒者；有言其溺死者；还有言其未死，改名换姓浪迹江湖，后复归，掘取财宝，不知所之者，等等。据《嘉靖实录》卷五五七、《戚少保年谱耆编》载，“平投海死”。余党潮州人林道乾，仍在海上活动。万历八年（1580），广东总督殷正茂派兵追剿，道乾也投水死。至此，倭寇问题基本获得解决。

第六节　俞大猷、戚继光的最后结局

嘉靖四十五年十二月，世宗（嘉靖帝）死，子载垕即位，是为穆宗皇帝，改元隆庆。隆庆帝即位后除旧布新，首先惩治嘉靖朝崇信的道士，罢除一切斋醮；二是平反冤案；三在经济上抑止兼并，开放海禁，海外贸易出现了新的局面；四在军事上改变对蒙古部族的政策和加强边防，与俺答汗实现了和解，西北边疆得到了和平。穆宗虽颇有作为，但耽于声色，在位只有五年半，于隆庆六年（1572）五月二十六日病死，年仅36岁。六月初十日，由年仅10岁的朱翊钧登极称帝，是为神宗皇帝，改元万历。

一、俞大猷的余生

吴平从南澳逃走，奔掠饶平凤凰山，戚继光留守南澳。俞大猷部将汤克宽、李超等紧追吴平，连战不利，吴平遂掠民舟出海。这时闽广巡按御史交章弹劾，俞大猷被夺职。后河源、翁源贼李亚元等猖獗，总督吴桂芳留俞大猷讨之。大猷征兵10万，分5哨前进，亲捣贼巢，生擒李亚元。俘斩10400，解救民众8万余人，朝廷乃还俞大猷职，以为广西总兵官。不久，平蛮有功，进署都督同知。隆庆二年（1568），吴平党曾一本既降复叛，犯广州、福建。俞大猷擒灭之。录功进右都督。隆庆五年（1571）五月，广西古田八寨僮人抵拒经年，巡抚殷正茂征兵14万，属俞大猷讨之。大猷分7路前进，连破数十巢，斩获8400余人，俞大猷受赏世荫指挥佥事。

俞大猷画像

俞大猷为将清廉，驭下有恩。数建大功，威名远震蛮荒海隅。而巡按李良臣劾其奸贪，兵部力持之，诏其还籍候调。后起用为南京右府佥书，未赴任，以都督佥事为福建总兵官。万历元年（1573）秋，海寇突窜峡澳，坐失利被夺职。不久复以署都督佥事起用为后府佥书，领车营

俞大猷撰《正气堂全集》封面

训练。3次上疏乞归。明万历八年（1580）六月俞大猷病逝。神宗皇帝朱翊钧赐祭葬，赠左都督，赐谥武襄。子孙世袭指挥佥事。子咨皋，官至福建总兵官。俞大猷著有《正气堂全集》等。

谭纶方为福建巡抚时，曾写信给俞大猷云：“节制精明，公不如纶。信赏必罚，公不如戚。精悍驰骋，公不如刘。然此皆小知，而公则堪大受。”戚谓戚继光，刘指刘显。

二、戚继光的下文

南澳战后，因吴平逃脱，惠潮总兵俞大猷被夺职，由福建总兵戚继光兼管惠、潮两府和伸威营之事。这时戚继光所管辖的地域有福建、广东惠、潮两府和江西的南、赣两府。嘉靖四十五年（1566）六月，福建巡抚汪道昆因细故被劾罢去，由涂泽民继任。九月，兵部根据涂泽民等提议，戚继光不必兼管惠潮二府并伸威营，专一镇守福兴泉漳延建邵汀福宁金温等处地方。十月，复设镇守广东总兵官，以原任惠潮参将署都指挥佥事汤克宽升署都督佥事为之（《明世宗实录》卷五六三）。

戚继光像

（一）蓟、昌、保三镇练兵总理

隆庆元年冬，北方有鞑靼犯境，戚继光奉调入京“协理戎政”，任神机营副将。隆庆二年（1568）三月，明政府升兵部右侍郎谭纶为兵部左侍郎兼都察院右佥都御史总督蓟辽保定等处军务兼理粮饷。谭纶上任后，于四月上疏奏调神机营副将戚继光 “总理蓟辽保定等处练兵事务”。“蓟、辽、昌平、保定等处总、副、参、游等官，凡受臣节制者，并受戚继光节制，戚继光仍受臣节制”（《谭襄敏公奏议》卷五）。五月，明政府批复：命继光仍以署都督同知总理蓟、昌、保定练兵事务，该镇总、副、参、游等官，凡受总督节制者，并受继光节制，本官仍受总督节制，府州县官不得阻挠。违者，听纶参奏处治。戚继光原要求练兵10万，调浙兵1万，在此疏中，谭纶只提练兵3万，调浙兵3000，使戚继光的原有计划落了空。隆庆二年十二月，戚继光上《练兵条议疏》指出：蓟门之兵，虽多亦少，计有七害，七害不除，边修曷修？又指出：士卒不练之失六，请求给“浙东杀手、炮手各三千，再募西北壮士，足马军五枝（支），步军十枝（支），专听臣训练，军中所需，随宜取给”。又言“臣官为创设，诸将视为缀疣，臣安从展布”。疏下兵部讨论。兵部认为“蓟镇既有总兵，又设总理，事权分，诸将多观望，宜召还总兵郭琥，专任继光”。于是隆庆三年（1569）一月，任命戚继光为蓟州镇总兵官，镇守蓟州、永平、山海关诸处。这一任命把节制三镇的总理戚继光，降为统领一镇的总兵官。而对请调浙兵，则“止弗调”，即不同意向浙江调兵。这些都使戚继光感到不愉快。尽管如此，戚继光仍不改初衷——“封侯非我意，但愿海波平”，矢志不移地投入到强固国家北部边防的事业中去，只是被迫把蓟镇边防从以战为主的上策，改为以守为主的下策，尽力实行“驻重点以当其长驱，而又乘边墙以防其出没”的御敌方略。

（二）镇守蓟门

戚继光在老上司总督谭纶（后升兵部尚书）、内阁大臣张居正等的支持下在蓟镇镇守16年，取得了很大成绩：蓟镇军容为九边之冠，边防之固使北方蒙古数十年不敢进犯蓟镇。这与戚氏采取的一系列边备措施、制定的成法密切相关。

1. 建立车步骑营，实现以车御敌。早在明正统之时，就有人提出用战车防御鞑靼骑兵的内犯。谭纶、俞大猷都是这样主张的。戚继光到北方上任后在其《请兵破虏疏》中就提出：“虏之长技在冲突，我之所短在不能用车。”

戚继光为他的军队配备了大量火器

以后又指出制胜之法“大都车步骑三者俱备，而相互为用”，就是要有车兵、步兵、骑兵三者相互配合使用：防御敌骑用车，保卫战车用步；车以步兵为用，步兵以有战车防卫而加强；骑兵则乘势出奇制胜，这就是他建立车步骑营的主张，创造性地提出了前人没有提出的问题。因此，他到蓟镇之后，就着手建立车、步、骑营。当然，建立车步骑合成军队不是戚继光一个人能够办到的，首先，这是蓟辽总督谭纶的主张，而戚继光则是具体筹划并执行的人，同时，还得到俞大猷提供的历代所用战车的图式，戚继光在此基础上制造出一种偏厢战车，简称偏厢车。

车营分重车营和轻车营，重车营开始每营156辆，轻车营每营256辆，后来定制重车营编重车128辆，轻车营编轻车216辆。

重车营编制：一营辖两部，每部四司，每司四局，每局两联，每联两车，每车20人。每局两联辖四车，每司四局辖16车，每部四司辖64车，每营两部辖128车。另车营内尚有发号令的鼓车2辆，指挥员座车3辆，大口径火炮（大将军）车8辆。全营共有官兵3109人。

偏厢车就是在车的一侧安置长1.5丈的车厢，用来遮挡矢石。车厢两头均可打开，以便出入。车厢配备火炮（大佛郎机）两门及鸟铳、火箭。一车有20名士兵，分奇正两队。正队10人，其中两人驾车管骡子；6名管火炮，3人管一炮，1名车正指挥车辆进止；1名舵工掌管车辆前后左右运动。奇队士兵亦10人，1人为队长，4人为鸟铳手兼用长刀，2人为藤牌手兼用火箭，2人为镋把手兼用火箭，

用骡子牵挽载有攻防功能兼备的偏厢的战车

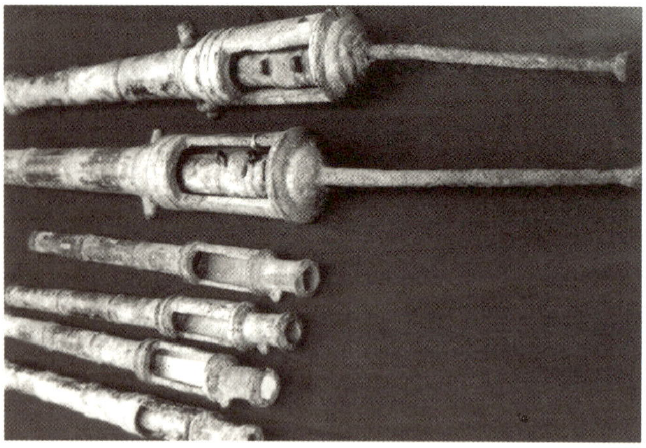

明军大量仿制葡萄牙的火器佛郎机

伙兵1人，管一队伙食。

每车偏厢长1.5丈，128辆车横向排列就是1里多长，可防敌弓矢射击，使鞑靼的骑兵长技无法施展。再车营每车配有佛郎机两门，128辆车有佛郎机256门，每门佛郎机有子铳9门，共有子铳2304门；另配备鸟铳512杆、火箭15300枚。有如此强大的火力，车营实际就是火器营。而且车营不是单独作战的，还配以骑兵、步兵，当敌人败退之时，骑兵就可以追杀歼灭溃逃的敌人。戚继光建立起这样的营阵，足见其军事天才。

2. 修建边墙敌台。边墙就是长城，敌台指空心敌台。隆庆二年（1568）冬，戚继光上疏请求建立空心敌台。台高5丈，四面广12丈，中间是空的，3层，可住100人，粮食、器械、防御设备均在其中。蓟、昌两镇共建空心敌台3000座。次年正月经谭纶修正，高5丈改为高3丈，可住100人改为可住50人等，由谭纶上疏，二月得到批准。在戚继光及其弟戚继美率领的军队的艰辛努力下，于隆庆三年（1569）这一年共建成空心敌台472座，连同后来续建的，到了明万历九年（1581）三月，蓟镇、昌平镇沿边共有1400余座空心敌台建成，相互联络，蔚为壮观。

戚继光在疏中还请求将边墙凡低薄之处加厚加高，边墙两侧皆设垛口，或内侧筑宇墙，七八十垛之间穿一小

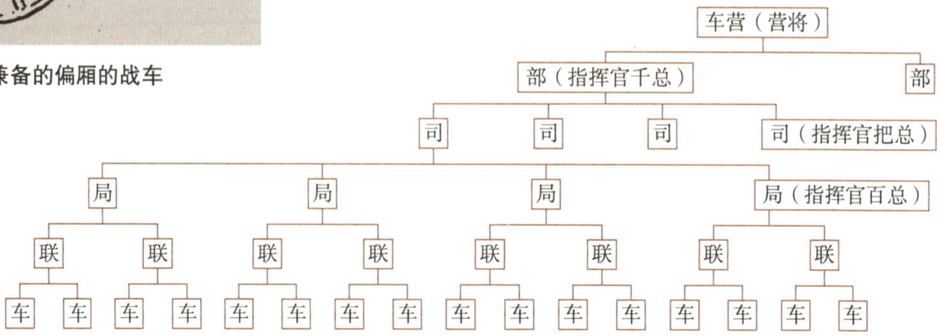

明军重车营编制图

门，以便城下支援，均得到同意。他就任总兵之后，开始整修边墙（长城），把墙薄的加厚、低矮的加高，一般达到高7～8米、宽6米，没有边墙又不险峻之处补建，冲要之外如黑峪关则建重墙。这样使得蓟镇防区东自山海关、西抵石塘共1557里长的疆界建有边墙（长城）1474里，墙体十分坚固耐久。为使敌人不得靠近墙边，戚继光命令把墙外的山坡铲削得陡峭一些，如果难以铲削，则挑壕堑、挖品坑，目的是使敌人的骑兵不得在墙下奔跑、钩竿钩不到、云梯又无法安放，增强边墙的防御作用。

空心敌台图

金山岭长城空心敌台

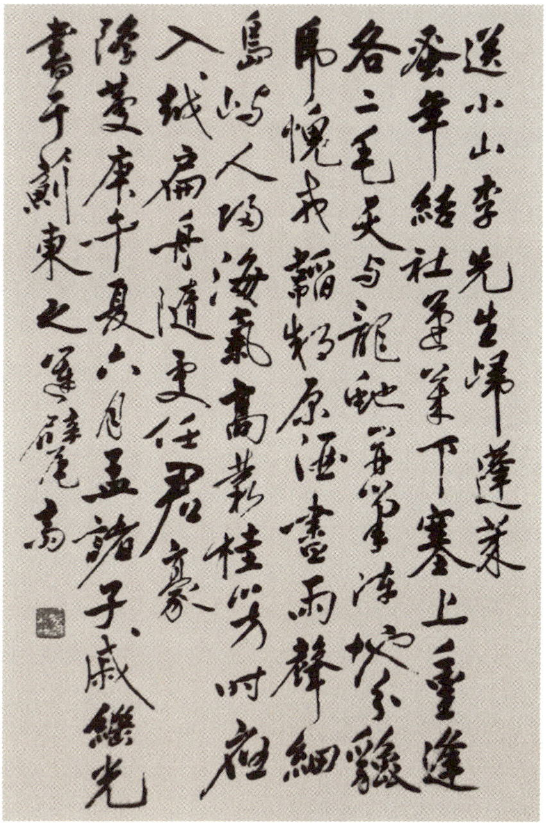

戚继光墨宝

3. 修建墩台。墩台，前面已说过，就是烽火台，台上有人瞭望，若遇警，“夜则举火，昼则举烽（烟）”，所以俗呼烟墩，使数十里外的卫所巡司立刻就会望见。这是一种通信报警系统。蓟镇10路防区均有，全镇共569座。每墩用兵5名，共用兵2845名。

蓟镇分为10路，东西各5路。墩台与墩台之间距离1～2里，所不同的是传播信号不同。东路墩台报警，白天以旗带（长宽各7尺的白旗）为号，夜间以灯火为号。如遇浓雾天气，看不见旗，则以火炮为号。报警时，东1路白天升旗1面，夜间放火1把，各路依次相加，如东5路白天升旗5面，夜间放火5把；西路的号带为宽2幅、长1丈2尺的白号带。报警时，西1路白天升号带1条，夜间放火1把，燃灯1盏，其他各路依次相加，如西5路白天升号带5条，夜间放火5把，燃灯5盏。一个墩台报警，先放信号炮3响，然后升旗或明火，墩墩相接，传遍全镇，这样便能及时掌握敌情。

（三）从辉煌、遭诬到黯淡、谪官、贫病无医而死

隆庆三年（1569），戚继光以剿吴平功晋升为右都督；五年（1571），以蓟镇空心敌台大体完工，荫一子百户；万历二年（1574），以守边劳，进左都督；万历七年（1579）诏加太子太保；万历八年（1580），土蛮以10万

之众进犯辽东，戚继光率兵支援，偕辽东军拒退之，录功加少保；万历九年（1581）因修长城、建空心敌台有功，荫一子锦衣卫百户。戚继光在蓟镇守边16年，由署都督同知进为右都督，再升为左都督，两次荫子百户，蓟镇军容为九边之冠，使百姓过着安定的生活，无疑是获得了巨大的成功。但也有局部的失利，如万历四年（1576）六月，炒蛮部到古北口关请求赏赐，因雨数日不得食，夜间抢掠，天不亮即逃跑，参将范宗儒和谪戍到这里的抗倭名将汤克宽等，仅带50人出古北口追击，遇伏战死，为此，戚继光受到夺俸的处分。因此兵科都给事中裴应中认为训练南兵全无实用，废时玩寇，戚继光应问重罪。实则，戚继光早在隆庆五年（1571）就开始受到诬陷。当年八月，蓟辽总督刘应节、巡抚杨兆等上疏，把戚继光要求添调南兵的呈文一并呈上。明政府同意并命锦衣卫遣官至浙选募南兵，并令原任参将王如龙，游击金科、杨文，都司佥书朱珏充为事官率带南兵前来。原来，当隆庆元年戚继光奉调进京时，王如龙等留在福建原任。以宿将而事新帅总兵李锡，礼貌之间，未免参商，以致先后下狱。说白了，主要由于他们“自矜旧劳，不能善事新帅”，其所以取祸是不肯行贿给上官、不善恭维。隆庆二年奏请增募南兵（义乌兵），调王如龙、金科、朱珏等北上，戚继光说因“如龙等皆臣所训练，深知坐作，胆勇俱足，且臣用之则立功，他属则督过”（《戚少保年谱耆编》卷七）。

隆庆六年（1572）正月，王如龙等率领南兵在途中时，福建巡按御史杜化中上疏弹劾兵部左侍郎谷中虚和大理寺卿何宽贪赃枉法，对王如龙、金科、朱珏等处理从轻，并参劾戚继光庇护旧属，接受他们“各捐千金”遂为“代奏行取赴京听用”。在奏疏中特别说：“戚继光宦成而志已怠，守坏而名已损。纳污含垢，不恤公议之重；临财苟得，徒求私囊之盈。言虽高于秋旻，行实卑于污地”。戚继光不得不上疏辩解，他说：

“朱珏骁勇知义，台州花街之战，剑盾当先，赢得练兵初出第一捷。

金科率众从戎，从福建牛田，手斩倭酋双剑潭。在广东南澳，与吴平力战，多有奇功，善于料敌。

王如龙骁勇绝伦，国士无双。散财养士，夙同甘苦。四省力战，莫不为首”。

福建巡抚涂泽民，对王如龙一案，知为诬枉，自认风闻，奏保复任，事后屡立战功，却乃复布一言，加以三木（刑具——作者）。寇至则命之出师，寇退则收之狴犴（指下狱，狱门上绘狴犴形——作者），将近五年（《戚少保年谱耆编》卷一〇）。戚继光指出，“古人内举不避亲，外举不避仇，盗贼、工胥皆所不弃。有如龙、科、珏等又系南兵旧头目，臣何暇顾忌嫌疑而不为皇上举之哉！计议南兵，肇于九月初七日，覆令臣开报将领，即本月二十四日，前后不过一十七日，羁闽之罪犯何由先事而知，求进之贿赂安能神输而至？此其为诬又可知也。……如三将之忠勇才智，立功闽浙，求之武弁，实罕其伦，奖拔而用之，犹恨其少，奈何相继逮治，填塞狴犴？……臣虽愚劣，颇知自持。往于闽中破垒之时，寇赀盈野，臣恐将士惑心，或焚或弃，略无顾视。臣苟贪得，顾不于此时取不赀之财，而乃今日动千金之念乎？”（《戚少保年谱耆编》卷一〇）。正如后人指出的：如龙等在福建有战功，所赃犯事，罪止罢斥。继光惜其才，欲置之部下为用。会有调取南兵事，遂咨白兵部早结其狱，令部署南兵赴镇。中虚覆奏及宽等所拟，亦未为纵。第化中梦桂欲因此陷继光、中虚，以阿当路意，而上不知也（《明穆宗实录》卷六五隆庆六年正月癸未）。虽然戚继光未受实害，但他要起用王如龙、朱珏、金科等人还是落了空。据戚继光《止止堂集·横槊稿》下《祭王参将文》载：“朱阃佥珏，以大征罗旁功第一，病卒于广。金游击科，以病卒于戍，而尔继之，……朱虽没，得复其官。尔与金竟滞！怨魂冤魄，讵不伤哉恸哉！”这三人，浴血作战，却都被诬陷，沦落天涯，最终都不得生还故里，确是伤哉。

戚继光墓

万历五年（1577）四月，兵部尚书谭纶病逝，戚继光失去了一位老上司。万历八年（1580）七月，后军都督府都督同知俞大猷去世，戚继光失去了一位老朋友。万历十年（1582）六月，一代名相张居正病逝，戚继光不仅失去了一位一向支持、重视他工作的内阁首辅，还因这位改革的政治家触犯朝中一些权贵的利益、逝世后不久就遭到一些人攻击而受到了牵连。万历十一年（1583）二月，兵科都给事中张鼎思说戚继光不宜于北，凭一人的私见居然能倾动朝堂的视听，戚继光被调为广东总兵。这时，张居

温岭新河戚公祠

正已被追夺赠官、追夺谥号，其子原荫锦衣卫指挥也被除名。不仅戚继光受到牵连，九月，他的弟弟戚继美也被罢免了贵州总兵的官职。十二月，他的老部下浙江总兵官胡守仁又受到弹劾而被革职。到了万历十二年（1584）四月，张居正被抄家，其子敬修被追赃至自缢而死。张居正生前与戚继光廉蔺交欢，凡有书问从塞上来，“虽夜中开门递进”。居正子懋修曾记破家时有一部堂讯狱，说：“汝先大夫与戚帅相结，凡有书问，虽中夜开门递进，意欲何为？莫非反状乎？”懋修答曰：“边烽警急，宰相或不得坚卧，不省部堂意阻”。这说明此时清算张居正的权贵们，已把戚继光视为张居正的同党。这年九月，戚继光却在重新校印《纪效新书》，并重新整理自己的另一部著作《止止堂集》，而对于欲置其死地而后快的那些权贵们却无动于衷。他一心报国，对昏庸的皇帝忠心耿耿、感恩戴德。

戚继光的著作

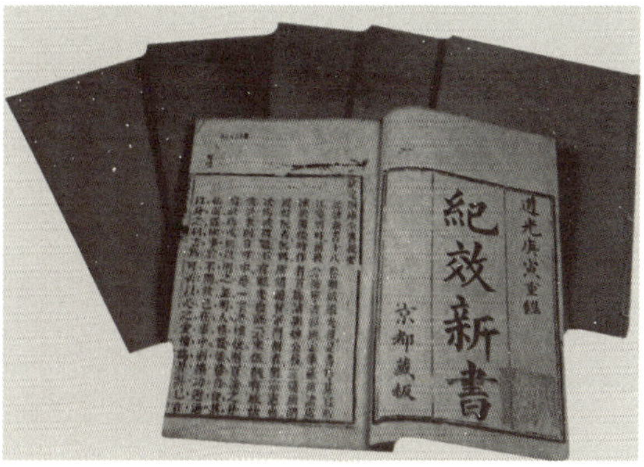

《纪效新书》书影

戚继光故里为他建的牌坊

万历十二年十一月，兵科给事中张希皋上疏弹劾戚继光，而昏庸的神宗皇帝竟下诏罢免戚继光的广东总兵官职务，以右军都督佥事刘凤祥代之。《戚少保年谱耆编》卷一二载，戚继光两次上疏引退，“奉旨：赐归，听用”。又“得旨，准回卫调理，以候起用”。两者记载不同，但《二十五史·明史·戚继光传》载：居正殁半岁，给事中张鼎思言继光不宜于北，当国者遽改之广东。继光悒悒不得志，强一赴，逾年即谢病。给事中张希皋等复劾之，竟罢归。居三年，御史傅光宅疏荐，反夺俸。继光亦遂卒。看来戚继光是被弹劾免职回归故里的。万历十三年（1585）十月回到故乡蓬莱，过着贫病交加的生活，无医无药。万历十五年（1587）九月，河南道御史傅光宅鉴于戚继光战功卓著、才能超群，上疏建议起用，反被夺俸两个月。万历十五年十二月十九日戚继光突然病发，第二天病逝，享年60岁。

第七节　隆重纪念戚继光将军诞辰480周年

福州人民世代缅怀戚继光的功劳，永远不会忘记是这位民族英雄指挥戚家军从浙江三次入闽，把入侵的倭寇赶走，福建沿海人民才能过着太平的日子。为了使年轻人知道并铭记这位民族英雄，为了把戚继光的爱国主义精神传给子孙后代，福州人民除了在于山建立戚公祠外，还经常在他的诞辰日，以传统的礼仪在于山戚公祠祭祀、缅怀这位民族英雄。

戚继光生辰拜礼从周礼

身着周制祭服的年轻人，手执写着戚继光的誓言：“封侯非我意，但愿海波平”的幡，列队登山走向戚公祠。

拜礼如仪

举行拜礼仪式，桌上摆了福州老酒和光饼（戚继光为戚家军行军作战创制的干粮）。

2008年4月6日清明节，是戚继光将军诞辰480周年的日子，来自八闽大地和浙江各界人士300多位，聚集到福州于山，举行隆重的纪念仪式。

到了于山戚公祠正厅，向戚公塑像行拜礼，并读祝文：“呜呼！适值公诞辰四百八十年之今日，吾辈祭公之灵，即祭我华夏亘古以来如公之英雄之灵也。吾辈祭公之意，乃在承我华夏亘古以来如公之英雄之血性烈志也，使我炎黄亿万民众，血性烈心不死，传承不绝，则我华夏永无消亡之日，汉道长昌！”

拜礼后盥洗、焚香、献灯。将一盏盏点着蜡烛、纸扎的橙色莲花灯，放入祠厅外的钵水中，向戚将军送去光明。

在戚公祠大厅外一侧，由仓山烟山民乐队演奏郁达夫的《满江红》。

祭祀活动结束时，将祭祀用的光饼分发给围观的群众。有的群众边吃边说我们福州老百姓都记得他的功劳，是他从山东赶来把入侵倭寇赶走，福州才有太平的日子，今天很多年轻人不知道戚继光，因此纪念活动意义重大，就是要把戚将军的爱国主义精神传给子子孙孙（参阅《福州晚报》2008.4.7.綦芬文、黄立新摄影）。

郁达夫（1896~1945）

现代小说家、散文家。浙江富阳人，创造社主要成员之一。著有《沉沦》等小说和《达夫散文集》等，与鲁迅合编过《奔流》。抗日战争时，在香港、南洋群岛一带从事抗日宣传活动。新加坡陷落后，流亡苏门答腊。1945年9月被日本宪兵队杀害。

郁达夫题《满江红》刻石

这是1936年郁达夫所写的《满江红》。后人把它刻在于山戚公祠旁的岩石上，文字优美。词中所云“遗饼纪征东”，即今福州人仍食用的光饼、征东饼。

礼成，分发祭仪光饼

关于光饼的由来

戚继光行军，有时来不及埋锅煮饭，士兵们就吃所带的柿枣充饥。嘉靖年间，戚家军队伍来到台州一带追剿倭寇，一天早上，兵营里正烧早饭，海边寨哨传来警报，一些倭寇冲上岸来，兵士来不及吃早饭，都冲出杀倭寇，戚家军一到，倭寇就逃下海去了。戚家军回营吃饭，倭寇又爬上岸来，冲到百姓家里抢劫，等到戚家军追来，他们的贼船里已装满抢来的东西开走了。那天夜里，戚继光心里很难过，他想，士兵若没有吃饱饭，怎么叫他们去杀敌？饭菜又不能带在身边！想着想着，抬眼看见桌上有枚铜钱，眼睛一亮，能不能把米、麦这类粮食做成当中有个孔的饼，烘干，用绳一串串穿起来，士兵们杀敌时挂在身上当干粮？第二天试制成功，戚继光拿起一串，挂在自己的腰间，部将都说这法子好。过了几天，驻扎在海边的几千戚家军腰里都挂上这种挂饼。从此往后，戚家军再也没有因为吃饭而误了杀敌良机，每次都打胜仗。

嘉靖皇帝知道后，拿着这饼在手里看了又看，咬了一口尝尝，觉得味道不错，他点头笑着说：“这饼就叫戚继光饼吧”。从此，戚继光饼亦即光饼就流传开来。据传花街之战后，家家户户每天都制“光饼”，除了自吃，还贮备一些，以备大军出征时赠送。百姓一听戚家军出征，就争着赠送“光饼”。

戚公祠大厅外左右两钵清水

第八节　援朝抗倭

倭祸结束未及30年，日本野心家丰臣秀吉便于万历二十年（1592）侵略朝鲜，明政府派兵援朝，引起中日战争，历时七年之久，其间时战时和。由于中朝配合，龟甲船舰队在玉浦、釜山等海面击败日本丰臣秀吉的侵朝军。万历二十五年（1597）朝鲜以日本留兵釜山，复求援助，明政府以杨镐经略朝鲜军务，并命麻贵为总兵官进兵援朝，十二月中日大战于蔚山。此时，被谗一度下狱的朝鲜名将李舜臣再次被起用。次年正月，援朝攻蔚山之兵，因杨镐先逃，全军大溃，明政府再募水兵赴朝与日军相持。六月，邢瑜集各路兵相机征剿。七月丰臣秀吉死于伏见城，李舜臣败日本兵于古今岛。十一月，明水师提督陈璘率副将邓子龙、朝将李舜臣追击，会明副将陈蚕等军赶至，前后夹攻，焚烧日舟，溺死日兵不计其数。十二月，陈璘夜潜乙山，发炮攻击，残留日兵溃逃。在战斗中，邓子龙、李舜臣不幸中弹牺牲。

李舜臣（1545~1598）

朝鲜爱国名将，发明龟甲船。1592年，中朝配合作战，龟甲船舰队在玉浦等海面击败日本丰臣秀吉的侵朝军。后因被谗下狱。1597年再次起用，在明朝水师配合下取得露梁海战的胜利。1598年在战斗中牺牲。

丰臣秀吉（1536~1598）

日本战国时代末期统一全国的武将。1592年入侵朝鲜，败于龟甲船舰队。1597年再度侵朝，次年七月，死于伏见城（桃山）。

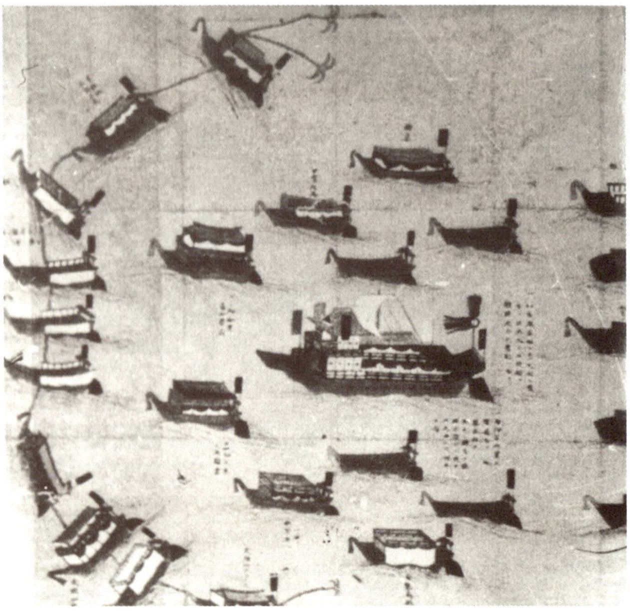

抗倭援朝釜山船阵图

龟甲船（模型）

龟甲船船体成屋形，外面盖有铁板，不易被敌炮击伤；满插锥刀，使敌人不敢攀登。舱内有火炮向外射击，并喷射火焰。在抗击丰臣秀吉侵朝战争中，发挥了很大作用。

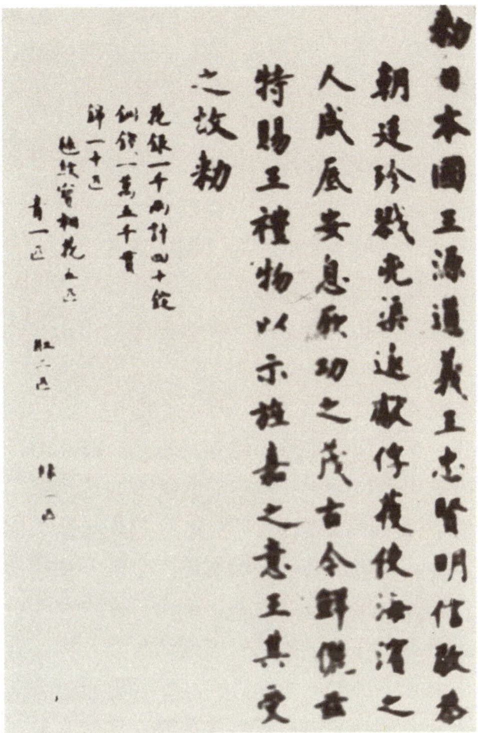

敕日本國王源道義王忠賢明信敬恭
朝廷殄殲兇渠追獻俘馘使海濱之
人咸底安息厥功之茂古今鮮儷嘉
特賜王禮物以示旌嘉之意王其受
之故敕

明成祖给日本国王源道义的敕书

釜山战斗图

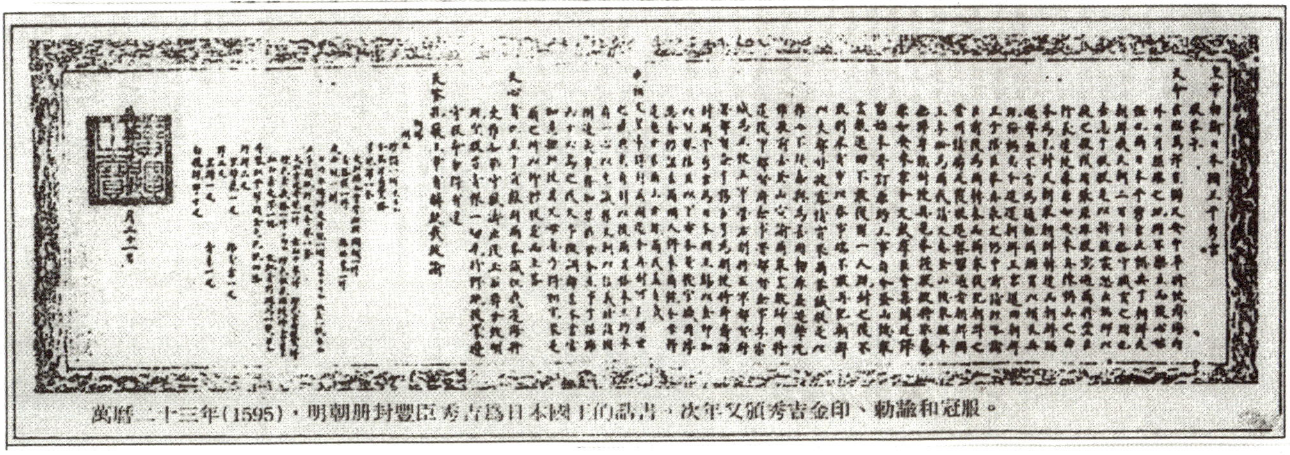

万历二十三年（1595）明廷册封丰臣秀吉为日本国王的诰书

第九节　抗倭首先收复台湾的民族功臣沈有容

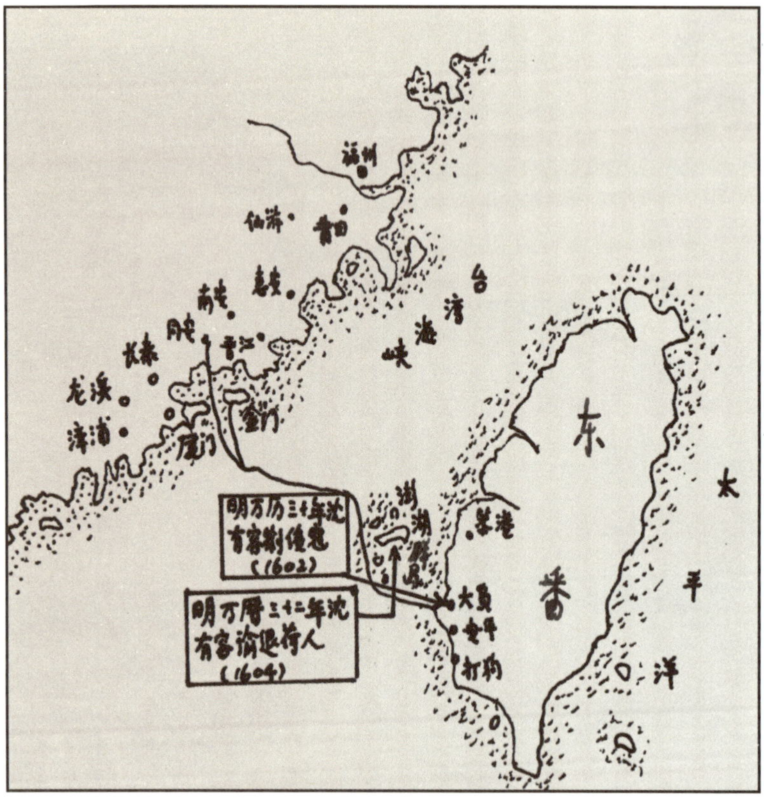

沈有容收复台湾、谕退荷人出澎湖示意图

澎湖天后宫侧面

后来几经扩建整修，澎湖天后宫成为三殿两廊之大庙。图中最高处为后殿清风阁。

一、抗倭复台

嘉靖末年，倭寇被俞大猷、戚继光驱逐出闽、粤，但仍流窜到台湾及附近海域为非作歹。

万历二十九年（1601），倭寇又向福建沿海一带进犯，福建都司沈有容与铜山把总张万纪奋起反击，大败倭寇于彭山洋，残倭退回台湾。

台湾历来是中国的领土，明朝称之为“东番”，又叫“大员”、“大圆”、“大湾”，均为当时平埔族番社之名，闽南话音译为“大员”，后衍化为“台湾”。

沈有容击退倭寇后，便计划主动出击，收复台湾。

沈有容，字士弘，安徽宣城人，家住福州巷，佥事沈宠之孙。幼走马击剑，好兵略。万历七年乡试武举，蓟辽总督梁梦龙用为昌平千总，后调蓟镇东路，管南兵（义乌兵）后营。曾从宋应昌参加援朝抗倭。乞归。福建巡抚金学曾起用有容守浯屿、铜山。沈有容大败倭寇于彭山洋后，欲亲自率舰队收复台湾。万历三十年（1602），他驻兵石湖，要渡过台湾海峡至为不易。沈有容不畏艰险，毅然率战船21艘出海，打算突然袭击倭寇、出奇制胜。航行不久，突遇狂风，巨浪排空，有7艘战船被掀翻，沉于海中。沈有容率幸存的14艘历尽艰险，终于横渡海峡，迫近台湾西南海岸。倭寇发觉后，大恐，急忙驾船应战，明军此时有进无退，背水殊死战，终于击败倭寇，击沉其舟6艘，斩15人，救回370余人，倭寇遂离开东番，逃回日本。明军在台湾登陆后，当地居民箪食壶浆以迎王师，台湾得以光复，“海上息肩者十年”。

捷报传至明廷，未曾参战的一些文武将吏皆叙功受封，而沈有容，中国第一个从倭寇手中夺回台湾的大功臣，仅被赏赐一些银两而已。

1985年整修竣工的澎湖天后宫正面外景

二、斥退荷兰海盗

万历三十二年（1604）八月，荷兰侵略者韦麻郎率三大舰企图侵占澎湖岛，沈有容率兵前往荷兰军营中，申以大义，指陈利害，辞气慷慨，凛然难犯。韦麻郎为其胆略所威慑，率舰队离开了澎湖岛。

澎湖岛亦称马公岛，马公即妈宫的讹音，故澎湖天后宫又称澎湖马公古庙天后宫。澎湖天后宫的后进是清风阁，右壁嵌有一古碑，石碑正面刻有“沈有容谕退红毛番韦麻郎”11个字，这是纪念沈有容驱逐荷兰侵略者而建的，是台湾现存最古老的石碑，具有一定历史文物价值。

明万历年间的澎湖天后宫

三、击退日军对台湾、金门的入侵

万历四十四年（1616），日将村山秋安率战舰13艘、士兵3000余人进攻台湾，途中遇风，舰队被吹散，村山秋安率3舰退回日本，其部将明石道友率3舰在台湾北部登陆，马上遭到台湾兵民的围攻，被迫全部自杀。还有7艘战舰被吹到福建海域，在进犯金门岛时，又被沈有容击败，两艘战舰被击沉，其余5艘仓皇退回日本。这是沈有容抗击外侮、维护祖国领土完整所建立的又一功勋。北京社会科学院历史研究所研究员李史峰说：“世人皆知民族英雄郑成功，却多不知郑成功之前还有一个收复台湾并保卫台湾、金门、澎湖诸宝岛安全的民族功臣沈有容，惜哉！”确实令人遗憾。

澎湖滩（活龙滩）

征引参考书目举要

[1] 高扬文，陶琦主编. 戚继光研究丛书. 北京：中华书局，2001.

[2] 范中义. 戚继光传. 北京：中华书局，2003.

[3] 纪红建. 明朝抗倭二百年. 北京：华文出版社，2006.

[4] 若木. 回味明朝：乾坤万象. 北京：中国三峡出版社，2007.

[5] 陈贞寿. 图说中国海军史. 福州：福建教育出版社，2002.

[6] 朱维幹. 福建史稿. 福州：福建教育出版社，1986.

[7] 朱封鳌. 戚继光台州抗倭. 杭州：浙江人民出版社，1983.

[8] 冯国超. 白话二十四史精华：第八卷. 北京：光明日报出版社，2002.

[9] 李军. 中华五千年：第四卷. 长春：北方妇女儿童出版社，2002.

[10] 徐景熹. 福州府志：兵戎志. 福州：海风出版社，2001.

[11] 张廷玉. 明史：卷九十. 影印本. 上海：商务印书馆，1916.

[12] 郑若曾. 筹海图编：福建事宜. 北京：中华书局，2007.

[13] 郑若曾. 筹海图编：经略. 北京：中华书局，2007.

[14] 郑若曾. 筹海图编：福建倭变记. 北京：中华书局，2007.

[15] 茅元仪. 武备志：海防六. 台北：华世出版社，1984.

[16] 何乔远. 名山藏. 北京：北京大学出版社，1993.

[17] 马玉琴. 二十五史：戚继光传. 延边：延边人民出版社，2001.

[18] 张廷玉. 明史：兵志一. 影印本. 上海：商务印书馆，1916.

[19] 郎瑛. 七修续稿：卷三. 刻本. 耕煙草堂，1775（清乾隆四十年）.

[20] 陈梦雷，蒋廷锡. 古今图书集成：职方典. 影印本. 上海：中华书局，1934.

[21] 顾祖禹. 读史方舆纪要：福建方舆纪要叙. 上海：中华书局，1955.

[22] 陈经邦. 明世宗实录：卷四百七十二. 影印本. 台北："中央研究院"历史语言研究所，1962.

[23] 张廷玉. 明史：汤和传. 影印本. 上海：商务印书馆，1916.

[24] 张廷玉. 明史：朱纨传. 影印本. 上海：商务印书馆，1916.

[25] 张廷玉. 明史：赵文华传. 影印本. 上海：商务印书馆，1916.

[26] 张廷玉. 明史：杨继盛传. 影印本. 上海：商务印书馆，1916.

[27] 饶安鼎，林昂. 福清县志. 北京：全国图书馆文献缩微中心，2005.

[28] 马玉琴. 二十五史：俞大猷传. 延边：延边人民出版社，2001.

[29] 李史峰. 二十四史：风驰电掣击倭寇——戚继光. 上海：上海辞书出版社，2006.

[30] 迟双明. 二十四史：卷四. 北京：光明日报出版社，2002.

[31] 李史峰. 二十四史：沈有容收复台湾. 上海：上海辞书出版社，2006.

[32] 李乾朗. 澎湖天后宫. 台北：雄狮图书股份有限公司，1999.

[33] 樊树志. 大明王朝的最后十七年. 北京：中华书局，2007.

[34] 高波. 武毅千秋. 天津：天津大学出版社，2004.

[35] 彭一万. 海上桃源澎湖游. 福州：福建人民出版社，2009.

第十三章

鸦片战争

第一节　林则徐禁烟与虎门销烟

一、鸦片输入

鸦片战争之前的半个世纪，中国在国际贸易中都是顺差。当时英国对中国主要出口洋布、毛衣、钢琴、西餐具等。中国输出的主要是茶叶、生丝、土布，反而每年有几百万两白银的顺差。

中英进出口贸易对照表

价值单位：银两

年度	进口	出口
1760	470,286	979,586
1780	1,301,931	2,083,346
1800	7,715,556	7,556,473
1806	11,474,509	7,400,223
1820	6,525,201	9,816,066
1830	7,335,023	9,950,286

侵入黄埔的英鸦片走私船“滑铁卢”号

为了扭转逆差，扩大资本原始积累，英国向香港、广州大量走私鸦片，美国也贩运鸦片到中国。

鸦片战争前的香港

美国装备火炮的走私鸦片的飞剪船

广州鸦片馆

在广州的鸦片馆，以有限之财，易有害之物，毁坏了中国人民的健康。

清人吸食鸦片的情形

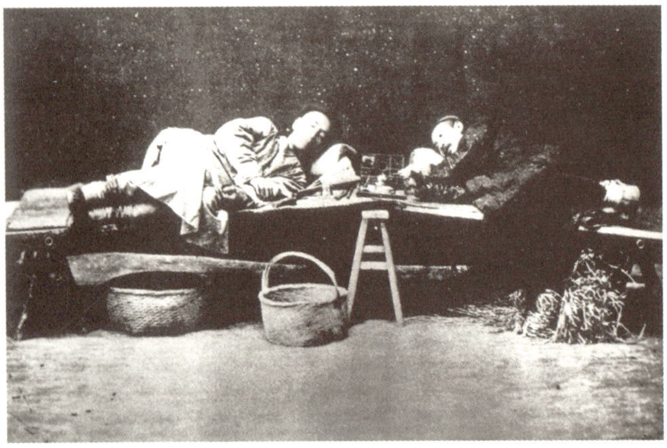

在烟榻上吸鸦片烟的中国人

黄爵滋（1793~1853）

字德成，号树斋，江西宜黄人。道光朝进士，时任鸿胪寺卿。主张严禁鸦片，他上疏说：“以中国有用之财，填海外无穷之壑，易此害人之物，渐成病国之忧，日复一日，年复一年，臣不知伊于胡底。”

太常寺卿许乃济却上言力主弛禁鸦片，主张准其按旧制药材纳税。

黄爵滋像

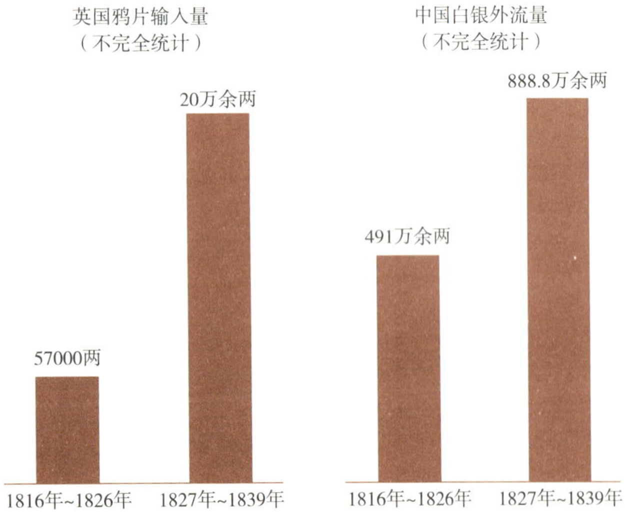

英国鸦片输入及中国白银外流对照表

鸦片输入后英国由逆差变为顺差，中国白银大量外流。是否禁烟，清廷内部意见不一。

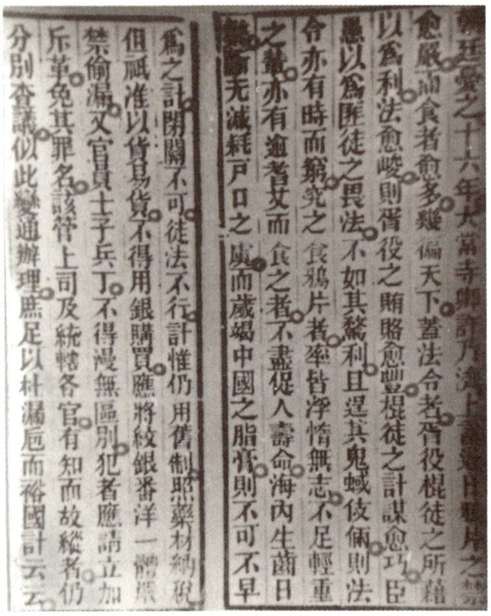

……十六年太常寺卿許乃濟上言鴉片之禁愈嚴而食者愈多幾徧天下蓋法令者胥役棍徒之所藉以爲利法愈峻則胥役之賄賂愈豐棍徒之計謀愈巧臣愚以爲匪徒之畏法不如其鶩利且逞其鬼蜮伎倆則法令亦有時而窮究之食鴉片者率皆浮惰無志不足輕重之輩亦有逾耆艾而食之者不盡促人壽命海內生齒日繁斷無減耗戶口之虞而歲竭中國之脂膏則不可不早爲之計閉關不可徒法不行計惟仍用舊制照藥材納稅但祇准以貨易貨不得用銀購買應將紋銀番洋一體嚴禁偷漏又官員士子兵丁不得漫無區別犯者應請立加斥革免其罪名該管上司及統轄各官有知而故縱者仍分別查議似此變通辦理庶足以杜漏卮而裕國計云云

二、林则徐禁烟

民族英雄林则徐洞见鸦片危害，支持黄爵滋的禁烟主张，上疏说："若犹泄泄视之，是使数十年后，中原几无可以御敌之兵，且无可以充饷之银，兴思及此，能无股慄"。道光皇帝深佩他的远见，决心禁烟，派他为钦差大臣到广东执行禁烟任务，节制该省所有水师。

林则徐油画像（1840）

林则徐（1785~1850）

字少穆，福建侯官人。14岁考取秀才，20岁中举人，27岁中进士，朝考后选翰林院庶吉士，三年后授翰林院编修、国史馆协修。历任乡试、会试考官，监察御史，江苏巡抚等职。道光十八年（1838）任湖广总督，禁止鸦片卓有成效。九月，应召进京陛见，力陈禁烟的重要性和禁烟方略；十一月受命为钦差大臣，前

林则徐塑像

中国宣传戒烟画（采自夏于金主编《世界通史》第三卷）

虎门销烟（浮雕）

往广东禁烟，并节制广东水师，查办海口。十九年正月，抵达广州。他会同两广总督邓廷桢等传讯洋商，令外国烟贩限期交出鸦片，并收缴英国趸船上的全部鸦片，6月3日在虎门海滩销烟。20天中销毁鸦片约2万箱。同时，注意了解外国情况，组织翻译西文书报，成为中国近代最早放眼世界的第一人。道光二十年，第一次鸦片战争爆发。九月，他被革职查办。次年五月又被革去四品卿衔，从重发往伊犁效力赎罪。虽然受到不公正待遇，林则徐仍把百姓痛苦铭记心中，竭尽全力为人民谋福利。

三、虎门销烟

1839年6月，林则徐在虎门海滩上销毁鸦片约2万箱。这是中国人民第一次向全世界表示了高尚的道德心和反抗侵略的坚强意志。

1989年纪念林则徐巡阅澳门150周年时，建在澳门莲峰庙前的林则徐石雕像

福州西湖的禁烟亭

虎门海滩销毁鸦片1188127千克的现场

第二节　鸦片战争爆发

一、林则徐筹办海防

林则徐认为“大海茫茫，四通八达，……欲绝鸦片，必须整顿海防”。“彼之大炮远及十里内外，若我炮不能及彼，彼炮先已及我。”要对付强敌，就必须把西方船坚炮利的先进科学技术学到手。他说：“制夷而不谋船炮水军，是自取败也。”他所说的“船炮水军”指的就是近代化海军。林则徐到粤之后，就购买夷炮、洋船，令水兵演练，当时，一些西方人认为“林则徐正在筹建一支新式海军，以驱逐入侵者”。

林文忠公祠堂内林则徐塑像

林则徐敢于冲破闭关自守的封建意识，主张学习西方先进的科学文化和军事技术，是中国近代开眼看世界的第一人。他极力请以关税“制炮造船”，“以通夷之银，量为防夷之用”，“造船铸炮，……师敌之长技以制敌”。他的“以洋税办洋防”，正是后来洋务派建立新式海军所采取的办法。

鸦片战争前的1836年，英国海军已有各种舰船560艘，主力战舰分别装有大炮70~120门，英国成为称霸世界的最大的海上强国，并开始向外扩张，而对资本主义紧闭大门、对鸦片却悄悄开门的清王朝，这时船坚炮利的风帆主力舰、巡洋舰一艘也没有，相比确属悬殊。

中国水师督船

这是中国水师提督座船，木制，动力靠风帆、木桨、人力，与英国战舰相比火力、速度、大小相差悬殊。

19世纪30年代的三桅英国战舰

装备火炮100门左右，仍以风帆为动力。

林则徐购买的洋船

林则徐所建的九龙尖沙咀炮台

林则徐到粤后向美商购买英船“甘米力治”号，改名“截杀”号，装有英制大炮34门。又购“黄旗那领”号，令水师演习攻首尾。还向丹麦洽购3艘兵船，两艘25吨的帆船，一艘小轮船。

林则徐又雇用同安米艇、红单船、拖风船共60艘备战船，又备火船20只，小舟100余只以防英国入侵。

清外海战船——锯船

清外海主力战船——赶缯船

指挥粤洋水师七战七捷的林则徐

二、鸦片战争序幕——林则徐指挥粤洋水师七战七捷

林则徐虎门销烟后，正告外商船主，只要出具“永不夹带鸦片”的甘结，就可驶入珠江正常贸易。英国殖民主义者不甘罢休，决意用武力敲开中国大门。林则徐指挥的粤洋七战，是鸦片战争的序战，中国初战告捷。

林则徐还购买西洋各国夷炮200余门布防珠江口两岸

从海珠炮台远眺清水师

靖远炮台图

图中文字系林则徐为筹建靖远炮台所上的奏折。

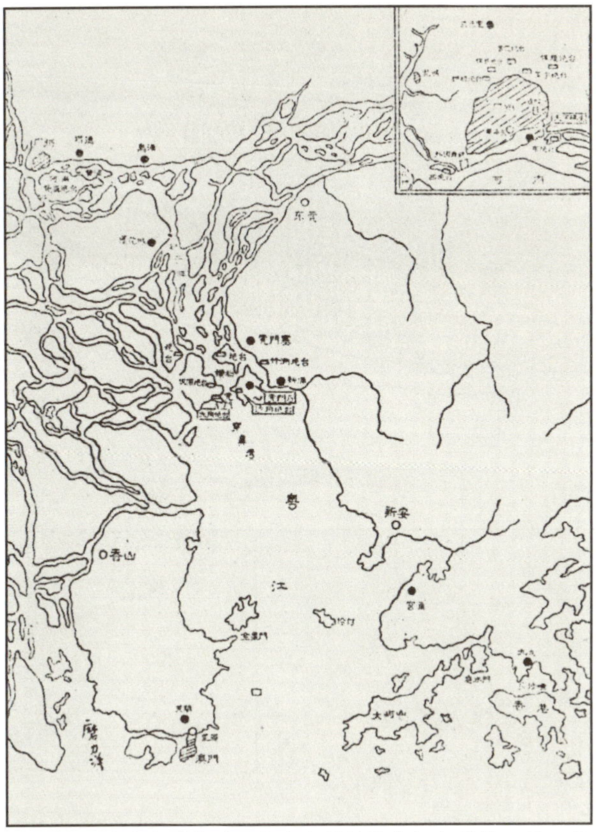

粤洋形势图（采自《中国近代史参考图片集》上册第69页，教育图片出版社1958年版，北京历史博物馆主编）

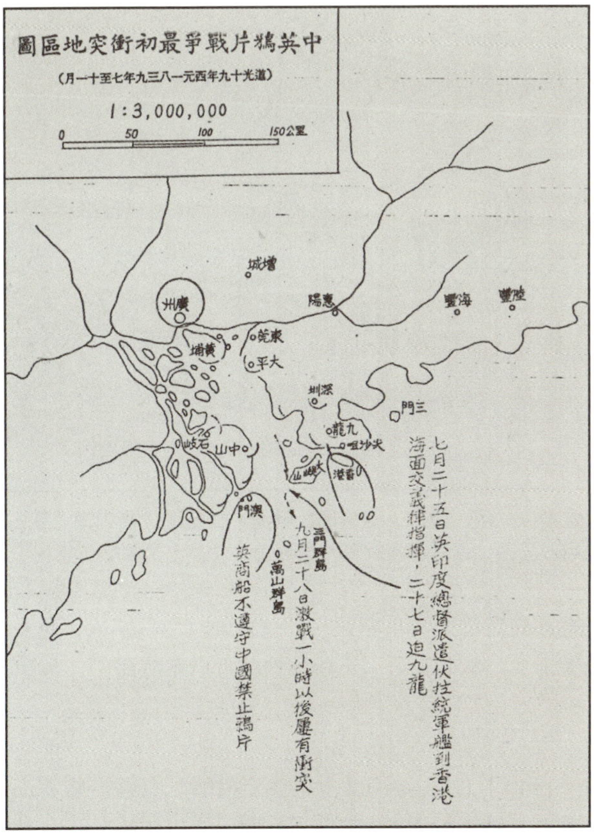

（采自台湾三军大学编《中国历代战争史》第17册附图17-728，军事译文出版社翻印发行，1983年10月）

九龙湾

第一捷：九龙湾之战

1839年9月4日，英驻华商务监督义律乘英舰“路易沙”号，率领“窝拉疑”、“珍珠”号舰及小艇窜入广东九龙湾袭击我3艘巡逻艇。英舰“珍珠”号等被我击翻，亡官兵17人，清水师亡2人。这是英国叩关的第一战，中国初战告捷。

第二捷：穿鼻洋之战

1839年11月3日，英舰在穿鼻洋面拦阻驶向虎门进行正常贸易的商船，中国二十余艘战船还击，一炮击中“窝拉疑”舰首，十多名英水兵被掀落大海，英舰逃走。

第三捷：官涌之战

1839年11月4日夜至13日，英舰十余艘先后六次袭我九龙尖沙咀的官涌炮台，被我水师击退。

官涌胜利后，清廷对形势产生错估，下令与英国停

岸舰合势却敌

止贸易，“不必取具甘结”，把该国船只“尽行驱逐出口”。英船寄泊铜鼓洋海面，但亡命之徒仍与之贸易。林则徐遂主动出击，主要是用火攻。

第四捷：铜鼓洋之战

1840年2月29日凌晨2时，清军兵分4路向铜鼓洋买卖烟土的船只突然实行火攻，并将喷筒火罐乘风抛掷，大小火船先雇渔疍户教以驾驶。此战烧毁大海船1只，扁艇15只，并将英船高头舢板前后烧毁。英船带火仓皇逃走。

第五捷：磨刀洋之战

英船积存烟土用三桅大船往来磨刀洋，引诱买卖。我兵勇400余名暗伏岛屿并雇人作为内应。1840年6月9日凌晨，待近夷船时仍用火攻，烧毁英船1只，另一桅帆着火

清军水师火船之一

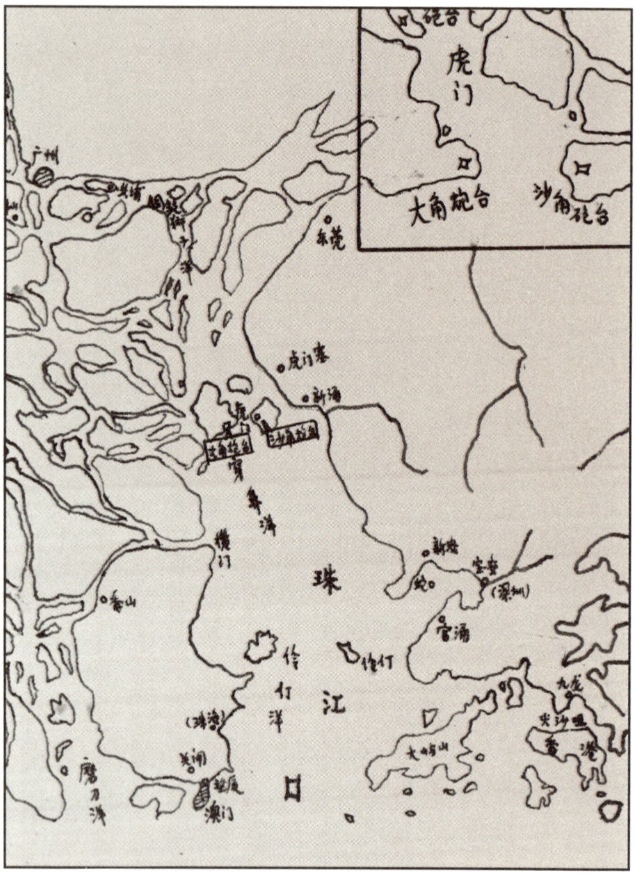

九龙湾、关闸、虎门、穿鼻洋、官涌、铜鼓洋、磨刀洋、矾石洋战场形势图（据《中国近代史参考图片集》上册第69页重制）

遭到英舰袭击的中国水师船

痛击“窝拉疑”号

脱逃，先后燃烧大小艇11只，蓬寮9座，毙杀4人，跳水溺毙者不少。从此英贩烟土船不敢驶近广东海面。

第六捷：关闸之战

1840年7月，英舰北上占领定海后，又在广东海面活跃起来，林则徐于8月17日亲赴狮子洋校阅水师，演放大小火炮。两天后英舰便向关闸发起进攻，并派陆战队380

人登陆，遭我水师两面夹击。清军击沉英舢板多只，毙敌军官1人、水兵10余人，英舰“都鲁壹”号退回九洲洋。

第七捷：矾石洋之战

关闸战后，英舰陆续窜至伶仃洋以北之矾石一带洋面。此时，林则徐知道清廷已允英方要求，自己将不久其

封锁珠江口的英国海军

增驻关闸的清军

伶仃岛及以北的矾石一带

位，但仍决定向英舰发动攻击，“得手与否，惟视此一举矣”。8月31日派广东水师副将率战船5艘袭击侵入的英舰，击伤“都鲁壹”号，后又袭击龙穴西南英舰，将其击退。英兵尸体计伙长1名，炮手3名，士兵11名。林则徐称此战只是“小挫其锋，尚未大获胜仗”。

三、鸦片战争正式爆发

中英九龙、穿鼻战后，英国任命好望角海军提督乔治·懿律和查理·义律为正副全权代表，并命懿律为统帅，于1840年4月组成一支拥有军舰16艘、载炮540门、武装轮船4艘、运兵舰1艘、运输舰27艘、各兵种共4000人的“东方远征军”于6月侵入广东海面，鸦片战争爆发。英军见广东清军戒备森严，决定北犯，东方远征军留下“都鲁壹”、“拉呢”、“海席新”、“哥伦拜恩”、“进取”等舰封锁珠江口，主力离粤北上。

第三节　英舰队侵犯厦门

一、第一次厦门之战

7月2日北上英舰到达厦门海域，英舰“布朗底”号近岸侦察，并派小船欲登陆报送英国大臣巴麦尊致中国宰相书之副本，被拒绝。次日复以中号舢板由青屿门驶入内港，在屿仔尾停泊，欲登岸遭拒绝，一英兵被守军放箭射死，另一被长矛刺死，英舰发炮，中国炮台还击，相持半小时，清兵死9人，伤14人，民妇死1人。英军把公文书悬在竿头，插在海滩上离港，留下“伯兰汉”号等几艘兵舰，主力继续北上。

二、第二次侵犯厦门

8月21日英舰在青屿门外游弋，次日悬挂红旗驶进青屿，直趋水操台，被我拦阻，英舰开炮，我舟师亦还击，英舰起火冒烟，退泊青屿以内。23日又向水操台开炮，我

英舰侵犯厦门示意图

大炮台、鼓浪屿炮台及舟师奋力还击，敌船始退出。24日英舰放舢板3只驶至曾厝安一带，被我划龙船4只追击，逼近屿仔尾山后小岭，舢板开一炮，伤我水勇2名，划龙船亦开炮还击，击中英兵5名。26日，英舰始逃离青屿，驻泊离厦门不远的东碇岛作为总集合点。英军欲占领厦门，其目的是欲将厦门作为“能够用作远征军的供应中心与行动基地并且将来也可以作为不列颠商务之安全根据地”。

闽浙总督邓廷桢在厦门海口设防周密，英舰入侵未能得逞。

邓廷桢像

英舰队再犯厦门

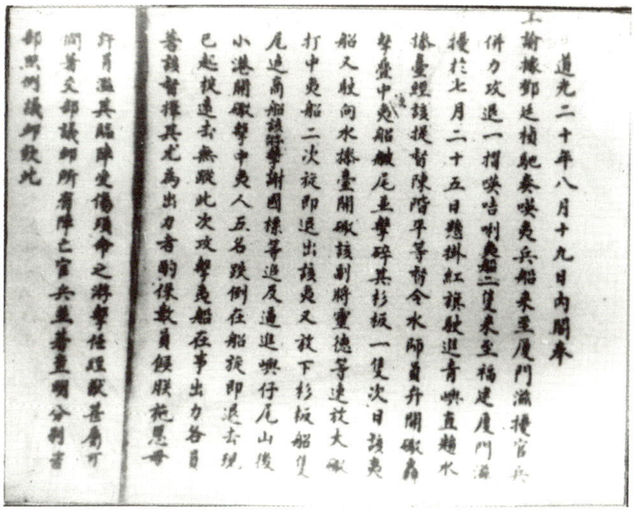
道光二十年八月十九日內閣奉
上諭據鄧廷楨馳奏暎夷兵船來至廈門滋擾官兵
併力攻退一摺暎咭唎夷船二隻來至福建廈門海
擾於七月二十五日懸掛紅旗駛進青嶼直趨水
操臺經該提督陳階平等督令水師員弁開礮轟
擊查中夷船擬尾並擊碎其杉板一隻次日該夷
船又駛向水操臺開礮該副將寶德等連放大礮
打中夷船二次該即退出該夷又放下杉板船隻
尾追商船該將繼飭國樑等追及遶進嶼仔尾山後
小港開礮擊中夷人五名跌倒在船該即退去現
已起椗遠去無蹤此次攻擊夷船在事出力各員
著該督擇其尤為出力者酌保數員候朕施恩毋
許冒濫其船隻陣受傷頭命之游擊陸理欽著賞可
閱著交部議卹所有陣亡官兵並著查明分別書
部照例議卹欽此

1840年9月14日道光皇帝谕令邓廷桢奖恤炮击英船伤亡的官兵

1840年7月2日中英海战

第四节 第一次定海之战

1840年7月3日，英国侵华舰队主力离开厦门至舟山海域，计有“威里士厘”、“康威”、“鳄鱼”、“巡洋”、“阿尔吉林”及其他共20余艘舰船。英舰队司令伯麦先派出2艘侦察、测量，4日舰队侵入定海港内。清军在定海设置水师镇，辖有兵勇2800余人，并筑有关山炮台1座、火炮8门。守军对英舰来侵毫无防备。知县登舰询问

清军定海关山炮台

1840年7月4日中英舰队定海海战

来意，伯麦限期清军投降，水师总兵张朝发拒绝撤兵。英舰首先开炮，水师进行抵抗。终因英军火炮射程远、威力大，清军战船被击沉过半，张朝发等伤重牺牲，水师溃败，关山炮台被占，6日定海陷落，知县投水自尽。这是近代中国第一次丧师失地之战。

英国舰队占领定海后，北赴天津，呈送照会，除责难林则徐外，还要求割岛屿赔烟价等。因照会第一句是“求讨皇帝昭雪申冤”。清廷误认是来告御状的，因而承认“林则徐措置失当”，嘱其南返听候钦差大臣代申冤抑。9月17日清廷授直隶总督琦善为钦差大臣，并于28日下谕将林则徐等交部议处。

英国舰队在舟山岛上设营据守

英舰队司令向直隶总督琦善提出6项要求

定海水师战船被英舰击伤俘获情形

第五节　沙角、大角之战

琦善到粤与懿律商谈，英人要求割让香港，琦善拖延不复。继任全权大使义律遂决定使用武力逼琦善答应其要求，竟于1841年1月中旬突然攻占大角、沙角炮台。水师三江协副将陈连升父子壮烈牺牲，千总黎志安负伤仍指挥士卒将14门大炮推入海中。泊于三江口的10艘清军战船也被敌炮击毁。广东水师提督关天培急派人回广州哭求增兵，琦善却以“抚议”为由，坐视重地失守。清军伤亡将弁44人，兵丁718名。

沙角炮台（右），大角炮台（左）

进犯穿鼻洋和沙角、大角的英舰

关天培监制的虎门炮台大炮

英军登陆攻占了沙角、大角两大炮台

1841年1月29日英军侵占香港

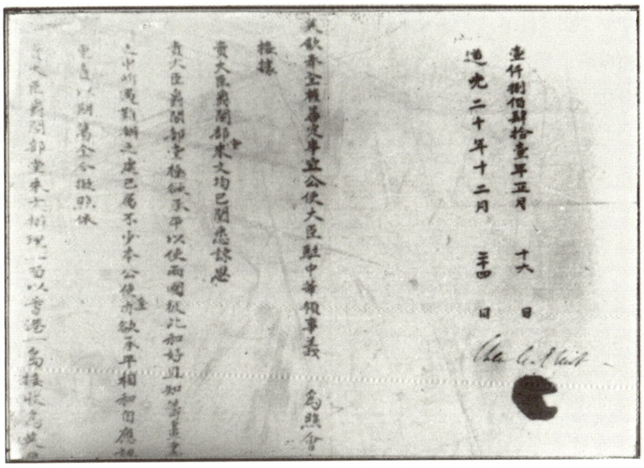

壹仟捌佰肆拾壹年正月　十六　日
道光二十年十二月　廿四　日
英欽奉全權善定事宜公使大臣駐中華領事義　為照會
據
貴大臣爵閣部堂來文均已閱悉據思
貴大臣爵閣部堂擬欲平準以使兩國叙比和好且知著意
之中所需劃補之處已屬不少本公使亦欲求平相和同應

1841年1月16日义律照会琦善要求割让香港。

在穿鼻洋面，英“复仇神”号在舢板配合下击毁10艘清水师战船

第六节　虎门之战

1841年1月27日，道光帝得知沙角、大角炮台失守和英军企图武力占据香港后，下诏对英宣战。30日派奕山为靖逆将军赶往广东剿办。2月中旬英军舰在虎门集结。23日冲进三江口、破除拦江木栅。26日经过激战，永安、横档两炮台被占，同时6艘英舰进攻东岸威远、靖远等炮台，镇远炮台首先不支，守台清军溃退，接着威远、靖远失陷，关天培壮烈牺牲，清军被俘1300余人、伤亡440人。当日西岸巩固炮台亦陷。27日大虎山炮台守军不战自弃，中午英军又攻乌涌炮台，守军奋力抵抗，终因弹尽援绝，虎门陷落。在江面的40艘中国战船也被英舰击散，失踪600余人，大型战舰“截杀”号也成了英军的战利品。同时清廷下旨惩办琦善，并于3月13日押解赴京交刑部治罪。

进攻虎门的英舰

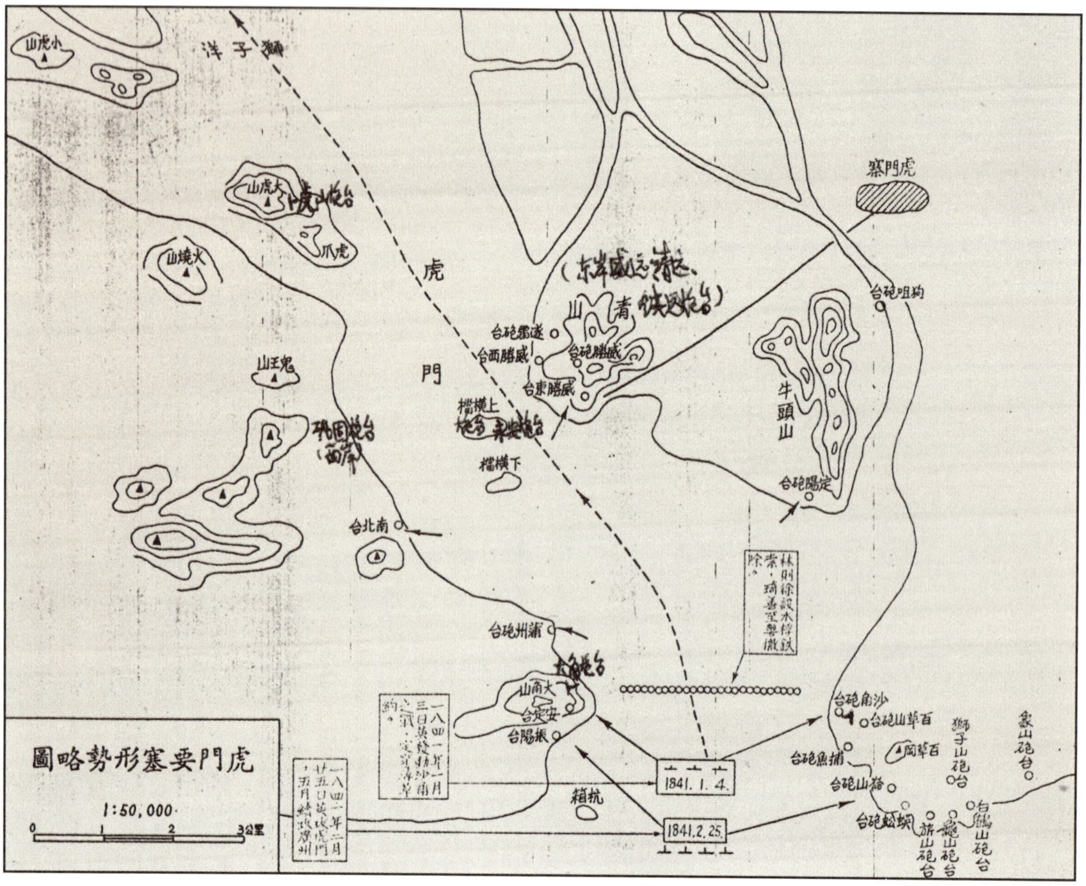

虎门威远炮台遗址

被英舰炮火轰击成一片瓦砾的虎门要塞水师提督驻地

关天培在靖远炮台壮烈殉国（国画）

血透衣襟仍奋力杀敌壮烈牺牲的广东水师提督关天培

中英虎门之战

第七节　广州之战

卫护广州城的海珠炮台

英军侵占虎门后，于1841年3月2日攻占腊德炮台，3日又占定功炮台。英舰在二沙尾、大黄滘游弋，严重威胁广州安全。4月14日，奕山与户部尚书隆文及新任两广总督祁塡到粤，他们决定利用黑夜以木排乘载火具，攻敌舢板，以驱敌大船出洋。5月21日晚选水勇1700名，暗藏火箭、火弹等先在各处埋伏，三更后焚毁在二沙尾的敌船大小10余只。次日，英舰7艘攻西炮台，窥伺泥城，遭我守军炮击，23日敌舰分攻东、西炮台及天字码头等处，三更后始退。24日双方复激战半日，我击毁敌舢板1只，击毙敌兵数名，我红单、拖风等船亦为敌所焚。25日战事最为激烈，我城外炮台失守，敌迫近城区。26日广州知府向义律乞和，订休战条约，并谎报皇上“英夷并非有心干犯天朝”，皇帝“览奏欣悦之至”，接着下旨令沿海各省撤防，可见清朝统治者昏庸之极。

英军攻占城北各炮台后，清军坐失许多歼敌战机。侵犯广州的英“阿塔兰塔”号等3艘舰在海珠炮台前香案石上触礁，一艘翻倒，一艘触礁船首露出水面，一艘船尾靠近岸边，但均未受到打击。

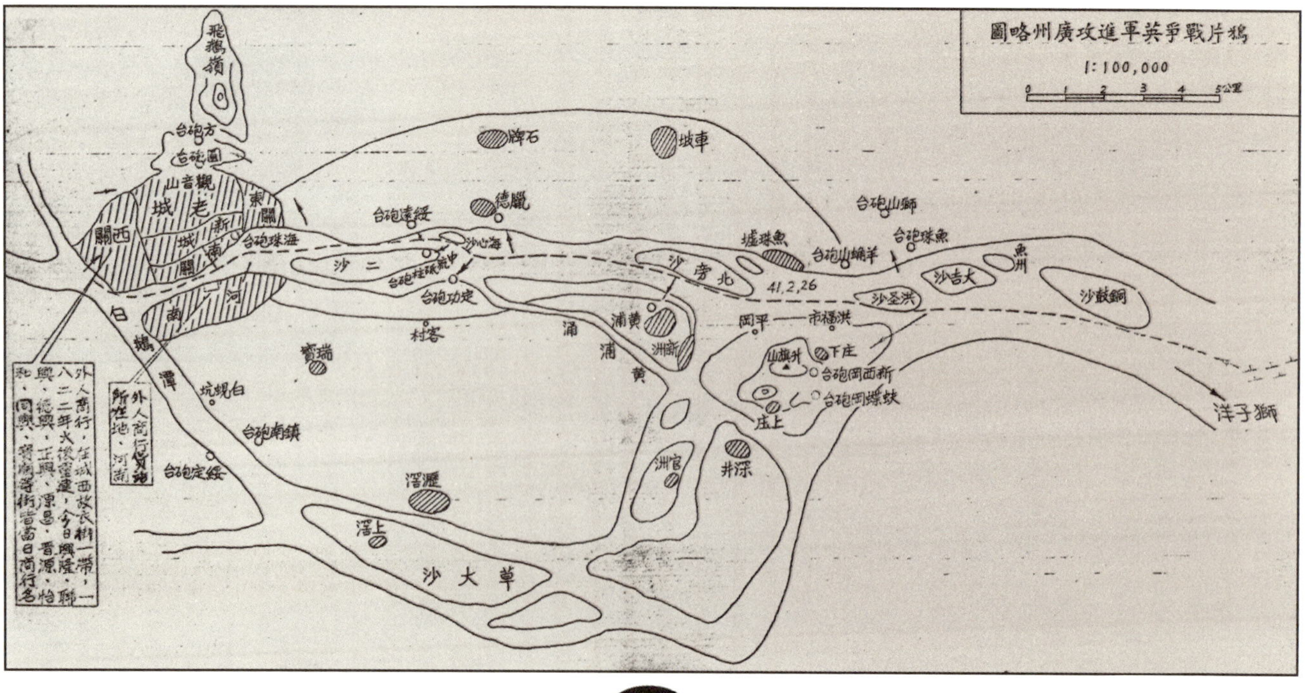

广州海疆的外洋——穿鼻洋

1841年5月24日被英军占领的广州城郊四方炮台

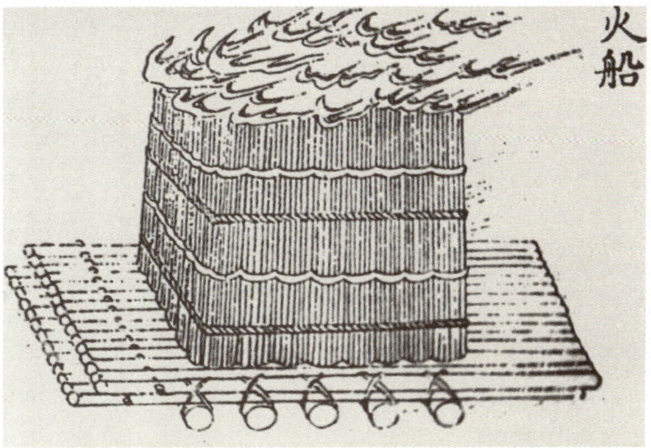

奕山与户部尚书、两广总督决定利用黑夜，以木排乘载火具攻敌舢板，以驱大船。初期出敌不意，略有效果。

5月22~25日英舰攻东、西炮台及天字码头等处，与清水师激战情况

触礁的英舰竟然未遭清军打击

英舰“威里士厘”号炮击广州城

第八节　英舰队第二次北犯

英舰队第二次北犯

1841年8月21日璞鼎查率舰船30余艘，载兵3500多人，从香港出发，第二次北上侵犯中国。

璞鼎查（1789~1856）

英国侵略军头目，率舰队攻陷厦门、定海、宁波、乍浦、吴淞、镇江。1842年8月在南京与清政府代表耆英、伊里布签订《南京条约》，次年兼任香港总督。

中国虽然撤兵撤防，但英国政府不满《穿鼻草约》，决心继续扩大战争。原任全权大使懿律已因病辞职返国，义律在广州所得利益太少。英国阁议决定召还义律，改派璞鼎查东来。1841年8月，璞鼎查到达澳门，以香港为基地，率“威里士厘”、“伯兰汉”等10艘军舰，以及“复仇神”号等4艘轮船和“班廷克”号领航测量船及22艘运输船，载兵3500多人，于8月21日从香港出发第二次北上侵犯中国。

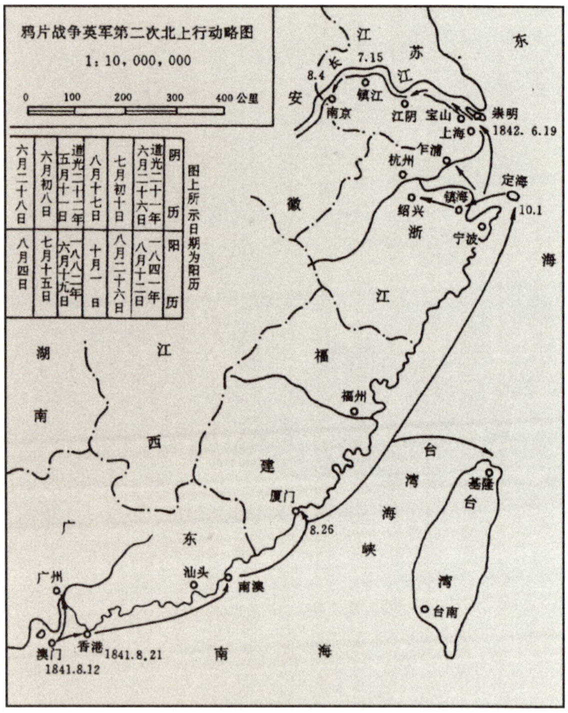

英舰队第二次北上行动图（根据台湾三军大学编：《中国历代战争史》第17册附图17－736重制）

第九节　英舰队侵占厦门

英舰队第二次北上，于8月25日冲进青屿口，26日要求厦门守军放弃城池，遭到拒绝，遂一面炮轰鼓浪屿，一面攻打海岸诸炮台，下午首占鼓浪屿并在南普陀附近登陆。总兵江继芸和副将凌志等众多官兵阵亡，闽浙总督颜伯焘退往同安。27日英军入城，大肆抢掠。港内中国战船26艘被掳。9月4日英军撤回舰上，5日留下“都鲁壹”、“卑拉底士”、“阿尔吉林”3舰及3艘运输船和1550名官兵盘踞鼓浪屿，其主力舰队继续北上。

在泉州洛阳江中起获的英国火炮

1841年8月25日英舰队侵犯厦门

9月5日留下几艘战舰盘踞鼓浪屿，英舰队主力继续北上

9月英舰队侵袭泉州

第十节　英舰五犯台湾

自1840年7月至1842年4月，英舰五次侵犯台湾，均被我水师击退，未能得逞。

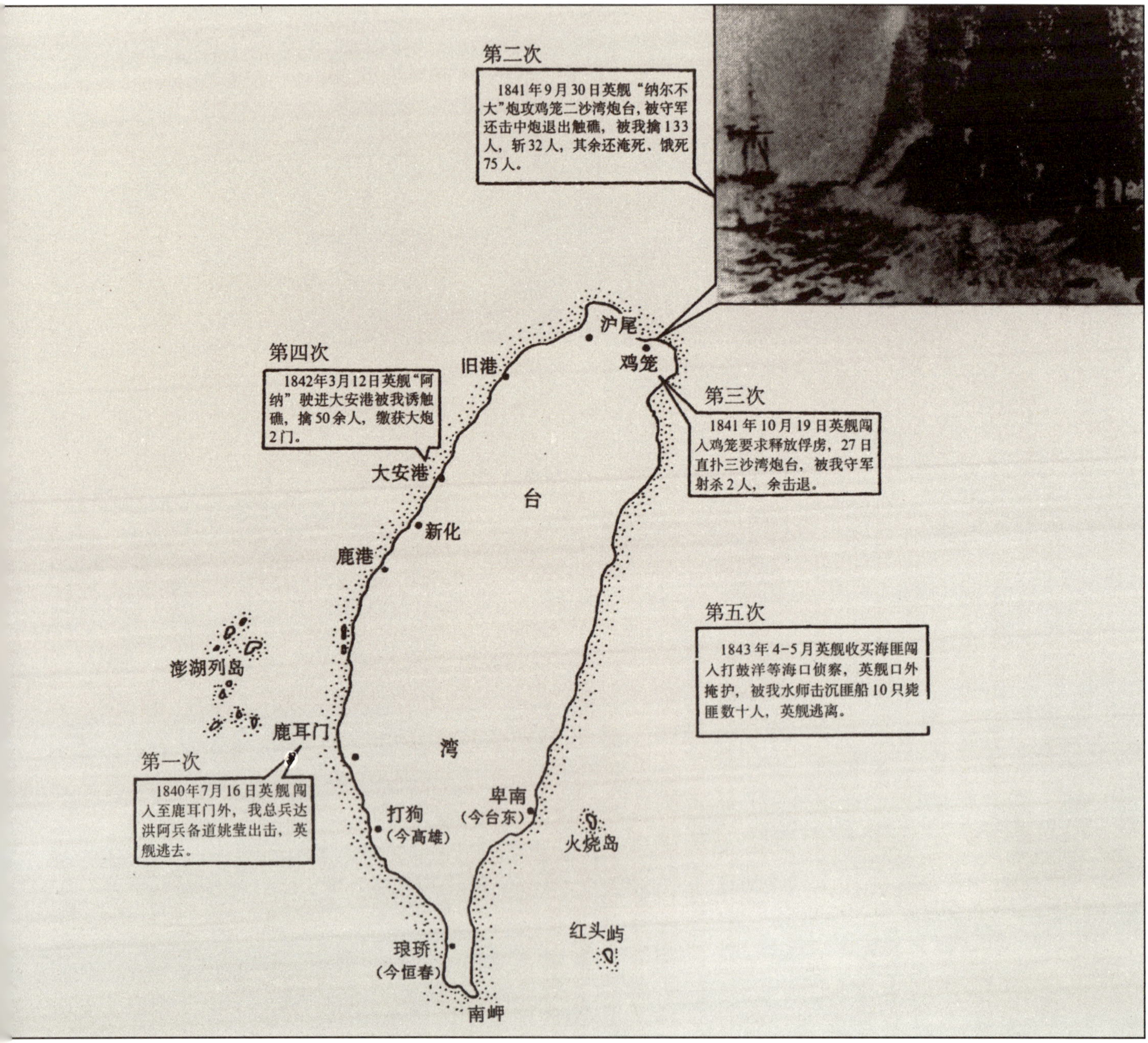

英舰五犯台湾示意图

[采自陈贞寿：《图说中国海军史（古代—1955）》上册]

第十一节　英舰队攻陷定海、镇海、宁波、乍浦

定海第一次陷落后，英军于1841年2月25日一度被迫从舟山撤兵。清廷遂在定海周围重新布防，由定海镇水师葛云飞等三总兵率军防守。9月26日，第二次北上的英舰20余艘再次入侵，守军英勇还击。10月1日，敌人分3路登陆，葛云飞等身先士卒，奋力抵抗，皆壮烈殉国，定海再度陷落。英军回扑镇海，10日镇海失陷，钦差大臣裕谦自杀殉国。英军长驱侵占宁波，此役英军死伤33人，清军死伤约1000人。1842年5月17~18日英军攻占乍浦城，此役清军击毙英上校指挥官汤林森等7人，击伤44人，清守军大部伤亡。

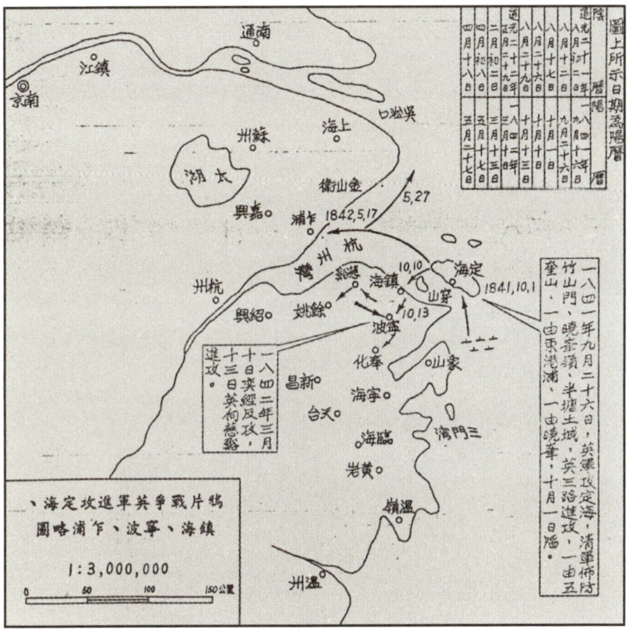

（根据台湾三军大学编《中国历代战争史》第17册附图17-733重制）

镇海招宝山炮台

1841年9月26日第二次北上的英舰20余艘再次侵入定海

英军抬着汤林森尸体仓皇撤退

英军进攻乍浦时，登陆作战指挥官汤林森被清军击毙。

英舰队攻占乍浦

乍浦是江浙两省海防重镇，1842年5月17日被英军攻陷。

被英军攻占的宁波城

镇海失陷后，10月13日英军由陆路长驱侵入宁波。

葛云飞生前绘制的《沿海布防图》

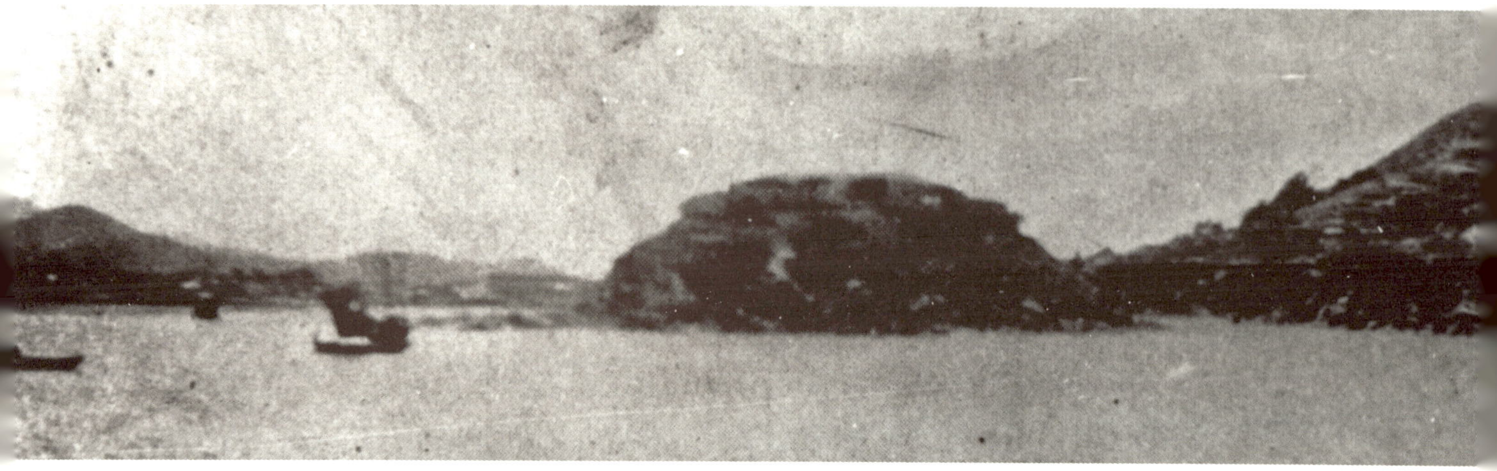

镇海炮台

第十二节　淞沪、长江之战

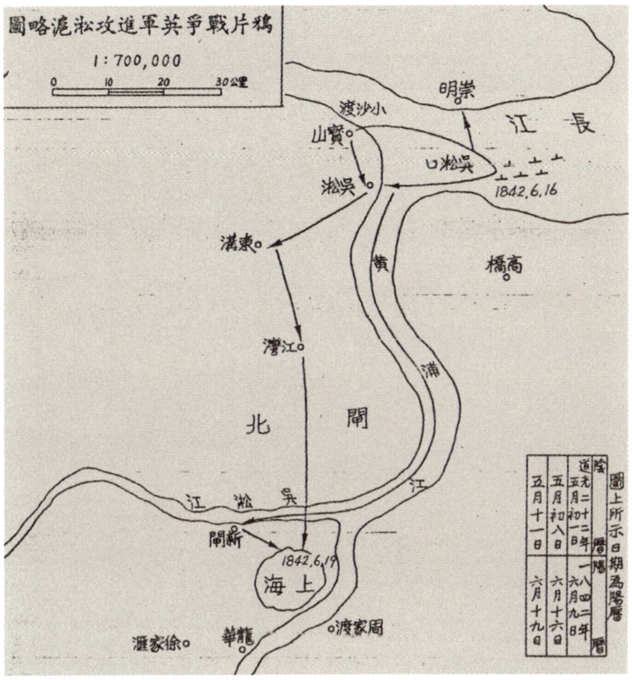

（根据台湾三军大学编《中国历代战争史》第17册附图17-734重制）

1842年6月，英国从印度派来的援军陆续到达中国，计大小舰船100余艘，载有陆军10000余人，于6月8日在长江口外鸡骨礁抛锚，侦察航道，16日晨对吴淞发起总攻。江南提督陈化成下令开炮，敌死伤20余人，陈化成受伤8处仍坚持战斗，他和吴淞口西岸炮台1000余官兵全部殉国，英军进占宝山县城。19日英军分两路进犯上海，守军望风溃逃，上海陷落。23日英军大肆抢劫后退出上海。吴淞、宝山、上海相继失守后，英舰队为控制中国南北交通命脉，决定攻占镇江。清廷为了求和，让英舰队顺利通过沿江各炮台。英舰队7月6日沿长江西犯。

陈化成（1776~1842）

福建同安人，江南提督。当英军犯吴淞时，两江总督牛鉴等畏敌逃跑。陈化成受伤8处，仍坚持战斗，终于悲壮殉国，遗体在嘉定关帝庙收殓，数万人罢市哭奠。

英军大举侵入长江口

1842年7月6日侵犯长江的英舰队计有风帆战舰15艘，火轮船10艘，运输船50艘。这是西方人首次大举进入长江。

吴淞炮台

从吴淞到宝山3000米长堤，设炮154门，称西岸炮台。东岸配有炮27门，称东岸炮台。中国水师还新制了明轮船数艘，配合防御。

镇江象山炮台火药库遗址

丹徒嵩山炮台遗址

镇江象山炮台遗址

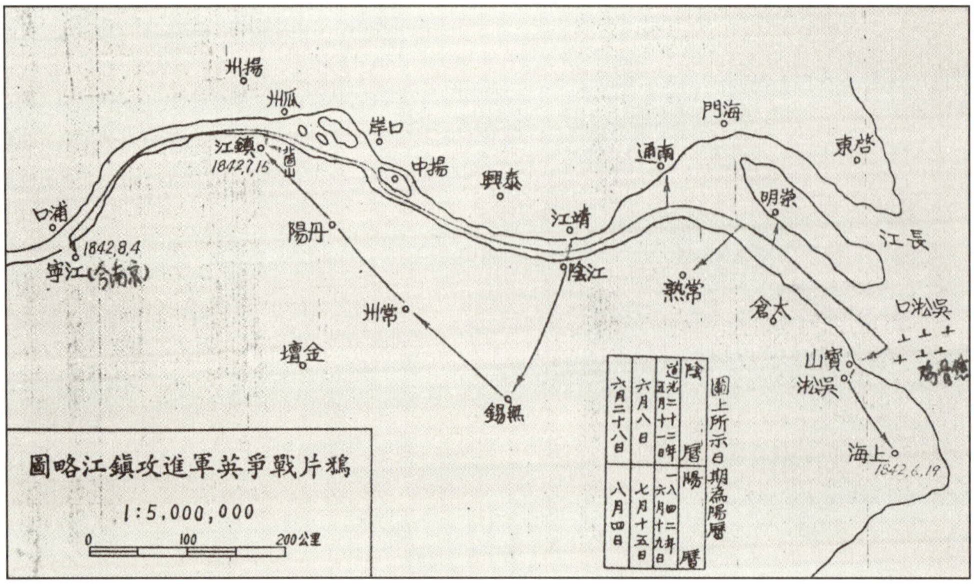

（根据台湾三军大学编《中国历代战争史》第17册附图17-735重制）

镇江焦山炮台遗址

1842年7月24日英军分路在镇江登陆，25日镇江陷落。此役英军死37人，伤128人，失踪3人；清军死239人，伤263人，失踪88人，自尽者不计其数。

英军轰破城垣后受到中国军队拼死抵抗

英军侵入镇江后大肆屠杀

英军在镇江登陆

第十三节　南京城下之盟

1842年8月4日，英舰驶至南京草鞋峡江面，旗舰“臬华丽”号进泊下关，守军未作抵抗，按照清廷谕旨，进行“停战”、“和谈”。8月29日，由特派钦差大臣耆英和伊里布于上午11时在“臬华丽”舰上与英国全权公使璞鼎查签订了丧权辱国的《南京条约》。这是列强侵略中国的开端。

另一中方代表伊里布（1772~1843），前协办大学士、两江总督，署乍浦副都统，红带子。八旗满洲镶黄旗人，爱新觉罗氏，字莘农，嘉庆进士。时与耆英代表清政府签订《南京条约》。

《南京条约》的签订与主要内容：

条约规定中国赔款银圆2100万，割让香港并开放上海、宁波、福州、厦门、广州五口为通商口岸，设置租界，外国工业品自由倾销，中国还丧失关税自主权等。这是中国近代史上第一个不平等条约。

耆英（1790~1858）

八旗满洲正蓝旗人，爱新觉罗氏，字介春，时任中方代表特派钦差便宜行事大臣、太子少保、镇守广州将军。

英全权大臣璞鼎查
（Henry Pottinger）

1842年8月29日耆英与璞鼎查在英舰“臬华丽”号上签订《南京条约》

第十四节　晚年的林则徐

英军侵占定海、北犯大沽后，林则徐受投降派诬害被革职。1841年派赴浙江筹划海防。不久，被遣戍伊犁，在伊犁兴办水利、垦辟屯田。后朝廷起用他为陕西巡抚，又任云贵总督，因病辞职回籍。1850年被起用为钦差大臣赴广西就任，途中不幸在潮州病逝。

林则徐在潮州普宁县驿舍病逝后，归葬于福州北郊马鞍村的金狮山麓。

墓侧立有咸丰帝的《御赐祭文》和《御碑文》石碑。

墓园仪门后之“御碑亭”内立三石碑，中为圣旨，左、右为“御赐祭文”和“御碑文”，柱联为林则徐名句：“苟利国家生死以，岂因祸福避趋之”。

为纪念伟大的民族英雄林则徐，在广东东莞树立了林公则徐纪念碑。

林则徐名句：“海纳百川，有容乃大”，今天已成为福州城市精神。

林公则徐纪念碑

林则徐晚年画像

林则徐墓园

御碑亭

林文忠公祠

建于清光绪三十一年（1905）的林文忠公祠，是林则徐的后裔及乡人为了纪念他而修建的专祠，占地面积约4000平方米。

福州林文忠公祠正门

祠前临街施屏墙，门额书：“中兴宗衮”、“左海伟人”。正门作牌楼状，青石横额：“林文忠公祠”。墙头翘角飞檐，泥塑卷书彩绘，气势雄伟。

林文忠公祠正殿林则徐塑像

正殿挂有清道光帝御书“福寿”及“功资柱石”匾额。

在福州居民社区到处可见林则徐这一名句

第十四章

福建船政的创立

第一节　陈章汉献《闽都赋》、《马江赋》

闽都赋

八闽雄都，神州名府。北枕莲花，南控五虎。右擎翠旗，左标石鼓。拥三山入怀中，抚二塔于膝下。挈西湖而邀闽水，踞六鳌以望双龙。沃野环山，无数春声秋色；派江吻海，不尽汐落潮生。城内河道纵横，宜商宜旅；郭外港流吞吐，可运可渔。灵山秀水，开胜东南。有福之州，斯之谓也。

钟灵之地，人龙出焉。先民尊蛇为图腾，铸剑为神器，渔猎山伐，刀耕火耨，初展闽地生机。汉无诸东冶为都，建城置垒，拓土开疆，共缔闽越春秋。晋严高筑子城，并水网，凿东西两湖。五代王审知，辟港通津，引舶入市。复于罗城之外，再筑夹城。百雉千堞万灶烟，蔚为大观。

闽之山，何苍苍；闽之地，何芊芊。中原士族，数度南奔。文化交会，俊彩星驰。唐宋以降，文风日炽；书声盈巷，科甲联芳；刻书成业，闽学蔚起。路逢十客九青衿，海滨邹鲁，誉之当矣！城市管钥，亦多儒士，君谟栽松，伯玉植榕，江山文章，皆成锦绣。时绿榕荫里，人物往来，千家沽酒，百戏开台，欣欣乎向荣。或曰：人间即此升天近，谁复乘槎赋远游？

然闽人擅舟楫，不自封，善外求。温麻船屯，吴航锚地，罗星塔灯，曾引郑和泊此候风，七下西洋。林公少穆，开眼看世界，师夷以制夷；船政学堂，敞门育群英，济海兼济世。为救民饥馑，陈振龙引进吕宋薯；为启智发蒙，严几道探囊天演论；为绵延十邑，黄乃裳另辟新福州；为铲除帝制，林觉民赴义黄花岗。北斗在天，理想在心。苟利国家，前仆后继。人民举锤镰为炬，缀五星为旗，先革命解放，后改革开放。科教兴市，兴百业大计而

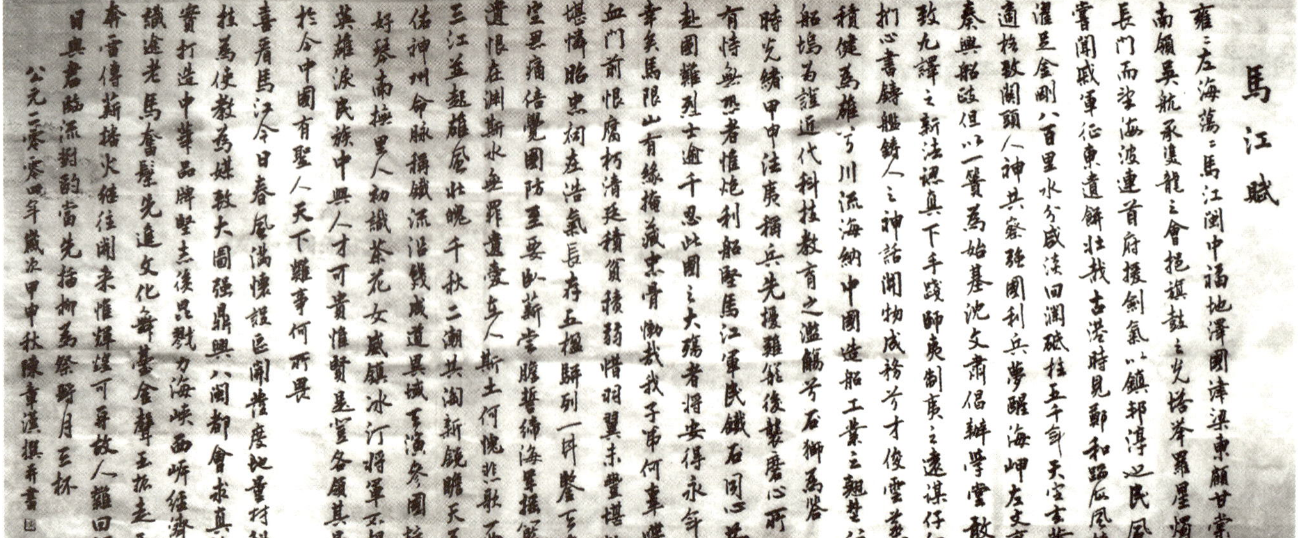

望腾飞；大展鸿图，谋万民利益以臻洪福。左海雄风，浩浩乎世纪重振；三山底蕴，焕焕然千载一新。

予观夫闽都胜状：榕树凝老绿，街衢换新颜；双塔犹耳语，广厦已摩天；内河漾碧水，棚户乐乔迁；六桥通八闽，三环顾九仙；空港同海港竞渡，公路偕铁路比肩；大道共闽江并驾，家园与公园毗连。放眼郊县，仪态万端：福清弥勒佛，永泰方广岩；连江青芝寺，闽清白岩山；长乐金刚腿，闽侯枯木庵；平潭双帆石，罗源大海滩。自然人文媲美，旅游商贸两旺。风调雨顺，百姓安康。经济繁荣，百花争妍。民间技艺，代有传人。觅灵石，上寿山；舒筋骨，下温泉。生活多趣，文明成双。院士风采励后学，人才高地助前瞻。君追科苑巨人，不教猜想成空想；吾效文坛祖母，愿以诚心著爱心。

闽之水，何泱泱；闽之都，何皇皇。云舒千鹤，海纳百川。东扩南进，地阔天宽。万里潮来如呼吸，八方雁过乐留连：古城两千两百岁，信乎今夕是盛年。壮哉！世纪蓝图又一卷，风流还看新纪元。惟望两岸早一统，海峡波平可流觞。

廿一世纪开元新春

《闽都赋》采自《福州历史文化长廊》，内容蕴涵福州今昔文化，令人百读不厌。据《后记》载：撰写人系作家，书法家，中国作协会员，福州市文联主席、书协主席，编审，中国（福州）船政文化研究会副会长陈章汉。经作者同意，收录入本书。

《马江赋》内涵丰富，充满感情，发人深思。撰者陈章汉。该赋已于2004年以作者行楷手书镌刻于福州马尾船政文化广场浮雕长廊。蒙作者同意，收入本著，全文由其自书。

第二节　船政诞生的历史背景

19世纪初，英国殖民主义者向中国大量倾销鸦片，给中国社会带来严重灾难。道光十九年二月（1839年3月）林则徐奉命前往广州查禁鸦片，在虎门当众销毁鸦片约2万箱。1840年6月，英国悍然出兵中国，鸦片战争爆发。10月，因受投降派诬害，林则徐被革职，后流放伊犁。清廷腐败妥协，1842年8月29日，与英使签订了丧权辱国的《南京条约》。

林则徐（1785~1850）

中国近代开眼看世界的第一人。主张学习西方先进科学文化军事技术，极力请以关税"制炮造船"，"造船铸炮……师敌之长技以制敌"。他的"以洋税办洋防"正是后来洋务派所采取的办法。

魏源（1794~1857）

魏源痛愤时事，以堂堂中国战败于岛夷为可耻，发愤著书，著《圣武记》，后又将林则徐的《四洲志》及其他中外有关图籍编成《海国图志》，为中国近代化海防建设奠定了理论基础。

《海国图志》书影

被日本奉为海防宝鉴的《海国图志》，主旨为"以夷攻夷，以夷款夷，师夷之长技以制夷"。左宗棠曾为该书写序。

鸦片战争失败后，清廷与英国签订丧权辱国的《南京条约》，条约规定赔款2100万银圆，割让香港并开放上海、宁波、福州、厦门、广州五口为通商口岸，设置租界，英国工业品自由倾销，中国还丧失关税自主权等，这是中国近代史上第一个不平等条约，对此，举国哗然。

鸦片战争使士大夫们认识到西方船坚炮利的优势和中国海防的危机，他们纷纷著书立说，主张学习西方造船、

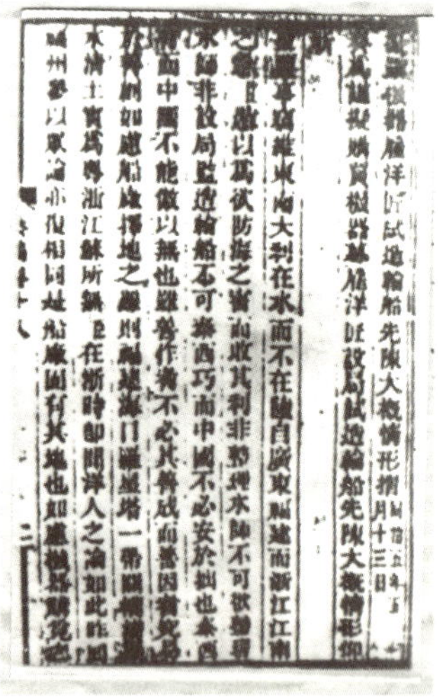

左宗棠请求设立福建船政奏折书影

在奏折中，左宗棠云："夫习造轮船，非为造轮船也，欲尽其制造、驾驶之术耳。非徒一二人能制造、驾驶也，欲广其传，使中国才艺日进，制造、驾驶辗转授受，传习无穷耳。"

左宗棠（1812~1885）

闽浙总督。他认为陆地之战，外国不如中国，"若纵横海上，彼有轮船，我尚无之"，则中国不如外国。为"夺彼族之所恃"，"师其长以制之"，遂上疏奏请设厂造船，是近代中国倡议创办船政的奠基人。

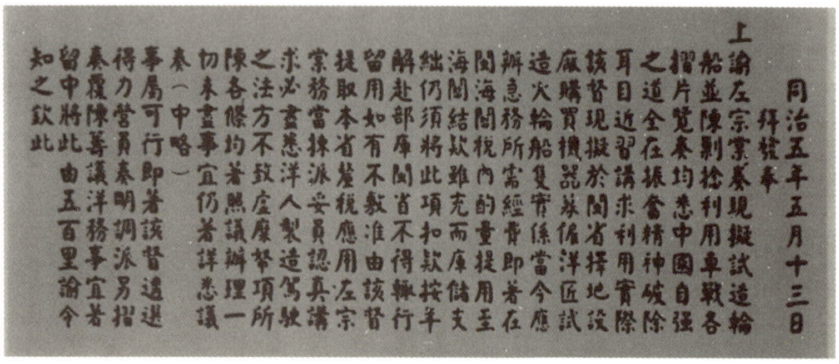

同治五年五月十三日

拜發奉

上諭左宗棠奏現擬試造輪船並陳剿捻利用車戰各摺片覽奏均悉中國自強之道全在振奮精神破除耳目近習講求利用實際該督現擬於閩省擇地設廠購買機器募僱洋匠試造火輪船隻實係當今應辦急務所需經費即着在閩海關稅內酌量提用至海關結款雖充而庫儲支絀仍須將此項扣款按年解赴部庫閩省不得輒行留用如有不敷准由該督提取本省稅釐應用左宗棠務當揀派妥員認真講求必盡悉洋人製造駕駛之法方不致虛糜帑項所陳各條均着照議辦理一切未盡事宜仍着詳悉議奏（一中略一）事屬可行即着該督遴選得力營員奏明調派另招奏覆陳善議洋務事宜着留中將此由五百里諭令知之欽此

清同治五年（1866）朝廷批准左宗棠兴办福建船政奏议的上谕

日意格（Prosper Marie Giquel, 1835~1886）

法国军官，1857年参加法国侵略军侵占广州。1861年在宁波任海关税务司，组织洋枪队常捷军助左宗棠军进攻太平军，怂恿左宗棠设立马尾船政。1866年左宗棠依靠他和法国退伍军官P.A.德克碑开办马尾船政，并签订保约、条议、合同，任他为船政正监督。

制炮、造机器等技术，其中继承并发展林则徐海防思想的佼佼者，首推魏源。他著《海国图志》，大声疾呼，要求国人对于海防多为留意。20年后，即同治五年五月十三日（1866年6月25日），闽浙总督左宗棠上疏朝廷，建议在马尾设厂造船，得旨允准。10月14日，左宗棠奉旨调任陕甘总督，再上疏举荐沈葆桢出任船政大臣。1866年12月23日，船政各厂破土动工，正式创立。

左宗棠临行举荐在籍丁忧的前江西巡抚沈葆桢出任船政大臣。左亲自三次造庐商请，沈逊谢不出，又请廷旨敦迫沈葆桢总司其事，其未释服以前，应行陈奏事件，知会督抚代为具奏。

同治五年六月初三日內閣奉

上諭左宗棠奏請派重臣總理船政接管局務一摺沈葆楨辦事素來認真所有船政事務即著該前撫總司其事并準其專摺奏事先刻木質關防印用以昭信守道員胡光墉即著交沈葆楨差遣

欽此

授沈葆桢福建船政大臣上谕

马尾中岐

日意格建言船政设在马尾基于8个理由：

1 马尾海口多山，军事上易于设防。

2 与省会甚近，可得高级官吏协助。

3 附近有海关，经费较易筹拨。

4 马尾水深，吃水22~23尺，大轮船可以进出。

5 福州附近有铁矿，可供开采和取给。

6 台湾有煤矿便于采取。

7 工资低廉。

8 左宗棠为闽浙总督，驻在福州，易于督率。

有此8条左宗棠遂奏准船政设在马尾罗星塔附近中岐地方。

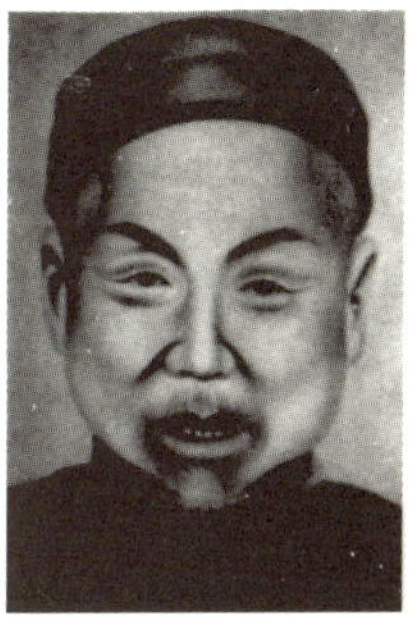

沈葆桢（1820~1879）

11月23日，左宗棠交卸总督印信，驻营福州城外东校场，专待洋员之至。12月9日交接完毕，12月16日（同治五年十一月初十日）离开福州。

福建侯官人沈葆桢时恰丁忧在籍。左宗棠坚以船政相属，他面辞者四、函辞者三、呈辞者再，认为船政有7难：

1 洋人性善疑，日意格、德克碑二将无一面之识，恐其不服管理。

2 轮船经费与别项军需不同，稍不应手，便碍大局，自己又处桑梓嫌疑之地，易引起款项麻烦。

3 绅受制于官，忽与并列，必生矛盾，互执己见，则事不行。

4 亲故满前，所求不遂，谤仇横生，人心世道之忧。

福州东校场

5 费数百万帑金，责效于五六年之后，人心先饱私囊，非以法绳之，即转相仿效。

6 内地工匠专以偷工减料为能，不患洋人教导之不力，而患内地工匠向学之不殷，非峻法以驱之、重赏以诱之，不足以破除共相沿之痼习。

7 日意格、德克碑既获厚利，又得重名，妒之者众，毁其名者皆在意料之中，自己没有左宗棠般威望以镇之。

11月19日由军机大臣传谕：所有船政事务，着其（沈葆桢）总司其事，专折奏闻。根据文献，正式任职是在同治六年六月十七日(1867年7月18日)，即他守制释服后第二日，在此之前实际已开始任事。

第三节　船政设置

1873年的船政区域鸟瞰图

根据左宗棠原定计划，在福州马尾中岐征购土地，建设工厂、船场、船政衙门、洋员办公厅、学堂、宿舍，等等。原定计划设工厂5所，后来发展到13所，原计划用地200余亩，后来扩大为600亩。初期所有设备，由正监督日意格、副监督德克碑回国购买，并聘请洋师、洋匠。当时法国造船工业发达，长于制造，所以，引进法国的先进技术和设备。

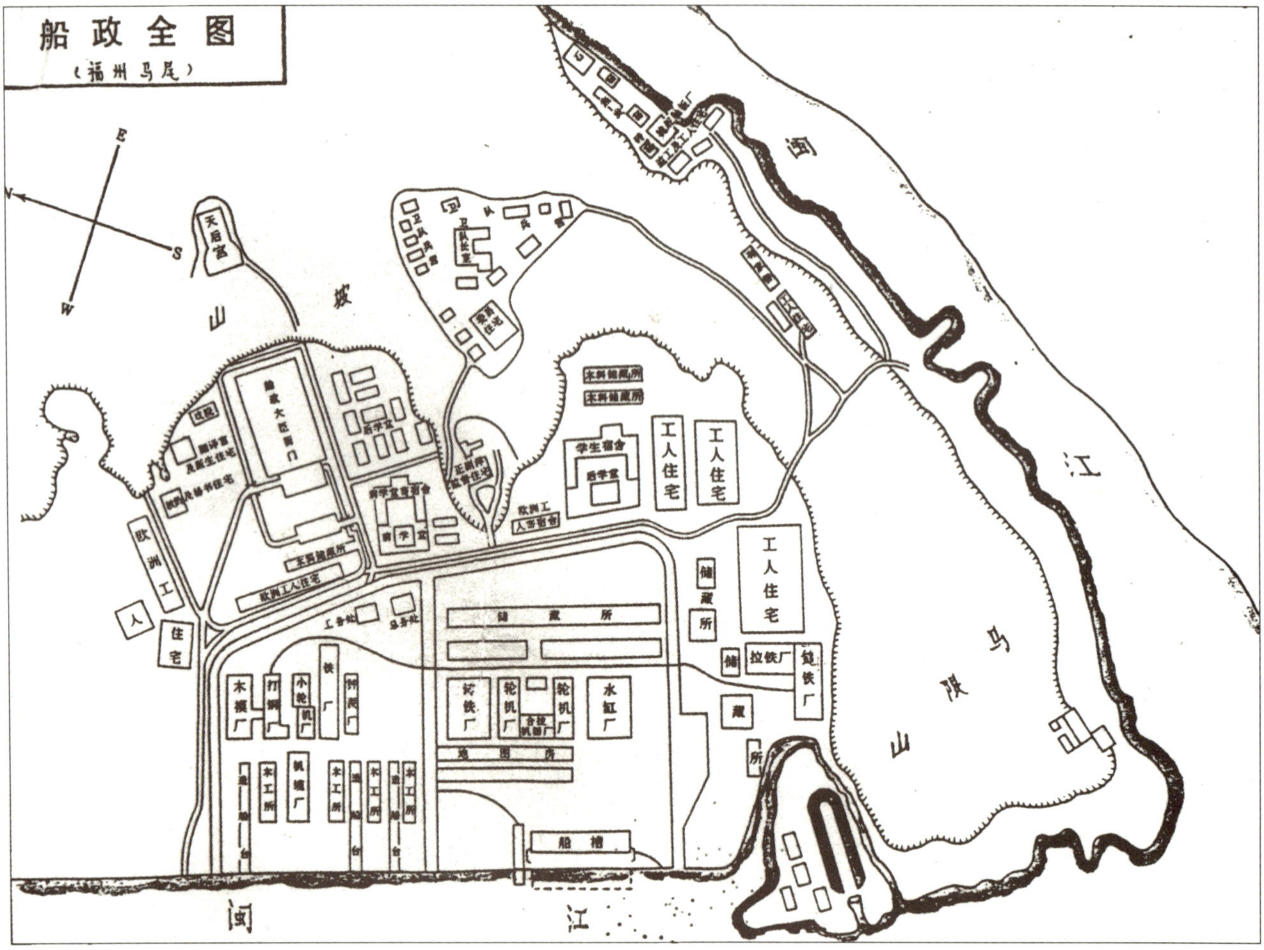

船政平面图

全厂围墙直长88丈，横长212丈，周长500余丈。

船政衙门正门门楣上有“船政”二字，沈葆桢等在衙门办公。

头门柱联为沈葆桢书写：

“以一篑为始基，从古天下无难事；

致九泽之新法，于今中国有圣人。”

大堂联云：

“见小利则不成，去苟且自便之私，乃臻神妙；

取诸人以为善，体宵旰勤求之意，敢惮艰难。”

福建船政立体模型

前为闽江，具体名称，参阅船政平面图。

船政全景

两座洋楼中的下一座为1867年9月建成的船政后学堂及其校区，平房是工人宿舍，宿舍旁为考工所。

船政衙门（办公厅）**正门**

船政洋员办公所

日意格等在此办公。迨洋员遣散，船政留学生回国，能胜任制造乃改设工程处。

帆具车间（帆缆厂，今木工仓库）

经纬仪车间（钟表厂）

今舾装车间，在第二船台后面，占地720平方米。

机械锯木车间（转锯厂）

占地1020平方米，旁为木模厂。

装配车间（轮机厂）

工厂面积33248平方米，专制大小机器，内有车床、刨床、钻床、削床、钳床等223台，30马力发动机1台，匠额360人。

二号船坞前身（原英商天裕船坞）

今天的轮机厂外貌

储材馆

今天轮机厂装修一新

船政衙门遗址（今马江中心小学）

一号船坞平面图

一号船坞遗址

今天的一号船坞

旧船坞

远眺船政衙署仪门

右侧船政衙门与左侧的前学堂之间，有一座歇山顶的门亭，是船政衙署的仪门。白色的二层楼房是欧洲工人的宿舍，前面是闽江。仪门联云：“且漫道见所未见，闻所未闻，即此是格致关头，认真下手处；何以能精益求精，密益求密，定须从鬼神屋漏，仔细扪心来。”

洋人宅区

左、中两座洋房分别是翻译官、教师、医生、秘书等洋员住宅，右大平房是中国工人宿舍，白色二层楼房是欧洲工人宿舍。

船槽（浮船坞）

同治九年（1870）建成，长30丈，宽15丈，用木架钤以铁条，安在水旁，用石垒砌，拖船离水，横在架上，以勘察船底，便于修理，配有拖船机40架，大螺丝40条，还安有40马力蒸汽机，以拉船上槽。槽上可见有两船同时修理，合则可修一大船，这在当时算是先进技术和设备，在法国也刚造一次，船政系第二次。船槽左后为船厂，内有3个船台。

左西考工所，右上一号洋楼（洋监督日意格住所）

船台遗址

船政后学堂

左前拉铁厂，发烟处电厂，右下煤渣堆，简易二层楼为学生宿舍，马限山在左边，前临闽江。

船台后占地1440平方米的木模厂遗址

至今保存的福建船政同治十年（1871）置的车床

木工车间（木工场）

至今尚完好的轮机厂屋架

轮机厂外貌

考工所门额

安装车间（合拢厂）

机器制成后，先在此合拢试验，并由左边小铁轨运输成品及煤等。占地800平方米。

马江天后宫

沈葆桢题联：

“惟神天亶聪明，愿千秋灵爽式凭，俾倕巧班工，同成宝筏；此地海疆门户，看万顷沧波不动，有冰夷洛女，虔拜云旗。”

又：

“地控制瓯吴，看大江东去滔滔，与诸君涤虑洗心，有如此水；神起家孝友，贯万古元精耿耿，望后世立身行道，无愧斯人。”

千里眼金将军

“视远为明，知普度众生，全凭慧眼；（注：一说“视远唯明”）思溺由己，愿永清四海，上慰婆心。”

顺风耳柳将军

“恰当薄海同风，世上疴瘝都入耳；幸为苍生请命，个中消息总关心。”

一号洋楼遗址

船政马限山法国教师住宅（北座）

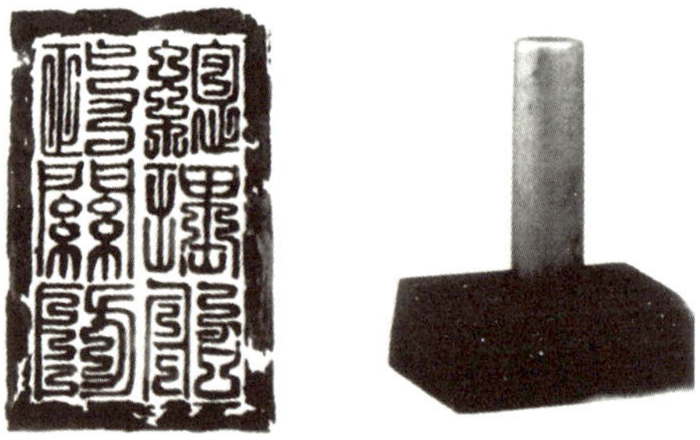

“总理船政关防”木质官印

船政马限山法国教师迈达等的住宅（南座）

考工所遗址

从船政天后宫看船政全景

船政组织系统表

- 船政大臣（钦差大臣）（首任：沈葆桢）
  - 提　调（首任：夏献纶、吴大廷、胡光墉）
    - 稽查处
    - 文案处
    - 支应处
    - 报销处
    - 发审处
    - 求是堂艺局
      - 前学堂
      - 后学堂
      - 艺　圃
    - 水师营
    - 健丁营
    - 东西考工所
    - 中方总监工
      首任：叶文澜
      管各车间中方管理委员（负责管理中国工人）
  - 洋监督（正日意格、副德克碑）
    - 洋员总监工
      首任：达士博
      管各车间洋员（工头、领班）、洋匠（负责教导中国工人技术）
    - 秘　书
    - 翻　译
    - 外籍教师
    - 医　生
    - 仓库管理
    - 画院（绘事院）
- 中方总监工、洋员总监工下辖：
  - 模型车间（木模厂）
  - 机械锯木车间（锯厂）
    （以上两车间合并称木工车间）
  - 装配车间（轮机厂）
  - 安装车间（合拢厂）
  - 水缸车间（锅炉厂）
  - 轧材车间（截铁厂或铁工厂）
  - 翻砂车间（铸铁厂）
  - 锻造车间（锤铁厂或拉铁厂）
  - 打铁车间（铁胁厂）
  - 配件车间（家具、小件铸造车间）
  - 帆缆车间（帆具厂）
  - 船槽（浮船坞）
  - 船　厂
  - 经纬仪车间（钟表厂）
  - 广储所
  - 储材所
  - 炮　厂
  - 水雷局
  - 其　他

注：

1. 本表系船政初期（1883年前）机构，规模从小逐渐到大。
2. 车间亦称工厂，各工厂中方设管理委员若干人，外籍人员设工头、领班、工人若干人，负责传授中方工人技术，如惩罚中方工人则必须由中方执行。
3. 洋监督直接执行船政大臣命令，系受雇于中国，其与外籍员工签订合同，系代船政大臣代签，因此权操于中国人之手。

1883年船政行政管理人员编制

职　　务	人数	职　　务	人数	职　　务	人数
船政大臣	1	钢铁厂管理委员	4	健丁营管理人员	1
提调	3	截铁厂管理委员	3	中国教师	12
文案处委员	3	拉铁厂管理委员	2	外国教师	4
支应处委员	2	船槽管理委员	1	医生	2
报销处委员	2	帆缆厂管理委员	1	巡捕	2
发审处委员	1	炮厂管理委员	1	水雷局管理委员	1
稽查处委员	8	砖瓦厂管理委员	1	绘事院管理委员	1
船厂管理委员	2	广储所管理委员	3	差兵	27
铸铁场管理委员	2	储材所管理委员	1	杂用人员	60
轮机厂管理委员	1	东西考工所管理委员	2	合　计	199
水缸厂管理委员	2	各厂其他人员	48		

注：据日意格1873年底计130人。
　　据沈葆桢1875年请奖名单则达197人。

船政初期外国技术人员任职情况表

车间（厂）	人数	外国人员姓名	职务	受训中国工人数	车间（厂）	人数	外国人员姓名	职务	受训中国工人数
模型车间	3	克林	制模工头	12	家具车间		克林	制模工头	
		逢士	制模工头		木工车间	8	乐平	总木匠师	
		穆莱	制模工人				马益识	木工工头	
装配车间	2	德尚	装配工头	34			腊佛奴	钻孔领班	
		赛达格	施工领班				卑德	木工领班	
安装车间	2	嘉都勒	工人领班				腊都实	装饰车间主任	
		庇鸿	装配工人				机鲁	木工领班	
轧材车间（铁工厂）	4	博士忙	铁匠工头				克里奴	木工	
		北山松	铁匠	7			克那温	木工	
		色尔乐	轧材工	26	装配车间	2	维得禄	工人	14
		巴里那	铸模工				西林	工头	
翻砂车间	3	阿贝顺	铸模领班		帆具车间	1	三达士	工头	
		里瓦塞奥	铸模领班		装饰车间	1	腊都实	主任	
		特阁多	铸模领班		精密仪器车　间	2	马尔尚	工头	
锅炉车间（水缸厂）	3	托梅	工头	44			普瞳	工头	
		格士郎	领班		备　注	第一批1867年10月6日到大多1872或1873年回国			
		法士德	铸模工						
小锻造车间	3	拉毕倒	铁匠	18					
		赛和	铁匠领班						
		赛西	铁匠领班						

第四节 船政造船

18世纪60年代起，西方开始了工业革命，19世纪50年代舰船发生了重大变革：以蒸汽机、螺旋桨与风帆并存作为动力；以钢铁代替木材结构；以后装线膛炮逐步取代前装滑膛炮，进入“船坚炮利”的近代化海军时代。近代舰船不仅是近代大工业的产物，而且是近代大工业的缩影，“是一个浮在水上的工厂”（恩格斯）。船政造船可以说是由旧式风帆木船跃入近代蒸汽动力舰船的开始，从1866年底至清亡，大约经历了4个阶段。

一、仿造阶段（1866~1873）

主要是根据原合同定五年造船16艘，由外籍员工边教、边做，中国生徒边做、边学，教、学、用三结合，合同规定时间是从“铁厂开工之日为始”，即同治八年正月二日至十二年十二月底止（1869年2月12日至1874年2月底止）完成造船150马力11艘，80马力5艘。后因第7号船改为250马力，以1艘抵2艘实际完成15艘，除1至4号轮机及精密仪器暂用外国购来的以外，其余均由自己仿制。1号和2号由洋员总监工达士博监造，其余由安乐陶监造。

制造第12号轮船时，内外机器均能自制了。一批生徒已茁壮成长，已完全无须依靠外国技术人员。沈葆桢为了有意识地培养和考验中国生徒是否能独立操作，他命令日

“湄云”号

船政制造的第2号兵船，550吨，炮5门。同型的有“镇海”、“靖运”、“振威”等船，拨归北洋舰队。

“福星”号

船政制造的第3号兵船，545吨，炮5门。后在马江海战中被击沉。

“万年清”号

船政制造的第1号兵船，1370吨，炮4门，是中国最先使用螺旋桨推进的船（暗轮）。1887年在东沙洋面被撞沉。

“伏波”号

船政制造的第4号兵船，1258吨，炮7门。同型的有“安澜”、“飞云”、“济安”、“永保”等舰。后在马江海战中受伤退至濂浦凿沉。

意格“挑出中国工匠艺徒之精熟技艺，通晓图说者为正匠头，次者为副匠头。洋师付与全图，即不复入厂，一任中国匠头率中国匠徒放手自造。并令前学堂之学生、绘事院之画童分厂监之”。下图即洋师付与之全图，经过几个月以后，沈葆桢亲自验其工程，认为“均能一一吻合”，命名为“永保”号。

此后用同样方法，在总监工安乐陶监造之下，完成了“海镜”、“琛航”、“大雅”、“元凯”4舰。对于后学堂学生，也令其“就船教练”，并在两次出洋以后，挑学生令其自行驾驶、自行管理轮机，严格考验，大都成才。

造船功成，遣散洋员洋匠

经过考核，造船学生中有7人可以指挥轮机生产，1人可以担任教师，20人如继续研究可以当工程师，9人可以设计船体，9人可以成为总木匠师，6人可以指挥建造船体；艺徒中有87人能独立按图施工，其中53人可担任车间领导，少数可以成为工程师；工人中有186人可以按图施工，少数人可以当工头；后学堂学生中，堪任驾驶者已有10余人，分派各船管轮者亦有10余人。沈葆桢上疏报告“制船功成”，并提出一面遣散洋员洋匠，一面将这些人的工资移作出国生徒深造的经费，“以中国已成之技，求外国益精之学”，并建议“船政接续兴工”。同治十三年八月（1874年9月），得旨允准，“并以岁造两艘兵船的速度”，继续维持下来。

“扬武”号

船政初期制成的最大军舰，序列第7号，1560吨，三桅风帆作为辅助动力，炮13门，这是一艘轻巡洋舰。

二、自造阶段（1874~1896）

（一）独立自造木壳船（1874~1876）

外籍员工合同期满遣散回国后，除第16号“元凯”仍系1874年10月开工由安乐陶监造外，17号至19号3艘木壳船，由前学堂制造班第一届毕业生汪乔年测算轮机图，吴德章、罗臻禄、游学诗设计水缸、船图。他们自行设计绘制200马力的船图和轮机图，第17号船建成后于1876年7月下水试航成功，沈葆桢命名为“艺新”号，标志着前学堂培养的造船人才，已可摆脱洋师、洋匠，独立自造。“艺新”因系初次独立自制，排水量只有245吨。经此一试，第18号“登瀛洲”、第19号“泰安”，仍由三人自行设计、自行监造，正常排水量提高为1258吨，大大前进了一步。

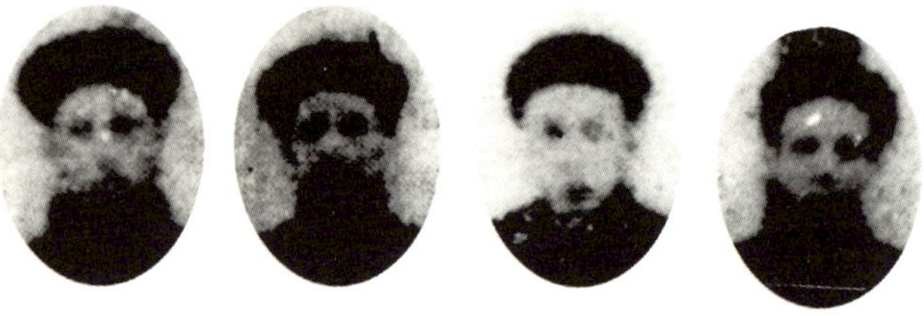

吴德章　汪乔年　罗臻禄　游学诗

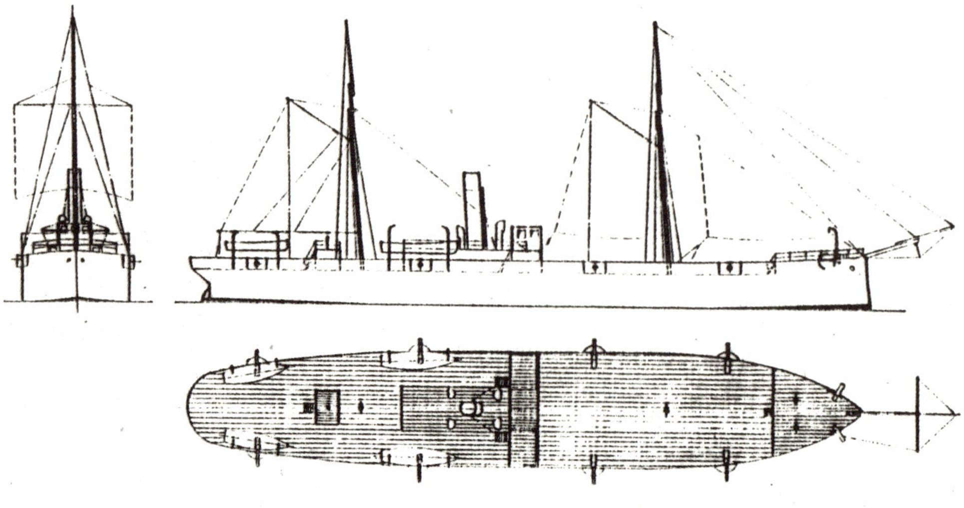

“永保”兵船三面图

同型的有“伏波”、“安澜”、“飞云”、“济安”等舰。

船政在合同期内仿制完成的轮船一览表

序号		1	2	3	4	5	6	7	8	9	10	11	12	13	14	15	16
船名		万年清	湄云	福星	伏波	安澜	镇海	扬武	飞云	靖远	振威	济安	永保	海镜	琛航	大雅	元凯
船型		兵商运输船	兵船	兵船	兵船	兵船	兵船	轻型巡洋舰	兵船	兵船	兵船	兵船	商船	商船	商船	商船	兵船
建造年月	开工	1868.1	1869.2	1869.6	1870.6	1870.11	1871.3	1871.7	1871.8	1871.12	1872.6	1872.7	1872.10	1873.2	1873.8	1873.8	1874.10
	下水	1869.6	1869.12	1870.5	1870.12	1871.6	1871.11	1872.4	1872.6	1872.8	1872.12	1873.1	1873.8	1873.11	1874.1	1874.4	1875.6
	完工	1869.9	1870.1	1870.10	1871.4	1871.12	1872.7	1872.12	1872.10	1873.3	1873.8	1873.9	1873.10	1874.1	1874.3	1874.6	1875.8
船质		木壳	木壳	木壳	木壳	木壳	木壳	木壳	木壳	木壳	木壳	木壳	木壳	木壳	木壳	木壳	木壳
船长（米）		76.16	51.8	51.8	69.7	64	53.1	60.8	66.6	53.1	53.1	66.6	66.6	66.6	66.6	66.6	65.2
船宽（米）		8.9	7.48	7.48	11.2	9.6	8.32	11.5	10.2	8.3	8.3	10.2	10.2	10.2	10.2	10.2	10.2
舱深（米）		5.12	4.57	4.57	5.28	5.76	4.48	6.72	5.3	4.5	4.5	5.3	5.3	5.3	5.3	5.3	5.3
船头吃水（米）		4.07	2.671	2.671	3.67	3.67	2.99	5.30	3.67	2.99	2.99	3.67	3.67	3.67	3.67	3.67	3.67
船尾吃水（米）		4.77	3.5	3.5	4.33	4.33	3.93	5.97	3.33	3.93	3.93	3.33	3.33	3.33	3.33	3.33	3.33
排水量（吨）		1370	550	545	1258	1258	572	1560	1258	572	572	1258	1258	1258	1258	1258	1258
航速（节）		10	9	9	10	10	9	12	10	9	9	10	10	10	10	10	10
名义马力		150	80	80	150	150	80	250	150	80	80	150	150	150	150	150	150
实际马力		580	320	320	580	580	350	1130	580	350	350	580	580	580	580	580	580
舱位容量（吨）		450			400	400			400			400	450	450	450	450	450
乘员		55	67	80	98	100	67	147	100	65	80	104	55	55	55	55	98
风帆面积（m^2）		962.12	737.70	737.70	1333.2	1333.2	933.24	1822.04	1333.2	933.24	933.24	1333.2	1333.2	1333.2	1333.2	1333.2	1333.2
桅枝数		一枝半	一枝半	一枝半	二桅	二桅	一枝半	三桅	二桅	一枝半	一枝半	二桅	二桅	二桅	二桅	二桅	二桅
炮数（门）		4	5	5	7	5	6	13	7	5	5	7	1	1	1	1	9

注：1. 前15艘中1~11号系军舰，共10773吨，12~15号系武装商轮，共5032吨，总吨数15805吨。
2. 1~11号由外国员工制造，中国生徒学习。12~16号在洋员总监工监造下由中国生徒自造，但16号系非合同内数。
3. 本表根据沈荀玉《福建船政资料》（福建省政协藏）和石健主编《中国近代舰艇工业史料集》，以及林庆元《福建船政局史稿》等编制。

船政继续留用的洋员

姓名	职务	任期
日意格	1873年继续留用，但不是监督	1877年任留学生监督，1886年病亡任所
斯恭塞格	1873年继续留用，协助制造炮弹	1886年继任留学生监督
舒　斐	1873年继续留用，负责制造蒸汽机	由于专业需要，长期留用

19世纪70年代中期管理船政工程的主要华员

姓名	船政毕业届别	职务
吴德章	前学堂制造班第一届毕业	制船总司（1877年春赴欧留学）
汪乔年	前学堂制造班第一届毕业	制船总司
罗臻禄	前学堂制造班第一届毕业	制船总司[1877年春赴欧（法）留学]
游学诗	前学堂制造班第一届毕业	制船总司

建造中的舰船

左为在船台上已基本成型的船政第一艘轮船——“万年清”号。

“艺新”号

由吴德章、汪乔年、罗臻禄、游学诗自行设计、独立自制。

船政的3座船台最大能建造3000吨轮船

船政第一艘船即将下水

左侧为已基本竣工、准备下水的“万年清”号兵船，两舷插遍彩旗。

右侧船台上新船轮廓也已呈现，为1869年12月建成的第二艘兵船“湄云”号。

即将下水的“万年清”号（1869年6月10日下水）

船政独立自造的木壳船

序号		17	18	19
船名		艺新	登瀛洲	泰安
船型		兵船	兵船	兵船
建造年月	开工	1875.6	1875.7	1876.7
	下水	1876.3	1876.6	1877.2
	完工	1876.7	1876.9	1877.5
船质		木壳	木壳	木壳
船长（米）		38	65.4	65.4
船宽（米）		5.4	10.7	10.4
舱深（米）		4.2	5.3	5.3
船头吃水（米）		2.23	3.67	3.67
船尾吃水（米）		2.67	4.33	4.33
排水量（吨）		245	1258	1258
航速（节）		9	10	10
名义马力		50	150	150
实际马力		200	580	580
舱位容量（吨）			400	
乘员		45	128	98
风帆面积（m^2）		399.96	1333.2	1333.2
桅枝数		一桅半	二桅	二桅
炮数（门）		5	7	7

（二）仿造铁胁船

沈葆桢认为续造轮船必须精益求精，探究新的造船技术。当时西方因木材难购，改用铁胁，又因立式锅炉不能避枪炮，多用新式康拜卧式锅炉。此炉与水面平，既省煤又可避枪炮，适于兵船，立式占舱位面积小，可多装客货，适于商轮，船政遂决心仿造新式康拜铁胁兵船。1875年续聘一些洋匠打造铁胁，同年底改打铁厂为铁胁厂，并增添新式设备，开始从仿造铁胁船到独立自造铁胁船。

1875年船政续聘的洋匠情况

洋匠姓名	职责	任期
古都阿	教匠徒打造铁胁	1875~1878
苏法热	教匠徒打造铁胁	1875~1878
墨仕勃日	拉铁	1877年到职
赫莫	拉铜	1877年到职
嘉部勒	教匠徒铸造新式卧机	1875~1877（回国）
克勒湦	教匠徒铸造新式卧机	1875~1877（病亡）
河贝顺	教匠徒铸造新式卧机	1875~1878

“登瀛洲”号

“泰安”号

船政法员监造的铁胁船

序号		20	21	22	23
船名		威远	超武	康济	澄庆
船型		兵船	兵船	练习船	兵船
建造年月	开工	1876.9	1877.7	1878.7	1879.7
	下水	1877.5	1878.6	1879.7	1880.10
	完工	1877.9	1878.9	1880.1	1880.12
船质		铁胁	铁胁	铁胁	铁胁
船长（米）		69.4	69.4	69.4	69.4
船宽（米）		10	10	10	10
舱深（米）		5.7	5.7	5.7	5.7
船头吃水（米）		3.99	3.99	5.13	3.99
船尾吃水（米）		4.67	4.67	5.30	4.67
排水量（吨）		1268	1268	1310	1268
航速（节）		12	12	12	12
名义马力		200	200	200	200
实际马力		750	750	750	750
舱位容量（吨）				400	
乘员		124	84	124	84
风帆面积（m^2）		933.24	933.24	933.24	933.24
桅枝数		一桅半	二桅半	一桅半	二桅半
炮数（门）		7	5	炮11门，两具鱼雷发射管	6

注：据沈荀玉遗稿《福建船政资料》及池仲祐《海军实纪》，20号至23号铁胁船系法员舒斐监造。

“威远”号

船政仿造的第一艘铁胁兵船，由洋员舒斐监造，采用康拜卧式锅炉，排水量1268吨，装炮7门。

（三）独立自造铁胁船和钢甲船

魏瀚、陈兆翱于1879年11月回国，李寿田等于1880年3月、8月先后回国，加强了船政工程实力，开始独立自造铁胁船和钢甲船，船政得到大力发展。

“康济”号

由法员舒斐监造的铁胁练习船，装炮11门、鱼雷管2具，排水量1310吨。

“开济”号

中国自行制造的第一艘铁胁巡洋舰，双重木壳铁胁，舰首装有冲角，装210毫米炮2门、120毫米炮6门、两具14英寸鱼雷发射管。1902年6月22日在南京下关火药爆炸沉没。

“寰泰”号

“开济”号的同型舰。1902年在香港外海被加拿大商船撞沉。

“广甲”号铁胁穹甲式快船（巡洋舰）

19世纪80年代船政学生代替洋员管理船政工程情况

姓名	船政毕业届别	留学届别国别	担任船政工程主要管理工作的情况
魏　瀚	前学堂制造班第一届毕业	第一届留法（1879年11月回国）	船政工程处制机总司（即总工程师）兼后学堂管轮教习（代师丢瓦任教）
陈兆翱	前学堂制造班第一届毕业	第一届留法（1879年11月回国）	船政工程处制机总司
郑清廉	前学堂制造班第一届毕业	第一届留法（1880年8月回国）	船政工程处制船总司兼前学堂制造教习(代德尚)
吴德章	前学堂制造班第一届毕业	第一届留法（1880年8月回国）	船政工程处制船总司
杨廉臣	前学堂制造班第一届毕业	第一届留法（1880年8月回国）	船政工程处制机总司
李寿田	前学堂制造班第一届毕业	第一届留法（1880年3月回国）	船政工程处制机总司
林庆升	前学堂制造班第一届毕业	第一届留法（1880年3月回国）	船政拉铁厂拉铁监工
池贞铨	前学堂制造班第一届毕业	第一届留法（1880年3月回国）	船政拉铁厂拉铁监工
林日章	前学堂制造班第一届毕业	第一届留法（1880年3月回国）	船政轮机厂制机监工
陈林璋	前学堂制造班第一届毕业	第一届留法（1880年3月回国）	船政船厂监工
魏　暹	前学堂制造班第二届毕业	第二届留法	船政工程处总司帮理
陈才瑞	前学堂制造班第二届毕业	第二届留德	船政鱼雷厂总司
任　照	船政艺圃	第一届留法	船政船厂监工
王桂芳	船政艺圃	第一届留法	船政拉铁厂监工
吴学锵	船政艺圃	第一届留法	船政铸铁厂监工

船政华员独立自造的铁胁船

序号		24	25	26	27	28
船名		开济	横海	镜清	寰泰	广甲
船型		快船（巡洋舰）	兵船	快碰船（巡洋舰）	快碰船（巡洋舰）	快船（巡洋舰）
建造年月	开工	1881.11	1883.5	1884.1	1884.1	1885.11
	下水	1883.1	1884.12	1885.12	1886.10	1887.6
	完工	1883.10	1885.7	1886.8	1887.8	1887.12
船质		铁胁	铁胁	铁胁	铁胁	铁胁
船长（米）		85	69.4	85	85	72
船宽（米）		11.5	10	11.5	11.5	11.2
舱深（米）		8.1	5.8	8.1	8.1	8.4
船头吃水（米）		4.43	3.99	4.43	4.10	3.67
船尾吃水（米）		6.10	4.67	6.10	6.10	4.67
排水量（吨）		2153	1230	2200	2200	1296
航速（节）		15	12	15	15	14
名义马力		600	200	600	600	400
实际马力		2400	750	2400	2400	1600
舱位容量（吨）						
乘员		183	84	183	183	145
风帆面积（m^2）		910.92	933.24	1922.03	1910.92	933.24
桅枝数		二桅半	二桅半	二桅半	二桅半	二桅半
炮数（门）		8门，鱼雷发射管2具	7	10	10	6
监造人		吴德章　李寿田 杨廉臣	吴德章　李寿田 杨廉臣	吴德章　李寿田 杨廉臣	吴德章　李寿田 杨廉臣	魏　瀚　陈兆翱 郑清廉　吴德章 李寿田　杨廉臣

船政华员独立自造的钢甲、钢肋船

序号		29	30	31	32	33	34	35
船名		平远（龙威）	广乙	广庚	广丙	福靖（广丁）	通济（建靖）	福安
船型		钢甲巡洋舰	钢甲鱼雷巡洋舰	铁胁鱼雷巡洋舰	钢壳鱼雷巡洋舰	钢壳鱼雷巡洋舰	钢壳钢胁练习舰	钢壳钢胁运输舰
建造年月	开工	1886.12	1888.1	1888.2	1888.7	1889.11	1894.1	1895.12
	下水	1888.1	1889.8	1889.5	1891.4	1891.1	1895.4	1897.4
	完工	1889.5	1890.11	1889.10	1891.12	1893.12	1896.12	1897.8
船质		钢甲钢壳	钢甲钢壳	铁胁木壳	钢胁钢壳	钢胁钢壳	钢胁钢壳	运输舰
船长（米）		62.5	73.3	46.3	73.3	73.3	84.2	79.33
船宽（米）		12.6	8.4	6.1	8.4	8.4	11.4	10.73
舱深（米）		6.8	6.0	4.6	6.0	6.0	8.4	7.99
船头吃水（米）		4.19	3.6	2.97	3.6	3.6	4.67	4.67
船尾吃水（米）		4.4	4.07	3.13	4.07	4.07	5.33	5.33
排水量（吨）		2150	1110	316	1030	1030	1900	1700
航速（节）		10.5	14	14	13	16.5	10.5	10
名义马力		600	600	120	600	600	400	200
实际马力		2400	2400	440	2400	2400	1600	750
舱位容量（吨）								700
乘员		145	110		110		213	105
风帆面积（m^2）			51.55	23.33	51.55	51.55	977.68	944.35
桅枝数		一桅	一桅半	一桅半	一桅半	一桅半	二桅半	一桅半
炮数（门）		炮11，鱼雷发射管4	炮7，鱼雷发射管4	2	炮7，鱼雷发射管4	11	6英寸炮2，克虏伯炮5，6磅炮3，1磅炮8	57毫米炮2 37毫米炮2
监造人		魏瀚、陈兆翱、郑清廉、吴德章、李寿田、杨廉臣	魏瀚、陈兆翱、郑清廉、吴德章、李寿田、杨廉臣	魏瀚、陈兆翱、郑清廉、吴德章、李寿田、杨廉臣	魏瀚、陈兆翱、郑清廉、杨廉臣	魏瀚、陈兆翱、郑清廉、杨廉臣、李寿田	魏瀚、陈兆翱、郑清廉、杨廉臣、李寿田	魏瀚、陈兆翱、吴德章、李寿田、杨廉臣

杨廉臣

郑清廉

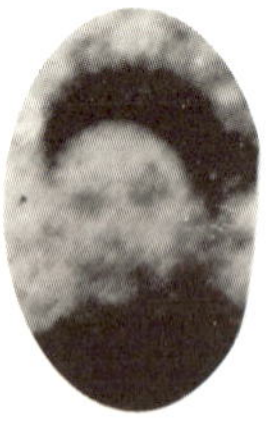
魏瀚

陈兆翱

吴德章

李寿田

魏瀚等监造的中国第一艘钢甲巡洋舰“平远”号（原名“龙威”号）

“广丙”舰（“广乙”、“福靖”同型舰）

“福靖”号

钢甲鱼雷巡洋舰，原由广东订造，命名“广丁”，后因财政困难，船政留为自用，改名“福靖”。以后拨归北洋舰队，在旅顺港因风暴沉没。

“通济”练习舰

“福安”运输舰

三、重聘洋员制造新式舰船阶段（1896~1907）

甲午战败后，北洋舰队全军覆没，一度撤销海军，但部分大臣仍上疏要求重振海军。船政原是国内最大的造船基地，由于清廷及某些地方大吏宁可在国外购船也不愿在国内订造，加上船政拨款不足和管理不善，甲午战时已处于半停顿状态。甲午战后闽浙总督兼船政大臣边宝泉上奏提出整顿船政3条建议。1896年7月，清廷依议谕准，派福州将军裕禄兼充船政大臣，即照边宝泉所请，招聘外国管理人员“督造新式巨舰”，法国趁机插手，终于签订了由法国海军部选派的杜业尔为船政监督的造船合同，为期5年，3年内先造鱼雷巡洋舰两艘，以后视情另造，但主权大部损失。后杜业尔被船政总稽查魏瀚公开揭发其贪污和专擅行为，于1903年8月解聘回国，由船政原聘用的洋员柏奥镗继任监督。

魏瀚戎装像

魏瀚时会办船政，因掌握杜业尔滥用私人、混乱厂章、贪污冒领等情，公开揭发，终将杜业尔解聘回国。

甲午战后船政重新聘用洋员、洋匠情况

洋员姓名	在法国职务	聘任船政职务	年薪（法郎）	聘期及到职日期
杜业尔	法国水师制造学堂帮办教习、二等监工	正监督	60000	合同期限5年，1897年3月24日到职
达韦德	勘矿炼钢监工	监工	33000	合同期限5年，1897年3月24日到职
毕尔第	水师制造监工	监工	33000	合同期限5年，1897年3月24日到职
李嘉乐		绘图师	19200	合同期限5年，1897年3月24日到职
伯　乐		书记官	15000	合同期限5年，1897年3月24日到职
迈　达	原船政造船教习	续聘造船教习	24000	继续留用

注：杜业尔到职后，另聘洋匠8人，其中4人任轮机、铁胁、拉铁、锅炉4厂的厂首，每人年薪13200法郎；另4人任安装、合拢、炼钢匠首，每人年薪9600法郎。此外再招聘绘图匠2人，每人年薪7200法郎，姓名不详。

杜业尔去职后船政补聘的洋员洋匠情况

洋员姓名	原职务	船政职务	年薪（法郎）	年限（年）	到职日期
柏奥镗	法水师制造一等监工	总监工	40000	4	1902.8.7
达韦德	勘矿炼钢监工	轮机、炼铁等监工	36000	4	1897.3.23
泰　贝	一等匠首	船厂厂首	12000	3	1903.1.18
那戴尔	水师三等兵官	管坞（起卸总监工）	12000	4	1901.9.28
扈　埃	三等匠首	轮机厂首	12000	3	1903.9.26
德尔美		洋员办公所书记	12000	4	1903.11.25
萨巴铁	育西吮海军学堂学生	绘事院院首（监工）	11000	3	1903.5.9
韦　海		轮机匠首	6000	3	1903.4.20
表吕埃		锅炉匠首	6000	3	1903.5.25
薛法黎	水师制造头等工员	合拢厂首	12000	4	1904.6.9
余　埃	水师制造头等帮工员	铁胁厂首	12000	4	1904.4.26
竺蒲匏	官厂监工	制造监工	24000	4	1904.8.3
盛德海	医官	厂医	8000	4	1903.10.19
迈　达	原船政造船教习	继续留用	24000	4	1883
昆　德（确郎）	法国地中海钢铁公司大铁厂铁件工程匠首	制造船壳副监工	16000	4	1906年4月背着船政大臣被拉入船厂

注：1907年合同期满，船政停止造船，除迈达、竺蒲匏暂留学堂，其余先后解聘回国。

杜业尔、柏奥镗监造时期的舰船

序号		36	37	38	39	40
船名		吉云	建威	建安	建翼	宁绍
船型		拖船	鱼雷快舰	鱼雷快舰	鱼雷艇	江船
建造年月	开工		1898.4	1899.2		1904.6
	下水	1898.8	1899.1	1900.3	1902.6	1905.3
	完工	1898.9	1902.12	1902.12	1903	1907.9
船质		铁胁铁壳	钢胁钢壳	钢胁钢壳	钢胁钢壳	钢胁钢壳
船长（米）		34.67	82.5	82.5	28.7	90.67
船宽（米）		16.17	8.5	8.5	3.3	14.00
舱深（米）		2.80	4.3	4.3	2.5	8.67
船头吃水（米）		1.67	3.00	3.00	0.99	3.83
船尾吃水（米）		2.42	3.83	3.83	1.99	4.50
排水量（吨）		135	871	871	50	2160
航速（节）		11	23	23	21	15
名义马力		80	1500	1500	120	1200
实际马力		300	6500	6500	550	5000
舱位容量（吨）						1000
乘员			139	139		
风帆面积（m^2）						
桅枝数		一桅	一桅半	一桅半		一桅
炮数（门）		2	10	10	2	
监造人		杜业尔	杜业尔	杜业尔	杜业尔	柏奥镗

至今遗留的船政大臣示石碑

杜业尔画像

柏奥镗

“建威”号

杜业尔监造的第一艘新式鱼雷快舰，又称驱逐舰或猎舰。钢质船身部分有1英寸厚装甲，装备有100毫米（4.1英寸）主炮1门，65毫米（9磅）炮3门，37毫米（1磅）炮6门，并有360毫米（14英寸）鱼雷发射管2具。

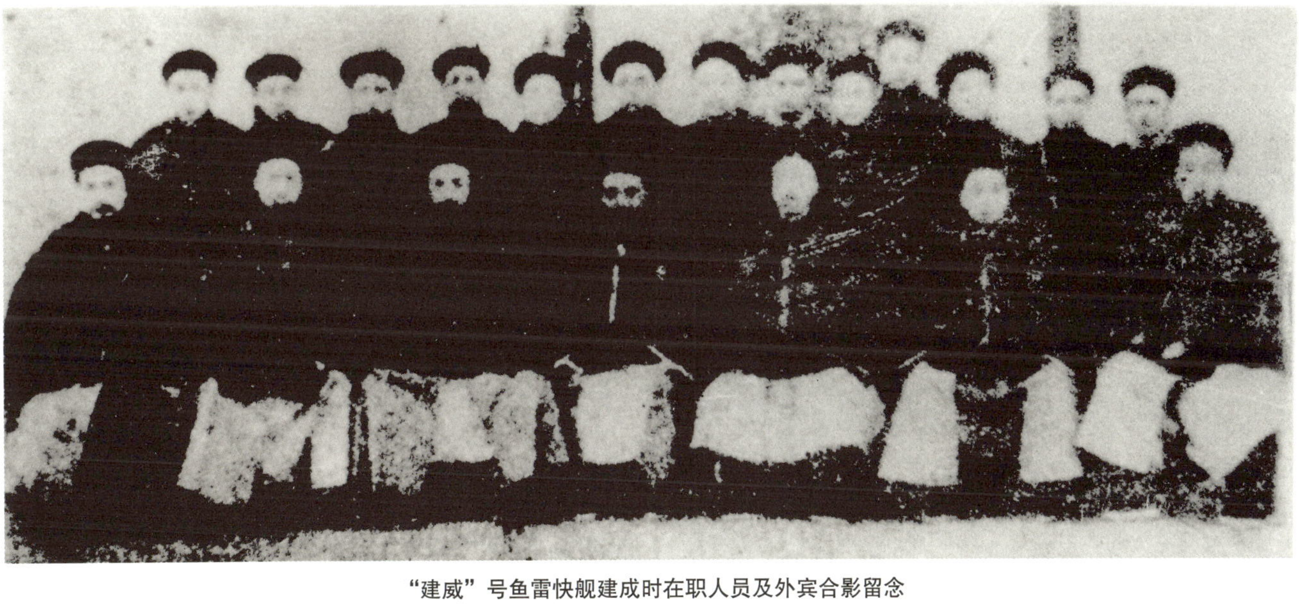

“建威”号鱼雷快舰建成时在职人员及外宾合影留念

“建安”号

杜业尔监造的第二艘新式鱼雷快舰，与“建威”号系姊妹舰。

建造青洲石船坞

光绪十二年七月（1886年8月），因旅顺船坞尚未完成，北洋舰队“定远”、“镇远”、“济远”、“威远”4舰需进坞维修，乃开往日本长崎修理，不意偶因细故，发生水兵与日警冲突，中国水兵死8人、伤42人，日人死2人、伤27人，史称“长崎事件”。

“长崎事件”后，船政大臣裴荫森为了解决北方封冻时修船问题，决定在南方修造船坞，以容纳大型舰船修理，乃奏办船坞，遂在马尾青洲建造石船坞，称罗星塔船坞或一号船坞。1887年由吴德章等5位工程技术人员监造，曾因经费困难，中途暂停。光绪十六年（1890）重新开工，1893年竣工。

青洲石船坞与旅顺石船坞对比

有人说：青洲石船坞是“仅次于英国利物浦船坞，名列世界第二”。这值得商榷，与旅顺船坞对比，也显得不如，但有一点，旅顺船坞是法人承包，而青洲石船坞却由船政华员吴德章等5人设计监造，这一点很了不起，值得赞誉。

船政一号船坞

即青洲石船坞（坞口向外），潮平坞口深约10米，前临大江，左为抽水间，属涸坞，地点固定，船进坞闭闸抽水。

船政一号船坞

即青洲石船坞（坞口向内）。罗星塔在其右，马限山在其背，去船厂3里，海口出其左，中隔一港，有一木桥通之，称通济桥，右为抽水闸。

船坞别	旅顺石船坞	青洲石船坞
长	41.3丈	38丈
宽	12.4丈	10丈
深	3.798丈	2丈8尺（坞口深3丈）
建造年限	1887~1890	1887年始建，中断，1890~1893

注：青洲石船坞数字，各种记载不一，换算亦不一。本表依据原始资料《裴光禄遗集》及赵尔巽等《清史稿·海军·福州船厂》等记载。

四、停造阶段（1907~1911）

“宁绍”号是船政原代法国立兴公司揽造的一艘船，后因亏损太甚，收回自造，由柏奥镗监造，1907年完工。原是一艘江船，时宁波籍富商虞洽卿在上海创办宁绍轮船公司，把这艘江船买来，命名为“宁绍”，继而购得“甬兴”、“新宁”轮，往返于宁波、上海间，打破了洋商和官办轮船对该航线的垄断。但此船完工之后，清廷令船政暂行停止造船，从此进入停造阶段，而船政学堂并不停止，除迈达、竺蒲匏暂留外，其余洋员、洋匠先后回国。

宁绍码头

右上角大轮船即船政制造的第40号船“宁绍”号，2160吨，钢肋钢壳，舱位容量1000吨，实际马力5000，航速15节。

第五节　船政学堂

船政“求是堂艺局”——福州城内定光寺（白塔寺）

“求是堂艺局”之一部——城外亚伯尔顺洋房临时校舍

这是中国第一所近代海军学校，是“师夷长技”，培养造船、驾驶人才的学校。倡议创办船政的闽浙总督左宗棠说：“夫习造轮船，非为造轮船也，欲尽其制造、驾驶之术耳。非徒求一二人能制造、驾驶也，欲广其传，使中国才艺日进，制造、驾驶辗转授受，传习无穷耳。”主办船政的首任钦差船政大臣沈葆桢也说：“船政的根本在于学堂”，“不重在造而重在学”。初期的学堂名为“求是堂艺局”。当时法国精通造船技术，英国精通驶船技术，遂分别录取法学艺童和英学艺童，分班授课。迁入马尾后，两处新校舍分别称为“法国学堂”和“英国学堂”，因前者习法文，后者习英文。又因前者校舍在前，后者在后，又称“前学堂”和“后学堂”。不久，又设立“绘事院”，亦称“画院”，专门培养绘制船图和机械图的绘图员。此后又开办“艺圃”，专门培养技术工人。上述统称“船政学堂”。

一、求是堂艺局

艺局原定招收民间13~16岁之能通官话、年少精明

“求是堂艺局”之一部——白塔寺观音阁

“求是堂艺局”之一部——于山法雨堂

者，后因考生少，年龄放宽为12~20岁，原定招收60名，第一次招收是在同治五年底，是年十二月初一（1867年1月6日）正式开学。同治六年四月至五月（1867年5月至6月）第一次招收的已在定光寺等处上课的学生迁入马尾新校舍，同时继续在福州城内招收新生并先在定光寺等临时校舍上课，至年底亦迁入马尾新校舍，与原有学生并为第一届。

《艺局章程》要点

1. 端午、中秋给假3日，过年封印日回家，开印日到局，星期日不放假。

2. 供应饮食及医药费并每月给银4两赡家。

3. 学制5年，不得请长假，不得改习别业。

4. 每3个月考一次，考到一等者赏银10圆，二等者无赏无罚，三等者记惰一次，两次三等戒责，3次斥出（开除），3次一等另赏衣料。

5. 船政大臣委绅常川住局，稽查师徒勤惰。

6. 学成以水师员弁擢用，照军功人员例议奖。

7. 子弟学成即令作监工、船主，均照外国员工薪银发给，仍特加优擢，以奖异能。

二、船政前学堂

亦称法语学堂，因只设制造专业，又称制造学堂。

船政前学堂

前学堂外籍教师

外籍教师姓名	在船政职务	授课科目	学生数	备注
博赖	洋监督秘书	法语	38	1867年2月成立，初由博赖任教；1868年4月起由迈达、录赛等任教，以法文为主
迈达	教师	数学		
录赛	教师	理化		
舒斐	工程师	蒸汽机制造及实习		
乐平	总木匠师	船体制造及实习		
马益识	木工工头	实习课		
德尚	装配工头	调节蒸汽机及实习		

课程设置、教学方法及任教教师

	主要课程及达到的培养要求
外文	法文（教材均用法文原版教科书，入学先习法语）
专业基础课	算术、几何、三角、解析几何、微积分、物理、机械学等，达到能计算蒸汽机，设计制造零件及船体，并能依图放样
专业课	蒸汽机的制造和操作知识；船体制造知识；掌握造船原理
教学方法	理论与实践相结合，学生每天进车间实习，边造边教，边干边学，课堂上讲专业基础课，在实践中讲授专业课
教师	1868年4月起由外籍教师迈达和录赛任教，实习课由工程师舒斐教授蒸汽机制造；由总木匠师乐平指导船体制造、工头马益识任教

船政前学堂制造班毕业生

第一届　制造班毕业计21名	魏　瀚　陈兆翱　郑清廉　李寿田　林怡游　吴德章　杨廉臣　陈林璋　罗臻禄　池贞铨　林庆昇　梁炳年 张金生　林日章　陈季同　郑　诚　汪乔年　游学诗　林钟玑　陈平国　苏汝灼
第二届　制造班毕业计20名	王庆端　李芳荣　魏　暹　陈才瑞　王福昌　王迴澜　陈伯璋　黄　庭　林鸣埙　黄成观　胡维铄　李联奎 曾宗瀛　林介圭　陈功奎　古之诚　陈继成　王　新　林桂昌　叶锡三
第三届　制造班毕业计19名	王寿昌　陈庆平　高而谦　游学楷　陈长龄　林　藩　李大受　郑守箴　林振峰　卢守孟　杨济成　林志荣 许寿仁　柯鸿年　葛绍绥　叶芗寅　王维桢　李寿萱　王韶聪
第四届　制造班毕业计31名	施恩孚　林福贞　黄德椿　卢学孟　曾仰东　李译诗　李寿川　石　琛　陈振家　胡有文　林钟钦　刘冠同 许赞周　陈锡周　陈海瑞　吴德潜　丁平澜　郑守钦　魏子京　王庆安　陈兆翥　孙庆芳　高庄凯　陈宝暄 董廷瑞　薛启昌　陈心楷　林　鑫　蒋树藩　林蓬春　林芬荣
第五届　制造班毕业计19名	许尚坚　高开成　林兆炳　陈炳年　董朝钰　高　讲　方兆鼎　郑以撰　周文郁　张发义　姚绍镠　杨承襄 周锡昌　乐耀贤　姚济川　陈常棣　黄步运　卢则贤　陈伯成
第六届　制造班毕业计25名	李世中　李孟实　李向滤　沈覲扆　沈覲宸　箫　宽　郑镤宽　郑秉谦　王思斌　陈锡龄　陈挺元　曾广昌 杨葆谦　陈贞海　王鸿金　张　沁　陈为干　杨茂贞　黄曾溶　张大榕　王宜汉　苏方节　廖宗和　贾　勤 林绍亨　注：沈覲宸后改名筍玉。
第七届　制造班毕业计8名	周葆燊　郑颖孚　陈德湜　林福臻　苏宝崇　王憓昌　杨俶谦　陈大龄
第八届　制造班毕业计35名	郭仲铮　廖能容　方尚得　张　功　魏子琅　张宝骐　叶燕贻　陈立庠　郑义莹　林家铖　林铿然　丁振棨 何　健　阮兆鳌　吴仲森　吴奋图　陈兆良　杨齐洛　陈世杰　汪继泗　郑寿彭　姚英华　金廷槐　黄　勋 汪培元　陈自奇　柯文琪　张士森　蒋弼庄　严文福　李毓英　王怀纲　张宗渠　何尔燧　陈声芸 注：第八届分甲乙丙3个班，于民国十年夏同时毕业。1913年，前学堂已改名福州海军制造学校，应是该校第一届亦是唯一一届毕业生，这里仍沿旧习，归前学堂第八届制造班毕业
以上共8届，计178名	

三、船政后学堂

船政后学堂专门培养航海人才，专习英语和驾驶，亦称“英语学堂”，后又分为“驾驶学堂”和“管轮学堂”。后学堂于1867年8月成立。

至今遗留的船政官界碑

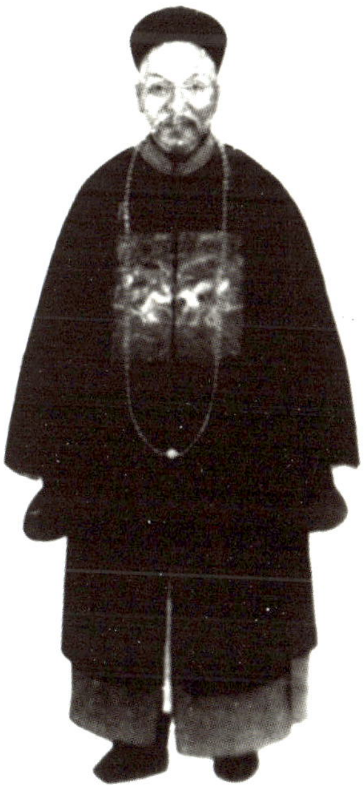

沈葆桢像

船政后学堂

船政后学堂驾驶专业主要课程及教师

学　制	主　要　课　程	主要外籍教师
堂　课 （三年半）	英语、数学（算术、几何、代数、直线和球面三角）、航海天文学、航海理论、气象、地理等，教材均用英文原版	驾驶：嘉乐尔 仕　记 航海实习：德勒塞 阿务德 儒昂索
舰上实习 （二年）	习驾驶与演炮，航程由近及远，先国内后国外 第一次出海先赴北洋，到达牛庄、天津、大连湾、烟台、威海等处，时间为1871年8月 第二次再北上，经浙江、上海、烟台、天津至牛庄折回，时间为1872年 第三次向南航行，经厦门、香港、新加坡、槟榔屿，时间为1873年3月，历时4个月	

船政后学堂管轮（轮机）专业主要课程及教师

学　制	主　要　课　程	主要外籍教师
1968年2月设立，学制5年。实习操作主要是安装蒸汽机，亦称轮机专业	要求：掌握蒸汽机的理论和实践知识 课程：英语、数学（算术、几何、代数、三角）、发动机制图、蒸汽机结构与安装、各种仪表的功能与使用、海上操纵轮机规则等	阿兰执教

船政学堂合同到期后续聘的洋教习

姓名	职务	任期	姓名	职务	任期
德勒塞	总教习	1875年7月到职	邓　罗	驾驶教习	1880年10月~1891年
阇　顺	帆缆教习	1875年7月到职	理　格	管轮教习	1880年10月~1883年8月
阿务德	枪炮教习	1875年7月到职	师丢瓦	管轮教习	1883年6月~1883年11月
嘉乐尔	驾驶教习	1876年9月到职 1880年4月病亡	赖格罗	格致教习	1885年5月到职
德　尚	造船教习	1876年9月到职 1880年因病回国	李家孜	管轮教习	1885年5月~1887年
迈　达	造船教习	1878年~1884年辞退 1886年~1909年回国	裴士博	管轮教习	1887年10月~1890年10月
穆勒登	管轮教习	1877年12月~1880年4月	额　澜	文案	1875年11月~1879年12月因病回国

注：1873年12月合同期满洋员如约解聘回国，由于专业需要，续聘上表中一些洋教习。

船政后学堂驾驶班毕业生

第一届　驾驶班毕业 计33名	罗丰禄　何心川　蒋超英　刘步蟾　叶伯鋆　方伯谦　林同书　郑文成（毓英）　林泰曾　李达璋 严宗光（复）　沈有恒　邱宝仁　陈毓淞　林永升　叶祖珪　陈锦荣　黄　煊　许寿山　林承谟 柴卓群　郑溥泉　黄建勋　张　成　林国祥　叶　富　吕　翰　黎家本　邓世昌　李　田　李　和 梁梓芳　卓关略
第二届　驾驶班毕业 计13名	萨镇冰　叶　琛　邓聪保　林颖启　吴梦良　陈锡三　江懋祉　郑文郁　陈文庆　唐宸科　林国裕 卢华大　卢鸿杰
第三届　驾驶班毕业 计8名	林履中　许济川　林森林　戴伯康　陈　英　蓝建枢　韦振声　史建中
第四届　驾驶班毕业 计26名	许兆箕　杨则哲　黄裳治　陈伯涵　林占熊　唐　祐　邝　聪　丁兆中　林文彬　刘冠雄　李鼎新 陈兆艺　黄伦苏　曹廉正　关　景　丁沁波　陈善元　罗熙禄　何品璋　王培成　谢子勋　陈兆麟 梁祖勋　谢润德　何金胜　吴松森 注：据刘冠雄亲撰族谱，光绪元年（1875）入学，六年（1880）登舰练习，毕业日期应在光绪六年（校课毕业） 黄裳治原名裳吉；陈伯涵原名燕年；何品璋原名尔立；王培成改名王珍

续表

第五届 驾驶班毕业 计9名	林帮光 程璧光 梁鸿春 陈恩焘 王 涟 张 珍 石文铭 陈宗器 丁澄澜 注：程璧光原名碧光。
第六届 驾驶班毕业 计10名	翁祖年 刘 容 黄鸣球 叶大俊 郑文超 翁守瑜 张哲溁 刘联芳 沈叔龄 陈应濂
第七届 驾驶班毕业 计11名	温桂汉 陈兆兰 罗忠尧 李国圻 陈常绥 叶 琅 陈大懿 翁守恭 陈福烘 邱志范 罗忠溶
第八届 驾驶班毕业 计16名	陈钜庸 詹天佑 吴应科 欧阳庚 苏锐钊 陆永泉 杨兆楠 邝咏钟 徐振鹏 容尚谦 黄季良 薛有福 邓士聪 吴其藻 宋文翙 邓桂廷
第九届 驾驶班毕业 计13名	贾凝禧 罗忠铭 周献琛 朱声冈 高承锡 郑文英 林葆怿 许赞虞 曾瑞琪 林韵珂 林敬熥 张秉奎 陈怀羔
第十届 驾驶班毕业 计7名	林文光 沈正增 罗仲清 游于艺 林鉴殷 林敬章 关庆祥
第十一届 驾驶班毕业 计11名	陈镜澜 黄以云 林靖澜 黄钟瑛 林秉成 周敬熔 孙 筠 张海鳌 周兆瑞 卓大宾 蔡馨书 注：黄钟瑛原名建勋。
第十二届 驾驶班毕业 计13名	吴光宗 陈杰年 魏祖培 王宗香 许继祥 江宝容 陈嘉濂 任帮鼎 曾清沂 陈兆用 陈心蔚 陈文彬 陈大昭
第十三届 驾驶班毕业 计9名	陈尚衍 黄 燮 林炳枢 陈旋枢 游福海 周思贤 林乔椿 郑孝增 郑大濂
第十四届 驾驶班毕业 计12名	沈希南 黄树声 李景曦 陈家鍌 林颂庄 林振莹 张景南 佘叔典 蓝希雍 叶心存 黄郁章 叶 琦 注：沈希南原名逦清；李景曦原名锺英
第十五届 驾驶班毕业 计5名	陈玉璋 王 麒 刘鸣岐 张哲培 林 熔
第十六届 驾驶班毕业 计13名 光绪二十八年十二月毕业	高幼钦 赖汝寿 常书诚 魏子荣 梁同怿 欧阳驹 许建廷 张增存 贾 勤 陈训泳 王葆谦 李国堂 林鸿滋
第十七届 驾驶班毕业 计7名 光绪三十一年十一月毕业	李孟斌 李景澧 魏子浩 萨 夷 林 蟾 贾 理 陈尔燊
第十八届 驾驶班毕业 计16名 光绪三十三年六月毕业	林秉衡 林镜寰 林元铨 杨隽声 姚启飞 周国钧 刘熙德 陈毓澄 张哲训 苏学经 蔡传泰 廖德星 林传铭 张嘉麟 胡有年 黄年生
第十九届 驾驶班毕业 计9名 光绪三十四年十二月毕业	汪肇元 陈祖祺 陈孔耀 林舜藩 孙维城 沈 燮 叶心传 叶宝琦 张同渠
以上船政驾驶班共毕业19届，计241名	

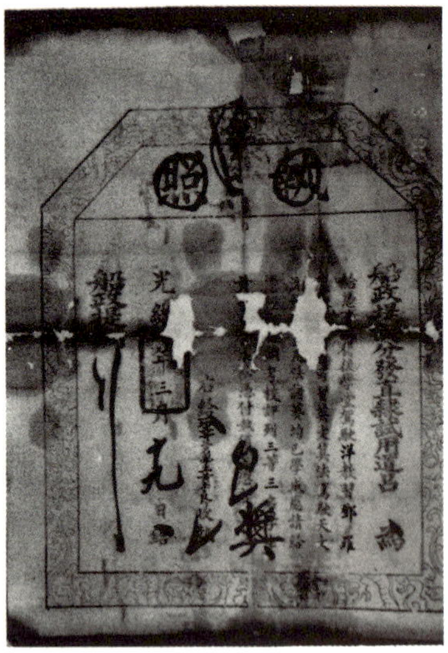

船政学堂毕业执照

第八届毕业生系赴美留学幼童于1881年回国入船政后学堂驾驶班学习2年。左图为这届毕业生黄季良的毕业证书，当时叫作“执照”，距今已100多年了。根据这张执照，第八届毕业时间是光绪九年三月十九日（1883年4月24日）。

詹天佑

欧阳庚

陈矩镛

邝咏钟

苏锐钊

吴应科

杨兆楠

黄季良

部分赴美留学幼童回国入船政后学堂第八届名单（1881~1882）

姓名	出国年龄	籍贯	出国时间	就读学校
詹天佑	12	广东南海县原籍安徽婺源县	1872.8.11	耶鲁大学毕业
欧阳庚	14	广东香山县	1872.8.11	耶鲁大学毕业
陈矩镛	13	广东新会县	1872.8.11	耶鲁大学毕业
陆永泉	14	广东香山县	1872.8.11	耶鲁大学毕业
邓士聪	14	广东香山县	1872.8.11	麻省理工学院
容尚谦	10	广东香山县	1872.8.11	
邝咏钟	13	广东南海县	1873.6.12	麻省理工学院
宋文翙	13	广东南海县	1873.6.12	麻省理工学院
吴应科	14	广东四会县	1873.6.12	瑞萨莱条工业学院
苏锐钊	14	广东南海县	1873.6.12	
邓桂廷	13	广东香山县	1873.6.12	
徐振鹏	11	广东香山县	1874.9.19	耶鲁大学
薛有福	12	福建漳浦县	1874.9.19	麻省理工学院
杨兆楠	13	广东南海县	1874.9.19	麻省理工学院
黄季良	13	广东番禺县	1874.9.19	
吴其藻	13	广东香山县	1875.10.14	

船政后学堂管轮班毕业生

第一届 管轮班毕业 计22名	何朝先 陆麟清 郭咸志 卓关邦 梁逸卿 李阿富 黎阿本 陈景康 黎晋骆 李亚文 林鹤龄 杨进宝 彭就胜 张永清 冯瑞金 周荣贵 陆三兴 杨 光 余贞顺 洪得意 胡金元 郑官合
第二届 管轮班毕业 计31名	庞铭世 伍兆佳 刘荫霖 林 泉 区贤灿 戴庆涛 罗荫皆 陈兆锵 陈如璧 郭文进 庞廷桢 曾光时 潘锡基 刘昭亮 郭乃安 陈治安 李福龄 梁祖全 郑守恒 黎弼良 马应波 刘冠南 王齐辰 刘义宽 何林英 张玉明 卢鸿彬 叶大银 梁祖群 梁福藻 黄显章
第三届 管轮班毕业 计7名	王 桐 张茂福 黄履川 胡尔楷 刘善述 陈鹤潭 陈如衡
第四届 管轮班毕业 计15名	王考鸣 吴保和 刘 康 陈伯祥 周敬让 卢毓英 张斌元 任邦珍 陈翼宸 林亨豫 梁季恺 葛希颜 沈念祖 陈宝璋 林朝鼎
第五届 管轮班毕业 计11名	潘琮璋 林傅善 郑华钟 曾光世 周文祺 梁志柱 洪光安 王兆陶 陈忠捷 陈开镳 王可华
第六届 管轮班毕业 计8名 光绪十七年十二月毕业	梁 蓉 吴景泰 林以熔 江大荣 梁敬娗 陈 铨 黄本周 陈芳卿
第七届 管轮班毕业 计10名 光绪二十二年十二月毕业	潘兆清 刘贻远 唐德炘 陈承植 董朝镛 陈翊汾 黄天鳌 李伯壬 林云龙 陈大豫
第八届 管轮班毕业 计6名 光绪二十九年一月毕业	常朝干 郑 玑 高近宸 魏 怀 沈秉楷 陈忠镃
第九届 管轮班毕业 计5名 光绪三十一年十二月毕业	周光祖 林锡康 梁敬搓 叶宜彬 陈声扬
第十届 管轮班毕业 计6名 光绪三十三年七月毕业	韩玉衡 杨 逾 李孟衍 叶天庚 郑友益 陈培松
第十一届 管轮班毕业 计6名 宣统三年十二月毕业	吴明观 张嘉爔 王道斌 叶心衡 苏学雍 陈诗涛
第十二届 轮机班毕业 计31名 民国九年六月毕业	邱景垣 邱思聪 苏镜潮 萨本炘 林学濂 陈奇谋 周澜波 林惠平 张 岑 黄以燕 郑鼎铭 陈兆俊 马德建 吕文周 李孔荣 冯廷杰 魏子元 周 烜 姚法华 余 堃 方 伦 王振中 贾 勍 凌 棨 钟 衍 蔡学琴 卢行健 郑翔鸾 阮宣华 梁 煊 陈飞雄 注：民国二年改称福州海军学校轮机班（应是第一届）
第十三届 轮机班毕业 计24名 民国十年十二月毕业	谢仲冰 唐擎霄 许孝焜 蒋松庄 黄贻庆 陈尔恭 林一梅 陈 瑜 唐兆淮 沈觐安 康 志 黄子坚 周谨崧 黄立莹 张用远 许桐蕃 傅春滨 林家晋 陈承志 方明淦 杨际舜 沈觐笏 曾 纪 欧阳昆 注：应是福州海军学校轮机班第二届毕业
第十四届 轮机班毕业 计29名 民国十三年十二月毕业	江守贤 何家澍 蒋 铣 陈 鼎 刘 潜 孟孝钰 程 璟 曾贻谋 吴 锷 王贤鉴 鲍鸿逵 林缉诚 林仲逵 林缃民 杨 健 陈耀屏 傅宗祺 林克立 唐岱荥 方新承 林善骝 郑英俊 梁永翔 张永绥 薛大丞 高宪参 郑友宽 林 凯 林谷士 注：应是福州海军学校轮机班第三届毕业
以上共14届计210名	

船政学堂毕业生总计

学堂名称	专业班别	毕业届数	毕业生数
船政前学堂	制造班	8	178
船政后学堂	驾驶班	19	241
	管轮班	14	210
总　计			629

注：不包括绘事院、艺圃培养的人才。

船政前后学堂印章

19世纪80年代船政学生代替外籍教师任教情况

姓名	籍贯	船政毕业届别	留学届别国别	代替洋员出任教习情况
严　复	闽	后学堂驾驶班第一届毕业	第一届留英	1879年回国后先任船政教习，后调天津水师学堂总教习、总办
萨镇冰	闽	后学堂驾驶班第二届毕业	第一届留英	1880年回国后任天津水师学堂教习
魏　瀚	闽	前学堂制造班第一届毕业	第一届留法	外籍教习师丢瓦回国后，代任船政后学堂管轮教习（1883年12月）
郑清廉	闽	前学堂制造班第一届毕业	第一届留法	1883年11月，外籍教习德尚回国后代任前学堂制造教习
黄　庭	闽	前学堂制造班第二届毕业	第二届留法	1886年回国后任船政前学堂法文教习
王迴澜	闽	前学堂制造班第二届毕业	第二届留法	1886年回国后任船政前学堂法文教习
詹天佑	婺源（赣）	后学堂驾驶班第八届毕业	第一批幼童留美	1884年2月任船政后学堂教习，10月调广东博学馆工作
林振峰	闽	前学堂制造班第三届毕业	第三届留法	回国后任船政后学堂教习，精通算学
陈应濂	闽	后学堂驾驶班第六届毕业	未	兼广东鱼雷学堂教习

船政学堂学生专心倾听老师讲课（雕塑）

四、船政绘事院

1867年12月设立，亦称画院或画馆。日意格称为设计专业，专门培养工程制绘人才，承绘船身、船机、锅炉等图纸。

绘事院培养目标、主要课程及教师

培养目标	主要课程及时间安排	主要教师
能绘制船图和机器图的绘图员	算术、几何、几何制图、微积分、透视原理、蒸汽机结构（150马力）、法语（每天上午1小时和晚上1.5小时）、实习课（每天数小时）	卢维：设计科长 杰达翁：锅炉制造工

注：第一届学生共3个班32名，其中第一班于1871年转入制造专业。

至今遗留的船政绘事院建筑（后改称图算所）

船政学堂学生在绘事院内绘制图纸（绘画）

艺圃遗址

五、船政艺圃

1868年2月设立，类似今天的半工半读学校，专门培养技术工人，招收15~18岁有膂力的青年为艺徒。白天入厂学手艺，晚上上课。民国后改为海军艺术学校。1935年后改为私立勤工学校。

艺圃学习时间、内容和教师

学习时间		学习内容	外籍教师
白天	一个半小时	学法语	制模工头：克林 教师：帛黎 装饰车间主任：腊都实 木工工头：马益识 教师：里瓦塞奥 工人领班：嘉都勒 教师：和排托 教师：罗布尔特 铁匠领班：赛西
	其余时间	入厂学手艺	
晚上	7点半至9时上课	算术、几何、几何制图、代数、设计和蒸汽机构造课程	
备注	1868年约有100多名艺徒，1871年通过考试艺徒编为4个班，由外籍教师分班任教		

第六节　船政留学生

同治十二年十月（1873年11月）洋员洋匠期满即告返国，沈葆桢主张“以中国已成之技，求外国益精之学”，上疏请求选送一些“天资颖异，学有根底者”出国深造。后来由于日本侵台等影响未能实现，直到光绪三年船政才派出第一届赴欧留学生。但在此之前的1875年，沈葆桢已令日意格趁回国之便，在前学堂挑出魏瀚、陈兆翱、陈季同，后学堂挑出刘步蟾、林泰曾5人随其出国参观学习。船政先后派出留学生计4批。

一、船政第一届留学生

船政第一届留学生计赴英学驾驶13人，赴法学制造14人、学法律2人，另选艺徒9人赴法留学，共38人，由华、洋监督李凤苞、日意格率领于1877年3月31日乘“济安”轮从马尾起程，4月4日于香港改乘外轮西行，16日抵法国，5月11日抵英伦。这是沈葆桢决心走向世界、继容闳带幼童首次赴美留学之后首次提出留欧，眼光远大。

华监督：李凤苞

洋监督：日意格　　洋帮监督：斯恭塞格

洋监督日意格

随员：马建忠

洋文案：高氏耶

文案：陈季同

襄办文案：钱德培

翻译：罗丰禄

时间：光绪三年三月（1877年4月），经香港西行，4月16日抵法国，5月11日抵英伦。

翻译罗丰禄（稷臣）

（一）船政第一届赴英学习驾驶的13人的情况

学习驾驶的13人中，除罗丰禄入琴士官学外，12人原定入英国格林尼治皇家海军学院，因该院规定外国学生不得超过20%，12人不能全纳，须经过英文考试，结果6人通过入学考试进入该院，未能通过英文考试的6人派舰队实习。另一人入琴士官学。

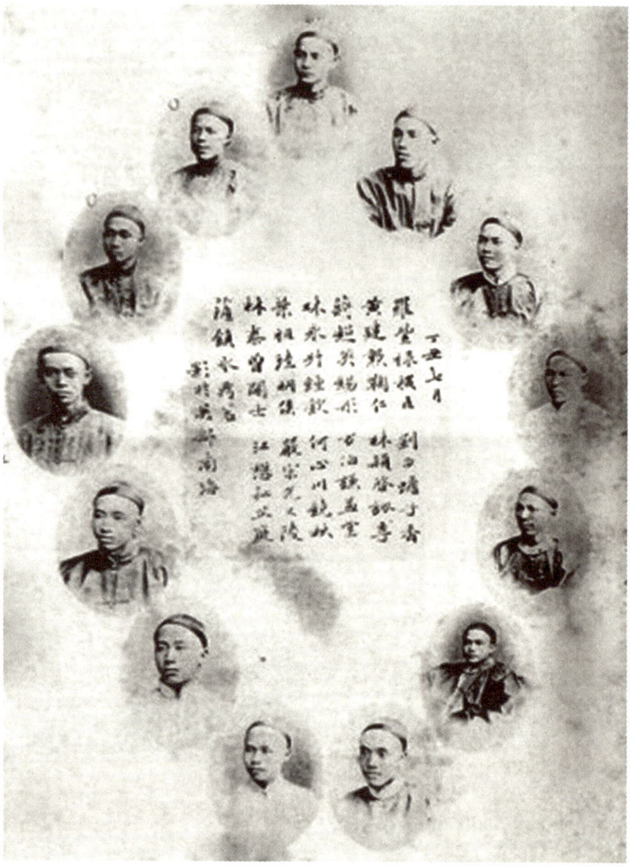

第一届赴英学习驾驶的13人

图片中有：罗丰禄、蒋超英、叶祖珪、萨镇冰、林颖启、何心川、江懋祉、黄建勋、林永升、林泰曾、刘步蟾、方伯谦、严宗光（严复）。

兼职文案陈季同（1852~1905）

字敬如，福建侯官（今福州）人，船政前学堂第一届制造班毕业。1873年赴欧洲参观学习。1875年随日意格赴英、法、德、奥游历考察。翌年4月回国，撰《西行日记》，升参将并加副将衔。1877年被选为第一届留学生，任文案，赴法学习政治、法律。回国后历任驻德、法使馆翻译官，驻法参赞，代理公使兼驻比、奥、丹麦、荷兰4国参赞，升副将加总兵衔。以法文译《聊斋志异》、《红楼梦》等，著译颇多。

英国格林尼治皇家海军学院

进入格林尼治皇家海军学院的中国留学生与同学合影

严宗光（严复，第一排中坐者）；方伯谦（右第二柱边站立者第二人）；何心川（第四排中立者）；叶祖珪（第一排中，严复左侧）；萨镇冰（第三排中偏左第二人）；林永升（右第一柱最后一排第二人）。

严宗光

字又陵，后改名严复。1877年10月入格林尼治皇家海军学院，次年6月毕业，按中国留学生监督请求继续留校深造。1879年毕业后派登“纽喀什尔”号实习，6月奉电返国。

叶祖珪

字桐侯。1877年10月入格林尼治皇家海军学院，次年毕业，5月登地中海舰队的“孛来克柏林”号实习。1879年3月改上地中海舰队的“音恩思布拉”号，次年5月期满返国。

中国海军耆宿萨镇冰

字鼎铭。1877年10月入格林尼治皇家海军学院，次年毕业，8月登地中海舰队的“莫纳克”号实习。不久奉命改上“恩延甫”号。1880年5月期满返国。

林永升

字经钦。1877年10月入格林尼治皇家海军学院，次年6月毕业，8月派登地中海舰队的“马那杜”号实习。1880年5月期满回国。

中国近代史上争议极大的方伯谦

字益堂。1877年10月入格林尼治皇家海军学院，次年6月毕业，8月登东印度舰队的旗舰“恩延甫”号实习，1879年8月，方伯谦自动要求改上“士班德”号实习。1880年5月返国。

何心川

字镜秋。1877年10月入格林尼治皇家海军学院，次年6月毕业，8月登南非舰队的“菩提西阿”号实习，1879年5月因病由南非搭乘“梅兰乔利亚”号返英，6月返国。

LIST OF FOREIGN OFFICERS SERVING IN HER MAJESTY'S SHIPS.

Name	Rank	Nation	Ship	Date
Don Alvaro Bianchi	Lieutenant	Chilian	Alexandra	10 July 77
Fang Peh Kien	Sub-Lieut	Chinese	Spartan	4 Aug 79
Lin Yung Sing	Sub-Lieut	Chinese	Minotaur	12 Aug 78
Yin Choo Kwee	Sub-Lieut	Chinese	Invincible	8 Mar 79
Soh Ching Ping	Sub-Lieut	Chinese	Monarch	12 Aug 78
Xui Tuan Surawongse	Midshipman	Siamese	Northampton	25 Sept 79
Fu Rao Hiroshi	Midshipman	Japanese	Temeraire	4 Feb 79
G. Ijuin	Sub-Lieut	Japanese	Triumph	16 Aug 79
IIis Imperial Highness Arisugawa Takihito		Japanese	Iron Duke	8 Aug 79

这是从英国复印回来的“在皇家军舰服役的外国军官名单”之一。表中第2人至第5人依次为方伯谦、林永升、叶祖珪、萨镇冰，其军阶均为海军中尉。方伯谦于1879年8月10日登上“士班德”舰，林永升于1878年8月12日登上“马那杜”舰，叶祖珪于1879年3月8日登上“音恩思布拉”舰，萨镇冰于1878年8月12日登上“莫纳克”舰实习，其他为外国人。

以下6人经我公使请求派往英国舰队实习：

刘步蟾

字子香。先前已出洋参观学习。1877年5月抵英后，经我公使请求英国派入舰队实习。8月上“马那杜”号赴地中海实习。1878年12月因病前往巴黎休养，次年2月重返伦敦。3月上“拉里”号赴地中海实习，7月返国。

黄建勋

字鞠仁。1877年5月抵英后，经我公使请求英国派入舰队实习。10月上西印度舰队的“伯洛尔芬”号赴百慕大实习。1879年11月返国。

蒋超英

字锡彤。先前已出洋参观学习。1877年5月抵英后，经我公使请求英国派入舰队实习。8月上“狄芬士”号前往马耳他实习。1879年11月返国。

林颖启

字纫季。1877年5月抵英后，经我公使请求派入舰队实习。11月上大西洋舰队之“爱勤考特”号实习。1879年11月期满返国。

林泰曾

字开士。先前已出洋参观学习。1877年5月抵英后，由我公使请求英国派入舰队实习。8月上“孛来克柏林”号赴地中海实习。次年6月改上“潘尼洛布”号，8月又改上“阿其力”号及“威灵顿”号实习。1879年7月返国。

江懋祉

字芷庭。1877年5月抵英后，经我公使请求派入舰队实习。11月上大西洋舰队之“爱勤考特”号实习。1879年11月期满返国。

LIST OF FOREIGN OFFICERS SERVING IN HER MAJESTY'S SHIPS.

Name	Rank	Nation	Ship	Date
Funaki Rentaro	Midshipman	Japanese	Sultan	18 June 76
Yendo Kitaro	Midshipman	Japanese	Turquoise	6 Oct 77
Tomioka Sudayasu	Cadet	Japanese	Audneious	29 June 76
Don Alvaro Bianchi	Lieutenant	Chilian	Alexandrn	10 July 77
Don Albert Silvo Palma	Lieutennut	Chilinn	Minotaur	10 July 77
Don Policarpo Toro	Lieutennut	Chilian	Black Prince	10 July 77
Lew-poo-chin	Sub-Lieut	Chines	Minotaur	14 Aug 77
Lin-Tai-Tsan	Sub-Lieut	Chinese	Black Prince	14 Aug 77
Chung-Cheow-Ing	Sub-Lieut	Chinese	Defence	14 Aug 77
Wang Kien Shoon	Sub-Lieut	Chinese	Bellerophon	7 Nov 77
Kang Mow Tye	Sub-Lieut	Chinese	Agincourt	7 Nov 77
Lia Ying Khe	Sub-Lieut	Chinese	Agincourt	7 Nov 77

这是从英国复印回来的“在皇家军舰服役的外国军官名单”之二。表中第7人至第12人姓名依次为刘步蟾、林泰曾、蒋超英、黄建勋、江懋祉、林颖启，其军阶均为海军中尉。刘步蟾于1877年8月14日登上“马那杜”舰，林泰曾于1877年8月14日登上“孛来克柏林”舰，蒋超英于1877年8月14日登上“荻芬士”舰，黄建勋、江懋祉、林颖启均于1877年11月7日分别登上“伯洛尔芬”和“爱勤考特”舰实习。其他为外国人。

罗丰禄

字稷臣。原驾驶班毕业，是这批留学生中的翻译人员。1877年5月抵英后，入伦敦之琴士官学学习气象、化学及格致之学，回国后曾任驻英公使。

（二）船政第一届赴法留学生情况。

船政第一届留学生中赴法留学的除随员马建忠外，计船政制造班第一届毕业生15人、艺徒9人，分别入学堂、工厂学习，每年至少用60天的时间考察各造船厂、海军舰艇、矿山、要塞等，以取得实际经验。

赴英学习驾驶的13人简况

姓名	出身	留学单位	所学专业	备注
罗丰禄	船政驾驶班一届	英国琴士官学	气象、化学、物理	1877年5月入学
严宗光（严复）	船政驾驶班一届	英国格林尼治皇家海军学院	驾驶，后登“纽喀什克”舰，实习中曾赴法国游历。	先入抱士德后入格林尼治。1879年7月提早调回任教。1877年10月入学，1880年5月返国
方伯谦	船政驾驶班一届	英国格林尼治皇家海军学院	驾驶，后登“恩延甫”、“士班德”等舰实习	先入抱士德后入格林尼治。1879年7月提早调回任教。1877年10月入学，1880年5月返国
叶祖珪	船政驾驶班一届	英国格林尼治皇家海军学院	驾驶，后登“孛来克柏林”、“音恩思布拉”等舰实习	先入抱士德后入格林尼治。1879年7月提早调回任教。1877年10月入学，1880年5月返国
萨镇冰	船政驾驶班二届	英国格林尼治皇家海军学院	驾驶，后登“莫纳克”、“恩延甫”等舰实习	先入抱士德后入格林尼治。1879年7月提早调回任教。1877年10月入学，1880年5月返国
林永升	船政驾驶班一届	英国格林尼治皇家海军学院	驾驶，后登“恩延甫”、“马那杜”等舰实习	先入抱士德后入格林尼治。1879年7月提早调回任教。1877年10月入学，1880年5月返国
何心川	船政驾驶班一届	英国格林尼治皇家海军学院	驾驶，后登“菩提西阿”舰实习	1877年10月入学，1879年7月因病返国
刘步蟾	船政驾驶班一届		驾驶，登“马那杜”、“拉里”等舰实习	前曾随日意格赴欧。1877年9月登舰，1879年7月返国
林泰曾	船政驾驶班一届		驾驶，登“孛来克柏林”等舰实习	前曾随日意格赴欧。1877年9月登舰，1879年7月返国
蒋超英	船政驾驶班一届		驾驶，登“狄芬士”舰实习	1877年9月登舰，1879年11月返国
黄建勋	船政驾驶班一届		驾驶，登“伯洛尔芬”舰实习	1877年9月登舰，1879年11月返国
林颖启	船政驾驶班二届		驾驶，登“爱勤考特”舰实习	1877年9月登舰，1879年11月返国
江懋祉	船政驾驶班二届		驾驶，登“爱勤考特”舰实习	1877年9月登舰，1879年11月返国

注：方伯谦、萨镇冰、林永升、叶祖珪4人“均周历印度洋、地中海、大西洋及美利坚、阿非利加沿岸各洋，于行军布阵及一切战守之法，无不谙练”。

赴法学习制造的14人、学习法律的2人简况

姓名	出身	留学单位	所学专业	备注
魏　瀚	船政制造班一届	削浦官学	造船、轮机	前曾随日意格赴欧游历。1877年5月也列入第一届赴欧
陈兆翱	船政制造班一届	削浦官学	造船、轮机	前曾随日意格赴欧游历。1877年5月也列入第一届赴欧
陈林璋	船政制造班一届	削浦官学	轮机制造	1877年5月到欧，1880年底返国
郑清廉	船政制造班一届	削浦官学	轮机制造、造炮	1877年5月到欧，1880年底返国
吴德章	船政制造班一届	多郎官厂（土伦海军造船所）	轮机、造船、洋枪	1877年5月到欧，1880年底返国
杨廉臣	船政制造班一届	多郎官厂（土伦海军造船所）	轮机、造船、洋枪	1877年5月到欧，1880年底返国
林怡游	船政制造班一届	多郎官厂（土伦海军造船所）	轮机、造船、洋枪	1877年5月到欧，1880年底返国
梁炳年	船政制造班一届	多郎官厂（土伦海军造船所）	轮机、造船、洋枪	病亡于法国
李寿田	船政制造班一届	多郎官厂（土伦海军造船所）	轮机、造船、洋枪	1877年5月到欧，1880年底返国
林庆升	船政制造班一届	先入科鲁苏尼厂后转入巴黎矿务学校又至德国洽次考察各矿局矿山	矿务制造理法	1877年5月到欧，1880年底返国
池贞铨	船政制造班一届		矿务制造理法	1877年5月到欧，1880年底返国
张金生	船政制造班一届		矿务制造理法	1877年5月到欧，1880年底返国
林日章	船政制造班一届		矿务制造理法	1877年5月到欧，1880年底返国
罗臻禄	船政制造班一届	先入汕答佃官学，后与以上4人同	矿务制造理法	1877年5月到欧，1880年底返国
陈季同	船政制造班一届	法政学校	律例	前曾随日意格赴欧游历，系随员文书
马建忠	随员	法政学校	律例	1877年5月到欧，1880年底返国

注：照章2年卒业。郑清廉考第一名后赴法、比、英各船厂、熔炼厂、钢铁厂考察。1880年5月期满后吴德章、杨廉臣赴炮厂习制炮，郑清廉、林怡考察验料炼造，4月期满郑清廉又被留监造钢甲船。

陈林璋

陈兆翱

在法国学习造船的中日留学生

艺徒赴法留学9人简况

姓名	出身	留学单位	所学专业	备注
郭瑞珪	船政艺徒	先入白海士登官学，后入马赛木模厂	制造汽缸	1877年5月到法，1880年返国
裘国安	船政艺徒	先入白海士登官学，后入马赛木模厂	制造汽缸	1877年5月到法，1880年返国
刘懋勋	船政艺徒	先入白海士登官学，后入马赛铸铁厂	制造专业	1877年5月到法，1880年返国
陈可会	船政艺徒	先入监工学校，后入腊孙船厂	制造技艺，又留实习鱼雷、鱼雷艇	1877年5月到法，1880年返国
叶殿铄	船政艺徒	先入监工学校，后入白代果德铁厂	绘图及制造铁甲	1877年10月到法，1880年返国
张启正	船政艺徒	先入匠首学校，后入腊孙船厂	制造技艺，又留实习鱼雷、鱼雷艇	1877年10月到法，1880年返国
王桂芳	船政艺徒	先入汕萨穆铁工，后入赛隆艺学	炼铁熔铜及习算轮机，分析试验五金等，矿务	1877年10月到法，1880年返国
任　照	船政艺徒	先入汕萨穆铁工，后入赛隆艺学	炼铁熔铜及习算轮机，分析试验五金等，矿务	1877年10月到法，1880年返国
吴学锵	船政艺徒	先入汕萨穆铁工，后入赛隆艺学	炼铁熔铜及习算轮机，分析试验五金等，矿务	1877年10月到法，1880年返国

注：叶殿铄后又留实习鱼雷、鱼雷艇。

二、船政第二届留学生

华监督：李凤苞 许景澄　　洋监督：日意格

翻译：吴德章　　时间：光绪七年至十二年（1881~1886）

姓名	出身	派遣国	所学专业	学习年限	备注
黄　庭	船政制造班三届毕业	法	营造	1881~1886	曾任前学堂法文教习
王回澜	船政制造班三届毕业	法	营造	1881~1886	曾任前学堂法文教习
李芳荣	船政制造班三届毕业	法	枪炮	1881~1886	任参赞官署翻译
王福昌	船政制造班三届毕业	法	硝药	1881~1885.11	调赴广东后回船政任翻译
魏　暹	船政制造班三届毕业	法	制造、轮机	1881~1885.4	因病提前回国
王庆端	船政制造班三届毕业	法		1881~1886	亡故于法国
陈伯璋	船政制造班三届毕业	法		1881~1886	亡故于法国
陈才瑞	船政制造班三届毕业	德	鱼雷、德语	1881~1884.11	返国后回船政办鱼雷厂
陈兆艺	船政驾驶班四届毕业	英	驾驶	1881~1886	
李鼎新	船政驾驶班四届毕业	英	驾驶	1881~1886	

注：在此之前，1880年船政趁北洋海军向德定购“定远”、“镇远”铁甲舰时乘便派出匠首黄带、林祥光、陈和庆、谭秀、黎晋贤、程好、陆爱昭，由管轮班一届毕业生陆鳞清带领赴德学习。这些人未列入计划。第二届原定学习年限3年，后展期3年。

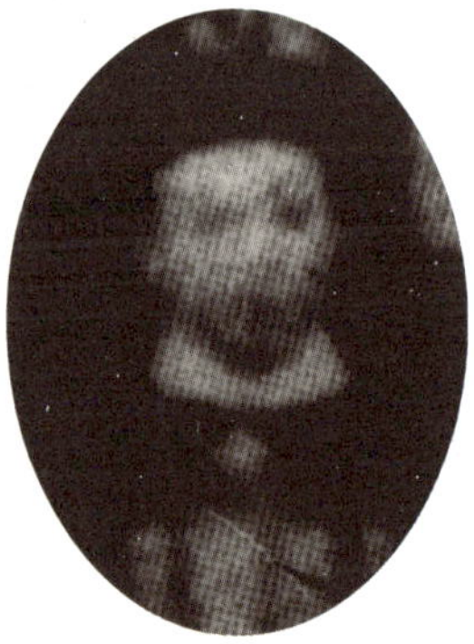

华监督：李凤苞
（出使大臣兼）

华监督：许景澄

洋监督：日意格

三、船政第三届留学生

光绪十二年二月（1886年3月）船政大臣裴荫森会同北洋选派员生赴英法各国留学，于北洋舰队及天津水师学堂选取陈恩焘等10人，于船政驾驶班毕业生中选取黄鸣球等8人，于船政制造班毕业生中选取郑守箴等14人，于船政管轮班毕业生中选取王桐、陈鹤潭2人，共34人，时黄裳吉在北洋供差未及回闽，实际只有33人，是为第三届留学生。因日意格于是年正月病故，又派法员斯恭塞格接办洋监督周懋琦为华监督，于三月（阳历4月6日）由香港出发。

华监督：周懋琦（道员，原船政提调）

翻译：李隆芳

洋监督：斯恭塞格（原洋监督日意格之帮办）

留学年限：驾驶3年，制造6年（法）

出国日期：光绪十二年三月（1886年4月）

船政第三届留学生简况

姓名	出身	留学国别	学习单位	学习专业
陈恩焘	船政驾驶班五届毕业，在北洋任职	英	英海军部巡海练船、英海军部绘海图衙门	测绘海图、驾驶铁甲舰
刘冠雄	船政驾驶班四届毕业，在北洋任职	英	英海军部枪炮练船、英兵部乌理治炮厂、海军部爱·伦求克军舰	操放大炮队阵图，驾驶铁甲舰、制造修理、炮法雷学
曹廉正	船政驾驶班四届毕业，在北洋任职	英	格林尼治皇家海军学院2年，英公司过尼外耳及金士奇利士书院1年	水师兵船算学、物理
陈燕年（伯涵）	船政驾驶班四届毕业，在北洋任职	英	英格林尼治皇家海军学院2年，英公司过尼外耳及金士奇利士书院1年	水师兵船算学、物理
伍光鉴	天津水师学堂驾驶班一届毕业，北洋供差	英	英格林尼治皇家海军学院2年，英公司过尼外耳及金士奇利士书院1年	水师兵船算学、物理
郑汝成	天津水师学堂驾驶班一届毕业，北洋供差	英	英格林尼治皇家海军学院，枪炮练船	算学、物理、水机、枪炮练法、水气学
陈杜衡	天津水师学堂驾驶班一届毕业，北洋供差	英	英格林尼治皇家海军学院，枪炮练船	算学、物理、水机、枪炮练法、水气学
王学康	天津水师学堂驾驶班一届毕业，北洋供差	英	英格林尼治皇家海军学院，枪炮练船	算学、物理、水机、枪炮练法、水气学
沈寿堃	天津水师学堂驾驶班一届毕业，北洋供差	英	英格林尼治皇家海军学院，枪炮练船	算学、物理、水机、枪炮练法、水气学
黄鸣球	船政驾驶班六届毕业，在北洋供差	英	英海军部枪炮练船、英兵部乌理治炮厂、英海军部爱·伦求克军舰	操放火炮队阵图、驾驶铁甲舰、制造修理、炮法雷学
罗忠尧	船政驾驶班七届毕业	英	格林尼治皇家海军学院2年，英公司过尼外耳及金士奇利士书院1年	水师兵船算学、物理
贾凝禧	船政驾驶班九届毕业	英	英海军部巡海练船、英属地中海海军部丹麦雷铁甲兵船、雷学	测绘海图、练船、驾驶铁甲舰
郑文英	船政驾驶班九届毕业	英	格林尼治皇家海军学院、枪炮练船	算学、物理、水机、枪炮练法、水气学
张秉奎	船政驾驶班九届毕业	英	格林尼治皇家海军学院2年、英公司过尼外耳及金奇利士书院1年	英海军公法、捕盗公法、英法律、拉丁语、英语3年
罗忠铭	船政驾驶班九届毕业	英	格林尼治皇家海军学院2年、英公司过尼外耳及金奇利士书院1年	英海军公法、捕盗公法、英法律、拉丁语、英语3年（提前撤回）
周献琛	船政驾驶班九届毕业	英	英海军部巡海练船、糯次安伯伦铁甲舰	测绘海图、驾驶铁甲舰、练船
邱志范	船政驾驶班七届毕业	英	英海军部枪炮练船、英兵部乌理治炮厂、英海军部爱·伦求克军舰	操放大炮队阵团、驾驶铁甲舰、制造修理、炮法雷法。
王　桐	船政管轮班三届毕业	英	格林尼治皇家海军学院、莫纳克耳克铁甲兵船	轮机

续表

姓名	出身	留学国别	学习单位	学习专业
陈鹤潭	船政管轮班三届毕业	英	英高博士伯尼学堂、英格兰造船厂	驾驶、轮机（病故）
郑守箴	船政制造班三届毕业	法	法学部娜蛮大书院	制造、算学、化学、物理
林振峰	船政管轮班三届毕业	法	法学部娜蛮大书院	制造、算学、化学、物理
陈庆平	船政管轮班三届毕业	法	法工部制造大书院	制造
王寿昌	船政管轮班三届毕业	法	法学部律例大书院	国际公法、法语
李大受	船政管轮班三届毕业	法	法工部制造大书院	制造
高而谦	船政管轮班三届毕业	法	法学部律例大书院	国际公法、法语
陈长龄	船政管轮班三届毕业	法	法海军部制造大书院	轮机、船身制造
卢守孟	船政管轮班三届毕业	法	法海军部制造大书院	轮机、船身制造
林志荣	船政管轮班三届毕业	法	法营造官学堂	制造
杨济成	船政制造班三届毕业	法	（考试不及格）	
林　藩	船政管轮班三届毕业	法	法学部律例大书院	国际公法、法语
游学楷	船政管轮班三届毕业	法	法学部律例大书院	国际公法、法语
许寿仁	船政管轮班三届毕业	法	法学部律例大书院	国际公法、法语
柯鸿年	船政管轮班三届毕业	法	法学部律例大书院	国际公法、法语

注：

①本表名单根据《裴光禄遗集》卷一“奏议”《核估第三届出洋用款并另委洋监督摺》及池仲祐《海军实纪·造舰篇》下（一）福州船政纪略（转见于《清末海军史料》第200~201页）。《遗集》系原始资料，《实纪》系民国初期海军部编史处所纂，较为可靠。在这两份资料中，均有罗忠铭，而没有陈寿彭。但据沈荀玉遗稿《福建船政资料》第十二章第三届留学生表却有陈寿彭，而没有罗忠铭（遗稿系手抄本，藏福建省政协）。且系听闻记载，说陈寿彭是这届翻译，待考。

②根据《清末海军史料》中海军各学校毕业生名单，海军部军学司司长陈景芗《旧中国海军各军事学校及训练机构沿革史》（下册）中“旧中国海军各军事学校历届毕业生姓名籍贯”，以及台湾出版《海军各学校历届毕业生姓名录第一辑》和《海军学校影集》中历年毕业生名单，均未见有陈寿彭之名。而陈寿彭所写《亡妻薛恭人传略》中“癸未余游东洋，……乙酉余游泰西”，乙酉确系1885年，但第三届留学生系光绪十二年即丙戌年（1886）4月6日才出洋，比他乙酉（1885）游泰西还迟一年，可见不是第三届。

③伍光鉴后改名光建，王学廉后改名劭廉，曹廉正后改名廉箴。

④陈鹤潭病故未卒业，杨济成考不及格，罗忠铭被撤回，是否换上陈寿彭待考。

船政法式钟楼及沈公榕

四、船政第四届留学生

自中法战后至光绪二十二年（1896），中止出洋留学有10年之久。甲午战后，闽浙总督兼理船政边宝泉奏称："船政学生学成回华，皆散无事……或被外国聘往办事……或在各国领事署及各洋行充当翻译。我才弃为彼用，我用转需彼才，揆诸养才用才之初心，似相刺谬。若以此而并废出洋之举，是因噎废食，从此更难储上品之才矣。"次年遂又选派第四届出洋学生。但到1900年8月，因经费困难，这批出洋学生又一并撤回。这批出洋学生原拟派10名，其中赴英4名，赴法6名，因英国额满，故只派赴法6名。

监督：吴德章

翻译：沈希南

第四届赴法留学生简况

姓名	出身	留学国别及校别	第二年送入校别
施恩孚	船政前学堂制造班第四届毕业	法国船机官院	卢衣学堂
郑守钦	船政前学堂制造班第四届毕业	法国铁路桥官院	卢衣学堂
丁平澜	船政前学堂制造班第四届毕业	法国铁路桥官院	卢衣学堂
黄德椿	船政前学堂制造班第四届毕业	法国铁路桥官院	卢衣学堂
林福贞	船政前学堂制造班第四届毕业	法国铁路桥官院	卢衣学堂
魏子京	船政前学堂制造班第四届毕业	情况不详	

注：6人中原派卢守孟，嗣因卢调赴比国任翻译，改派魏子京。1900年8月因经费困难一并撤回，此届学未竟成。

五、船政在清末的最后一批留学生

船政第四届留学生中途撤回后，停止派出又将近10年。后来由于日俄战争，日本获胜，雄视东亚，成为世界海权之一霸，清廷鉴于外患逼迫，知海军实为立国之要图，遂急起直追，一面订购舰艇，一面又开始派遣留学生，并由仿效西洋转向东洋。1904~1908年中国外派留学生又盛极一时，其中派赴日本学习人数最多。但船政出身的学生却很少。

派赴驻沪英舰学习的船政学生

姓名	出身	派出时间	学习年限
许建廷	船政学堂驾驶班第十六届毕业	光绪三十年（1904.12）	2年
李国堂	船政学堂驾驶班第十六届毕业	光绪三十一年（1905.5）	2年

派赴英国学习的船政留学生

姓名	出身	留学国别及校别	专业	出国时间	回国时间
许建廷	船政学堂驾驶班第十六届毕业	英国格林尼治及鲍特密夫海军学院	驾驶、天文、战术、水雷、鱼雷	光绪三十二年冬（1906.12）	宣统元年（1909）

派赴日本学习的船政留学生

姓名	出身	学习情况	出国时间	回国时间	备注
王　麒	船政驾驶班第十五届毕业生	后改习陆军	光绪三十二年四月（1906.5）	光绪三十三年夏回国	先入日本商船学校
张哲培	船政驾驶班第十五届毕业生	后改习陆军	光绪三十二年四月（1906.5）	光绪三十三年夏回国	先入日本商船学校
周光祖	船政管轮班第九届毕业生	先入日本商船学校，后转入横须贺炮术学校	光绪三十二年四月（1906.5）	在日6年毕业	

随载洵、萨镇冰赴欧考察留英学习的船政留学生

姓名	出身	留学国别	专业	出国时间	回国时间
叶宝琦	船政驾驶班十九届毕业	英国	驾驶、船炮	宣统元年八月（1909.9）	民国后回国

注：留英计23人，船政仅1人。

随船政提调沈翊清赴日本参观军事演习的船政学生

派出时间：光绪二十五年五月（1899年6月）

出发时间：光绪二十五年八月（1899年9月）

回国时间：十二月初十日（1900.1.10）

派出人：闽浙总督

姓名	职务	出身	备注
沈翊清	领队人	船政提调	随员林黻桢（林则徐曾孙）
张启正	法文翻译	船政艺圃毕业	第一届留法学生
贾凝禧	英文翻译	船政后学堂驾驶班九届毕业	第三届留英学生
王　麒	参观学习	船政学堂学生	官派公费留学生
张哲培	参观学习	船政学堂学生	官派公费留学生
华承德	参观学习	船政学堂学生	官派公费留学生
许崇仪	参观学习	船政学堂学生	官派公费留学生
许崇智	参观学习	船政学堂学生	官派公费留学生
冯耿光	参观学习	船政学堂学生	官派公费留学生
林　启	参观学习	船政学堂学生	公派自费留学生
刘崇杰	参观学习	船政学堂学生	公派自费留学生
沈永清	参观学习	船政学堂学生	公派自费留学生

屹立在马尾造船厂的首任
船政大臣沈葆桢塑像

第十五章

福建船政对中国近代化发展的贡献

第一节　船政诞生了中国第一支近代化海军舰队

同治九年（1870）八月，沈葆桢一面造舰，一面开始组建舰队。当陆续造成“万年清”、“湄云”、“福星”等舰时，认为船政所造各舰，虽归船政大臣调遣指挥，但船政大臣“因职守所羁，无从历风涛以兼顾”，又认为“轮船号数渐多不能不分布各口，平日各不相闻，号令参差”。他奏请简派熟悉海疆、忠勇素著的大员一人“以为统领”。同月二十五日（9月20日），清政府任命福建水师提督李成谋作为“轮船统领”，也就是这支新式海军舰队的第一任司令。这时船政是中央机构，不属福建地方政府，且随后所制各舰分驻沿海各省，大大超出福建之外；这支舰队又订有《轮船训练章程十二条》及《营规三十二条》，初步建立了舰队的训练制度，可以说是中国第一支近代化海军舰队的雏形，不能称为“福建海军”。光绪十六年撤销船政大臣，改隶福建疆吏管辖，此后另当别论了。

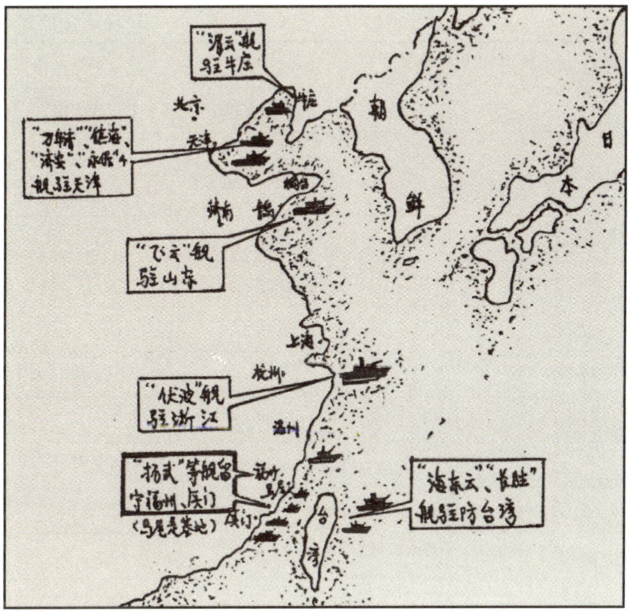

中国第一支近代化舰队布防沿海各口图

到1875年这支舰队已拥有16艘舰船。1874年日本侵台之前，这支舰队分布沿海各省港口。

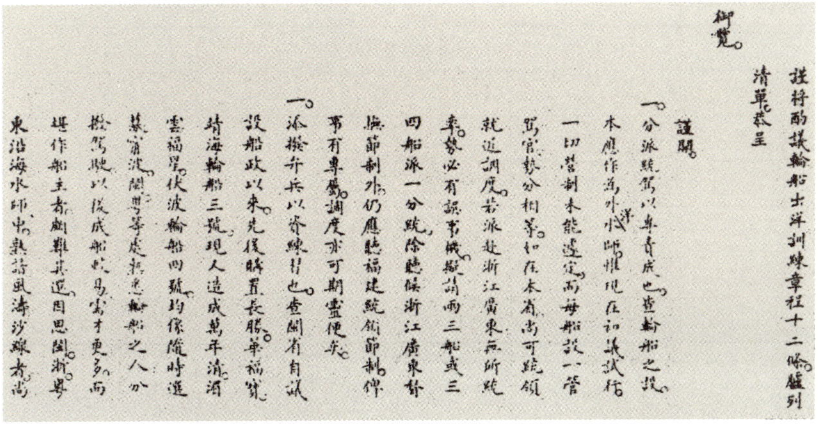

謹將酌擬輪船出洋訓練章程十二條繕列清單恭呈

御覽

謹開

一、分派統領以專責成也。查輪船之設本應作為外洋水師，惟現在初議試行，一切營制未能遽定，而每船設一管駕官，勢分相等，如在本省，尚可統領就近調度，若派赴浙江、廣東，無所統率，勢必有誤事機。擬請兩三船或三四船派一分統，除聽候浙江、廣東督撫節制外，仍應聽福建統領節制，俾事有專屬，調度亦可期靈便矣。

一、添撥弁兵以資練習也。查閩省自試設船政以來，先後購買長勝、華福寶、靖海輪船三號，現又造成萬年清、湄雲、福星、伏波輪船四號，均係隨時選募寧波、閩粵等處熟悉輪船之人，分撥駕駛，以後成船較多，需才更多，而堪作船主者頗難其選，因思閩浙、粵東沿海水師中，熟諳風濤沙線者尚

中国第一支舰队的《训练章程十二条》（部分）

沈葆桢

首任船政大臣，组建中国第一支近代海军舰队。

李成谋

中国第一支近代海军舰队第一任司令（轮船统领）。越二年罗大春接统。光绪五年八月又改派彭楚汉为统领。

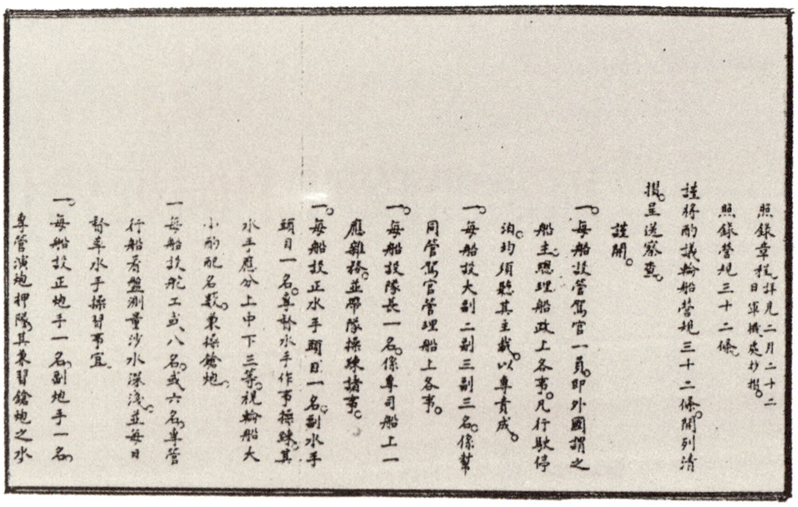

照錄章程（並光二月二十二日準撫憲札抄摺）
照錄營規三十二條。
謹將酌擬輪船營規三十二條開列清摺，呈送察查。
謹開。
一、每船設管駕官一員，即外國謂之船主，總理船政上各事。凡行駛停泊，均須聽其主裁，以專責成。
一、每船設大副二副三副三名，係幫同管駕官管理船上各事。
一、每船設隊長一名，係專司船上一應雜務，並帶隊操練諸事。
一、每船設正水手頭目一名，副水手頭目一名，專督水手作事操練，其水手應分上中下三等，視輪船大小酌配名數，兼操鎗炮。
一、每船設舵工或八名或六名，專管行船看盤測量沙水深淺，並每日督率水手操習事宜。
一、每船設正炮手一名，副炮手一名，專管演炮押隊，其兼習鎗炮之水

中国第一支舰队的《营规三十二条》（部分）

轮船统领所属舰船管驾变化情况表

船名	制成日期	管驾任职日期及姓名					
		1873年前	1875年前	1877年前	1878年前	1881年前	1884年前
万年清	1869.9（同治八年）	贝锦泉　沈顺发		郑溥泉○			
湄云	1870	屠宗年					
福星	1870	杨永年			许济川		陈英○
伏波	1871	贝珊泉		林国祥○			吕文经○
安澜	1872	吕文经○	郑渔				
镇海	1872	陆伦华					
飞云	1872	吴世忠	吕文经○	吕翰○　柴梓芳			黄伦苏
扬武	1872	贝锦泉		吴世忠	刘世昌　张成○	张成○	张成○　柴梓芳
靖远	1873	张成○					
振威	1873			沈有恒	李田○		林维山　许寿山
济安	1873	郑渔	吴世忠				林国祥○
永保	1873	林文和	林文和				林文和
海镜	1873	柯国华					
琛航	1874			林高辉	杨永年		
大雅	1874						
元凯	1875		沈有恒	贝珊泉			
海东云	同治八年（购）	张成○	叶富				
长胜	同治八年（购）	吕翰○	黎家本○	李田○	陈绍芳　韦振声		
建胜	1876到华		郑溥泉○	陈毓淞			林森林
福胜	1876到华						翁守正

注：船政初期制成的舰船的管驾多由旧式水师出身人员任职。1873年下半年后，才开始擢用船政学堂毕业生，而毕业生中最早被提拔为管驾的则是广东的张成和吕翰，分任“海东云”、“长胜”两船船长，是当时艺童出身中的最高的官阶。后来所用亦多系广东人。图中姓名下划横线者为非船政学堂出身，有○者则系船政学堂出身且系广东人，说明沈葆桢用人重人才且并无畛域之见。

第二节 船政设立水雷所并创建中国第一家鱼雷厂

1881年船政曾设立水雷所，制造水雷，但效果不好。1885年1月，接受中法马江海战失败的教训，左宗棠、张佩纶、杨昌濬一面招募自广东回闽的水雷专家陆汝成和杨仰曾试制水雷，一面奏请从德国购买鱼雷艇和鱼雷，由留德学习鱼雷的船政学生陈才瑞主持创建鱼雷厂。1886年7月建成，开始仿造鱼雷。同年9月，向德国购买的新式鱼雷艇“福龙”号到厂，派陈才瑞、陈兆翱验收，准备仿造。次年鱼雷厂制配铁划坪一座、验鱼雷铁水柜一副。1889年向德国购买的鱼雷机件23件到厂。终因此时中国国家安全战略发生了改变，国防方针亦由之变化，海军军费仅占军费的6%左右，兼管船政的裴荫森将鱼雷厂裁员，接着卞宝第终因经费困难上奏撤销鱼雷厂，但仍继续制造水雷。

船政自制的水雷

19世纪80年代的鱼雷

遗留至今的鱼雷厂外景

遗留至今的鱼雷厂旧式机床

鱼雷厂内鱼雷库之一角

“福龙”号

向德国购买的大型鱼雷艇，1886年9月到厂，派陈才瑞、陈兆翱验收，船政准备仿造。裴荫森奏派船政驾驶班学生陈应濂为首任管驾。

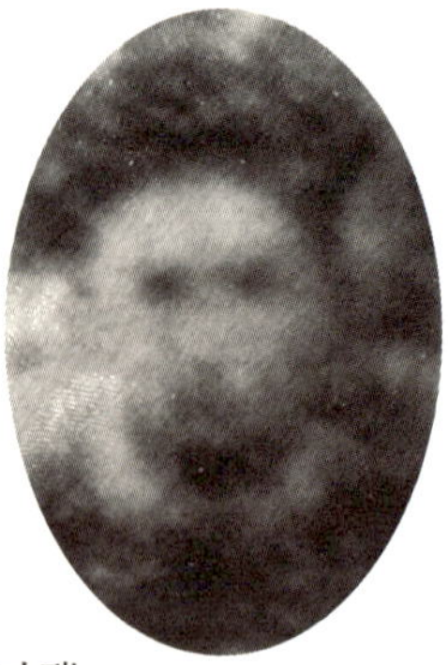

陈才瑞

船政前学堂制造班第二届毕业，1881~1884年留德学习鱼雷，回国后任船政鱼雷工程总司（总工程师），着手筹建鱼雷厂。

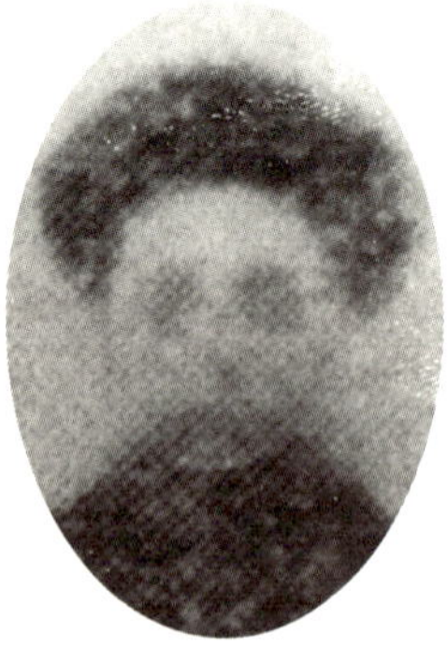

杨仰曾

船政委绅，精求西学，能自制电雷、碰雷，尤能造自发蚌雷，能开能合，放船之下，机发人离，几分钟后两雷并发，威力极大。

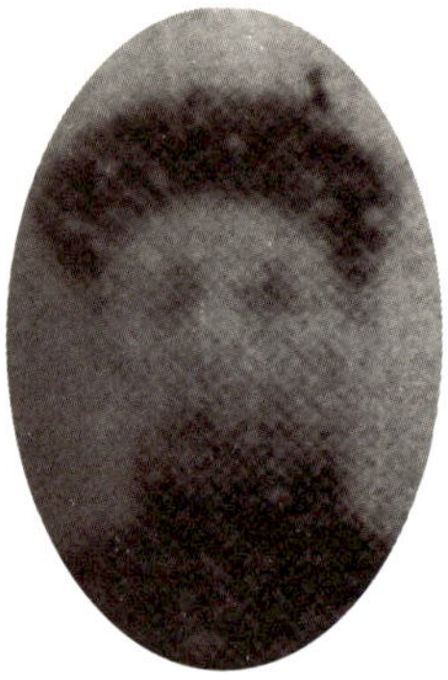

陆汝成

船政委员，从英人哈伦学习，通晓化学，能自制水雷、火箭、雷引。他制成的子母雷能把巨木扎成的九层方牌（厚8尺）击起离水十多丈，曾在乌龙江口演放，闽浙总督杨昌濬等亲临观看。

第三节　船政培养了大批造船和海军人才

一、晚清由船政学堂正规培养的制造、管轮、驾驶人才的人数

学堂名称	专业班别	毕业届数	毕业生人数
船政前学堂	制造班	7	143
船政后学堂	驾驶班	19	241
	管轮班	11	126
总计			510

注：① 不包括晚清招收、民国毕业的119人，若连同民初毕业的共629人。
② 不包括绘事院、艺圃培养的人才。

二、晚清船政出身的留学生人数

学堂名称	专业班别	英	法	德	日	美	比	西	荷	奥	合计
船政前学堂	制造班	(1)	46	1			(1)				49
船政后学堂	驾驶班	31		(1)	2	1		(1)			36
	管轮班	4	1	2	1	1	1			(1)	11
艺圃	学徒		9								9
合计		36	56	4	3	2	2	1		1	105

注：① 制造班第八届2人系自费未计。第六届2人非清季派出，已计入。
② 管轮班只计至第十届止。第十一至第十四届系民国派出，未计在内，有括号的系1人去2国。
③ 本表参阅陈景芗《旧中国海军各军事学校及训练机构沿革史（下册）》
附录：《旧中国海军各军事学校历届毕业生姓名籍贯》（省政协藏）。
④ 管轮班第三届王桐、陈鹤潭2人据陈景芗《沿革史》说是留法造舰，但据第三届留学生送出报表系留英，本表按留英统计。
⑤ 个别系民国才去洋留学。但届别属晚清的亦统计在内。

三、出洋监造舰船

船政利用南北洋海军向外订制各种舰船的机会派出船出身的人员出洋监造，以历练、提高造船管理人才。

向外国订制舰船派出监造人员表

时间	订制舰名	订制国	监制人员	
			姓名	学历
光绪六年（1880）	“定远”、“镇远”、“济远”	德	刘步蟾 魏瀚、陈兆翱、郑清廉	船政后学堂驾驶班第一届毕业 船政前学堂制造班第一届毕业
光绪十一年（1885）	“致远”、“靖远”	英	林鸣埙 张启正、陈和庆	船政前学堂制造班第二届毕业
光绪十一年（1885）	“经远”、“来远”	德	曾宗瀛 裘国安、黄戴	船政前学堂制造班第二届毕业

注：其他非船政出身人员监制的舰船未列入。

由船政出身的刘步蟾、魏瀚、陈兆翱、郑清廉在德国伏尔铿厂监制的“镇远”舰

由船政出身的刘步蟾、魏瀚、陈兆翱、郑清廉在德国伏尔铿厂监制的“定远”舰

由船政出身的刘步蟾、魏瀚、陈兆翱、郑清廉在德国伏尔铿厂监制的“济远”舰

由船政出身的林鸣埙等在英国监造的“靖远”舰

由船政出身的曾宗瀛等在德国监造的“来远”舰

由船政出身的曾宗瀛等在德国监造的“经远”舰

四、派员赴各地主持各船坞、造船厂工作

光绪六年（1880）清廷在大沽口建的木船坞，又称大沽造船厂，民国后改称海军大沽造船所。委船政出身留学回国的罗丰禄为总办。1881年建成。

甲午战后，江南制造总局的船坞长期荒废。1905年4月船坞独立，称江南船坞（民国后改称海军江南造船所），归海军管辖，以船政出身的叶祖珪、萨镇冰先后任督办，船政驾驶班第八届毕业生吴应科为总办。

大沽船坞

主持大沽船坞的总办罗丰禄

一度荒废的江南船坞

民国海军大沽造船厂

留学英国时的叶祖珪

首任江南船坞督办，船政学堂驾驶班第一届毕业。

刘冠南

1916~1925年出任海军江南造船所所长，船政管轮班第二届毕业。

戎装的萨镇冰

继叶祖珪任江南船坞督办，船政驾驶班第二届毕业。

陈兆锵

首任海军江南造船所所长，船政管轮班第二届毕业。

民初新建的大沽船坞（3000吨级）

江南船坞民国后改称海军江南造船所

光绪十八年（1892），英商在厦门厦禾路附近建造石船坞。1919年，由福建省督军兼省长李厚基赎买收回。1924年，李出走后王永泉盘踞厦门。北京政府后派海军练习舰队司令杨树庄率舰队进攻厦门，船坞遂移归海军管辖，修理千吨以下军舰和外轮。海军曾派船政出身的韩玉衡任总办。

韩玉衡（1883~1967）

又名仲英，福州人。船政后学堂第十届管轮班毕业。曾留学美国习飞潜各技。历任海军部科长、厦门船坞总办、厦门造船所所长，1932年任马尾造船所所长。

中国工人正在厦门船坞修船

厦门船坞

厦门船坞大门（今厦门造船厂大门）

厦门造船厂厂部生产工地

厦门造船厂第三工地及钢材堆放场

厦门造船厂第三工地

1992年建造的厦门造船厂第三工地，可建造3000吨船舶，1993年成功建造省首艘1800吨举力浮船坞。

五、辐射各地筹办海军各军事学堂

（一）天津水师学堂

1880年8月李鸿章奏请在天津机器局东局之旁设立天津水师学堂，调原船政提调吴仲翔为总办、船政驾驶班一届留英回国的严复为总教习（后升任会办、总办）。

吴仲翔

原船政提调、补用道，天津水师学堂总办。

严复

天津水师学堂总教习（教务长）、会办（副校长）、总办（校长），系船政驾驶班第一届留英毕业生。

初创的天津水师学堂

天津水师学堂总办严复（前坐）、正教习萨镇冰（二排右一）与同学叶祖珪（二排左一）、贾凝禧（二排中）等合影

严复一家与萨镇冰（三排右二）、叶祖珪（三排右三）、贾凝禧（萨、叶间）等在军舰上合影

（二）黄埔水师学堂

光绪六年粤督刘坤一在黄埔长洲平岗仿福建船政后学堂建“实学馆”，张之洞后改名为“博物馆”，调原福建船政教习汤金铸、汤金铭分别任提调、总文案负责筹办。1887年改名广东水陆师学堂，调原船政提调、后委办天津水师学堂的吴仲翔任学堂中的水师学堂总办。1893年谭钟麟督粤，改名黄埔水师学堂，陆师学生解散。

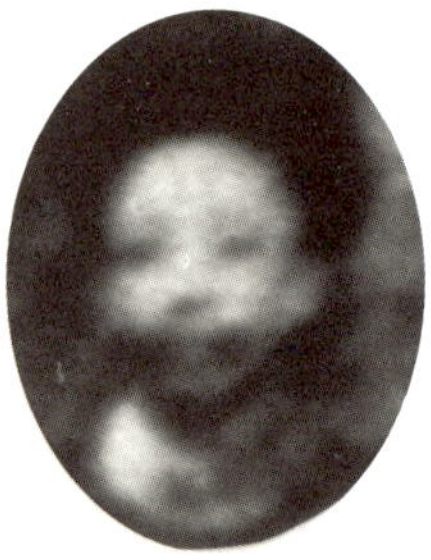

汤金铭

广东“实学馆”总文案，原福建船政教习。

黄埔水师学堂

魏瀚

黄埔水师学堂、黄埔水师鱼雷学校、黄埔水师兼办工业学堂总办，船政出身。

黄埔海军学校校门

孙中山在广东护法，南北政府对立，南方军政府不与黄埔海校为敌，校长邓聪保照样向北京政府海军部请示报告，直到1922年北京拨不出经费，广东也不予维持，学校才被迫停办。

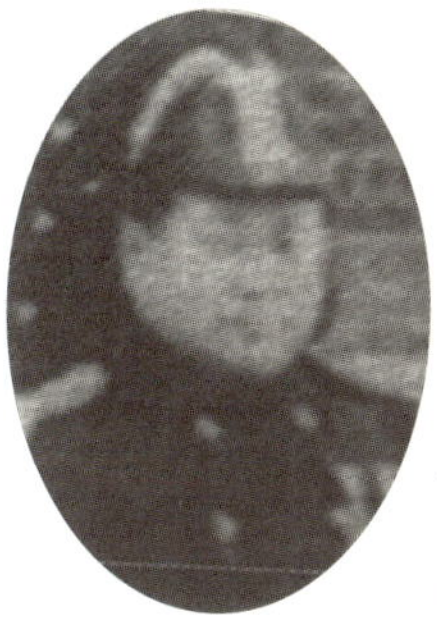

刘义宽
继魏瀚任总办，船政管轮班二届毕业。

（三）黄埔海军学校

光绪三十年（1904），将黄埔水鱼雷局并入水师，改名为“黄埔水师鱼雷学堂”。翌年复附设工业学生100名。改校名为“黄埔水师兼办工业学堂”。黄埔水师学堂、黄埔水师鱼雷学堂、黄埔水师兼办工业学堂的总办均由船政出身的魏瀚担任。

辛亥革命中黄埔水师兼办工业学堂一度中断，未几重行复课，刘义宽继魏瀚为总办。1912年春，改校名为“黄埔海军学校”。1917年由海军部接管，改称“广东海军学校”。在此之前均由广东省主持。1922年广东内部派系倾轧，被迫停办。

李田
改总办制为校长制时任校长，船政驾驶班一届毕业。

邓聪保
1917年改称广东海军学校时任校长，船政驾驶班二届毕业。

孙中山与黄埔海校师生合影

黄埔海军学校校舍

黄埔船局

广东黄埔船局、水鱼雷局、水师学堂全景

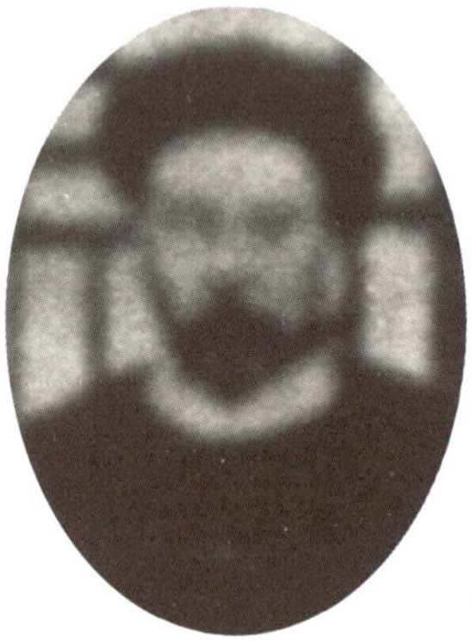

黄埔船局总办王葆辰

（四）黄埔船局

1885年2月，张之洞利用柯拜、录顺船坞在黄埔开设黄埔船局。曾委船政总监工出身的王葆辰为黄埔船局总办。1904年6月由魏瀚任总办，魏离职后由刘义宽留守。魏、刘均系船政出身。

留用至今的黄埔船局柯拜船坞

叶祖珪

总理南北洋海军、提督广东水师兼督办江南水师学堂，船政留英毕业生。

江南水师学堂校景之一

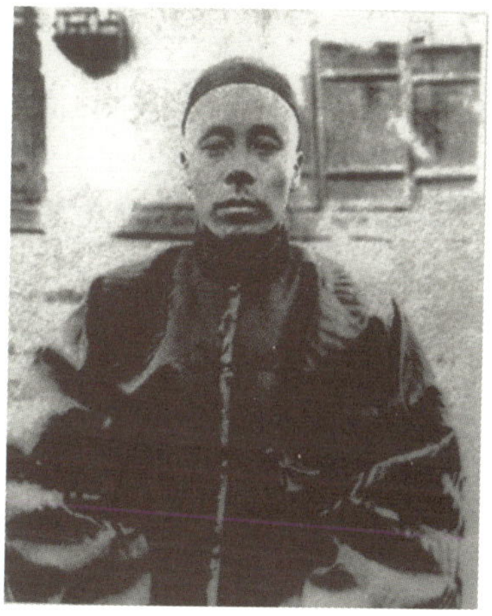

蒋超英

江南水师学堂总办、监督，船政留英毕业生。

（五）江南水师学堂

光绪十六年（1890）清廷在南京仪凤门内设江南水师学堂。船政出身的蒋超英任提调（后升为总办）。1905年学堂直隶海军总理，由叶祖珪为督办，蒋超英为总办。同年4月改总办为监督，仍以蒋超英连任。宣统元年（1909），学堂改称南洋海军学堂，监督仍为蒋超英。辛亥革命后学堂办学中断。

江南水师学堂督办办公室

江南水师学堂校景之二

鲁迅、陈绍宽等都曾在此读书。

烟台海军学堂全景

（六）烟台海军学堂

1903年冬由北洋海军帮统萨镇冰在烟台金沟寨村“嵩武左营”旧址、1905年又在“嵩武右营”旧址陆续建成烟台海军学堂。

萨镇冰在烟台海校题匾“才储作楫”

烟台海校监督（校长）谢葆璋（福建长乐人）
及女冰心

扼烟台港口之崆峒岛与烟台海校

第四节 协助筹办上海招商局，促进中国航运业的发展

1872年，李鸿章在福建船政帮助下，在上海筹办轮船招商局。这是清末最早设立的最大轮船航运业，承运漕粮兼运商货。

上海招商局仓库

“大雅”号

船政制造的第15号轮船，1874年建成后拨归招商局使用。

“海镜”号

招商局初建时，船政调拨的1000吨以上的三艘运输船之一，1874年建成，1258吨。

上海轮船招商局

上海轮船招商局码头

第五节　船政创设中国第一家电报学堂并敷设中国第一条海底电缆

1835年美国人莫尔斯发明电报，鸦片战争迫使中国五口通商后，英人于闽江口川石岛设大东电报公司，敷设川石至上海、川石至香港海底电缆。随后丹麦大北电报公司偷将电线从水下引到陆上，接通上海，以后在厦门—福州—马尾架设电线，这是外国人办的有线电报。

1876年3月船政大臣丁日昌在船政学堂附设电讯专业班，亦称电报学堂，招生数十人，聘丹麦大北公司工程师培训人才，到1882年共培养电讯人员140人。这是中国历史上第一家电报学堂。

1877年丁日昌命游击沈国先负责办电报，船政学堂电报专业学生苏汝灼、陈平国负责工程技术，先搞台湾线路，7月架设，9月5日旗后—台湾府—安平的95里电报线路架设完毕，10月对外营业。

1879年英、法、德、美各国准备在上海设立万国电报公司，其中有上海—福州线（福沪线），中国为了自办沿海陆线，由船政电报专业协助架设了马尾—福州、马尾—川石、马尾—长门、马尾—三都专线，同年福州与省内各县电报线路亦建成。

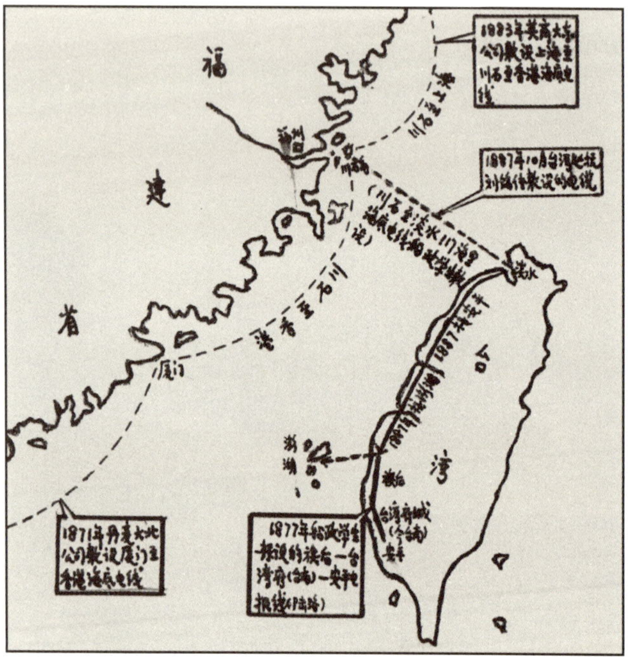

19世纪70～80年代中国初设的有线电报线路示意图

中国第一家电报学堂就附设在船政学堂里

刘铭传

台湾巡抚。1887年10月敷设台湾沪尾（今淡水）至福州川石山的海底电线。

1887年10月，台湾巡抚刘铭传敷设沪尾（淡水）至福州川石山的海底电线（电缆）竣工，全长117海里。飞霆炮舰改装为水线船，专修水线，两岸开始直通电报，此条海底电缆的技术人员多是船政学堂学生。

1880年10月，天津继设电报学堂。1882年，南京、上海亦设。1890年，台湾也设。都比马尾船政晚几年。到1882年，船政共培养出电讯专业人员140人。

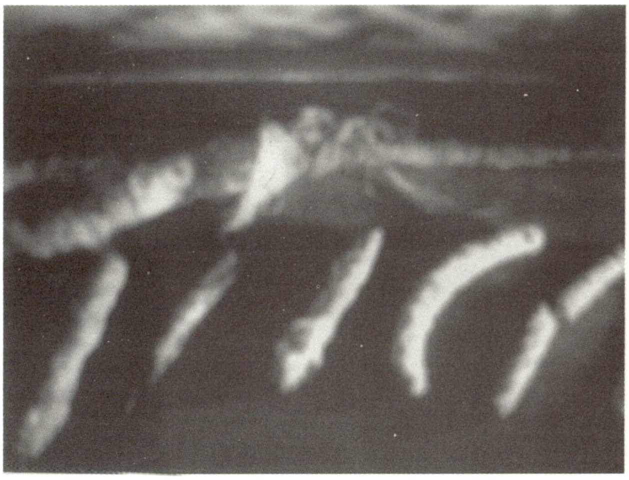

淡水—川石岛海底电缆残存

1887年10月，受台湾省首任巡抚刘铭传邀请，船政电报学堂毕业生参与敷设从台湾淡水至福建川石岛的海底电缆，全长117海里。2003年12月1日在连江县川石岛觅到当年海底电缆残存物。

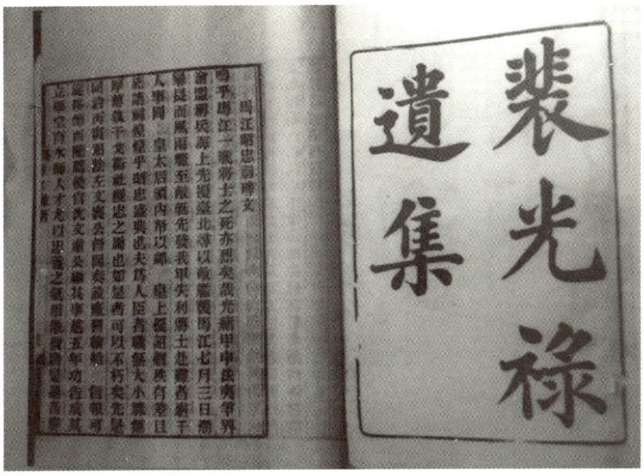

船政大臣裴荫森遗集记载，“张佩纶任内购买电机全副，于船政公署内另盖洋式楼房一座，作为电报房，派学生数人专递紧要之事，以与将军行署、督抚首署互通消息”。中法马江战争爆发前后，马尾与北京电讯频繁，说明船政不仅最早办电报学堂，建设电缆、电线，而且能制造电报机件。

丁日昌

1876年3月9日船政大臣丁日昌在船政学堂设电讯专业班（又称电报学堂），招生32名，派唐廷枢与丹麦大北电报公司订立《清丹国电线公司教习学生条款》，并接管福州至马尾的电报专线。

李鸿章

直隶总督，1877年6月在天津从东局至衙署16里试设陆路电报线，由船政闽粤学生主持架设。

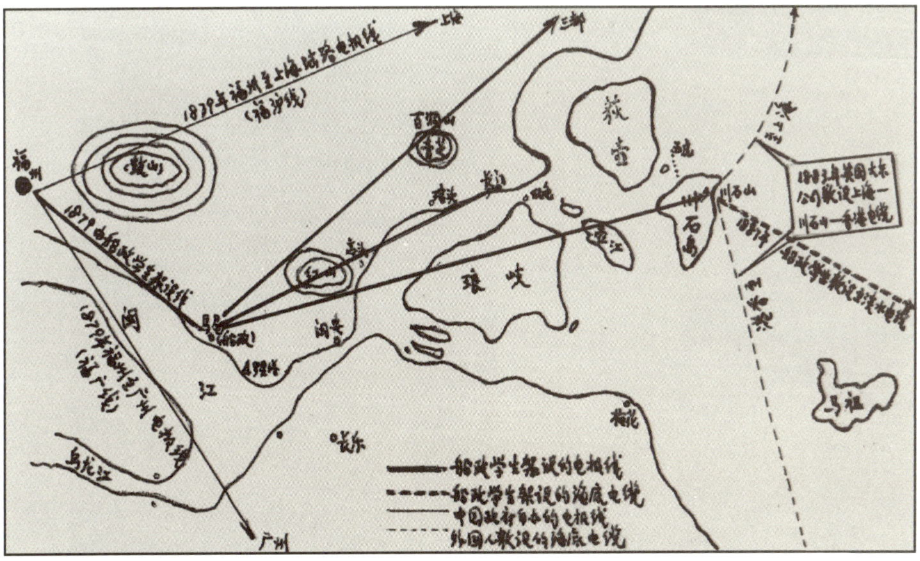

早期中国电报线路中枢——川石示意图

注：据许世英《闽海巡记》（中华民国四年八月）第18页载，“船经川石山下有洋房数座为电报局、外人避暑处及医院……”可见川石山下有电报局，当时川石为东西南北电报中枢。

第六节　船政是中国使用电灯之始

1802年国外已开始研究用电发光。1841年英国莫林斯获得白炽灯的专利。1878年爱迪生加以改进，发明了白炽碳丝灯，获得专利。1879年9月27日，外文报纸《新报》报道“船政试用电灯”。这是中国使用电灯照明之始。船政使用电灯，比上海（1882年使用）早约3年，比天津（1888）早约9年，比北京更早了10余年。

船政自1879年最早试用电灯之后，接着购买电机，添造电光坪、电灯房（发电厂），逐步扩大使用电灯。1889年船政由外洋购到电光灯器一架，在钦差衙署后墙发电，这是福州电灯民用的开始。1904年6月在鱼雷厂旧址设立的铜元局亦发电供夜间铸币照明用。

1906年10月设在北京前门内西顺城街的京师华商电灯公司电厂开始发电，为京城内外部分路灯和商店、官府中约8000盏电灯提供电力。但在此之前北京只有紫禁城、颐

“镜清”号

“建安”号

“平远”号

船政在中国最先设厂发电使用电灯（图中烟囱处即发电厂）

装上电灯的北京皇城大高玄殿前牌楼

“平海”号夜景

1897年7月，船政大臣裕禄奏议提到未有电灯设备的已造之船，“随船配电机2部，电光灯2架，10瓦电灯300盏”。从此船上普遍采用电灯照明，但光度很小，每盏只10瓦，技术仍很落后，直至民国后才大大改良。1936年中国仿制的“平海”舰装饰的电灯，已是灯光辉煌、电光灿目，殊属可观。

1892年，船政大臣卞宝第奏设长门山炮台，当时山上就设有探照灯，系用反射器形成集中光束，光强度高，可用来探照远处目标或用作信标。此炮台亦称电光山炮台，可知船政用探照灯之早。

和园和东交民巷使馆区使用电灯照明，但仍比船政晚了多年，说明船政员工在科技应用上能面向世界、急起直追。

1885~1886年船政制造的“镜清”、“寰泰”铁胁巡洋舰不仅配备电光照明，而且已装上探照灯（用抛物面反射镜）。

1888年1月下水的“平远”（原名“龙威”）钢甲舰由中国自行设计、自行建造，船上有电光照明，装备了探照灯，还有电风扇。

1898~1902年船政制造的同型姊妹舰“建威”、“建安”鱼雷快舰，船头都装有探照灯，舱内都有照明设备和电风扇。

闽江口长门电光山炮台

第七节 船政最早使用机器制造大清铜币

原铜元局厂房

铸造铜币，中国夏、商、周三代早已开始，但是用机器制造却是始自船政。1885年，船政受闽浙总督杨昌濬之托，用冲床（冲压机）冲压铜币，每枚重8分5厘，这是中国最早的机制铜币。1904年，福州将军兼船攻大臣崇善将船政鱼雷局改为铜元局，开工冲压，机制出铜元，日产10万枚，后因贪污腐败告终。

原铜元局有厂房11间、熔炉52座、引擎1台、锅炉3座、辗片机12台、舂饼机8台、光边机11台、印花机20台，设备齐全，日产铜币10万枚。

1903年6月，清廷赏给广西候补道魏瀚四品卿衔，着会办船政事宜。1904年6月，魏瀚因反对铜元局喧宾夺主、把船政变成铸币厂而与崇善意见不合，被参离开船政。

船政铜元局用机器制造的铜币

铜元局遗留的部分旧机器

御史奉旨清查铜元局

奉旨清查铜元局的御史陈壁（上图中）查出内情，上本参劾，崇善心腹铜元局总办马景融、会办船政提调马庆祺等一并被革职。1907年2月铜元局奉旨停办。

第八节　船政培养了大批近代化科技人才和外交人才

一、清末船政毕业生对铁路建设的贡献

路名	姓名	籍贯	船政毕业届别	留学国别	铁路工作任职情况
京张铁路	詹天佑	婺源（赣）	后学堂驾驶班第八届毕业	第一批幼童赴美留学	1905~1909年主持修建中国自建的第一条铁路——京张铁路（今京包线、北京至张家口段），并培养了中国第一批铁路工程师
	郑诚	闽	前学堂制造班一届		1911年任会办
京汉铁路	李大受	闽	前学堂制造班三届	第三届留法	1906年任养路副总管
	卢守孟	闽	前学堂制造班三届	第三届留英	1906年任行车总管
	高而谦	闽	前学堂制造班三届	第三届留法	1907年任总监督

续表

路名	姓名	籍贯	船政毕业届别	留学国别	铁路工作任职情况
京汉铁路	郑清廉	闽	前学堂制造班一届	第一届留法	1908年任总监督
	王寿昌	闽	前学堂制造班三届	第三届留法	1911年任会办（1899年先任总翻译）
正太铁路	丁平澜	闽	前学堂制造班四届	第四届留法	1908~1923年任总办、局长
汴洛铁路	郑清廉	闽	前学堂制造班一届	第一届留法	1907年任总办
	丁平澜	闽	前学堂制造班四届	第四届留法	1908年任总办（原广九铁路提调）
广九铁路	魏瀚	闽	前学堂制造班一届	第一届留法	1909年任总办
漳厦铁路	陈庆平	闽	前学堂制造班三届	第三届留法	1907年任总工程师
	王廼澜	闽	前学堂制造班二届	第二届留法	1907年任副总工程师
京绥路铁	郑诚	闽	前学堂制造班一届		1911年任总办
川汉铁路	詹天佑	赣	后学堂驾驶班八届	第一批幼童赴美留学	1909年任总工程师
粤汉铁路	詹天佑	赣	后学堂驾驶 班八届	第一批幼童赴美留学	1910年任督办

詹天佑

京张铁路总工程师。船政后学堂第八届毕业。后任川粤汉铁路督办。

1905年10月2日由詹天佑主持的京张铁路开工。这是中国人首次自行建造的铁路，由北京丰台经居庸关，越八达岭至张家口，全长370千米。

京张线青龙桥段的“之”型铁路，是詹天佑铁路设计中最具有代表性的一项杰作，詹天佑从此被誉为“铁路之父”。

1909年京张线完工后，清廷调詹天佑为川汉铁路总工程师。

京张铁路开工盛况

京张线的南口机车房

青龙桥“之”型铁路

修筑京张铁路时詹天佑（右一）、郑诚（前排自下而上三，船政前学堂制造班第一届毕业）与同僚合影

正太铁路隧洞之一

由船政出身的李大受、卢守孟、高而谦、郑清廉、王寿昌等任要职的京汉铁路修通

王寿昌

船政前学堂第三届毕业、船政第三届留法毕业，1911年任京汉铁路会办。

川汉铁路开工典礼

前排正中左一为詹天佑。

丁平澜

船政前学堂第四届毕业、船政第四届留法毕业。1908~1923年任正太铁路总办、局长。

正太铁路通车

1904~1907年修筑的正定至太原（后改为由石家庄至太原，原名称未变）铁路由船政出身的丁平澜任总办，丁后任局长。

正太铁路石拱桥之一

广九铁路通车典礼

1909年由船政出身的魏瀚任广九铁路总办。前排左三为魏瀚。

1910年的罗湖车站

广九铁路之香港路段完工。该路段从尖沙咀至罗湖，长35.2千米。

二、清末船政毕业生对矿业冶金建设的贡献

1910年粤汉铁路公司推举詹天佑任总理兼总工程师，清廷将已修筑到宜昌的川汉铁路的总工程师詹天佑调任粤汉铁路督办。

1909~1922年中国政府延长京张线至包头，形成京绥线。总办由船政出身的郑诚出任。

罗臻禄（1846~1904）

字醒尘，福建闽县人。船政前学堂制造班第一届毕业。1875年6月与汪乔年、吴德章、游学诗等人自行设计、自行监造“艺新”船。次年赴法留学，入汕答佃矿务学堂和巴黎国立高等矿务学院学习矿务。回国后由张之洞聘为广东矿务委员并创办湖北铁政局（今武钢前身）。后任山东省矿务督办，又到俄罗斯勘矿，为中国矿业的发展做出了一定的贡献。1904年病逝，享年59岁。

湖北铁政局

张之洞创办，船政出身的罗臻禄具体主持。

湖北铁政局

船政出身的池贞铨、张金生、游学诗等参与技术工作。

詹天佑（中立者左边）视察英德大桥

1910年粤汉铁路公司推举詹天佑任总理兼总工程师，清廷将已修筑到宜昌的川汉铁路的总工程师詹天佑调任粤汉路督办。

1911年施工中的大洋河桥

池贞铨

林日章

三、清末船政毕业生对地质勘探矿务工作的贡献

姓名	籍贯	船政毕业届别	留学届别国别	担任勘探矿务工作概况
林日章	闽	船政前学堂制造班第一届毕业	第一届留法	在中国最早采用西法炼银 1880年勘探开滦煤矿 勘探开平、福州穆源煤矿 曾任登州府属铅矿开采提银的监工
林庆升	闽	船政前学堂制造班第一届毕业	第一届留法	1895年勘探福州穆源煤矿
池贞铨	闽	船政前学堂制造班第一届毕业	第一届留法	参加勘探福州穆源煤矿 1882年查勘烟台铅矿 1889年参加湖北铁政局工作 1890年复勘湖南邵阳新华煤矿 1891年勘探马鞍山煤矿 1893年勘探湖北兴山千家平铜矿 1907年与沈渝庆创建赣州铜矿
张金生	闽	船政前学堂制造班第一届毕业	第一届留法	1885年任台湾煤矿师 1889年受聘湖北铁政局 1890年复勘湖南邵阳新华煤矿 1891年勘探马鞍山煤矿 1893年勘探湖北兴山千家平铜矿 1893年勘探兴国大冶之百泉湾铝矿

续表

姓名	籍贯	船政毕业届别	留学届别国别	担任勘探矿务工作概况
游学诗	闽	船政前学堂制造班第一届毕业		1882年整顿基隆煤矿 1889年参加湖北铁政局工作 1890年筑建大冶铁矿并勘探大冶王三石煤矿
杨济成	闽	船政前学堂制造班第三届毕业	第三届留法	1897年参与勘探厦门潮头矿藏
罗臻禄	闽	船政前学堂制造班第一届毕业	第一届留法	1889年前任广东矿务委员，主持矿务工作
严复	闽	船政后学堂驾驶班第一届毕业	第一届留英	曾任开平矿务局总办

注：1885年试办福清石竹山锡矿，1898年再次勘探古田、穆源煤矿等，均由船政学生充作矿师。

煤矿熔矿炉

由船政出身的游学诗主持勘探大冶煤矿。

开滦矿区

由开平、滦州两矿合并成立开滦矿务总局，由船政出身的林日章主持勘探煤矿。

由船政出身的游学诗主持开采的大冶铁矿山

开平矿务局

开平矿务局

船政出身的林日章在此主持勘探。

开平矿务局总办　严复

游学诗

第九节　船政促进了中西文化交流

一、清末船政毕业生对促进中西文化交流的贡献

姓名	籍贯	船政毕业届别	留学届别国别	主要译著
严复	闽	后学堂驾驶班第一届毕业	第一届留英	介绍西方资产阶级社会经济政治学说的译著有《天演论》、《原富》等，另著《沤轲纪经》
陈季同	闽	前学堂制造班第一届毕业	第一届留法	介绍欧洲风土人情社会现状的著作有《西行日记》、《三乘槎客诗文》等；又翻译中国儒家书籍及古典文学名著《红楼梦》、《聊斋志异》等，“西国文学之士，无不折服”
王寿昌	闽	前学堂制造班第三届毕业	第三届留法	著有《晓斋诗文稿》、《晓斋笔记》，其与林纾合译著《巴黎茶花女遗事》、《茶花女》，对文学界产生了广泛影响
陈寿彭	闽		第三届留英	1894年翻译《中国江海险要图志》，并著有《太平洋诸岛古迹考》，介绍新几内亚以东诸岛情况；另著《格致正轨》、《八十日环游记》等
罗丰禄	闽	后学堂驾驶班第一届毕业	第一届留英	翻译《海外名贤事略》、《贝斯福游华笔记》、《要隘形势地图》
郑守箴	闽	前学堂制造班第三届毕业	第三届留法	翻译《喝茫蚕书》，介绍欧洲选种育蚕方法。
詹天佑	赣	后学堂驾驶班第八届毕业	幼童留美	《京张铁路工程纪要》、《京张铁路标准图》、《华英工程词汇》
罗臻禄	闽	前学堂制造班第一届毕业	第一届留法	著有《西行课记》
吴德章	闽	前学堂制造班第一届毕业	第一届留法	著有《西欧日史》
李寿田	闽	前学堂制造班第一届毕业	第一届留法	著有《笔记》
王葆辰	闽	船政总监工		著有《扶轮辑要》

续表

姓名	籍贯	船政毕业届别	留学届别国别	主要译著
杨廉臣	闽	前学堂制造第一届毕业	第一届留法	著有《日记》
梁炳年	闽	前学堂制造第一届毕业	第一届留法	著有《西游日录》
徐建寅		船政提调		著有《测地捷法》、《兵学新书》
日意格	法	船政监督	船政第一届留学生监督	著有《船政学堂技术常用词典》、《法汉袖珍词典》、《福州船政局》
董毓琦	闽	船政同知委员，绘事院管理督课艺童	船政委员	著有《星算补遗》、《笠写壶金》、《交食南车》、《筹笔初梯》、《髀矩测营》、《九环西解》等
沈翊清	闽	船政提调	曾赴日考察	著有《东游日记》
李凤苞		船政总考工	第二届留学生华监督	译书12种如《克虏伯炮说》、《攻守炮法》、《营垒图说》等，多是介绍军事武器的专书
马建忠		船政随员	船政第一届留学生	著有《马氏文通》，对中国语法界影响极大；还著有《适可斋纪言纪行》等
(集体)	闽	船政毕业生	船政留学生	编有《旗灯通语》、《要隘形势地理图说》
高鲁	闽	1905年前在船政学堂学习	被送比利时布鲁塞尔大学学习	编有《长春历书》、《星象统筹》、《相对论原理》、《中国观象台之过去与未来》、《空中航行术》、《积分释文》，以及《世界联邦论》等，还发明天璇式中文打字机，获巴拿马国际博览会奖

1896年严复译的《天演论》宣传“物竞天择，适者生存”，主张力今胜古、天赋自由、鼓民力、开民智、新民德等，震动了古老的中华大地。桐城派名家吴汝纶赞道：“以赫胥黎氏名理，得吾公雄笔，合为大海东西奇绝之文，爱不忍释。”可知影响深远。

严复（1854~1921）

福建侯官（今福州）人，原名宗光，字又陵，又字幾道，船政后学堂驾驶班第一届毕业，曾赴英国留学，回国后历任船政学堂教习、天津水师学堂总教习。主张向西方学习，反对顽固保守，提倡新学，发表许多译著，唤起国人救亡图存。1898年9月14日曾被光绪帝召见，询办理海军、开设学堂及变法事。曾主办《国闻报》，协办通艺学堂，对当时思想界影响极大。

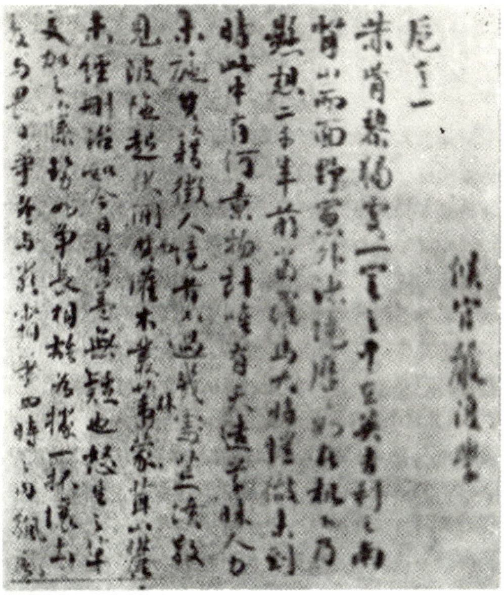

严复译《天演论》手稿

北京大学的前身是京师大学堂，成立于1898年。当时它是作为百日维新的第一要政而设立的中国最高学府，是“戊戌变法”成果仅存者。

1912年2月25日成立的国民政府任命严复为京师大学堂总监督，3月8日就职。5月1日京师大学堂改称北京大学，总监督改称校长，5月3日任命严复署理北京大学校长，5月4日严复就任北京大学第一任校长。

1921年严复病逝。毛泽东同志评价严复：“自从1840年鸦片战争失败那时起，先进的中国人，经过千辛万苦，向西方国家寻找真理。洪秀全、康有为、严复和孙中山，代表了中国共产党出世以前向西方寻找真理的一派人物。”

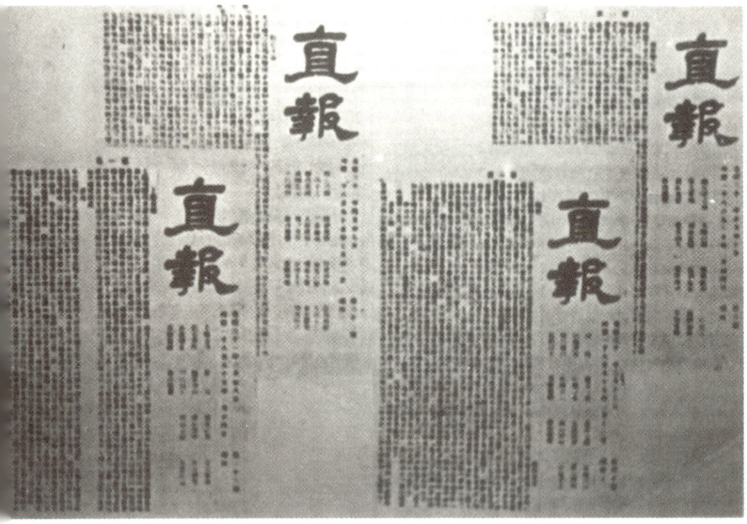

严复在天津《直报》上发表宣传变法维新的论著《论世变之亟》、《原强》、《辟韩》、《救亡决论》等

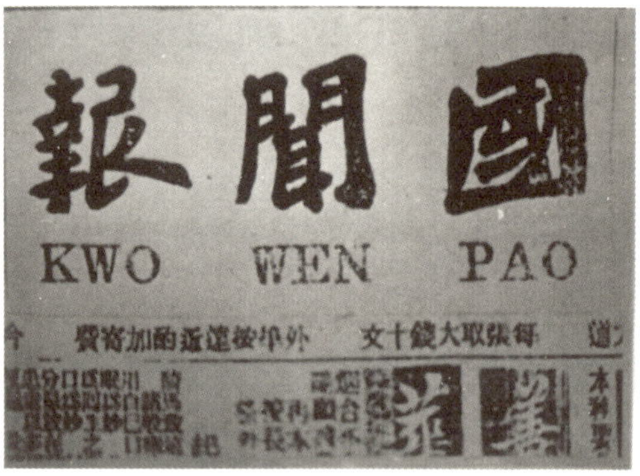

严复创办的《国闻报》

严译名著

1889~1911年严复翻译的世界六大名著。中国学术界对他评价很高。梁启超说：我中国英文、英语之见重既数十年，学而通之者，不下数千辈，而除严又陵外，曾无一人能以其学术思想输入于中国。严复提出的翻译三标准——信、达、雅，成为今日翻译界的准则。

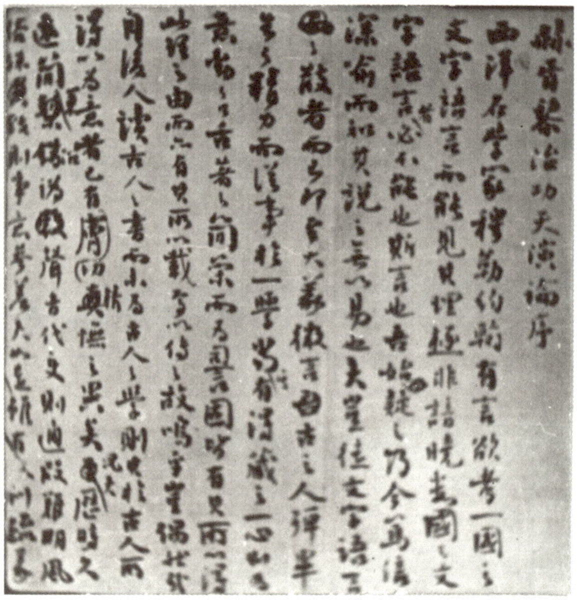

《天演论·序》手稿

这是严复为《天演论》写的序言。

严复墓

《中国人自画像》是陈季同的成名作，从一个中国人的立场出发，对本民族的社会生活和中西文化发表看法，从而开启了中国人独立从事此种文化交流活动的先河。他的法文著作甚多，“极得法国文坛赞许”，但在国内却湮没无闻。这不能不说是历史研究者的一个疏忽。

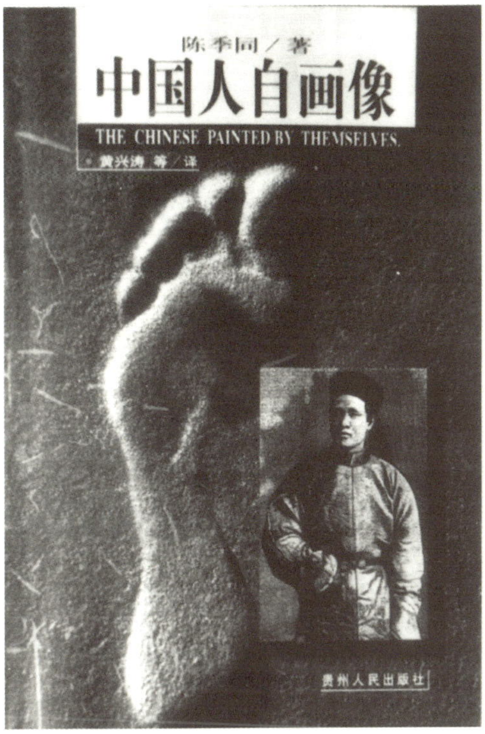

陈季同的法文著作《中国人自画像》首次出版的中文译本封面

京师大学堂（北京大学前身）遗址

京师大学堂校牌

末任京师大学堂总监督、首任北京大学校长——严复

1910年京师大学堂师生合影

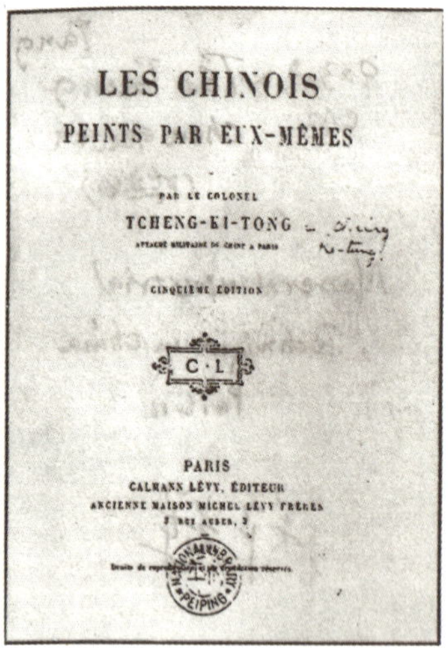
LES CHINOIS
PEINTS PAR EUX-MÊMES
PAR LE COLONEL
TCHENG-KI-TONG
CINQUIÈME ÉDITION
C·L
PARIS
CALMANN LÉVY, ÉDITEUR
ANCIENNE MAISON MICHEL LÉVY FRÈRES
3, RUE AUBER, 3

法文版《中国人自画像》

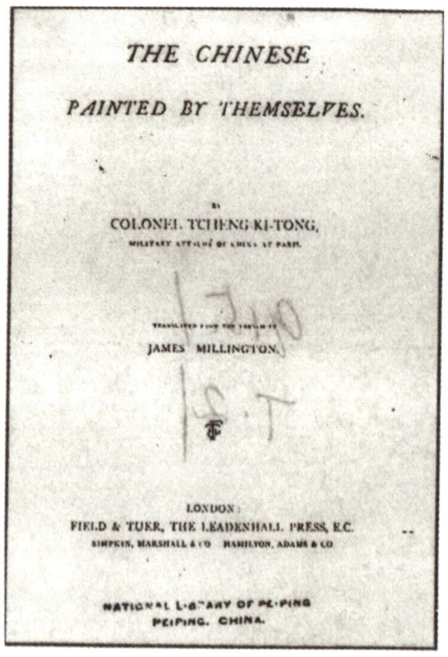
THE CHINESE
PAINTED BY THEMSELVES.
BY
COLONEL TCHENG-KI-TONG,
JAMES MILLINGTON.
LONDON:
FIELD & TUER, THE LEADENHALL PRESS, E.C.
SIMPKIN, MARSHALL & CO.; HAMILTON, ADAMS & CO.
NATIONAL LIBRARY OF PEIPING
PEIPING, CHINA.

英文版《中国人自画像》

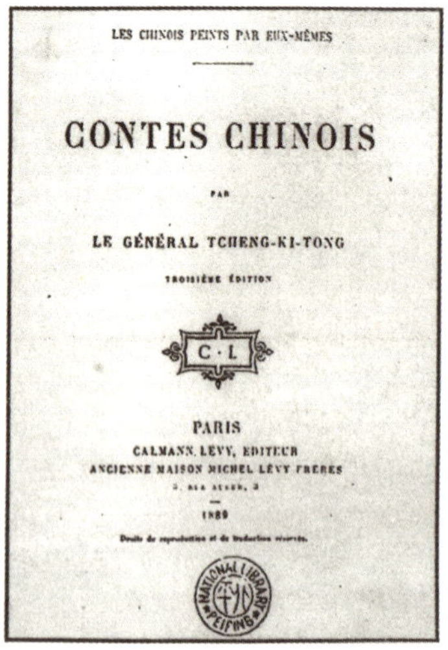
LES CHINOIS PEINTS PAR EUX-MÊMES
CONTES CHINOIS
PAR
LE GÉNÉRAL TCHENG-KI-TONG
TROISIÈME ÉDITION
C·L
PARIS
CALMANN LÉVY, ÉDITEUR
ANCIENNE MAISON MICHEL LÉVY FRÈRES
3, RUE AUBER, 3
1889
Droits de reproduction et de traduction réservés.

法文版《中国故事》

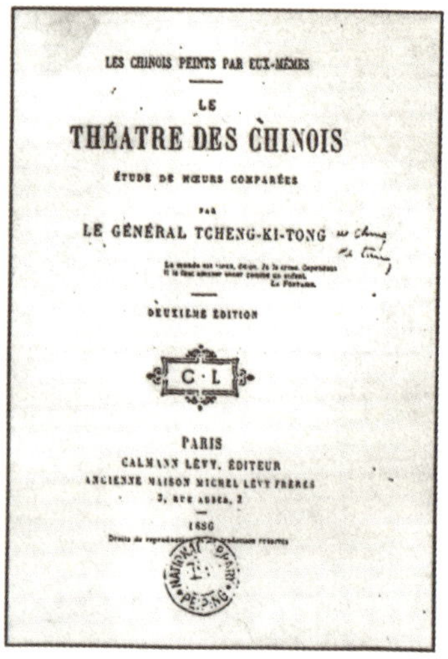
LES CHINOIS PEINTS PAR EUX-MÊMES
LE
THÉATRE DES CHINOIS
ÉTUDE DE MŒURS COMPARÉES
PAR
LE GÉNÉRAL TCHENG-KI-TONG
DEUXIÈME ÉDITION
C·L
PARIS
CALMANN LÉVY, ÉDITEUR
ANCIENNE MAISON MICHEL LÉVY FRÈRES
3, RUE AUBER, 3
1886

法文版《中国戏曲》

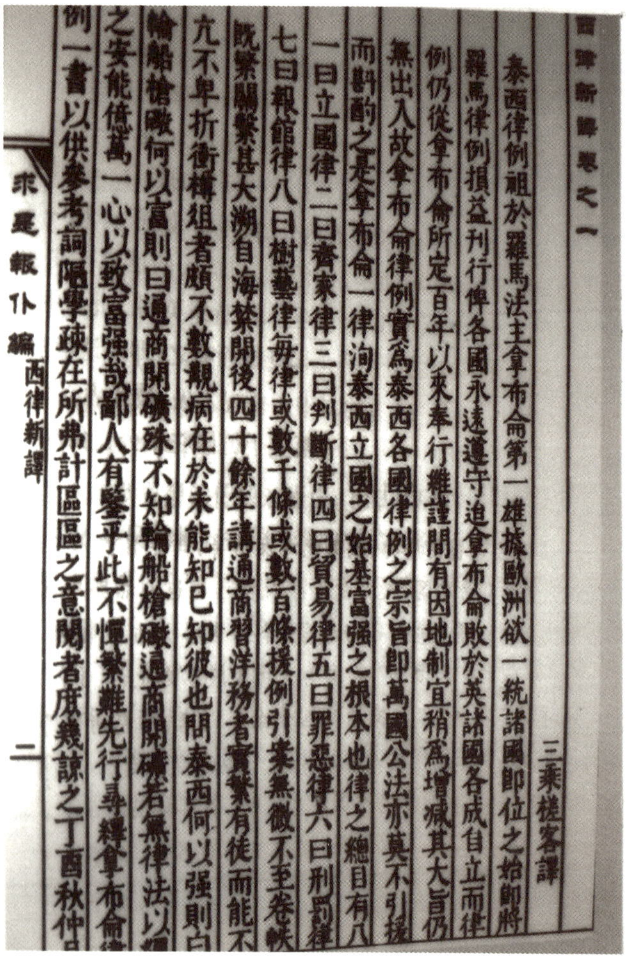
西律新譯卷之一

三乘槎客譯

泰西律例祖於羅馬法主拿布侖第一雄據歐洲欲一統諸國即位之始即將羅馬律例損益刊行俾各國永遠遵守迨拿布侖敗於英諸國各成自立而律例仍從拿布侖所定百年以來奉行維謹間有因地制宜稍爲增減其大旨仍無出入故拿布侖律例實爲泰西各國律例之宗旨即萬國公法亦莫不引援而斟酌之是拿布侖一律洵泰西立國之始基富强之根本也律之總目有八一曰立國律二曰齊家律三曰判斷律四曰貿易律五曰罪惡律六曰刑罰律七曰報館律八曰樹藝律每律或數千條或數百條援例引案無微不至卷帙既繁關繫甚大溯自海禁開後四十餘年講通商習洋務者實繁有徒而能不亢不卑折衝樽俎者頗不數覯病在於未能知己知彼也問泰西何以强則曰輪船槍礮何以富則曰通商開礦殊不知輪船槍礮通商開礦若無律法以維之安能億萬一心以致富强哉鄙人有鑒乎此不惴繁難先行尋繹拿布侖律例一書以供參考詞陋學疎在所弗計區區之意閱者庶幾諒之丁酉秋仲

求是報 外編 西律新譯 二

陈季同为其所译《拿破仑律例》加的按语

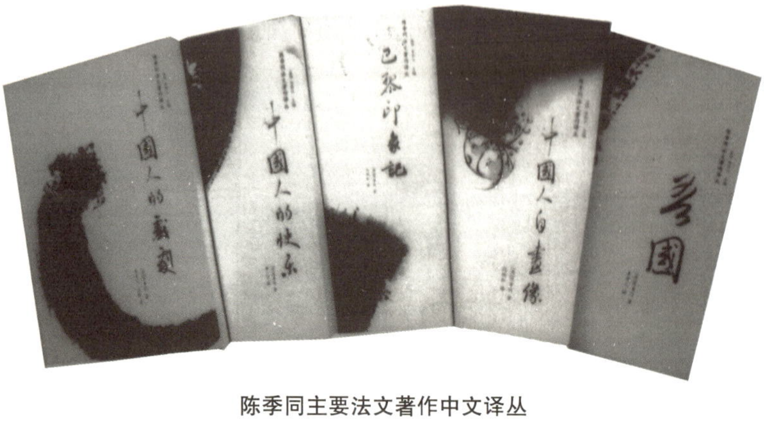

陈季同主要法文著作中文译丛

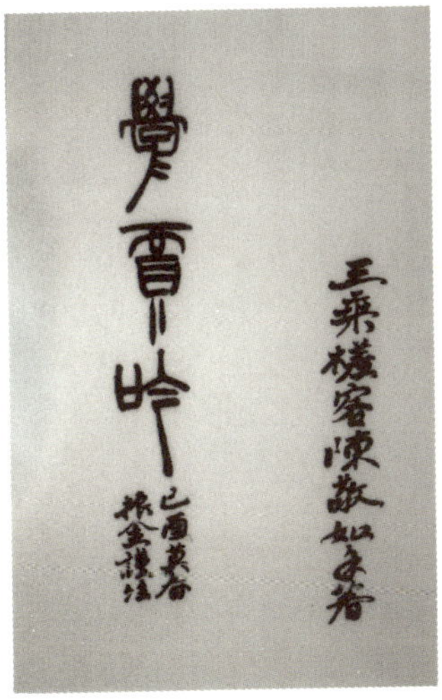

《学贾吟》扉页

1896年夏，陈季同受贵州青溪矿务局创办人曾衡甫之邀，到湘黔考察新兴的采矿事业，沿途诗作收入《学贾吟》。《学贾吟》经钱南秀整理，由上海古籍出版社2005年出版。

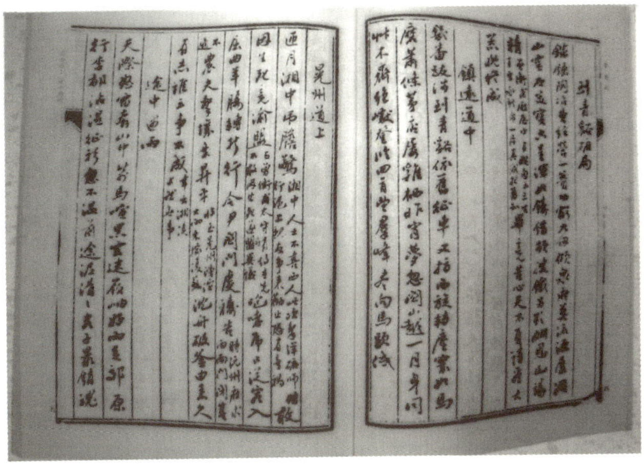

《学贾吟》文稿

林纾

福州人林纾根据王寿昌口译法文小说，然后笔述成绝美的汉语译文。

船政制造第三届毕业生王寿昌留法归来后与林纾在马尾共同翻译《巴黎茶花女遗事》，轰动了中国文坛。

王寿昌与林纾在船政储材馆共同完成了170多种译著。王精通法文，林擅长文言文，后由魏瀚出资刊印，“不胫走万本”，影响很大。

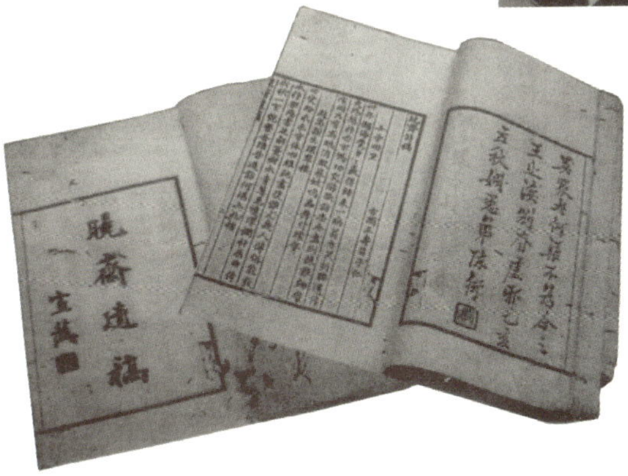

王寿昌著《晓斋遗稿》

王寿昌

船政储材馆变为林译小说译馆

马建忠

船政首届留学生随员马建忠兼任驻法公使郭嵩焘的翻译，回国后帮李鸿章办洋务。

马建忠的著作《马氏文通》是中国第一部全面系统的语法著作，在中国文化史上的贡献和影响是重大而深远的，其《东行三录》中收入《甲午战事电报录》，对研究甲午战争提供了第一手资料。

马建忠著《适可斋记言》指出：“洋商入内地，执半税之印照，连樯满载，卡闸急予放行；而华商候卡之稽查，倒箧翻箱，负累不堪言状。……”

英国用50年测绘中国沿海港湾方成《中国江海险要图志》，有图208幅，陈寿彭译本至今对中国海防、航运、地理方面仍有参考价值。

徐建寅曾任船政提调，著译甚多，在船政期间写成《测地捷法》1卷，系统介绍测绘方法；另著有《兵学新书》，“人诵其书，感称救世奇士”。他的译书就有15种。

沈葆桢长孙沈翊清曾任船政总稽查、提调、会办大臣。1899年10月率随员林散桢（林则徐曾孙）、王麒、许崇智等25人赴日本观看军事演习、考察军事，次年1月回国。著有《东游日记》一卷，《船政奏议》一卷。

沈翊清

马建忠部分著作

这是最早的法文版中译本《巴黎茶花女遗事》（原名《茶花女》）。

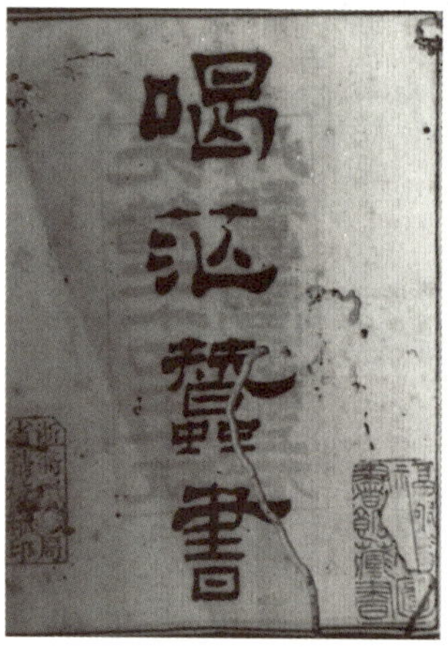

郑守箴译的《喝茫蚕书》封面

郑系福建侯官（今福州）人。船政前学堂制造班第三届毕业。船政第三届留法毕业生。

《适可斋记言》封面

船政第三届留英学生陈寿彭翻译的《新译中国江海险要图志》

徐建寅《欧游杂录》原刻本封面

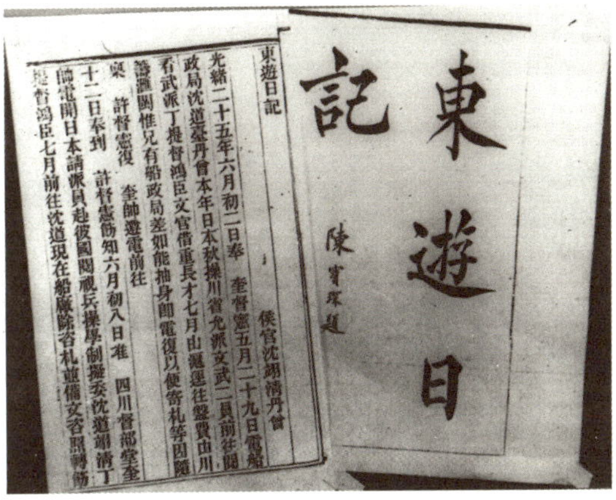

《东游日记》书影

这是沈翊清赴日本阅操回国后所著，详细记述参观秋操、船厂、军舰、学校的经过。

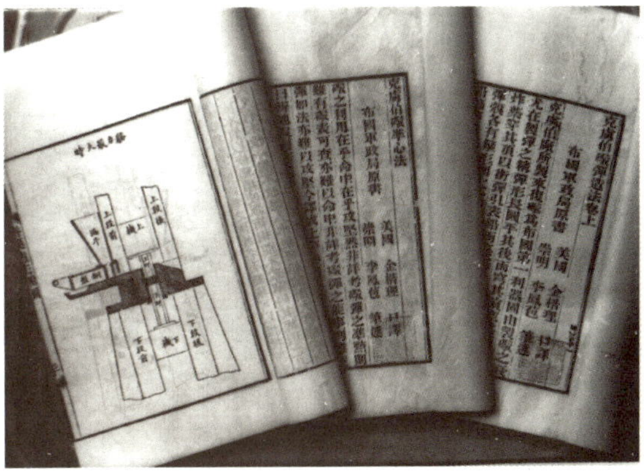

李凤苞与人合作译书12种

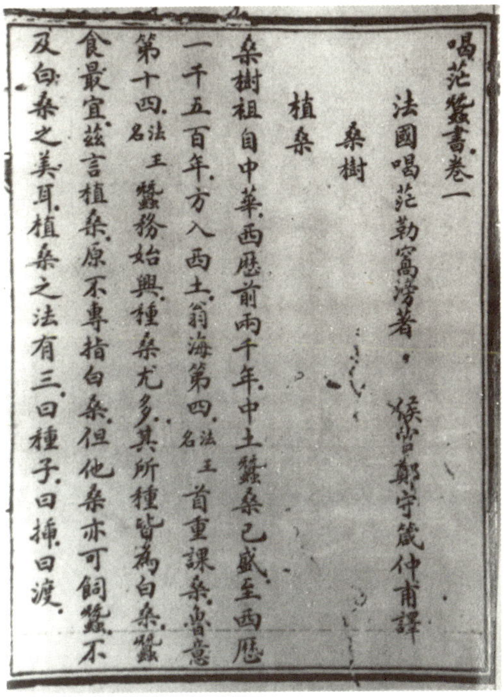
喝茫蠶書卷一
法國喝茫勒窩滂著　侯官鄭守箴仲甫譯
桑樹
植桑
桑樹祖自中華西歷前兩千年中土蠶桑已盛至西歷
一千五百年方入西土翁海第四名法王首重課桑曾意
第十四名法王蠶務始興種桑尤多其所種皆為白桑蠶
食最宜茲言植桑原不專指白桑但他桑亦可飼蠶不
及白桑之美耳植桑之法有三曰種子曰揷曰渡

《喝茫蚕书》书影

《喝茫蚕书》介绍了欧洲选种育蚕方法。

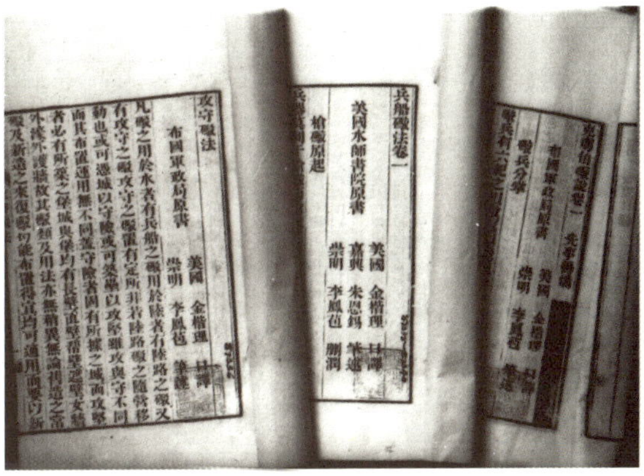

美国金楷理口译、李凤苞笔述的军事武器的部分专书

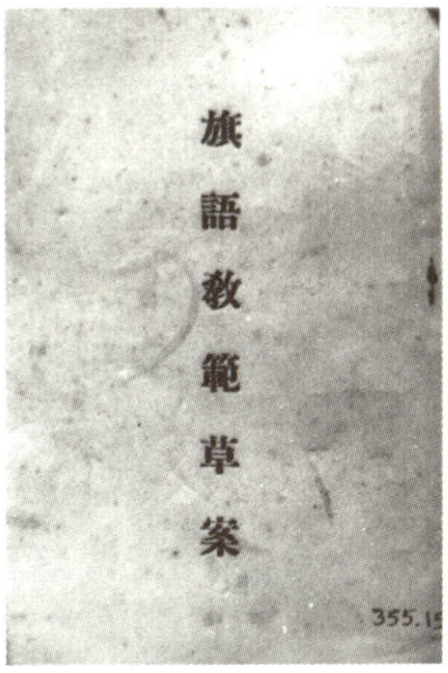

船政福州籍留学生据外国航海知识集体编写了《旗灯通语》、《要隘形势地理图说》、《旗语教范草案》等书。

李凤苞（1834~1887）

字丹崖，江苏崇明（今属上海）人。曾任江南制造局编译，后调船政为总考工、船政第一届及第二届留学生监督。1878年出使德国，不久兼使奥、意、荷三国。在德国订购军舰，受贿银60万两，1884年被革职。

福建长乐人高鲁20岁毕业于船政学堂，1905年赴比利时留学，得博士学位。高鲁通晓历代实用天文学，回国后曾任中国中央观象台台长，编成《长春历》，正式测定北京经纬度，打下中国近代天文气象研究基础。他在驻法公使任内发明天璇式中文打字机，获巴拿马国际博览会奖。

初建的紫金山天文台

《世界联邦论》、《相对简论》、《积分精义》、《图解天文学》、《中国天文学史》、《星象统筹》、《中央观象台之过去与未来》、《空中航术》、《相对论原理》、《晓窗随笔》等，对天文、气象及相对论在中国的传播有一定的贡献。

高鲁（1877~1947）

此前曾任中国天文学会会长、留欧学监，并亲身勘址筹建南京紫金山天文台，因调任驻法公使，举荐厦门大学天文系主任余青松接替。毕生著述甚多，是中国近现代天文学研究的先行者。

高鲁亲自勘址、设计和筹建的南京紫金山天文台当年由于配备了亚洲地区最大的反折射天文望远镜而有“远东第一台”之称。

高鲁一生著述甚丰，主要有《近代欧洲外交史》、

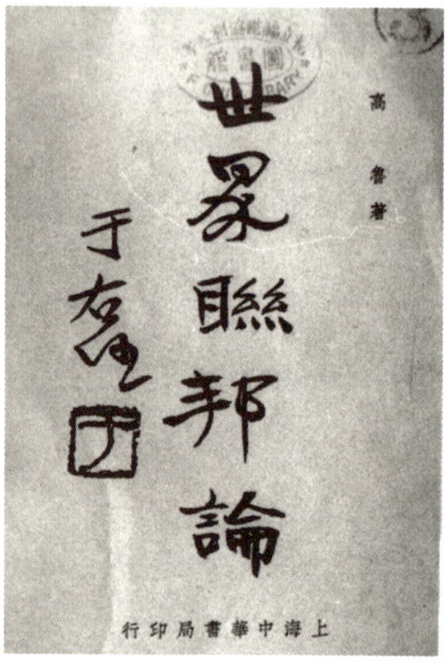

由于右任题写书名的高鲁著作封面

二、清末船政毕业生在外事方面任职情况

姓名	籍贯	船政毕业届别	留学国别届别及所学专业	担任外事工作情况
陈季同	闽	前学堂制造班第一届毕业	第一届留法，造舰、法律	1873年任船政洋人办公所翻译，1877年后任驻德、法参赞，并代理驻法公使，兼任比、奥、丹、荷4国参赞
罗丰禄	闽	后学堂驾驶班第一届毕业	第一届留英，气象、化学、格致	1877年任船政第一届留学生翻译，回国后任李鸿章翻译，1896～1902年任驻英、比、意公使
李芳荣	闽	前学堂制造班第二届毕业	第二届留法，营造、枪炮	驻法参赞官署翻译
郑　诚	闽	前学堂制造班第一届毕业		1881～1886年任驻美使臣郑藻如的翻译，回国后任船政翻译
王福昌	闽	前学堂制造班第二届毕业	第二届留法，硝药	曾任船政翻译
吴德章	闽	前学堂制造班第一届毕业	第一届留法，轮机、火炮	1902～1904年任驻奥匈帝国公使
魏　瀚	闽	前学堂制造班第一届毕业	第一届留法，造船、造炮	出色的外交人才，屡与外人交涉
王寿昌	闽	前学堂制造班第三届毕业	第三届留法，公法	曾任京汉铁路总翻译
高而谦	闽	前学堂制造班第三届毕业	第三届留法，公法	1908年任外务部右参议并在云南办理中法事务，次年任外交部左丞
李寿田	闽	前学堂制造班第一届毕业	第一届留法，轮机、造船	参加广西、云南勘界
林庆升	闽	前学堂制造班第一届毕业	第一届留法，制造、理法	参加广西、云南勘界
卢守孟	闽			为张德彝出使英、意、比随员，驻意使馆翻译

陈季同系侯官（今福州）人，船政前学堂第一届毕业，第一届留法。曾随日意格赴英、法、德、奥四国，次年著《西行日记》。由都司超擢参将并加副将衔，自习英、德、拉丁各文。李凤苞任驻德、法公使时，季同为翻译，旋升驻德法参赞、代理驻法公使兼比、奥、丹、荷四国参赞，后留北洋办理洋务。台湾巡抚唐景嵩请他署任台湾布政使，甲午战后反对割台，台湾成立台湾民主国，陈任外交部部长。

罗丰禄，字稷臣。闽县（今福州）人。船政后学堂驾驶班第一届毕业，船政第一届留英兼华洋翻译、文案。1878年兼驻德、驻英公使馆翻译。1880年回国充当李鸿章外交顾问兼翻译，4月任天津大沽船坞总办，不久调升水师营务处道员、天津水师学堂会办。《马关条约》签订后随李鸿章赴俄参加《中俄密约》谈判，后出任驻英兼驻意、比国公使。授三品京堂衔。1901年任驻俄公使，授太仆寺卿。

陈季同（1851~1907）

罗丰禄（1850~1903）

李鸿章出使西欧时留影

李鸿章左为翻译罗丰禄，前排左第一人为李经述（李鸿章之子），第二人为李经方（李鸿章之子）。

罗臻禄、罗丰禄兄弟是出身于人才辈出的福州仓山罗园世家，这个家族源远流长，家学代代相承，培育出许多英才。

罗丰禄纪念章

这是光绪二十五年十二月（1900年1月），时任中国驻英公使的罗丰禄访问英国伯明翰造币厂时，该厂为他特制的铅质纪念章。

左：人像下方英文为“中国大臣”，上方为“罗丰禄稷臣先生”。

右（背面）：“纪念中国大臣阁下访问伯明翰造币厂，1900.1”。

这枚纪念章直径为3.9厘米，厚0.25厘米，重17.7克。

罗园大门及门楣

罗太仆碑

“文化大革命”时碑被红卫兵破坏，现存寺中。

重建的罗丰禄墓

罗丰禄墓

罗丰禄神道碑

丰碑耸立，荣禄大夫封赠六代
禄高一品，稷臣爵士外交世家

第十六章 船政在海防建设和反侵略斗争中的表现

第一节 挫败日本侵台巩固海防

1874年5月7日，日本利用琉球国难民船（渔船）在中国台湾南部牡丹社与当地人民发生冲突事件，开始派舰入侵台湾，清政府遂派沈葆桢巡台，并调淮勇7000和船政所属轮船舰队赴台，相持8个月。日本见无胜算可操，遂在英公使帮助下与中国进行谈判，主和派奕䜣、李鸿章却做出可耻的让步，赔款50万两，以换取日本撤军，变相承认琉球是日本属土，助长了日本此后对华的扩张野心。

一、琉球原是中国的属国

琉球群岛原有36岛，北部9岛，中部11岛，南部16岛，分山南、山北、中山3部分。明洪武五年（1372），中山王统一琉球，朝贡中国，得到明廷的册封和厚赐。从此直至清朝，琉球国每一个国王继立必表贡册封，举世公认琉球是中国的属国。

琉球人在北京的生活，与中国人传统生活毫无差别。

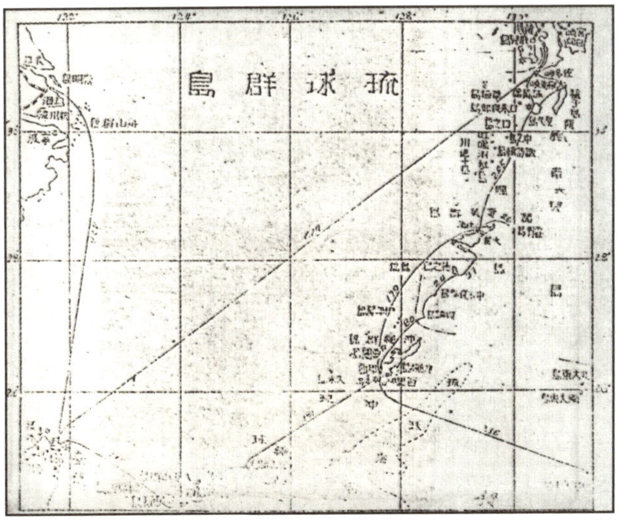

琉球国贡使海船在福州港湾下碇

清廷册封使至琉球册封行列图

琉球首都首里城王宫正殿以中国的龙为装饰

琉球尚敬王书写的匾额“致和”（拓本）用乾隆年号

守礼门

中国称誉琉球国为守礼之邦，琉球首都守礼门“守礼之邦”门额至今不易。

留居北京的琉球人（水墨画）

二、日本萨摩藩的入侵

由于琉球北部靠近日本萨摩藩，常遭侵略。1609年（明万历三十七年），萨摩藩主岛津家久派兵3000，将琉球王尚宁掳回鹿儿岛，逼他写下誓书15条，才允许归国。从此逐渐形成琉球群岛中日两属的局面。清廷全然不知。

琉球王世子尚丰（1590~1640）

因父王尚宁薨逝，奏宜承袭，崇祯帝封其为琉球国中山王，嗣理国政（1629）。

岛津家久（1576~1638）

日本萨摩藩主，1609年3月发兵3000入侵琉球，掳琉球王尚宁回鹿儿岛。

琉球王尚宁（1564~1620）

被日本掳去，逼他写下誓书15条，才允归国。从此逐渐形成琉球群岛中日两属的局面。但琉球仍以中国为正统宗主国。

岛津久治，日本萨摩藩主

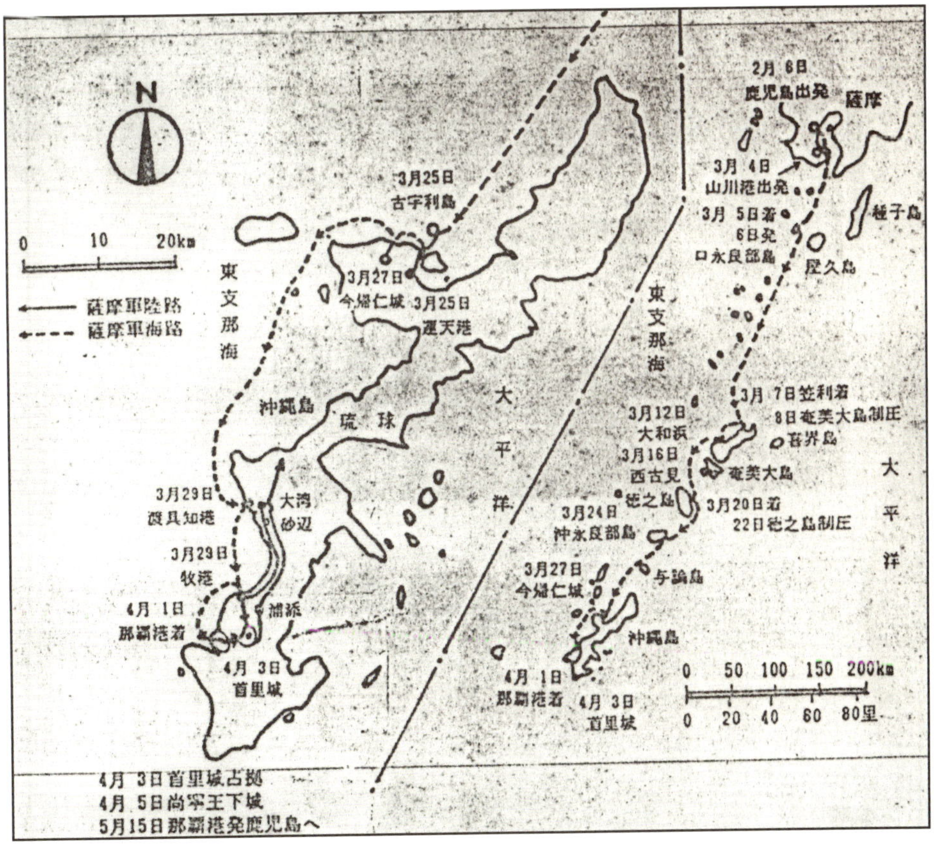

萨摩藩军队入侵琉球路线图

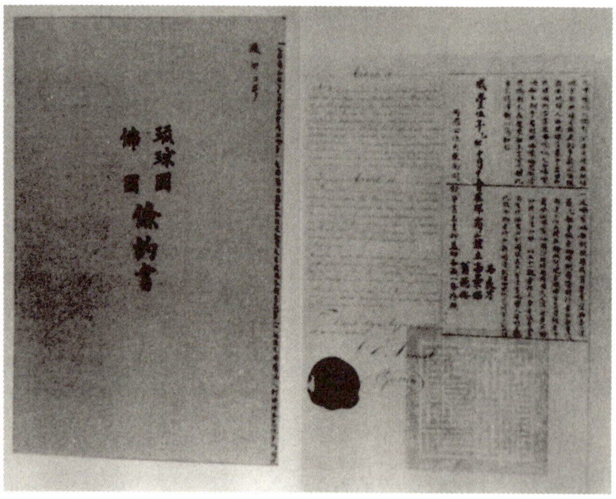

1855年琉球与法国修订的条约书用咸丰五年纪年

康熙帝铸“琉球国王之印”赐尚贞

琉球王尚贞（1645~1709）

康熙二十一年（1682）册封琉球中山王。

长安山（今福建师大校园内）琉球国臣民墓之一

琉球与福州关系特别密切，福州建有琉球馆，有琉球国大批臣民的坟墓，琉球递京文件多由福建督抚驿转。

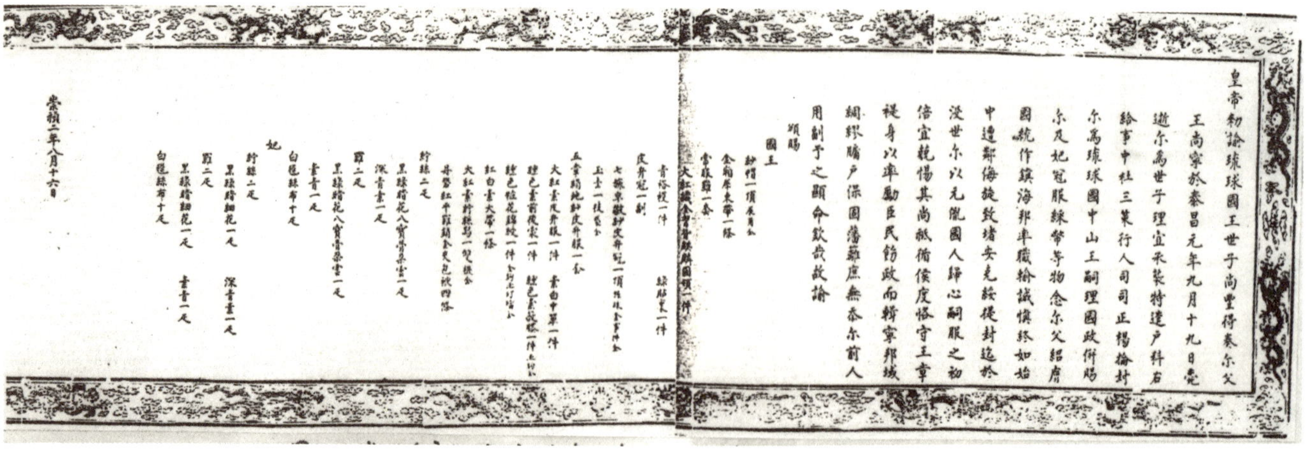

皇帝勅諭琉球國王世子尚豐得奏尔父
王尚寧於泰昌元年九月十九日薨
逝尔爲世子理宜承襲特遣户科右
給事中杜三策行人司司正楊掄封
尔爲琉球國中山王嗣理國政併賜
尔及妃冠服綵幣等物念尔父紹肩
國統作鎮海邦率職輸誠慎終如始
中遭鄰侮旋致堵安克綏徒封造於
没世尔以元胤國人歸心嗣服之初
倍宜競惕其尚祇循侯度恪守王章
𥙷身以率勵臣民飭政而轄寧邦域
綢繆牖户保固藩籬庶無忝尔前人
用副予之顧命欽哉故諭
頒賜
國王
崇禎二年八月十六日

明崇祯帝封尚丰琉球国中山王的敕谕

琉球国王不仅受中国册封，且用中国年号，以示尊中国为宗主国。

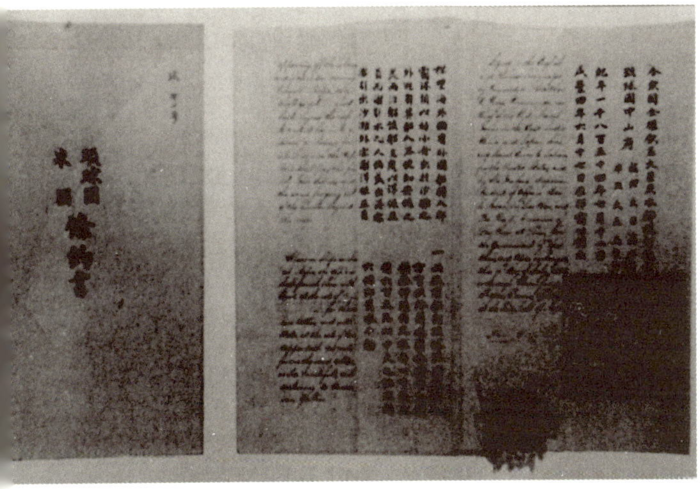

1854年琉球与美国修订的条约书用咸丰四年纪年

康熙四十年（1701）琉球国进贡正使毛得范病逝赐葬福州长安山

三、日本借口琉球渔民被害派舰队侵台

1874年2月，日本在长崎设台湾番地事务局。

琅峤社即今恒春，1871年琉球渔民漂流至此，与台湾居民发生冲突，日本借事生风，强说琉球渔民是日本管属之民。

日军从横滨出发经长崎南下入侵台湾。

1874年5月7日，日本军舰7艘载兵2000余人，在琅峤湾登陆。

救助琉球难民的杨友旺

同治十年琉球渔民66人在台湾垣春登陆，遭牡丹社人民袭击，12人得汉人杨友旺救助脱险。

率舰队入侵台湾的日本“台湾征讨都督”西乡从道海军中将

（征韩派首领西乡隆盛之弟）

日本明治天皇（1852~1912）

日本近代化的推动者，使日本成为东方强权国家。为使侵台借口得以成立，1872年“册封”琉球国王尚泰为日本藩主，1874年5月派西乡从道率舰队入侵台湾。

侵台的日本舰队离开横滨

日本向美国租“纽约”号，向英国租“约克”号，连同日本军舰“日进”、“立春”、“三国”、“高砂”、“牧源吾”及“有功丸”、“大有丸”、“北海丸”等于1874年从横滨出动。

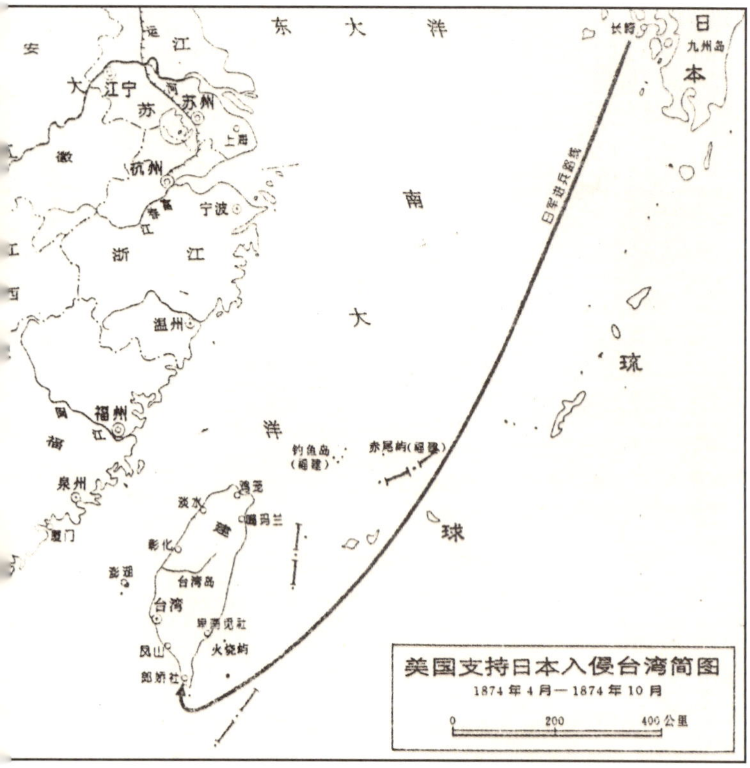

日军侵犯台湾牡丹社之石门战场

日本入侵台湾的“日进”号等军舰

抗击侵台日军的高山族战士

西乡从道和侵台日军在台湾留影

1874年5月7日日军在台湾南部琅峤湾登陆

登陆日军从琅峤湾向牡丹社进攻

四、沈葆桢巡台

大批日军登陆台湾，清政府命船政大臣沈葆桢巡台。船政后学堂首届驾驶班毕业生方伯谦以五品军牌“随节赴台，教练行营精兵”。沈一面命“扬武”巡洋舰载台防同知傅以礼驶抵琅峤社察港，一面会晤西乡从道，一面侦察敌情，并派船政学堂见习生严复、林泰曾、刘步蟾等乘“长胜”舰赴台测量苏澳等港口，获知日军有两艘铁甲舰为中国之患，随即急调各省军舰回马尾基地，并向清廷建议立即向外国购买两艘铁甲舰，并要求派洋枪队5000人赴台，李鸿章答应派淮军13营。6月14日沈葆桢率“伏波”、“安澜”、“飞云”3舰东渡赴台，一面谈判，一面加紧战备。

台湾苏澳港

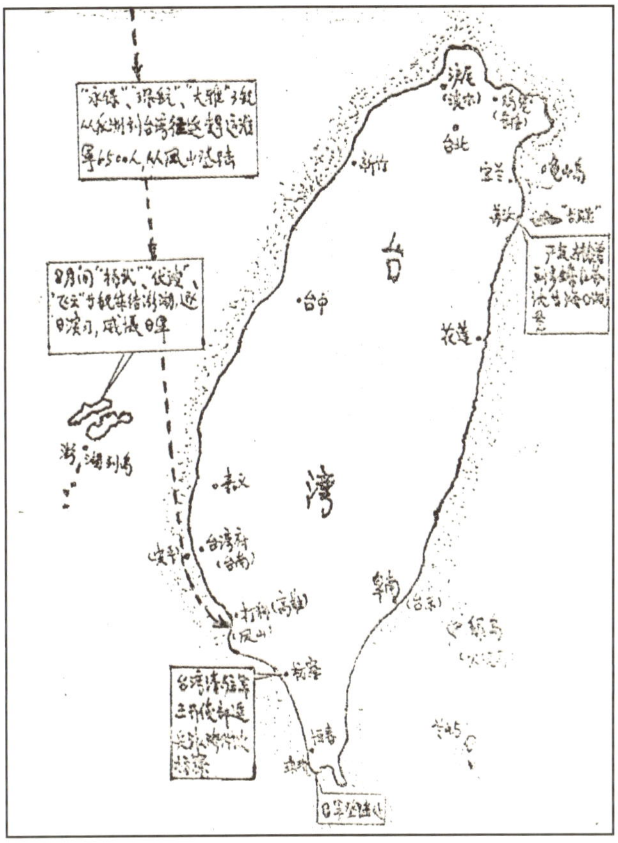

沈葆桢台湾御倭部署示意图

恒春古城位于台湾屏东县恒春半岛最南端的恒春镇，是台南著名的古迹。沈葆桢在台期间，经过详细观察，认为台湾孤悬海中，是东南沿海7省的屏障，而且物产丰富，列强早就垂涎三尺，如不好好经营，早晚要落入外人之手。因此，他奏请朝廷在台湾增设府县，清廷完全采纳。为防日军再次入侵，清廷命沈葆桢为钦差，统筹台湾海防事务。沈葆桢旋于光绪元年（1875）在“琅峤”筑

集结在马尾的部分中国军舰

沈葆桢一面在台南、台北增募营兵，一面急调分驻各省各口的军舰返回马尾基地，6月上旬在马尾的军舰计有“扬武”、“伏波”、“安澜”、“飞云”、“济安”等舰。

城设县，历时4年完成。因这里四季如春，便更城名为恒春。恒春城的东西南北四座城门上都建有城台、城楼、炮台及马道，并设有护城河环绕。筑城所用红砖取自福建闽南，城高2丈、厚8尺、周长972丈。

恒春古城东门

沈葆桢巡台时绅商集资兴建的台北府城承恩门（北门）旧观

恒春古城西门

《北京专条》

大清钦命总理各国事务和硕恭亲王

为会议条款互立办法文据事：照得各国人民有应保护不致受害之处，应由各国自行设法保全，如在何国有事，应由何国自行查办。兹以台湾生番曾将日本国属民等妄为加害，日本国本意为该番是问，遂遣兵往彼，向该生番等诘责。今与中国议明退兵并善后办法，开列三条于后：

（一）日本国此次所办，原为保民义举起见，中国不指以为不是。

（二）前次所有遇害难民之家，中国定给抚恤银两，日本所有在该处修道、建房等件，中国愿留自用，先行议定筹补银两，别有议办之据。

恒春古城南门

沈葆桢赴台座舰“伏波”号

（三）所有此事两国一切来往公文，彼此撤回注销，永为罢论。至于该处生番，中国自宜设法妥为约束，以期永保航客不能再受凶害。

同治十三年九月二十二日

明治七年十月三十一日

经过反复交涉、谈判，并经英国公使威妥玛调停，1874年10月31日签订中日《北京专条》，主要内容是：

（一）中国承认日本此次武装侵略台湾是“保民义举”，“中国不指以为不是”。

（二）日本从台湾全部退兵。

（三）中国“准给抚恤银十万两”，赔偿日本侵略军“在台地方所有修道、建房等件”银四十万两。

中日谈判的结果是中国退让、赔偿，日本退兵。

因条约承认日军侵台是“保民义举”，这实际上是承认了琉球人是日本国属民，给日本尔后正式吞并清廷的藩属国琉球以口实。

第二节　中法马江海战

一、中法马江海战的历史背景

英国武力征服印度后，即谋从印度向中国西藏扩张，以实现分割中国西藏的目的。同治年间，英国先后吞并中国的属国不丹、哲孟雄（锡金），开拓入藏的道路。1876年英借口马嘉理事件，逼中国签“烟台条约”，获得了入藏“探路”的特权。当中法战争时，英乘机灭亡了中国的藩属缅甸。新疆建行省后，英、俄争夺帕米尔，俄欲取以通印度，英为防俄南下向清提出割让帕米尔的要求。俄决定加紧侵吞帕米尔，将帕米尔纳入俄国版图。英趁机向北扩张。与此同时，法国大规模入侵越南，染指中国，中国

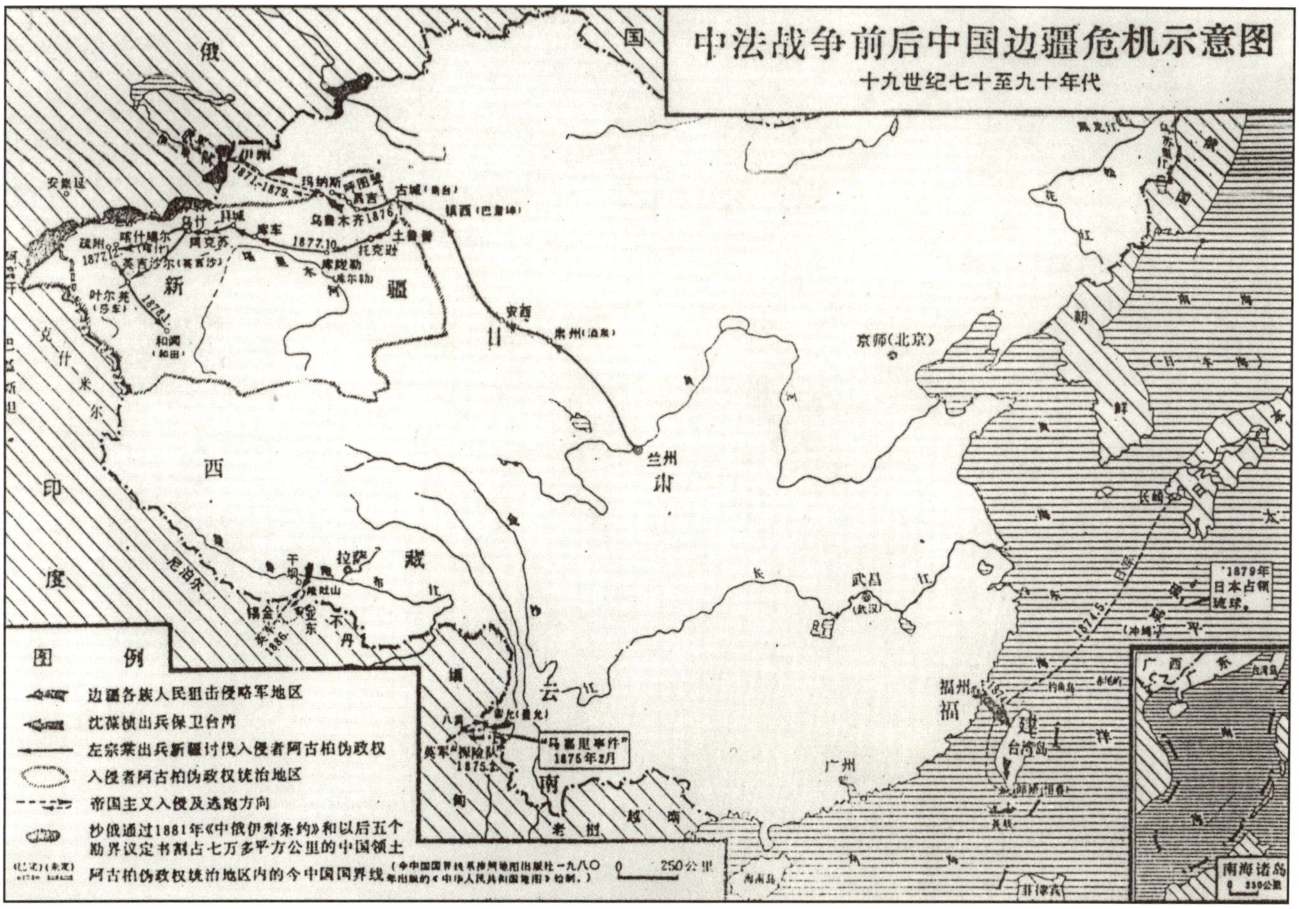

西南边陲燃起了报警的烽火。

（一）法国入侵越南，舰队伺机进攻闽台

越南北部从秦到五代都是中国的郡县，到宋始立国，仍为中国藩属。19世纪后半期，法国进攻越南。越南被迫求和，成了法国的保护国。法国一再向北扩张，遭到刘永福黑旗军和清军的阻击。1884年6月，法军在谅山观音桥向清军发动袭击，遭到失败，乃决计利用其海军优势夺取基隆和福州，据地为质，迫使清廷屈从谋和。6月26日法国编成远东舰队，以孤拔为司令，于7月率舰队抵达闽江口，伺机进攻闽台。

刘永福黑旗军的军旗

19世纪后半期法国派舰队入侵越南

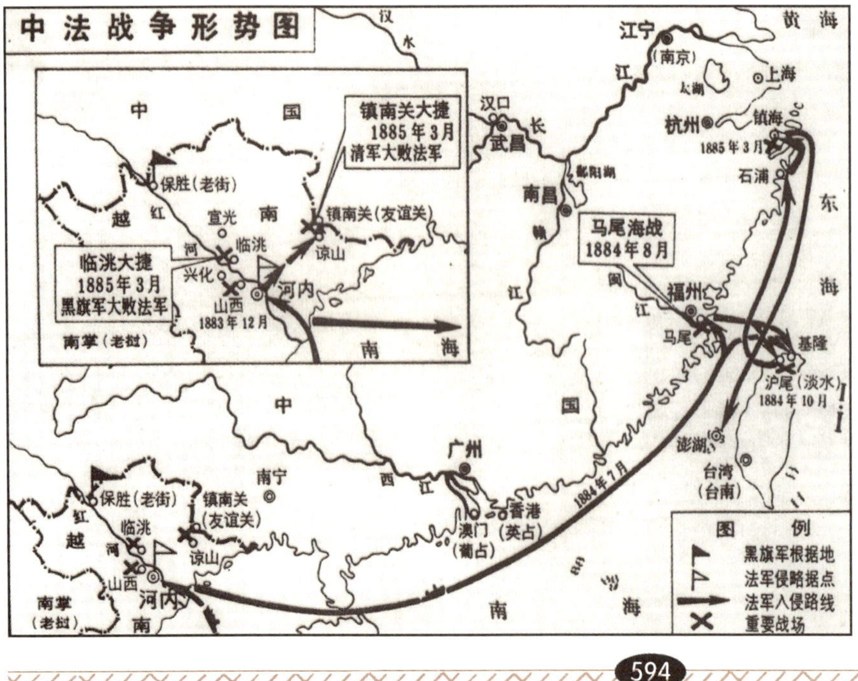

刘永福（1837~1917）

广西人，他领导的黑旗军是太平天国一支农民起义军，革命失败后退入越南境内以保胜（老街）为据点，军垦自存，曾在河内重创法军，被越南王授予三宣提督。中法战争结束被调回国，任南澳镇总兵，后防守台南，并参加领导台湾人民的反割台斗争。

一再进犯越南北部的李维业

1882年4月法国海军上校李维业（左一）率军攻占河内，清廷派兵进驻越北并联络刘永福以防法。次年3月法军陷南定，5月刘永福在纸桥大败法军，击毙李维业。

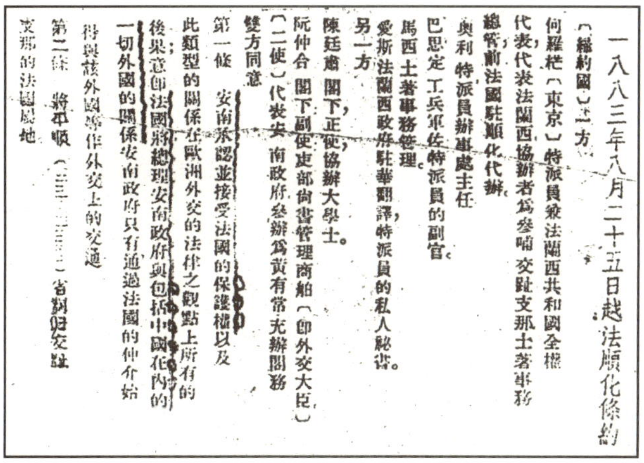

一八八三年八月二十五日越法順化條約

〔締約國〕一方，
何羅芒〔東京〕特派員兼法蘭西共和國全權
代表代表法蘭西協辦者為參嘀 交趾支那士著事務
總管前法國駐順化代辦，
奥利 特派員辦事處主任
巴思定工兵軍佐特派員的副官。
馬西士著事務管理。
愛斯法蘭西政府駐華翻譯，特派員的私人秘書。
另一方
陳廷肅 閣下，正使協辦大學士。
阮仲合 閣下副使吏部尚書管理商舶（即外交大臣）
〔二使〕代表安 南政府叅辦爲黄有常充辦閣務
雙方同意
第一條　安南承認並接受法國的保護權以及此類型的關係在歐洲外交的法律之觀點上所有的後果；意即法國將總理安南政府與包括中國在內的一切外國的關係安南政府只有通過法國的仲介始得與該外國等作外交上的交通
第二條　將平順〔……〕省劃歸交趾支那的法國屬地

《顺化条约》

1883年5月纸桥败绩后，法国不甘心失败，分兵两路：北攻黑旗军，再次失败；南攻顺化，取得胜利，迫使越南签订《顺化条约》，否认中国在越南的宗主权。

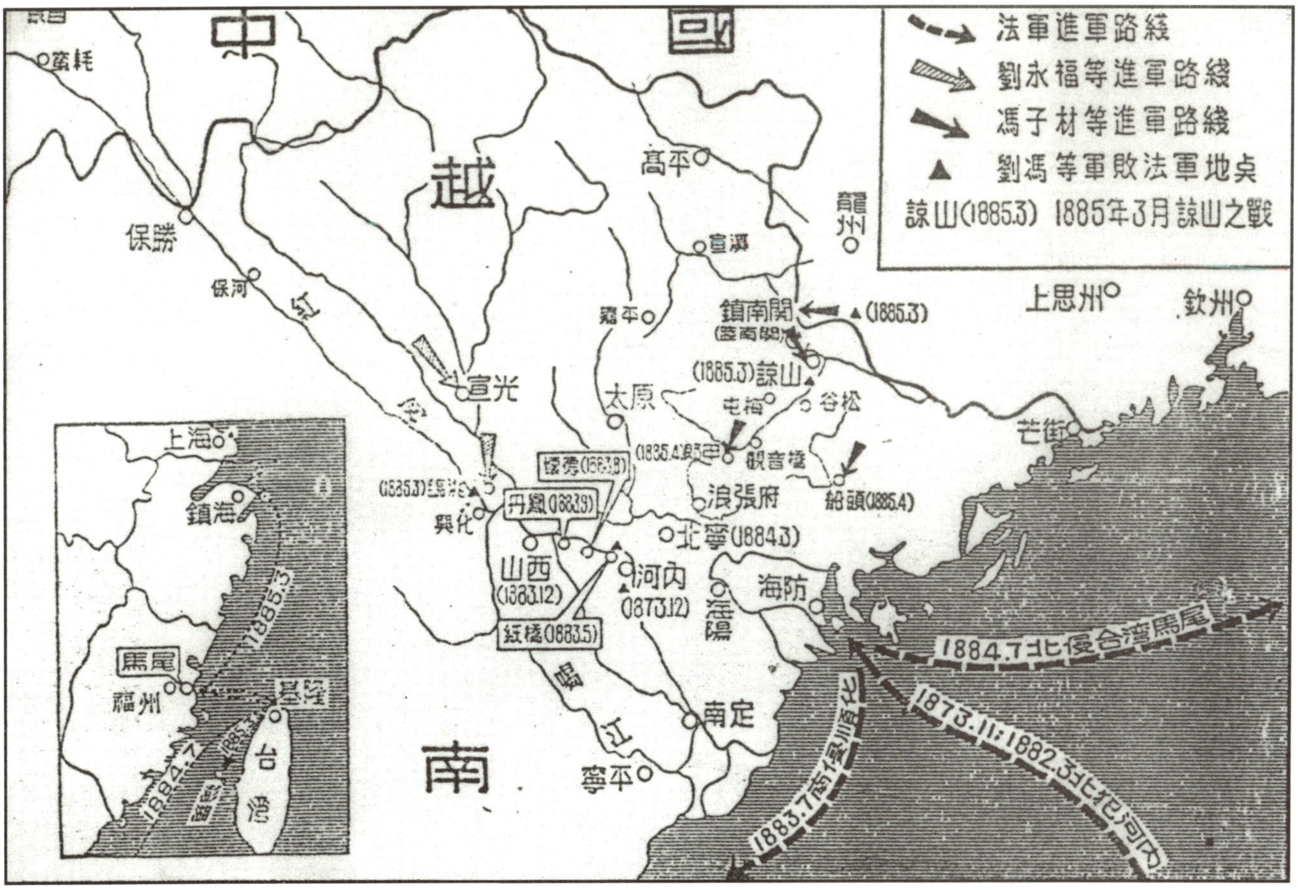

中法战争越南北部战场形势图

1883年12月，孤拔率法军6000人进攻驻有清军和黑旗军的山西，中法战争开始。

光绪十年（1884）二月初二日《申报》刊载法国攻打北宁刘帅大获全胜图

极力反对和约的陈宝琛

时任内阁学士、礼部侍郎衔，在江西典试，他认为中越“唇亡齿寒”，“法意在蚕食，和约断不可凭”，是将“已失之地既弃之如遗，未陷之城亦拱手相授”，无利有弊。一再上疏“速决戎期”，并请旨“举义师以平其难”，说“越南未失，则战易而和亦易，越南若失，则和难而战更难”。1884年5月，任钦差中法和谈会办大臣。

旋战旋和的慈禧太后

清廷最高统治者慈禧太后，外受法国逼迫，内受抗法舆论压力，一面增兵边防，似有抗法决心；一面害怕战争危及统治，授权李鸿章进行谈判。由于和战不定、旋战旋和、急战急和，结果和战两误、贻误战机，招致法国不胜而胜，中国不败而败。

（二）拟定《中法简明条款》

簡明條款

一八八四年五月十一日，光緒十年四月十七日，天津。

茲際人心搖惑，事故紛紜，大清國大皇帝、大法民主國切願兩國彼此相安，永敦和好，因卽議立簡明條款，以爲日後再立詳細條約張本：

大清國大皇帝特派欽差全權大臣太子太傅前文華殿大學士署直隸總督北洋通商大臣一等肅毅伯李；

大法民主國特派欽差全權大臣哇爾大前鋒師艦水師總兵佩帶威顯寶星福；

彼此將所有全權字樣較閱妥善，議定條款，臚列於後：

第一款　中國南界毗連北圻，法國約明，無論遇何機會並或有他人侵犯情事，均應保全助護。

第二款　中國南界既經法國與以實在憑據，不虞有侵佔滋擾之事，中國約明，將所駐北圻各防營卽行調回邊界，並於法、越所有已定與未定各條約，均置不理。

第三款　法國旣感中國和商之意，並敬李大臣力顧大局之誠，情願不向中國索償賠費。中國亦宜許以毗連越南北圻之邊界，所有法、越與內地貨物聽憑運銷，並約明，日後遣其使臣議定詳細商約稅則，務須格外和衷，期於法國商務極爲有益。

第四款　法國約明，現與越南議改條約之內，決不插入傷礙中國威望體面字樣，並將以前與越南所立各條約關涉東京者，盡行銷廢。

第五款　此約旣經彼此簽押，兩國卽派全權大臣，限三月後，悉照以上所定各節會議詳細條款。再此約繕寫中、法文各兩分，在天津簽押蓋印，各執一分爲據，應按公法通例，以法文爲正。

《中法简明条款》

承认法国对越南的保护；同意在中越边境开埠通商；声明调回中国军队，等等。原订7条，后因中国在中越一带无电报，取消了撤军的限期2条（谅山华兵限50天，保胜华兵限100天撤还）。《申报》发表5条后即遭各方反对。

力主和局的李鸿章

与法国水师总兵福禄诺在天津拟订了《中法简明条款》五条，满足了侵略者的全部要求。

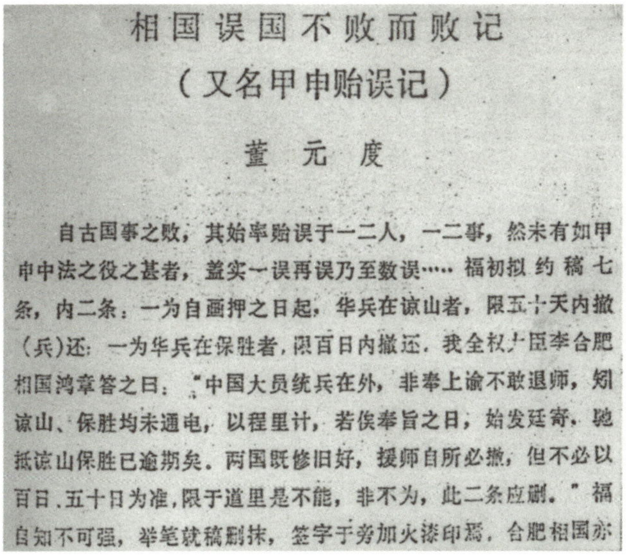

相国误国不败而败记
（又名甲申贻误记）
董元度

自古国事之败，其始率贻误于一二人，一二事，然未有如甲申中法之役之甚者，盖实一误再误乃至数误…… 福初拟约稿七条，内二条：一为自画押之日起，华兵在谅山者，限五十天内撤（兵）还；一为华兵在保胜者，限百日内撤还。我全权大臣李合肥相国鸿章答之曰："中国大员统兵在外，非奉上谕不敢退师，矧谅山、保胜均未通电，以程里计，若俟奉旨之日，始发廷寄，驰抵谅山保胜已逾期矣。两国既修旧好，援师自所必撤，但不必以百日、五十日为准，限于道里是不能，非不为，此二条应删。"福自知不可强，举笔就稿删抹，签字于旁加火漆印焉，合肥相国亦

董元度，时任北洋水师学堂监督，与罗丰禄同持福禄诺删稿原件至沪参加和谈的人，他所论《甲申贻误记》足供印证，谅山事件应由法方负责。

法将杜森尼率军向谅山进攻

1884年6月23日，法为迫使清军撤退，单方在谅山观音桥向清军袭击，被清军击退，死伤近百人。史称"谅山事件"或"北黎事件"。

（三）谅山事件

6月28日（闰五月初六日）

法署使谢满禄（Se mallè）照会总署，北黎事件中国应负开衅之责。

6月29日（闰五月初七日）

总署复照：《天津简约》未定撤兵日期，法军前往攻打，衅咎应由法负。

7月12日（闰五月二十日）

谢满禄向清政府提出最后通牒，要求中国七天内撤出北圻驻军，赔款25000万法郎，否则要侵占中国海口，自取"押款"。

7月13日（闰五月二十一日）

总署照复法使，北圻撤兵一个月后完竣，但拒绝赔款，仍盼巴德诺早日到天津，会议细约。

7月13日

法国海军殖民部部长斐龙命令孤拔："遣派你所可调用的船只到福州和基隆去，我们的用意是要拿住这两个埠

清军在观音桥抗击法国侵略者大获全胜（绘画）

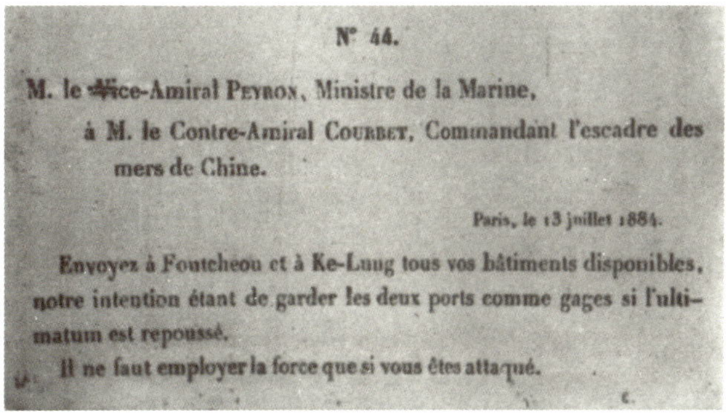

N° 44.

M. le Vice-Amiral Peyron, Ministre de la Marine,
à M. le Contre-Amiral Courbet, Commandant l'escadre des mers de Chine.

Paris, le 13 juillet 1884.

Envoyez à Foutcheou et à Ke-Lung tous vos bâtiments disponibles, notre intention étant de garder les deux ports comme gages si l'ultimatum est repoussé.

Il ne faut employer la force que si vous êtes attaqué.

法国海军殖民部部长给孤拔的命令

悬挂三色旗的法国远东舰队开赴闽江口

孤拔（1827~1885）

法海军将领，1883年12月领兵进攻越南山西，挑起中法战争。时率远东舰队抵闽江口，驻泊马祖澳，伺机进击闽台。

法旗舰“伏尔他”号

7月16日孤拔乘旗舰“伏尔他”号（前）进入马尾，停泊在罗星塔前。17日“阿斯皮克”（亦译“益士弼”）号（后）驶泊马尾，中为“南台”号。

法舰“梭尼”号

停泊闽江口长门上游的法运输兼情报舰“梭尼”号与“雷诺堡”号，受领的任务是防止满载石头的中国30艘帆船沉石封闭金牌峡，以保持海道进出畅通。

陆续入港的法舰“杜规特宁”号和“维皮尔”号

法舰“杜规特宁”（或译“杜居士路因”）号（前）、“维皮尔”（亦译“蝮蛇”）号（后），前者停在“林克斯”之后，后者停在“阿斯皮克”之后、“林克斯”之前；（中）为“林克斯”号。前者7月18日、后者7月22日驶泊马尾。

口作质。”

法政府组建并命孤拔统率远东舰队，利士比为副。

（四）陈兵闽江口

1884年7月14日，法舰2艘，借游历为名，驶进马尾港，随后法舰进进出出，陆续进泊10艘；在长门口内驻泊

“林克斯”号

亦译“豺狼”或“野猫”号，停在“维皮尔”号之后。该舰7月18日驶泊马尾。

2艘，口外马祖澳3~4艘，台湾海峡2艘，另由渤海湾驶抵7艘，形成了控制闽台的态势。

（五）重议和约

当法军在谅山地区挑起战争后，在总税务司赫德调停下，允将条约重议。但法国公使巴德诺仍逗留上海，不肯赴津和李鸿章重议和约。清廷根据赫德建议，改派署两江总督曾国荃为全权大臣，在沪与法使议约，并派陈宝琛为和谈会办大臣。这样在上海中法进行紧张的重议条约的谈判。在和谈期间，清廷一再严谕福建当局“无旨不得先行开炮，违者虽胜亦斩”，束缚了福建水师，以致错失了先发制敌的有利战机。

与法使重议条约的会办大臣陈宝琛主张全力投入抗法战争，由于清廷和战举棋不定，他对和谈既不敢决裂、亦不敢迁就，但他认为拖延不是办法，会使“和战两误”。

7月19日（闰五月二十七日）

清政府派曾国荃为全权大臣，赴沪与法使巴德诺会谈细约，派陈宝琛会办，邵友濂，刘麟祥随同办理。

7月22日（六月初一日）

谢满禄照会总署，上海会议必须先准赔款，方能开议

法国远东舰队主力“特隆方”号

亦译“凯旋”号，装甲巡洋舰，4127吨，舰员410名，大炮13门，是停泊马尾的最大的法舰。

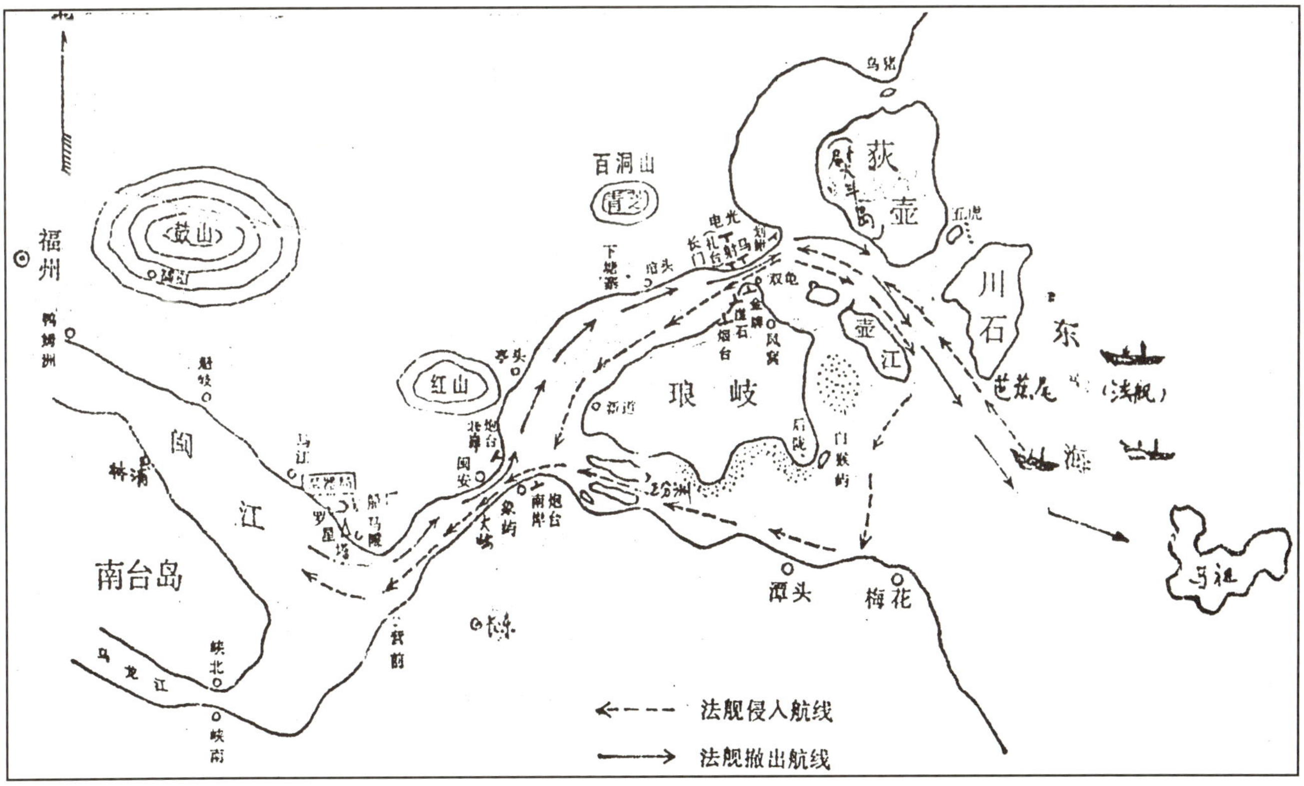

陈兵闽江口的法国远东舰队态势图

细约，以八月一日为限。

7月28日（六月初七日）

曾国荃等在上海与巴德诺开始会谈。

7月30日（六月初九日）

李鸿章电曾国荃，先允赔款，再缓磨数目，如决裂，福州船厂万不能保。

沪议曾国荃允以抚恤名义付50万两（1000万法郎），巴德诺拒绝。

8月2日（六月十二日）

巴德诺照会曾国荃，中国赔偿既有异，限期已满，以后法将任凭举动。

赫德

海关总税务司，在中法之间调停重议和约。

曾国荃（1824~1890）

字沅甫，曾国藩弟，湖南湘乡人，是主和派的重臣之一。时任两江总督，与法使重议条约的全权大臣，力主和谈，在上海和谈期间，深恐与外人决裂，曾请旨改赔偿为给抚恤银50万两，受军机处“传旨申饬”“实属不知大体”。

台湾基隆港

守御严密的基隆港

刘铭传守军驻山上的营舍，每个营舍都设有米仓、弹药库等，还有惊人的遮蔽道路。

孤拔奉命对基隆采取行动。

（六）第一次基隆保卫战

1884年8月3日，法国远东舰队副司令利士比以“鲁汀”号为旗舰，率“拉加利桑尼亚”号从马祖澳出发，与先期已在基隆港口的“维拉”号会合。5日对基隆炮台开始炮击。登陆兵6日进入市街，被埋伏的刘铭传守军三面射击，死伤13人，逃回军舰。法国企图夺取基隆建立进攻中国东南沿海军事基地的第一仗失败了，不得不转向准备

法侵基隆的旗舰“鲁汀”号

基隆炮台火药库被法舰炮火直接命中

8月5日法装甲巡洋舰“拉加利桑尼亚”号炮轰基隆炮台

《点石斋画报》刊载的“基隆军民抗击法国侵略军图”

刘铭传（1836~1895）

字省三。清末淮军将领，合肥人。时任督办台湾军务，因事先有御敌准备，率领官兵英勇作战，基隆初战获胜。在台抗击法军8个月，后任台湾第一任巡抚。

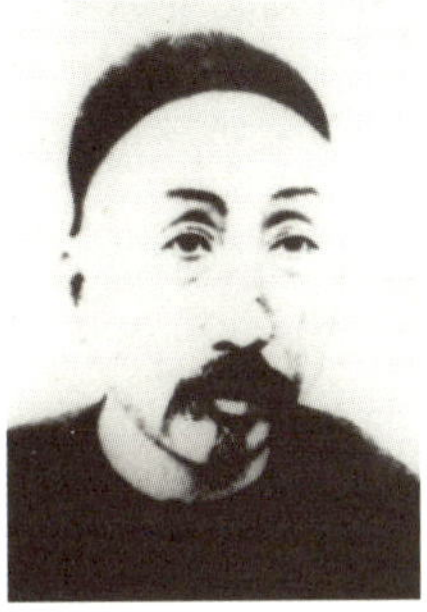

被炮火轰毁的基隆市街一角

法国侵略者在基隆的墓地

台湾基隆港

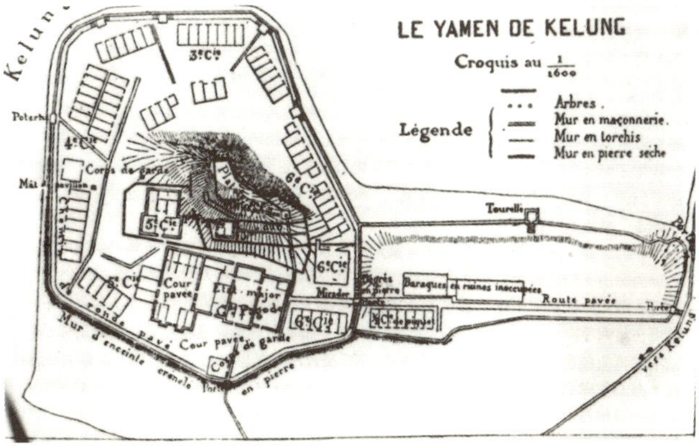

法国侵略者描绘的基隆衙门图

基隆二沙湾炮台遗址

淡水（沪尾）炮台

基隆二沙湾炮台的大炮

基隆狮球岭炮台

进攻福州。

（七）马江临战前夕，清廷仍幻想调解，一再贻误战机

法舰炮击基隆炮台，并一度登陆，实际上开始了对中国本土的战争。但清廷仍幻想请美国调处，遭到法国拒绝，甚至上海和谈破裂仍不下决心，从下面一组大事记，可以看出清廷和战不定、贻误了战机。

8月5日（六月十五日）

法舰炮击基隆炮台，并一度登陆，开始了对中国本土的战争。

总税务司英国人赫德劝总署速赔款了事，不然法将攻马尾船厂，吃亏更大。

李鸿章电总署：“拨船援闽适以饵敌速变”，“断难在洋面与西舰争锋”。

曾国荃亦电总署：“船小而少，万不慑敌铁甲”，“援闽适以饵敌速变”。

何如璋、张佩纶连电请示总署，“法船再入数艘，我即塞河先发”。

8月6日（六月十六日）

军机处寄何如璋电旨：“现经美国调处局势未定，所称先发，尤须慎重，勿稍轻率。”

8月7日（六月十七日）

谢满禄照会总署：“听人调停一节，本国碍难应允。”

8月8日（六月十八日）

张佩纶电军机处：“互援是活著，先发是急著，舍两者布置更难。”

8月10日（六月二十日）

清政府以法军侵犯基隆向法提出严重抗议，并照会各国，请秉公评论，幻想调解。

8月11日（六月二十一日）

李鸿章致电总署：“不如赔款以保和，一开衅即不可收拾。与之战，法始必负，继必胜，终必款。”

何如璋、张佩纶电总署：“请早定战计并饬南北洋通筹援闽。”

8月12日（六月二十二日）

廷议对法和战全局，拒绝赔偿，仍请美国调处。

8月14日（六月二十四日）

清廷虽下谕旨，“唯有即与决战”，但紧接着又说：“迅速整备一切事宜，听候谕旨”。仍束缚了前线将士手脚。

军机处寄沿江沿海各将军督抚谕旨

光绪十年六月廿四日寄（8月14日）

奉旨：法人肆意要挟，无理已甚。本宜即行声罪攻击；因美国仍拟调处，用意颇善，未可辜负，致失与国之好，是以迟迟未发。现经总署照会法使，并照会各国。倘法国竟将照会置之不复，亦不退出兵船，惟有即与决战，以免坐失事机。着沿江、沿海各将军、督抚、大臣，迅速整备一切事宜，听候谕旨，务当尽力筹办，期于战守确有可恃，同心敌忾，宣布国威，不能迁延贻误。钦此。六月二十四日。

8月16日（六月二十六日）

法国议会支持法内阁对华的军事行动，通过3800万法郎的侵华军费，总理茹费理在议会叫嚣：“这是本世纪内最大的一次征伐。”

法政府电巴德诺转谢满禄向中国提出最后通牒。

法国内阁总理茹费理

没有反侵略作战决心的清政府

（八）清廷虽议决停止和谈，但对法作战却不明降谕旨

8月17日清廷因法使照会无礼，下旨与法使议和的曾国荃、陈宝琛“不必再议”，并命“即回江宁办防”。一面下旨统兵大臣“不日即当明降谕旨，声罪致讨。目前法人如有蠢动，即行攻击”。（见下电）说明决战决心虽下，但仍未降谕旨，而“如有蠢动，即行攻击”之语，正如张佩纶给粤督张之洞的电报中反驳说的“非后发而何”？

军机处寄沿江沿海将军督抚统兵大臣等电旨

光绪十年六月二十七日寄（8月17日）

奉旨：此次法人肆行狡横，恣意要求，业将其无理各节，照会各国。旋因美国出为评论，而该国又复不允。现已婉谢美国，并令曾国荃等回省筹办防务。法使似此骄悍，势不能不以兵戎相见，着沿江沿海将军督抚统兵大臣，极力筹防，严行戒备。不日即当明降谕旨，声罪致讨。目前法人如有蠢动，即行攻击，勿稍顾忌。法兵登岸，应如何出奇设伏以期必胜，并如何悬赏激励俾军士奋勇之处，均着便宜行事，不为遥制。钦此。

8月18日，清廷照会英、俄、美、德、日等各国公使：法有意失和，无从再与商议。

8月18日（六月二十八日），给英国公使巴夏礼的照会称：

本月二十四日，已将法国种种无理情节布告贵国在案。查谅山一事，先由法国起衅；中国仍欲保全通商大局，是以特派曾大臣等前往上海与巴大臣重申前议，仍归和好。乃六月十六日，接谢署大臣照会，但云准巴使函称听人调停一节，本国碍难应允，别无他语；而法兵已于十五日攻毁基隆炮台。昨又接南洋电信转据巴大臣照复，反谓中国有意耽误，无心拟办了局；且云法国若再以力从事，使中国必应照办；语多不近情理。且闻其又调陆队，由海防来华。是法国有意失和，已可概见；曲直是非，天下定有公论。中国虽欲顾全睦谊，无从再与商议，殊为惋惜！相应照会贵大臣查照可也。

（见《中法越南交涉档》960条1885页）

同日给俄国公使、美国公使、德国公使，日本国公使、意国公使、荷国公使，比国公使，秘国公使，丹国公使，奥国公使，巴西国正使哈拉多，各照会均同上。

8月19日（六月二十九日）

谢满禄再向总署提出最后通牒，索赔8000万法郎，限两日答复，总署拒绝。

李鸿章急电张佩纶：“阻河动手，害及各国，切勿孟浪，仆不以决战为是。”

8月21日（七月初一日）

谢满禄下旗出京，以示决裂。清廷仍未通知福建前线（即仍未明下谕旨）。适驻法公使李凤苞来电说，法允先付恤款，再行详议，李鸿章当日急电译署。

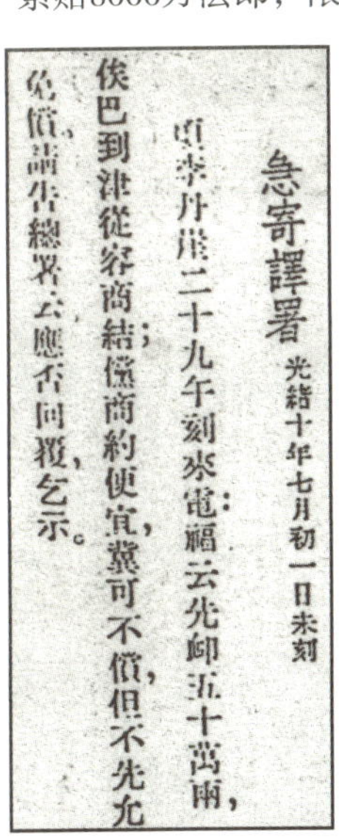

急寄譯署　光緒十年七月初一日未刻

頃李丹崖二十九午刻來電稱云先卹五十萬兩，俟巴到津從容商結；償商約便宜，幾可不償，但不先允免償，請告總署云，應否同覆，乞示。

李鸿章急电译署电文

李丹崖即驻法公使李凤苞，原船政总考工、留学生华监督。

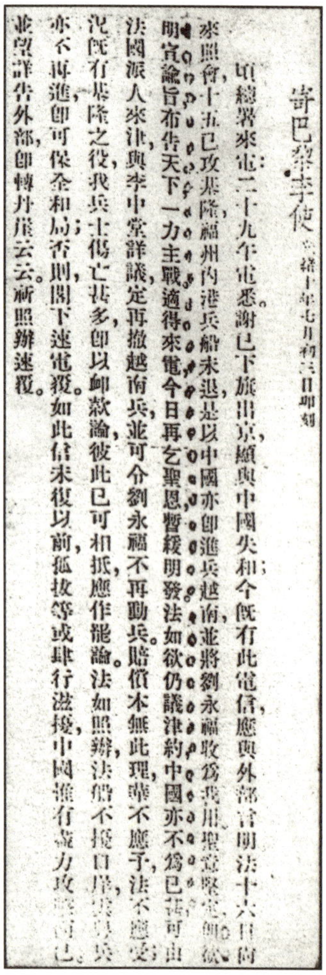

寄巴黎李使（光緒十年七月初三日卯刻）

頃總署來電：二十九午電悉。謝已下旗出京，顯與中國失和；今既有此電信，應與外部言明法十六日商來照會，十五已攻基隆，福州內港兵船未退，是以中國亦即進兵越南，並將劉永福收爲我用。聖意堅定，即欲明宣諭旨，布告天下，一力主戰。適得來電，今日再乞聖恩，暫緩明發。法如欲仍議津約，中國亦不爲已甚，可由法國派人來津，與李中堂詳議，定再撤越南兵，並可令劉永福不再勤兵。賠償本無此理，斷不應予，法不應受；況既有基隆之役，我兵士傷亡甚多，即以卹款論，彼此已可相抵，應作罷論。法如照辦，法船不擾口岸，我兵亦不再進，即可保全和局；否則，閣下速電覆。如此信未復以前，孤拔等或肆行滋擾，中國惟有盡力攻擊而已。並望詳告外部，即轉丹崖云云。祈照辦速覆。

总理各国事务衙门复驻法公使电文

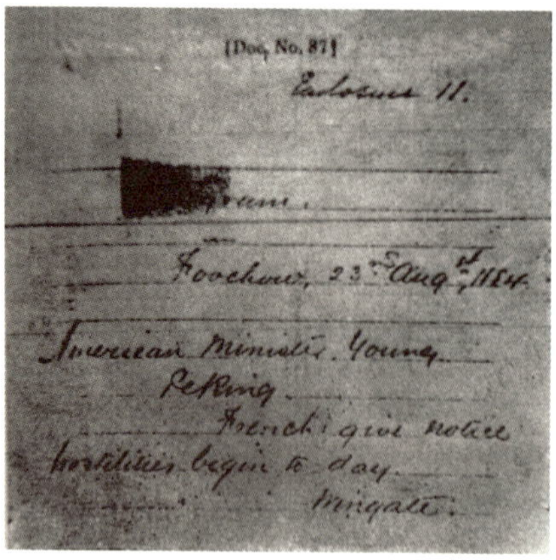

[Doc. No. 87]
Enclosure II.
Foochow, 23rd Aug. 1884.
American Minister Young.
Peking.
French give notice
hostilities begin to-day.
Mingate.

英国驻福州领事8月23日致北京公使电：“法国人通知本日开战”

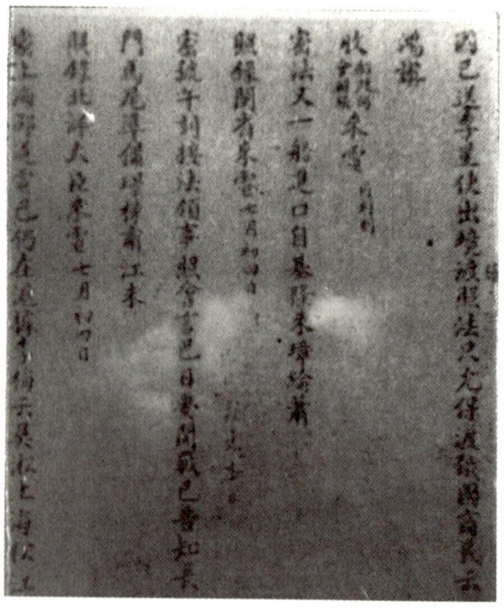

军机处电报档

这是军机处电报档，照录闽省来电。按体制前者（初四日）应为到日，后者（江，初三日）为发电日，巴日似为本日之误。

闽浙总督何璟等来电
光绪十年七月初四日到
密号。午刻接法领事照会，言巴日要开战。已告知长门马、尾准备。璟、梆肃。江未。

上电中，江指七月初三，未指午后1~3时发出，说明午刻（11时至下午1时）才接到法领事照会（战书），未刻何璟及福建巡抚张兆栋即去电向清廷报告。

8月23日，正是法舰在马江向清舰突然袭击之日，总理衙门复电李凤苞：“即欲明宣谕旨，布告天下，一力主战，适得来电，今日再乞圣恩，暂缓明发，如欲仍议津约，中国亦不为已甚”。由于清廷对法国仍存和平解决幻想，福建当局盼等明发谕旨，直到开战仍未盼到。

（九）故意推迟发出战书

当清廷尚在幻想和平解决冲突之际，敌人却在积极部署突然袭击。

8月22日（七月初二日）

法海军部电令孤拔对福建水师实行攻击，并破坏船厂及闽江沿岸的防御设施。晚间8点，孤拔召集各舰长会议，宣布作战计划。

亲自参加22日晚8点旗舰“伏尔他”号会议的“凯旋”舰上尉罗亚尔撰的《中法海战》（原名《孤拔舰队》）载：……八月二十二日星期五，晚间八点，提督召集所有的船长到窝尔达号（即“伏尔他”号，下同——作者注）来，将他所决定的作战计划通知他们。计划内容的梗概如下：在八月二十三日下午（约近两点）当退潮移转船身的时候，各船即准备出动，互相保持各船现在停泊的距离，维持极微小的汽力速度。提督在桅樯顶上升起第一号旗，这个信号发出时，两只水雷艇应立即出动，攻击停泊在提督上游的两艘中国战船。当第一号旗收回时，全线立即开火……

为什么决定在退潮时行动？罗亚尔写道：

提督决定于退潮移转船身时，开始作战行动，对于敌人取得一种完全有决定性的战略优势，在这种形势之下，窝尔达号、三艘炮舰和两只水雷艇，对中国舰队的关系是在水流之下，得以船头威胁它。中国方面则相反，他们把船尾向着法舰。船尾是船最弱的部分。中国船要做整个半圆形的回转，即一度把船侧转向我们的炮火之后，它们才能攻击法国船……

提督所采取的只在退潮时方攻击的巧妙决定，只有一个危险，就是：迟延了开火的时间，这样中国方面便可能于二十三日满潮的整个早晨里回转船身时攻击我们……

为了防止中国在涨潮时先下手，敌人故意推迟发出战书。

8月23日上午，法国驻福州领事白藻泰对各国领事发出作战通知。

但对福建总督下战书却推迟到23日午刻，即将退潮之时，使中国在马江的舰队处于不利位置，措手不及，被动挨打。

二、马江海战爆发

法舰首攻基隆失败后，即转向福州。当法舰在马尾紧靠中国舰队停泊时，福建军政当局屡请“塞河”、“先发”，清廷不是因“和战未定”便是以“群疑众难”而拒绝。谕令：“彼若不动，我亦不发”，“与之相持，总以镇静为主”。并严谕“无旨不得先行开炮，违者虽胜亦斩”。使福建海军先后丧失了封锁海口和利用涨潮先发制敌的有利战机，只有被动挨打。8月23日，法舰突向中国舰船袭击，马江海战爆发了。

（一）马江位置及沿江布防

马江是指闽江分流后在福州下游处重新会合的江段。江中有巨大礁石似马，马头朝西，潮退则现，故有“礁西马头江，礁东马尾江”之称，马江则是马头江和马尾江的总称。马尾的地名也由此而来。马江上距福州城16.4千米，下距闽江口34.6千米，夹岸皆山，地势险要，是个易守难攻的战略要地。法国人曾经在

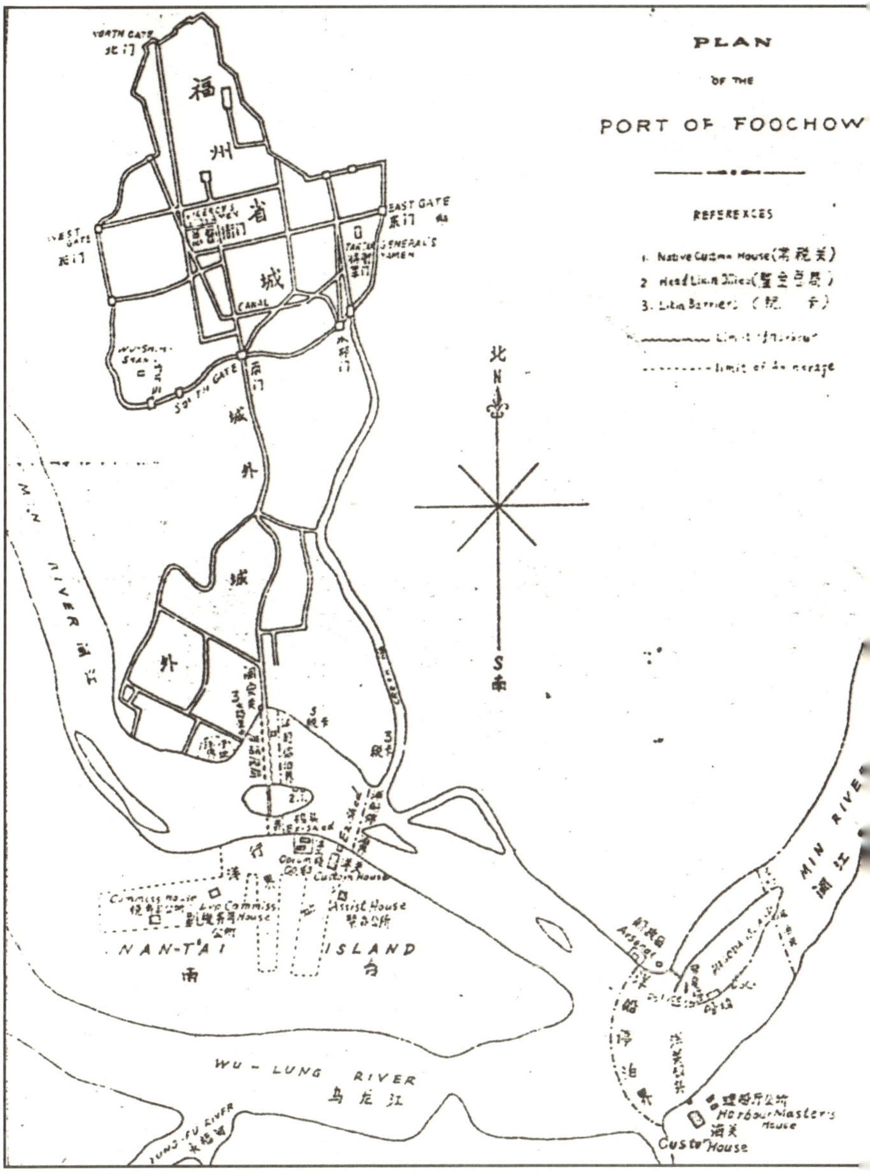

19世纪80年代的福州示意图

1884年的福州城

马尾罗星塔

“五虎把门”

闽江入海口的五虎门。

“双龟守户”

闽江口双龟（左北龟、右南龟）对峙，南岸为金牌炮台。闽江口内也设有炮台，层层控制。沿江层峦叠嶂，口外礁沙星罗棋布，都是天然的屏蔽，易守难攻。

闽江口金刚腿——闽江淡水和海水在此上下分界

这里帮助清廷设厂造船，马尾是中国近代海军的发源地。

马尾罗星塔相传是宋代妇女柳七娘为盼望其夫回归而建造，故也叫望夫塔，远航舰船见到此塔就欢呼到了中国，被称为中国塔，是国际上公认的重要航标。

（二）清军兵力部署

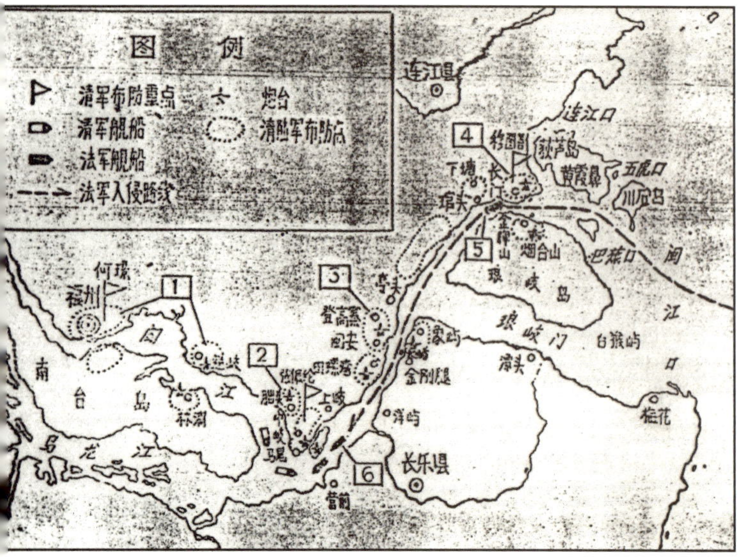

福州、马尾、闽江口清军兵力部署图

① 总督何璟、巡抚张兆栋率兵3000余人守护福州城，并在林浦、魁岐筑土炮台，有壮丁180余人。

② 张佩纶、何如璋率陆勇7营、舰船11艘驻马尾，张成负责指挥舰船。

③ 南北岸炮台设岸炮，闽安至琯头配团丁1800余人。

④ 穆图善驻长门，陆勇9营，水师1营，防守闽江口。

（三）福建的战备

从福州至闽江口平时只有陆勇4个营留守。7月3日张佩纶入闽后，仓促进行战备，他调回澎湖、兴化、泉州驻军5个营，集福宁、建邵、桂勇3个营，还沿江选募壮丁1840名防卫福州。

何如璋家书中说：“迭请南北洋拨船来援不应，迭请决战先发又不应，惟饬静以待动，毋涉轻率，故只得株守以俟指挥。”

张佩纶（1848~1903）

会办福建海疆事宜大臣。当法舰前来，极力主张“塞河”、“先发”，“只有先发，才能制胜”。而谕旨不允。曾上奏说：“既让以要害，复让以先机，兵机只争呼吸，臣固非畏其船炮之坚利，而实惜我虞备之让，谋断之歧也。”

何如璋（1838~1891）

曾任驻日公使，时任船政大臣。他上疏强调：“彼以兵船衔尾相距，万一决裂，先发制人，后发即为人制。”

林培基

武探花，在籍二等侍卫，率尚干乡民341人，自动请战，守马尾胐头。

建宁总兵张德胜率兵赴长门、金牌要塞防区

林培基所用的刀（重150市斤）

福州将军亦致电中枢：“既不能阻止，又必俟扑犯登岸始还击，彼操胜算，我失先著，再任出入，分布南北，首尾不能兼顾，战无可战。闽失势在不能先封口，又不能先发。”

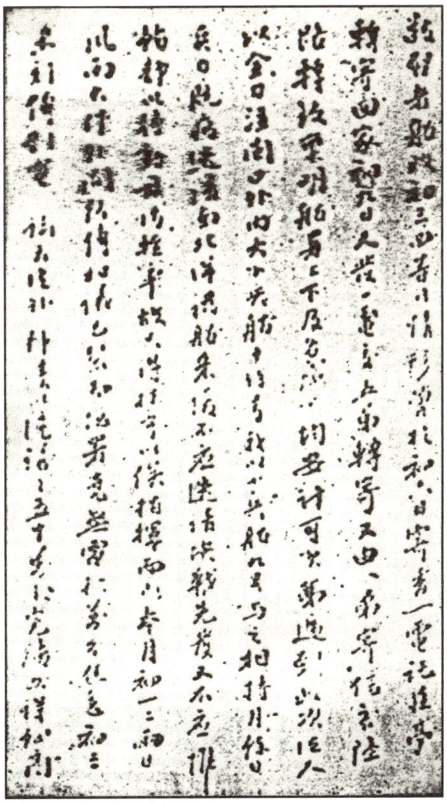

何如璋家书

福州将军穆图善

150毫米的克虏伯要塞榴弹炮

马尾海潮寺为要塞储存枪支、炮弹、火药之军械库

中国舰队旗舰官兵

“扬武”舰广大官兵加强训练、积极备战。中坐者为闽安副将兼“扬武”兵舰管带张成。

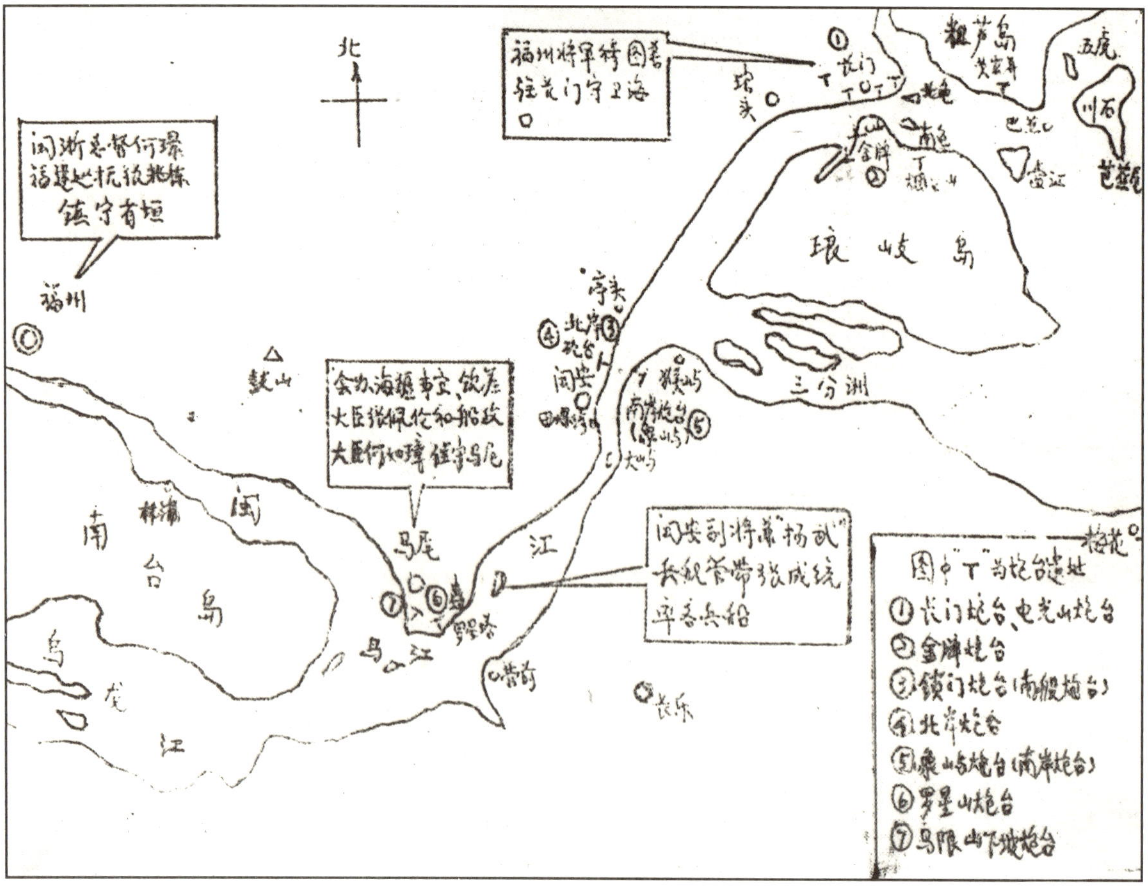

福州马尾要塞布防示意图

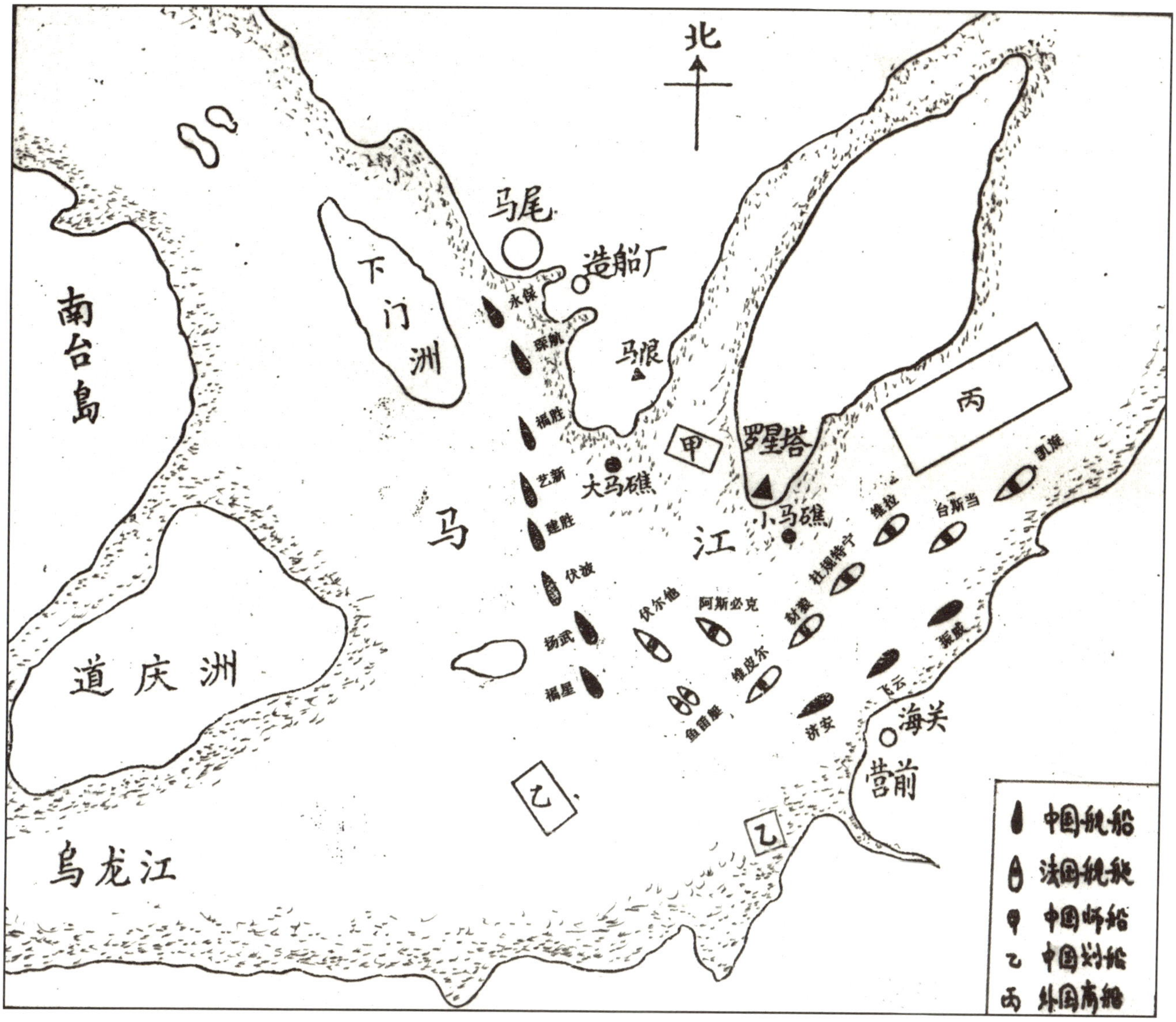

中法马江海战前两国舰艇位置图

中法海战遗留下的火炮

马江海战古战场

马江海战古战场新颜（何伟摄）

（四）结局

海战不及30分钟，中国被击沉军舰9艘，阵亡官兵857人。船厂、炮台继被轰击，损毁惨重。法国舰队重伤鱼雷艇1艘、轻伤军舰2艘，死6人、伤27人。这是法国侵略者蓄意侵略中国的罪恶战争，也是清政府奉行避战求和政策的后果，这个政策捆住了福建前线广大爱国官兵抗法的手足，导致了马江海战的惨败。

8月24日（七月初四日）

法军本拟登陆占领船厂，舰队登陆兵虽有1830人，但能驶近船厂的舰上的登陆兵只有600人，惧怕敌不过岸上数千步兵，又怕守军埋设了地雷，只得采取炮轰行动破坏船厂。厂中砖灰厂、合拢厂、绘事院受毁最严重，其他如水缸厂等也受到不同程度的损毁，而船槽突出江干，中炮最多。配图拍摄的是被击毁的船槽、铁水坪。槽前是被击沉的“永保”、“琛航”二舰。槽后船台上是即将建成的“横海”号，中弹数十，但修理后尚可用。

“伏波”号

突遭袭击的“伏波”、“艺新”两舰，尚未转向就被重创，急驶上游躲避，法舰紧追，“艺新”转舵发炮，迫使敌舰后退，两舰驶到林浦，自沉填港，阻敌上驶福州。

舰队覆没，船政半毁

罗星塔俯视着马江海战古战场

被法舰队摧毁的南般炮台遗址

中国的主力战舰“扬武”号

8月26日（七月初六日）

法舰队驶向下游，从背面炮轰闽安南、北岸炮台群，最后登陆摧毁北岸南般等炮台，用硝化棉火药炸毁了大炮。南岸象屿各炮台也被轰毁。本日清政府颁发上谕，宣布对法作战。

8月28日（七月初八日）

被法舰队轰毁的象屿道头炮台遗址

被法舰队摧毁的象屿东口炮台遗址

被法舰队摧毁的象屿雁边炮台遗址

法舰“特隆方”号和“杜规特宁”号清早就驶到金牌附近与长门和金牌两岸炮台交战，炮战持续到黄昏，守军在穆图善督率下继续抗击，后来法舰“伏尔他”和“林克斯”号加入炮轰，但仍未能达到完全摧毁目的。法军一度企图登陆，破坏长门炮台，终未得逞。

8月29日（七月初八日）

法舰“特隆方”号、“杜规特宁”号和“林克斯”号等驶至近岸处炮轰金牌炮台，驻台游击杨金宝率部抗击。战至下午3时，炮台被摧毁。此后，法舰队驶出闽江口，驻泊马祖澳。闽江两岸炮台的设计定向为炮口对下游，对从上游马尾来的法舰队未能发扬火力。

长门炮台

金牌山炮台遗址

“特隆方”号为法舰队领航出闽江口

第三节　马江海战的余音

一、基隆弃守与淡水获胜

法舰队退出闽江，集结于马祖澳，休整待援。9月中旬援军到后，准备进攻台北，一路由利士比率3舰攻淡水，一路由孤拔亲率5舰攻基隆，两路得手后会攻台北府。10月1日和2日分别对基隆和淡水发起攻击。由于督办台湾军务刘铭传被淡水前敌营务处夸大敌情所迷惑，错误地决定放弃基隆，增援淡水，基隆遂为法军所占。淡水守军早有戒备，沉塞港口并布雷封锁航道，当利士比率分舰队来攻时，先敌发起炮击，守将孙开华又采用诱敌上岸而击之的战术，使敌溃退海边，溺死数十人，直至中法战争结束，法军再也不敢对淡水发动进攻。此后法军宣布对台湾实行封锁，但大陆人民为了支援台湾军民抗法，千方百计打破法军封锁，取得了一定效果。

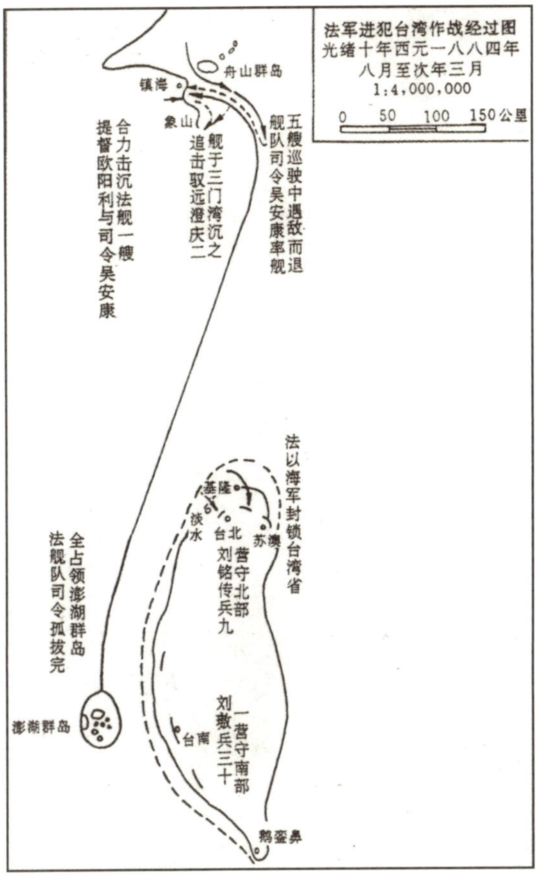

① 1884年10月1日利士比率分舰队攻淡水，被守将孙开华击败。

② 1884年10月2日孤拔率舰队攻基隆，刘铭传为增援淡水，放弃基隆，基隆被法占领。

（采自《中国历代战争史》第17册附图17~747）

基隆港

1884年10月2日孤拔率舰5艘攻基隆，由港湾西海岸登陆，抢占仙洞山顶被守军击退，后由于刘铭传决定放弃基隆，遂为法军所占。

利士比分舰队旗舰“拉加利桑尼亚”号

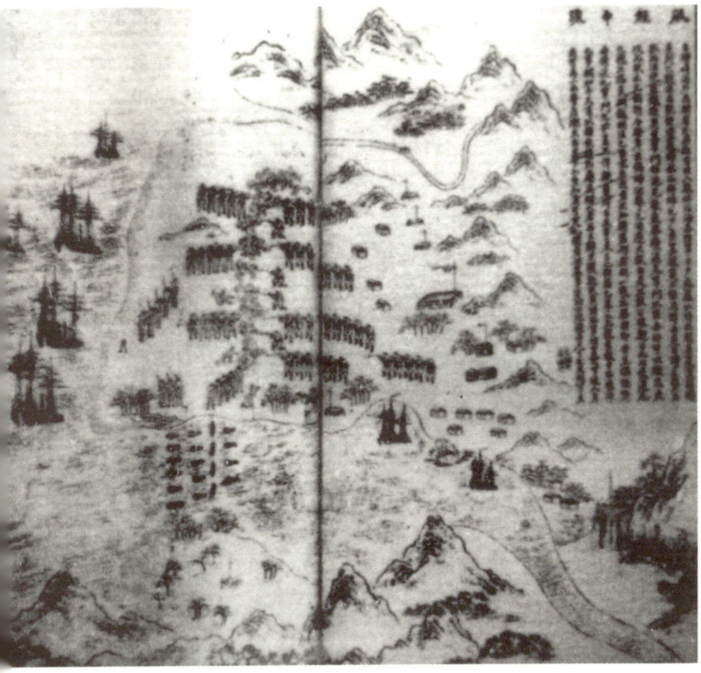

淡水港清军沉塞港口并布雷封锁航道图

法军进攻淡水失利后孤拔下令封锁台湾

淡水大捷图

二、镇海大捷

早在马江海战之前，清廷应福建军政大员之请求，多次谕令南北洋派船援闽，李鸿章电总署不是以“适以饵敌速变”，便是以“断难在洋面与西舰争锋”推辞；曾国荃亦以“船小而少，万不慑敌铁甲”百般设词拒派。直到光绪帝谕旨中切责说“实在可恶”后，1885年2月始由吴安康率领5船出发援闽。孤拔获悉即率7舰从澎湖北上，在浙江三门湾海面遭遇。“南琛”等3舰逃入镇海；“驭远”、“澄庆”2船就近躲入石浦还是被击沉。3月1日起法舰队多次进击镇海港均被守军击退，相持月余，一无所获，终被迫退去。法两巡洋舰负伤、两舢板沉没、死亡不少官兵，孤拔亦中弹受伤。

孤拔所率主攻基隆的5舰之一“梭尼”号

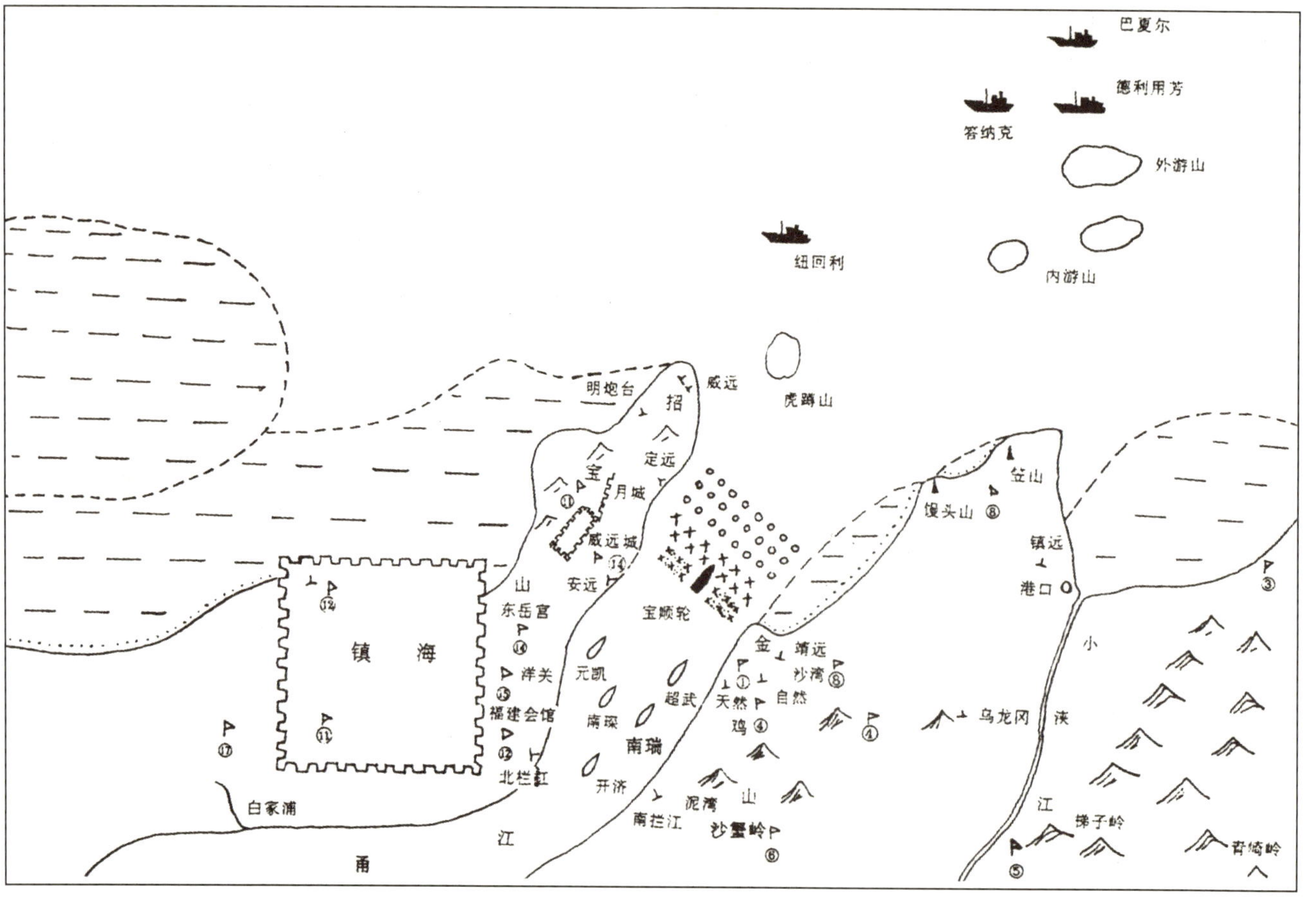

中法战争镇海之役形势图

镇海之役清军在防务上修炮台、添火炮、筑长墙、布水雷、沉石堵江、积极防御之外，还伺机主动出击，取得了胜利。

招宝山炮台群

内有威远、定远、安远、北栏江等炮台。

威远炮台

“南琛”号

由吴安康率领的“南琛”、“南瑞”等5舰南下中途遇法舰，“南琛”、“南瑞”等3艘逃入镇海。

镇海之役中在招宝山威远炮台亲自操炮击退法舰荣立战功的守备吴杰

“开济”号

逃入镇海的“开济”舰参加了镇海保卫战。

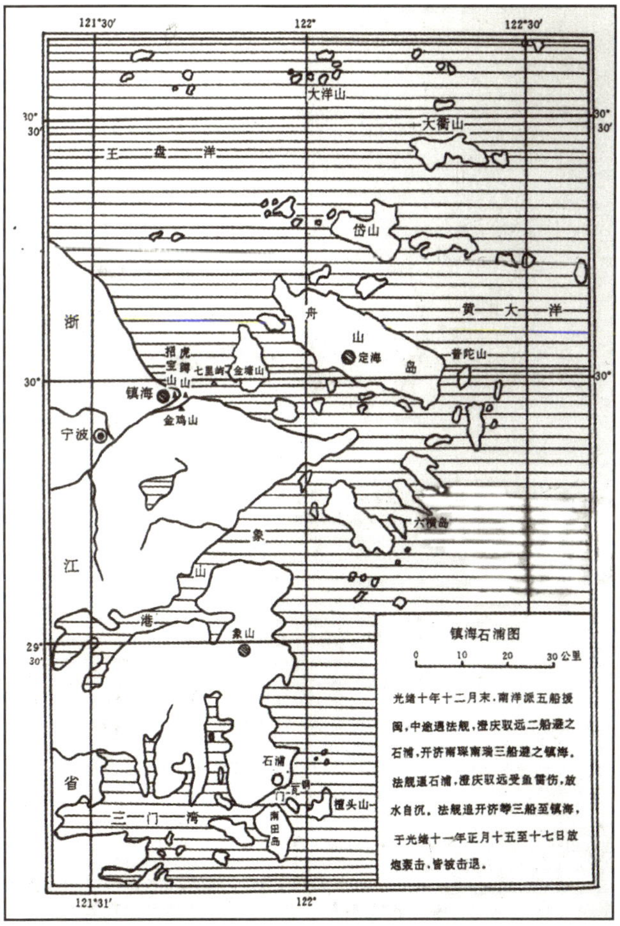

[采自北京历史博物馆主编的《中国近代史参考图片集》（中册）第40页，上海教育出版社1958年8月版]

安远炮台

镇海官兵在中法战争时绘制的沿海水陆行军营卡炮台五里开方舆图

没有尽没的“驭远”号

“驭远”、“澄庆”2舰因速度慢就近躲入石浦，2月14日法舰队以小艇载鱼雷潜入石浦港，将“驭远”击沉。“澄庆”因我方误射亦沉（一说自沉）。

积极组织军民抗法斗争的浙江巡抚刘秉璋

击退法舰进攻的浙江提督欧阳利见

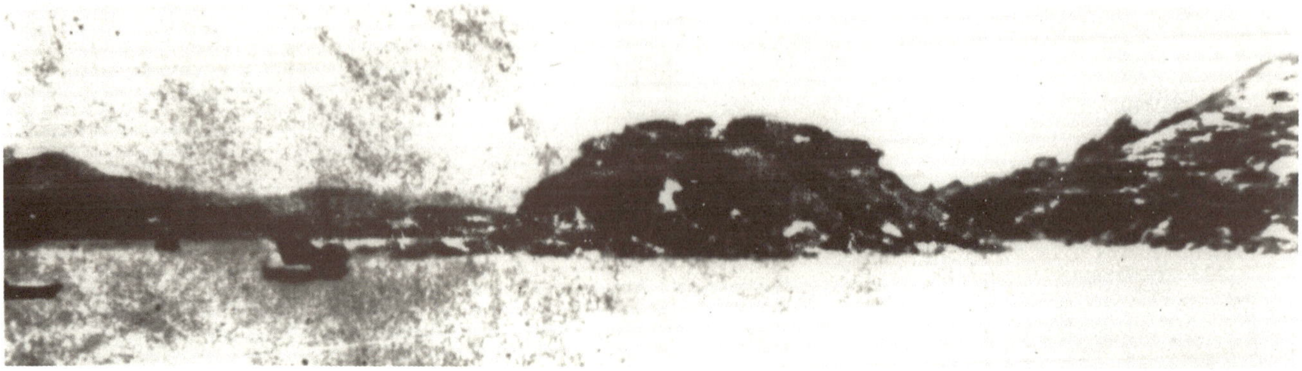

镇海炮台

薛福成（1838~1894）

字叔耘，号庸盦，江苏无锡人。中法战争期间，任浙江宁绍台道，与提督欧阳利见在镇海击退法舰进攻，曾撰《筹洋刍议》，主张变法图强。他与张佩纶曾拟议《北洋海防水师章程》14条，主张全国海域应建立北洋、南洋、闽粤洋3支水师。1888年任湖南按察使，次年任驻英、法、比、意4国公使，是中国近代早期改良主义思想家，对李鸿章的海防思想有较大影响。

蛟门奏凯图

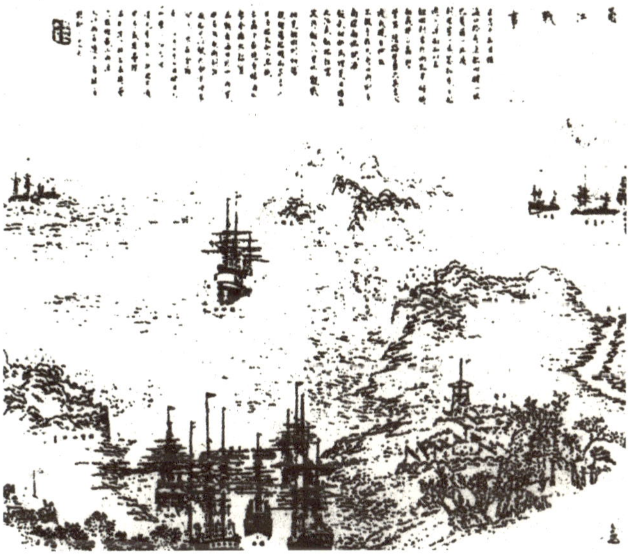

《点石斋画报》中所绘的甬江战事图

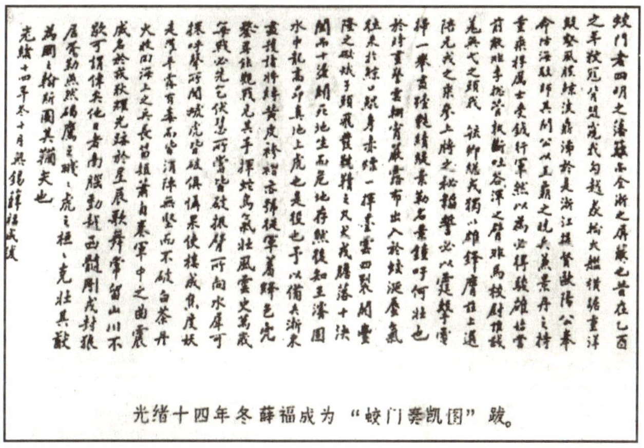

光绪十四年冬薛福成为“蛟门奏凯图”跋。

宁绍台道道台薛福成为“蛟门奏凯图”题跋

欧阳利见督师御敌处

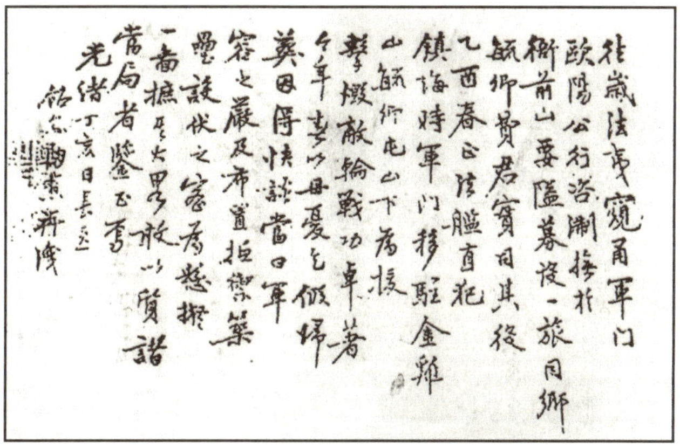

陶饴孙为“蛟门奏凯图”题字

欧阳利见手书刻石

镇南关关前隘布防图

冯子材在关前隘所筑的一道石长墙，长1.5千米，高2.3米，宽1.3米，墙外挖掘1.3米宽深堑，并在东西两岭间修筑堡垒多座，构成完整的山地防御体系。冯部誓与长墙共存亡，当敌迫近长墙时，冯率两儿子持矛大呼，率先跃出长墙，冲入敌阵肉搏，大败法军，取得镇南关大捷。

三、镇南关获胜与澎湖失守

清廷于1884年8月26日被迫对法宣战以后，越南境内东线桂军反攻失利，西线滇军东下受阻。法军直逼广西国门下，广西全省大震，形势十分严重，清廷遂起用七旬老将冯子材帮办广西关外军务，并由前敌将领公推为东线总指挥。冯选定关前隘构筑防御阵地，1885年3月23、24日两次身先士卒冲锋肉搏，打败攻关的法军，取得了镇南关大捷，接着收复文渊州、驱驴庯，3月29日收复谅山，30日至31日收复谷松、观音桥，进逼郎甲。法军败讯传至巴黎，31日茹费理内阁倒台。与此同时，3月29日至4月1日，孤拔率舰队进攻澎湖，4月1日澎湖失守。中国陆路大捷，水路却失利，说明海军落后。

（一）镇南关获胜

冯子材（1818~1903）

字南干，号萃亭，广西钦县人。1884年法侵略军进犯滇桂边境时，以广东高雷钦廉四府团练督办职参加抗战。久任广西提督，3次出关，威惠素著，得桂越人心。因李鸿章所荐淮军将领潘鼎新等退缩避战、节节败退，广西大震。1885年2月被任广西关外军务帮办。3月在镇南关大败法军。后任贵州提督等职。

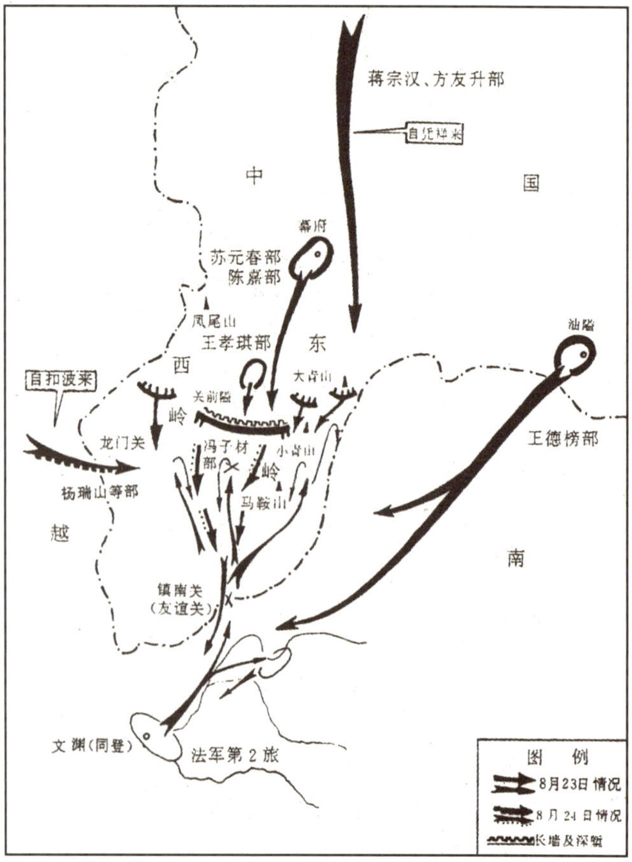

镇南关大捷形势图

（采自《中国近代战争史》第二册附图16，军事科学院主编）

《点石斋画报》中的镇南关破敌图

《点石斋画报》中所绘“临洮大捷图”

1885年3月刘永福领导的黑旗军与云南农民军联合越南的义勇队大破法军于临洮。

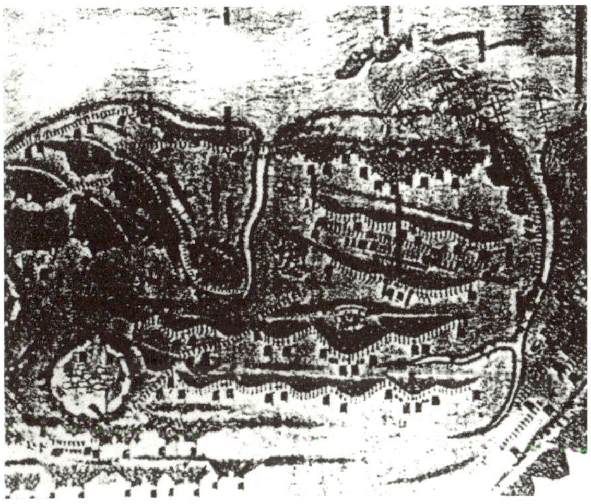

谅山大捷战迹图

3月29日清军又克复了谅山，毙伤法军近千人。

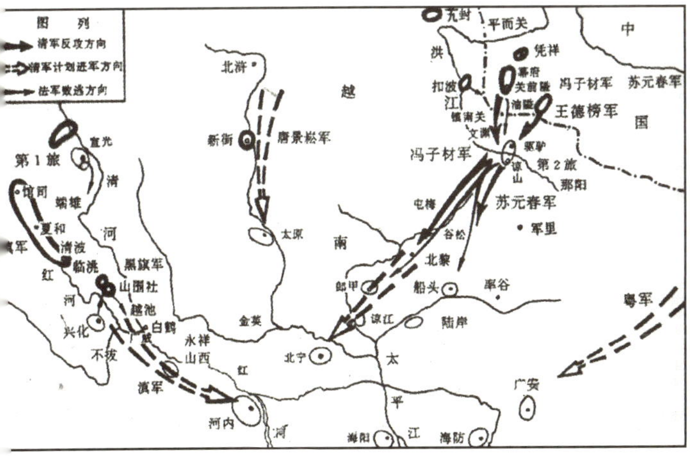

清军逼近河内形势图

3月30日至31日清军又收复谷松、观音桥，进逼郎甲，清军正拟向广安、北宁、河内进攻，陆路全线奏捷。（采自《中国近代战争史》第二册附图15）

（二）茹费理内阁倒台

法国内阁总理茹费理推行殖民主义政策。当镇南关、谅山惨败消息传到巴黎时，法国人民群起抨击之。1885年3月31日茹费理内阁在一片责骂声中垮台。

与此同时，1885年3月29日至4月1日，孤拔率“巴雅”号等7舰及鱼雷艇、运输船各1艘，载陆战队900人及1个山炮小队进攻澎湖马公岛等处港口炮台，遭守军顽强抗击，战斗近一天，炮台被毁，下午5时法军登陆，守军3000人节节抵抗，4月1日法军攻占马公城。

茹费理

“巴雅”号

（三）澎湖失守

4月1日被法军攻占的澎湖马公城

金登干（1833~1907）

英国人。1862年进入中国海关，1873年起以税务司资格驻中国海关伦敦办事处，受赫德之命在巴黎与法国外交部政务司司长毕洛秘密谈判，并签订《中法停战协定》。

澎湖凤柜尾的千人冢

中法战争期间阵亡的法国人墓地，这里埋着21个法国海军军官、500余名士兵或水手，这是侵略者的可耻下场。

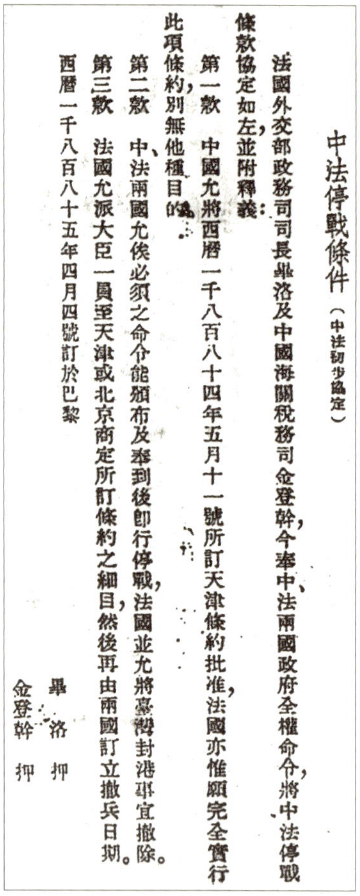

中法停戰條件（中法初步協定）

法國外交部政務司司長畢洛及中國海關稅務司金登幹，今奉中、法兩國政府全權命令，將中法停戰條款協定如左，並附釋義：

第一款　中國允將西曆一千八百八十四年五月十一號所訂天津條約批准，法國亦惟願完全實行此項條約，別無他種目的。

第二款　中、法兩國允俟必須之命令能頒布及奉到後，即行停戰，法國並允將臺灣封港事宜撤除。

第三款　法國允派大臣一員至天津或北京商定所訂條約之細目，然後再由兩國訂立撤兵日期。

西曆一千八百八十五年四月四號訂於巴黎

畢洛　押
金登幹　押

中法停战条件

1885年4月4日金登干在巴黎与法国代表毕洛签订中法停战撤兵简约3条：

1. 中国承认天津条约。
2. 停战，并撤除封锁台湾。
3. 法派使北上谈判细约。

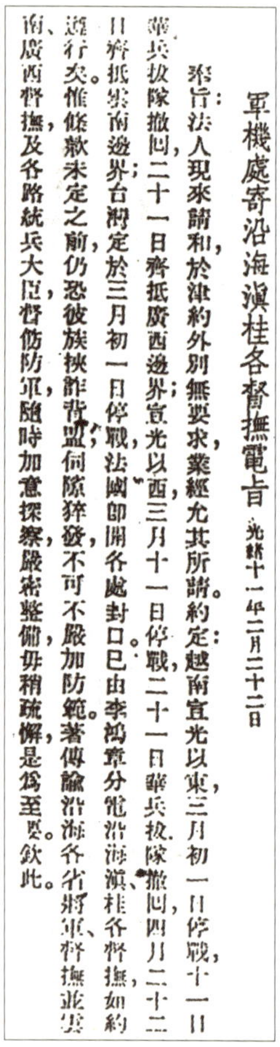

軍機處寄沿海滇桂各督撫電旨　光緒十一年二月二十二日

奉旨：法人現來請和，於津約外別無要求，業經允其所請。約定：越南宣光以東，三月初一日停戰，十一日華兵拔隊撤回，二十一日齊抵廣西邊界；宣光以西，三月十一日停戰，二十一日華兵拔隊撤回，四月二十二日齊抵雲南邊界；台灣定於三月初一日停戰，法國即開各處封口。已由李鴻章分電沿海、滇、桂各督撫，如約遵行矣。惟條款未定之前，仍恐彼族挾詐背盟，伺隙猝發，不可不嚴加防範。著傳諭沿海各省將軍、督撫並雲南、廣西督撫，及各路統兵大臣，督飭防軍，隨時加意探察，嚴密整備，毋稍疏懈，是爲至要。欽此。

撤兵电旨

1885年4月7日清廷命在越滇、桂两军按停战协议撤兵日期执行。

四、清廷妥协求和导致中国不败而败

当冯子材等爱国将领决心“保关克谅”并取得了进展之际，清廷通过赫德的私人代表金登干在巴黎与法国政府加紧进行秘密谈判。谅山大捷之后，李鸿章就迫不及待地叫嚷：“当借谅山一胜之威与缔和约，则法人必不再妄求”。清廷立即采纳，表示愿按金登干与法谈妥的条件恢复和谈。1885年4月4日签订了《中法停战协定》，6月9日李鸿章与巴德诺在天津签订了《中法越南条约》。法国侵略者在战争失败的情况下，仍然达到了它发动战争所要达到的目的。法国不胜而胜，中国不败而败，这是中外战争史上所罕见的。

两广总督张之洞

督辦廣東防務彭玉麟電 光緒十一年二月二十四日

密。玉麟扶病巡六門並西海，廿三夜回營，奉電旨，知議和撤兵，不勝惶駭！法狡無信，去年春，津約甫定，而觀音橋先開仗；夏間越軍盡撤，而卒攻基隆，且擾沿海。茲諒山受挫，遽然乞和，此緩兵故智。法畏越瘴熱，夏多病斃，秋爽則蠢，歷年如此。今春晚夏近，要我軍先撤而台、越法軍不言退期，明係狡謀。今既經畫押，固難失信，亦必令償我年餘海防兵費千餘萬，法軍先退，我乃可撤。總之，和可許，兵不可先撤。否則，諒山以內，南關無險可扼，龍州無城可守，彼忽要求肆毒，何以禦之？後患無窮！玉麟老朽昏愚，以為萬萬不可先撤我兵，切懇敕統兵諸臣仍各紮原處整備待戰，勿中敵計，蹈覆轍。請代奏。玉麟肅敬。 二月二十五日到

督办广东防务彭玉麟4月9日电奏

“和可许，兵不可先撤。”

兩廣總督張之洞電 光緒十一年二月二十三日

密。頃北洋電：和議已畫押，奉旨撤兵。竊謂停戰則可，撤兵則不可，撤至邊界尤不可。關外兵機方利，法人震，中法用兵年餘，未有如今日之得勢者。我撤敵進，徒中狡謀，悔不可追。桂軍必扼諒山外谷松、觀音橋等處；若棄諒、塔高平，法必屯兵，沿邊無險，無從防守，欽、廉亦逼，兩廣永與法為鄰，以後兵力、餉力難支。且電線斷數日，連日雷雨，忽通忽阻，前敵遠難速達；初一住戰，斷難接到。糧械繁重，十日亦難撤至界。伏望展限詳議，令彼撤雞籠、澎湖之兵，我方可撤。看北甯能否攻克再定。若得手，更易商。邊事重大，迫切上陳，伏候聖裁。

再，正發電間，接馮十九電：已於廿一日親率本部並王孝祺軍攻郎甲，繞襲北甯。洞昨聞法調海防兵往助，當催馮添兵援剿，並飭欽州進兵。欲停不及，只可俟續報戰情再請旨。請代奏。之洞肅漾。 二月二十四日到

4月8日张之洞再电奏

力陈“停战则可，撤兵则不可，撤至边界尤不可”，并言冯子材已率部攻郎甲、袭北宁。

兩廣總督張之洞電 光緒十一年二月二十三日

密。條款未定，萬萬不可撤兵。臣之洞謹昧死上陳，懇聖明熟思。請代奏。之洞肅漾。 二月二十四日到

4月8日张之洞电奏

中法条款未定，万万不可撤兵。

4月7日两广总督张之洞致电总署

在大胜之后，风闻法愿照津约就款，请总署详酌。

致總署 光緒十一年二月二十二日

梧州線阻，前敵自十六後無信來。惟前接馮電，法逃北甯，分軍追剿；此必是馮軍進攻北甯。馮三次出關，威惠素孚，越官民多為之耳目。近大勝後，越人必多響應。連日西電均言法願就款，均照津約，不知確否？萬一實有其事，伏望詳酌。總之，非有諒山，龍州無險不能守也。養。

李中堂來電 光緒十一年三月二十一日子刻到

款議始終由內主持，專倚二赤。雖予全權，不過奉文畫諾；公徒責望，似未深知。月內外續約當成，臺、澎兵退，我亦必議撤遣。鴻號。

5月5日李鸿章复电张之洞

和议“专倚二赤”（指赫德），我不过“奉文画诺”而已，承认他是秉承洋人的旨意行事。

5月3日张之洞致电李鸿章

质问在大好形势急于议和：“我兵既退，诸事难商。公老于戎行，何不虑此？”

致天津李中堂 光緒十一年三月十九日亥刻發

劉、桂並捷，款議驟成，稍一堅持，豈口開矣。我兵既退，諸事難商。公老於戎行，何不慮此？今議詳約，萬望力爭，天下責望惟在公也。近狀速示，以便籌備。效。

馮幫辦來電 光緒十一年三月初一日子刻到

二十六奉漾電，已飭遵。但期迫路遠，能否再報？又敬電中法議和，飭停戰。查我勝法敗，乘勢可平甯、河兩省，材已布置，不久可復；西貢內應四十萬已約定。若以餉絀，再一年諒無慮。材一事權，年左右可得手，勿墮奸謀，失此機會。去歲上諭議和者誅，請上摺誅議和之人，士氣可奮，法可除，越可復，後患可免。祈早圖之。材。沁。

冯子材致电张之洞

“我胜法败，乘势可平……勿堕奸谋，失此机会。”请求上折“诛议和之人”。前线将士万分激愤，“拔剑斫地，恨恨连声”。

军机处电寄张之洞谕旨

“如期停战撤兵，倘有违误，致生他变，唯该督是问。”

軍機處寄兩廣總督張之洞電旨 光緒十一年二月二十五日

「撤兵，載在津約，現既允照津約，兩國畫押，斷難失信。現在桂甫復諒，法即據澎，馮、王若不乘勝即收，不惟全局敗壞，且孤軍深入，戰事益無把握，縱再有進步，越地終非我有，而全臺隸我版圖，援斷餉絕，一失難復。彼時和戰兩難，更將何以為計？且該督前於我軍失利時，奏稱只可保境堅守；此時得勝，何又不圖收束耶？著該督遵旨，兩電各營，如電線不到之處，即發急遞飛遞，如期停戰撤兵；倘有遲誤，致生他變，惟該督是問！欽此。」

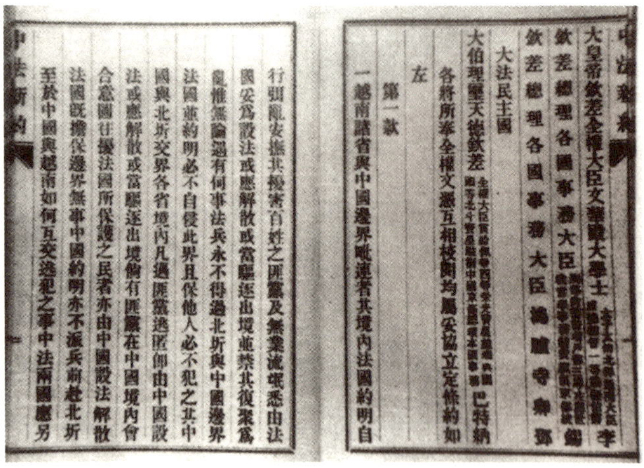
中法新約
大皇帝欽差全權大臣文華殿大學士李
欽差總理各國事務大臣錫
欽差總理各國事務大臣鴻臚寺卿鄧
大法民主國
大伯理璽天德欽差巴特納
各將所奉全權文憑互相校閱均屬妥協立定條約如
左
第一款
一越南諸省與中國邊界毗連者其境內法國約明自
行弭亂安撫其擾害百姓之匪黨及無業流氓悉由法
國妥爲設法或應解散或當驅逐出境並禁其復聚爲
亂惟無論遇有何事法兵永不得過北圻與中國邊界
法國並約明必不自侵此界且保他人必不犯之其中
國與北圻交界各省境內凡遇匪黨逃匿仰由中國設
法或應解散或當驅逐出境倘有匪黨在中國境內會
合意圖往擾法國所保護之民者亦由中國設法解散
法國既擔保邊界無事中國約明亦不派兵前赴北圻
至於中國與越南如何互交逃犯之事中法兩國應另
中法新約

《中法越南条约》十款中的第一款

广西关外军务帮办冯子材画像

1885年6月9日李鸿章与巴德诺在天津签订《中法越南条约》

4月20日（三月初六日）清政府命李鸿章为全权大臣，与法使详议条约。5月13日与巴德诺开始谈判。

清廷承认越南是法国的属国，并给予法国一系列新的侵华特权，中法战争终以中国的屈辱而结束。

中法战争中一意主和的李鸿章

五、孤拔之死

法侵华远东舰队司令孤拔

关于法国侵华远东舰队司令孤拔的死因、时间、地点众说纷纭，多不一致，至今仍是历史上的悬案。但有一点可以肯定，这个侵略军头目确实死在中国的国土上，这是侵略者的下场。这个极端好战分子野心勃勃，一心想北上进攻烟台、旅顺，遭到法国政府拒绝，十分不满、气愤；在淡水又被清军打得一败涂地，进退两难，愤慨已极，他本已受伤又染上时疫，加上《中法停战条约》的签订，想“把在中国所占领的地区留在自己手中”的愿望破灭了，受此刺激，终于在和约签订后的第三天（即1885年6月11日）死于澎湖，结束了他可耻的一生。

在基隆举行的孤拔殡仪

孤拔墓

1980年台湾《锦绣台湾》一书中载：清光绪十一年（1885）孤拔率领大军攻陷澎湖。此役法军战死者很多……孤拔亦受风寒病死。葬地宽阔，四周围以砧石为围墙，冢前立有长方形尖顶的石碑，墓旁左右葬有两名阵亡法军军官。孤拔遗骸已于1954年由法国驻台代办迁回本土埋葬。于今马公民生、民族两路交界处，立有纪念碑一座，……是法人侵澎史证。

孤拔死后“巴雅”号将旗不落

据卡尔诺《法军侵台始末》载，孤拔遗体被施以防腐的香料，纳入三重的棺中安置在此舰后甲板的祭坛上，但该舰仍旧保留着提督将旗，关于港湾内的各种信号仍由该舰发出。1885年6月23日“巴雅”号从妈公（今马公）驶返法国。

《闽海巡记》孤拔墓插图

高贤治《台湾三百年史》及1915年许世英《闽海巡记》载，孤拔墓在澎湖妈宫（今马公）城外火烧坪乡。许世英系福建民政长（相当于省长）。

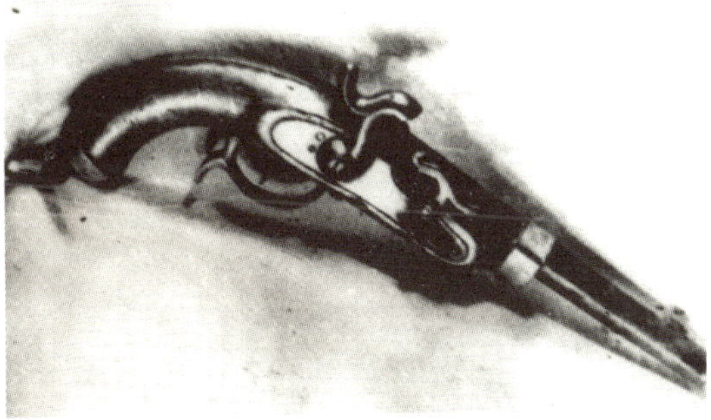

马江海战法军使用的手枪

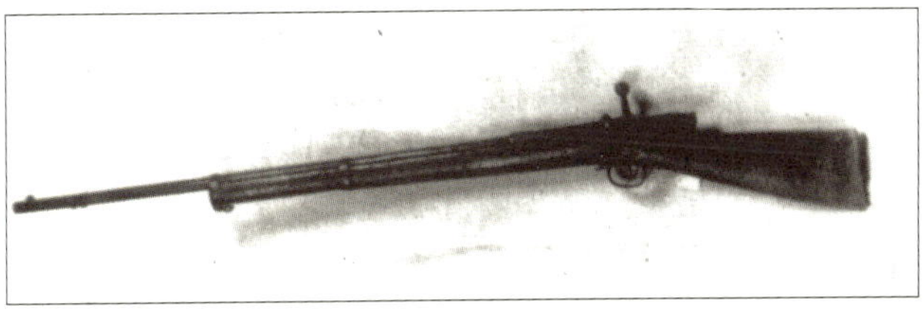

中法战争中法军使用的1884年式来复枪，口径11毫米

第四节　马江英烈

马江海战陆勇阵亡人数

陆营名称	死难人数	
	官	兵
福靖老后营	1	0
霆庆前营	0	18
福靖老新后营	2	17
全福右营	1	8
镇海左右营	0	77
潮普营	1	8
潮水军	0	84
看管船坞	1	0
总计	218人，其中官6人，兵212人	
备注	不包括民兵，系不完全统计	

“威远”舰

马江海战阵亡人数总计

	阵亡人数		
	官	兵	小计
船政舰船	48	462	510
旧式师船	21	108	129
陆营	6	212	218
合计	75	782	857
备注	① 系不完全统计，本表根据有案可稽的数字 ② 陆营不包括民兵，不包括守炮台的原有官兵 ③ 实际数字远比本表多		

吕翰任“威远”舰管带时的印章

马尾昭忠祠正厅当中的灵牌

许寿山烈士（1852~1884）

字玉珊，福建闽县人。福建船政后学堂驾驶班第一届毕业。历任“扬武”大副，“虎威”、“艺新”管带，时任“振威”管带。马江法舰突袭时，我军犹系碇，许寿山闻警奋起，立望台上传呼砍碇开炮，并驰援旗舰“扬武”。遭法3舰攻击，中弹累累，在下沉前犹发一炮击中敌舰，终与全舰官兵壮烈牺牲，年32岁。

陈英烈士（1856~1884）

字贻惠，福建侯官人。福建船政后学堂驾驶班第三届毕业，时任“福星”管带。与法开战时，陈英屹立驾驶台上，军舰连连中弹，血肉横飞，部属劝陈暂避一下，他怒目斥曰：“大丈夫食君之禄，宜以死报，今日之事，有进无退！”终因强弱悬殊，军舰中弹沉没，壮烈殉国，年28岁。

林森林烈士（？~1884）

字少屏，福建侯官人。福建船政后学堂驾驶班第三届毕业，时任“建胜”管带。当马江战云密布，他上书张佩纶等大臣，提出战守之策，均不得呈达。开战前曾将平日所用香袋寄归其母，表示以身许国决心。开战时以大无畏气概，以劣势装备拼死抵抗，曾燃一炮击中孤拔船首，后遭敌炮还击，中弹殉国，船亦沉没。

吕翰烈士（1852~1884）

字赓堂、广东鹤山人。福建船政后学堂驾驶班第一届毕业。历任“振威”、“飞云”、“威远”兵船管带，马江海战时统带“福胜”、“建胜”两炮船，驻于“建胜”。马江战前，将母亲妻子送回广东并预立遗书：“翰受国恩，见危授命，决不苟免”，决心与法军血战到底。法舰突袭，吕翰率舰奋勇向敌舰开炮还击，短衣仗剑，冒炮火指挥，弹片中面颊，血流满面，督战如故。驶船迎敌复中敌弹，身碎船沉，年32岁。

高腾云烈士（1840~1884）

广东顺德人，行伍出身。历任广东广德营都司、廉州营游击，时授广海营参将。马江海战时，奉命督带“飞云”兵船援闽，力战阵亡，年44岁。

吕翰烈士遗嘱

马江海战阵亡烈士薛忠馥使用的木盒

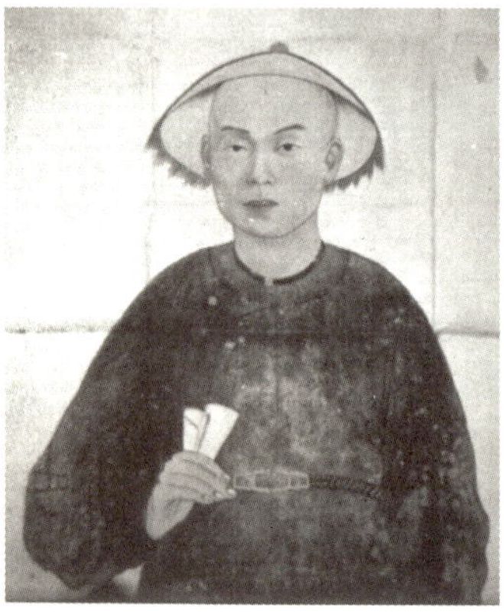

黄季良自画像

“扬武”舰死难烈士黄季良生前自画像。可知当时舰上服装。此画像及下面执照系黄季良之兄黄冠良之女黄丽贤保留至今并提供。笔者存有原件复印件。

黄季良系船政后学堂第八届驾驶班毕业生，执照即当时的毕业证书，原件保存了一百多年，极有价值。从此件可确知第八届毕业时间系光绪九年三月，解决了此届詹天佑等人毕业时间不详的问题。

执照内容见图。

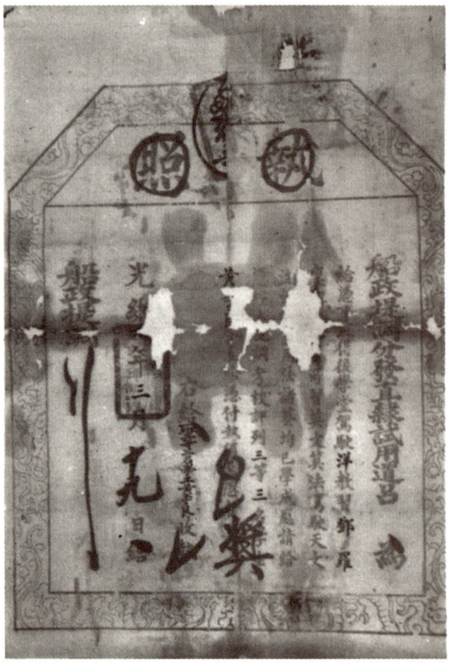

黄季良船政后学堂第八届驾驶班毕业证书

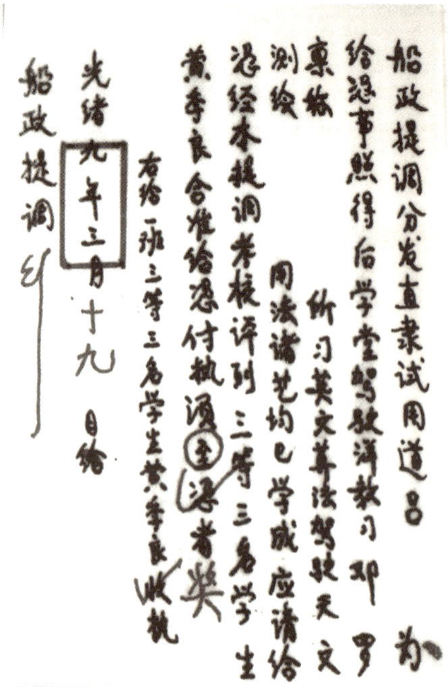

船政提调分发直隶试用道吕

给照事照得后学堂驾驶洋教习邓罗称

禀称 所习英文算法驾驶天文

测绘 同法诸艺均已学成应请给

凭经本提调考校评列三等三名学生

黄季良合准给凭付执须至凭者 奖

右给一班三等三名学生黄季良收执

光绪九年三月十九日给

船政提调 [illegible]

马江海战中木船上使用的茶壶

第五节　为何如璋剖白

雪难摧报国心

——与《试论何如璋》作者商榷

近读福建《船政文化研究》第三辑所载吴登峰、张征《试论何如璋》一文，作者较客观评价了晚清历史上不可忽视的重要人物何如璋的生平，肯定了这位首任驻日公使和福建船政大臣的主要爱国事迹，笔者亦以为然。

但该文存疑两处、尚需商榷，一是所引“新发现”指何如璋为“日本间谍”；二是认为马江战役中尽管何如璋是坚决的主战派，但“备战不力”，“在海战猝发时，缺乏实战经验和指挥艺术，束手无策”，应负“直接指挥责任”。对此笔者不能苟同。

先说“日本间谍”问题，源于孔祥吉与日本村田雄二郎合著的《罕为人知的中日结盟及其他——晚清中日关系史新探》，称从日本外务省档案馆发现“何如璋的两封亲笔密信”，断定何拿了日本情报费百余金，出卖了国家机密。随后张伟借题发挥，借《环球时报》宣称发现“天大的秘密”，直指何如璋为“汉奸”、“间谍”。

这“惊人”消息被炒到报刊和网上，引起严重关注。广东省大埔县何如璋研究会对孔、张提出了严正驳斥。史学界专家学者纷纷发表不同看法：福建师范大学历史学家陈贞寿教授新著《中法马江海战》专设《何如璋不是日本间谍》一节；清华大学历史学院刘晓峰教授在权威杂志《历史研究》2006年第3期发表《何如璋是否向日本人提供过情报——与孔祥吉先生商榷》；南开大学历史学院吴振清教授组织历史文献学专业研究生认真剖析档案文献史料，发表了《解读档案文献应当严肃慎重》一文，他们经甄别审核后一致确认，两封密信均写于日本“在清国公使馆”公文笺上，而非孔、张所说的“大清国公使馆”信笺。公安部门通过对检材与样本的字迹对比鉴定，排除何如璋笔迹。真是差之毫厘谬之千里。专家指出，密信之朱批日文指明“右者，为暂居何如璋氏寓所之井上生致渡部书记生等之内报也，所谓侍读是指何如璋”。这井上生又名井上陈政，是日本大藏省安插在何如璋（使日，归国任翰林院侍读学士）身边、诈称学习中国文化的年轻卧底特务，他提供密信情报，再由日本驻华公使馆谍报官员渡部命人统一抄写上报。孔、张则歪曲擅改成“右者，何如璋氏，经井上生致渡部书记之内报也。侍读者，乃何如璋自称”。实在居心叵测。

何如璋是近代史上具有远见卓识的爱国外交家，从小立志尽忠报国，出使日本后为中国抗强权力争琉球，主张修改不平等条约，马江战败遭贬，其爱国壮志不衰。捏造“日本间谍”纯属无中生有的恶意诽谤陷害。孔祥吉、张伟趁何如璋案尚未完全昭雪之机，追捧“越负面越有新闻性”的西方媒体观，肆意抹黑历史人物，哗众取宠，实在是欺世盗名的卑鄙行径。在正面言论反击下，四年多来，孔、张理屈词穷不敢回应，但谣言造成的恶劣影响尚待清除。

再说马江战败的责任问题，大凡评论历史人物及事件，都不能离开历史背景，而且要符合逻辑和事实。试从三个侧面分析：

一、朝廷避战妥协是致败关键

晚清的中国，屡遭列强侵略宰割，濒临解体。而战争从来都是国力的较量。1884年下半年，中法开战已过半年，双方互有胜负，值强寇寻衅，若要克敌制胜务必决策果断、上下同心，尤其是授予前线官长军政权利。可专横跋扈、大权独揽的太上皇慈禧推行投降卖国路线，妥协退让，和战不定，不断瞎指挥扰乱作战部署，多次贻误战机，埋下失败的祸根。

二、敌强我弱军力悬殊取胜渺茫

法国是当时世界第二海军强国，船坚炮利，参战的远东舰队多为铁甲舰，吨位大，新式炮多，作战经验丰富，其入侵马江意在杀戮毁灭，并占领马尾以勒索清廷巨额赔款。开战前要迟送战书诡计，实施卑鄙偷袭，利用退潮船身转向之机，猛攻清舰薄弱的船尾（清舰除“扬武”号之外均无尾炮），更添实力优势。而福建水师为脆弱的木质舰队，船小炮少，历任船政大臣聘请法国人设计舰船，竟将弹药仓联通机舱，中弹就爆炸速沉。

三、张、何积极备战难挽狂澜。

担任福建军政海防会办大臣的张佩纶与船政大臣何如璋均为积极的主战派，前者是军事首长，后者主管船企和教育。当年7月中战云密布，何如璋上奏朝廷“法船聚泊马江，敌情叵测，应亟调各省兵船，赴援协防，以遏敌冲”。后又再电强调“彼此兵船衔尾相距，万一决裂，先发制人，后发为人制。以法人横肆性成，临事必图狡逞”。但朝廷已被诱入“和谈”迷魂阵，多方掣肘前线战备，甚至严谕“无旨不得先行开炮，违者虽胜亦斩”。掌控南、北洋水师的李鸿章、曾国荃拥兵自重、以邻为壑，拒绝增援，只有广东张之洞支援了两舰。张、何请旨堵塞河道先发攻敌、也被军机处否决。

当此危困局势形单援寡之际，张、何以满腔爱国热情进行了大量战前鼓动，激励军心，“各管驾感奋听命，誓以死报”。有些官兵写了遗书。张、何反复商议战法，调兵遣将，给各舰和炮台补充弹药，还“密饬后山防营，择要埋伏，杜敌人登岸包抄。又分饬各厂弁丁，将炮械火药周密安放，预备法人侵占厂地，为拼敌俱焚之用”。何如璋为保卫船政坚壁清野、埋设地雷。他们部署24个陆营1万余人，还招募壮丁1840人操练备战。

8月23日，张、何在未接法方照会和闽浙总督指令的情况下遭遇偷袭，仓促应战。福建水师绝地反击，“扬武”号炮火命中敌旗舰，“振威”、“福星”、“飞云”等舰勇猛冲击敌阵中弹沉没。开战不到10分钟，中方各舰就丧失了战斗力，落水清军遭到法国侵略者野蛮屠杀。张、何指挥陆营大炮轰击法舰，清军的炮火和步枪射击，以及战前的护厂埋雷，有效地吓阻了敌人登陆，迫使法军放弃占领马尾的计划，退出闽江。马江海战清军血战抗法、英勇悲壮，中方虽遭重创但并未彻底失败。

要说负责，首席军事长官并非何如璋，岂能不分主次？何如璋赴任船政仅半年多，前期专注于整顿船政，力纠“收束”和积弊，重视规划发展，为的是壮大海军、加强海防抵抗外侮。他毕竟是文官，忽视了潮水涨落对作战的影响，是百密一疏。战火甫熄他即不避险押运船政白银36000两往福州入库，并上奏朝廷自请逮问交部议处。他在战役前后的表现可圈可点。这位从未向列强低过头的刚直官员，有心报国却无力回天，终于成为专制朝廷的替罪羊，蒙受百年沉冤，这不仅是个人的悲剧，也是时代和民族的悲剧。然而，功罪难明的时代已经过去，何如璋在马江海战中主战有功的历史真相日月可鉴。

作者　何伟

何如璋力争琉球

何如璋跨海东渡不久，就碰上棘手的琉球事件。琉球国36岛位于台湾东北的东海上，早在明初已臣服中国，

何如璋（1838~1891）

字子峨，今广东省大埔县湖寮镇双坑村人。咸丰十一年举人，同治七年进士，入值翰林，光绪三年（1877）以二品顶戴受命为正使钦差大臣，首任驻日本公使，开创了近代中日两国的正式邦交。

500年来一直向中国朝贡。日本明治政府图谋侵略扩张，意欲吞并琉、台，1874年入侵台湾，清廷被勒索白银50万两换得日本撤兵，且在签订《北京专条》时误留隐患。日本接着威逼琉球，不准对清朝贡。何如璋在东京多次会见琉球官员，弄清阻贡目的是吞并，即上奏指出日本“阻贡不已，必灭琉球；琉球既灭，行及朝鲜”。如允琉球亡国，“他时日本一强，资以船炮，扰我边陲，台澎之间，将求一夕之安不可得”。他主张外交与军事斗争相结合，积极干预琉球问题，建议朝廷值日本军力尚不太强之际，我先遣兵船责问琉球，示日本以必争为上策；约琉球令其夹攻，示日本以必救为中策；反复辩论，或援万国公法，或约各国使臣评理为下策；若坐视不救听日灭之为无策。

然而，清政府特别是李鸿章的外交方针是“彼虽无理在先，我未便失礼在后”，根本不愿意为琉球承担风险。李鸿章曲从退缩、鼠目寸光，指示何如璋“琉球以黑子弹丸之地，孤悬海外”，“琉球朝贡，本无大利，若以威力相角，争小国区区之贡，多虚名而勤远略，非惟不暇，亦且无谓”。李鸿章致书总理衙门，要求采纳“下策”只作外交交涉，不动用武力。

1878年9月3日，何如璋前往日本外务省会见其外务卿寺岛宗则，就日本阻贡提出口头抗议，坚决要求让琉球恢复对清联系。寺岛则坚称琉球为日本属地。双方态度均很强硬，接下来几次交涉都不欢而散。10月7日，刚直不阿的何如璋递交了措辞强硬又说理充分的书面照会，强调“查琉球国为中国洋面一小岛”，“臣服中国，封王进贡，列为藩属。惟国中政令许其自治，至今不改”。指出“日本堂堂大国，谅不肯背邻交，欺弱国，为此不信不义无情无理之事”。寺岛有意使问题复杂化，抓住这后几句尖锐之词倒打一耙诬为“暴言”，要求何如璋道歉并撤回照会。何如璋声明并无悖礼之处，寺岛却一味顶撞把局面搞僵，企图将中国拖入外交泥潭。

与此同时，日本逐步实施吞并阴谋，加紧“直辖”琉球。何如璋闻讯速奏朝廷，建议于沿海各省陈兵备战，撤回驻日使节，以示交涉决心。他继续与日本外交官正面交锋，关于改、撤照会，他不卑不亢予以回击，提出“琉球

国体政体一切率循旧章，并不准阻我贡事”为条件，要求日方明示琉球为日本属地之佐证，击中日本软肋，显示了外交机智与胆识。

日本恼羞成怒，将何如璋视作障碍，有意绕开他，任命宍户玑为新的驻华公使，到北京与软弱的清廷谈判，并施以离间计。李鸿章因此在致总理衙门的《密议何子峨》函中，称何如璋“虽甚英敏，于交涉事情历练未深，锋芒稍重”，“措辞本有过当，转致激生变端”。李鸿章如此是非不分、执迷求和，没看清日本的整套阴谋，反而埋怨己方外交官员，分明已入了日本圈套。

清政府没采纳何如璋的积极建议，只采取“据情理相驳诘”的敷衍态度对付国内舆论，因此无力阻止日本灭琉。即使琉球高官尚德宏急赴北京长跪呼救，泣请援琉，表达“生不愿为日国属人，死不愿为日国属鬼”的意志，也未能打动李鸿章和总理衙门。1879年4月千年古国琉球终于被日本夺占改名冲绳，何如璋的努力虽功亏一篑，但史学家肯定他是具有远见卓识的外交家和爱国人士，又是一位视野开拓、坚定果敢的开明抵抗派，在晚清历史上占有重要一席。

有学者认为，若琉球不失，当今关于东海海权（包括钓鱼岛）争议的形势，将对中国更为有利。

作者　何伟

明辨历史真伪　澄清百年荣辱

——新评中法马江海战与船政大臣何如璋

1884年，风雷激荡，波谲云诡。当中法战争打了半年多之后，法国侵略者一面玩耍和谈骗局，一面派遣远东舰队以“游历”为名侵入我福建马江寻衅。8月23日，法舰卑鄙偷袭弱小的福建水师，轰击船政设施，致中方舰沉厂毁，遭法军野蛮屠杀的落水清军就达数百人。侵略者的凶残、清军的速败，对朝廷和民众产生心理重创，使此战成为中国近现代史上扑朔迷离、争议难断的战役，并造成朝廷命官拖时最长的百年沉冤！

一、法舰入侵马江，包藏险恶祸心

战争从来都是国家之间国力的较量，是政治的继续。晚清的历史是中国饱受列强侵略掠夺、山河破碎、国力衰微、生灵涂炭的屈辱史，同时又是中华民族奋起抗争、保家卫国、前仆后继、探索前进的奋斗史。马江海战是中法战争中的一个局部战役，发生在闽江下游马江段，距出海口三十余千米，这里有清政府所设福建船政局，乃经营十多年的重要军工企业、闻名远东的造船基地和培育海军人才摇篮。马尾港江宽水深，适宜船只锚泊，既作军港，又是商贸口岸。

法国是当时世界上第二大海军强国，船坚炮利，此次舰队征战远洋，舰艇多为铁甲舰，吨位大，新式炮多，火力强，且官兵作战经验丰富，更挟第二次鸦片战争凶狠劫掠、焚毁圆明园之余威，蓄意策动此战，企图通过疯狂杀戮毁灭，勒索清廷巨额赔款，侵占越南。法国挑选马尾还因为船政建设曾引进了法国的人才、技术与设备，法方早已熟悉各厂布局，又侦知沿岸炮台构筑上的弱点，即炮位固定，炮口专指下游不能移动，故图谋深入腹地掌握战场主动权。

二、张、何积极备战，朝廷妥协求和

当法舰初涉海口时，福建官员即呈报朝廷请示是否阻拦，电旨“局势未定，......中法并未失和，彼此均谨守条约，切勿生衅”。但是，时任船政大臣的何如璋却十分清醒，早在一年多前，他就上奏“为越南情形危急，请特派统兵大员出关筹办，保属土而固边防”，强调“越南毗连滇粤，负山濒海，土沃而产饶，法人蓄意并合，并非一日矣”！“以越南积弱，非法人敌，我不与争，必折而归法。越南归法，则滇、粤藩篱尽撤。”何如璋当时就建议朝廷：派知兵大员出关，节制三省防军；资助刘永福军，倚为犄角，使当法人之冲，必能深得其力。何如璋分析法国“其侵略越南也，欲如英人之据印度，倚为外府，收揽东南利权”，洞穿法人之骄横与野心。他直陈“现法兵未退，和议未成，亟宜及时布置，饬查伐谋，庶操制胜之方，乃无后时之悔”。对中法战事的发展颇有预见性和忧患意识，所提的防制之道也很中肯。

此次法舰入闽，自然瞒不过何如璋的眼睛。他与7日初到闽的福建军政海防会办大臣张佩纶都是积极的主战派。7月15日，何如璋上奏朝廷：“法船聚泊马江，敌情叵测，应亟调各省兵船，赴援协防，以遏敌冲”。担心“彼众我寡，非飞调各省兵船应援，则我船形势孤危，攻守均无把握”。他一针见血地指出：“彼此兵船衔尾相距，万一决裂，先发制人，后发即为人制。以法人横肆性成，临事必图狡逞。”“使各兵船静以待变”，“严密守备”，“深恐为敌所乘。”不几日，因见法国又陆续增派舰只入口，情形日急，7月18日，何如璋又上折请调南北洋兵轮以牵制法舰，报告“臣乃饬各兵轮管驾，严密备战，不得擅移一步，万一开仗，胜则破格优奖，如不战自溃，定按军法”。在何、张两大臣的激励下，军心振奋，“各管驾感奋听命，誓以死报”。“扬武”、“福星”等舰同敌舰首尾衔接，准备在战事突发时“击撞为碎，为死战孤注计”。何、张还反复商议战法，调兵遣将，除了给各舰和炮台补充弹药，还“密饬后山防营，择要埋伏，杜

敌人登岸包抄。又分饬各厂弁丁，将炮械火药，周密安放，预备法人侵占厂地，为拚敌俱焚之用”。何如璋为保卫船政和应对不测坚壁清野，专于要冲埋设了地雷，增设了厂侧校练门炮台。他们先后从澎湖、兴化、泉州、福宁、建宁、邵武调来步兵8个营，在福州至长门沿岸部署了24个陆营 1 万余人。此外招募了壮丁1840人，积极操练备战。

然而，战前准备中最重要的调集军舰一事，却得不到应有的支持。这一是因为朝廷尚未设立水师衙门，各舰队缺乏统一调度，而何如璋早在1882年就已经在《整顿海军以规久远折》中向朝廷指出海防关系大局，“海军则巡防布置，必须联络一气，始无兵分势散之虞”。“拟请旨特设水师衙门，以知兵重臣领之，统理七省海防，举一切应办之事。”强调“外侮日深，整顿水师之举，实万万不可再缓”。可惜良谋多年未被采纳。二是当时分管北洋、南洋水师的李鸿章与曾国荃，各怀鬼胎，拥兵自重，为保存实力，竟诸多推搪，拒绝增援。虽然朝廷曾屡次下旨调船，却均被软磨硬顶，李、曾甚至估算到了战则必败的形势，李鸿章表示“南北洋现船皆小，不能敌”，“无一可御铁甲者”。曾国荃则于8月13日致电总署称：“法船坚于我船十倍，一经出口，必被抢去，诚恐自送败局，反助法焰”。李鸿章还主张弃厂：“我自度兵轮不敌，莫如全调他往，腾出一座空厂。……否则一经轰毁，从此海防根本扫尽，立难兴复。”就是在这种危困局势中，何如璋、张佩纶尽了极大的努力，陆续调进舰艇11艘，包括广东张之洞支援的“飞云”和“济安”两舰。但是，敌我军力强弱仍然悬殊，木壳为主的清舰极易毁于炮火和鱼雷。美国学者伊斯特门战后指出：“假如李鸿章和曾国荃的比较现代化的舰队加入福建的木质舰队，那么（法国提督）孤拔在欣赏战斗景象时，就会较少乐趣。”

在敌强我弱的形势下，因地制宜是有效战法，张佩纶、何如璋于8月5日请旨“塞河先发”。所谓塞河，是以30艘帆船满载石块，连船沉入江中堵塞河道，断敌供给和出路，便于我海陆军关门打狗。然而次日接军机处复电：“现经美国调处，局势未定，所称先发，尤须谨慎，勿稍轻率。”

其后几天，张、何多次请求朝廷早定战计，重申“互援是活著，先发是急著，舍两者布置更难”。无奈朝廷笼罩投降气氛，执迷于议和痴想中，一再贻误战机，如李鸿章11日电：“不如赔款以保和，一开衅即不可收拾”；19日电：“阻河动手，害及各国，切勿孟浪，仆不以决战为是”。朝廷还严谕：无旨不得先行开炮，违者虽胜亦斩。主战的张、何被捆绑了手脚。何如璋在家书中写道：“迭请南北洋拨船来援不应，迭请决战先发又不应，惟饬静以待动，毋稍轻率，故只得株守以俟指挥。”素来为国事重责任的何如璋21日上奏：“敌船来往自如，而我船竟无一至”的危险局面，再次恳请朝廷饬令南、北洋“速派快船克期赴闽”。

三、强盗偷袭屠杀，清军血战抗法

法国侵略者加紧预谋点燃战火，为迷惑清廷，法国指派驻华公使巴德诺在上海与清廷代表、两江总督曾国荃“议和”，同时急不可耐地为远东舰队增拨军费2000万法郎，批准了战役攻击方案。

21日，清政府拒绝赔款，上海和谈破裂，朝廷本应立即发出军情急报给福建前线，偏偏性情怪僻的慈禧一再误判，和战不决，勇怯无常，朝令夕改，反而误导前线称法舰将开去台湾。

据法国装甲巡洋舰“凯旋”号上尉军官罗亚尔所著的回忆录《中法海战》记述，当8月22日孤拔提督接到开火的准许令时，在他面前的清舰共11艘，包括4艘巡洋舰，2艘输送通讯舰，2艘通讯舰，2艘炮舰，1艘木质炮船，“所有这些船只都是木制，未装铁甲，外表美观，但质地脆弱”。最大的是“扬武”，排水量1600吨，有2艘仅250吨，而且都“没有机关炮”。法舰则有超过4000吨的，除了大炮，均配置每分钟能发射60发炮弹的速射机关炮。

罗亚尔记载8月22日晚8点召开舰长军事会议，宣布次日下午约近两点退潮、转移船身时开战，这时法舰可以船头威胁中方舰船最薄弱的船尾，取得决定性的优势。

当时，中法两国尚未正式宣战，双方的战场指挥官曾约定开战前必须下“战书”。因此，侵略者只顾虑一个危险，若过早通知对方，那么在退潮前的整个上午，中国人可能会抢先进攻，从而使优势逆转，于是，法国人精心策划了一个战书圈套。

23日早晨，驻福州的法国领事白藻泰下旗离馆，来到孤拔的旗舰“伏尔他”号上，其作战通告在8点钟对各国领事先行发出，以便英美等国军舰退至战区之外，而对中方则玩弄卑鄙伎俩，欲借宣战之名，行偷袭之实，刻意指派一个传教士，迟至中午近12点才将开战照会送达福州的闽浙总督府，有意避开张、何，设想讯息辗转传递至马尾，清军也没有多少时间了。该照会说的是“本日开战”，谁知何璟总督的译员错译为26日开战。一番磨蹭之后，何璟才吩咐通知马尾的张佩纶，致“信到炮发”，马尾“甫接电音，炮声已隆隆”。包藏祸心的侵略者“不顾信义，得遂狡谋”，贻误军机的昏庸总督何璟铸成了大错。前线指挥官张佩纶、何如璋在未接到照会和指令的情况下遭遇偷袭、仓促应战，连发命令的时间都没有，却由此背黑锅、背骂名，冤情难了。连观战的美国人也说了公道话：法国人此举等于是“不宣而战”！

当天上午，英国领事向清军透露法国近日将开战，然后登上附近的英舰观战。何如璋透过这个不精确的情报，结合江面观察所见，察觉敌有动作，即派工程总监魏瀚前往英舰探询消息。魏乘小艇途经孤拔旗舰时，战斗就打响了。后来福建京官潘炳年弹劾奏折和战时仅10岁的采樵山人的《中法马江战役之回忆》竟说何如璋私自藏匿战书“秘不发”，还向法军乞求“缓师”推迟决战时间，都是来自不实的传闻、胡编乱造的。

8月23日下午1点56分，法国侵略者首先派出鱼雷艇攻击我旗舰“扬武”号，中国海军奋起反击，各自为战。罗亚尔参加了海战，他在《中法海战》中记述：“下午1点半，各归战斗岗位……中国人亦紧守着他们的大炮”，“模仿我们动作的中国人亦同样准备好了”。战斗中，“惯于使用他们不良大炮的中国人，作坚强抵抗。在如雨的机关炮弹下，他们不停地射击……他们的一颗圆形炮弹穿过‘伏尔他’号的过道甲板，击毙领港人汤马斯及在舵轮边的两个舵手”。

炮声就是命令！40天来，法舰队咄咄逼人与我对峙港内，近至几百米。面对武装到牙齿的敌人，清军官兵同仇敌忾，早就准备血战一场了，有的军官还写了遗书，各舰早已炮弹上膛瞄准了敌舰。尽管接战仓促，但官兵们奋勇杀敌，宁死不屈，反应敏捷，“扬武”号在开战十几秒后就发炮回击，且命中敌舰杀伤了鬼子。“扬武”号在下沉前的短时间内，尾炮和舷炮均连发数弹轰向敌人。“振威”、“福星”、“飞云”等舰官兵视死如归，勇猛冲击敌舰，不幸中弹沉没。连法舰军官也称赞清军“有些人表现出勇敢和英雄的榜样，在其中一艘巡洋舰上，船身四分之三都着火了，而且即要沉入江中，中国黄旗忽然升起来，又有一个炮手向我们的战舰送来最后一炮”。

开战后，张佩纶和何如璋登上船政后山高处，指挥陆营反击，清军克虏伯大炮“毫不停止地对准‘伏尔他’号射击”。清军以炮台炮火和持续的步枪射击，以及战前之护厂埋雷，吓阻了敌人登陆，粉碎了法军占领马尾的企图，但船政设施被轰成半毁。

马江海战是在港内驻泊状态下发生的，是近现代海军作战史上罕见的战例，双方都不能充分展开队列。法国舰队侵略意图明确，利在速战，凭借战役发起之突然性，进一步扩大了实力优势。战场形势瞬息万变，开火不及10分钟，中方各舰就丧失了战斗力。战斗非常残酷和血腥，据罗亚尔回忆，“江面上满是木块、析艇、碎桅和船帆碎片。攀伏在这些漂流破物上的是……天朝兵士，他们头部浮出水面，象些小黑点。我们的水兵……因战斗过于兴奋……对这些在水上漂流的黑点用枪射击”。侵略强盗把战场作屠场，违反国际公法，惨无人道地屠杀了数百落水清军。这是自两次鸦片战争以来法国侵略军欠下中国人民的又一笔血债。英国人赫德在《中国海关与中法战争》中说：法国政府的行动很愚蠢，法国海军的行为更加残酷狠毒。法国在福州虽然取得了所谓的胜利，但那天真正的荣誉应属于战败的人们。他们奋战到底，并且和焚烧着的、被枪弹洞穿的船舰一齐沉没！

四、朝廷诿过嫁祸，忠良百年沉冤

23日晚，何如璋带勇丁80余人撤退至后山，在乡间祠堂稍加整顿。随后他冒着危险返回马尾，亡羊补牢，将船政经费白银36000两押解到福州入库，避免落入敌人或盗贼之手，减少了损失。

战后，张佩纶、何如璋就水师失利上奏折自请逮问。尽管战役前后中法之间互有胜负，此役清廷损失远不及几次割地赔款的战争，但腐败昏庸的慈禧根本不检讨其投降怯战、贻误战机乃致败之恶源，竟恼羞成怒，贼喊捉贼，下旨将张、何革职。

战败令福州民情沸扬，谣言蜂起。在封建专制的环境中，在新闻媒体匮乏的情况下，人们不了解事件真相，又急于找到战败的责任承担者。福建籍京官潘炳年等要为慈禧寻找替罪羊，利用激愤传闻，掩盖事实真相，罗织莫须有的罪名，上疏弹劾张、何二人，诬陷他们“玩寇弃师，偾军辱国，朋谋罔上，怯战潜逃”。随后万培因落井下石，诬告何如璋趁火打劫盗走船厂银子26万两，有人甚至信口雌黄诬蔑何如璋投宿洋行、私通法国，是日本间谍，等等，真是欲加之罪，何患无辞。

朝廷委派左宗棠为钦差大臣督办福建军务，赴闽调查相关人、事。其时，潘、万奏折已产生恶劣影响，慈禧朝廷对何、张已有了很深的偏见，社会舆论对何、张越来越不利。正如张佩纶所奏：“闽省京官及一二绅士，朋谋构陷，既请密查，又恐事涉虚诬，登之《申报》以肆丑诋，复煽惑劣绅公呈助焰，意在必成此狱。”

德高望重的左宗棠与杨昌浚等各方调查人员，深入马尾、福州等地详查数月，甄别、澄清了事实，一一举证，秉公推翻了潘、万奏折中诬蔑不实之词。根据被告各人主管范围、应负职责及战役前后的具体表现，左宗棠、杨昌浚上奏朝廷，建议对张佩纶“既经革去三品卿衔，而人言不已，应请交部议处，以示薄惩”；对何如璋则“既经革职，可否邀恩免议？”

然而，左、杨奏折没能迎合旨意，慈禧一意孤行，终将张、何从重贬戍张家口军台治罪，达3年之久，制造了百年沉冤。清末民初，谕旨和潘折辑入《清史稿》，混淆了视听，加上宫廷文书不曾解密，以及唯上唯书唯心加之浮躁之风影响，导致了120多年来不少中国外交史书籍、历史教科书、军事著作、通俗读物、电视剧本、研究论文等以讹传讹，谬种流传。有的书稿既舍学术之严谨，又背常人之道德，仅凭童谣传言，就瞎猜瞎想、颠倒黑白，自任判官，破口开骂，致“汉奸”、“投降派”帽子满天飞，亲痛而仇快。

五、历史呼唤正义，拨乱反正归真

历史自有公论，历史孕育真理。尊重历史，慎对历史人物，是正义与责任的体现，也是传承爱国主义教育传统、促进中华和平崛起的需要。割断或歪曲历史，则必然阻碍科学发展。制造和容忍百年沉冤，其要害就是颠倒战争罪责，放纵法国侵略者，为强盗和投降卖国的慈禧朝廷开脱，转移公众视线，混淆晚清爱国主战派与投降派贪官污吏的本质区别。这实际上是一种丑陋的自残，也是荒唐的迷失。

1984年马江战役100周年纪念前夕，福州文史界人士前往北京中国第一历史档案馆、武汉海军军事博物馆和上海图书馆等处，搜集到马江战役前后大量谕旨、奏章、来往电文等权威性史料，何如璋后人亦向有关部门提供了家书等珍贵史料，百年沉冤才逐渐被人了解。许多学者经对中外史料文献认真严肃的考证研究，改变了解放以来对中法战争和相关人物本质研究长期空白的颓态，取得了重大突破，1991年南京大学出版社出版了苏州大学历史学家俞政教授的著作《何如璋传》，2007年北京中国大百科全书出版社出版了福建师范大学历史学家陈贞寿教授《中法马江海战》一书，公开了大批翔实确凿的历史资料，图文并茂，驱散百年迷雾，重现历史真实。他们论点新颖，论据充分，论证说理中肯透彻，主张不以成败论英雄，对人不仅要看一时一事，更要看整个人生历程，认为何如璋是一位满怀爱国热忱的正直官员，从未向列强低过头，他在历史上还有一功，就是首任驻日本国公使4年多，当日本侵吞琉球时，曾严正照会日本，措辞强硬，谴责日本“背邻交，欺弱国，为此不信不义无情无理之事”，同时积极献策朝廷力争琉球。他在日本为国家争公理，抗强权，按条约开设了神户、横滨、长崎3处领事馆，并收回领事裁判权，完成了艰巨的外交任务，不辱使命，还具有战略眼光地提出修改不平等条约。陈贞寿教授特别指出，对马江海战“这段历史的一些重要人物的传说甚至丑化，再不能以讹传讹了，否则就是对历史和后代不负责任”。

值得注意的是，至今仍有人为谋取个人名利、哗众取宠，继续往历史人物脸上抹黑，蓄意制造危言耸听的“轰动新闻”，例如2004年以后张伟、孔祥吉散播“何如璋是日本间谍”的谬论，经过清华大学历史学院刘晓峰教授、南开大学古籍与文化研究所吴振清教授和何如璋之孙何欢言、何恒封等撰文给予驳斥，至今已将近四年，张、孔自知理亏不敢再提异议，可证其所谓“间谍”说纯属造谣诽谤、欺世盗名的卑鄙行为。

国家清史编纂委员会主任、中国人民大学博士生导师戴逸教授2004年6月复函广东省大埔县何如璋研究会，指出：“何如璋是晚清历史上不可忽视的重要人物，也是一位有见识的外交家和爱国人士。以往有些史籍对其褒贬不一，《清史稿》也只有寥寥数语，语焉不详。……寄来的资料，对新修清史中何如璋传记的撰写非常有用”。由于史学家对何如璋的评论好转了，2004年8月23日，何欢言、何恒封应邀出席了马江海战120周年纪念大会。有理由相信，随着进一步地发掘研究、实事求是拨乱反正，对中法马江海战相关人、事的客观公正的评价，将会逐渐清晰和趋于主导，百年沉冤必将昭雪。

作者：何伟

此文曾连载于《广州卫生》2009年第10、11期

第十七章

甲午海战与方伯谦冤案

第一节　船政毕业生促进北洋水师成军

一、参与制定《北洋海军章程》

由船政毕业生林泰曾、刘步蟾、方伯谦等参加起草的《北洋海军章程》，经清廷批准当年（1888）颁发执行，标志着北洋水师正式成军。

由船政毕业生方伯谦主持建造的旅顺口威远炮台

二、方伯谦主持建造旅顺新式炮垒

中法战争期间竣工的旅顺口威远炮台是中国自行设计建造的第一座近代化要塞炮垒，并且质优费省。

三、在北洋舰队中担任要职的船政毕业生

北洋舰队主要将领一览表

姓名	军级	职务	出身
丁汝昌	提督		淮军将领
林泰曾	左翼总兵	“镇远”舰管带	船政驾驶班一届毕业
刘步蟾	右翼总兵	“定远”舰管带	船政驾驶班一届毕业
邓世昌	中军中营副将	“致远”舰管带	船政驾驶班一届毕业
方伯谦	中军左营副将	“济远”舰管带	船政驾驶班一届毕业
叶祖珪	中军右营副将	“靖远”舰管带	船政驾驶班一届毕业
林永升	左翼左营副将	“经远”舰管带	船政驾驶班一届毕业
邱宝仁	右翼左营副将	“来远”舰管带	船政驾驶班一届毕业
李　和	后军前营都司	“平远”舰管带	船政驾驶班一届毕业

续表

姓名	军级	职务	出身
黄建勋	左翼右营参将	“超勇”舰管带	船政驾驶班一届毕业
林履中	右翼右营参将	“扬威”舰管带	船政驾驶班三届毕业
蓝建枢	后军右营都司	“镇西”舰管带	船政驾驶班三届毕业
陆麟清	左翼中营游击	稽查全军机务	船政管轮班一届毕业
李鼎新	右翼中营游击	“定远”舰副管带	船政驾驶班四届毕业
余贞顺	右翼中营游击	稽查全军机务	船政管轮班一届毕业
林颖启	精练前营游击	“威远”舰管带	船政驾驶班二届毕业
萨镇冰	精练左营游击	“康济”舰管带	船政驾驶班二届毕业
戴伯康	精练右营游击	“敏捷”舰管带	船政驾驶班三届毕业
林国祥	都司	“广乙”舰管带	船政驾驶班一届毕业
程璧光	都司	“广丙”舰管带	船政驾驶班五届毕业
刘冠雄	中军右营都司	“靖远”舰帮带大副	船政驾驶班四届毕业
黄鸣球	都司	“镇边”舰管带	船政驾驶班六届毕业
陈兆锵	右翼中营游击	“定远”舰总管轮	船政管轮班二届毕业

注：主要职务都是船政出身人员担任，以下不详列。

四、北洋海军建制

北洋海军建制示意图

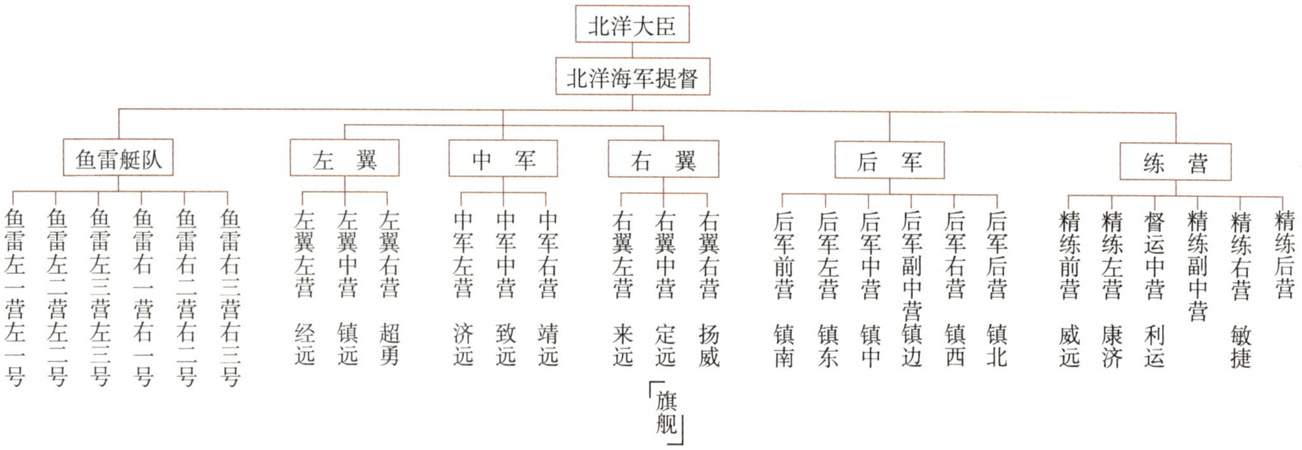

“经远”号

左翼左营装甲巡洋舰，由船政出身的林永升副将任管带，该舰帮带大副陈荣（兆麟）都司等也是船政学堂毕业生。

“超勇”号

左翼右营巡洋舰，由船政出身的黄建勋参将任管带。该舰帮带大副翁永瑜守备等也是船政学堂毕业生。

“镇远”号

左翼中营铁甲舰，由船政出身的林泰曾总兵任管带，该舰帮带大副何品璋都司、炮务二副沈淑龄守备、枪炮大副曹嘉祥守备、大管轮王齐辰都司都是船政学堂毕业生。

“定远”号铁甲舰管带右翼总兵刘步蟾

“定远”号

北洋舰队旗舰、右翼中营铁甲舰，由船政出身的刘步蟾总兵任管带，该舰副管带李鼎新游击、鱼雷大副徐振鹏守备、炮务二副邓士聪守备、高永锡守备及总管轮陈兆锵游击等都是船政学堂毕业生。

“来远”号管带邱宝仁副将

“来远”号

右翼左营巡洋舰，由船政出身的邱宝仁副将任管带，该舰帮带大副张哲溁都司也是船政学堂毕业生。

"扬威"号

右翼右营巡洋舰，由船政出身的林履中参将任管带，该舰帮带大副郑文超守备等都是船政学堂毕业生。

"致远"号巡洋舰管带中军中营副将邓世昌

"致远"号

中军中营巡洋舰，由船政出身的邓世昌副将任管带。

"靖远"号

中军右营巡洋舰，由船政出身的叶祖珪副将任管带。该舰帮带大副刘冠雄都司、枪炮官黄钟瑛守备都是船政学堂毕业生。

"济远"号

中军左营巡洋舰，由船政出身的方伯谦副将任管带。

"康济"号

精练左营练习舰，由船政出身的萨镇冰游击任管带。

萨镇冰

"康济"号练习舰管带，船政驾驶班二届毕业。

"威远"号

精练前营练习舰，由船政出身的林颖启游击任管带。

程璧光

“广丙”号巡洋舰管带，是船政驾驶班五届毕业生。

“广丙”号

粤洋水师客舰、巡洋舰，船政制造，管带程璧光都司是船政出身。

“敏捷”号

精练右营练习舰，由船政出身的戴伯康游击任管带。

“平远”号

后军前营钢甲巡洋舰，是船政设计制造的2100吨舰船，管带李和都司是船政驾驶班一届毕业生。

“广乙”号

粤洋水师客舰、巡洋舰，船政制造，管带林国祥都司是船政驾驶班一届毕业生。

"镇中"号

后军中营炮舰，由船政出身的林文彬都司任管带。

"镇南"号

后军前营炮舰，由船政出身的蓝建枢都司任管带。

"镇边"号

后军副中营炮舰，由船政出身的黄鸣球都司任管带。

第二节 船政毕业生在丰岛、黄海、威海海战中的表现

一、在丰岛海战中的表现

方伯谦，"济远"舰管带、福建船政后学堂驾驶班一届毕业、船政第一届留英生。在丰岛海战中，首先遭日本"吉野"、"浪速"、"秋津洲"3舰突然袭击。他立即下令编队回击，"济远"一实心钢弹击中"吉野"，弹入机器间。激战近两小时，因力量悬殊，最后力竭，悬白旗示意停战退出战斗。日舰仍追击。"济远"停炮不停轮，一俟敌舰迫近，突以后主炮连续轰击"吉野"，4发3中，重创之。"吉野"遁，遂驶回。后受清廷传旨嘉奖。当时，日人以"济远"能战，"犹图绘

方伯谦

"济远"号穹甲巡洋舰

由船政出身的方伯谦任管带的"济远"舰，在丰岛海战中以一敌三，重创追敌，全舰而返。

于报纸，以为警告云”。

曾击中“浪速”锚机的“广乙”舰，由船政出身的林国祥任管带，丰岛海战开始不久即受创，避向朝鲜西海岸抢滩搁浅，人员登岸，林国祥下令自毁其船。

曾被“济远”舰击伤而遁的日舰“吉野”号

二、船政毕业生在黄海海战中的表现

（一）开战初，北洋水师主帅震落，旗舰信桅折断，无旗宣令，舰队陷入混乱

丰岛海战后，中日双方于1894年 8月1日正式宣战，9月17日午后12时50分，中日双方舰队在大孤山外海大鹿岛以南海域爆发了海战。史称黄海海战，亦称大东沟海战。

两舰队相距3000米时，日舰队始行攻击，第一游击队4舰猛击“扬威”、“超勇”，本队集中火力轰击北洋舰队旗舰“定远”号，“定远”中弹，桅杆折断，无旗宣令，舰队陷入混乱，各自为战。据《日清海战史》记载，定远之前樯被击断而不得揭信号，各舰遂得各自运动，而纪律荡然。台湾三军大学《中国历代战争史》第17册亦载：“清旗舰仅于开仗时升一旗令，此后遂无号令，因最初半小时之炮火丛集，已悉毁清舰上樯桅及绳索，信号无从悬出。即帅旗亦被击落，以后遂不复升。待日舰本队绕至背后时，清军阵列始乱，此后即不复整矣。”

《黄海海战图》

“定远”号

两舰队相距5800米时，北洋舰队旗舰“定远”号首先开炮，未中日舰却将提督丁汝昌震落摔伤，丁遂被扶入官舱。

“定远”舰模型

（二）最先离阵的是“扬威”、“超勇”舰

12时55分，日第一游击队4舰猛攻中国舰队右翼“扬威”、“超勇”二舰。“扬威”舰中弹起火，首先脱离战阵，驶往大鹿岛附近搁浅、焚没。船政出身的管带林履中投海死。

“扬威”号

“超勇”本在“扬威”之左，“扬威”中弹起火离阵后，“超勇”首当其冲，亦中弹着火，随“扬威”脱离战场，因机器伤损，行驶迟缓，故当日舰队本队绕至清军阵后时，又与日舰相遇，遂在炮火丛集中沉没。时间是下午2时23分。

“扬威”管带林履中，船政驾驶班三届毕业生，浮沉海中时，船上抛长绳以救之，推不就以死。李鸿章曾为林履中和“扬威”阵亡官兵请恤，后了解“扬威”首先脱离战阵的事实后，遂作罢。帮带大副郑文超反受处分。

黄建勋

“超勇”管带黄建勋，船政驾驶班一届毕业生，随船与各员焚溺，亦壮烈牺牲。

重创后的“松岛”号

被“镇远”重创（舰首有大黑洞处）的“松岛”号勉强浮在水上。

“超勇”号

林泰曾

重创“松岛”的“镇远”舰管带。协助他的帮带大副何品璋、炮务二副沈淑龄均系船政学堂毕业生。

（三）重创日本旗舰“松岛”的“镇远”舰

船政出身的“镇远”舰管带林泰曾在黄海海战中指挥官兵英勇奋战。日本联合舰队旗舰“松岛”号被“镇远”一枚305毫米炮弹击中，引发弹药爆炸，死伤113人，军舰废，战争后退出现役。

“镇远”号

一弹轰废的“松岛”号

被我“镇远”巨弹击中的“松岛”舰，其分队长、大尉志摩清直被击毙，死伤百余人。

（四）击伤日舰“赤城”、“西京丸”的“定远”等舰

13时20分，“来远”及左翼的“济远”、“致远”、“靖远”等舰齐向“赤城”炮击，“赤城”少尉候补生及第一分队队长佐佐木广胜一死一伤，13时25分，“赤城”又被“定远”击中，舰长坂元八郎太等阵亡。

被“定远”舰舰炮击毙的日舰“赤城”号舰长坂元八郎太

击伤日舰“赤城”号并击毙其舰长的“定远”舰管带刘步蟾

“赤城”号

击伤日舰“赤城”号并击毙其舰长的“定远”舰

其舰长由船政出身的刘步蟾担任，副舰长李鼎新、鱼雷大副徐振鹏、炮务二副邓士聪、高承锡等均出身于船政学堂。

险被鱼雷击沉的“西京丸”号

“比睿”号

黄海海战战至下午2时许，日本“西京丸”舰被“定远”等舰击中，轮机失灵。

“比睿”号因速度迟缓落后，被“定远”、“镇远”猛烈炮击，甲板起火，后突围而出，退避到大同江口。海战结束后方与联合舰队本队会合。

被击中12弹的日舰“西京丸”号甲板上一片狼藉，脱离战场远遁。

（五）驾舰冲向敌舰壮烈牺牲的“致远”舰官兵

午后3时30分，“致远”号受重创，冲击日舰“吉野”号寻求共亡不成，被敌鱼雷击中而沉。船政出身的管带邓世昌等250名官兵均阵亡。

“致远”号冲向“吉野”

“致远”舰部分官兵生前合影

“致远”舰被敌鱼雷击沉

与秦始皇并祀的邓世昌

山东省荣成人民为纪念船政出身的“致远”舰管带邓世昌，在秦始皇帝庙享殿秦始皇塑像西侧供奉邓世昌木雕坐像，左右分塑持枪的士兵。

（六）被击沉的“经远”舰

“致远”舰被击沉后，“经远”、“靖远”、“来远”舰受创起火、力不能支，亦逃避，而“经远”号管带林永升及大副、二副等先阵亡，船行无主，该舰遭两日舰长时间攻击，午后4时30分在西海岸水域被击沉。英勇奋战牺牲的管带林永升、帮带大副黄荣（字兆麟）等均系船政学堂毕业生。

“经远”号

林永升（1853~1894）

船政驾驶班一届毕业生，北洋舰队“经远”舰管带，黄海海战中随“致远”攻击日游击舰队中弹脑裂而亡。受重创的“经远”号避往西海岸水域，又与两艘日舰奋战直至舰沉。

（七）惊慌而逃的“广甲”舰

“广甲”见“致远”沉没，急离阵而逃，时“来远”火甚，追趋“广甲”之侧，呼救不已，“广甲”不顾，“来远”怒击之，中其厕所。后于大连湾外三山岛故意触礁搁浅。“广甲”系船政制造，舰长吴敬荣（非海校出身，李鸿章、丁汝昌合肥同乡）。管轮卢毓英船政管轮班四届、后人广东黄埔水师学堂四届毕业，著有《卢氏甲午前后杂记》。

“广甲”号

“来远”号

后洋员马格禄奉派验看“广甲”号，据云“广甲”船无伤，唯厕所一小孔，而这个小孔正是《冤海述闻》“来远怒击之，中其厕所”这一记载的见证。

“济远”号

（八）孤军作战的“济远”舰

“致远”沉，“来远”、“靖远”起火避往大鹿岛，“广甲”无伤先逃，径回大连湾。“经远”、“济远”伤重向西海岸水域引避。第一游击队4舰追击，分头攻击。午后4时30分“吉野”、“高千穗”击沉了“经远”，于是第一游击队4舰合击“济远”。“济远”被敌舰截在西边，孤军作战，中弹70余处，阵亡7人，伤13人，炮械全坏，“无可战，只得保船西驶”。“吉野”等舰随其西驶，追迫攻击不已，方伯谦且战且走。直到午后5时40分，第一游击队见到本队发射的“停止战斗，归队”的信号方停止追击。海战在东、西两个战场同时停止了作战行动。“济远”舰遂得以生还旅顺。

“济远”舰管带方伯谦战后被诬以“首先逃走，致将船伍牵乱，实属临阵退缩”，未经审问，立即正法。“军中冤之。”

“济远”号是北洋舰队“八远”军舰中设计最差的

旅顺口黄金山

黄海海战后，李鸿章、丁汝昌受朝野谴责，为转移舆论对其战略、战术及指挥失误的抨击，便以方伯谦为替罪羊予以处斩。刑场地点即今旅顺黄金山脚下。“济远”士卒闻知“均奔山麓伏尸而哭，号啕跌蹶，声闻数里，见者无不泪下”。（据《卢氏甲午前后杂记》及《冤海述闻》记载）

一艘，海战中伤损严重，奋战近5个小时直至海战结束，却被诬为“临阵脱逃”、牵乱船队，管带不经审讯立即斩首，作为海战失败替罪羊，成为千古奇冤。

（九）从权升旗接替旗舰指挥的“靖远”舰

下午5时许，“靖远”、“来远”舰修竣归队。“靖远”帮带刘冠雄（船政驾驶班四届毕业）因见督船（旗舰）桅折后，无旗宣令指挥，为敌所乘，全军不知所措，急请管带叶祖珪（船政驾驶班一届毕业）从权接替旗舰发令，统率余舰变阵，绕击日舰。日舰本队因第一游击队追击“经远”、“济远”两个小时不归，各舰伤损严重，又见北洋水师散而复整，惧我鱼雷艇将乘夜暗袭击，遂于5时半挂出停止战斗的号令，首先退出战场南驶并召还追击“济远”的日第一游击队与之会合。此时北洋舰队“扬威”、“超勇”、“致远”、“经远”已沉，“广甲”已逃，只有“济远”未能归队，为日第一游击队所追迫攻击之唯一一舰。时已向暮，北洋舰队也收队驶回旅顺，黄海海战到此结束。

接替旗舰从权升旗宣令指挥的“靖远”舰

黄海海战

中华民国海军总长刘冠雄

有大将之才的“靖远”号帮带大副刘冠雄，因见旗舰桅折后，无旗宣令，于是对舰长叶祖珪说：“此而不从权发令，全军覆矣”。刘冠雄船政出身，民国前期三任海军总长。

叶祖珪

“靖远”舰管带，船政驾驶班一届毕业。黄海海战后期接受刘冠雄建议，从权升旗接替旗舰发令指挥。后来清政府重建海军时，任南北洋海军统领。

三、船政毕业生在威海之战中的表现

（一）北洋舰队保船避战株守威海

日军向花园口登陆的消息传到北京，清廷即下令北洋舰队截击，舰队没有出动。日军攻占金州，丁汝昌却请求撤离旅顺口。舰队撤至威海后，再未出巡，株守威海直至覆灭。

（二）“镇远”舰触礁撞裂，管带林泰曾服毒自杀

丁汝昌率舰队抵威海时，因北口水面浮标移动，“镇远”舰不幸触礁，撞裂8处，驶至浅处抛锚待修。

“镇远”管带林泰曾痛不欲生，又受到刘步蟾责备，遂服毒自杀。林泰曾系林则徐胞弟林霈霖长子林龙言

左翼总兵林泰曾

株守威海的北洋水师

舰队铁甲舰“镇远”号

停泊在威海卫港的北洋舰队

的四子。船政驾驶班一届毕业。

（三）坚守日岛炮台的“康济”舰管带萨镇冰

守卫日岛炮台的“康济”舰管带萨镇冰，守卫着威海卫港宽阔的南口，直至炮台被毁，丁汝昌命他率水兵撤回刘公岛。后不愿从众投降，曾向洋员泰莱求毒自杀，被拒自杀不成。萨镇冰系船政驾驶班二届毕业。

萨镇冰守卫的日岛炮台曾与日舰展开激烈炮战，日舰“扶桑”、“筑紫”两舰先后中弹，日岛的地阱炮（隐现炮）、弹药房、营房均被击毁。

（四）被敌击沉的“来远”、“威远”等舰

威海卫港南口形势图

图中北为刘公岛，中间小岛即日岛，南为南岸炮台。

被日岛炮台击伤的日舰“扶桑”号

萨镇冰

被日岛炮台击伤的日舰“筑紫”号

日岛炮台遗址

林颖启

时任"威远"舰管带、精练前营游击，船政驾驶班二届毕业，后在刘公岛被俘。

敌鱼雷艇8艘突入港内，被"定远"舰发炮击中一艘。但"定远"舰亦被击中倾斜，急砍断锚链，驶入刘公岛南岸浅滩搁浅，直至丁汝昌下令自行炸沉。管带刘步蟾当夜自尽。

（五）与舰共存亡的船政出身的管带

被敌鱼雷艇击沉的"威远"舰

（六）自爆沉没的"靖远"舰

即将沉没的"定远"舰

被敌鱼雷艇"小鹰"号击沉的"来远"舰

"来远"舰管带、左翼左营副将邱宝仁，船政驾驶班一届毕业。后在刘公岛被俘。

被日本俘获的受伤的"镇远"舰

刘步蟾

“定远”舰管带，船政驾驶班一届毕业。因“定远”受创自行炸沉，当晚服毒自尽，实现了“舰亡人亡”的誓言。

杨用霖

署“镇远”舰管带、右翼中营游击，系船政“艺新”舰舰员出身，“镇远”被俘后，不愿投降，用枪自杀。

“靖远”中弹遍体，伤亡40余人，后又被击中要害，无法再战，于1895年2月10日自行炸沉。

“靖远”舰管带、中军中营副将叶祖珪，船政驾驶班一届毕业。舰沉后在刘公岛被俘。

自爆将沉的“靖远”号

（七）威海签降与被俘的船政出身管带

丁汝昌死后，帮办北洋海军提督英人马格禄和洋员浩威、瑞乃尔及部分清军官员决定向日军投降，浩威假丁汝昌之名起草洽降书。由“广丙”管带程璧光挂白旗乘“镇北”炮舰至日本旗舰“松岛”送上洽降书。13日营务处提调牛昶昞到“松岛”呈上投降书，接受投降条件。次日与伊东祐亨在《威海条约》上签了字。甲午战争以中国的失败告终。

甲午战后伊东祐亨在“松岛”号图片上手书“奇胜”

“镇北”号

“广丙”舰管带程璧光乘“镇北”号至日本旗舰“松岛”送上洽降书。

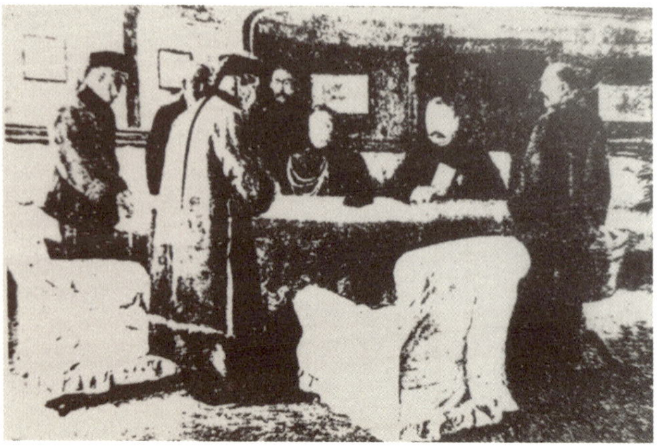

北洋营务提调牛昶昞（背立者）**向日本联合舰队司令长官伊东祐亨**（右2）**呈递投降书**

被日军俘获的“广丙”舰

管带程璧光，船政驾驶班五届毕业，被俘投降。

被日军俘获的“济远”舰

管带方伯谦已被诬杀，继任管带原“广乙”管带林国祥（船政驾驶班一届毕业）被俘投降。

被日军俘获的“镇远”舰

管带林泰曾、继任管带杨用霖皆已自杀，帮带大副何品璋（船政驾驶班四届）、大管轮王齐辰（船政管轮班二届）、炮务二副沈淑龄（船政驾驶班六届）等均被俘投降。

被俘的“敏捷”舰

“敏捷”舰管带戴伯康，船政驾驶班三届毕业，被俘投降。

被俘获的“平远”舰

管带李和，船政驾驶班一届毕业，被俘投降。

被俘的“镇中”舰

管带蓝建枢，船政驾驶班三届毕业，被俘投降。

“康济”舰和管带萨镇冰（船政驾驶班二届毕业）不在降俘之列，该舰载着丁汝昌、刘步蟾、林泰曾等的灵柩及兵、民1000多人驶向烟台。

甲午战败后，清廷调李鸿章入阁办事，实授云贵总督王文韶为直隶总督兼充北洋大臣。王文韶奏请将北洋海军武职实缺全裁并将关防印信撤销，失事舰、艇长一并革职，北洋海军官兵全部罢遣。

被俘的“镇边”舰

管带黄铭球，船政驾驶班六届毕业，被俘投降。

正在装运的“康济”舰

四、船政毕业生在甲午战争中的结局

姓名	毕业班级	在舰职务	职称	结局
刘步蟾	驾驶班第一届	“定远”舰管带	右翼总兵	自杀殉国
林泰曾	驾驶班第一届	“镇远”舰管带	左翼总兵	撞舰自杀
邓世昌	驾驶班第一届	“致远”舰管带	中军中营副将	牺牲
叶祖珪	驾驶班第一届	“靖远”舰管带	中军右营副将	被俘遣返革职
方伯谦	驾驶班第一届	“济远”舰管带	中军左营副将	被诬罪杀
林永升	驾驶班第一届	“经远”舰管带	左翼左营副将	牺牲
邱宝仁	驾驶班第一届	“来远”舰管带	右翼左营副将	被俘遣返革职
李　和	驾驶班第一届	“平远”舰管带	后军前营都司	被俘遣返革职
林国祥	驾驶班第一届	原“广乙”舰管带，后任“济远”舰管带	都司	被俘遣返革职
黄建勋	驾驶班第一届	“超勇”舰管带	左翼右营参将	牺牲
萨镇冰	驾驶班第二届	“康济”舰管带	精练左营游击	革职
林颖启	驾驶班第二届	“威远”舰管带	精练前营游击	被俘遣返革职
蓝建枢	驾驶班第三届	“镇中”舰管带	后军右营都司	被俘遣返革职
戴伯康	驾驶班第三届	“敏捷”舰管带	精练右营游击	被俘遣返革职
林履中	驾驶班第三届	“扬威”舰管带	右翼右营参将	牺牲
李鼎新	驾驶班第四届	“定远”舰副管带	右翼中营游击	被俘遣返革职
何品璋	驾驶班第四届	“镇远”舰帮带大副	左翼中营都司	被俘遣返革职

续表

姓名	毕业班级	在舰职务	职称	结局
刘冠雄	驾驶班第四届	“靖远”舰帮带大副	中军右营都司	被俘遣返革职
林文彬	驾驶班第四届	“来远”舰帮带大副	右翼左营都司	被俘遣返革职
陈　荣	驾驶班第四届	“经远”舰帮带大副	左翼左营都司	牺牲
程璧光	驾驶班第五届	“广丙”舰管带	都司	被俘遣返革职
黄鸣球	驾驶班第六届	“镇边”舰管带	都司	被俘遣返革职
郑文超	驾驶班第六届	“扬威”舰帮带大副	右翼右营守备	被俘遣返革职
翁守瑜	驾驶班第六届	“超勇”舰帮带大副	右翼右营守备	牺牲
翁祖年	驾驶班第六届	“康济”舰帮带大副	精练左营守备	被俘遣返革职
张哲溁	驾驶班第六届	“来远”舰鱼雷大副	右翼左营守备	被俘遣返革职
沈淑龄	驾驶班第六届	“镇远”舰炮务二副	右翼中营守备	被俘遣返革职
吴应科	驾驶班第八届	督队船大副	提标都司	被俘遣返革职
宋文翙	驾驶班第八届	“广甲”舰帮带大副	右翼中营守备	被俘遣返革职
徐振鹏	驾驶班第八届	“定远”舰鱼雷大副	右翼中营守备	被俘遣返革职
邓士聪	驾驶班第八届	“定远”舰炮务二副	右翼中营守备	被俘遣返革职
高承锡	驾驶班第九届	“定远”舰炮务二副	右翼中营守备	被俘遣返革职
陆麟清	管轮班第一届	稽查全军机务	提标参将	1893年殉职
余贞顺	管轮班第一届	稽查全军机务	提标参将	被俘遣返革职
陈兆锵	管轮班第二届	“定远”舰总管轮	右翼中营游击	被俘遣返革职
王齐辰	管轮班第二届	“镇远”舰大管轮	左翼中营都司	被俘遣返革职
黄钟瑛	驾驶班第十一届	“济远”舰舰员	不详	被俘遣返革职
蔡馨分	驾驶班第十一届	不详	不详	牺牲
张海鳌	驾驶班第十一届	不详	不详	牺牲
黎晋洛	管轮班第一届	不详	不详	牺牲
郑文恒	管轮班第二届	不详	不详	牺牲
黎弼良	管轮班第二届	不详	不详	被俘遣返革职
刘荫霖	管轮班第二届	不详	不详	牺牲
刘昭亮	管轮班第二届	不详	不详	牺牲

注：据不完全统计。

第三节　方伯谦沉冤百年终获昭雪始末

方伯谦是北洋舰队中唯一经历丰岛和黄海两次海战的将领，在丰岛战役中，他以一小型三等巡洋舰击伤了日本新式装甲巡洋舰“吉野”和“浪速”，创造了世界蒸汽装甲舰海战史上第一次以弱胜强的战例，受到了清廷传旨嘉奖。可是不到两个月，在黄海海战后第7天清晨5点，未经任何审问，三军尚未睡醒，突然在旅顺被就地正法。百年来，不断有人为其鸣冤辩诬，也有人仍否定他。改革开放后，在党的实事求是思想路线指引下，加之陆续发现新史料，方伯谦的历史旧案又引起了争论高潮。不可否认，对方案的深入研究，不仅与正确评价历史人物有关，而且有助于深入探讨甲午海战的败因。这绝不仅仅是个人、亲族或者地方荣誉的问题，而且是中国近代史上的一件大事。1991年后，福州等地先后召开了几次有关方伯谦问题的研讨会，两岸史学界、海军界人士展开了有益的讨论，取得了很多共识。当然，今天来谈中日甲午战时的人与事，因时代不同、处境悬殊、识见不一、先入为主等因素，要求评价绝对客观公正确非易事，但只要本着实事求是的精神，平心静气、言之有理、持之有据，问题总会得到解决。

福州船政学堂

一、方伯谦其人其事

（一）方伯谦战前简历

方伯谦（1854~1894）

字益堂，福建侯官（今福州）人，船政学堂驾驶班第一届毕业，第一批留学英国皇家海军学院，是一员英勇善战的爱国将领。不幸被诬杀，“军中冤之”。

方伯谦故居

今福州朱紫坊48号，朱紫坊是福州著名的三坊七巷之一。

“扬武”号

方伯谦船政学堂毕业后，历任“伏波”舰正教习、“长胜”轮大副。日本侵台时随沈葆桢赴台，教练行营精兵。光绪元年（1875）调入“扬武”舰管带兵船，远航日本各口及香港、马六甲、小吕宋等处。

1877年10月，方伯谦考入英国格林尼治皇家海军学院，次年毕业，赴法游历。7月上英国犹太拉兵船赴印度洋实习。光绪五年（1879）七月改上士班德兵船实习，驻南印度。

格林尼治皇家海军学院

光绪六年（1880）二月，出洋学习期满回华，四月抵闽，六月充船政管轮学堂正教习，十一月调后学堂老班练习教习，保都司仍留原省尽先补用并加参将衔。

光绪七年（1881）二月，方伯谦奉调天津，由李鸿章委带“镇西”炮船，移家眷住大沽。

是年船巡烟台。

光绪八年（1882）二月，方伯谦调任“镇北”炮船管带，巡驻旅顺、烟台、登州。

光绪八年（1882）十二月，方伯谦调任“威远”练船管带。移家眷驻烟台，船常往高丽马山浦。光绪十年（1884），中法失和，“威远”驻旅顺，方伯谦主持修建“威远”炮台。

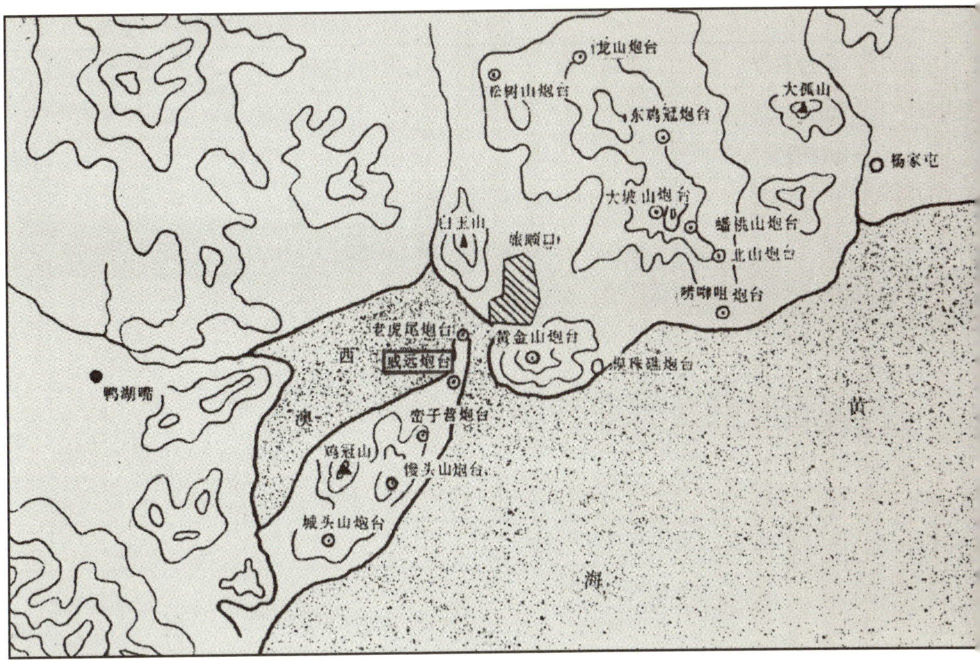

旅顺要塞威远炮台位置图

“镇西”号

“威远”号

“镇北”号

旅顺口威远炮台

旅顺炮台工程费用一览表

炮台名称	开建日期	完成日期	用款	炮备	建造人
黄金山炮台	光绪七年（1881 年）	光绪九年（1883 年）	18万6千余两	24生的3门，12生的5门，12磅前膛炮8门	汉纳根
唠律嘴炮台	光绪十年（1884 年）	光绪十一年（1885 年）	3万5千余两	24生的3门，12生的2门，8生的4门（小炮）	汉纳根
老虎尾炮台	光绪十年三月（1884 年）	光绪十年五月（1884 年）	5千3百余两	15生的长炮2门	汉纳根
威远炮台	光绪十年五月（1884 年）	光绪十年八月（1884 年）	3千4百余两	15生的长炮2门	方伯谦
蛮子营炮台	光绪十年（1884 年）	光绪十一年（1885 年）	6千300余两	15生的长炮4门，12生的长炮1门	汉纳根
母猪礁炮台		光绪十一年（1885 年）	2万余两	21生的长炮2门，15生的长炮2门，8生的边炮4	汉纳根
馒头山炮台	光绪十年七月（1884 年）	不详	3万余两	24生的大炮3门，12生的长炮4门	汉纳根
田鸡土炮台	光绪十一年正月（1885 年）	光绪十一年七月（1885 年）	1万零7百50余两	15生的后膛炮6门	汉纳根
团山土炮台	光绪十年五月（1884 年）		不详		汉纳根
田家屯土炮台	光绪十年五月（1884 年）		不详		汉纳根

由上表中看出方伯谦建造的威远炮台比汉纳根建造的炮台廉价得多，迫使汉纳根不得不降低造价，但汉纳根从此衔恨方伯谦。

光绪十一年（1885）九月，方伯谦调管“济远”舰，升游击并赏戴花翎，光绪十四年（1888）四月，李鸿章保以参将，次年升署北洋海军中军左营副将，委带“济远”舰。光绪十八年（1892）实授海军中军左营副将。

丁汝昌建北式住所

（二）丁汝昌自坏规矩引发矛盾

北洋海军规定，总兵以下军官、士兵不能携眷住在军港要塞，只能住在舰上，但丁汝昌自坏规矩，在威海港刘公岛上建造住房，出租给军官赚房租，引起其他人仿效。方伯谦即建造福州式房与其竞争，且因南式而大受闽籍军官欢迎，由此造成了丁、方之间的矛盾。

（三）方伯谦甲午战前之条陈

据《普天忠愤集》记载：甲午五月间，仁川、牙山等处倭船调兵来往不绝之时，方伯谦知日本存心叵测，乃上条陈于李鸿章，其内容如下：

“济远”号

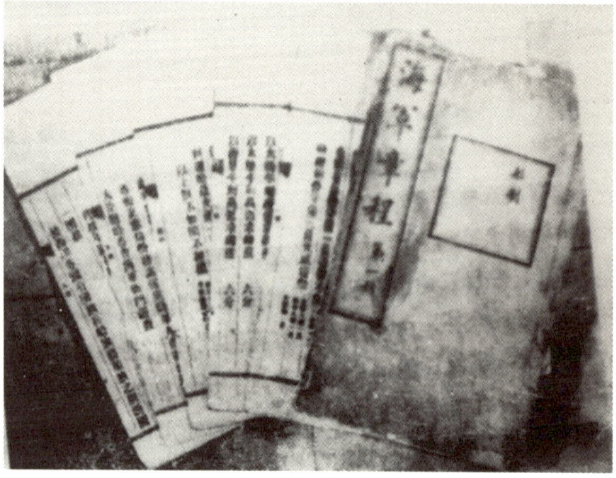

方伯谦升参将后参与制定的《北洋海军章程》

“一谓海军战舰，合则力厚，分则势单，未决裂时，宜速召集一处，遇有变局以便调遣，若以数船分驻仁川、牙山，港道分歧，三面倭兵可到，若倭以浮雷顺流而下，必遭暗算。且我聚各船于威海、旅顺，有事则全队出北洋游弋，若遇倭船，便于邀击，至收泊之处，依于炮台，以固北洋门户，边疆自不至为所扰。”

“一谓九连城、凤凰城、鸭绿江一带与高丽接壤之处，宜调兵数十营，以扼其要，遇有变局，则进兵直捣韩京。且重兵出九连城各处，则兵有后路，不比乘船易为敌算。盖兵由船往，虽多派兵舰保护，倘敌以兵船邀击，复分击运兵船，运船皆商舶，不堪受炮，危不可言，故兵当由陆进也。”

“一谓倭兵窥韩，俄实暗中取利，盖韩为俄有，则俄舰可由三韩港道出入，泰西各国所深虑也。倘我与英各国联络保韩，则倭不敢公然逞志。”

“一谓倭人兵饷多取商民，彼国物产销售中国者十居其七，倘与倭议战，必先绝其通商，且防他国代为销售，若中国不销其物产，则彼下议院筹款自非易。”

“一谓当速筹添战舰，倭之敢轻我中国者，以我海军战舰无多，且皆旧式，不及其新式快船、快炮之利，倘我添行速率之船多艘，并各船上多添快炮，则彼自闻而震慑。现英德兵船在华者多，当此战事未形，若预与英外交部订购在华战舰，订立合同，不先付款，有用给价，无用归还，但按价给息而已，驻仁税务司英员曾献是策，似属可行，且价约定，即可升中国旗，以壮声威。”

（见《普天忠愤集》）

由以上五项条陈而观，方伯谦对政略、战略，堪言修养很深。参之林泰曾五月二十三日仁川电李鸿章之议，则此条陈亦为当时海军将领之共同意见，无奈李鸿章不予采择，否则战局不至失败得如此悲惨。

（四）冤杀

黄海海战失利后，李鸿章伙同丁汝昌秘密策划出一场冤狱，将良将方伯谦冤杀，以推卸他们对战争失败应负的责任。右下为李鸿章传达圣旨杀害方伯谦的电报。

方伯谦被处斩的刑场地点——旅顺黄金山脚下

方伯谦灵堂

方伯谦灵柩运回福州后葬在福州北郊白龙山

方伯谦遗物

1.《益堂年谱》记载了1854~1893年间的大事。

2. 方伯谦的挂表，至今仍在方家。电影《北洋水师》描写方临刑前把挂表交给刘步蟾，刘把它放在邓世昌墓上，这是编造丑化方伯谦，不符事实。

寄丁提督刘镇

光绪二十年八月二十四日戌刻

总署电，本日奉旨：“李鸿章电奏，查明海军接仗详细情形，本月十八日开战时，自‘致远’冲锋击沉后，‘济远’管带副将方伯谦首先逃走，致将船伍牵乱，实属临阵退缩，著即行正法。‘广甲’管带守备吴敬荣，随‘济远’退至中途搁礁，著革职留营，以观后效，钦此。”希即钦遵，将方伯谦即行正法具报。余照行。鸿

二、方伯谦被杀后代代不乏为其鸣冤者

清代最早为方伯谦鸣冤的《冤海述闻》手抄本，在方被冤杀后第二年（1895）出版。当时，作者不敢用真名，但记载翔实，是亲自参加海战的舰上人员所撰写的第一手资料，局外人无从杜撰，因此是可信的，当时统治者亦未见有批驳封禁。此后，《中日战辑》、《近代外祸史》、《中日战争》、《甲午中日文学集》、《中日战争资料》等诸多出版物均收入转载。

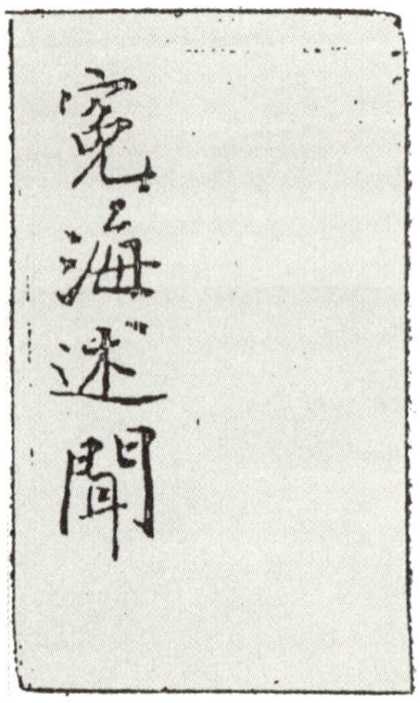

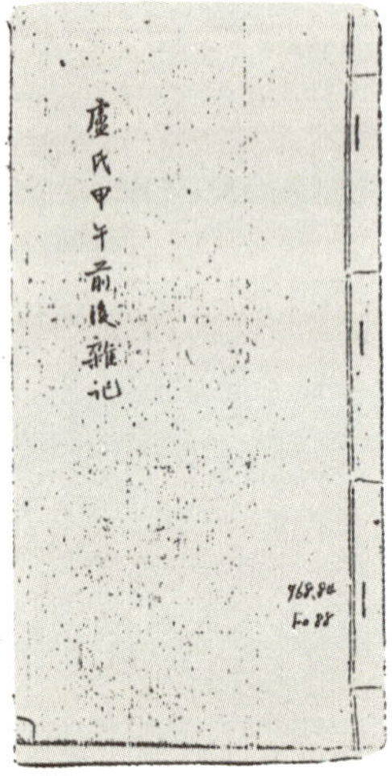

“广甲”管轮卢毓英的手稿《卢氏甲午前后杂记》记述甲午前后亲身经历和所了解的情况，也是目击者第一手资料，近年才发现，现珍藏在福建师范大学图书馆。方伯谦被杀后作者感慨地写道：“伟哉方公！惜哉方公！中国数十年培育水师人才……而竟使抱千古不白之冤，衔恨九泉……吾不独为方公惜，直为中国惜之！”此书与《冤海述闻》等史料相互参证，不能断言其为孤证。

清末诗人杜德舆作《哀辽东赋》赞方伯谦：……伯谦为将，雄略豪宕……神勇奋于澹台，老谋深于陆抗；骂李鸿章曰“秦岂乏人，鲁未可量，乃藉公以行私，敢欺君而罔上，指三字而成冤，坏长城而失傍”。诗人还有沪上感咏十首，其中第五首诗曰：“竟使长城坏，谁云执法尊？一江涛共怒，三字狱成冤”。杜德舆的诗词反映了当年民间对方伯谦与李鸿章的褒贬和认识。

当年朝臣如张謇、叶昌炽、王炳耀等纷纷弹劾李鸿章、丁汝昌贻误军机。张謇参折一针见血指出：“而以并非淮人之方伯谦……聊申军法……”

最早评论方伯谦的晚清著述为1896年出版的《东方兵事纪略》。作者姚锡光，系李鸿章幕僚，曾任驻日领事、公使，从未参加海战，站在官方立场论述，且为尊者讳，自然多与事实不符，且别有用心，其影响至今犹存。

罗惇曧著《中日兵事始末》，原是取材姚锡光的《东方兵事纪略》。作者是文职人员，为《清史稿》协修，亦站在官方立场论述。

《甲午中日海战见闻记》，作者泰莱（W.F.Tyler），英人，出身海员，英海军后备役中尉（我国留英学生在英舰实习时已是现役海军中尉），时任“定远”舰副帮带兼汉纳根顾问。因其愿望要购置新巡洋舰由其指挥未能实现，常感职不副名，把林泰曾、刘步蟾、方伯谦说成是三个巨奸，诬济远舰各炮“为巨锤击坏，以作临阵先逃之借口”，流毒很广。泰莱是个“劣洋员”，人称其“谰言不可信”。

最早为方伯谦平反的官方著作有20世纪20年代中华民国海军部出版的《海军实纪》及《海军大事记》二书。海军部认为方伯谦是被冤杀。

民国时期海军部编史处池中祐编纂出版了《海军大事记》，由总纂严复作序，提出了“方伯谦被谗以逃军军前正法，军中冤之”，肯定了方伯谦是被冤杀。《海军大事记》代表清末民初广大海军人士意见，他们中许多人参加了甲午海战。

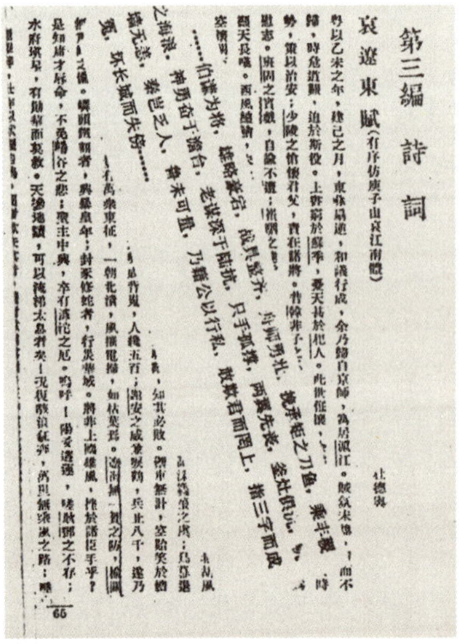
第三編　詩詞

哀遼東賦（有序仿庾子山哀江南體）　杜德輿

……伯謙为将，雄略豪宕，神勇奋于澹台，老谋深于陆抗……秦岂乏人，鲁未可量，乃藉公以行私，敢欺君而罔上，指三字而成冤，坏长城而失傍……

65

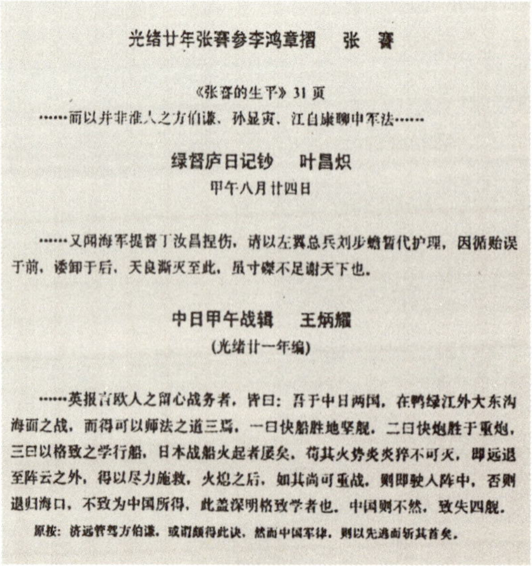
光绪廿年张謇参李鸿章摺　张　謇

《张謇的生平》31页

……而以并非淮人之方伯谦、孙显寅、江自康聊申军法……

绿督庐日记钞　叶昌炽

甲午八月廿四日

……又闻海军提督丁汝昌捏伤，请以左翼总兵刘步蟾暂代护理，因循贻误于前，诿卸于后，天良澌灭至此，虽寸磔不足谢天下也。

中日甲午战辑　王炳耀

（光绪廿一年编）

……英报言欧人之留心战务者，皆曰：吾于中日两国，在鸭绿江外大东沟海面之战，而得可以师法之道三焉，一曰快船胜地坚舰，二曰快炮胜于重炮，三曰以格致之学行船，日本战船火起者屡矣，苟其火势炎炎猝不可灭，即远退至阵云之外，得以尽力施救，火熄之后，如其尚可重战，则即驶入阵中，否则退归海口，不致为中国所得，此盖深明格致学者也。中国则不然，致失四舰。

原按：济远管驾方伯谦，或谓颇得此诀，然而中国军律，则以先逃而斩其首矣。

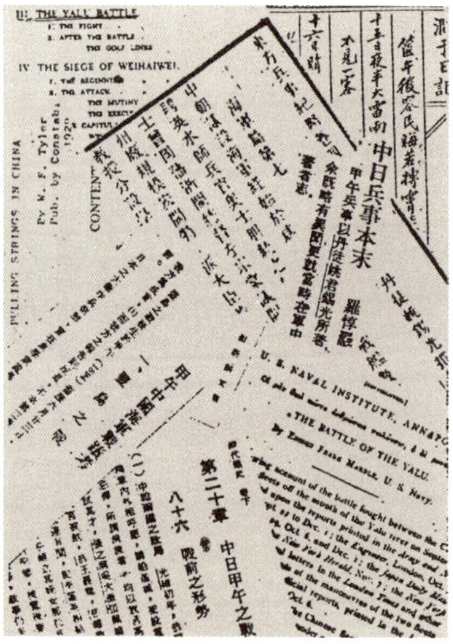

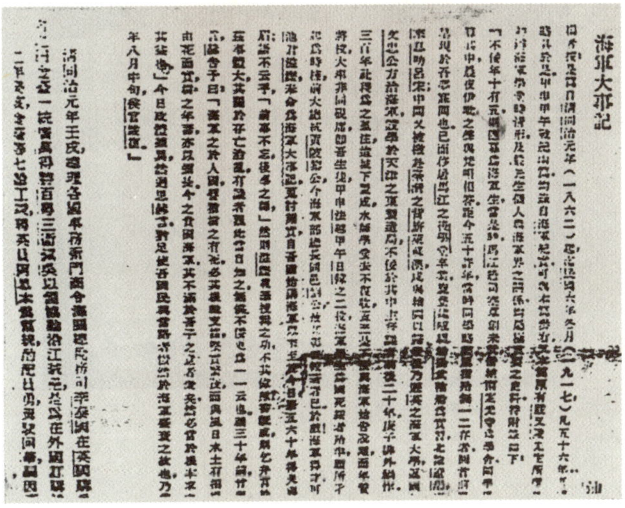

《海军大事记》书影

《　？　》(为方伯谦鸣冤)　　方念祖
三十年代初　《黄海潮报》

(称方伯谦)"出生入死，厥功甚伟，终遭谗人陷害，含冤地下。"

作者方念祖为广东人。民国十一年（1922年），曾任东三省航警学校教育长。后历任镇海、海圻、福安、肇和舰长。

《？》（为方伯谦鸣冤）的作者方念祖20世纪30年代初在《黄海潮报》上称方伯谦“出生入死，厥功甚伟，终遭谗人陷害，含冤地下”。方念祖为广东人。民国十一年（1922）曾任东三省航警学校教育长。后历任“镇海”、“海圻”、“福安”、“肇和”号舰长。

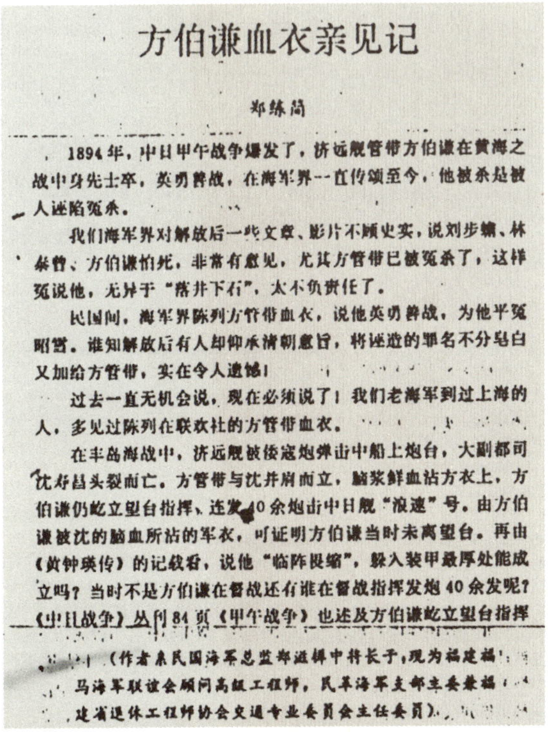

方伯谦血衣亲见记

郑练尚

1894年，中日甲午战争爆发了，济远舰管带方伯谦在黄海之战中身先士卒，英勇善战，在海军界一直传颂至今，他被杀是被人诬陷冤杀。

我们海军界对解放后一些文章、影片不顾史实，说刘步蟾、林泰曾、方伯谦怕死，非常有意见，尤其方管带已被冤杀了，这样冤说他，无异于“落井下石”，太不负责任了。

民国间，海军界陈列方管带血衣，说他英勇善战，为他平冤昭雪。谁知解放后有人却仰承清朝意旨，将诬造的罪名不分皂白又加给方管带，实在令人遗憾！

过去一直无机会说，现在必须说了！我们老海军到过上海的人，多见过陈列在联欢社的方管带血衣。

在丰岛海战中，济远舰被倭寇炮弹击中船上炮台，大副都司沈寿昌头裂而亡。方管带与沈并肩而立，脑浆鲜血沾方衣上，方伯谦仍屹立望台指挥，连发40余炮击中日舰“浪速”号。由方伯谦被沈的脑血所沾的军衣，可证明方伯谦当时未离望台。再由《黄钟瑛传》的记载看，说他“临阵畏缩”，躲入装甲最厚处能成立吗？当时不是方伯谦在督战还有谁在督战指挥发炮40余发呢？《中日战争》丛刊84页《甲午战争》也述及方伯谦屹立望台指挥

（作者系民国海军总监郑滋樨中将长子，现为福建福马海军联谊会顾问高级工程师，民革海军支部主委兼福建省退休工程师协会交通专业委员会主任委员）。

民国海军在上海卢家湾吕班路海军联欢社内展出方伯谦的血衣，介绍说：“这套血衣是济远方管带在指挥台指挥督战中，被站在他身旁的大副沈寿昌的脑浆所粘的”。“方伯谦管带在黄海海战中同样英勇善战，被日本第一游击队划出阵外后，一直与强敌4舰缠斗至战斗结束，炮毁人亡，船裂无法归队，为保船保人直航旅顺口。”

《甲午中国海军战绩考》的作者张荫麟，广东人，早年卒业于清华学堂，后赴美留学，归国后历任清华大学、西南联大、浙江大学教授。该文对方伯谦问题进行了全面的考订，得出了方系被陷害冤杀的结论。

甲午中国海军战绩考

张荫麟

1935年《清华学报》十卷、《张荫麟文集》

《甲午中国海军战绩考》书影

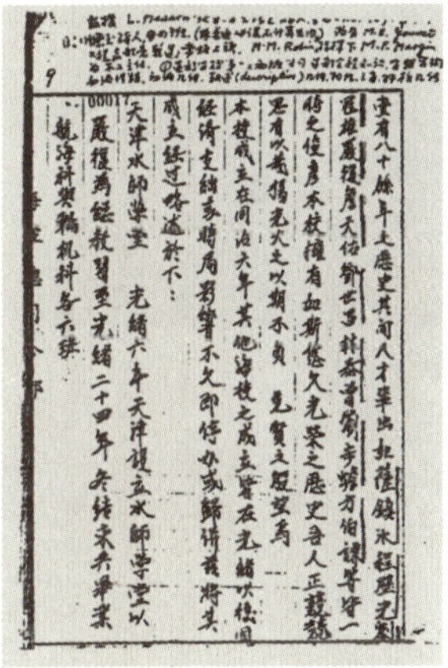

民国海军总司令部档案

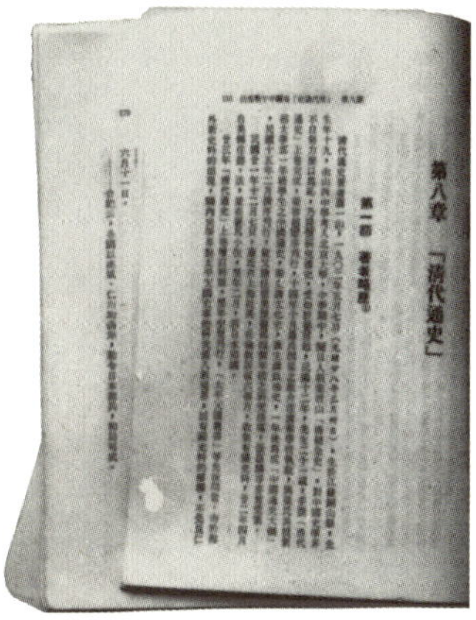

《清代通史》书影

民国海军总司令部档案《海军历届毕业同学录、海军各学校成立经过》（现存南京国家第二档案馆）中称：“萨镇冰……方伯谦等皆一时之俊彦。”

《清代通史》著者萧一山，江苏铜山人，19岁考入北大，后在清华执教。1932年先后赴英、德、法、日收集资料，1923年手撰《清代通史》上卷，1935年中卷刊行后经重写于1963年在台印行。其有关甲午海战部分由于作者对甲午战争素无研究，分不清对错真伪，所以多以姚锡光著作为蓝本并参以官书而成。

中华人民共和国诞生后，争论逐步走向高潮。

《中国近代史》的著者范文澜，浙江绍兴人，曾任北

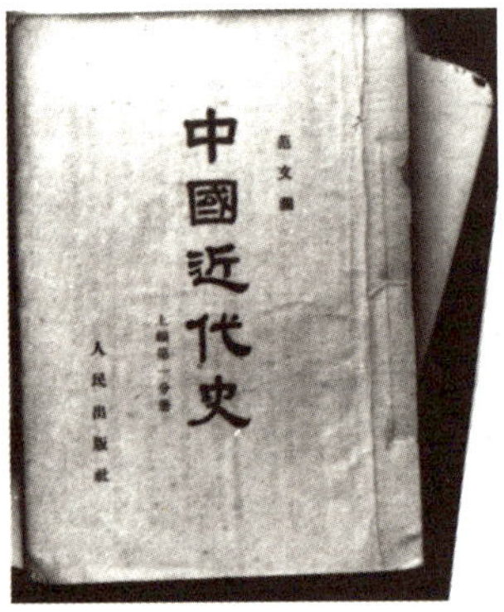

范氏《中国近代史》封面

大、北师大教授，解放后任中国科学院近代史研究所所长。长期从事《中国通史简编》的修订，是马克思主义历史学家。对丰岛海战虽无挂白旗记载，但述及方伯谦躲入舱内铁甲最厚处。对黄海海战抨击李鸿章最烈，但未提方伯谦其人其事。

中国史学会主编的《中日战争》（共七册），1957年由上海人民出版社出版，是研究中日甲午战争不可多得、不可不读的好书。书中收集了日本军国主义者侵略中国的大量史料，也收集了中国人民进行正义的、英勇的反侵略斗争的史料，对有关方伯谦的资料正反兼收。

丛刊《中日战争》书影

80年代出版的一些著作，几乎一边倒，对方伯谦持否定态度。

由山东社科院研究员戚其章撰写的《北洋舰队》、《甲午战争史》对方伯谦持全面的否定态度。

《龙旗飘扬的舰队》的作者姜鸣是青年史学工作者。1994年出版《中国近代海军史事日志》（1860~1911），对方伯谦持否定态度，但认为方伯谦是替罪羊。

甲午海战流行观点派的代表著作

《中日甲午战争"济远"舰先逃和方伯谦问题》作者赵捷民为河北邢台师专副教授，是中华人民共和国成立后第一个为方伯谦鸣冤的学者。

《中日甲午战争"济远"舰先逃与方伯谦问题》
赵捷民　《新史学通讯》　1953年8期

赵捷民一论方伯谦冤案文章

1980年上海师范大学历史系教授季平子在《历史研究》第四期发表《丰岛海战》一文，对方伯谦实事求是地予以评价；次年第6期该杂志发表戚其章的《方伯谦被杀是一桩冤案吗？》，对季文提出意见，遂后季教授又发表了《论方伯谦被杀问题——答戚其章同志》一文，争论从此展开。

论方伯谦被杀问题

——答戚其章同志

季平子

戚其章同志在《历史研究》1981年第6期发表《方伯谦被杀是一桩冤案吗？》一文，对拙作丰岛海战》（《历史研究》1980年第4期）提出一些意见。本文将就戚文所提意见，对丰岛海战作些补充说明，并讨论方伯谦被杀问题。

首先说明拙文引用《冤海述闻》的问题。关于《冤海述闻》一书，早有定评："是书……乃为方伯谦鸣冤而作……内容实录与诳语杂糅，吾人宜分别观之"（张荫麟：《甲午中日海战战役考》，见《清华学报》十卷一期，1935年1月）。"此书非尽实录，但与他书互相参证，亦可窥所述两次战役之真相"（《中国近代史资料丛刊·中日战争》第七册，第626页。以下省作丛刊·中日》）。戚文化了很大笔墨，所说明的也是：该书内容"真假杂糅"，"不可尽信，而应认真加以分析"。和前两种意见并无出入。拙文说：（丰岛海战后）"飞鲸"于下午三时二十五分见"吉野"等三舰南航。又说："吉野"被击退，坪井航三并未阻止"秋津洲"继续西追。可见拙文并不以为《冤海述闻》中"歼其提督（指坪井航三）"一语是可信的。这不过是例子之一，拙文并未尽信该书。正如戚文所说，拙文所根据的有盛宣怀档案和《李鸿章刊稿》，并非只根据《冤海述闻》一书。问题在于，拙文引自《冤海述闻》的一些记载是否可信？这问题将在下文的讨论中得到解决。……

事隔三十多年后赵捷民教授再次发表论文，为方伯谦翻案。

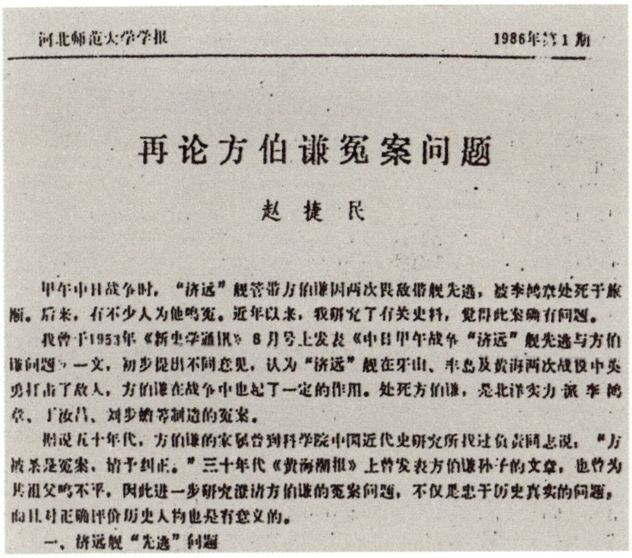

河北师范大学学报　　1986年第1期

再论方伯谦冤案问题

赵　捷　民

甲午中日战争时，“济远”舰管带方伯谦因两次畏敌带舰先逃，被李鸿章处死于旅顺。后来，有不少人为他鸣冤。近年以来，我研究了有关史料，觉得此案确有问题。

我曾于1953年《新史学通讯》8月号上发表《中日甲午战争“济远”舰先逃与方伯谦问题》一文，初步提出不同意见，认为“济远”舰在牙山、丰岛及黄海两次战役中英勇打击了敌人，方伯谦在战争中也起了一定的作用。处死方伯谦，是北洋实力派李鸿章、丁汝昌、刘步蟾等制造的冤案。

据说五十年代，方伯谦的家属曾到科学院中国近代史研究所找过负责同志说：“方被杀是冤案，请予纠正。”三十年代《黄海潮报》上曾发表方伯谦孙子的文章，也曾为其祖父鸣不平。因此进一步研究澄清方伯谦的冤案问题，不仅是忠于历史真实的问题，而且对正确评价历史人物也是有意义的。

一、济远舰“先逃”问题

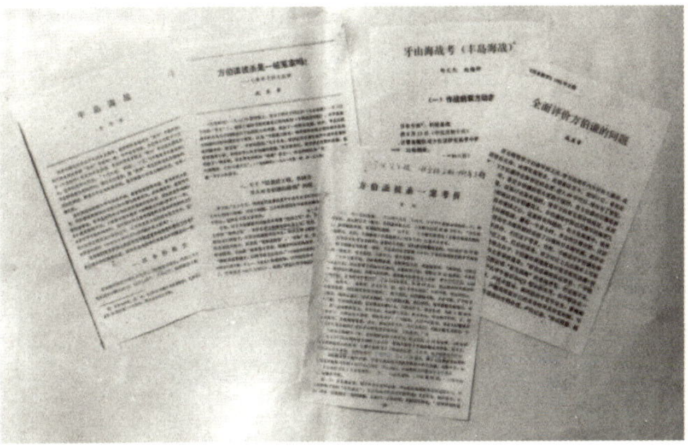

参与争论的一些重要文章

1988年，福建师范大学历史系3位教授根据新发现的史料《卢氏甲午前后杂记》，由黄国盛教授（博士生导

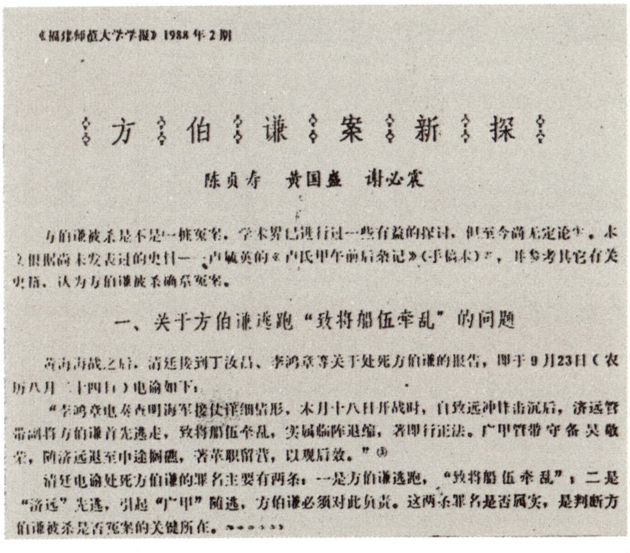

《福建师范大学学报》1988年2期

方伯谦案新探

陈贞寿　黄国盛　谢必震

方伯谦被杀是不是一桩冤案，学术界已进行过一些有益的探讨，但至今尚无定论①。本文根据尚未发表过的史料——卢毓英的《卢氏甲午前后杂记》(手稿本)②，并参考其它有关史籍，认为方伯谦被杀确系冤案。

一、关于方伯谦逃跑“致将船伍牵乱”的问题

黄海海战之后，清廷接到丁汝昌、李鸿章等关于处死方伯谦的报告，即于9月23日（农历八月二十四日）电谕如下：

“李鸿章电奏查明海军接仗详细情形，本月十八日开战时，自致远冲锋击沉后，济远管带副将方伯谦首先逃走，致将船伍牵乱，实属临阵退缩，著即行正法。广甲管带守备吴敬荣，随济远退至中途搁礁，著革职留营，以观后效。”③

清廷电谕处死方伯谦的罪名主要有两条：一是方伯谦逃跑，“致将船伍牵乱”；二是“济远”先逃，引起“广甲”随逃，方伯谦必须对此负责。这两条罪名是否属实，是判断方伯谦被杀是否冤案的关键所在。……

师）执笔撰写《方伯谦案新探》一文，在《福建师范大学学报》1988年第2期发表，引起了政界、史学界、海军界的重视，对方案的争论再度掀起高潮。

1991年9月，由福建省史学界、海军界等8个单位共同发起召开了“甲午海战中之方伯谦问题研讨会”。海峡两岸60多位专家、学者参加，提交论文数十篇，省政协副主席、林则徐五世孙凌青同志到会讲话，侨居美国的方伯谦侄孙女方俪祥亦赶回福州参加。在这次研讨会上，中国大百科全书出版社编审王琰宣读了长篇论文《大东沟海战与方伯谦冤案》，第一次提出了“黄海海战西战场作战说”，被中外学者认为是甲午战争研究突破性的进展。王琰的“西战场说”是对流行观点的最大挑战，是重新认识甲午海战和方伯谦问题的重要科学研究成果，彻底打破了甲午战争研究数十年执定成局的非正常局面，得到众多学者支持。

1991年7月，由上述联合召开研讨会的8个单位编印了《方伯谦问题研究资料汇编》，收集了有关原始资料和过去对方伯谦评价的正反两方面文章，发给被邀请的专家、学者。1993年7月出版了《方伯谦问题研讨集》，由凌青题写书名，收集了新撰论文40多篇，其中有8篇来自海外。该书由知识出版社出版。

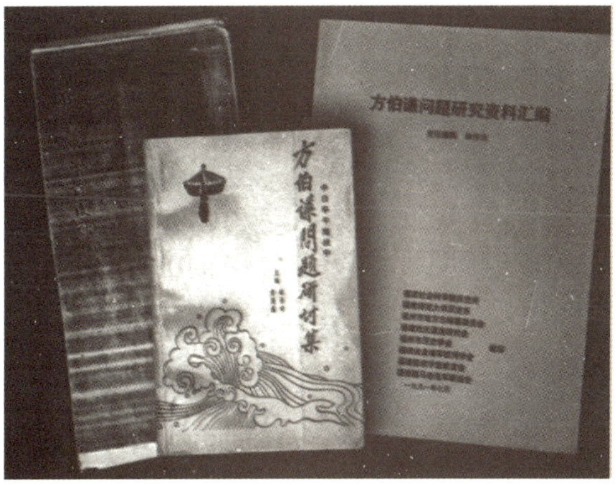

《人民日报》、《福建日报》及港澳地区和美国等国家的 16种报纸报道了有关史学界召开研讨会和出版《方伯谦问题研讨集》的消息，还发表了26篇文章，正确评价了方伯谦。

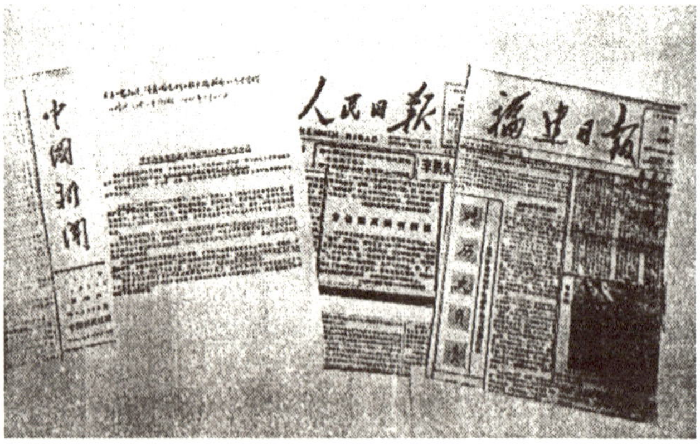

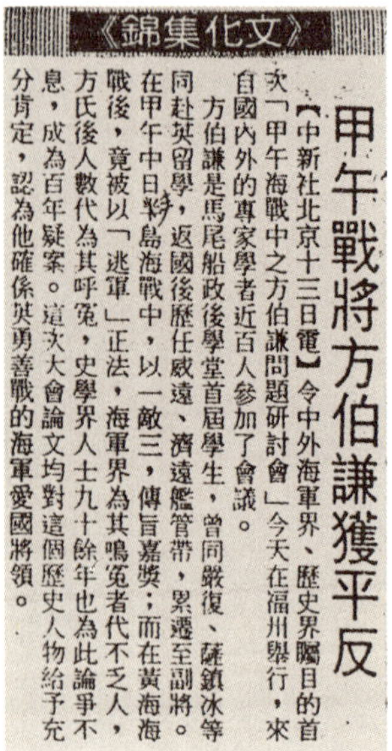

《文化集錦》

甲午戰將方伯謙獲平反

【中新社北京十三日電】令中外海軍界、歷史界矚目的首次「甲午海戰中之方伯謙問題研討會」今天在福州舉行，來自國內外的專家學者近百人參加了會議。

方伯謙是馬尾船政後學堂首屆學生，曾同嚴復、薩鎮冰等同赴英留學，返國後歷任威遠、濟遠艦管帶，累遷至副將。在甲午中日豐島海戰中，以一敵三，傳旨嘉獎；而在黃海戰後，竟被以「逃軍」正法，海軍界為其鳴冤者代不乏人，方氏後人數代為其呼冤，史學界人士九十餘年也為此論爭不息，成為百年疑案。這次大會論文均對這個歷史人物給予充分肯定，認為他確係英勇善戰的海軍愛國將領。

这是美国发行的华文《世界日报》1991年9月14日登载的有关研讨会的消息。

《福建日报》发表了林谋荣、林伟功的《对历史负责——史学界重评甲午海战中的方伯谦纪实》，全面报道了研讨会的全过程和方伯谦疑案始末等，该文亦收入《方伯谦问题研讨集》。

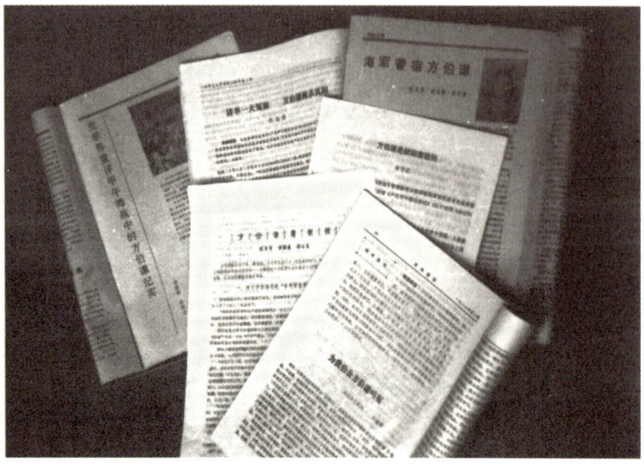

一些重要刊物刊登了海峡两岸著名人士研究方伯谦问题的论著，多数文章正确评价了方伯谦。

1993年8月，《方伯谦问题研讨集》首发式在福州举行，福建省政协秘书长刘贤儒致辞，中共福建省委统战部、民革、民盟的领导及专家学者、新闻界数十人参加了首发式。与会者即席发言，正确评价了方伯谦。

1993年9月，由知识出版社邀请在京的海军界、学术界知名人士参加《方伯谦问题研讨集》首发式。会议由知识出版社社长刘志荣主持，原福建省政协副主席、现全国政协外委会副主席凌青，民革中央名誉副主席贾亦斌，全国政协常委、民盟中央副主席吴修平出席了首发式。出席首发式的还有国防大学、总参政治部、海军军事学术研究所、军事科学院战略部、海军司令部编研室、《当代中国海军》编辑部、国家教委、中国社科院近代史研究所，以及人民大学、北师大历史系等单位的专家、教授。领导和专家们纷纷讲话庆贺《研讨集》的出版。

中国人民大学历史系教授郑昌淦在会上发言说，他过去否定方伯谦，想法简单，并拿出他过去撰写的《中日甲午战争》一书说，“可以推翻”、“方伯谦没有投降”，也不能说是“逃军”，当时想法简单，强调拼搏，或壮烈牺牲……郑教授坚持真理，勇于公开修正错误的实事求是学风令与会者十分敬佩，报以经久不息的热烈掌声。

参加北京首发式的来宾

左为海军司令部《近代中国海军》编辑部副主任卢如春，右为海军军事学术研究委员会委员杨志本。

民革中央名誉副主席贾亦斌（左三）讲话

右一是福建师大历史系教授陈贞寿。

1994年纪念甲午战争一百周年威海国际研讨会第七会场集中讨论了方伯谦问题，肯定了福州研讨会的成果。原持不同意见的一方也认为方伯谦不是战场上的逃兵，而是一名有爱国心的爱国将领。

左为郑昌淦教授。右为全国政协常委、民盟中央副主席吴修平。

1994年9月，在威海召开的“甲午战争一百周年国际学术研讨会”上，方俪祥在大会上发言，为其伯公方伯谦鸣冤。

方俪祥在威海大会上发言

《近代中国海军》（海军司令部《近代中国海军》编辑部编，海潮出版社1994年北京出版）对方伯谦在海战中的叙述实事求是。

《甲午战争启示录》（孙克复、焦润明主编，辽宁人民出版社出版）认为方伯谦不是逃兵，而是一名有爱国心的海军将领。这个观点已经成为多数人的共识。

《近代中国海军》、《甲午战争启示录》书影

（台湾）海军少将郑天杰、赵梅卿合著的《中日甲午海战与李鸿章》一书第十七章专述李鸿章诿过方伯谦。该书1979年在台湾出版，书中澄清了许多诬陷方伯谦的问题。

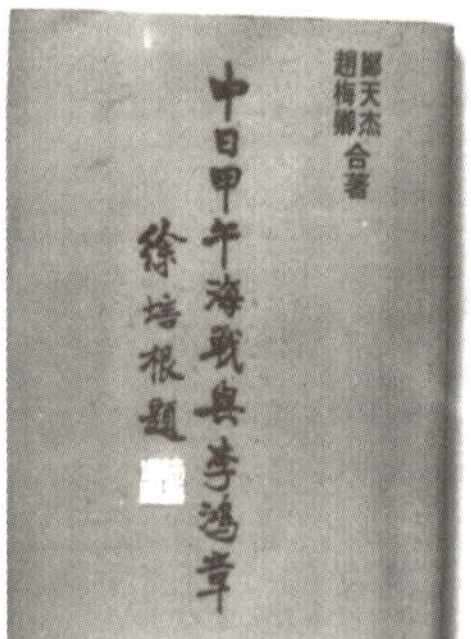

《中日甲午海战与李鸿章》封面

作者郑天杰系马尾海军学校航海班第三届毕业，赵梅卿系同校第二届毕业，现均侨居美国。

纪念甲午战争100周年学术研讨会述略

陈宇

由中国军事科学学会和海军军事学术研究委员会联合举办的“纪念甲午战争100周年学术研讨会”，于1994年8月17日至18日在北京举行。中共中央政治局常委、中央军委副主席刘华清在会上作了重要讲话，中央军委副主席张震出席了会议。刘华清、张震分别为纪念甲午战争100周年题词。刘华清的题词是“祭甲午百年，兴爱国精神”，张震的题词是：“弘扬甲午爱国精神，增强现代海防意识”。海军总司令张连忠致开幕词。出席研讨会开幕式的有解放军三总部领导、中国军事科学学会高级顾问，以及二炮、国防大学的领导同志，军内外的60余名专家、学者及海军机关、院校、部队的代表出席了研讨会。中国史学会会长戴逸等9名代表在大会上发言，20余名代表在分组会议上发言。

由中国军事科学学会和海军军事学术研究委员会联合举办的“纪念甲午战争100周年学术研讨会”，于1994年8月在京举行。中央军委领导及解放军三总部领导和军内外有关专家、学者60余人参加，海军司令张连忠致开幕词。研讨会评价方伯谦不是逃兵，是一位有爱国心的近代海军人才（原文见《军事历史》1994年第6期）。

（台湾）海军中将林濂藩的力作《中日甲午海战百年祭》（北京中国社会科学出版社1995年出版）在关于丰岛、大东沟两次海战的叙述中肯定了方伯谦的战绩，正确评价了方伯谦。林濂藩参加威海国际学术研讨会的论文题目是《为甲午海战北洋舰队之战迹纪述作考证》。林将军系马尾海军学校航海班第6届毕业。

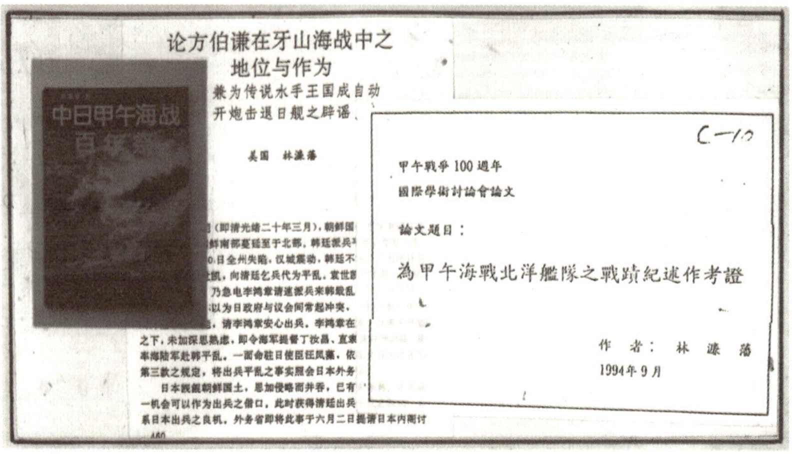

《中日甲午海战百年祭》书影

1996年6月12日，由中国甲午中日黄海海战纪念馆筹建办与福州中国海军史研究会筹备会联合组织“中国甲午中日黄海海战座谈会”。与会代表提出应尊重历史真实，体现民族风格，体现爱国主义、英雄主义等宝贵意见，也对方伯谦等历史人物进行了正确评价。

黄海海战座谈会会场一角

参加座谈会的海军老前辈

（自左至右）王维福，东海舰队训练基地顾问；阎道彰，原海军上海基地副司令员、海军工程学院副院长；马云伦，原海军旅顺、舟山基地司令；右一为王彦，海军学院研究员；右二为韩琦，原海军福建基地司令部《福建海防史》主笔；右三为本书作者陈贞寿教授。

会议中阎道彰（左）、王维福交流探讨（右）

海军原上海基地副司令、海军工程学院副院长、海军少将阎道彰在论文《对大东沟海战结局的探讨》中指出：在大东沟海战中，方伯谦起到了重要的战斗作用，我认为显而易见的是他在海战的全过程中，牵制了“吉野”编队，特别在“致远”、“经远”沉没后，他单舰抗击“吉野”编队，从而减轻了敌舰队对“定远”、“镇远”主力舰的压力。

海军东海舰队训练基地顾问、海军战斗英雄王维福在论文《对济远舰两名水手射击的异议》中指出：舰炮射击是全舰性的战斗行动：必须由舰长组织航海、通信、轮机部门的协同配合……必须有炮长一名，负责协调各炮手的战斗操作，要保证完成射击任务，还必须有方向旋回瞄准手、高低俯仰瞄准手、表尺距离装定手、炮闩手、装弹手5~6名，此外还要若干名运弹手。……没有舰长、枪炮长的命令，不可能由两名水手来替代炮手班进行射击。

原海军旅顺、舟山基地司令马云伦在会上评论方伯谦的“战前条陈”说：没有清醒的头脑，没有对当时敌我双方政治、军事形势的正确分析判断，没有全局在胸的高度爱国主义精神与战备观念，是不可能提出这样好的建议的。......方伯谦不愧为北洋水师中一员具有文韬武略的爱国将领。

三、对方伯谦冤案达成了普遍共识

根据新史料的发现和不断讨论，学术界已达成了普遍共识，这就是陷害方伯谦的三项罪名全部出于捏造。

光绪二十年八月二十三日，以丁汝昌名义向李鸿章报告黄海海战经过的电文提出方伯谦的罪名有三：1. 首先逃跑；2. 将队伍牵乱；3. 撞坏“扬威”号。

（一）足以否定“济远”舰“首先逃跑”的史料及论述

1895年刊行的《冤海述闻》次年被王炳耀的《中

日战辑》收录，此后诸多出版物均陆续转载。其中《中日战争》（六）记载：“济远”、“来远”、“经远”亦被围着火，……“广甲”则已遁逃出围矣。……“广甲”自午开仗，约一点钟时，即离队，夜十一点钟至大连湾三山岛外，……触石进水。

80年代发现的《卢氏甲午前后杂记》，“广甲”管轮卢毓英撰。《杂记》载：超、扬既火，“广甲”尤胆落，急反棹而逃……济远当敌之冲，迎击既久，炮多炸裂倾倒，无以应敌，于是亦逃。这是亲身经历战阵者说自己舰先逃的证据。

据（日本）《日清海战史》图二，“广甲”已先离战场，图三“济远”尚在战场，而“广甲”已不在，亦可证明“济远”确不是先离战场者，先离战场者“广甲”也（“扬威”、“超勇”暂不计）。

张荫麟《甲午中国海军战绩考》（《见张荫麟文集》）云：是役也，“扬威”实最先离阵，而奏报讳言之，因欲成方氏“首先驶逃”之罪也，奏报又谓“扬威”为“济远”触坏后驶出，至浅水而沉，一若“济远”退时，“扬威”尚在战场中者，实则即使奏报所言，“济远”逃在“致远”甫沉之后，时已三时三十分，距开战已

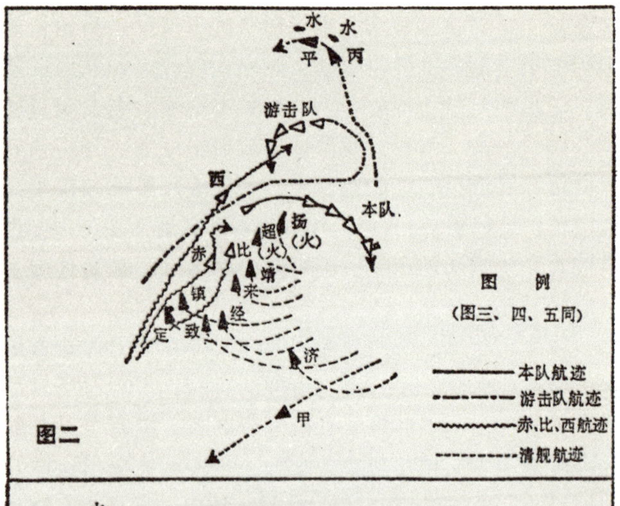

图二

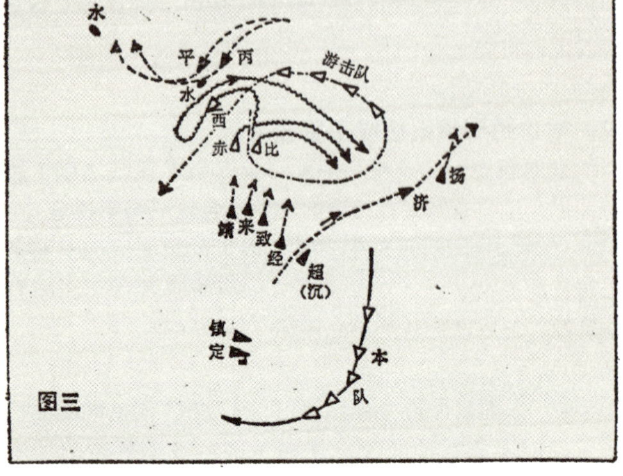

图三

两小时半，而“扬威”之退，实在开战之初，此时安得与“济远”在阵地相撞？

台湾三军大学编著《中国历代战争史》（第17册）第211页载：“济远”与“广甲”之战绩，传说大异其辞，李鸿章之奏报谓“济远”先逃，“广甲”继退，“济远”舰长方伯谦且于战后一周正法。然据“济远”中洋员哈富门之报告，则谓该舰诸炮因继续发射过久受损，其机械不能运动，方管带始命退出云。日本海战阵势图，亦谓“济远”之退在“经远”沉没之后。按鸿章之报告，系以刘步蟾之陈述为根据（战后丁汝昌因病养伤，刘代提督），刘之有意陷害方氏，殆无可疑。是役“扬威”实首先离阵，而奏报讳言之，因欲成方氏首先驶逃之罚。

又同书第209页载：日游击队拂清军右翼时，“扬威”首当其冲，中弹起火，旋驶出战线外，至海洋岛附近，陷焉，管带林履中蹈海死。

又同书第211页载：是役“扬威”实首先离阵，而奏报讳言之，因欲成方氏首先驶逃之罚，奏报中又谓“扬威”为“济远”触坏后驶出，至浅海而沉没，尤为荒谬不确。

林濂藩《中日甲午海战百年祭》载：“济远”在日本先锋队被召回的同时，自行离开战场返回，确系事实，但它并不是未战先回，也不是不战而回，自当日12时50分始，直至3时30分致远……被击中沉没为止……“济远”始终都在阵中；与敌浴血奋战，未曾稍懈。在鏖战中，“济远”中炮70余处，官兵死亡7人、伤者14人，战况惨烈，船头受伤漏水，炮械损坏，无力再战。若论退离战场之先后，则“济远”绝非最先，最先退离者，应是“超勇”和“扬威”。

程伟国《百年冤案今评说》（见《方伯谦问题研讨集》）载：李鸿章为刘步蟾所拟电报所欺骗，认为是“济远”首先逃离，因此一开始曾为“致远”管带邓世昌……以及“扬威”管带林履中请恤。后来在方伯谦被杀之后，当他了解到“扬威”首先逃走的事实后，就去除了林履中和“扬威”舰官兵，只为邓世昌、林永升、黄建勋和“致远”、“经远”、“超勇”3舰官兵请恤，甚至还请求处分“扬威”帮带大副郑文超，由此可见首先逃走的不是激战3小时之久的“济远”，而是“扬威”。其次，在“济远”和“广甲”两舰中又是谁首先逃走的呢？《中东战纪本末》记载：“广甲”因先逃之故，驶进大连湾浅滩，遂自行毁失。《卢氏甲午前后杂记》中更有详细记载，可见“广甲”先于济远而逃，“广甲”未中一弹而“济远”伤痕累累是有力的佐证。而且从退出战场的原因和性质来看，“济远”和“广甲”有着本质的不同，方伯谦并非临阵脱逃，更不存在“济远”首先退避、“广甲”随逃的问题。

郑天杰，赵梅卿《中日甲午海战与李鸿章》载：战报发于二十三日，距十八日作战已有五天，既所谓难以分清、逐细查明，又怎能妄断方伯谦首先逃回，而“扬威”……又为“济远”拦腰碰坏等，均非事实。又载：查所谓丁汝昌战报有“济远”首先退避……“广甲”随逃之语，其实，“广甲”已先离队，且未受伤，“广甲”速度较“济远”为慢，其搁浅在大连湾外三山岛之时间乃在“济远”抵旅顺之前，可为真正先离队之确证，三山岛距旅顺约27海里，“广甲”搁浅三山岛之时间较“济远”到达旅顺之时间早3~5小时。

观战的英水师提督亦认为“广甲”先逃。

英水师提督斐利曼特尔（《中日战争》七）说：“广甲”因先逃之故驶近大连湾浅滩遂自行毁失。斐军门指“广甲”而不及“济远”，知方伯谦之罪尚可从末减也。

林濂藩将军是最早接受和高度评价王琰“黄海海战西战场作战说”的学者。他据西战场说重新认识黄海海战，写成专著《中日甲午海战百年祭》，该书载：16时日第一游击队分头向……“经远”、“济远”实施追击。“经远”往东，日“吉野”、“高千穗”追之往东；“济远”往西，日“浪速”、“秋津洲”两舰追之西去，“吉野”、“高千穗”夹击“经远”，“经远”舰中起火，舰体向左倾斜，至16时40分沉没，……追“经远”被击沉后，“高千穗”、“吉野”转舵回航，加入“浪速”、“秋津洲”行列，共击“济远”，“济远”以一敌四，处境甚为危殆，所幸为时甚暂，日先锋队即被日本联合舰队本队号令召回归队，“济远”之威胁乃获解除，故终黄海之战，“济远”始终在战，既无逃遁，亦未离阵，只是其作战战场被迫与主战场隔离、不在一处而已，旋即返回旅顺，于翌晨丑刻抵达。（经远沉没的时间：下午4时40分之后）

季平子《论陷害方伯谦三项罪名全部出于捏造》（见《方伯谦问题研讨集》）云：“济远”系因船炮在战斗中受损无以应敌而撤退，则是否首先，可以不论，因为它既是受损伤无以应敌而退，不论它先他船而退，还是后他船而退，都是同样无罪的，……那个捏造“济远”首先逃跑的电文……竟可作为“首先”二字系出于捏造的证据。该电文把所有事件的时间一概略去不提，首先从“致远”沉，“济远”逃写起，只有略去所有时间，才可以从“致远”沉，“济远”逃写起，才能加“首先”逃跑的罪名于方伯谦，可见电文中略去所有事件的时间，正是该电文捏造方伯谦“首先”逃跑的证据。同书又载：仔细阅读《杂记》全文，把“广甲”逃时战场情况和“济远”撤退时战场情况相对照就可以断定谁先谁后了。《卢氏甲午前后杂记》说：“致远”既覆，超、扬起火，“广甲”尤胆落，急反棹而逃。……“济远”当敌之冲，迎击既久，炮多炸裂倾倒，无以应敌，于是亦逃，斯时也，超、扬已沉，“经远”管带林钟卿阵亡，其将弁已阵亡殆尽，遂退于山边，在队者仅镇、定、靖、平四艘。“广甲”逃跑时“超勇”尚在着火，“济远”撤退时“超勇”已沉没，谁先谁后，这个记载最清楚不过了，“济远”撤退时，“经远”已退山边，“平远”仍在作战，可谓方伯谦所谓余船包括“平远”，不包括“经远”。

孙克复《方伯谦被杀案考析》（见《方伯谦问题研讨集》）说：……丁汝昌“济远”首先逃避、“广甲”随逃的电禀，是符合事实的。“广甲”退逃于下午一点多钟，触礁于当夜11时（子刻）许，从退逃到触礁历10余小时，考海战战场距旅顺口约130海里，“广甲”触礁地点距旅顺口17海里，从战场至触礁地点相距103海里，以时速13海里计算，则10余小时必到达旅顺口，不会在子刻（午夜11时至1时）方驶至大连湾外，相反，只有“广甲”于3时30分后随“济远”退逃，行至三山岛约需8小时，因而于子刻触礁，在这个时间上方为合理。

（注：“广甲”触礁地点距旅顺口应是27海里，非是17海里。从战场至触礁地点相距103海里，以13海里时速计，需8个多小时，则11时减去8个多小时，约近下午3时前，“济远”是3时30分“致远”沉后退离，则“广甲”似应比“济远”早离。）

王琰《大东沟海战与方伯谦冤案》（《方伯谦问题研讨集》）说：《北洋舰队·黄海海战》可称得上是篇奇文，作者说“致远”于下午3时沉没，“济远”惧而逃走，“广甲”随逃，日本第一游击队尾追不舍，终因相距过远而折回。第一游击队既在下午3时以后追击“济远”，又是“尾追不舍”，又怎么能在下午3时以前折回来，越过“定远”、“镇远”去攻击“经远”，并在下午3时把它击沉呢？作者描述的海战经过在时间上明显出现了混乱和矛盾，这是由于不真实所致。

台湾三军大学编著《中日历代战争史》第17册说：日本海战阵势图，亦谓“济远”之退在“经远”沉没之后。

季平子《论陷害方伯谦三项罪名全部出于捏造》（见《方伯谦问题研讨集》）说：“济远”于“致远”沉（下午3时30分）后撤离战场，……从战场至旅顺约130海里，“济远”原航速为每小时15海里，实际航速为12.5海里（原注是据戚其章《方伯谦被杀是一桩冤案？》，并指出该文计算错误为十一个多小时——作者）。时速为12.5海里的“济远”，航行130海里需10.4小时，即10小时又24分，从十九日上午2时“济远”到达旅顺（按龚照玙报告“丑时到旅”计算，不按《冤海述闻》等书“四点二刻”到旅计算），上推10小时24分，为十八日下午3时36分，这便是“济远”撤离战场的时间。

按：“济远”丑刻回旅，大队卯刻回旅，丑刻系1~3时，卯刻系5~7时，其相距时间最短2小时（即“济远”3时回，大队5时回），其相距最长时间为6小时（即“济远”1时回，大队7时回）。其他相距3、4、5小时亦在丑刻与卯刻范围内均可，但此均主观推测，都不符事实。只有《冤海述闻》记载4点2刻到旅顺。

戚其章《甲午战争史》载：下午五时许，“靖远”、“来远”修竣归队……都恢复了战斗力……叶祖珪代替旗舰升起收队旗，于是，“来远”、“平远”、“广丙”……也出港会合……“定远”、“镇远”……又有诸舰复来助战，北洋舰队的声势益振。

到下午五点半，日本舰队各舰多已受伤，无力再战。伊东祐亨见北洋舰队集合各舰……遂发出停止战斗的信号。但是，他又不等第一游击队驶来会合，便下令向南驶逃。北洋舰队定、镇、靖、来、平、丙六舰……鱼贯东行，尾追数海里……便转舵驶向旅顺。……直到下午六点第一游击队才赶上本队。

（作者按：1. 此时与“定远”、“镇远”作战的是日本本队各舰。2. 不等第一游击队驶来会合，便下令向南驶逃，可见此时第一游击队不和本队在一起与定、镇交战。3. 这时定、镇、靖、来、平、丙等舰都在战场，第一游击队则与何舰交战？超、扬、致、经早已沉没，由此推断第一游击队只能在追赶“济远”，所以不在主战场。）

另据日本海军有终会编《近世帝国海军史要》第五篇第七章第二节《日清战役》（转见于《清末海军史料》）载：日暮渐薄，伊东司令长官命令第一游击队与主队会合，追击逃敌的第一游击队是在击沉“经远”号之后又继续追击残敌时收到与主队会合的命令的。由此可知，第一游击队是在击沉“经远”号之后又继续追击残敌，这个残敌显然是“济远”无疑，因为没有其他清舰了。王琰21年前建立的“西战场说”在史料支持和逻辑论证上都是不可撼动的。方伯谦一案系功臣被冤杀则无可疑议。

《冤海述闻》记述（见《中日战争》六）：按是役，战阅三时，“定远”、“镇远”两船共中大小弹二百余处，阵亡共十余人；“靖远”中弹数十处，阵亡二人；来远中弹百余处……阵亡十余人；“平远”中弹二十余处，“广丙”中弹数处；“济远”中弹七十余处，阵亡七人、伤者十三人，炮械全坏，以被倭船4艘截击，不得与各船会队，以夜四点二刻到旅顺，各船6点钟亦到，相隔仅片时也。（关于方伯谦问题争论详细要点，请阅福建省教育出版社出版的《图说中国海军史》）

（二）足以否定“牵乱队伍”的史料、论述

《冤海述闻》（见《中日战争》六）载：……督船仅于开仗时升一旗令，此后遂无号令……督旗不升，各船耳目无所系属，督船忽左忽右亦无旗令，而阵势益散漫……《卢氏甲午前后杂记》载：督船旗帜为全军耳目所关，督旗一折，全军尽乱，耳目尽失，彼此不能相顾，各军其军，毫无纪律。《日清海战史》载：“支那舰队块团相簇集……既无序列，又无一定计划，而并无指挥……“定远”之前樯击断，而不得揭信号，各舰遂得各自运动，而纪律荡然。”

台湾三军大学编著的《中国近代战争史》第17册载：清旗舰仅于开仗升一旗令，此后遂无号令，因最初半小时炮火丛集，已悉毁清舰上樯桅及绳索，信号无从悬出，即帅旗亦被击落，此后遂不复升，待日舰队本队绕至背后时，清军阵列始乱，此后即不能复整。

孙克复《方伯谦被杀案考析》（见《方伯谦问题研讨集》）载：北洋舰队队伍从午后2时起即开始混乱，至3时顷混乱益甚，但“济远”退避是在3时30分致远沉没后，这时北洋舰队船伍早已混乱，因此所谓“济远”退避、将船伍牵乱是莫须有的，是不能成立的。

《日清海战史》又载：“方其战时，支那舰队浮沉于汪洋巨漫中，若离若合，一似全无纪律者。”“定远”始因射断前樯信号桁，不得发信号，以至于败。

（三）足以否定“济远”“撞坏扬威”的史料、论述

（台湾）海军少将郑天杰、赵梅卿合著的《中日甲午海战与李鸿章》载：说“扬威”已搁浅，而“济远”撞之，不知系何所据？查“济远”吨位为2300吨、吃水15英尺又8英寸，而“扬威”吨位1350吨、吃水未详，但必较“济远”为浅，“扬威”既已搁浅，比扬威大一倍的“济远”又如何能于“扬威”搁浅而不能动之处撞及之？其后又能不搁浅而飞遁？显于事实不符。

（台湾）海军中将林濂藩的《中日甲午海战百年祭》载：“扬威”起火焚烧，即离阵驶往大鹿岛待援，其时间约为当日下午1时至2时……“济远”脱离战场，驶向旅顺时，其航向应向西南转西，故无论如何不可能在大鹿岛附近与“扬威”相撞……“济远”排水量为2300吨，

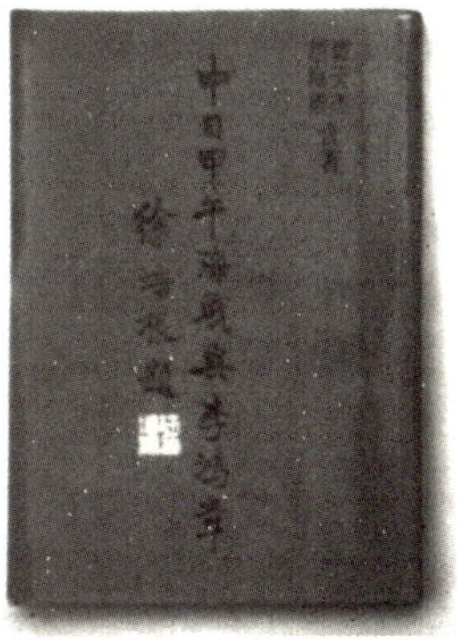

“扬威”为1350吨，“济远”舰重较“扬威”多达一倍，其吃水亦较“扬威”为深，如果“扬威”当时已是搁浅，则吃水较深之“济远”舰，如何能够驶向“扬威”并予以撞毁？因此此一罪名，只是无中生有妄加罗织之罪名，不足以服众。

孙克复《方伯谦被杀案考析》（见《方伯谦问题研讨集》）载：时间上矛盾，“扬威”离开阵列为1时20～30分左右，而“济远”舰却是在3时30分“致远”舰沉没后离战场的，距“扬威”离开战场时间已达两小时之久，两舰又何能在战场深水处相撞？“扬威”搁浅地点为东经120° 40′ 9″、北纬39° 39′处，此位置在战场的西北大鹿岛附近，“济远”的逃避方向则是战场西南的旅顺口，两舰相反距离遥远，安能相撞？……“济远”排水量几乎是“扬威”的一倍（应为二倍，作者订正），吃水也较“扬威”深得多，不待撞及“扬威”，本身就已搁浅，焉有吨位小、吃水浅的船搁浅，而吨位大，吃水深的船不仅没有搁浅，反而在撞坏吨位小的船之后，转舵离浅飞驶而去之理？

四、外国人如何评价方伯谦

（一）济远舰洋员哈富门述其身历所见情形

“此是吾所能梦想中最猛烈之战事，方管带勇敢而能干地指挥济远作战。舰上已阵亡七八人，我们尽力所及地持续快速炮击，直至下午二三时，其时舰上员弁受伤惨重，必须脱离战场，我们舰尾十七生克虏伯大炮被击坏，舰首两炮钢环齿轮亦被击毁致不能再运用，事实上济远已无可战，方管带乃决定脱离战场……我从不能想象那些说方管带系惧逃的谣言能得到支持。方氏指挥济远作战一直至战无可战。”（见John.L.Rawlinsor：《中国发展海军的奋斗 1839~1895》）

哈富门（Hoffmann，德国工程师）报告：……方氏于丰岛及黄海两役中，可称尽职。（见《中倭战守始末记》）

（二）关于方伯谦之中日人员对话

……乙未（正月）十八日，遣广丙管带程璧光乘坐镇北小舰，高揭白徽，直造提督伊东祐亨坐船，投递降书。……伊东略与寒暄，因问：“牙山之役，方伯谦甚谙海战，何故杀之？”曰：“上命也，丁公殊不愿。”（《中东战纪本末》）

联合舰队司令伊东祐亨海军中将

五、新中国学界为方伯谦平反

（一）张爱萍将军题赠二匾，许多海军重要将领出席揭匾仪式

原国务院副总理、国防部长张爱萍将军题赠“方伯谦故居”、“海军世家”两匾，1997年9月25日由福建省鼓楼区人民政府、市文物管理局、省文物管理委员会办公室等单位隆重举行了揭匾典礼。

海军工程学院原政委邓培将军受张爱萍将军委托为“方伯谦故居”和“海军世家”两匾揭匾并致辞，参加揭匾仪式的有中国人民解放军军事科学院、海军司令部、海

参加方伯谦故居揭匾典礼的张序三将军（中）

海军中将，人大常委，中国人民解放军军事科学院原政委，曾任海军副司令员兼海军参谋长。

《甲午海将方伯谦》封面

军内研究员王宜林著，海潮（原海军）出版社出版。王研究员著有许多有关海军的书，如《啊！第六舰队》、《炮击金门》、《目标——一江山岛》等。

《甲午海将方伯谦》一书首发式

王宜林著《甲午海将方伯谦》一书，于1997年9月25日在福建省福州市举行首发式。中国人民解放军军事科学院原政委、全国人大八届常委张序三将军到会并讲话。

南京海军军事学院原院长、海军中将、军事学教授李鼎文（右）亲切接见方镛

首发式后张序三将军接见方伯谦嫡孙、高级工程师方镛（右）

张爱萍上将的代表邓培政委亲切接见方镛（左）

军指挥学院、海军工程学院、福州军区和南昌陆军学院等单位的将领、领导16人，还有政界、学术界、新闻界来宾100余人。

（二）建立“海军世家纪念馆”

方伯谦故居大门上悬前国务院副总理、国务委员、国防部长张爱萍将军题赠之“方伯谦故居”匾，二进厅上悬“海军世家”匾。二进厅左右悬挂方家世代参加海军的10人事迹照片。

方镛陪同张序三（中）、李鼎文（右）两将军参观方伯谦故居

参加揭匾典礼的来宾

（三）刘公岛凭吊“济远”舰打捞遗物

甲午战争失败，“济远”舰被俘，编入日本海军服役。1904年参与日俄战争，是年冬在旅顺口触雷沉没。1985年经国家文物局批准，烟台救捞局和江苏海洋工程公司分别于1986年、1988年对该沉舰进行打捞，并将出水文

方伯谦故居二进厅

方伯谦（1854~1894）

字益堂，船政驾驶班第一届毕业，中国首批留欧生，毕业于英国皇家海军学院。历任船政学堂教习，镇西、镇北、威远、济远等船管带，官至北洋水师总兵衔副将，恩赏捷勇巴图鲁名号。

方仲恒（1858~1924）

字立卿，举人。历任海军烟台练营文书，“海筹”等舰的书记官，辛亥革命中随舰在长江起义。退休后在家乡行医济世。系方伯谦之二弟。

方椿（1882~1945）

字幼立，方仲恒之次子，参加海军后在舰艇上服役，曾任“江元”舰书记官。系方伯谦之侄。

邓培将军致辞

方沅（1883~1959）

字幼西，北京大学毕业后，历佐陈季良、李世甲等海军将领，从事军需后勤工作，授海军少校军衔。1919年冬，中国4舰被围俄境庙街，发生中日案件，方沅时任"利捷"舰书记官，与副舰长陈拔合撰《庙街事件记》，是事件的见证人之一。系方伯谦之侄。

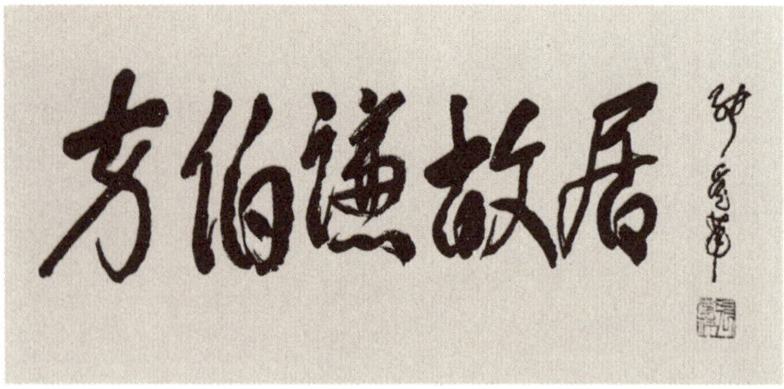

张爱萍将军为方伯谦故居正门题额

方莹（1889~1965）

字锈若，仲恒第三子。吴淞商船学校第一届毕业。历任"建威"舰枪炮官，"普安"舰上尉航海官，"海鹤"炮艇艇长，"应瑞"舰少校副长，"定安"、"楚有"、"自强"舰中校舰长，"宁海"号轻巡洋舰上校舰长等职。1936年调任海军引水传习所上校所长。七七事变后任海军宜巴要塞第一总台总台长，第一舰队司令。战后任（上海）海军第一基地、海军第一军区司令。起义后任华东军区海军第六舰队副司令员、海军干部轮训班副主任并兼华东海军司令部航海业务长及海军联合学校专科主任，海军研究委员会副主任。1963年离休回福州，任省政协委员、省府参事等职。系方伯谦之侄。

方鉴（1899~1988）

字少冶，方仲恒之子。福州格致书院毕业后，入上海技术专门学校学习。历任海军上海海防处电台、福建海军陆战队一旅通讯处、海军"江贞"舰电讯官、所长等职。

方振（1921~）

马尾海军学校航海第九届毕业。参加海军布雷队抗日，抗战胜利后任上海海军接舰处参谋，后赴美国接舰，历任"太和"、"峨眉"、"永胜"等舰副舰长、舰长，海军上校。退役后任金山商船公司船长，香港驻埠总经理等职。系方伯谦之侄孙。

方均（1897~1976）

字希平，烟台海校（后并入吴淞海校）第十三届毕业。历任吴淞海军巡防处、海军总司令部参谋，东沙岛海军观象台台长、海军厦门要塞司令部参谋，海军少校。抗日战争时期先参加海军布雷队作战，后任武夷山测候所所长。系方伯谦之侄。

方旋（1924~）

原名祥年，马尾勤工学校（前身福州海军艺术学校）毕业。1948年入湖口海军水中武器厂任职，后随军赴台，供职台湾海军总部航政署、海军第三造船厂少校工程师，不久晋升为海军中校。系方伯谦之侄孙。

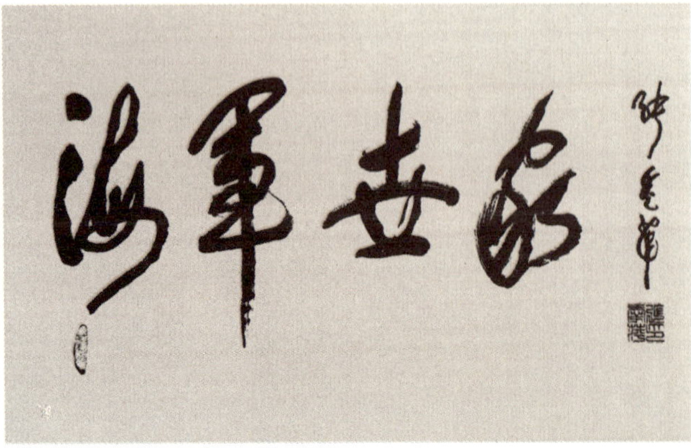

张爱萍将军为方伯谦一门三代海军尽忠祖国题词

方永年（1926~）

抗日战争时期，在福州格致中学读书，随校迁永泰县，愤于日寇暴行，投笔从军，奔赴抗日第一线。抗日胜利后，参加海军炮艇队，随军赴台，调任海军总部计划官，海军中校。系方伯谦之侄孙。

高悬张爱萍将军题额的故居大门

福州市鼓楼区人民政府于1996年10月将方伯谦故居定为区级文物保护单位，不久又定为市级文物保护单位。

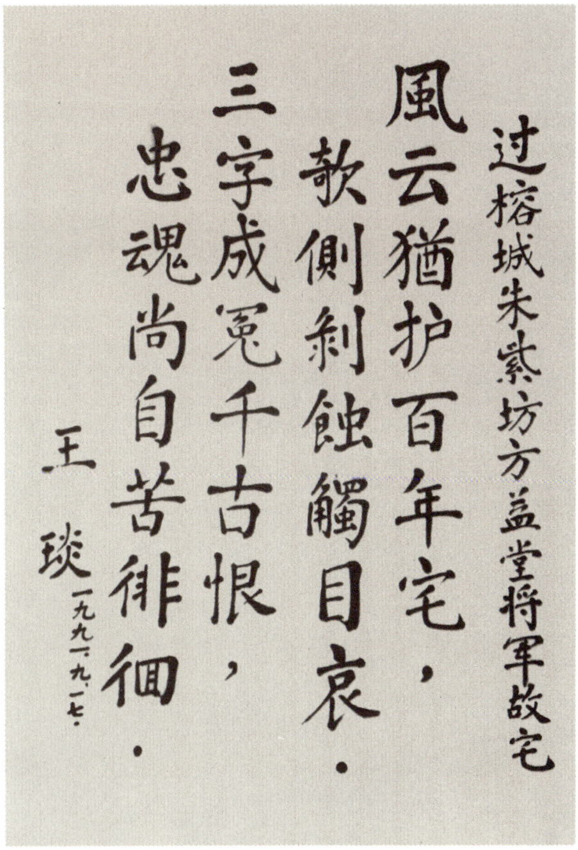

1991年9月正式提出“甲午海战西战场作战说”的王琰访问方伯谦故居时当场题赠七绝一首。后由方俪祥女士亲书悬挂于“海军世家纪念馆”方伯谦卧室。

物移交刘公岛甲午战争博物馆保护管理。笔者于1993年9月在北京首发式后被邀陪同美籍华人方俪祥等赴刘公岛凭吊“济远”舰遗物。

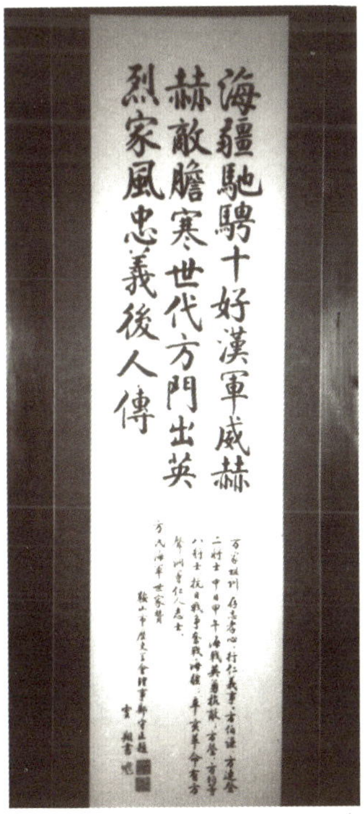

新中国海军界、政界、学术界为方伯谦平反后，其故居“海军世家纪念馆”参观者络绎不绝，诗人作诗，书法家题字，这是鞍山市历史学会理事郑守正作诗、辽宁省书法家云翔书题的条幅。

由海军航空工程学院苏小东教授、威海卫海军基地两名少校干事陪同作者和方俪祥乘海军舰艇赴刘公岛。

方女士一行受到威海海军领导人和博物馆馆长戚俊杰欢迎并合影留念。

“济远”舰210毫米海军炮

“济远”舰双联装前主炮，炮身长7.04米，约重20吨。前立者为“济远”管带方伯谦之嫡孙方镛高级工程师。

从旅顺羊头洼海域打捞出水的“济远”舰主桅

“济远”舰遗物

克虏伯150毫米海军炮

重创“吉野”号的济远后主炮，现存旅顺博物馆。

《历史研究》杂志社近代史室主编张亦工与方伯谦嫡孙方镛在刘公岛博物馆门前合影

第十八章

重建海军、辛亥革命中的船政毕业生

第一节 甲午战后船政毕业生任职情况

一、开复被革职的北洋海军原官

袁世凯

直隶总督兼北洋大臣袁世凯认为水师人才最为难得，上疏奏请开复被革职处分的原北洋海军将佐，并力荐萨镇冰等人任海军要职，开复原官船政出身的有蓝建枢、何品璋、程璧光、林文彬、林颖启、李鼎新、李和等人。

萨镇冰（1859~1952）

甲午战后被罢职，后任吴淞炮台总台长。光绪二十五年三月慈禧太后召见，著赏加总兵衔并授为北洋水师帮统领，后任统领、广东水师提督、总理南北洋海军等职，主持重建海军工作。

叶祖珪（1852~1905）

甲午战后被罢职，光绪二十五年（1899）慈禧太后召见，著开复革职处分，并赏加提督衔，授北洋水师统领，后任总理南北洋海军，主持重建海军工作，1905年卒于上海军次，诰授“振威将军”。

二、在1909年7月设立的筹办海军事务处任职的船政毕业生

筹备海军大臣、海军提督萨镇冰
（船政驾驶班二届毕业）

赴欧考察团与外国政要合影
前左二为海军大臣载洵、二排左二为萨镇冰，萨后为程璧光。

随海军大臣赴欧考察的船政出身的海军官员

海军大臣贝勒载洵（中）、萨镇冰（右三，船政驾驶班二届）、吴应科（右二，船政驾驶班六届）、徐振鹏（左二，船政驾驶班八届）、郑清廉（左一，船政制造班一届）。

在日本参观船厂时与日本军界要员合影

前左六萨镇冰、左七载洵、左三曹汝英、左十一郑汝成，船政出身的有吴应科、郑清廉、徐振鹏。

三、船政毕业生奉派监造外订舰船

<table>
<tr><th>时间</th><th>船名</th><th>国家</th><th>人员</th><th>船政毕业届别</th></tr>
<tr><td rowspan="6">光绪二十二年（1896）</td><td rowspan="6">“海天”、“海圻”</td><td rowspan="6">英</td><td>程璧光</td><td>船政驾驶班五届</td></tr>
<tr><td>林国祥</td><td>船政驾驶班一届</td></tr>
<tr><td>卢守孟</td><td>船政制造班三届</td></tr>
<tr><td>黎弼良</td><td>船政管轮班二届</td></tr>
<tr><td>谭学衡</td><td>黄埔驾驶班一届</td></tr>
<tr><td>陈德培</td><td>天津管轮班一届</td></tr>
<tr><td rowspan="2">光绪二十三年（1897）</td><td rowspan="2">“海容”、“海筹”、“海琛”</td><td rowspan="2">德</td><td>曾宗瀛</td><td>船政制造班二届</td></tr>
<tr><td>林鸣埙</td><td>船政制造班二届，在洋病故</td></tr>
<tr><td rowspan="7">宣统二年（1910）</td><td>“肇和”</td><td rowspan="3">英</td><td>林葆怿</td><td>船政后学堂驾驶班九届</td></tr>
<tr><td rowspan="2">“应瑞”</td><td>李和</td><td>船政后学堂驾驶班一届</td></tr>
<tr><td>黎弼良</td><td>船政后学堂管轮班二届</td></tr>
<tr><td rowspan="4">“永丰”、“永翔”</td><td rowspan="4">日</td><td>李国圻</td><td>船政驾驶班七届</td></tr>
<tr><td>郑贞溎</td><td>天津管轮班五届</td></tr>
<tr><td>曾瑞祺</td><td>船政驾驶班九届</td></tr>
<tr><td>黄显宗（章）</td><td>船政管轮班二届</td></tr>
</table>

注：其他非船政出身的监制人员未列入。

在此之前，清廷先向德国订购“飞鹰”鱼雷快艇驱逐舰，但未派员监造，“飞鹰”舰于1895年完工，来华后船政出身的刘冠雄曾任舰长，辛亥革命时的管带为林颂庄，亦船政出身。

“海天”号

由船政出身的程壁光、林国祥、卢守孟、黎弼良等在英国阿摩士庄厂监造的巡洋舰，来华后由刘冠雄（船政驾驶班四届）任管带。

“飞鹰”号

“飞鹰”鱼雷快艇驱逐舰（后称驱逐舰）是中国海军中唯一有4烟筒的舰艇，航速22节。

“海筹”号

由船政出身的曾宗瀛、林鸣埙在德国伏尔铿厂监造的巡洋舰。来华后，黄钟瑛（船政驾驶班十一届）曾任管带，陈训泳（船政驾驶班十六届）曾任副长。

“海圻”号

由船政出身的程壁光、林国祥、卢守孟、黎弼良及谭学衡、陈德培在英国阿摩士庄厂监造的巡洋舰，来华后首任管带为萨镇冰（船政驾驶班二届），继任的有汤廷光等人。

“海容”号

由船政出身的曾宗瀛、林鸣埙在德国伏尔铿厂监造的巡洋舰。

“永翔”号

由船政出身的曾瑞祺、黄显宗（章）在日本川崎厂监造的炮舰。

“永丰”号

由船政出身的李国圻、郑贞滮在日本三菱厂监造的炮舰。

“海琛”号

由船政出身的曾宗瀛、林鸣埙在德国伏尔铿厂监造的巡洋舰。

“肇和”号

由船政出身的林葆怿在英国阿摩士庄厂监造的巡洋舰。

“应瑞”号

由船政出身的李和、黎弼良在英国威克斯厂监造的巡洋舰。

四、船政毕业生在海军部和舰队任职情况

1910年12月4日改筹办海军事务处为海军部，任要职的多为船政出身的毕业生。

萨镇冰

原筹办海军事务处海军大臣，后任海军部巡洋、长江两舰队统制。

清末海军部旧址

在今北京张自忠路中国社科院日本研究所内。

姓名	船政毕业届别	职　务	海军军衔
萨镇冰	驾驶班二届	巡洋、长江两舰队统制（相当于海军总司令）	副都统加正都统衔
程璧光	驾驶班五届	先任海军部第二司（后改船政司）司长，后任巡洋舰队统领（司令）	协都统
严　复	驾驶班一届	海军部一等参谋官	协都统
吴应科	驾驶班八届	署理巡洋舰队统领	协都统衔
徐振鹏	驾驶班八届	先任军制司司长，后任驻沪海军一等参谋官	协都统衔
李鼎新	驾驶班四届	署理军法司司长	海军正参领
郑清廉	制造班一届	署理军政司司长	海军正参领
李　和	驾驶班一届	驻英威克斯船厂监造员	海军正参领
林葆怿	驾驶班九届	先任“海容”管带、军法司司长，后任驻英阿摩士庄（阿姆斯特朗）船厂监造员	海军正参领
黄钟瑛	驾驶班十一届	“海筹”舰管带（舰长）	海军副参领
宋文翙	驾驶班八届	“江元”舰管带，后任“镜清”舰管带	海军副参领
朱声冈	驾驶班九届	“楚有”舰管带	海军副参领
林颂庄	驾驶班十一届	“飞鹰”舰管带，后任“海筹”舰管带	海军协参领
许建廷	驾驶班十六届	“联鲸”舰管带	海军协参领
李国堂	驾驶班十六届	“楚同”舰管带	

续表

姓名	船政毕业届别	职　务	海军军衔
魏子浩	驾驶班十七届	“楚有”舰管带	
周兆瑞	驾驶班十一届	“江贞”舰管带	
陈训泳	驾驶班十六届	“海筹”舰副长	
林舜藩	驾驶班十九届	“江犀”副长	
刘冠雄	驾驶班四届	“飞鹰”、“海天”舰管带、海军军制司科长	
魏　瀚			
贾凝喜	驾驶班九届	北洋海军文职官员、后任海军部科长	
陈兆锵	管轮班二届	“海天”总管轮	

程璧光
先任海军部第二司司长，后任巡洋舰队统领，海军协都统。

严复
海军部一等参谋官，海军协都统。

吴应科
署理巡洋舰队统领，海军协都统衔。

徐振鹏
先任海军部军制司司长，后任驻沪海军一等参谋官，海军协都统衔。

郑清廉
海军部署理军政司司长，海军正参领。

魏瀚

李和

林葆怿

李鼎新
海军部署理军法司司长，海军正参领。

“海筹”号
黄钟瑛任管带，陈训泳任副长。

“联鲸”号
清海军大臣座舰，许建廷任管带。

“楚有”号
朱声冈任管带，继任是魏子浩。

“飞鹰”号
林颂庄任管带。

“江贞”号
周兆瑞任管带。

“江元”号
宋文翔任管带。

“楚同”号

李国棠任管带。

“江犀”号

林舜藩任副长。

第二节　反对意大利租借三门湾的船政出身的海军将领

全国海岸线中点——浙江三门湾

1899年2月意大利派军舰6艘进行恫吓，欲租借三门湾为其海军基地，遭到船政出身的海军将领的反对，未果。

甲午战后，帝国主义列强纷向清政府租借军港作为他们在远东的海军基地，破坏中国海防。1897年德租胶州湾，俄租旅顺、大连；次年英租威海卫、九龙，法租广州湾；1899年意大利亦欲援例，派军舰数艘来中国，要求租借三门湾，遭叶祖珪（船政驾驶班一届）、萨镇冰（船政驾驶班二届）、刘冠雄（船政驾驶班四届）反对，总理衙门严词拒绝，意大利租借遂未果。

第三节　在日俄战争中捍卫海疆主权

日本自三国干涉还辽后，仇俄日切，义和团运动被镇压后，日俄对中国东北地区的争夺日益加剧。1904年2月，日本海军偷袭旅顺、仁川两港停泊的俄舰，两国开战。中国划辽河以东为战区，宣告中立。日俄战争中，俄逃舰逃入上海的，按照中立条规，中国海军解除其军械，为之提供保护；逃入烟台港的，日本无视中立国主权，日舰强行入港将其掳去。萨镇冰气愤之下辞职，后被挽留。

俄国逃舰“奥斯科”号及鱼雷艇“格罗苏福意”号

俄国军舰被日军鱼雷击沉场面

被鱼雷击伤的俄国战舰

1904年2月8日，日本海军偷袭旅顺港外碇泊场，重创沙俄太平洋分舰队。

中国官员与在中国国土上厮杀的日俄强盗合影

日俄战争中，清政府实行屈辱的“局外中立”政策，派遣官吏在奉天（今辽宁沈阳）会见日俄两国军事指挥官，宣布划辽河以东为战区，中国宣告中立。

日本海军多次以填塞海船封闭旅顺港失败图

日俄舰队在日本海激战

遁入烟台港却被日舰掳走的俄舰

俄国逃舰“勒斯起及纳”号逃入烟台港，后被日军舰掳去。日本无视中立国主权，萨镇冰曾气愤辞职，后被挽留。

遁入上海港的俄舰幸免于难

由旅顺突围逃入上海，日舰驶入捕捉，时萨镇冰率“海圻”、“海筹”舰驻防吴淞口，力阻日舰，并按中立条规解除俄舰军械，为之提供保护，维护了国家尊严，但日舰仍在吴淞口外监视。

日俄战争中，中国虽局外中立，但仍损失一艘中国最大巡洋舰“海天”号。1904年4月，该舰奉令赶赴江阴接运军械，以济辽西“中立”之需，因途中遇雾，“海天”号驶至吴淞口海面时，误撞鼎星岛搁浅，旋即拆废。管带刘冠雄（船政驾驶班四届）按罪当斩，后由袁世凯力保，被革职。

“海天”号罹难

第四节　船政毕业生在辛亥革命中的作用

宣统三年八月十九日晚间（1911年10月10日），武昌新军工程营起义，辛亥革命爆发，接着汉阳、汉口也先后举义。辛亥党人通过武装斗争建立湖北军政府，清廷惊慌万分，一面派陆军大臣荫昌率北洋军南下，一面急电海军统制萨镇冰率舰队赴援。下面介绍海军中船政出身的舰长在辛亥革命中发挥的作用。

一、辛亥革命初海军奉命镇压革命军

逃出总督府的两湖总督瑞澂在“楚豫”舰上命“建威”舰和由宜昌刚下驶的“江元”舰炮击龟山革命军炮队，“江元”被击中一弹，转舵下驶遁至“楚豫”之后，“楚豫”、“建威”退至下游，等待援军，后“楚豫”逃往上海。

海军统制萨镇冰一面电山东、广东海面的舰艇星夜开赴武昌，一面亲驾“楚有”舰赴汉，指挥海军对革命军作战。

10月26日晨驻阳逻的海军绕过青山炮队至湛家矶附近猛攻革命军阵地，刘家庙失守，下午革命军反攻，夺回刘家庙，革命军伤亡千余人。

武昌湖北军政府

中国资产阶级建立的第一个革命政权。大门树起革命的十八星旗帜，纪年称黄帝纪元四千六百零九年。

瑞澂

清湖北湖南总督瑞澂从总督府墙洞中逃出，后乘“楚豫”舰逃往上海。

“楚豫”号

萨镇冰

10月28日革命军向刘家庙附近的清海军舰艇发炮轰击，互轰20分钟，清舰未有一舰中炮，萨镇冰率舰下驶，并通知英领事下午3时炮轰武昌。下午3时30分海军发炮300余发，革命军伤亡惨重，撤出刘家庙。清北洋军将领冯国璋下令进攻汉口。

双方反复争夺的刘家庙

集结在武昌江面的清海军舰艇

清舰队炮击武昌

冯国璋

北洋军第一军占领刘家庙之后受命进攻汉口，29日第二次猛攻汉口，下令纵火烧房，焚烧一段，进攻一段，革命军终因牺牲太大，放弃汉口，退守汉阳。

二、驻沪海军率先反正

11月1日，清陆军在海军协助下攻占汉口全市，汉口因冯国璋下令纵火焚烧，几化为焦土。焚烧5昼夜，死伤及无家可归者难以数计。民众扶老携幼、纷纷逃避，三镇人民大受其害，海军将士愤其肆虐，从此同情革命。

在吴淞口的“策电”号炮舰官兵经大副林舜藩（船政驾驶班19届）暗中进行革命宣传，于11月2日以餐桌白布罩代替义旗，正式宣布易帜。这是清海军在辛亥革命中起义的第一艘军舰。在江南制造局附近的清舰“建安”、“南瑞”、“登瀛洲”、“湖鹏”、“辰”、“宿”、

“策电”号

上海吴淞炮台的官兵于11月2日起义，首先宣布独立

大火中的汉口

"湖鹏"鱼雷艇

海军留日回国学生王时泽等由制造局取出旧炮移置江边虚张声势，并乘舢板登上"湖鹏"策动革命。

表示赞成革命的"南瑞"舰

参加革命的"宿"、"列"、"辰"号（同型）鱼雷艇

参加革命的"建安"舰（船政制造，与"建威"同型）

"列"号等舰，在海军留日回国学生宋振、王时泽等8人策动下宣布起义，至此驻沪海军全部反正。

三、驻宁海军镇江举义

辛亥革命中在海军中酝酿起义的李世甲

11月5日江苏巡抚程德全在苏州宣布独立，改称江苏都督，7日江苏新军第十八协第三十五、三十六两标于镇江宣布起义，公推闽人林述庆为镇军都督。驻泊南京的清海军以船政出身的"镜清"舰管带宋文翙为首，联络"南琛"、"楚谦"、"楚泰"、"建威"、"江元"、"江亨"等13艘军舰官兵，在革命党人陈复等影响下决定起义，自下关拔锚起航驶往镇江。

在镇江起义中被推为镇军都督的闽人林述庆

"镜清"舰（与"寰泰"、"开济"号同型，船政制造）

管带宋文翙，船政驾驶班8届毕业。举义后被推为舰队司令。

在镇江参加起义的“江亨”舰（与“江元”号同型）

参加起义的“楚同”号

舰长李国堂，船政驾驶班16届毕业。

四、萨镇冰弃职而去，三“海”九江易帜

上海、九江、福建相继独立，湖北军政府又通知各处，不准卖给兵舰粮、煤，在武昌的海军前无去处、后无退路，水上补给线又被切断，且海军中又秘密地进行签名起义活动。萨镇冰进退维谷，知大势已去，他既不愿成为抵制革命的罪人，又不愿当背叛清廷的逆臣。11月11日晚，适有一英舰经过阳逻，萨命“江贞”舰打灯号令其停轮，遂乘舢板登上该舰并在九江领事署住宿一夜，旋由该处乔装商人抵沪，后又转道香港避归福州。萨弃职前命“海筹”舰管带黄钟瑛（船政驾驶班11届毕业）为队长率舰队东下，“尔后军事，尔等各舰艇好自为之”。三舰遂在九江易帜，受到九江军政府的欢迎。

黄钟瑛

“海筹”舰管带（船政驾驶班11届毕业），率“海筹”、“海容”、“海琛”三舰在九江易帜。

乔装商人弃职而去的清海军统制（总司令）萨镇冰（船政驾驶班二届毕业）

在九江易帜的“海筹”巡洋舰

同型的“海容”、“海琛”舰亦参加起义。随后“江贞”、“湖鄂”、“湖隼”舰亦开赴九江参加。

五、海军参加反清作战

各地海军起义后，均调转炮口，协助革命军攻打清军。在九江反正的6舰分成两队，以船政出身的黄钟瑛为第一舰队司令率“海筹”、“江贞”、“湖隼”3舰开赴安徽支援革命；而在镇江起义的船政出身的宋文翙率13

革命烽火中的“海筹”号

由黄钟瑛任舰长的“海筹”号巡洋舰开赴安徽支援革命，安徽平定后东下会攻南京。

“楚同”号

进攻南京的舰艇之一，舰长李国堂（船政驾驶16届毕业）。

海军辛亥举事战友

左为“楚同”舰长李国堂，右为进攻南京的舰艇之一的“楚观”号舰长吴振南，后任镇江军政府海军处处长。

进攻南京并攻占狮子山等炮台的上海海军陆战队

舰随林述庆军水陆夹攻金陵，其他则随第二舰队司令汤芗铭回援武昌、汉口，截击由京汉铁路南下的清军。

在镇江起义被举为舰队司令的宋文翙（船政驾驶班8届）率“镜清”、“楚同”、“楚观”、“建威”等舰进攻南京，在一次夜袭中发炮百余发，全城震慑，迫使清将张勋夜半从水西门逃遁。

“江贞”舰（原舰长杜锡珪，杜升“海容”舰长后，由船政出身的周兆瑞接任）

进攻南京时的“镜清”舰

开赴安徽支援革命的“湖隼”号鱼雷艇

六、南京临时政府成立，清朝海军新生

1911年12月29日，起义各省代表在南京举行临时大总统选举，一致选举孙中山为中华民国临时大总统，宣告中华民国临时政府成立，决定采用公历，以宣统三年十一月十三日（1912年1月1日）为中华民国元旦，并成立海军部，标志着清王朝海军覆亡。

中华民国临时大总统
孙中山

孙中山对振兴海权十分重视，认为“争太平洋之海权，即争太平洋之门户权，人方以我为争，我岂可置之不知不问”。在他所著的《国防十年纲要》中将海军列为国防建设之首要。

北伐舰队出师

（一）海军北伐

黄钟瑛任海军总长后，南北和议代表在上海开始谈判。黄认为袁世凯诡计多端，和议前途未可乐观，遂组织海军北伐舰队，由海军次长汤芗铭任司令，于1912年1月16日率“海容”等5舰北上讨伐。

北伐舰队进抵烟台

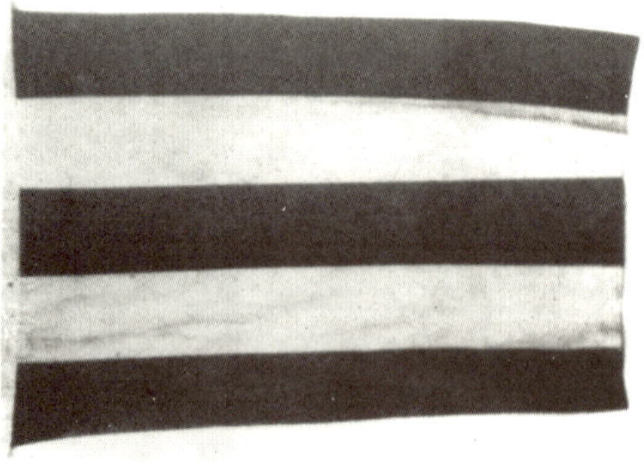

中华民国五色旗

北伐舰队由“海琛”（舰长林建章）、“海容”（舰长杜锡珪）、“海筹”（舰长林颂庄，船政出身）、“南琛”（舰长林永谟）、“通济”（舰长葛宝炎）5舰组成，1912年1月16日由上海出发。

北伐舰队抵烟台时，烟台已经独立，驻烟台的“舞凤”舰舰长王传炯被推为烟台都督。

黄钟瑛戎装像

船政驾驶第11届毕业的黄钟瑛出任南京临时政府海军总长。

北伐舰队以烟台为补给枢纽，常派各舰往大沽、登州、营口等地巡弋，威胁北京。1912年2月1日夜，北伐舰队护送北伐军从貔子窝、花园口、大孤山一带登陆，与清军激战，占领瓦房店、庄河，给东北革命党人以鼓舞，北伐军总司令移驻大连，革命形势大好。

南京临时政府海军部（原江南水师学堂）

北伐舰队司令汤芗铭

司令之下设参谋4人，由留日归来的李静、凌霄、王时泽、姚葵常担任。

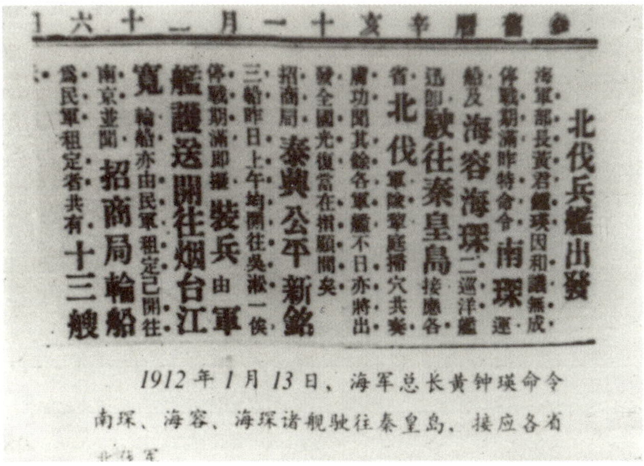

辛亥十一月二十六

北伐兵艦出發

海軍部長黃君鍾瑛因和議無成，停戰期滿，昨特命令南琛運船及海容、海琛二巡洋艦迅即駛往秦皇島，接應各省北伐軍隊，犂庭掃穴，共奏膚功。聞其餘各軍艦不日亦將出發，全國光復，當在指顧間矣。招商局泰興、公平、新銘三輪，昨日上午均開往吳淞，一俟停戰期滿，即撥裝兵，由軍艦護送開往烟台。江寬輪船亦由民軍租定，已開往南京。並聞招商局輪船為民軍租定者共有十三艘。

1912年1月13日，海军总长黄钟瑛命令南琛、海容、海琛诸舰驶往秦皇岛，接应各省北伐军

海军总长黄钟瑛命令“海琛”等舰驶往秦皇岛北伐

“舞凤”号

七、袁世凯窃国

在北方革命形势大好之际，南北和谈成功，宣统三年十二月二十五日（1912年2月12日），隆裕太后在袁世凯的逼迫下，下诏宣布溥仪退位，于是清亡。根据和议，孙中山在袁通电赞成共和后，提出辞职，2月15日参议院选袁为临时大总统。这样，北方的清王朝和南方的临时革命政府都把政权交给了大军阀袁世凯，中华民国进入北洋军阀统治的北京政府时期。

窃取辛亥革命果实的清内阁总理大臣袁世凯

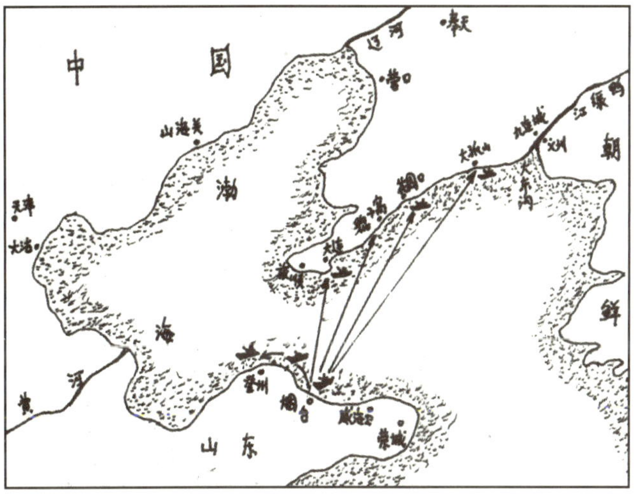

北伐舰队以烟台为补给基地

宣布退位的宣统帝溥仪

随北伐舰队出发的福建学生军北伐队

第五节　清末福建船政大臣总汇

船政历届主持一览表

职衔	姓名	原职务	任职年月	备　注
船政大臣	沈葆桢	江西巡抚	同治六年六月十七日至光绪元年十月一日（1867.7.18~1875.10.29）	特任，有专折上奏之权
船政大臣	丁日昌	北洋帮办大臣	光绪元年十月十二日至光绪二年五月一日（1875.11.9~1876.5.23）	特任，十二月兼福建巡抚
督办船政	吴赞诚	顺天府尹	光绪二年五月一日至光绪五年九月初八日（1876.5.23~1879.10.22）	以三品京堂候补督办福建船政
督办船政	黎兆棠	直隶按察使	光绪六年二月二十一日至光绪九年二月十七日（1880.3.30~1883.3.25）	
督办船政	张梦元	福建按察使	光绪九年二月十七日至光绪九年十二月一日（1883.3.25~1883.12.29）	免福建按察使
船政大臣	何如璋	翰林院侍读学士	光绪九年十二月一日至光绪十年七月十八日（1883.12.29~1884.9.7）	马江战败后受到处分
船政大臣	张佩纶	三品卿衔翰林院侍讲学士	光绪十年八月十五日至光绪十年十二月十三日（1884.10.3~1885.1.2）	以会办大臣兼署船政大臣
船政大臣	裴荫森	初以署理后以实缺福建按察使督办船政（三品卿堂候补）	光绪十年十二月二十四日至光绪十六年三月初二（1885.2.8~1890.4.20）	后以补授光禄寺卿任船政大臣，仍在马尾
兼管船政	卞宝第	闽浙总督	光绪十六年三月初二至光绪十八年正月二十日（1890.4.20~1892.2.20）	
兼管船政	谭钟麟	闽浙总督	光绪十八年正月二十日至光绪二十一年二月十六日（1892.2.20~1895.3.12）	
兼管船政	边宝泉	闽浙总督	光绪二十一年二月十六日至光绪二十二年六月十八日（1895.3.12~1896.7.28）	
兼管船政	裕　禄	福州将军	光绪二十二年六月十八日至光绪二十四年闰三月初十（1896.7.28~1898.4.30）	由总办船政杨正仪代表边宝泉向裕禄移交船政关防
兼管船政	增　祺	福州将军	光绪二十四年闰三月初十至光绪二十五年三月（1898.4.30~1899.4）	提调徐建寅代表裕禄向增祺移交关防
兼管船政	善　联	福州将军	光绪二十五年三月至光绪二十五年七月初五（1899.4~1899.8.10）	
兼管船政	许应骙	闽浙总督	光绪二十五年七月初五至光绪二十六年二月（1899.8.10~1900.3）	
兼管船政	善　联	福州将军	光绪二十六年二月至光绪二十六年八月初三（1900.3~1900.8.27）	再次兼管

职衔	姓名	原职务	任职年月	备　注
兼管船政	许应骙	闽浙总督	光绪二十六年八月初三至光绪二十七年四月十八（1900.8.27~1901.6.4）	再次兼管
兼管船政	景　星	福州将军	光绪二十七年七月十五至光绪二十八年正月二十八（1901.8.28~1902.3.7）	
兼管船政	崇　善	福州将军	光绪二十八年十月初三至光绪三十三年八月（1902.11.2~1907.9）	
会办船政	沈翊清	船政提调	光绪二十八年四月八日至光绪二十九年四月（1902.5.15~1903.5）	调练兵处行走、陆军部参议
会办船政	魏　瀚	广西候补道，船政工程处总司、道员	光绪二十九年闰五月初三至光绪三十年五月（1903.6.27~1904.6）	赏四品卿衔
会办船政	郑清廉	船政工程处总司，船政首届出洋学生	光绪三十一年（1905）全年	
兼管船政	松　寿	闽浙总督	光绪三十三年八月至宣统三年九月（1907.9~1911.11）	福州革命党人起事，松寿吞金自尽

注：1. 本表根据《船政奏议汇编》、《船政奏议续编》及《船政大事记》（陈道章）、《福建船政局史事纪要编年》（郑剑顺）等编制。2. 杨正仪，系陕甘总督杨岳斌之子，由工部主事、福建记名道员充船政委员，后升总办船政，但此职并非与船政大臣同级，系二级领导，与提调同级，本表故不列入，次年，光绪二十二年六月才“以总理局务福建题奏道杨正仪为总稽查”。可资证明。3. 郑清廉任会办船政系根据陈道章《船政大事记》（福建省马尾造船厂、马江海战纪念馆编入内部资料）第110页记载及林庆元《福建船政局史稿》（增订本）第369页续表记载。但《清末海军史料》第145页载：“魏京卿（魏瀚——作者）旋即被议去位，舆论惜之；且从此会办大臣一缺亦并裁去。”说明魏瀚任会办船政大臣去职后，船政即未再设会办大臣一职。第145页所载系来源于中国科学院图书馆藏《船政厂坞模型说明书》。该书系船政自编，写作年代当在光绪三十四年到宣统二年（1908~1910）之间，似供宣统二年清廷在南京下关举办“南洋劝业会”展出用。又《福州船政纪略》载：“魏瀚与将军政见不合，被议而去，船政亦裁去会办大臣之缺。”由此可知，郑清廉是否任会办船政值得商榷，本表暂列入之。

首任船政大臣沈葆桢，任期8年2个月。

第二任船政大臣丁日昌，原北洋帮办大臣，后兼福建巡抚，但任期仅7个月。

第三任吴赞诚，以顺天府尹、三品京堂候补督办船政，任职3年6个月。

第四任黎兆棠，以直隶按察使督办船政，任职3年。

第五任张梦元，原福建按察使调为督办船政，任职9个月。

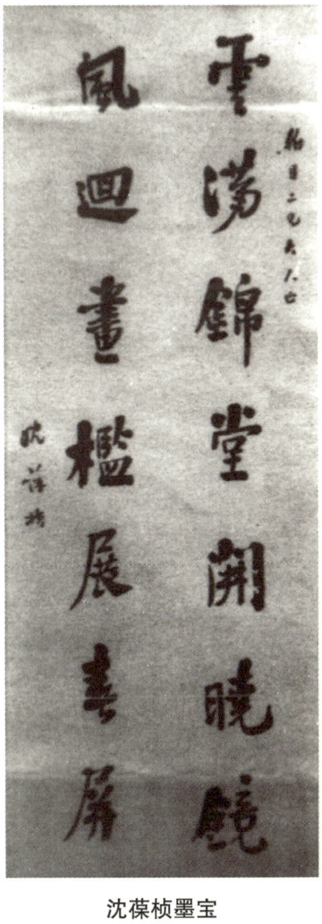

沈葆桢墨宝

沈葆桢

丁日昌

福州宫巷沈葆桢故居

第六任何如璋，以翰林院侍读学士出任船政大臣，任职9个月。

第七任张佩纶，三品卿衔翰林院侍讲学士，以会办大臣兼署船政大臣，任职4个月。

第八任裴荫森，初以署理后以实缺福建按察使三品卿堂候补督办船政，任职5年5个月。

第九任卞宝第，以闽浙总督兼管船政，任职1年10个月。

第十任谭钟麟，以闽浙总督兼管船政，任职3年1个月。

第十一任边宝泉，以闽浙总督兼管船政，任职1年4个月。

丁日昌的广东揭阳府第

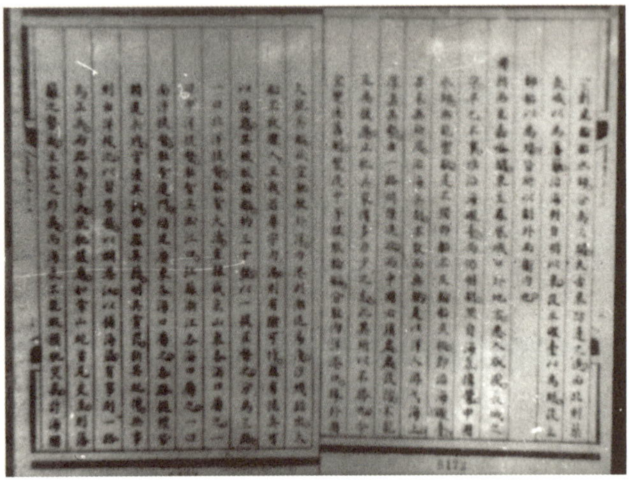

《抚吴公牍》书影

丁日昌著《抚吴公牍》，建议建设三洋（北洋、中洋、南洋）海军。

何如璋广东大埔故居“人境庐”（何伟提供）

何如璋（何伟提供）

1878年何如璋（左四）出任驻日使臣时摄于中国驻日本公使馆（右一为黄遵宪）（何伟提供）

张佩纶

李鸿章之妻及女
女即张佩纶第三任妻子。

张佩纶第三任妻子
女孩即张爱玲，长大后成为现代文学家。

广东大埔何如璋故居外貌（何伟提供）

第二十任松寿，以闽浙总督兼管闽海关兼署福州将军兼管船政，任职5年3个月。辛亥革命时福州革命党人起事，1911年11月9日吞金自尽。

裴荫森

边宝泉

第十二任裕禄，以福州将军兼管船政，任职1年9个月。

第十三任增祺，以福州将军兼管船政，任职1年。

福州将军善联两任兼管船政。第十四任1899年4月至1899年8月计5个月。第十六任从1900年3月至1900年8月计5个月。

闽浙总督许应骙两任兼管船政。第十五任1899年8月~1900年3月计8个月。第十七任1900年8月~1901年6月计8个月。

第十八任景星，以福州将军兼管船政，任职7个月。

第十九任崇善，以福州将军兼管船政，任职5年。

裕禄

增祺

善联

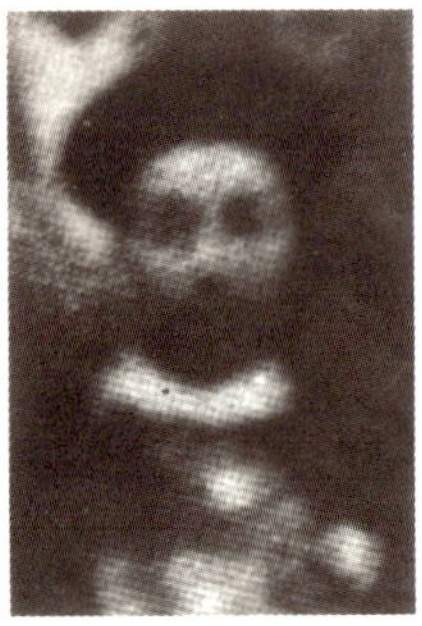
许应骙

松寿

郑清廉

会办船政大臣，任职1年。首届出洋学生。

魏瀚

会办船政大臣，时在河南许州临颍铁路当差，系广西补用道，清廷赏以四品卿衔会办船政，任职年余。后因反对崇善办铜元厂，被参离开船政。

沈翊清

会办船政大臣，以原提调充任，系沈葆桢之长孙，由景星荐举，在职1年2个月，后因与崇善不睦，被迫交卸，调练兵处行走、陆军部参议。

第十九章

中华民国时期的海军和船政

第一节　中华民国北京政府时期的福州船政局

一、在北京政府任海军要职的船政出身的将领

萨镇冰

民国元年任吴淞商船学校校长，后任督办淞沪水陆警察事宜、陆海军大元帅统率办事处办事员、粤闽巡阅使。六年一月至六月、八年十二月至十年五月任海军总长并一度兼代国务总理，海军上将。民国十一年五月被北京政府授为肃威将军。船政驾驶班二届毕业。

黄钟瑛

原由孙中山任命的海军总长，海军上将。袁世凯任命他为海军总司令。船政驾驶班十一届毕业。

刘冠雄

北京政府首任海军总长（民国元年四月至五年六月），民国六年七月至八年十二月复任。船政驾驶班第四届毕业。海军上将。曾兼任南洋巡阅使、福建镇抚使。1924年被授为熙威将军。

程璧光

宣统三年程率舰赴英参加英王加冕大阅海军典礼，后转赴美国、墨西哥、古巴访问，慰问华侨。辛亥革命未参与，民国元年夏率舰抵沪，退居上海。二年春任海军高等顾问。三年五月任陆海军大元帅统率办事处参议。五年六月至六年六月任海军总长，先中将后升海军上将。府院之争时，率海军第一舰队南下护法，任孙中山军政府海军总长。1918年2月26日在海珠码头被刺身亡。

李鼎新

民国初任海军部少将参事、海军总参谋长。黄钟瑛病卒后继任海军总司令，升海军中将。十年五月至十三年九月任海军总长，授海军上将。船政驾驶班四届毕业。民国六年被北京政府授为曜威将军。

林葆怿

民国元年九月任海军部少将参事。次年七月任练习舰队司令，后任海军第一舰队司令。府院之争时随程璧光南下护法，后任南方军政府海军总司令。船政驾驶班九届毕业。民国十一年七月被北京政府授为葆威将军。

严复

北京大学首任校长，民国初兼任海军部、编译处总纂。船政驾驶班一届毕业。

蓝建枢

民国元年任海军左司令、第一舰队司令，后任海军参谋处长、海军编史监修。船政驾驶班三届毕业。1918年3月升海军总司令，授海军中将。1921年7月被北京政府授为澄威将军。

魏瀚

造船总监，海军中将。民国三年兼代驻英留学生监督，曾任汉粤川铁路参赞。1922年致仕。船政制造班一届毕业。

陈恩焘

原闽江要塞总司令，辛亥革命时同情革命，后任福建都督府外交司司长，民国二年任厦门海关监督兼外交部特派厦门交涉员。民国七年任海军部海政司司长、军务司司长，旋兼海道测量局局长，为中国收回海道自测主权。海军少将。船政驾驶班五届毕业。

李景曦

民国初任驻英海军留学生监督。民国六年在美国考察海军军械及海军教育，民国九年任海军部军学司少将司长。十年任巴黎和会中国海军代表。十二年任海军第二舰队司令，后兼任淞沪海军司令。十六年任海军总参谋长。船政驾驶班十四届毕业。

在北京政府海军任要职的船政出身的人员（部分）

姓名	毕业届别	海军职务
刘冠雄	驾驶班四届	海军总长，海军上将、将军府熙威将军
黄钟瑛	驾驶班十一届	海军总司令，海军上将
萨镇冰	驾驶班二届	海军总长兼代国务总理，海军上将、将军府肃威将军，福建省长
程璧光	驾驶班五届	海军总长、海军总司令，海军上将
李鼎新	驾驶班四届	海军总司令、海军总长，海军上将、将军府曜威将军
蓝建枢	驾驶班三届	海军左司令、第一舰队司令、海军总司令，海军中将、将军府澄威将军
徐振鹏	驾驶班八届	海军右司令、第二舰队司令、练习舰队司令、海军部次长兼总务厅长，海军中将
吴应科	驾驶班八届	海军右司令，海军中将
林葆怿	驾驶班九届	海军练习舰队、第一舰队司令，南方护法军政府海军总司令、总长，海军中将、将军府葆威将军
李景曦	驾驶班十四届	海军部军学司司长、第二舰队司令兼淞沪海军司令、练习舰队司令、海军参谋长，海军少将
陈恩焘	驾驶班五届	海军部军务司司长兼海道测量局局长，海军少将
林颖启	驾驶班二届	海军军港司令，海军中将
黄裳治	驾驶班四届	海军部参谋、海军军械长、海军部视察，海军少将
魏　瀚	制造班一届	造船总监兼代驻英留学生监督、汉粤川铁路参赞，海军中将
陈兆锵	管轮班二届	轮机中将，江南造船所所长、福州船政局局长、海军飞潜学校校长、福州海校校长
刘冠南	管轮班二届	轮机少将，海军总司令处总轮机长、江南造船所所长，后晋海军轮机中将
林颂庄	驾驶班十四届	“海筹”号上校舰长、海军第一舰队司令，海军少将
周兆瑞	驾驶班十一届	舰长、海军第一舰队司令、海军少将
王齐辰	管轮班二届	江南造船所所长、海军总轮机长、海军第一舰队轮机长
严　复	驾驶班一届	海军部编译处总纂
李　和	驾驶班一届	南京海军军官学校校长、海军部少将参事、海军部次长，海军中将
李　田	驾驶班一届	黄埔海军学校校长
邓聪保	驾驶班二届	海军部少将视察、广东海校校长
吴德章	制造班一届	海军部技正、造舰总监
沈希南	驾驶班十四届	海军部技正
陈林璋	制造班一届	海军部技正、海军制造学校校长
郑　诚	制造班一届	海军部技正、海军造舰大监
郑清廉	制造班一局	福州船政局局长
曾瑞祺	驾驶班九届	海军部军需司司长、少将视察、烟台海军学校校长
何品璋	驾驶班四届	海军总司令处军需长、军衡长，海军部军务司司长，海军总司令公署参谋长
王建廷	驾驶班十六届	“联鲸”舰中校舰长，“建安”、“靖安”、“海筹”舰上校舰长，海军第二舰队司令。海军少将
贾凝喜	驾驶班九届	海军部科长，海军总监
许继祥	驾驶班十二届	海军部副官、视察、军法司总执法官，海道测量局局长，后兼海岸巡防处处长
刘冠同	制造班四届	海军造舰大监
宋文翙	驾驶班八届	海军舰长，海军少将
周光祖	管轮班九届	海军部科长、副官、视察
吴光宗	驾驶班十二届	海总参谋、租船处副监督、海道测量局局长

续表

姓名	毕业届别	海军职务
黎弼良	管轮班二届	海军第二舰队、练习舰队轮机长
蒋超英	驾驶班一届	海军部视察
何心川	驾驶班一届	海军部视察、“肇和”舰总教习
王　桐	管轮班三届	福州海军学校校长
沈筍玉	制造班六届	福州海军制造学校校长
陈训泳	驾驶班十六届	海军舰长、练习舰队司令
黄鸣球	驾驶班六届	海军部航海科长、“肇和”舰舰长
贾　勤	驾驶班十六届	“海容”号鱼雷长，“华安”、“应瑞”、“海筹”等舰舰长，海军部军务司司长。海军少将
李国堂	驾驶班十六届	“楚同”等舰舰长，海军少将
魏子浩	驾驶班十七届	“楚有”等舰舰长，海军上校
陈长龄	制造班三届	造舰中监、福州海军制造学校校长
黄伦苏	驾驶班四届	广东海防办事处海防帮办
林舜藩	驾驶班十九届	“肇和”号鱼雷长、“利绥”舰舰长、东北江防舰队司令部副官长
李孟斌	驾驶班十七届	海军马尾要港司令，海军少将

二、福州船政局

停办数年的福建船政1912年改称福州船政局，一年四易其长，造船工程实已停滞。1913年10月，刘冠雄入闽，决定收归部管，并购外商土坞一座，后定名为第二船坞。局领导提出改革，亦计划制造小型浅水艇、浅水炮舰，终因经费困难，继续处于半停产状态，业务日趋衰落。

（一）北京政府时期福州船政局历任局长、副局长

福州船政局大门前的石狮

原福建船政衙门前的石狮移此。

北京政府时期的福州船政局

陈兆锵

轮机专家，福州人，船政留英毕业生。1915年升海军轮机中将，曾任江南制造局局长。1915~1925年任福州船政局局长。

刘懋勋

福州船政局副局长，海军造舰大监。

马德骥

原船政工务长升任福州船政局局长。

姓名	职务	出身	任职时间	离职原因	备注
局长	郑清廉	船政第一届留法	1914.10	辞职	清末会办船政
副局长	刘懋勋	船政第一届留法艺徒	1914~1915	调任	原船政总监工升任
局长	陈兆锵	船政留英学生	1915~1925.6	调任	原江南制造局局长
局长	马德骥	江南水师学堂	1925.6~1927	调任	原船政工务长升任

（二）北京政府时期福州船政局的设备规模

机构名称	生产任务	机器设备	占地面积（平方尺）	人员数目	备注
工程处	调度管理船政工程事务	图件书报仪器等			
绘事院	主持船式测绘、设计事项	各种图具仪器		50~60	
模子厂	制造造船、造机模型	各种木机器21件	15120	160	
铸铁厂	铸造钢铁机件，化验钢铁	机器、锅炉11座	28875	常定160	
船厂	制造造船、造机木器	·切机器与模厂通用	156400	最多15	
铁胁厂	制造钢甲船壳、钢钉、泡钉	大小机件15副	78995	800	
拉铁厂	冶炼钢铁、铜等	大小机件57副，炉57座	95000	400	
锅炉厂	制造锅炉、烟筒、管表	大小机件41副	300000	350	
帆缆厂	造运帆索、帆布	专用手工，不设机件	18490	80	
砖灰厂	烧炼砖、瓦	只备炉窑工具		不设固定工	
合拢厂	机件装备	机器与各厂通用		不固定	
轮机厂	轮机合拢、校准	大小机件223副	23248	360	
储炮厂	收储各船炮械、炮弹、鱼雷等		2060	2	
船坞处	勘验船舶水底工程	大、小抽水机，潜水工具		不固定	
电灯厂	供应电力、电灯	150千克电机2台		固定10人	1922年始设立
广储所	收发、保存资料	运输工具	50000	约120	
飞机工程处	试验资料、制造飞机	添置工具通用各厂设备		约200~300	
起重机水坪	起吊笨重机件、材料	设有100米长码头和30吨起重机			

表内所列工人数，系指工程最兴盛时而言。表内所列占地，数目前后有所不同。机件种类名目甚多，不及备考。表内工作种类多不胜述，仅简略述之。

资料来源：《福建新通志·船政志》、韩玉衡《船政局始末记》（抄本）。

二号船坞

原向美商购买的船坞，曾由部拨款修造，历时5年，费绌中止。1933年韩玉衡接长，继续修造，坞长增至375英尺，坞门上宽61英尺，下宽48英尺，1936年4月竣工，钢筋混凝土新坞名二号船坞。（原坞最早为英商所筑的天裕船坞，1891年转售美商）

福州船政局钟楼

“海鹄”号

炮艇，1918年完工，规格同“海鸿”号。两艇于1933年拨交实业部作为护渔艇之用。

1917年造海军测量船

因后续款项不继而停工作废。

北京政府扩建的福州船政局轮机厂

北京政府时期福州船政局仅造的两艘船（1913~1926）

船名	船型	排水量（吨）	马力	备注
海鸿	小型浅水艇	190	300	炮艇
海鹄	小型浅水艇	190	300	炮艇

另承揽一些内河商船，修理“楚观”、“海容”、“应瑞”等近20艘舰船，拆解“南琛”号巡洋舰。

实业部护渔办事处所属巡艇校阅

前面两艘即福州船政局所造的“海鸿”、“海鹄”号炮艇。1937年为阻绝日军登陆，自沉于浙江海岸大射山。

福州船政局舾装码头一角

即将拆解的“南琛”号

光绪九年由德国制造，长280英尺，宽36英尺，排水量1915吨，吃水17英尺，卧机2台，烟管蒸汽锅炉4座，大小炮16门，拆下变卖充作经费。

（三）福州船政局附设飞机制造处

福州马尾不仅是中国近代造船工业与近代化海军的发源地，而且是中国近代航空工业的摇篮。中国最早的飞机制造处就设在马尾。

“海鸿”号

浅水炮艇，1917年完工，长108英尺，宽17英尺，深9.6英尺。航速11节，2门37毫米炮，两挺机枪，乘员22人。

福州船政局附设飞机制造处

飞机制造处的工坊之一

马尾飞机制造处工人正在制造机体

巴玉藻（1892~1929）

飞机制造处主任。蒙古族，生于江苏镇江。南京水师学堂出身，先后留学英国、美国。1916年获得麻省理工学院航空工程学硕士学位，后被美国通用飞机厂聘为总工程师，又被寇蒂斯飞机厂聘为设计工程师。1917年抱着“科学救国”的目的毅然回国，在马尾飞机制造处任主任，由他设计制成中国第一架双桴双翼水上教练机。此后经他改进设计制造了多架飞机。1929年逝世，年仅37岁。

制成水上飞机推入马江

曾贻经

飞机制造处副主任。与巴玉藻、王助、王孝丰等原由载洵、萨镇冰出洋考察时带往英国留学，转赴美国后同入麻省理工学院学习航空工程。曾贻经先入寇蒂斯飞机制造厂，回国后任马尾飞机制造处副主任。

中国自制的第一架飞机——甲型一号（1919年8月）

这是一架拖进式双桴双翼水上教练机，高3.88米，长9.33米，宽13.7米，最大时速126千米，空机重836千克，载重1063千克，装油量114千克，飞行高度3690米，可航行3小时，航距340千米，乘员2人，可载炸弹4颗，其性能不亚于欧美各国飞机。

在巴玉藻、曾贻经领导下制造了中国第一批飞机

飞机发动机试验

巴玉藻（中）、王助（右）与曾贻经在“戊型三号”水上飞机前合影

水上浮动机库

1922年由巴玉藻、王助合作设计，利用竹排，依次叠成，上盖木板，旁系铁链，抛锚江中，形同方舟，上有候机室等设施。这是世界上第一个“水上浮动飞机库”，成功地解决了水上飞机的停置问题。

“江凫”号（戊二）飞机（拖进式双桴双翼水上飞机，由马尾制成）正由沪飞甬

马尾飞机制造处遗留的飞机滑道残部

停在马江边的飞机

王助

马尾海军飞机制造处副主任，他与巴玉藻等人同由留英转入美国麻省理工学院学习航空，获得硕士学位。回国后立志开创祖国的航空事业。巴玉藻逝世后接任主任。

马尾海军飞机制造处制造一览表

制造年月	飞机名称	机型	用途	尺度（米）			马力	最大时速（千米）	重量（千克）		飞行高度（米）	续航时间（小时）	航行距离（千米）	武器				乘员人数	附注
				高	身长	宽			空机	载重				炮	机枪	鱼雷	炸弹		
1919.8	“甲型”一号	拖进式双桴双翼水上飞机	教练	3.88	9.32	13.7	100	126	836	1063	3000	3	340				4	2	1919年8月15日试飞时机损
1920.5	“甲型”二号	〃	〃	〃	〃	〃	〃	〃	〃	〃	〃	〃	〃				〃	〃	
1921.2	“甲型”三号	〃	〃	〃	〃	〃	〃	〃	〃	〃	〃	〃	〃				〃	〃	1923年废
1922.1	“乙型”一号	〃	〃	3.88	9.20	11.49	〃	130	825	1050	3440	〃	360				〃	〃	1925年8月废
1924年春	“海鹰”一号（丁一）		海岸巡逻机				200												1924年6月试飞失事坠水
1924.4	“丙型”一号	拖进式飞船双翼	轰炸并施放鱼雷	5.03	12.3	17.67	350	165	1910	1950	3660	6	850		1	1	8	6	
1925.4	“丙型”二号	〃	〃	〃	〃	〃	〃	〃	〃	〃	〃	〃	〃		〃	〃	〃	〃	
1926.4	“江鹳”（戊一）	拖进式双桴双翼水上飞机	教练	3.75	9.15	11.50	100	130	813	1040	3600	3	390				4	2	1931年2月废
1927.1	“江凫”（戊二）		侦查兼教练	3.72	7.82	10.80	100	145	700	930	2970	3	450				4	2	〃
1927.4	“江鹭”（戊四）	拖进式双桴双翼水上飞机	侦查兼教练	3.72	7.94	10.80	120	165	620	920	4260	3	500				4	3	1931年2月废
1927.9	戊三	〃	教练																
1928.6	“海鹰”二号（丁二）	〃	轰炸并施放鱼雷	5.29	21.95	14.06	350	177	1565	2430	4900	6	900	1	1	1	8	6	1931年2月废
1929.3	“海鸥”（丁三）	〃	〃	〃	〃	〃	〃	〃	〃	〃	〃	〃	〃	〃	〃	〃	〃	〃	〃
1930.8	“海鸥”（巳一）	莱提式双桴双翼水上飞机	侦查兼教练	3.78	6.28	10.98	165	177	730	1168	4800	8	1230				4	2	〃
1930.10	“江雁”（巳二）	〃	〃	〃	〃	〃	〃	〃	〃	〃	〃	〃	〃				〃	〃	

三、在船政学堂基础上发展起来的福州海军各军校

辛亥革命中，福州成立“中华民国军政府闽都督府”，接管了马尾船政，船政附设的学堂仍名为船政前学堂和后学堂等。因6年未招学生，遂出示招考，最后录取180名，编入前学堂60名，后学堂120名（驾驶、管轮各60名）。学制仍沿旧制。1913年10月，船政归北京政府海军部管辖，学堂改名，亦归海军部直接管辖。

福州海军学校校景

福州海军学校校门

（一）福州海军学校

原船政后学堂，1913年10月改名为福州海军学校。原驾驶班改称航海班，管轮班改称轮机班，直接归海军部管辖，专门培养驾驶和管轮人才。1917年开始扩建，1920年3月，新校舍始建成。

1. 福州海军学校历任校长（1926年合并以前）

姓名	出　　身
王　桐	船政后学堂管轮班三届毕业，留法造舰专家
张斌元	船政后学堂管轮班四届毕业
陈兆锵	船政后学堂管轮班二届毕业，留英轮机专家

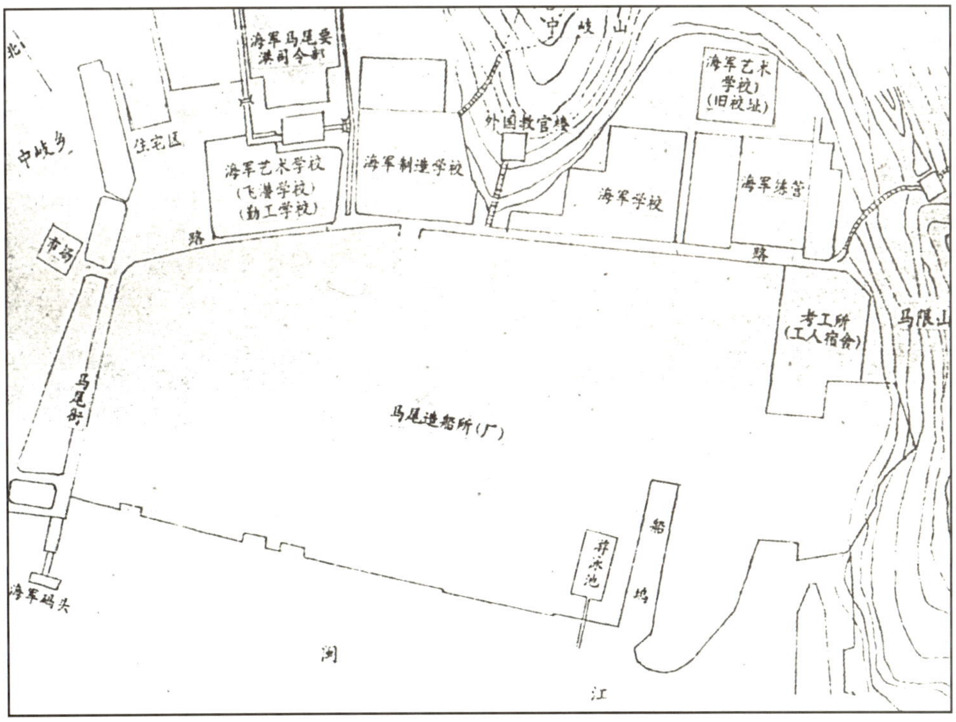

福州海军各学校位置图

注：海军马尾要港司令部系原船政衙门。

海军学校系原船政后学堂。

海军制造学校系原船政前学堂。

海军艺术学校系原船政艺圃。

2. 福州海军学校课程

福州海军学校（后学堂）遗址已成为马尾造船厂堆料场

航海班

天文	微积分
地理	驾驶学
几何	御风（气象）
代数	测学（测量）
平弧三角	演放枪炮鱼雷
重学（化学）	划船，游泳
重点	航海指挥操作，校课习毕派登练船习船艺 中文每周二三课时（写作）。英文课本

海校学生与戴乐尔教官（少校，中）合影

轮机班

算学	汽理
几何	行船汽机
三角	机器画法
代数	机器实习
化学	外课亦有划船、游泳
物理	（以上均英文课本）
备注	校课习毕先入船厂实习，后上船练习。 中文每周二三课时（文章写作）

3. 福州海军学校航海班毕业生

第一届　计23名	陈瑞昌　陈书麟　蒋兆庄　黄剑藩　沈聿新　罗榕荫　官　箴　林家熹　李有鹏　陈慕周　陈　洪　林祖煊 徐奎昭　张振藩　蒋　瑨　廖能安　卢诗英　王大恭　李　幹　梁振华（改名剑光）　杨崇文　陈孝枢 马世炳 民国十九年五月毕业，统一改称海校十六年十一月班航
第二届　计18名	周伯焘　李寿镛　邵　仑　郭懋束　吕叔奋　林继伯　黄廷枢　赵梅卿　陈镜良　陈祖湘　郑克谦　周建章 张鸿模　陈炳焜　倪锡龄　陈孔铠　陈正望　魏衍藩 民国二十年三月毕业，统一改称海校十九年六月班航
第三届　计15名	龚栋礼　薛奎光　陈庆甲　刘永仁　郑天杰　高　举　陈祖珂　陈兆棻　李长霖　薛宝璋　江澜（改名叔安） 刘崇端　孟绪顺　韩兆霖　林　溥 民国二十二年八月毕业，统一改称海校二十一年八月班航

4. 福州海军学校轮机班毕业生

第一届　计23名	李贞可　陈保琦　黄　珽　黄道镤　刘友信　陈日铭　陈正焘　黄　璐　黄维鎏　林　璧　张大谋　王学益 俞人龙　何尔亨　杨树滋　郑诗中　施　衍　邓则鎏　扬　弼　陈家镛　李有蠡　林伯宏　陈文田 民国十五年七月毕业，统一改称海校十五年十一月班轮
第二届　计11名	董锡朋　卓韵湘　林　瑨　陈聿夔　许贞谦　林　贾　程又新　陶　敬　许　琦　林韵莹　任守成 民国十七年六月毕业，统一改称海校十七年六月班轮
第三届 计17名	官　贤　郑海南　柯应挺　张雅藩　周发诚　魏兆雄　陈　昕　郑贞和　阙晓钟　林巽道　陈荫耕　董熙元 萨本述　林　刚（改名子虞）　赖祖汉　傅恭烈　高飞雄 民国二十一年二月毕业，统一改称海校二十一年二月班轮

福州海军学校的前身——船政后学堂

4. 福州海军学校附设军用化学班毕业生

李可同	黄良观	陈宗芳	丁　群	王衍绍	王衍锬	葛世柽
陈振华	郑礼新	林逢荣				

注：1925年7月附设，学习检验军械及化验火药，1928年4月毕业。

福州海军制造学校（前学堂）遗址已成为马尾造船厂堆料场

（二）福州海军制造学校

原船政前学堂，1913年10月改名福州海军制造学校，主要培养造船工程人才，直接归海军部管辖。初期学制仍沿旧制8年4个月，后定为10年制，分初级、高级、特级3级制，每级各3年，实习1年，各门学科仍沿旧制，均用法文原本讲授。

原船政衙门仪门

左下为福州海军制造学校的前身——船政前学堂。右下为原船政衙门，两者之间有一座小门亭，是船政衙门的仪门。

1. 福州海军制造学校学制及课程

级别	年限	内（或校）课	外（或厂）课　中文
初级（相当于高中一二年级）	3年	数理化为主	体操、器械运动、拳术、射击，《四书五经》、《官话指南》
高级（有的称中级，相当于中专程度）	3年	校课：专业的普通学科，如高等数学、平弧三角、力学、高等物理、化学、蒸汽机、电机、机械制造	厂课：每天上午进入船政局各工厂实习，轮机厂6个月;合拢厂、锅炉厂、木模厂、铸铁厂、拉铁厂、铁胁厂、船厂各3个月；舢板厂、帆缆厂各3个月。主要学钳工、木作、造型、锻造、看图、画样，达到设计、制造舰船的一般技术水平
特级（一说高级，相当于大学程度）	3年	着重专门学科的学习，如材料力学、化学、水力学、制船、制机等，最后课程为设计制造	
舰上实习	1年		

注：初期仍沿旧制8年4个月，即100个月，改隶海军部后，学制定为10年。

2. 福州海军制造学校历任校长

姓名	出　身	任职时间
陈琳璋	船政前学堂制造班第一届毕业生，留法	1912年任
陈长龄	船政前学堂制造班第三届毕业生，留法	1915年任
曾宗巩	天津水师学堂驾驶班第四届毕业，代理校长	1919年任
沈觐宸（筍玉）	船政前学堂制造班第六届毕业	1920年任
陈藻藩	造船专家，留英学习制造船炮	1921年至1926年

3. 福州海军制造学校毕业生

甲班　计12人	廖能容　张　功　魏子烺　张宝麒　叶燕贻　陈立庠　阮兆鳌　陈兆良　杨齐洛　郑寿彭　姚英华　陈自奇
乙班　计16人	郭仲铮　林家钺　林铿然　丁振棨　吴奋图　江继泗　金廷槐　黄　勋　汪培元　柯文瑛　张士森　蒋弼庄　严文福　李毓英　王怀纲　何尔燧 注：江继泗，一说汪继泗；张士森，一说张森；蒋弼庄、汪培元后留法
丙班　计7人	方尚得　郑义莹　何　健　吴仲森　陈世杰　张宗渠　陈声其 注：甲、乙、丙三班同时于1921年夏毕业，传统作为船政前学堂制造班第八届毕业共35人，因此时船政前学堂名称早已不存在

沈觐宸（筍玉）
船政前学堂制造班第六届毕业，福州海军制造学校校长。

陈藻藩
烟台海军学校驾驶班第五届，未毕业前抽选赴英留学，福州海军制造学校校长。

（三）福州海军艺术学校

原船政艺圃，1913年改名为福州海军艺术学校。艺徒改称学生，其制仍以学为主，以工副之，工学结合，为专门培养技术工人的半工半读的职业学校，后来成为各海军学校的预备学校。

海军艺术学校校舍

这是1915年在马尾前清铜元局旧址盖起的口字形平房，为海军艺术学校新校舍，东西两进24间，前面教室和办公室4间，后面中间为食堂等。1918年改作海军飞潜学校。

海军艺术学校校门

1. 福州海军艺术学校课程

学制	4年
内课	初级工程课程，甲、乙两班法文课本，其他班英文课本
厂课	分派去船政局的轮机、锅炉、合拢、拉铁、铸铁、模型、木工等厂学工艺技术
时间	开办初期，以夜间学习内课，白天上下午几乎都是厂课，1917年添招的学生，每周厂课规定两天

2. 福州海军艺术学校历任校长

姓名	出身
黄聚华	1897年考入船政绘事院，毕业后任造船设计师
陈德隆	未详
刘栋臣	船政前学堂制造班第四届毕业，海军造舰大监
曾宗瀛	船政前学堂制造班第二届毕业，留法
马德骥	江南水师学堂管轮班第五届毕业，留英
陈大咸	烟台海校
马翊昌	船政前学堂制造班第六届毕业
萨本炘	船政后学堂管轮班第十二届毕业

3. 福州海军艺术学校毕业生

自1913年成立起至1935年停办止，仅毕业两班约40~50人（姓名不详），但转入海军航海、轮机、制机、造船、飞潜、无线电各科者不下数百人，转入国内各学校者亦以千计。停办时余下3个班120人，后转入私立勤工学校继续学习。教职员由海军人员兼任。

黄聚华

船政学堂绘事院毕业，福州海军艺术学校首任校长。

刘栋臣（冠同）

船政前学堂制造班第四届毕业，海军造舰大监，福州海军艺术学校第三任校长。

萨本炘

船政后学堂管轮班第十二届毕业，福州海军艺术学校末任校长，造船专家。

陈大咸

烟台海校出身，福州海军艺术学校第六任校长。

（四）福州船政局图算所

1913年10月，船政绘事院改称船政局图算所。以陈琳璋为所长，画图生改称学生，是专门培养工程制图人才的制图机构，前清留下旧生10余人，另招厂员弟子30余人。1916年因经费支绌，将16人送入海军制造学校肄业，其余遣散，该所停办。

福州海军飞潜学校遗址之一（今马尾造船厂老人活动室）

福州船政局图算所（右楼上，今马尾造船厂厂史陈列室）

（五）福州海军飞潜学校

1918年成立的海军飞潜学校是中国最早培养制造飞机和潜艇专业人才的学校。将海军艺术学校法文甲、乙两班学生迁回旧校，英文甲、乙两班学生各50人编为海军飞潜学校甲、乙两班，另招50名编为丙班，后又添丁、戊两班各50名。不久将丁、戊两班归并于福州海军学校。

1. 海军飞潜学校学制与教育课目

学制	学科	厂课	国文
8年4个月（即100个月）	前两年上午上学科，毕业前一段下厂，大部分时间学专业课	前两年下午上厂课，在船厂学钳工、车工、铸工、锻工等，毕业前参加飞机安装、船体放样、副机安装等	四书、白话注解、选读一些古文

福州海军飞潜学校专业课程设置

专业设置	飞机制造专业	潜艇制造专业	轮机制造专业
课程	热工学、高等数学、蒸汽机、材料力学、热处理、动力学、机械零件、机械原理、流体力学、飞机结构、飞机设计、航空发动机、气体动力学等	材料力学、轮机、电机学、高等数学、锅炉设计、流体力学、造船原理、机械原理、内燃机、实用造船学、船舶设计、制图等	热力学、电机学、高等数学、材料力学、锅炉设计、锅炉构造、内燃机制造、实用水力学、船舶结构、金属构造学、蒸汽机设计、汽机制图、锅炉制图、轮机制造等

原铜元局遗址

后扩建为海军艺术学校，1918年又拨作海军飞潜学校之用，今已成为马尾造船厂车场，一度曾为马尾莲峰小学。

2. 海军飞潜学校主要领导人和教官

姓名	职务	备注
陈兆锵	校长	船政局局长兼
黄承贶	总教官，1925年兼代校长	兼轮机制造专业
余笃伍	学监	
巴玉藻	飞机制造教官	船政局飞机制造工程处主任
王孝丰	飞机制造教官	船政局飞机制造工程处副主任
王　助	飞机制造教官	船政局飞机制造工程处副主任
曾贻经	飞机制造教官	船政局飞机制造工程处副主任
陈藻藩	船体制造教官	
叶芳哲	船体制造教官	烟台海军学校驾驶班一届毕业
袁　晋	轮机制造教官	江南水师学堂管轮班五届毕业
孙　筠	佐理官（中校），管全校教育	
××	学监（上尉），管学习生活	

海军飞潜学校学生在毕业前一段时间参加飞机组装

3. 海军飞潜学校毕业生

海军飞潜学校自1918年创办至1925年4月止，计毕业3届，共56名。1926年5月福州海军学校、海军制造学校、海军飞潜学校三校合并统称福州海军学校，但仍用飞潜学校办完航空班3届，称海军航空处毕业生。

兼任海军飞潜学校校长的陈兆锵中将晚年照片

陈长诚

马尾培养的具有工程师水平的第一批飞行员之一，海军飞潜学校第一届毕业生，亦是海军航空处第一届毕业生。

第一届机械 计17名	陈钟新　沈德熊　杨福鼎　黄涓熊　王重焌　郑葆源　王崇宏　陈赓尧　高清澍　刘桢业　丁　挺　施盛德　马德树　王宗珠　陈长诚　李　琛　揭成栋 民国十二年六月毕业
第二届造船 计19名	郭子桢　周亨甫　李志翔　张宗光　杨元樨　王光先　郑则銮　徐振骐　卢挺英　冯　钰　施　僖　欧　德　柯　幹　陈久寰　黄　履　吴恭铭　游超雄　李有庆　陈学琪 民国十三年八月毕业
第三届制机 计20名	林　轰　王　卫　王荣瑸　陈　薰　林若愚　郑兆龄　吴贻经　林泽均　沈毓炳　龚镇礼　陈长钧　傅润霆　陈　畴　薛幸璁　刘逸予　沈　继　林伯福　陈锡龙　叶可箴　罗智莹 民国十四年四月毕业

4. 海军航空处毕业生

第一届　计4名	陈长诚　何　健　揭成栋　彭　熙 民国十九年十一月毕业
第二届　计9名	许成棨　李利峰　林荫梓　苏友濂　唐任伍　梁寿章　许葆光　陈启华　任友荣 民国二十年七月毕业
第三届　计8名	傅恩义　庄永昌　黄炳文　陈亚维　傅兴华　何启人　李学慎　许声泉 民国二十三年十一月毕业

海军航空处第三届毕业生校课考试

（六）北京政府派出的福州海军各学校留学生

北京政府统治时期，海军派出留学生与晚清有显著区别，清政府派出是成批的，前期主要是英、法，日俄战争后又大批派往日本。北京政府由于军阀混战，经费用于内战，根本无力成批派出，但对世界先进军事技术，如飞机、潜艇、无线电等仍极重视，间有派出，但人数不多。

海军航空处第三届毕业生飞行考试

北京政府派出的船政学堂留学生

派出时间	人员姓名	船政出身	派出国家	备注
1913年3月	常朝幹	船政后学堂管轮班八届毕业	奥地利	学习新式水雷
1915年春派出，1916年10月返国	魏瀚 魏子浩 韩玉衡	船政前学堂制造班一届毕业 船政后学堂管轮班十七届毕业 船政后学堂管轮班十届毕业	美国	魏瀚带队，学习飞机、潜艇
1917年8月	李景曦	船政后学堂驾驶班十四届毕业	美国	考察海军教育及军械

注：1. 北京政府派遣的海军留学生共约63人，除上表所列船政出身的5人外，其他为烟台海校、江南水师学堂、天津医校等出身，此处不详列。

2. 民初曾派出驻英海军留学生监督施作霖，1915年10月施病卒，由魏瀚兼代。同年12月派王崇文为监督，1916年6月裁，1917年8月又派叶可梁兼理英、美海军留学生事务。

（七）中国海军的最早学术研究团体——海军制造研究社

1927年5月海军制造研究社成立大会来宾及社员合影

（前排左起）周恭良　陈大咸　来宾　来宾　来宾　来宾　来宾　萨镇冰　陈兆锵　来宾　来宾　王桂芳　王肇岐　何　逸　曾贻经

（中排左起）何尔燧　巴玉藻　杨福鼎　张　功　陈赓尧　王大铿　林伯福　柯文祺　朱　耀　刘桢业　林君植　王宗珠　吴仲森　林铿然　杨成栋　陈立庠　王重焌　吴贻经　李志翔　罗智莹　阙凤铎　杨兆焜　黄聚华　吴　杰　王　超　何　健　韩孟杰　袁　晋　汪继泗　周葆燊　陈长诚　王　助　沈觐宜

（后排左起）丁振坚　黄渭能　陈钟新　施盛德　郑则銮　高清澍　丁　挺　来　宾　陈大龄　王崇宏　曹绳武　陈德隆　沈德熊　吴德潜　郑寿彭

《科学画报》1933年12月版封面

制造研究社机关刊物——《制造》

第二节　九一八事变后的东北海军

1931年秋，日本帝国主义趁着资本主义各大国忙于应付国内经济危机而无暇东顾、国民党政府为内战所牵制的有利时机，发动九一八事变，经过4个月零18天，迅速侵占了中国东北三省。东北海军由强盛开始走向衰落而至瓦解。

一、“九一八”事变

（一）“田中奏折”的主要内容

1927年7月25日，日本首相兼外相田中义一秘密向天皇上一奏折，世称“田中奏折”。奏折称：“明治大帝遗策，第一期征服台湾，第二期征服朝鲜，第三期灭亡满蒙，以征服中国全土……”“唯欲征服支那，必先征服满蒙；如欲征服世界，必先征服支那”。所谓满蒙，就是指奉天、吉林、黑龙江及内外蒙古。

田中义一（1864~1929）

日本军阀，曾参加甲午战争。1918年任陆军大臣，出兵西伯利亚干涉俄国革命。1927年组阁任首相兼外相、拓相（掌管殖民地事务），6月召开东方会议，蓄谋对华侵略。前后出兵山东3次，造成济南惨案。为日本军阀代表人物，曾拟“田中奏折”，为日本侵略中国、东亚地区、太平洋地区绘制了蓝图。

1926年12月25日接过剑、玺在大正天皇柩前践祚的日本第124代天皇裕仁，在1928年11月10日举行的即位大礼上

蔡智堪

抄录《田中奏折》者，中国台湾人。1928年赴日本，以补册工人身份进入皇宫书库，在整理书库时掌握了“东方会议”的记录（即《田中奏折》），便将抄录的会议记录分数次寄回中国，交张学良转国民政府，以揭露日本军国主义者的侵略野心。南京出版的《时事月报》一卷二期刊出《田中奏折》，举国震惊。

这个“田中奏折”说明了日本既定国策是以侵华和征服世界为目标，为实现此妄想，制定了两个政策：一为南进政策，即海洋政策，其目的在夺取琉球、台湾，囊括南洋各岛屿；一为北进政策，即大陆政策，其目的在征服朝鲜、并吞中国、占领亚洲全境。

中国及时获得此项密件并予以公布，当时日本虽极力否认，但其后日本之侵略行径证明田中的秘密奏折并非虚构，它是日本实施侵略扩张的秘密纲领。

（二）日本发动九一八事变，迅速侵占东三省

日军用铡刀杀害东北抗日义勇军战士

被日军占领的东北边防军司令长官公署

日军占领东北后将在中国掠夺的大量物资经大连港运往日本

（三）关东军卵翼下的“满洲国”

1932年3月8日在日本关东军导演下，清逊帝溥仪粉墨登场为伪满洲国“执政”。

伪满洲国国旗

伪满洲国“执政”溥仪

掌握伪满洲国军事实权的日本关东军司令部

民国二十三年元旦溥仪与日本关东军司令官菱刈隆合影

1934年3月1日，伪满洲国改“执政”为帝制，溥仪成为皇帝，次年委日本吉冈安直中将为皇室总务长官，掌握实权。

二、江防舰队附逆与“利济”舰反正

九一八事变时，东北海防第一、第二舰队一直驻泊于青岛和里长山岛，未受损失，只是江防舰队舰只小、远航有困难，除一部分官兵不甘附逆、登陆组织抗日义勇军外，大部人员连同“江亨”等舰都成为日寇的战利品。1932年4月，伪满洲国成立江上军司令部，江防舰队实权则操在日方手里，各舰皆派有日本少尉1名、无线电官1名加以控制。10月，“利济”舰反正，击毙日方人员，返航同江，将舰上武器搬上陆地作战。

“比睿”号

溥仪访日乘坐的日本战列舰。

（一）伪满洲国江上军

伪满洲国江上军司令部

姓名	职　务
尹祚乾	司令官，原东北江防舰队舰队长（1931年10月回任）
范熙申	参谋长，曾任“江安”号舰长等职
吴　铁	副官长
严昌泰	“利绥”号舰长
刘安国	“江清”号舰长
范　杰	“利济”号舰长，曾任“利绥”号副舰长
赵文溶	“江平”号舰长
戚天禧	“江通”号舰长
黄　勋	海军练营大队长，曾任“利绥”号舰长

溥仪与日本天皇裕仁（左）在东京代代木练兵场阅兵

溥仪身穿龙袍在长春称帝

伪江上军司令部旧址（今黑龙江航运管理局）

伪江上军军舰之一部

举行海上分列式受阅的伪满洲国海军

在松花江上的伪满军舰

伪满洲国新添的“顺天”舰

溥仪检阅伪满洲国海军时在“定边”舰甲板上

伪满洲国新添的“利民”舰

伪满洲国的唯一远洋舰只“海威”号

伪满洲国海警的“海凤”舰

伪满洲国新添的“定边”舰

原江防舰队的“江东”舰

原江防舰队的“江清”、“江泰”舰

在松花江上的伪江上军军舰

伪满洲国的江上舰队

（二）“利济”舰反正

“利济”舰虽被迫附逆，但广大官兵密谋反正。1932年10月中旬，当“利济”舰返航富锦途中，舰上士兵郑义宽、周万才、夏清山、刘云福、李文亭等人，在舰长范杰的支持下，将日方人员2人击毙、沉尸江中，返航同江，迅速将舰上武器搬上陆地，建立桥头阵地，并致电义勇军路永才旅，报告反正经过，受到路旅欢迎。

反正的“利济”舰

范杰

福州人，“利济”舰舰长。率舰反正后，复由同江驶抵街津口，经吉林义勇军总司令李杜转报北平军委会分会，得到复电嘉勉，由是在街津口设立海军筹备处，任处长。后因力量悬殊于1933年2月退入苏境，辗转至新疆伊犁，返青岛后任第三舰队司令部中校参谋。

李杜

原依兰镇守使。九一八后组织自卫军抗日，被南京政府任命为吉林义勇军总司令，在吉林沿江山岳地带打游击战，声威远播。

海军筹备处
地址：距同江县40里的街津口
处长：范杰（原“利济”舰长）
下辖3个大队：
第一大队大队长：郑义宽
装备：平射炮2门
第二大队大队长：周万才
装备：迫击炮2门
第三大队大队长：夏清山
装备：机关枪2挺

注：各大队步兵由义勇军路永才旅各补充100名。路旅收编“利济”舰，声势益加壮大，各地义勇军闻风归附，加强了抗日阵势。

三、崂山事变始末

九一八事变后，东北地区陷落，东北海军官兵对东北统治者执行蒋介石的不抵抗政策深表不满，海军财源亦随东北陷落而断绝，虽有南京当局补给，但杯水车薪无济于事。

崂山山上有一道观叫太清宫（亦称下清宫），苍松翠柏，风景幽美。东北海军多在崂山湾海面训练，司令沈鸿烈每次来，必下榻于太清宫。

九一八事变后，东北海军少将副司令凌霄、“海圻”舰长方念祖、“海琛”舰长刘田甫、“肇和”舰长冯涛、“镇海”舰长吴兆莲等几个高级海军军官，想拥沈鸿烈为青岛市长，割据地盘，就地筹饷，遭到沈的痛斥。沈以军人不参政为由，拒绝了夺取青岛的建议。

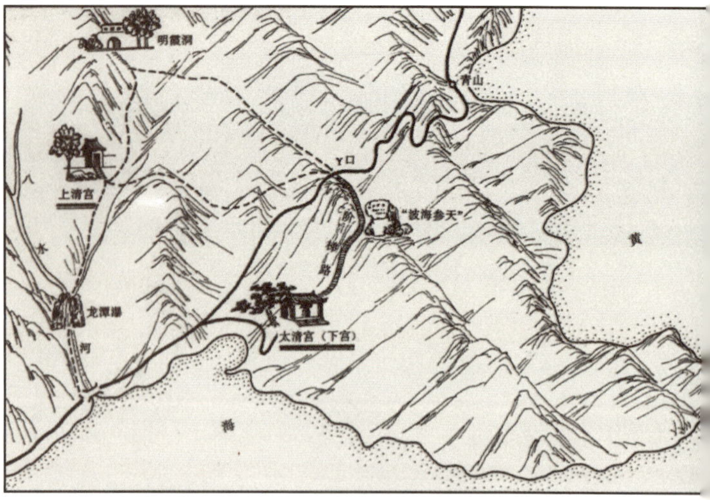

崂山太清宫形势图

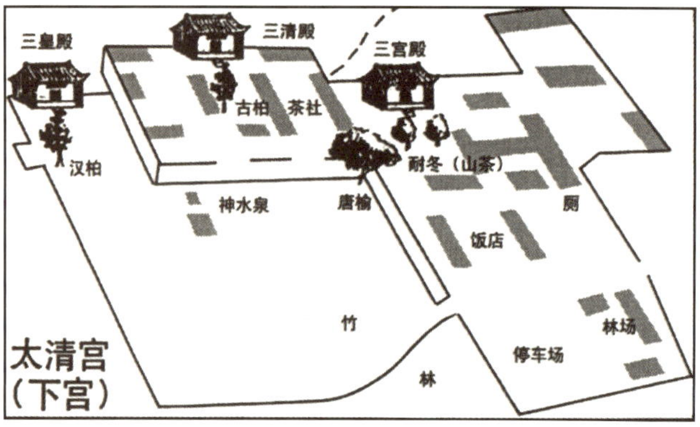

太清宫（亦称下清宫）布局图

东北海军“海圻”、“海琛”、“肇和”、“镇海”4舰驻泊于崂山湾海面

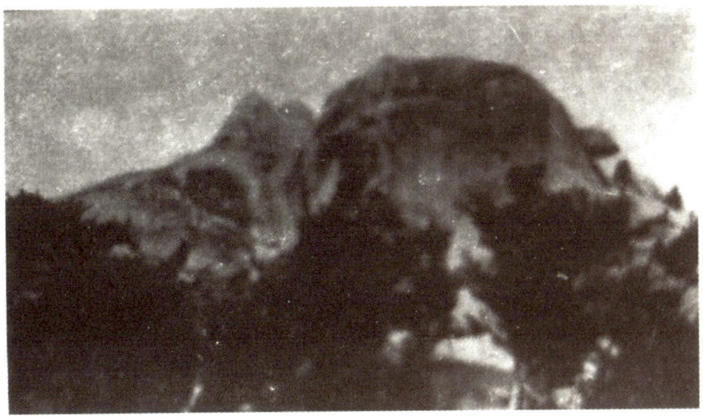

崂山主峰

崂山离青岛15千米，海拔1000多米。

1932年初，凌霄等设便宴邀请沈鸿烈到太清宫议事，要求清发积欠的两三个月的军饷，并作最后一次诤谏，又遭沈的拒绝。

崂山太清宫宫门

凌霄等把沈鸿烈软禁在太清宫，宣布沈患重病，由凌霄代理海军司令。

沈鸿烈被扣押，广大官兵，尤其葫芦岛海校第一期学生，因沈系学校创办人，认为凌霄等人以下犯上不道德，且未见夺取青岛行动，遂由水兵队一些低级官长关继周、张振育、张凤仁等经“海圻”副舰长董沐曾同意，组织敢死队到太清宫救出沈鸿烈。

沈鸿烈被软禁处

太清宫内景

救沈有功的“海圻”舰副舰长董沐曾

沈鸿烈被救后，即把真相报告军委会北平分会，北平复电将凌霄、方念祖、刘田甫、冯涛、吴兆莲5人撤职查办。沈因念留日同学之谊，且又未加害自己，只宣布驱逐出境，自谋生路。北平分会并委沈鸿烈兼任青岛市长。

沈鸿烈（前排左一）兼任青岛市长后与抵青的大批日本舰队军官合影

崂山事变后救沈有功人员都得到了晋升

姓名	职务变迁
董沐曾	原“海圻”舰中校副长，升任上校军衡处处长
姜鸿滋	原代海军参谋长，回任“海圻”舰长
戴奕秋	原“永翔”舰长，升任“海琛”舰长
王兰荪（兆麟）	原军需处长，调任“肇和”舰长
陈绳武	原军衡处长，调任“镇海”舰长
姜炎钟	原“肇和”舰副长，调升“海圻”舰副长
冉鸿翮	原大副，调升“肇和”舰副长
其他有功人员如关继周、杨超伦、唐静海、张凤仁等均分别升等晋级	

四、薛家岛事件

崂山事变后，留日派主要人物被赶出东北海军，旧渤海舰队人员得到重用，葫芦岛海校毕业的东北派人员被视为功臣，取得掌握舱面士兵和轮机的实权，而烟台海校毕业的东北派人员既升官又得到赏金。但未及年余，为了争夺海军领导权，东北海军内部又发生旧渤海舰队人员与葫芦岛海校、烟台海校人员争夺领导权的斗争，这就是1933年夏发生的刺杀沈鸿烈的薛家岛事件。

事变中驻泊在薛家岛海域的“海圻”等舰

薛家岛在青岛对面，是东北海军夏季避东南风的良港，一部分海军人员要求沈鸿烈委以青岛行政机关各主管职位，并下令清除董沐曾等人。于1933年6月24日乘沈鸿烈赴“镇海”舰训话，将其劫往“海圻”舰，举行兵谏。凶手冯志冲被沈的副官一拳打入海中，后被处死。停泊在薛家岛的“海圻”等3舰官兵人心开始浮动。

冯志冲被处死后，以关继周为首的一批人，认为崂山事变仅把凌霄等人资送回籍，而对有功的人竟如此处理，愤愤不平，“海圻”舰副长姜炎钟（西园）等想趁机取得3舰的领导地位，提出离沈南下的主张。

姜炎钟（西园）

南下投粤的“海圻”继位副长唐静海

南下投粤的“海琛”舰副长张凤仁

沈鸿烈

3舰离青后，通电请沈下野，沈辞本兼各职。南京当局任谢刚哲为海军第三舰队司令，但未免去沈鸿烈的青岛市长职。

“海圻”等3舰向东南航行3昼夜，因“肇和”号煤、水不够，中途由“海圻”拖行，7月5日在珠江口外赤湾抛锚，后由“福安”舰长方念祖和“海虎”舰引导，驶进黄埔，投靠广东陈济棠。

中国最大的巡洋舰“海圻”号（4300吨）

谢刚哲被南京政府任命为海军第三舰队司令后，南京海军部派第二舰队司令曾以鼎乘“逸仙”舰来威海，颁发第三舰队的关防，从此不称“东北海军”，但防务指挥系统和人事、经费、管理等仍直属军委会北平分会领导。第

新任海军第三舰队司令谢刚哲（右一）与英国海军将领在一起

“逸仙”号

第二、第三舰队辖区分界处连云港

三舰队的防区照原来划分，由渤海一带到连云港。

东北海军由于“海圻”、“海琛”、“肇和”3舰南下，只剩下几艘小型炮舰维持残局，司令部由青岛移设威海的刘公岛，组织人事亦作了调整。

海军第三舰队司令部调整后人事表

姓名	职务
谢刚哲	海军第三舰队司令，原东北海军总司令部参谋长
盛建勋	第三舰队司令部参谋主任
汪于洋	“镇海”舰长
曹树芝	“永翔”舰长
孟宪愚	“江利”舰长
李信侯	“楚豫”舰长
谢渭清	“定海”舰长
晏治平	“同安”舰长
刘　襄	青岛海军学校校长
袁方乔	原东北海军第二海防舰队队长，调青岛港务局局长
张赫炎	海军陆战队第一大队大队长，驻防青岛
李润青	海军陆战队第二大队大队长，驻防青岛
李毓成	青岛办事处处长
李国堂	长山岛办事处处长
李伯仁	南京办事处处长（原军委会海军处兼任）

其他尚设有副官长一员，中校、少校参谋若干员，军需、秘书、军法官等若干人，不能编入正缺的，均列入参事室（下略）。

第三节　一·二八事变中的中央海军

九一八事变后，日本为转移国际视听、压迫南京政府完全屈服，于1932年1月28日在上海发动军事进攻，十九路军奋起抗战。被迫下野的蒋介石却利用这个机会，重新控制国民党政权，提出“攘外必先安内”的反动国策，下令中国海军勿配合十九路军作战。日本海军第三舰队司令亦来函谓“此次行动，并非交战，如中国海军不攻击日舰，日舰亦不攻击中国海军，以维友谊”。海军部遂密令各舰队“应守镇静”。海军的不抵抗行动，遭到了国难会议大部分成员的责难。

1932年1月18日，5个日本和尚经过杨树浦三友实业公司门前时，被日本女间谍川岛芳子收买的流氓殴打一死四伤，日侨2000余人示威请愿，捣毁中国商店，日本第三

事变前日本已派军舰停泊在黄浦江口

淞沪之战中的日军

停泊杨树浦江南之日本军舰

川岛芳子（金璧辉）

川岛芳子是清朝肃亲王的女儿，后被致力于满蒙独立运动的川岛浪速收为养女，在一·二八事变中收买流氓袭击在华日本僧侣制造事端，协助溥仪之妻婉容逃离天津，组织安国军等。平日女扮男装，从事间谍活动。

停泊杨树浦公大纱厂（日军司令部）前之日本军舰

日本海军精华蜷缩在装甲车后面

停泊在镇江江面之日本战舰

舰队司令盐泽反而要求中国赔偿并停止拒购日货行动。至1932年1月28日晚上，日本海军陆战队悍然向十九路军进攻，“一·二八”淞沪之战就此爆发。

“一·二八”事变中日本军主力是海军陆战队。

“出云”号轻巡洋舰

日本海军第三舰队旗舰，停泊在上海日本领事馆前，日军司令野村植田、白川等均在此舰办公。

日本海军陆战队在北四川路一带伺机袭击

1932年1月30日满载佐世保第三特别陆战队的日舰“龙田”号驶达上海

毫不勇敢剽悍的日本海军陆战队

日军司令部将海军陆战队编成中央、北部、虹口、西部及东部等5个警备队，部署完毕即向我十九路军的前方（北四川路）攻击，十九路军奋起抵抗。

日军开火后，即遭十九路军猛烈反击，日军损失惨重。

国民革命军第十九路
总指挥蒋光鼐将军

国民革命军第十九路
副总指挥蔡廷锴将军

十九路军陈铭枢将军

后来增援的国民党第五军
军长张治中将军

上海百老汇地区市民避乱

增援日军在上海汇山码头登陆

日本轻巡洋舰“夕张”号炮击吴淞炮台等地

十九路军用37毫米反坦克炮射击日军战车

日本上海海军陆战队实力薄弱，初战失利，乃向日本政府请求增援，2月14日增派第九师团3万余人分乘7艘运输舰到上海。

2月1日，日海军在南京下关开炮。海军部令各舰长：“日海军炮击狮子山炮台及京市与我海军无涉，非日舰炮

亲日分子李世甲

李世甲与李泽一一起秘密前往上海台湾银行会晤日本海军武官北岗大佐，最后以所谓中日亲善原则，赔偿日方船长抚恤费两万银圆等，满足了侵略者的要求。

击我舰，不准还击。”3日，上海日舰炮击吴淞各地，中国海军均奉令“不准还击”。

亲日分子李泽一

十九路军曾向海军江南造船所借钢板、大炮、弹药等构筑工事组织防御，均被海军当局拒绝。为保全在日本定制的“宁海”舰，李世甲等输送蔬菜等食品向日军慰问。有一日方商船强闯我高昌庙防线，被造船所哨兵击中，其船长福田重伤而死，日军要求惩凶、赔偿等，李世甲竟携同亲日分子李泽一秘密前往谈判，为保全中国海军财产而接受丧权辱国的条件。

由于海军秉承不抵抗政策，在淞沪抗战中按兵不动，加剧了国民党内部矛盾，1932年4月在国难会议上海军遭到谴责。

在国难会议上丁默村、李根源等42人提出召开临时紧急会议，以整饬海防，并取消海军部、改造海军。海军部长陈绍宽获悉后，上书行政院要求追究提案人责任。

云南讲武堂首任总办，国难会议提案人李根源

议案主要内容：

一、重新设立海军海防建设委员会，将现有海军部及所属海军机关、学校、工厂一律取消。

二、现有海军高级负责人员一律罢斥，以谢国人。

三、现有海军中下级人员，重行审查录用。

四、另选精干人员赴英、美研求海军新学识。

五、将现有舰艇全部拍卖，所得兴建新舰。

六、现有海军经费逐月储存，备为新舰之费。

七、举办募集海军海防建筑捐2亿元。

八、另请专家编制海防建设计划。

经行政院会议讨论，认为提案属不明真相，实无计较之必要，此事终于不了了之。

3月24日，中日两国在英国总领事馆举行停战会议，5月5日协定签订。

停战会议

国难会议会址——洛阳广寒宫

十九路军抗日阵亡将士陵园

叛变祖国的女特务金璧辉（川岛芳子）做尽坏事，1948年作为战犯被北平军事法庭处死。

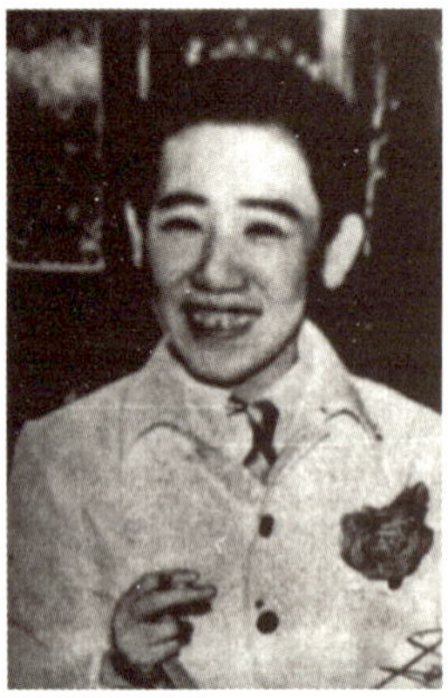

川岛芳子（金璧辉）

一·二八阵亡将士之灵位

费尽心机仍难逃一死

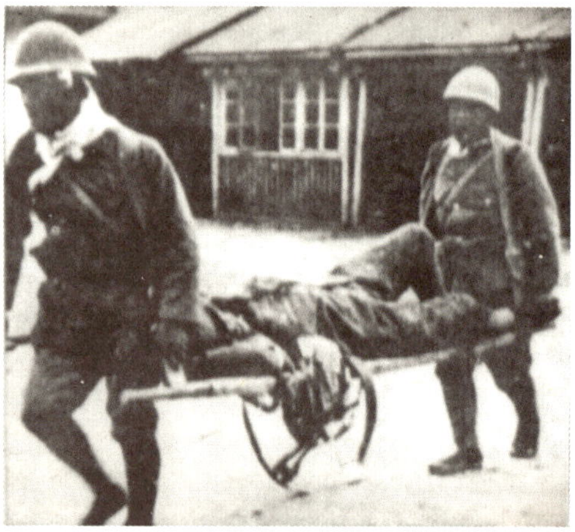

日军后送伤员

第四节　南京国民政府时期的船政与海军学校

一、海军马尾造船所

南京政府成立后改福州船政局为“海军马尾造船所”。所里虽设有13个厂房车间，但规模日益缩小，生产有限，经费无着落，造船业务由南向北，主要归上海江南造船所承接，马尾造船所工人从1200人减到300余人。1930年4月，马尾失火，生产更受到影响，下令遣散学

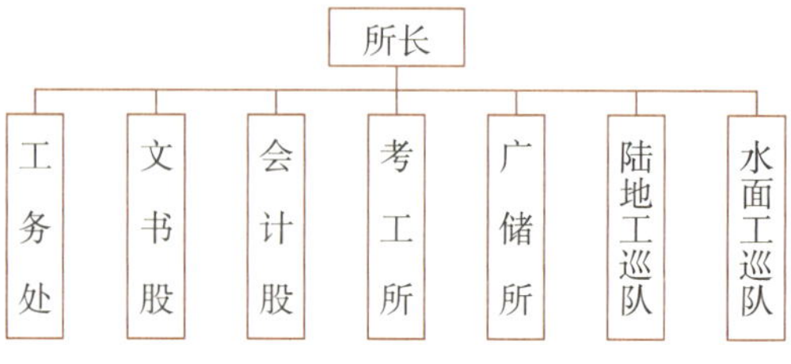

海军马尾造船所组织编制

1935年的马尾造船所全景

徒，每况愈下。1936年“二号船坞”虽竣工，但一年后抗日战争爆发，闽江口被封锁，造船业务几乎停滞。

1927~1937年生产业务情况

生产项目		备注
挖泥船（土扒船）	1艘	
码头船	3艘	
“江仪”、“江凤”号	2艘	警用艇
小轮船	几艘	
造纸厂全套造纸机器		为福州港头造纸厂仿造
浮筒	几个	
修理“普安”等舰船及零星小轮船		仅1934年修舰艇27艘

二号船坞

1936年竣工的“二号船坞”，原长350英尺，增长为375英尺；坞门上向原宽58英尺、下向46英尺，增为61英尺与48英尺。

浮动码头

创办长乐莲柄港溉田局

造船所因工程减少、经费不足，每周工作5日，工资下降，发生工人罢工等事件。海军在马尾曾设有铸币厂，盈利40余万元，遂创办长乐莲柄港溉田局，计收水费，虽缓和了当地干旱的威胁，但由于层层侵吞剥削，渠道常漏水，有的天旱得不到水利，引起纠纷，发生了械斗。

在坞上修造的小轮船

莲柄港第一厂屋之篷架

莲柄港抽水机之一部

莲柄港溉田局之室内内燃机

长乐莲柄港工程，总干线长3.4千米，中左干线长15.9千米，右干线长11.6千米，钢筋混凝土暗渠59条，桥梁82座，分水门68座，另有蓄水池一座容量220吨，受益地6万亩。

1929年夏，因急于收回投资，派海军陆战队驻沙京等乡，向农民强征水费，不愿交的被绑，释放时又勒索"上绑费"、"解绑费"，于是群情激愤，引起了13乡成立民团，海军陆战队官兵被击毙50余人。民团乘势占领长乐县城，提出"驱逐乱军出境"的口号，后民团内讧，海军陆战队遂卷土重来，大肆焚杀。

二、福州海军学校（后改名海军学校）

（一）前期海军学校

1926年5月，福州海军制造学校、福州海军飞潜学校并入福州海军学校，培育航海、轮机、军用化学等科人才。

1931年定名为"海军学校"，直隶于海军部。属于造船所的艺术学校奉令停办，在新校名未定前，仍以艺术学校名义办至1935年止。

海军学校正门

立者为学生陈宗孟。

海军学校校长夏孙鹏

1931年福州海军学校定名为"海军学校"

1. 海军学校编制

海军学校编制表

<table>
<tr><td rowspan="13">校长（少将）</td><td rowspan="8">教官</td><td rowspan="3">航海主任</td><td>正教官（中校）2</td><td rowspan="3"></td></tr>
<tr><td>副教官（少校）4</td></tr>
<tr><td>协教官（上尉）4</td></tr>
<tr><td rowspan="3">轮机主任</td><td>正教官（中校）1</td><td rowspan="3">厂课教育（中尉）1</td></tr>
<tr><td>副教官（少校）2</td></tr>
<tr><td>协教官（上尉）2</td></tr>
<tr><td>国文教官（少校）1</td><td>国文教官（上尉）1
国文教官（中尉）1</td><td></td></tr>
<tr><td>正操练官（上尉）1</td><td>副操练官（中尉）2</td><td>国术教员（少尉）1</td></tr>
<tr><td rowspan="5">职员</td><td>训育主任（中校）1</td><td></td><td></td></tr>
<tr><td>学监（少校）2</td><td>庶务员（少尉）1</td><td></td></tr>
<tr><td>中医官（上尉）1
西医官（少校）1</td><td>司药1</td><td></td></tr>
<tr><td>书记官（中尉）1</td><td>司书（准尉）3</td><td></td></tr>
<tr><td>军需官（中尉）1</td><td></td><td></td></tr>
</table>

海军学校历任校长

姓名	职　务
沈笥玉	1930.1，调任海军部技正、原代校长
夏孙鹏	1930.1~1931.4，校长、原部训练处处长
杜锡珪	1931.7~1933.12，校长，海军部高级顾问
朱天森	1933~1939.2，校长，原军委会海军军令处副处长
李孟斌	1939.2，校长，原海军马尾要港司令
高宪申	校长

杜锡珪

前海军总长，访问欧美回国后任校长。

高宪申

因在前线抗敌受伤，内迁桐梓时任海校校长。

朱天森

江苏甘泉（今扬州江都县）人，江南水师学堂驾驶班第四届毕业，留学英国。曾任“江利”等舰舰长，参加过辛亥革命，1933年至1939年任海校校长。在此之前任国民政府军事委员会海军军令处副处长，海军检阅委员会委员等职。

沈笥玉

黄显琪

训育主任。管理全校学生各项外勤事项，维持全校军纪、风纪。

- 海军学校
  - 教育
    - 航海
    - 轮机
    - 国文
  - 训育
    - 斋务
    - 医务
    - 操练
    - 文书
    - 军需
    - 杂务

海军学校系统表

叶进勤学监

郑颖孚

学监。管理、稽查学生勤惰，维持军纪、风纪。

周伯焘

学监兼校官，主要在桐梓时任职。马尾人。福州海军学校航海班第二届毕业，曾留学英国并赴日本监造“平海”号巡洋舰。他常教导学生“国防第一防线是敌人的海岸线”，认为制敌于未发方能保境安民。

2. 海军学校学制和学习课目

学制	8年4个月（即100个月），其中3个月试读不分科，修业期满休假1个月，实为8年。		
			学习课目
航海科	校课	5年	党义、国文、天文学、航海学、海道测量学、地文学、化学、应用力学、罗经差、物理学、力学、微积分、弧三角、高等代数、解析几何、平三角、几何、代数、算术、历史、地理、文法、英文、兵操、体育
	舰课	1年	集中派舰学习船艺、练习航行、舰队编队、避碰章程及战术等
	鱼雷	半年	集中到水鱼雷营学习水鱼雷等水中兵器的构造、用法、战术运用等
	枪炮	1年	集中派舰学习舰用兵器、各式舰炮、机枪内外弹道、火药学等
	实习	半年	分派各舰实习
轮机科	校课	6年6个月	党义、国文、英文、文法、算术、历史、地理、代数、几何、平三角、物理、化学、力学、解析几何、高等代数、微积分、应用力学、射影几何、热力学、机械画、材料强弱学、机械学、冶金学、水力学、汽电学、锅炉学、蒸汽主力机、机炉舱实验及管理法、马力图说、辅机、透平机凉热用法、内燃机、电机工程、螺轮、锅炉设计、船机设计、造船大意、兵操、体育
	厂课	1年	分派到各造船厂实习
	实习	半年	分派到各舰实习

3. 海军学校校景及日常活动

校景之一

星期日校阅

海军学校学生在进行队列操练

海校学生正在操演太极拳

校景之二

海校学生陆操训练

星期日校阅

海军第一届联合运动会在马尾海校大操场举行

海军运动会开幕式

海校学生经常在川石岛游泳训练

校景之三

海校学生在“通济”练习舰航海舰课毕业合影

（二）后期海军学校

抗日战争爆发，海军学校先迁鼓山，后迁湖南湘潭，再迁贵州桐梓。1946年迁重庆待命，6月又迁南京下关。1947年4月25日奉命与在上海刚创办不久的中央海军军官学校合并迁至青岛，与在青岛的中央训练团合并改称“海军军官学校”，亦称（青岛）海军军官学校。1949年1月，（青岛）海军军官学校南迁厦门，8月再迁台湾省左营。

运动会团体操

迁贵州桐梓的海校建筑上有“雪甲午耻”四个大字

金家楼

海军学校贵州桐梓校舍。

桐梓海军学校大门

右侧大房子为重庆山洞海军总司令部

1945年12月海军学校由贵州桐梓迁重庆山洞（隧道）

抗战中，马尾海校迁贵州和重庆。因为要塞港湾相继沦陷，黄埔海校裁撤，青岛海校与电雷学校合并迁入四川万县。抗战胜利后，一面东迁在渝的海校，一面在上海

青岛海军学校

青岛海军学校的前身是1923年成立的葫芦岛航警学校，1927年改名为葫芦岛海军学校。1933年移青岛后改名为青岛海军学校。

蒋中正

龙华路前汪伪中央海军学校旧址成立"海军军官学校"，迁入青岛。至此，在大陆的各地海军军官学校均合并于（青岛）海军军官学校。

（青岛）海军军官学校首任校长由时任国民政府主席的蒋中正兼任，任期为1946年~1947年12月。

第二任校长魏济民，马尾海校第五届毕业，蒋介石的侍从参谋，海军总司令部副参谋长。任期1947年12月~1951年4月。

第三任校长郭发鳌，电雷学校第一届毕业，任期1951年4月~1954年5月。

第四任校长王恩华，电雷学校第一届毕业。

（青岛）**海军军官学校大门**

1947年4月25日在上海的海军军官学校与在青岛的中央训练团合并，并迁青岛改称（青岛）海军军官学校。

青岛海校与电雷学校合并迁入四川万县狮子寨

黄埔海校未毕业学生亦归并在此上课。

（台湾左营）**海军军官学校校舍之一**

1946年6月16日在上海汪伪"中央海军学校"旧址成立的"海军军官学校"

（厦门）**海军军官学校**

1949年1月（青岛）海军军官学校南迁厦门。

原（上海）海军军官学校校本部大楼

海军军官学校左营校舍之一

1949年8月海军军官学校从厦门再迁台湾省左营。

厦门海军军官学校迁台湾高雄成为高雄海军军官学校

高雄海军军官学校教学楼之一

南京海军水鱼雷营

1935年4月海军大学迁南京草鞋峡海军水鱼雷营。

马尾的海军大学

校址原为海军要港司令部旧址（司令部搬入原船政遗址）。

三、海军大学

1934年在马尾筹建海军大学，校长由海军部长陈绍宽兼，海军马尾要港司令李世甲兼任教育长。

1934年，陈绍宽在“宁海”舰上召集各舰长宣布要办海军大学，决定聘请日本人担任教授。当场就有“自强”舰长方莹表示反对。

当时舰长中资历最深的是国民政府主席林森宗侄林元铨，时任“应瑞”舰长。他联合“宁海”等舰23位舰长联名上书林森，密告陈绍宽“昧于大义，私聘日人为教授，把海军最高教育权委诸敌人，丧权危国”，要求“取消成约，解雇日人”。

当林森收到23位舰长密告陈绍宽书信后，即转行政院长汪精卫处理。汪阅后又批转陈绍宽。陈呈请辞职。后在

“宁海”号

林元铨

陈绍宽

蒋、汪授意下，林元铨被调任海军军械处处长。陈绍宽被慰留，风波遂告平息。1935年4月，海军大学移南京草鞋峡水鱼雷营内上课，原马尾的海军大学校舍改为私立勤工学校。

四、私立勤工学校

1935年海军艺术学校停办，海军界公议拟改为私立职业学校，设校董会，以萨镇冰为名誉董事长，陈绍宽为董事长，李世甲为常务董事，陈季良、陈兆锵、陈训泳、林国庚、陈培锟、叶龙骧为董事。初名私立勤工初级机械科职业学校，后改称私立勤工初级工业职业学校。1937年去“初级”二字，校名全称“福建省马江私立勤工工业职业学校”。初派马尾海军造船所工务长萨本炘兼校长，1936年3月，萨因公务繁忙请假，由叶心传代理。6月，校董会聘陈钟新为校长。海军部指令

海军部高级顾问萨镇冰兼任私立勤工学校名誉董事长

私立勤工学校校门

准该校学生在马尾造船所各厂实习。勤工学校虽系私立，但与海军渊源甚深，深得海军支持，办学条件较好，学风亦佳，培养了许多人才。

陈钟新

勤工学校校长，海军飞潜学校第一届毕业生，时任海军少校教官。

海军部部长陈绍宽兼任私立勤工学校董事长

海军马尾要港司令李世甲兼私立勤工学校常务董事

化学实验室

物理实验室

礼堂前的甬道

生物实验室

校园之一角

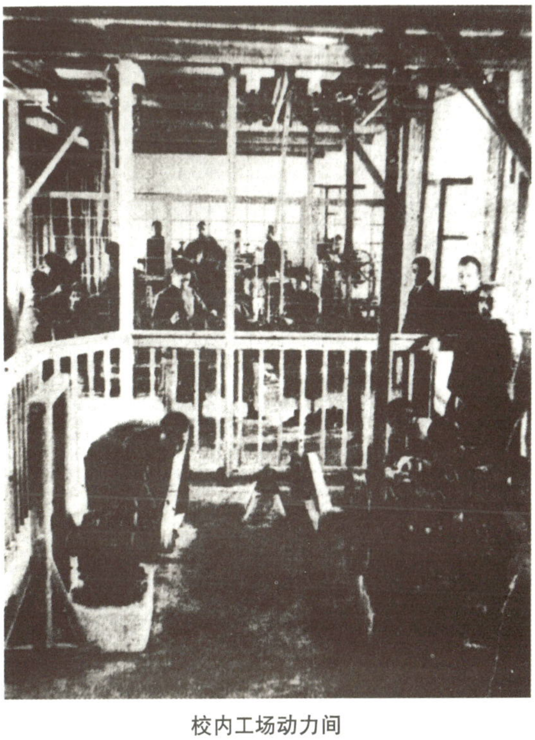
校内工场动力间

校内工场车床

学生在钳床实习

勤工学校校内工场铣床

校长陈钟新在课外活动中带领学生植树

勤工学校教职员

1.陈钟新校长 2.许孝焜 3.何东孙 4.杨福鼎 5.李志翔 6.王藏修 7.朱心庄 8.邹德璧 9.梁幼平 10.阙鉴坚 11.饶子范

12.郑大霖 13.李可同 14.徐诗泉 15.陈钟莹 16.刘焘友 17.刘焕章 18.郑寿彭 19.张功 20.任兆贵 21.陈德隆 22.游寿山

23.刘庆华 24.王敏修 25.林开文 26.陈少坡 27.陈锦棠 28.张震光 29.陈永章 30.林希琛 31.郑锦熙 32.邵德彬

尤溪朱子祠开山书院勤工师生宿舍和办公地点

尤溪朱子祠

抗战时期1937年9月1日私立勤工学校迁鼓山下院上课，次年6月10日迁尤溪朱子祠。

1939年3月30日在尤溪县文庙演出抗日话剧《血城》等节目。同年7月改校名为“福建省马江私立勤工高级工业职业学校”。

1941年6月9日迁将乐县高滩。

1943年7月福建省府令勤工学校制造滑翔机一架，12月完工。

学生课外活动

朱子祠旁篮球场边两棵樟树树龄已800多年

租高滩民房作为校长办公室

1944年2月勤工学校受福建省教育厅委托开办“福建省立林森高级商船职业学校”（简称商船学校），一套班子、两块牌子办学。5月，勤工、商船两校在将乐高滩庆祝校庆，并为商船学校补行开学典礼，展出学校承制的福建第一架滑翔机。

1945年8月，勤工、商船两校迁回马尾，因日军于同年5月19日撤离马尾前，埋炸药炸毁了马尾海军学校、勤工学校等单位，只得另借校舍办学，并重建被战火毁坏的校舍。

1946年8月，福建省教育厅根据勤工学校董事会建议，将学校收归省办，令勤工、商船两校合并，改称“福建省立高级航空机械商船职业学校”（简称高航学校），陈钟新继任校长。

将乐镇山书院作为学生宿舍

勤工学校师生自制的福建第一架滑翔机（中坐者：校长陈钟新）

第五节 赴英、美接舰的福州海校出身的海军人员

1943年9月，驻美海军中校副武官杨元忠条陈建立新海军计划，建议派海军官兵赴美受训并接收美国赠予的舰艇，经蒋介石同意由驻美武官刘田甫与美方联系，次年秋，美国答应赠送8艘舰艇。同年9月，军委会电驻英海军武官周应聪按美援8舰，向英要求租舰，英政府先答应送三等炮舰1艘，后又赠剩余的巡洋舰1艘、护航驱逐舰2艘、海岸巡防快艇8艘、潜艇3艘（未到），实11艘。军委会遂于同年10月考选赴英、美接舰的海军人员，计录取赴美的梁序昭等60人，另增派预备军官10人；录取赴英的9人，后又续取邵仑等106人。此外，尚考选赴英、美接舰士兵共约1000人，于1945年分期分批派赴英、美先接受训练，后再接舰。福州海校出身的海军人员被选取的为数甚多。

一、选派赴英接舰的福州海校出身的海军官员

时间	姓名	毕业学校专业届别	备注
1944年10月考选，1945年3月31日抵英	邵　仑　吕叔奋	福州海校航海班2届毕业	1. 本表仅列福州海校出身人员，主要以考选为主 2. 柳鹤图系在英国留学派任 3. 航海班9届尚有钱燧、方振2人，后改派赴美接舰 4. 郑天杰、池孟彬在英国留学派任 5. 陈沪生后以姜瑜替补 6. 刘荣霖在英留学派任“重庆”号第一任副长 7. 航海班9届尚有陈宗孟系留英派任。其他因资料缺乏，难免遗漏
	翰兆霖　林　溥　郑天杰	福州海校航海班3届毕业	
	邵正炎　陈沪生　刘荣霖	福州海校航海班4届毕业	
	刘耀璇　柳鹤图　孔繁均	福州海校航海班5届毕业	
	池孟彬	福州海校航海班6届毕业	
	倪行祺（原名郑恒铮）　王道全　周方先	福州海校航海班7届毕业	
	周谨江　王廷栋	福州海校航海班8届毕业	
	何友恪　何鹤年　徐君爵	福州海校航海班9届毕业	
	童才亨　黄肇权	福州海校航海班10届毕业	
	黄　典　张　祁　徐登山　张奇骏	福州海校轮机班5届毕业	
	邓兆祥	贵州桐梓福州海校训育主任	

第二次世界大战后期中国海军第二批全体赴英受训参战军官至英国布莱顿海军后备军人训练中心合影

后排	姓名	张奇骏	宋季晃	吴建安	刘　渊	陈宗孟				
	学历	马尾海校轮机班第5届	马尾海校航海班第8届	马尾海校航海班第6届	马尾海校航海班第8届	马尾海校航海班第9届				
三排	姓名				田敬一	王绶琯	陈景文	朱于炳	宋长志	刘作炳
	学历				青岛海校1940年轮机班乙班	马尾海校造舰班	马尾海校航海班第6届	马尾海校造舰班	青岛海校航海班第4届	青岛海校航海班乙班第5届
二排	姓名				吴本湘	何树铎	欧阳炎	郑振武	饶　翟	刘广凯
	学历				马尾海校造舰班	马尾海校航海班第6届	马尾海校航海班第5届	马尾海校造舰班	马尾海校航海班第6届	青岛海校航海乙班第3届
前排	姓名	刘耀璇	林金铨	张敬荣	池孟彬	叶　滦	欧阳晋	林　立	杭继寿	陈　克
	学历	马尾海校航海班第5届	马尾海校造舰班	马尾海校航海班第7届	马尾海校航海班第6届	马尾海校轮机班第5届	马尾海校航海班第6届	马尾海校造舰班	青岛海校1939年轮机甲班	马尾海校航海班第9届

二、赴英所接各舰

接收“伏波”舰

“伏波”号

1946年1月12日，英国赠送的第一艘军舰“波图尼亚”号，中国改名为“伏波”号，排水量1400吨。同年8月8日回国，12月14日抵南京。1947年3月10日夜被“海闽”轮撞沉，继任舰长姜瑜等130名官兵遇难。

柳鹤图

“伏波”舰首任舰长，福州海校第5届航海班毕业，率舰回国后被海军司令桂永清以其亲信姜瑜替换。

英赠巡防快艇

亦称巡逻艇、摩托江防艇，48吨，长72英尺，吃水3英尺，航速11节，高射、平射两用双联装机枪1座，定员12人。接收回国后归海岸巡防艇队指挥。

接收“重庆”、“灵甫”舰

1946年2月接舰官兵抵英伦，1947年9月完成学业，1948年5月19日举行交接仪式。

“重庆”号

“重庆”号前身是“奥罗拉”号，亦称“震旦”号，5270吨，长153米，宽15.2米，64000马力，航速32节，双联装主副炮10余座，鱼雷发射管2座，是当时的现代化巡洋舰。

英国赠8艘巡防快艇之一

1946年9月接收，因艇小改用商船分装返国，于1947年底抵上海。

“重庆”号接舰仪式上的仪仗队

交接时“重庆”舰在尾甲板举行升降旗仪式

归国的“重庆”号

“重庆”舰舰长邓兆祥（上图右上角）曾任福州海校训育主任（贵州桐梓时期）。副长刘荣霖系福州海校航海班第四届毕业生，由留英学航海调任接舰。

“灵甫”号

“灵甫”舰原名“孟狄甫”，是英国赠送的一艘护航驱逐舰，排水量1500吨，航速28节，蒋介石为纪念整编74师师长张灵甫而命名之。新任舰长郑天杰，福州海校航海班3届毕业，留英学航海，是当年驻英大使郑天锡的胞弟。副长池孟彬、轮机长王民彝、航海官刘耀璇、航海大副何鹤年等都是福州海校毕业生。

接舰仪式后中国驻英大使登上“灵甫”舰

“重庆”号轻巡洋舰由英归国时舰上军官一览表

- 舰长办公室：船长邓兆祥（烟台海校驾驶班第14届）；秘书何友恪（马尾海校航海班第9届）
  - 会计办公室：军需长孟汉鼎（烟台海校驾驶班第18届）
    - 军需官尹挥戈（注5）、林尚宁（来自林遵1946年4月1日率领回国的首批美援9舰）
  - 医务所：军医长俞维新（天津海军医学校第16届）
    - 军医官1人
  - 副长办公室：副长刘荣霖（马尾海校航海班第4届）
    - 修舰官黄荣生（来自林遵1946年4月1日率领回国的首批美援9舰）
    - 雷达官张敬荣（马尾海校航海班第7届）
    - 通讯官欧阳晋（马尾海校航海班第6届）
    - 枪炮办公室：枪炮长陈景文（马尾海校航海班第6届）
      - 枪炮官刘渊（马尾海校航海班第8届）
      - 枪炮官李正燊（青岛海校第5届航海乙班）
      - 枪炮修理官韩鹤光（青岛海校1939~1940年毕业的轮机乙班学生）
    - 协长林炳尧（广东黄埔海校）
    - 航海官牟秉钊（青岛海校第4届航海班）
    - 鱼雷长王显琼（青岛海校第5届航海甲班）
      - 鱼雷官陈宗孟（马尾海校航海班第9届）
      - 电务官周方先（浙江大学电机系 注3）
    - 士兵队长钱诗琪、邹坚（注4）、聂齐桐、熊德树（以上四位均系青岛海校第5届航海甲、乙班毕业生）
  - 轮机办公室：轮机长陈昕（马尾海校轮机班第3届）
    - 轮机正晏海波（电雷学校轮机班第1届 注2）
      - 轮机官张家谨、吴方瑞、梁国铝、吴璜、陈作纪。（以上五位均系青岛海校1939~1940年毕业的轮机甲、乙班毕业生）

注1. 本表所列军官凡毕业于烟台、天津、马尾等海军学校者均系原陈绍宽麾下。

注2. 晏海波原系马尾海校轮机班第4届学生，1936年夏，因集体违反校规，除该班班长夏新等3人外，全被勒令照章开除，当时军政部电雷学校校长欧阳格乘机收容了该班包括晏在内的12名非闽籍学员，将他们编为1937年毕业的电雷学校第1届轮机班。

注3. 周方先原系马尾海校航海班第7届学生，1938年夏，海校奉令迁至湖南湘潭，在这期间，他被国民党特宪诱捕，罪名为“共党嫌疑，赤化海校”，先后被关在上饶等地集中营，后因查无实据，才交保释放，就学于浙江大学，1945年春得知海军有出国机会，在其马尾海校同学帮助下，伪称毕业于马尾海校，得以蒙混过关，又回到海军并参加赴英受训接舰。

注4. 邹坚原系马尾海校轮机班第6届（1940年8月该班奉令改为航海班第10届）学生，1937年退学离校，后转入电雷学校，1938年7月电雷学校校长欧阳格被扣押后，该校随之撤销，当时在校学员几经周折，终被青岛海校收容，编为该校第5届航海甲、乙班和1939~1940年毕业的轮机甲、乙班，邹系第5届航海乙班学生。

注5. 尹挥戈具军需官与特务双重身份。

“重庆”号轻巡洋舰起义前夕舰上军官一览表

- 卢东阁（上校，青岛海校第3届航海乙班，注2）
- 舰长邓兆祥（上校）—— 舰长办公室
  - 军需长尹挥戈（上尉）
    - 会计办公室 —— 军需官林尚宁
  - 军医长缺
  - 副长牟秉钊（中校）—— 副长办公室
    - 修舰官黄荣生（上尉）
    - 雷达官张敬荣（少校）—— 见习雷达官陈骏根（马尾海校航海班第12届）
    - 通讯官缺 —— 通讯军士长陈泰豪（少尉）
    - 枪炮长刘渊（少校）—— 枪炮办公室
      - 枪炮官李正燊（上尉）
      - 枪炮修理官韩鹤光（少校）
      - 枪炮军士长吴正昌等人（少尉）
    - 协长陈景文（中校）
    - 航海官陈宗孟（少校）—— 见习航海官黄锡骥（马尾海校航海班第12届）
    - 鱼雷长周方先（少校）
      - 鱼雷官缺
      - 电务官周方先兼
    - 士兵队长钱诗琪、邹坚、聂齐桐、熊德树。（均为少校）
  - 轮机长陈昕（中校）—— 轮机办公室
    - 轮机正吴方瑞（少校）—— 轮机官
      - 张奇骏（中校）（马尾海校轮机班第5届）
      - 梁国锟（少校）
      - 吴璜（上尉）

注1. “重庆”号轻巡洋舰自归国之日起，桂永清（系蒋介石亲信，时任海军总司令）就亲自操纵舰上军官的人员调动，积极将其认为忠于蒋的军官安插或准备安插到舰上诸如舰长、副长、军需长、通讯官、士兵队长等要害职位，排斥原陈绍宽麾下军官。

注2. 桂永清在完成重庆舰军官人事大调动后，即派其亲信国民党海军总司令部上校作战处长卢东阁来舰，名为帮助舰上训练，实为准备熟悉情况后，立即取代邓兆祥充当“重庆”舰舰长，未料邓支持舰上进步士兵的起义行动，成功地率舰起义，使桂之阴谋未能得逞，卢东阁也随舰起义。

邹坚（1922~？），福建建瓯人，马尾海校第九届、海军军官学校航海班5届毕业，留学英国。历任舰长、舰队训练司令部参谋长、台湾海军驱逐舰队司令，“总统府”侍卫长，海军副总司令、总司令，副参谋总长兼执行官，“总统府”战略顾问。海军二级上将（左图中立者为邹坚）。

邹坚将军

三、选派赴美接舰的福州海校出身的海军官员

时间	姓名	毕业学校专业届别	备注
1945~1949年	高　举　江叔安	福州海校航海班3届毕业	1. 魏济民原任赴美接舰学兵总队副领队 2. 邓光滌、陈以谋、马湏俊、林巽遒任学兵总队中队长 3. 陈在和任“永顺”舰舰长 4. 福州海校航海班9届尚有卢振乾任“永顺”舰副长，张宁荣任“太和”舰通讯官 5. 李作健任“太和”舰副长，钱燧任“太和”舰通讯员 6. 刘和谦任“太和”舰枪炮员，秦和之任“太和”舰航海员 7. 高举任“太康”舰舰长 8. 陈以谋任“太康”舰通讯官 9. 雷树昌、雷泰元分别任“太平”舰枪炮官、舰务官 10. 葛世铭、林巽遒、戴勤分任“峨眉”舰航海官、轮机长、通信员 11. 曾耀华任“永宁”舰副长 12. 林鸿炳任“永胜”舰副长 13. 邓光滌任“永泰”舰副长
	魏济民　葛世铭　林乃钧	福州海校航海班5届毕业	
	李后贤　林鸿炳　曾耀华　邓光滌	福州海校航海班6届毕业	
	甘　敏　陈心华	福州海校航海班7届毕业	
	陈在和　陈以谋　李景森	福州海校航海班8届毕业	
	马湏俊　周正先　李作健　易　鹗 方　振　钱　燧　张孟敭　张宁荣	福州海校航海班9届毕业	
	雷树昌　曾幼铭　雷泰元　林蛰生 戴熙愉　戴　勤	福州海校航海班10届毕业	
	秦和之　刘和谦　罗　绮　邱　奇	福州海校航海班11届毕业	
	张俊民　潘绪韬　叶元达	福州海校航海班12届毕业	
	林巽遒	福州海校轮机班3届毕业	
	云维贤	福州海校轮机班4届毕业	
	杨熙龄　陈鸣铮　伍桂荣	福州海校轮机班5届毕业	
	聂显尧	福州海校轮机班6届毕业	
	林　遵　林祥光　高如峰　陈赞汤 林　夔　程法侃　江　涵　郎鉴澄	原烟台海校18届，后在福州海校寄读称寄闽班，留英学航海	

本表主要以考选为主，部分留英、留美派任接舰的人员，因材料缺乏、难免遗漏。非福州海校出身的未列入。

四、接收首批美赠8舰

原编号	原名	改名	舰种	排水量（吨）	长（英尺）	宽（英尺）	航速（节）	下水年份
DE-6	Decker	“太康”	护航驱逐舰	1400	283	35	20	1944
DE-47	Wyffels	“太平”	护航驱逐舰	1400	283	35	20	1944
AM-257	Mainstay	“永胜”	扫雷舰	900	180	30	14	1942
AM-258	Magnet	“永顺”	扫雷舰	900	180	30	14	1942
AM-259	Logic	“永定”	扫雷舰	900	180	30	14	1942
AM-260	Lucid	“永宁”	扫雷舰	900	180	30	14	1942
PCE-867		“永泰”	驱潜舰	900	180	30	14.5	1943
PCE-869		“永兴”	驱潜舰	900	180	30	14.5	1943

美、中签字移交军舰仪式

赴美接舰官兵中马尾海军学校毕业生：

“永顺”号军士长张增福，马尾海军练营、美国海军训练团帆缆科，闽侯人。

“太康”号军士长郑锬昌，马尾海军练营、美海军训练团帆缆科，林森县人。

“峨眉”号三等通信员戴勤，马尾海校航海班10届肄业，美海军训练团防潜科，江苏如皋人。

“峨眉”号轮机长林巽遒，马尾海校轮机班3届，美国海训班，闽侯人。

“太康”号舰长高举，马尾海校航海班3届，意大利海军军官班、德国海军潜艇班、美国海军训练团，林森县人。

海军训练团训练科舰课股长林乃钧，马尾海校航海班5届，美国海军训练班，林森县人。

“永宁”号副长曾耀华，马尾海校航海班6届，美国海军训练团，长乐县人。

“永胜”号副长林鸿炳，马尾海校航海班6届，美国海军训练团，广东文昌人。

“永泰”号副长邓先涤，马尾海校航海班6届，美国海军训练团军官班，湖南长沙人。

“峨眉”号航海官葛世铭，马尾海校航海班5届，美国海军训练团，林森县人。

美赠8舰之“太康”号护航驱逐舰

海军总司令部四署二处科员陈在和，马尾海校航海班8届，美国海军训练团航海班，林森县人。

“太康”号通讯官陈以谋，马尾海校航海班8届，美国海军训练团军官班，林森县人。

“太平”号枪炮官雷树昌，马尾海校航海班10届，美国海军训练团军官班，河南开封人。

“太平”号舰务官雷泰元，马尾海校航海班10届，美国海军训练团航海班，广西南宁人。

美赠8舰之“太平”号护航驱逐舰

赴美接收“太康”舰之中国海军官兵

赴美接收“太平”舰之中国海军官兵

美赠8舰之“永胜”号扫雷舰

赴美接收“永胜”号之中国海军官兵

美赠8舰之“永顺”号扫雷舰

赴美接收“永顺”号之中国海军官兵

舰长陈在和、副长卢振乾系福州海校航海班8届、航海班9届毕业生。

美赠8舰之“永定”号扫雷舰

赴美接收“永定”舰之中国海军官兵

美赠8舰之“永宁”号扫雷舰

赴美接收“永宁”舰之中国海军官兵

美赠8舰之“永泰”号驱潜舰

赴美接收“永泰”舰之中国海军官兵

美赠8舰之“永兴”号驱潜舰

赴美接收“永兴”舰之中国海军官兵

五、赴美接收第二批赠舰

根据美国国会通过的第512号法案，美国将护航驱逐舰等271艘舰艇无偿转让中国，1946年7月美国还赠送一艘最大的军舰“峨眉”号护送8舰回国，中国政府任命梁序昭上将为舰长。下面是美国转让的其他舰艇，其中的登陆舰，中国以“中美联合”四个字作为舰名之首。中国海军在青岛设接舰培训班，分批派海军官兵赴美接舰。

美国转让舰艇的种类

舰种	流动船坞	修理船	驱逐巡逻舰	扫雷舰	驱潜舰	登陆舰（艇）	油船	调查艇	摩托炮艇	浮筒及轻型渡船
数量（艘）	2	2	2	24	28	193	3	3	6	6

注：接收时发现大多是已经报废或快要报废的超龄、退役的舰船。有的已不能修理。

中国接收的其他舰艇

舰种	舰名	数量及排水量（吨）	备注
战车登陆舰	“中海”、“中权”、“中鼎”、“中兴”、“中建”、“中业”、“中训”、“中基”、“中程”、“中练”	10艘，各重4000吨	截至1948年9月止
中型登陆舰	“美珍”、“美乐”、“美颂”、“美益”、“美明”、“美盛”	6艘，各重900吨	截至1948年9月止
步兵登陆艇	“联珍”、“联璧”、“联光”、“联华”、“联胜”、“联利”	6艘，各重380吨	截至1948年9月止
坦克登陆艇	“合众”、“合群”、“合坚”、“合永”、“合诚”	5艘、各重279吨	截至1948年9月止
护航驱逐舰	“太和”、“太仓”、“太湖”、“太昭”		1949年4月“太和”、“太仓”抵上海，后2艘抵达时上海已近解放
浮船坞	2艘，一在厦门，一在青岛	各重9000吨，载重3000吨	1948年2月接收

“美”字号舰“美珍”号（LSM431）

743吨，12节。1946年5月抵华。同型舰有“美颂”、“美平”、“美乐”等舰，系中型登陆舰。

“中”字号舰“中帮”号（LST230）

1653吨，11.6节。同型舰20艘。

美国无偿转让的部分登陆舰

分别以“中美联合”四个字作为舰名之首。

在厦门接收的美赠浮船坞

“联”字号舰“联胜”号

系步兵登陆艇，380吨。同型的有“联珍”、“联璧”、“联光”、“联华”、“联利”等。

“合”字号舰“合风”号（LCU405）

158吨，10节。同型的有17艘，系小型登陆艇。

美赠最大的一艘军舰“峨眉”号

原名“玛咪”（Maumee）。1.47万吨，长475英尺、宽56.5英尺、吃水27英尺，舰上建有小型船坞，可修理小型艇。

美赠的“太湖”、“太昭”号护航驱逐舰

美赠的护航驱逐舰之一“太和”号

1240吨，20节。1949年1月11日由舰长何乃诚率“太和”舰起锚回国。4月15日到达上海黄浦滩码头。同型舰有“太湖”、“太昭”、“太仓”号。该舰副长李作健、通讯官张宁荣、通讯员钱燧、枪炮员刘和谦、航海员秦和之等均系福州海校航海班毕业生。

美赠的“太仓”号护航驱逐舰

第二十章

在废墟上崛起的福州船政和船政学院

第一节　重新崛起的马尾造船厂

新中国诞生后，海军马尾造船所被军事接管，后改名为马尾造船厂。这个当年远东最大的船政造船基地，经历了近百年风霜，几乎只剩下一片废墟。从1949年8月到现在从体制上经历了5个阶段，全厂上下在废墟里矢志振兴，特别是改革开放30年来，依靠科技发展生产，取得了前所未有的发展。

一、军管阶段（1949.8~1958.3）

1949年8月16日马尾解放，解放军10兵团28军第一大队进驻海军马尾造船所，实行军管。召集工人参加0019部队前线流动修船点，支援部队解放闽浙沿海岛屿的战斗。次年到1952年马尾造船所改作福建军区后方勤务学校。1953年1月，福州军区在马尾造船所设水兵师车船处。1954年1月前线流动修船点（亦称修船一厂）迁回马尾造船所，开始重建。同年10月，福建水兵师修船一厂改称福州军区后勤部船管处修船一厂，直至1958年3月被福州军区移交省交通厅，4月改称“马尾造船厂”。

生产任务：

1. 主要修造小型木质机帆船。
2. 修理船用机器。
3. 1955年建成50吨船台1座，造出50吨级机帆炮船，配可升降的105毫米大炮1门。
4. 1956年建造30吨渔船1艘。
5. 1957年造260吨以下船舶6艘。

军管阶段工人仅200余人，生产能力低下。

改革开放后矗立在马尾的船政雕塑

军管阶段主持人

时间	名称	职务	姓名	备注
1949.8~1950	0019部队前线流动修船厂			人民解放军28军第一大队管辖
1950~1952	福建军区后方勤务学校	校长 副校长	蔡长峰 赵静尘	
1953.1~1954	福州军区水兵师车船处	政委	许荣	
1954.6	福建水兵师修船一厂	厂长	张鉴	
1954.10~1958.3	福州军区后勤部船管处修船一厂	厂长 党委书记	张鉴 王汉章	王汉章于1956年4月到任

二、省交通厅航运管理局管理阶段（1958.4~1969）

1958年3月福州军区将马尾造船所移交省交通厅，4月省交通厅将福州港务局船舶修造厂（又称下游厂）合并到马尾修船一厂，组成“福建省交通厅航运管理局马尾造船厂”（简称“马尾造船厂”），生产略有起色，职工人数增至2000余人，但到困难时期（60年代）生产又压缩，职工减至800人。1963年恢复生产，不久“文化大革命”爆发，生产又停滞。1969年改归省交通厅直辖，又并入两家小造船厂，改称“福建省马尾造船厂”。

1964年5月修复的二号船坞（2000吨级）

马尾造船厂旧厂门

石狮系原船政衙门前的遗物。

马尾造船厂生产的600马力拖轮

航管局管理阶段主持人

姓名	职务	任职时间	备注	姓名	职务	任职时间	备注
张　鉴	厂　长	1958.4~1964	1. 1964年6月，张鉴调离，王茂林任厂长兼党委书记（《船政大事记》） 2. 王汉章另说任副书记 3. 陈庆福任厂长兼副书记，至1968年止	张福胜	副书记	1959~1963	1. 王茂林兼任副厂长 2. 1968年10月9日中共海军福建基地后勤部委员会批示：同意成立“福建省航运管理局马尾造船厂革命委员会”，由军代表岑杰任主任
王汉章	书　记	1958.4~1959		程茂鼎	副书记	1961~1968	
严孝亮	书　记	1960~1962		赵　进	副书记	1963~1964	
陈庆福	副厂长	1958~1964		李达泉	副书记	1964~1965	
陈庆福	厂　长	1964~1968		王茂林	副书记	1964~1969	
李相芝	副厂长	1958~1962		岑　杰	主　任	1968~1969	
李舒平	副厂长	1958~1968		张言顺	副主任	1968~1982	
张福仁	副书记	1959~1960		郑一通	副主任	1968~1973	

1958~1969年马尾造船厂生产业务情况

日期	所造船名	船型	吨位（吨）	数量	日期	所造船名	船型	吨位（吨）	数量
1958	“安和”、“安平”、“天津”	小货船 货　船	250~300 300	2 3	1965.1	“码头”方舟	钢筋混凝土，长32.3米，宽7.5米，深12.5米		1
1959	“港龙” 其他	交通艇	50	1 11	1965.3	“204”	木结构交通艇		1
1963.5	公安巡逻艇	钢木结构，长16.685米，宽3.5米，深1.85米，吃水0.9米		3	1965.11	“闽海 167”	钢丝网水泥质沿海货轮，吃水3米	571.28	1
1963.8	“闽渡 7”	钢质轮渡方舟，长38.56米，型宽7米，吃水1米	144	1	1966.9 1966.11 1966.12	“闽渡 10” “闽渡 107” “闽渡 11”	钢质轮渡方舟 钢质沿海货轮	144 600 83	1 1 1
1963.9 1963.12	“闽渡 8” “闽渡 9”	钢质轮渡方舟，长30.56米，型宽7米，吃水0.9米	83	1 1	1967.2 1967.7 1967.12	“榕港驳 201” “榕港驳 164” “榕港驳 165”	钢丝网水泥船，港口货驳	102 144 144	1 1 1
1963.12	“渡一” “渡二” “渡三”	钢丝网水泥质渡口拖轮，长15.06米，宽3.4米，深1.1米，吃水0.8米	18.3	1 1 1	1968.1 1968.5	“闽渡 12” “闽渡 12”	钢质轮渡方舟 钢质渡口拖轮	144 32.5	1 1
1964.4 1964.10 1964.12	“201” “202” “203”	木结构交通艇		1 1 1	1969.1 1969.5 1969.11	“闽渡 13” “闽渡 14” “上供煤 1”	钢质轮渡方舟 钢质机动干货驳	144 144 60	1 1 1

三、省交通厅直辖阶段（1969~1982）

1969年，马尾造船厂虽从航管局改归省交通厅直辖，但此时仍在“文化大革命”时期，领导人不称厂长，仍称厂革委会主任，原主任岑杰调出，由尹文恒任主任。次年3月，由于英川任军代表小组组长、杨木荫为党委副书记，直至1971年1月才启用“福建省马尾造船厂革命委员会”公章。此时，琯头分厂已并入马尾厂，工厂规模略有扩大。1978年8月6日开始启用“福建省马尾造船厂”公章，同年11月，党的十一届三中全会召开，国家步入改革开放新的历史时期，在这重要的转折点，由于马尾造船厂自创办以来始终是官办企业，按上级指令从事生产，难以适应新的形势，生产滑坡。1982年，工厂年工业总产值445万元，亏损额近200万元。

马尾造船厂东大门

省交通厅直辖阶段主持人

姓名	职务	任职时间	姓名	职务	任职时间
尹文恒	主任	1969~1973	何　山	副书记、副主任	1973~1975
于英川	军代表组长	1970~1971	刘福胜	代书记、主　任	1975~1979
杨木荫	副书记	1970~1973	陈赐官	副书记、副厂长	1975~1984
廖福元	副主任	1970~1974	肖贞文	副厂长	1975~1984
何若人	副主任	1970~1971	刘树松	副书记	1978~1982
王健弟	副主任	1971~1975	索　维	书　记	1978~1982
李　政	副主任	1972~1978	丁宝元	副厂长	1978~1982
杨锡荣	副主任	1972~1975	田毓民	副厂长	1979~1982

1970~1982年生产情况

日期	所造船名	船型	吨位（吨）	数量	日期	所造船名	船型	吨位（吨）	数量
1970.1	“上供煤4”	钢质机动干货驳	60	1	1978.11	“Q708S”	719型侧壁气垫艇	70	1
1970.6	“闽渡16”		144	1	1978.11	“622”	沿海油轮（七）		1
1970.10	“闽海318”		60 客位100	1	1978.12	“623” “560”	沿海油轮（八） 沿海油轮（九）		1 1
1972.4	“闽海169”		884	1	1979.3	“1501”	沿海油轮（十）		1
1972.7	“闽渔301” “闽渔302”	钢质灯光围网渔船 钢质灯光围网渔船	416 416	1 1	1979.6	“闽桩2”	压桩船	906	1
1972.12	“闽海105”		1500	1	1979.8	“1003”	沿海油轮（十一）		1
1973.12		钢质对拖渔轮	400马力	3	1979.9	“闽海5”	沿海油轮（十二）	1000	1
1973~ 1974	“古田”	钢丝网水泥质 沿海货船	5773	1	1979.11	“滨海601”	沿海油轮（十三）		1
1974.10	“615” 对拖渔轮（四）	钢质对拖渔轮		1	1979.11	“浙江一”	沿海油轮（十四）		1
1974.12	“闽海407” 对拖渔轮（一）	钢质对拖渔轮	350	1	1980.2	“烟救油1”	沿海油轮（十五）		1
1975.5	“湛121” “浦江二”	钢结构沿海油轮	1000	1 1	1980.3	“562”	沿海油轮（十六）		1
1975.8	“闽海112”	钢结构沿海货轮	400	1	1980.4	“595”	沿海油轮（十七）		1
1975.11	“闽海113”	钢结构沿海货轮			1980.6	“626”	沿海油轮（十八）		1
1975.12	“闽海114”	钢结构沿海货轮			1980.7	“鼓浪屿”	过渡方舟		1
1975.12	“729”	沿海货轮（二）	400	1	1980.11	交通艇	泰宁县订制		1
1976.3	“728” “735”	沿海货轮（一） 沿海货轮（六）	400	1 1	1980.12	二号拖轮（一）		65.8	1
1976.6	“736”	沿海货轮（七）	400	1	1980.12	“闽渔拖二”	拖轮（二）		1
	“马尾厂三”	拖轮			1981.8	“闽港工驳3”	工程方驳（一）	625	1
1976.7	“闽渔408”	对拖渔轮（二）		1	1981.8	“榕港驳312”	舱口驳（一）	300	1
1976.9	“737”	沿海货轮（八）	400	1	1981.11	“榕港驳313” “榕港驳314” “榕港驳315”	舱口驳（二） 舱口驳（三） 舱口驳（四）	300 300 300	1 1 1
1976.12	“226” “227”	沿海货轮（九） 沿海货轮（十）	400	1 1	1981.12	“闽海229” “闽海120” “榕港驳316”	沿海货轮（一） 沿海货轮 舱口驳（五）	500 500 300	1 1 1
1977.7	“闽海油三”	沿海油轮（三）		1	1981.12	“榕港驳317” “榕港驳313” “闽港工驳4”	舱口驳（六） 舱口驳（七） 工程方驳（二）	300 300 625	1 1 1
1977.12	“闽海油一”	沿海油轮（四）		1	1981.12	“榕港202” “榕港203” 汽轮渡	内河拖轮（一） 内河拖轮（二）	46.1 46.1 45	1 1 1
1978.5	“苏油一”	沿海油轮（六）		1	1982.12	“客1”	马尾船，载客552人	175	1

“古田”号

1974年12月完工的钢丝网水泥质沿海货轮，排水量5773吨，功率1956千瓦，航速13.5节，是中国当时最大的机动水泥船。

满载排水量70吨的719型Q708S侧壁气垫艇

1000吨沿海货轮

“闽桩2”号压桩船

700吨沿海货轮“华兴”号

“闽海5”号

沿海油轮，1979年9月完工，排水量1000吨。

1970~1982年马尾造船厂兴建项目

项目名称	兴建日期	备注
扩建5000吨级船台	1970.8~1972.12	
扩建1500吨级船台	1970~1971.12	配250吨吊车1台
简易宿舍、食堂、后山职工宿舍4座、水泥仓库等	1971年12月建成	
锻工车间、舾装木工工段、电机器材仓库、油库、钢材仓库等	1972年5月建成	
意大利滚齿机1台	1972	机修车间引进
舾装码头	1973.10~1975.12	
船体加工车间	1973.12~1976.12	
轮机车间	1975年12月建成	
材料仓库及3座职工宿舍	1975年12月建成	
铸钢工段（车间）	1977年9月建成	
制氧站	1977年12月建成	
铁路专用线（长1000米）	1978年12月建成	
舾装码头附属工程40吨高架吊车	1978年12月建成	
理化计量办公楼（共5层，亦称中心实验和办公大楼）	1980年3月建成	
码头15吨高架吊车	1981年7月建成	

2000吨级船台

40/10吨×20/30米高架吊车

274米舾装码头

实验中心和办公大楼

扩建的船台

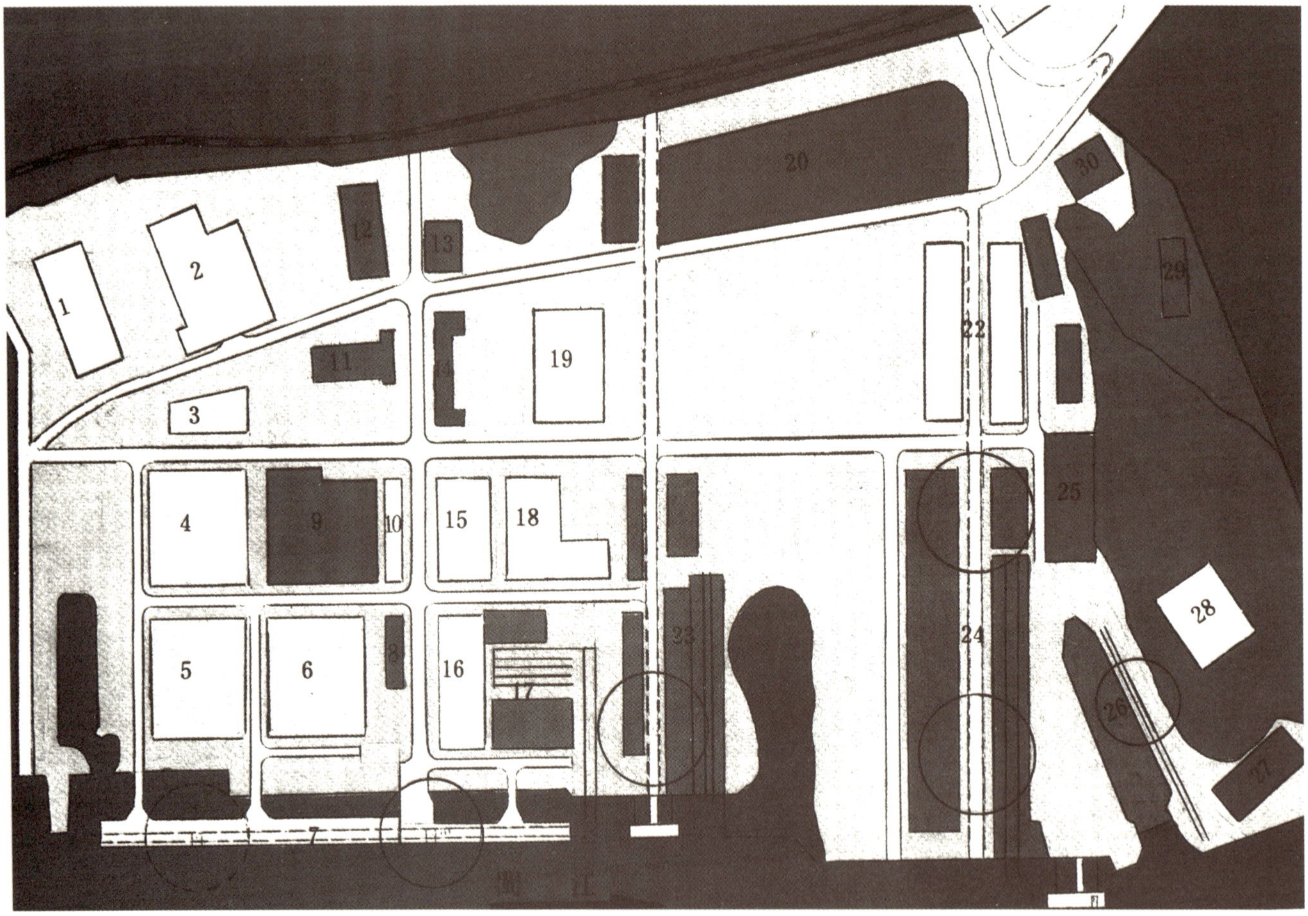

厂区示意图

1. 铸造工场：Foundry Workshop；2. 车库：Garage；3. 锻造工厂：Forge Workshop；4. 舾装冷作工场：Cold Steel Outfit Workshop；5. 舾装木作工场：Carpenter Outfit Workshop；6. 轮机加工工场：Turbine Processing Shop；7. 舾装码头：Outfit Wharf；8. 生产办公楼：Production Office Building；9、25仓库：Store House；10. 热处理工场：Heat Treatment Workshop；11. 职工食堂：Staff Canteen；12. 招待所：Hostel；13. 幼儿园：Kindergarten；14. 实验中心和办公大楼：Cental Laboratory and Office Building；15. 船机修配工场：Machine-repairing Workshop；16. 管子加工工场：Pipe Processing Workshop；17. 3#船台滑道区：No.3 Berth and Slipway Area；18. 动力、设备维修工场：Equipment Repairing Workshop；19、20钢材堆放和预处理区：Steel Plate Stack and Pre-treatment Area；21. 铁路专用线：Special Railway Line；22. 船体装备工场：Hull Assembling workshop；23. 2#船台生产区：No.2 Berth Area；24. 1#船台生产区：No.1 Berth Area；26. 船坞：Dry Dock；27. 修船工作室：Ship-repairing Working Office；28. 制氧站：Oxygen Generating Station；29. 动力变压站：Transformer Substation；30. 技工学校：Technical School。

第二节　船政发祥地的第二次腾飞

一、福州（马尾）经济技术开发区

中华人民共和国诞生后，春风又绿马江畔，在中国共产党的领导下，沉寂了百年的马尾古港，逐步走向了现代化。历史再一次把机遇赋予了马尾，1985年1月23日，国务院批准在马尾设立对外开放并享有特殊优惠政策的首批14个国家级开发区之一。其后又先后设立了国家级台商投资区、保税区和高科技园区。马尾成为福州市对外开放的“窗口”和向内辐射的“枢纽”，在闽江口经济圈的腾飞中，日益发挥着重要作用。

集工业、航运、商贸、旅游、休闲于一体的现代化园林式港口新城雏形

马尾“福州经济技术开发区”的区标

马尾罗星塔前旧貌换了新颜

在马尾设立的“福州经济技术开发区”是14个国家级开发区之一

今日马尾的君竹路

现代化园林港口新城侧影

马尾“福州经济技术开发区”一角

1996年8月国家交通部批准福州港作为海峡两岸定点直航试点口岸

海关人员正在操作中国首台钴-60集装箱检测系统

全国十大集装箱港口之一的福州（马尾）港

马尾海关正以崭新的姿态迎接海内外广大客商的到来

今日马尾已成为福建及东南沿海进出口物资的重要集散地

马尾古港遗迹之一

以开发高新技术产业为主导的快安小区已经成为福州经济技术开发区新的经济增长点

马尾古港遗迹之二

马尾旧镇新貌

福州（马尾）经济技术开发区污水处理厂

马尾唐代古桥——迴龙桥

（一）福州（马尾）台商投资区

福州（马尾）台商投资区是国务院批准设立的全国仅有的两个台商投资区之一，1989年5月设立，占地1.8平方千米。近年来，台商竞相落户、投资兴业。投资区建有许多台商别墅，是全国台资企业最集中的地区之一。

海峡两岸地缘相接、血脉相亲、语言相通、物候相似，马尾港距台湾基隆港仅149海里，朝发夕至，是两岸三通的黄金水道。

几年来，工行、农行、建行、中行、兴业银行及人保、太保、平保等金融保险单位相继在开发区设立分支机构，为中外客商提供金融服务和财产保全服务。

马尾的台商别墅区一隅

“福州经济技术开发区”金融保险机构

电子枪车间

福州（马尾）台商投资区一角

中华映管（福州）有限公司

大型台商独资企业，斥资4.3亿美元，兴建显示器、显像管项目。

坐落于马江江畔的中国近代海军博物馆（后扩建并改名为“中国船政文化博物馆”）已成为开发区爱国主义教育基地

快安延伸区一角

中国电子企业百强之一的实达集团

中国钢铁制品有限公司

韩国二和金刚有限公司

保税区台货专用堆场

新加坡升兴集团

福州（马尾）保税区

一批在国际上有较大影响的如日本东京丸株式会社、日本丸红株式会社、法国人头马公司、泰国正大集团等企业已在此落户。

错落有致的现代化工业厂房

（二）福州（马尾）保税区

福州（马尾）保税区是目前中国开放度最高的区域，1992年11月经国务院批准成立，面积1.8平方千米，类同国外的自由贸易区和自由港，一批跨国公司或财团相继在保税区投资，进出口贸易已形成规模，转口贸易扩展到日、韩、东南亚及南美，成为进出口物资的重要集散地。

海关监督楼

福州（马尾）保税区一角

（三）福州（马尾）高科技园区

1988年创办，并于1991年经国务院批准。园区立足于高起点，积极推进高新技术产业化，目前已有上百家高新技术企业在区内落户，开发出许多国家级和省级的“火炬”项目，初步形成了机电、电子、信息、生物工程和新型材料四大行业体系，并引进国内外各类先进设备，技术含量的综合指标达到国内先进水平。

全国最大的人工肾透析器生产企业——尼普洛公司

福建革新机器厂

实达集团的科研人员

福州金匙摩托车有限公司

中国钢铁制品有限公司

亚洲仿真控制系统（福建）有限公司

福建正大振华851生物工程有限公司

福建瑞闽铝板带有限公司

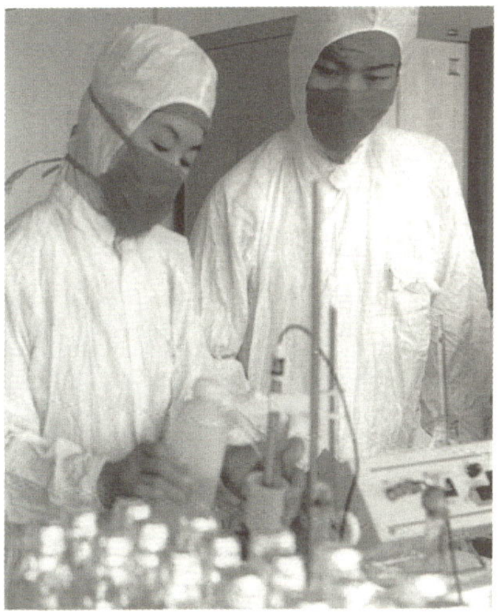

新北生化有限公司

福建JVC电器有限公司

二、造船工业突飞猛进的发展

2001年12月，古老的马尾造船厂成功进行股份制改革，成立了以多元投资为主体的福建省马尾造船股份有限公司，迈出了新的发展步伐。

液压开体泥驳

1988年，马尾造船厂制造2艘1000m^{3}液压开体泥驳，载重800吨，吃水3.6米，6月交付香港太元船厂使用。

“江海1”号

1988年马尾造船厂制造的5000吨江海联运直达货轮。

马尾造船公司为欧洲船东建造的700箱集装箱船下水瞬间

出口德国的700箱集装箱货船
德图OPDR远洋公司订制，2002年6月26日交船。

马尾造船厂为德国建造的万吨轮下水仪式

出口印尼的250人居住的驳船

出口新加坡的56米锚定作业拖船/供应船

出口瑞典、荷兰的17600吨干散货轮

出口新加坡的3000吨成品油轮

700箱集装箱船

1986年，马尾造船厂与荷兰IHC公司友好合作，成功建造具有80年代世界水平的2300m³耙吸式挖泥船，该船设备先进，自动化程度高，疏浚系统均为液力驱动，操控集中，适用于各种泥质的挖掘作业。

2300m³耙吸式挖泥船“闽浚2”号图一

出口卡塔尔的58米多用途供应船

“海供油301”号

1984年5月制造，排水量4493.2吨，航速11.63海里/时，载油量3194.28吨，续航力520海里。

“重任506”轮

中国最大海驳，吃水5米，长宽深90×26×26，马尾造船厂1987年10月制，可装20英尺的集装箱96只。

“闽浚2”号图二

1987年为香港用户制造4艘141英尺集装箱起重驳船

“盖山”号下水

1983年马尾造船厂下水的第一艘5000吨级散装货轮。1984年4月首航日本。

“红旗”号姊妹轮

5000吨级近洋干货轮“红旗154”号（左），1984年12月下水，1985年8月出海试航，9月交付广州海运局使用。1987年获优质产品奖。“红旗157”号（右），1985年5月下水。

1983年马尾造船厂成功首制福建造船史上最大吨位的5000吨级近洋散装货轮“盖山”号，继又建造出获省优部优产品称号的5000吨级近洋干货轮“红旗154”轮和“安堡”轮、5000吨级海驳“重任506”轮和国内第一艘5000吨级江海联运直达货轮“江海1”号等船。

马尾造船厂新增设备：

400T油压机

大型立式镗床

高压无氧喷涂作业

“黄鼠狼”切割机

单臂镗铣床

ϕ 1300×13000mm大型车床

龙门刨床

ϕ 2500mm立式车床

数控切割机

年产20000吨的钢材自动预处理生产线

超声波探伤

12000mm × 80mm刨边机

ϕ 2 × 20m蒸汽煅烧炉

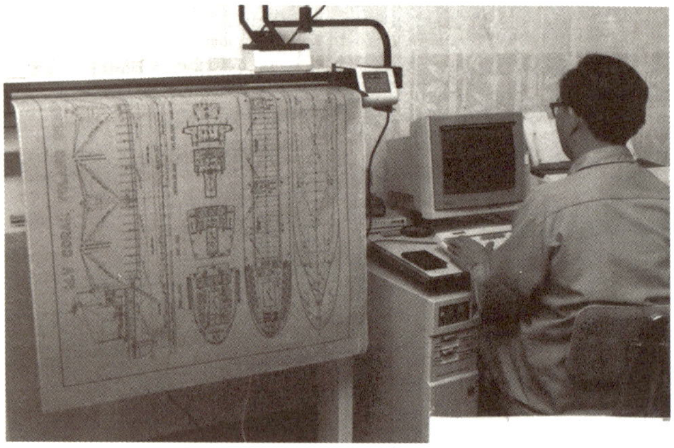
微电脑制图

SQ剪板机

单臂刨床

20000载重吨级船台

3000载重吨级船台

15000载重吨级船台

35000载重吨级船台

舾装码头（345米）

100吨、150吨高架吊车

200吨龙门吊车

涂装房

钢板预处理生产线

10500吨（834箱）集装箱货船

32000吨运木散货船

70米平台供应船

等离子水下切割机

32000吨“武夷山号”木材运输船

150吨液压升降运输车

7300吨集装箱滚装船

第三节　走向辉煌的船政学院

1949年8月17日福州解放，人民政府派员接管高航学校。同年11月，高航学校13个班从马尾迁福州鼓东路原佑民小学及庆城寺、闽王祠等处办学，另7个班仍留马尾，设罗星塔分校。

陈钟新

1951年10月福建省文教厅根据全国院校调整方案决定高航学校停办。造船、轮机、航空机械三科师生及设备正式并入省立高工学校，航海科并入集美水产航海学院，后来又将造船科师生及专用设备调归刚成立的上海船舶工业学校。校长陈钟新先调厦门集美航海水产学院任教授，1954年调武汉河运学院任教授。1955年8月因受“左”的压力影响在武汉投江自杀，年仅56岁。他是一位学者，虽有海军中校军衔，但一向从事教学工作。噩耗传来，他的学生无不深感惋惜。

1981年5月，勤工、商船、高航三校校友在福州集会，庆祝校庆，推举魏树桑等代表广大校友写信向中共福建省委、省政府建议复办“福建马尾商船学校”，次年5月，省人民政府批准省交通厅开办福建马尾商船学校（简称马尾商校）。显然，这是新办学校，不是复办。由交通厅拨款作为开办费，省航运技工学校党支部书记王友顺和校长蔡联泰兼任副校长。10月4日陈庆福出任校长。6日在马尾国际海员俱乐部举办开学典礼。

1983年2月，省交通厅决定马尾商船学校和航运技工学校合并办学，一套班子、两块牌子，次年又将“古田”号水泥船拨给学校作为实习船。

1985年8月8日马尾商船学校和省航运技工学校分开办学，马尾商船学校初借用航运技校新校舍办学，不久，迁入新民村35号民宅办学。

1986年12月23日，马尾商船学校与马尾造船厂联合举办120周年厂庆庆祝活动，并举行“纪念马尾船政创办120周年学术讨论会”。马尾商船学校自定校庆日由每年5月1

福建马尾商船学校挂校牌仪式

罗星塔下的马尾港

福建船政学校校标

勤工、商船、高航学校校标

船舶操纵实习

“古田”号实习船

日改为12月23日。

1988年5月27日，马尾商船学校更名为“福建船政学校”。次年4月1日，柯尚德任校长兼党支部书记。12月9日，省政府同意学校征用福州市仓山乡霞湖村耕地第一次58.96亩、第二次17.04亩作为建设用地，并于12月23日在霞湖村举行校址定址仪式。1994年学校迁建工程完成一期基建任务，从马尾迁入仓山新校舍办学。随后完成了新校园二期基建任务，完善了办学条件。今天的船政学校师生正沿着船政先贤的足迹迈向未来，创造辉煌的明天。

1999年船政学校与福建交通学校等合并升格为“福建交通职业技术学院”。

福建船政学校学生在船上实习

福州仓山福建船政学校大门

福建船政学校的“船政”号实习船

划艇训练

航海实践教学

轮机实习

福建省交通厅领导参加福建船政学校大门落成典礼

在“古田”号上实习

船政学校学生在海上实习

轮机工程实践教学

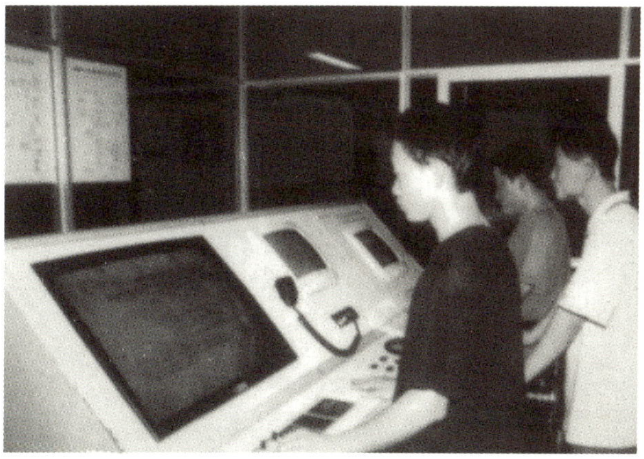

航海训练模拟器

原福建省交通干校旧校门

三、合并成立福建交通职业技术学院

1999年经中华人民共和国教育部批准，福建船政学校、福建省交通干部学校、福建交通学校、福建公路技工学校四个中专职校合并升格成立“福建交通职业技术学院”（大专）。

2006年，福建省交通厅厅长谢兰捷（右）和沈斐敏教授（院长）（左）为福建交通职业技术学院揭牌

原福建交通学校大门

排下校区

福建交通职业技术学院大门

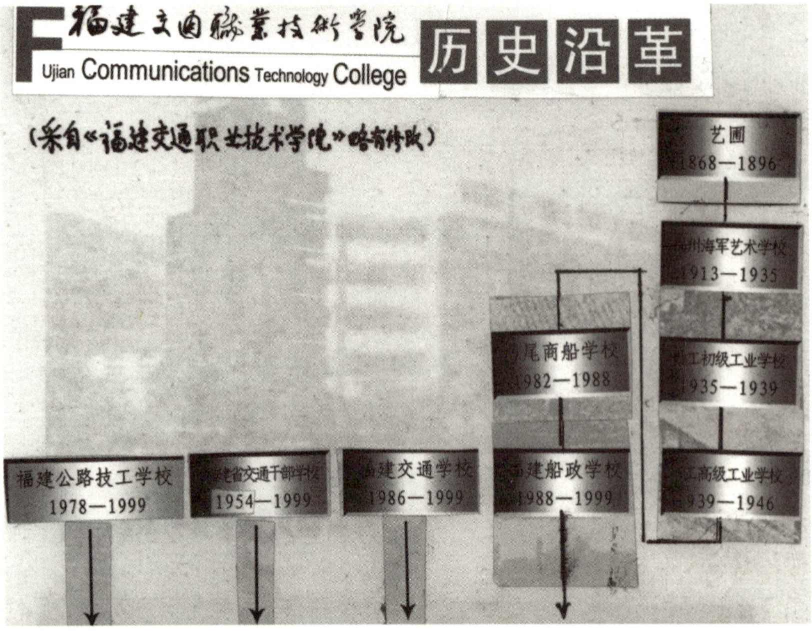

福建交通职业技术学院历史沿革

（采自《福建交通职业技术学院》，略有修改）

福建交通职业技术学院校标

大黑圈为方向盘，船体上的1866，表明学校悠久的办学历史。船体上的书籍表示工读并重、融汇古今、学贯中西。船头海浪，表示学院打破常规，不断前进的发展前景。

福建交通职业技术学院教学楼、校友楼

北区电教楼一角

南区管理系教学楼

福建交通职业技术学院成立大会主席台

图书馆

土建系教学楼

校友之家

内设船政史馆。

航海系教学楼

2005年5月船政文化研究所成立

2006年12月23日举行船政学院挂牌仪式

福建交通职业技术学院船政文化研究所成立挂牌仪式（左一为沈岩所长）

热烈庆祝福建交通职业技术学院建校140周年

2004年5月20日，中共中央政治局常委、书记处副书记、中宣部部长刘云山到马尾造船公司考察船政文化史迹。他对船政艰苦创业、为国图强；崇尚科学、勇于变革，励志进取、精益求精，博采众长、科教创新，反对侵略、忠心报国的五种精神给予肯定，强调要保护好，开发好、建设好船政文化资源。中宣部副部长胡振明陪同考察。

校领导到机场、火车站迎接海内外老校友回校参加庆典

省、市船政文化专家在一起研讨船政文化

庆祝建校140周年盛典主席台

省、市领导出席学院纪念大会

福建省交通厅领导参观船政校史馆

文娱晚会

船政文化知识竞赛

征引参考书目举要

本章文字资料及部分图片系笔者至交马尾造船厂船史专家林樱尧撰写、提供。大部分图片经他同意翻拍自他参与制作的马尾造船厂、马尾造船公司及协作企业的宣传广告刊物，在此特向林樱尧同志表示谢忱。